南明史

（上卷）

顧　誠　著

商務印書館

本書中文繁體字版經由讀客文化股份有限公司授權商務印書館（香港）
有限公司獨家出版發行。

責任編輯： 徐昕宇
裝幀設計： 涂　慧
排　版： 周　榮
責任校對： 趙會明
印　務： 龍寶祺

南明史（上卷）

作　者：　顧　誠
出　版：　商務印書館（香港）有限公司
　　　　　香港筲箕灣耀興道 3 號東匯廣場 8 樓
　　　　　http://www.commercialpress.com.hk
發　行：　香港聯合書刊物流有限公司
　　　　　香港新界荃灣德士古道 220–248 號荃灣工業中心 16 樓
印　刷：　中華商務彩色印刷有限公司
　　　　　香港新界大埔汀麗路 36 號中華商務印刷大廈 14 樓
版　次：　2024 年 7 月第 1 版第 1 次印刷
　　　　　© 2024 商務印書館（香港）有限公司
　　　　　ISBN 978 962 07 5966 6
　　　　　Printed in Hong Kong

我與明史（代自序）

顧 誠

　　我 1934 年 11 月出生於江西省南昌市。 1950 年高中一年級時患病休學，痊癒後尚未到開學時間，正好南昌市人民政府幹部訓練班招生，我就報名參加，錄取後學習三個月，分配到南昌市人民檢察委員會工作。 1957 年考入北京師範大學歷史系。參加高考，以求深造，自然是希望多讀點書，在業務上有所成就，但客觀形勢卻不允許，入學以後大量的時間被政治運動和繁重的體力勞動所侵佔。四年的大學生活，我從課堂上學得的知識相當有限，倒是在那個特殊的年代裏，通過一些非正常的途徑培養了獨立治學的能力。

　　1959 年夏天，我所在的年級同學參加勤工儉學，任務是給故宮博物院明清檔案部（後來的中國第一歷史檔案館）整理檔案，地點在校內工會俱樂部，由故宮的工作人員用汽車把檔案運來。原來的檔案是按時間（日期）順序用紙包裹的，我們的工作是拆包後按內容分類再加包裹。這批檔案是乾隆末到嘉慶初的，正是白蓮教起義和湘黔川三省交界地區苗民起義的時期。一個暑假我親手接觸了這麼多清代原始檔案，大開了眼界。完成這項工作後，新學期剛開始，本年級同學又全體出動去密雲縣勞動，我在工地只住了一個晚上，接到通知回校另有任務。站在拉物料的大卡車上回到學校，才知道系裏為體現全面發展，要拿出科研成果於新中國成立 10 周年時向黨獻禮，課題自己選擇。時間緊迫得很，幸好剛整理過故宮檔案，就決定以乾嘉苗民起義為課題去故宮借檔案。故宮明清檔案部的同志真慷慨，一口答應。把這部分檔案借來後，我立即沒日沒夜地苦讀、摘要，另從校圖書館借來嚴如熤的《苗防備覽》和相關地方志做參考，稍稍清理出個頭緒就動手寫"書"，實際是一邊看一邊寫。系裏派了兩位同班患肺結核病剛剛痊癒正在休養的同學（王君、張建華）協助，做提修改意見和謄清工作。經過一個月的苦幹，7 萬多字的謄清稿終於在 10 月初交到系裏，題目就叫《清代乾嘉年間的苗民起義》。那時我們的思想真單純，完成了任務，檔案歸還故宮，成稿既不署名，上交後也未留下片紙隻字，這本謄清稿究竟怎麼"獻禮"，下落如何，就一概不問了。在學生階段，有機會自選題目獨立進行"研究"，可說是一次很好的鍛煉。這是我接觸明清史的開始。

大學期間真正讀了點書是在"三年困難"時期。從 1959 年起，被譽為"三面紅旗"的"總路線、大躍進、人民公社"帶來的災難在全國先後暴露出來，店裏貨架上的各類商品在很短時間裏像一陣風似的突然消失不見了。這一時期學生的糧食定量雖然沒有減少，副食品卻嚴重缺乏，不僅肉類每月憑票供應半斤，食油二兩，連蔬菜也少到只能用水煮，不能炒。營養嚴重不足，許多同學得了浮腫病。在這種情況下，領導人不得不做些調整，政治運動停下了，勞動也少了。同學們雖然每天飢腸轆轆，卻換來了讀書的時間。在物資極度缺乏的情況下，同學們在精神上卻如釋重負。我個人的經歷又有點不同。1960 年初，理論戰線上批判"現代修正主義"的鬥爭正在日益明朗化。中宣部和教育主管部門正抓全國高校的統編教材，世界現代史是同"修正主義"劃清界限的重要領域。由北京大學、中國人民大學、北京師範大學、北京師範學院（今首都師範大學）、河北師範學院（今河北師範大學）抽調世界現代史教師和少數學生組成編寫組，由北大周一良先生負責，成立了一個大組的領導班子。編寫組先在人大鐵獅子胡同校舍內，不久搬到北京大學，住進剛建成的十三公寓，幾個月以後又搬到二里溝的北京市委黨校四號樓，從工作開始到初稿完成大約有一年多時間。可笑的是，我被調去時是歷史系三年級學生，世界現代史是四年級開設的課程，換句話說是去編寫自己還沒有學過的課程的全國通用教材。儘管頗為奇特，我在邊幹邊學中逐漸適應，到後半年還擔任了分組的組長，除了自己分擔的章節以外，要負責修改組內教師撰寫的稿子。由於在編寫工作中表現出初步的工作能力，1961 年暑假前結束世界現代史編寫工作回到學校，即被通知畢業後留系工作，從此開始了我的教師生涯。

留系工作後，系主任白壽彝先生正搭班子研究中國史學史，成立了一個小組，組內有趙光賢先生、郭澎、一位姓趙的先生，還有我。當時，白先生住在西單武功衛胡同，我們大約每月去他家一次，匯報工作並聽取指示。白先生分配給我的任務是探討明代史學。經白先生同意，我先閱讀了王世貞的史學著作，如《弇州史料》《弇山堂別集》，參考一些相關評論史料，寫了一篇《王世貞的史學》，交給白先生。他又指示我去研究《明史》的纂修過程，這個課題有新中國成立前出版的李晉華先生寫的《明史纂修考》，白先生的意思是偏重史學思想方面兼顧明史的纂修過程。我提出可否逐步進行，由於當時萬斯同的《明史稿》頗難見到，就先從王鴻緒的《橫雲山人史稿》同《欽定明史》入手。經白先生同意後，自己買了一部線裝本《明史》，借來《橫雲山人史稿》，逐篇對讀，凡遇《欽定明史》做了修改處，哪怕一句話，甚至關鍵性的幾個字，都抄錄下來。對讀完畢，把兩部書不同處列表寫出，這份對照表一共有 50 多張大幅稿紙。再查閱《清實錄》等書中有關撰修明史的記載，特別是康熙皇帝幾次諭旨，最後寫成一篇《從王鴻緒的〈明史稿〉到〈欽定明史〉》的論文。把論文稿連同對照表呈交白先生，他轉交趙貞信先生處理，從此不知下落。依稀記得我的論文基本意思是：康熙審閱了《明史稿》後，發覺其中對明朝皇帝和某些大臣的指斥甚多，很不滿意，指示纂修大臣應嚴格掌握分寸；後來修成的《欽定明史》顯然體現了康熙的意圖，刪改之處多是掩飾明朝統治者的陰暗面。白先生給我的新任務是研究談遷的《國榷》。工作剛開始，白先生又另有打算，對中國史學史研究組的人員和工作方法進行全面調整，原先組內人員由系裏另行安排工作，另選了兩位年輕教師和外校來進修史學史的教師重組史學史課題班子，組內人員從研讀《史記》打基本功開始。人事變動的內幕有時很難說清楚，我離開史學史組絕不意味着白先生對我的工作不滿意，後來他曾兩次找我談要我回史學史組，是黨總支沒有同意。我在史學史組待了一年，即 1961 年 9 月到 1962 年 8 月，最大的收穫是認真閱讀了上述幾種明史基本史籍，還在中國書店買了一部木刻本的谷應泰的《明史紀事本末》、石印本昭槤的《嘯亭雜錄》、線裝本魏源的《聖武記》以及中華書局排印的"晚明史料叢書"等著作，自行研讀，基本上掌握了明代歷史的線索，也培養了我對明清史的愛好。這以後，我的工作崗位雖屢經變動，仍不能忘情於明清史。如 1965 年發表在《光明日報》史學版上的《對朱元璋政權性質轉化問題的商榷》一文就是當時的"業餘"作品。

離開史學史組以後，系裏把我調到世界現代史教研室。1965

年暑假後，我作為歷史系三年級的班主任和同學一道赴山西長治參加農村"四清"。在鄉下期間，接到系裏通知，學校成立了外國問題研究所，我和系裏三位更年輕的教師被調到外研所美國問題研究室。到 1966 年 6 月從長治回來，"文化大革命"的風暴已鋪天蓋地而來。校內是一片揪鬥的肅殺空氣，按編制說我已屬外研所，在那裏領工資，但我當時正擔任班主任，惟恐三年級同學誤以為我逃避鬥爭，所以回校後仍在歷史系參加"文化大革命"。幸好，我同"史三"同學關係不錯，沒有受甚麼衝擊。在歷史系參加的"戰鬥隊"是個"老保"組織。幾個月後造反派"師大井岡山"奪權，"老保"組織紛紛自動瓦解，我就到外研所去參加"運動"了。外研所自然也是"井岡山"一派掌權，我這個新來的歸附者只是奉命寫大字報、抄大字報。接着是"復課鬧革命"，外研所也恢復了部分工作。上班時，我們室負責閱讀新到的美國報紙、雜誌，從中選擇問題，整理成系統的資料。到現在我還是不清楚為甚麼在"文革"那樣禁錮的情況下，會允許外研所花費寶貴的外匯訂閱多種外國刊物（除美國問題研究室訂閱美國報刊外，外國教育、蘇聯文學、蘇聯哲學三個研究室也訂了不少國外相關報刊），而且在當時也沒有一個上級部門過問我們的工作。這樣糊裏糊塗地跟着轉了幾年。混到 1971 年，林彪事件發生，我可是大徹大悟了，毛澤東親自指定的接班人，寫進黨章的副主席竟然叛國出逃，"文化大革命"的荒謬和不可預測已洞然於心。從此我除了上班時間勉強應付外，星期日和業餘時間就用來研讀明清史。這裏，我要特別感謝歷史系資料室管理員馬國靖先生，那時校圖書館和系資料室都一概封閉不准借閱，我私下找着她，請代幫忙借些書看，她毫不推辭地答應了。在下午下班後，系裏師生都去食堂吃飯的時候，帶我進入資料室挑選書籍，藏在大書包裏帶回宿舍閱讀。讀完後又以同樣方式請她換借其他書籍。這種秘密活動如果被發現，馬先生是要吃大虧的，幸好每借一次書總得隔相當一段時間，持續的時間雖長，卻從未被人撞見過。另外，有一點也附帶說一下，在"文化大革命"之前，我摘錄的明清史資料已經不少，有那麼一堆（我不習慣用卡片，因為卡片既貴又太小，一條長的史料得抄幾張卡片，所以改用小張稿紙和筆記本抄錄）。"文革"初期抄家之風極為盛行，連我這個"助教"級（"文革"前即已廢除職稱）的教師也未能幸免。雖然只是走了過場，沒有甚麼"收穫"，對我的精神壓力還是不小的。自己靜下心來把書籍和抄錄的史料檢閱一遍，把其中凡是可能作為思想政治問題上綱的東西統統送到當時頗為興旺的廢紙收購攤，按 1 斤 1 角多錢的價格全賣了。在處理抄摘的史料時我留了個心眼兒，把有關農民起義的史料保存起來，即便有人看到，這也是歷史上的"紅線"材料，而從朱元璋起的與帝王將相有關的史料都進了造紙廠。這就是後來重理業務以探討明末農民起義為起點的一個重要原因。1971 年以後幹的私活就是探討明末農民戰爭，外研所實行坐班制，只有晚上時間和星期日可以利用，從系資料室能借到的書又非常有限，我就利用每年一個月的探親假到南京圖書館查閱地方志和其他史料。當時南京圖書館在頤和路二號，離我哥哥家近在咫尺，但南圖也不對外開放。靠着哥哥多年在江蘇省政府工作的關係，他找了一位負責這方面工作的熟人開了一張介紹信，大意是"因革命工作需要"派某某同志來查閱有關古籍。南京圖書館在不開館的情況下破例讓我在二樓閱覽室閱讀。一個月時間看來不長，可是帶有目的地專心致志讀書，還是收穫不小的。幾次南京之行，解決了不少在北京找不着書看的困難。回想起來，許多學術界同行是在 1976 年 "四人幫" 垮台，甚至 1978 年黨的十一屆三中全會以後才重理舊業，我多爭取了 5 年左右的時間（儘管不是全部時間），不能不說是一件幸事。

1977 年，我再也不願意留在外國問題研究所了，正式寫報告要求回歷史系中國古代史教研室工作。外研所的負責人見我態度堅決，同意我回系。不料到系裏一談，系領導除表示歡迎外，卻讓我到世界現代史教研室工作，這種安排完全不符合我的原意，我就說："我的專業是明清史，如果系裏要我去世界現代史教研室，那我還不如留在外研所不回來。" 系領導知道事情不能弄僵，就笑着說："到中古史教研室也可以，不過你不要說自己的專業是明清史，就說是興趣吧！" 這年 10 月我終於回到了歷史系中國古代史教研室，但系領導的話明顯地表現出不相信我在明清史方面有甚麼專長，不過有興趣而已。為了證明自己在這方面還是下過功夫的，我決定要儘快拿出點成果，選的題目就是《李岩質疑》。這個問題我探討的時間相當長，材料和基本論點早已形成，很快我就把稿子寫了出來，1978 年 5 月發表在《歷史研究》雜誌上。由於觀點新穎，立論有據，在國內外引起了比較廣泛的注意。李岩的問題在郭沫若的名著《甲申三百年祭》和隨後的《關於李岩》中佔了相當大的篇幅，而前者因曾作為延安整風文獻流傳甚廣，影響遠遠超過史學界。1964 年到 1965 年還在報刊上展開了一場李岩評價問題的學術討論。我的文章卻是依據可靠史料證明在李自成起義軍中並不存在這位 "制將軍李岩"，如果一定要說歷史上存在李岩，那就是李自成另有一個名字叫李延（或傳寫成李炎、李兗、李嚴），就像某些史籍中的 "李公子" 實際上指的是李自成一樣。做出這樣一個判斷絕不是輕率的，我在探討明末農民起義的過程中，除了細讀清初幾部有關"流寇"的專著外，還廣泛查閱了當時任職官員的文集、相關記載、檔案和地方志，僅以地方志為例，凡是起義軍到過的府、州、縣志就查了 1000 多部。在這樣相當徹底的普查基礎上，不僅未能查到一條可以證明李岩存在的史料，反而找出許多證據表明史籍中有關李岩的生平、事跡全不可靠。那麼，清初以來的一些史籍中為甚麼會冒出那麼多栩栩如生的李岩"事跡"呢？在反復研究之後，終於從計六奇的《明季北略》卷二十三中得到啟發，那些包括李岩在內的許多荒誕之詞都是來自小說。1644 年舊曆七月間，距離李自成起義軍撤出北京，南明弘光朝廷建立不過兩三個月，化名西吳懶道人創作的《剿闖小史》即已刊刻成書發賣，清初這部小說又做了補充，先後改名為《定鼎奇聞》和《新世宏勛》，類似的還有《樵史通俗演義》等，這些書既收集了邸報之類的材料，有部分真實性，但也摻入了大量作者虛構的情節，其中就包括了李岩的故事。由於小說出現較早，在民間流傳甚廣，清初史家編纂有關"流寇"的史籍時就已經真偽莫辨，誤採入書。最典型的是康熙十年成書的計六奇《明季北略》，該書明確記載引用了《新世宏勛》（見商務印書館排印本第 558 頁），而卷二十三《補遺》則幾乎全是照《新世宏勛》的原文刪削而成，這就是李岩的"事跡"在《明季北略》中最為豐富的原因。郭沫若《甲申三百年祭》引用得最多的史籍正是《明季北略》。以上就是虛構人物李岩被誤認為信史的大致過程。直到查出李岩"事跡"的由來後，我才斷定李岩如明末清初河南人鄭廉所說是"烏有先生"。自然，學術界不少人仍然認為確有李岩其人其事，這也是很正常的。我只想說，自從《李岩質疑》於 1978 年發表之後，我繼續閱讀了相當多的明清之際的史籍文獻，至今未發現一條可以證明李自成之外存在着另一個"李公子"或李岩的可靠證據。把李岩的問題寫得這麼長，只是說明治史的不容易，類似的情況在我探討過的課題中還有很多。

1984 年，我的《明末農民戰爭史》由中國社會科學出版社出版。這部書在史料的收集、史事的考證、論點的分析上都較之前人有相當大的推進。書的下限只寫到李自成的大順政權、張獻忠的大西政權覆亡為止，大順軍和大西軍餘部的抗清鬥爭擬放在《南明史》中敘述。南明的歷史在辛亥革命前後和抗日戰爭時期都曾經受到愛國志士的關注，掀起過熱潮，先後有柳亞子、謝國楨等先生的專著問世。但是，南明史覆蓋面太廣，它包括了清方撲滅各地抗清武裝謀求統一的活動，南明幾個小朝廷的史實，大順軍、大西軍先後聯明抗清的歷程，鄭成功等在東南沿海的鬥爭，以及清統治區內反清復明的活動。不僅頭緒紛雜，而且各種史籍、文獻的記載又常常互有出入，最困難的還是由於南明是失敗的一方，大量文獻資料被毀滅，留下的部分中時人記載的數量極大，而作者入清以後往往有所顧忌，不願據事直書，再加上清朝統治穩定後屢興文字獄，大量收繳銷毀"違礙"書籍，更增加了關鍵史料不足的困難。為了整理出頭緒，儘量恢復歷史的原貌，只有大量查閱檔案、文集、各種私家記述、地方志等文獻和非常有限的實物，進行綜合研究。《南明史》直到 1996 年才完稿，次年由中國青年出版社出版。有人評論這部著作是"十年磨一劍"，其實我很難說清自己在這部書稿上花費的歲月。因為南明史資料的收集工作有相當一部分是在探討明末農民起義的史實時就已同步進行，開始寫作初稿固然是在 1982 年 11 月《明末農民戰爭史》交稿以後，可是中間又停頓了兩三年，原因是《明末農民戰爭史》交稿後曾同中國社會科學出版社簽訂了合同，預定在三至五年內交出《南明史》稿。大約寫了一半章節的初稿，出版社通知我，他們奉命集中力量出版"當代中國"叢書，無力顧及其他書籍，建議《南明史》推遲交稿，這意味着單方面廢除合同。而我當時正對明代衛所制度頗感興趣，認為明代衛所制度絕不像一般史籍中說得那麼簡單，似乎只是明前期的一種軍事制度，中期以後即為募兵制度所取代，而是同明帝國許多領域密切相關的重要課題。最初感到衛所制度值得研究還同李岩問題有關。許多史籍裏都說李岩是河南杞縣舉人，大司馬李精白（大司馬即兵部尚書，李精白在天啟年間任山東巡撫，加兵部尚書銜）的兒子。查李精白的材料時，除了弄清他同"李岩"毫無關係，還發現他祖上是山東曹縣人，明初跟隨大將軍徐達北征後定衛於潁川衛；潁川衛位於南直隸阜陽縣境，而隸屬於河南都司。因此，李精白作為衛籍人士必須到河南開封去參加鄉試，而不能像同居於阜陽縣境內的民籍生員要到南京鄉試。《阜陽縣志》選舉志表列本縣舉人名單中相當一部分下注"河南中式"，這些參加河南鄉試中舉的就是世代居住於阜陽縣境內而屬於潁川衛籍的人。從此，我開始注意到明人傳記中衛籍的問題，如李東陽、焦竑、楊嗣昌、史可法、何騰蛟、王錫袞以至清初著名學者王夫之、萬斯同都是衛籍，他們上距祖軍原籍少則四代，多則八九代。但衛籍人士的籍貫在史籍中弄得很亂，有的寫祖軍原籍，如說史可法是河南祥符人，李東陽是湖廣茶陵人；有的又寫世代所居的衛籍。這不僅在寫人物傳記時常造成混亂和謬誤，更重要的是令人難以明白明太祖實行的衛所制度在人口遷徙、邊疆開發等方面起到的深遠影響。

在閱讀《明實錄》和《清實錄》時常常看到大量衛所是呈現為

一種地理單位的記載（如水旱地震災害、興建城池之類）。如果說衛所僅是明代的一種軍事組織，那麼，入清以後約一百來年怎麼還保存那麼多明代的"軍事組織"？清代文獻（如實錄、官員奏疏、地方志）中常見改衛所為州縣或在內地把衛所人丁、田地併入附近州縣的記載，這些都說明衛所在明代建立以來很大程度上是一種軍事系統管轄下的地理單位。以前的史籍中也曾注意到明代一些衛所是管轄一片地方的，因而有"實土衛"與"非實土衛"的說法。史學大師譚其驤先生主編的《中國歷史地圖集》明代部分也標明了大片邊疆地區歸某某都司、行都司管轄，為研究明代疆域做出了重大貢獻。我在廣泛探討明代各種類型衛所的基礎上，提出了明帝國疆土是分為兩大系統管轄的論點，即行政系統（縣、州 —— 府、州 —— 布政使司、直隸府、州 —— 六部）和軍事系統（衛、直隸都司的千戶所 —— 都司、行都司、直隸衛 —— 五軍都督府）各自管轄兩種不同的"地理單位"。州縣是一種明顯的地理單位，絕大多數衛所也是一種地理單位就比較難以理解。我只是按實際情況指出絕大多數衛所中有的管轄土地周邊四至比較清晰，而相當一部分內地衛所管轄的屯田往往分散在附近州縣的自然境內或轄地與州縣犬牙交錯，在地圖上是無法標示出來的。儘管如此，這些衛所的土地與人口不屬州縣管轄，其數字也不納入州縣統計之內。由此就涉及社會經濟領域中的幾個重大課題，一是明帝國的耕地數，二是明代官、民田數，三是清初耕地數較明代是增加還是減少，等等。國內外史學界關於明初以來存在兩種相距甚大的全國耕地數始終得不到正確解釋，都同衛所問題有關。我探討的結果是指出《明實錄》中每年末所記"是歲天下田地數"僅僅是由戶部綜合以州縣為基礎的行政系統數字，沒有包括軍事系統管轄的耕地（屯田和衛所轄區內的民田）在內，因而是不全面的；而為國內外史學家判定為不可信的明初以來約 850 萬頃以上的數字則包括了行政與軍事兩大系統的耕地數，只有這一數字才是真實可靠的。至於史學界長期關心的明代官、民田數大抵都是依據《明史‧食貨志》所說"官田視民田得七之一"。我則指出這同樣是行政系統轄地內的官、民田數，就全國而言，軍事系統的屯田全部屬於官田，若把這一部分計算在內，明代官田在總田額中所佔比例就要大得多。對於清初順治末年至康熙前期全國的耕地數字，學者們常根據《清實錄》與《明實錄》絕大多數年份所記數字相比，誤認自順治末年起清代耕地數已超過明朝萬曆清丈以前的數字。我則指出自明末以來連年戰亂、災荒頻仍，田地拋荒極為嚴重，何況順治後期全國尚未統一，耕地數較之明朝全盛時期是大幅度下降的，即由萬曆三十年的 1100 萬頃減至 500 萬頃左右。清代耕地數的上升並超越明代經歷了相當長的時期。這一論斷只需把清代所修方志中"賦役"類所記"原額"與歷年數普遍查對一下即可認定，況且還有許多官、私文書可以印證。就是說，《清實錄》中所記數字並沒有錯誤，問題是清代包括衛所在內的全國耕地數都已匯集到戶部。我對衛所的基本觀點已發表在《明前期耕地數新探》《衛所制度在清代的變革》《談明代的衛籍》《明帝國疆土的管理體制》4 篇論文裏。原來設想進一步收集史料，圍繞衛所問題對明帝國相關領域的影響和到清代的改制進行綜合研究，寫一部專著，但這項工作深入不易，距成書還有相當一段距離。

　　我對明清史的興趣比較廣泛。為了探討朱元璋大明帝國的建立，不能不上溯到元末社會和元末群雄爭霸；而為適應教學和指導研究生的需要，對明清史籍也必須較廣泛地閱讀。人的精力畢竟有限，深入研究一個比較大的課題往往需要多年的時間才能做得比較像樣子。比如明清社會的演變，它們在中國歷史上的地位和在世界史上的位置理應成為明清史工作者研究的中心課題，自己在這方面只能隨時注意積累材料，遠談不上做深層次探討。20世紀90年代以來，讀書之志未減，寫出的論文卻寥寥可數，自覺汗顏。只是為應付約稿，寫了幾篇元末明初史事的稿子，如《靖難之役與耿炳文、沐晟家族》，中心內容是論證耿炳文在靖難之役中於真定死難，而絕大多數史籍（包括《明史》本傳）都說他在戰敗後被建文帝召回，由李景隆接替，燕軍佔領京師（南京）後，耿炳文靦顏投降。永樂初，刑部尚書鄭賜、都御史陳瑛劾奏耿炳文"衣服器皿有龍鳳飾，玉帶用紅鞓。"（《明太宗實錄》卷三十五記於永樂二年十月，"上曰：先朝老臣亦為此乎，命速改之。"未言炳文自殺。《明史》卷一百三十《耿炳文傳》記於"燕王稱帝之明年"則當為永樂元年，並云"炳文懼，自殺。"）我查考出耿炳文的妹妹是沐英續配夫人，黔國公沐晟的生母。沐晟後來為表哥耿琦寫的墓誌銘明言舅父耿炳文戰死於真定，朝廷（指建文帝）痛惜不已，以很高的規格予以祭葬。永樂初，廷臣劾奏本指其葬禮"逾制"，碑文肯定有礙於新主子，《明太宗實錄》記永樂帝"命速改之"也是指的墳墓應予毀改。這正如永樂元年十月禮部言開平王常遇春祠墳"建文中增修過度，請復其舊。從之。"（《明太宗實錄》卷二十四，按常遇春女為建文帝嫡母）所以，說耿炳文在南京投降了永樂帝，後來畏罪自殺根本不可信。又如朱文正是朱元璋大哥的兒子，由於他在大明立國前夕被叔父朱元璋處死，《明太宗實錄》等書中只記載他被任命為大都督，扼守南昌抗擊陳友諒圍攻，然後是得罪而死，其他事跡都因忌諱而付之闕如。由於材料缺乏，諸家明史多不為他單獨立傳。我依據頗為罕見的朱元璋《御製紀非錄》等書把朱文正同朱元璋的關係和大致生平草成一文，題為《朱文正事跡稽考》，即肯定他是沒有看到大明帝國建立的開國元勛。至於沈萬三的故事，我在兒童時代就聽過他家有聚寶盆。近年來隨着文學、藝術、旅遊等事業的發展，沈萬三的老家江蘇昆山市周莊聲名大噪。可是沈萬三究竟是個甚麼人物，甚麼時代的人，卻大抵是依據明朝以來的傳說和野史筆記把他說成是明初洪武年間的首富，後來被朱元璋充軍雲南。由於宣傳得太火爆了，我覺得有必要認真探討一下。除手頭摘錄的史料外，我還集中一段時間去北京圖書館查閱元末明初人士文集和相關的明、清地方志。終於查清了沈萬三（沈富）本人和他的家族的基本情況，依據他的幾個子姪的墓誌銘等確切史料，斷定沈萬三在元朝末年已經去世，並沒有活到明朝建立，史籍中有關他在洪武年間的活動純屬訛傳。不過，他和弟弟沈萬四（沈貴）的後裔在洪武年間確實是江南巨富，最後在洪武二十六年被網入藍玉黨案遭到抄家滅族之禍。這篇文章澄清了廣泛流傳的沈萬三故事，對於了解元末明初地主豪紳的經濟實力和朱元璋致力於消除"隱患"也不無幫助。

上面大致談了自己學習明清史的過程和心得。幾十年來能做出一些成績，得益於勤奮。我覺得養成坐圖書館的習慣非常重要。從 20 世紀 70 年代後期起的很長一段時間裏，我除了上課和其他必須參加的活動外，往往是整天到北京圖書館善本部、古籍部和科學院圖書館看書。早晨帶上稿紙、筆記本和一個饅頭蹬車直奔圖書館，中午休息時間吃個饅頭，在附近轉悠一會兒，繼續閱讀摘抄史料，直至閉館才回家。讀書的方法是提出書後，先翻閱一遍，遇到有價值的史料，把事先準備好的小紙條夾在書內作為標記，大約看到一半，就動手抄錄。一條史料抄在一張稿紙上，半天時間差不多總是七八張（按行不按格抄寫），字數少的可達到十張，一天下來總有十幾張；筆記本大抵是記下與當時研究問題無關的零星史料或簡要備忘錄。晚上一定要把摘抄的材料仔細閱讀一遍，遇有語句不通等情況，可能有誤字漏字，用紅筆畫出，第二天再核對原書，從而在很大程度上避免了摘抄史料時的筆誤。檢閱所抄材料還會發現有的問題應從其他史籍中尋找印證，即記於筆記本上，以便及時提取書籍。騎自行車去圖書館，冬天是最困難的，有時頂風而行實在費勁，嚴寒甚至會凍得手指麻木。這種工作方式確實有點辛苦，但在圖書館中一坐，好書在手，樂在其中，回家後檢閱收穫，每有意外之喜。且不說關係到歷史上重大問題的史實，就拿我在《明末農民戰爭史》後面附的“大順政權所設各地官員表”來說，多數是從地方志的“災祥”“兵燹”“紀事”之類記載中查出的，每找到一個大順政權任命的地方官員的名字和職務，都能使我高興一陣。這部書出版後，我在讀書的過程中還發現一些新的史料，可以為該表補充十名以上官員。坐圖書館可以充分利用時間潛心研讀，有時還需要到外地圖書館去查閱。為了寫《南明史》，1992 年，我到昆明去閱讀雲南省圖書館的藏書和參觀雲南省博物館的藏品，因須閱讀的書籍較多，連原來計劃途經貴陽時去安龍實地考察一下都限於時間只好作罷。有時因情況不明，重要史籍會失之交臂。如研究明代的耕地數字，我提出明代疆土由行政系統和軍事系統分別管轄的論點，雖然依據了大量的地方志和其他相關記載的材料加以論證，但最能說明問題的是萬曆十年山西巡撫辛應乾主持編製的《山西丈地簡明文冊》，原書就藏在北京大學圖書館。這部書的前三冊是山西布政司所轄各府州地畝及徵糧數，第四冊和第五冊則是山西都司所轄耕地屯田與徵收籽粒數。直到1991年山西省社會科學院張海瀛先生的研究論文發表後（《明史研究》創刊號），我才知道還存在這麼一部極有價值的文獻。1993年他的《張居正改革與山西萬曆清丈研究》出版，將《山西丈地簡明文冊》全部影印附於書後，使這一原始文獻得以廣泛流傳。舉出這個例子是想說明治學的第一步收集史料並非易事。這方面的事例不勝枚舉，在不斷讀書的過程中往往發現自己發表過的著作中存在缺陷和失誤。知識是沒有止境的，在我涉獵過的明清史領域內，我清醒地認識到自己的知識相當有限，許多問題僅具一般常識，甚至毫無所知。實事求是地對待學問，實事求是地看待自己，切忌把治學看得太容易，切忌過高估計個人的能耐。至於在理論和觀點問題上，則遵行"百家爭鳴"的方針，不必強調一律，既不想把個人看法強加於他人，也不想違心迎合某種思潮或論點。這就是我對本文《我與明史》的總體看法。

原版序論

　　南明的歷史在我國史冊上佔有重要的地位，它包括了大順軍攻克北京以及隨之而來的清兵進入山海關問鼎中原以來一直到康熙三年（1664）夔東抗清基地覆滅的各地反清運動的歷史。從不同的角度看，它是群雄爭霸，又是明朝的延續，也是清初歷史的一個主要組成部分。稱之為南明，是因為以崇禎皇帝朱由檢為首的在北京的明朝廷業已覆亡，這段時期的戰鬥主要在南方展開，又是在復興明朝的旗幟下進行，而弘光、隆武、魯監國、永曆朝廷都是在南方建立的。但是，抗擊清朝的暴虐統治，並不僅僅局限於南方，陝西、甘肅、山西、河北、山東、河南等地的抗清運動連綿不斷，波濤迭起，清廷統治者多次感到患生肘腋，不得不動用重兵圍剿。這是就地域而言，南明史的覆蓋面並不只限於南方。如果就時間來探討，南明史的上限過去和現在的史學家大抵是以弘光朝廷在南京繼統為標誌，本書作者認為南明的歷史應該從甲申三月十九日北京被大順軍攻克、崇禎朝廷覆亡開始。這是因為朝廷雖然覆亡，明朝政權仍然控制着江南半壁江山，儘管在具體時間上（1644 年三月至五月）相差不遠，但我們應該着眼於全國形勢的演變，而不能拘泥於南明帝位的繼統。如果因為甲申三月十九日到同年五月初三日明朝統治區沒有皇帝（或監國）而把這段時間排除在南明史以外，就會在後來的歷史敍述中難以自圓其說。因為弘光帝被俘在 1645 年五月，隆武帝繼統在同年閏六月；隆武帝被擒殺在 1646 年八月，永曆帝繼統在同年十月，其間都有一兩個月的帝位空缺。"國統"三絕不等於南明史三絕，這是稍加思索就能明白的道理。同樣理由，南明史的下限不以 1662 年永曆帝朱由榔被俘殺告終，而是以李來亨茅麓山戰役作為結束。當然，把南明史的下限一直拉到清康熙二十二年（1683）施琅進軍台灣，鄭克塽、劉國軒投降，也是一種認識和敍述的方法，因為鄭氏家族在台灣始終奉行明朝永曆正朔，雖然皇帝和朝廷早已不存在。本書沒有採取這種方法，原因是康熙十二年到二十年（1673—1681）發生了三藩之變，其間鄭經是參與了的。三藩之變同明清之際的一系列重大事件有密切關聯。三藩（若考慮到原定南王藩下的孔四貞、孫延齡夫婦與線國安等人，也可以說是四藩）的形成實際上是由於滿洲貴族因自身力量不足以征服全國不得不籠絡一部分漢族軍閥，而且這次變亂也確實帶有民族鬥爭的色彩；可是把三藩之變同南明史扯在一起畢竟不大合適。所以，在本書中敍述鄭氏家族事跡僅限於鄭成功去世為止。

　　這本書同過去各種南明史著（自清初以來）相比較，有兩個主要的特點：一是它基本上是以大順軍餘部、大西軍餘部、"海寇"鄭成功等民眾抗清鬥爭為主線，而不是以南明幾個朱家朝廷的興衰為中心。二是貫串全書的脈絡是強調歷時二十年漢族和其他民族（如西北等地的回族、西南等地的多種少數民族）百姓反抗滿洲貴族征服鬥爭終歸失敗的主要原因是內部矛盾重重、鈎心鬥角，嚴重分散、抵消了抗清力量。多爾袞、福臨等滿洲貴族不僅代表着一種比較落後的生產方式，而且兵力和後備兵員非常有限，單憑自己的八旗兵根本不可能征服全國，漢族各派抗清勢力的失敗在很大程度上是自己打倒了自己。說得準確一點，明清易代，是中華民族內部落後的、人數不多卻彪悍的滿族上層人士，勾結漢族中最反動的官紳地主，利用矛盾坐收漁翁之利，竊取了農民大起義的勝利果實。滿洲貴族入主中原以後，在較為先進的漢文化影響下，自身發展取得階段性的飛躍。清王朝在一段時期裏是朝氣蓬勃的，國勢相當強盛，對於中國這個多民族國家的發展起了重要的積極作用。然而，就另一方面來說，滿洲貴族推行的民族歧視政策引起國內政局大動蕩，打斷了中國社會發展的正常進程，也是不容忽視的。

歷史進展的事實提供了最有力的證據。中國在明朝中期以前在世界上處於領先地位，中期以後在科學技術等方面已經逐漸落後，但是直到明朝末年中國同西歐國家之間的差距並不大，被大順軍推翻的明朝最後一個皇帝朱由檢統治時期還是孜孜於引進西方科技，特別是火器和曆算，不少士大夫也拋除畛域之見，注意吸收西方的新知識，儘管他們的目的是挽救行將滅亡的明帝國。清朝統治的建立是以全國生產力大幅度破壞為代價的，穩定後的統治被一些人大加吹捧，稱之為康雍乾盛世。正是當中國處於這種“盛世”的一百多年裏，同西方社會發展水平的距離拉得越來越大。“盛世”過後不到五十年（如果按照某些學者吹捧康、雍、乾三帝的思路來看，乾隆之後在位二十五年的嘉慶也應該算是個勵精圖治的好皇帝，至少不能說是無道昏君），爆發了中英鴉片戰爭，隨之而來一幕幕喪權辱國的悲劇，使大清帝國的腐朽落後暴露無遺。本書作者在所著《明末農民戰爭史》中以確鑿的事實證明了大順軍推翻明王朝接管整個黃河流域幾乎對社會生產沒有造成甚麼破壞，並且掃蕩或狠狠打擊了那些嚴重阻礙生產力發展的貴族官紳勢力。如果這一勢頭不被滿洲貴族和變節的吳三桂等漢族軍閥官紳所打斷，中國社會將在明代已經取得成就的基礎上實現較快的發展，近三百來年的歷史也許是另外一種樣子。"以史為鑒"是中國的傳統，可惜過去絕大多數史家製作的鏡子裏，侏儒們被拔高了，堅毅挺拔的形象被歪曲了，甚或被擠出了鏡框以外，成了道地的哈哈鏡。本書作者力圖運用可靠的史實，重新描繪明清易代的這段歷史；由於材料的不足，肯定不能盡如人意。希望通過這部書的出版，給讀者提供一些較為接近真相的描述和論點。

也許有人在看了這本書以後，會斷言作者批判的鋒芒只是指向清朝統治者（包括滿洲貴族和漢族官紳中的擁清派），而對起自農民的大順軍和大西軍則出於偏愛而處處掩飾。這是不正確的。因為書中首先批評了李自成領導的大順政權在關鍵時刻在政治上和軍事部署上犯下了難以挽回的大錯，後面又指出了在李自成犧牲以後大順軍始終沒有形成一個較為穩定的領導核心，長期各自為戰，未能在抗清鬥爭中發揮更大作用。對張獻忠的非議在《明末農民戰爭史》內已說得很清楚；孫可望在前期是位出類拔萃的人物，後來飛揚跋扈，導致大局逆轉，終致眾叛親離，倉皇出降，本書毫無回護之處。至於南明政權的腐朽、內訌本書同樣做了如實的揭露。讀者不難發現，書中不僅鞭笞了朱由崧、朱常淓、朱由榔等南明統治者的昏庸懦弱，對一些直到現在仍備受人們景仰的人物如史可法、何騰蛟、瞿式耜、鄭成功都頗有微詞。有的讀者可能會問：你對南明許多傑出人物是不是指責得過分了一點？我的回答很簡單，如果這些著名人物都像歷來的史籍描寫得那麼完美，南明根本不會滅亡，這些人也將作為明朝的中興將相名垂青史。

歷史進程的必然性和偶然性是史學界長期關心的問題。在我看來，必然性只有一條：就是社會要發展，要前進，其間可能出現短期的逆轉和曲折。至於統治王朝的建立和統治者的更替大抵都屬於偶然因素。只不過人們太習慣於把既成事實當作歷史必然，就本質而言，這同封建史籍中的"天命眷顧"沒有多大區別。明朝自萬曆中期以來，朝政日益腐敗，內憂外患紛至沓來，覆亡不可避免，接替的可能是大順王朝，可能是清王朝，甚至可能是孫可望掌握實權的朝廷，也不能排除在較長時間處於分裂的局面。本書作者着重分析的是各派勢力的成敗得失，而以哪一種勢力取勝對中國社會生產破壞最小，最有利於推動我國社會前進為褒貶的標準。講必然性，我認為在當時社會條件下，明朝覆亡以後，中國仍將建立一個封建王朝，社會仍將處於封建制度的框架內（商品經濟的發展或萎縮將視社會生產力的發展或破壞而定），只有這一點是肯定的。差異在於各派勢力實行的政策和手段不同，對中國社會發展進程的影響也將不同。如果把既成事實都說成是歷史的必然，那麼，學習和研究歷史就沒有多大用處。歷史科學的萬古長青，就是教導後來者借鑒歷史上成功的經驗，避免重蹈失敗的覆轍，使我們的事業做得更順一些，不要倒行逆施，為中華民族的興盛做出貢獻。時髦了一陣的"史學危機"論可以休矣，明智的中國人將從自己豐厚的歷史遺產中汲取教益，把振興中華的宏偉事業推向前進。

凡 例

一、這部書以學術價值為前提。不滿足於"言必有據""無一字無
出處",而是力求在史實上考訂準確。有些問題難以下結論,
只好暫時存疑,同時在正文或注解中指出疑點所在。

二、引用材料儘可能保持原文,不改譯成現代漢語 —— 儘管這樣
做對某些讀者不方便,但史學工作者和有一定文化素養的文
史愛好者大抵是喜歡看到史籍原文的。凡屬本書作者認為是
後人託名偽造的文獻一概摒棄不用,如明末遺民劉彬的《晉王
李定國列傳》之類。

三、南明史事頭緒紛雜,本書既不能寫成通鑒體,又不能寫成紀
事本末體,為方便計,大致按照時間順序就問題分章節敍述,
章節間儘量互相照應。

四、在時間上年份一般注明相應的公曆,月日一律用舊曆,以便
於查對引用書目。

五、對南明以來包括"正史""野史""遺民"作品直至近人影響較
大的著作中存在的謬誤或偏見,在適當地方依據準確史料予
以澄清,以免以訛傳訛。

六、本書引用史料大多數是作者在各圖書館和檔案館閱讀時抄錄
的筆記,雖在摘錄時經過核對,力求準確,但也不敢說絕對沒
有筆誤。如果有人未見原書而從本書中轉引史料,請注明引

自本書。這不僅是著作權問題，更重要的是對讀者負責和學術上的良心體現。

七、在史學著作中附上插圖和地圖，有助於增加讀者閱讀的興趣並提供方便。本書在撰寫過程中也頗有此意，收集了一些圖片。然而，南明史牽涉面太廣，選用插圖和繪製地圖成了一個難題。何況，南明是失敗的一方，保留下來的實物絕大多數不是最有代表性的。如果要照顧到方方面面，勢必出現能找到甚麼就拿出甚麼，未必能取得較佳效果。南明實物圖片在相關著作中製版印出者業已不少，如台灣出版之《鄭成功全傳》書首圖片即多達五十一頁，永曆“敕命之寶”已在數種書籍中刊出圖片，南明一些重要人物的文籍也往往附有作者畫像、手跡照片，各政權發行的貨幣見之於多種圖集。本書若大批選入既缺乏新鮮感，又必然加重讀者負擔。猶豫再三，暫付闕如。如有再版機會再視情況而定。

第一章

明朝覆亡後的全國形勢

第一節　明帝國的分崩離析

公元 1644 年，在中國干支紀年中為甲申年。這一年的歷史上充滿了風雲突變、波濤迭起的重大事件，階級搏鬥和民族征戰都達到高潮，又攪和在一起，在中華大地上演出了一幕幕可歌可泣、驚心動魄的場面。拿紀年來說，在明朝是崇禎十七年，清朝是順治元年，大順政權是永昌元年。三種紀年代表着三個互相敵對的政權，從此開始了逐鹿中原的鬥爭。

甲申三月十九日，大順軍攻克北京，明朝崇禎皇帝朱由檢自縊身死，當天大順皇帝李自成進入北京，標誌着明朝的覆亡。在短短的兩三個月裏，大順政權憑藉兵威和深得民心，迅速接管了整個黃河流域和部分長江流域的大片疆土，統治區包括了現在的陝西、寧夏、甘肅、青海、山西、河南、河北、北京、天津、山東全境以及湖北、江蘇、安徽的部分地方。山海關外的明朝軍隊在平西伯吳三桂、遼東巡撫黎玉田的帶領下撤入關內，並且同山海關總兵高第一道投降了大順政權；清廷乘機派鄭親王濟爾哈朗等收取了關外地區，這樣就形成了大順政權同清政權隔關相峙的局

城市 ○ 城市
× 主要作戰地點
今國界
清初疆界
明清黃河

大同 北京 山海關
太原
大順政權西京
西安 潼關
張獻忠遇難處 保寧
西充 興山
重慶 通山
孫可望行在 貴陽 寶慶 南昌
永曆帝駐地 安龍 衡州
桂林 贛州
阿瓦（曼德勒）
永曆帝流亡處
肇慶 新會 廣州
永曆政權建立處
紹武政權建立處

弘光政權都城
太平府 南京
弘光帝被俘處
杭州 紹興 舟山
潞王監國處
魯監國建立處
李自成遇難處
九宮山
隆武政權福京
隆武帝遇難處
福州 汀州
廈門
鄭成功抗清基地
鄭成功驅荷復台處
澎湖 台南

台灣島 太平洋
赤尾嶼 釣魚島

黃 海
渤 海
東 海
南 海
海南島
東沙群島

金沙江 瀾滄江 怒江 騰衝 磨盤山

南明史事示意全圖

面。以崇禎帝為首的明中央朝廷葬身於農民起義的烈火中，並不意味着明朝統治的全面結束。當時，明朝殘餘勢力盤踞的地方還很大。除了張獻忠領導的大西軍正處於進軍四川途中以外，江淮以南的半壁江山仍然在明朝委任的各級官員統治之下，他們自居正統，繼續奉行崇禎年號，從這個意義上說，南明的歷史是從北廷的覆滅開始的，至於立君繼統則是擁明勢力內部的事。換句話說，歷來的史籍把弘光朝廷的建立作為南明史的開端並不完全準確。

綜觀甲申三月至四月中旬的全國形勢，可以做以下的概括：大順政權和大西軍是農民起義中形成的新興勢力，他們同明帝國一樣是以漢族為主體的；區別是明朝殘餘勢力控制的地區內繼續維護着官紳地主的封建統治，而大順軍和大西軍的領導人雖然已經有明顯的蛻化傾向，但尚未達到質變的程度，他們實行的政策基本上仍然是打擊官紳地主、保護農民利益。1644 年春天和夏初，大順軍所向無敵，佔領了包括北京在內的整個黃河流域，這一廣袤地區的百姓欣喜若狂。連官紳地主除了極少數死心塌地效忠朱明王朝，絕大多數都認為明朝氣數已盡，轉而寄希望於大順政權。長期以來，人們受“成則為王，敗則為寇”的傳統觀念影響，以為官紳地主與大順政權一直勢不兩立，這是不完全正確的。事實上自從 1643 年十月明陝西三邊總督孫傳庭部主力被大順軍殲滅以後，明朝官紳眼見大勢已去，政治態度發生了根本的轉變。他們當中的絕大多數人把明亡順興看成是歷史上常見的改朝換代，為了自身利益紛紛歸附以李自成為首的大順政權。儘管其中有的人爭先投靠，希冀躋身於新興的大順朝定鼎功臣之列；有的人雖心懷疑懼，但為形勢所迫而隨大溜。總之，在大順軍被清軍擊敗以前，漢族官紳中的大批文官武將都以投靠大順政權為唯一出路，而不可能設想去投靠偏處遼東的一個語言、風俗都有很大差異的滿洲貴族為主體的清政權。顧炎武《日知錄》中有一段話很值得注意："有亡國，有亡天下。亡國與亡天下奚辨？曰：易姓改號，謂之亡國；仁義充塞，而至於率獸食人，人將相食，謂之亡天下。……保國者，其君其臣，肉食者謀之；保天下者，匹夫之賤，與有責焉耳矣！"[1] 在漢族官紳看來，大順政權取代明朝只是"易姓改號"，朱明王朝的掙扎圖存是宗室、皇親國戚、世襲勳臣之類"肉食者"的事，同一般官紳士民沒有多大關係；而滿洲貴族的入主中原則是"被髮左衽"（剃頭改制），"亡天下"了；天下興亡，匹夫有責，都應當奮起反抗。這就是甲申之春漢族軍民官紳的心理狀態。正因如此，大順軍在短短三個月時間裏就佔領了包括京師在內的整個黃河流域，除了在寧武和保定兩地稍遇抵抗以外（在保定城裏"代帝親征"的大學士李建泰也是主張投降的），到處是一派望風歸附的景象。如史料所載，"晉民倡亂者皆傳賊不殺不淫，所過不徵稅，於是引領西望"；[2] 京師百姓也"幸災樂禍，俱言李公子至貧人給銀五兩，往往如望歲焉"。[3] 崇禎末年曾在朝廷任職的熊開元記，"癸未、甲申間，臣待罪圜扉，聞都人望賊如望歲，不啻三百矛刺心而血欲洒而無從也。"[4] 大順軍佔領北京時，不僅"百姓歡迎"[5]，明朝廷在京的兩三千名官員自盡的只有二十人，其他"衣冠介胄，叛降如雲。"[6] 國子監監生陳方策塘報中說："我之文武諸僚及士庶人，

1　顧炎武《日知錄》卷十三，《正始》條。
2　戴廷栻《半可集》卷一，《蔡忠襄公傳略》。
3　劉尚友《定思小紀》。
4　熊開元《魚山剩稿》卷一，奏疏，隆武元年（1645）十一月二十二日疏。
5　查繼佐《國壽錄》卷一，《左中允劉理順傳》。
6　談遷《國榷》卷一百一。

恬於降附者，謂賊為王者之師，且旦晚一統也。"[1] 史可法在奏疏中痛心疾首地說："在北諸臣死節者寥寥，在南諸臣討賊者寥寥，此千古以來所未有之恥也！"[2]

北京的明朝官員爭先恐後地前往大順政權吏政府報名請求錄用，如少詹事項煜"大言於眾曰：大丈夫名節既不全，當立蓋世功名如管仲、魏徵可也。"[3] 給事中時敏聲稱："天下將一統矣！"他趕往報名時吏政府大門已關閉，一時情急，敲門大呼："吾兵科時敏也！"才得以放入。[4] 考功司郎中劉廷諫朝見時，丞相牛金星說："公老矣，鬚白了。"劉連忙分辯道："太師用我則鬚自然變黑，某未老也。"勉強被錄用。[5] 首席大學士魏藻德被關押在一間小房裏，還從窗戶中對人說："如願用我，不拘如何用便罷了，鎖閉作何解？"[6] 1644 年七月劉澤清致吳三桂信中寫道："三面環觀，曾有誰不降賊？"[7] 次年八月在清攝政王多爾袞面前的一場爭論也反映了當年情況。都給事中龔鼎孳等人指責內院大學士馮銓是明朝閹黨；馮銓反唇相譏，說龔鼎孳曾投順"李賊，竟為北城御史"。多爾袞問此事實否，龔說："實。豈止鼎孳一人，何人不曾歸順？魏徵亦曾歸順唐太宗。"龔鼎孳急不擇言，像項煜一樣把李自成比為唐太宗，雖受到多爾袞的斥責，卻是大順軍入京後絕大多數明朝廷官員的真實寫照。[8]

---

1 李天根《爝火錄》卷二。
2 《史可法集》卷二，"為時事萬分難支，中興一無勝着"等事疏。
3 彭孫貽《平寇志》卷十。
4 彭孫貽《平寇志》卷十。
5 張正聲《二素紀事》。
6 楊士聰《甲申核真略》。
7 《明清史料》丙編，第一本，第九十二頁。
8 《清世祖實錄》卷二十。

明朝遼東軍隊和官員奉命撤入關內勤王，由平西伯吳三桂、遼東巡撫黎玉田帶領於三月十三日全部進關，駐紮於昌黎、灤州、樂亭、開平一帶。[1] 當他們得知大順軍已經佔領北京，明朝廷覆亡時，就同山海關總兵高第一道接受了李自成的招降，歸附大順政權；黎玉田被委任為大順政權四川節度使，奉李自成之命與明朝投降總兵馬科領軍西行收取四川。至此，秦嶺、淮河以北的明朝軍隊已全部收編，地方除遼東外均為大順政權所接管。

第二節　大順政權在政治上和軍事上的失誤

歷史曾經給予李自成為首的大順政權統一全國的機會。1644年春天，大順軍以秋風掃落葉之勢迅速接管了包括山海關在內的黃河流域全部疆土，推翻了以朱由檢為代表的明朝二百七十七年的統治。擺在李自成面前的任務是怎樣才能站穩腳跟，實現一匡天下的目的。這一任務實際上取決於兩點：一是他應當認識到遼東興起的滿洲貴族建立的清政權是同大順政權爭奪天下的主要對手，加強針對遼東的防務是新生的大順政權存亡的關鍵。二是在漢族文官武將大批倒向自己的情況下，大順政權必須在政策上做出重大調整，儘量縮小打擊面，由打擊官紳地主改為保護他們的利益。這二者是互相關聯的。崇禎朝廷的覆亡除了它的腐敗以外，主要原因是戰略上兩線作戰，陷於左支右絀的窘境，造成兩大對手力量不斷地膨脹。大順政權既然繼承了明王朝的"遺產"，為避免重蹈崇禎朝廷的覆轍，理應在最大限度上爭取漢族各階層的支

1　乾隆三十九年《永平府志》卷二，《封域志・紀事》。

持。自明中期以後，縉紳勢力已經成為社會上舉足輕重的力量，能不能爭取到他們的支持，直接關係到大順政權在管轄區內的穩定和遏制並隨後解決遼東的民族對抗。

從當時形勢分析，大順政權的領導人如果能夠高瞻遠矚，對全國形勢有清醒的認識，完全可以採取正確的對策。首先，李自成必須放棄對官紳地主實行的追贓助餉政策，代之以輕徭薄賦、整頓吏治。就財政而言，1643 年以前，李自成為維護貧苦農民的利益，實行了三年免賦，以沒收明朝藩王家產和對官紳追贓助餉來解決數量日增的軍隊和政權經費的需要，有其歷史的必要性。佔領北京以後，接收了明朝皇帝的內帑，沒收同朱明王朝關係密切的宗室、國戚、勛貴（指明朝開國、靖難以來所封世襲公、侯、伯爵）、太監的全部家產，可以解決軍隊和政權的經費，即便需要向官紳士民徵派部分賦役，為數也相當有限。只要採取這一措施，就足以贏得絕大多數漢族官紳的支持，結成共同對付滿洲貴族的陣線。在這種情況下，清方面臨的不是原先腐朽沒落的明王朝，而是一個新興的、充滿活力的以漢族為主的政權，雙方的力量對比將發生很大的變化，特別是隨着時間的推移，大順政權日益鞏固，清方在人口（兵源數量）、物資方面的劣勢肯定會越來越明顯。

然而，以李自成為首的大順軍領導人並沒有依據形勢的變化在政策上做出必要的調整。他們仍然以農民利益的維護者自居，在管轄區內繼續實行打擊官紳地主的追贓助餉政策。學術界有一種流行的觀點，認為農民起義中建立的政權都是封建政權。李自成起義軍從 1642 年（明崇禎十五年）下半年開始在河南一些府縣建立地方政權，1643 年在襄陽建立中央政權，次年正月在西安正式立國建號。按照這種觀點，甲申三月明王朝的滅亡不是被農民起義推翻，而是為一個新興的封建政權所代替。可是，持上述觀點的人卻缺乏把自己的邏輯貫徹到底的勇氣，因而陷於自相矛盾的境地。也有的史學工作者認為，以李自成為首的農民政權推行的"免賦"政策並不是免徵而是減免，這是不正確的。大量史實表明，大順政權（包括其前身）在 1644 年六月兵敗退回西安以前，在廣袤的地區內都是以追贓助餉代替按田畝計徵的賦稅。各地文獻都表明，大順政權委派的官員到任後幾乎毫無例外地拘拿明朝官紳追贓助餉。如甲申三月，劉芳亮部佔領大名府，"佈州縣偽官，毒掠縉紳。"[1] 進佔廣平府之次日，"拷掠鄉紳，以官職大小定銀數之多寡，慘不可言。"[2] 高陽縣令王瑞圖到任後，"奉賊令逼索鄉紳，名曰助餉。"[3] 靈壽縣"偽令郭廉持符至靈壽，勒鄉紳捐餉，恣為橫暴。"[4] 肥縣縣令石傳聲下車伊始即"置鄉紳於獄，比餉銀。"[5] 臨城縣令段獻珠履任後，"索餉銀，毀坊扁，免荒稅。"[6] 派往山東的大順軍將領郭升"以精賊數萬略行齊魯，張官置吏，四出赴任，旬日間遍於海岱。……奉其敕追掠縉紳，桁楊接踵，相望於道。"[7] 濟南府"有戶政府從事張琚者，謂之催餉司，拷掠宦家子，俾助餉。其被掠者以萬曆來科目為斷，計三十餘家。刑具夾桙外，有鐵梨花、呂公絛、紅繡鞋之名。"[8] 陽信縣"夏四月，逆闖偽令搜羅

1　康熙十一年《重修大名府志》卷六，《年紀新志》；又見康熙十五年《元城縣志》卷一，《年紀》。

2　乾隆十年《永年縣志》卷十二，《兵紀》。

3　雍正八年《高陽縣志》卷六，《雜志‧兵事》。

4　康熙二十四年《靈壽縣志》卷七，《孝義》；又見同書卷一，《地里》附《紀事》。

5　雍正十年《肥鄉縣志》卷二，《紀事》。

6　康熙三十年《臨城縣志》卷八，《述考志‧事跡》。

7　乾隆五十三年《德州志》卷十二，藝文，程先貞《何振先傳》。

8　乾隆三十七年《歷城縣志》卷四十一，列傳七，《忠烈》。

邑紳子弟蠲貲助餉，各五百金，勒限追比。"[1] 鄒平縣令王世傳上任後"陽言蠲貲租，刑逼鄉官，漸及富戶，謂之追餉。"[2] 北京聚集着明朝大批中央機構的官員，從三月下旬開始，未被大順政權選用的官員大抵發往各營追贓助餉，"言卿相所有，非盜上則剝下，皆贓也。"[3] 四月初八日，李自成發現這一舉動在政治上已經造成不利影響，下令停止，被押官僚無論完贓與否一律釋放，但各地的追贓活動一直延續到大順軍戰敗西撤為止。與此同時，我們卻沒有見到大順政權在甲申五月以前有徵收賦稅的記載。某些文獻由於文字含混給人以大順政權在退回西安以前就曾徵收賦稅的印象，如果仔細研究一下其內容，不難發現所"徵"得的銀、糧一般都是整數，稍有常識的人都知道按畝計徵的賦稅不可能是整數，只有追贓才會出現這種情況；另一種是徵發製造軍需物品的翎毛（製箭用）、鋼鐵等，也不能說是正規的賦稅制度。這些都說明大順政權在北京的鼎盛時期沒有制定賦稅政策，仍然停留在追贓助餉的階段。

應當承認大順政權追贓助餉政策的革命性，它證明李自成雖然已經即位稱帝，大將們受封侯、伯等爵，他們並沒有忘記自己的窮苦兄弟，沒有放棄維護農民利益的基本宗旨。但這也表明處於十字路口的大順政權在關鍵時刻跟不上形勢，陷於茫然失措的境地。李自成一方面採取了部分辦法招徠官紳，一方面又大範圍地以追贓助餉打擊這個階層。在追贓過程中官紳們巧取豪奪所得的家資難以保住，而且往往遭到刑拷，官紳體面掃地以盡，

---

1 乾隆二十四年《陽信縣志》卷三，《災祥》。
2 康熙三十四年《鄒平縣志》卷四，《職官》。
3 吳殳、戴笠《懷陵流寇始終錄》卷十八。

這對於大批歸附大順政權的官紳地主來說確實是始料未及的。官紳地主歸附大順政權，正是為了保護自身利益不惜在政治上變節，把過去痛罵的"闖賊"李自成當作新的靠山。然而，他們當中的絕大多數失望了，明朝廷中央官員被錄用的佔少數，地方官員由於大順政權選用的原則是以未曾出仕的舉人為重點，吸收的明朝官員所佔比例很小，就整個官紳地主而言基本上處於被打擊的地位。他們在飽嚐鐵拳之後，不勝憤慨地說："是豈興朝之新政哉，依然流賊而已矣。"[1] 當大順軍所向無敵時，官紳們懾於大順政權的兵威，一般不敢公開反抗，但已經暗中"人人飲恨，未及發也。"[2] 有一種記載說庶吉士周鍾因有文名受到丞相牛金星的重視，他積極參加大順政權的活動，常說"江南不難平也"。一些明朝官員私下對他說："闖殘殺太甚，萬難成事。"周鍾回答道："太祖（指朱元璋）初起亦然。"[3] 其實，朱元璋在天下未定之時是"禮賢下士"的，對官員的大批屠戮和謫戍是在坐穩了皇帝的寶座以後。周鍾的比擬並不適當，只是反映了被大順政權錄用的少數官員的一種希望。總之，李自成等大順軍領導人未能依據客觀形勢的變化及時調整政策，在接管區內大搞追贓助餉，把業已倒向自己的官紳地主推回到敵對地位，是極不明智的。當人們津津樂道"闖王進京"後如何如何腐化變質終於導致"羣眾"不滿，歸於失敗的時候，本書作者卻認為正是由於以李自成為首的大順政權沒有完成封建化的質變，才被漢族官紳勾結滿洲貴族所扼殺。

1　鄭廉《豫變紀略》卷六。

2　王鐸《偽官據城記》，見《荊駝逸史》。

3　錢䥣《甲申傳信錄》卷五。

在軍事部署上，也突出地反映了李自成等大順軍領導人缺乏戰略眼光。從萬曆末年起，遼東的滿洲貴族軍事力量日益崛起，成為明朝廷棘手的課題，而明末農民戰爭的全過程又是同明清之戰交織進行的。為了抵禦滿洲貴族的進犯，明朝廷多次從陝西三邊抽調兵將。按情理說，李自成在西安決策大舉東征，以推翻明王朝為目標時，就應當對下一步迎戰清軍做到胸有成竹。事實卻完全相反，他幾乎沒有意識到清軍將是同自己爭奪天下的主要對手。這首先表現在他在北京地區集結的軍隊不足以抵禦清軍大規模的進犯。大批主力部隊分佈在西北、湖廣襄陽等四府、河南等地；進佔山西、畿輔、山東以後，兵力進一步分散。這種部署對於穩定大順政權統治區的局勢雖然有積極作用，但是分兵駐防的結果勢必造成在京師和京東地區缺乏足夠的兵力。例如，李自成在湖廣荊襄地區部署了以大將白旺為首的七萬兵馬，當大順軍向北京推進時，明軍左良玉部乘機進攻湖廣承天、德安；河南劉洪起等地主武裝也同左良玉相呼應，顛覆當地的大順政權。白旺上書請援，李自成當即決定派綿侯袁宗第帶領一支相當龐大的軍隊由陝西奔赴湖廣，先擊敗左良玉部，隨即北上河南平定了叛亂，但直到大順軍在山海關戰敗，袁宗第和白旺的軍隊仍滯留於河南與湖廣。這種局部的勝利只是導致了全局的失敗。白旺七萬之眾完全可以牽制住左良玉部，不在於一城一地的得失；袁宗第所統右營為大順軍攻城野戰的五大主力之一，本應調到北京地區，等到穩定遼東局勢以後再回頭收拾左良玉等手下敗將，是易如翻掌的。李自成計不出此，說明他對用兵的輕重緩急缺乏戰略頭腦。

佔領北京以後，李自成的麻痺輕敵思想進一步暴露出來。當時他身邊的軍隊總數大約有十萬人，受封侯爵的大將有劉宗敏、李過、劉芳亮、張鼐、谷英，加上明朝投降過來的軍隊，兵力也還可觀。然而奇怪的是，李自成在大同留下了大將張天琳鎮守，在真定委任了大將馬重僖為節度使，唯獨在京東山海關一帶沒有派遣"老本"嫡系大將去鎮守。他的着眼點僅限於招降撤入關內的吳三桂、黎玉田和關門總兵高第，對關外虎視眈眈的清軍卻置之度外。開初，李自成對吳三桂、黎玉田率領的遼東官兵和山海關總兵高第的招降進行得很順利，吳三桂在大順政權"許以父子封侯"的條件下同黎玉田、高第一道歸附大順政權，吳三桂奉李自成之命率部由永平府前往北京"朝見新主"；黎玉田被委任為大順政權四川節度使。李自成在招降了遼東和關門明朝官軍後，似乎認為京東的問題已經解決，對清廷出兵干涉的危險毫無認識。他在山海關地區的軍事部署只是派了幾天以前在居庸關投降的明朝總兵唐通率領原部八千兵馬接管山海關防務，而沒有派大順軍嫡系大將出鎮該地區。從他下令吳三桂率部進京和派原駐畿輔地區的明朝投降總兵馬科率原部一萬兵馬同黎玉田一道遠征四川來看，他根本沒有料到清廷對明朝覆亡必然有分羹之心。似乎在他看來，清兵在遼東的用兵和三次深入內地都是明朝的事，大順政權從未同清軍交鋒，彼此無冤無仇，可以相安無事。也許是出於這種天真的考慮，他既不派大順軍主力前往山海關一帶佈防，又把同清軍作戰最有經驗和實力的吳三桂部調來北京（召吳三桂本人入見是一回事，命其率部赴京又是一回事。聯繫到李自成命馬科率部前往四川，很可能是想讓吳三桂率部執行南下之類的任務），充分說明李自成對清軍即將參加逐鹿中原的嚴峻形勢毫無認識。即使不發生吳三桂叛變，僅憑唐通八千兵馬也絕對抵擋不住清軍的進犯。何況，李自成進京後，如果對吳三桂安撫得當，並立即派遣大順軍高級將領率主力協同吳軍鎮守山海關一帶，吳三桂叛變的可能性很小，京東的局勢也將比較穩定。

許多人輕信了封建史籍對大順軍的污蔑之詞，斷言李自成進京後領導集團腐化變質，喪失民心，終歸失敗。這種觀點完全不符合事實。且不說不少親歷甲申燕京之變的人士記載大順軍在京期間紀律嚴明；就以時間而言，三月十九日大順軍進京，四月初十日左右得知吳三桂率部叛變回軍攻佔山海關，十三日晨李自成、劉宗敏親率大軍離京平叛，其間最大時限為二十三天。中國歷史上許多王朝肇建伊始欣欣向榮，若干年之後壯志消磨，出現文恬武嬉的局面；卻沒有聽說過在二十天左右就腐化得喪失戰鬥力的。再說，大順軍失敗撤離北京後，清軍入京立即將北京中、東、西三城居民全部逐出，下令剃頭，總不會更得民心吧，為甚麼沒有失敗呢？可見，大順政權之所以站不住腳，不是因為領導層變質，失去貧苦羣眾的支持；恰恰相反，由於它尚未完成質變，繼續執行打擊官紳地主的政策，引起縉紳們的強烈不滿，因而不可能穩定自己的統治區，把漢族各階層人士結成抗清的一致勢力。軍事上部署的失誤又導致滿洲貴族得以勾結漢族官紳，構成對大順軍壓倒性的優勢。說李自成等大順軍領導人因驕致敗，是指他們目光短淺，驕傲輕敵；而絕不能解釋為他們驕奢淫逸。明清之際，中國向何處去？這是歷史上的一個重大問題，正確地總結這段歷史，才能吸取經驗教訓，有效地利用我國豐富的社會、政治、軍事遺產。

第三節　吳三桂叛變與山海關之戰

吳三桂，遼東中後所人（今遼寧省綏中縣）[1]，出身遼東軍閥世家。他的父親吳襄、舅父祖大壽[2]都曾任明朝總兵，同當地的將領官紳有着盤根錯節的關係。由於祖大壽和三桂之兄吳三鳳等明朝將領先後降清，吳三桂和他的部屬又與清方營壘增添了一層曖昧關係。1644 年三月，他被崇禎帝加封為平西伯，率部進關勤王。由於放棄關外土地，官紳家屬和相當一部分遼東百姓跟隨進關，安插未定，明朝就覆亡了。擺在吳三桂面前的形勢是嚴峻的，他同山海關總兵（又稱關門總兵）高第一共只有五萬之眾，在明末盛行的"家丁"制度下，其中真正能征敢戰、裝備較佳的兵馬只佔少數。他們局促於關內永平府一隅之地，處於清、順兩大新興勢力之間，繼續效忠明室是不現實的，因為以朱由檢為首的明廷已經不存在，弘光朝廷還沒有建立，他們同淮河以南的殘明勢力相距太遠、音信不通，可走的道路就只有在降順、降清之間做出選擇。

清廷對吳三桂進行招降是比較早的，1642 年（明崇禎十五年、清崇德七年）四月，清軍攻克松山、錦州後，皇太極就致書吳三桂告以其舅氏祖大樂、祖大壽等"因係將軍之戚"俱獲保全，勸他"翻然悔悟，決計歸順"。又命三桂之兄吳三鳳及祖可法、張存仁、裴

1　順治五年二月十五日吳三桂"為懇請天恩事"揭帖稱"本藩生於遼，長於遼，有祖先園葬立中後"，見《明清檔案》第七冊，A7-115 號。《清史列傳》卷八十，《吳三桂傳》説他是"遼東人"，過於籠統。《清史稿》卷四百七十四，《吳三桂傳》云："吳三桂，字長伯，江南高郵人，籍遼東。"這裏説的江南高郵人，是指他祖上從軍以前的原籍，傳至吳襄、吳三桂已無實際意義。三桂字月所，寫作"字長伯"亦誤。

2　按，祖氏為吳三桂繼母，見《清世祖實錄》卷二十一，順治二年十一月吳三桂奏言。吳襄原任明遼東總兵，直到崇禎十六年底才調回北京，見崇禎十六年十一月十三日兵部塘報，《明清史料》乙編，第六本，第五七四頁。

國珍、胡弘先、姜新、陳邦選等以親屬、舊誼的關係寫信曉以利害，竭力勸說其降清。[1]十月，皇太極再次致書吳三桂：“大清國皇帝敕諭寧遠城吳大將軍：今者明祚衰微，將軍已洞悉矣。將軍與朕，素無仇隙，而將軍之親戚，俱在朕處。惟將軍相時度勢，早為之計可也。”同時，又命祖大壽寫信給吳三桂道：

> 寧錦間隔，不相通問者歲餘矣。春時松山、錦州相繼失陷，以為老身必死無疑。不期大清皇帝天縱仁聖，不但不加誅戮，反蒙加恩厚養。我祖氏一門以及親戚屬員，皆沾渥澤。而洪總督、朱糧廳輩亦叨遇優隆。自至瀋陽以來，解衣推食，僕從田廬，無所不備，我已得其所矣，奉賢甥勿以為慮，但未知故鄉光景何如耳。以愚意度之，各鎮集兵來援遼左，未一月而四城失陷，全軍覆沒，人事如此，天意可知。賢甥當世豪傑，豈智不及此耶？再觀大清規模形勢，將來必成大事。際此延攬之會，正豪傑擇主之時，若率城來歸，定有分茅裂土之封，功名富貴，不待言也。念係骨肉至親，故爾披肝瀝膽，非為大清之說客耳。惟賢甥熟思之。虎骨靶小刀一柄，是賢甥素常見者，故寄以取信。[2]

次年正月，吳三桂給祖大壽的回信“猶豫未決”。皇太極再次致書勸他“急圖歸順，勉立功名”。[3]然而，在一年多時間裏，吳三桂自覺回旋餘地尚大，並沒有接受清廷的招降。

---

1 《清太宗實錄》卷六十，除皇太極敕諭外，收有張存仁、祖可法、裴國珍、吳三鳳、胡弘先書信的主要內容。陳邦選、姜新書信見《明清史料》丙編，第一本，第八十五、八十六頁。

2 《清太宗實錄》卷六十三。

3 《清太宗實錄》卷六十四。

到 1644 年三月明亡之時，吳三桂等撤入關內的遼東官員卻很快決定接受大順政權的招降。做出這一抉擇首先是因為吳三桂等人獲悉大批明朝文官武將都歸附了大順，其中不少人（如唐通、白廣恩）在過去遼東戰事中曾同吳三桂共事，大順政權已是眾望所歸，頗有統一天下之勢；其次，大順政權同明王朝一樣是以漢族為主體的政權，吳三桂等遼東官紳軍民更易於接受；第三，吳三桂所部遼東官兵一直處於同清軍對峙的地位，而同大順軍並沒有多大恩怨，即如史籍所說："以清兵仇殺多次，不欲返顏，乃修表謀歸李賊。"[1] 第四，就個人前途着想，吳三桂雖有一部分親屬降清，但他的父母等直系親屬居住在北京，已處於大順政權控制之下，歸降或敵視大順政權必將直接影響到他們的命運。何況，曾在遼東共事的總兵白廣恩、姜瓖、馬科、唐通等人都已躋身於大順朝新貴之列，唐通兵力遠遜於其，三月間才投向大順就受封為定西伯，由他出面勸降，"盛誇自成禮賢，啖以父子封侯"[2]，對吳三桂有很大的吸引力。正是由於以上原因，吳三桂、黎玉田、高第迅速決定投靠大順政權。山海關防務由李自成派來的唐通接管。[3]

三月二十二日，吳三桂在永平府（府治在今河北省盧龍縣）張貼告示，有"本鎮率所部朝見新主，所過秋毫無犯，爾民不必驚恐"等語[4]，證明他已率領部下兵馬前往北京準備接受李自成的新命了。三月二十六日左右，吳軍行至河北玉田縣，離北京已經不遠了，吳

---

1 《吳三桂紀略》，見《辛巳叢編》。

2 《清史列傳》卷七十九，《唐通傳》。

3 順治元年六月山海關總兵高第"為欽奉令旨恭報挑過兵馬實數仰祈睿鑒事"揭帖（原件藏第一檔案館）中明確講到"偽鎮唐通"調取關鎮馬匹和關門兵丁"投順流寇"。高第上疏時距山海關戰役不過一個多月，完全可以證明唐通接管了山海關防務，並且又證明了吳三桂、高第等遼東、關門兵將確實一度投降了大順政權。

4 《吳三桂紀略》，見《辛巳叢編》。

三桂突然改變主意，由投降大順轉持敵對態度。產生這一急劇變化的原因在史籍中有三種說法：一是吳三桂聽說他的父親吳襄被大順政權拘捕追贓，[1] 一是誤信從京中私自逃出的奴僕謊報吳襄全家被大順軍抄沒，[2] 第三種被人們津津樂道的說法是吳三桂留在北京的愛妾陳圓圓（又名陳沅）為大順軍將領所掠，於是"衝冠一怒為紅顏"。[3] 真實情況已難考定。吳三桂投降大順，本意是維護和擴張自身利益，從北京傳來的消息使他疑竇頓生，猜測李自成的召見很可能是一種騙局，將對自己採取不利行動。於是，他驟然變卦，帶領部下兵馬直奔山海關，從背後對鎮守關門的唐通部發起突然襲擊。唐通的兵力大約只是吳三桂部的五分之一，加以變生意外，猝不及防，山海關遂被吳三桂佔領。唐通率殘部撤往離山海關不遠名叫一片石的地方，大順政權委任的其他官員也紛紛逃回。[4]

　　吳三桂的叛變，使山海關地區頓時彤雲密佈，籠罩着一片緊張的戰爭氣氛。當地人士佘一元《述舊事詩》云"吳帥旋關日，文武盡辭行。士女爭駭竄，農商互震驚"[5]，真切地反映了百姓們的惶懼不安。跟吳三桂採取同一立場的只有原山海關總兵高第和衛城（清代的臨榆縣）一小撮縉紳地主。關、遼兩鎮兵力合計不過五萬，山

1　張怡《謏聞續筆》卷一記：吳三桂"聞其父大將軍襄為所繫，索餉二十萬，乃驚曰：此誘我，剪所忌耳。乃率兵還。"楊士聰《甲申核真略》記："吳襄者，三桂父也，在京為都督，被獲將夾，復宥而宴之。吳知終不免，遣人貽書於子云。"下文又說："吳襄書達三桂，並不言被夾，而齎書人誤傳已夾。三桂大痛憤，以道里日期計賊必死矣。"

2　彭孫貽《流寇志》（即《平寇志》）卷十一記載他听人轉述吳三桂的幕客講，吳三桂已決策投降李自成，"至永平，遇父襄蒼頭與一姬連騎東奔，驚問之，則襄姬與蒼頭通，乘亂竊而逃，詭對三桂曰：'老將軍被收，一門皆為滷，獨與姬得脫，東歸報將軍，將軍速為計。'三桂乃翻然復走山海，擁兵自守，使人乞師，共擊賊也。"談遷《國榷》卷一百一云："吳三桂訛聞父襄遇害，即自白玉田還山海關。"

3　吳偉業《圓圓曲》，見《吳梅村詩集箋注》卷十；參見《甲申傳信錄》卷八，《吳三桂入關之由》。

4　佘一元《哭李赤仙二律》詩序中說："平西伯中途聞變，旋師山海，各官星散。"見光緒四年《臨榆縣志》卷二十。

5　光緒四年《臨榆縣志》卷九，《輿地編四·紀要》。

海關一隅之地又難以籌措糧餉，"維時內無軍需，外無援旅，人心洶洶，不保朝夕。"[1]吳三桂當然明白憑藉這麼一點軍事和經濟實力根本不足以同大順政權抗衡，更談不上在順、清夾縫中求生存。他決定回師奪取山海關實際上意味着他在同大順政權決裂之時已經把投靠清廷作為出路。為了給自己增添一些本錢，他不是率部出關以喪家之犬的形象向清方投降，而是玩弄手腕，一面"遣人東乞王師"，以京東要塞山海關城為見面禮；一面"遣人紿賊緩師"，"以待本朝大兵"。[2]

李自成獲悉吳三桂叛變佔領山海關的消息後，經過緊張的商議，決定一面安撫吳襄，以吳襄的名義寫信規勸吳三桂，希望藉父子之情使他幡然變計；一面做好武力解決的準備，出兵平叛。四月十三日晨，李自成、劉宗敏親自統率大軍向山海關進發。隨行的有明朝太子朱慈烺、永王、定王、晉王、秦王和吳襄等人，這說明李自成仍希望通過君、親之義招降吳三桂。然而，由於吳三桂同清方勾結已成定局，招降的可能性不復存在了。

同李自成的麻痺大意相反，清廷統治者並不滿足於佔領遼東，隨着明王朝的急劇衰微，他們趁火打劫的野心迅速膨脹起來，初期是想同農民軍瓜分明帝國。皇太極去世前不久，對天下大勢已做出了相當準確的判斷，他說："以朕度之，明有必亡之兆。何以言之？彼流寇內訌，土賊蜂起，或百萬，或三四十萬，攻城略地，莫可止遏。明所恃者惟祖大壽之兵，並錦州、松山之兵，及洪承疇所領各省援兵耳，今皆敗亡已盡，即有召募新兵，亦僅可充數，

---

1 光緒四年《臨榆縣志》卷二十，佘一元《哭李赤仙二律》序，其《述舊事詩五首》之三亦云："倉庫淨如洗，室家奔匿多。關遼五萬眾，庚癸呼如何？"

2 光緒四年《臨榆縣志》卷二十一，《事實編四·鄉型下》，程儒珍《關門舉義諸公記》。

安能拒戰？明之將卒，豈但不能敵我，反自行剽掠，自殘人民，行賂朝臣，詐為己功；朝臣專尚奸讒，蔽主耳目，私納賄賂，罰及無罪，賞及無功。以此觀之，明之必亡昭然矣。"[1] 在這以前，他命多羅饒餘貝勒阿巴泰為奉命大將軍統兵伐明時就曾指示："如遇流寇，宜云爾等見明政紊亂，激而成變。我國來征，亦正為此。以善言撫諭之。申戒士卒，勿誤殺彼一二人，致與交惡。"[2] 由此可以窺知清廷早已處心積慮利用漢族內部階級拼鬥謀取漁翁之利。1643年八月，皇太極病死，幼子福臨即位，清廷實權落入攝政王多爾袞手中。次年正月，蒙古鄂爾多斯部落來告大順軍已經佔領陝西[3]，多爾袞等立即在正月二十七日派使者往陝北同大順軍聯絡，信中說："大清國皇帝致書於西據明地之諸帥：……茲者致書，欲與諸公協謀同力，併取中原，倘混一區宇，富貴共之矣。不知尊意何如耳。惟速馳書使，傾懷以告，是誠至願也。"[4] 大順軍榆林守將王良智收到來信時，李自成已親統大軍向北京推進。王良智雖將清廷來信一事報告了李自成，但大順軍領導人對清廷統治者急切於分享勝利果實的企圖並沒有給以重視。

聯絡大順軍共同滅明的圖謀既未達成，多爾袞等清廷統治者也絕不肯放過擴張自身利益的良機。這年三月，清廷決定大舉伐明。出師之前，范文程上書攝政諸王，指出明朝滅亡的大勢已定，"竊惟成大業以垂休萬世者此時，失機會而貽悔將來者亦此時。""蓋以為明勁敵者我國也，抑則流寇也。正如秦失其鹿，楚、漢逐

---

1 《清太宗實錄》卷六十五。

2 《清太宗實錄》卷六十三。

3 《清世祖實錄》卷三。

4 《明清史料》丙編，第一本，第八十九頁。

之。雖與明爭天下，實與流寇角也。"[1] 這就為多爾袞等人用兵提供了總體戰略方針。四月初，傳來了大順軍攻克北京、明廷覆亡的消息。多爾袞決定趁大順軍立腳未穩，迅速出兵。當時在清都瀋陽的朝鮮使者向本國報告說："頃日九王（指多爾袞）聞中國本坐空虛，數日之內，急聚兵馬而行。男丁七十以下，十歲以上，無不從軍。成敗之判，在此一舉。"[2] 四月初九日，清攝政睿親王多爾袞"統領滿洲、蒙古兵三之二及漢軍恭順等三王、續順公兵，聲炮起行。"[3] 動員兵力之多，連清方人士也說："前後興師，未有如今日之大舉。"[4] 清廷這次出兵同崇禎年間三次入口大不一樣，戰略目的已由掠奪財物子女變為進取中原。因此，多爾袞接受范文程、洪承疇的建議，嚴格約束軍紀，規定"有抗拒者必加誅戮，不屠人民，不焚廬舍，不掠財物……軍民秋毫無犯。"[5] 進軍路線則採納了洪承疇的意見，準備由薊州、密雲破邊牆而入，避免頓兵山海關堅城之下。

四月十五日，清軍行至翁後（編者按今遼寧阜新附近），意外地遇上了吳三桂的使者副將楊珅、游擊郭雲龍，攜帶求援書信，內云："三桂受國厚恩，憫斯民之罹難，拒守邊門，欲興師問罪，以慰人心。奈京東地小，兵力未集，特泣血求助。……王以蓋世英雄，值此摧枯拉朽之會，誠難再得之時也。乞念亡國孤臣忠義之言，速選精兵，直入中協、西協；三桂自率所部，合兵以抵都

1　繆荃孫《雲自在龕筆記》所載有徐元文、韓菼跋文的范文程啟本；參見《清世祖實錄》卷四。

2　吳晗輯《朝鮮李朝實錄中的中國史料》上編，卷五十八。

3　《清世祖實錄》卷四。

4　吳晗輯《朝鮮李朝實錄中的中國史料》上編，卷五十八。

5　《清世祖實錄》卷四。

門，滅流寇於宮廷，示大義於中國。則我朝之報北朝豈惟財帛，將裂地以酬，不敢食言。"[1] 多爾袞當即決定改變進軍路線，直趨山海關。他在回信中說："伯雖向守遼東，與我為敵，今亦勿因前故尚復懷疑。……今伯若率眾來歸，必封以故土，晉為藩王，一則國仇得報，一則身家可保，世世子孫長享富貴，如山河之永也。"[2] 很明顯，吳三桂的信在措辭上經過斟酌，以明朝孤臣的名義請求清方合兵共討農民軍，儘管當時明朝廷並不存在，"裂地以酬"也不是他所能決定的，無非是為自己投靠清朝蒙上一層遮羞布而已。多爾袞洞察其心，直截了當地以晉封藩王為誘餌，招降吳三桂。到吳三桂得知李自成親統大順軍主力迫近山海關，再次派郭雲龍催促清軍火速來援時，就請求多爾袞"速整虎旅，直入山海。"[3] 四月二十日，多爾袞接信知道形勢緊迫，為了防止大順軍佔領山海關，下令兼程前進。次日，清軍以一天二百里的速度急行軍，於當晚到達距關城十里的地方駐營。這時，大順軍與吳三桂、高第部關、遼兵正在激戰之中。

為了明白山海關戰役的勝負，分析一下參戰各方兵力情況是必要的。大順軍開赴山海關時留下了老弱兵員一萬守北京，隨李自成、劉宗敏前往平叛的兵馬為十萬名[4]；吳三桂、高第的關、遼兵合計約為五萬；而清軍當時的全部兵力為十萬[5]，除了攝政鄭親王濟爾

---

1 《清世祖實錄》卷四。

2 《清世祖實錄》卷四。

3 《清世祖實錄》卷四。

4 大順軍出征山海關的兵馬數各書記載相距甚大，清方檔案和《清實錄》都說是二十萬人；有的史籍說只有六萬人。時山海關人佘一元《山海石河西義塚記》說戰役中"凡殺數萬人……然所殺間多脅從及近鄉驅迫供芻糧之民，非盡寇盜也。"見佘一元《潛滄集》卷三，又見康熙八年《山海關志》卷九。可見，清方所記二十萬除有誇大之處，還把大順政權徵發的民夫計算在內。

5 《大義覺迷錄》卷一載雍正"上諭"說："至世祖章皇帝入京師時，兵亦不過十萬。夫以十萬之眾，而服十五省之天下，豈人力所能強哉！……其時統領士卒者，即明之將弁；披堅執銳者，即明之甲兵也。"

哈朗率領滿、蒙八旗軍隊三分之一留守瀋陽一帶外，多爾袞所統滿、蒙、漢軍隊為七八萬人。自然，在三支軍隊中清軍戰鬥力最強；吳三桂部是原明朝官軍中的精銳；大順軍是自 1641 年（崇禎十四年）迅速擴展起來的隊伍，大部分兵員素質不如清方，但是，他們是一股新興勢力，紀律嚴明，富於朝氣，不像明朝官軍那樣腐敗。由此可見，集結在北京地區的大順軍擊破吳三桂、高第部原明朝關、遼兵是綽有餘裕的；很可能李自成入京之時調集的兵力也僅滿足於此。而介於順、清之間的吳三桂部則具有舉足輕重之勢：降順則李自成的兵力約為來犯之清兵兩倍，而且山海關要隘不致拱手讓敵，即便在同清軍作戰中局部失利，大順政權可徵調的增援兵力較清方要大得多；吳三桂叛投清方，雙方兵力對比和態勢就顛倒過來，清、吳聯軍在數量上也佔了優勢。大順政權在政治、軍事上的失策，導致了山海關戰役的失敗和北京、畿輔、山東等地的易手。

四月十三日晨，大順軍由北京向山海關進發。行至三河縣遇到了吳三桂派來的使者，謊稱吳三桂仍願意投誠，請求緩師。[1] 在這關鍵時刻，李自成又一次受騙了，他派明朝降官 —— 密雲巡撫王則堯 —— 以兵政府尚書的官銜去山海關同吳三桂談判，隨即放慢了進軍速度。從北京到山海關大約五天可達，大順軍卻在八天之後即四月二十日才進抵關西。這時，才知道王則堯已被拘押，吳三桂和高第的軍隊在關內沿石河一線做好了作戰準備。除了武力解決，沒有招降餘地了。四月二十一日上午辰時（約為八時），

1　光緒四年《臨榆縣志》卷十九，《事實編二‧鄉型上》記："時議詐降緩賊，以待本朝大兵。"所派之人為高選、李友松、譚邃寰、劉克望四生員及劉台山、黃鎮庵二鄉耆，參見同書卷二十一，《事實編四‧鄉型下》及光緒《永平府志》卷六十五。

山海關戰役開始。[1] 李自成為了全殲關遼兵，防止吳三桂部被擊敗後引殘部出關降清，做出用兵部署：把主力放在石河西，另外派遣部分軍隊包抄至關內外，進攻山海關的東羅城、西羅城、北翼城。雙方激戰一晝夜，到二十二日上午，吳三桂軍已有不支之勢，據守北翼城的一支吳軍向大順軍投降。[2]

　　吳三桂見情況危急，親自帶領部分兵馬和當地鄉紳衝出關門，請清軍立即參戰。多爾袞統率的清軍二十一日晚駐營距關城十里，二十二日晨進至離關城僅二里的威遠台（在名叫歡喜嶺的小丘陵上，今名威遠城，實誤）觀戰。[3] 經過幾天的使者往返和親身考察，多爾袞對吳三桂的處境和降清誠意已洞然於心。吳三桂到後當即"賜坐賜茶，面諭關門為第一功。"[4] 他對吳三桂等官紳說道："汝等願為故主復仇，大義可嘉。予領兵來成全其美。先帝時事，在今日不必言，亦不忍言。但昔為敵國，今為一家。我兵進關，若動人一株草、一顆粒，定以軍法處死。汝等分諭大小居民勿得驚慌。"[5] 接着又吩咐吳三桂："爾回，可令爾兵以白布繫肩為號。不然，同係漢人，以何為辨？恐致誤殺。"[6] 說完，讓吳三桂立即回關準備接應，同時下令清軍從南水門、北水門、關中門三路進關。

1　康熙八年《山海關志》卷五，《政事志‧兵警》。

2　李光濤《明清檔案論文集》中反復論證即使沒有清兵助戰，吳三桂軍"足以制賊"，李自成"必敗無疑"，見全書"自序"、第八頁、三十九頁、八十頁、八十一頁、七〇〇至七一〇頁，台灣聯經出版事業公司 1986 年版。李氏立論完全憑藉山海關戰役後吳三桂部下將領、義勇紳衿爭功文書，似乎連《山海關志》《臨榆縣志》以及當時當地人佘一元等人著作全未參考。事實上，二十二日上午吳軍已有瓦解之勢，吳三桂深知危險，親自率領數百騎同關城紳衿呂鳴章等衝出關外，至歡喜嶺上的威遠台叩見多爾袞，請求立刻出兵相救。"方見時，忽報北翼城一軍叛，降賊。"（康熙八年《山海關志》卷五，《政事志‧兵警》）。李氏之見，偏頗太甚。

3　佘一元《述舊事詩》云："清晨王師至，駐旌威遠台。平西招我輩，出見勿遲回。"見光緒四年《臨榆縣志》卷九。

4　順治元年七月督理山海糧儲戶部員外郎呂鳴章等啟本，見《順治元年內外官署奏疏》。

5　康熙八年《山海關志》卷五。

6　《清世祖實錄》卷四。

清兵進關後，見大順軍從北山至海邊排列成一字長蛇陣，多爾袞即令清軍沿近海處鱗次佈列，吳三桂軍排列於清軍的右邊，採取重點突破戰術。這時正值大風揚塵，能見度很低，清軍得以從容佈陣。少頃，風止，多爾袞一聲令下，清軍呼嘯出擊，萬馬奔騰，飛矢如蝗。大順軍雖拼死抵抗，但強弱易形，兵員同吳三桂軍已鏖戰一晝夜，面對以逸待勞的清軍很快就被擊敗，陣容大亂，大將劉宗敏也負了傷。李自成立馬小崗阜上見敗局已定，下令急速撤退。[1] 行至永平府范家店時，李自成決定將吳襄處斬。[2] 二十六日，回到北京，又殺吳三桂家屬三十四口，可見李自成對吳三桂的勾引清兵、叛變欺詐極為痛恨。而吳三桂卻在山海關戰役剛剛結束就率領關遼軍民薙髮降清，由多爾袞承制封為平西王。

　　山海關戰役是明清之際直接影響全國局勢發展的一場關鍵性戰役，對於推翻明朝後究竟是大順朝廷還是清朝廷統治全國關係重大。戰役的結果是清勝順敗，根本原因在於李自成等大順軍領導人目光短淺，政策和戰略上犯了一系列重大錯誤。山海關戰役的意義標誌着：一、大順軍的歷史使命從此由推翻明王朝轉變為抗清鬥爭；二、清廷統治者夢寐以求的入主中原邁出了關鍵的一步；三、以吳三桂為倡首，在漢族官紳中迅速形成了一股不可忽視的擁清派。

1　不少史籍記載清軍投入戰鬥以前，大順軍毫無覺察，等到發現突陣而來的是清軍，立即失魂落魄地奔逃。這和當時情況不符。大順軍同吳三桂部作戰時包圍了山海關，吳三桂往威遠台請清軍參戰時是"衝"過大順軍陣地的，清軍隨即入關，大順軍不可能不知道。問題是獲悉清軍進至山海關地區，大順軍領導人已來不及檄調援軍，只有憑手頭兵力付之一擲了。

2　乾隆三十九年《永平府志》卷三，《封域志·紀事》。

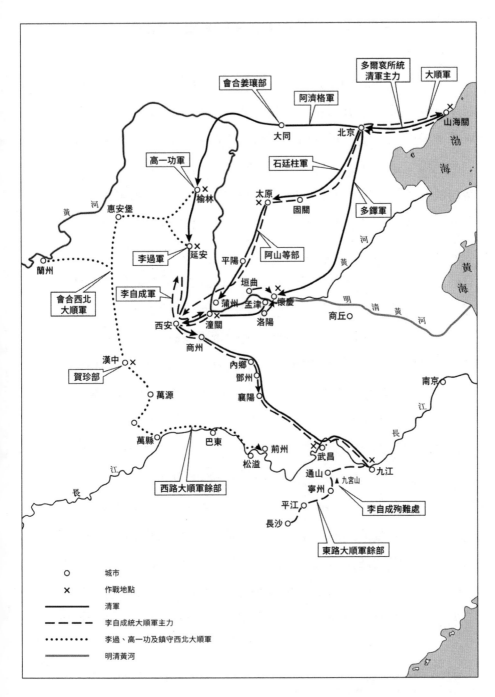

1644—1645 年清軍與大順軍作戰圖

第四節　清軍佔領北京和大順軍西撤

大順軍敗回北京以後，李自成曾經考慮過據守北京，二十七、二十八兩日採取了備戰措施，責令軍民火速拆除城外羊馬牆及護城河旁房屋。[1] 但是，經過斟酌，大順軍領導人終於決定放棄北京，主動西撤。這是因為大順軍在北京地區不可能集中一支足以固守待援的兵力，跟蹤而來的清軍一旦圍城，大順政權的領導人物和敗回兵將就可能成為甕中之鱉；加上城內居民親眼看到大順軍敗陣而回的狼狽情況，訛言四起，潛在的敵對勢力也待釁而動。在這種形勢下，李自成斷然決定二十九日在北京舉行即位典禮後，立即率部西撤。離京前"分付闔城人民，俱各出城避難"[2]，同時下令放火焚毀明代宮殿和各門城樓。大順軍撤退時，"城中扶老攜幼西奔者絡繹不絕"，一些明朝降官如龔鼎孳、涂必泓等人也自動隨軍西行。[3] 這說明大順政權在當時仍有相當威望，城中官民對此後局勢的變化尚難逆料。

清軍在山海關地區做了短暫的休整，即向北京進發。四月三十日晚上，多爾袞在薊州獲悉大順軍已經撤離北京，命令多鐸、阿濟格和吳三桂等帶領精兵火速追擊，目的是進一步重創大順軍，儘量截留被大順軍運走的金銀財物。他自己率領部分兵力於五月初二日由朝陽門進入北京。當時北京城裏的官紳士民並不清楚吳三桂已經投降清朝等情況，紛紛傳說吳軍殺敗大順軍，奪回明太子朱慈烺，即將送回北京即位，因此準備了皇帝的鹵簿法駕出城

1　楊士聰《甲申核真略》記此事云："恐東兵攻城，故亟去之。"他本人也被抓去城外拆羊馬牆。
2　李天根《爝火錄》卷三引當時塘報。
3　徐應芬（聾道人）《遇變紀略》。

迎接。沒想到昂然而來的是清攝政王多爾袞,許多人大吃一驚偷偷溜走,少數官僚則將錯就錯地把多爾袞迎入劫後僅存的武英殿,拜倒在愛新覺羅皇室腳下。

五月初八日,清軍在慶都(今河北省望都縣)城東追上大順軍。李自成命蘄侯谷英率兵阻擊,被清軍擊敗,谷英陣亡。接着,清軍又在真定(今河北省正定縣)再次獲勝。大順軍在畿輔已無法立足,經井陘退入山西,留精兵扼守固關。[1]追擊的清軍於五月十二日返回北京。

京師的再次易手,在明朝官紳中又一次造成重大的影響。大順軍進京時絕大部分明朝官紳都報名請用,清兵佔領北京後相當一批漢族官紳出於民族隔閡不願出仕清朝,紛紛南下。楊士聰在一封信中就說:"弟聯艜南來縉紳不下百餘人";"昨聞泛海諸臣,漂沒者七十餘艘。樂哉諸臣,幸得免於一留再留。"[2]其他先後南竄的官員為數當更多。順治元年七月,清吏部左侍郎沈惟炳在奏疏中寫道:"大清入來,規模宏大,安民和眾,恩已著矣。而京官南去不返,似懷避地之心;高人決志林藏,似多避世之舉。見在列署落落晨星,何以集事而襄泰運哉。"他建議"急行徵聘,先收人望","此興朝第一急務也"。[3]在爭取漢族縉紳勢力上,清廷顯然技高一籌。大順政權的追贓助餉,隨後建立的南明弘光政權又以從逆的罪名追究南逃官紳曾經投降"闖賊"而大興"順案",都使相當一部分官紳大失所望,另尋出路。多爾袞進京初期比較謹慎,遇事多聽從范文程、洪承疇等漢族官僚的建議。為了取得漢族官

---

1 邊大綬《虎口餘生記》。

2 《甲申核真略》附《答孫興公書》,所謂"一留再留"是出仕大順和清朝的一種隱晦説法。

3 順治元年七月吏部左侍郎沈惟炳揭帖,見《明清史料》甲編,第一本,第六十九頁。

紳地主的支持，他以為明帝復仇討賊相標榜，進京後的第三天就下令："官民人等為崇禎帝服喪三日，以展輿情。著禮部、太常寺備帝禮具葬。"[1] 鑒於明朝後期黨爭激烈，在京的明朝官僚絕大多數又投降過大順政權，多爾袞不失時機地廣為招徠，入京之初就"大張榜示，與諸朝紳蕩滌前穢"，[2] "令在京內閣、六部、都察院等衙門官員，俱以原官同滿官一體辦事。"[3] 不久又進一步明確宣佈："凡文武官員軍民人等，不論原屬流賊，或為流賊逼勒投降者，若能歸服我朝，仍準錄用。"[4] 這就是說不管是東林—復社黨人還是魏忠賢閹黨，是明朝官員還是大順政權官員，只要歸附清朝就官復原職，甚至加官晉級。其中突出的例子如涿州人馮銓在天啟年間依附魏忠賢，爬到大學士，崇禎初革職為民，多爾袞入京後即以書徵至，委任為內院大學士，而且因為他熟悉朝廷典故排名第一，位列范文程、剛林、祁充格、寧完我之前。馮銓受寵若驚，請求將名次移後，多爾袞說："國家尊賢敬客，卿其勿讓。"[5] 陳名夏在大順軍進京後曾報名任職，清軍入關他逃回南方，卻被南明弘光朝廷視為"從賊逆臣"，要捉拿歸案。他走投無路，被迫重返北京投靠清廷，歷任顯官，一直做到大學士。順治初年，清吏部向朝廷請示：周伯達在明朝任陝西關西道，在大順政權中任甘肅節度使；劉達原為明朝臨汾知縣，大順時期任巡按河南直指使，究竟應按明朝

---

1 《清世祖實錄》卷五。
2 徐應芬《遇變紀略》。
3 《清世祖實錄》卷五。
4 《清世祖實錄》卷八。
5 《清史列傳》卷七十九，《馮銓傳》。

官級還是按大順官級授職？清廷決定按大順所授較高官職錄用。[1]
陳之龍在明朝為監軍道，大順政權委任為寧夏節度使，降清後仍
任巡撫。[2] 黃爾性在崇禎末年任明朝漢中府通判，大順政權授職"道
員"（防御使），降清後被英親王阿濟格委任為寧夏巡撫；富平縣
舉人趙兆麟歸附大順政權後，仕至神木道（神木防御使），降清後
也由阿濟格委任為鄖陽撫院。順治三年正月，清廷吏部建議把他
們降為道級官員，攝政王多爾袞裁決仍以"都堂"（巡撫）任用。[3]
多爾袞還經常命降清的漢族官員薦舉人才，形成門生舊友相率入
朝的局面。自從明朝中葉以來，縉紳勢力迅速膨脹，成為各地舉
足輕重的社會力量。多爾袞採取大包大攬、求"賢"若渴的方針，
就奠定清朝統治而言是最成功的一着。1645 年（清順治二年、明
弘光元年）正月，吏科都給事中朱徽在一份奏疏中說："去歲五、
六月間，人心粗定，引避者多，寮署一空，班行落寞。及攝政殿下
寬仁好善之意，播於遠邇，暨聖主膺篆御圖以後（指上年十月清帝
愛新覺羅·福臨在北京即位），瑞葉天人，然後東西響應，多士雲
集，乃有今日，豈易易哉。"[4] 這段話頗能說明清廷為爭取漢族官紳
的支持確實煞費功夫，效果也是很明顯的。

在經濟上，清廷也實行維護官紳地主利益的政策，宣佈凡被
起義農民奪去的田產一律"歸還本主"。[5] 甚至連"前朝勛戚賜田、

1　《清世祖實錄》卷二十五。按，原文把周伯達的官職寫作甘肅巡撫，劉達為兩河巡按御史，是以明清
　　官制來稱呼大順同級官員的。

2　陳之龍降清之初被英親王阿濟格委任為陝西三邊總督，見《明清史料》甲編，第二本，第一〇四頁；
　　不久改任鳳陽巡撫。

3　《清初內國史院滿文檔案譯編》中冊，第二五六頁。

4　《明清檔案》第二冊，A2-119 號，參見《清世祖實錄》卷十三。

5　《清世祖實錄》卷十五。

己業，俱備照舊。"[1] 同時規定各地徵收田賦一律按萬曆年間冊籍，停徵崇禎時期加徵的遼餉、剿餉和練餉。對於明朝世代受匠籍制度束縛的手工業工人也全部放免，取消他們對封建官府的人身依附關係。1645 年（順治二年）五月下詔："免山東章邱、濟陽二縣京班匠价。並令各省俱除匠籍為民。"[2] 對明朝早已失去軍事職能的衛所制度也着手改革，把衛所軍士改為屯丁，遇有缺額"永不勾補"。[3] 這些措施反映了清廷統治者鑒於明朝不顧人民死活橫徵暴斂終於導致自身覆亡，有意於減輕百姓負擔的願望。儘管清初社會生產大面積破壞，加以頻繁用兵，軍需孔急，朝廷頒佈的"恩詔"很大程度上口惠而實不至。如時人談遷記載："都人謠曰：恩詔紛紛下，差官滾滾來。朝廷無一事，黃紙騙人財。"[4] 說明順治年間和康熙初期的宣佈減免賦稅並沒有多大實際意義，甚至由於奉差官員的敲詐勒索反而加重了人民的困苦。但是，這些政策具有長期性質，對於穩定人心，使流離失所的人口同拋荒的土地逐步重新結合起來，無疑有積極作用，為爾後社會生產的恢復和發展創造了比較有利的條件。

多爾袞剛進關時曾經嚴令沿途軍民一律薙髮結辮，遵從滿俗。入京後又命令京師官民為崇禎帝吊孝三日後即薙髮改制。這一舉措立即引起漢族各階層居民的強烈反感。當時在北京的朝鮮使臣回國後評論道："入關之初，嚴禁殺掠，故中原人士無不悅服。及有剃頭之舉，民皆憤怒。或見我人泣而言曰：'我以何罪獨為此剃

---

1 《明清史料》甲編，第一本，第七十五頁引順治元年諭旨。

2 《清世祖實錄》卷十六。

3 參見《清世祖實錄》卷十五，順治二年三月戶、兵二部議覆順天巡撫宋權疏條。

4 談遷《北遊錄》紀聞下。

頭乎＇；如此等事，雖似決斷，非收拾人心之道也。"[1] 由於清廷立腳未穩，朝廷內新歸附的漢官非議甚多，在野的更驚畏不至，多爾袞不得不暫時收斂，五月二十四日諭兵部道："予前因歸順之民無所分別，故令其薙髮以別順逆。今聞甚拂民願，反非予以文教定民之本心矣。自茲以後，天下臣民照舊束髮，悉從其便。"[2] 同年七月，又規定"近簡用各官，姑依明式速制本品冠服，以便蒞事。"[3]

清廷佔領北京初期採取的措施，在相當程度上改變了漢族居民記憶猶新的清軍三次深入內地屠殺擄掠的殘暴形象，特別是對漢族文武官紳招徠有方，不僅使自己迅速在畿輔以及附近地區站穩了腳跟，也為此後征服全國奠定了基礎。

第五節　畿南、山東、晉北地方官紳反對大順政權的叛亂

大順軍在山海關戰役中失敗的消息傳開以後，原大順政權管轄區內的明朝官紳認為時機已到，迅速糾集兵力發動叛亂，推翻當地的大順政權。這些發動和參與叛亂的官紳絕大部分是以明朝為正統的，他們對山海關戰役和清軍入京的情況並不大了解，有的只知道大順軍被吳三桂部殺敗；有的雖然知道清軍入關，也以為只是吳三桂借用清方兵力。因此，他們打的旗幟大抵是"擒賊復明"。

四月二十七日，山東德州鄉紳明朝御史盧世㴜、趙繼鼎、主事程先貞、大學士謝陞之弟生員謝陛發動叛亂，推舉逃難到該地

---

1 《朝鮮李朝實錄中的中國史料》上編，卷五十八。
2 《清世祖實錄》卷五。
3 《清世祖實錄》卷六。

的明宗室慶藩奉國中尉，香河知縣朱帥欽為盟主，假稱濟王[1]，號召遠近。山東和北直隸的許多地方官紳群起響應，不到一個月就佔領了山東省德州、省會濟南府、東昌府、青州府、臨清州、武定州、高唐州、濱州、海豐、蒲台、沾化、萊蕪、陵縣、樂陵、利津、濟陽、商河、齊東、樂安、朝城、恩縣、平原、德平、臨邑、禹城、陽信、武城、寧津；北直隸的河間府（包括河間、任丘、肅寧、興濟、阜城等八州縣）、大名府、景州、冀州、滄州、吳橋、故城、武邑、交河、獻縣、武強、東光、饒陽、衡水、清河、曲周等，共四十多個地區。[2]朱帥欽在明朝宗室內的地位很低，只是由於原封在山東境內的魯王、德王、衡王不是南逃就是被大順軍俘獲，找不到合適人選，竟被推為“濟王”作為復明的號召。朱帥欽發佈的檄文中說：“不佞派居天裔，義切君親，適稅駕於德城，快凶流之正罪，謬當推戴，統眾專征。……聞吾君猶存六尺之孤，況寰宇不止一成之藉。史司馬（指明南京兵部尚書史可法）整旅江南，旌旆夾舳艫並進；吳總戎（指吳三桂）揚旍塞北，清兵挾漢將齊驅，屢有捷音，多方響應。知匡復之不遠，識中興之有期。……於戲，新市、平林究掃除於漢祖，思明、慶緒疇搖奪夫唐基，繇來滔天之惡必亡，伊我列祖之靈未墜。共成義舉，早睹昌時。”[3]可見山東和河北南部的漢族官紳反叛大順，是以“中興”明朝為宗旨的。儘管以朱帥欽為代表的山東、畿南官紳對大順政權極為仇視，他們的意圖是要恢復明朝，在明室“天位未定”之際權宜設官置吏，

1 康熙十二年《德州志》卷十，《紀事》。

2 順治元年七月慶藩奉國中尉朱帥欽啟本，原錄本藏第一檔案館。

3 康熙十二年《德州志》卷十，《紀事》；另據乾隆五十三年《德州志》卷十二《藝文》校補。按，這件檄文為德州生員李嗣宬代作。

以待"匡復"。清朝官員後來說他"假濟王聚眾，欲稱尊號"，"遍授鄉紳以侍郎、卿、寺之名"；[1] 指責朱帥鋐想自稱尊號是他入清以後的政敵誣罔之詞，但他確實曾經以"濟王"的名義任命了一批不倫不類的官員，現存第一檔案館就有"山東濟王府兵部主事臣張呂韜"於七月十三日給清廷的奏本。[2] 朱帥鋐檄文裏明說"聞吾君猶存六尺之孤"，又特別提到"史司馬整旅江南"，他自己只是"統眾專征"，並沒有用監國以上的名義，這些都說明朱帥鋐和他的擁戴者僅限於為即將繼統的明朝新君從大順政權手中"收復失地"而已。

大順軍撤入山西以後，清軍停止了追擊，返回北京休息整頓，大約有一個月時間沒有採取軍事行動，所佔地方不過是京師附近一帶。李自成又一次犯了戰略性的重大錯誤。他不是坐鎮太原，火速從陝西等地調集軍隊入晉，加強山西防務；相反，卻同劉宗敏等高級文官武將率領主力繼續西撤，於六月初渡過黃河，返回西安。儘管他在固關留下了大將馬重僖；在大同、陽和留下了制將軍張天琳；在晉東南長治地區留下了大將劉忠；路過省會太原時留下明朝降將陳永福守禦，"且授以堅壁清野之計"[3]；在晉西北保德地區留下了降將唐通；晉南臨汾地區又有綿侯袁宗第統兵萬人屯於掛甲莊[4]。兵力似乎頗為可觀，但這些留守山西的軍隊各守汛地，缺乏一員威信卓著的將領統一指揮。由於大順政權覆敗後檔案材料毀滅殆盡，我們無法得知李自成為甚麼要那麼匆促地返回

1　順治元年六月二十九日招撫山東戶、工二部侍郎王鼇永啟本，原件藏第一檔案館。

2　順治朝奏本第五號，藏第一檔案館。

3　康熙二十一年《陽曲縣志》卷十二，《叢紀》。

4　雍正七年《臨汾縣志》卷五，《兵氛》。掛甲莊在臨汾縣城東北，見同書卷一《圖考・疆域圖》。

西安，為甚麼連長期擔任前線總指揮的劉宗敏也沒有留鎮山西。清軍佔領畿輔地區後，山西就成了大順政權同清方對峙的前線，李自成部署之不當又一次證明了他缺乏戰略眼光。

五月初十日，一度投降大順政權的明大同總兵姜瓖發動叛亂，"陽和軍民約與鎮城軍民內應，於是殺（張）天琳及偽中軍張黑臉，恢復大同。"[1] 姜瓖佔據大同地區後，初期也是以復明為號召，他擁戴"境內棗強王朱鼎調續先帝之祀"，"委以國政"。[2] 按時間推算，這時李自成正在太原地區，卻沒有對這一雁北重鎮發生的重大變故採取任何措施，而是繼續西撤。姜瓖隨即在清方拉攏下，很快歸附了清廷。六月十六日，他接到清兵部信牌傳達多爾袞的令旨："大同總兵官姜瓖忠誠為國，擒殺偽將，平定大同、陽和等功，予甚嘉悅。但立棗強攝理國事，以延先祀等語，甚覺不宜，其棗強王可照舊守其本等爵級。……"姜瓖立即遵令用順治年號"大張榜示，通行佈告軍民人等。"[3] 這樣，大同的復明變成了歸清。

明恭順侯吳惟英之弟吳惟華在多爾袞進京時拜迎馬首，自告奮勇前往山西替清朝招安地方。多爾袞欣然同意。六月，吳惟華離京赴晉，在兩三個月裏聯絡一些明朝文官武將先後招降了代州、繁峙、崞縣、五台[4]，攻克靜樂、定襄等州縣[5]，從而使清朝控制區擴大到太原以北。

1　順治九年《雲中郡志》卷十二，《外志》附《逆變》。

2　《清世祖實錄》卷五。按，朱鼎調或作朱鼎珊，調字為言旁，不符合明宗室命名原則。

3　順治元年六月二十四日大同總兵姜瓖條陳，見《明清史料》丙編，第五本，第四〇一頁。

4　順治元年七月二十日督撫兵民招安山西大同等處地方恭順侯吳惟華題本，見張偉仁主編，台灣聯經出版事業公司出版《明清檔案》第一冊，A1-29 號，參見羅振玉《清初史料叢編》所收《順治元年八月吏曹章奏》。

5　順治元年八月初一日吳惟華題本，見《明清檔案》第一冊，A1-71 號。

姜瓖在大同叛變投清以後，又發生了唐通在晉、陝交界地區的叛亂。順治元年八月初六日，清廷以攝政王多爾袞名義寫信招降唐通。[1]唐通和姜瓖、吳三桂等人一樣都擅長於見風轉舵。大順軍兵敗撤出畿輔後，他奉李自成之命鎮守同陝西相鄰的軍事要地保德州、偏關地區。由於姜瓖的叛變，大同地區落入清方之手，唐通估計大順政權難以同清廷抗衡，就在八月下旬以保德州為據點發動叛亂，文告改用明崇禎年號，西渡黃河襲擊陝西府谷縣，同大順政權鎮守陝北的亳侯李過激戰達半月之久。由於變生意外，李過部損失較大。唐通佔領了山西保德州、岢嵐州、永寧州（今山西省呂梁市）、河曲縣、興縣、嵐縣、臨縣和陝西府谷縣、葭州（今佳縣）一帶。清朝委任的山西總兵高勛和唐通有一面之交，於九月初三日派人往保德招降唐通，初七日唐通回信表示願意歸附清朝。[2]十月十一日，他正式拜表投降清廷，改用順治年號。[3]清廷於十一月將唐通由定西伯加封為定西侯。[4]唐通的叛變，不僅使山西北部全部淪入清方之手，而且由於唐軍佔領了府谷、黃甫川、清水營和葭州一帶，在黃河西岸的陝西境內也建立了據點，對大順政權的陝北防務構成了威脅。李自成深為憤慨，下令把唐通的母親和兒子處死。[5]

　　歷史證明，大順政權在駕馭明朝降將上犯了一系列錯誤。從1644年到1645年，歸附大順的明朝舊將幾乎毫無例外地叛變投

1　《清世祖實錄》卷七。

2　順治元年九月初九日山西總兵高勛揭帖，見《明清檔案》第一冊，A1-104 號。

3　順治元年十月十一日唐通 "為欽奉敕旨事" 奏本，見《明清檔案》第二冊，A2-17 號。

4　順治元年十二月唐通揭帖殘本，見《明清檔案》第二冊，A2-101 號。

5　順治十一年正月二十日正黃旗正欽尼哈番唐通奏本，原件藏第一檔案館。

敵，對於整個局勢的逆轉影響極為巨大。李自成的嫡系部隊既不如清朝滿洲八旗兵強勁，對於來附的明朝將領本應授予高官顯爵，改編其軍隊；即便要任人器使，也應以嫡系大將統精兵為主，降將為輔。李自成寬厚有餘，警惕不足，往往任用剛剛投降過來的明朝將領率領原部兵馬獨當一面。結果風向一轉，叛亂四起，終致土崩瓦解，教訓是非常深刻的。

第二章

弘光朝廷的建立

第一節　繼統問題上的紛爭和史可法的嚴重失策

大順軍的攻克北京和崇禎帝的自盡，標誌着明王朝的覆亡。
但是，淮河以南絕大部分地區仍然處於明政府管轄之下。當大順
軍向北京進軍時，南方部分官員知道京師難保，已經做了從海路
迎接太子朱慈烺來南京監國的準備。三月二十九日，即在北京失
守十天之後，消息就傳到了江蘇淮安。四月初八日，淮安巡撫路
振飛根據塘報向當地官紳宣佈了京師失守的重大變故。[1] 這裏有兩
點值得注意，一是淮安距留都南京不遠，南京六部等高級官員雖
然很快得到了北京陷落的消息，卻由於崇禎帝和他三個兒子的下
落不明，不敢輕舉妄動，他們嚴密封鎖消息，"禁訛言"，內心裏卻
焦急不安。"諸大老每集議事堂，惟相向攢眉，竟日無一語。或仰
視屋之罘罳，咄嗟而已。間曰：'事如不可知，將奈何？'竟以靴
尖蹴地作歎息聲，各各散走，以為常。"[2] 另一點是北京失陷的消息

1　滕一飛《淮城紀事》，見馮夢龍編《甲申紀事》，《玄覽堂叢書》影印本。

2　陳定生《書事七則》。

傳到淮安時，福王朱由崧[1]、潞王朱常淓[2]以及周王、恒王都因逃難泊居於淮安城西湖咀。[3]朱由崧和朱常淓也必然想到這一事件對自己的前途可能發生的影響。

南京在明朝初年是帝國的首都，永樂年間遷都北京以後，南京作為留都一直保留了六部、都察院等一整套與北京相對應的中央機構。這種兩京制度的特點是：皇帝和內閣大學士等決策人物都在北京，北京的六部等衙門是名副其實的中央權力機構；南京各衙門多為虛銜，公務清閒，任職官員被稱為"吏隱"，但地位一般不低於北京相對應的衙門官員。在留都握有實權的是南京參贊機務兵部尚書、南京守備太監和提督南京軍務勳臣。

自從大順軍兵臨北京城下之日起，朝廷的一切政令無法發出，南京的高級官員大概在接到崇禎皇帝"命天下兵勤王"的詔書以後就再收不到邸報了。召兵緊急勤王和隨之而來的音信不通，使南京各衙門大臣、守備太監、勳臣們越來越感到不安。四月初一日，以南京兵部尚書史可法領銜發佈了"號召天下臣民起義勤王捐貲急事"的南都公檄，檄文中提到"南北之耗莫通，河山之險盡失"之類的"宗社危情"[4]，表明他們已經籠罩在一種不祥的預感之中。四月初七日，史可法率兵渡江準備北上"勤王"；幾天之後，他誤信了一個不可靠的消息，寫信給南京詹事府詹事姜曰廣說，

---

1 朱由崧是明神宗的孫子，老福王朱常洵的長子，生於萬曆三十五年（1607）七月十五日，是崇禎帝朱由檢的堂兄（朱由檢生於萬曆三十八年十二月二十五日）。

2 朱常淓是神宗的姪兒，其父老潞王（翊鏐）原封河南衛輝府。萬曆四十六年閏四月常淓襲封潞王，比朱由檢、朱由崧高一輩。

3 上引《淮城紀事》。

4 計六奇《明季南略》卷一，《南都公檄》條。

崇禎帝已乘舟由海道南下，太子也從間道得以逃出，南京的官員們信以為真，一個個喜形於色，奔走相告。[1] 誰知第二天就傳來了朱由檢在三月十九日自盡於煤山的消息，這消息在四月十七日被從北京逃出來的原大學士魏炤乘證實。朝廷既已全部覆亡，作為留都的南京很自然地成了明朝半壁江山的政治中心。這裏當政和在籍的大臣如雷轟頂，頓時亂成一團。對於他們來說，當務之急是立君。由於崇禎帝的三個兒子都被大順軍俘獲，未能逃出北京，在沒有直系皇位繼承人的情況下，南京及其附近地方的大臣、勳貴、太監和擁兵自重的將帥就在擁立哪一位藩王的問題上展開了一場鈎心鬥角的爭執。以血統親近而言，崇禎帝的祖父神宗朱翊鈞的子、孫還有福王朱由崧、惠王朱常潤、桂王朱常瀛（神宗另一子瑞王朱常浩原封漢中，李自成軍入陝他逃至四川重慶，甲申六月被大西軍處死）；神宗兄弟的兒子則有潞王朱常淓。按照封建倫序觀念，自然應該首先考慮福王、桂王、惠王。而在福、桂、惠三王中朱由崧又處於優先地位，這是因為：第一，三親藩中福藩（老福王朱常洵）居長；第二，桂、惠二藩比崇禎帝高一輩，不如朱由崧援引"兄終弟及"（實際是弟終兄及）繼統更為適宜；第三，桂、惠二王在崇禎十六年（1643）張獻忠部進入湖南時逃往廣西，距南京較遠，福王卻近在淮安。福王朱由崧在倫序和地理上

---

1 陳定生在《書事七則·書甲申南中事》內記載他親自往見姜曰廣，"姜公見余，握手喜曰：有一佳訊，昨史公書來，云：'上已航海而南，東宮亦間道出矣。'出司馬札示余，余時喜不勝。"這一訛傳在李清《三垣筆記》中也有記載："北都既陷，蔣輔德璟以致政抵高郵，云先帝已北來，有見之天津，與周后及內官數十人俱裝飾一樣。且云郡邑不宜遽設龍亭哭臨。"蔣德璟在北京失守前夕以大學士致仕南歸，史可法相信他的話自在意料當中。楊廷麟詩云："可憐海上傳南狩，猶向延秋望六師。"（《楊忠節公遺集》卷四，《恭輓大行烈皇帝六首》）楊廷麟時在江西，可見這一消息傳佈甚廣。

佔了明顯的有利地位。在這裏，我們應當特別注意東林—復社中一些骨幹人士在繼統問題上所起的惡劣作用，他們的一些偏見深入人心，一直沿襲到現在。事實上，當時的有識之士都主張由福王朱由崧繼統，如淮撫路振飛"遺書南京兵部尚書史可法，謂倫序當在福王，宜早定社稷主。"[1]劉城《上閣部史公書》中說："自都門失守，大行皇帝凶問頻傳，雖所傳不一，大略頗同，公率先諸臣奉迎福藩殿下，臨蒞南京，此中外臣民之願也。"下文說他見到的詔旨仍用監國名義，"未有御極之意"，他極力主張應該"早上尊號"，理由是"倫序應在福藩，大寶之御無可遲滯之端。"[2]給事中李清、章正宸，進士鄭元勛等人也持相同態度。李清記載："北都變聞，在籍錢宗伯謙益有迎潞王議。揚州鄭進士元勛密語予：'予語里人解少司馬學龍曰：福從此始矣，神宗四十八年，德澤猶繫人心，豈可捨孫立姪？況應立者不立，則誰不可立？萬一左良玉扶楚，鄭芝龍扶益，各挾天子以令諸侯，誰禁之者？且潞王既立，置福王於何地？死之耶？抑幽之耶？是動天下之兵也，不可。"接着又說章都諫正宸力主應"以福藩為國本"，"時草野聞立潞，皆不平；及（福）王監國，人心乃定。"[3]然而，江南士紳中的一部分東林黨人卻從狹隘私利出發，強烈反對由福藩繼統，原因是朱由崧的祖母是備受神宗寵愛的鄭貴妃，從萬曆到天啟朝廷上圍繞着

1 歸莊《左柱國光祿大夫太子太師吏部尚書兼兵部尚書武英殿大學士路文貞公行狀》，見《歸莊集》卷八。

2 劉城《嶧桐集》，文，卷七。

3 李清《三垣筆記》卷下，《弘光》。祁彪佳（時任蘇松巡按）在自己寫的日記中也描寫了五月初一日福王朱由崧到達南京時，"所過民家俱供香花，縱市人瞻仰，都人以紗燈數百盞來迎。生員、孝廉時有伏謁於道傍，人情歡豫。"次日，他在奏本中說："昨者殿下駕入南都，士民歡悅，夾道擁觀，即此人情，可卜天意。"見《祁忠敏公日記·甲申日曆》。

儲君問題展開的"妖書""梃擊""移宮"等轟動一時的案件都同鄭貴妃有關，何況正是由於東林黨人的力爭，神宗和鄭貴妃希望立福王朱常洵（朱由崧的父親）為太子的圖謀才化為泡影。因此，他們擔心一旦朱由崧登上帝位，重翻舊案，自己在政治上將會失勢。在籍禮部侍郎錢謙益當時被視為東林黨魁，他兩次從原籍常熟趕往南京，以"立賢"為名，到處遊說，提議迎立潞王朱常淓。支持錢謙益的有南京兵部侍郎呂大器、南京戶部尚書高弘圖、右都御史張慎言、詹事府詹事姜曰廣等人。一度具有舉足輕重地位的首席大臣——南京兵部尚書史可法是傾向於東林黨的人物，他內心裏對擁立福王有所顧忌，但又認為應該按倫序迎立神宗的子孫。

各種南明史籍在迎立問題上記載非常混亂，原因是弘光既立，先前持異議者不免改口，局外人士又難免輕信風聞和自我揣測，弄出種種誤解。比較而言，最可靠的記載是直接參與其事的姜曰廣所著《過江七事》[1]。按姜氏記載，當時"江南北諸紳"（指錢謙益等熱衷於東林門戶之見的官紳）"群起擁潞王"。作為實權人物的史可法處於進退兩難的境地，他是東林黨人左光斗的得意門生，

---

1 《過江七事》是弘光初任大學士的姜曰廣被排斥後記敍自己在南京的親身經歷之作，史料價值很高。清代一些學者見到的傳抄本大概未署作者姓名，而陳定生（貞慧）著有《書事七則》，由於書名相似，誤掛於陳定生名下。謝國楨《晚明史籍考》、柳亞子《羿樓舊藏南明史料書目提要》（見《懷舊集》第一六八頁）承襲其訛，均誤。只要仔細研究這部書，不難確定作者只能是姜曰廣，其根據如下：一、陳定生一局外書生不可能知道其中委曲；二、書中所記過江七事全部以姜曰廣的言行為核心，不可能為陳定生或他人所作；三、最重要的證據是甲申十月從北京逃回南京的張鹿徵（曾出任弘光朝錦衣衛指揮使，清初改名張怡）著《謏聞續筆》卷一記："南都初建，着數多舛，見姜公曰廣所記七事。"其下引"計迎立""持逆案""正糾參""裁鎮將"等均節取姜氏《過江七事》原文。以張怡當時的地位和他對明代史事的關心，不致弄錯作者。確定《過江七事》的著者為參與迎立並出任大學士的姜曰廣，才不致將該書視為僅據風聞的泛泛之作。參見張怡《白雲道者自述》。

自然對擁戴福藩繼統心存疑慮，但又擔心捨親立疏將引起更大的政治風波。經過反復考慮，他暗自決定前往浦口同鳳陽總督馬士英商量在桂王與福王之中選定一人。史、馬密商的結果是"以親以賢，惟桂乃可。"[1]至於惠王朱常潤不在議立之列是因為他迷信佛教，不懂世事。（朱常潤次年降清後給清廷的奏疏中說："臣自髫年皈依釋教，性甘淡薄，只知焚祝，毫無外求。"[2]）第二天，史可法親自寫信給南京高級官員說明定策意見："迎桂者何？以福、惠之有遺議也，乃捨而立桂也。其潞藩則仿古兵馬元帥之制暫藉統兵馬。"[3]南京的官紳對於這個折中方案比較滿意，由南京禮部準備乘輿法物前往廣西迎接桂王。就在這一關鍵時刻，馬士英由浦口回到鳳陽，突然得到報告守備鳳陽太監盧九德勾結總兵高傑、黃得功、劉良佐決定擁立福王朱由崧。這裏有幾點值得注意：一、盧九德在萬曆末年曾在宮中為老福王朱常洵服役，由他出面聯絡三鎮當出自朱由崧的幕後策劃。李清記載："時王聞，懼不得立，書召南竄總兵高傑與黃得功、劉良佐協謀擁戴。劉澤清素狡，先附立潞議，至是以兵不敵，改計從傑等。"[4]二、高傑、黃得功、劉良佐的積極參與擁立顯然是為了攘取"定策之功"，增強自己在政治上的地位。三、史可法之所以要親赴浦口同馬士英會商，正是因為士英身為鳳陽總督，直接節制着高、黃、劉等總兵，藉以取得軍隊支持。不料變生意外，馬士英眼看手下大將全部自行投向福藩，如果再遵守同史可法達成的協議，自己只會被駕空、被淘

1　姜曰廣《過江七事》。
2　順治二年十一月十九日朱常潤奏本，見《順治錄疏》。
3　姜曰廣《過江七事》。
4　李清《南渡錄》卷一。

汰，權力的慾望使他顧不上甚麼信義，抓住時機向福王朱由崧表示效忠。史可法還蒙在鼓裏，繼續寫信給馬士英申說朱由崧"貪、淫、酗酒、不孝、虐下、不讀書、干預有司"七不可立的理由。[1] 馬士英既已改變初衷，參加擁立福王的行列，史可法的來信等於直接指斥行將即位的皇帝，把權力的劍柄交到了馬士英手裏。馬士英立即以鳳陽總督和三鎮名義正式致書南京守備太監韓贊周，宣佈擁立福王朱由崧。當南京各大臣被韓贊周邀請到家中傳閱馬士英的書信時，雖然不少人感到震驚，但是他們既無兵權，立桂、立潞的方案又已胎死腹中，失去了憑藉，只好違心地表示同意。擁立潞王朱常淓的主要策劃人物錢謙益的表現就頗為典型，"錢謙益侍郎觸暑步至膠東（指高弘圖）第中，汗渴，解衣，連沃豆湯（指解暑之綠豆湯）三四甌。問所立。膠東曰：'福藩。'色不懌，即告別。膠東留之曰：'天子毋容抗也。'錢悟，仍坐定，遽令僕市烏帽，謂：'我雖削籍，嘗經赦矣，候駕龍江關。'"[2] 東林黨魁的態度如此，其他原先追隨擁潞的人也可想而知了。[3] 山東總兵劉澤清一度支持東林骨幹擁立潞王，當他得知高傑、黃得功、劉良佐三鎮的動向後，自知兵力不敵，立即隨風轉舵加入了擁立福王的行列。

1　黃宗羲《弘光實錄鈔》卷一。談遷時為高弘圖幕客，在《棗林雜俎》仁集，"史相國督師"條記："而史先柬士英，有福藩不忠不孝等語。士英意脅之。史求還故牘，終不相忘。"又說："嘉善吳進士亮中云，見史相國手札，福世子荒淫酗酒，不曾讀書，云云。"彭士望曾在史可法幕中任職，也說："史覆馬書有不忠、不孝、不仁、不知之語。"見《恥躬堂詩鈔》卷十六，《山居感逝》詩。陳鼎《東林列傳》卷二十三《呂大器傳》云：呂大器時以兵部侍郎"兼署禮部，主潞議，不肯署，右都御史張慎言、詹事姜曰廣皆然之，方列福王不孝、不弟等六事貽可法及士英。"李清《南渡錄》卷一記："南都諸臣……方列王不孝不弟等七款貽漕督史可法，轉貽士英為立潞王。"同書卷四又記弘光元年二月行人司行人朱統鐂攻擊姜曰廣語："曰廣誣聖德有七不可。"按，史可法時任南京兵部尚書，不應稱之為"漕督"；"七不可立"福王的條款無論是誰歸納出來的，史可法贊同並致書馬士英當係事實。

2　談遷《棗林雜俎》仁集，《異議》條。按，談遷曾任高弘圖幕客，所記當可信。

3　南京兵部侍郎呂大器（史可法的副手）原來積極支持錢謙益擁立潞王，五月初三日福王朱由崧出任監國，他"心怵前議，欲請後日即登極"，藉以換取朱由崧的好感。見李清《南渡錄》卷一。

四月末，福王繼統已成定局。

由於擁立定策問題對弘光一朝政局的影響極大，有必要做一點分析。前面說過，當時江南東林黨人在朝、在野的勢力很大，他們中間的骨幹分子以"立賢"為名主張捨棄神宗嫡系子孫而擁立穆宗之孫潞王朱常淓，後來的事實證明朱常淓並不"賢"，他們的真正用意是排除福王，以確保崇禎時期東林—復社黨人在政治上的操縱權，特別是如果潞王以較遠的宗支而被迎立，錢謙益等人有"定策"之功肯定可以飛黃騰達。一度處於權力中心的史可法優柔寡斷，設想出擁立桂王的折中方案，以為桂、福二藩都是神宗嫡支，以桂抗福可以滿足東林黨人反對立福藩的願望，又帶着這個方案親赴浦口同掌握實際兵權的鳳陽總督馬士英商量，自以為事出萬全。結果風雲突變，無論他主張擁立的是不是神宗嫡系，在朱由崧眼中他始終是反對自己黃袍加身的重要人物。就當時情況來說，帝位候選人桂、惠二親藩離南京較遠，福、潞二藩近在淮安，史可法既然主張按照倫序迎立，就應該當機立斷，把顛沛潦倒之中的福王朱由崧接來南京繼統。這樣，朱由崧必將對他刮目相看，馬士英和四鎮也沒有可乘之機。當初私下醞釀立君人選時，史可法曾經對姜曰廣說："以齊桓之伯也，听管仲則治，听易牙、開方則亂。今吾輩之所立者，豈其不惟是听，而又何患焉？"[1] 這表明史可法知道落魄之中的福王只要爬上皇帝的寶座，享盡人間富貴就心滿意足，在這樣一個同"察察為明"的崇禎帝截然相反的庸主下，朝廷大政必然落在自己這幫"君子"手裏，事情可以辦得很

---

1 姜曰廣《過江七事》。

順當。可是，史可法的這句話一傳出去，"擁潞者聞之大嘩。以詢諸紳，又頗於福推惡。可法於是引避不言矣。"[1]

古語說："當斷不斷，反受其亂。"史可法多少有點門戶之見，固然是原因之一，但他的致命弱點是缺乏雄才大略，總想處處應付，八方妥帖，最後落得個事與願違。張怡有一段話說得很有意思，"弘光皇帝以播遷之餘，丁大亂之後，九廟之焰未息，萬姓之席未貼，雖卧薪枕鼓，不足示其殷憂；布衣帛冠，不足表其恭儉。而聖質等於肉靡，皇衷習於市肆，卧深宮而枕宦者，爰比頑童；開後庭以待麗華，惟湛旨酒。李煜、孟昶合為一人，歸命、東昏將與同傳矣。然而治亂不關其意，故上每任人而不疑；賢才各極其材，故下亦任事而不忌。向使李綱、寇準之流為之相，韓、岳、宗澤之儔為之將。將相同心，不憂中制，中外一德，可彌外憂，即發兵誅不道，遠遜蕭王（指東漢光武帝劉秀），豈敷天同左祖，至出趙構下哉！"[2] 這話是頗有見地的。

在隨機應變上，史可法顯然不是馬士英的對手。當史可法在南京被擁潞、擁嫡各派人士弄得左右為難時，特約馬士英會商於浦口，推心置腹地談了各方面的紛爭和自己的折中意見，馬士英認為這是自己參與定策的重要機會，正如他後來所說："立桂，史意也。予曰：亦佳，但須速耳。"[3] 他甚至在同史可法達成協議後曾經邀請南京各衙門官員赴浦口當面宣佈這一決定，藉以顯示自己是參與定策迎立桂王的第二號人物。誰知南京六部等大臣認為鳳

1　姜曰廣《過江七事》。

2　張怡《謏聞續筆》卷四。

3　姜曰廣《過江七事》。

陽總督不過是地方高級官僚，無權召集朝廷大臣開會。自感掃興的馬士英回到鳳陽，得知太監盧九德同高傑、黃得功、劉良佐已決定擁立福王，開始是大吃一驚，然而他畢竟屢經宦海浮沉，老於世故，看準了朱由崧要當皇帝已難阻止，有將帥統兵為後盾，有太監在旁翊贊，不足之處正是缺少一員大臣。馬士英立即轉向，同高傑、黃得功、劉良佐、盧九德等人在鳳陽皇陵前立誓擁戴福王，成了定策第一文臣。為了取得在即將建立的南明朝廷首席大學士職位，他抓住史可法為擁立桂王而列舉福王“七不可立”的來信作為把柄，又針對南京等地東林黨人擁潞之聲甚囂塵上，帶領兵馬護送朱由崧直抵浦口，並且在立福已成定局的情況下發出表文聲稱：“聞南中有臣尚持異議，臣謹勒兵五萬，駐紮江干，以備非常，誌危險也。”[1] 這一着棋實在厲害，南京最高文臣史可法知道自己上了大當，攻擊福王的書信落在馬士英手裏，白紙黑字，有口難言，他除了滿腹悔恨地默默跟隨福王朱由崧由浦口乘船前往南京就任監國以外，別無其他選擇了。弘光一朝黨爭的激化、武將的跋扈，最後導致覆亡，關鍵都是從這裏蔓延開來的。李清寫道：“使諸臣果以序迎，則上何至書召四鎮，士英與傑又何得居功？非錢謙益、呂大器誤之而何？”[2] 錢謙益、呂大器固然是擁立潞王的主謀人物，但是真正一度擁有決策大權的是史可法[3]，他在這樣的重大問題上

1　姜曰廣《過江七事》。祁彪佳時任蘇松巡按，在日記中記載，他四月二十九日“晤呂東川（呂大器）於兵部火房。袖中出馬瑤草（士英字）書覆：已傳諭將士奉福藩為三軍主，而諸大帥且勒兵江上，以備非常矣。”見《祁忠敏公日記》《甲申日曆》，可相參證。

2　李清《三垣筆記》卷下，《弘光》。

3　夏完淳《續幸存錄》《南都大略》中說：“南樞史可法實司擁立事。”

態度遊移，沒有斷然決定擁立福王，致使朱由崧求助於鎮將，從此大權旁落，應當負主要責任。[1]

第二節　朱由崧的監國和稱帝

　　四月二十九日，福王朱由崧在史可法陪同下，乘舟抵達南京城外燕子磯，南京官紳均往朝見。五月初一日，朱由崧登岸，先拜謁孝陵，然後從朝陽門進城，駐於內守備府。談遷記載了他目睹朱由崧進入南京的情況，"初，遷聞王謁陵，出朝陽門外，萬眾伏候。見王乘輦，角巾半污舊，手搖白竹扇，有隴畝風。竊心幸之。不料淫佚敗度，為懷、愍之續也。"[2] 文武百官朝見後商議立福王為主究竟應當立即登極為帝還是暫用監國名義，這裏的區別是登極後就沒有改變的餘地，監國則尚有退步。有的大臣考慮到崇禎三子下落不明，而他們之中任何一人都是較各藩王更符合繼承帝位的人選，因此主張再等待一段時間。初三日，朱由崧在南京就任監國，用黃金鑄造監國寶，頒諭天下說：

1　關於南京立君的爭執，各書記載頗有差異。如談遷記：四月十四日史可法、張慎言、高弘圖、姜曰廣、呂大器等集議監國，"高、張之意屬於雒陽（指福王，原封洛陽）；史頗不然之，意在衛輝（指潞王，原封衛輝府）。恐北耗未確，逡巡未決。"至二十七日，"史尚書之手札至，意專衛輝。尋又札云：雒陽、衛輝並南下，當拮闘孝陵之前，云云。亡何，總督鳳陽馬士英書來，奉福王發淮安，將及矣。即日，守備南京太監韓贊周出迎。二十九日，王舟泊燕子磯，諸公馳候。"（《棗林雜俎》仁集《定策本末》條）李清《南渡錄》卷一記："時北都失守，毅宗慘崩，以倫以序應屬福王，而迎立潞王之議起。……時以廢籍少宗伯兩入留都倡議者，錢謙益也。於是，兵部侍郎呂大器主謙益議甚力，而右都御史張慎言、詹事姜曰廣皆然之。丁憂山東僉事雷縯祚、禮部郎中周鑣亦往來遊說。獨逆案為民阮大鋮與鳳陽總督馬士英密，且心冀燃灰，書言不可。"黃道周在《興元紀略》中說史可法、張慎言等"咸主清河（指潞王）"（見《黃漳浦集》卷三十二，雜著）。

2　談遷《棗林雜俎》仁集《定策本末》條。

……孤避亂江淮，驚聞凶訃，既痛社稷之墟，益激父母之仇。矢不俱生，志圖必報。然度德量力，徘徊未堪。乃茲臣庶，敬爾來迎，謂倡義不可無主，神器不可久虛，因序謬推，連章勸進，固辭未獲，勉循輿情，於崇禎十七年五月初三日暫受監國之號，朝見臣民於南都，孤凤夜兢兢，惟思迅掃妖氣，廓清大難。德涼任重，如墜谷淵，同仇是助，猶賴爾臣民。其與天下更始，可大赦天下。[1]

就任監國之後，朱由崧依照廷臣會推，任命原南京兵部尚書史可法為東閣大學士兼禮部尚書，入閣辦事；馬士英加東閣大學士、兵部尚書、右副都御史銜，仍任鳳陽總督。不久又以原詹事府詹事姜曰廣為禮部左侍郎，與原禮部尚書王鐸，二人兼東閣大學士入閣辦事。以張慎言為吏部尚書，召劉宗周為都察院左都御史，其他衙門官員也先後做了安排。按照史可法、高弘圖、張慎言等人的意向是儘量讓"正人"佔據要津，使朝廷建立之始有一番新氣象。開初在安排朝廷重臣上，他們得以如願以償。然而，這種局面很快就改變了。爭奪朝廷權力的較量先從首輔開始。按明代制度，南京兵部尚書位居留都百官之首，弘光朝廷初立，史可法就成為當然的首席大學士。在定策問題上史可法既被馬士英出賣，得不到朱由崧的信任，包括勛臣在內的一些小人立即隨風轉舵。姜曰廣記載，魏國公徐弘基等原先頂奉史可法不啻天人，"權寄稍移，下石隨起"，竟然倡言可法"勤王無功""可殺"。[2]馬士英擁立福王本意就在攫取權力，他絕不會滿足於加幾個空銜而官居原職。

1 李清《南渡錄》卷一。

2 姜曰廣《過江七事》。

於是，他先利用誠意幫劉孔昭爭入內閣，當遭到其他官員以"我朝從無勛臣入閣之例"為理由堅決反對時，劉孔昭立即回答說："即我不可，馬瑤草（士英字）何不可？"朱由崧與馬士英早有默契，當即決定召士英入閣輔政。史可法明知自己指斥福王的把柄落在馬士英手裏，現在馬士英既以"定策"首功備受朱由崧青睞，被召入閣輔政，江北不能沒有重臣督師，因此，他"自請督師淮揚"。五月十二日朱由崧批准史可法出任督師。[1]

五月十五日，朱由崧正式即位為皇帝，改明年為弘光元年。第二天，馬士英入閣主持政務兼任兵部尚書。史可法於十八日陛辭[2]，二十日渡江往淮陽督師[3]。儘管在整個弘光時期，史可法的加銜都略高於馬士英，但在朱由崧監國僅半個月之後即被排擠出外，足以說明他的失勢。黃宗羲有以下一段議論："士英之所以挾可法，與可法之所以受挾於士英者，皆為定策之異議也。當是時，可法不妨明言：始之所以異議者，社稷為重，君為輕之義；委質已定，君臣分明，何嫌何疑而交構其間乎？城府洞開，小人亦失其所秘，奈何有譎言之心，授士英以引而不發之矢乎？"他接着寫道："臣嘗與劉宗周言之，宗周以為然。語之可法，不能用也。"[4]這未免是書生之見。因為關鍵在於史可法在議迎立時列舉了福王"七不可"的理由，對朱由崧的人品做了全面的攻擊；弘光既立，作為人臣的史可法不可能無"譎言之心"，何況以"社稷為重"做解釋等於說

1 《國榷》卷一百一。

2 計六奇《明季南略》卷一《諸臣升遷推用》條。按，此條上文云：五月初三日，"高、劉二帥書至，請可法渡江，欲其卸權於士英也"。初九日，"馬士英自請入朝，拜疏即行"。這表明朱由崧、馬士英、高杰、劉良佐等事先就已經在首席大學士人選上達成協議。

3 李清《南渡錄》卷一；黃宗羲《弘光實錄鈔》卷一載於十八日。

4 黃宗羲《弘光實錄鈔》卷一。

朱由崧不適合肩任宗社之重擔。李清記馬士英曾密疏言："上之得位，由臣及四鎮力，其餘諸臣皆意戴潞藩；今日彈臣去，明日且擁立潞藩矣。上信其言，為雨泣久之。以後一切朝事，俱委士英。"[1]史出馬入，在許多史籍中認為是弘光朝廷夭折的一個重大關鍵。誠然，史可法遠較馬士英清廉正直，但如果認為他留在朝廷秉政，就可以保障江左，進而恢復中原，那就未免對史可法的政治眼光和魄力估計太高了，也不了解南明醞釀立國之時史可法受東林黨骨幹分子的牽制業已鑄下大錯。他本人不可能得到新天子的信任還在其次，真正的關鍵在於按倫序應繼承帝位的朱由崧眼看將被東林諸公排斥，為了登上大寶不得不求助於武將，這樣才造成了本來無功可錄的武將一個個以定策元勛自居。馬士英的政治投機雖然保證了他個人地位的上升，但是導致弘光一朝武將跋扈局面的並不是他，而是史可法。一度掌握着擁立大權的史可法未能抓住這個稍縱即逝、決定社稷安危大計的機會，定策之功落入軍閥之手，弘光既立，無論他在朝輔政，還是在外督師，都改變不了武將脅制朝廷、無意進取的局面。史可法自食苦果，被迫讓出首輔之位過江督師，只是證明他決策錯誤，事機已失，無可挽回。一批傾向東林黨的士大夫大喊大嘆"秦檜在內，李綱在外"，國將不國，其實為時已晚。後來的史學家沒有弄清事情的因果關係，重複舊說，無助於總結歷史的經驗教訓。在歷史上，當權人物可以犯這樣、那樣的錯誤，但在關鍵時刻的關鍵問題上一步錯則步步錯，史可法的悲劇正是從這裏展開，弘光一朝的毫無作為以至於土崩

---

1 李清《三垣筆記》卷下，《弘光》。

瓦解主要原因也在這裏。有關南明的大量史籍眾說紛紜，大抵都沒有說到點子上，本書特三致意焉。

第三節　四鎮的形成和跋扈自雄

任何一個國家政權要想有所作為，必須首先保持內部穩定。內部穩定又在很大程度上取決於朝廷威望和文武官員的齊心合力。縱觀明代史事，文臣、武將勢力雖有消長，朝廷的威信卻是至高無上的。大致來說，明初重武輕文，公侯多為開國、靖難元勛。然而，太祖朱元璋、成祖朱棣都是雄才大略的御將之材，勛臣地位雖高，仍不足以對朝廷構成威脅。明中期以後，承平既久，重文輕武之風積重難返，即以用兵而言，出任統帥者均為文臣，直至崇禎年間沿襲未改，武將擁兵自重雖已顯露端倪，但迄於明朝北廷覆亡，除了崇禎帝有意包庇的左良玉以外，將領們還不敢違抗朝廷的調遣和朝廷所派重臣的節制，更談不上操縱朝廷軍國重務了。南明幾個朝廷最大的特點和致命的弱點正在於依附武將。武將既視皇帝為傀儡，朝廷徒擁虛名，文武交訌，將領紛爭，內耗既烈，無暇他顧，根本談不上恢復進取。南明之不振種因於此，這種局面的始作俑者正是史可法。

史可法在定策問題上猶豫不決，導致朱由崧乞援於武將。弘光既立，高傑、黃得功、劉良佐、劉澤清以敗軍之將坐收"定策"之功，軍閥操縱朝廷的局面業已形成。史可法自知鑄下大錯，還想竭力挽回。五月初八日，他呈上"敬陳第一緊急樞務事"的啟本中說：

從來守江南者，必於江北。即六朝之弱，猶爭雄於徐、泗、潁、壽之間，其不宜畫江而守明矣。但此時賊鋒正銳，我兵氣靡，備分則力單，顧遠則遺近，不得不擇可守之地，立定根基，然後鼓銳而前，再圖進取。臣以為當酌地利，急設四藩。四藩者：其一淮、徐；其一揚、滁；其一鳳、泗；其一廬、六。以淮、揚、泗、廬自守，而以徐、滁、鳳、六為進取之基。凡各屬之兵馬錢糧，皆聽其自行徵取。如恢一城、奪一邑，即屬其分界之內。……而四藩即用靖南伯黃得功、總鎮高傑、劉澤清、劉良佐，優以禮數，為我藩屏，听督臣（指馬士英）察酌，應駐地方，相機固守。江北之兵聲既振，則江南之人情自安。黃得功已封伯，似應進侯；傑、澤清、良佐似應封伯。左良玉恢復楚疆，應照黃得功進侯。馬士英合諸鎮之功，爵賞似難異同。盧九德事同一體，听司禮監察敍。[1]

姜曰廣記：“弘光御極，群臣上言：‘皇上龍飛應運，實惟總兵官，至高傑、黃得功、劉良佐、劉澤清早決大計，擁立聖躬，功在社稷，宜錫五等爵，剖符延世。’詔曰：‘可。’”[2] 這說明史可法、姜曰廣等人急於彌補自己在擁立問題上的失誤，儘量籠絡四鎮，以換取朱由崧和支持他上台的人的好感，實際上是步馬士英的後塵。然而，馬士英已佔先者，五月初九日到達南京。次日，朱由崧召見史可法、高弘圖、姜曰廣、馬士英四人，讓他們迅速議定

1　史可法的這件啟本各書詳略不一，繫時也不一致。這裏是依據《史可法集》卷一、計六奇《明季南略》卷一所載校補而成。啟本中提及馬士英事，在《史可法集》中作“至督臣頻年討賊，望重勞深，今既總統諸軍，似應特行優異，此又自有睿裁，不俟臣言之贅矣”，文字雖與《明季南略》稍異，但史可法的意圖是給馬士英加官晉爵，仍舊“總統諸軍”，不讓他真正入閣辦事是很明顯的。

2　姜曰廣《過江七事》。

用人、守江、設兵、理餉的事宜。十一日，史可法再次上啟本，除了重申設立四鎮外還談到了督師問題，他說：＂有四鎮，不可無督師，應駐揚州，適中調遣。＂[1] 弘光朝廷決定封高傑為興平伯，鎮守徐州、泗州地區；劉良佐封廣昌伯，鎮守鳳陽、壽州地區；劉澤清封東平伯，鎮守淮安、揚州地區；靖南伯黃得功加封侯爵，鎮守滁州、和州一帶。[2] 史可法提出的四鎮駐地和所謂進取之基都在南直隸境內，督師駐地更近在江北咫尺之地揚州。當時的一些人士都看出了史可法的毫無遠圖，意在保住江南。李清在採錄了這兩篇啟本後感慨地寫道：＂然於青、兗、開、汝（指山東、河南一帶），似置之不講矣。＂[3] 張岱說：＂以史閣部之設四鎮，不設於山東、河南，乃設於南畿數百里之內，此則閣部之第一失着。＂[4] 曾任商丘知縣的梁以樟上書史可法說：＂守江非策也。公今以河南、山東為江南屏蔽，仿唐、宋節度、招討使之制，於山東設一大藩，經理全省，以圖北直；於河南設一大藩，經理全省，以圖山、陝，擇大臣才兼文武者任之，厚集兵餉，假以便宜。於濟寧、歸德設行在，以備巡幸，示天下不忘中原，如此克服可期。若棄二省而守江北，則形勢已屈，即欲偏安，不可得矣！又四鎮咸跋扈，宜使分不宜使合，務別其忠順強梗之情以懲勸之，而閣部大樹兵以自強，乃可制也。＂＂可法心然其言，然卒不能用。＂[5]

---

1 《史可法集》卷一《啟為遵旨速議等事》。按，史可法初八日、十一日兩件啟本，在李清《南渡錄》卷一中被合併為一，牽連書於五月甲辰（十七日）下，顯然不妥，朱由崧在十五日即帝位，官員上言當用奏疏，史可法所上為啟本當在其監國之時，馬士英初九日到南京入內閣辦事在可法第二件啟本中也有明確反映。

2 溫睿臨《南疆逸史》卷四十九。

3 李清《南渡錄》卷一。

4 張岱《石匱書後集》卷三十八。

5 《鹿樵紀聞》卷上。

從表面看，這些議論都很正確。但考察一下當時的各種因素，史可法有不得已的苦衷。甲申五、六月間，南方諸臣只知道大順軍已佔領整個黃河流域，前鋒直逼淮上，高傑、劉澤清率部南逃，在這種形勢下史可法為防止大順軍飲馬長江，做出守淮、守江的部署有其特定的背景。六月中旬以後，大順軍兵敗西撤，畿南、山東、河南等地官紳反叛大順政權，陷於一片混亂當中。就弘光朝廷而言，趁清軍尚未南下之時，出軍北上，會合這些地方的官紳武裝，擴大自己的管轄區，自然不失為一着高棋。史可法未必看不到這一點。問題是，高傑、黃得功、劉良佐、劉澤清已因“定策”有功，備受弘光帝和馬士英的寵信，志驕氣盈，一心追求的是在江北爭奪繁華之地，既可過太平日子，又可就近要挾朝廷。史可法出任督師時已是“失勢憫默”之人，他根本指揮不了“四鎮”，只好奔走調停於四鎮之間，如奉驕子，一籌莫展。

　　下面對四鎮的來歷做一簡單介紹。

　　黃得功，字虎山，開原衛人 [1]，出身行伍。崇禎年間長期在南直隸的江北地區、河南一帶同張獻忠、革左五營等部義軍作戰，升至盧州總兵。明亡前夕隨馬士英平定河南永城叛將劉超，論功封為靖南伯。

　　劉良佐，字明輔，北直隸人，因常騎一匹雜色馬，人稱花馬劉。崇禎年間統兵在宿松、盧州、六安一帶同義軍作戰，升任總兵官。北都覆亡時他帶的軍隊駐在河南正陽地區，甲申四月應鳳陽總督馬士英邀請率部進入南直隸，“沿途淫劫，臨淮民聞其將

---

1 《鹿樵紀聞》卷上。《南疆逸史》卷四十九本傳作合肥人，從軍遂隸遼陽籍。

至，嚴兵固守。良佐怒，攻之，不下。"[1] 馬士英讓他移駐壽縣一帶。關於劉良佐有一點需要特別注意，他的弟弟劉良臣早在1631年（明崇禎四年）大淩河之役時任游擊，就已隨總兵祖大壽投降清廷。[2] 後來清軍南下時，他不戰而降當與此有關。

高傑，字英吾，陝西米脂人，原為李自成部將，綽號翻山鷂，投降明政府後多次參加對農民軍的追剿，升任總兵。甲申初大順軍渡河東征，明朝武將大批歸附，高傑因為同李自成有宿怨，不敢投降，率部由陝西經山西、河南懷慶一直逃到山東。高部進入山東時，見地方百姓對明朝廷已失去信心，盼望大順軍早日到來。為了順利通過各州縣並取得糧餉，高部將領竟然冒充為大順軍。康熙年間金鄉知縣沈淵記載了當地的一件掌故："猶憶聞之老者，謂當崇禎甲申三月（當為二月，見注）有號翻天鷂子者，高傑麾下將也。挾逃兵數千人假名'闖王安民'，兵薄金鄉城。方是時，寇賊充斥，金鄉官民守城，城門晝夜閉，而見賊言如此，喜其安民，方謀牛酒迎勞，且遙問安民何如？賊且作宣詔狀，有'禁擄、禁殺，敢違者斬無赦'諸語，彼軍士則狂走如鶩，洶洶不可遏，守者方疑之。"[3] 高傑在奪路狂奔之際，派使者到壽州同鳳陽總督馬士英聯繫。士英得知他部下有兵三萬、馬騾九千，立即回信讓高傑部屯駐徐州，聽從自己節制。[4] 高傑赴壽州謁見馬士英後回鎮徐州，不久就憑藉太監盧九德的穿針引線，成了"定策"元勳。

1　李清《南渡錄》卷一。

2　《清史列傳》卷七十八《劉良臣傳》。

3　乾隆三十三年《金鄉縣志》卷二十，藝文，沈淵《馬義烈女祠碑陰記》；同書卷七，宦績，《段可舉傳》記："甲申三月十六日，妖賊翻天鷂託闖官安民，計在賺城。"按，順治十三年《新修豐縣志》卷九《災祥》記："十七年二月十六日，高傑兵數萬由豐適徐，城門晝閉，民大恐。"金鄉、豐縣接境相鄰，兩縣志所記均為十六日，但一作三月，一作二月，從當時形勢看應為二月。

4　談遷《國榷》卷一百。

劉澤清，字鶴洲，山東曹縣人，出身行伍，崇禎末年升至山東總兵。大順軍迫近北京時，崇禎帝命他率部火速入衛京師，他謊稱墜馬受傷，拒不奉詔。不久大順軍進入山東，他帶領主力向南逃至淮安。在南京諸臣商議立君的問題上，他起初迎合東林黨人錢謙益、呂大器等主張擁立潞王朱常淓，後來得知黃得功、高傑、劉良佐和馬士英已經決策擁立福王朱由崧，他自知兵力不敵，立即搖身一變，加入了擁福的行列。[1]

四鎮中高傑、黃得功兵力較強。高傑、劉澤清是望風而逃的敗將，本應受到朝廷的懲罰；黃得功、劉良佐在甲申年間也無“功”可錄，只是由於他們以兵力做後盾使朱由崧得以如願以償登上皇帝的寶座，都成了定策功臣。五月十七日，黃得功進封為靖南侯、高傑為興平伯、劉澤清為東平伯、劉良佐為廣昌伯；世守武昌的左良玉雖然沒有參加定策，但他兵多將廣，也進封為寧南侯。四鎮的形成本不是因為為明室收復“失地”中做出過甚麼貢獻，而是因為在策立上對朱由崧個人有功。就弘光、馬士英而言，需要憑藉他們的兵力懾服江南士紳；四鎮也自恃有功，“天子乃我輩所立”，從此驕悍跋扈，一味麇集於南直隸江北地區，爭奪“善地”以自肥，進而挾制朝廷。

關於四鎮封爵的問題，種根於迎立新君上的分歧。具體情節各書記載不完全相同。應廷吉記甲申十一月史可法對他說：“天下事已不可為。先帝變日，予待罪南樞，分固應死，轉念天下國家之重，庶幾主器得人，希紹一成一旅之烈，不意決裂至此！揆厥所由，職由四鎮尾大不掉。為今之計，惟斬四臣頭懸之國門，以為任

1 李清《三垣筆記》卷下，《弘光》。

事不忠之戒，或其有濟。昔之建議而封四鎮者，高弘圖也；從中主張贊成其事者，姜曰廣、馬士英也；依違其間，無所救正者，余也。"[1] 黃宗羲的說法是："馬士英既藉四鎮以迎立，四鎮遂為士英所結。史可法亦恐四鎮之不悅己也，急封爵以慰之。君子知其無能為矣。"[2] 姜曰廣記："先是，封事起倉卒，諸將條上事宜，上許焉。一切誅戮、署置、鹽課、商稅以及正供之賦，俱得便宜從事，儼然藩鎮矣。"姜曰廣和北大司寇（刑部尚書）解學龍等上言若不改變，"深釀地方憂"。馬士英回答道："史送之，今吾奪之，不能！"[3] 弘光帝即位不久，江西總督袁繼咸朝見時面奏："封爵以勸有功。無功而伯，則有功者不勸；跋扈而伯，則跋扈者愈多。"朱由崧表面上贊成袁繼咸的意見，歎氣說："事已成，奈何？"[4] 實際上正如六月二十日國子監典籍李模疏中所言："今日擁立之事，皇上不以得位為利，諸臣何敢以定策為名？甚至定策之名加之鎮將。鎮將事先帝，未聞效桑榆之收；事皇上，未聞彰汗馬之績。案其實亦在戴罪之科。予之定策，其何敢安？"[5] 這話說到了問題的實質。南明的幾個朝廷都是由武將擁立和操縱，但從來駕馭不了武將。武將不以是否為國出力受賞罰，而是靠挾制朝廷加官晉爵，一旦形勢不利，倒戈相向，保全富貴，自在意料當中。總而言之，南明立國之初，底子就沒有打好，作為關鍵人物的史可法沒有斷

1　應廷吉《青燐屑》卷上。

2　黃宗羲《弘光實錄鈔》卷一。林時對在《閣部史忠靖公以四藩防江記》一文中也說"議立四藩，畫地而封"是史可法的主意。貴池諸生劉城上書指出用人之不妥，"公得書果悔，而事已無及。"見《留補堂文集選》。

3　姜曰廣《過江七事》。

4　李清《三垣筆記》卷下，《弘光》。

5　《弘光實錄鈔》卷一。

然決策迎立福王朱由崧，利用皇權穩住大局，收拾殘疆，是重大的失策；朱由崧眼看有當不上皇帝的危險，急忙派人召鎮將擁立，授以"定策"之名。從此太阿倒持，軍人專政，國已不國。軍閥之間又矛盾重重，勇於私鬥，怯於公戰；文臣或依附某一軍閥為靠山，或束手無策，放言高論者有之，引避遠遁者有之，坐看江河日下，國土淪喪。南明之未能比擬於東晉、南宋，其源全出於此。後來在贛州殉難的隆武朝大學士楊廷麟曾賦詩寄慨云"帝京何日復，請將近承恩"，"王室猶多難，書生且論功"[1]，對弘光至隆武朝事做了簡要的概括。

四鎮既以定策功封爵，"人人有門生天子心"，桀驁不馴。督師大學士史可法在講話時常引用"聖旨"，高傑大不以為然，當面頂撞道："旨、旨，何旨也！爾曾見皇極殿中有人走馬耶！"黃得功有一次跪着听使者宣讀詔書，覺得不合自己的意思，不待讀完就爬起來，"攘袂掀案，大罵曰：去！速去！吾不知是何詔也！"[2] 在極其重視君臣之分的中國封建社會裏，這種場面是很罕見的。他們對廷臣有所不滿時，就上疏云"乞付軍前正法"。劉澤清在陛見弘光帝時大言無忌地說："祖宗天下，為白面書生壞盡，此曹宜束之高閣。俟臣殺賊後，取而拂拭用之，以听其受享可也！今請罷制科勿設便。"[3] 史可法在軍中寫信給大學士高弘圖，"盛言'鎮鋒惡，盍謹避之！'"[4] 四鎮的氣焰如此囂張，皇帝和廷臣也無可奈

1　楊廷麟《楊忠節公遺集》卷四《山中聞鳴鳥淒然憶之》。
2　姜曰廣《過江七事》。
3　姜曰廣《過江七事》。
4　姜曰廣《過江七事》。

何，馬士英雖然投機附和鎮將得以位居首輔，但他同樣受制於四鎮和左良玉，毫無作為。[1]

四鎮的駐地為：黃得功駐真州（今江蘇省儀征市）、劉良佐駐壽州、劉澤清駐淮安，高傑原受命安頓家口於揚州城外，然後統兵北征。可是，高傑貪圖揚州富庶，要求將家口安置於城內。揚州的百姓見高傑部下士卒在附近村莊到處搶掠焚殺，“煙火蔽日”“僵屍遍野”，紛紛罷市登陴，不讓高軍入城。高傑惱羞成怒，於六月初七日下令攻城。揚州進士鄭元勳從中調停，同高傑面議只讓官兵家眷安置城內，不在城內駐軍。不料揚州百姓群情激憤，當場擊殺鄭元勳。督師大學士史可法親自來到揚州城外的高傑軍營裏，婉轉勸說，一味姑息牽就，“閣部之行也，以川兵三百自隨，傑疑之，可法即分與二百人，然傑疑如故。……傑防可法甚嚴，一切出入文移必呈傑始達可法。……可法留傑營月餘，不得要領。”[2] 經過反復磋商，最後決定把揚州附近的瓜洲作為高軍安頓之地。

江北四鎮是這樣跋扈自雄，世鎮武昌的寧南侯左良玉在崇禎年間就已尾大不掉，自行其是。弘光監國和即位的詔書頒到武昌，他一度拒絕開讀，在湖廣巡撫何騰蛟、部下監紀副總兵盧鼎等人的勸說下，才勉強開讀成禮。南明其他將領如鄭芝龍、方國安等人見大將如此，也各自盤算自身利益，不以國事為念。

---

1 劉獻廷《廣陽雜記》卷一記：弘光時馬士英打算任用王重掌選事，“為高傑所參而止。疏中目重為狡童。藩鎮驕橫至此，從來所未有也。”

2 李清《南渡錄》卷一。祁彪佳在日記中也說：“史道鄰出淮陽視師，所攜親兵為總鎮高傑所分，不能受約束。乃以南都隨征將官於永綬、劉肇基、陳可立等家眷及親丁暫住於京口。”見《祁忠敏公日記》《甲申日曆》六月十三日條。

第四節　弘光朝廷內部黨爭的激化

明後期的黨爭是統治集團內部矛盾激化的表現，它貫串於萬曆以後整個的生活中，一直延續到南明。崇禎在位的十七年間，黨爭基本上限於在朝、在野的官紳當中；弘光以後軍閥勢力介入，朝中文臣往往以武將為靠山，使黨爭變得更加複雜尖銳。在一定意義上可以說，黨爭是導致明朝滅亡的一個重要原因。

南明第一個朝廷 —— 南京政權從醞釀建立開始，就發生立福、立潞的爭議，所謂"立賢""立親"不過是表面文章，實質上是不同利益集團為爭奪新政權壟斷地位的一場爭鬥。弘光即位的時候，全國已處於四分五裂的狀態，清朝、大順以至張獻忠的大西政權都面臨一個爭取人才為己所用的問題，弘光政權也不例外。在爭取人才方面，史可法是比較清醒的，當五月初起草監國詔書時，原稿起用廢臣一款內有"除封疆（指任職期間所管地方失守）、逆案、計典、贓私不准起用"一語，他認為"國事之敗壞非常，人才之匯徵宜廣，未可仍執往時之例"，把這句話刪去。一兩天後正式發佈時，連史可法也不知道是怎麼回事，仍照原本發出。[1] 後來史可法上言又引馬士英奏曰："監國詔書，據閣臣史可法疏謂，逆案等事俱抹去，而呂大器添入之。是以戎臣而增減詔書也。"[2] 總之，集中於南京附近江浙人文薈萃之地的一批官僚（他們大多是東林—復社人士）有一個如意盤算，一方面趁北都陷沒，朝臣除

---

[1] 史可法《請尊主權化諸臣水火疏》，見《史可法集》卷一。

[2] 黃宗羲《弘光實錄鈔》。按，當時南京六部官員有缺，呂大器以南京兵部侍郎兼署禮部事，頒詔為禮部職掌。呂大器性格剛強，刪改監國詔書稿文大概是事實，但說他以"戎臣"增減則不妥。見陳鼎《東林列傳》卷二十三《呂大器傳》。

極少數"死節"以外幾乎都投降了大順政權成為"從賊偽官";一方面又以不准起用"逆案"等舊例為理由阻擋另一批在野官紳入仕,這樣可以為自己控制從中央到地方的全部要津鋪平道路。由於歷史的原因,他們擔心福王朱由崧即位可能掀翻逆案,使自己在政治上失勢。朱由崧不得不憑藉四鎮武將的支持登上帝位,由此形成武將無功封爵、跋扈自雄的局面。四鎮的遙控朝政,使東林—復社黨人壟斷朝政的圖謀遭到重大挫折,這本來是他們自己種下的苦果。然而,一貫以清流自命的東林—復社骨幹從來不肯承認自己私心自用,而是集中火力攻擊投機取巧的馬士英和他援引的阮大鋮,似乎事情全壞在馬阮亂政,掀翻逆案,正人君子聯袂而去,眾小人翩翩入朝,終於導致南京弘光政權的覆亡。這種觀點由黃宗羲創立的浙東史派發揚光大,流傳三百多年,至今尚未廓清。

弘光初立的時候,大臣多是東林—復社人士心目中的正人君子。這種局面沒有維持多久,姜曰廣、高弘圖、張慎言、劉宗周等人相繼被排擠出朝。然而,這並不是掀翻逆案的結果,直到弘光朝廷覆亡,列名魏忠賢逆案中的人物極少起用。何況,弘光朝廷面對的是大順和清方,起用不起用逆案官紳無關大局。清兵進入北京後留用大批降闖官員、禮聘逆案首魁馮銓,是其成功之策,而不是失敗之着。弘光朝廷內部矛盾醞釀和激化始終是圍繞"定策"問題展開的。就東林—復社骨幹人士而言,本意是從幫派利益出發反對迎立福王,福王既立,"天位已定",東林—復社骨幹人士希望破產。四鎮和及時轉舵的馬士英以定策之功自詡,揚揚得意。東林—復社人士妒意倍增,他們不敢把矛頭指向"當今皇帝",只好把馬士英作為攻擊的靶子。

馬士英固然不是救時之相，但把他打入另冊，列入《明史》奸臣傳是毫無道理的。至於把他同阮大鋮掛在一起稱之為“閹禍”更是無中生有。馬士英熱衷於權勢，這在明末官場上是一種極為普遍的現象。在政治態度上，他原來傾向於東林—復社，陳子龍自撰年譜云：“貴陽（指馬士英），先君同籍也，遇予亦厚。其人儻蕩不羈，久歷封疆。於門戶之學，非素所深研也。”[1] 杜登春《社事始末》說：“南中建國，貴陽馬士英為婁東（指復社首領張溥）好友，一時擁戴竊柄，甚引重東林，起用錢（謙益）、徐（汧）、陳（子龍）、夏（允彝）諸君子。……復社中失節者（指在北京投降大順政權）貴陽陽加歎恨，陰為矜憐，悉欲置末減。及福藩恣用私人，搜羅瑄孽，而阮大鋮輩盡起而謀國是，外則附貴陽以招權納賄，內則實為瑄人翻局之計。”[2] 東林—復社人士抨擊馬士英最激烈的是他起用阮大鋮。由於阮大鋮名列崇禎初魏忠賢逆案，於是把掀翻逆案作為馬士英的一條主要罪狀，全線出擊。然而，這條罪名能否成立很值得研究。

第一，阮大鋮為人小有才，本非志節之士，這是一回事；他的列名魏忠賢逆案是否恰當又是一回事。歸莊寫道：“懷寧阮大鋮，初本清流（東林）……阮在垣中（六科給事中）資既深，僉都御史左浮邱（光斗）其同鄉也，因欲其掌科，而高邑塚宰、無錫都憲疑其人，以為不可；嘉善魏廓園（大中）初還朝，即轉吏科都給事中。阮謂資應屬己，而魏奪之，遂激而入邪人之黨。……激成阮入彼黨，未始非失計。蓋阮實有可用之才，惜諸君子無使貪使詐之作用

---

1 《陳子龍詩集》附錄二。

2 杜登春《社事始末》，見《昭代叢書》續編卷十六。

也。"[1]當魏忠賢聲勢喧赫之時，阮大鋮並沒有明顯的劣跡，在朝時間也極短。他之所以列入"欽定逆案"原因是崇禎帝繼位，魏忠賢剛剛垮台，朝廷上兩派勢力的爭鬥尚未明朗化，阮大鋮急於入朝做官，草擬了兩份內容不同的奏疏，一是專攻魏黨，一是所謂"合併共算"，也就是既攻魏黨又攻東林。他派人把疏稿送往北京請友人楊維垣相機行事。不料，楊維垣取己所需，把後一疏封進。這件兩面開弓的奏疏通過邸報流傳後，東林人士為之大嘩。阮大鋮因此以"陰行贊導"的罪名列入逆案第三等，永不敘用。平心而論，東林—復社人士門戶之見極深，他們把阮大鋮打成逆案很難自圓其說，比如說他謁見魏忠賢後隨即行賄給魏的門子贖出名刺，就是莫須有的罪狀；說他在魏忠賢得勢之時即辭職還家是早已看出魏忠賢必定垮台，更站不住腳。阮大鋮在魏忠賢垮台之後還看不清政局的走向，怎麼能說他在天啟年間就預知朱由校會短命，崇禎帝將即位？總之，"陰行贊導"的罪名難以成立。阮大鋮觸霉頭是在崇禎初出於投機得罪了東林黨人。王思任說他"時命偶謬，丁遇人痾，觸忌招惥，渭涇倒置，遂放意歸田，白眼寄傲，只於桃花扇影之下，顧曲辯搗。"[2]阮大鋮政治上失意，借寓南京編演新戲，交結朋友，聲歌自娛，這在當時的留都也是極平常的事。不料，顧杲、吳應箕、陳貞慧這批公子哥兒看得老大不順眼，心想秦淮歌伎、鶯歌燕舞乃我輩專利，阮胡子來湊甚麼熱鬧。崇禎十一年（1638）八月，他們寫了一篇《留都防亂公揭》廣泛徵集簽名，對阮大鋮鳴鼓而攻之，文中充滿了危言聳聽的不實之詞。阮大鋮掛名"欽定逆

1 《歸莊集》卷十，雜著，隨筆二十四則。

2 《王季重十種》，浙江古籍出版社排印本，第七十七頁，《十錯認春燈謎記序》。

案"，有口難辯，一敗塗地；陳貞慧等人自以為痛打落水狗，功德無量。

崇禎十四年（1641），東林—復社人士以不光彩的手段，重賄司禮監太監，使周延儒再次出任首輔。阮大鋮為了東山再起，一面參與拼湊賄金，一面向"東林諸君子"苦苦哀求："所不改心以相事者，有如茲水。"一些東林人士表示諒解，又遭到周鑣等人的堅決反對。周延儒既然得到阮大鋮的資助，又礙於東林骨幹的要挾，採取折中辦法，接受阮大鋮的推薦，起用其同年好友，革職遣戍的原宣府巡撫馬士英為鳳陽總督。馬士英自然對阮大鋮有懷恩必報之念。他出任弘光朝廷首席大學士以後，就以定策和邊才為名竭力推薦阮大鋮，上疏說："臣至浦口，與諸臣面商定策。大鋮從山中致書於臣及操臣劉孔昭，戒以力掃邪謀，堅持倫序。臣甚韙之。但本官天啟年間曾任吏科都，同官魏大中爭缺，本官雖近讓，與當時諸臣嫌隙遂開，因牽入魏忠賢逆案。其實本官既未建祠，未稱功誦德，徑坐以陰行贊導。夫謂之贊導，已無實跡，且曰陰行，寧有確據？故臣謂其才可用，罪可宥也。"馬士英的上疏立即遭到東林—復社人士的強烈反對。他不顧其他閣臣異議，親自票擬，六月間取得弘光帝同意："召逆案為民阮大鋮冠帶來京陛見。"[1]阮大鋮出仕已成定局；八月，弘光帝又依從安遠侯柳祚昌的提議，不經朝臣會議，直接任命阮大鋮為兵部添設右侍郎。[2]

第二，馬士英建議起用阮大鋮原意只是報知遇之恩，並沒有掀翻"逆案"的意思，比起史可法開"逆案"之禁要保守得多。

---

1 李清《南渡錄》卷一。

2 李清《南渡錄》卷二。

這點從他在奏疏中為阮大鋮開脫"陰行贊導"的逆跡可以得到證明。陳子龍記載他曾勸告馬士英不要"犯天下之怒"起用逆案人物阮大鋮，馬士英回答說："逆案本不可翻也，止以懷寧一人才，不可廢耳。"[1] 馬士英本是傾向東林的人物，他沒有很深的門戶之見，爬上首席大學士之後，頗想聯絡各方面人士，特別是東林——復社的頭面人物，造成眾望所歸、和衷共濟的局面。阮大鋮被廢置多年，不甘寂寞，安排適當官職，任才器使，對弘光政權並不會造成多少損害。相形之下，東林骨幹的迂腐褊狹令人驚異。他們當中的許多人出仕以來從來沒有甚麼實際業績，而是以講學結社、放言高論、犯顏敢諫，"直聲名震天下"，然後就自封為治世之良臣，似乎只要他們在位，即可立見太平。實際上根本不是這麼回事。甲申夏初，明朝南方官紳處於國難當頭之時，東林——復社的主要人物關心的焦點不是如何共赴國難，而是在殘存的半壁江山內爭奪最高統治權力。排除福王繼統的陰謀破產後，他們又出於防微杜漸的考慮唯恐阮大鋮被起用導致整個"逆案"掀翻。於是，抓住馬士英推薦阮大鋮一事大鬧朝堂。名望甚高的劉宗周九月初三日上疏說："大鋮進退，關江左興衰。"[2] 人們議論明末以來的黨爭時，往往受東林骨幹人士的影響，偏頗特甚。黃宗羲起的作用最為惡劣。他因為反清義士夏允彝的遺著《幸存錄》持論比較公允，竟然大動肝火，專門寫了一篇《汰存錄》痛加駁斥，指責夏允彝"是非倒置"，所著《幸存錄》是"不幸存錄"。黃宗羲的基本論點只是一句話，東林人士是"君子"，與東林異調者為"小

---

1 《陳子龍自撰年譜》，見《陳子龍詩集》附錄二。
2 劉宗周《劉子全書》卷十八《糾逆案邪臣疏》。

人"。夏允彝書中說:"東林之持論高,而於籌邊制寇,卒無實着。"黃宗羲真不愧是劉宗周的弟子,反駁道:"夫籌邊制寇之實着,在親君子遠小人而已。"這無異是說,東林—復社人士孜孜以求的正是一派掌權,達不到目的就破口大罵。被東林—復社人士奉為圭臬的劉宗周就是抱着這種態度行事的,他的兒子劉汋記載:"有朝紳為馬士英解於先生曰:樞輔甚向慕先生;先生不吝一見,無有不歸命者。所貴大君子以其能化小人為君子,今日國事為重,不宜拒絕太深。先生不答。後士英所親再四言之,先生亦不答。"[1]

李清等人記載:"馬輔士英初亦有意為君子,實廷臣激之走險。當其出劉入阮時,賦詩曰:'蘇蕙才名千古絕,陽台歌舞世無多。若使同房不相妒,也應快殺竇連波。'蓋以若蘭喻劉、陽台喻阮也。"[2] 可見,馬士英並沒有排擠東林—復社人士的意思。直到弘光元年二月,誠意伯劉孔昭上言:"璫案昭雪,專為陰行贊導原無實跡者言之耳,若獻媚有據,豈應翻案?"弘光朝廷接受了這一意見,下令"逆案無得濫雪"。[3] 這又說明,整個弘光在位時期,並沒有"掀翻逆案"。東林—復社人士的記載中常見一種說法:馬士英、阮大鋮針鋒相對地提出:"彼攻逆案,吾作順案相對耳。"實際上大量材料證明,朝野人士中對在北京投降大順政權的官員大加撻伐和主持分等定案的主要是以氣節自命的東林—復社人士。馬士英曾經上疏要求懲辦從"賊"諸臣,其中一段云:"更有大逆之尤

---

1 劉宗周《劉子全書》卷四十,劉汋《劉子年譜錄遺》。

2 李清《三垣筆記》卷下,《弘光》。姜曰廣《過江七事》云:士英已而時錄一小詞示曰廣:"若使同官不相妒,也應快殺竇連波。"夏完淳《續幸存錄》所記"陽台歌舞世無多"作"陽台歡舞世間無"。《鹿樵紀聞》所引字句與夏基本相同,但"快殺"作"樂殺"。姜曰廣為當事人,所記可證確有此事。

3 李清《南渡錄》卷四。

如庶吉士周鍾勸進未已，上書於賊，勸其早定江南。昨日病中，東鎮劉澤清來見，誦其勸進表一聯云：‘比堯舜而多武功，邁湯武而無慚德。’臣聞之不勝髮指。其伯父周應秋、周維持皆為魏忠賢走狗，本犯復為闖賊之臣，梟獍萃於一門，宜加赤族。而其胞兄周銓，尚廁衣冠之列；其親堂弟周鑣，儼然寅清之署，均當從坐，以清逆黨。"[1]這份奏疏斥責周應秋等"為魏忠賢走狗"，顯然沒有掀翻逆案的意思。弘光一朝誅殺"從賊偽官"僅光時亨、周鍾、武愫三人，周鑣的被牽連勒令自殺，另有原因，這裏不再細說。

總之，把弘光一朝的黨爭說成是馬、阮閹黨同東林─復社"正人君子"的較量並不正確。核心問題始終是圍繞着"定策"而展開的。李清記載了八月間在弘光帝面前的一場爭論："時閣臣士英與曰廣同詆上前，曰廣曰：皇上以親以序合立，何功？士英厲聲曰：臣無功，以爾輩欲立疏藩，絕意奉迎，故成臣功耳。"[2]阮大鋮的起用雖出於馬士英的推薦，但他的受到重用，由削職為民被任為兵部侍郎、兵部尚書巡視江防，原因是他力主擁立福王，從而得到朱由崧的信任。弘光即位之後，原先主張立潞王朱常淓或持保留態度的大臣內心明白自己已經失勢，朝廷大權實際上落入了"定策"武臣和迎合四鎮的馬士英等人手中，而這種局面又是他們一手造成的。他們像啞子吃黃連一樣有苦難言，一部分人藉攻阮大鋮、攻四鎮，想穩定自己的地位，結果敗下陣來，自行引退，如兵部侍郎呂大器，大學士高弘圖、姜曰廣，吏部尚書張慎言；另一部分人則委曲求全，如史可法被迫交出首席大學士的職務，"自請督

---

1 李清《南渡錄》卷一。

2 李清《南渡錄》卷二。

師"。弘光元年（1645）三月史可法在一篇奏疏中痛切陳詞："臣草疏甫畢，哀痛不勝，溯流窮源，因致追恨諸臣誤國之事非一，而門戶二字實為禍首。從門戶生畛域，從畛域生恩怨，從恩怨生攻擊。所以《春秋》之始，首嚴朋黨之誅。而門戶之名，竟結燕都之局！"[1] 可見，他也意識到自己深受"門戶"牽制之害。另一位東林巨子錢謙益的表現更具特色。他在南京立國前竭力鼓吹立潞；馬士英、阮大鋮得勢後，又搖身一變，為馬、阮唱讚歌。在奏疏中說："臣觀三十年來，文臣出鎮，克奏膚功者，孫承宗後馬士英一人耳。"又說："先帝欽定逆案，一時握筆之臣，未免輕重有心，故出故入。……逆案之故入者，阮大鋮當周宗建攻逆閹時實贊其議，安有引人攻閹而身反贊導者？"[2] 由於他轉變得快，由禮部侍郎升任尚書。

弘光立國僅僅一年時間，大臣聯袂而去，給人們一種印象似乎是馬、阮奸臣當道，驅逐群賢。實際上是因為參與定策者多為大臣，在定策中持異議者自必不安其位。另一個原因是那些致仕回家的大臣並沒有料到清兵南下，弘光政權迅速瓦解，他們原以為可以雍容有度地在家鄉或借寓之地（如張慎言）過鄉紳日子，等待朝廷局面改觀時東山再起。自然，他們又一次失算了。事實證明，弘光一朝的大臣當中沒有一個安邦定國之材。

朝廷大臣矛盾激化，曠日持久的唇槍舌劍，置國事於不顧。一些有識之士也感到國難當頭，應當捐棄門戶之見。七月，戶科給事中熊汝霖上言："臣觀目前大勢，無論恢復未能，即偏安尚未穩。

1　李清《南渡錄》卷五。
2　李清《南渡錄》卷三。

孜孜討究，止應有兵餉戰守四字，今改為異同恩怨四字。"[1] "徐諭德汧里居，感憤時事，貽同事書曰："今日賢邪之辨，不可不明，而異同之見，不可不化。以君民為心，則和一之至，不必合黨同群，而自無不同。以職掌為務，則猷念各分，不必破黨渙群，而自無不異。用人者執此為衡，其忠君愛民，精白乃心者為君子，否則小人；修職就業，竭節在公者為君子，否則小人。"[2] 可是，弘光政權一直是在大臣和軍閥的鈎心鬥角中苟且偷安，在內訌中粉墨登場，在內訌中分崩離析。

第五節　清廷接管畿南、山東等地和山東百姓的抗清鬥爭

　　1644 年五月，大順軍西撤以後，山東、河北等地的大順地方政權被明朝官紳顛覆；清軍佔領了北京附近地區，由於強制推行剃頭等政策，京師附近的居民惶懼不寧，許多地方揭竿而起，反對清朝的統治。三河、昌平、良鄉、宛平、大興、霸州、東安、武清、漷縣、天津等地"盜賊""千百成群"[3]，以至"輦轂近地，幾同化外"[4]，連京師所用的西山煤炭也因為道路阻隔無法運入城內。京師內外百姓流言四起，盛傳清軍將有屠民之舉。[5] 多爾袞等清廷統治者一再闢謠，安定民心，同時派兵遣將進行掃蕩，"輦轂之下，盜賊竊

1　李清《南渡錄》卷二。

2　李清《三垣筆記》下，《弘光‧補遺》。

3　順治元年七月二十九日吏科都給事中孫承澤啟本，見《明清史料》丙編，第五本，第四一三頁。

4　順治元年八月初五日兵部右侍郎金之俊啟本，見《明清史料》丙編，第五本，第四一六頁。參見《清世祖實錄》卷五有關各條。

5　《清世祖實錄》卷五、卷九。

發，及至捕獲，少長盡置於法”，連“老稚不能彎弓操刃者”也濫加屠戮。[1] 在這種情況下，清廷需要一段穩定自己在京畿地區的統治和養兵蓄銳的時間。何況大順軍尚扼守山西，清廷有所顧忌，不敢輕易以主力南下。因此，畿南、山東和豫東地區在兩三個月裏處於近似權力真空的局面。

弘光朝廷的按兵不動，給清廷以可乘之機。早在五月十二日，清都察院參政祖可法、張存仁就上言：“山東乃糧運之道，山西乃商賈之途，急宜招撫。若二省兵民歸我版圖，則財賦有出，國用不匱矣。”[2] 同月二十五日，清廷派明降臣方大猷為監軍副使招撫山東。六月初四日，又派明降臣王鰲永以戶、工二部侍郎名義招撫山東、河南。[3] 同月初十日，多爾袞派固山額真覺羅巴哈納、石廷柱統兵收取山東[4]，十四日，派固山額真葉臣領兵收取山西[5]。覺羅巴哈納、石廷柱先聲奪人發出檄文說：“奉攝政王令旨，各調兵馬前往山東等處。所過地方官民出郭迎接，違者以抗師治罪。”同時又以平西王吳三桂名義大張文告，云為安撫殘黎事稱“攝政王簡選虎賁數十萬南下，牌仰山東等處速速投降。”[6] 二十一日，巴哈納等帶領的清軍進抵德州。朱帥𨰥和參與反叛大順政權的明朝官紳“仍欲拒命”，不願歸附清朝。[7] 只是由於“濟王”部下都是些烏合之眾，又得不到龜縮於江淮一帶南明閣部史可法等人的支援，德州知州

---

1 《清世祖實錄》卷十六。直到順治五年八月，清廷還一度下令收繳畿輔民間一切武器和馬匹；順治六年三月弛禁，原因不是太平無事，而是“良民”受限，“賊反得利”，見同書卷四十、卷四十三。

2 《清世祖實錄》卷五。

3 《清世祖實錄》卷五。

4 《清世祖實錄》卷五。

5 《清世祖實錄》卷五。

6 南沙三余氏撰《南明野史》卷上。原文作六月初二日，可能為十二日之誤。

7 順治元年六月二十九日招撫山東、河南等處戶、工二部右侍郎王鰲永啟本，原件藏第一檔案館。

張有芳唯恐貽禍地方，到處遊說，朱帥欽等被迫解散部眾，拜表歸順清廷。[1] 畿南、山東大批州縣就這樣拱手讓給了清朝。

值得注意的是，奉命收取山東的清軍不僅兵力有限，而且由於清廷也看出自己真正的對手是大順軍，所以二十九日覺羅巴哈納、石廷柱報告已平定了霸州、滄州、德州、臨清之後，多爾袞並沒有叫他們繼續南下，而是在七月初三日下令將覺羅巴哈納、石廷柱部調往山西，會同葉臣部合攻太原等地的大順軍。[2] 這兩部清軍調走以後，王鰲永、方大猷臨時拼湊了一些散兵游勇，不僅戰鬥力單薄，數額也只有幾千人。順治元年七月初三日清兵部右侍郎金之俊報告："山東全區，並無一賊"，"但目下雖幸無賊，獨苦無官。"奉朱批："□（東）省並無一賊，撫臣亟當推用。這事情吏、兵二部確議速覆。"[3] 弘光君臣一味偏安江左，毫無進取之意，王鰲永、方大猷僅憑清朝的聲威到處接管山東未附各州縣。七月十二日王鰲永啟本中說："臣於六月二十九日在德州拜疏後，七月初一日行至平原，值恩縣土賊猖獗，恩、平兩縣相距二十餘里，臣因留駐平原二日，遣官安撫。旋以省城（濟南）土賊告急，人心洶洶，歷城縣知縣朱廷翰絡繹遣人催臣入省。臣隨於初四日至禹城，初五日至濟南，土賊聞臣至，各望風解散。臣亦分頭遣官宣佈聖朝德意。即有一二頑梗，地方官自足制之，可以不煩大兵。"下文說第二天（初六日）明權德府事泰安王朱由㰒率領明德藩各郡王宗室具

---

1 據朱帥欽順治元年七月二十二日給清廷的揭帖，說他在顛覆山東、河北大順地方政權後，遣使往吳三桂處打聽北京消息。"六月初八日才得返報，初九日遂遣使納款，具明稱王之故，以謝僭擬之罪。"見《明清檔案》第一冊，A1-33 號。但王鰲永等人都認為他缺乏降清誠意。

2 《清世祖實錄》卷六。

3 順治元年七月初三日兵部右侍郎金之俊啟本，見《明清檔案》第一冊，A1-12 號。不久，方大猷即被委任為山東巡撫。

表歸降，山東掌印都司蘇邦政、濟南府推官鍾性樸等文武官員、鄉紳也紛紛投順。隨後明朝署東昌道事工部主事于連躍以東昌府、臨清州歸附，青州府通判李懋學、推官彭欽以青州府城歸附，而當時“省城營兵盡汰，中原全無，文武佐貳亦缺，無官可遣。”[1] 直到八月間，山東許多地方仍不願歸附清朝，例如距省會濟南並不太遠的新泰縣在大順政權委派的縣令周祚鼎堅持下，六次拒絕王鰲永、方大猷的招降。[2] 在這前後，山東各地百姓的反清義舉此伏彼起，都是一種自發的鬥爭，從來沒有得到南明弘光朝廷的支持。

自從明末以來，山東一省地方性的農民起義連綿不斷，明朝廷的統治已經很不穩固。大順政權接管該省後，由於實行免賦政策，派遣的官員奉公守法，吏治嚴明，受到當地貧苦百姓的擁護。原先所謂的“土賊”有的自行解散歸農，有的改編為大順政權的地方武裝，一度出現了多年未見的平靜局面。大順軍主力西撤後，明朝官紳乘機顛覆大順地方政權，實行反攻倒算，許多地方的農民又自發地組織武裝同官紳勢力作對。如靠近北直隸的冠縣在大順縣令逃跑後，有“土賊裴守政、馬瑞恒、劉桐相等蜂起”，兩年後才被清政府鎮壓下去。[3] 膠東地區隨着大順政權的瓦解也陷入一片混亂之中，許多地方在當地義軍控制之下，原明朝設置在登州的防撫曾化龍也掌握部分兵力，盤踞地方。五月間，靈山衛義軍張大雅、張千出、韓繼本，高密縣義軍單之賞、張宇等部圍攻膠州。六月初六日，曾化龍派登州守將滕胤玉等統兵擊退義軍，解膠州

1　順治元年七月十二日招撫山東河南等處戶部右侍郎兼工部右侍郎王鰲永“為恭報收撫地方事”啟本，原件藏第一檔案館。

2　順治元年八月二十二日山東巡撫方大猷啟本，原件藏第一檔案館。

3　道光十一年《冠縣志》卷十《紀變》。

之圍。昌邑縣土豪李好賢率眾向曾化龍投降，張大雅、張千出被擒殺。可是，曾化龍得知清軍佔領京畿以後，卻丟下防守地區，同膠州知州郭文祥一道航海南逃。膠東地區處於無政府狀態。清廷在這年秋天任命柯永盛為膠鎮總兵，輕而易舉地接管了該地。這一地區的義軍膠州韓繼本，高密單之賞、張宇，即墨黃宗賢、周六、丘尚佐、王爾璽，平度臇搭毛、翟五和尚、張廣等部先後被柯永盛部清軍掃滅。[1]《即墨縣志》載：“無賴賊郭爾標倡眾為亂，諸孽附之。賊之在姑密膠東者亦相與為響應，眾十餘萬，號十四營，環圍即墨。”[2] 當地紳衿先向明朝官員請援，毫無所得，改向清膠州總兵柯永盛求救，才將義軍擊潰。其時聲勢特別浩大的是兗州府、濟寧州、曹州以至沂州府屬蒙陰縣[3] 一帶的農民起義。嘉祥滿家洞有宮文彩“僭稱擎天王，擁賊二萬有奇”，傅家樓等地還有馬應試（大順政權授掌旅之職）、李文盛、宋二煙、楊鴻升、楊之華、閻清宇等領導的武裝，為眾不下數萬。在大順軍西撤後，他們仍然“堅事逆闖”，“安心附逆，旗幟之上大書闖賊年號”。[4] 順治元年九月，清山東巡撫方大猷在“為塘報事”揭帖中寫道：“嘉祥地方滿家洞土寇聚眾數萬，攻破馮家等堡二十餘處，殺人不計其數，捕官率領鄉兵俱被殺傷，勢甚緊急，恐該縣被陷……”[5]

面對各地風起雲湧的反清運動，清朝委派的官員束手無策，七月間巡撫方大猷在啟本中說：“今則無百姓、無官、無兵，而總因

1　康熙十二年《膠州志》卷六《事紀》。
2　乾隆二十八年《即墨縣志》卷十《藝文》，李篤行《禦寇全城記》，范德顯《解圍記》。
3　康熙二十四年《蒙陰縣志》卷八《兵燹》。
4　順治元年九月河道總督楊方興揭帖，見《明清史料》甲編，第一本，第八十五頁。
5　見《明清檔案》第一冊，A1-158 號。

無餉。雖奉令旨準免三分之一，部臣王鰲永復推廣德意請免新、練二餉。臣又除去荒地，止就成熟者姑徵一分。然究竟民無以應也。久已拋棄農業，漸有從賊巢中觀望來歸，而一旦聞有開徵之示，掉臂而返，有以相率從賊為得計者。此開徵兩字求之一百四州縣中不過十數處耳。"[1] 方大猷的啟本說明了山東百姓留戀大順政權的免徵賦稅，才以永昌年號為旗幟奮起抗清，這和當地明朝官紳的動向正好相反。它還清楚地反映了清廷雖然在名義上接管了山東，統治力量卻非常單薄。

這年九月二十九日發生了青州之變。事情的經過是，原屬大順政權的一支軍隊同主力失去了聯絡，在旗鼓趙應元[2]和投降了大順政權的明朝官員楊王休率領下來到青州。九月二十九日晨以入城拜會為名，乘機奪門而入。當時清廷委任的招撫山東河南戶工二部侍郎王鰲永正在城內，趙應元派步兵上城頭擺垛，自己帶着騎兵直入王鰲永的部堂轅門。王鰲永以為趙應元是率部前來歸降，突然看到兵將持刀露刃蜂擁而進，倉皇躲避到上房。後來聽見人聲鼎沸，"城內震地"[3]，又翻過院牆藏到姓房的鄉紳家中。趙應元下令搜捕，"揚言拿獲部堂者賞金五十兩，拿獲部堂下官一員者賞銀十兩。"[4] 王鰲永被軍士搜獲，趙應元下令把他處斬。

趙應元收復青州，並不是為了重建大順地方政權。據文獻記

---

1 順治元年七月二十四日山東巡撫方大猷啟本，原件藏第一檔案館。

2 吳偉業《綏寇紀略》卷九記李自成在崇禎十六年（1643）殺賀一龍事時說："自成先用賀錦、劉希堯以收一龍之心箸曰趙應元，俾慰誘其眾。"可見，趙應元原先是"革左五營"的將領，後屬李自成。

3 順治元年十月初五日山東巡撫方大猷題本，原件藏第一檔案館。參見順治元年十月初三日方大猷"為塘報事"題本，《明清檔案》第二冊，A2-6號。

4 順治元年十月初五日山東巡撫方大猷題本，原件藏第一檔案館。參見順治元年十月初三日方大猷"為塘報事"題本，《明清檔案》第二冊，A2-6號。

載，他自己聲稱："我也不願做皇帝，只是扶立明朝一人。"[1] 清山東巡撫方大猷的題本中說他以"擁立衡藩為號召計"[2]，定於十月初八日"扶衡王坐殿"。這位衡王卻是個膿包，他在七月間已在王鰲永招誘下向清廷獻上降書[3]，唯恐趙應元擁戴復明將招來殺身之禍，只知"涕哭，眼腫如桃。"[4] 趙應元為了增強抗清力量，"四門豎旗招兵：有馬給銀四兩八錢，驃兵給銀三兩八錢，步兵一兩八錢，外加一錢。"山東昌樂、壽光等縣的抗清武裝首領趙慎寬、秦尚行、郭把牌、翟五和尚都派人來青州會商合作事宜。[5]

青州事件發生後，在省會濟南的清山東巡撫方大猷惶惶不安，他手頭只有兵馬六百多人，防守省城還不夠，只好請求清廷發"真滿洲官兵一萬，星夜南馳。"[6] 清廷得報，知道事態嚴重，派梅勒章京和託、李率泰領兵趕赴山東。十月初六日，和託、李率泰部到達濟南，初八日前往青州。[7] 早已降清的明青州守備李士元獻計智取，他同清廷委任的青州道韓昭宣[8]等官紳暗中勾結，進入青州城內充當說客。李士元對趙應元威脅利誘，勸他轉投清方，由巡撫上疏清廷解釋青州之變"只以總督虐民誅之，其餘不戮一人，今復

---

1 順治元年十月初五日山東巡撫方大猷題本，原件藏第一檔案館。參見順治元年十月初三日方大猷"為塘報事"題本，《明清檔案》第二冊，A2-6 號。

2 順治元年十月初五日山東巡撫方大猷題本，原件藏第一檔案館。參見順治元年十月初三日方大猷"為塘報事"題本，《明清檔案》第二冊，A2-6 號。

3 《清世祖實錄》卷六。

4 順治元年十月初九日山東巡按御史朱朗鑅"為第六次緊急塘報事"題本，見《明清檔案》第二冊，A2-11 號。

5 見前引《明清檔案》第二冊，A2-11 號。

6 見前引順治元年十月初五日方大猷題本。

7 順治元年十月初十日河道總督楊方興"為恭報大兵赴青剿賊日期以慰睿懷東顧事"啟本，見《明清檔案》第二冊，A2-15 號。

8 韓昭宣原為明朝寧遠兵備道，降清後於順治元年七月被委任為山東布政司參議兼按察司僉事青州道，見《清世祖實錄》卷六，又見順治元年九月《北直河南山東山西職官名籍》，收入《史料叢刊初編》。韓昭宣後來在原籍山西反清被殺，見下文。

以全城歸命天子，則通侯之賞可立至矣。"趙應元果然受騙，帶了甲士數百名出城同清將和託等會面，雙方鑽刀歃血對天起誓。當天晚上，趙應元在府城北門的瞻辰樓設筵，大張酒樂。清軍按李士元等約定的計劃，伏兵城外。席間炮聲突發，李士元、韓昭宣和隨從當場擊殺趙應元、楊王休，趙軍大亂。清軍擁入城中，格殺招降餘黨，青州的反清事件遂告失敗。[1]

第六節　1644—1645 年河南的形勢

1644 年夏季以後，河南的局勢也很複雜。大順政權原已遍設官員的這塊中原地區，已經由於主力西撤而四分五裂。大順軍只控制着豫西等部分地區，其他地方一部分為死灰復燃的明朝官紳所竊據，一部分被所謂"土寨豪傑"的地頭蛇盤踞；清方也乘虛而入，攫取了河南省黃河以北的懷慶、彰德、衛輝三府。現簡述如下：

五月間，明歸德府知府桑開第得到大順軍戰敗放棄北京的消息，立即勾結原崇禎朝督師丁啟睿的弟弟丁啟光（任明朝參將）發動叛亂，逮捕大順政權歸德府管河同知和商丘、柘城、鹿邑、寧陵、考城、夏邑縣令，於六月間解送南京向弘光朝廷獻俘邀賞。[2]明河南援剿總兵許定國也糾集一批散兵游勇竊據睢州一帶。原明朝兵部尚書張縉彥在北京投降了大順，這時逃回新鄉招集官紳、土寇，同許定國相勾結，與大順政權為敵。

1　安致遠《李將軍全青紀事》，見康熙六十年《青州府志》卷二十二《藝文》。參見《清史列傳》卷四《和託傳》，卷七十八《王鰲永傳》，《清世祖實錄》卷九。

2　鄭廉《豫變紀略》卷六；陳濟生《再生紀略》卷下。

河南各地的土賊也乘勢擁起，如劉洪起據汝寧，韓甲第據許州，李際遇據登封，李好據裕州，劉鉉據襄城，"分轄各數百里，擁眾各十餘萬"。[1] 這些人的來歷一般是明末地方性的反叛武裝，後來同當地鄉紳勾結，蛻變成一種封建割據勢力。其中劉洪起兵力較強，他接受明朝的招撫，1644 年春夏在河南發動叛亂，擒殺大順政權委派的地方官員，被大順政權綿侯袁宗第擊敗，率領殘部逃入湖北，託庇於明將左良玉麾下。其他土賊由於實力有限，在崇禎末期往往在明朝廷和李自成農民軍之間搖擺，哪方得勢就倒向哪方。大順軍西撤後，他們當中不少人立即起來反叛，"憤張旗幟，直書'殺賊報仇'四字。"[2] 僅韓甲第就"擒偽官十有餘人"，顛覆了許州一帶的大順政權，但河南大順軍隨即發起反擊，在九月間將韓甲第剿殺。劉洪起也捲土重來，領兵直至永寧、杞縣一帶，與開封府推官陳潛夫一道為明朝收復"失地"，並在柳園（開封城北）擊敗大順軍陳德部（陳德乃陳永福之子，原為明將，後來又投降清朝）。弘光朝廷得報後，委任陳潛夫為巡按御史，劉洪起為總兵官。不久，又任命張縉彥為河南總督，越其傑為河南巡撫（越其傑是馬士英的姻親）。

清廷方面也在穩固對畿輔地區統治的同時，把勢力擴展到河南北部。七月，任命楊方興為河道總督，蘇弘祖為分巡河北道，申朝紀為分守河北道（按，明、清的河北道管轄範圍是河南省黃河以北的彰德府、衛輝府、懷慶府，同現在的河北省無關），羅繡錦為河南巡撫；[3] 八月，又任命祖可法為河南衛輝總兵官，金玉和為河

---

1 順治元年七月國子監司業薛所蘊啟本，原件藏第一檔案館。

2 順治元年七月國子監司業薛所蘊啟本，原件藏第一檔案館。

3 《清世祖實錄》卷六。

南懷慶副將（不久提升為懷慶總兵）。[1] 八九月間，清廷委任的文官武將先後到任，基本上控制了河南省黃河以北地區。

可見，在 1644 年夏秋，河南省成為明、清、順三方爭奪的焦點之一。這年九月十八日，清山東分巡東昌道李棲鳳報告，他探聽到的河南情況是："河南舞陽以東汝寧一帶地方俱屬總兵劉洪啟（起）將官分據……河北（即指上述河南省黃河以北三府）一帶地方俱屬營頭張天乙管，河南睢州一帶地方俱屬總兵許定國管。八月十二日定國率領兵馬將歸德府城池殘破，蹂躪不堪。金陵口南至許州、舞陽、西平、遂平、臨潁、郾城、扶溝、鄢陵、汝寧迤南等處地方俱屬總兵劉洪啟（起）管。流寇改禹州為均平府，襄縣、南陽、襄陽、河南府（洛陽府）以西流寇牛頭目領兵一支在各處鎮守，以西俱流寇官，而郾城委知縣二員，一屬弘光，一屬西寇。河南各處非兵即寇，各佔一方，無處寧靜。"[2] 李棲鳳的描述大致反映了當時河南三方對峙的情勢，清方雖然已經在黃河以北三府設官，但當地的"土賊"營頭勢力還很大，統治並不穩固。

上面扼要介紹了 1644 年夏秋山東、河南兩省的情況，不難看出清廷自五月至十月主力沒有南下，以多爾袞為首的領兵諸王都群集在北京（鄭親王濟爾哈朗原留守瀋陽，九月才護送順治帝來京）休息，只派了固山額真葉臣等人統兵進入山西同大順軍作戰。大順軍西撤後，山東、河南的大順政權基本瓦解，隨即出現歸屬問題。除了豫西仍在大順政權控制下，其他一些農民起義色彩較

---

1 《清世祖實錄》卷七。

2 《明清史料》，丙編，第五本，第四四二頁。參見康熙《上蔡縣志》卷十二《編年志》；康熙《西平縣志》卷十，外志《災變附近代兵革》；康熙《汝寧府志》卷十《武備·軍功》；康熙《光州志》卷十《叢紀考》等地方志。

濃的地方武裝依然心向大順以外，絕大多數地區的明朝官紳和土傑豪強在擒殺大順政權委派的官員以後，是以復明為旗號的。弘光政權由於"定策"引發的紛爭以及武將以"擁立"之功蒙受上賞，於是文恬武嬉，坐失良機，主力部隊如鎮守武昌的左良玉部和建藩開府於南直隸境內的江北四鎮都按兵不動。督師大學士史可法雖然在口頭上也談要恢復魯、豫，乃至燕京，然而形格勢禁，一籌莫展。李清記："初四鎮垂涎揚郡，可法不得已，許有警時各安頓家眷，謂彼此有分，可免獨踞。且謂之有警，則無警不得駐耳。然以調停故，坐羈北伐，識者恨之。"[1]

---

1 李清《南渡錄》卷二。

第三章

弘光朝廷的偏安江淮

第一節　基本國策 ——“藉虜平寇”

　　對於清初我國社會的主要矛盾，史學界有不同意見。有的人認為從清兵入關佔領北京起，民族矛盾就成了主要矛盾；也有人認為由明至清階級矛盾一直處於主要地位。這些看法很值得商榷。因為如果認為階級矛盾始終是主要矛盾，那就不能正確解釋為時二十年左右仁人志士的抗清運動，更不能公正評價大順、大西農民軍聯明抗清的正義性。而認為清軍入關就標誌着民族矛盾已經成為主要矛盾，顯然不符合事實。甲申五月，無論是滿洲貴族建立的清廷，還是在南京繼統的弘光朝廷，都把大順農民軍視為死敵。直到清兵南下，弘光朝廷覆亡，清廷推行一系列民族征服、民族壓迫政策，民族矛盾才上升為主要矛盾。[1]

　　在弘光立國的一年時間裏，特別是在其前期，朝廷上下幾乎全都沉浸在借用滿洲貴族兵力掃滅“流寇”的美夢中。可以說“聯虜平寇”（或稱“藉虜平寇”）是弘光朝廷的基本國策。奉行這一國策

---

[1]　參見 1980 年 8 月出版《清史論叢》第二輯載文《論清初社會矛盾》。

的背景已見上述。但是，還有必要指出它的基本思想有其歷史淵源。崇禎年間，楊嗣昌任兵部尚書和大學士，深知朝廷兵力、財力不足以支持兩線作戰，曾經提出了"攘外必先安內"的建議[1]，具體內容是同清方達成和議，每年輸送白銀、緞帛等物，清方以少量人參、貂皮之類回報，實行互市；然後集中兵力掃除"流寇"。這在當時是迫不得已的辦法，但並沒有藉助清方兵力對付義軍的意思。隨着整個局勢的惡化，一些幕僚人士開始從總結歷史經驗出發，考慮借用北方少數民族兵力共同鎮壓漢族內部的農民起義。茅元儀寫的《平巢事跡考》[2]和姚康撰《太白劍》[3]都是以唐朝末年平定黃巢起義作為借鑒，替執政大臣出謀劃策。這兩本小冊子毫無學術價值，編纂的目的是藉古喻今。茅元儀曾在大學士孫承宗幕中任職，姚康則曾充任南京兵部尚書史可法的幕僚。他們以唐朝平定黃巢起義為題目著書立論，用意是藉歷史經驗說明唐朝平定像黃巢起義這樣大規模的農民反抗，光靠有郭子儀、李光弼這樣的大將不夠，還需要借用李克用的沙陀兵，招降像朱溫這類義軍叛徒，才有中興之望。

弘光朝廷建立的時候，正值吳三桂降清，聯兵擊敗大順軍，佔領北京。弘光君臣由於情報不明，對吳三桂同清朝的關係並不清楚，以為是吳三桂藉清兵擊敗了"闖賊"，收復神京，一個個興高采烈，稱之為"功在社稷"的"義舉"。[4]五月二十七日，大學士馬士英疏"陳恢復大計"說："吳三桂宜速行接濟，在海有粟可輓，有

1　楊嗣昌《楊文弱先生集》卷九，《敬陳安內第一要務疏》。

2　收入曹溶《學海類編》第十六冊。

3　桐城姚康休那著《太白劍》，所見為光緒乙未冬姚五桂堂重刊本。

4　李清《南渡錄》卷一。

金聲桓可使;而又可因三桂以款虜。原任知縣馬紹愉,陳新甲曾使款奴。昔下策,今上策也。當咨送督輔以備驅使。"[1] 次日,弘光朝廷即決定"封關門總兵平西伯吳三桂為薊國公,給誥券、祿米,發銀五萬兩、漕米十萬石,差官齎送。"[2] 大學士王鐸起草的加封賞齎吳三桂、黎玉田的敕諭頗能說明問題。在《敕諭破賊總兵官》一文中寫道:"聞爾星統關兵大挫賊銳……是用晉爾侯世爵,加坐蟒一襲,紵絲八表裏,銀二百兩,示寵異也。又爾部下士卒蓐食未飽,已令海上運漕十萬石、銀五萬兩接濟犒勞……"[3] 在《敕諭遼東巡撫黎玉田》文中寫道:"茲特晉爾秩為兵部尚書,加賞紵絲十八端,銀一百兩,示旌也。且令漕米接濟……"[4] 王鐸入閣在六月間,弘光君臣還不知道吳三桂四月下旬已經投降清朝,被封為平西王;而黎玉田投降了李自成,這時正任大順政權四川節度使,根本沒有同吳三桂一道勾引清兵。弘光朝廷的消息不靈,於此可見。

人們常常受傳統觀念的影響,給史可法和馬士英描繪成截然不同的臉譜。事實卻表明,史可法與馬士英之間的差異比後來的許多史學家想象的要小得多。他們兩人的品質高下主要是在個人操守方面,而在基本政策上並沒有多大分歧,都是"聯虜平寇"方針的贊決者。正是這一方針導致了弘光政權的土崩瓦解。史可法在甲申六月間上疏道:

1　李清《南渡錄》卷一;《國榷》卷一百一載於二十九日,文字略有不同,如"因三桂款建,使為兩虎之鬥"。

2　《南渡錄》卷一;《國榷》卷一百一。

3　王鐸《擬山園選集》(北京圖書館善本部藏順治十年刊八十一卷本)第二卷。按,諸書均記弘光朝廷封吳三桂為薊國公,大學士王鐸起草的敕諭中卻明言"晉爾侯世爵",很可能弘光朝廷對吳三桂封爵有個升格過程,幾個月前吳三桂被崇禎帝封為平西伯,弘光朝廷初擬晉封侯爵,不久又決定加封公爵。

4　王鐸《擬山園選集》卷二。

先帝以聖明之主，遘變非常，即梟逆闖之頭，不足紓宗社臣民之恨。是目前最急者，莫逾於辦寇矣。然以我之全力用之寇，而從旁有牽我者，則我之力分；以寇之全力用之我，而從旁有助我者，則寇之勢弱。近遼鎮吳三桂殺賊十餘萬，追至晉界而還。或云假虜以破賊，或云藉虜以成功，音信杳然，未審孰是。然以理籌度，此時畿輔之間必為虜有。但虜既能殺賊，即是為我復仇。予以義名，因其順勢，先國仇之大，而特宥前辜；藉兵力之強，而盡殲醜類，亦今日不得不然之着數也。前見臣同官馬士英已籌及此。事期速舉，講戒需遲。今胡馬闞（闖）已南來，而凶寇又將東突，未見廟堂之下，議定遣何官？用何敕？辦何銀幣？派何從人？議論徒多，光陰易過。萬一虜至河上，然後遣行，是虜有助我之心，而我反拒之；虜有圖我之志，而我反迎之。所重者皇上之封疆，所輕者先帝之仇恥，既示我弱，益長虜驕，不益歎中國之無人，而北伐之無望邪！伏乞敕下兵部，會集廷臣，既定應遣文武之人，或徑達虜主（指順治帝），或先通九酋（指清攝政王多爾袞）。應用敕書，速行撰擬，應用銀幣，速行置辦。並隨行官役若干名數，應給若干廩費，一並料理完備。定於月內起行，庶款虜不為無名，滅寇在此一舉矣。[1]

左都御史劉宗周六月間也上疏建議"亟馳一介，間道北進，或檄燕中父老，或起塞上夷王……苟仿包胥之義，雖逆賊未始無良

---

1 史可法《為款虜滅寇廟算已周，乞敕速行，以雪國恥事》奏疏，見馮夢龍《甲申紀事》，《玄覽堂叢書》第一一五冊。按，史可法這篇奏疏在清代刊印《史忠正公集》時因避諱改題為《請遣北使疏》，文字亦有刪改。馮氏著作刊於弘光年間，史可法尚任督師大學士，自應以此本為準。

心。"[1] 總之，吳三桂的引狼入室，在弘光朝廷決策大臣中無不認為是一大快事，都主張應該儘早同吳三桂取得聯繫，藉清軍之力共滅"流寇"。

當朝廷大佬沉浸於"藉虜平寇"的幻想中時，個別中下級官員反而比較有遠見，主張應以自強為主。吏科都給事中章正宸上疏道："今日江左形勢視之晉、宋更為艱難，肩背腹心，三面受敵。"他要求朝廷既須"念先帝、先后殉社稷之烈"，又應"念三百年生養黔黎盡為被髮左衽"，"斷宜以進取為第一義。進取不銳，則守禦必不堅。"他對形勢的分析是："近傳闖渠授首，未可輕信。賊計甚狡，必亡走入秦，度暑必盡銳而出，與獻賊合，睥睨長江。……又聞虜踞宮闕，動搖山東。而當國大臣倉惶罔措，但紹述陋說，損威屈體，墮天下忠臣義士之氣，臣竊羞之，臣切痛之。""失今不治，轉弭秋高，虜必控弦南指，飲馬長、淮；而賊又馳突荊襄，順流東下。瓦解已成，噬臍何及？"[2] 章正宸指責當國大臣紹述的"陋說"是指崇禎年間兵部尚書陳新甲主持的同滿洲貴族和談；他不贊成把清軍看成義師，相反指出有披髮左衽的危險。六月，給事中馬嘉植上言："今日可憂者，乞師突厥，召兵契丹，自昔為患。及今不備，萬一飲馬長、淮，侈功邀賞，將來亦何辭於虜？"[3]

七月上旬，弘光朝廷召集群臣討論派遣使臣同清方聯絡事宜。兵科給事中陳子龍參與了集議，又經過弘光帝召對後，感到當國大臣"求好太急"，乃以"通虜實出權宜，自強乃為本計，懇乞嚴

1　李清《南渡錄》卷一。
2　馮夢龍《甲申紀事》。
3　李清《南渡錄》卷二。

諭使臣無傷國體,更祈大誠疆臣急修武備事"上疏言事。疏中說:
"自東奴逆節,兵帑不解幾三十年,中國虛耗,實為禍本。但以運逢百六,寓宅東南,國家事力難支兩敵,而虜酋會師殺賊,為我報仇,雖蓄謀難測,而執詞甚正。因之通好,少紓目前,以便併力於西,此亦謀國之苦心也。……以臣愚計,是行也,所授詞於使臣者,第云彼以好來,我故以金帛報謝其酋長,犒勞其士卒,以見中朝之有禮;許之互市,以中其所須,使其馬首不亟南可已。若夫地界、歲幣等事,或因遭機會,有利國家是在大夫出疆之義耳,似不宜求好之太急也。……祖宗之地,誠尺寸不可與人,然從來開疆闢土,必當以兵力取之,未聞求而可得者也。……若夫約虜滅賊以報不共戴天之仇,如唐人用回紇之師,事誠有之,然必中國自有信臣精卒,如李、郭之將,朔方、隴右之兵而後可。若專恃他人之力,如宋人藉金以滅遼,藉元以滅金,則益其疾耳。"接着,他建議朝廷:"密敕諸將奮同仇之氣,大整師徒。俟冬春之間,虜騎牽制於三晉,我則移淮泗之師以向殽谷,出全楚之甲以入武關,令川漢之將聯絡莊浪甘寧之義旅,或攻其脅,或拊其背,使虜當其一面,而我當其三面,不特逆賊可以一舉蕩滅,而大功不全出於敵,則中國之威靈震而和好可久矣。"[1]

　　章正宸、陳子龍等主張的自強之道,在弘光朝廷上全然行不通。原因是朱由崧登上帝位靠的是聯絡四鎮,四鎮既以"定策"封爵,已無進取之心,朝廷內部的紛爭又造成文武大臣顧不上妥善經營北方事務。

　　弘光朝廷初建之時,大順軍在西面佔領着湖北襄陽、荊州、

1　陳子龍《兵垣奏議》。

德安、承天四府，東面進迫淮河流域，史可法、馬士英等人針對當時的情況做出的軍事部署是扼守武昌至南直隸一帶。隨着清兵佔領畿輔，大順軍西撤，全國形勢發生了很大的變化，山東和河南東部一度出現歸屬莫定的局面。在三方對峙的態勢下，由於大順政權已無力東顧，這一廣袤地區就成了南明和清方爭奪的焦點。上文已經說過，畿南、山東、河南官紳發動叛亂，顛覆當地的大順政權，是以恢復明室為號召的。弘光朝廷本應乘此有利時機出兵北上，儘量擴大自己的統治區。這樣，既可以防止清軍南下，也不失為一種自強之道。然而，史可法、馬士英等弘光朝廷重臣卻裹足不前，一味株守江南。他們的內心怯弱是非常明顯的，且不說萬曆末年以來明廷在同滿洲貴族的征戰中屢遭重大失敗，一年之內的事實也表明弘光朝廷的主要軍事支柱如左良玉、高傑、劉澤清都是避戰先逃的敗軍之將，大順軍既被清軍擊敗，可知強中更有強中手。於是，他們自以為最高明的策略是不越雷池一步，免得"挑激"清軍，授以南下的口實。然後，卑詞遜禮結好於清廷，維持偏安局面。史可法、馬士英等人未必看不到南明軍隊即使不北上同清方爭奪山東、河南，清廷遲早也會南下收取魯、豫，同弘光朝廷接壤爭地。但直到覆亡前夕，他們始終抱着和談（款虜）的幻想，擺出一副謹慎可憐的樣子，企圖博得清廷的歡心。弘光朝廷這種先天的軟弱性，使清廷不費吹灰之力輕易接管了黃河中下游大批州縣。這些地區的許多官紳得不到弘光朝廷的兵力保護，被迫歸附清朝。

時人張怡是在清軍進入北京以後南下的，他途中看到的情景是："過德州界，一路鄉勇團結，以滅賊扶明為幟，所在皆然。至濟南，回兵數千自相糾合，隊伍整肅，器械精好。浚河置榷，凡舟必盤詰乃得過。即以所浚之土堆集兩岸，僅容步，不可騎。而沿河民家塞向墐戶，留一竇以通出入，防守頗嚴。引領南師，如望時雨。既聞弘光登極，史公督師，無不踴躍思效。每遇南來客旅，輒訊督師閣部所至。使斯時乘其銳而用之，數十萬義士因糧於眾，人自為戰，大功可立也。日復一日，坐失事機，灰忠義之心，隳朝食之氣，謀之不臧，土崩瓦解，伊誰咎哉！"[1]參與濟寧、兗州、濟南反叛大順、恢復明政權的鄭與僑在《倡義記》中寫道："是役也，當四海無主之日，前無所依，後無所憑，只以紳衿忠憤、鄉勇血誠，遂使大憝立剪，名義以新。無奈江南諸執政鼠鬥穴中，虎逸柙外，置李賊不共戴天之仇於不問，可勝歎哉！"[2]張怡、鄭與僑痛斥了史可法、馬士英不顧民族大義，頓兵不進，坐看國土淪喪的卑怯行徑。實際上這正是弘光朝廷自以為得計的坐山觀虎鬥，避免引火燒身的退讓政策必然導致的結果。上自朱由崧、史可法、馬士英，下至南明地方官僚，當時都是以大順政權為賊，視清方為友，存在一種強烈的感激清方、畏懼清方的混合心理。

在弘光朝廷的影響下，黃河流域明朝官員顛覆大順地方政權以後，表現出來的彷徨失所，兵部職方司監軍贊理主事凌駉的態度具有典型意義。他參與朱帥𨦵等人擒殺山東等地大順官員時，以明臣自居；朱帥𨦵投降清朝以後他也暈頭轉向地跟着清廷委派的官員瞎忙，自告奮勇招撫兩河（指今河南省）。八月初二日，清招撫山東、河南等處右侍郎王鰲永向清廷奏報："原任監軍兵部職方司主事凌駉才猷博大，動合機宜，招撫兩河事本官一力肩承，祈

1　張怡《謏聞續筆》卷一。

2　乾隆五十年《濟寧直隸州志》卷三十一，藝文。

量改兵垣職銜，以便行事。"同月十三日多爾袞令旨批准"淩駉改授兵科給事中"。[1] 八月二十九日淩駉給清廷上疏，年號稱順治元年，用的卻是明朝授予的原銜和漢字官印；[2] 到九月十二日，他改用清廷授予的"招撫河南等處地方兵科給事中"官銜，上鈐滿漢合璧關防。[3] 與此同時，他又給南明弘光朝廷不斷報告軍情。[4] 後來清軍南下，淩駉才恍然大悟，堅決反清，在河南歸德府被殺。[5] 他在那段時間裏忽清忽明、亦清亦明的異常表現並不是他本人想左右逢源，而是深受弘光君臣奉行的"聯虜平寇"政策的影響。甲申九月十一日，弘光朝廷"命巡按御史淩駉便宜聯絡北直、河南鄉紳義士"，淩駉上言道："方今賊勢猶張，東師漸進。然使彼獨任其勞，而我安享其逸，恐亦無以服彼心而伸我論。為今日計，或暫假便宜，權通北好，合兵討賊。名為西伐，實作東防。俟逆賊已平，國勢已立，然後徐圖處置。若一與之抗，不惟兵力不支，萬一棄好引仇，併力南向，其禍必中江淮矣。……夫有山東，然後有畿南，有畿南，然後有河北。臨清者，畿南、河北之樞紐也。與其以天下之餉守淮，不若以兩淮之餉守東。伏望皇上擇一不辱命之使臣，聯絡北方，以弭後患，宣慰山東州縣，以固人心。"[6] 這說明淩駉內心裏是向着弘光朝廷的。問題是包括史可法在內的南明君臣一味苟且偷安，以坐山觀虎鬥為上策，不願派兵北上。

---

1 《順治元年八月吏曹奏章》，見羅振玉《清初史料叢編》。

2 見《明清檔案》第一冊，A1-120 號。

3 同上書，第一冊，A1-142 號。

4 楊士聰《甲申核真略》記淩駉"為虜用，出示稱順治元年。然於南都亦發疏不絕"。

5 參見溫睿臨《南疆逸史》卷十一《淩駉傳》。

6 李清《南渡錄》卷三。

弘光朝廷在大順軍西撤後，對山東等地只做了一些表面文章。如五月十一日山東濟寧官紳叛殺大順政權官員，“傳檄各路，號召忠義，一路由沂州達登萊，一路由濟南達天津，一路由臨清達河朔，一路由宿、徐達淮陽，一路由曹、單達潁、壽，以潁州守任民育濟（寧）人也。民育見檄，遣諸生李道生齎至南都。督輔史公手札褒獎。”[1] 弘光朝廷於六月間任命王燮為山東巡撫[2]，丘磊為山東總兵；八月“命原任薊督王永吉戴罪總督山東軍務，仍同陳洪範等料理酬北事宜”[3]，十月十三日“馬士英奏賜永吉斗牛服，以隆接待北使之體”[4]；九月十六日又任命王潆為登萊東江等處巡撫。[5] 似乎弘光君臣並沒有忘記山東，問題是沒有武力做後盾，委任的方面大員根本不敢赴任，朝廷雖一再催促也無濟於事。[6] 李清記：“王齊撫燮、王東撫潆辭朝後，皆恇怯不行，觀望淮上。雖疏糾旨催，充耳而已。予言於馬輔士英，謂國法宜振。士英但曰：人言我憒憒，後人當思我憒憒。”[7] 檔案材料表明，弘光任命的巡撫、總兵僅派了幾個使者進入山東清軍未到的地方頒詔、遣牌，虛應故事就萬事大吉。七月，清招撫山東、河南侍郎王鰲永給內院的啟本中說：“南都情形昨有小疏入告，不知當作何方略？昨丘磊有遣牌係山東

<hr />

1　乾隆五十年《濟寧直隸州志》卷三十一，藝文，鄭與僑《倡義記》。

2　《南渡錄》記六月二十五日任命王燮為山東巡撫，黃宗羲《弘光實錄鈔》記於二十八日。

3　李清《南渡錄》卷二。

4　談遷《國榷》卷一百三。

5　王潆任命為登撫日期，《南渡錄》記於九月十五日，《國榷》記於同月十六日。

6　《國榷》記八月戊寅（二十三日）、辛巳（二十六日）連催王燮、丘磊赴任。

7　李清《三垣筆記》卷下，《弘光》。

總兵，遣牌至濟南繳。又聞有李中書齎捧哀詔沿河而來。"[1] 同月二十四日，清山東巡撫方大猷啟本中說："目下大兵已西，而江南傳喜詔之官已封識濟寧之庫藏而去。"這種類似兒戲的舉動適足以示弱，清廷隨即命令方大猷將"濟寧庫藏……速行察解"。[2] 八月初三日，原起兵反叛大順政權的濟寧知州朱光和當地鄉紳潘士良、任孔當等人因為得不到南明弘光朝廷一兵一卒的支援，終於在清委山東巡撫方大猷的招致下，歸順了清朝。[3]

到八月間，"奉使兵部左侍郎左懋第奏：'山東人心亟可收拾。'命下廷議。時吏民人自為守，撫、鎮不至，無所稟承。清人傳檄責郡縣獻籍，漸奉遵依。識者惜之。"[4] 九月二十六日，史可法奏言："各鎮兵久駐江北，皆待餉不進。听胡騎南來索錢糧戶口冊報，後遂為胡土。我爭之非易，虛延歲月，貽誤封疆，罪在於臣。適得北信，九陵仍設提督內臣，起罪輔馮銓，選用北人殆盡；或不忘本朝，意圖南下，逃匿無從，是河北土地、人才俱失矣。乞速詔求賢，遍諭北畿、河北、山東在籍各官及科甲貢監，但懷忠報國，及早南來，破格用之。""從之。"[5] 史可法的奏疏不是主張南明軍隊向北推進，就地因糧用人，而是藉口鎮兵缺餉，請求皇帝發詔求賢，讓河北、山東的官紳南下，言外之意就是放棄山東、河北等地的百姓和土地。史可法節制的四鎮之一 —— 東平侯劉澤清原是

1　《明清檔案》第一冊，A-125 號，啟本首頁有"順治元年八月初一日到"字樣，可知作於七月。這位"李中書"很可能就是上引鄭與僑《倡義記》中說的諸生李道生，他奉任民育之遣至南京，弘光朝廷大約給了個"中書舍人"的空銜。

2　順治元年六月二十四日山東巡撫方大猷啟本，原件藏第一檔案館。

3　順治元年九月初五日河南（道）總督楊方興"為欽奉遵依事"啟本，見《順治錄疏》。李清《南渡錄》卷二記，八月間弘光朝廷收到"山東濟寧知州朱光、生員孫胤泰、鄉民魏立芳等各疏請兵。既而不行，命補道官而已，不能救也"。

4　談遷《國榷》卷一百二。

5　《國榷》卷一百三。

山東總兵，家在山東曹縣，儘管當時清方駐山東兵力極少，清廷任命的山東巡撫方大猷在啟本中自稱"手無一兵"[1]，劉澤清並沒有趁勢收取桑梓之地。八月底，他派部將劉可成、阮應兆等率領一千多兵馬前往臨清祭祖[2]，在曹縣"殺死鄉官一十七家、百姓無算"，又在濟寧同恢復明朝的回兵打仗，以泄私憤。九月初三日搬取家眷，招兵數百名撤回淮安。[3] 劉澤清的這次"出兵"山東如入無敵之境，史可法不可能不知道，他的所謂"待餉不進"，山東等地"我爭之非易"，完全是明末官場中慣用的敷衍之詞，倒是"貽誤封疆，罪在於臣"，可稱實供。明翰林院官楊士聰是山東濟寧人，他不勝感慨地寫道："其下東省，止一人一馬，責取遵依，無不應者，積威之所劫也。及濟寧不應，亦遂慘淡而去；繼至者乃有十三人。使南中有千人之旅渡河先至，呼吸可通，二東（指明代山東、登萊二撫轄地，即今山東省）豈遂為虜有乎？"[4]

"君王莫聽捐燕議，一寸山河一寸金。"[5] 弘光朝廷立國之初，在許多史籍中被描寫成"正人盈朝"的局面，似乎事情全壞在後來馬士英、阮大鋮結黨亂政，正人君子聯袂而去，以至於亡國。這是東林—復社人士的門戶之見。事實上，當政的文武大臣（包括史可法在內）都是一批鼠目寸光的政治侏儒。大量材料證明，他們共同的特點都是以起義農民為敵，而對多次犯中原，這時已經攘取畿輔等地的清方則一味退讓，在"藉虜平寇"的如意算盤下，

1　《明清史料》丙編，第五本，第四三六頁。

2　順治元年九月初六日河道總督楊方興"為塘報事"啟本原件。

3　順治元年九月山東巡撫方大猷"為塘報事"揭帖中說阮應兆為副將，見《明清檔案》第一冊，A1-158號；上引楊方興啟本中則說阮應兆是劉澤清標下參將。

4　楊士聰《甲申核真略》（附錄十二則）。

5　《金史》卷七十五《左企弓傳》。

圍繞"定策""逆案""順案"爭權奪利。對他們來說，只要能保住江南這塊最肥沃的土地就足以榮家安身，黃河流域的大片疆土，數以千萬計的百姓全被忘在腦後。倒是不肯入閣的崇禎朝大學士蔣德璟旁觀者清，在疏中說："昔晉、宋在江南時，河淮以北皆虜，故不得不偏安。今奴雛（指順治帝）方幼，諸虜爭權，河淮之北，奴騎不到。而闖寇聞亦久奔，間有一二逃將士兵假名行劫而已。中原士民，椎牛洒酒，以待王師之至。但使中外合力，文武同心，分道北征，指日清廓，大非晉、宋可擬也。"[1] 然而，他的話沒人听。當政大臣史可法、馬士英等人唯恐出兵北上有同清廷爭地之嫌，一味以"通好"為上策。

第二節　清廷對南明弘光政權態度的變化

　　山海關戰役後，清廷輕易地佔領了北京及其附近地區，開初在總體戰略上並沒有定見。個別滿洲貴族甚至主張"宜乘此兵威，大肆屠戮，留置諸王以鎮燕都而大兵則或還守瀋陽，或退保山海，可無後患。"攝政王多爾袞卻因為皇太極曾經說過"若得北京，當即徙都，以圖進取"，不同意就此止步。[2] 不過，多爾袞設想的移都北京以圖進取，究竟進取到多大範圍，也心中無底。當時正在北京的張怡記載道：多爾袞剛入北京，為崇禎帝舉哀三日，隨即令漢族官民薙髮改制。"剃髮令下，有言其不便者曰：'南人薙髮，不

1　李清《南渡錄》卷二。

2　吳晗《朝鮮李朝實錄中的中國史料》，上編，卷五十八。

得歸。遠近聞風驚畏，非一統之策也。九王（多爾袞）曰：'何言一統？但得寸則寸，得尺則尺耳。'"[1]

六月間，多爾袞發佈文告說："深痛爾明朝嫡胤無遺，勢孤難立，用移我大清宅此北土。厲兵秣馬，必殲醜類，以靖萬邦。非有富天下之心，實為救中國之計。咨爾河北、河南、江淮諸勛舊大臣、節鉞將吏及布衣豪傑之懷忠慕義者，或世受國恩，或新膺主眷，或自矢從王，皆懷故國之悲，孰無雪恥之願？予皆不吝封爵，特予旌揚。其有不忘明室，輔立賢藩，勠力同心，共保江左者，理亦宜然，予不汝禁。但當通和講好，不負本朝，彼懷繼絕之恩，共敦睦鄰之誼。"下文又說："若國無成主，人懷二心，或假立愚弱，實肆跋扈之邪謀；或陽附本朝，陰行草竊之奸宄。斯皆民之蟊賊，國之寇仇。俟予克定三秦，即移師南討，殲彼鯨鯢，必無遺種。於戲！順逆易判，勉忠臣義士之心；南北何殊，同皇天后土之養。佈告天下，咸使聞知。"[2] 這件由清廷實際最高統治者頒發的詔書，在措辭上是頗有講究的。它反映了多爾袞等人對於自己的實力究竟能夠控制到多大的地盤還沒有把握。因此，一方面把清方準備接管的地方暫限於河北、河南、江淮，即長江以北，示意"不忘明室"的南方漢族官紳可以"輔立賢藩"，"共保江左"；另一方面，

1 張怡《謏聞續筆》卷一。

2 顧炎武《明季實錄》，談遷《國榷》卷一百二載此詔於六月辛未（十五日），尾注"中書舍人華亭李雯所草"。彭孫貽《流寇志》卷十三也在同日下記："工部主事李逢甲為賊刑辱而死，其子李雯留京師，為清朝中書，九王（即清攝政王多爾袞）命作檄諭江南曰：……"這幾種書的記載內容大致相同，個別字句略有出入。順治年間刻本李雯《蓼齋集》附錄了他起草的這件詔書，證明顧炎武、談遷、彭孫貽所記可靠。現存順治元年七月二十二日內院大學士馮銓、洪承疇"為甄別人才以慎職掌事"啟本中說："又有廩生李雯，兵部侍郎金之俊舉薦，諸台臣同赴內院公薦。臣等取試一月，見其學問淹貫，文理精通，堪於制敕房辦事。此二員皆應先授試中書舍人，例支半俸。"二十三日奉令旨："是，吏部知道。"可見李雯在六月間就已經進入清廷內院試用，他起草的文書頗得清廷重臣的欣賞。

又預先留下伏筆，以便一旦有機可乘時，可以隨即宣佈江左政權並非明朝"賢藩"，而是"假立愚弱"，那時移師南討"民之蟊賊，國之寇仇"，就是名正言順了。

清軍入關初期，兵力有限，特別是滿族人口稀少，補充兵員頗非易事。原來的明帝國雖分裂為山西以西的大順政權和以南京為中心的南明政權，但地域遼闊，實力也相當可觀。多爾袞摸不清底細，不敢貿然行事。在吳三桂的接引下，佔領了北京和畿輔地區已屬意外，他初期的意圖很可能是勾結南明，共平"流寇"，實現南北分治。這一方針對於南明弘光政權具有很大的吸引力，他們鑒於自身的腐敗無能，苟且偷安，因而對清方代平"流寇"表現出極大的興趣。以為此策既行，自己坐享江南財賦充盈之地，依然可以過着紙醉金迷的太平日子，"聯虜平寇"就成了弘光朝廷一廂情願的上策。

然而，清廷的政策很快發生了變化。根本原因在於隨着中國社會的發展，南方的經濟地位不斷上升，宋代以前出現過的南北分治的經濟相對平衡的基礎已經不復存在。從元代以來，以北京為中心的北方地區上自朝廷、達官貴人，下至部分軍民都仰賴於南方漕運的糧食和其他物資。這種經濟上的依賴性不是僅靠南方"朝廷"以"歲幣"形式提供議定的金銀、綢緞之類就能夠解決的。降清的漢族官僚對此深有了解，例如甲申五月兵部右侍郎金之俊上言："西北粒食全給於東南，自闖亂後，南粟不達京師，以致北地之米價日騰。"[1] 同年九月，清河道總督楊方興說得更明確："不

<hr>

1 《清世祖實錄》卷十六。

得江南，則漕運阻矣，將何以成天下？"[1] 其次，降清的官僚中相當一部分是南方人士，他們唯恐出現南北朝的局面，自己將同故鄉親屬分隸兩個對立政權，關河阻隔，骨肉仳離，因而竭力慫恿滿洲貴族決策南征，並且大談江南民風脆弱，不難平定。第三，事態的發展也為多爾袞等人決策提供了依據。自從五月間清軍佔領畿輔以來，除了在七月間發生過大順軍由山西反攻，佔領井陘縣城以外，南京的弘光政權龜縮於江淮以南，數十萬大軍割據自雄，魚肉當地百姓，連大順軍西撤後歸屬未定的畿輔南部（約相當於今河北省南部）、山東、河南都沒有採取有力措施加以"收復"。這幾個因素湊在一起，使多爾袞等清廷決策人認定沒有必要承認南明弘光朝廷，乾脆以清代明，走統一全國之路。

七月二十八日，清攝政王多爾袞命弘光朝廷派來的副將何拱薇、參將陳萬春帶了一封信給史可法，全文如下：

清攝政王致書於史老先生文几：

予向在瀋陽，即知燕京物望咸推司馬。及入關破賊，與都人士相接，識介弟（指史可法堂弟史可程）於清班，曾託其手勒平安，權致衷緒，未審何時得達。

比聞道路紛紛，多謂金陵有自立者。夫君父之仇，不共戴天。《春秋》之義，有賊不討，則故君不得書葬，新君不得書即位，所以防亂臣賊子，法至嚴也。闖賊李自成，稱兵犯闕，手毒君親；中國臣民，不聞加遺一矢。平西王吳三桂介在東

1 《國榷》卷一百三。

陞，獨效包胥之哭。朝廷感其忠義，念累世之宿好，棄近日之小嫌，爰整貔貅，驅除狗鼠。入京之日，首崇懷宗帝、后謚號，卜葬山陵，悉如典禮。親郡王、將軍以下，一仍故封，不加改削；勳戚、文武諸臣，咸在朝列，恩禮有加。耕市不驚，秋毫無犯。方擬秋高氣爽，遣將西征，傳檄江南，聯兵河朔，陳師鞠旅，勠力同心，報乃君國之仇，彰我朝廷之德。豈意南州諸君子，苟安旦夕，弗審事機，聊慕虛名，頓忘實害，予甚惑之！國家之撫定燕都，乃得之於闖賊，非取之於明朝也。賊毀明朝之廟主，辱及先人。我國家不憚征繕之勞，悉索敝賦，代為雪恥。孝子仁人，當如何感恩圖報？茲乃乘逆寇稽誅，王師暫息，遂欲雄踞江南，坐享漁人之利。揆諸情理，豈可謂平？將以為天塹不能飛渡，投鞭不足斷流耶？夫闖賊但為明朝崇耳，未嘗得罪於我國家也。徒以薄海同仇，特伸大義。今若擁號稱尊，便是天有二日，儼為勁敵。予將簡西行之銳，轉旆東征；且擬釋彼重誅，命為前導。夫以中華全力，受制潢池，而欲以江左一隅兼支大國，勝負之數，無待著龜矣。

予聞君子愛人以德，細人則以姑息。諸君子果識時知命，篤念故主，厚愛賢王，宜勸令削號歸藩，永綏福祿。朝廷當待以虞賓，統承禮物，帶礪山河，位在諸王侯上，庶不負朝廷伸義討賊、興滅繼絕之初心。至南州諸彥，翩然來儀，則爾公爾侯，列爵分土，有平西之典例在。惟執事實圖利之。挽近士大夫好高樹名義，而不顧國家之急，每有大事，輒同築舍。昔宋人議論未定，兵已渡河，可為殷鑒。先生領袖名流，主持至計，必能深維終始，寧忍隨俗浮沉？取捨從違，應早審定。兵行在即，可西可東。南國安危，在此一舉。願諸君子同以討賊為心，毋貪一身瞬息之榮，而重故國無窮之禍，為亂臣賊子所竊笑，予實有厚望焉。

記有之：唯善人能受盡言。敬佈腹心，佇聞明教。江天在望，延跂為勞。書不盡意。[1]

多爾袞的書信反映了清廷對南明政權態度的全方位轉變，即自封正統，否認弘光朝廷的合法地位，要求它無條件投降。信中充滿了恫嚇之詞，甚至說甚麼"且擬釋彼重誅，命為前導"，連抗清勁旅大順軍也被"借用"來作為迫脅手段，從另一方面看也反映了多爾袞自知兵力有限，以虛無縹緲的"聯闖平南"壯大聲勢。按情理說，史可法閱讀了多爾袞的來信，應當對清廷咄咄逼人的野心洞然於心，急講自強之道。然而，他卻依舊幻想通過和平談判達到"聯虜平寇"偏安江左的目的。他命進士黃日芳起草回信，黃日芳的答書原稿"詞頗峻"。史可法審閱時唯恐觸怒清廷，說"不必口角也"，親手"刪潤"定稿。[2] 其全文如下：

大明國督師、兵部尚書兼東閣大學士史可法頓首謹啟大清國攝政王殿下：

南中向接好音，法隨遣使問訊吳大將軍，未敢遽通左右，非委隆誼於草莽也，誠以大夫無私交，《春秋》之義。今倥傯之際，忽捧琬琰之章，真不啻從天而降也。諷讀再三，殷殷致意。

---

1 多爾袞致史可法書見《清史列傳》卷二《多爾袞傳》，《史可法集》所載文字略有出入。

2 談遷《棗林雜俎》仁集《寓書史可法》條記："史相國在揚州，清人寓書云：'攝政王致書史相國執事，云云。'自稱本朝字抬出，史相國字平行。黃紙如詔敕，又朱圈其句。華亭包爾庚於沔陽黃日芳處見之。"按，史可法在弘光朝方任大學士，多爾袞信原文稱其為"相國"，上錄書信僅稱"老先生"，可能是後來修改。

若以逆成尚稽天討，為貴國憂，法且感且愧。懼左右不察，謂"南中臣民偷安江左，頓亡君父之仇"，故為殿下一詳陳之。我大行皇帝敬天法祖，勤政愛民，真堯舜之主也。以庸臣誤國，致有三月十九日之事。法待罪南樞，救援無及，師次淮上，凶聞遂來，地坼天崩，川枯海竭。嗟乎！人孰無君，雖肆法於市朝，以為泄泄者之戒，亦奚足謝先帝於地下哉？爾時，南中臣民哀痛如喪考妣，無不撫膺切齒，欲悉東南之甲，立剪凶仇。而二三老臣，謂國破君亡，宗社為重，相與迎立今上，以繫中外之心。今上非他，即神宗之孫、光宗猶子，而大行皇帝之兄也。名正言順，天與人歸。五月朔日，駕臨南都，萬姓夾道歡呼，聲聞數里。群臣勸進，今上悲不自勝，讓再讓三，僅允監國。迨臣民伏闕屢請，始於十五日正位南都。從前鳳集河清，瑞應非一。即告廟之日，紫雲如蓋，祝文升霄，萬目共瞻，欣傳盛事。大江湧出楠梓數萬，助修宮殿，是豈非天意哉！越數日，即令法視師江北，刻日西征。忽傳我大將軍吳三桂假兵貴國，破走逆成。殿下入都，為我先帝后發喪成禮，掃清宮闕，撫輯群黎，且免薙髮之令，示不忘本朝。此等舉動，震古爍今，凡為大明臣子，無不長跽北向，頂禮加額，豈但如明諭所云"感恩圖報"已乎！謹於八月，薄治筐篚，遣使犒師，兼欲請命鴻裁，連兵西討。是以王師既發，復次江淮。乃辱明誨，引《春秋》大義來相詰責。善哉言乎，然此文為列國君薨，世子應立，有賊未討，不忍死其君者立說耳。若夫天下共主，身殉社稷，青宮皇子，慘變非常，而猶拘牽不即位之文，坐昧大一統之義，中原鼎沸，倉卒出師，將何以維繫人心，號召忠義？紫陽《綱目》踵事《春秋》，其間特書如莽移漢鼎，光武中興；丕廢山陽，昭烈踐祚；懷、愍亡國，晉元嗣基；徽、欽蒙塵，宋高續統，是皆於國仇未剪之日，亟正位號，《綱目》未嘗斥為自立，卒以正統予之。至如玄宗幸蜀，太子即位靈武，議者疵之，亦未嘗不許以行權，幸其光復舊物也。本朝傳世十六，正統相承，自治冠帶之族，繼絕存亡，仁恩遐被。貴國昔在先朝，夙膺封號，載在盟府。後以小人構釁，致啟兵端，先帝深痛疾之，旋加誅僇，此殿下所知也。今痛心本朝之難，驅除亂逆，可謂大義復著於《春秋》矣。若乘我國運中微，一旦視同割據，轉欲移師東下，而以前導命元凶，義利兼收，恩仇倏忽，獎亂賊而長寇仇，此不惟孤本朝藉力復仇之心，亦甚違殿下仗義扶危之初志矣。昔契丹和宋，止歲輸以金繒；回紇助唐，原不利其土地。況貴國篤念世好，兵以義動，萬代瞻仰，在此一舉。若乃乘我蒙難，棄好崇仇，規此幅員，為德不卒，是以義始而以利終，貽賊人竊笑也。貴國豈其然歟？往者先帝軫念潢池，不忍盡戮，剿撫並用，貽誤至今。今上天縱英明，刻刻以復仇為念。廟堂之上，和衷體國；介冑之士，飲泣枕戈；人懷忠義，願為國死。竊以為天亡逆闖，當不越於斯時矣。語云："樹德務滋，除惡務盡。"今逆成未伏天誅，諜知捲土西秦，方圖報復。此不獨本朝不共戴天之恨，抑亦貴國除惡未盡之憂。伏乞堅同仇之誼，全始終之德，合師進討，問罪秦中，共梟逆成之頭，以泄敷天之憤。則貴國義聞，照耀千秋，本朝圖報，惟力是視。從此兩國世通盟好，傳之無窮，不亦休乎！至於牛耳之盟，則本朝使臣久已在道，不日抵燕，奉盤盂以從事矣。法北望陵廟，無涕可揮，身陷大戮，罪當萬死。所以不即從先帝於地下者，實為社稷之故。傳曰："竭股肱之力，繼之以忠貞。"

法處今日，鞠躬致命，克盡臣節而已。即日獎帥三軍，長驅渡河，以窮狐鼠之窟，光復神州，以報今上及大行皇帝之恩。貴國即有他命，弗敢與聞。惟殿下實明鑒之。[1]

　　史可法的復信措辭極為軟弱。他只是為弘光朝廷繼統的合法進行辯解，反復表達"連兵西討"的願望，企圖在鎮壓大順軍後兩國世通盟好。對於降清的吳三桂，多爾袞信中一再以清方所封平西王稱之，樹之為"典例"；史可法不但不敢稍加指斥，還以讚賞口氣說"我大將軍吳三桂假兵貴國"；至於弘光朝廷的偷安江左，自朱由崧即位到史可法回信已過了整整四個月，一兵未發，史可法無以自解，僅以清軍入關為由，說是"王師既發，復次江淮"，原因是為了避免同清方摩擦。古今中外，談判桌上能取得多大成就首先取決於實力做後盾。包括史可法在內的弘光朝廷內部矛盾重重，暮氣沉沉，缺乏戰略眼光，一味退縮觀望，坐失事機。信中雖提到"天下共主""大一統之義""光復神州"之類的言辭，但通篇卻流露出苟且偷安的心理。這封信在當時所起的作用只能是增長多爾袞之流的驕狂氣焰，對後世而言也不是一篇激勵人心的佳作，把它採入本書只是因為它反映了南明弘光朝廷當權人物的基本政策，而這種政策正是導致弘光朝廷覆亡的重要原因之一。

1　各種史籍載史可法答多爾袞書文字有不少出入。這裏主要是根據《史可法集》《清史列傳‧多爾袞傳》、商務印書館排印本《明季南略》卷七校讀而成。這封信的起草人，談遷說是黃日芳，計六奇《明季南略》卷二說是出自史可法幕賓何亮工之手，彭士望曾在揚州史可法幕中效力，說是樂平人王綱代筆，見《恥躬堂文鈔》。溫睿臨《南疆逸史》卷五《史可法傳》云："可法表上其書，勸朝廷為自強計，而自為書答曰：'閱貴國來書，以本朝立君為非是，幕府竊怪之。夫國破君亡，宗社為重，經綸草昧，正利建侯之日也。夫是以二三元老，謂大位不可久虛，神人不可以無主，相與迎立今上，以繫天下之心。……人臣無境外之交，貴國即有他命，不敢與聞。'"雙方來往信件史可法都奏報了弘光朝廷，殆無疑問。

第三節　左懋第為首的北使團

　　弘光朝廷既然熱衷於“聯虜平寇”，派出使團同清廷勾結就成了當務之急。六月初三日，前都督同知總兵官陳洪範自告奮勇，奏請北使，命來京陛見。[1] 十三日，陳洪範入朝。[2] 十九日，應天安慶等處巡撫左懋第“以母死北京，願同陳洪範北使。許之。”[3] 七月初五日，“進左懋第南京兵部右侍郎兼右僉都御史，經理河北，聯絡關東軍務；兵部職方郎中馬紹愉進太僕寺少卿；都督同知陳洪範進太子太傅”[4]，組成了北使團。次日，“上面諭北使左懋第、陳洪範、馬紹愉。禮部尚書顧錫疇呈祭告梓宮文及通清虜御書、頒臣民聖諭、吳三桂等誥券。”[5] 二十一日，使團由南京出發，攜帶“大明皇帝致書北國可汗”的御書、賜“薊國公”吳三桂等人的誥敕[6]，白銀十萬兩、黃金一千兩、綢緞一萬匹[7]；“前往北京謁陵，祭告先帝；通謝清王，並酬謝剿寇文武勞勛。”[8] 在松山降清的總兵祖大壽的兒子錦衣衛指揮祖澤溥也隨團北行。[9]

　　弘光朝廷還下令運送漕米十萬石接濟吳三桂。沈廷揚在崇禎年間曾多次辦理從海上運送南方漕米到天津和遼東松山的事務，

1　《國榷》卷一百二；《南渡錄》卷一。

2　《國榷》卷一百二。

3　《國榷》卷一百二。

4　《明清史料》甲編，第一本，第四十頁，《奉使兵部右侍郎左懋第等揭帖》所列使團官銜為“欽命奉使兵部右侍郎加一品服兼都察院右僉都御史左、太子太傅中軍都督府左都督陳、太僕寺少卿加二品服兼兵部職方司郎中馬”，陳洪範當為左都督。

5　《國榷》卷一百二。

6　李清《三垣筆記》卷下。

7　《清初內國史院滿文檔案譯編》中冊，第六十頁記陳洪範等帶來的謝禮有銀十萬兩，金九百八十一兩，各種錦緞二千五百餘匹。

8　順治元年八月二十九日巡按山東監察御史朱朗鑅“為據報先行請旨事”啟本引弘光使臣陳洪範所發傳牌語。

9　李清《南渡錄》卷二。按，祖大壽是吳三桂的舅父，派祖澤溥同行顯然有聯絡吳三桂的意思。

有較豐富的經驗。弘光登極後，他上言："臣歷年海運，有舟百艘，皆高大完好，中可容二百人。所招水手，亦皆熟知水道，便捷善鬥，堪充水師。今海運已停，如招集水師，加以簡練，沿江上下習戰，臣願統之，則二萬之眾，足成一軍，亦長江之衛也。"當時有廷臣建議由海路出師北伐，沈廷揚非常高興，說："誠使是策得用，吾願為前軍以啟路。"可是，弘光朝廷無意出兵北上，只讓他率船隊運糧接濟吳三桂。鎮守淮安地區的東平伯劉澤清看中了他這批船隻，派兵據為已有，運糧之舉才沒有實現。[1]

　　按情理說，弘光朝廷既然正式派出使團去同清方談判，應當有一個明確的方案，作為討價還價的基礎。實際情況卻並非如此。使團出發前，朱由崧"命會同府部等官從長酌議。或言：'以兩淮為界。'高輔弘圖曰：'山東百二山河決不可棄，必不得已，當界河間耳。'馬輔士英曰：'彼主尚幼，與皇上為叔姪可也。'"[2]八月初一日，馬紹愉致吳三桂信中說，講定和好之後"便是叔姪之君，兩家一家，同心殺滅逆賊，共享太平。"[3]很明顯，馬士英的意思是明、清分境而治，從兩國皇帝的年齡考慮，弘光為叔，清帝福臨為姪，多少給明朝廷爭點體面。東平伯劉澤清七月三十日給吳三桂的信中告以弘光朝廷已經任命了山東總督、巡撫、總兵，建議由吳三桂於"畿東界境內開藩設鎮"，"比鄰而駐"，並且借用蘇秦佩六國相印的典故，要吳三桂"勠勤兩國而滅闖"，"幸將東省地方，俯垂存恤。"[4]首席談判代表左懋第更是心中無底，他在《辭闕效言

1　李聿求《魯之春秋》卷十《沈廷揚傳》。

2　李清《三垣筆記》卷下。

3　《明清史料》丙編，第一本，第九十八頁。

4　《明清史料》丙編，第一本，第九十二頁。

疏》中寫道："陛下遣重臣以銀幣酬之，舉朝以為當然。臣銜命以山陵事及訪東宮、二王的耗往，而敕書中並及通好之事。陵京在北，實我故都，成祖文皇帝、列宗之弓劍已藏，先帝先后之梓宮未奠，庶民尚依墳墓，豈天子可棄陵園？□□（虜酋）若好義處榆關（山海關）以東，而以勳臣吳三桂為留守，春秋霜露，不損抔土。而南北互市，榆關為界，如往年遼陽故事。中國之商利薆（人參）貂，□□之人利繒絮，華□各安其所，各得其欲，中國之利，亦□之利。此臣所知也。然道路傳聞，闖賊盤踞晉中，以多寇守紫荊、倒馬、井陘等關，似賊不甘心於□而與為難者。果爾，則吳鎮鼓君父不共之仇，□□效始終不渝之義，鼓行而西，破賊於晉，追賊及秦，必殲之乃已。即我國家亦當興師十萬，以聲闖賊之罪而誅之。□□□命（當為'東虜效命'），可代我師。臣過揚州，昭岡臣萬元吉云：'□若肯為我殺賊，當有以餉之。餉之名美於金繒，而有殺賊之實。餉之名，用兵則用餉，兵止則餉止，而非歲幣之比。'臣思其言，是一道也。而二者之外，非臣所知。"[1]很明顯，弘光君臣急於同清廷聯絡，藉滿洲貴族的兵力平定大順軍，連己方的方案都沒有醞釀成熟，就草率地行事了。

使團出發時，左懋第感到朝廷賦予他的任務不明確，上疏要求澄清："臣銜以經理河北、聯絡關東為命，帶封疆重寄之銜，而往議金繒歲幣，則名實乖。況以此銜往虜所，將先往奪地而後經理乎？抑先經理而後往乎？此銜之當議者也。"[2]又說："臣業《春秋》，素遵孔子內華外□（夷）之訓，而使臣為酬□（虜）行。臣原

1　左懋第《蘿石山房文鈔》卷一。

2　李清《南渡錄》卷二。

請者，收拾山東，結連吳鎮，並可取臣母之骸骨。而今以酬口（虜）往，臣竊內痛於心。"[1] 接著，他建議："如皇上用臣經理，祈命洪範同紹愉將使，而假臣一旅，偕山東撫臣收拾山東以待，不敢復言北行矣。如用臣同洪範北行，則去臣經理、聯絡之銜，但銜命而往，謁先帝梓宮，訪東宮、二王消息，賞齎吳三桂等，並宣酬虜之義。而紹愉似無遣也。"[2] 左懋第的意思很清楚，他的請求北行是為了收拾山東，不願扮演乞憐於清廷的角色。然而，史可法、馬士英等朝廷重臣"聯虜"心切，听不進他的意見。"時可法駐泗州，與懋第相見，謂曰：'經理，具文耳；通和，詔旨也。公宜疾行毋留。'以故所至山東豪傑稽首願效驅策者，皆不敢用，慰遣而已。"[3] 在史可法等人的逼迫之下，左懋第違心地踏上了北行之路，在前途渺茫之中，他所能做的只是不屈於清廷，保持自己的民族氣節而已。

弘光朝廷派陳洪範為北使重臣，本意是考慮到他久歷戎行，同吳三桂等人有交情[4]，便於聯絡，卻沒有料到陳洪範的主動請行包藏禍心。早在這年六月十六日，降清的明朝參將唐虞時就上疏攝政王多爾袞道："若慮張獻忠、左良玉首鼠兩端，則有原任鎮臣陳洪範可以招撫。乞即用為招撫總兵。臣子起龍乃洪範婿，曾為史可法標下參將，彼中將領多所親識，乞令其齎諭往招，則近悅遠來，一統之功可成矣。"同月二十六日，多爾袞同意了唐虞時的建議，

1　左懋第《蘿石山房文鈔》卷一。
2　李清《南渡錄》卷二。
3　溫睿臨《南疆逸史》卷九《左懋第傳》。
4　甲申八月初一日陳洪範致吳三桂書中説："朝議僉謂洪範與老親台託誼葭莩"。可見兩人有親戚關係，見《明清史料》丙編，第一本，第九十三頁。十二月十五日，陳洪範南還，上言："初，禮部薦臣與吳三桂同里戚誼，意清之破賊，必三桂為政。其事殊不然。"

以攝政王名義"書招故明總兵陳洪範"。[1]九月二十五日,"招撫江南副將唐起龍自軍中奏報:臣抵清河口,聞南來總兵陳洪範已到王家營;臣隨見洪範,備頌大清恩德,並齎敕緣由。洪範叩接敕書,開讀訖。所齎進奉銀十餘萬兩、金千兩、緞絹萬匹;其同差有兵部侍郎左懋第、太僕寺卿馬紹愉。臣先差官趙鉞馳報,即同洪範北上。其行間機密,到京另奏。"[2]這樣,陳洪範就成了弘光北使團中的清方奸細。

九月初五日,使團進入山東濟寧州,這裏已歸屬清朝,隨即把南明派遣的護送兵馬發回。十五日,至臨清,原明朝錦衣衛都督駱養性時任清朝天津總督,派兵來迎接。十八日,抵德州,清山東巡撫方大猷大張告示云:"奉攝政王令旨:陳洪範經過地方,有司不必敬他,着自備盤費。陳洪範、左懋第、馬紹愉止許百人進京朝見,其餘俱留置靜海。祖澤溥所帶多人,俱許入京。"二十九日,行至河西務,因清順治帝定於十月初一日在北京即位,使團暫停前進。十月初五日,才到張家灣,清廷差禮部官又奇庫來迎。十二日,使團捧弘光"御書"從正陽門入城,清方安置於鴻臚寺居住,嚴加防範。十三日,清禮部官來鴻臚寺問:"南來諸公有何事至我國?"使臣答道:"我朝新天子問貴國借兵破賊,復為先帝發喪成服。今我等齎御書來致謝。"清朝官員說:"有書可付吾們。"使臣告以"御書"應面遞清廷最高統治者,不能交禮部。清官說:"凡進貢文書,

---

1 《清世祖實錄》卷五。按,《清初內國史院滿文檔案譯編》中冊,第四十五頁,在六月二十六日下記"大清國攝政王諭陳大將軍曰",云云。較清實錄記載更為完整,可資參考。但信中說"請將軍傳諭史先生及左、劉、金、劉煌、劉、于、王八將軍……"顯有誤譯,當為下文所記左良玉、于永綬、高傑、金聲桓、劉肇基、黃得功、劉澤清諸將。

2 《清世祖實錄》卷八。陳洪範《北使紀略》載:八月"廿一日至宿遷。忽接口(虜)使唐起龍等六人齎口攝政王書與本鎮,事涉嫌疑,不敢遽進,當即具疏奏聞。"《清實錄》所記時間當為收到唐起龍奏疏之日。

俱到禮部轉啟。"使臣聲稱自己所齎乃"天朝國書",不是進貢文書,雙方堅持不下。次日,清內院學士剛林等來到鴻臚寺,指責江南"突立皇帝",即不承認弘光朝廷的合法性。使臣爭辯說南京所立乃神宗嫡孫,倫序應立。爭論不休,剛林蠻橫地說:"毋多言,我們已發大兵下江南。"左懋第回敬以"江南尚大,兵馬甚多,莫便小覷了",不歡而散。使團齎來的弘光"國書",清方拒絕接受;朝廷和使臣致送吳三桂的書信,拜會降清大學士馮銓、謝陞的名帖,也因吳、馮、謝三人死心塌地投靠清廷,不屑一顧。[1]十五日,清內院官帶領戶部官員來收銀幣,計銀十萬兩、金一千兩,蟒緞已運到者二千六百匹。弘光朝廷另賜"薊國公"吳三桂白銀一萬兩、緞二千匹,也一併收去。二十六日,剛林來到鴻臚寺向左懋第等人傳達多爾袞的命令:"你們明早即行。我已遣兵押送至濟寧,就去口知爾江南,我要發兵南來。"左懋第等見清方態度強硬,毫無和談之意,僅要求赴昌平祭告陵寢,議葬崇禎帝。剛林斷然拒絕道:"我朝已替你們哭過了,祭過了,葬過了。你們哭甚麼,祭甚麼,葬甚麼?先帝活時,賊來不發兵;先帝死後,擁兵不討賊。先帝不受你們江南不忠之臣的祭!"隨即取出檄文一道,當場宣讀,指責南京諸臣"不救先帝為罪一;擅立皇帝為罪二;各鎮擁兵虐民為罪三。且夕發兵討罪。"次日,清方派員領兵三百名押送使團南返。[2]十一月初一日行至天津,陳洪範"於途次具密啟請留同行左懋第、馬紹愉,自願率兵歸順,並招徠南中諸將。"多爾袞得報大喜,立即派學士詹霸帶兵四五十騎於初四日在滄州南十里處將左、馬二人

1　計六奇《明季南略》卷二《北事》。

2　以上時日據陳洪範《北使紀略》;左懋第《恭覆諭旨疏》也說"臣等自十月二十七日口(虜)兵隨向南行",見《蘿石山房文鈔》卷一。

拘回北京，面諭陳洪範"加意籌畫，成功之日，以世爵酬之。"[1] 同月二十六日，多爾袞致書豫親王多鐸："僞弘光所遣左懋第、馬紹愉、陳洪範前已俱令南還。因洪範密啟請留懋第、紹愉，伊自率兵歸順，且言在南之左良玉、余永壽（按，當作于永綏）、高傑、金聲桓、劉肇基、黃得功、劉澤清各擁重兵，皆可說之來降。隨追留懋第、紹愉，獨令洪範南還。王其察彼情形，隨時奏報。"[2]

陳洪範回南京途中特地進入高傑軍營，"傑留與飲。洪範具言清勢方張，二劉（指劉良佐、劉澤清）已款附狀。傑曰：'彼欲得河南耶？請以北京與我互易之。'洪範見語不合，方持杯在手，即僞為中風狀，墜杯於地，曰：'痼疾發矣！'輿歸，夜遁去。"[3] 十二月十五日，陳洪範返抵南京，一面散佈"和平"氣氛，麻痺弘光君臣，時人談遷記載："予嘗見陳洪範云：清虜深德我神宗皇帝，意似可和。"[4] 一面密奏"黃得功、劉良佐皆陰與□（虜）通"，[5] 意在挑起朝廷對黃得功、劉良佐的猜疑，以便自己乘機行事，拉攏黃、劉叛變投清。弘光朝廷見左懋第、馬紹愉被拘留，陳洪範卻被釋回，事有可疑，認為陳可能是清廷的間諜，卻並未追究，僅令其回籍了事。[6]

弘光君臣派出的北使團沒有相應的武力做後盾，適足以自取屈辱，真可說是"賠了夫人又折兵"。左懋第被拘禁於北京，清廷

1　《清世祖實錄》卷十一。

2　《清世祖實錄》卷十一。

3　張怡《謏聞續筆》卷四。

4　談遷《國榷》卷一百三，排印本第六一六八頁。

5　顧炎武《聖安紀事》上。

6　黃宗羲《弘光實錄鈔》。按，曹寅《楝亭集·楝亭文鈔》，《重修周櫟園先生祠堂記》云："順治二年乙酉，前明背約羈使臣，王師南伐，破淮陽，席捲而下，草昧廓清，東南底定。"曹氏所書完全背離事實，清朝蠻橫地羈留了弘光使臣左懋第等，雙方並沒有簽約。

曾多次勸說其投降。左懋第堅貞不屈，到弘光朝廷覆亡後，被清廷處死，時為 1645 年閏六月十九日。[1]

北使的失敗，在弘光朝廷內引起了巨大的反響。少數官僚已經看出清廷以代明"復仇"為名推行滅明之策，要求當政諸公改弦易轍，不要沉浸於"藉虜平寇"的美夢之中，認真做好防止清兵南侵的準備。御史沈宸荃上疏說："虜、賊今日皆為國大仇。自東藩失事三十年來，兵財盡耗於虜，故賊起而乘之。及賊逆不容誅，復巧藉復仇之名，掩有燕、齊，是我中國始終受虜患也。故目前之策，防虜為急，賊次之。以討賊為先聲，以防虜為實着。何也？虜勢已急，賊勢已稍緩也；賊罪可聲，虜之罪未可聲也。故於討賊，則以某師扼吭，某師拊背，某師搗堅。或姑再遣一使，陽約為掎角之勢，以大振復仇之聲，而其實節節皆為防虜計，此所為以討賊為先聲，以防虜為實着也。虜明知不受款矣，而我款之者不嫌諼復，凡金人所以愚宋，我轉用以愚虜。賊見我與虜尚通，則必不敢復與虜合。賊為虜強，盡力備虜，而我亦得專意防虜。虜防既固，然後乘賊隙徐圖之，此所為以款虜為虛聲，以禦賊為實着也。"[2]

可是，作為督師大學士的史可法卻另唱一個調子，他在疏中寫道："屢得北來塘報，皆言虜必南窺，水則廣調麗舡，陸則分佈精銳，盡河以北，悉染腥膻。而我河上之防，百未料理，人心不一，威令不行。復仇之師，不聞及於關、陝；討賊之約，不聞達於虜庭。一似君父之仇，置諸膜外。近見虜示，公然以逆之一字加南，

1　見《南疆逸史》卷九《左懋第傳》；《流寇長編》卷十八。

2　李清《南渡錄》卷四。

辱我使臣，蹂我近境，是和議固斷斷難成也。一旦寇為虜併，必以全力南侵；即使寇勢尚張，足以相距，虜必轉與寇合，先犯東南。宗社安危，決於此日。"這段文字似乎說明史可法看到了清兵南下是主要的危險，然而語言的混亂透示出思想的混亂。既然明知清廷拒絕接收弘光"國書"，使臣被辱，"和議固斷斷難成"，又說甚麼"討賊之約，不聞達於虜庭。"更荒謬的是，他以小人之心度君子之腹，把自己夢寐以求的"聯虜平寇"推而廣之，斷定如果大順軍兵力尚強必然會同清軍結為聯盟，"先犯東南"。接着提出建議："今宜速發討賊之詔，嚴責臣等與四鎮，使悉簡精銳，直指秦關。"[1]顯然，直到北使失敗以後，史可法仍然不改初衷，以大順農民軍為主要敵人。

第四節　弘光朝廷的軍政和財政

在南京建立的弘光朝廷就人力、物力而言，較清方、大順政權佔有非常明顯的優勢。它控制着半壁江山，淮河以南是當時中國人口最密集、經濟最發達的地方，而且受戰亂破壞最小。然而，弘光統治集團的腐朽比起崇禎朝有過之而無不及，內部又陷於嚴重的傾軋紛爭之中。特別是作為政權主要支柱的軍隊已經蛻化成了將領維護和擴張私利的工具。他們敵視人民，又都是農民軍或清軍的手下敗將，怯於公戰，勇於私鬥；遇敵望風而逃，視民如俎上之肉。弘光時期江南文人馮夢龍有這樣一段話：

1　李清《南渡錄》卷三。

……而余更有慮者，在軍政之未立。夫軍政之未立，非無兵也，有兵而若無兵，且其害更勝於無兵，是以慮也。古者用兵寧使餉浮於兵，不使兵浮於餉。今未具餉而先聚兵，兵既聚而餉不足。於是倡為打糧之說，公然掃掠民間，掠婦女則為妻妾，掠丁壯則為奴僕。一兵家屬多者至十餘人，朝廷養一兵不能並養其十餘人之家屬，其勢益不得不出於掃掠。而有兵之處，閭里皆空，未戢一二賊兵，先添萬千兵賊。百姓嗷嗷，無所控訴，良可痛已。不特此也，兵既有家屬，勢不能草居露宿，於是佔民間之居，用民間之物，兵富而民貧，兵樂而民苦。才一徵調，則又有安插家小之說，揀擇瘠肥，遷延月日，勢所必至。……兵之戀戀室家如此，即使驅之赴敵，亦內顧之意多而進取之意少。求其死綏立功，尚安可得？此弊不革，恐餉終無時而足，兵終無時而可用也。[1]

正是由於兵不可用，當大順軍西撤，清軍在畿輔地區休整之時，山東、河南兩省的官紳、土賊處於群龍無首，徘徊觀望之際，弘光朝廷兵將雖多，卻麇集於江淮地區追歡逐樂，毫無進取之意。督師大學士史可法和他節制的四鎮為了掩蓋內心的怯弱，在糧餉問題上大做文章。八月二十六日，史可法奏稱："臣皇皇渡江，豈真調和四鎮哉？朝廷之設四鎮，豈直江北數郡哉？四鎮豈以江北數州為子孫業哉？高傑言進取開、歸，直搗關、洛，其志甚銳。臣於六月請糧，今幾月矣，寧有不食之卒可以殺賊乎？"[2] 又說："近閱諸臣條奏，但知催兵，不為計餉，天下寧有不食之兵、不飼

1 馮夢龍《甲申紀事·敍》，見《玄覽堂叢書》第一○七冊。
2 談遷《國榷》卷一百二。

之馬，可以進取者？目前但有餉銀可應，臣即躬率橐韉，為諸鎮前驅。”[1] 同月二十八日，東平伯劉澤清“奏進取之計，募數十萬之兵，儲數十萬之餉，備馬十餘萬，整頓器械一二年，乃可渡河。”[2] 那麼，史可法和他的部將是不是真缺餉呢？甲申五月建立江北四鎮的時候，規定每鎮額兵三萬，每年供應米二十萬石、銀四十萬兩，由於當時一石米約值銀一兩，所以有的史籍徑直寫作一鎮歲餉六十萬，四鎮合計每年二百四十萬。這年九月十二日“東平伯劉澤清屯淮安，治府壯麗，日費千金。總督田仰從澤清燕遊，為奏請乞餉。上諭：東南餉額不滿五百萬，江北已給三百六十萬，豈能以有限之財供無已之求？田仰與劉澤清不得全事呼吁。”[3] 從五月算起，四個月發了相當於一年半的銀餉，應當說十分豐裕了。何況立鎮之初還把江北一部分地方的屯糧、商稅等收入撥給四鎮，怎麼能說糧餉不足進取呢？

　　史可法為官廉潔，也很勤勉，治文書往往夜以繼日。他對四鎮的兵額和應發、已領餉數應當是清楚的，對四鎮將領的搜括地方、荼毒百姓也心中有數。在奏疏中，他竟然同四鎮唱一個調子，危言聳聽，原因是他在明末官場中久經磨煉，對當時文恬武嬉的積弊司空見慣，也積累了一套應付朝野輿論的伎倆。我們不應忘記，史可法初任西安府推官時，洪承疇、吳甡都是他的頂頭上司，也是他非常佩服的人。洪承疇統十三萬精銳明軍被清軍殲滅殆盡；吳甡在崇禎十五年任大學士時，寧可丟官也不敢出任督師去同李自成等部農民軍作戰，這些給他在心理上造成的壓力可想而知。

1　李清《南渡錄》卷二。

2　談遷《國榷》卷一百二。

3　談遷《國榷》卷一百三。

如果說他充當推官、守道、兵備道、巡撫等官職時能以潔身自好、任勞任怨博得好評的話，在形勢把他突然推上權力的峰層時，他的個人品德完全彌補不了客觀需要而他本人又不具備的雄才大略和果斷魄力。史可法在調處四鎮、保境安民上確實頗費心機，過分責備固然不當，但他畏清若虎，奉四鎮為驕子，使這些軍閥頓兵江北，一味魚肉人民。史可法本人也認為有四鎮做南京小朝廷的屏障，自己的督師大學士就可以安然無事地當下去。就實際情況而言，史可法出任督師整整一年，耗費了江南百姓的大量糧餉，一籌莫展，坐看黃河流域大好河山淪入清方之手，說他姑息養奸，喂虎貽患，並不過分。

弘光朝廷擁有淮河以南遼闊的地盤，在北都覆亡以前，明朝廷每年要從江南各地搜括大量糧食、銀錢、布帛等財物，彌補北京宮廷、諸多衙門以及九邊龐大的耗費。按理說，北方各地既已相繼淪沒，分屬大順和清方，弘光朝廷在財政上應該是綽有餘裕的，百姓的負擔至少不應加重。實際情況卻並不是這樣。由於豢養大批只知禍國殃民的軍隊，統治集團的貪慾有增無已，弘光朝廷的財政竟然入不敷出。

早在福王朱由崧出任監國的時候，南京的大臣們草擬恩詔，有人主張依照舊例列入減免賦稅的條款，藉以爭取民心。當時的實權人物南京兵部尚書史可法卻拒絕採納，他說："天下半壞，歲賦不過四百五十餘萬，將來軍餉繁費，則練餉、剿餉等項未可除也。"[1] 對照大順政權的"三年免徵"和清朝多爾袞進入北京後立

---

1 《國榷》卷一百一。李清《南渡錄》卷一記，甲申五月弘光朝廷"命十七年練餉已徵者盡數起解，無得干沒，至明年全免。舊餉、遼餉速催。"

即宣佈廢除三餉，賦稅按萬曆年間的冊子徵收，多少可以看出弘光政權完全繼承了崇禎朝竭澤而漁的賦稅政策。只是在自己管轄不到的地方，弘光君臣才慷慨地施與恩惠，如五月十五日登極詔書中宣佈："自弘光元年始，山東錢糧全免三年，北直錢糧全免五年。"[1]這不過是毫無實際意義的政治宣傳罷了。

弘光政權在軍事上毫無作為，軍費開支卻極度膨脹。李清記："上即位後，楚鎮（指左良玉部）及四鎮頻以匱告，而司兵惟務姑息，不知汰無用，核虛名。楚鎮兵五萬餘，需銀一百八萬；四鎮兵各三萬，需餉二百四十萬，本色一百萬。五鎮不足恃，且還為我虞。居重馭輕，有京營六萬，需餉一百二十萬，鎮上游，控江北，復有江督、安撫、蕪撫、文武操江、鄭鴻逵鄭彩、黃斌卿、黃蜚、卜從善等八鎮，共兵十二萬，計餉二百四十萬。合之七百餘萬，而川、楚、東、豫督、撫、鎮不與焉。……乃大司農綜計所入止六百萬，關權俱在焉。而七百萬外有俸祿、國用之增；六百萬內有水旱災傷之減。太倉既無宿儲，內帑涸無可發，漕糧改折，此盈彼詘。"[2]到這年十一月，工部與戶部上言："今天下兵馬錢糧通盤打算，缺額至二百二十五萬有奇，戶部見存庫銀止一千有零耳。"[3]

財政既入不敷出，戶部採取的對策是變相加徵。甲申十二月決定"凡民間田土，熟田每畝二分，熟地每畝五分，山塘每畝一釐，給予弘光元年契尾一紙"[4]，合計江南一年另"加折色銀五十萬

---

1 管紹寧《賜誠堂文集》卷五《宣諭山東北直地方安撫官民獎勸義旅詔》《宣諭北直人民詔》。

2 李清《三垣筆記》卷下，《弘光》。他的另一部著作《南渡錄》卷三記，甲申九月"時正項所入止六百二十萬，養軍所出至七百五十餘萬，通計每年正項缺一百五十萬。"

3 《南渡錄》卷三。

4 李清《甲申日記》絲集。

六千四百五十餘兩，道路嘩然。"[1] 地方官胥趁機橫徵暴斂，剝民肥身。時人辛陞作《京餉》詩云："一年血比五年稅，今歲監追來歲銀。加二重頭猶未足，連三後手急須稱。可憐賣得貧兒女，不飽奸胥一夕葷。"《縣令》詩云："世局於今又一更，為民父母虎狼心。鞭笞只作肉鼓吹，痛哭如聞靜好音。"[2] 弘光朝廷敲骨吸髓地搜括民財以奉驕兵悍將，史可法不可能不知道。他節制的四鎮之一劉澤清在淮安大興土木，建造連云甲第庭園，一心經營自己的安樂窩，有人說其豪華程度"僭擬王宮"。[3] 有一種記載說，史可法微服私行至淮上，竟被督工頭目抓去當苦力，碰上劉澤清來察看營建情況，他才扔下肩上的巨木大叫："學生效勞三日矣！"[4] 聯繫到他出任督師以後，黃得功和高傑等人為爭奪富庶繁華的揚州打得不可開交，史可法對從老百姓身上榨取了多少血汗錢，用到了甚麼地方，是非常清楚的。1645年（明弘光元年、清順治二年）二月，吏科右給事中陳燕翼疏中說："今奴、賊相持，勝負未決，中國之利正在此時，行間將、吏，不聞一籌一策，用間用奇，而但知張口向內添官索餉。"[5] 這既是對四鎮等將領的批評，也是對史可法的針砭。

江南百姓為供應四鎮和左良玉的兵馬，被壓榨得髓乾血盡，而這批軍閥在清軍南下以前魚肉人民，為非作歹，給駐地百姓帶來了無數的災難；一旦清軍南侵，除個別將領如黃得功外，幾乎全

1　大學士王鐸"謹揭為國賦萬不可加，急宜停止事"，見《擬山園選集》卷十二，奏疏。

2　辛陞《寒香館遺稿》卷三《世變十更》。

3　顧公燮《丹午筆記》，江蘇古籍出版社，1985年排印版，第七十八頁。

4　參見鄭廉《豫變紀略》卷八。

5　《南渡錄》卷四。

部領兵投敵，充當清廷征服、鎮壓各地抗清鬥爭的幫凶，加速了自身和此後幾個南明政權的覆亡。

在弘光立國的一年時間裏，取之於民是那樣無孔不入，所得金錢卻幾乎沒有用於救濟災民、興修水利等實政。除了豢養軍隊以外，財政收入的另一部分耗費於皇帝、宮廷和官僚，供他們過着窮奢極侈的生活。朱由崧即位於南京，這裏原有的宮殿經過二百多年的風雨蠹蝕，自然早已坍塌廢圮，難以居住。然而，國難當頭，未必沒有巍峨輝煌的宮殿就不成為中興之主，後來的魯監國、永曆帝顛沛流離，有時以坐舟權當水殿，在軍事上比起弘光還稍勝一籌。朱由崧被擁上寶座以前到處漂泊，生活來源斷絕，處處乞憐於較殷實的宗藩和官僚，一登大位立即想在生活上同承平時期的皇帝看齊。他下令為自己和太后修建宮殿，為籌備大婚四處購買珠寶，為追歡逐樂置辦歌兒舞女；一些在他倒霉時曾出力相助的人也蜂擁而至，共享富貴。"修興寧宮，建慈禧殿，大工繁費，宴賞皆不以節，國用匱乏。"[1]弘光君臣的大肆搜括民財，經營自己的安樂窩，其直接結果一是大失人心，二是文官武將囊橐既富，身家之念重，一旦形勢危急，多數非降即逃，卒至以國予敵。

第五節　弘光朝廷的腐敗

古語說："生於憂患，死於安樂。"這句話對弘光朝廷來說是最恰當不過的了。弘光君臣既然一廂情願地"藉虜平寇"，自身毫無振作之意，一味滿足於偏安江左。他們只想利用江南富庶的物

1　計六奇《明季南略》卷五《朝政濁亂昏淫》。

質條件過着燈紅酒綠、紙醉金迷的生活,其腐朽程度較之崇禎時期有過之而無不及。

許多史籍都記載,朱由崧酗酒好色,追歡逐樂,不以國事為念。他說:"天下事,有老馬在"[1],把軍國重事委託給馬士英,自己則同一班佞倖幹着昏天黑地的勾當。

"寡人有疾,寡人好色。"朱由崧的荒淫在歷史上可以同許多亡國之君媲美。他剛剛登上皇帝的寶座就以"大婚"為名派出內官在南京、蘇州、杭州等地挑選"淑女"。太監屈尚忠之流乘機作威作福,"都城內凡有女之家,不問年紀若何,竟封其門,受金然後釋放,又顧別室。鄰里哭號,唯利是圖。"[2]八月,兵科給事中陳子龍上疏說:"昨忽聞有收選宮人之舉,中使四出,搜門索巷,凡有女之家不問願否,黃紙帖額即昇之而去,以致閭井騷然,人情惶駭,甚非細故也。……今未見明旨,未經有司,而中使私自搜採,不論名家下戶,有夫無夫,畀以微价,挾持登輿,宜小民之洶洶也。"[3]弘光帝以大婚為名,搜索民間絕色閨女,幾乎成了他關心的頭等大事。在南京遍索不能如意,又派出內監前往蘇州、浙江等地選拔。祁彪佳日記中載,1645年二月十二日,"因奉旨選婚,越中嫁娶如狂,晝夜不絕。"三月二十四日又記,"得道瞻姪書,知兩女俱中后妃之選。"[4]這時距離弘光朝廷的覆亡還剩不到兩個月。野史所載更是窮極形象。談遷寫道:弘光"登極初,日召對輔臣,或晝再接。浹月以來,時免朝。八月,選民女入宮,徵教坊妓

1　《聖安本紀》卷四。
2　武英殿大學士王鐸"謹揭為選擇淑女速當嚴禁,不可太濫事",見《擬山園選集》卷十二,揭一。
3　陳子龍《兵垣奏議》《論選官人疏》。
4　《祁忠敏公日記》《乙酉日曆》。

六十四人。"又云："甲申秋，南教坊不足充下陳，私徵之遠境。阮大鋮、楊文驄、馮可宗輩各購進。大內嘗演《麒麟閣》傳奇劇，未終，妓人首戴金鳳者三。蓋宮例承幸戴金鳳以自別也。上體魁碩，一日斃童女二人，厚載門月裏骸出。……上初立，都人忻忻，謂中興可待。不數月，大失望，有蘇台麋鹿之懼。"[1] 朱由崧派內官捕捉蟾蜍，配製春藥；內官們公然打着"奉旨捕蟾"的旗號督促百姓捕捉，被民間稱之為"蝦蟆天子"。[2] 甲申除夕，朱由崧"悄然不樂，亟傳各官入見。諸臣皆以兵敗地蹙，俱叩頭謝罪。良久，曰：'朕未暇慮此，所憂者梨園子弟無一佳者，意欲廣選良家，以充掖庭，惟諸卿早行之耳。'或對曰：'臣以陛下憂敵未寬，或思先帝。豈意思及於此？'遂散出。"[3]

朱由崧的好酒貪杯，沉湎於醉鄉之中，見諸許多記載。"相傳弘光初，劉先生（指劉宗周）入見，以飲酒諫。上曰：'為卿故不飲。'然有難色。先生徐曰：'若飲止一杯亦無害。'上曰：'因卿言，止飲一杯。'後進飲，內侍以大金爵至，不卻；飲至半，不舉爵。內侍已知其意，斟滿焉。復飲至半爵，又斟。如是不已，名雖一杯，實無算爵也。"[4] 張履祥在記載了這一傳說後說"茲事有無未可知"，但大學士王鐸在奏疏中進諫道："若夫飲酒……卜夜燒炬，且梨園弟子鼓聲咚咚，大非所以慟北都先帝之靈而存哀悼之心也。"[5] 可見朱由崧的失德敗度確有其事，並非野史作者的輕信流言蜚語。

1　談遷《棗林雜俎》仁集《從龍內臣》《女伎》二條。

2　王應奎《柳南續筆》卷一。

3　抱陽生《甲申朝事小紀》卷八《弘光失德》條。

4　張履祥《楊園先生全集》卷三十四《見聞錄四》。《甲申朝事小紀》云，弘光於內庭懸一對聯云："萬事不如杯在手，百年幾見月當頭。"旁注東閣大學士王鐸奉敕書"。

5　王鐸《為用刑當慎，飲酒當節，聖心最宜敬謹事疏》，見《擬山園選集》卷十二。

掌握朝廷實權的馬士英、阮大鋮等人也是醉生夢死，利用手中的權力鬻官肥家。“宮室服用，百役並作，皆援全盛之例，費無紀極。於是開事例，賤其值以招納來者。士英輩因而干沒。民間有‘中書隨地有，都督滿街走，監紀多如羊，職方賤如狗。蔭起千年塵，拔貢一呈首。掃盡江南錢，填塞馬家口’之謠。”[1] 姚廷遴記：“弘光即位南京，無一善政。用馬士英為相，賣官鬻爵，賄賂公行。民間傳誦京中有《西江月》詞一闋云：‘弓箭不如私薦，人材怎比錢財？吏兵兩部掛招牌，文武官員出賣。四鎮按兵不舉，東奴西寇齊來。虛傳閣部過江淮，天子燒刀醉壞。”[2] 應廷吉也記載：“爾時弊政難以枚舉。南都人士復書《西江月》一詞於演武場，云：‘有福自然輪着，無錢不用安排，滿街都督沒人抬，遍地職方無賴。本事何如世事？多才不若多財。門前懸掛虎頭牌，大小官兒出賣。’”[3] 文人辛陞鑒於弘光政權的腐敗，作《世變十更》詩，其中《官方》一首云：“世局於今又一更，天教害氣滿朝廷。科場久作招商店，選部尤開鬧市門。甫戴進賢忘布素，一行作吏滿金銀。彌天塞地皆黃白，何處秋壺一片冰。”[4] 阮大鋮公然以行賄作為理財妙方，“大鋮自受事以來，凡察處降補各員，賄足則用。嘗語禮科沈胤培曰：‘國家何患無財，即如撫按糾薦一事，非賄免，即賄求，但令納銀若干，於官應糾者免糾，欲薦者予薦，推而廣之，公帑充矣。’”[5] 弘光朝廷的政以賄成，腐敗已極，由此可見一斑。

---

1 《鹿樵紀聞》卷上。夏完淳《續幸存錄・南都雜志》作：“都督多如狗，職方滿街走。相公止愛錢，皇帝但吃酒。”

2 姚廷遴《歷年記》，見《清代日記匯抄》，上海人民出版社 1982 年 4 月排印本，第五十二頁。

3 應廷吉《青燐屑》卷上。

4 辛陞《寒香館遺稿》卷三。

5 李清《南渡錄》卷三。

即便是那些自命與馬、阮黨見不同的官紳在生活上也大抵是追歡逐樂，尋花問柳，過着燕巢幕上的日子。甲申九月二十八日，余煌在一封信裏不勝憤慨地描述了江南官紳的昏淫：“尤可異者，國難初聞，宴衍不徹；哭臨未畢，聲伎雜陳。而儼然鄉袞與愚頑同其歡謔，略無改容。近且架凌雲之台，演徹夜之劇，怪誕淫褻，錯出爭奇，婦女若狂，通都填咽。而一二領袖之家，皆巨室也，爭奪梨園，彼此相鬥，家僮至於破額，長吏為之解紛。如此景象，豈復成世界乎？君親荼毒，宗社邱墟，宮闕慘於離黍，山陵同於藁葬，此乾坤何等時也，而般樂怠敖，倍於承平。夫獨非臣子乎？夫何至於此極也！弟與憂者，不在奴，不在賊，不在兵餉；竊以為神州陸沉，必自此病狂喪心始。披髮野祭，百年為戒，此辛有所見而深悲也。”[1] 河南酄城人李發愚甲申年間到達南京以後大失所望，作詩云：“怪底新朝無個事，大家仍做太平官。”[2]

弘光朝廷建立於風雨如磐之時，卻置軍國重事於腦後，不僅文恬武嬉，還熱衷於不急之務，粉飾太平。比如盈廷而議，給二百多年前被明太祖朱元璋處死的開國功臣傅友德、馮勝等人，被明成祖朱棣殺害的建文朝忠臣追加謚號、恢復名譽。工科給事中李清在弘光朝廷中是比較正派的人物，也樂此不疲，多次上疏倡導“盛典”，彌補歷朝之闕。溫睿臨在《南疆逸史》“李清傳”中評論道：“時廟堂無報仇討賊之志，但修文法，飾太平。而清於其間亦請追謚開國名臣及武、熹兩朝忠諫諸臣，加成祖朝奸諛大臣胡廣、陳瑛等惡謚；又請追封馮勝、傅友德為王，賜之謚，皆得

1　余煌《余忠節公遺文》《與祁世培書》，見《越中文獻輯成書》。

2　乾隆十八年《酄城縣志》卷十五，人物，《李發愚傳》。

議行。然人譏其所言非急務也。"早在甲申五月下旬御史郭維經就上言："聖明御極將兩旬矣,一切雪恥除凶、收拾人心之事,絲毫未見實着。且偽官縱橫於鳳、泗,悍卒搶掠於瓜、儀,焚殺劫掠之慘,漸過江南;豐鎬一片地,不知將來成何光景。而廟廊之上,不聞動色相戒,惟以漫不切要之務,盈庭而議,以致乘便門而為鑽窺之隙穴,鬥疾足而作富貴之階梯。舉朝人心,如狂如醉。"[1] 同年七月兵科給事中陳子龍也上言道："自入國門將再旬矣,惟遣北使得一聆天語,不識密勿之臣英謀宏議日進幾何?但見官署寂寥,人情泄沓,交鞍擊轂,宛然泰階之風;好爵高班,無異昇平之日。從無有歎神州之陸沉,念中原之榛莽者,豈金陵佳麗之區,六朝風流之地,可供清談坐嘯耶?……清歌漏舟之中,痛飲焚屋之下。臣誠不知所終矣。"[2] 弘光朝廷的苟且偷安達到了喪心病狂的程度,一旦清兵南下立刻土崩瓦解,就是毫不奇怪的事了。

第六節　清廷對大順和南明用兵策略的變化

順治元年十月,清軍不僅佔領了畿輔地區,還接管了山東。十月初三日,葉臣等部清軍攻克山西省會太原,大順軍守將陳永福突圍逃走[3],山西大部分地區歸附了清廷。當時,河南省的局勢相當

1　李清《南渡錄》卷一。

2　陳子龍《兵垣奏議》《恢復有機疏》。按,疏尾有崇禎十七年七月二十日奉旨,可知上疏在這以前;談遷《國榷》卷一百二載於八月十八日,誤。

3　康熙二十一年《陽曲縣志》卷十三《叢紀》。有的史著誤記陳永福為大順政權守太原時陣亡,但清方奏報及地方志中都記載城破時陳永福逃走。《清初內國史院滿文檔案譯編》中冊,第六十九頁記,順治二年六月太原府推官報告,"流賊陳總兵官被敗遁走時",太原府附郭陽曲縣令曾乘亂竊取大批銀、米。

混亂，大順軍已撤到豫西，其他地區大抵處於軍閥（如駐睢州總兵許定國）、土匪（如李際遇、劉洪起、李好）的控制之下；弘光朝廷雖然任命了總督、巡撫、巡按，但只是虛有其名，根本行使不了管轄權。

由於弘光朝廷的一味退縮，唯恐出兵山東、河南將影響北使議和，清廷乘機站穩了腳根。十月間，多爾袞決策分兵兩路征服全國。具體部署是：一路由英親王阿濟格、平西王吳三桂、智順王尚可喜等統兵取道山西北部和內蒙古進攻陝北，得手後向南推進，摧毀以西安為中心的大順政權；另一路由豫親王多鐸、恭順王孔有德、懷順王耿仲明等率領南下，消滅弘光朝廷。十月二十四日，清廷檄諭河南、南京、浙江、江西、湖廣等處文武官員軍民人等曰："爾南方諸臣當明國崇禎皇帝遭流賊之難，陵闕焚毀，國破家亡，不遣一兵，不發一矢，如鼠藏穴，其罪一。及我兵進剿，流賊西奔，爾南方尚未知京師確信，又無遺詔，擅立福王，其罪二。流賊為爾大仇，不思征討，而諸將各自擁眾，擾害良民，自生反側，以啟兵端，其罪三。惟此三罪，天下所共憤，王法所不赦。用是恭承天命，爰整六師，問罪征討。……若福王悔悟前非，自投軍前，當釋其前罪，與明國諸王一體優待……"[1] 顯然，這道檄文是欲加之罪何患無辭，它完全否定了弘光朝廷的合法地位，明確宣佈要對南明動武。

鑒於當時弘光朝廷的腐敗和內部紛爭，確實很難指望它組織有效的防禦。然而，就多爾袞的戰略部署而言，卻是完全錯誤的。因為清廷除了留下少數兵馬駐防京師及其附近地區外，主要的兵

---

[1] 《清世祖實錄》卷十。

力同時投向西面、南面兩個方向，兩路大軍勢必越走越遠，呼應不靈。阿濟格西征時已經把宣府、大同兩鎮降兵盡調隨征，"搜括無遺"，總兵力也只達到八萬人。[1] 而大順軍在山海關戰役中，是在同吳三桂部激戰了兩天之後才被清軍主力擊敗的，兵力收縮到陝西一帶迎戰阿濟格一路兵馬，勝負還是個未知數。跡象表明，當時李自成已經得到了清軍將進犯陝北的情報，在陝北地區鎮守延安的有大順政權所封毫侯李過（改名李錦），鎮守榆林的是高一功，他們都是李自成的親信，兵力相當可觀。李自成計劃在陝北打一個大勝仗，狠煞清軍威風。因此，親自率領大批精兵猛將由西安源源北上。《洛川縣志》記載："自成遣其部偽侯劉、賀、辜、高等來援。已而，自成親至，率偽汝侯劉宗敏踞洛浹旬。"[2]《白水縣志》也記載："清順治元年冬十二月，賊闖自同州逾白（水），北趨延安逆戰。未幾，復自延安逾白（水）趨同（州）。"[3] 這兩條材料證明，在甲申之冬，李自成統領西安地區的大順軍主力取道同州（今陝西省大荔縣）、白水，一直進到洛川，離延安已經不遠了。如果清方戰略計劃沒有發生變化，那麼，李自成、劉宗敏指揮大順軍主力和李過、高一功部陝北駐軍同阿濟格部清軍決戰，勝負尚在未定之天。阿濟格部一旦戰敗，大順軍勢必乘勝追擊，華北局勢就將改觀。

然而，就在這個關鍵時刻，清廷改變了多鐸部的進軍方向，原因是駐守山西平陽（今臨汾市）和河南西部的大順軍向河南懷慶地

---

1 順治元年十二月十三日清宣大總督吳孳昌啟本，原件藏第一檔案館。

2 康熙六年《洛川縣志》卷上五之賦《雜志》附。按，文中"偽侯劉"當指磁侯劉芳亮，賀、辜、高等難以確定為何人。

3 順治四年《白水縣志》卷上，《扼要》。

區發動了反攻，並且取得了勝利。大順軍的懷慶戰役是在清廷命將出師以前部署的。十月初四日，山西垣曲大順軍馬、步二萬餘人已經向東推進；同日在河南蘭陽（今蘭考縣）又出現一支大順軍隊伍帶有"許多旗幟、馬匹欲渡未渡"，有渡河進攻銅瓦廂（由於黃河改道，現銅瓦廂在黃河南岸東面）的跡象。十月初六日，清河南巡撫羅繡錦向朝廷發出了緊急求派援兵的奏疏，其中說："該臣看得西賊盤踞垣曲，漸至濟源、狐嶺，各路分賊狡詐多端。懷屬地方正衝兩路，而潞安（今山西省長治市）一股直抵彰屬（指彰德府，府治在今河南省安陽市），均可慮也。臣已分調守衛（指衛輝府，府治在今河南汲縣）之卒以接應，又報南岸賊兵沿河窺渡。伏乞敕部將臣前請大兵速催馬兵兼程前來協力掃蕩，而戰守俱有賴矣。"[1] 同月十五日羅繡錦又向清廷發出"為緊急塘報事"啟本，說："馬賊一萬有餘，步賊二萬有餘，後未到者還有五六萬，要克取懷（慶）、衛（輝）等府，見今離懷三十里外紮營。……賊之狡謀，其意不止在懷屬，而意欲佔據河口。況大河以南，尚有賊氛，萬一通聯，勢所難圖。……伏乞亟敕兵部，速催大兵星夜兼程前來，以濟救援。"[2]

懷慶戰役從十月十二日開始，大順軍連續攻克濟源、孟縣，清懷慶總兵金玉和領兵出戰，在柏香鎮幾乎全軍覆沒，金玉和與副將常鼎、參將陳國才等均被擊斃。[3] 大順軍乘勝進攻懷慶府治沁陽縣，清衛輝總兵祖可法連夜帶領軍隊進入沁陽固守待援。消息

---

1 《欽差巡撫河南等處地方提督軍務兼理河南都察院右副都御史羅繡錦謹啟為塘報緊急賊情急請大兵事》啟本原件。

2 《清代農民戰爭史資料選編》第一冊（上），第二十四頁。

3 順治二年閏六月二十五日兵部侍郎朱馬喇等"為遵旨查明死事官兵事"題本，見《順治錄疏》。參見《清世祖實錄》卷十七。

傳到北京，多爾袞大為震驚。他認識到如果讓多鐸按原定計劃統軍下江南，畿輔、山西、河南的防守兵力嚴重不足，後果不堪設想。因此，他立即下令多鐸改變進軍方向，由南下轉為西進，先解沁陽之圍，然後進攻潼關，打開入陝門戶，同阿濟格部清軍南北合擊大順軍。上引《洛川縣志》記載李自成、劉宗敏統領大軍北上，走到洛川時忽然停留了整整十天，唯一可以解釋的原因就是已經得到多鐸部清軍向潼關推進的消息。在北面和東面都出現強敵壓境的情況下，大順軍領導集團立刻陷於左右為難的被動地位。李自成只好頓兵不進，等待進一步的消息，何方吃緊即率主力馳向何方。這說明，大順軍發動的懷慶戰役雖然取得了局部的勝利，卻改變了整個戰略態勢，把兩路清軍主力都吸引到自己方面來了。

多鐸部清軍暫緩南下，使南京的弘光朝廷得以繼續苟延殘喘，其統治集團的決策人物如朱由崧、馬士英、史可法之流的目光短淺、僥倖圖存和敵視人民則暴露得淋漓盡致。在阿濟格、多鐸兩大主力全部投向陝西戰場同大順政權一決雌雄的時候，清廷在畿輔、山東、豫東部署的兵力相當有限，只留下肅親王豪格帶領為數不多的軍隊扼守黃河。甲申、乙酉之交，多鐸部同大順軍展開潼關戰役時，南明河南總兵許定國駐守於睢州，私下派人同清方接洽投降事宜，豪格回信讓他把兒子送來充當人質，而對於許定國要求派清軍過河接應則以"未奉旨意"加以拒絕。這不僅證明豪格所部清軍數量不多，而且說明清廷實權人物多爾袞也深知自己在整個華北地區兵力單薄，不敢輕舉妄動，以免同南明軍隊發生正面衝突。弘光朝廷任命的山東總督王永吉派人偵得"建州精騎盡往征闖，北直、山東一帶皆單虛"，向朝廷建議：

臣近聞西安已破，流賊敗走漢中，不勝踴躍，繼又不勝憂疑也。虜乘虛擊賊，所向披靡，其氣必驕。向屢入內地未逢敵手，今見國家新創，半年以來未能出門一步，其心必懈。驕與懈皆犯兵家之忌。若簡驍勁馬步一枝，直走開、歸，進窺曹、單，防其抄襲淮陽，為正兵；以驍勁馬步二枝，疾趨沂、濟，為奇兵，電擊星馳，計日而可復二城。若二城既復，兗、濟、臨、德遂成破竹。軍聲一振，青、齊豪傑響應，土兵民馬、銃炮軍資，遠近輻輳，聯絡掎角，攻其無備，必建奇功。蓋當此內外涸斂時，須破釜沉舟決一死鬥。倘欲動出萬全必勝之策，實無此策。臣不勝踴躍者此也。若謂長河、長江，未必直稱天塹；一番挑激，彼必速來，殊不知狡酋虎視中原，意欲併吞天下。特與逆賊相持，不暇傾巢壓境耳。今西安破陷已真，虜既入陝，寇復入川，宣、云、秦、晉、東、豫、荊、襄，胡馬進退自由，前無所牽，後無所掣，全副精神總在江南，縱不挑而激之，能保其不投鞭而問渡哉！臣不勝憂疑者此也。……昔齊人有乘勢待時之說，今有勢可乘，無時可待，過此以往，事變愈多，日益忙亂矣。[1]

江西總督袁繼咸也上疏說："闖為虜敗，雖可喜，實可懼。虜未及謀我者，闖在耳。闖滅，非江南誰事？"[2] 王永吉、袁繼咸的奏疏都是在清軍擊敗大順軍、佔領西安以後，主張趁清軍主力仍在陝西的時機派軍北上。就戰略而言已經遲了一步，但畢竟提出了

---

1 李清《南渡錄》卷四。儘管王永吉後來投降了清朝，他在任職弘光朝廷時的建議還是頗有見地的。
2 李清《甲申日記》絲集。

積極防清是當務之急。可是，大學士馬士英、史可法唯恐出兵黃河流域收取山東等地，將觸怒清廷，引火燒身。階級的偏見、生活上的苟且偷安使他們利令智昏，幸災樂禍地按兵不動，讓清廷得以集中兵力打敗大順軍，控制區擴大到整個北方。事實證明，史可法、馬士英都是政治庸人，他們的政治眼光遠在王永吉、袁繼咸之下。我們有理由相信，多爾袞等清廷決策人敢於在幾個月時間裏把幾乎全部主力投入西北一隅，正是依據各方情報，估計到弘光朝廷不會有甚麼動作。東線無戰事，給滿洲貴族提供了利用漢族內部紛爭各個擊破的大好機會。弘光朝廷愚不可及地推行消極避戰的"藉虜平寇"政策，直接導致了自身的覆亡。

第四章

大順政權的覆亡

第一節　潼關戰役和多鐸部清軍佔領西安

清朝豫親王多鐸、智順王孔有德、懷順王耿仲明統領的軍隊在懷慶地區擊敗當地大順軍後，於孟津縣渡過黃河，十二月十五日進至陝州（今河南省三門峽市陝州區）。大順軍張有曾部駐於靈寶縣城外，因兵力有限，被清軍擊敗。多鐸部在二十二日推進到距離潼關二十里的地方立營。李自成得到這個準確情報，知道駐防潼關的巫山伯馬世耀部下只有七千餘兵馬，難以抵禦多鐸統率的大批清軍。[1] 一旦潼關失守，西安在所難保，因此他親自同劉宗敏、劉芳亮等大將帶領原擬赴陝北的大順軍主力趕往潼關。

清廷對奪取潼關的戰略意義高度重視，做了充分的準備。十二月內增派固山額真阿山、馬喇希等統兵經山西蒲州渡河協征[2]，並

1　潼關戰役在《清世祖實錄》和《潼關志》中有相當準確的記載。吳偉業《綏寇紀略》卷九《通城擊》中依據不可靠的傳聞寫道："（乙酉）二月，本朝大兵至潼關，攻之，偽巫山伯馬世耀以六十萬眾大敗，潼關破，世耀死。" 欽定《明史》的作者竟然連本朝實錄和檔案也未能寓目，在卷三百九《李自成傳》中採用吳氏舊文云："順治二年二月，我兵攻潼關，偽伯馬世耀以六十萬眾迎戰，敗死，潼關破……" 戰役時間和情節全部錯誤。由此可見，《明史》在清代推為信史，實則謬誤甚多。

2　《清世祖實錄》卷十二。

且急調紅衣大炮供攻關之用。十二月二十九日，潼關戰役開始。大順軍主將劉宗敏先戰，失利。次年（順治二年，1645）正月初四日，劉芳亮領兵出戰，又被清軍擊敗；李自成親自率領馬、步兵迎戰，多鐸命令八旗兵全力反擊，大順軍再次失利，步兵損失很多。初五、初六兩天，大順軍連續利用夜間襲擊清軍營壘，都沒有取得效果。初九日，清方紅衣炮軍到達；十一日，清軍進逼潼關口。大順軍"鑿重壕，立堅壁"加強防守。清軍先用紅衣大炮轟擊，隨即大舉進攻。在不利的情況下，大順軍仍然頑強拼搏，力圖扭轉戰局，先派騎兵反擊，又調遣部分兵馬迂回到清軍陣後突擊，都被清軍擊敗。[1]

正在這個關鍵時刻，清英親王阿濟格部大批軍隊已經進入陝北，李過、高一功在延安、榆林英勇抗戰，阿濟格為了奪取西安，只留下大同總兵姜瓖率領一批明朝降將繼續攻城，牽制陝北大順軍，自己統領大軍南下，向西安推進。李自成深知原駐西安主力已經調到潼關，如果繼續在潼關同多鐸部硬拼，西安必將被阿濟格部攻佔，大順政權的文武官員、將士家屬以及重要物資都很難保住。在兩路清朝大軍的合擊下，李自成被迫決定主動放棄陝西，另尋出路。十一日，潼關戰役明顯不利，他同劉宗敏、劉芳亮等率領來援主力奔回西安，十三日到達，當天就帶領兵馬、部分文職官員、家屬和財物由西安經藍田、商洛向河南撤退。十二日，留守潼關的巫山伯馬世耀向清軍偽降，潼關失守。這天晚上，馬世耀派人秘密送信給李自成，請他回師潼關，自己從中響應，內外夾擊，擊破多鐸部清軍。不料密使被清軍截獲，第二天，多鐸以打

---

1 《清世祖實錄》卷十四。

獵為名，在潼關西南十里的金盆口設下埋伏，然後謊稱舉行宴會，把馬世耀部下的馬匹器械全部解除，一聲號令，埋伏的清軍突然衝出，把馬世耀和他部下七千餘名大順軍將士全部屠殺。[1]

　　潼關戰役持續了十三天，這是決定大順政權能不能保住西北地區的關鍵一戰。大順軍失敗了，正月十八日多鐸部佔領西安。不久，阿濟格部也到達西安。清攝政王多爾袞命多鐸部按原定計劃往攻南京，阿濟格部負責追剿大順軍。

　　關於大順軍放棄陝西及其他西北地區進行戰略轉移的問題，需要澄清史籍中常見的一種錯誤。許多著作都以為李自成放棄西安，經商洛進入河南、湖北的時候，是帶領了陝西和西北各地的大順軍一道轉移的。實際上，李自成帶領的只是原駐西安一帶的大順軍主力，隨行的有汝侯劉宗敏、澤侯田見秀、磁侯劉芳亮、綿侯袁宗第、義侯張鼐等大將，大順政權的高級文官丞相（大順的正式官銜是左平章國事）牛金星、軍師宋獻策等人，還有包括皇后高氏在內的眷屬，兵員約為十三萬。由於多鐸、阿濟格兩路重兵迫近西安，李自成不可能等待駐防陝北和其他西北地區的大順軍會合後才做戰略轉移。這以後的一段時間裏，大順軍由於南撤的路線不同，形成了東、西兩大集團。東路即上述李自成親自率領的主力，由陝西商洛經河南到達湖北襄陽，會合駐守當地的白旺部繼續東下武昌等地的大順軍；西路是原防守陝北的李過、高一功部在清軍佔領西安以後無法直接南撤，而向西轉移會合其他駐守西北的大順軍取道陝西漢中南入四川，然後順江到達湖北荊州

1　康熙二十四年《潼關志》卷下《兵略第八》。《清世祖實錄》卷十四記："守潼關偽吳山伯馬世堯率所部七千餘眾迎降，計獲馬千餘匹，輜重甲仗無算。十三日大軍入潼關，察獲馬世堯遣往自成處奸細，遂擒斬世堯。"按，吳山伯馬世堯當即巫山伯馬世耀之訛。

地區。下面就大順軍兩路撤退的經過分別予以敍述。

多鐸部清軍佔領潼關以後，休兵二日，正月十六日由潼關進發，十八日佔領西安，曾派護軍統領阿爾津等領兵追擊大順軍，由於李自成在五天前即已率軍經藍田、商洛向河南撤退，阿爾津無功而返。[1]1645 年（順治二年、弘光元年）二月，多鐸和阿濟格均駐於西安。[2]這月初八日，多爾袞分別向多鐸和阿濟格發出命令：

諭定國大將軍和碩豫親王多鐸曰：聞爾等破流賊於潼關，遂得西安，不勝嘉悅。初曾密諭爾等往取南京，今既攻破流寇，大業已成，可將彼處事宜交與靖遠大將軍和碩英親王等。爾等相機即遵前命趨往南京。大丈夫為國建功正在此時，汝其勉之。其隨英親王、豫親王之漢軍自固山額真、梅勒章京以下兵丁、綿甲、紅衣炮均分為二，著英親王、豫親王各行督領。若相去已遠，可仍如舊。至於英親王等奉命征討乃為己事越境至土默特、鄂爾多斯地方，枉道索取駝馬，復轉入邊，以致逗遛，其罪非小，特諭汝等知之。現今流寇餘氛，責令英親王等追剿。

諭靖遠大將軍和碩英親王阿濟格曰：爾等自京起行在先，定國大將軍和碩豫親王等起行在後。今豫親王等已至潼關，攻破流寇，克取西安，爾等之兵未知尚在何處。此皆由爾等枉道越境，過土默特、鄂爾多斯地方妄行需索，轉而入邊，以致逗遛故也。今已命豫親王恪遵前旨，往定南京。爾等可

---

1 《清世祖實錄》卷十四。
2 《平南王元功垂範》卷上。

仍遵前旨，將流寇餘孽務期剿除，以贖從前逗遛之咎。勿以流寇已遁，西安既平，不行殄滅，遽爾班師。其隨英親王、豫親王之漢軍，自固山額真、梅勒章京以下兵丁、綿甲、紅衣炮均分為二，著英親王、豫親王各行督領。若相去已遠，可仍如舊。[1]

二月十四日，多鐸在西安休整兵馬近一個月，即率軍出關，招降了駐守河南府（今河南省洛陽市）的大順軍平南伯劉忠，三月初五日取道歸德（今河南省商丘市）向南推進，致力於摧毀弘光政權。[2]

第二節　陝北戰役和大順軍放棄西北

當李自成親自率領駐守西安地區的大順軍主力移往潼關與多鐸部清軍決戰時，阿濟格統領的軍隊也已經進入陝北。其部下有固山額真譚泰等滿軍，平西王吳三桂、智順王尚可喜以及從宣府、大同、山西抽調的漢族降附軍，兵力相當雄厚。大順軍方面的部署是毫侯李過（改名李錦）守延安，高一功守榆林。阿濟格軍入邊牆後，命姜瓖統領明朝投降兵將圍攻榆林，自己帶領滿、漢主力經米脂攻延安。李過部為保衛延安，同清軍展開了激烈的戰鬥。雙方曾七次交鋒，其中大順軍兩次乘夜間出城反擊，都因兵力不夠未能奏效。[3]據尚可喜的敍述：「賊李錦據延安與膚施縣城相犄

---

1 《清世祖實錄》卷十四。

2 《清世祖實錄》卷十五。

3 《清初內國史院滿文檔案譯編》中冊，第二七二頁。

角，王分兵圍之二十餘日，未下。王敕諸將佯攻膚施，而陰勒精兵薄延安城，猝用大炮擊之，賊不支，遂宵遁。王與固山（指譚泰）分追，鹹斬甚眾，鹵獲其甲馬器械不可勝計。""冬十二月，克延安。"[1] 延安失守後，李過部向西轉移；阿濟格即率清軍主力南下西安。榆林戰役的經過據清方將領報告："惟榆林守將高一功乃闖賊舊黨，堅拒相抗。英王因西安事大，統兵南征。所遣各鎮官兵攻圍榆林，恐兵馬眾多，無人總統，看得大同鎮臣姜瓖威望素著，於十二月三十日委以總督重權統攝諸軍，職（清委榆林總兵王大業自稱）同寧武總兵高勛、宣府領兵副將今加總兵職銜康鎮邦俱聽指揮，料區區一城自難久守，可計日而下也。"[2] 又唐通報告："本年正月初五日，臣自綏德赴雙山與賊寫戰書一紙，將一切利害與賊高一功說明，要戰，即約定日期即來交戰；如不戰，領兵困城。正月十二日，差炭窯上百姓投書；十四日未時賊走。榆林有存倉米八百石、豆八十石，民間精壯百姓搶去，止有老弱千餘。"同日夜間，唐通與阿濟格委任的榆林巡撫趙兆麟（原為大順政權官員）、姜瓖等派遣的"撥兒馬"二百名進入榆林；十六日姜瓖、康鎮邦、王大業也進駐榆林。[3] 這說明高一功據守榆林半月之後，主動放棄該地，實力沒有多大損失。[4]《懷遠縣志》記載，1645 年正月中旬，"高一功拒戰於常樂，敗奔響水，十六日清兵入城（指懷遠縣城）安撫。姜瓖追至波羅，又大破之，高賊遁去。"[5]

1 《平南王元功垂範》卷上。

2 順治二年正月十三日榆林總兵王大業揭帖，見《明清史料》丙編，第五本，第四六九頁。

3 順治二年五月初八日定西侯鎮守保德州總兵唐通啟本，見《明清史料》丙編，第五本，第四七九頁。

4 康熙十二年《延綏鎮志》卷五之二《紀事志》、康熙十九年《延安府志》卷九《紀事》都記載："二年正月十五日，我大清兵至榆林。偽權將軍高一功、偽節度使周士奇遁走。"

5 道光二十二年《懷遠縣志》卷四下《紀事》。按，懷遠即現在的陝西橫山縣。

李過、高一功率部撤離陝北，是在李自成放棄西安以後，從延安到西安之間有阿濟格、多鐸兩路清軍主力，已經不可能按李自成南撤路線行進，因此，他們採取向西轉移，先到寧夏的惠安堡[1]，然後會合了鎮守甘肅、青海（當時為西寧衛）等地的大順軍黨守素、藺養成、賀藍等部一道向南撤退。至於其他一些奉大順政權的命令駐於西北地區的原明朝歸附將領如馬科、左瓖、牛成虎等都先後在清朝招誘下拜表投降。李過、高一功等大順軍舊部為了同李自成統率的主力會師，採取的路線是由陝西漢中入蜀，順長江東下湖北。不料，鎮守漢中地區的大順軍舊部賀珍、羅岱、黨孟安、郭登先四將卻已變節降清[2]，公然動武阻擊李過、高一功等部大順軍過境。經過一番激烈的戰鬥，李過、高一功等部終於衝破了賀珍等的防區[3]，由漢中南下四川太平、東鄉、達州、夔州等處，然後順江東下，在 1645 年夏抵達今湖北省荊州地區。[4] 這就是大順軍放棄西北向南撤退的西路軍。許多史籍弄不清楚大順軍從西北撤退時是分東、西二路的，撤退的兵員、領導人、時間和路線都不相同，往往混為一談，把李過、高一功也說成隨李自成一道東下，這是違反歷史事實的。實際情況是，從清軍進攻陝西

1　順治二年五月二十二日陝西總督孟喬芳 "為遵旨傳諭事副奏"，見《明清檔案》第二冊，A2-203 號，原文云："又據康元勳供稱，高一功從榆林反至寧夏地方，攻陷惠安堡，殺死通判一員。" 惠安堡地名今仍舊，在寧夏回族自治區境內。

2　順治二年五月二十二日陝西總督孟喬芳 "為分撥降兵伏祈聖鑒事副奏"，見《明清檔案》第二冊，A2-201 號。

3　順治二年三月二十五日陝西總督孟喬芳啟本中說："漢中府流賊總兵賀珍、黨孟安、羅岱、郭登先等四員已經投表歸順矣。" 下文說："賀珍等殺死李錦" 當係傳言訛誤，見《清代農民戰爭史資料選編》第一冊（上），第三十三頁。順治二年十一月二十八日賀珍揭帖中說："李道餘孽偽侯伯李錦、高一功、李友、田虎等數營之眾，蹂躪地方，職復驅剿逃潰。" 見同書第四十七頁。李過、高一功等在漢中突破賀珍等堵擊的時日未見記載，從孟喬芳啟本中可以肯定在順治二年（1645）三月二十五日以前。

4　顧山貞《客滇述》記，順治二年 "四月，李自成部將一隻虎（李過綽號一隻虎）陷太平、達州、夔州、新寧等處，尋遁入湖廣。"

開始，李自成同李過、高一功等就再也沒有見過面。從後來的情況看，李自成、劉宗敏統率的大順軍主力（東路軍）遭到阿濟格部窮追猛打，領袖人物犧牲，實力損失很大，部下餘眾各奔前程，有的降清（如王體中等），有的依附南明何騰蛟（如郝搖旗），有的孤軍作戰（如劉體純），有的轉入李過、高一功部下；而李過、高一功領導的經四川入湖廣的部隊卻成了後期大順軍聯明抗清的主力。

第三節　李自成的犧牲和大順政權的失敗

1645 年正月十三日，李自成率領西安地區的大順軍主力經陝西藍田、商洛撤入河南。由於撤退時攜帶家屬和輜重，行軍速度相當緩慢。《商州志》記："次年乙酉即順治二年也，潼關之戰，自成不支，率眾東竄。遂盡由商，自正月十五日行至月終。"[1] 河南《內鄉縣志》載："國朝順治二年春，英王統兵追逆闖入潼關。逆闖敗奔內鄉縣，正月二十九日歇馬，三月十八日始拔營去。"[2]《鄧州志》記："順治二年春二月，李自成屠鄧州。清兵入潼關，自成敗奔鄧州，彌漫千里，老弱盡殺之，壯者驅而南下，留精兵三千平城、塞井竈。自武關至襄、漢間，千里無煙。"[3] 從這些記載中可以看出，1645 年正月下旬到三月中旬，李自成親自統率的大順軍集中在河南省西南部地區。

1　康熙四年《續修商志》卷九。

2　康熙三十二年《內鄉縣志》卷十，兵事。

3　順治十六年《鄧州志》卷二，郡亂。按，武關在陝西商南縣西。

清英親王阿濟格原奉命西征大順政權，由於他迂道至蒙古鄂爾多斯部落索取馬匹，耽誤了時間[1]，被豫親王多鐸部奪得了攻取潼關、佔領西安的頭功，因而受到清廷的訓斥，責成他"將流寇餘孽務期剿除，以贖從前逗遛之咎。"[2] 阿濟格不敢怠慢，把料理西北事務交給陝西總督孟喬芳，隨即統兵猛追李自成部大順軍。據阿濟格報告，這年三月到四月，他帶領的滿漢軍隊先後在河南鄧州、湖北承天（今湖北省鍾祥市）、德安（今湖北省安陸市）、武昌、富池口（今湖北省陽新縣境）、桑家口、江西九江等七地，接戰八次，大順軍都被擊敗。[3] 這裏所說的八次戰役，並不都是雙方主力交戰，卻反映了從西安撤退的大順軍行軍路線和清阿濟格軍的追擊情況。[4]

　　大約在三月下旬，李自成率領的大順軍主力到達湖北襄陽一帶。當時，他麾下的士卒有從西安、河南帶來的十三萬，又把原先部署在襄陽、承天、德安、荊州四府的兵員七萬調集隨營，合計二十萬眾，"聲言欲取南京，水陸並進。"[5] 由白旺統率的這支駐屯襄陽、荊州一帶的重兵是李自成在崇禎十六年（1643）帶領主力北上殲滅孫傳庭部秦軍時留下守衛"襄京"的一支精銳部隊，目

1　《清初內國史院滿文檔案譯編》中冊，第一四五頁記順治二年八月二十八日議阿濟格罪，其中一條為"未曾奉旨，途經鄂爾多斯、土默特地方，各收一千匹貢馬。"

2　《清世祖實錄》卷十四。

3　《清世祖實錄》卷十八。

4　張玉書《紀滅闖獻二賊事》敘述鄧州之役的情況是："時賊自西安收敗卒出藍田，分道鼠竄，由西而南，豫楚之間所至皆賊，而獨不得自成所在。會諜者言河南鄧州賊兵甚眾，噶布什賢、噶喇額真席忒庫率兵薄其城。城潰，乃賊餘黨也。斬抗敵者數十人，餘悉就撫。"見《張文貞公集》卷七。參考順治《鄧州志》的記載，李自成所統主力在該州休整時間較長，三月十八日拔營去，阿濟格軍追至鄧州肯定在這以後。

5　《清世祖實錄》卷十八。

的是扼制明左良玉軍乘虛尾追。李自成決策把襄、荊四府駐防主力調集跟隨主力東下，是因為想搶在清軍之前奪取以南京為中心的江南地區，需要這支比較完整的生力軍。但是，這次集中兵力是失策的。因為：一、自古以來奪取或保衛江南必據守襄、荊；二、大順軍放棄黃河流域以後，唯一的後方基地只剩下襄陽、荊州、承天、德安四府，這一地區一旦放棄就變成無後方作戰。鎮守大將白旺曾經提出過異議，以為這一地區經過一年多的經營，已經比較鞏固，駐防軍也不弱，應當固守。但是，李自成沒有採納他的意見。所以當阿濟格部清軍尾追而來時，大順軍後方空虛，缺乏兵力阻滯清軍前進。白旺部主力隨李自成東下後，襄陽等四府輕易地被清軍佔領。如《襄陽府志》記載"清順治二年三月，英王帥師至襄，偽將偽官傾城去"，阿濟格委任降清的明朝鄖陽撫治徐起元移鎮襄陽。[1]《德安府志》記載："白旺夜遁，……偽掌旅諸逆遍搜遺民擄下江南。國朝兵至……委偽官陳吾鼎（大順政權德安府同知）為巡道，胡鉉（大順政權安陸縣令）為知府，從難民請也。"[2] 留守荊州重鎮的大順軍裨將鄭四維面對強敵不敢抵抗，竟然把大順政權荊州防禦使孟長庚殺害，向清方投降。[3] 這樣，儘管李自成的主觀意圖是奪取江南為基業，實際結果卻是他從崇禎十五年（1642）冬開始建立的各級地方政權全部瓦解，大順軍又回到了原先流動作戰的狀態。

當李自成統率大順軍由襄陽、承天向漢川、沔陽推進時，南明鎮守武昌的寧南侯左良玉連章告急。明江西總督袁繼咸以為大

---

1 康熙十一年《襄陽府志》卷一《郡紀》。

2 康熙五年《德安安陸郡縣志》卷一《兵事》。

3 康熙二十四年《荊州府志》卷四十。

順軍可能沿長江北岸向南京進發，帶了一支軍隊趕往湖北蘄春，同左良玉部相呼應。大順軍卻從沔陽州的沙湖一帶渡過長江，在荊河口擊敗左良玉部將馬進忠、王允成部，一時"武、岳大震"[1]左良玉不敢迎戰，在三月二十三日藉口接到崇禎帝"太子"密諭，扯起"清君側"的旗幟全軍乘船東下，放火焚毀武昌。李自成帶領大順軍進駐劫後燼餘的武昌後不久，阿濟格部清軍就追蹤而至，"圍武昌城數匝"。[2]劉宗敏、田見秀領兵五千出戰，被清軍擊敗。李自成決定放棄武昌繼續東下。[3]這時，大順軍的處境已經相當艱難，既無地方提供後勤供應，又要保護着隨軍家屬，十萬以上的大軍隨地籌糧，勢必出現組織混亂，指揮不靈。南明的江西總督袁繼咸在三月下旬向弘光朝廷報告，"闖賊下走蘄、黃，上犯荊、岳"[4]，似乎並沒有一個明確的作戰方向。四月，清軍追到陽新富池口，趁大順軍不備衝入營壘，李自成軍又一次失利。四月下旬，在距江西九江四十里處被清軍攻入老營，大順軍久歷戰陣、位居文官武將之首的汝侯劉宗敏被俘，軍師宋獻策、李自成的兩位叔父趙侯和襄南侯，以及大批隨軍將領的家屬也被清軍俘獲。劉宗敏和李自成的兩位叔父當時就被殺害，宋獻策卻憑藉他取得李自成信任的一套江湖占卜騙術投靠滿洲貴族。[5]在這前後，丞相牛金星認為大勢已去，同兒子牛佺（大順政權襄陽府尹）私自脫離大順軍，

---

1 袁繼咸《潯陽紀事》。

2 張玉書《張文貞公集》卷七。

3 《明史》卷三〇九據吳偉業《綏寇紀略》卷九的說法認為李自成在武昌停留了五十天，不確。南明湖廣巡撫何騰蛟後來報告，"闖逆居鄂兩日……即拔營而上。然其意欲追臣盤踞湖南耳。"

4 袁繼咸《潯陽紀事》。

5 《清世祖實錄》卷十八。按，大順政權所封侯爵均為一字侯，"襄南侯"疑有誤。談遷在《北遊錄》《紀聞》下《宋獻策》條記載他在順治十年到北京後得知"滿洲人重其術，隸旗下，出入騎從甚都。"

向清方投降。牛佺被委任為清朝黃州知府，後來升任湖廣糧儲道；牛金星因為在大順政權中地位極高，在明朝官紳中名聲又極壞，清廷不便安排其職務，老死於牛佺官署中。[1]

李自成統率的大順軍在連續遭到清軍重創後，實力損失很大，士氣低落，為東下南京而準備的幾萬條船隻也被清軍繳獲，兼之多鐸部清軍已從歸德、泗州直趨南京，原先的戰略意圖已經無法實現。他不得不改變進軍方向，準備穿過江西西北部轉入湖南。五月初，李自成行至湖北通山縣境九宮山下，突然遭到當地地主武裝的襲擊。當時跟隨在他身邊的只有義子張鼐和二十餘名士卒，當地團練不知道這就是名震遐邇的大順軍，更不知道大順皇帝就在這二十餘人之中，就一擁而上。混戰當中，李自成和隨從侍衛被擊殺，張鼐和一名姓劉的伴當逃出，向後續部隊報告了這一噩耗。[2]大順軍將士聞訊，悲怒交集，立即對當地團練予以報復性打擊。康熙四年《通山縣志》記載，"順治二年五月初四，闖賊數萬入縣，毀戮四境，人民如鳥獸散，死於鋒鏑者數千，蹂躪三月無寧宇。"[3]

李自成犧牲於通山純屬偶然。在通常情況下，全軍統帥在行軍時往往處於隊伍的適中位置，李自成當時手下的軍隊還有幾萬人，屢敗之後進入通山縣境，在這偏僻山區為了決定大軍的行進方向，親自帶領少數衛士去察看地形道路，也在情理當中。以程九伯為頭子的九宮山區團練武裝是在對大順軍主力入境一無所知

---

1 牛金星的末路參見耿興宗《遵汝山房文稿》卷七《牛金星事略》；《明清史料》丙編，第七本，第六一八頁；《清世祖實錄》卷四十五。

2 李自成殉難地點或歸宿問題在學術界分歧頗大。一部分人主張李自成兵敗後潛住於湖南石門縣夾山寺為僧，即奉天玉和尚，至康熙十三年（1674）圓寂於該寺。但據清英親王阿濟格奏報（見《清世祖實錄》卷十八）、南明湖廣總督何騰蛟《逆闖伏誅疏》（見《烈皇小識》卷八附）、費密《荒書》、康熙初《通山縣志》等原始文獻，可以確定是犧牲在湖北通山縣九宮山下。

3 康熙四年《通山縣志》卷八《災異》。

的情況下才敢於動武。但是，李自成帶少數隨從前行觀察，必定距離大軍不遠；自成犧牲後大順軍掃蕩九宮山區應當是同一天的事，所以李自成犧牲的日期可以推斷為康熙《通山縣志》記載大順軍入境的順治二年（1645）五月初四日。李自成遇難後，他率領的這支大順軍還有數萬之眾，其中包括李自成的妻子皇后高氏、大將中封侯爵的就有田見秀、劉芳亮、袁宗第、張鼐等，他們為了替領袖復仇，把九宮山區的鄉團殺得雞飛狗走，要說他們會無情無義地丟下李自成（大順皇帝）的遺體，任其暴屍荒野，很難令人置信。聯繫到後來大順軍餘部聯明抗清後仍然稱李自成為先帝，高氏為太后，備受敬仰；而清方和南明隆武政權都未能找到李自成的“首級”獻功，[1] 唯一的解釋是李自成的遺體由隨行的大順軍秘密安葬，其地點很可能就在九宮山區。由於大順軍當時已經失去了自己的管轄區，正值天氣炎熱，不可能一直抬着大順皇帝的遺體流動作戰，又不可能為李自成修建公開的陵墓，以免為尾追而來的清軍所發掘。據康熙《寧州志》（寧州即今修水縣）記載，大順

1　《清世祖實錄》卷十八，順治二年閏六月阿濟格奏："賊兵盡力窮竄入九公山，隨於山中遍索自成不得，又四出蒐緝。有降卒及被擒賊兵俱言自成竄走時攜隨身步卒僅二十人，為村民所困，不能脫，遂自縊死。因遣素識自成者往認其屍，屍朽莫辨，或存或亡，俟就彼再行察訪。"《烈皇小識》卷八附湖廣等地總督何騰蛟隆武元年的奏疏中說："天意亡闖，以二十八騎登九宮山，為窺伺計，不意伏兵四起，截殺於亂刃之下，相隨偽參將張雙喜係闖逆義男（按，張雙喜即張鼐，自成收為養子，改名李雙喜，西安建國大順時封為義侯，何騰蛟稱之為“偽參將”當是他札授為參將，大順軍制中沒有參將之職），僅得馳馬先逸；而闖逆之劉伴當飛騎追呼曰：‘李萬歲爺被鄉兵殺死下馬，二十八騎無一存者。’一時賊黨聞之，滿營聚哭。及臣撫劉體仁（純）、郝搖旗於湘陰，撫袁宗第、藺養臣（成）於長沙，撫王進才、牛有勇於新牆，無不眾口同辭。……張參將久住湘陰，郝搖旗現在臣標，時時道臣逆闖之死狀。嗣後大行剿撫，道阻音絕，無復得其首級報驗。……"阿濟格、何騰蛟作為清方、南明的當事大員都是從歸附的大順軍將士口中得知李自成死於九宮山鄉兵之手的準確消息，雙方都必然想盡辦法取得李自成的“首級”向各自的朝廷獻功。何騰蛟在奏疏中含糊其辭地說："嗣後大行剿撫，道阻音絕，無復得其首級報驗"，實際上這一地區已落入清方之手，他無法派人前往查驗。阿濟格從清廷領受的任務是追剿“闖賊”，李自成之死對他來說是頭等大事，為確定這一重大“功績”，他曾派“素識自成”之人前往辨認。大順軍為報仇雪恨在九宮山區曾殺了不少人，阿濟格的查驗人員在眾多的屍骸中並未能找到李自成的遺體，只好用“屍朽莫辨”一語掩蓋他們的勞而無功。這正是本書作者推斷李自成已由他的親屬和部眾秘密安葬（並且會有相稱的殉葬品）的主要依據。

軍佔領該地在五月十三日 [1]，考慮到通山縣與寧州接境，大順軍之所以在五月初四日後過了差不多十天才進入寧州，原因就是在此期間需要料理李自成的安葬等善後事宜。

李自成的犧牲標誌着大順政權的最終覆滅，大順軍餘部從此在聯明抗清鬥爭中揭開了新的篇章。

1　康熙十九年《寧州志》卷一《祥異》；卷五《列傳‧宦績‧萬仁傳》。

第五章

弘光政權的瓦解

第一節　南渡三案 —— 大悲、偽太子、"童妃"

朱由崧既以親藩得繼大統，對於最具帝位繼承人資格的崇禎三子自然唯恐其不死。早在甲申七月間就僅僅依據一個卑微小官（未到任之陽春縣典史顧元齡）的傳言宣佈太子和定、永二王已經遇害。[1] 弘光元年（1645）二月正式下詔"諡皇太子慈烺曰獻愍，永王慈煥曰悼，定王慈燦曰哀"，[2] 藉以掩人耳目，杜絕民望。實際上，自從大順軍在山海關戰敗起，兵荒馬亂，各方面的人士大抵都弄不清崇禎帝三個兒子的下落。儘管在 1644 年冬有"北太子""南太子"案，清初號稱"朱三太子"的案件層見迭起，但唯一可以相信的是定王朱慈煥長期隱姓埋名，充當私塾教師為生，到康熙四十七年（1708）才在山東汶上縣被清政府捕獲，全家處斬。[3]

1　李清《南渡錄》卷二。

2　同前注書，卷四。按，永、定二王名字諸書頗有出入。這裏是引文，不便更改。

3　參見孟森《明烈主殉國後記》，收入商鴻逵先生編孟森《明清史論著集刊》上冊。孟氏指出朱慈煥所供六子名為和字輩，末一字均為土字部，完全符合明太祖所定宗室命名原則；但他把朱慈煥自述孫名曾裕誤信為"鈺寶"，說是"皆童稚隨意所稱乳名"。我在 1984 年版《明末農民戰爭史》第二六八頁提出慈煥給孫兒命名為曾裕實隱其曾祖父（朱由檢）臨御天下之意。

朱由崧登上了皇帝的寶座，挫敗了某些東林—復社人士擁立潞王朱常淓的計劃。圍繞帝位的鈎心鬥角，並沒有就此平息。弘光立國一年之內，先後發生了"妖僧"大悲、偽太子、"童妃"三大案。這三個案件表面上是孤立的，互不相涉，卻都貫串着對朱由崧繼統不滿的政治背景。

一、大悲案。1644年十二月，忽然有個和尚來到南京，自稱是明朝親王，從兵亂中逃出做了和尚。弘光帝派官員審訊他的來歷，大悲起初信口開河說崇禎時封他為齊王，他沒有接受，又改封吳王。聲稱"潞王恩施百姓，人人服之，該與他作正位。"弘光君臣見他語無倫次，形跡可疑，嚴加刑訊，才弄清大悲是徽州人，在蘇州為僧，確實是個騙子。經過九卿科道會審後，將大悲處斬。[1]

二、假太子案。1644年十二月，鴻臚寺少卿高夢箕的奴僕穆虎從北方南下，途中遇到一位少年，結伴而行。晚上就寢時發現少年內衣織有龍紋，驚問其身份，少年自稱是皇太子。抵南京後，高夢箕難辨真假，急忙送往蘇州、杭州一帶隱蔽。可是，這少年經常招搖於眾，露出貴倨的樣子，引起人們的注意，背後竊竊私議。高夢箕不得已密奏朝廷，弘光帝派遣內官持御札宣召。弘光元年（1645）三月初一日，這個少年從浙江金華到了南京，被交付錦衣衛馮可宗處看管。第二天，弘光帝面諭群臣道："有一稚子言是先帝東宮，若是真先帝之子即朕之子，當撫養優恤，不令失所。"[2] 隨令侯、伯、九卿、翰林、科、道等官同往審視。大學士王鐸曾經

---

1 大悲案據弘光時任工科都給事中的李清所撰《南渡錄》卷四，《三垣筆記》卷下，《弘光》。計六奇《明季南略》卷六《大悲僧假稱定王》條說他是齊藩庶宗，冒充定王，受審時口稱："今潞王賢明，應為天子，欲弘光讓位。"

2 王鐸《擬山園選集》卷十一，奏疏四。"三月初二日奉上諭。"

擔任東宮教官三年，自然熟悉太子的模樣，一眼就看出是奸人假冒。他在奏疏中說：

> 臣一見即吒之曰："此假人假事，犁丘之鬼也，太子豈其然乎？"臣同舊禮部尚書北京端敬殿中侍班三年，例當考滿升蔭，為妒者沮之。尚記先帝東宮大目方顙，高聲寬頤，厚背首昂，行步莊，立度肅。今臣立於面前曰："汝識我不？"應曰："不也。"曾謂三年侍班几之離者二尺有咫而不識臣為誰耶？臣已確知其偽矣。臣又問："講書在何殿？"曰："文華。"豈知其在端敬殿也。又問："几上位置何物？"臣暗記其有講讀數目十個算子，乃竟懵懵罔知也。臣大怒……即昌言告諸臣曰："此人明明是假，此事確確可憾……"大吒曰錦衣衛命左右即縛之。無幾何，此子乃垂涕長跪以求，哀愍曰："小人原是贗質，不過為人所玩弄，徒以此恐喝於諸侯耳。小人王其姓，之明其名，高陽人，父純，母徐氏，有引小人者陰以詿誘。"[1]

王鐸會同群臣審視後的奏疏是相當可信的。我們不應忽視，弘光立國之時許多官員曾經在崇禎朝廷上任職，見過太子朱慈烺的並不止他一個。如曾經擔任東宮講官的劉正宗、李景廉"皆言太子眉長於目"，他們看了偽太子之後都不認識[2]；弘光帝"又命舊東宮伴讀太監丘執中往認。之明見執中，亦不識也。於是群疑稍

1　王鐸《擬山園選集》卷十一，奏疏四《為奸人假冒可恨，大干法紀，懇乞皇上乾斷事》。
2　李清《三垣筆記》卷下，《弘光》；又見《南渡錄》卷五。

解。"[1] 時任協理詹事府事禮部尚書的黃道周記載："王之明者，頑童，故駙馬都尉王昺之姪孫，途窮附高鴻臚之僕穆虎者欲南趨苟活，而穆虎居為利，遂謂子輿復出也。廷詰之日，諸講官侍從諗視無一似東朝者，之明亦茫然。而靖南疏至，輒持兩端，訟言不可誅，誅之禍起。"[2] 從現存史料中可以看出當時在弘光朝廷上的官員都知道北來"太子"純屬假冒，沒有人提出過異議。問題是這件事直接牽涉到弘光帝位的合法性，對朱由崧繼統不滿的人乘機興風作浪，散佈流言蜚語，於是圍繞着"太子"的真偽在不明真相的百姓和外地文官武將中掀起了一片喧嘩。弘光朝廷越說是假，遠近越疑其真。這事一直鬧到清軍佔領南京，弘光朝廷覆亡，方告平息。[3]

　　三、"童妃案"。這個案件的大致情況是：1641 年（崇禎十四年）李自成起義軍攻破洛陽，老福王朱常洵被俘殺，世子朱由崧僥倖逃出。經過長期顛沛流離之後，忽然時來運轉被擁戴為皇帝。1645 年（弘光元年）初，河南有一個姓童的婦人面見南明河南巡撫越其傑，自稱是德昌王（朱由崧）的繼妃，亂離中與朱由崧失散。越其傑和廣昌伯劉良佐深信不疑，一面奏報，一面派人護送來南京。朱由崧立即否認，宣佈童氏為假冒。三月初一日，童氏送抵南京，下詔獄由錦衣衛審訊。童氏自述"年三十六歲。十七歲入宮，冊封為曹內監。時有東宮黃氏，西宮李氏。李生子玉哥，寇亂不知所在。氏於崇禎十四年生一子，曰金哥，齧臂為記，今在寧家

1　李清《南渡錄》卷五。

2　黃道周《黃漳浦集》卷三十二，雜著《興元紀略》。

3　黃道周在同上書中記："三月朔日，入漢西門，上驚怪甚。"黃道周在同一天離開南京赴紹興祭禹陵，日期當可靠。

莊。"[1]朱由崧批駁道:"朕前后早夭,繼妃李殉難,俱經追諡。且朕先為郡王,何有東、西二宮?"[2]這是符合實際情況的,按明朝典制,親郡王立妃由朝廷派員行冊封禮。《明熹宗實錄》載,天啟二年十月傳旨遣"工科給事中魏大中、行人司行人李昌齡封福府德昌王由崧並妃黃氏。"[3]童氏稱入宮邸時朱由崧有東、西二宮已屬荒唐,更不可能又有甚麼"曹內監"為她舉行冊封禮。朱由崧沒有兒子,"玉哥""金哥"之說也是空穴來風。一些史籍記載,童氏在送往南京途中,地方文武官員紛紛拜謁,她舉止輕浮,毫無大家風範,"凡所經郡邑,或有司供饋稍略,輒詬詈,掀桌於地;間有望塵道左者,輒揭簾露半面,大言曰:免!聞者駭笑。"[4]童氏一案與大悲案、假太子案基本相似,肯定她不是朱由崧的王妃(崇禎十四年河南巡撫高名衡題本內明白說過"世子繼妃李氏"於洛陽城破之時投繯自盡),後來某些野史又說她是誤認(如說她原為周王宮妾,或說是邵陵王宮人),也有揣測她是在朱由崧落魄之時曾與之同居,但這些說法與童氏自己編造的經歷都不符合。就案件本身而言,無論童氏是冒充,是誤認,還是與朱由崧有過一段舊情,都不應成為南明政局的焦點。

"童妃"案和假太子案的喧囂一時,實際上是某些東林—復社黨人在幕後掀風作浪。歷史上無賴之徒冒充頭面人物屢見不鮮,即以南明來說,永曆初也出現了假弘光帝(一個和尚)騙得許多地方官的信任,但都沒有像弘光一朝這樣鬧得烏煙瘴氣。究其根源,

1　李清《三垣筆記》卷下,《弘光》。

2　李清《南渡錄》卷五。

3　《明熹宗實錄》卷二十七。

4　《三垣筆記》卷下,《弘光》;林時對《荷牐叢談》卷四《南都三疑案》。

正在於東林—復社中的一些骨幹分子視"門戶""聲氣"重於國家、社稷，他們愛走極端，甚至唯恐天下不亂。在這些人看來，福藩繼統等於萬曆以來自己在黨爭中最大的失敗，因此一遇風吹草動，不管真相如何，抓住"把柄"大做文章，必欲推倒福藩另立新君才肯罷休。人們常常受舊史籍影響，以為東林—復社人士大體上都是骨鯁正直之人，其實它是一個很複雜的團體，其中光明磊落者固不乏人，但由於明末東林—復社名滿天下，往往具有左右朝政的勢力，許多熱衷名利的人也混跡其間，變成一個大雜燴。東林—復社人士的"別正邪、分賢佞"實際上是自封"正人""君子"，為獨攬朝政造輿論。由於他們當中的骨幹分子為奪取權力往往採取陰謀手段，難以弄清詳細情況，但對弘光帝進行人身攻擊，藉"三案"大肆發揮的都是自命為東林—復社的"君子"，由此也可以看出其端倪。浙東史派的創始人黃宗羲就是其中有代表性的一位。他撰寫的《弘光實錄鈔》以"國史"自居，對弘光迎立做了如下的描寫：

　　北都之變，諸王皆南徙避亂。時留都諸臣議所立者。兵部尚書史可法謂："太子、永、定二王既陷賊中，以序則在神宗之後，而瑞、桂、惠地遠，福王則七不可（謂貪、淫、酗酒、不孝、虐下、不讀書、干預有司也）。惟潞王諱常淓素有賢名，雖穆宗之後，然昭穆亦不遠也。"是其議者，兵部侍郎呂大器、武德道雷縯祚。未定，而逆案阮大鋮久住南都，線索在手，遂走誠意伯劉孔昭、鳳陽總督馬士英幕中密議之，必欲使事出於己而後可以為功。乃使其私人楊文驄持空頭箋，命其不問何王，遇先至者，即填寫迎之。文驄至淮上，有破舟河下，中不數人，或曰："福王也。"楊文驄見之，啟以士英援立之意，方出私錢買酒食共飲。而風色正順，遂開船。兩晝夜而達儀真。可法猶集文武會議，已傳各鎮奉駕至矣。士英以七不可之書用鳳督印印之成案，於是可法事事受制於士英矣。[1]

黃宗羲的這段記載許多地方不符合事實，比如派楊文驄攜帶空頭箋不問是哪位藩王迎來南京，擁上帝位，就共享定策之功，簡直是一派胡言。史可法在迎立問題上受了馬士英的欺騙確有其事，但說馬士英"用鳳督印印之成案"卻毫無意義，因為史可法的信如果是偽造的，蓋上鳳陽總督印也不起作用；史可法"七不可立"的信件落在馬士英手裏，不蓋鳳督印仍是個重大把柄。黃宗羲這段"高論"中關鍵是"或曰：福王也。"採取這種史筆實際意味着弘光帝是未經"驗明"的朱由崧"正身"。關於弘光太后，黃宗羲也恣意詆毀道：甲申七月"壬辰，皇太后至自民間。太后張氏，非恭皇（指老福王朱常洵）之元配也。年與帝相等，遭賊失散，流轉郭家寨常守文家，馬士英遣人迎之至。其後士英挾之至浙，不知所終。或言：帝之不蚤立中宮，而選擇民間不已者，太后之故也。"[2] 他的弟子萬斯同深得老師真傳，昌言無忌地寫道：

河南府（即洛陽）破時，福王為賊所啖，諸子未有存者。府中數宦侍逃至懷慶，無所得食。其中有福府伴讀李某者貌頗似福王次子通城王。乃相與謀曰："諸王子不接外臣，誰能諦

1 黃宗羲《弘光實錄鈔》卷一。

2 《弘光實錄鈔》卷一。

知？事在吾輩耳，何憂無食。"乃以通城避難聞於縣，遂達上（指崇禎帝）前。上深念叔父荼毒，世子已死，即以李襲福王爵。馬士英因立以為帝。其後太后至，弘光趨迎，屏人密語者久之，遂為母子。弘光在位且一年，不立后，與太后寢處如夫婦，初非烝繼母也。童妃固通城王之元配，弘光固不令入宮，恐敗事也。[1]

黃宗羲的好友林時對撰《南都三大疑案》說：

洛陽既陷，福王常洵被闖賊所醢，宮眷逃竄。世子由崧得一護衛軍牽率過河，寓太康伯張皇親第，人無識者。甲申四月，巡按中州御史陳潛夫送至鳳督馬士英處，遂同四鎮擁立為弘光帝。登極後，太后亦自河北至。帝不出迎，群臣奉鳳輿至內殿下輿，帝掖后至殿隅，密語移時，群臣拱立以俟，祕弗聞。半晌始下拜慟哭，人皆疑揣。喬大理聖任先生在班行目擊者，曾面語余。或云：帝實非真世子，福藩有一審理貌類，因冒認。語時戒勿泄，同享富貴。又云：入宮後，與帝同臥起。事真偽不可知，第來時既不迎，逾頃始拜哭。而出奔時又不同行，自往蕪湖就靖國，太后偕馬士英至浙，則事屬可駭。一疑案也。[2]

再看另一復社人士錢秉鐙的說法：

---

1 轉引自戴笠、吳殳《懷陵流寇始終錄》卷十八。
2 林時對《荷牐叢談》卷四。

初，福世子沒，德昌郡王以序當立。士英撫鳳時，有以居民藏王印首者，取視，則福王印也。詢其人，云有負博者，持以質錢。士英因物色之。上與士英初不相識，果德昌耶？非德昌耶？但據王印所在以為世子耳。甲申國變後，遂擁戴正位，以徵援立之功。童氏但知德昌即位，以故妃諸闕求見，而不知今日之德昌，非昔日之德昌也。

結論是："童氏出身不可考，而決為德昌王之故妃也。"[1]
錢秉鐙的好友金堡也記載道：

予聞弘光偽福邸也。福邸已被難，其妃有弟與一內侍偕走，詐稱福邸。既登極，內侍懼福不敢言。童妃至，偽福邸恐事露，遂致之死。馬士英特欲立福邸翻東林之局，遂使東南半壁拱手以奉之清耳。[2]

把上引黃宗羲、林時對、錢秉鐙、金堡的敘述聯繫到一起，分明看出這種流言蜚語有一個共同的目的，即以"童妃案"作為突破口，徹底否定弘光帝就是朱由崧，而肯定其是一個異姓子弟的冒牌貨。言外之意，馬士英等"奸雄"為了攫取定策之功，放着潞王朱常淓這樣的正宗"賢王"不立，卻拉來一個身份不明的人擁上皇帝寶座，無怪乎要亡國滅祀了。

鑒於黃宗羲創立的浙東史派對後世影響很大，而且他和門戶好友在當時興風作浪對弘光朝廷的穩定造成了嚴重影響，有必要揭穿他們散佈的種種謊言。

1　錢秉鐙《所知錄》卷二。
2　金堡《徧行堂集》卷九《書米忠毅公傳後》。

朱由崧確實是個昏庸荒淫的君主，但他的身份無可懷疑。老福王朱常洵的正妃鄒氏從未生子，朱由崧是側室所生庶長子。1617年（萬曆四十五年）二月，他十歲時封為德昌王[1]，後來因福藩無嫡子，被立為福世子[2]。1641年（崇禎十四年）正月二十一日，李自成軍攻破洛陽，老福王朱常洵被殺，朱由崧和嫡母鄒氏乘亂逃出，暫居於黃河以北的孟縣。同年河南巡撫高名衡向朝廷報告："世子亦尚無子女，流離孤苦，惟有母子相依，誠可悲矣。"下文又詳細報告了從洛陽逃出的福府官員侍從共二百零九名，其中包括右長史、承奉副、典寶、典膳、黃服、隨侍司執事、書堂官、內執事，此外還有"王親"鄒存義（福王妃鄒氏之弟）等五人。[3]有這樣一大批王府官員和王親跟隨，要說朱由崧是個假冒的福王世子簡直是奇談怪論。何況崇禎十四年時福藩一敗塗地，生活無着，到處乞憐，誰也不會預測到他後來會入繼大統。崇禎帝對親叔的遇難深表關切，據弘光時吏部尚書（崇禎朝任刑部尚書）徐石麒的奏疏說："福王殉難，先帝尚遣一勛臣、一黃門、二內侍驗審含殮。"[4]二月，命駙馬都尉冉興讓、司禮太監王裕民、給事中葉高標攜銀赴河南慰問福世子。[5]九月，"命福世子由崧還河南（指洛陽）"。[6]1643年（崇

1　《明神宗實錄》卷五五〇、五五四、五五五、五五八、五七〇。談遷《國榷》卷一〇一記："萬曆丁未十月癸未生由崧，戊午七月甲辰封德昌王。"朱由崧生於七月，談遷誤為十月；戊午為萬曆四十六年，年月全錯。又《國榷》卷九十七記，崇禎十三年十一月壬寅日"福世子由榘薨"，亦誤，李清《南渡錄》卷四記弘光元年二月乙亥日"追封皇弟由榘潁王，謚沖。"

2　參見《國榷》卷九十八。

3　崇禎十四年河南巡撫高名衡題本，見《明清史料》壬編，第五本，第四一三至四一四頁。

4　溫睿臨《南疆逸史》卷七《徐石麒傳》。

5　《國榷》卷九十七、九十八；孫承澤《山書》卷十四。

6　《國榷》卷九十八。

禎十六年）朱由崧襲封福王；洛陽再陷後，朱由崧逃到衛輝府[1]，因窮困潦倒曾經向潞王朱常淓借銀，後來又一道南逃淮安。這些材料都證明從洛陽被義軍攻破到崇禎朝廷覆亡，明廷和地方官員從來沒有懷疑過朱由崧的福王世子身份。上文已經說過朱常淓是朱由崧競爭帝位的主要對手，如果朱由崧來歷不明，朱常淓絕不可能緘默不語。弘光初立之時，蘇松巡按祁彪佳在五月二十八日的日記中記載："潞王承奉李君來晤，言今上（指朱由崧）遇難，潞藩周旋諸事。"[2] 這就證明當朱由崧落難時，潞王深知其身份，曾經在生活上給以接濟。朱常淓通過他身邊的承奉大談當年舊事，意在表明自己不僅無意同血統更近的福藩爭奪帝位，還以過去有恩於"今上"希望得到應有的照顧。何況，弘光即位後封嫡母鄒太后的弟弟"鄒存義為大興伯，並予世襲"[3]，封原配黃氏兄弟黃九鼎為雒中伯、黃金鼎官都督同知，[4] 這些"懿親"不可能不認識朱由崧。全祖望等人硬說朱由崧不准童氏入宮是怕暴露自己假冒的真相，在情理上根本講不通。

黃宗羲等人最大的誣罔表現在對弘光皇太后鄒氏的造謠生非。從河南迎接到南京來的太后是老福王朱常洵的原配鄒氏，鄒氏是明神宗在萬曆三十一年為朱常洵選的王妃。[5] 按當時慣例，選后、

---

1 康熙三十四年《懷慶府志》卷九《古事》記：崇禎"十四年辛巳，賊陷河南府，德昌王北渡入懷慶。"彭孫貽《平寇志》卷五記："命懷慶知府程之鵬護衛世子。"同書卷八又記：崇禎十七年二月初三日"懷慶兵變，福王同母走，出東門與母相失，走衛輝，依潞王。"

5 劉若愚《酌中志》卷十七。福王朱常洵婚期在萬曆三十二年正月，見《明神宗實錄》卷三九二。

妃的年齡都在十四五歲，鄒氏生年約在萬曆十七年（1589）左右，到 1644 年大概是五十五歲。甲申（1644）八月，大學士高弘圖奉命往廣陵驛迎接，隨行的幕客談遷記載："恪恭仁壽皇太后鄒氏，福恭王之元妃也，於上為嫡母。"下面又引太后弟鄒存義敘述鄒氏輾轉流離的經過相當詳細。鄒太后到達南京時，弘光上迎箋中說："屬國家之多艱，鶴髮添憂；閔霜雪之入鬢，鳳輿飛轄"[1]，足證鄒氏到南京時已是一位老嫗。時任工科都給事中的李清記載，甲申八月辛未日，"皇太后至南京……各官迎江干，上跪迎洪武門內，各泣下。"[2] 當時迎接太后的場面相當大，文武百官朝見的很多。後來弘光帝與鄒太后由南京出逃時本是一路，途經溧水遭亂兵阻截才各奔東西（詳情見下文）。鄒太后到達杭州後朝見過她的大臣也不少，只是又出現另一種謠言說鄒太后是馬士英的母親冒充的，這種謠言不值一駁，卻證明太后春秋已高。黃宗羲、林時對等人對弘光母子極盡誣蔑之能事，絕不僅是"道聽而途說，德之棄也"，而是在南明政權肇建伊始之時反對福藩繼統的一股暗流不擇手段展開的政治鬥爭。

清人戴名世對這段公案做了以下論斷："嗚呼，南渡立國一年，僅終黨禍之局。東林、復社多以風節自持，然議論高而事功疏，好名沽直，激成大禍，卒致宗社淪覆，中原瓦解，彼鄙夫小人，又何足誅哉！自當時至今，歸怨於孱主之昏庸，醜語誣詆，如野史之所記，或過其實。而餘姚黃宗羲、桐城錢秉鐙至謂帝非朱

---

1 談遷《棗林雜俎》仁集《慈鑾》條，談遷自述箋文是他起草的。後來他在《北遊錄·紀詠下》有《泊廣陵驛記甲申八月陪高相國迎慈鑾於此追感》詩。

2 李清《南渡錄》卷二。

氏子。此二人皆身罹黨禍者也，大略謂童氏為真后，而帝他姓子，詐稱福王，恐事露，故不與相見，此則怨懟而失於實矣。"[1] 楊鳳苞也說："及謂福王亦偽，乃出東林、復社愛憎之口"，"蓋阮大鋮欲盡殺東林、復社諸君子，向後諸君子追憾其事，並恨王之任大鋮也。造言污衊之不已，復奮斷曰：'是非明之宗室也。' 甚疾之之詞爾。"[2] 楊氏的基本論斷是正確的，但他認為這類謠諑蜂起乃"諸君子追憾其事"，恐怕未必。因為抓住偽太子、"童妃"案大鬧是在弘光在位時期，弘光朝廷的內部紛爭嚴重影響了自身穩定，無暇北顧，特別是一些東林—復社人士依附地處南京上游的世鎮武昌的軍閥左良玉，更增加了弘光君臣的不安全感。馬士英、阮大鋮明白要扼制住擁立潞藩的暗流，必須援引江北四鎮兵力做後盾。從這個意義上說，弘光朝廷遲遲未能北上進取，同東林—復社黨人的興風作浪有密切的關係。楊鳳苞還說："明末南都之亡，亡於左良玉之內犯。"[3] 左良玉的興兵東下，固然有避免同大順軍作戰和跋扈自雄等原因，但他扯起"救太子""清君側"的旗幟卻同某些東林—復社黨人所造輿論一脈相承。

上面批駁了黃宗羲、林時對、錢秉鐙等人的荒誕，並不是僅限於探討史料的真實性，更無意於鑽究宮闈秘事，而是說這三人的記載透露了弘光朝廷上黨爭的激烈情況。真正的策劃者未必是他們，因為弘光一朝黨爭鬧得勢同水火，而黃宗羲等人在當時朝廷上並沒有地位，掀不起那麼大的風浪。直至社稷傾覆，江山變

1　戴名世《弘光朝偽東宮偽后及黨禍紀略》，見《戴名世集》，中華書局 1982 年版，第三七四頁。

2　《南疆逸史》中華書局 1959 年版附楊鳳苞跋文。

3　《南疆逸史》中華書局 1959 年版附楊鳳苞跋文。

色，東林—復社黨人仍把責任全歸之於弘光昏庸、馬阮亂政，自我標榜為正人君子，實際上他們自己也是一批追名逐利、製造傾軋的能手，對弘光朝廷的覆亡負有直接責任。

第二節　睢州之變和史可法南竄

弘光朝廷的督師大學士史可法是"聯虜平寇"方針的主要倡導者和執行者。1644年十二月，赴北京"酬虜通好"的如意算盤遭到清方斷然拒絕，正使左懋第、副使馬紹愉被拘留，陳洪範回到南京，除了掩蓋自己暗中降清的種種無恥行徑以外，也報告了北使的失敗。史可法在奏疏中說："向所望者，和議獲成，我因合敵之力以圖賊，而遂其復仇雪恥之舉。今使旋而兵踵至，和議已斷斷無成矣。向以全力圖寇而不足者，今復分以禦敵矣。""今和議不成，惟有言戰。"[1] 似乎他在考慮同清軍作戰了。然而，史可法的真實意圖仍然是盡量避免同清方兵戎相見，繼續一廂情願地謀求與清軍配合鎮壓大順農民軍。

1645年（弘光元年、順治二年）初，史可法親自安排了高傑率軍北上，這是弘光朝廷唯一一次向黃河流域推進的軍事行動。只是進軍的目的不是針對清廷，而是想在撲滅"流寇"中充當清軍的盟友。正月初九日，他奏稱："陳潛夫（河南巡按）所報，清豫王自孟縣渡河，約五六千騎，步卒尚在覃懷，欲往潼關，皆李際遇接引，長驅而來，刻日可至。據此，李際遇降附確然矣。況攻邳之日，未返濟寧，豈一刻忘江北哉！請命高傑提兵二萬，與張縉彥直抵開、

---

1 《史可法集》卷二《和議不成請勵戰守疏》。

錐，據虎牢；劉良佐貼防邳、宿。"[1] 可見，史可法的部署是明軍北上至開封地區後即向西面滎陽、洛陽一帶推進。高傑出師時，也曾給駐守黃河北岸的清肅親王豪格寫信，信中說："關東大兵，能復我神州，葬我先帝，雪我深怨，救我黎民。前有朝使謹齎金幣，稍抒微忱。獨念區區一介，未足答高厚萬一，茲逆成跳樑西晉，未及授首，凡係臣子及一時豪傑忠義之士，無不西望泣血，欲食其肉而寢其皮，晝夜臥薪嘗膽，惟以殺闖逆、報國仇為亟。貴國原有莫大之恩，銘佩不暇，豈敢苟萌異念，自干負義之愆。傑猥以菲劣，奉旨堵河，不揣綿力，急欲會合勁旅，分道入秦，殲逆成之首，哭奠先帝。……若傑本念，千言萬語，總欲會師剿闖，以成貴國恤鄰之名。且逆成凶悖，貴國所惡也；本朝抵死欲報大仇，貴國念其忠義，所必許也。本朝列聖相承，原無失德，正朔承統，天意有在。三百年豢養士民，淪肌浹髓，忠君報國，未盡泯滅，亦祈貴國之垂鑒也。"[2] 高傑信中一再表達的"會師剿闖"顯然體現了史可法的意圖，以"分道入秦"夾攻大順軍向清廷表明弘光朝廷並非如清方指責的那樣"不出一兵一卒"，以便在幻想中的和談裏給自己增添一點籌碼。可是，清廷征服全國的方針已經確定，根本不願考慮聯合南明的問題了。豪格在回信中乘機再次招降，而對"合兵剿闖"則不予理會，全信如下："肅王致書高大將軍，欽差官遠來，知有投誠之意，正首建功之日也。果能棄暗投明，擇主而事，決意躬來，過河面會，將軍功名不在尋常中矣。若第欲合兵剿闖，其事不與予

1 計六奇《明季南略》。按，此書商務印書館版卷七、中華書局版卷三均作"單懷"，當係"覃懷"之誤，指河南省懷慶府武陟縣一帶。

2 《明季南略》商務印書館排印本卷七，又見張岱《石匱書後集》卷三十八《高傑傳》，文字略有不同。

言，或差官北來，予令人引奏我皇上。予不自主。此覆。"[1]

1645年（弘光元年）正月初十日，高傑同河南巡撫越其傑、巡按陳潛夫帶領軍隊來到睢州。鎮守該地的明河南總兵許定國已經秘密同清方勾結，並且按照豪格的要求把兒子許爾安、許爾吉送往黃河北岸清軍營中充當人質。[2]高傑大軍進抵睢州使許定國惶恐不安，進退失據。他深知自己的兵力敵不過高傑，請求豪格出兵支援又遭到拒絕，只有橫下心來鋌而走險。他一面出城拜見高傑，謬為恭敬；一面暗中策劃對付辦法。高傑已經知道了許定國把兒子送入清營的消息，為防止他率領部下把睢州地區獻給清朝，想憑藉自己的優勢兵力脅迫許定國及其部眾隨軍西征。十二日，許定國在睢州城裏大擺筵席，名義上是為高傑、越其傑、陳潛夫接風洗塵。越其傑勸告高傑不要輕易進入睢州城，以防變生意外。高傑一介武夫，自以為兵多勢重，許定國絕不敢輕舉妄動，只帶了三百名親兵進城赴宴，越其傑、陳潛夫陪同前往。許定國事先埋伏下軍隊，用妓女勸酒，把高傑等人灌得酩酊大醉。半夜，伏兵猝發，把高傑和隨行兵卒全部殺害，越其傑、陳潛夫驚慌失措，逃出睢州。[3]第二天，高傑部眾得知主將遇害，憤恨不已，立即攻入睢州對軍民大肆屠殺，進行報復；許定國率部過河投降清朝。[4]

高傑死後，軍中無主，部下兵馬亂成一團。黃得功等又想乘機瓜分高傑部的兵馬和地盤，雙方劍拔弩張。"時人為之語曰：誰喚

---

1 《明季南略》卷七。

2 順治二年二月初六日許定國給清廷奏本，見《明清檔案》第二冊，A2-138號。有的史籍記許定國二子名爾忠、爾顯，誤。

3 鄭廉《豫變紀略》卷八記睢州之變於正月十二日，李清《南渡錄》所記同。戴笠、吳殳《流寇長編》卷十九記：十二日高傑率兵五百入城，十三日夜被許定國襲殺。康熙《睢州志》記於正月十三日。

4 參見《南渡錄》卷四。《明清檔案》第二冊，A2-158號，鎮守河南掛鎮北將軍印總兵官許定國奏本，封面朱批："（許）定國計殺高傑，歸睢有功，知道了。征南大兵不日即至河南"，云云。

番山鷂子來（高傑在農民軍中綽號翻山鷂），闖仔不和諧（黃得功號黃闖子）。平地起刀兵，夫人來壓寨（原注：邢夫人也），虧殺老媒婆（原注：史公也），走江又走淮，俺皇爺醉燒酒全不睬。"[1] 史可法出兵配合清軍"討賊"的計劃全盤落空了，他十分傷心，親自趕往高軍營中做善後工作，立高傑子為興平世子，外甥李本深為提督，胡茂禎為閣標大廳（中軍），李成棟為徐州總兵。高傑妻邢氏擔心兒子幼小，不能壓眾，她知道史可法沒有兒子，提出讓兒子拜史可法為義父。這本來是史可法增進同高部將士感情的一個機會，然而史可法卻因為高部是"流賊"出身，堅決拒絕，命高傑子拜提督江北兵馬糧餉太監高起潛為義父。[2] 由此可見史可法政治偏見之深和不通權變。

二月間，史可法從徐州回到白洋口（今江蘇省宿遷市境洋河）。當時正值清軍主力在阿濟格、多鐸帶領下追擊大順軍，聚集於陝西，河北、山東、河南一帶的清軍並不多。例如，1645 年正月，奉命駐守山東的肅親王豪格在奏疏中報告許定國送兒子為人質後請他派兵渡河"衛其眷屬，臣因未奉上命，不敢渡河。"高傑統兵進抵睢州城外，許定國擔心脫不了身，派人請求豪格火速來援；豪格仍以"未經奉旨，不敢擅往"為由，拒不發兵。[3] 清廷和豪格在這段時間裏表現出罕有的持重，證明阿濟格、多鐸兩軍西進後，清方在包括北京在內的整個東部兵力非常單薄。何況，清政府在畿輔、山西、河南、山東的統治尚未穩固，不僅曹州滿家洞等地的農民抗清活動如火如荼，士大夫中心向明朝的也大有人在。睢

1　應廷吉《青燐屑》。

2　應廷吉《青燐屑》。

3　《清世祖實錄》卷十三。

州之變，高傑作為一軍主帥遭暗算，他的部下實力並沒有多大損失。史可法本來應該趁高傑部將因許定國誘殺主帥投降清朝的敵愾之心，改弦易轍，做出針對清方的戰略部署，至少也應利用許定國逃往黃河以北，清軍無力南下的時機，穩定河南局勢。可是，他在高傑遇害後卻失魂喪魄，倉皇南逃。沛縣著名文人閻爾梅當時正在史可法幕中，勸他"渡河復山東，不聽；勸之西征復河南，又不聽；勸之稍留徐州為河北望，又不聽"[1]，"一以退保揚州為上策"，即所謂："左右有言史公懼，拔營退走揚州去。兩河義士雄心灰，號泣攀轅公不駐。"[2] 這就是被許多人盛譽為"抗清英雄"的史可法的本來面目。

第三節　左良玉率兵東下

左良玉是崇禎朝崛起的軍閥之一。他自崇禎十二年（1639）瑪瑙山戰役之後長期擁兵自重，蹂躪地方，朝廷無可奈何，一味姑息牽就。弘光登極的時候，他坐鎮武昌，位處南京上流，扼據戰略要地，部下實力又比較強大。朱由崧登極詔書頒發到武昌時，他開初不願承認，在湖廣巡撫何騰蛟、巡按黃澍等人的勸說下，才同意開讀，表示擁戴。然而，他此時的跋扈自雄卻比在崇禎時期更加明顯了。由於弘光帝主要是依靠馬士英會同黃得功、高傑、劉良佐、劉澤清四鎮擁立的，左良玉沒有參與，算不上定策功臣。陳子龍記載，"上之立也，不與推戴，心常怏怏。既專制荊楚，益

1　閻爾梅《閻古古全集》卷二《已矣歌》引。

2　閻爾梅《閻古古全集》卷二《惜揚州》詩並引。

桀驁。"[1] 朝廷對馬士英的信賴，視四鎮如驕子，都引起了他的反感。湖廣巡按御史黃澍本是個齷齪小人，在左良玉同弘光朝廷之間猜忌日深的情況下，不僅沒有居中調停，反而以左良玉的兵力為後盾，企圖在弘光朝廷中提高自己的地位。甲申六月十八日，黃澍在弘光朝廷上痛斥馬士英，不過是有恃無恐地藉題發揮而已。[2]

到 1645 年三月，李自成部在阿濟格軍的追擊下經陝西商洛、河南西部鄧州一帶進入湖北襄陽地區時，左良玉不敢同大順軍主力作戰，又故技重演，率部順江東竄。當時南京正為假太子、"童妃"等案件鬧得滿城風雨，馬士英、阮大鋮的掌權又在官紳中引起強烈不滿，這就給左良玉提供了避戰東下的藉口。三月二十三日，左良玉偽稱奉先帝太子密諭前往南京救護，以討伐馬士英為名，全軍乘船順江東下。[3] 臨行之時，下令把武昌居民屠戮一空。這件事在吳晉錫《半生自紀》中記載如下：

> 初，黃直指（直指即御史，黃澍時為湖廣巡按御史）自觸士英深忌，鬱鬱久泊道河，適傳假太子至南，直指陰乘小輿夜見寧南，謂拔營往南中可圖大事。寧南夙有此志，以兩台調和之故未發，一聞直指言，從之。欲劫撫軍（指巡撫何騰蛟）以行，以撫軍素愛民，非盡殺省中之民不可。寧南傳令無少長戮之。楚民以撫軍仁愛，爭匿都院中，撫軍坐於門，向內坐，听百姓

1　陳子龍自撰年譜，見《陳子龍詩集》附錄二。

2　談遷《國榷》卷一百二。

3　袁繼咸《潯陽紀事》。《明季南略》卷三載《左良玉參馬士英八罪疏》《左良玉討馬士英檄》《又檄》三文，北京圖書館藏有左良玉檄文抄本。按，侯方域《壯悔堂集》《寧南侯傳》中說："良玉乃興兵清君側，欲廢弘光帝，立楚世子。"李清《南渡錄》卷五記，新升廣西總兵黃斌卿於九江附近連敗左軍，"獲其奏檄、書牘甚眾，內貽禮部尚書錢謙益一牘，有廢置語。斌卿初欲奏聞，恐為諸人禍，乃止。"

入。余役以投文至，撫軍命之隨；寧南見百姓以都院為藏身地，復令從院後破垣入，舉火焚之，匿者悉死於火。撫軍即解印付家人令速出城，無為所得。寧南脅撫軍行，余役乃奔。寧南欲與撫軍同舟，撫軍曰：另與小舟為便。寧南遣四副將守之，置撫軍舟於後。黎明，各船俱發。撫軍舟次漢陽門，跳入萬丈江濤中，守者懼誅，赴江死。撫軍順流二十里至竹牌門，遇一漁舟救之起，則關帝祠前也。未幾，家人持印來，亦會於此。

四月初一日，左良玉兵至九江，邀江督袁繼咸到舟中相見。[1]左良玉從衣袖中取出"皇太子"密諭，"設壇刑牲，與諸將歃盟。武人不知春秋大義，一時欣然附和"，逼勒袁繼咸一同前往南京"清君側，救太子"。袁繼咸認為"皇太子"真偽未定，密諭"不知何人傳來"，正言厲色道"先帝之舊德不可忘，今上之新恩不可負"，並且向諸將下拜，請求他們"愛惜百姓"。左良玉回答道："謀陷太子，臣下所為，與今上無干。若愛惜百姓，大家本心，先生何必過慮？"隨即拿出"誓文、檄文"給袁繼咸看了一遍。袁繼咸回城後，命部將堅守九江，不准左兵進城。不料部將張世勛已經同左部將領私下勾結，夜間縱火焚燒全城，頓時大亂起來，袁部諸將不能存身，劈門而出，同左軍合營；左良玉部兵乘勢入城殺擄淫掠。袁繼咸於絕望當中準備一死了之。左良玉派部將張應

---

[1] 左軍到達九江的時間，《國榷》載於四月初五日，《南渡錄》卷五與《明季南略》卷二載於初四日，康熙十二年《德安府志》卷八《災祥》載於四月初二日；此處據袁繼咸本人《為密報藩師東下根由並陳江州被焚情形統祈聖鑒事奏疏》，見《潯陽紀事》。袁繼咸的官銜是"總督江楚應皖等處剿寇事務"，駐節於江西九江，有的史籍稱之為江西總督，並不完全準確。

元把他擄入舟中，袁繼咸一再投水自盡，都被救起。左良玉竭力向他表達自己並沒有推翻弘光帝的意思，要袁繼咸一道東下"調護兵將"；監軍李猶龍也再三勸說徒死無益，不如見機行事。袁繼咸無可奈何，只好同左良玉及其麾下諸將約定嚴禁燒殺搶掠。[1] 正當左軍由九江準備東下時，四月初四日左良玉"以久病之軀，慟潯變之慘，一時殞命"[2]，距九江之變只有三天。關於左良玉的統兵東下直到病死九江舟中，南明人士記載常有恕詞。如李清記："繼咸正冠裳帶將就死。黃澍入署拜泣曰：'寧南無異圖，公以死激之，大事去矣。'副將李士春密曰：'隱忍之，至前途，王陽明之事可圖也。'繼咸以為然，出城面責良玉。良玉疾方劇，望城中火光，大哭曰：'予負袁公！'嘔血數升，是夜死。"[3] 談遷記："左良玉兵至九江。袁繼咸過見於舟中，俄見岸上火起，報曰：'袁兵燒營，自破其城。'良玉浩歎曰：'此我兵耳，我負袁臨侯也。'嘔血數升，病遂革。"[4] 從當時實際情況來看，左良玉早已成為一個擁兵割據的軍閥，勇於虐民，怯於大戰。他的統兵東下主要是避免同李自成率領南下的大順軍作戰，假藉偽太子"密詔"赴南京"救駕"顯然是一派謊言，離開武昌時就大肆屠戮，對弘光朝廷任命的巡撫、總督等方面大員任意拘留，心目中既無朝廷，也無百姓。其直接後果是導致弘光朝廷加速瓦解。

---

1 九江之變在南明諸書中記載互歧，此處均以袁繼咸《潯陽紀事》為準。

2 袁繼咸《六柳堂遺集》餘卷，附《家僮稟帖》云："左寧南要護先帝太子，與黃澍爺帶兵馬下南京，進城（指九江）挾請老爺（指袁繼咸）同行。不料月初四日左寧南老爺大疾死於舟中，其子總爺左夢庚假稱左老爺臥病在牀，代替管事。"

3 李清《南渡錄》卷五。

4 談遷《國榷》卷一百一。

左良玉死後，部下諸將推其子左夢庚為留後，把袁繼咸拘禁在船中，繼續引兵東下，先後佔領彭澤、東流、建德、安慶，兵鋒直抵太平府。[1]

弘光朝廷接到上游督、撫、鎮臣關於左良玉叛變率師東下的報告，大為恐慌，馬士英決定由兵部尚書阮大鋮會同靖南侯黃得功、廣昌伯劉良佐以及池口總兵方國安等人組織堵剿。黃得功的軍隊被調到長江以南的太平府（府治在當塗，轄蕪湖、繁昌等縣），劉良佐軍部署於對岸江北。在清軍南侵，左良玉又順江內犯的形勢下，弘光帝曾經召對群臣，商討對策。刑部侍郎姚思孝，御史喬可聘、成友謙說："左良玉稍緩，北尤急，乞無撤江北兵馬，固守淮、揚，控扼潁、壽。"弘光帝也認為江北兵馬不宜調離汛地太多，回答道："劉良佐兵還宜留江北防守。"馬士英唯恐左兵至京，自己身家性命難保，氣急敗壞地指着姚思孝等人大罵："爾輩東林，猶藉口防江，欲縱左逆入犯耶？北兵至，猶可議款，若左逆至，則若輩高官，我君臣獨死耳！臣已調良佐兵過江南矣。寧死北，無死逆。"[2] 馬士英明知這時清軍重兵已經進入江蘇北部，卻慫恿弘光帝手詔命督師大學士史可法抽調兵馬過江拱衛南京。[3] 史可法於四月初二日領兵過江，行至草鞋峽時得到報告黃得功等部已擊敗左兵。史可法請求入朝召對，面見弘光帝說明對社稷的主要威脅來自清方而不是左良玉部，因此在兵力部署上他不贊成從江北抽調大批主力去對付左軍。馬士英卻擔心史可法名位居前，入朝以後

1　清順治二年十一月江寧巡按毛九華揭帖中說："池州府所轄六縣，本年四、五月間已被左兵到處攻焚擄掠，在在空城，惟餘貴池一縣止於焚毀四關。"見《明清檔案》第三冊，A3-166 號。

2　李清《三垣筆記》卷下，《弘光》。

3　應廷吉《青燐屑》。

自己的首輔將保不住，加上清軍南下的消息日益緊迫，又建議朝廷下旨："北兵南向，卿速回料理，不必入朝。"史可法接到詔書後大失所望，登上南京城郊的燕子磯，"南面八拜，慟哭而返。"[1]

南京城中的情況也頗為微妙。在左部叛軍進逼池州，清兵大舉南下的危急關頭，弘光帝發出了"上游急，則赴上游；敵急，則禦敵"的旨意[2]，完全處於被動局面。馬士英、阮大鋮也明白無論集中兵力對付任何一方，南京都有陷落的危險。因此，他們暗中已做了擁兵出逃的準備，馬士英事先任命其次子馬鑾為京營總兵，以貴州兵為主掌握了一部分親信部隊；兵部尚書阮大鋮也"晝夜以兵環衛其私室，控弦被鎧，廂房書室中暗為衷甲。"[3]四月十四日，弘光帝召見大臣時，武英殿大學士王鐸竟然認為馬、阮組織抵禦左兵不力，請求讓他自己"領兵視師上江以遏左兵重敵"。由於"士英不肯謝此兵柄，遲之又二日矣"，王鐸急不可耐，又在十六日上疏說："臣察得金山一帶西至龍潭，兵不滿七百，樞臣飾以為數十萬，此何時尚以此固寵誑君歟？"接着說："時不能持久，使左之眾兵得乘勝順流而下，吾無類矣。今皇上以本兵（兵部尚書）印纛授臣，臣勉竭死力西上，以當其勢，以報朝廷。"[4]然而，一貫擁兵自重的馬士英和自詡知兵的阮大鋮豈肯把兵權拱手讓人？王鐸的自告奮勇也就不了了之。

到1645年五月，清軍多鐸部佔領南京、蕪湖等地，阿濟格部擊敗大順軍，一直追到江西九江和江北的湖北州縣。左夢庚部下

1　應廷吉《青燐屑》。

2　《南渡錄》卷五。

3　王鐸《擬山園選集》卷十二，揭一。

4　王鐸《擬山園選集》卷十二，揭一《為江上防兵最急，急以兵柄授臣，前赴防守事》。

有總兵十員、兵卒數萬，既不敢迎擊西來的阿濟格軍，又不敢東下與多鐸部交鋒，甚至不願南下江西暫時避開清軍主力，竟於五月十三日在九江至東流的長江中率領部下兵馬向清軍阿濟格部投降。[1] 同左夢庚一道降清的有湖廣巡按御史黃澍。明朝江督袁繼咸在左夢庚武力裹脅下變成清方俘虜。他在五月二十日絕筆中寫道："臣不即死江州，原欲從中挽救，以紓京師之急，幸已還師（指左軍西退），更欲再為聯結，以收桑榆之效。不意口（虜）追躡至潯，諸鎮甘負國恩，遣使投降，京師之危若累卵矣。臣在坎困中，不能申包生之義，惟有矢文山之節，以一死報二祖列宗，且不敢負所學也。"[2] 六月初三日，袁繼咸被脅迫往見清英親王阿濟格，長揖不拜，阿濟格極力勸他降清，"仍做九江總督"，遭到斷然拒絕，最後被押解到北京英勇就義。[3]

第四節　揚州失守

清軍擊敗大順軍，佔領陝西以後，攝政王多爾袞不失時機地着手部署主力南下。他任命了陝西三邊總督孟喬芳[4]等西北地方軍政官員從事善後事宜，把主要兵力集中於收取江南，統一全國的大業。弘光朝廷"藉虜平寇"的如意算盤終於實現了，然而，朱由崧、馬士英、史可法既然怕引火燒身，在清軍主力西進時幸災樂禍，

1　日期見袁繼咸《六柳堂遺集》餘卷《附家僮稟帖》。

2　袁繼咸《六柳堂遺集》餘卷，絕筆三。

3　謝國楨《南明史略》第七十七頁記："漢奸金聲桓領導着清軍進入九江，攻陷南昌，只有總督袁繼咸拒守南昌，為清兵所執，不屈身死。"袁繼咸在九江變亂後即被左夢庚裹脅隨軍，並未至南昌。謝氏所記與事實不符。

4　在順治二年四月清廷任命孟喬芳為陝西三邊總督以前，這個職務由阿濟格委任降官陳之龍署理。

不敢派重兵北上山東、河南，這時，他們就只能自食苦果了。

　　摧毀南明弘光朝廷的清軍實際上是三路齊頭並進。多鐸部由陝西出潼關，經洛陽東進至商丘，然後向南直趨泗州、揚州，進攻南京，得手後分兵攻取太平府（今安徽省當塗縣）、蕪湖，其主要對手是高傑部、劉良佐部、黃得功部明軍，是為中路。英親王阿濟格部尾隨李自成部大順軍由陝西商洛、河南鄧州，入湖北襄陽、荊州、武昌，直到江西九江一帶，除擊潰李自成帶領的大順軍外，乘勢解決左良玉部明軍，同多鐸部在今安徽省境內會師，是為西路。另一部清軍由原駐山東的固山額真準塔率領，南下徐州，沿運河水陸並進，收取宿遷、淮安、興化、通州（今江蘇省南通市）、如皋以及長江以北濱海地區，這支清軍攻擊的目標主要是劉澤清部明軍，是為東路。應當說，清廷動用的兵力是相當雄厚的。三月間，多鐸奏報：二月十四日已派遣部分兵馬抵達河南，"招降流賊鎮守河南偽平南伯劉忠，旋得平定江南之諭，即於三月初五日率師南征。"[1] 同月二十五日又報："三月初七日，臣統兵出虎牢關口，固山額真拜尹圖等出龍門關口，兵部尚書韓岱、梅勒章京伊爾德、侍郎尼堪等統外藩蒙古兵由南陽路，三路兵同趨歸德。"[2] 四月初五日，多鐸統大軍從歸德府南下，沿途州縣望風歸附。十三日清軍至泗州，明守泗總兵率部南逃，清軍遂在這天晚上渡過淮河。

　　在左良玉部東下、清軍南侵的緊急情況下，史可法驚慌失措，胸中漫無主見。應廷吉記載，當時一部分南明軍隊駐於高郵，史可法一天之內三次發出令箭，上午令邳宿屯田道應廷吉"督一應軍

<hr>

1　《清世祖實錄》卷十五。按，明代稱洛陽為河南府，這裏説的"河南"，就是洛陽。

2　《清世祖實錄》卷十五。

器錢糧至浦口會剿"左良玉部叛軍；中午令"諸軍不必赴泗，速回揚州听調"；下午又令"盱眙告急，邳宿道可督諸軍至天長接應"。應廷吉對諸將說："閣部方寸亂矣，豈有千里之程，如許之餉，而一日三調者乎！"史可法本人在四月十一日趕赴天長，檄調諸軍援盱眙，忽然得到報告盱眙守軍已經投降清朝，他對部隊幾乎完全失去控制，"一日一夜冒雨拖泥，奔至揚州。"[1] 十七日，清軍進至距離揚州二十里處下營，次日兵臨城下。[2] 史可法"檄各鎮援兵，無一至者。"[3] 實際上史可法節制的劉良佐和原高傑兩藩的將領就在這幾天裏不戰而降。四月十九日，高傑部提督李本深率領總兵楊承祖等向清豫親王多鐸投降，廣昌伯劉良佐也率部投降；二十一日，總兵張天祿、張天福帶領部下兵馬投降，隨即奉多鐸之命於二十四日參加攻取揚州。[4] 揚州城裏只有總兵劉肇基部和以何剛為首的忠貫營，兵力相當薄弱。由於城牆高峻，清軍的攻城大炮還沒有運到，多鐸派人招降史可法、淮揚總督衛胤文，遭到嚴詞拒絕。二十一日，甘肅鎮總兵李棲鳳和監軍道高岐鳳帶領部下兵馬四千入城，兩人的意思卻是劫持史可法，以揚州城投降清朝。史可法毅然說道："此吾死所也，公等何為，如欲富貴，請各自便。"李棲鳳、高岐鳳見無機可乘，於二十二日率領所部並勾結城內四川將領胡尚友、韓尚良一道出門降清。史可法以倘若阻止他們出城投降恐生內變為理由，聽之任之，不加禁止。

1　應廷吉《青燐屑》卷下。王秀楚《揚州十日記》説，四月十四日督鎮史可法從白洋河失守，踉蹌奔揚州。按，史可法當時並未到白洋河。

2　《清世祖實錄》卷十六。

3　《青燐屑》卷下。

4　順治二年九月徽寧池太等處提督張天祿"啟為亟查功績事"清冊；順治四年七月招撫江南大學士洪承疇"為議設蘇松常鎮四府提督、總兵、將領清冊"；均見《史料叢刊初編》。

當清軍初抵城下時，總兵劉肇基建議趁敵大眾未到，立腳未穩，出城一戰。史可法卻說：“銳氣不可輕試，且養全鋒以待其斃。”在城守方面，“舊城西門地形卑下，城外高阜俯瞰城下，勢若建瓴，且為興化李宦祖塋，樹木陰翳，由外達內，絕無阻隔，枝幹回互，勢少得出。諸將屢以為言。公以李氏蔭木，不忍伐也。且言，諸將以此地為險，吾自守之。”[1]二十四日夜間，清軍用紅衣大炮轟塌城牆[2]，“城上鼎沸，勢遂不支。”二十五日，揚州陷落，劉肇基戰死，揚州知府任民育、何剛等壯烈犧牲，史可法被俘後遇難。[3]

對於史可法的誓死不降，應當充分肯定他的民族氣節。長期以來，許多學者和文人墨客受明清門戶之見的影響，對史可法存在着一種特殊的偏愛，不顧史實做了過分的渲染。縱觀史可法的一生，在整個崇禎年間並沒有多少值得稱讚的業績；他的地位和名望迅速上升是在弘光時期。作為政治家，他在策立新君上犯了致命的錯誤，導致武將竊取“定策”之功，大權旁落；作為軍事家，他以堂堂督師閣部的身份經營江北將近一年，耗費了大量的人力、物力、財力，卻一籌莫展，毫無作為。直到清軍主力南下，他所節制的將領絕大多數倒戈投降，變成清朝征服南明的勁旅，史可法馭將無能由此可見。即以揚州戰役而言，史可法也沒有組織有效

---

1 《青燐屑》卷下：歸莊《先兄監紀君行狀》記載他哥哥歸昭的僕人城破逃回後説：“吾主從閣部守西門”，可證史可法確實防守該處，見《歸莊集》卷八，第四四二頁。

2 胡有升《鎮虜奏疏》卷下《續祈皇恩俯查前勞以勵後效疏》中説：“攻打揚州，臣帶領甲喇紅衣大炮打破城池，功居頭等。”

3 史可法殉難揚州的具體情況在各種史籍中記載不一致，但為清軍俘殺則無疑問。《思文大紀》卷七記，隆武二年（1646）五月“監軍兵部主事黃師正進督師史可法遺表。上曰：可法名重山河，光爭日月，至今兒童走卒咸知其名。方當擊楫渡江，速圖恢復，乃為強鎮阻，奸黨橫行，竟齎志以歿也，惜哉！讀遺表，令人憤恨，應得贈恤祭葬易名未盡事宜行在該部即行詳議具奏。聞其母、妻猶陷寇穴，一子未知存亡，作何獲尋，黃師正多方圖之。”按，史可法遺表在現存各種版本的史可法集中均未見。

的抵抗。某些史籍說他堅守揚州達十天之久[1]，給清軍重大殺傷，也不符合事實。史可法自己在四月二十一日寫的遺書中說：清軍於十八日進抵城下，"至今尚未攻打，然人心已去，收拾不來。"[2] 多鐸下令攻城以前，史可法即已"自覺憒憒"，把軍務交幕僚處理。[3]二十四日清軍開始攻城，不到一天揚州即告失守。史可法作為南明江淮重兵的統帥，其見識和才具實在平凡得很。比起江陰縣區區典史閻應元、陳明遇率領城中百姓奮勇抗清八十三天，相去何止千丈。順治十年（1653）談遷路過揚州，曾經專程到梅花嶺尋謁史可法衣冠塚，回首往事，不勝感慨，寫道："江都地多陵阜，故名廣陵，城堅濠廣，四野曼延，正利步騎，雄聞晉唐，今西門摧頹，豈史氏尚不逮李庭芝耶？"[4] 於惋惜之中也指斥了史可法的無能。總之，史可法的一生只有兩點值得肯定：一是他居官廉潔勤慎，二是在最後關頭寧死不屈。至於他的整個政治生涯並不值得過分誇張。明清易代之際，激於義而死焉者多如牛毛，把史可法捧為巨星，無非是因為他官大；殊不知官高任重，身繫社稷安危，史可法在軍國重務上的決策幾乎全部錯誤，對於弘光朝廷的土崩瓦解負有不可推卸的責任。

清軍佔領揚州以後，多鐸以不聽招降為由，下令屠城。他在"諭南京等處文武官員人等"的令旨中說："昨大兵至維揚，城內官員軍民嬰城固守。予痛惜民命，不忍加兵，先將禍福諄諄曉諭，遲

1　謝國楨《南明史略》第七十一頁云："在這樣險惡情況下，可法還抗拒清兵，堅守孤城，支持了有十天的工夫。"黎士弘纂輯《閣部史公守揚州府紀事》云"十五日，清兵豫親王率虜騎至城下"，見鄭達編《野史無文》，事實上明清雙方當事人記載清兵進抵揚州城下在十八日。

2　《史可法集》卷四《二十一日遺筆》。

3　《青燐屑》卷下。

4　談遷《北遊錄》，紀程。按，李庭芝為南宋滅亡時的著名抗元將領。

延數日，官員終於抗命。然後攻城屠戮，妻子為俘。是豈予之本懷，蓋不得已而行之。嗣後大兵到處，官員軍民抗拒不降，維揚可鑒。"[1] 揚州居民除少數破城前逃出和個別在清軍入城後隱蔽較深幸免於難者以外，幾乎全部慘遭屠殺，"城中積屍如亂麻"。[2] 王秀楚依據親身經歷寫了一本《揚州十日記》對清軍自四月二十五日至五月初一日在揚州的暴行做了比較詳細的記載，如二十七日，"殺聲遍至，刀環響處，愴呼亂起，齊聲乞命者或數十人或百餘人；遇一卒至，南人不論多寡，皆垂首匍伏，引頸受刃，無一敢逃者。至於紛紛子女，百口交啼，哀鳴動地，更無論矣。日向午，殺掠愈甚，積屍愈多，耳所難聞，目不忍睹。"直到五月初二日才安官置吏，"查焚屍簿載其數，前後約計八十萬餘。"[3]

史可法犧牲了，在南明士紳中仍被視為抗清復明的英雄備受敬仰。洪承疇被清廷派到南京任招撫江南大學士時，有人在烏龍潭寫了一副對聯："史冊流芳，雖未滅奴猶可法；洪恩浩蕩，未能報國反成仇。"[4]1648 年（順治五年）正月下旬在巢縣、無為州還發生了假藉史可法名義起兵抗清的事。宣城人朱國材曾任史可法記室，清軍南下後他躲在巢縣某周姓人的家裏，"敝衣草履，形容枯槁，曰：'我史閣部也，苦身勞形，志存恢復。今約會兵數萬，刻日齊集，大事可圖也。但機事貴密，不可輕泄。'"有鹽城起義失敗的厲豫避難巢縣，同朱國材結盟，以史可法的名義號召士民，正月二十五日集眾一千多人乘夜攻破巢縣，二十九日又攻克無為州。

1 雲巢野史編《兩都憒見錄》《南都》，見胡慕椿輯《鄉國紀變》第一冊。

2 歸莊《先兄監紀君行狀》，見《歸莊集》卷八。

3 古代典籍記載兵員數字和被屠殺人數往往誇大，揚州城內當時未必有這麼多居民。《明季南略》卷三云："揚州煙爨四十八萬，至是遂空。"

4 談遷《棗林雜俎》仁集，《江寧謠》條。"成仇"為"承疇"的諧音。

幾天以後，清援軍趕到，"獲賊首朱國材、厲豫，從賊者盡殲滅，仍誤殺良民無數。"[1] 當朱國材冒充史可法號召反清復明之時，巢縣生員祖謙培、無為州生員沈士簡等十餘人都"頭巾藍衫"前往謁見，共圖義舉，後來遭到清政府的無情鎮壓。[2] 這個"偽史閣部案"說明史可法在南明紳民中享有很高的聲望。

清軍攻克揚州前後，江北明朝官軍幾乎毫無鬥志，一矢未發即倉皇投降。高傑部官軍在其子興平侯世子高元照、提督李本深、總兵李成棟等帶領下先後降清；廣昌伯劉良佐也率部投降。東平侯劉澤清在清軍南下時，"將原管淮陽十四州縣土地、人民、兵馬、錢糧留交總兵柏永馥"代理，自己同山東總督王永吉、總漕都御史田仰等帶着一批文武官員乘船逃往海上。這時南京已經陷落，清固山額真準塔統偏師由山東南下，五月十八日佔領徐州，沒有遇到任何抵抗就接管了邳州、宿遷、睢寧、沭陽、桃源、清河等縣，二十八日柏永馥率部投降，淮安失守。六月，準塔和清朝委任的巡撫趙福星派人持書信往海上招降劉澤清等人。劉澤清即在閏六月二十四日赴淮安投降。[3] 據多鐸向清廷奏報，來降的南明總兵多達二十三員、副將四十七員，馬步兵共計二十三萬八千三百名。[4] 僅這一批在江北投降清朝的南明兵員數目就超過了多鐸、阿濟格兩路兵力的總和。何況還有左良玉之子左夢庚帶領麾下十五員總

1 康熙十二年《巢縣志》卷四《祥異》。

2 順治五年閏四月江寧學政魏琯揭帖，見《明清史料》己編，第一本，第四十六頁。淮陽巡按揭帖殘件，見《明清史料》己編，第一本，第四十八至五十頁。

3 順治二年六月初一日準塔與趙福星揭帖，《明清史料》甲編，第二本，第一一三頁；參見同書第一一八頁"原任藩鎮淮海招討總兵官東平侯劉澤清揭帖"。田仰與李太監（李國輔）乘沙舟逃到福山、金山一帶"假名倡義"，順治二年九月間被清軍擊敗，見《明清史料》甲編，第二本，第一五八頁，順治三年五月蘇松巡按趙弘文揭帖。

4 《清世祖實錄》卷十七。

兵全軍降清；黃得功部將田雄、馬得功的叛變投降。弘光五大藩鎮這樣望風而降，並不是兵將不堪一戰，而是他們憑藉"定策"等原因形成尾大不掉的勢力集團，有挾制朝廷之心，無忠貞報國之志。他們所關心的既然只是保住自己的榮華富貴，一旦強敵壓境，自然以歸順"敘功"為上策。後來展開的歷史場面表明，這五藩下的總兵李成棟、李本深、金聲桓、李國英、田雄、馬得功、徐勇等人都擁有相當的戰鬥力，他們為清廷征戰時往往發揮出超越滿軍的作用。李成棟、金聲桓等舉兵反清時，滿洲貴族也視之為畏敵。弘光朝廷依賴籠絡藩鎮而立，又以藩鎮叛降而亡，這個歷史教訓是非常深刻的。

第五節　弘光帝出逃和清軍佔領南京

揚州失守，史可法殉難的消息傳到南京，弘光朝廷頓時陷入一片驚慌失措之中，朱由崧等人開初還對長江天險寄予希望。五月初五日，清軍進抵長江北岸，初九日，多鐸命梅勒章京李率泰帶領南明降將張天祿、楊承祖等部於黎明時分在瓜洲以西十五里處乘船渡江，在金山擊敗明防江水師鄭鴻逵軍，隨即登上南岸，佔領鎮江，後續滿、漢官兵先後渡江。[1] 初十日，弘光帝僅同馬士英和少數宦官商議後，連朝廷其他公卿大臣也不告知，更不做任何部署，就在凌晨離城出逃。[2]

1　《清世祖實錄》卷十七記多鐸奏報只說命李率泰領兵渡江，實際上渡江打頭陣的正是剛剛降清的張天祿、楊承祖等部，張天祿自報功績說："五月初九日，天祿親自統領副將楊守壯、張思達、高謙、延士依……共自備大小船一百餘隻督率官兵奮勇首先過至江南，連破水師總兵鄭鴻逵兵營三處，已經啟知。"見《史料叢刊初編》所收順治二年九月徽寧池太提督張天祿"為亟查功績事"啟本。參見同書內順治四年七月招撫大學士洪承疇奏報清冊。

2　弘光帝與馬士英一道出逃，計六奇《明季南略》、夏完淳《續幸存錄》等書記載分別出逃，均誤。

天亮以後，南京城內的官紳軍民聽說皇帝和首席大學士已經逃走，立即亂成一團。一些百姓擁入獄中，把自稱"崇禎太子"的少年請出來登武英殿即位，年號仍稱崇禎十八年。然而，以南京守備勛臣忻城伯趙之龍為首的勛戚大臣卻決定降清，派人前往清營接洽。據當時在城中的兵科右給事中吳適記載，十四日午後，清軍先鋒數十騎直抵洪武門外，忻城伯趙之龍、保國公朱國弼齎降表由城牆上縋下往清營接洽投降事宜。十五日，多鐸率清軍主力進至南京城外，趙之龍、朱國弼同魏國公徐久爵，隆平侯張拱日，大學士王鐸、蔡奕琛，禮部尚書錢謙益，左都御史李沾等三十餘名高官顯貴大開城門，出迎於郊。[1] 清兵進城搜索警戒後，十七日多鐸才進入南京，隨即把南京城中東、北兩區漢族居民盡行驅出，供清軍居住。[2]

上文已經指出，按明朝永樂以後的兩京制度，在南京掌握實權的三個人是南京兵部尚書、守備南京勛臣、鎮守南京太監；其他勛臣和六部、都察院大臣不過虛有其名。魏國公雖然是開國第一功臣徐達的後代，只是在各種典禮時排班居首，擺擺樣子罷了。決策降清的正是守備南京勛臣趙之龍，他在弘光出逃後，立即派兵驅散擁立偽太子的百姓，同時大張告示宣佈向清軍獻城。張怡記載，崇禎末年"陪京缺守備勛臣，部推忻城伯趙之龍。陛辭日，上賜坐、賜茶，東宮、二王侍。上曰：'留都根本重地，朕已簡用二人，一為司禮太監韓贊周，此人忠誠勤慎，足當守備之任；一為兵部尚書

---

1 吳適《南都變略》，見顧公燮《丹午筆記》，江蘇古籍出版社 1985 年版第一四四頁。

2 張怡記："乃豫王猶疑懼，未敢即入，駐兵天壇，先遣相城中駐牧地，乃以東、北二城與之，限三日遷盡，十九暮議始定，二十日始遷，而二十一日辰刻馳騎四佔，不許搬運物件矣。"張怡家宅亦在劃歸清軍駐紮區內，家中財物多被侵吞，見《謏聞續筆》卷一。

史可法，朕未識面，然人爭言其材，朕亦詗得之。今得卿而三，朕無憂矣。然贊周掃除長耳，可法起家孤寒。若卿與國休戚，較二臣更異，知必盡心，副朕委任也。’其後可法、贊周皆竭忠死事，而賣盧龍一道者，即與國休戚者也，傷哉！”[1] 明朝的勳臣主要是開國與靖難功臣的後裔，這些嬌生慣養的貴族子弟只知託庇祖宗餘蔭，過着窮奢極侈的生活，一旦國難當頭，除個別稍有志節者以外，大抵是身家之念重於國家，賣降恐後勢在必然。崇禎帝固然看錯了人，但即便另派一名勳臣守備南京也不大可能出現甚麼奇跡。韓贊周在清軍進入南京後自殺，但他的情況與趙之龍不同。弘光既立，他的地位就被深受朱由崧寵信的司禮監秉筆太監盧九德取代。盧九德則投降了清朝，順治三年底他仍想按明朝舊例督理蘇杭織造為清廷統治者效犬馬之勞。不料碰了一鼻子灰，清廷諭旨說：“盧九德不當列名疏內，況秉筆太監本朝無此職銜，著削正嚴飭。”[2]

南京作為朱元璋開國之地、明朝兩京之一，自從大順軍攻克北京以後，有的人把它看成復興的中心，有的人則把它視作苟且偷安之所，僅僅一年就這樣糊裏糊塗地淪陷了。周在浚作《台城晚眺》一詞云：“縱步且閒遊，禾黍離離滿目秋。玄武湖中風浪起，嗖嗖，虎踞龍盤一夕休。　江水不知愁，猶自滔滔日夜流。更有無情天畔月，悠悠，曾照降幡出石頭。”[3] 江山依舊，人物全非，寄託了幾分悲憤、無限哀思。

從 1644 年三月大順軍攻克北京到次年清軍佔領南京，明朝的文官武將絕大多數好像蓬草一樣隨風而轉。大抵而言，風雲氣少，

1　張怡《謏聞續筆》卷四。

2　順治四年正月二十一日工部左侍郎佟國胤“為奏明應徵錢糧以供織造事”題本，見《順治錄疏》。

3　蔣景祁編《瑤華集》卷五《南鄉子》。

兒女情多。這同明後期吏治的腐敗有密切關係。然而，當歷史處於大轉折時期，各種人物的表現往往顯得千差萬別，很難準確地納入一定的模式。張怡記載，"清兵入城，百官爭投職名求用，前定北來諸臣之罪喙長三尺者，至是膝軟於綿，面厚於鐵，不自覺矣。"[1] 張怡身經兩京之變，都未出仕"新"朝，發表一通誅心之論自在情理之中。但是，正如我們不能把大順軍佔領北京後投降的明朝官員貶之為"從賊"或讚之為"參加農民革命"一樣，降清的官員也不能一概而論。錢謙益就是一個相當特殊的例子。弘光朝兵科右給事中吳適記載，他在五月十三日"晚晤少司馬梁眉吾（雲構），知文武大臣已修降表赴大清軍矣。十四日大雨，訪宗伯錢謙益，不晤，但令人傳語：'宜速往浙中擇主擁戴，以圖興復。'余笑謝之。"[2] 這說明他列名降清時，仍寄希望於興復明朝。降清後他除了向多鐸獻上禮物，還親自寫信勸江南士紳歸附清朝，"錢謙益首樹降旗，素與受茲（中書舍人王介福字）善，謂之曰：婁東汝故土，當疾馳歸，以戶籍獻，大官可得矣。"[3] 祁彪佳在日記中也寫道："六月初五日，抄錢牧齋手書數通，稱北兵為三代之師，諄諄勸邑中歸順。"同月十一日項下，他又記了這樣一條："先是，錢牧齋有密啟上潞藩。"[4] 意在擁戴朱常淓。兩三個月後，他給臭名昭彰的馮銓（時任清內院首席大學士）[5] 寫信，"言安輯江南事宜，內有招撫阮大鋮之語。"清廷對這封信頗為重視，交給即將出任招撫

1 張怡《謏聞續筆》卷一。

2 《南都變略》，見《丹午筆記》。

3 《研堂見聞雜錄》，收入神州國光版《烈皇小識》冊。

4 《祁忠敏公日記》《乙酉日曆》。

5 錢謙益同馮銓的關係較好，文秉《烈皇小識》卷五記載，崇禎十年，錢謙益與弟子瞿式耜為大學士溫體仁構陷下獄，錢除求援於太監曹化淳外，還讓密友馮舒求馮銓設法幫助，見面後，馮銓說道："錢謙益的事，我都曉得了，如今已不妨，你可回去，教他安心。"

江南總督軍務的內院大學士洪承疇抄錄一份。[1] 這就是後來清方錄用阮大鋮的緣由。南明一些史籍（如錢秉鐙《所知錄》等）都說阮大鋮降清是馮銓薦引，卻不知道居中引線搭橋的卻是這位東林巨子。錢謙益降清後被挾持北上，清廷授予其禮部侍郎的官職，一年後告病回籍。這以後長期從事反清復明的活動，屢冒殺身之禍。歸莊在《祭錢牧齋先生文》中寫道："先生喜其同志，每商略慷慨，談讌從容，剖腸如雪，吐氣成虹。感時追往，忽復淚下淋浪，髮豎鬢鬆。窺先生之意，亦悔中道之委蛇，思欲以晚蓋，何天之待先生之酷，竟使之齎志以終。"[2] 這段話是比較公正的。關於錢謙益晚年致力於復明活動下文還將提到，當然不可能全面敍述。

第六節　弘光帝被俘

五月初十日夜間，朱由崧同馬士英等逃出南京後，原來的意圖是避往浙江杭州。不料途經溧水縣時遭到當地土兵的攔截搶掠，混亂之中，馬士英的兒子馬鑾[3]帶領勇衛營兵擁簇着弘光帝奔往太平府（府治在當塗），太平府官不知道是怎麼回事，閉門不納，又轉入蕪湖投靠靖國公黃得功[4]；馬士英則以隨身兵力護衛皇太后鄒氏輾轉赴杭。鑒於各種野史對弘光和鄒太后失散情況多有訛誤，這裏引用黃道周的兩段記載以昭信史。

1　順治二年八月內院大學士馮銓揭帖，見《明清檔案》第三冊，A3-59 號。

2　《歸莊集》卷八，上海古籍出版社 1984 年版，第四七一頁。

3　1645 年二月，馬士英題授其次子署理勇衛營務，接替太監李國輔。見李清《南渡錄》卷四。

4　張怡《謏聞續筆》卷一云："弘光至太平，以南靖家屬所寓也。城門閉不納，露宿郊外。上命盧監（盧九德）召大鋮、大典等。十三日，靖南、大鋮等至，咸咎上不當輕出。上亦悔，因酌三爵飲靖南曰：'願仗將軍威力。'靖南瀝觴於地，曰：'所不盡犬馬以報者，有如此酒。'於是痛哭，將士皆感激。……遂扶上登舟，十七至蕪湖。"

黃道周在奏疏中說："恭聞皇太后陛下自五月十一日與聖駕分離，南渡溧水，過獨松關，遂涉餘杭，東至臨安。"[1]在另一篇文章裏他又寫道："實五月十有一日上與慈禧宮（鄒太后）同出都門，馬輔以其母與聖母同為乘輿，渡溧水，為土兵所掠。馬輔之子統家兵八千人遽擁上西行。馬家父子知之，上與慈禧宮邈然不知也。抵杭之日，諸士民從馬輔求聖駕，馬輔但云：'聖駕親征，早晚奏捷，何皇皇為？'熊給事雨殷就坐中責馬輔：'親征重事，何首輔不知，而專屬之乃子？'俛首無以應也。"[2]可見馬士英是同弘光帝、鄒太后一道逃出南京，行至溧水後才東西分竄。某些史籍記初十日晚上朱由崧在太監盧九德的唆使下秘密出逃，馬士英、阮大鋮第二天早晨才得知皇帝跑了，匆忙收拾細軟逃離南京，是一種訛傳。[3]

黃得功在擊敗東犯的左夢庚軍後領兵屯駐於蕪湖，對京城的變故一無所知，皇帝的突然駕到使他大吃一驚。問明緣由後，他不勝感慨地說："陛下死守京城，以片紙召臣，臣猶可率士卒以得一當。奈何听奸人之言，輕棄社稷乎！今進退無據，臣營單薄，其何以處陛下？"[4]儘管他已經意識到朱由崧張皇失措，無可救藥，仍然決定效忠到底，把這位昏聵的皇帝迎接進自己的軍營。據說，

---

1 黃道周《黃漳浦集》卷四《恭慰皇太后興居並述義師情繇疏》。查繼佐《國壽錄》卷二《廣德州知州趙公傳》記載："乙酉五月，上棄都走茅山。茅山鄉之人以清兵至，約持挈自為衛，不知駕過此，夜舉火亂逐，上失所在，而士英獨以其衛卒二千餘人南行，欲入杭州……"同書《錢塘知縣顧公傳》又記："乙酉五月十四日，馬士英棄上茅山，自以兵二千餘人先至杭。……廿六日太后始以六七興至杭，居總兵府。"茅山在江蘇句容縣東南，與溧水水縣相近。兩書所記基本相符。

2 《黃漳浦集》卷二十四《潞王監國記》。

3 例如《明季南略》卷四《馬士英奔浙》條。按，此據中華書局版，商務印書館版此條在卷六。

4 溫睿臨《南疆逸史》卷四十九《黃得功傳》。

弘光在蕪湖曾下詔"鄭彩、黃蜚、方國安、杜弘域、卜從善皆晉伯爵，大鋮、大典拜左、右相，共統師扈上回鑾，復為守禦（南京）計。然已無及矣。"[1]

　　清軍統帥多鐸得知弘光出逃，自然不會放過。進南京後即命剛剛投降的劉良佐率領部卒充當向導，派多羅貝勒尼堪，護軍統領圖賴，固山額真阿山，固山貝子吞齊（又作屯齊）、和託等領兵經太平追至蕪湖。[2]在劉良佐現身說法的招誘下，加上滿洲重兵壓境，黃得功部下將領田雄、馬得功決定降清。黃得功不知軍心已變，把劉良佐派來招降的使者處斬，引兵出戰。叛軍趁黃得功不備，暗中猝發一箭，射中得功喉部。黃得功自刎而死。[3]弘光帝被田雄等活捉獻給清方。有一種記載描寫了當時的場面："田雄負弘光皇帝於背，馬吆喚（馬得功的外號）執弘光二足。弘光慟哭，哀求二人。二人曰：'我之功名在此，不能放你也。'弘光恨，囓田雄項肉，流血漬衣。"[4]

1　張怡《謏聞續筆》卷一。

2　張天祿順治二年九月"亟查功績事"啟本中說，他在五月"十七日奉王爺命令隨貝勒王爺赴蕪湖剿撫靖南侯黃得功官兵，招降總兵卜從善、馬得功、田雄、丘越、于永綏，續又招降總兵杜弘域。"（見《史料叢刊初編》）

3　諸書記載黃得功中暗箭事不完全一致，多說是劉良佐部下所射。如彭而述記："帝微服出走至公所，未及整棗，追兵適至，公曰：'豈非天哉！門庭之寇（指左夢庚軍）既薄於西，而北來之眾亦復壓境，一人蒙塵，有死無二。'乃捨舟上馬力戰。會劉良佐已在北軍，謂公曰：'勿動，吾有說。'鏃已中公喉。公素與良佐親密，不意遂為所賣，知事不濟，乃拔刀自刎而死。"見《讀史亭文集》卷十三，傳上《黃靖南傳》。《野史無文》《明季南略》所記大抵相同。《清初內國史院滿文檔案譯編》中冊，第七十七頁記，清軍佔領南京後，"詢問故明福王遁往何處，知者告稱已逃往太平府。遂遣貝子吞齊、和託率滿蒙軍之半追之。至距太平府八十里處，聞靖王復走蕪湖縣，昂邦章京隨又率護軍、前鋒兵連夜趨擊。福王登舟渡江而去，我昂邦章京圖賴遂據江口，偽靖國公黃得功之兵逆戰，擊敗之，敵兵皆墜水。我軍盡奪其舟，截其去路。田、馬兩總兵官縛靖王來獻，黃得功中流矢死。"

4　鄭達《野史無文》卷十一《黃斌卿傳》。參見《清世祖實錄》卷十七，順治二年六月辛酉日多鐸奏疏。浙江總督張存仁奏稿殘件中說："總兵田雄收黃蜚潰敗之卒，縛弘光以投誠。"以其"勞苦功高"建議清廷授以提督之職，見《明清史料》己編，第一本，第二十頁。

至於朱由崧被俘的時間，據顧景星記黃得功事云：“大清王師奄至，公中流矢，仰天自到，五月二十八日未時也。”[1] 如果記載無誤，弘光當在同日被俘。但是，《明季南略》卷四《劉良佐挾弘光回南京》條卻說：“二十四日乙巳，劉良佐以弘光到，暫停天界寺。”同書《弘光拜豫王》條內又記：“五月二十五日丙午，……弘光以無幔小轎入城，首蒙包頭，身衣藍布衣，以油扇掩面。太后及妃乘驢隨後，夾路百姓唾罵，有投瓦礫者……”《清世祖實錄》卷十七僅依據奏報記“縛福王及其妃來獻”，沒有具體月日，也未提及太后，事實上鄒太后當時在杭州，《明季南略》所記肯定有錯誤。

弘光朝廷當國的整整一年時間裏，正處於內憂外患日益加深之際，君臣上下有可為而不為，朝野人士不僅沒有因北都的覆亡而振作起來，反而在腐敗、內訌、爭權奪利上遠遠超過了崇禎時期。時人張岱痛罵朱由崧，說：“自古亡國之君，無過吾弘光者，漢獻之孱弱、劉禪之癡疻，楊廣之荒淫，合併而成一人。王毓蓍曰：‘只要敗國亡家，亦不消下此全力也。’”[2] 又說：“弘光癡如劉禪，淫過隋煬，更有馬士英為之顛覆典型，阮大鋮為之掀翻鐵案，一年之內貪財好殺，殢酒宣淫，諸凡亡國之事，真能集其大成。”[3]

朱由崧的昏庸荒淫固然是事實，作為皇帝自然要負重要責任，但弘光朝廷繼承的是黨爭、腐敗、武將跋扈，忙於權力的再分配導致的內耗才是弘光朝廷土崩瓦解的最主要原因。

1　顧景星《白茅堂集》卷十三《六合望黃靖國祠》。另據順治二年十二月初六日浙江總兵田雄奏本，自稱“本年五月……即率兵投誠，朝見豫王。……六月內蒙豫王札委鎮守浙省”，見《明清史料》甲編，第二本，第一三七頁。可以肯定弘光被俘在五月下旬，具體日期尚有分歧。

2　張岱《石匱書後集》卷三十二《乙酉殉難列傳》。

3　張岱《石匱書後集》卷五《明末五王世家》。

第七節　潞王朱常淓監國和降清

　　弘光一行從南京倉皇出逃，在溧水失散之後，大學士馬士英帶着貴州兵四百護衛朱由崧的母親鄒太后前往浙江。途經廣德州時，知州趙景和懷疑其中有詐，關閉城門不讓進城。馬士英大怒，攻破該城，把趙景和處斬，大肆搶掠之後才離去。五月二十二日，馬士英奉鄒太后到達杭州，潞王朱常淓以及在杭州的官員都來朝見。當時，馬士英還希望朱由崧到達太平、蕪湖後依靠黃得功等部兵力扭轉戰局。不久，阮大鋮、朱大典和總兵方國安等逃來，才知道黃得功兵敗自殺，弘光帝被俘。馬士英沒有指望了，就同在杭州的官僚商量請潞王朱常淓監國。六月初七日，文武官員朝見鄒太后，請命潞王監國。鄒太后隨即發佈懿旨給朱常淓："爾親為叔父，賢冠諸藩。昔宣廟東征，襄、鄭監國，祖憲俱在，今可遵行。"[1]

　　以太后懿旨名義命潞王監國，是為了給朱常淓即位繼統增添合法性。然而，這時的形勢已經同上年江南立國時大不一樣，朱常淓唯恐出任監國將成為清方打擊的主要目標，拒絕接受；在弘光太后流着眼淚反復勸說下，他才勉強答應。[2]

　　六月初八日，朱常淓就任監國。黃道周記："八日己未，潞藩始監國，諸臣朝見畢，潞藩素服過謝慈禧宮。馬士英、阮大鋮、朱大典、袁宏勳、張秉貞、何綸十餘人各彩服黃蓋腰黃白入謝。

1　林時對《荷牐叢談》卷四《蠡城監國》。"宣廟東征"指明宣宗朱瞻基親統大軍往山東平定漢王高煦的叛亂。

2　祁彪佳記："初九日，家僕從武林來，乃知潞藩於初七日受皇太后命，初八日登監國之位矣。蓋奸人為假報，武林日日報捷，日日迎駕。……及初六下午大瑞數人來，乃不能掩。初七日，皇太后請潞藩諭以監國之意。潞王堅辭。太后泣諭再三，乃受命。初八日登監國位，杭民大悅。"見《祁忠敏公日記》《乙酉日曆》。

皇太后服淡黃衣白襦，左右侍女各素葛衣。受朝御畢，潞藩見余素服角帶，與馬輔並立，問：'此為誰？'余出袖中名單付李承奉。殿下欣然，謂：'先生真一代忠良，今日幸共任大事。'又執馬輔袖云：'先生每事與黃先生商量。'馬輔傲然不屑也。而朱大典遽云：'黃家不知事，吾從行在為聖駕開道來，何不問我，輒問黃家講話？'余謝云：'既為聖駕開道，今日聖駕安在？'遂散出。從潞府面朝時，馬、阮、朱、袁俱未到，余先至殿中，殿下遽請見，命坐賜茶罷，問：'今日何以教我者？'余云：'用賢才，收人心，破故套，行王道，為今日要務。'殿下輒云：'和氣致祥，家不和事不成。今日之事，先生與馬輔思量。'余云：'事有思量不得者，如黑蒼素迥不相入。如今日在兩浙，要用兩浙人望所歸。劉宗周是江東老成，如何堅不召用？'殿下云：'馬輔恐劉家來又分別門戶。'余云：'只為門戶兩字，破我乾坤。今奈何又聽其邪說？'殿下云：'馬輔今手握重兵，如何不與商量。'余云：'俱非職意想所及。'謝出，見何侍御，乃知馬輔與阮、朱諸人議監國且不即真，以俟北人動定……"[1]

朱常淓出任監國後，任命浙江巡撫張秉貞為兵部尚書[2]，以嘉湖道吳克孝接任巡撫，以潞府曾長史為監軍御史前往方國安營，"今發兵分守千秋嶺、獨松關、四安鎮等處"，翰林簡討屠象美兼兵科監閣部兵往蘇州同總兵王之仁堵遏；又令御馬監太監李國翰、司

1 《黃漳浦集》卷二十四《潞王監國記》。同書同卷收黃道周《逃雨道人舟中記》云："七日，余舟至武林，而潞王已監國，乃復以迎駕、討賊為請。而馬、阮、朱、袁俱在藩邸，優塞自若；阮大鋮猶媿恧，自稱死罪；朱大典直驚然云：'吾開導在前，安知聖駕所在？'馬輔則云：'小兒亦導駕去，不知小兒何在，無由復知聖駕。'是日，再具啟請潞府行監國事宜凡七條，皆朝夕所可行者，而馬輔持未下。是午，潞府賜食，而高起潛、孫元德、李進三內侍見陪，而元德脫巾狎坐，起潛作恣睢語，又宛然曩時矣。余請欲商略諸事宜，而李進辭以懿駕在內。見此沓沓，不足共事，遂決計趣歸。"
2 康熙二十五年《杭州府志》卷三十七《事紀下》。

禮監太監高起潛扼防平望。[1] 但是，實權仍在馬士英一夥手中。黃道周在啟本中指出清兵佔領南京以後，浙江、江西各地官紳如原任戎政尚書張國維、右庶子楊廷麟、江西巡撫李永茂等人紛紛召募義兵，證明民心可用，"克復之業，早有同心，皆喁喁引領以待。殿下誠得黃鉞一麾，應期畢集，上清鍾山之塵，次復燕京之業，以仰附鱗翼，傳世無疆。"[2] 黃道周只談了浙、贛兩省的義兵情況，實際上當時清軍尚未佔領的地方還相當大，他的意思僅在於說明浙江未嘗不可以守，勸朱常淓不要只看到馬士英、阮大鋮等掌握的少數兵力。所以，他在朱常淓監國的第二天就建議十天之內即位為帝，"使群臣百官有所瞻依"。[3]

可是，朱常淓卻是個扶不起的阿斗，監國次日（六月初九日）就按照馬士英的意見，派陳洪範去同清軍講和，以割讓江南四郡為條件。陳洪範在弘光朝廷初立時曾隨同左懋第去北京通好，暗中投降了清朝，被派回江南充當內奸。他回到江南以後寫了一篇名為《北使紀略》的文章，恬不知恥地宣揚自己效忠於明朝廷，背後卻到處散佈清軍勢大難敵，勸人及早投降，被人稱為"活秦檜"。[4] 這次，又在馬士英主持下作為監國潞王的代表，乘坐懸掛着"奉使清朝"旗幟的船隻[5]，去同清方密商賣國事宜了。初十日，朱常淓命黃道周為大學士入閣辦事；馬士英卻唯恐黃道周入閣將影響自己

1　林時對《荷牐叢談》《蠡城監國》。

2　《臨安旬制記》卷二。

3　黃道周《潞王監國箋》，見《黃漳浦集》卷七，箋。

4　林時對《荷牐叢談》卷四《蠡城監國》。

5　南園嘯客輯《平吳事略》記："順治二年乙酉六月初九日，大清兵抵嘉興，時馬士英在杭，命督府陳洪範與大清議和，過嘉興，舟旗書'奉使清朝'。"張道《臨安旬制紀》卷二也說："時士英方遣陳洪範使北，議割江南四郡以講和"，"洪範坐艦懸懸旗書'奉使清朝'四字"。

攬權，把監國的令旨繳回不予公佈[1]。

就在朱常淓、馬士英仍夢想苟且偷安的時候，清軍卻迅速地向杭州逼進。清豫親王多鐸收取了南直隸十四個府、州後，"隨令波羅（即博洛）貝勒、固山額真擺因兔阿山等率領滿洲將領擺牙喇兵丁一半、阿里哈兵丁、蒙古固山兵丁各三分之一，烏真超哈兵丁全營向浙江進發，直趨杭州駐劄。"[2]六月十一日，清兵進抵塘西，馬士英又故技重演，交回內閣印信，私自逃入鄭鴻逵的兵船。正碰上方國安部下的士卒前來索餉，把馬士英從鄭氏兵船上拖走。"馬輔跟蹌揮涕，墜水中，一足單跣，從方兵入營中"；阮大鋮、朱大典則從富陽乘舟遁往婺州。[3]

這時，陳洪範同清軍統帥貝勒博洛已經勾結妥當，回到杭州同張秉貞一道勸朱常淓投降。朱常淓貪生怕死，決定奉表降清。總兵方國安和姪兒方元科原先率領兵馬護送弘光帝到蕪湖，朱由崧被俘以後，他們又來到杭州，所部兵馬還有一萬左右，準備擁立潞王保衛杭州。沒想到朱常淓已決意降清，在方軍同清軍戰於湧金門下時，朱常淓竟喪心病狂地"以酒食從城上餉滿兵"[4]。方元科等極為憤慨，東渡錢塘江，後來參加擁立魯監國的行列。

六月十四日，清軍不費吹灰之力佔領杭州。[5]博洛趁勢派出使者招降浙東各府州和避居這一地區的明藩王。"時周王寓蕭山，惠王寓會稽，崇王寓錢塘，魯王寓臨海。貝勒遣騎修書，以參、貂等

1 黃道周《逃雨道人舟中記》云："十日午，有令旨移余閣內商略諸大政，而馬輔繳回令旨。十有一日，傳有紅諭頒行所請六事，而口騎已抵塘西。"
2 順治二年閏六月定國大將軍多多（即多鐸）等"為塘報事"奏本，見《順治錄疏》。
3 黃道周《逃雨道人舟中記》，見《黃漳浦集》卷二十四。
4 錢肅潤《南忠紀》，中華書局 1959 年《晚明史料叢書》本。
5 康熙二十五年《杭州府志》卷三十七《事紀下》。

物為贄，邀諸王相見。魯王以道稍遠，辭疾不至。周、惠兩王渡江偕崇王赴召。尋送南京，同弘光帝、潞王俱北去。"[1]湖州、嘉興、紹興、寧波、嚴州等府州官也納土降清。

1645 年七月，多爾袞得到潞王朱常淓等投降，江、浙一帶不戰而定的捷報後，認為南方用兵已經基本結束，起自塞北的滿洲兵將又難以忍受江南暑熱，於是他下令多鐸、博洛班師回朝，弘光帝和潞王、惠王，周、崇等藩以及在南京投降的弘光朝廷高官顯爵王鐸、錢謙益、趙之龍、徐久爵[2]等都隨軍帶回北京。南京改為江寧府，任命多羅貝勒勒克德渾為平南大將軍，同固山額真葉臣接替多鐸、博洛鎮守該地；同時任命內院大學士洪承疇為"招撫江南各省地方總督軍務兼理糧餉"，會同勒克德渾、葉臣接管江南各地。八月，洪承疇、勒克德渾、葉臣到達南京[3]；辦理交接事務後，多鐸等人於九月初四日自南京起程返京[4]。對於俘、降明朝諸王，清廷在七月間曾規定明宗室歲給養贍銀，親王五百兩、郡王四百兩、鎮國將軍三百兩、輔國將軍二百兩、奉國將軍一百兩，中尉以下各給地三十畝。[5]在押送北京途中，朱由崧的嫡母鄒太后跳入淮河自盡。朱常淓被清軍挾至北京後，於順治二年十一月上疏清廷"恭謝天恩"。疏中自稱："念原藩衛郡（指河南衛輝府，府治汲縣）蹇

---

1 林時對《荷牐叢談》卷四《蟲城監國》。按，順治二年十一月十八日"明已薨周王朱恭枵內助臣程氏率末封五子朱紹煒奏本"中自稱"遭逆闖殘害，南遷湖州，浮居異土三載有餘"，可見所謂周王是朱恭枵第五個兒子，尚未襲封。又據順治二年十一月二十五日"故明崇王世子沐恩臣朱慈爝"給清廷奏本，可知朱慈爝是明崇王朱由樻世子，亦未襲封。惠王朱常潤是神宗的兒子，弘光帝的親叔，同帝室血統關係最近；但他自幼迷信佛教，對國事民生漠不關心，所以崇禎帝自縊後，明朝官紳從未考慮過由他繼統。朱常潤降清後，送到北京，給清廷上了謝恩、乞恩兩件奏疏，現存。

2 魏國公徐久爵在《清世祖實錄》卷十七中因滿文音譯誤為徐州爵。

3 順治五年二月二十六日洪承疇題本，見《明清檔案》第七冊，A7-119 號。

4 順治二年十月招撫江西孫之獬揭帖，見《明清史料》丙編，第六條，五〇七頁。

5 《清世祖實錄》卷十九。

遭逆闖之禍，避難杭城，深慮投庇無所。幸際王師南下救民水火，即率眾投誠，遠迎入境。"對清廷給以"日費""房屋"感激不盡，表示要"結草銜環""舉家焚頂"祝頌清朝統治者"聖壽無疆"。[1] 即便是這樣搖尾乞憐，也沒有逃脫被宰割的命運。次年（1646）五月，朱由崧、朱常淓以及其他降清的明朝藩王都在北京被殺。清廷宣佈的罪狀是這些明朝藩王"謀為不軌"，企圖擁立潞王朱常淓造反。[2] 實際上，清廷統治者一方面對朱明王朝有號召力的人物處處提防，力圖斬盡殺絕；另一方面又為了減少征服過程中的阻力，把明朝親、郡王起送北京，所費既不多又便於看管。隨着各地抗清鬥爭的逐漸高漲，清廷才不顧自己許下"給以恩養"的諾言，把他們全部處斬，以消除後患。

潞王朱常淓的監國由於時間極短，又毫無作為，在南明史上不過是一個小插曲。歷來的史家因為他的政權從未有效行使過權力，注意甚少。[3] 但是，從歷史的因果關係來看，朱常淓的降清仍是一個關鍵問題，值得加以分析。

首先，它證明了明朝北京覆亡以後，麇集在南京一帶的官紳為解決繼統問題而展開的立親、立賢的爭執不過是漢族官紳內部的一場權力之爭，"立賢"的對象朱常淓在本質上同朱由崧毫無二致。時任工科都給事中的李清記載道："陪都既失，人咸恨不立潞藩。時張奉常希夏奉敕獎王，語予曰：'中人耳，未見彼善於此。'又

---

1 順治二年十一月初九日"沐恩朱常淓謹揭為恭謝天恩事"，原件藏第一檔案館。

2 《清世祖實錄》卷二十六記同時被殺的有"魯王等十一人"，理由是他們"不知感恩圖報，反妄有推立，魯王等私匿印信，將謀不軌"。這裏所說的魯王都是潞王的訛寫。清初相當一部分檔案是滿文寫成的，修實錄時改譯漢文，就常常發生同音、近音異字的錯誤。按，陸圻《纖言》記："丙戌（1646）四月初九日，有得蠟丸飛書告諸王同謀滅清者，同日太子、弘光、潞王、秦王等九王俱被戮於市。"

3 謝國楨氏説："黃道周等勸潞王在杭州監國，他沒有聽從，反而苟且偷生地投降了。"（見《南明史略》第七十六頁。）朱常淓降清是事實，但説他未出任監國則不妥。

叶主政國華為予言：'潞王指甲可長六七寸，以竹管護之。又命內官下郡縣求古玩。'倪廷尉胤培嘗曰：'使王立而錢謙益相，其不支與馬士英何異？'"[1]

其次，弘光政權垮台以後，朱常淓本來是皇位繼承問題上最少爭議的人選，就連不久以後成為隆武皇帝的朱聿鍵當時正在杭州，也擁護他出任監國。如果朱常淓稍有民族氣節，把抗清的旗幟樹起來，即便一時守不住杭州，南方各地的抗清勢力也比較容易形成一個核心。只是由於他的降清，才緊接而來出現了朱明宗室的兩個遠派子孫唐王朱聿鍵同魯王朱以海的爭立；在朱聿鍵的隆武政權垮台以後，又爆發了朱聿鍵之弟唐王朱聿鐭援引"兄終弟及"之義同桂藩朱由榔的爭立。這兩次爭鬥都嚴重地分散和抵消了南方的抗清力量，給清廷征服全國提供了有利的機會。從這個角度來觀察，朱常淓的望風納降確實是關係匪淺的，他應當被作為民族敗類綁在歷史的恥辱柱上受到無情的鞭撻。

1　李清《三垣筆記》附識下，《弘光》。

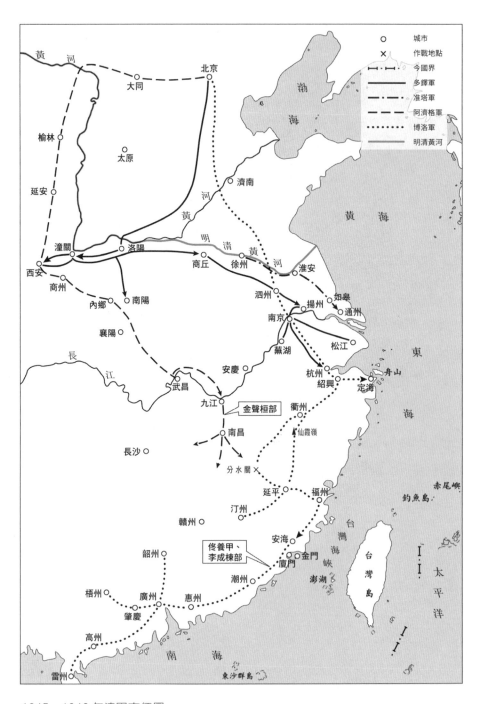

圖例

○ 城市
× 作戰地點
一·一·一 今國界
——— 多鐸軍
—·—·— 准塔軍
– – – 阿清格軍
········ 博洛軍
——— 明清黃河

1645—1646年清軍南征圖

第六章

清廷統治者推行的民族征服和
民族壓迫政策

第一節　多爾袞的失算

　　1645 年夏天，清廷在軍事上取得的勝利是十分驚人的。到這年五月，大順農民軍不僅失去了全部佔領的地方，其領袖李自成——大順國皇帝也在阿濟格部追擊下逃入湖北通山縣被鄉團打死，大順政權已經名實俱亡了，只剩下一支還有相當實力的武裝，史學界一般稱之為大順軍餘部。同月，南京弘光朝廷在多鐸統領的清軍面前幾乎毫無抵抗，就土崩瓦解了。南明原來擁兵自重的江北四鎮和左夢庚部軍隊都爭先恐後地向清朝投降。這種離奇的現象，對各方面都產生了極大的影響。大順農民軍元氣大損，陷於群龍無首的境地，不再扮演逐鹿中原的主角。忠於明朝的官紳士民也震驚不已，他們當中許多人迷戀的東晉、南宋偏安局面被無情的事實打得粉碎。可是，對於清廷的最高統治者攝政王多爾袞來說，勝利卻來得太容易，他以為清朝的兩大對手大順、南明都已經被徹底打垮，剩下的事不過是接管地方，享受勝利果實而已。

這年閏六月初七日，多爾袞傳諭兵部道："江南地方南直、江西、湖廣三處已經歸順，浙江、福建、廣東、廣西、四川、雲南、貴州七省遵依表文尚未報到，應速行遣官招撫，在京文武官員不拘見任、家居及士民人等，有情願輸忠效力的，準赴兵部報名，驗實，齎捧敕諭，給賜路費、馬匹前去。事竣，有功重加升賞。該部即出示曉諭。"消息一公佈，一些熱衷功名的無恥之徒立即看準這是憑藉清朝兵威，以三寸不爛之舌謀取富貴的大好機會，於是自告奮勇，要求出使。崇禎初年名列魏忠賢逆案的孫之獬自稱"臣妻放足獨先"以巴結滿洲貴族，是個不折不扣的卑污小人。這時又急不可耐地上疏說"志士忠臣每思垂名竹帛"，並稱自己占卜了一課，"得辭云：'時乘六龍為帝使東，宣達詔命無所不通。'今皇上龍飛正時乘也，若臣得奉命則為帝使矣。無所不通則成功矣。一生勳業留俟今日，臣不敢違天自逸，以取譴戾。"[1] 以算命吉辭公然形之於奏疏，不僅愚昧可笑，更說明其寡廉鮮恥。刑部江西司員外郎丁之龍奏稱自己原是湖廣鎮遠衛應襲指揮同知，與貴州鎮遠府同城（按明朝制度，鎮遠衛和鎮遠府均在今貴州省自然境內，但衛屬湖廣都司，府屬貴州布政司），"臣生在鎮遠，黔屬地方遠近皆其比鄰，士民俱通聲息……矧黔士之在京者止臣一官，向欲輸誠疏請招撫，未敢出言干瀆。今蒙聖諭，益切夢寐之思，願效捐糜之志，招撫全滇……"[2] 二十三日，清廷正式任命恭順侯吳惟華加太子太保銜招撫廣東；孫之獬加兵部尚書等銜招撫江西；黃熙胤以兵部右侍郎等銜招撫福建；江禹緒為兵部右侍郎招撫湖廣；丁之

---

1 順治二年閏六月初十日"禮部左侍郎孫之獬謹奏為感恩圖報事"，見《順治錄疏》。

2 順治二年閏六月初十日"刑部江西司員外郎丁之龍奏為俯允輸忠招撫滇黔早裨安定以佐廟謨以效捐糜事"，見《順治錄疏》。

龍以兵部右侍郎招撫雲貴各地方。[1] 七月初六日又補派都督同知謝宏儀為右都督加都察院右副都御史銜招撫廣西。[2]

多爾袞想不戰而勝，意圖是很明顯的。然而，他卻完全估計錯了形勢，驕狂地以為天下已定，征服者的面貌頓時暴露無遺。從此開始全面推行一系列民族壓迫和民族歧視政策。漢民族被激怒了，大江南北掀起了洶湧澎湃的抗清運動。

第二節　清兵的濫殺無辜百姓

清廷統治者從努爾哈赤、皇太極到多爾袞，都以凶悍殘忍著稱於史冊。"順我者昌，逆我者亡"這句話對他們不完全適用，因為他們的做法通常是"城門失火，殃及池魚"。就是說一遇抵抗，破城得地之後不分軍民，不論參與抵抗或未參與抵抗，通通屠殺或掠取為奴婢。努爾哈赤在遼東的屠戮漢民，皇太極時三次深入畿輔、山東等地的屠殺搶掠在許多方志中有明確記載，連經歷了文字獄鬧得最厲害的乾隆時期的御用文人紀昀也在《閱微草堂筆記》裏透露了他一家在清軍屠刀下的遭遇。[3] 多爾袞進關之初，為了取得漢族官紳的支持曾經一度有所收斂。從順治二年四月遣兵南下開始即以民族征服者自居，殺戮立威，演出了一幕幕慘絕人寰的屠城悲劇。"揚州十日""嘉定屠城"因為有專書記載為人們所熟知。此外像 1649 年（順治六年）鄭親王濟爾哈朗佔領湖南湘潭

---

1 《明清檔案》第三冊，A3-23 號，吏部尚書阿代等題本殘件，參見《清世祖實錄》卷十八。按，丁之龍曾致書南明湖廣等地總督何騰蛟，以"戚誼"關係勸他"上觀天命，下審時宜"，納款於清。見《清代農民戰爭史資料選編》第一冊（上），第四十四頁，編者注為"缺年月、佚名、啟本稿"。

2 《清世祖實錄》卷十九。

3 紀昀《閱微草堂筆記》卷二十一《灤陽續錄》三。

後的屠城；同年平定大同總兵姜瓖為首的山西反清運動，不僅大同全城軍民被屠戮殆盡，"附逆抗拒"州縣也不分良莠一概屠殺；1650年平南王尚可喜與耿繼茂攻克廣州時的屠城，這類血淋淋的事例在史籍中屢見不鮮，充分暴露了滿洲貴族標榜的"弔民伐罪"的偽善。順治六年正月，多爾袞道貌岸然地說："君，父也；民，子也。父殘其子，情理之所必無。況誅戮所以懲有罪，豈有無故殺人之理？自元年以來洗民謠言無時不有，今將六年矣，無故而屠戮者為誰？民肯從此回想，疑心必然冰釋。"[1] 幾天之後，他就"論大同城內官吏兵民人等曰：姜瓖自造叛逆大罪，搖惑眾人，誘陷無辜，爾等被圍城中，無所逃避。止因姜瓖一人作惡，遂致無罪眾人同陷死地。朕命大軍圍城，筑牆掘濠，使城內人不能逸出，然後用紅衣火炮攻破，盡行誅戮。"[2] 同年二月，"兵部以總兵官任珍陣獲偽官兵四十九名，俱撫養不殺奏聞。得旨：凡平定地方降者撫之以示恩，抗者殺之以示懲。如此則人皆感恩畏死求生而來歸矣。今平西王等將陣獲之人撫而不殺……此事甚不合理。爾部其移咨平西王吳三桂、墨爾根侍衛李國翰知。"[3] 古語云："殺降不祥。"清軍往往以"惡其反側"等藉口將來降軍民屠戮一空。順治八年福臨親政以後，把各地屠戮無辜的責任全部推到多爾袞身上，說："本朝開創之初，睿王攝政，攻下江、浙、閩、廣等處，有來降者，多被誅戮。以致遐方士民，疑畏竄匿。"[4] 實際上，清兵的濫殺無辜根源於滿洲貴族的迷信武力和民族歧視，多爾袞不過是他

---

1 《清世祖實錄》卷四十二。
2 《清世祖實錄》卷四十二。
3 《清世祖實錄》卷四十二。
4 《清世祖實錄》卷一百二，順治十三年元月癸巳日條，又見同卷七月庚午日條。

們中的代表人物罷了。在清廷上同多爾袞爭奪權利的"輔政叔王"鄭親王濟爾哈朗統師出征時表現出同樣的野蠻，就是一個證據。只是因為這種瘋狂的屠殺政策不僅沒有嚇倒漢族人民，反而激起更加頑強的抵抗，清廷在屢遭覆師失將之後，才被迫在政策上做出部分調整。

第三節　強迫漢民剃頭改用滿族衣制

　　山海關戰役後，多爾袞曾下令沿途各州縣官民剃頭留辮。進入北京以後，遭到漢族居民的強烈反對，在朝漢族官員遵令薙髮的為數寥寥，不過孫之獬等最無恥的幾個人。[1] 不少官員觀望不出，甚至護髮南逃，畿輔地區的百姓也常揭竿而起。多爾袞見滿洲貴族的統治還不穩固，自知操之過急，被迫宣佈收回成命。順治元年五月二十日諭旨中說："予前因歸順之民無所分別，故令其薙髮以別順逆。今聞甚拂民願，反非予以文教定民心之本心矣。自茲以後，天下臣民照舊束髮，悉從其便。"[2] 次年五月，大順政權和弘光政權相繼被摧毀後，多爾袞認為天下大定了，六月悍然下令全國男性官民一律薙髮。初五日，即在接到攻佔南京的捷報之時即遣使諭豫親王多鐸，命令"各處文武軍民盡令薙髮，儻有不從，以軍法從事。"[3] 十五日諭禮部道："向來薙髮之制，不即令畫一，姑

1　孫之獬在明朝天啟年間投靠太監魏忠賢，成為閹黨。崇禎初銷毀《三朝要典》時，他抱《要典》哭告太廟，為世人所不齒。清兵佔領北京後，他宦興大發，向多爾袞等人搖尾乞憐，上疏說："臣妻放足獨先，闔家薙髮效滿制"，得以錄用。有的書記載他入朝時想擠入滿洲官員班列，滿官認為他是漢人不予接受；轉入漢班，漢族官員又因為他已經薙髮改制加以拒絕，弄得孫之獬進退失據，狼狽不堪。

2　《清世祖實錄》卷五。

3　《清世祖實錄》卷十七。

令自便者，欲俟天下大定始行此制耳。今中外一家，君猶父也，民猶子也；父子一體，豈可違異？若不畫一，終屬二心。……自今佈告之後，京城內外限旬日，直隸各省地方自部文到日亦限旬日，盡令薙髮。遵依者為我國之民；遲疑者，同逆命之寇，必置重罪。若規避惜髮，巧辭爭辯，決不輕貸。"[1]同年七月，又下令"衣冠皆宜遵本朝之制"。[2]

中國是一個以漢族為主體的多民族國家，漢族本身也是由多種民族融合而成的。漢族人士可以當皇帝，少數民族人士當然也可以君臨天下。無論是從哪一個民族為主體建立的中央政權，都絕不應該強行改變其他民族的風俗習慣，這是一個起碼的立國原則。多爾袞等滿洲貴族陶醉於眼前的勝利當中，自以為可以為所欲為了。他所說的"君猶父也，民猶子也；父子一體，豈可違異"，完全是強詞奪理，一派胡言。他自己的祖輩和父親努爾哈赤在反叛明朝以前，世世代代都是明帝國的臣屬，以接受明朝廷的封號、官職、敕書為榮；明朝的漢族皇帝從來沒有強迫女真族蓄髮戴網巾，遵從漢制，難道不是鐵一般的事實嗎？清廷統治者把不肯放棄本民族長期形成的束髮、服制等風俗習慣的漢族官紳百姓視為"逆命之寇"，一律處斬，這種凶殘暴行在中國歷史上極為罕見。

本來，清廷統治者，特別是處於最高決策地位的多爾袞如果聰明一點（按，多爾袞的封號為睿親王，睿即滿文聰明的漢譯，順

---

1 《清世祖實錄》卷十七。《清初內國史院滿文檔案譯編》中冊，第八十五頁，記六月十四日"大學士洪承疇為京城漢人薙髮事，啟皇叔父攝政王曰：今者薙髮，應先令官員薙髮，民人稍緩。王諭：予為此事思之期年，今思，君猶父也，民猶子也，予非不仁，惟念新舊宜一體故也。"次日（即十五日）下達剃髮令。

2 《清世祖實錄》卷十九。

治元年清廷文獻中還有譯為"穎王"的[1]，意思都是"聰明之王"），1645 年（順治二年）五月弘光朝廷和大順政權覆亡之際，曾經出現過一個對清廷（也包括整個中國）以較少代價實現統一的機會。當時的情況是，不僅清廷憑藉其優勢兵力接管南明各府縣沒有遇到多大的反抗，而且連大順軍餘部也以不剃頭為條件有意歸附清廷。[2] 實現統一以後，也沒有必要強行勒令薙髮改制。滿洲貴族當權稍久，仿效者必多，移風易俗，貴在自然。明清之際，中國仍處於封建性農業社會，佔人口絕大多數的農民和相當一部分官紳地主居住於鄉村，他們同朝廷、官府的關係主要表現在照章輸賦服役，一輩子沒有進過城的農民多得很，中央朝廷的更迭對他們來說是天高皇帝遠。只要不被朝廷、官府逼急了，就是所謂"承平之世"。一旦嚴令剃頭，"朝廷"的威嚴直接加到自己的腦袋上，其後果可想而知。剃髮令一下，不僅原先準備降清的人立即改弦易轍，連已經歸附的州縣百姓也紛紛揭竿而起，樹幟反清。滿洲貴族以"留頭不留髮，留髮不留頭"的野蠻手段強迫漢族百姓改變自己的風俗習慣的記述在史籍中多如牛毛，由此引起的反抗以至於大規模的武裝鬥爭幾乎遍及全國。許多地方的抗清鬥爭不始於清廷接管之時，而起於剃髮令頒佈之日。江陰人民壯烈的據城抗清就是在清朝委派的知縣宣佈薙髮之後，相率"拜且哭曰：頭可斷，髮不可剃"[3] 的情況下爆發的。

1　順治元年五月十五日攝政鄭王吉兒哈朗奏本中即稱多爾袞為"攝政穎王"，影印件見《明清檔案》第一冊，A1-3 號。

2　參見順治二年十一月梅勒章京屯代"為申報地方情形仰祈聖鑒事"揭帖，見《明清史料》丙編，第六本，第五一二頁。

3　許重熙《江陰城守記》。

剃髮令在清初各地引起的震動極大，它激起了漢族各階層人士的反對，導致了長期的政局不穩以致生靈塗炭。時人陳確記："去秋新令：不薙髮者以違制論斬。令發後，吏詗不薙髮者至軍門，朝至朝斬，夕至夕斬。"[1] 順治二年十月，原任陝西河西道孔聞謤奏言：

> 近奉剃頭之例，四氏子孫又告廟遵旨薙髮，以明歸順之誠，豈敢再有妄議。但念孔子為典禮之宗，顏、曾、孟三大賢並起而羽翼之。其定禮之大莫要於冠服。……惟臣祖當年自為物身者無非斟酌古制所載章甫之冠，所衣縫掖之服，遂為萬世不易之程，子孫世世守之。自漢、唐、宋、金、元以迄明時，三千年未有令之改者，誠以所守者是三代之遺規，不忍令其湮沒也。即剃頭之例，當時原未議及四氏子孫，自四家薙髮後，章甫縫掖不變於三千年者未免至臣家今日而變，使天下雖知臣家之能盡忠，又惜臣家未能盡孝，恐於皇上崇儒重道之典有未備也。……應否蓄髮，以復本等衣冠，統惟聖裁。[2]

孔聞謤搬出孔子這塊大招牌，又引金、元二代為例，滿以為可以為孔家抵擋一陣，保住先世蓄髮衣冠。不料碰了個大釘子，"得旨：薙髮嚴旨，違者無赦。孔聞謤疏求蓄髮，已犯不赦之條，姑念聖裔免死。況孔子聖之時，似此違制，有玷伊祖時中之道。著革職永不敍用。"[3] 同年十一月，多爾袞往京東地區打獵，有人報告豐潤

1　陳確《告先府君文》，見《陳確集》卷十三。
2　順治二年十月初三日孔聞謤揭帖，原件藏第一檔案館。《清世祖實錄》所載文字已做改易刪削。
3　《清世祖實錄》卷二十一。

縣生員張蘇之子張東海"不行薙髮"。多爾袞當即派人將張東海斬首，其父杖責五十，革去生員名色，莊頭和鄰里四人分別受杖。[1]順治四年，澔墅關民丁泉"周環僅剃少許，留頂甚大"，被地方官拿獲，以"本犯即無奸宄之心，甘違同風之化，法無可貸"為由上奏，奉朱批"著就彼處斬"，縣官也以失察"從重議處，家長、地鄰即應擬罪。"[2]陝西紫陽縣因地處偏僻，重山疊嶂，"向化者稀，人皆帶髮。"清軍擊敗該處抗清義師後，下令"一寨凡有男子十名者，即著該縣收頭髮三十兩解驗，方准免剃，編里輸納國課。"[3]順治五年，黃州府廣濟縣民胡俊甫因居住鄉村，一度患病臥牀，沒有薙髮。知府牛銓（原大順政權襄陽府尹，丞相牛金星之子）下鄉踏勘荒田，胡俊甫不知清朝法度厲害，竟然莽撞地跑到知府大人面前訴說災荒困苦。深得"時中之道"的牛銓一眼瞥見這個蓄髮違制之人，不禁心花怒放，立即解往湖廣總督羅繡錦處請功。結果"胡俊甫立正典刑，鄉保張贊宇、鄰佑張生祖、夏正德各鞭一百"，該縣知縣郝光輔也以失察罰俸示懲。[4]順治十年，刑部擒獲了兩個沒有薙髮的人，"供係唱旦戲子，故此留髮；在外戲子似此尚多。"順治皇帝立即頒詔："剃頭之令，不遵者斬，頒行已久，並無戲子准予留髮之例。今二犯敢於違禁，好生可惡。著刑部作速刊刻告示，內外通行傳飭，如有藉前項戲子名色留髮者限文到十日內即行薙髮；若過限仍敢違禁，許諸人即為拿獲，在內送刑部審明處斬，在外送該管地方官奏

---

1 《清初內國史院滿文檔案譯編》中冊，第一八六頁。

2 順治四年八月二十八日江寧巡撫周伯達"為緝獲留髮奸民事"題本，見《明清檔案》第六冊，A6-69 號。

3 順治四年五月二十二日陝西巡撫黃爾性塘報，見《明清史料》丙編，第六本。

4 順治五年二月湖北巡按曹葉卜揭帖，見《明清檔案》第七冊，A7-139 號。

請正法。如見者不行舉首，勿論官民從重治罪。"[1]

　　順治十一年（1654）三月發生的陳名夏案很值得注意。陳名夏自順治元年冬降清後，一直受到清廷最高統治者多爾袞、福臨的信任，官居吏部尚書、內院大學士。大學士寧完我劾奏他"結黨懷奸"疏中說："名夏曾謂臣曰：'要天下太平，只依我一兩事，立就太平。'臣問何事？名夏推帽摩其首云：'只須留頭髮、復衣冠，天下即太平矣！'臣笑曰：'天下太平不太平，不專在剃頭不剃頭。崇禎年間並未剃頭，因何至於亡國？為治之要，惟在法度嚴明，使官吏有廉恥，鄉紳不害人，兵馬眾強，民心悅服，天下自致太平。'名夏曰：'此言雖然，只留頭髮、復衣冠，是第一要緊事。'臣思我國臣民之眾，不敵明朝十分之一，而能統一天下者，以衣服便於騎射，士馬精強故也。今名夏欲寬衣博帶，變清為明，是計弱我國也。"[2] 接着列舉陳名夏結黨營私罪狀多款。順治帝命群臣會勘，"名夏辯諸款皆虛，惟留髮、復衣冠所言屬實。"[3] 最後以"諸款俱實"定罪，陳名夏被從寬處以絞刑。很明顯，寧完我歪曲了陳名夏的觀點。陳名夏並沒有要求"變清為明"，叫滿洲八旗兵也換上不便於騎射的寬衣博帶。他只是出於對愛新覺羅皇室的一片忠心，建議不要改變漢民族的風俗習慣而已。這點連順治皇帝也心裏有數，過了半年對馮銓說："陳名夏終好！"[4]1658 年（順治十五年）清軍佔領四川墊江縣，總督李國英派李先品任該縣知縣。先品拒絕了派兵護送上任，只要求准許他便宜行事，得到李國英的同意。他

1　《明清史料》甲編，第六本，第五三三至五三四頁《列款上聞殘本》。參見《清世祖實錄》卷七十八。

2　《清世祖實錄》卷八十二。

3　《清史列傳》卷七十九《陳名夏傳》。

4　談遷《北遊錄》，記聞下《陳名夏》條。

"以一僕一騎之官，始至則吏民皆蓄髮褒衣博帶來迎，而偽副將陳瑞雲擁卒千人戎服執兵伺道旁，意叵測。先品咸慰勞之，居二日，出示一切冠服听民自便。民皆歡呼。李公聞，大怒，檄問狀，立限三日去髮，不去即引兵進剿。先品匿其檄，為文以報，略曰：'職以孑身入不測之地，百無可恃，所恃者人心爾。愚民久亂，聞蓄髮則喜，聞薙髮則驚，髮短心長，為亂必速。故輒奉便宜之令，少緩其期。頃者忽下嚴檄，謂職養寇，驟議加兵，職一身生死何足言，特慮走險之民旦夕生變，重為幕府憂也。惟公圖之。'李公大悟，為緩期，民得無動。"[1]

中國有以史為鑒的優良傳統。歷史經驗告訴我們，無論哪一個民族、哪一個社會集團當權，都必須尊重各民族的風俗習慣，違反了這一原則肯定要引發社會的大動蕩。清初滿洲貴族的倒行逆施造成的嚴重後果就是一個沉痛的教訓。

第四節　圈地和"投充"

清初的圈地主要是在畿輔地區（今北京市、天津市和河北省）推行的。順治元年十二月，以多爾袞為首的滿洲貴族為了自身私利和解決移都北京後大批滿族居民遷移入關定居的生計，發佈了圈地令。名義上說是把近京各州縣"無主荒田""分給東來諸王、勛臣、兵丁人等"，[2] 實際上卻是不分有主無主，大量侵佔畿輔地區漢族居民的產業。"圈田所到，田主登時逐出，室內所有皆其有

1　乾隆《新繁縣志》卷九，流寓。

2　《清世祖實錄》卷十二。

也。妻孥醜者攜去，欲留者不敢攜。其佃戶無生者，反依之以耕種焉。"[1] 順治二年二月，多爾袞"令戶部傳諭各州縣有司，凡民間房產有為滿洲圈佔、兌換他處者，俱視其田產美惡，速行補給，務令均平。"[2] 話說得冠冕堂皇，既然以掠奪為目的，"均平"就只能是一句政治謊言。同年六月，順天巡按傅景星在奏疏中說："田地被圈之民，俱兌撥鹼薄屯地。"[3] 十一月，通州鄉民郝通賢等三十人聯名上奏："去年十二月奉旨分地東兵圈種，約去三千餘頃。雖有撥補，率皆名償實無，更苦賠納租賦。……忽今月初四日，有差艾大人將通地盡圈牧馬，計通地不過五千餘頃，前圈種三千餘頃，茲再圈二千四百餘頃，而通地盡圈，而通民無地播種矣。"[4]

史籍中對圈地給當地居民帶來的災難留下了許多記載，以直隸雄縣為例，"凡圈民地請旨，戶部遣滿官同有司率筆帖式、撥式庫、甲丁等員役，所至村莊相度畎畝，兩騎前後牽部頒繩索以記週四圍而總積之。每圈共得幾百十晌，每壯丁分給六晌，晌六畝。……圈一定則廬舍場圃悉皆屯有，而糧籍以除。烏瞻靡止，惟所駭散向南，多道殣也。常歲圈內間有紆萊，計畝請於部，不受，交有司收籍，更擇他沃壤以償。是以歧路盡鳩鵠，中澤少雁鴻矣。雄其虛存版籍哉！……圈則倍佔，退僅虛名，以致丁男流離，城郭為空。"[5] 康熙《慶都縣志》也有類似描寫："國初，鼎革之初，圈佔民間地土以界從龍之眾，誠為敦本固圉之至計也。其被圈之

1　史惇《慟餘雜記》《圈田》條。
2　《清世祖實錄》卷十四。
3　《清世祖實錄》卷十七。
4　原奏本影印件見《明清檔案》第三冊，A3-136頁。
5　康熙十年《雄縣志》卷上；又見姚文燮《無異堂文集》卷七《圈佔記》。

地撥附近軍地補還。無如奉行者草率從事，止提簿上之地，希完撥補之局，遂使良法美意不獲實及。是被佔者不斃於圈佔，而斃於撥補也。即如慶邑所撥真定衛地並不知坐落何處。其簿上四至竟有以雞、犬、驢、羊、春分、秋水種種不堪字樣填寫塞責。地既難於認種，不得不照簿議租，取歸本縣納糧。"[1]

受地的八旗貴族、官兵還藉口土地瘠薄，不斷新圈撥換。僅順治四年正月一次圈佔的畿輔四十一縣沃地就多達九十九萬三千七百零七垧。[2]由於漢族官員以圈地上虧國課、下病民生，上疏力爭，清廷每次下令圈佔時都聲稱"以後無復再圈民地，庶滿漢兩便。"實際上慾壑難填的滿洲貴族往往食言自肥，直到康熙二十四年發佈了"嗣後永不許圈"的諭旨才告結束。

圈地之外，又有所謂的"投充"。它既是滿洲貴族奴役漢族人口的重要途徑之一，又為進一步侵佔漢民耕地房產大開了方便之門。投充旗下為奴本來的意思是，畿輔地區大量土地既被滿洲圈佔，原住漢族百姓被剝奪了資生之業，滿洲貴族、官兵自己又不從事耕作，清廷乃以"為貧民衣食開生路"為名聽任漢民投入旗下以奴僕身份耕種田地。[3]這在生產關係上較之漢族居住區早已盛行的封建租佃制是一種倒退，勞動者變成了農奴，人身依附關係大大加強了。何況自願投充很快就變得面目全非，許多地方都出現了"滿洲威逼投充"，或"耕種滿洲田地之處莊頭及奴僕人等將各州縣村莊之人逼勒投充，不願者即以言語恐嚇，威勢迫脅。"[4]特別是出現

---

1 康熙十七年《慶都縣志》卷二。

2 《清世祖實錄》卷三十。

3 《清世祖實錄》卷十五。順治八年七月初三日上諭中明確地說"投充者，奴隸也"。見《明清史料》甲編，第六本，第五三〇頁《列款上聞殘本》。

4 《清世祖實錄》卷十五。

了大批帶地投充者。帶地投充的原因大致有兩種，一種是地主或有地農民希冀投入旗下後可以免除賦役，即如《懷柔縣志》所載："按懷邑地畝自旗圈之後，所餘民地無幾。奸黠者又將民地投入旗下，名曰帶地投充。其始不過藉旗名色希免徵徭，其他仍係本人為業。厥後所投之主竟為己業，或將其地另賣，或收其家口另派莊頭。向之田連阡陌者，今無立錐，雖悔憾而無及矣。"[1] 另一種是當地惡棍為虎作倀，憑空捏指他家人口、田地一齊投充旗下；旗人利在得產，不容分辨，把許多不在圈佔範圍之內的漢民連地帶口強行鯨吞。順治三年四月，御史蘇京奏言："投充名色不一，率皆無賴遊手之人，身一入旗，奪人之田，攘人之稼；其被攘奪者憤不甘心，亦投旗下。爭訟無已，刁風滋甚，祈敕部嚴禁濫投。"[2] 次年三月，清廷"諭戶部：前令漢人投充滿洲者，誠恐貧窮小民失其生理，困於飢寒，流為盜賊，故諭願投充滿洲以資糊口者听。近聞漢人不論貧富，相率投充；甚至投充滿洲之後，橫行鄉里，抗拒官府，大非軫恤窮民初意。自今以後，投充一事，著永行停止。"[3] 這道諭旨不過是搪塞反對意見的一紙空文，因為最熱衷於接受帶地投充的正是以多爾袞為首的滿洲權貴。多爾袞本人收納的投充人數已足定額，又以他的兒子多爾博的名義接受投充六百八十餘名，"盡皆帶有房地富厚之家"。[4] 順治十二年正月，左都御史屠賴等奏言："近聞八旗投充之人，自帶本身田產外，又任意私添，或指鄰近之地，據為己業；或連他人之產，隱避差徭。被佔之民，既難控訴，國課亦為

1　康熙四十年《懷柔縣新志》卷四《賦役·地畝》。
2　《清世祖實錄》卷二十五。
3　《清世祖實錄》卷三十一。
4　《清世祖實錄》卷五十九。

虧減。上下交困，莫此為甚。"[1] 直到清中期乾隆四年還下令"禁止漢人帶地投充旗下為奴，違者治罪"，[2] 可見持續時間之長。

滿洲貴族、官兵通過圈地和接納投充掠奪畿輔地區漢族居民的土地數量十分驚人。如遵化州由於圈佔和投充，剩下的納稅民地不到原額的百分之一[3]；薊州不到原額的百分之二[4]；東安縣更是徹底，"盡行圈丈訖，並無餘剩"[5]。清初詩人方文有詩云"一自投充與圈佔，漢人田地剩無多"[6]，真切地描繪了當時的狀況。

滿洲八旗人員採取這種赤裸裸的掠奪方式，侵佔了大片土地和大批勞動力，過着衣租食稅的生活。他們之中的達官顯貴所佔耕地人口尤多，一般都委用"漢人悍猾者"充任莊頭[7]，有的還授予莊頭低等品級的官員頂戴，既便於管轄莊園內的農奴，又可以抵制州縣官的鉗束，藉以保證源源不絕的剝削收入。這就是滿洲貴族在畿輔地區建立的一種民族利己主義的新秩序。

第五節　嚴酷的緝捕逃人法

緝捕逃人是清初滿洲貴族推行的另一項惡政。儘管它引起漢族官民的激烈反對，清廷統治者為維護滿洲利益卻頑固地堅持，成為朝野關注的一個重大問題。

1　《清世祖實錄》卷八十八。

2　《東華錄綴言》，見《佳夢軒叢著》。

3　康熙十一年《遵化州志》卷四《田賦》。

4　康熙四十三年《薊州志》卷三。

5　康熙十二年《東安縣志》卷四《賦役》。

6　方文《嵞山續集》《北遊草》。

7　康熙三十一年《光州志》卷十一《藝人》上，胡延年《冥擊記》。該文還說："從龍者不自治其地，委臧獲經理之，謂之莊頭。是莊頭者憑藉寵靈，莫敢誰何。於是貧而黠者、厚資而斂怨者、巨憝元惡貫盈而懼誅者，皆蠅營附入之，擇人而食，無寧日也。"

逃人問題的出現由來已久。明朝末年，清軍在遼東和深入畿輔、山東等地的多次戰役中，俘獲了大批漢民，他們被分賞給旗下充當奴僕。僅崇禎十一年冬至十二年春，清軍在畿輔、山東一帶就掠去漢民四十六萬二千三百餘人[1]；崇禎十五年冬至十六年夏，清軍再次深入畿輔、山東，"俘獲人民三十六萬九千名口"。[2]入關以前，清軍先後俘掠的漢族人口至少在一百萬以上。當時就有不少人忍受不了虐待和思鄉之苦，尋機逃亡。清軍入關以後，在征戰過程中又掠得大批人口，[3]加上圈地和投充被抑逼為奴的人數激增，滿洲八旗貴族和兵丁一般不從事社會生產，他們侵佔的莊園和家內勞動都是以落後的奴隸制強迫旗下奴僕承種、服役。被驅迫為奴的漢人本身既過着毫無自由的牛馬生活，子孫也被稱為家生子兒，難以擺脫世代受奴役的命運。他們之中一部分人因走投無路而悲憤自盡，康熙初年"八旗家丁每歲以自盡報部者不下二千人"，[4]康熙帝也說："必因家主責治過嚴，難以度日，情極勢迫使然。"[5]而更多的人則走上了逃亡之路，其中不少是在戰爭中被掠為奴的漢人，思家心切，盼望有朝一日能掙脫枷鎖，同家鄉親人團聚。於是，旗下奴僕的大批逃亡在清前期華北等地愈演愈烈。順治三年五月，多爾袞在諭兵部時說："只此數月之間，逃人已幾數萬。"[6]旗下奴僕的大批逃亡直接影響到滿洲各級人等的"生計"。清廷為維護滿人利益和自身統治，嚴厲地推行"緝捕逃人法"。

1 《清太宗實錄》卷四十五。

2 《清太宗實錄》卷四十六。

3 例如順治二年八月辛巳日諭兵部："俘獲人口，照例給賞登城被傷之人。"見《清世祖實錄》卷二十。

4 《清史稿》列傳五十《朱之弼傳》。

5 參見《清聖祖實錄》卷三十、四十三、一百九。

6 《清世祖實錄》卷二十六。

"捉拿逃人一款，乃清朝第一急務。"[1]朝廷專門設立兵部督捕侍郎負責追捕審理，地方官也以緝捕逃人作為考績的重要標準。由於"逃人"是滿人的勞動力，滿人自然不願意自己的"財產"蒙受損失，由滿洲貴族制定的緝捕逃人條例的特點是薄懲逃人，重治窩主。"新朝立法重逃人，窩隱之家禍切身。"[2]漢族官僚以立法不公平連篇累牘地上疏爭執，逃人法屢次變更。大致而言，奴僕一次、二次逃亡處以鞭笞後發回原主，三次逃亡處以絞刑；收留逃人的窩主則由處斬籍沒"減為鞭笞"，不久又從重處治，"有隱匿逃人者斬，其鄰佑及十家長、百家長不行舉首，地方官不能覺察者，俱為連坐。"順治六年又改為"隱匿逃人者免死，流徙"；[3]後來因為逃亡者有增無已，在滿洲貴族紛紛告計下又嚴懲窩藏，"逃人三次始絞，而窩主一次即斬，又將鄰佑流徙"。[4]到順治十四年已出現"歷來秋決重犯，半屬窩逃"；順治皇帝也覺"於心不忍"，再次放寬為"將窩逃之人，面上刺窩逃字樣，並家產人口發旗下窮兵為奴。"[5]緝捕逃人法的屢經變更，從一個側面反映了社會上日益激化的滿漢民族矛盾在朝廷內部也有所體現。清朝最高統治者當然總是偏向滿洲的，他們多次懲辦就逃人問題上疏陳言的漢族官員，斥責漢官"於逃人一事各執偏見，未悉朕心。但知漢人之累，不知滿洲之苦。……向來血戰所得人口，以供種地牧馬諸役。乃逃亡日眾，十不獲一。究厥所由，奸民窩隱，是以立法不得不嚴。若謂

1　順治十二年三月刑部尚書劉昌等題本，見《清代檔案史料叢編》第十輯，第八十至八十一頁。

2　楊苞《桐川紀事》，康熙乙巳刊本。

3　《清世祖實錄》卷四十三。

4　《清世祖實錄》卷八十八。

5　《清世祖實錄》卷一百七。

法嚴則漢人苦，然法不嚴，則窩者無忌，逃者愈多，驅使何人？養生何賴？滿洲人獨不苦乎？"[1]這無異是說，在清朝統治下滿人依靠"驅使"漢人來"養生"是理所當然的，漢族百姓受不了奴役而逃亡，滿人就苦不堪言了，真是十足的強盜邏輯。清廷為了維護這種極其野蠻落後的奴隸制，不惜堵塞言路。順治三年十月，多爾袞諭告群臣："有為薙髮、衣冠、圈地、投充、逃人牽連五事具疏者一概治罪，本不許封進。"[2]十二年三月，順治皇帝又"再行申飭，自此諭頒發之日為始，凡章奏中再有干涉逃人者，定置重罪，決不輕恕。"[3]

緝捕逃人給漢族百姓造成了無數災難。史料記載："國初最重逃人。逃人，旗下逃避四方者也。一丁緝獲，必牽一二十家，甚則五六十人。所獲之家固傾家而蕩產矣；其經過之處，或不過一餐，或止留一宿，必逐日追究明白，又必牽連地方四鄰。故獲解逃人，必有無數無辜者受其累。凡地方獲逃人，先解典史錄供，然後解縣。縣官視逃人如長上，不敢稍加呵叱；惟嚴訊株連之人，夾者夾，桚者桚，監禁者監禁。逃人亦暫寄監，奉之唯恐不至。蠹吏獄卒，更導之扳害殷實有家者，於中攫取貨財。逃人高坐獄中，而破家者不知其幾矣。"[4]

歷代君主往往頒發教訓百姓的諭旨若干條，作為他們奉公守法的行為準則。清朝初年這種皇皇諭旨中就專列了一條"戒窩逃以免株連"。康熙初，山東萊蕪知縣葉方恒召集紳民宣講道：

---

1 《清世祖實錄》卷九十。
2 《清世祖實錄》卷二十八。
3 《清世祖實錄》卷九十。
4 素心室主人編次《南沙枕秘四種》，見《明清資料鈔》第二冊。

上諭說:"戒窩逃以免株連。"本縣如今說這窩逃。山左（即山東）當時屢經殘破，俘獲的比別處獨多；後來又有投充，又有鬻身，又有拐賣，甚至有拉鐵概的，頂冒逃人名姓，種種變幻，不可枚舉。總之，逃人的路數愈寬，那窩逃的陷阱愈密。正如鼎鑊在前，豺虎在後，須是時時吊膽，刻刻驚心，思量那窩隱之害。常為了一個逃人拖累你們數十個納糧當差替朝廷種田種地的好百姓在內，豈不可痛可惜。……但目今功令森嚴，一為了逃人就是你父子夫妻都也不能照顧，何苦為了一人坑害一家老小的性命？本縣還有句喚醒你們的實話，如今旗下也都寬大了，要那逃人回去，不過使喚，不過發到屯子裏種地，有甚難過日子？你今逃出來擔驚受恐，慮人稽查，東村住住，西村住住，流來流去，沒一日安穩居停，還要逃到隔屬雇短工、做乞丐，藏頭露尾，終久被人拿了，甚合不着。不如回心轉意，投奔舊主，若能小心服役主子，自然歡喜加厚於你。[1]

儘管清朝統治者一再標榜"滿漢一體"，實際上以征服者自居，奉行崇滿歧漢政策。嚴厲懲辦窩藏逃人就是這種政策的一項體現。順治六年（1649）九月，靖南王耿仲明統兵南征廣東，由於他的軍中收留了旗下逃人被察覺，在江西吉安府境畏罪自殺。[2] 順治七年六月，廣西巡撫郭肇基等人因為"擅帶逃人五十三名"，竟被一律處死，家產全部抄沒。[3] 耿仲明、郭肇基貴為王爺和方面大員，但

1　康熙《萊蕪縣志》卷十《藝文志》，《康熙九年十一月初一日知縣葉方恒傳集紳袍士民鄉約人等宣講本年十月初九日欽奉上諭》。葉方恒在講辭中說到他自己從康熙八年二月到九年三月在萊蕪和泰安就拿解過逃人四十七起。按，順治十二年陷害顧炎武的就是這個人。

2　《清世祖實錄》卷四十六。

3　《清世祖實錄》卷四十九。

他們畢竟是漢人，隱匿逃人直接觸犯了滿族的利益，就難免一死。到順治十年因春夏久旱，"農民失業"，清帝下詔修省，兵部左侍郎衛周胤遵諭陳言，云"多寬逃人一次，多累百姓數家"，建議放寬隱匿逃人之罪，特別是"縉紳生儒，或不知情，偶有誤犯，以身係朝廷在官之人，與平民又似當有分別。"經兵部會商，提出縉紳（包括現任官和閒任官）、舉人、監貢生若犯有隱匿罪從輕改為降級、革職、革去功名和罰銀給逃人之主。奉旨依議。漢族紳衿才免遭刑戮或給主為奴[1]，但齊民不在此例。

雷厲風行地緝捕逃人，造成了一系列社會問題。如順治十年淫雨成災，"直隸被水諸處，萬民流離，扶老攜幼，就食山東。但逃人法嚴，不敢收留，流民啼號轉徙"，慘不忍言。[2]魏裔介作《哀流民歌》云："田盧水沒無乾處，流民紛紛向南去。豈意南州不敢留，白晝閉戶應蹲踞。簷前不許稍踟躕，恐有東人不我恕。上見滄浪之天，下顧黃口小兒，命也如何！……彼蒼者天，哀此黎庶。"[3]地方官府和居民懾於逃人法，一味驅趕；流民走投無路，往往被迫揭竿而起。如龔鼎孳所說："畿輔之民圈佔以後，田盧蕩然。年來水潦頻仍，道殣相望。近以逃人眾多，立法不得不嚴，而有司奉行未善，使流徙者竟無所歸。……今聞山東一帶流民復千百成群，攜男挈女，蟻聚河干，望救無門，逃生無路。當此嚴風密霰，墜指裂膚之時，此輩衣不掩脛，食不充腹，流離溝壑。……萬一愚冥無知，不肯束手就斃，一旦良民化而為亂民，即發兵剿除亦非難事，

---

1 《兵言》，順治年間刻本。按，衛周胤遵諭上疏在順治十年四月十四日，十六日奉旨着兵部議奏。《清世祖實錄》卷七十四於四月十七日下記因亢旱求言，日期有誤。《清史列傳》卷七十八《衛周胤傳》記順治十年"七月應詔陳時事五款"，即此疏之略文，月份亦誤。

2 《清世祖實錄》卷七十七。

3 魏裔介《兼濟堂詩集選》卷十七。

而使數萬生靈頓作刀頭之鬼，究其所自，亦止是無衣無食，茫無投奔之百姓耳。"[1]魏裔介也在疏中說："往昔墨勒根王（多爾袞）之時，隱匿逃人，其法甚嚴。凡有犯者，家長坐斬。爾時天下囂然，喪其樂生之心，盜賊蜂起，幾成燎原之勢。"[2]

1　龔鼎孳《定山堂文集》卷三《敬陳民困疏》。

2　魏裔介《魏文毅公奏議》卷一《查解宜責州縣疏》。

第七章

各地抗清運動的興起

第一節　江南紳衿的動向

　　弘光朝廷覆亡後，清廷統治者錯誤估計了形勢，以為江南大勢已定，一面派員招降未下各地，一面嚴令推行剃頭改制。在這種民族危難關頭，江南的漢族士紳面臨着何去何從的嚴重考驗。大致而言，江南士紳雖然對弘光朝廷的所作所為非議甚多，不少人已感到有覆國滅祀的危險。太常寺少卿沈胤培同友人陸雲龍私下議論時事，雲龍說："似乎要敗。"沈說："還似等不得要敗。"[1] 兵科給事中陳子龍在甲申九月間請告回籍，自云"及予歸而政益異，木瓜盈路，小人成群。海內無智愚，皆知顛覆之期不遠矣。"[2] 但是，當弘光朝廷驟然土崩瓦解，江山易主時，他們並沒有充分的思想準備。一部分文武官員於無可奈何之中遵奉清朝功令薙髮歸順，其中有的是企圖保住自己的既得利益，有的是另有圖謀。另一部分人則護髮自裁，以消極抵制態度保持自己的名節。更多的人則

1　李清《三垣筆記》卷下，《弘光》。

2　陳子龍自撰年譜，見《陳子龍詩集》，上海古籍出版社 1983 年版第七〇二頁。

奮起反抗，不惜以血肉之軀為復興明朝而獻身。

然而，歷史的進程是非常複雜的。簡單地以曾否薙髮（甚至一度出任清朝官職）並不能準確地反映當時紳民的政治傾向。即以學術界關注的所謂清初"遺民"而言，沒有剃頭改制的恐怕是絕無僅有。他們在清朝統治未穩固以前大抵致力於反清復明，天下局勢已定以後大多數採取同清廷不合作對策。遺民們詩文中留戀故國的心聲隨處可見，然而也不免出現個別為清廷或清朝官員歌功頌德的文字。歷史上確有一批表裏如一，絕不做違心之論的硬漢，但多數人並不是這樣。每當處於大動盪、大轉折時期，各色人物的表現紛呈繁雜，只有實事求是地具體分析才可以做出比較公正的評價，並進而通過這些人物的活動研究歷史的進程。

1645 年夏，迫於清廷嚴旨薙髮改制的明朝文官武將人數極多。從表面來看，多爾袞等滿洲貴族制定的"一統之規"頗有成效。正如上面引用的小故事裏所講的"髮短心長"，成功中潛伏着巨大的危機。降清文官如錢謙益、李建泰、丁啟睿等人，武將如姜瓖、金聲桓、李成棟、王光泰等人不久都在不同場合中展開反清復明活動，其聲勢之猛烈、地域之遼闊，完全出乎清廷意料，幾乎有難於招架之勢。

拒不薙髮，以死自誓者為數也不少。其中最著名的有蘇松巡撫祁彪佳、少詹事徐汧、左都御史劉宗周。下面以劉宗周為例做一點剖析。

劉宗周，字起東，學者稱為念台先生，浙江紹興府山陰縣人，在明末天啟、崇禎年間被視為學問淵博、品行端方的正人君子。他和福建銅山的黃道周（號石齋）備受東林—復社人士的景仰。由於他的弟子黃宗羲等人對他推崇備至，流風所及，人們往往產生一種錯覺，似乎只要劉、黃諸君子掌握朝政，明帝國就有中興之望。其實，劉宗周和黃道周都不是棟樑之材。他們"守正"而不能達變；敢於犯顏直諫而闊於事理；律己雖嚴而於世無補。就迂腐和偏狹而言，宗周更甚於道周。他畢生追求的是一種自我完美。由於這種"完美"是以自我為中心的，往往顯得矯情做作。劉宗周生活的年代正值多事之秋，為了表現自己進退有"廉恥"，他連"君有命，不俟駕"的儒家信條也丟在腦後，從被任命為四品官太僕寺少卿起"必三四辭而後受事"。[1] 考慮到當時的交通條件，使者穿梭於道，因循經年他才雍容有度地進京任職。這正如俗語所說"急驚風遇着慢郎中"，想依靠這種人挽救危局無疑是緣木求魚。弘光政權建立以後，他的行為也極其詭異。被起用為左都御史時，他既不用舊官銜，也不用新官銜，而自稱"草莽孤臣"。上疏說，淮撫路振飛把家眷送出城外是倡逃，"可斬也"；高傑、劉澤清率軍南逃"可斬也"。在明末江淮諸臣中，路振飛敢於同南下的大順軍抗衡，對明朝而言可謂忠心耿耿。劉宗周卻以總憲的名義上疏建議處斬；高傑、劉澤清手握重兵，又以定策擁立之"功"新邀封爵，根本沒有可殺之勢。夏完淳說："宗周謂澤清等可斬也。澤清固可斬也；處南都之勢，發此危言，不足以壯國威，且速其禍。於是，四鎮合疏糾宗周去；（姜）曰廣繼之。……朝堂與外鎮不和，朝堂與朝堂不和，外鎮與外鎮不和，朋黨勢成，門戶大起，虜寇之事，置之蔑聞。"[2] 據歸莊說：劉宗周"後亦自悔其失言"，"自悔其劾公（指

1　劉汋《劉子年譜》錄遺，見《劉子全書》卷四十。

2　夏完淳《續幸存錄》，見《中國內憂外患叢書》版，第六十至六十一頁。

路振飛）之誤"。[1] 劉宗周的慷慨陳詞，主觀上是顯示自己的凜凜正氣，客觀上卻加劇了弘光朝廷內部的矛盾。當劉澤清等勳臣認為他自稱"草莽孤臣"和建議弘光帝進駐中都鳳陽是犯上作亂的大陰謀（鳳陽沒有城牆，有高牆五所，囚禁宗室罪犯）時，他又極力辯駁，聲稱自己"不受殺"。特別奇怪的是，黃道周被召為禮部侍郎，他寫信加以阻止，說甚麼"際比亂朝，義不當出"。黃不聽從他的意見，他又結怨於道周。弘光朝廷覆亡的時候，道周奉使紹興祭禹陵，這裏正是宗周的家鄉，多次請見，等了一個多月，他不僅避而不見，還在扇面上寫詩一首叫黃道周滾蛋。待到潞王朱常淓以杭州降清，浙西岌岌可危時，他派人到處找黃道周，道周已經隨唐王朱聿鍵赴閩。他才後悔"未免當日拒絕太深耳"。[2] 在浙江各地紳衿開始起兵反清時，他卻決定絕食自盡。門生勸他道："死而有益於天下，死之可也；死而無益於天下，奈何以有用之身輕棄之？"他回答道："吾固知圖事賢於捐生，顧余老矣，力不能勝。"宗周當時已六十八歲，起義抗清確有一定困難，可是，他的門人王毓蓍投水自盡的消息傳來，他說："吾講學十五年，僅得此人。"可見他的所謂"正命"不在年老。絕食幾天後，他談自己的感受道："吾日來靜坐小庵，胸中渾無一事，浩然與天地同流。蓋本來無一事，凡有事，皆人慾也。"滄海橫流，黎民塗炭，社稷危如懸髮，劉宗周卻輕描淡寫地說成"原無一事"。第二天，傳來了金華舉義兵抗清的消息，門生勸他忍死以待。他說："語云：'正其誼不謀其利，明其道不計其功。'功利之說倡，此國事所以不竟也。"最後終於

---

1 歸莊《左柱國光祿大夫太子太師吏部尚書兼兵部尚書武英殿大學士路文貞公行狀》，見《歸莊集》卷八。

2 劉汋《劉子年譜》錄遺，見《劉子全書》卷四十。

餓死。[1]劉宗周作為忠臣留名青史的目的達到了,他一生好名,與其說他是以身殉國,不如說是以身殉名。從征服者的清朝來說,自然最欣賞這種表率人物。

第二節　江陰等地百姓的自發抗清

清軍佔領南京,活捉弘光帝以後,派出使者招撫南直隸各府縣。絕大多數地方都懾於清朝兵威,納土投降。其間,只有楊文驄帶領一支軍隊闖入蘇州,把清政府派來招撫蘇松地區的黃家鼎等處斬。但是,楊文驄卻沒有把當地紳民組織起來據城固守,而是乘清軍來到之前主動放棄該地,退往浙江。江南各地的紳民迫於剃髮令,群情激奮,紛紛自發舉兵抗清。首先高舉義旗的是常州府屬的一個小小縣城——江陰縣。

在弘光政權迅速瓦解的大變動中,江陰縣的明朝知縣林之驥解印去職,清政府委派的知縣方亨上任後遵照清廷法令張貼佈告叫百姓薙髮。閏六月初一日,生員許用等人在孔廟明倫堂集會,一致決定:"頭可斷,髮決不可剃也。"正在這時,常州府發來嚴令薙髮的文書,其中有"留頭不留髮,留髮不留頭"的話。方亨叫書吏把府文寫成佈告張貼,書吏寫到這句話時,義憤填膺,把筆扔到地上說:"就死也罷!"消息很快傳遍全城,立刻鼎沸起來。方亨見士民不從,秘密報告常州府請上司派兵"多殺樹威"。這封密信被義民搜獲,於是在初二日把方亨等逮捕,推典史陳明遇為首,以"大明中興"為旗號,自稱江陰義民正式

1　黃宗羲《子劉子行狀》卷下,見《黃宗羲全集》第一冊,第二四八頁。

反清。陳明遇雖然胸懷忠肝義膽，卻感到自己缺乏軍事組織才能，在他推薦下，江陰士民把鄉居的原任典史（弘光時調升廣東英德縣主簿，未赴任）閻應元迎接入城擔負守城重任。閻應元入城後立即把全城的戶口分別丁壯老幼詳加調查，挑選年輕力壯的男子組成民兵，會合鄉兵二十餘萬人分班上城，每個城垛十名，按時換班。由武舉人王公略守東門，汪把總守南門，陳明遇守西門，應元自任守北門。他和陳明遇兼負晝夜巡查四門的責任。對城中過往行人嚴加盤詰，肅清內奸。為了解決軍械糧餉供應等問題，閻應元同紳民商議後，委任擅長理財人士負責把城內公私所藏物資分類徵集，統一分配使用。在閻應元的領導下，很快就做到了人盡其才，物盡其用，各方面的工作做得井井有條。[1]

　　江陰百姓抗清的消息傳開以後，清常州知府宗灝派兵丁三百人趕來鎮壓，閏六月初五日被江陰義民殲滅於秦望山下。清軍統帥多鐸見江陰蕞爾小城竟敢於抗命，派降將劉良佐領兵來攻。劉良佐部兵數萬，自閏六月下旬包圍江陰縣城，屢攻不利，一再派使者用弓箭射書信入城招降，甚至親自來到城下現身說法，要閻應元投降。應元在城頭痛斥良佐的背叛明朝，說："有降將軍，無

1 本節材料多參考《江陰城守紀》、許重熙《江陰城守後紀》、沈濤《江上遺聞》。《江陰城守紀》敘述最詳細，署名為長洲韓菼作，前有"康熙乙未孟冬月長洲慕廬氏韓菼謹識"的序文。謝國楨氏《晚明史籍考》輕信了這一說法。其實，這篇"韓序"一開頭就說："江頭片壤，沾國家深仁厚澤，百有餘年矣。"中間又說："聖朝寬大，錫以通諡。"給明末盡節諸公賜以通諡是清高宗在位時的事，顯然是乾隆年間一位有心者整理舊文，託名於韓菼。韓菼曾任清朝禮部尚書，死於康熙四十三年，序尾康熙乙未為五十四年，韓氏已歿十一年。何況，《江陰城守紀》中記載攻守雙方戰鬥傷亡數目不實，如說清朝七王、翼王、十王都在江陰城下陣亡，純屬訛傳。韓菼在康熙時頗受寵信，參與朝廷撰述，以他的地位不可能不知道清初並無親王、郡王或其他高級將領在江陰陣亡之事。史學界一些人疏於查考，既誤信此文為韓菼所作，又據此推斷韓菼地位甚高，所記必不誤。從這篇文章的內容來分析，作者大概是熟悉江陰城內抗清活動的一個文人，對城外的清軍則不甚了解。

降典史！"劉良佐無言可對。多鐸先派恭順王孔有德"率所部兵協攻"[1]，接着又派貝勒博洛和貝勒尼堪帶領滿洲兵攜紅衣大炮前往攻城。[2] 博洛來到江陰城下，認為劉良佐曾任明朝伯爵，手握重兵，卻連一個江陰縣城也攻不下來，打了他一頓板子。劉良佐慚恨不已，督促部下拼命攻城。閻應元、陳明遇鼓勵城鄉義勇扼守危城，多次派徽商程璧等人出城聯絡各地義師來援，卻始終沒有得到江浙救兵。堅持到八月二十一日，清軍集中大炮轟擊城東北角，城牆崩塌，清軍蜂擁而上，江陰失守。陳明遇巷戰而死，閻應元負傷後投湖，被清軍從水中拖出，不屈遇害。清軍屠城至二十三日午後才"出榜安民"，城內百姓僅剩"大小五十三人"而已。[3] 當時人士寫了一副對聯讚揚江陰百姓的英勇犧牲精神："八十日戴髮效忠，表太祖十七朝人物；六萬人同心死義，存大明三百里江山。"[4]

　　江陰士民的奮勇抗戰，在兩個多月裏頂住了數萬清軍的圍攻；城破以後，還拼死巷戰，"竟無一人降者"。《江陰城守後紀》的作者總結道："有明之季，士林無羞惡之心。居高官、享重名者，以蒙面乞降為得意；而封疆大帥，無不反戈內向。獨陳、閻二典史乃於一城見義。向使守京口如是，則江南不至拱手獻人矣。"在福州繼統的隆武皇帝聽說涇縣和江陰百姓的堅貞不屈，深為感動，

1　《清世祖實錄》卷四十四，順治六年五月改封孔有德為定南王，授金冊文。

2　博洛參與江陰戰役除見《江陰城守紀》外，亦見《清史稿》卷二一七《博洛傳》。尼堪參與此役除見《清史稿》卷二一六《尼堪傳》外，《清世祖實錄》卷五十七記：順治八年五月復封尼堪為敬謹親王，軍功冊上云："用紅衣炮攻克江陰。"

3　《江陰城守紀》卷下。

4　《江陰城守後紀》說："時為之語曰：……"按，託名韓菼撰《江陰城守紀》則說這是閻應元在城破後親筆所題，後一聯云："十萬人同心死義，留大明三百里江山。"

說：“吾家子孫即遇此二縣之人，雖三尺童子亦當憐而敬之。”[1] 江陰戰役雖然不像一些野史所記清朝“七王”“翼王”“十王”都陣亡於城下[2]，但參加攻城的確有後來晉封為親王的博洛（端重親王）、尼堪（敬謹親王）和恭順王孔有德。在江南各地望風披靡之時，閻應元、陳明遇以微末下吏憑藉江陰百姓的支持，竟然面對強敵，臨危不懼，堅持了近三個月，實在是南明史上光彩奪目的一頁。學術界一些人為史可法大唱頌歌，本書作者卻認為更值得歌頌的是閻應元、陳明遇為首的江陰百姓，在他們面前，史可法的官愈大、權愈重，就愈顯示出其作為之渺小。

　　和江陰百姓抗清同時，嘉定縣民也因清政府強迫薙髮起兵。弘光朝廷覆亡後，六月十四日嘉定已經淪入清方之手，二十四日清朝委任的知縣張維熙上任。閏六月十二日頒佈剃髮令，嘉定百姓憤憤不平，拒不從命。有人徵詢著名鄉紳侯峒曾（天啟五年進士，弘光時任通政司左通政使）的意見。他毅然回答：“聞徐太史汧護髮自裁，何不奮義？即不可為，乃與城存亡，未晚也。”[3] 就是說，他反對劉宗周、徐汧的只顧自身名節的消極抵制，主張積極地起兵抗清。十七日侯峒曾帶領兩個兒子侯玄演、侯玄潔，進士黃淳耀及其弟黃淵耀入城倡義反清復明。他們同當地士紳會議後，決定率領百姓上城畫地而守。“立挨門出丁法，分上中下三等：上戶出丁若干，衣糧自備，仍出銀若干，備客兵糧餉，並守城頭目燈

1　邵廷采《東南紀事》卷一。

2　謝國楨撰《南明史略》第八十五頁也說，江陰之戰清軍“喪亡了‘三位王爺和十八員大將’”。可見這種說法深入人心，但毫不足信。清初有多少位親王、郡王，死在何時，斑斑可考，研究清史的人都知道沒有任何一位“王爺”在江陰陣亡；“十八員大將”也是一種訛傳。

3　張岱《石匱書後集》卷三十四《江南死義列傳‧侯峒曾傳》。按，徐汧六月十一日投水自盡。

燭之費；中戶出丁若干，衣糧自備，仍出銀若干；下戶止出一丁，分堞而守，每丁日給錢六十文，衣糧燈燭悉自備。城上分四隅，自某地至某地止，分屬各圖，每圖擇一人為長。日入後，當事者親自巡歷，以稽勤惰。其大事專屬峒曾、淳耀處分”，城上豎立白旗，大書“嘉定恢剿義師”。[1]

嘉定紳民起義反清後，清吳淞總兵李成棟（原為高傑部將，曾任明朝徐州總兵）立即領兵來攻。侯峒曾、黃淳耀等人想借用城外鄉兵扼阻清兵。可是，四鄉鄉兵都是臨時組織起來的農民，根本沒有作戰經驗，人數雖多，卻難以同正規清軍作戰。即如史料所言：“諸鄉兵未諳兵勢，爭裹糧屬兵而來。峒曾、淳耀等親自臨城，勉以忠義，言與淚俱，人皆感奮。因下令諸鄉勇能鼓眾赴敵者，每人先給白布二匹，仍每日頒折餉銀二錢；有能得敵人首級者，每顆給銀十兩。”“七月初一日，會兵磚橋東，不下十餘萬人，排擠擁塞，紛呶如聚蚊，多適為累。清兵每戰必分左、右翼；鄉兵不識陣勢，呼為蟹螯陣。每發挑戰，多不過十餘騎，皆散落不集一處。諸鄉兵遙見兵出，擁擠益甚，手臂摩戞，軋軋作聲。”[2] 這種烏合之眾自然抵擋不了清軍。雙方才一交鋒，鄉兵就不戰自潰，“走者不知所為，相蹈藉而死”，許多人被擠入河中淹死，“屍骸亂下，一望無際”。[3]

七月初三日，清軍大舉攻城；次日城破，侯峒曾奮身投入池中，被清兵拖出斬首，其子玄演、玄潔遇害，黃淳耀、黃淵耀等自縊。李成棟下令屠城，“兵丁遂得肆其殺戮，家至戶到，小街僻巷，

---

1 《嘉定屠城紀略》。

2 《嘉定屠城紀略》。

3 《嘉定屠城紀略》。

無不窮搜；亂葦叢棘，必用槍亂攪，知無人然後已。丁兵每遇一人，輒呼：蠻子獻寶！其人悉取腰纏奉之，意滿方釋。""雖至窮苦，必以一簪一珥繫肘間，曰：此買命錢也！""遇他兵脅取如前，所獻不多，輒砍三刀，至物盡則殺。故僵屍滿路，皆傷痕遍體，此屢砍使然，非一人所致也。予鄰人偶匿叢篠中得免，親見殺人情狀；初砍一刀，大呼：都爺饒命！至第二刀，其聲漸微，已後雖亂砍，寂然不動。刀聲劃然，遍於遠近；乞命之聲，嘈雜如市，所殺不可計數。其懸樑者、投井者、斷肢者、血面者、被砍未死手足猶動者，骨肉狼藉，彌望皆是，亦不下數千人。三日後自西關至葛隆鎮，浮屍滿河，舟行無下篙處……"[1] 這就是史冊上臭名昭彰的嘉定屠城。

昆山縣紳民在原郧陽撫院王永祚、翰林院編修朱天麟、知縣楊永言等倡議下，殺清委知縣閻茂才（原為明朝該縣縣丞），起兵反清，推廢將王佐才為帥。顧炎武、歸莊等愛國志士都積極參與義舉。七月初六日，清軍破城，朱天麟等逃出，王佐才被俘殺。清軍屠城，士民死難者數萬人。[2]

在吳淞地區起兵的義師有鎮南伯黃蜚、吳淞總兵吳志葵等人，弘光朝吏部考功司主事夏允彝任監軍。義軍一度進攻蘇州，副總兵魯之璵帶領三百人突入該城，被清軍設伏擊殺。[3] 黃蜚、吳志葵退守泖湖。八月初六日，清軍用小船截斷泖湖出口，乘風縱火，明

1 《嘉定屠城紀略》。

2 據顧炎武、歸莊年譜云：昆山城破，"死者四萬人"。溫睿臨《南疆逸史》卷三十六《王佐才等傳》作"士民男女死者數十萬"，當為誇大之詞。

3 侯玄涵作《吏部夏瑗公傳》記，吳志葵與陳子龍、徐孚遠等與陳湖義兵陰相勾結，"志葵與參將魯之璵率舟師三千，自吳淞江入淀、泖，窺蘇州。"見《夏完淳集箋校》第五一九頁，陳湖當即澄湖，淀、泖當即淀山湖、泖湖。

軍水師船隻高大，運轉不靈，被烈火焚毀。黃蜚、吳志葵都被活捉，九月初四日在南京遇害。[1]夏允彝見兵敗無成，於九月十七日在淞塘投水自盡。[2]

吳日生等人在太湖中的義軍給清軍的打擊最沉重。吳日生，名易，[3]吳江縣人，崇禎十六年進士，曾在史可法幕中任參軍。弘光朝廷覆亡後，他和舉人孫兆奎同入太湖起兵抗清。閏六月十一日攻入吳江縣，殺清知縣朱廷佐（原明朝吳江縣丞）。他們利用清軍不擅水戰的弱點，憑藉太湖遼闊的水域和四通八達的水上航路同清軍作戰。1646年（順治三年）正月十五日，太湖義軍再度攻入吳江縣，殺署縣事孔胤祖及縣承張允元。[4]同年三月二十五日，吳日生等聚集一千多條船隻，聲言再攻該縣。清署縣事陳日升嚇得魂不附體，向駐守蘇州的江寧巡撫土國寶、吳淞提督吳勝兆呼救。吳勝兆派副將汪懋功領兵堵剿。二十六日雙方在梅墩交戰。吳日生知道清軍不習水戰，事先派部下操舟好手混於民間，清軍搶掠百姓船隻載兵追擊，這些健兒即扮成水手為之操舟，行至湖中，紛紛跳入水中，取出工具把船隻鑿沉，清軍淹死近千名，汪懋功也被擊斃。太湖義軍一時聲勢浩大，隆武朝廷和魯監國政權都給吳日生加官晉爵，以示鼓勵。清政府也視其為心腹之患，想盡辦法予

1　顧炎武《都督吳公死事略》，引自《顧亭林詩文集》，中華書局1983年排印本，第二二二頁。按，顧炎武記黃蜚、吳志葵戰敗於黃浦。他書有記黃蜚為總兵、吳志葵為副總兵、魯之璵為參將者。南明官制紊亂，炎武撰文乃據吳志葵從弟所作行狀，文尾又說他自己"有再從兄子清晏以武進士為寶山守備，亦從公死於黃浦"。當較為可信。

2　夏允彝自盡時間有記於八月者，王弘撰作《夏孝子傳》定為九月十七日，見《夏完淳集箋校》第五四五至五四六頁。

3　吳日生之名各書記載不一致，有的作吳易，有的作吳昜。顧炎武有《上吳侍郎易》詩，王蘧常據此斷言當作吳易，見《顧亭林詩集匯注》第九十五頁。柳亞子《懷舊集》內《明季吳江民族英雄吳日生傳》依據吳日生1636年自刻製舉文署名吳昜，證明日生確名吳昜。又陳子龍等在崇禎末年編刊的《皇明經世文編》卷首有宋徵璧撰凡例，提及"吳日生昜"為其"良友素知"，當不致誤。

4　順治三年八月江寧巡撫土國寶揭帖，見《明清史料》己編，第一本，第十八頁。

以摧毀。1646 年六月，吳日生在嘉善赴宴，被清政府探知，派兵擒獲。吳日生犧牲後，清軍繼續對湖中義軍剿撫兼施，到次年才基本上平定了太湖地區的武裝抗清鬥爭，一部分有志之士則轉入地下活動。

第三節　英霍山區的抗清鬥爭

位於湖北、安徽、河南三省交界地帶的大別山區層巒疊嶂，形勢非常險要，明朝末年稱之為英霍山區，革左五營義軍曾經在這裏安營紮寨，抗拒官軍的追剿；當地一些地主官紳為了對付農民軍，也據險結寨，相互連保。1645 年清軍南下，弘光朝廷覆亡，江南百姓迫於清廷的剃髮令奮起抵抗時，這一地區的紳民也聞風而動，利用原先的山寨作為抗清的據點。其中比較著名的是所謂蘄黃四十八寨。

湖北黃岡縣白雲寨主易道三、大岐寨主王光淑聯絡附近四十多個山寨，"阻遏糧餉，違抗剃令"[1]，商定遇有清軍來犯，互相救援。崇禎末年曾經擔任過兵部尚書的張縉彥由於在河南站不住腳，逃到英山，被四十八寨"推為盟主"。[2] 在湖北、安徽、江西都被清軍佔領的情況下，英霍山區的聯寨抗清，雖然形同孤注，卻因為扼據鄂、皖通道，牽制了清軍的行動。1645 年（順治二年）十一月，清湖廣總督佟養和與湖廣巡撫何鳴鑾會商，決定派黃州總兵徐勇

1　順治二年十二月二十日湖廣巡撫何鳴鑾為塘報事題本，見《明清檔案》第三冊，A3-183 號。

2　順治二年十二月二十八日招撫江南各省地方內院大學士洪承疇"為恭報舊樞投誠歸順事"題本，見《明清檔案》第三冊，A3-191 號。同年十一月江寧巡按毛九華揭帖中也說："四十八寨係邵兵道（邵起）所練⋯⋯張部台名縉彥者主持其間"，見《明清史料》丙編，第六本，第五一八頁。

領兵進剿。十一月十五日，徐勇率部進抵白雲寨，次日大舉進攻，大岐寨主王光淑統領各路兵數萬人來援，雙方苦戰一天，互有傷亡。十七日，徐勇重新調整部署，把所部清軍分為三路，寅時鳴炮為號，同時殺出。王光淑見西路抵敵不住，親自前往策應，不料被清兵用槍搠於馬下，當陣活捉。各路寨兵見王光淑被擒，無心戀戰，紛紛逃竄，清軍乘勝追殺數千人。白雲寨主易道三心寒膽落，向清軍投降。徐勇下令將大岐、白雲、泉華等寨城屋一律拆毀。十二月初三日，徐勇引兵進至蘄水縣（今湖北省浠水縣）斗方寨，把該寨四面包圍。斗方寨內除了寨主周從勍本部義軍外，還有從英山請來的援兵副將陳福所部四百人。陳福見清軍勢大難敵，竟暗中帶領千總二名於夜間往清軍營中投降。徐勇當即面授機宜，讓他們返回斗方寨充當內應，約定次晨以炮為號，裏應外合。初四日，周從勍正在寨上指揮，清兵攻至寨門，舉放號炮，陳福立即配合清軍活捉周從勍與張縉彥委任的英山知縣劉時敘，斗方寨城屋全部放火焚毀。王光淑、易道三、周從勍、劉時敘被解到武昌斬首示眾。[1]

　　就在英山一帶的抗清義軍遭到徐勇所統官兵鎮壓時，被四十八寨推為盟主的張縉彥卻靦顏手書投降信札，表示願與道臣李昇、邵起（邵為分巡汝南道，李不詳）一同歸順清朝。這封信經清安慶巡撫李猶龍轉達給在南京的內院大學士洪承疇。由於在崇禎年間洪承疇任職陝西時張縉彥是他的下屬，"知信甚深"，洪承疇向清

1　上引《明清檔案》第三冊，A3-183 號。參見順治三年正月招撫湖廣右僉都御史江禹緒揭帖，見《明清史料》甲編，第二本，第一四四頁。

廷力保，准其投降。[1] 張縉彥等降清後，英霍山區的抗清鬥爭仍在繼續。義師擁戴明朝宗室朱常巢在太湖縣司空山寨，號稱荊王，先後趁清軍不備，襲破太湖、宿松二縣。直到 1648 年（順治五年）金聲桓、王得仁在江西反清時，蘄黃義師還曾配合活動。

第四節　皖南各地的抗清鬥爭

1645 年黃得功遇難，部將降清後，太平府屬當塗、蕪湖、繁昌三縣落入清方之手。休寧縣人金聲（崇禎朝曾任監軍御史等職）和江天一起兵於徽州府，接着在六、七月間有邱祖德（四川成都人，明末仕至山東巡撫，因曾任寧國府推官，寄寓於該地）響應於寧國，尹民興響應於涇縣，朱盛濃、吳應箕響應於石埭縣。義軍先後收復了已遞降表的青陽、石埭、建德、東流、寧國、旌德等縣。清政府在今皖南只據有太平府屬三縣和南陵、宣城、貴池等縣。金聲等人得知隆武帝在福州即位，派使者前往奏捷。隆武帝非常高興，派中書舍人童赤心攜帶詔書敕印，任命金聲為右都御史、兵部右侍郎提督南直軍務。清軍提督張天祿、池州總兵于永綏等統兵分別進剿。七月初四日，尹民興部進攻南陵縣城，初九日被張部清軍擊敗。當時，寧國府管轄的六縣百姓因不肯剃頭，群起反抗。清方一份奏疏中說："是時寧國府城外遍地逆民。"七月十六日，尹民興自涇縣，萬曰吉、金聲自寧國縣與劉鼎甲、吳之球等部義軍圍攻寧國府治宣城縣，射傷清知府朱錫元。張天祿

1　上引《明清檔案》第三冊，A3-191 號。

派總兵丘越前往鎮守，副將楊守壯、趙大捷等赴援。八月十二日，圍攻宣城的義師被清軍擊敗，軍師邱祖德被俘，"供與金聲、萬曰吉同行舉事，願死，等語。"[1] 第二天，劉鼎甲、吳之球也被活捉。八月十六日，清將張天祿、卜從善、楊守壯、李遇春等率軍進攻涇縣，尹民興見敵軍勢大，在當晚逃出城外，次日城破。清軍把參與守城的三千餘名民兵全部處斬。九月十一日，張天祿決定分兵兩路攻取徽州，副將胡茂禎、張應孟由寧國進軍，他自己與卜從善、李仲興、劉澤泳由旌德進軍。二十日，張天祿部經鞏嶺、新嶺直抵績溪城下，"金聲已出南門逃出，楊守壯追及，生擒之。"[2] 二十二日，徽州府城降清；十月上旬黟縣、祁門、婺源（今屬江西省）也先後具文投降。吳應箕在石埭、青陽被清軍佔領後，仍然到處招兵，準備重整義師，不幸於十月十三日在乘頂山遭到清軍追擊，被擒後因傷重身死。[3] 金聲、江天一被解至南京，十月十八日遇害。萬曰吉、尹民興、朱盛濃先後逃出，繼續從事反清復明運動。[4] 皖南的抗清鬥爭至此以失敗告終。

---

1 順治二年十一月巡按江寧等處監察御史毛九華"為恭報池太徽寧廣德府州情形事"揭帖，見《明清檔案》第三冊，A3-166 號。

2 見上引《明清檔案》第三冊，A3-166 號。張岱《石匱書後集》卷三十七《黃道周金聲列傳》記金聲兵敗被擒事云："先是，聲與黃澍為文字知己。後以澍挾左良玉稱兵犯闕，請誅士英，益附澍。丙戌，清兵至徽，徽不即下，澍攜數十人倉皇至城下，自言湖廣逃回，來與協力。聲信而納之。為內應，城陷，遂縛聲檻送留都，見清督師洪承疇。聲大聲問洪曰：爾識我否？承疇曰：豈不識金正希。洪亦問曰：爾識我否？聲曰：不識也。承疇曰：我便是洪亨九。聲喝曰：咄，亨九受先帝厚恩，官至閣部，辦虜陣亡，先帝慟哭輟朝，御製祝版，賜祭九壇，予諡蔭子，此是我明忠臣，爾是何人，敢相冒乎？承疇聞之，面不出一語。"溫睿臨《南疆逸史》卷十四《金聲傳》記"九月二十日，故御史黃澍導大兵入績溪，聲為楊守壯所獲……（押至南京）總督欲降聲，禮而館之。不欲。十月十八日，牽詣通濟門"，同時遇害者有江天一。按，張岱所記金聲被俘時間（丙戌，1646）、地點（徽州府城歙縣）均誤。溫氏所記時日、情節與清方相符，但清江寧巡按毛九華奏疏中未提及黃澍做向導事。

3 順治二年十一月江寧巡按毛九華揭帖，見《明清史料》丙編，第六本，第五一六頁。

4 萬曰吉後來因秘密從事反清活動，在南京被捕遇害；前頁注釋中所引該件檔案（《明清檔案》第三冊，A3-166 號）云："萬賊為都司劉自什射死"顯係訛傳。尹民興、朱盛濃先後參加了隆武政權和永曆政權，見溫睿臨《南疆逸史》卷四十八《朱盛濃傳》。

第五節　陝西各地的抗清運動

　　1645 年（順治二年）正月，李自成、劉宗敏率部撤離西安，接着李過、高一功會同西北部分地區的大順軍也撤出陝西。清軍兩大主力分別在三月間由陝西轉入河南：多鐸部取道歸德南下進攻弘光朝廷；阿濟格部則緊追由李自成親自率領的大順軍主力。留在陝西的清軍力量自然相當單薄。於是，一些抗清武裝乘時而起，其中影響較大的有賀珍、武大定、孫守法等部。

　　賀珍原是大順軍舊部，當清朝重兵入陝、大順政權瓦解的時候，他伙同羅岱、黨孟安、郭登先以漢中之地投降清朝，由英親王阿濟格札授漢中總兵。[1] 陝北等地大順軍在李過、高一功、李友、田虎等率領下取道漢中入川時，他率部阻擊，被李過、高一功等奮力擊敗，兵馬損傷不少。接着在 1645 年六月左右，張獻忠派軍北攻漢中，賀珍又“詐稱大清兵威迎敵”，獻忠兵不知虛實，退回四川。[2] 這年九月，清廷“以漢中投誠總兵賀珍禦賊有功，授為定西前將軍。”[3] 然而，這只是表面文章，實際上對他卻是嚴密監視，處處提防。早在這年五月，清陝西總督孟喬芳就在奏疏中說：“惟新招漢中賀珍、羅岱、黨孟安、郭登先四總兵，查得此輩原非明朝舊官，俱是流賊起手頭目。曩自敗遁盤踞漢中，臣屢發諭帖，示以我皇上威德，並陳之利害，方畏威投順，繳送偽印。羅岱親至西安，臣已調撥延安駐紮，與總兵姜瓖同居一城，以為鈐制；賀

1　清陝西三邊四川等地總督孟喬芳在順治二年四月題本中說：“惟漢中距省千餘里，流賊偽總兵賀珍、黨孟安、羅岱、郭登先等，臣發諭招撫，亦已歸順。”見《孟忠毅公奏議》卷上。

2　順治二年閏六月初十日陝西三邊總督孟喬芳“為再報四川情形以圖治理事”奏本，見《順治錄疏》抄本。

3　《清世祖實錄》卷二十。

珍、郭登先亦調鳳翔,再為分撥;止留黨孟安統兵一萬仍住漢中,以為進剿張逆(指張獻忠)並防漢中城池。但四將俱係逆闖親信之人,恐狼子野心反復不定,俱在陝西深為不便。伏乞我皇上將賀珍、郭登先以有功名色升調宣大或山東一帶地方安置,實為解散之計也。黨類既散,總(縱)有叵測,亦無能為矣。"[1]

孟喬芳陰行解散的方針引起了賀珍等人的警惕。當時多鐸、阿濟格統領的清軍主力都已遠離陝西,孟喬芳節制的官兵只有一萬二千餘名,除四千五百名是他的標兵外,其他如鳳翔總兵董學禮部六千名、寶雞總兵高汝礪部五百名等都是剛剛投降過來的。[2]孟喬芳兵力既不足,妄想以一紙文書解除賀珍等人的兵權,結果適得其反。正如他在閏六月初十日題本中所說:"漢中新招總兵賀珍、羅岱、郭登先、黨孟安,臣見蟻聚漢城,行牌調出棧道,欲以弭其逆萌、消其凶勢也。其中羅岱乃曹操(羅汝才)親信之人,非賀珍族類,臣已調赴延安訖。賀珍等仍駐漢中,肆行屠掠,屢行檄調,藉口漢民保留支吾不前。且四川州縣既降,殘黎皆我赤子,張逆憤恨吳宇英投順我朝,圍攻月餘,珍等坐視不救,以致陷斃,大拂來歸之望。"接着,他又建議派明朝舊將康鎮邦、董學禮領兵前赴漢中,以同鎮漢中及入川為名伺機改編賀珍部,接管地方。[3]七月初二日,清兵部侍郎朱馬喇題本內引用了孟喬芳所說賀珍等原是"狼子野心,陽順陰逆"的話,而新委漢中總兵尤可望手中無兵,建議暫駐西安,等待固山額真和羅會(何洛會)所統清軍到達

---

1 順治二年五月二十二日總督全陝軍務刑部左侍郎孟喬芳"為分撥降兵伏祈聖鑒事"奏本,見《明清檔案》第一冊,A2-201 號。

2 孟喬芳順治二年六月十六日"為清報官軍數目酌定經制事"題本,見《孟忠毅公奏議》卷上。

3 孟喬芳"為再報漢中情形並陳開川事理仰祈聖鑒以奏蕩平事"題本,見《孟忠毅公奏議》卷上。

後再"相機進取,以圖萬全"。[1] 事情的發展並沒有按照孟喬芳的上述分撥計劃進行,長期鎮守漢中的賀珍不願意輕易放棄這塊地盤,順治二年十一月二十八日的一份揭帖表明,他已識破孟喬芳的意圖,擒殺黨孟安、郭登先,藉以鞏固自己的權勢。在揭帖中他自我表功說,清軍入陝後"即稱順治年號,具文投誠,蒙英王並督臣孟喬芳嘉與維新,札授漢中總兵。繼□李逆餘孽偽侯伯李錦、高一功、李友、田虎等數營之眾,蹂躪地方,職復驅剿逃潰。並殄陽順陰逆、播害地方之黨孟安、郭登先,是以漢屬地方安堵,民獲衽蓆。"[2] 孟喬芳的如意算盤落空,雙方矛盾迅速激化。半月後,賀珍就舉兵反清。

1645 年十二月中旬,賀珍領兵進攻鳳翔縣城。十七日晚上,該城駐防副將武大定、石國璽率部響應,賀珍一度佔領該縣。十二月二十二日,武大定殺"本鎮總兵何世元、固原兵備道呂鳴夏等。"[3] 不久,因清朝援兵趕到,賀珍部才撤離鳳翔。[4] 賀珍反清後,原地方武裝孫守法、胡向宸等主動領兵前來聯絡,共同抗擊清軍。孫守法原來是明朝陝西副總兵, 1643 年(崇禎十六年)冬,大順軍佔領陝西後,他逃入終南山中,與大順軍為敵。[5] 1645 年(順治二年)清軍入陝,他又擁戴明朝秦王的兒子為號召,在五郎山抗

---

1 順治二年七月初二日兵部侍郎朱馬喇等"謹題為再報漢中情形並陳開川事理仰祈聖鑒以奏蕩平事",見《順治錄疏》抄本。

2 順治二年十一月二十八日賀珍揭帖殘件,《明清史料》甲編,第二本,第一三三頁。

3 順治三年陝西巡撫雷興啟本殘件,見《清代農民戰爭史資料選編》第一冊(上),第六十頁。

4 陝西三邊總督孟喬芳"為貪梟通賊事"揭帖,見《清代農民戰爭史資料選編》第一冊(上),第五十五頁。

5 李清《南渡錄》卷四引興平伯高傑疏云:"陝西實授副將加都督同知孫守法,當賊入關,勢力不支,左(光先)、白(廣恩)諸大將俱已俯首投順,獨守法挺身不屈,置家屬妻子罔顧,徑削髮奔入終南山,號召鄉勇,必欲恢剿復仇。"

清。[1] 賀珍、孫守法、胡向宸等探聽得知陝西清軍不多，合議一舉奪取省會西安。從十二月下旬起，賀珍等部馬、步兵七萬進攻西安，一時聲勢頗盛，清廷委派的陝西巡按黃昌胤以及涇陽知縣張錫蕃也向義軍投降（後來兩人都被清政府捕殺）。[2] 清朝陝西三邊總督孟喬芳據城扼守，急請固山額真李國翰領兵來援。1646 年（順治三年）正月初五日，清軍在西安西郊擊敗義軍[3]，同月二十五日又"殲賊連營於乾州"[4]，穩定了西安地區的局勢。隨着清廷派遣的定西大將軍何洛會帶領的滿、漢兵的到來，陝西清軍不斷增強，賀珍、武大定、孫守法等部轉移到興安一帶。

賀珍、孫守法、武大定的反清是以復明為號召的。如孫守法以秦王的兒子為"秦王"，在順治三年"正月內印刷偽示，妄稱弘光年號"；這年三月間原大順軍光山伯劉體純率部由河南進入漢中，同賀、孫等部會合，"四月內抄傳偽票，又改隆武年號"，"孫守法自稱總督五省總督"。[5] 五月三十日，劉體純、賀珍、孫守法等部攻克興安州，清守道、參將等官被俘。[6]

正當陝西各地抗清運動高漲的時候，清廷先後派何洛會、肅親王豪格統領大軍入陝。1646 年六月，守法退回五郎山；八月，

---

1 《清初內國史院滿文檔案譯編》中冊，第二〇二至二〇三頁記載，何洛會、孟喬芳奏報"駐西安府秦王有二子"，順治二年十一月初十日有土賊"孫率"將秦王一子帶往吳郎山。同書第一七七頁記十月間"孫率"已往五郎山。可知"吳郎山"為五郎山之誤，"孫率"為"孫帥"之誤，即孫守法。

2 《清世祖實錄》卷二十三。

3 康熙七年《咸寧縣志》卷七《雜志·祥異》記："順治二年十二月，賀珍圍會城，邑民多被蹂躪。三年正月五日始敗去。"參見《清世祖實錄》卷二十三，順治三年正月辛酉日定西大將軍何洛會奏報。

4 見前引順治三年陝西巡撫雷興啟本殘件。

5 順治三年六月二十九日陝西漢羌總兵尤可望揭帖，見《清代農民戰爭史資料選編》第一冊（上），第七十三至七十四頁。《南疆逸史》卷三十八《孫守法傳》云："隆武帝聞之，遣使間道封守法、大定俱為伯。"

6 同前注。

武大定敗於興安境內；九月，王光泰敗歸郿城，又敗走房、竹。
丁亥年（1647）正月，守法奔石子城；二月，走長安石鱉谷。三月
朔，守法破寧州，與高勣等據興安州之喬麥山。清陝西三邊總督
孟喬芳引兵攻之。四月八日，伏甲深林，以輕騎誘守法出，擒之。
守法猶執鐵鞭格殺數十人乃死，傳首西安。大定入蜀。[1]

1 《南疆逸史》卷三十八《孫守法傳》。

第八章

隆武政權同魯監國的爭立

第一節　隆武政權的建立

　　1645 年六月十一日，唐王朱聿鍵見潞王朱常淓已經決定投降，不勝憤慨，在一批文官武將的支持下，離開杭州前往福州籌辦監國。倡先擁戴朱聿鍵的實際上是靖虜伯鄭鴻逵，黃道周在這年六月十九日記載：六月十一日，清兵進抵塘西，馬士英被方國安兵裹脅而去，他"與德公、麈子亦亟移舟至富春，遂不知臨安動靜。惟聞岸上鼓吹響甚，則朱大典、阮大鋮翱翔從富春拿舟欲入婺州者矣。予至桐廬，鄭靖虜檄所在扶駕，恫疑久之，見其人乃稱聖駕，蓋唐王，非潞王也。大典適過訪，亦云：'唐藩未還封，安得至此！'諸人皆以虜信甚迫，臨安不能孤存，潞王閉閣修齋，亦度不能修康王（指宋高宗趙構）故事。鄭為桑梓，不作段熲、張方，能作如此事，須當與眾推之。十有三晚，始從舟中晤唐殿下，慷慨以恢復自任，遂同諸臣交拜，約成大業。明日，乃具小啟，共請監國。雖靖虜意，亦以板蕩之會，非太祖親藩不足復襄大業也。"[1]

---

[1] 黃道周《逃雨道人舟中記》，見《黃漳浦集》卷二十四，記。據此可知黃道周的參與擁戴是在六月十三日晚上，第二天具啟請朱聿鍵監國。《思文大紀》卷一云：黃道周六月十一日上第一疏，十二日上第二疏，日期稍誤。又，文中德公指涂仲吉，見《臨安旬制記》卷二；黃道周《答楊伯祥太史書》中亦提及涂德公，見《清江楊忠節公遺集》卷六，同書卷四楊廷麟有《涂德公內史過訪》七言詩。

封建時代帝位的繼承，血統的親疏是個重要條件。唐藩朱聿鍵是朱元璋第二十二子朱檉【編者按《明史》本傳做二十三子】的八代孫，在譜系上同崇禎皇帝相距很遠，按常規是輪不到他的。黃道周等大臣參與鄭鴻逵的推舉有三個原因：一是朱由檢的叔父、兄弟只剩下在廣西的桂王，而當時的南明政治中心卻在東南，朱常淓、朱常潤降清以後東南士紳急於解決繼統問題，不得不就近從疏藩中推選。二是明朝唐藩封地為河南南陽，這裏正是東漢開國皇帝劉秀的故鄉，在黃道周等人看來真可謂"起南陽者即復漢家之業"，"以今揆古，易世同符"了。[1] 隆武時任督師閣部的楊廷麟也在詩中寫道："中興自古舊南陽"，[2] 這雖帶有頌聖的意味，卻也反映了相當一部分扶明官紳的心理狀態。三是朱聿鍵在明朝藩王中確實是位鶴立雞群的人物。他雖出生於王府，卻從小就飽經患難，原因是他的祖父唐端王不喜歡長子（朱聿鍵之父），有立愛子之意。朱聿鍵即皇帝位後寫的一篇自敍中說："……端王子追封裕王，裕王萬曆二十二年立為庶子，長子即朕也。家庭多難，端不悅裕，囚在內官宅。母毛娘娘生朕於萬曆三十年（1602）四月初五日申時……。祖不悅，而生祖之母為曾祖母魏悅之。八歲延師，僅辨句讀。十二歲，曾祖母薨，祖即將朕與父同禁，籌佛燈，日夜苦讀。禁十六年，朕二十八歲尚未報生焉。崇禎二年（1629）二月，父為叔鴆，朕誓報仇。賴有司之持公，天啟心於祖考念，請於烈廟，奉敕准封。本年十二月十二日，祖考亦薨，朕乃奉藩。五年六月初二日受封；九年六月初一日請覲；七月初一日報仇（指殺其

---

1 《思文大紀》卷一。

2 《清江楊忠節公遺集》卷四《贈李尚書二首》。

叔父）；二十日請勤王，八月初一日起行，十一日見部咨，寇梗回國；十一月二十一日奉降遷之命，責朕以越關、擅斃。十年三月二十二日到鳳陽高牆；五月大病，中宮割股。十二年朱大典請宥；十四年韓贊周請宥；十六年路振飛請宥更切。十七年二月十三日奉旨，‘該部即與議覆’，而有三月十九日之事，不及全受先帝之恩矣，痛哉！……"[1]

讀了這篇自敘，可以知道朱聿鍵和其他藩王的經歷有很大的不同，雖說貴為王孫，在出生後的四十三年裏除七年奉藩以外，其餘歲月都是在逆境中度過的。多災多難的經歷使他受到了其他藩王所沒有的磨煉，增加了許多閱歷，在國家處於危難時期正是充當最高統治者的有利條件。黃道周寫的勸他接受監國的表文中就有這樣的文字："險阻備嘗，晉公子之播遷，良有以也；閭閻親歷，史皇孫之艱難，豈徒然哉！"[2]朱聿鍵正是在這樣一種特殊條件下，被推上了維繫明統的監國和帝位；他是位胸有大志的人，自然也正中下懷。

六月十五日，黃道周第三次請監國疏中說："近聞清逼武林，人無固志。賊臣有屈膝之議，舉國同蒙面之羞。思高皇創業之艱，退一尺即失一尺；為中興恢復之計，早一時即易一時。幸切宗社之圖，勿固士大夫之節。神器不可以久曠，令旨不可以時稽。亟總瑤樞，以臨魁柄。"經過這徒具形式的三推三讓以後，朱聿鍵表示"萬不得已，將所上監國之寶，權置行舟。……俟至閩省，面與

---

1 《思文大紀》卷二；李天根《爝火錄》卷十一。兩書所載文字略有不同，互作校改。另據邵廷采《東南紀事》卷一記："福王初立，大赦，聿鍵出高牆，封南陽王，遣官送寓平樂，未至而南都陷。"
2 《思文大紀》卷一。

藩鎮文武諸賢共行遵守。"[1] 十七日，朱聿鍵行至浙江衢州，就在檢閱軍隊時發佈誓詞，表示將親提六師"恭行天討，以光復帝室；驅逐清兵，以續我太祖之業。"[2] 表明他已公開接受監國重任。閏六月初六日，由南安伯鄭芝龍等迎接入福州。次日，正式就任監國。二十天以後，又在臣僚的擁戴下於閏六月二十七日即皇帝位，紀元從本年七月初一日起改稱隆武元年，以福州為臨時首都，政府名為天興府，以原福建布政使司作為行宮。這就是南明史上第二個政權，一般稱為"隆武政權"。

朱聿鍵以明朝疏藩即位稱帝，儘管他頗想有一番作為，重建明朝江山，可是他一年以前還是高牆中的罪宗，既缺乏自己的班底，又沒有足夠的名分，這一先天弱點使他不能不依賴倡先擁立的福建實權人物鄭芝龍、鄭鴻逵兄弟。即位後他就以擁戴之功加封鄭芝龍為平虜侯、鄭鴻逵為定虜侯、鄭芝豹為澄濟伯、鄭彩為永勝伯。為了收攬人心，任命黃道周、蔣德璟、蘇觀生、何吾騶、黃鳴俊、陳子壯、林欲楫、曾櫻、朱繼祚、傅冠等二十餘人為大學士，入閣人數之多，在明代歷史上從未有過。[3] 任命張肯堂為吏部尚書，何楷為戶部尚書，吳春枝為兵部尚書，周應期為刑部尚書，鄭瑄為工部尚書，曹學佺為太常寺卿。[4]

隆武朝廷建立後，頒詔各地，得到了兩廣、贛南、湖南、四川、貴州、雲南殘明政權的承認。

---

1 《思文大紀》卷一。

2 《思文大紀》卷一。

3 有的史籍記隆武朝一年多時間裏入閣為大學士者有三十餘人。姓名見之於《思文大紀》者有二十四人，從朱大典的列名閣銜，參考其他文獻，隆武帝對魯監國所授閣臣一律承認，授予大學士官銜，問題是有的沒有接受，統計上難以準確。

4 《東南紀事》卷一。

第二節　魯王朱以海監國浙東

1645 年（順治二年）六月，潞王降清，浙江省會杭州被清軍佔領，不少州縣也遞上降表，歸順清朝。"閏六月初旬，頒開剃之令，人護其髮，道路洶洶；又郡縣奉檄發民除道開衢為馳馬之地，人情益怔擾。"[1] 在這種情形下，亡國之痛以強迫剃頭為引線迅速點燃了一場反清的熊熊烈火。閏六月初九日，明原任九江道僉事孫嘉績起義於餘姚，殺清朝委署知縣王玄如；初十日，生員鄭遵謙起兵於紹興；十二日，又發生了寧波的抗清運動。

浙東的反清起義，和福建的隆武政權有一個重大區別：浙東是在本地當權官紳已經投降清朝以後，一批有志之士激於剃頭改制，揭竿而起，不顧殺身亡家的危險而展開的反清復明運動。它的骨幹成員大多數是些社會地位比較低的明朝生員和中下級官員。

浙東民風比較強悍，1643 年在東陽爆發了許都領導的反對貪官的運動，很短時間就攻克了附近幾個縣，明政府束手無策，紹興府推官陳子龍憑藉個人關係對許都進行招撫，保證他的生命安全，不料許都投降後卻被巡按御史左光先處死。[2] 鄭遵謙同許都是生死之交，東陽起事後，他也準備響應，被其父鄭之尹（曾任山西按察司僉事）關在房裏，才未能實現。1645 年六月，潞王降清後，浙東郡縣也望風歸附，紹興府通判張愫降清被任為知府，彭萬里任會稽知縣。鄭遵謙的父親鄭之尹也親赴杭州薙髮降清。深懷報國之心的鄭遵謙卻大義凜然地決定起兵反清。他聯絡一批志同道合

1　林時對《荷牐叢談》卷四，《蠡城監國》。

2　許都事件見陳子龍自撰《年譜》，《陳子龍詩集》附錄一。

的朋友和郡將，慷慨聲稱："天下事尚可為，我欲舉義旅，何如？"得到大家的支持。於是在閏六月初十日樹立大旗，招兵誓師，有眾數千人。他下令把張愫、彭萬里處斬，自稱義興元帥。為了解決義軍糧餉問題，鄭遵謙召集曾任明朝尚書的商周祚、姜逢元等縉紳開會，要求他們拿出錢來。有的縉紳訴說家境貧困，難以應命。鄭遵謙大罵道："若受高官厚祿數十年，今國破君亡，尚欲擁厚資安享耶？"命人拖出斬首，闊老們嚇得膽戰心驚，只好答應按額輸餉。正在這時，他的父親鄭之尹從杭州回來，見形勢陡變，大吃一驚，跪在遵謙面前磕頭大哭道"汝幸貸老奴命，毋使覆宗"，妄想以父子之情勸說遵謙不要同清朝作對。鄭遵謙毫不動搖，絕裾而去。《南疆逸史》的作者溫睿臨在記述這件事時不勝感歎地寫道："明之紳士，大約榮利祿，趨聲勢，私妻子是計耳。寧有君父之戚，家國之感乎哉！故闖至則降闖，獻至則降獻，一降不止則再，其目義士皆怪物耳！"[1] 這段話頗能說中肯綮，明末清初大多數高官顯貴在天翻地覆的大變亂之際，最關切的是千方百計維護自己聚斂起來的巨額財富，國家民族的利益被置之度外。

繼紹興府之後，又發生了寧波府的反清運動。寧波府同知朱之葵、通判孔聞語已納款於清貝勒博洛，博洛隨即委任之葵為知府、聞語為同知。鄞縣生員董志寧首先倡義反清，聚集諸生於學宮商議，其中著名的還有王家勤、張夢錫、華夏、陸宇燦、毛聚奎，這就是某些史籍中說的"六狂生"。董志寧等決定起兵時，曾遍謁在籍各鄉紳，均遭拒絕。閏六月初十日，清知府朱之葵為清軍運糧至姚江，因道路不通返回鄞縣。同日，孫嘉績派人來鄞縣

---

1 溫睿臨《南疆逸史》卷五十三。

約其門人林時對起兵響應。林時對曾任明朝吏科都給事中,他在十一日和沈延嘉、葛世振、徐殿臣等商議後,認為原太僕寺卿謝三賓"饒於資,向監軍山左,曾身歷戎行,宜奉之為主",四人一道前往懇求,誰知謝三賓堅持不允,曰:"勢如壓卵,若輩不畏死耶?"無論林時對等怎樣勸說,峻拒如故。[1]林時對等於失望之餘,與董志寧等人商量決定推原刑部員外郎錢肅樂為盟主,十二日邀集眾鄉紳到城隍廟開會。清知府朱之葵、同知孔聞語也來觀察動靜。當時,除了策劃者以外,被邀而來的鄉紳們還不清楚是怎麼回事,聽說知府、同知蒞臨,竟然降階迎接。董志寧、林時對當機立斷,撕毀之葵、聞語的名刺,宣佈擁戴錢肅樂起兵反清。幾千名圍觀百姓歡聲雷動,當即擁簇着錢肅樂到巡按署中任事,隸屬於海防道的兩營兵和城守兵也表示支持抗清。朱之葵等見局面翻轉,向百姓哀告饒命,得以釋放。寧波府城鄞縣自此復為明守。

當時,駐於定海的浙江防倭總兵王之仁業已投降清朝,貝勒博洛命他繼續擔任原職。[2]寧波府城反清後,謝三賓為了保住身家性命,派人攜帶親筆書信前往定海請王之仁出兵鎮壓,信中說:"渝渝訛訛,出自庸妄六狂生,而一稚紳和之。將軍以所部來,斬此七人,事即定矣。某當以千金為壽。"[3]錢肅樂也派倪懋熹為使者前往定海策反王之仁。兩位負有完全相反使命的使者幾乎同時到達定海。倪懋熹抵定海後,聽說頭天有位姓陳的秀才上書王之仁,斥責其降清,被王處斬,仍毅然入見。一見面,王之仁說:"君此來,

---

1 林時對《荷牐叢談》卷四,《蠡城監國》。

2 王之仁在 1645 年六月清軍入浙時一度降清,順治二年閏六月定國大將軍豫王多多(多鐸)等"為塘報事"奏本中說:"防倭浙江總兵官王之仁歸順,所部將領官兵共二萬五千名。"見《順治錄疏》抄本。

3 全祖望《鮚埼亭集》卷七,《明故兵部尚書兼東閣大學士兼吏部尚書謚忠介錢公神道第二碑銘》。按,"渝渝"當作"噏噏",出自《詩經》,意為小人擅作威福。

大有膽。"倪說:"大將軍世受國恩,賢兄常侍(指崇禎朝太監王之心)攀髯死國,天下所具瞻,志士皆知其養晦而動也。方今人心思漢,東海鎖鑰在大將軍,次之則瀚洲黃將軍(指黃斌卿)、石浦張將軍(指張名振),左提右挈,須有盟主,大將軍之任也。"王之仁連忙制止他說下去,叮囑道"好為之,且勿洩",讓兒子王鳴謙陪倪懋憙去東閣吃飯。然後,又接見謝三賓的使者,給他一封回信,"但曰以十五日至鄞,共議之。"謝三賓的使者見王之仁惠然肯來,以為不負主命,當即回鄞。王之仁在謝三賓的使者離開後,對倪說:"語錢公,當具犒師之禮。"[1]十五日,王之仁果然統兵來到鄞縣,召集諸鄉老聚會於演武場。謝三賓自謂得計,欣欣然赴會,以為錢肅樂、錢志寧等必定濺血於眼前。不料,坐定之後,王之仁從靴子裏取出謝三賓的密信,當眾朗讀。三賓大驚,不顧一切衝上去想奪回原信。王之仁喝令部下士卒把謝三賓拿下,對錢肅樂說:"是當殺以祭纛否?"謝三賓"哀號跪階下,請輸萬金以充餉。乃釋之。"由於王之仁兵員較多,參與反正,寧波的反清局勢迅速穩定,對浙東其他府縣也具有很大影響。

總兵方國安是浙江人[2],潞王降清時,他率部眾一萬多人由杭州退至錢塘江東岸,和王之仁部構成反清武裝的主力。這樣,浙東地區的反清運動風起雲湧,慈溪縣有沈宸荃、馮元颷起義,石浦參將張名振也帶兵來會合;慈溪知縣王玉藻、定海知縣朱懋華、奉化知縣顧之俊、鄞縣知縣袁州佐、象山知縣姜圻紛紛提供糧餉、招募義兵。

---

1 全祖望《鮚埼亭集》卷八,《明建寧兵備道僉事鄞倪公墳版文》。林時對《荷牐叢談》卷四《蠡城監國》說,派往王之仁處的使者為華夏、王家勤。

2 方國安的籍貫據黃道周說是浙江蕭山;張岱在《石匱書後集》中記是浙江諸暨。

浙東各地反清運動興起後，明原任管理戎政兵部尚書張國維和在籍官僚陳函輝、宋之普、柯夏卿商議，認為急需迎立一位明朝宗室出任監國，而當時在浙江的明朝親、郡王只有在台州的魯王朱以海沒有投降清朝，自然成了浙江復明勢力擁立的唯一人選。閏六月十八日，張國維等人奉箋迎朱以海出任監國；二十八日又再次上表勸迎。朱以海到達紹興後，於七月十八日就任監國。[1] 以分守台紹道公署為行在，立妃張氏為元妃，改明年為監國元年。這意味着朱以海為首的監國政權在乙酉年七月到十二月仍沿用弘光元年年號。[2] 順便說一下，史籍中有"監國魯某年"和"魯監國某年"的不同用法，從現存魯監國頒發的印信來看，兩種紀年方法都曾使用過。隆武政權是以當年七月改元，魯監國則是次年（1646）改元，在 1645 年下半年仍沿用弘光元年。[3]

　　魯監國政權成立後，張國維、朱大典、宋之普被任命為東閣大學士，不久又起用舊輔臣方逢年入閣為首輔。任命章正宸為吏部左侍郎署尚書事，陳函輝為吏部右侍郎，李向春為戶部尚書，王思任為禮部尚書，余煌為兵部尚書，張文郁為工部尚書，李之椿為

1　翁洲老民《海東逸史》卷一。林時對《荷牐叢談》卷四亦記："王於七月自台至蠡城，以守道署為行宮。各官奉表勸進，即監國位。"按，張岱《石匱書後集》卷五《魯王世子》記："魯王於是年六月至紹興監國"；徐芳烈《浙東紀略》記："八月初三日乃抵越城，遂以分守衛署作行宮焉。"時間稍有出入。但張岱在同書卷四十五《陳函輝傳》中對魯王朱以海的拒絕降清和在台州被奉為監國"頒詔諸鎮"有較詳細的記載。總之，朱以海收到浙東起義官紳請他出任監國的表箋約在閏六月下旬，他到紹興就任則為七月。《思文大紀》記載，在唐、魯之爭激化時，隆武帝在一件敕文中特別強調以監國登極的先後作為正統所在的最重要的根據，聲稱"今朕先監國登極四十日"。唐、魯都是疏藩，無法同桂藩等血緣關係親近者相比，他說自己繼承大位早於魯王四十天，應屬可信。

2　徐芳烈《浙東紀略》云：九月"初旬內，江上諸藩文移往來，突稱洪武乙酉。大宗伯陳盟具疏改正，奉旨俱允。"《南疆逸史》卷二十《方逢年傳》則云："監國始稱洪武乙酉年，逢年入直，改稱魯監國元年。"

3　浙江省博物館曹錦炎、王小紅二君寄贈《南明官印集釋》一文，對魯監國頒發印信有詳細考證，頗具說服力，謹此致謝。

都察院左都御史。[1] 孫嘉績、熊汝霖、錢肅樂起義有功,均加右僉都御史衛督所部義師;進封大將方國安為鎮東侯,王之仁為武寧侯,鄭遵謙為義興伯[2],而以大學士張國維為督師,統率各部兵馬。

魯王朱以海出任監國是在潞王朱常淓投降後,浙東士大夫迫於清廷強制推行剃髮令而自發組織的抗清政權,帶有很大的地區性特色。參與擁立魯藩的官紳開初並不知道唐王朱聿鍵已經在福州繼統,他們在擁立朱以海之後立即處於進退兩難之勢。就親疏而言,唐王和魯王都是明太祖朱元璋的後裔,在譜系上與崇禎帝相距甚遠;在擁立時間上,唐藩略早於魯藩,而且由監國稱帝;地域上,唐藩為首的隆武政權得到了除浙東以外各地南明地方政權的承認,魯監國政權只局促於浙東一隅之地。閩、浙的紛爭使南明業已呈現的劣勢進一步惡化了。在國難當頭的時候,朱明王朝的宗室有的屈膝降敵,輕信清廷給予"恩養"的空言;有的利用國無常主,妄圖黃袍加身,哪怕過上一天皇帝癮也好。而相當一批文官武將也以擁立定策作為自己飛黃騰達的機會,演出了一幕幕兄弟鬩牆、鉤心鬥角的鬧劇。瞿式耜在一封信中寫道:"以我觀之,分明戲場上捉住某為元帥,某為都督,亦一時要裝成局面,無可奈何而逼迫成事者也。其實自崇禎而後,成甚朝廷?成何天下?以一隅之正統而亦位置多官,其宰相不過抵一庶僚,其部堂不過抵一雜職耳。"又說,"其見在朝廷者,幹濟則平常,爭官則犀銳,部曹則想科道,科道則想督撫,畢智盡能,朝營暮度,無非為一身

---

1 黃宗羲《行朝錄》卷三《魯王監國》。李之椿任左都御史見林時對《荷牐叢談》卷四《蠡城監國》;但該書記以朱兆柏為吏部尚書,余煌為禮部尚書兼管樞政,王思任為侍讀學士。按,參考查繼佐《魯春秋》等書可知監國政權文武官員常有升轉。

2 據黃宗羲、查繼佐記鄭遵謙封義興伯在是年十一月。

功名之計。其意蓋謂世界不過此一刻，一刻錯過便不可復得矣！彼其胸中，何嘗想世界尚有清寧之日，中原尚有恢復之期也哉！"[1] 這段文字是在永曆元年寫的，但所指出的南明殘餘勢力醉生夢死，熱衷於亂中竊權卻是概括了弘光以來的普遍現象。從宗藩到官僚大抵都是利令智昏，為眼前的名利爭得不可開交。

朱以海的出任監國，是在特殊條件下形成的。明第一代魯王朱檀，朱元璋第十子，封於山東兗州。其九世孫朱以派嗣封魯王，1642 年（崇禎十五年）清兵南下山東，攻破兗州，朱以派遇難。其弟朱以海也幾乎被清軍殺害，死裏逃生後於崇禎十七年二月襲封魯王[2]；同年三月，大順軍攻克北京，進兵山東，朱以海南逃，弘光時寓居浙江台州。朱以海親身經歷了國破家亡，顛沛流離的患難生活，培育了他對清廷的仇恨，在清兵侵入浙江時堅持了民族氣節，並且毫不猶豫地在強敵壓境之時毅然肩負起抗清的旗幟，甚至親臨前線犒師，這是難能可貴的。但是，他畢竟是深養王宮之中的龍子龍孫，過慣了腐朽荒淫的貴族生活，既缺乏治國之才，又不肯放棄小朝廷的榮華富貴。李寄有《西施山戲占》詩描繪了朱以海監國時的狀況："魯國君臣燕雀娛，共言嘗膽事全無。越王自愛看歌舞，不信西施肯獻吳。"詩後原注："魯監國之在紹興也，以錢塘江為邊界。聞守江諸將日置酒唱戲，歌吹聲連百餘里。當是時，余固知其必敗矣。丙申年（1656，順治十三年）入秦，一紹興婁姓者同行，因言曰：'余邑有魯先王故長史某，聞王來，畏有所費，匿不見。後王知而召之，因議張樂設宴，啟王與各官臨家。王

1 《瞿式耜集》卷三《丁亥正月初十再書寄》。
2 談遷《國榷》卷一百。《監國紀年》云："十七年二月甲戌王嗣位。"

曰：將而費，吾為爾設。因上數百金於王。王乃召百官宴於庭，出優人歌伎以侑酒。其妃亦隔簾開宴。余與長史親也，混其家人得入。見王平巾小袖，顧盼輕溜，酒酣歌作，王鼓頤張唇，手象箸擊座，與歌板相應。已而投箸起，入簾擁妃坐，笑語雜沓，聲聞簾外。外人咸目射簾內。須臾三出三入，更闌燭換，冠履交錯，傞傞而舞，優人、官人，幾幾不能辨矣。'即此觀之，王之調弄聲色，君臣兒戲，概可見矣。何怪諸將之沈酣江上哉！期年而敗，非不幸也。"[1] 這宛如一幅太平天子的行樂圖。

　　魯監國政權的腐敗還表現在任用皇親國戚上面。元妃張氏的哥哥張國俊招權納賄，任用匪人。著名的例子如謝三賓這樣鮮廉寡恥的小人，被迫參加魯監國政權後，竟然走國舅的後門出任大學士。其用人行政由此可見。張岱對朱以海的評論是："從來求賢若渴，納諫如流，是帝王美德。若我魯王，則反受此二者之病。魯王見一人，則倚為心膂；聞一言，則信若蓍龜，實意虛心，人人向用。乃其轉盼則又不然，見後人則前人棄若弁髦，聞後言則前言視為冰炭。及至後來，有多人而卒不得一人之用。附疏滿廷，終成孤寡，乘桴一去，散若浮萍；無柂之舟，隨風飄蕩，無所終薄矣。魯王之智，不若一舟師，可與共圖大事哉！"[2]

1　《李介立詩鈔》卷二，轉引自鄧之誠《清詩紀事初編》第四十八頁。按，婁某所云魯先王故長史即張岱之父張耀芳。耀芳曾任魯府右長史，崇禎五年去世。張岱《琅嬛文集》有《賀魯國主冊封啟》，內云："某愧非朴木，實為世臣。"《硯云甲編》第八帙，張岱《夢憶》記："魯王播遷至越，以先父相魯先王，幸舊臣第。岱接駕。……睿量宏，已進酒半斗矣，大犀觥一氣盡。……轉席後又進酒半斗，睿顏微酡。進輦，兩書堂官披之不能步。岱送至閽外，命書堂官再傳旨曰：'爺今日大喜，爺今日喜極。'……"李聿求《魯之春秋》卷二十記："張岱，字宗子，山陰人，參議汝霖子。汝霖嘗官山東副考官，與魯藩邸有舊。監國駐紹興，幸岱第，授職方主事，未幾辭歸。"張汝霖為張岱之祖父，李聿求弄錯了一輩。順便說一下，張岱原以為自己同魯監國有上述特殊關係，可望重用，後來未能如願，在所著《石匱書後集》中對魯監國多有微辭，實欠公允。

2　張岱《石匱書後集》卷五《魯王世家》。

在軍事上，魯監國政權處於抗清前線，卻並不能有效地利用當地的兵力和財力。浙東的抗清事業本來是孫嘉績、熊汝霖、錢肅樂等官紳士民憑藉一股正氣，不願降清，得到百姓支持而幹起來的，說明民心可用。可是，領兵大將方國安、王之仁來到之後，立即接管了浙東原有營兵和衛軍，自稱正兵；孫嘉績、熊汝霖、錢肅樂等雖被授予督師官銜，部下只有臨時招募而來的市民、農夫，稱之為義兵。方國安、王之仁憑藉兵力優勢，竭力主張"分地分餉"：正兵應該瓜分全部正餉，即按畝計徵的正額田賦；義兵只能食義餉，即通過勸輸等辦法取得的銀米。這實際上沿襲了弘光時四鎮和左良玉等軍閥割據餘習，使義兵處於沒有固定糧餉來源而自生自滅的困境。魯監國命廷臣會議，方國安、王之仁派來的司餉官員堅決要求全部田賦由正兵自行分地徵收，遭到許多廷臣的反對。戶部主事董守諭奏曰："分餉分地非也。當以一切正供悉歸戶部。核兵而後給餉，核地而後酌給之先後。所謂義餉者，雖有其名，不可為繼。"[1] 這本是正常朝廷財政軍費開支的通行辦法，卻被方、王使者堅決拒絕。另一戶部主事邵之詹建議以紹興府田賦歸戶部，寧波府田賦供王之仁，金華府歸朱大典，其他地方歸方國安，意在使監國政權多少還有一點財政支配權。可是，連這樣一個不得已的折中辦法仍然遭到方、王的斷然反對。最後，還是把浙東各府縣每年六十餘萬錢糧由方、王二軍自行分配。浙東各處義師斷絕了糧餉來源，大多散去；連督師大學士張國維直接掌管的親兵營也只有幾百人。

1　黃宗羲《行朝錄》卷三《魯王監國紀年上》。

第三節　唐、魯政權的對立與紛爭

上文說過，弘光朝廷覆亡，潞王屈膝降清，使南明帝系再次中斷，唐藩朱聿鍵、魯藩朱以海以遠系宗室先後被福建、浙東官紳將領擁戴繼統。這是在消息不靈的混亂狀態下出現的一國二主局面。不久，隨着情況的明朗化，唐藩為首的隆武朝廷建立時間稍先，又得到其他各省南明地方政權的支持，魯監國政權就處於進退兩難的境地。按道理說，退位歸藩可以使南明政權至少在名義上實現統一；然而朱以海黃袍加身容易，一旦退位依舊過寓公生活難免駑馬戀棧，何況擁立他的大臣也有的不願放棄自己"定策"之功，擔心轉入隆武朝廷將不受重視。唐、魯對峙的局面一直拖延不決。

九月，隆武帝派遣兵科給事中劉中藻為使者，前往紹興頒詔，宣佈兩家無分彼此，魯監國委任的朝臣可以到隆武朝廷中擔任同等官職。對於是否承認隆武朝廷的正統地位，在魯監國大臣中掀起了一場軒然大波，贊成開讀詔書和反對開讀的大約各佔一半。大學士朱大典、督師錢肅樂、大將方國安認為"大敵當前，而同姓先爭，豈能成中興之業？即權宜稱皇太姪以報命，未為不可；若我師渡浙江，向金陵，大號非閩人所能奪也。"[1]"聖子神孫，總為祖宗疆土。今隆武既正大統，自難改易；若我監國，猶可降心以相從。"[2]這說明他們的意見是贊成閩浙聯合，接受隆武朝廷的正統地位，以免浙東獨樹一幟，孤立無援。可是，大學士張國維、督師

1　李聿求《魯之春秋》卷五《錢肅樂傳》。

2　徐芳烈《浙東紀略》。

熊汝霖、大將王之仁、國舅張國俊等卻堅決反對。[1] 張國維的疏中說："國當大變，凡為高皇帝子孫，皆當同心勠力，共圖興復。成功之後，入關者王，此時未可言上下也。且監國當人心渙散之日，鳩集為勞，一旦南拜正朔，鞭長不及，悔莫可逭。"[2] 熊汝霖說："主上原無利天下之意，唐藩亦無坐登大寶之理。有功者王，定論不磨。若我兵能復杭城，便是中興一半根腳，此時主上早正大號，已是有名。較之閩中乘時擁戴，奄有閩越者，規局更難倒論，千秋萬世，公道猶存。若其不能，而使閩兵克復武林，直趨建業，功之所在，誰當與爭？此時方議迎詔，亦未為晚。"[3] 甚至還有人說出"憑江數十萬眾，何難回戈相向"的話[4]，不惜動武爭奪帝位。朱以海見朝臣中不少人主張尊奉隆武帝，憤憤不平，宣佈退歸藩位，於九月十三日返回台州。十月初一日，主張承認隆武朝廷為正統的大臣開讀了詔書。然而，在張國維、熊汝霖等人的堅持下，終於決定拒絕接受隆武政權詔書，重新迎回朱以海。唐、魯爭立從此愈演愈烈。

1　查繼佐《國壽錄》卷三《張國維傳》。

2　《魯之春秋》卷三《張國維傳》。張岱《石匱書後集》卷四十《張國維傳》記：魯監國授國維為建極殿大學士兼兵部尚書。隆武頒詔浙東，授國維為東閣大學士，敕輔魯王監國。廷臣多欲開詔。國維曰："繼大統者，世治先嫡長，世亂先有功。唐殿下提兵北伐，則國維當為前驅。若止為閉戶天子，反以官爵分浙東辦鹵（虜）之心，則恢復無期，中興何日！是太祖高皇帝之罪人也。不敢奉詔。"手敕凡七至，而國維終不發。謂使臣曰：張國維但知今日江上收文武人才，治戰守具為急，不知東閣大學士為何官，可即以此語報唐殿下。"查繼佐《國壽錄》卷三《張國維傳》記："丙戌，閩師至浙，國維以前內外臣營奉表於唐，恐有內變，使劍伏闕曰：今日復有以和閩為言者，臣立劍斬之。""今日請太祖高皇帝坐評此案，唐魯得失，豈以尋丈哉！"

3　《魯之春秋》卷四《熊汝霖傳》。查繼佐《魯春秋》記："九月，唐詔至，文武諸臣疏請開讀，惟兵部尚書國維、都御史汝霖、中書舍人謝龍震正色爭之。監國不果開詔。以會稽孫枿疾上儀注，罪之。唐詔略云：朕與王約，朕未有子，得金陵為期，當讓位皇姪，布衣角巾，蕭然物外。時廷臣速會稽備儀注上。國舅張國俊勇（悉）王怒，王誓不奪。龍震字雲生，遂手批唐使者劉中藻於殿上。已赦枿別轉，而以鄉薦受為會稽知縣。魯文武內外諸臣咸私表於唐，不聞監國。諸原以二（口、虜）唐前後厄，自失重援，勢必餉竭，無所呼，且唐詔特至公，誠一家也。悉從唐使者中藻附表稱賀。國維、汝霖等知之，不以聞，原其隱也。"

4　徐芳烈《浙東紀略》。

1646 年正月，隆武帝命都御史陸清源攜帶白銀十萬兩前往浙東犒師，卻被魯監國部將殺害。[1] 由於魯監國政權中許多文官武將向隆武朝廷上疏效忠，朱聿鍵也加意籠絡，給他們進官封爵。朱以海針鋒相對採取挖牆腳措施，在這年四月間，派左軍都督裘兆錦、行人林必達來福京"以公爵封芝龍兄弟"。[2] 隆武帝聞訊大怒，將來使囚禁。不久，又殺魯監國所遣使者總兵陳謙，更引起了鄭芝龍的不滿。[3] 由此可見，唐、魯爭立不僅是兩個南明政權的對立，而且在兩個政權內部也引起了嚴重紛爭，儘管唐、魯政權都以反清復明為宗旨，很大一部分精力卻消耗在內部矛盾上。與此相應的是，文官武將的升遷不是以抗清功績為據，而是被作為拉攏的一種手段。隆武、魯監國兩政權封爵拜官的人數很多，大抵都是因在內部傾軋中有"功"。在這種情況下，根本不可能組織有效的防清陣線。就當時的形勢而言，隆武朝廷得到了南方絕大部分明朝地方政權的承認，魯監國僅憑浙東一隅之地與之相抗是極不明智的。他和忠於他的大臣明知在南明管轄區內競爭不過隆武政權，卻幻想攻克杭州後進取南京，先拜孝陵，建立超過隆武朝廷的威望。以監國政權的兵力要實現這種戰略目標顯然是不現實的。何況，即便旗開得勝，如願以償地拿下了留都南京，唐、魯對峙的局面也將繼續下去。由於魯監國堅持同隆武朝廷分庭抗禮，地理原因監國政權處於抗清的前線，給福建提供了屏障，隆武朝廷的實權人物鄭芝龍對這種局面心中竊喜，按兵不動有了藉口。

1　翁洲老民《海東逸史》卷一云："閩中遣僉都御史陸清源解餉十萬給浙東。方國安縱兵搜之，拘清源不遣，蓋馬（士英）、阮（大鋮）所拘也。"他書多云陸清源被殺。

2　《思文大紀》卷五。

3　陳謙與鄭芝龍關係甚密。林時對記魯監國封陳謙為鎮威伯。

朱以海既自外於隆武朝廷，不惜以高官厚爵收買支持者，流風所及，官職紊濫。"時遠近章奏，武臣則自稱將軍、都督，文臣自稱都御史、侍郎，三品以下不計。而江湖遊手之徒，假造符璽，販鬻官爵，僵臥丘園而云聯師齊楚，保守妻子而云聚兵千萬。"禮部尚書吳鍾巒上疏請嚴加查核，"募兵起義者則當問其冊籍花名，原任職官者則當辨其敕書札付"[1]，但在當時情況下根本行不通。

第四節　魯監國政權的抗清活動

儘管魯監國政權的建立分散了抗清的力量，但是朱以海等人為了保有浙東，進而恢復失地，還是採取了一些積極措施。除了沿錢塘江佈防外，方國安、王之仁等部曾渡江配合當地義師收復富陽、于潛。1645 年八月間一度進攻杭州，未能得手。這年九月，清浙閩總督張存仁奏報："叛賊方國安、王之仁從富陽渡江犯杭城。遣副將張傑、王定國督兵往剿，斬首四千級，餘賊復盤踞富陽。又令定國往餘杭防剿，至關頭，遇賊對壘，我師奮勇掩殺，追至小嶺二十餘里，斬獲無算，陣擒國安子士衍等，斬之。"[2]

十一月，魯監國晉封方國安為越國公、王之仁為興國公，並且築壇拜方國安為大將，節制諸軍。十二月十九日，朱以海親自到錢塘江邊西興犒軍，每名士兵賞銀二錢，"責限過江，攻取杭城"。[3]二十四日，方國安、馬士英、王之仁派總兵三員領兵二萬多名於

1　黃宗羲《海外慟哭記》。

2　《清世祖實錄》卷二十。又同書卷二十一勒克德渾奏報滿軍朱瑪喇、和託、濟席哈出戰，當為同一戰役。

3　順治二年十二月二十九日浙江等處總督張存仁"為塘報官兵大捷事"揭帖，見《明清檔案》第三冊，A3-193 號。黃宗羲記：十一月"上募軍於江上，駐蹕西興"，當為十二月事。

五鼓從朱橋、范村、六和塔三處過江，直至張家山、五雲山、八盤嶺等處，迫近杭州府城。清總督張存仁與梅勒章京朱馬喇、濟席哈、和託、總兵田雄、張傑等分兵三路迎擊，明軍大敗，被俘的副將有十一人，參將、游擊、都司、守備四十八人。[1] 這次渡江攻杭戰役失敗後，魯監國政權的將領壯志頓消，基本上轉為劃江扼險的守勢。查繼佐上魯監國書中說：“自十二月廿四日之後，我兵一挫，□驕益逞。乃諸鎮養尊，將心萬不足恃，而私鬥者互見，無所為兵律也。米價騰沸，過常數倍，財竭則內必變，民情已洶洶可慮。……而舉朝泄泄，猶然飾太平之容，豈以示□鎮靜如謝安之於秦乎？臣未能為之解也。”[2]

第五節　靖江王朱亨嘉之變

正當唐、魯二藩在福建、浙江爭立的時候，分封於廣西桂林的靖江王朱亨嘉也不甘寂寞，夢想黃袍加身。明代的靖江王是太祖姪兒朱文正的後裔，在宗室諸王當中譜系最遠，按宗法觀念他根本不具備繼統的資格。然而，自從崇禎帝自縊北都覆亡以後，朱明王朝宗室中不少人心中竊喜，妄圖乘亂謀取大位，朱亨嘉正是其中的一個。1645 年五月，清軍佔領南京，弘光帝被俘，七月間消息傳到廣西，朱亨嘉認為機會來了，“即藉勤王為名，有妄窺

1　前注引《明清檔案》第三冊。A3-193 號。按原文濟席哈作幾什哈，和託作合託。揭帖中還提到熊汝霖也率義兵由牛頭壩渡江參加進攻杭州戰役，亦被擊敗。

2　查繼佐《敬修堂釣業》，上魯監國書第十篇，見浙江古籍出版社《海東逸史》外三種。乙酉十二月攻杭州戰役是魯監國政權的一件大事，張岱《石匱書後集》卷四十八《方國安傳》也記載了這次戰役。奇怪的是，當時正在魯監國政權中任兵部主事的黃宗羲竟然闕而不載，不知所為何事。溫睿臨《南疆逸史》卷四《監國魯王》全據黃氏記述，也未載此役。

神器之心。"[1]他對左右親信孫金鼎等人說:"方今天下無主,予祖向於分封之日以粵西煙瘴不願就封,馬皇后慰之使行,於是以東宮儀衛賜之。目今東宮無人,予不儼然東宮乎!太子監國自是祖宗成憲,有何不可?"[2]廣西總兵楊國威、桂林府推官顧奕等人也想以擁立為功,三章勸進,推波助瀾。八月初三日,朱亨嘉居然身穿黃袍,南面而坐,自稱監國,紀年用洪武二百八十七年。[3]改廣西省會桂林為西京。[4]楊國威被委任為大將軍,封興業伯;孫金鼎為東閣大學士;顧奕為吏科給事中;[5]廣西布政使關守箴、提學道余朝相等在桂林的官僚都參與擁戴。[6]為了擴大影響,爭取多方支持,朱亨嘉還派使者前往湖南、貴州等地頒詔授官,[7]檄調柳州、慶遠、左江、右江四十五洞"土狼標勇",以增加自身兵力。當時,廣西巡撫瞿式耜、巡按鄭封正在梧州,得到靖藩僭位的消息,立即檄令思恩參將陳邦傅保持戒備,又以巡撫印文通知土司"狼兵"不得聽從靖江王調令。朱亨嘉深知廣西巡撫的態度直接關係到自己"事業"的成敗,企圖加以籠絡。他先派顧奕為使者,攜帶詔令任命瞿式耜為刑部尚書,遭到瞿式耜的嚴詞拒絕。[8]八月十二日,朱亨嘉親自統兵來到梧州,把瞿式耜拘捕,十九日押回桂林軟禁於靖江

---

1 瞿式耜《丙戌九月二十日書寄》,見《瞿式耜集》卷三,書牘。

2 雷亮功《桂林田海記》。

3 雷亮功《桂林田海記》;參見光緒《臨桂縣志》卷十八《前事志》。

4 吳晉錫《半生自紀》卷下。

5 《桂林田海記》說顧奕被任為"翰林院修撰"。

6 光緒《臨桂縣志》卷十八《前事志》。

7 吳晉錫《半生自紀》云:"偽詔余為兵科給事,余揮使者不受。"《思文大紀》卷五記貴州情況說:"先是,靖庶偽詔頒行,(貴州巡撫范)鑛固卻之,且勵兵固圉,至是以拱戴疏至",隆武帝為之"欣然",給范鑛加銜為都察院右都御史。

8 瞿玄錫作瞿式耜及夫人邵氏"合葬行實",見《虞山集》。

王府，不久移居劉仙岩。[1]

　　靖藩的自立，同當時的兩廣高級官員態度遊移有關。隆武帝在福建即位後頒詔南明管轄區，兩廣、貴州等地的官員並沒有立即表態（舉行開詔宣讀儀式和上疏祝賀）。兩廣總督丁魁楚心懷觀望，有的史籍說他同朱亨嘉有秘密聯繫，對謀立活動故意採取放縱態度。巡撫瞿式耜在弘光朝廷覆亡後，本來打算奉桂藩安仁王朱由㰒（神宗的孫子，其父桂王朱常瀛已病死）為帝，在接到福州頒發的隆武監國和即位詔書以後，他認為唐王只是太祖的後裔，世系太遠，沒有及時上疏表態。被朱亨嘉拘留之後，他才秘密派遣家人攜帶奏疏祝賀朱聿鍵即位，並且報告朱亨嘉僭位及其必敗之勢，請求朝廷派遣軍隊平定叛亂。

　　朱亨嘉自立後，感到廣西“地方狹小，兵馬錢糧件件有限，難以為守，立志要下廣東，先到肇慶會同兩廣商議而行，以觀天下形勢，以為保守之資。”[2] 他命楊國威留守桂林，自己帶領兵馬由水路出平樂、梧州，以參贊嚴天鳳、范友賢為將軍，充當左、右前鋒。[3] 不料兩廣總督丁魁楚已獲悉隆武即位後，除了浙江的監國魯王以外，江南明朝各地政權都表示擁戴，而且隆武帝已給他加銜為大學士。[4] 因此，他認為這是自己建功立業的天賜良機，立即派出精兵數千名進至廣西梧州，同時差官乘船由小路而來，船頭打着“恭迎睿駕”的牌子，藉以麻痺朱亨嘉。八月二十二日半夜，丁魁楚兵在梧州突然發起進攻，朱亨嘉拼湊的兵馬被打得落花流水，自己

<hr>

1　同前注。光緒《臨桂縣志》卷十八《前事志》說：朱亨嘉“令楊國威留守桂林；檄思恩參將陳邦傅以總兵官會於梧州，籍兵千餘人，選宗室五百人為親軍，於十五日東行。”時日稍有不同。

2　雷亮功《桂林田海記》。

3　屈大均《安龍逸史》卷上。

4　《思文大紀》卷一。

狼狈不堪地由五屯所、永安、荔浦逃回桂林。[1] "大學士"孫金鼎原是個不齒於士類的充軍罪犯，憑藉靖江王的寵信同思恩參將陳邦傅打得火熱，結為兒女親家。亨嘉兵敗以後，孫金鼎逃往陳邦傅處避難。陳邦傅翻臉無情，將他處死，"把石灰淹了，解到兩廣識認明白"，立了一功。[2] 這件事在屈大均《安龍逸史》中記載得比較詳細：孫金鼎逃到陳邦傅處躲避，邦傅密語參畫胡執恭等曰："靖江無謀，動輒敗衄，我等若少依違，禍不旋踵矣！幸金鼎自來送死，乘此擒戮，以邀大功，何愁不富貴耶！"合計已定，於是"醉而投之水，仍取其屍，擦灰包紮，即傳諭各舡易剿逆旗幟，解功至梧州。廣督丁魁楚大喜，敘以首功，官征蠻將軍，協東師前赴桂林。"[3] 九月初五日，丁魁楚親自來到梧州，命參將陳邦傅、趙千駟、嚴遵誥、都司馬吉翔等統兵向桂林進發。楊國威同他部下的旗鼓（相當於傳令官）焦璉本來就有矛盾，瞿式耜暗中聯絡焦璉反正，夜間用繩索把陳部將士縋上城牆，一舉擒獲楊國威、顧奕等。[4] 二十五日攻靖江王邸，朱亨嘉被活捉。[5] 十月下旬，朱亨嘉和同謀文武官員被押解到廣東肇慶。1646年（隆武二年）二月，丁魁楚派馬吉翔把朱亨嘉等人押抵福建。[6] 隆武帝"命錦衣衛王之臣用心防護，無得疏虞。仍敕刑部侍郎馬思理安置靖庶，還要酌議妥當。所刻《靖案》作速頒行，在閩親、郡各王並令具議來奏，以服天下

---

1 光緒三十年《臨桂縣志》卷十八《前事志》。

2 雷亮功《桂林田海記》。

3 屈大均《安龍逸史》卷上，又見李天根《爝火錄》卷十三。

4 參見瞿共美《天南逸史》。

5 瞿玄錫撰其父瞿式耜、母邵氏"合葬行實"，見《虞山集》。

6 瞿共美《天南逸史》作"歸之福京"；《思文大紀》卷五作"械至延中"。馬吉翔從此受到隆武帝的賞識，後來成為永曆朝廷的重臣。

萬世之心，不可草率，亦不許遲誤。"[1] 同年四月，"安置靖庶人於連江，敕奉新王嚴加鈐束，不許令見一人，透出一字。"[2] "尋命掌錦衣衛事王之臣縊殺之，託言暴疾死。戮楊國威、顧奕、史其文等於市。"[3]

平定朱亨嘉的僭亂後，隆武帝加封兩廣總督丁魁楚為平粵伯，陳邦傅為富川伯掛征蠻將軍印。[4] 在給丁魁楚的誥敕中說："卿有聞檄擁戴之大志，又有迅平逆寇之巨績。王守仁當全盛之時，無推舉之事，以卿比之，功實為過。"這種過譽之詞反映了朱聿鍵渴望得到兩廣官員的支持。靖江王爵由朱亨歅襲封。瞿式耜卻因為有意擁立桂藩，受到隆武帝的猜忌，被解除廣西巡撫職務，調任行在兵部添注左侍郎；廣西巡撫一職由晏日曙接替。

靖藩之變固然暴露了朱亨嘉覬覦大位的野心，隆武帝為穩定自己的地位而表現出來的私心自用也是很明顯的。丁魁楚、陳邦傅僅因為投機有功，就加升伯爵，掌握了兩廣地區的實權，後來在永曆朝廷上爭權奪利，紊亂朝政，又先後投降清朝，基本上沒有起過積極作用，可謂獎賞失當。真正忠於明室的瞿式耜卻因有意擁立桂藩而遭到排擠。《思文大紀》卷六記載，直到隆武二年（1646）五月即朱亨嘉之亂平息半年以後，"廣西桂林府、全州等州，進貢監國登極表箋四十六通。上雖嫌其遲，然亦念路遠阻滯也。"這自然是表面文章，正如瞿式耜自己所說："然余之不服靖江王而甘受其逼辱者，非為唐王也，為桂之安仁王也。""六月到廣西梧州。

---

1 《思文大紀》卷五。

2 《思文大紀》卷六。

3 李天根《爝火錄》卷十四。屈大均《安龍逸史》卷上記："得旨：嚴天鳳、楊國威處斬，貶靖藩為庶人，安置廣東博羅縣，至縣，未幾死。"

4 《思文大紀》卷四、卷六。

八月隨遭靖藩之禍，時閩中已立思文矣。弟心心在神宗之孫，故既受靖禍，而又見疏於隆武。比奪西撫與晏公，遂堅意不赴佐樞之命。"[1] 瞿式耜卸任後拒不赴閩就任，在廣西梧州、廣東肇慶一帶留連賦閒。

除了靖江王朱亨嘉的爭立以外，還有益陽王的自稱監國。1646 年二月，朱聿鍵下詔禁止益陽王在浙江龍遊、遂昌一帶私授知縣。其中說到益陽王"藉受慈禧（弘光太后鄒氏）之命，又藉勛鎮方國安之推奉，近日表奏雖來，公然用監國之寶，不知此寶授自何人？"[2] 兵部郎中王期升在太湖奉楚藩宗室朱盛澂稱通城王行大將軍事，"居然帝制，派餉、賣札、強奪民女，為兩山（指太湖中的東、西洞庭山）百姓不容"，王期升站不住腳才逃入福建。[3] 在南明歷史上，這類事件多次發生。朱明宗室覬覦帝位者頗不乏人；部分官紳以"定策"為功，內部紛爭不已，文官武將的升遷也深受這種風氣影響。弘光、隆武、魯監國等小朝廷以及妄圖自立的某些宗室一脈相傳，往往以高官顯爵酬謝擁戴者。在民族危機日益深重的情況下，爵祿不用於勸獎抗清有功官員，而以是否效忠於己為依據。南明之不競，與此頗有關係。

1　《瞿式耜集》卷三，書牘。
2　這件詔書在《思文大紀》卷四內記於二月；《爝火錄》載於四月，注云：益陽，遼簡王植之裔孫。
3　《爝火錄》卷十三。

第九章

隆武政權的作為和覆敗

第一節　1645 年秋到 1646 年夏的形勢

朱聿鍵在福建即位和朱以海在浙東監國反映了南方紳民的抗清願望。就當時的形勢來看，南明方面弘光朝廷雖然已經覆亡，但南明政權還控制着福建、廣東、廣西、湖南、貴州、雲南幾個全省（四川在張獻忠為首的大西軍控制下）和浙東、贛南地區，人力和財力還相當可觀。而清朝統治者在摧毀了大順政權和弘光政權兩大對手後，錯誤地判斷了形勢，以為只要稍事招撫，全國即可平定。1645 年六月，英親王阿濟格率師"凱旋"；九月，豫親王多鐸也領兵回京，換來了一位年紀很輕的貝勒勒克德渾以平南大將軍名義帶領一支滿洲八旗兵鎮守南京。勒克德渾部下的兵員數目不詳，但肯定比多鐸的兵力少；此外就是奉命招撫江南各省的內院大學士洪承疇和一批投降不久的漢軍。如果僅就兵力對比和人心向背而言，南明當局是可以利用清軍主力北返的時機有一番作為的。然而，南明地域雖廣，各派勢力卻在很大程度上陷於割據紛爭，朝廷虛有其名，無法組織有力的反攻。

唐、魯的對立削弱了東南的抗清勢力。表面上奉隆武正朔的各地大臣也往往私心自用。朱聿鍵是位有恢復大志的君主，他所採取的政策措施大體上也是正確的。可是，真正效忠於他的人並不多，在福建他受制於鄭芝龍、鄭鴻逵兄弟；在外的湖廣等地總督何騰蛟只知利用隆武帝的信任把湖南和貴州東部視作自己的禁臠，威福自操；廣西巡撫瞿式耜意在擁立桂藩，同隆武朝廷貌合神離。向心力比較強的是贛南和廣東。隆武帝開初並沒有看出何騰蛟的割據自雄心理，對何騰蛟的請官請爵幾乎是言必聽從，不僅把湖廣地區的全權委任給他，還指望他派兵進入江西，把自己從鄭氏集團控制下的福建迎接到贛州或者湖南。當時，正是大順軍餘部同何騰蛟、堵胤錫達成聯明抗清協議，湖廣兵力正盛的時候，隆武帝認為浙東、福建有魯監國、鄭芝龍的兵力抗擊清軍，自己移駐贛州或湖南，可以就近節制贛南、湖廣、廣東和雲南、貴州調來的軍隊同清方較量，收復失地。然而，他的這一計劃既遭到鄭芝龍的反對，又得不到何騰蛟的真心支持，終於化為泡影。

大致可以這樣說，崇禎朝時雖已出現少數武將擁兵自重的跡象，朝廷的威令基本上還能暢通無阻；弘光時武將跋扈，封疆大臣仍不敢違反朝廷旨意；隆武以後督撫大臣也效法武將，一味盤踞地方，爭權奪利，朝廷威令不行，幾乎談不上統一部署、統一指揮。清廷雖有內部傾軋，但掌權者基本上能威福自操，令行禁止。相形之下，清勝明敗主要決定於內部凝聚力。

清阿濟格、多鐸主力北返之後，江南留守兵力相當單薄，擁明勢力雖展開了一些反擊，但收效甚微，原因在於各自為政，互相觀望，甚至坐視清軍打掉擁明旗幟下的異己力量，心中竊喜。南明軍閥和封疆大吏多數是這樣一批鼠目寸光的人物，才使清方得以有限兵力集中使用，達到各個擊破的效果。1645 年秋天，魯監國的軍隊渡錢塘江攻杭州和浙東等地；堵胤錫督忠貞營攻荊州；江西明軍和義師也奮起同清方爭奪建昌、吉安等府縣。兵餉最足的鄭芝龍和何騰蛟卻一味坐食內地，毫無作為。

由於南明當權人物總是誇張自己的"功績"，隱瞞自己的消極避戰，留下的材料雖然很多，卻只能把讀者導入歧途。為了釐清頭緒，藉助於清方檔案材料就是必要的了。勒克德渾接替多鐸和阿濟格鎮守江南期間，只進行了一次重大的軍事行動，這就是援救荊州之役，對手是由大順軍改編而成的忠貞營（荊州戰役另述）。當時，清朝對江南的統治遠未鞏固，兵力又非常單薄。除了駐於南京和杭州的一部分滿洲八旗兵以外，湖廣（主要指今湖北省部分）、江西以及今安徽省等地區都是由新降附的漢軍負責鎮守和攻取。勒克德渾領江寧（今江蘇省南京市）滿軍主力援救荊州時，連南京城內外的反清勢力也還相當活躍。順治二年（1645）十一月江寧等處巡按毛九華在一件揭帖中說："江寧城外九十餘村，有王璫、孫壋、金牛、六塘、聶村、陶村、鄧村、龍都八村藉練鄉兵為名，敢犯天兵，遂經剿洗，自後安堵。"[1] 實際上南京城郊義師雖然受到清軍的搜剿，地方並沒有"安堵"，就在勒克德渾統兵西上湖廣時，抗清義師趁江寧守禦力量空虛，密謀於順治三年（1646）正月十二日夜間裏應外合，奪取該城。由於消息走漏，洪承疇等得以及時防範，"捕斬為首者三十人。至十八日夜，賊首偽潞安王、瑞昌王復率賊兵二萬餘三路入犯，我兵俱擊敗之。"[2] 洪承疇揭帖中敍述道："有偽瑞昌王朱誼溓、偽總兵朱君召，奸惡異常，到處號召同

---

1 《清代農民戰爭史資料選編》第一冊（下），第二九七頁。
2 《清世祖實錄》卷二十四。

謀叛亂。今年正月十九日，既密圖江寧，裏應外合。職與操江陳錦等諸臣，先事發覺，合滿漢官兵，奮力擒剿，旋就底定。然大逆朱誼淲、朱君召猶未就擒，禍本未拔。"下文又說，正月二十三日陳錦、巴山、厩童統兵在南京城外搜剿，殺一百餘人，自二十四日起將江寧各城門封閉，"細搜城內逆賊，擒獲甚多，俱有瑞昌王偽旨、偽牌札可據。"洪承疇的這件奏疏是在順治三年八月底寫的，這時清廷已派遣貝勒博洛統兵由浙江進攻福建，南京地區的清軍仍然很少，所以他在疏中說："惟是江寧為江南根本重地，遠近望以為安危。職先督發原任平南伯、廣昌伯下副、參高進庫、楊武烈、藺光元等官兵三千，援剿江西。嗣有山東總兵柯永盛官兵四千移駐江寧，緩急可恃；後將柯永盛官兵改駐江西，則江寧官兵仍覺單薄。今雖有提督總兵張大猷統漢兵四千，皆係提督曹存性所遣營兵，南兵脆弱，全無馬匹，即盔甲、弓箭俱稱缺乏，尚在設法置備。所恃者，惟巴山滿洲官兵，先聲足以奪氣，臨敵足以摧鋒，若多行調發，則彈壓勢輕，恐啟奸宄窺伺之漸。"[1] 洪承疇的這件密疏透露了南京堪戰的漢兵已先後調赴江西，防守兵力只有巴山部為數不多的滿軍，因此他建議清廷不僅不要再抽調部分巴山部軍出征，還應把高進庫部漢軍調回南京，"庶重地可保無虞"。由此可見多鐸部"凱旋"後，勒克德渾出征荊州期間和返京休息以後，南京的防守兵力極其單薄。而南明方面對清軍的虛實一無所知，清軍未到時盤踞地方，苟且偷生；等到清方調集兵力進攻時

---

1 順治三年八月三十日招撫江南各省大學士洪承疇密揭帖，《明清史料》甲編，第二本，第一七〇頁。曹存性原為弘光朝左都督，多鐸部清軍抵南京時投降，被委任為總管五營提督省城（江寧）軍務，其時年已遲暮，順治二年九月命其孫副總兵曹胤吉進表（見同上書，第一二八、一二九頁），部下兵將多係明代南京世襲之軍，沒有多大戰鬥力。

立即張皇失措，非降即逃。換句話說，清方始終掌握着主動權，休整和進攻交替而行；南明方面在 1645 年秋到 1646 年秋這一年裏，除了原大順軍反攻荊州、魯監國的軍隊同清軍相持於錢塘江、忠於隆武政權的贛南軍隊與金聲桓部清軍爭奪江西以外，兵力最多的鄭芝龍部（他完全可以憑藉水師優勢入長江進攻南京等地）、何騰蛟部（他本應出岳州攻武昌等地），都龜縮於後方，毫無進取之意。南明高官顯爵的文恬武嬉，錯過了最佳戰機，直接導致了浙東的潰敗和隆武政權的覆亡。

第二節　隆武帝的政策和舉措

隆武朝廷和魯監國政權都是在國內民族矛盾上升為主要矛盾的形勢下建立的，它們的共同特點是抗清復明。由於魯監國政權控制區太小，影響有限，這裏着重敍述隆武朝廷的大政方針。

第一，在總體戰略上，弘光朝廷以"平寇"（鎮壓農民起義）為主；隆武朝廷改為"禦虜"（抗清）為主。這自然是形勢造成的，正如順治二年十月清廷派遣的招撫江西孫之獬揭帖中所說："福藩喚醒唐藩之迷，馬士英喚醒黃道周之迷。"[1] 奉行"聯虜平寇"方針的弘光朝廷在南下清軍鐵騎的衝擊下土崩瓦解，擁明勢力終於認識到社稷存亡的主要威脅是滿洲貴族建立的清朝。朱聿鍵能夠洞察客觀條件的變化，總結弘光覆亡、潞王降清的教訓，不失時機地樹立起抗清大旗，符合漢族百姓反對滿洲貴族強制推行的薙髮改制等民族壓迫政策的願望，畢竟是難能可貴的。他即位十天

---

1 《明清檔案》第三冊，A3-115 號。

後，就誅殺清朝派來招降的使者馬得廠，敕諭文武臣民曰："朕今痛念祖陵，痛惜百姓。狂彝污我宗廟，害我子民，淫掠剃頭，如在水火。朕今誅清使、旌忠臣外，誓擇於八月十八日午時，朕親統御御營中軍平彝侯鄭芝龍、御營左先鋒定清侯鄭鴻逵，統率六師，御駕親征……"[1] 這次親征由於鄭芝龍兄弟的阻撓，沒有實現。朱聿鍵在基本政策上的轉變，仍然值得稱道。聯合農民軍共同抗清，是從隆武時期開始的。後來的歷史證明，如果沒有大順、大西農民軍的聯明抗清，南明政權絕對延續不了近二十年之久。

第二，朱聿鍵針對萬曆以來黨爭給國事帶來的危害，提出了消除黨爭，"用捨公明"的方針。就任監國時，他親自撰寫了"縉紳""戎政""儒林"三篇《便覽》。其中說："蓋國家之治，必文武和於上，始民兵和於下。不然，立敗之道也。""孤惟帝王之御世也，必本祖法而出治。治不獨出於帝王，必與文武之賢者共之。始於得賢將相，終於得賢百職，四海兆民，方有信賴。民安則華強彝服矣。……帝王量大，則識必高。識高，必用捨公明。又何有乎東林、門戶，魏黨、馬黨之紛紛哉！嗚呼，三黨成，偏安矣；四黨成，一隅矣！"下文說，他"監國閩省，創設有司，約率眾而本己，官不備以惟人；焦勞昕夜，惟賢是求。"[2] 同年八月二十七日，親出考選推官策題云："歷代之受患，莫過於群臣朋黨之最大。於今兩京之覆，二帝之傷，皆此故也。……大明開天，黨肇於神廟之季。東林、魏黨；門戶、馬黨，交激遞變，而有如此之痛效矣。朕今志在

---

1 《思文大紀》卷二。
2 《思文大紀》卷二。

蕩平，盡去諸黨之名，惟在廷嚴說謊之條，在外正貪婪之罰。……邇日在廷，似猶有不醒之迷，欲啟水火之戰，朕甚懼焉！何道可底太平大公，令文武真和衷而共濟乎？……朕今亦曰：'去寇易，去黨難。'然黨不去，寇不驅也，審矣。"[1] 隆武二年（1646）正月，又在詔書中說："此後真正魏黨，亦與一概滌寬。但責後效，不計已往。蓋中興之時事，臣民悔過且與維新，況輕於此者乎！"[2] 當時，弘光朝首輔馬士英在浙東成了過街老鼠，日子很不好過，要求入仙霞關朝見。隆武帝內心裏是歡迎他的，鄭芝龍同馬士英關係較好，也主張收用馬士英。可是，朝廷上許多文臣都表示強烈反對，禮部尚書黃錦、太常寺卿曹學佺等上疏力爭。朱聿鍵只好下詔定士英為"罪輔""逆輔"，讓他在江浙"圖功自贖"。[3] 對於弘光時依附馬士英的楊文驄父子，朱聿鍵優加委任（主要原因是在唐、魯爭立中楊氏父子站在隆武朝廷一邊）。隆武二年正月，在給楊文驄之子左都督楊鼎卿的詔書中特別轉達了他對馬士英的關切，"閣部臣馬士英，朕必不負其捧主之心，在輔臣亦當痛悔其誤陷聖安（弘光帝）之戾。諸臣萬疏千章，豈奪朕心公論？"[4] 可見，隆武帝在用人取捨上力戒門戶之見，不咎既往，只要參與抗清就量才錄用。在這一點上，不能不承認隆武帝的見識比那些以正人君子自命的東林—復社骨幹人士要高明得多。

　　第三，隆武帝在南明諸統治者中是比較關心百姓的。為了減輕民間疾苦，他施政的一個重點是整頓吏治，嚴懲貪污。規定"小

---

1 《思文大紀》卷三。

2 《思文大紀》卷四。

3 《思文大紀》卷三。

4 《思文大紀》卷四。

第九章　隆武政權的作為和覆敗　257

貪必杖，大貪必殺"。[1] 監察御史吳春枝糾劾邵武通判陳主謨、古田知縣吳士燿、汀州知府王國冕貪污虐民。他當即下旨："各官贓私可恨，皆紗帽下虎狼也。若不嚴懲，民生何賴？都著革了職，該撫速解來京，究問追贓充餉。"[2] 當他聽說被清朝逼勒剃頭的軍民往往遭到南明官軍誅殺時，特別下詔"有髮為順民，無髮為難民"[3]，嚴禁不分青紅皂白地濫施屠戮。隆武元年七月，敕諭總兵何成吾曰："兵行所至，不可妄殺。有髮為順民，無髮為難民，此十字可切記也。"[4] 史籍記載，給事中張家玉監永勝伯鄭彩的軍隊進入江西，"時大清兵所至令民薙髮，而南軍遇無髮者輒殺不問。難民因是多輸牛酒，為間導；南軍咫尺不得虛實，餉、導俱絕。家玉設小牌，免死，給予難民，歡呼來歸者千百人。"[5] 這個政策同清廷的"留髮不留頭"形成鮮明的對照，顯然是更得人心的。

第四，朱聿鍵的個人品德在南明諸君中也是很罕見的。黃道周在一封信裏曾經描述了隆武帝的為人，"今上不飲酒，精吏事，洞達古今，想亦高、光而下之所未見也。"[6] 不少史籍中都說他喜歡讀書，無聲色犬馬之好。做了皇帝之後，仍然自奉甚儉，敕諭云："行宮中不許備辦金、銀、玉各器皿，止用磁、瓦、銅、錫等件，並不許用錦繡、灑線、絨花，帳幔、被褥止用尋常布帛。件件俱從減省，成孤恬淡愛民至意，違者即以不忠不敬治罪。"[7] 他身穿土

---

1 《思文大紀》卷三。

2 《思文大紀》卷三。

3 《思文大紀》卷三。瞿式耜丙戌（1646）九月二十日家書中寫道："朝廷所謂無髮為難民也。庸何傷？"可證隆武這一詔書傳到了廣西，見《瞿式耜集》，第二五四頁。

4 邵廷采《東南紀事》卷一。

5 邵廷采《東南紀事》卷一。

6 黃道周《與楊伯祥書》，見楊廷麟《楊忠節公遺集》卷六。

7 《思文大紀》卷二。

布黃袍，安貧若素。曾在隆武朝廷任職的錢秉鐙作《宮詞》六首，其一云：“內使承恩新置機，詔傳大布織龍衣。六宮羅綺無人着，敕與無戎繡將旗。”其四云：“旌旗十萬護乘輿，二聖軍中共起居。長信宮人騎馬出，從龍只有五車書。”詩前有序云：“比聞宮中蔬布辛勤如一日也，北狩之禍，天乎，人乎，追思往事，令人痛絕。”[1]

上面談到的四點都說明朱聿鍵銳意恢復，頗有中興之主的氣概。南明滅亡以後，有一些遺民甚至認為留都立國之時就應該效法東漢光武帝不考慮親疏，徑直以朱聿鍵繼統。然而歷史過程不能悔棋，明朝的制度和 1644 年夏的局面都絕不允許鳳陽高牆（皇室監獄）中被囚的“唐庶人”當皇帝。即便在他被擁上帝位之後，號召力也不很大。朱聿鍵自知以遠藩子孫入繼大統事屬偶然，必然出現爭議。為了取得南明各地宗藩官紳的承認，不得不耍弄權術。例如，魯監國朱以海是同他爭奪帝位的公開對手，桂藩（安仁王和永明王）以神宗之孫是他潛在的競爭對象，就藉口自己沒有兒子，以“儲位”做誘餌希圖換取朱以海和朱由㰒、朱由榔的支持。先派給事中柯夏卿為使者加兵部尚書銜攜帶手書前往紹興，勸說朱以海接受皇太姪的名號，書中說：“朕無子，王為皇太姪，同心勠力，共拜孝陵。朕有天下，終致於王。”[2] 後來又聲稱：“此永明王（朱由榔）之天下也。永明，神宗嫡孫，正統所繫。朕無子，後當屬諸永明。”[3] 隆武二年七月，曾皇后生了兒子，當時清兵攻破浙東，魯監國政權瓦解，朱聿鍵卻興高采烈地以皇太子誕生給官員

1 錢秉鐙《藏山閣詩存》卷五《生還集》。
2 錢秉鐙《所知錄》卷一。查繼佐《魯春秋》作：“朕與王約，朕未有子，得金陵為期，朕當讓位皇孫，布衣角巾，蕭然物外。”
3 錢秉鐙《所知錄》卷二。

們加級封賞，以示喜慶。御史錢邦苣上疏道："元子誕生之日，正浙東新破之日，同盟且應見恤，剝膚益復可憂。臣以為是舉朝同仇發憤之秋，非覃恩爵賞之時也。且恩澤不宜太優，爵賞不宜太濫。若鐵券金章，徒以錫從龍之舊，則將來恢復疆土，何以酬汗馬之勳？非所以重名器，勸有功也。"隆武帝置之不理。[1] 錢秉鐙賦詩寄慨云："當今天子高帝孫，魯國同是至親藩。改元本非利天下，域內原宜奉一尊。越東諸臣殊可笑，誓死不開登極詔。天子灑筆親致書，相期先謁高皇廟。閩中恃越為藩籬，如今越破閩亦危。往事紛爭不足論，與國既失應同悲。昨夜中宮誕元子，通侯鵲印何累累？中興所重在邊疆，恩澤冒濫同爛羊。唇亡齒寒古所忌，君不聞元子之誕唇先亡（原注：蓋元子生而唇缺也）。"[2] 透過這些批評，固然可以看出朱聿鍵的私心自用，但也明顯地反映出他的處境困迫，難以施展抱負。

第三節　鄭芝龍兄弟的跋扈

鄭芝龍原先是海盜，受明政府招撫後，在崇禎年間曾奉命鎮壓福建、江西、廣東的"山寇"和"海寇"，由參將逐步升到總兵官。弘光時加封南安伯。他的接受招安，既為明王朝效力，使東南沿海地區相對穩定；主要意圖卻是借用朝廷命官身份，掃除海上異己勢力，壟斷福建、廣東等地的對外貿易。到明朝覆亡的時候，他在福建已經擁有左右地方軍事和經濟的實力。1645 年六月，他

---

1 錢秉鐙《所知錄》卷一。
2 錢秉鐙《所知錄》卷一。按，錢秉鐙《藏山閣詩存》卷四《生還集》所收此詩個別字不同，如"昨夜中宮誕元子"作"昨夜室中誕元子"。

的弟弟鄭鴻逵擁立唐王朱聿鍵，在福州建立隆武政權，自然是得到他的同意的。然而，這種結合卻難免貌合神離。朱聿鍵以恢復明室為己任，具體目標是首先恢復以南京為中心的江南（他稱之為"半功"），進而收復北方（他稱之為"全功"）。鄭芝龍的用心卻大異其趣，他以迎立隆武作為定策勛臣第一，藉隆武朝廷的名義鞏固自己在福建等地區唯我獨尊的地位，帶有很大的割據色彩。這樣，隆武朝廷從建立開始，就處於一種微妙的狀態之中。朱聿鍵得到了除魯監國據守的浙江東部地區以外南方各省的支持，至少在名義上他是公認的南明第二個正統朝廷。然而，他的政權是依靠鄭氏兄弟的支持才得以建立，又處於鄭芝龍集團實力控制下的福建，一切作為都必然要受到鄭芝龍的挾制。朱聿鍵即位以後，大政方針基本上是正確的，他為抵制和擺脫鄭氏家族的控制也做了相當大的努力。隆武朝廷建立不久，朱聿鍵和鄭芝龍、鄭鴻逵之間的蜜月很快就結束了，隨之而來的是一系列控制與反控制的鬥爭。

朱聿鍵為了提高朝廷的威望，特別注意網羅人才，以禮敦聘各地名聲較高的官員入朝任職，延請入閣的大學士名額超過了明代任何時期。鄭芝龍卻憑藉實力根本不把這些文官看在眼裏。朝廷建立不久，就發生了朝班事件。鄭芝龍自以為帝由己立，朝見時自然應當排於文武諸臣的前面，首席大學士黃道周卻以祖制勛臣從來沒有位居班首的先例為理由，堅持不讓。在隆武帝親自干預下，黃道周贏得了表面上的勝利。接着在一次朝見群臣的時候，鄭芝龍、鄭鴻逵當着皇帝的面揮扇去暑，戶部尚書何楷上疏劾奏他倆"無人臣禮"；隆武帝嘉獎何楷敢於直言，立即給他加了左僉都御史的官銜。鄭氏兄弟懷恨在心，處處加以刁難，何楷被迫請求致仕回籍，隆武帝違心地同意他暫時回鄉養病。鄭芝龍仍不肯罷休，派部將楊耿在半路上割掉何楷的一隻耳朵，藉以向朝廷示威。[1]

朱聿鍵原本希望鄭芝龍、鄭鴻逵統兵出福建，建功立業。在他的一再訓令下，鄭芝龍不得不派永勝伯鄭彩帶兵出杉關，援救江西建昌義師。鄭彩到達杉關之後卻按兵不動，無論監軍給事中張家玉怎樣催促，他一概置之不理。不久聽說清軍將至，拉起隊伍就跑，三日夜退到浦城。張家玉極為憤慨，上疏劾奏；隆武帝下詔削去鄭彩的伯爵。1646 年（隆武二年、順治三年）正月，又因鄭鴻逵部將黃克輝從浙江江山撤退回閩，隆武帝大怒，指責鄭鴻逵“始則境內坐縻，今復信訛撤轉，不但天下何觀，抑且萬世遺恥。未有不能守於關外而能守於關內者”，下詔將鄭鴻逵由太師降為少師。[2] 這些事實表明隆武帝致力於中興事業，不願充當鄭氏兄弟的傀儡。

隨着雙方矛盾的激化，隆武帝明白除了離開福建，擺脫鄭芝龍兄弟的控制，不可能有任何作為。於是，他決意親征，目的是第一步把行在移到江西贛州，然後視情況而定，如果江西用兵得手，局勢穩定，可以西連湖南何騰蛟部，東接福建鄭芝龍部，南靠廣東，收就近指揮之效。即便江西作戰不利，還可以西移湖南，南下廣東。朱聿鍵決策移蹕明清雙方激烈爭奪的江西，而不是遷往比較安全的廣東，說明他確實是有恢復之志的，和後來的永曆帝不可

---

1 李光地《榕村續語錄》卷八記載，鄭芝龍原意是於半途邀殺何楷。何楷見伏兵持刃突出，心知是鄭氏指使，鎮靜如常，"出謂賊曰：'知君所欲得者，吾頭耳，毋及他人。'伸頸命取之。眾愕眙許時，曰：'好一個都院，且取若耳可矣。'割耳而去，以已殺報芝龍。隆武聞元子（何楷字玄子，此處避康熙諱）被盜竊，哭幾日。當時人作一對曰：'都院無耳方得活，皇帝有口只是啼'"。

2 《思文大紀》卷四。

同日而語。隆武元年八月，江西督師萬元吉上疏請移蹕贛州，疏中寫道："贛（指贛州）居上游，豫（豫章即南昌）不能仰面而攻，且左為楚，右為閩、浙，背為東粵，足以控制三面，宜駐蹕。"[1] 朱聿鍵於十二月十六日離開福州，二十六日到達建寧[2]，開始做向西轉移的準備。

朱聿鍵和忠於他的臣僚做的這種戰略部署，連當時任清朝江西提督的金聲桓也看得很清楚，他在給清廷的奏疏中寫道："以臣今日細觀福建（指隆武朝廷）陳兵之勢，儼然一常山之蛇，以浙東為首，江西為腹，湖南、廣西、雲貴為尾，敵畏江南滿州（洲），故宿重兵於浙東以拒錢塘之渡（作者按這是指魯監國政權的兵），乘臣江西兵力之單弱，意欲奪路而出，以震動江寧；何騰蛟擁重兵從上游而動武昌，滿州（洲）有數，東南半壁豈不一鼓而復乎？臣計南贛、建昌、廣信之賊雖號有三十餘萬之眾，若得滿州（洲）二萬從江西來，合臣兵二萬，臣效前驅，立可剿滅無餘，隨由南贛直搗閩廣，憑腰肋之間鑱為兩斷，敵人首尾不能相顧，錢塘可一葦而渡矣。然後合力平定雲貴，一統之業豈不易易哉！"[3] 可見，明清雙方都認識到江西在戰略上的重要地位。問題是，南明方面隆武帝既調不動鄭芝龍的軍隊由福建入江西，他寄予厚望的何騰蛟派精兵強將由湖南入江西迎駕也全盤落空；而清方洪承疇卻抽調了柯永盛、高進庫等部赴江西協同金聲桓部作戰，先後攻陷吉安、贛州、南安等府。江西戰局的逆轉，歸因於鄭芝龍、何騰蛟的私

1　李天根《爝火錄》卷十二。

2　李天根《爝火錄》卷十三。《思文大紀》卷三作："十二月初六日，御駕親征。"又記："帝手敕鳳陽知府張以謙：朕今正位福京，志雪救民。八月十八日，兵發五路。十二月初六日，朕駕親征。"

3　順治二年十二月十六日金聲桓題本，見《明清檔案》第三冊，A3-177 號。

心自用，它不僅直接導致了隆武朝廷的覆亡，而且對後來南明局勢的發展影響極大（順治五年，金聲桓、李成棟反清歸明時都是在贛州城下屢遭挫敗，不能全力北上，詳見下文）。

第四節　黃道周的出征和被俘殺

　　隆武帝銳意恢復，鄭芝龍卻擁兵自重，挾制朝廷，無意進取，雙方的矛盾日益激化。首席大學士黃道周不勝憤慨，自告奮勇督兵出福建，聯絡江西，援救徽州、衢州一帶的金聲等部義軍，設法為隆武朝廷打開局面。1645 年七月二十二日，黃道周勉強拼湊了三千多名士卒踏上了征途[1]，隆武帝派趙士超為兵部職方司主事任軍前監紀。掌握兵馬錢糧大權的鄭芝龍內心竊喜，唯恐其不去，既不撥給精兵，糧餉也只支給一個月的定額。師出不久，兵餉就接濟不上。黃道周只好利用自己的聲望和書法親筆書寫委任狀，沿途召募一些忠貞之士。黃道周雖然身處多事之秋，讀過一些兵書，為《廣百將傳》做了注斷，卻只是紙上談兵，從來沒有指揮過軍隊。部下兵將大抵是應募而來，缺乏作戰經驗，憑着一腔熱血奮勇向前。施郎（後改名施琅）當時充當偏裨，隨同黃道周出征，他自稱"十七歲作賊"，憑軍事眼光看出依靠這樣一支隊伍同清朝

1　李世熊《再上石齋黃老師書》中說："先生之行也，召募市人才三千耳，餉不給於國帑，而資於門生故友之題助，此一時義激慷慨耳。朝廷才給空門札百十道以當行銀，兵事歲月未可解，義助能歲月例輪乎？空札可當衣食易死命乎？就令士馬飽騰、人人致命，三千未教之卒可枝住諸道分進數十萬之方張之寇乎？"見黃宗羲編《明文海》，補遺第五二三七頁。鄭達《野史無文》卷十二《鄭成功傳》記："道周與芝龍隙，請督師援廣信府，芝龍給羸弱卒三千以往，至則敗績。"這兩種書記載黃道周出師時兵力比較可靠。

正規軍作戰必敗無疑。因此，他向黃道周建議，遣散隊伍，只帶少數經過挑選的人由小路直接進入贛州，以首席大學士督師的名義節制和調遣南贛、湖廣、廣東、廣西等地總督、巡撫、總兵，會師進取。黃道周為人迂執，不達權變，以為自己有這麼一支鬆鬆垮垮的軍隊總比沒有好，又把自己的聲望估計過高，認為所到之處必將群起響應；何況在他心目中施郎不過一介卑微末將，哪能有甚麼奇謀良策。施郎見黃道周不採納自己的意見，不願陪着他送死，徑自返回福建。[1] 黃道周到達徽州府境之後，蒙頭轉向，直到金聲兵敗被俘，他才弄清楚原來自己的軍隊同金聲部義軍只隔一座山。他的兵力能不能解救金聲固然是個問題，但至少說明他情報不明，缺乏軍事才能。金聲部既已覆敗，黃道周帶領的少數軍隊又不是清軍對手，出兵援徽的目的落了空。他率部從徽州婺源轉入江西，一再寫信策反清江西提督金聲桓，被置之不理。十二月二十四日清軍探聽到黃道周在婺源縣境明堂里下營；第二天，清徽寧池太提督張天祿率領寧國總兵胡茂禎、池州總兵于永綬、徽州總兵李仲興、蕪采總兵卜從善分三路圍攻，黃道周部下士卒犧牲的有一千多人，餘眾星散，他本人和文官兵部主事趙士超、通判毛志潔、中書蔡雍、賴繼謹，武官游擊朱家弟等被胡茂禎部俘虜。[2] 順治三年（1646）二月初二日，黃道周等被押送到南京，

1　李光地《榕村語錄續集》卷八。

2　順治三年二月十九日招撫江南大學士洪承疇揭帖中說：十二月二十五日在婺源縣一都明堂里"生擒偽閣部黃道周"的是寧國總兵胡茂禎下都司白世彥、張養忠。見《明清史料》甲編，第二本，第一四五至一四六頁。又《史料叢刊初編》所收順治四年七月洪承疇報"徽寧池太安慶廣德總兵將領清冊"內，不少將領有"順治二年十二月二十五日徽州婺源明堂頭敵破陣"的記錄。

洪承疇勸降不成，奏報清廷後於三月初五日將他殺害。[1]隆武帝得到黃道周殉難的消息，非常痛惜，追贈為文明伯，謚忠烈。

第五節　清軍佔領浙東與魯監國航海

1646年（清順治三年、明隆武二年、魯監國元年）二月十九日，清廷命多羅貝勒博洛為征南大將軍，同固山額真圖賴領兵南下，進攻浙江、福建。[2]博洛帶領的滿洲八旗兵到達南京後，原平南大將軍貝勒勒克德渾把東南軍務做了交代，就帶領本部兵馬回北京休息。[3]博洛調集了江南一批明朝降兵降將，積極準備進軍事宜。據洪承疇報告，"今欽命行征南大將軍貝勒督兵赴浙閩征剿，職會發提督曹存性、總兵李應宗、于永綬、張應夢、賀胤昌、范紹祖、王之綱、蘇見樂、馮用等共官兵七千餘名"[4]隨征。實際上跟隨博洛進攻浙東、福建的漢族軍隊遠不止此，例如吳淞總兵李成棟部五千兵馬後來也被抽調南下，總數至少在一萬人以上。

五月十五日，博洛統率的軍隊經蘇州進抵杭州。這年夏季浙江久旱不雨，錢塘江水涸流細。清軍見有人在江中洗澡，水深不過馬腹，於是，在五月二十五日分兵兩路，一路由主力馬步兵組成，從杭州六和塔、富陽、嚴州一線涉水過江大舉進攻；另一路由水師組成，從鱉子門沿海而進，二十九日東西會合，全線出擊。

1　莊起儔編《漳浦黃先生年譜》卷下，見《黃漳浦集》卷首。溫睿臨《南疆逸史》卷八《黃道周傳》說"三月七日"遇害；張岱《石匱書後集》卷三十七則記於三月十八日。李光地記黃道周被俘後堅貞不屈、從容就義的情況頗詳細，令人肅然起敬，見《榕村語錄》卷二十二。

2　《清世祖實錄》卷二十五。

3　《清世祖實錄》卷二十七。

4　順治三年六月十六日洪承疇揭帖，見《明清史料》甲編，第六本，第五〇四頁。

方國安等部署的錢塘江防線頓時瓦解，各部明軍損兵折將，紛紛逃竄。五月二十九日晚上，魯監國在張名振等護衛下離開紹興，經台州乘船逃往海上。[1] 次日早晨，博洛過錢塘江，親自指揮追擊。[2] 六月初一日，清軍佔領紹興。[3] 朱以海出逃時，派靖夷將軍毛有倫保護宮眷、世子退往台州，毛有倫卻改道蛟關以便入海，途中被叛將張國柱截獲，送往杭州。[4] 魯監國所封越國公方國安帶領馬兵五百名、步兵七千名不戰而降，先後跟隨降清的還有新建伯王業泰、內閣大學士方逢年、謝三賓、宋之普、吏部尚書商周祚、兵部尚書邵輔忠、刑部尚書蘇壯，依附於方國安的弘光朝兵部尚書阮大鋮、太僕寺卿姜一洪等，武將有總兵陳學貫等十八人，副將以下不計其數。[5] 興國公王之仁見大勢已去，流淚說道：“壞天下事者，方國安也。敵兵數萬屯北岸，倏然而渡。孤軍何以迎敵，唯一死而已。”他率領部分兵員乘船數百艘，攜帶大批輜重由蛟門航海到舟山，打算同隆武帝所封的肅虜伯黃斌卿會師共舉。“斌卿偽許之，且曰：頃張國柱犯魯宮眷，不義，請合聲其罪。乃甫出洋，忽炮反攻之仁，盡有其舟。”王之仁對黃斌卿的背信棄義痛恨不已，把家屬九十三人的乘舟鑿沉，全部溺海而死，魯監國頒發的敕印

1　佚名《舟山紀略》(收入《明季史料叢書》)記：“丙戌五月二十九日，北兵飛渡錢塘江，荊國公方國安、蕩虜伯方元科、閣部馬士英先走。巡邊閣部張國維護王至台州。……時方、馬將獻王自全，令洪曠率內司千人守之。曠忽病，於夢中訴逆狀。王大驚，召閣臣張國維、陳函輝、柯夏卿、謝三賓、陳盟、宋之普、田仰等定航海之策。（六月）十七日，王哭辭享廟，適富平侯張名振遣中軍方簡率艫迎，王倉促登舟，軍民萬餘焚香遮道號呼追送。”

2　順治三年六月江寧巡撫土國寶揭帖，見《明清史料》甲編，第二本，第一六〇頁。

3　查繼佐《國壽錄》卷三《余煌傳》。

4　林時對《荷牐叢談》卷四《蠡城監國》。

5　參見順治三年七月初六日浙閩總督張存仁、浙江巡撫蕭起元聯名奏報，《明清檔案》第四冊，A4-162 號。同日張存仁啟本，《明清史料》甲編，第二本，第一六三頁；李聿求《魯之春秋》卷一。按，張存仁、蕭起元奏疏中說大學士張國維也曾“削髮”投順，但張國維在紹興失守後不久自盡是毫無疑問的。

也投進大海，自己留下一條大船。豎立旗幟，鼓吹張蓋，直駛吳淞江口。當地清兵以為他是前來投降的明朝高官，在六月二十八日送到松江府，吳淞總兵李成棟不敢怠慢，立即轉送南京。[1] 王之仁見到招撫江南大學士洪承疇時，慷慨陳詞，說自己是"前朝大帥，國亡當死，恐葬於鯨鯢，身死不明，後世青史無所徵信，故來投見，欲死於明處耳！"洪承疇開初還希望他回心轉意，以禮相待，婉言勸他薙髮投降。王之仁斷然拒絕，大罵洪承疇"反面事仇，先帝贈若官，立廟祠若、祭若，蔭若子；若背義亡恩，操戈入室，平夷我陵寢，焚毀我宗廟，若通天之罪，過李陵、衛律遠矣。"[2] 洪承疇羞愧滿面，無地自容，下令將他殺害。

清軍進佔浙東府縣後，大學士張國維、督師兵部尚書余煌、禮部尚書陳函輝、大理寺少卿陳潛夫等先後自殺。督師大學士朱大典據守金華，誓死不降。博洛親自統率滿、漢軍於六月二十三日從紹興前往金華，二十六日把該城四面包圍。由於明軍在朱大典指揮下憑城頑抗，博洛從杭州調來紅衣大炮，浙閩總督張存仁也奉命帶兵參加攻城。[3] 清軍以絕對優勢的兵力猛攻了二十天，直到七月十六日金華才被攻破。朱大典帶領家屬和親信將校來到火藥局，用繩索捆在火藥桶上，點燃引線，轟然一聲，壯烈成仁。朱大典在明末官場上以貪婪著稱，然而當民族危難之時他卻破家紓

---

1 順治三年七月吳淞總兵李成棟揭帖，見《明清檔案》第四冊，A4-208 號。按，翁洲老民《海東逸史》卷七《王之仁傳》、查繼佐《魯春秋》等書記王之仁封爵為寧國公；張岱《石匱書後集》卷四十二《王之仁傳》記丙戌三月"以功晉興國公"，應以李成棟揭帖為準作興國公。

2 《石匱書後集》卷四十二《王之仁傳》。按，錢肅潤《南忠記》《總兵王公傳》記王之仁斥責洪承疇的一段話痛快淋漓，但反復提及自己就義後將於九泉下與洪承疇之父相見。承疇父死於是年九月，王之仁的就義據金鐘《皇明末造錄》卷上記為"八月十五日"；鄭達《野史無文》卷十《張名振傳》也記載王之仁"八月十五日請死於雨花台之山下"。錢肅潤的説法恐不可信。

3 順治三年七月初六日浙江福建總督張存仁啟本，見《明清史料》甲編，第二本，第一六三頁。

難，體現了威武不能屈的氣節。清軍進入金華，藉口"民不順命，因屠之"，[1] 又炮製了一場慘絕人寰的悲劇。

關於馬士英的末路，諸書記載差異極大。大抵傾向於東林黨的人都說他同阮大鋮一道投降了清朝，清軍追殺隆武帝時在繳獲的文書中發現了他降清後給明方的表文，因而處斬。藉以證明馬士英先為奸臣，繼為叛賊，死有餘辜。[2] 然而，根據比較可信的材料，馬士英並沒有降清。清實錄記載，順治三年六月二十日，"浙閩總督張存仁疏報：副將張國勛等進剿太湖逆賊，擒獲偽大學士馬士英、長興伯吳日生、主事倪曼青等。捷聞，令斬士英等，其有功將士，所司察敘。"[3] 蔣良騏《東華錄》卷五載，順治三年"六月，浙閩總督張存仁疏報：副將張國勛進剿太湖逆賊，長興伯吳日生、主事倪曼青俱被獲，偽大學士馬士英潛遁新昌縣山內，都統漢岱追至台州，士英屬下總兵葉承恩等降，並報稱馬士英披剃為僧，即至寺拘獲，並總兵趙體元，令斬之。"時人所作《吳城日記》記同年"八月中，聞吳日生、馬士英旨下俱論斬訖。"[4] 按時間推算，二書完全符合。當時蕪湖抗清志士沈士柱有《祭阮大司馬文》，開頭就說："丙戌長至（指冬至）之後二日，近故降大司馬阮公之喪至自浙東"，下文云："使公同受戮西市，一生惡跡補過蓋愆。天奪其魄，委贄後方糜爛以死，生與馬同醜行，死並不得與馬共榮名，天

---

1 康熙二十二年《金華府志》卷二十五《祥異》附《歷朝變亂》。按，道光三年《金華縣志》卷十二《兵燹》記清軍攻破金華，前段文字與康熙府志所載相同，只是因屢興文字獄，編撰者把屠城一句刪掉。

2 華廷獻《閩遊月記》；錢秉鐙《所知錄》；溫睿臨《南疆逸史》等書說馬士英降清後在福建延平黯淡灘與阮大鋮、方國安一道被清貝勒博洛所殺，甚至繪形繪聲地說："貝勒曰：我為天下誅賊臣。剝其皮而屍之。"有人於該處親見白骨一堆，即馬士英、方國安父子，云云。其實，馬士英直到被俘殺未曾入閩，阮大鋮降清後隨軍過浙閩交界的仙霞嶺猝然病卒，也沒有到延平之事。

3 《清世祖實錄》卷二十六。按，清實錄曾多次修改，從蔣氏《東華錄》可以看出張存仁奏疏中寫的是兩件事，修改後的清實錄只顧刪繁就簡，遂致二事合而為一。

4 《吳城日記》，江蘇古籍出版社 1985 年版，與《丹午筆記》《五石脂》合印一冊，第二二三頁。

實為之也。"[1] 可見，沈士柱在當年冬天即已知馬士英不屈遇害，晚節"榮名"。在馬士英之前殉難的夏允彝論及馬士英時稍有恕辭，在馬士英之後死難的沈士柱也不掩沒其晚節。黃宗羲卻一筆抹殺："今古為君者，昏至弘光而極；為相者，奸至馬士英而極，不待明者而知之也，有何冤可理？"[2] 平心而論，馬士英在弘光朝秉政時毫無作為，弘光垮台後他投奔魯監國和隆武帝，招來的是一片討伐聲。王思任寫的"吾越乃報仇雪恥之國，非藏垢納污之地"一語膾炙人口，就是直接針對馬士英的，責令他盂水自裁。張岱以魯藩舊臣的身份上疏魯監國，"懇祈立斬弒君賣國第一罪臣"馬士英，"疏入，監國召岱至御榻前，詔以先殺後聞。岱即帶兵數百人往躧之，士英宵遁江上，見其私人方國安，挾制魯王，斥逐張岱。令士英統兵汛地，協守錢塘。"[3] 馬士英在唐、魯兩政權中幾乎成了過街老鼠，他並沒有因此就轉投清方[4]，而是盡力以抗清的實際行動改變自己過去的不佳形象。清方檔案證明，馬士英曾經多次參加渡錢塘江攻餘杭、富陽以及會攻杭州之役。[5]1646年六月浙東兵敗，馬士英逃入四明山削髮為僧，被俘就義，實屬難能可貴。[6] 相形之下，黃宗羲、張岱在魯監國政權處境艱難時，轉入清方統治區遵制剃頭，以明朝"遺民"自居，既不能見危授命，也大可不必那樣義形於色地痛斥"奸臣"馬士英以顯示自己才是正人君子。在這方面，

1　黃宗羲《明文海》卷一四〇。

2　黃宗羲《汰存錄》。請注意，沈士柱文收入黃氏編《明文海》。

3　張岱《石匱書後集》卷四十八《馬士英阮大鋮列傳》。

4　陳名夏因"從賊"不容於弘光政權，即北上投靠清廷，後世史家述及陳名夏時比評價馬士英寬厚得多。

5　見《清世祖實錄》卷二十一，順治二年十月丁酉日、丁卯日記載；參見《清初內國史院滿文檔案譯編》中冊，第一九八頁、二五七頁。

6　《清初內國史院滿文檔案譯編》中冊，第三一七頁記軍中奏報："聞偽魯王、閣老馬士英、國公方國安等適走台州府……將為紙張事隻身前往大蘭山之馬士英擒獲解回。"

張岱還有點自知之明，《自題小像》一文云："功名耶落空，富貴耶如夢，忠臣耶怕痛，鋤頭耶怕重，著書二十年耶而僅堪覆甕，之人耶有用沒用？"[1] 本書講的是南明史事，不涉及張岱、黃宗羲等人的文學、學術著作在歷史上的貢獻。同樣，也無意於為馬士英當國時期的昏庸辯解。只是由於黃宗羲等人往往出於偏私心理任意歪曲史實，甚至造謠生事[2]，在當時既加劇了南明內部的紛爭，對後來的史家又造成了許多人為的困難。在這種情況下，依據可信史料對某些比較重要的人物和事件加以澄清就是必要的了。

第六節　清軍佔領贛南

順治三年三月二十四日，金聲桓等部攻克吉安。隨即由江西提督金聲桓部、支援總兵柯永盛部合兵向贛南推進。明督師萬元吉計劃在皂口據險扼守，然而兵無固志，紛紛南逃。六月初八日，清軍前鋒即抵贛州城下。由於贛南地區東連福建、西接湖南，又是廣東的屏障，戰略地位非常重要，隆武朝廷為挽救危局，除令原江西巡撫李永茂（時丁憂告去）、新任巡撫劉廣胤（後來改名劉遠生）、江西總督萬元吉等加強守禦外，武英殿大學士楊廷麟原已奉詔入福建，也命他留在贛州"專辦江楚事"[3]；並命各地出軍火速增援。先後到達贛州地區的有御史陳蕢[4] 從雲南召募來的滇將趙

1　張岱《琅嬛文集》卷五。

2　黃宗羲記述明清之際史事往往出於門戶之見和個人好惡。像魏學濂在甲申三月於北京投降大順政權，本無可議，黃宗羲因同魏學濂是患難世交，絕力開脫其"從賊罪名"。在弘光帝和其嫡母鄒太后事上胡言亂語已如上述。

3　彭士望《楊文正公傳》，見《恥躬堂集》。

4　黃宗羲《弘光實錄鈔》記弘光朝廷於 1644 年六月"遣御史陳蕢往雲南募兵"，有的史籍誤作陳贇。

印選、胡一清部三千精兵；兩廣總督丁魁楚派的童以振、陳謀部四千人；大學士蘇觀生遣發的廣東兵三千人；湖廣總督何騰蛟發總兵曹志建領兵二千名，加上原江西贛州守將吳之蕃、張國祚部和楊廷麟等從雩都調來的受撫闖羅總四營頭張安等部，至八月間聚集贛州（隆武帝賜名忠誠府）城內外的明軍兵馬不下四萬。這些從各地抽調來的援軍本來就缺乏同心同德精神，利在速戰。督師萬元吉卻不趁諸軍初至，銳氣方張之時同清軍決一雌雄，而以動出萬全為由，要等待廣東吏部主事龔棻、兵部主事黎遂球招撫的"海寇"羅明受[1]統率的水師來到，以便水陸並舉，力創清軍。八月二十三日，清軍乘羅軍不備，夜間在章江上偷襲水師，巨舟八十餘艘全被焚毀，船中所載火攻器械付之一炬，羅明受帶領殘兵逃回廣東。次日早晨敗訊傳來，萬元吉、龔棻、黎遂球等撫膺慟悼，追悔莫及。清軍趁勢於八月二十八日衝破廣營，二十九日擊敗滇軍，其他各路援軍見勢不妙，退往雩都、韶州。贛州城內只有大學士楊廷麟、督師萬元吉、兵部尚書郭維經和一批地方官，守城兵卒不過六千名。

清軍在九月初九日佔領南康縣，十五日攻佔上猶縣，十九日起包圍贛州城。雙方相持十餘日。十月初三日，清軍大舉攻城：副將高進庫、馮君瑞攻南門，副將劉伯祿、賈熊、白元裔、何鳴陛攻東門，副將徐啟仁、楊武烈、崔國祥攻西門，副將李士元等攻龜尾。到當天晚上三更時分，清軍豎梯登上東面城牆，城內明軍仍拼死抵抗。高進庫、徐啟仁、李士元、楊武烈、馮君瑞、崔國祥等督促部下官兵由突破口上城大戰。至初四日午時，明軍抵敵

1　彭士望《楊文正公傳》寫作羅亞夫。

不住，贛州失守。[1]楊廷麟投清水塘自盡，[2]萬元吉也投水而死，郭維經入嵯峨寺自焚死，同時遇難者有翰林院兼兵科給事中萬發祥、太常寺卿兼守道彭期生（彭孫貽之父）、吏部主事龔棻、兵部主事王其弘、黎遂球等官紳三十餘人。[3]

贛州的失守在南明史上具有關鍵意義，因為以贛州為中心的江西南部是連接福建、湖南的要區，又是廣東的屏障。後來，金聲桓、李成棟的敗亡都同清軍扼守這一重鎮有密切關係。清軍憑藉有限兵力攻陷贛州，固然在很大程度上是由於明朝督師萬元吉部署不當，但湖廣總督何騰蛟的坐視不救也是重要原因之一。隆武帝在福建處於鄭芝龍集團束縛之下，一籌莫展，早就有意移駐江西。1646年正月，朱聿鍵手敕何騰蛟命他"先遣精甲一萬，迎朕湖東（指江西省湖東道管轄地區）"；[4]同月給大學士蘇觀生的手敕中又提到："仍有七省左、右將軍印信二顆，順齎與郝永忠、張先璧恭受，再給楚督臣、撫臣、鎮臣敕各一道……速遣勁兵一萬來湖東迎駕。"[5]四月間，隆武帝派太監楊守明、兵部職方司官員路太平來到長沙，督促何騰蛟出兵江西，既可加強贛南防務，又可做迎駕之用。何騰蛟勉強派遣南安伯郝永忠帶領部下兵馬一萬餘人經郴州入龍泉（今江西省遂川縣），張先璧率部由湖南攸縣出江西

---

1 順治三年十月江西提督金聲桓、總兵官柯永盛"為飛報官兵奮勇攻克贛城事"揭帖，見《明清檔案》第五冊，A5-36號。順治三年十月二十六日柯永盛、金聲桓"為恭報克贛大捷事"題本，見《明清史料》甲編，第二本，第一七一頁。

2 楊廷麟死於清水塘見魏禧《崇禎皇帝御書記》，破城時清參將賈熊發現楊廷麟遺體，"以四門扇為棺，瘞之西門外"，後來賈熊鎮守寧都，即住於魏禧家。上引題本云："本標右營參將賈熊城頭陣斬偽閣部楊廷麟，屍首見存。"

3 康范生《仿指南錄》。參見黃宗羲《行朝錄》卷六《贛州失事》。清軍屠城事見康熙二十三年《贛州府續志》卷十二。

4 《思文大紀》卷四。

5 《思文大紀》卷四。

永新，號稱左、右兩路"迎駕軍"。然而，何騰蛟的所謂"迎駕"只是表面文章，他內心裏極不願意把隆武帝從鄭芝龍的牢籠中接到自己的防區。我們不應忘記，朱聿鍵還是唐王時封藩地在河南南陽，何騰蛟曾任南陽知縣，他對朱聿鍵的敢作敢為有相當了解。朱聿鍵登上皇帝寶座後，何騰蛟被視為南陽故人，備受青睞，由湖廣巡撫擢升為湖廣等七省軍務總督。李自成在湖北通山縣被當地地主武裝擊殺，何騰蛟明知該地已淪入清方之手，僅據大順軍部將的報告，就飛疏告捷，說成是自己組織團練的"功勞"，隆武帝因此給他加封定興伯。何騰蛟得意忘形，給湖南地方官員寫信道："新上為南陽故人，魚水之合，吾輩皆有緣也。"[1] 然而，何騰蛟只知利用隆武帝的信任，提高自己的聲望，毫無知恩報答之念。他唯恐隆武帝進入江西後自己在湖廣獨斷專行的局面將受到扼制。正如王夫之所記："顧騰蛟以便宜制楚，文武將吏皆出其門，不忍失權藉。謂章曠曰：上若幸楚，則口（虜）當聚力攻楚，恐未易支也。"[2] 於是，他玩弄手段，一面大張旗鼓地派郝永忠、張先璧二將領兵"迎駕"，一面卻私下叮囑他們絕不可假戲真做，萬勿進入江西。五月十七日，郝永忠率軍從長沙出發，一路上慢慢吞吞，經過衡州，九月初二日才到達郴州，即停留該地，觀望不前。[3] 張先璧部也在行至同江西接境的攸縣後就"屯師不進"。[4] 這幾個月正是清軍進攻贛州，隆武帝進退維谷的時候。何騰蛟為了保住自己的權勢，竟然置大局於不顧，一連幾個月不派使者向隆武帝報

1　吳晉錫《半生自紀》卷下。

2　王夫之《永曆實錄》卷七《何騰蛟傳》。

3　吳晉錫《半生自紀》卷下。

4　《永曆實錄》卷七《何騰蛟傳》。

告情況。奉命督促郝永忠入贛的楊守明、路太平「皇皇使者，不敢出一語。」[1] 到隆武政權覆亡前夕，何騰蛟的使者才姍姍來遲地到達行在觀見，隆武帝大為震怒，責問使者何騰蛟派遣的迎駕軍為甚麼毫無動靜，「使者詭辭以對」。[2] 不久，隆武帝被清軍俘殺，閩、贛、粵相繼失陷，何騰蛟在湖南的處境也越來越困難。許多南明史籍敍述隆武朝廷的覆亡，都簡單地歸咎於鄭芝龍的降清，如楊鳳苞所說：「福京之亡，亡於鄭芝龍之通款。」[3] 這自然包含部分真實。但隆武帝鑒於鄭芝龍的跋扈自雄，寄希望於何騰蛟派精兵迎駕，移蹕江西，等了半年多終歸落空，何騰蛟實難辭其咎。歷來的南明史家大抵以是否死節作為忠佞的唯一標準，帶有很大的片面性。臨危受命固然值得肯定，因為他們在最後關頭表現了民族氣節；但如果就因此而掩蓋何騰蛟之流的卑污心理，導致大局全盤逆轉，一味讚美，稱之為「忠臣」，奉之為圭臬，顯然不符合事實。

第七節　隆武帝汀州遇難

　　清軍進佔浙東，朱以海遁往舟山一帶海島，魯監國政權瀕於瓦解。博洛即部署清軍乘勝入閩。早在這年三月間，清廷所派招撫福建黃熙允的使者蘇忠貴就秘密到達福建，「見到鄭芝龍，見其有誠意歸附」。六月初，清軍渡過錢塘江，征南大將軍博洛又命蘇忠

---

1 《半生自紀》卷下。

2 《永曆實錄》卷七《何騰蛟傳》。

3 《南疆逸史》跋四。

貴"持敕書齎送鄭芝龍"。[1] 鄭芝龍既已決定投降清朝,秘密下令仙霞關守將武毅伯施福(施天福)放棄天險,自動撤退。[2] 接着又謊報海盜進犯其家鄉安平,上疏道:"三關餉取之臣,臣取之海,海警則無家,非專救不可。"隆武帝派內使持手敕云:"先生少遲,請與先生同行。"[3] 鄭芝龍置之不理,徑自帶領軍隊返回安平。

八月十三日,貝勒博洛、閩浙總督張存仁、巡撫佟國鼎帶領滿、漢軍從衢州出發,收取福建。[4] 十八日,清軍未遇任何抵抗,就越過了仙霞嶺。[5] 不久前降清的阮大鋮跟隨清軍入閩,行至仙霞嶺下時忽然頭面腫脹,其他官員勸他暫時休息,不要過關。他唯恐失去"立功"機會,堅持隨軍越嶺。為了顯示自己身強體健,他爭先步行登山,對落在後面的人吹噓道:你們這些年輕人爬山還不如我這六十歲的老頭。攀登到山頂,疾病突發,死於嶺上。其他官員氣喘籲籲到達嶺上時,見他坐在大石上一動不動,呼之不應,以馬鞭撥其辮子毫無反應,仔細一看,才發現他已經死了。[6] 跟隨的家人上嶺、下嶺,幾經周折,才在附近居民家中找到幾扇門板,勉強收殮。清軍過嶺後,隨即佔領浦城,明巡按御史鄭為虹不屈被殺。"時有民謠曰:峻峭仙霞路,逍遙軍馬過。將軍愛百姓,拱手奉山河",[7] 對鄭芝龍的不戰而降做了巧妙的諷刺。

---

1 順治三年八月黃熙允題為招撫鄭芝龍情形事本,見《鄭成功滿文檔案史料選譯》第一頁。

2 王澐《漫遊紀略》卷一云:"仙霞最險……兩崖斗絕,中通鳥道,仰高俯下,因險設關,裁容一夫。今已頹廢。閩人言,先年鄭氏望風送款,預撤守兵,啟關以俟,故入閩者無血刃焉。"

3 華復蠡《閩遊日記》卷二。"三關"指由浙、贛入閩的三個必經關隘,即仙霞關、杉關、分水關。

4 江日昇《台灣外紀》卷二。

5 乾隆十七年《汀州府志》卷四十五《兵戎》。

6 錢秉鐙《所知錄》卷六《阮大鋮本末小紀》。當時阮大鋮和降清的金華府同知耿獻忠在一起,錢氏所記即得自耿獻忠(隨李成棟反正)之口,相當準確。

7 《台灣外紀》第七十四頁。

鄭芝龍的背叛行徑並不是個別的，當清軍佔領浙東時，隆武朝廷的許多官員眼看大軍進逼，為自己的身家性命計，紛紛暗中派人前往浙江向清軍投遞降表。錢秉鐙記載：

　　　　七月二十五日，上御門。群臣朝罷，將退，上命內臣捧出一盤，覆以黃帕，置御前。上諭群臣曰："朕本無利天下之心，為勛輔諸臣擁戴在位。朕布袍蔬食，曉夜焦勞，有何人君之樂？只是上為祖宗，下為百姓，汲汲皇皇，唯恐負諸臣擁戴之初心。今觀諸臣大非初意，昨闕上主事搜得闕中出關迎降書二百餘封，今俱在此。朕不欲知其姓名，命錦衣衛檢明封數，捧至午門前對眾焚之。班中諸臣宜亦有之，朕俱不問。有之者當從此改心易慮；其本無者益宜矢志竭力，毋貳初衷。特諭。"[1]

　　八月二十一日，隆武帝從延平行在起程前往江西贛州。他並沒有意識到噩運已經臨頭，在沒有多少軍隊護送的情況下，還帶了大批書籍和宗室、隨駕官員，根本沒有輕裝前進。不久，得知清軍迫近，隆武君臣大驚狂奔，隨駕大學士何吾騶本有足疾[2]，又"墜馬垂死"，從間道返回原籍廣東[3]。從行的宮人有"一騎而三人者"[4]。二十七日到達汀州（今福建省長汀縣），隨行的只有忠誠伯周之藩、給事中熊緯帶領的五百多名士卒。長汀知縣吳德操"吏才非

<hr />

1　錢秉鐙《所知錄》卷一。

2　《思文大紀》卷八記，1646 年七月"上因首輔何吾騶決意幸汀入虔"，即決策經福建長汀前往江西贛州。同書卷七兩次提到何吾騶患足疾，並記隆武帝對吾騶曰："卿足疾，朕親見蹣跚之狀。"

3　黃士俊撰《首輔象岡何公墓誌銘》，引自馬楚堅《明清邊政與治亂》第五一五頁。

4　華復蠡《閩遊月記》卷二。

其所長"，隆武帝與隨行人員奔至該縣時，"需役數千名，民逃不應命"。[1] 次日（二十八日），清軍追到汀州，隆武帝、曾皇后、沈嬪、陳嬪被俘於趙家塘，周之藩、熊偉被殺。[2] 隆武帝、后大約在被俘之日即遇害於長汀。據清實錄記載：征南大將軍多羅貝勒博洛將軍入閩，連下建寧、延平等府，"聞偽唐王朱聿釗遁走汀州，遣護軍統領阿濟格尼堪、杜爾德等率兵追擊，直抵城下。我軍奮擊先登，擒斬朱聿釗及偽陽曲王朱盛渡、西河王朱盛佺、松滋王朱演漢、西城王朱通簡，並偽官、偽伯等，撫定汀州。……獲偽璽九顆，馬騾輜重無算。"[3] 江日昇《台灣外紀》云："隆武帝后死於汀州府堂，乃順治三年八月二十八日。諸家紀事，悉書隆武被執，送福州斬於市。但時有錦衣衛陸昆亨從行，眼見隆武帝后戎裝小帽，與姬嬪被難。昆亨脫出。百姓收群屍葬於羅漢嶺，豎其碑曰'隆武並其母光華太妃諱英忠烈徐娘娘之墓'。後昆亨歸鄭，繼而為僧，年八十有奇，為口述云。故特表出。"[4] 歷史上的事件往往會在記載上出現程度不等的分歧，隆武帝的下場也是這類問題之一。江日昇批駁了押回省會福州斬首的說法，是有見識的，因為在清方檔案文書和福州人士的記載中從未提及這樣一個重大事件。還有一種說法是在汀州遇害的是隆武帝的替身，他本人逃到廣東五指山當了和尚。這種說法很難令人置信，理由是：第一，當時廣東是

1 錢秉鐙《藏山閣文存》卷五《吳廷尉鑒在傳》。

2 乾隆十七年《汀州府志》卷四十五《兵戎》。

3 《清世祖實錄》卷二十九。按，文中把朱聿鍵誤寫成朱聿釗，是因為軍中奏報用滿文拼寫漢字，回譯時據音寫作劍字，劍、釗二字形近，謄錄時誤寫。

4 吳晉錫《半生自紀》卷下記："翰林劉季鑛曾為余言：車駕次汀州，北兵先通約於汀守。車駕約行，太守以夫馬未備為辭，故遲之。有內臣報警，以搖動人心受杖，杖未畢而北兵至矣。季鑛時為侍從，事急，袖小帽青衣以進，請上早為計。季鑛奔，君臣遂相失。此當日汀州事也。"可與江日昇"戎裝小帽"之說相印證。

擁戴隆武朝廷的，朱聿鍵如果真能逃到廣東，毫無必要遁入空門；即令說他心灰意懶，看破紅塵，那又同傳說中的"帝派使者慰勞群臣"自相矛盾。第二，這一流言從來沒有任何一個人出面證實；相反，跟隨朱聿鍵逃難的大學士何吾騶回到廣東以後，肯定得到相當準確的消息，才寫信給肇慶當局另立新君。

九月十九日，清軍在貝勒博洛統率下長驅進至福州。[1] 城中百姓紛紛逃竄，留下的人薙髮留辮。隆武朝廷工部尚書鄭瑄投降，"跪泥沙中永日，貝勒不為禮，徐乃令之去，曰：爾官在明朝若是大乎？茲不便用也，速去！"[2] 禮部尚書曹學佺（字能始），是著名的文學家，不屈自縊而死。曾任崇禎、隆武兩朝大學士的傅冠避居於邵武府泰寧縣門人江亨龍家中。"亨龍同子養源私計公常握重兵，大兵索公必連居停，不如自首乃免。"於是，向傅冠假說已被別人告發，藏身不住。傅冠慨然道："一死報國，吾事已畢，鼠子囓肉，所得幾何？"當即投繯準備自盡，江養源為了獻俘清軍邀賞，竟然橫加阻止，說："公不生見大兵者，江氏百口立碎矣！"又唆使莊客道："即此族何辜，令為血池乎？"在江氏父子指揮下，傅冠求死不得，被捆綁押往清將李成棟處獻功。傅冠為天啟二年榜眼，歷任禮部尚書、文淵閣大學士，名望很高。江亨龍攀援附會，執贄為門人；一旦局勢翻轉，立即賣師求榮，拖曳着被捆綁的傅冠躑躅道路間，甚至"有以掌摑公者"。送到李成棟軍營後，成棟執禮甚恭，說："公大臣也，釋、留當取令旨，非成棟所專。顧國法剃髮令特嚴，異令以逆論。倘委曲相從者，成棟保公無他，

---

1 《思文大紀》卷八；海外散人《榕城紀聞》載於九月十八日。
2 《思文大紀》卷八。

此後攀鱗曳尾，惟公之便。"傅冠堅決拒絕薙髮，厲聲曰："汝知千古有文文山乎？我鄉先進也。吾鄉無叩頭宰相，但有斷頭宰相耳！"不久，李成棟奉命領兵入粵，傅冠被押送到汀州由鎮將李發管押。1646 年十一月二十一日在汀州遇難。[1]

---

1 傅冠被俘和殉難事跡有多種史籍記載，這裏是根據李世熊作《傅相公傳》，見黃宗羲編《明文海》，卷三九一。

第十章

大順軍聯明抗清

第一節　東路大順軍同何騰蛟的聯合與受排擠

　　1645 年五月初，李自成在湖北通山縣犧牲於當地地主團練之手後，大順政權實際上已處於瓦解狀態。這主要表現在：一、曾經統治整個黃河流域和部分江、淮地區的大順政權管轄區由於清軍追擊和地主官紳的叛亂已經喪失殆盡，尚存的東、西二路大順軍雖然還擁有大約數十萬兵員，卻回到了崇禎十四年以前的情況，沒有立足之地；二、李自成的犧牲帶有很大的偶然性，生前沒有指定明確的繼承人，在大順軍將領中享有較高威望的大將劉宗敏在李自成犧牲以前就已經被清軍俘殺，跟隨李、劉南撤的東路大順軍各部將領在屢遭失敗後，原來的領導體制被打亂，很難形成一個新的統一指揮核心；三、大順政權的文職官員紛紛降清或脫逃，如牛金星以丞相之尊在撤至襄陽時同他的兒子襄陽府尹牛佺一道向清軍投降，軍師宋獻策被俘後也覥顏降清，重操舊業以占卜取悅於滿洲貴族。大順朝廷不復存在了。

　　史籍中常有一種誤解，以為大順軍從陝西撤退的時候是全部兵馬都隨同李自成取道商洛、河南進入湖北的。實際上跟隨李自成從西安撤退的只是潼關之戰後集中於西安的主力，到達湖北襄陽一帶時會合了鎮守這一地區的白旺所統七萬大順軍，他們遭到清英親王阿濟格的窮追猛打，連續失利，李自成、劉宗敏直接率領的就是這支軍隊，在本書內稱之為向南撤退的東路大順軍。毫無疑問，李自成的妻子（大順朝廷皇后）高氏也在這支隊伍當中，從一些史料判斷她秉性軟弱，不是一個能夠繼承丈夫遺志、在關鍵時刻重整殘局的人。[1] 另一路大順軍是清軍佔領西安以後，由李錦（李過改名）、高一功帶領的陝北榆林、延安地區的駐軍會合寧夏、甘肅、青海的駐防軍經漢中南下四川，順江而下進至荊州一帶，形成西路大順軍，即後來的"忠貞營"前身。

東路大順軍主要將領有澤侯田見秀，義侯張鼐，綿侯袁宗第，磁侯劉芳亮，光山伯劉體純，太平伯吳汝義，將領郝搖旗、王進才、牛萬才等，他們在李自成犧牲以後，乘清阿濟格軍東下隨即返京之機，先後進入湖南平江、瀏陽一帶，如劉體純在五月間即自湖北武昌南入平江，吳汝義、田見秀、張鼐等翻越九宮山，經江西寧州（今修水縣）進入平江縣。[2] 由於史料殘缺，我們不十分清楚李自成犧牲後，東路大順軍當中發生的變故，只知道在 1645 年五、六、七月這路大順軍大抵均集結於湖南平江、瀏陽地區，[3] 總兵

---

1 高氏從崇禎十六年冬一直在西安，沒有跟隨李自成至北京。李自成放棄西安時她自然隨軍南下。李自成犧牲後，她在部將保護下經湖南北上湖北，後轉入李錦、高一功營中。儘管李錦等聯明抗清後，給南明官僚行文時仍尊稱她為"太后"，但她在順治二年秋曾"再三勸諭"李錦軍"歸服"清廷，見順治二年十一月清梅勒章京屯代"為申報地方情形"事揭帖，影印原件見《明清檔案》第三冊，A3-162號。

2 乾隆八年《平江縣志》卷二十四《事紀》云："五月，其酋劉體純自武昌入縣之北鄉；七月，其酋吳汝義自寧州入縣東鄉，據黃龍、幕阜、東陽諸山；又有田彪亦以是月入據中洞等寨。"參考何騰蛟奏疏，張鼐肯定是由寧州而來。

3 康熙十九年《平江縣志》《災沴》記："乙酉年，闖寇數十萬寇縣，往來屯駐四閱月，凡上下鄉方圍三百餘里，比屋盤踞，深山窮谷焚林竭澤，男婦老幼殺死無算。"

力多達二十一萬餘人。[1]然而這樣一支龐大的部伍在屢經挫敗之後，已無復當年部署，西安時期地位與劉宗敏相等的田見秀曾以"為人寬厚"得眾將心，這時僅有部卒七千，泯然普通一將，幾無威信可言。原右營制將軍袁宗第僅轄部卒三千，他的老部下劉體純（曾為右營右果毅將軍）卻有部眾三萬，其弟劉體統也有兵二萬。原先的裨將郝搖旗擁眾四萬，王進才更多達七萬六千。曾獨當一面的左營制將軍劉芳亮所部也不過一萬。[2]這說明東路大順軍已失去統一的指揮系統，名義上大將們還保存着侯、伯爵位，實際上卻是各部為政的鬆散同盟。

　　在大順軍進入湖南前一個月左右，明湖廣總督何騰蛟正從武昌左良玉軍中脫逃後取道寧州、平江到達長沙。當時湖廣北部（後來的湖北省）已淪入清方之手，何騰蛟即在長沙設置行轅，安官設吏，準備以湖南為基地恢復湖廣全省。東路大順軍將領到達平江、瀏陽後，由於領袖新喪，基地全失，決定同何騰蛟會商聯合抗清。[3]六月初一日至十五日，大順軍迫近長沙，[4]意在同何騰蛟聯絡。不料，何騰蛟情報不明，以為進入湘東的大順軍只是些不成氣候的"土賊""山寇"，派長沙知府周二南會同原駐攸縣燕子窩的副總兵黃朝宣領兵二千前往"掃蕩"。大順軍意在和好，主動退讓以表誠

---

1 順治二年秋總督八省佟養和"為恭報地方情形事"揭帖，原件缺上疏日期，十月初十日到京，見《明清史料》甲編，第二本，第一二一頁。

2 同前注。

3 光緒十七年《黎平府志》卷七上，何琮《先文烈公編年紀略》云，自成犧牲後，"其部下劉體純、郝搖旗（原注：後名永忠）謂眾曰：'吾主不知何往，想大事難成。我等日事劫掠，終非遠大之計，今聞何公在長沙，曷往歸之？'眾應曰：'將軍高見，誰不恪遵。'"

4 康熙四十二年《長沙縣志》卷八《災祥志》附《兵事》記："乙酉，流賊李自成餘黨劉體純、一隻虎等從武昌、通山、蒲圻、崇陽破通城，陷平江，逾回通嶺入長沙界。時邑人林朝憲糾集鄉勇，多設疑兵，於西山、官山一帶與賊相拒，自六月初一至十五日止斬馘甚眾，賊進退維谷，自願納款。時督師何騰蛟、偏撫傅上瑞駐節長沙，乃馳報師府，准其招降，民獲粗安。"按，所記事實多有訛誤，僅取其時日供參考。

意，周二南卻誤以為"草寇"不堪一擊，懵懵懂懂地"乘勝"直追。大順軍忍無可忍，於瀏陽官渡一舉反擊，周二南被擊斃，"官兵將佐殺傷無算"。[1]何騰蛟得到敗訊，才如夢初醒，知道對手是名震遐邇的大順軍。他曾備受挾制的寧南侯左良玉一聽說大順軍入楚，即望風而逃，這時他手下只有黃朝宣、張先璧等為數不多的雜牌官軍，根本無法迎敵，在一片驚慌失措之中"嬰城為死守計"。[2]幸好，東路大順軍將領本意是通過何騰蛟實現聯合南明共同抗清，並無攻滅何騰蛟之意。明末清初人士王夫之記載說：何騰蛟"猝聞平江、瀏陽間有賊野掠，意為土寇，遣長沙知府周二南率黃朝宣部兵二千人往擊之。過、一功既欲降，無格鬥志，按兵徐退。二南誤以為怯，麾兵進薄其營，刃數賊。賊乃合戰，俄頃披靡，二南墜馬死之。賊追潰卒，呼欲與通語，皆益喪精魄，鶩走歸長沙。騰蛟知為大賊，惴惴惟嬰城守。過等斂兵不欲迫長沙，執土人縱之詣騰蛟所道意，土人得釋即走，亦不為通。久之，稍傳聞至騰蛟所。騰蛟乃募人持白牌齎手書往。過等大喜，遂舉軍降，騰蛟以便宜各授總兵官……"[3]王夫之的敍述大致反映了當時東路大順軍將領主動提出聯合南明抗清的情況，但他對大順軍內部情況缺乏真確了解，錯誤地把李過和高一功視作東路大順軍的首領。

大約在七月間，何騰蛟同東路大順軍達成了"合營"的協議。[4]然而，何騰蛟和他一手提拔的北撫章曠、偏撫傅上瑞對大順軍懷有深刻的敵意和猜忌，合營後"驟增兵數十萬"，他們並沒有誠意

---

1 同前注。

2 王夫之《永曆實錄》卷七《何堵章列傳》。

3 《永曆實錄》卷十三《高李列傳》。

4 汪煇《湘上癡脫離實錄》記："何公遣人招安，皆被殺。後以鄭公福、汪伯立前往，改招安二字為合營，乃允而遵節制。"見《希青亭集》。

依靠這支久經戰陣的抗清隊伍；相反，在駐地和糧餉上處處加以刁難。儘管當時湖北絕大部分地方已被清軍佔領，但湖南全境還在明朝廷有效管轄之下。何況，清英親王阿濟格獲悉李自成死訊後以為大功告成，在這年六月間就率領大軍回北京避暑了。阿濟格凱旋前委任了梅勒章京佟養和（即佟代、佟岱、屯代）為"總督八省軍門"，帶領少量軍隊駐守武昌，[1] 湖北各地的駐防清軍主要是剛剛投降過來的原明朝官軍和大順軍叛徒，兵力十分有限。換句話說，在武昌的清朝湖廣總督佟養和與在長沙的明朝湖廣總督何騰蛟處境相當類似，都沒有多少實力。然而佟養和比何騰蛟更能面對現實，他在六月間到任之後，派出使者對尚未歸附的明朝文官武將和大順軍餘部廣行招撫，委以重任，力求穩定和擴大自己的地盤；唯一對他不利的是清廷嚴厲推行的薙髮改制遭到漢族軍民的抵制，使他的招撫政策未能取得更大效果。何騰蛟、章曠之流卻因階級偏見目光短淺，看不到弘光朝廷覆亡後民族矛盾已上升為國內主要矛盾。他們是主張抗清的，對農民軍又懷有深刻的敵意，只是在自己的官軍打不過大順軍的情況下才被迫達成聯合抗清的協議。因此，他們不僅沒有利用湖南全省的地盤和物力給大順軍以充分的休整和補給機會，然後憑藉這支武裝收復湖北等地區，而是對大順軍實行分化和排擠。在東路大順軍中郝搖旗、

---

1 這裏有必要做一點小考證。《明清史料》甲編，第二本，第一二一頁；丙編，第五本，第四九九頁，各收"總督八省軍門佟"揭帖一件。丙編，第六本，第五三三頁，湖廣巡撫何鳴鑾揭帖中稱他為"督臣佟養和"；第五三九頁鄖襄總兵王光恩揭帖中也提及"前督臣佟養和"。同書丙編，第六本，第五一一至五一三頁收順治二年十一月"梅勒章京屯代揭帖"（影印件見《明清檔案》第三冊，A3-162號）。在許多有關明清之際的史學論著中常把佟養和、屯代並提，誤為兩人。其實，佟養和就是屯代，或寫作佟代、佟岱。見鄂爾泰編《八旗通志》卷一八二；《清史稿》卷二四〇；李元度《國朝先正事略》卷二《佟勤惠公事略》附傳。《明清史料》丙編，第六本，第五六〇頁，順治三年六月二十一日湖廣巡撫何鳴鑾啟本中提到"上年""同前督臣屯代行令……"亦可佐證。一人數名的原因此處不能細説。

王進才原來地位較低，他們乘大順軍兵敗混亂之時各自掌握了一支數量可觀的軍隊，難免同大順軍封侯封伯的老將產生隔閡。何騰蛟充分利用了這種矛盾，把郝搖旗、王進才收為親信，郝搖旗被委任為督標副總兵[1]，不久升任總兵，加封南安伯。至於田見秀、袁宗第、張鼐、劉體純、吳汝義等大順政權所封侯伯則備受歧視，何騰蛟既不為他們安置駐地，也不供應糧餉，這些農民軍被迫就地打糧，又立即被加以掠奪的罪名。何的目的是使他們在湖南站不住腳。這年八月間，田見秀、張鼐、袁宗第、吳汝義、劉體純、郝搖旗等在清湖廣等地總督佟養和的招羅下，曾派使者至武昌同清方聯絡，要求安置地方供應糧餉。因清方堅持剃頭，沒有達成協議。不久，除郝搖旗、王進才二部留在湖南外，田見秀等東路大順軍將領都率部北入湖北，在荊州地區同李錦、高一功等九大頭領率領的西路大順軍會合。

從當時形勢來看，東路大順軍進入湖南之時，顯然缺乏一個堅強的核心，提出聯明抗清的策略是正確的，但過於軟弱。在遭到何騰蛟、章曠等南明頑固派官僚的排擠時，本應以抗清大局為重，發揮自己的主力作用，一面迅速接管湖南全省地方，安撫軍民，徵派糧餉，休養整頓隊伍；一面迫使隆武朝廷及其地方高級官員承認其合法地位。這樣，在清軍主力北撤，何騰蛟等實力極為薄弱的情況下，東路大順軍可以把湖南經營為抗清基地，取得人力、物力等後方保障，再同由四川東下荊州地區的西路大順軍會合，湖廣局勢以至整個南明局勢必將大為改觀。可是，田見秀、張鼐、

---

1 第一檔案館藏有田見秀、吳汝義八月十二日給佟養和的稟帖、郝搖旗八月十七日稟帖，郝搖旗稟帖末在年月日上蓋"督標忠興龍營副總兵官關防"，這是南明何騰蛟頒給的印信，不是大順政權頒發的，大順政權官制序列中既沒有總督，也沒有總兵、副總兵。

袁宗第等計不出此，局促於瀏陽、平江一隅之地，受到排擠後又移師北上，動搖於明、清之間。這不能不說是方針上的重大失誤。在後期抗清鬥爭中，大順軍未能做出較大貢獻，最重要的原因是沒有自己的具有相當人力、物力的後方基地做保障，長期在南明頑固派勢力和清方的夾縫中勉強支撐，這說明在李自成犧牲以後，東路大順軍組織的混亂和領導人的缺乏魄力。

第二節　李過、高一功等部改編 "忠貞營"

1645 年（順治二年、弘光元年），李錦（李過）、高一功等部大順軍由陝西漢中南下，四月間經四川太平（今萬源市）、東鄉、達州、夔州、新寧等處進入湖北西部山區（西陵峽一帶）。[1] 經過短期休整後，於六月間率兵東下，佔領荊門州、當陽二城。[2] 七月二十日，李錦、李友、賀籃、高一功、劉汝魁、馬重僖、張能、田虎、楊彥昌九營會攻荊州，"填壕搭梯，扎棚挖窰，百計攻打"；[3] 清鎮守荊州副總兵鄭四維據城頑抗。[4] 大順軍圍攻了半個月，未能攻克該城。這支大順軍把老營（指隨軍家屬和輜重）安置於松滋縣草坪，兵馬分駐在湖北荊州府境到湖南澧州一帶，"橫亙三百餘里"。[5]

1　顧山貞《客滇述》記：乙酉 "四月，李自成部將一隻虎陷太平、東鄉、達州、夔州、新寧等處，尋遁入湖廣。" 費密《荒書》也記載："四月，自成賊黨李赤心等陷太平、東鄉、達州、夔府、新寧等處，復入湖廣。" 按，李錦由隆武帝賜名李赤心是這以後的事。

2　順治二年五月清駙臣李可學奏疏中說，四月間已 "聞荊門、當陽等處潛有大賊一隻虎等十餘股，近十數萬。" 見《明清史料》丙編，第五本，第四八五頁。

3　順治二年十月十二日荊州副總兵鄭四維揭帖，見《清代農民戰爭史資料選編》第一冊（上），第四十五頁。

4　順治二年七月二十五日荊州副總兵鄭四維揭帖，見《明清檔案》第三冊，A3-40 號。

5　乾隆十五年《澧州志林》卷十九《兵難》。

八月間，原先跟隨李自成東下的大順軍餘部田見秀、劉芳亮、吳汝義、袁宗第、劉體純、張鼐、黨守素、藺養成、王進才、牛萬才等營雖然同明督師何騰蛟達成合作協議，卻得不到糧餉供應，處境相當困難。吳晉錫當時擔任南明衡永郴桂團練監軍，曾經向何騰蛟建議，"此輩久在行間，動則奮，靜則玩，及其鋒而用之，分路進擊，可以大有功。"何騰蛟表面上贊成他的意見，實際上卻採納了長沙道傅上瑞的主張，"以餉絀難之"。[1] 田見秀、袁宗第等部大順軍既然在湖南站不住腳，又聽說李錦、高一功等部已由四川東下湖北，於是決定移軍北上。除了郝搖旗、王進才二部留在何騰蛟麾下外，東路大順軍主力都移營北上，"袁宗第及田、高諸部落奪舡而行，長沙之舡頓盡"[2]，在駐於岳州的馬進忠[3]部接應下轉入荊州地區。這樣，東、西兩路大順軍終於會合，李錦、高一功等人才獲悉了李自成殉難的詳細情形，自成的妻子高氏也轉入李錦（自成和她的姪兒）、高一功（高氏之弟）營中。

　　兩路大順軍會師後，實力有所加強，但是顯然缺乏一位眾望所歸的領導者。清方檔案記載，"一隻虎（李錦）等立李闖三弟為主，將所得明朝玉印（玉璽）付一隻虎掌管，囤糧練兵，希圖大舉。"[4] 這很可能反映了東、西兩路大順軍將領在推舉李自成的繼承人上出現分歧。李自成的三弟在大順軍戰史上從未有過戰功或

1　吳晉錫《半生自紀》卷下。

2　吳晉錫《半生自紀》卷下。吳氏又說："余退而異見之言入矣。失此一機，惜也。"意思是說他離開長沙返回永州以後，長沙道傅上瑞、監軍道章曠等排擠大順軍的"異見"被何騰蛟採納。文中說的"田、高諸部"，高決非高一功，疑誤。

3　馬進忠原來是明末起義軍首領，綽號混十萬，崇禎年間投降明政府，清英親王阿濟格追擊李自成時曾在湖北陽邏鎮偽降，阿濟格軍東下以後，他把清將責令他運載的南征大炮火藥車子拋棄江中，徑自率兵西上岳州。

4　順治二年十一月三十日荊州總兵鄭四維揭帖，見《明清史料》丙編，第六本，第五一五頁。

其他作為，甚至連他的名字都沒有可靠記載，[1] 後來的事實證明他從未成為大順軍的領導核心，更談不到恢復大順政權了。大順軍內部的缺乏足夠的凝聚力，直接影響了這支頗具戰鬥力的隊伍發揮作用。當時，湖北清軍主力已經北返，湖南明軍遠不是大順軍對手，完全可以以大順軍為主體，迫使南明當局合作，憑藉湖廣地區的人力、物力資源，在抗清鬥爭中重振雄風。然而，由於大順軍各部的離心傾向，使他們彷徨失所，在明清之間舉棋不定。明、清雙方鑒於自身兵力不足，又擔心大順軍危及自己的轄區，都想加以籠絡。清朝湖廣當局多次派人招撫，大順軍也虛與委蛇，以"受撫"為名討荊州、湖南為安插之地。清湖廣總督佟養和（佟岱、佟代，也就是下面說的"梅勒章京屯代"）因兵力有限，"招撫心切，即為應允，將田、劉、吳等安插江南；袁、劉、張、黨、藺、王、牛、馬安置荊州。"[2] 順治二年十一月佟養和奉調即將離任，以梅勒章京屯代的名稱報告九月至十一月的情況說："職差新附移文招撫一隻虎李錦六次，人信不還。伊因罪惡深重，不敢就撫。復差兵備道屠奏疏諭以我清□不念舊惡，仍加升賞。該道止差官承二員赴一隻虎營。相遇時待以優禮，似有招撫意。伊令先陷去郝總兵具報，請討地方安插，並請旨封爵數語。職又差副將杜弘場、賈一選將並前恩詔書札盟狀復去，仍許以嘗德、澧州地方居駐，令其前來。近日聞彼與百姓公買公賣，並不殺擄。又據

1　順治二年十一月二十二日湖北巡按馬兆煃"為飛報緊急軍情事"揭帖中說："又一隻虎李錦、袁宗第等並藍、王、劉、牛等九營盤踞荊州，將田見秀、吳汝義等兩大營合併，又得明朝玉璽，復立李自成弟，引賊數十萬北下。"見《明清史料》丙編，第六本，第五一四頁。《清世祖實錄》卷二十五兩次提及自成之弟名為"李孜"，參考其他文獻，自成兄弟均以自字為排行，疑"孜"字為"自"字之誤書，下脫一字。

2　順治二年十一月三十日荊州總兵鄭四維揭帖，見《明清史料》丙編，第六本，第五一五頁。

駐防荊州總兵馬進忠數報,皆有歸順之意;兼以伊母(即自成妻高氏)再三勸諭歸服。俟差官回日再報。"下文又云:"一隻虎李錦投札到省,似有歸順之意。其中指取湖南,不肯剃頭。職論以我朝新制,為臣子能遵奉順從,方見歸順之誠。先發副將杜弘場,次發副將賈一選二次招撫,候回再報。"[1]清方堅持要李錦、馬進忠等人剃頭表示歸順的真心,李錦等人卻堅決拒絕。"招撫"與"受撫"的表面文章再也掩蓋不了互為敵國的嚴酷立場。李錦等一大批大順軍將領出於民族大義,終於同南明隆武政權達成了共同抗清的協議。

李錦、高一功等決策聯明抗清,同隆武朝廷新任命的湖廣巡撫堵胤錫有密切關係。堵胤錫原任長沙知府,崇禎十六年赴京朝覲時,長沙被張獻忠佔領,大西軍撤退後他回任長沙,很快被提升為武昌兵巡道,還沒有到任又改為湖廣提學副使。隆武初立,何騰蛟已升任湖廣總督,湖廣巡撫一職由堵胤錫接任。何騰蛟駐於長沙,堵胤錫則駐於常德。按體制而言,堵胤錫應受何騰蛟節制,但由於政治眼光不同,兩人在對待原農民軍的態度上有很大的區別。何騰蛟在長沙、瀏陽、平江一帶同東路大順軍達成"合營"協議是被迫的,"合營"以後就想方設法加以排擠。堵胤錫卻從大局着眼,認識到只有聯合農民軍共同抗清才有中興之望。當他得知大順軍各部屯集荊州、澧州一帶時,就親自趕赴湖北荊州地區的草坪,到李錦等的大營中談判會盟事宜。何絜記,堵胤錫於1645年八月擢任巡撫,是時自成已死,"有姪錦代領其眾,同自成妻弟

1 順治二年十一月梅勒章京屯代"為申報地方情形仰祈聖鑒事"揭帖,見《明清史料》丙編,第六本第五一一至五一三頁。

高一功等渡洞庭湖踞山寨，眾尚三十餘萬，遍肆剽掠。胤錫率左右數十騎突入其營，陳說天運、人心、興廢遞變，更諭以忠義，為釃酒為誓，聲淚痛激，感動群賊。於是，李錦、高一功遂同田虎、張能、黨守素、袁宗第、賀籃、李來亨、塔天保、馬某等諸賊首並聽命歸附，願奉節度。胤錫乃上疏遣常德舉人傅作霖往福建為諸降將請爵。"[1] 十一月，傅作霖到達福建行在，在隆武朝廷裏立即引起一番激烈的爭論。內閣大學士蔣德璟、路振飛、林增志大為不滿，說："李賊破北京，罪在不赦，其黨安得封拜？"[2] 翰林兼給事中張家玉、顧之俊聯名在隆武二年（1646）初上疏力主加封："臣偶閱科抄，見湖廣撫臣胤錫'恭遇非尋常之主'一疏，不覺拊膺歎曰：吾皇上中興在此一舉矣。據撫臣稱，賊將李錦、尚一功（當為高一功）等原係分守西北，傾慕英主，悔罪投誠，轉戰千里，殺虜逾萬，能已見矣。及撫臣單騎入營，貔虎之士不下數萬，吳楚秦晉直欲以氣吞之，此真百戰雄師，天留之以資陛下也。但原疏所謂破格加恩如侯伯等爵，見者未免疑之。臣獨以此彌服撫臣大略也。……皇上度半楚力能辦虜復辦寇乎？藉使能辦，亦須糜餉數萬，殺人數萬，血戰而僅克之。楚力已竭於西北，而皇上不得一兵之用矣，孰與不糜一餉，不殺一人，一紙詔書坐收數萬精兵之用哉！……伏乞皇上念事功難成，機會不再，大破庸常之見，速下詔撫之。請令胤錫即監其軍，乘彼銳氣，會師金陵。"[3] 御史錢邦芑也上言："出空爵一日收三十萬兵，免湖南百萬生靈塗炭，撫臣此請

---

1 何棨《晴江閣文鈔》《堵太傅傳》。
2 計六奇《明季南略》卷十二《堵胤錫始末》。
3 張家玉《張文烈遺集》卷二下《破格收攬以資中興大業疏》，引自《滄海叢書》。

良善。"[1]隆武帝決定封李錦為興國侯,諸將封伯有差,改李錦名為李赤心,高一功名為高必正,所部稱"忠貞營"。[2]

　　大順軍同南明隆武朝廷的聯合在清方文書中也有反映。順治二年十二月清湖南巡按宋一真揭帖中說,何騰蛟"奉隆武正朔,通聯閩、粵,陰結闖孽一隻虎,助以糧餉。"[3]次年正月清招撫湖廣兵部右侍郎江禹緒也依據署道唐大成的塘報奏稱,何騰蛟"與一隻虎等賊結為心腹,資之糧餉。"[4]這兩件文書中說的何騰蛟都是指南明湖廣當局而言,清朝官員並不清楚何騰蛟同堵胤錫在政治見解上的分歧。張家玉的奏疏充分說明主張全面聯合大順軍的是堵胤錫,而不是何騰蛟。隆武帝採納了堵胤錫的建議,派馬吉翔為使者前往湖廣頒詔。《思文大紀》在 1646 年(順治三年、隆武二年)三月下記載:"欽賜李錦御營前部左軍掛龍虎將軍印,御改名曰赤心,並封其母高氏為貞義一品夫人。"接着照錄了誥敕原文:朕念赤心以真正英賢昔日託身非所,乃今幡然悔悟,竭奉中興。雖名臣必待真主,亦賴其有賢母而端慈訓也。近據地方督撫連章報其至誠歸戴,業已掛印封侯。俟朕駐蹕武昌,然後面錫鐵券。再允督撫之奏,欽旌母德之貞。爾以善教為慈,赤心以遵母為孝。慈孝既萃於爾門,忠義必恆於功業。特賜爾封為貞義一品夫人,給與恩詔。仍著有司建坊,敕文用"淑贊中興""朝廷風標萬方,爾門芳留百世"。皇后聞之,再三嘉歎,面請加恩,賜爾珠冠一頂,表裏四匹,令聞遠被,以顯綸恩。爾高氏當時以大義訓赤心,俾其一德明良於終始。

1　何𤧚《晴江閣文鈔》《堵太傅傳》。

2　計六奇《明季南略》卷十二《堵胤錫始末》。

3　《清代農民戰爭史資料選編》第一冊(上),第五十三頁。

4　《清代農民戰爭史資料選編》第一冊(上),第五十五頁。

全恢江省，立復金陵，一統功成，爾子拜爵於奉天殿，爾身受恩於坤寧宮，史冊昭然，豈不偉歟？爾母子其欽承朕命。[1]

這是一份大順軍餘部同南明聯合抗清的重要文獻。分析上下文，可以明顯看出文獻的缺略，頒給自成妻高氏的敕中明說李錦業已掛印封侯，上文卻只寫掛龍虎將軍印，未提及封興國侯。按情理推算，封李錦等以侯、伯肯定在 1646 年三月以前。高一功改名必正也是在同一時間。

在這裏，我們應當注意南明史上第一個同農民軍聯合抗清的是隆武朝廷。它反映了南明有識之士已經看到國內民族矛盾上升為主要矛盾這一客觀事實。在南明官僚中，首先同農民軍聯合的是何騰蛟和堵胤錫，然而這兩人的政治眼光卻大有高低之分。何騰蛟的同東路大順軍合營是兵力不敵，實逼處此，在聯營之後他給隆武朝廷呈上的是從大順軍將領口中得知消息而寫成的《逆闖伏誅疏》[2]，吹噓自己如何事先佈置道臣傅上瑞、章曠"聯絡鄉勇以待"，致使李自成"誤死於鄉兵，……為千古大快"；接着完全隱瞞自己派周二南、黃朝宣去掃蕩，結果被打得落花流水的事實，把東路大順軍的主動提出聯合抗清說成是"自逆闖死，而闖二十餘萬之眾，初為逆闖悲號，既而自悔自艾亦自失，遂就戎索於臣。"何騰蛟對大順軍的高級將領拼命貶抑，義侯張鼐僅授參將、郝搖旗授副總兵，其他如袁宗第、田見秀、劉芳亮、劉體純（疏中作劉體仁）等一概斥之為"偽侯偽伯"，根本不向隆武朝廷請加封賞。他同親信湖北巡撫章曠沆瀣一氣，先是收羅湖南境內的那些害民有餘、

---

1 《思文大紀》卷五。

2 《烈皇小識》卷八附此疏。

抗清無心的黃朝宣、曹志建、張先璧、劉承胤等軍閥，後來又不惜代價招兵買馬拼湊自己的"嫡系"，藉以扼制和排擠大順軍。堵胤錫卻不愧是南明官員中最具戰略眼光的政治家，他深知明朝官軍雖多，將領和士卒都腐敗已極，要支撐抗清大業的唯一辦法就是依靠農民軍，使之納入己範。史籍中常見描寫堵胤錫同何騰蛟、瞿式耜等大臣的齟齬不和，而且諸書作者的階級偏見常導致贊揚何、瞿，貶低堵胤錫，這是很不公正的。如果我們能夠較為客觀地考察整個南明史，那就不難看出弘光一朝地域遼闊，物產豐盈，兵員及後備力量最大，結果卻為"聯虜平寇"方針所葬送，數十萬官軍叛降清朝，反過來為滿洲貴族征服江南各地效犬馬之勞。隆武以後，朝廷改變方針，由"聯虜平寇"轉為聯合農民軍共同抗清，但在南明隆武至永曆朝廷中的官紳大多數是把聯合農民軍作為權宜之計，內心裏往往對農民軍深懷敵意，私下甚至在某些公開場合仍斥之為"賊"。每當形勢危急之時，他們把農民軍推到第一線，喘息方定就以種種藉口支開農民軍。有限的財力都用於培植雜牌"官軍"和召募"親兵"。堵胤錫着眼於民族大義，始終不渝地奉行聯絡農民軍共同抗清的政策。1645年秋，他赴松滋草坪同李錦、高一功等談判，能夠以明朝巡撫之尊拜見李自成的妻子高氏，這種誠意表現了他的高瞻遠矚。堵胤錫在前期同何騰蛟的矛盾，後期同瞿式耜等人的隔膜，主要根源都在這裏。

第三節　忠貞營圍攻荊州之役

堵胤錫同李錦等大順軍將領達成聯合抗清的協議以後，決定不失時機地發動恢復湖北的戰役。他建議何騰蛟、章曠統兵由岳州北上，自己同忠貞營一道先攻下荊州，然後引兵東下同何、章部明軍會師武昌。當時，湖北清軍力量相當薄弱，招撫原大順軍和馬進忠的如意算盤已全部落空，形勢驟然緊張。這年十二月清湖南巡按宋一真報告說："武昌之南即為岳州，一向為馬進忠、王允成分鎮負固，不遵薙髮，咫尺判為二民，彼此不敢往來，始猶鼠首，今且鴟張。馬則受餉納官，王竟率部南去矣。招撫部臣江禹緒開誠佈公，靡不周至，不惟負隅不服，且遽撲殺去使，徒煩文告，終成畫餅。闖孽一隻虎衝突荊、襄、辰、常之間，兵力甚盛。"[1] 忠貞營原駐於荊州地區，這時集中力量攻城，鄭四維竭力防守，已有不支之勢，一再向湖廣總督佟養和緊急呼救。佟養和既無兵可派，又擔心何騰蛟部由岳州北攻武昌，於是同湖南巡撫何鳴鑾聯名向清廷派駐南京的平南大將軍貝勒勒克德渾請援。

勒克德渾接到湖廣求救文書後，於 1645 年十二月十八日率領兵馬乘船西上，次年正月初十日到達武昌。[2] 在聽取了地方文武官員說明湖南、湖北的明軍動向以後，決定派遣護軍統領博爾惠領兵一支南下岳州迎擊以馬進忠、王允成為前鋒的何騰蛟、章曠部；自己統率主力直趨荊州同忠貞營決戰。

在這場對湖廣局勢有關鍵意義的戰役中，何騰蛟與監軍道章曠的昏庸無能表現得淋漓盡致。他們在長沙誓師後，兵將"蔽江而下"。正月初二日，何騰蛟、章曠到達湘陰，"期大會於岳州"。張先璧藉口購買的馬匹未到，逗留不進，"諸鎮亦復觀望"。[3] 幾天以

1　見《清代農民戰爭史資料選編》第一冊（上），第五十三頁。

2　《清世祖實錄》卷二十五。順治三年正月招撫湖廣兵部右侍郎江禹緒揭帖云："今平南大將軍貝勒統率大兵已於正月初十日抵武昌矣。"見《明清史料》甲編，第二本，第一四四頁。

3　吳晉錫《半生自紀》卷下。

後，駐守岳州的馬進忠、王允才、盧鼎、王進才四鎮听說清滿洲八旗兵來襲岳州，竟然不顧汛地，乘船南逃。岳州副將馬蛟麟則向清軍投降。[1]何騰蛟、章曠在途中忽然遇着南竄的四鎮兵，詢問原因才知道是勒克德渾大軍迫境。其實，博爾惠帶領的只是由南京來援的一小部分滿軍，馬進忠等人誤認是清朝貝勒大軍將到，拔營就跑；何、章面見四將後，不僅沒有查明清方兵力和作戰意圖，鼓勵將士繼續北進，同樣也被滿洲兵威的虛聲所嚇倒，倉皇退回長沙。蒙正發記，何、章領軍"至湖口，見王、馬諸鎮舳艫南潰，何、章二公相顧詫愕，不知所出。四鎮到，面訊之，始知為貝勒渡湖故也。其實，貝勒是往西湖襲撲一隻虎，非來星沙（即長沙）者也。太僕（監軍道章曠加銜太僕寺卿）向督師（指何騰蛟）泣曰：本擬長驅直搗，孝陵（指南京）在望，今未出內地，撓沮若此，將何面目還星沙，某誓死不歸也。督師唏噓解慰，邀太僕且還，再圖後舉。"[2]何騰蛟志大才疏，心胸狹窄，經常謊報軍情，爭奪頭功。在堵胤錫督領忠貞營猛攻荊州之時，他就向隆武朝廷上疏報稱已經"恢復"荊州；[3]然而他親自節制的明軍不戰自潰，岳州重鎮反被清軍佔領，來援清軍遂長驅直入。二十九日，勒克德渾軍進至石首縣，他探知忠貞營主力正在圍攻荊州，後勤輜重分屯江南，就在二月初二日命尚書覺羅郎球往剿江南，自己統兵乘夜疾馳，初三日早晨即抵荊州城外。李錦等對勒克德渾的千里奔襲毫無所知，仍然指揮部隊攻城；清軍分兩路直衝忠貞營營壘，李錦等猝不及

---

1 康熙二十四年《岳州府志》卷十一《戰守》記："三年丙戌，貝勒至岳，殺散諸賊，援荊州，敗賊一隻虎，而馬蛟麟投誠，以副將委守岳州。"參見康熙二十四年《巴陵縣志》卷九《戰守》。

2 《三湘從事錄》。

3 《思文大紀》卷四，隆武元年正月初二日敕諭云："昨據楚督何騰蛟有荊州恢復之報。"

防，被打得大敗，向西撤退。[1] 覺羅郎球部也出其不意地擊敗南岸大順軍守兵，奪得船隻一千餘艘。第二天，勒克德渾又派奉國將軍巴布泰等分兵兩路追擊忠貞營於安遠、南漳、襄陽等境。李錦等兵員、輜重損失頗大，被迫退入三峽天險地區。監軍堵胤錫墮馬折臂，向湖南常德一帶撤退。李自成的三弟、原大順政權澤侯田見秀、義侯張鼐、武陽伯李友、太平伯吳汝義卻在彝陵口帶領部眾五千餘人向清軍投降。四月初三日，多爾袞接到勒克德渾的捷報後，下令把自成之弟"李孜"、田見秀、張鼐、李友、吳汝義及部下將士統統殺光。[2]

這次會攻湖北戰役的失敗，主要責任在於何騰蛟、章曠沒有按原定計劃從岳州北上進攻武昌，並且扼守城陵磯一帶長江航道，致使清朝勒克德渾部如入無人之境直趨荊州；堵胤錫、李錦等人以為岳州一帶有何騰蛟指揮的軍隊，不會有東顧之憂，注意力全集中於荊州，結果遭到清軍主力偷襲，一敗塗地。吳晉錫記："赤心從湖北赴岳，以諸鎮兵無一至，為北兵截前隊而還。威望之損從茲始也。"[3] 由大順軍改編的忠貞營初戰失利，被迫退入川鄂交界的貧瘠山區。何騰蛟、章曠自以為得計，他們同自己籠絡的一批南明軍閥只知在湖南蹂躪地方，渾渾噩噩，得過且過，即便是在勒克德渾率軍返回南京以後，也毫無作為，連入湘重鎮岳州都未收復。下文將講到，至清軍入湘時，何騰蛟、章曠節制的將領非降即逃，使南明局勢日益惡化。

---

1 《清世祖實錄》卷二十五；參見康熙二十四年《荊州府志》。
2 《清世祖實錄》卷二十五。
3 吳晉錫《半生自紀》。

第四節　何騰蛟經營湖南的舉措失當

在南明史籍中，何騰蛟的地位非常顯赫。他在弘光朝廷覆亡時拒絕了清方的招降[1]，最後被俘堅貞不屈，英勇就義，值得肯定。然而，在抗清事業中，何騰蛟成事不足，敗事有餘，也是無可爭辯的事實。人們往往不相信"忠臣"誤國，南明史上卻是屢見不鮮。

1645 年三月，左良玉父子率兵順江東下時，何騰蛟作為湖廣巡撫被挾制登舟，跳入水中逃脫，然後取道江西寧州進入湖南長沙。當時湖廣的南部（就是後來的湖南省）還處於明朝統治下，隆武朝廷任命他為湖廣等地總督。何騰蛟既擺脫了左良玉部的挾制，又深得隆武帝的信任，而且當時清廷用兵重點在東南沿海省份，一時顧不上湖廣。何騰蛟實際上掌握了湖廣文武官員的任命權和湖南各州縣的錢糧，如《永明縣志》所記，"乙酉年，明督師何諱騰蛟退守長沙，湖南各府屬錢糧俱解督府。"[2]何騰蛟本可以做一番事業，然而，他在用人行政上倒行逆施，舉措毫無足稱。這首先表現在他既無知人之明，又無御將之才，卻私心自用，急於拼湊一幫自己的班底。他伙同章曠、傅上瑞（二人都由他推薦為道員、巡撫）把具有抗清實力的大順軍餘部主力排擠出湘，收羅並重用湖南當地的明朝雜牌軍隊如黃朝宣、劉承胤、曹志建、張先璧之流，為他們請官請爵，奉若驕子。這些人乘機招兵買馬，擴充自己的實力，除了危害地方外一無足恃。何騰蛟的親信章曠原先主張用"南人"（上述黃、劉、曹、張輩）排斥"響馬"（大順軍），眼看這些"南"

1　《明清史料》丙編，第六本，第五四四至五四八頁，《抄錄招撫湖南文武各官書啟本稿》，原件佚名，經核查即清招撫雲貴加兵部右侍郎兼都御史丁之龍所作招撫何騰蛟及湖廣文武官員文稿。

2　康熙六年《永明縣志》卷九，《兵寇志》，《兵變》。

將割據自雄，連督、撫也指揮不動，又建議道：“向謂用北人不如用南人，某謂用外鎮不如用親兵。與其以有用之金錢，養望敵還奔之響馬，不如養站得腳跟之南兵；與其以有限之金錢，養進止自如之外鎮，不如養可予奪、遣發惟命之親兵。且有親兵則可以自強，自強則可以彈壓響馬，駕馭外鎮。此壯威制勝之術也。”[1]何騰蛟非常欣賞他的意見，於是派人分別從廣西、貴州等地招募兵將，很快就拼湊成了一支三萬多人的“督標”“撫標”親軍，其將領有吳承宗、姚友興、龍見明、覃裕春、滿大壯、胡躍龍、向登位等。後來的事實證明，這批烏合之眾既彈壓不了“響馬”，也駕馭不了“外鎮”，從未起過“壯威制勝”的作用。既熱衷權勢又昏庸無能的何騰蛟、章曠之流拼命擴充兵員，不僅絲毫沒有增強湖南的抗清實力，反而嚴重地加重了百姓的負擔，弄得民窮財盡，派系林立。王夫之記載：“騰蛟既奉便宜之命，驟加派義餉，兼預徵一年民田稅，每畝至六倍以上。不足，則開餉官、餉生之例，郡邑長吏皆以貲為進退；又不足，則開募奸人告密，訐殷富罰餉……，朝宣、先璧、承胤皆效之。湖南民展轉蔓延，死亡過半。”[2]

自從岳州失守後，明軍扼守岳州南面的新牆與清方對峙。1646 年（順治三年、隆武二年）六月，清湖廣當局派總兵祖可法、

1　蒙正發《三湘從事錄》。

2　王夫之《永曆實錄》卷七《何騰蛟傳》。在同書卷九《王允成傳》中有類似的敍述：“時騰蛟糧不給，徵義餉於民，過舊稅三倍。復開告訐罰餉，傾殷富戶。請將效之，札弁四出召募，奸民旦裏抹額，夕掠鄰右，湖南千里，炊煙幾斷。”特別有意思的是，在王傳中講了鄉居的前僉都御史郭都賢（弘光初立時曾授戶部尚書，郭拒不到職）見何騰蛟等橫徵暴斂，民困已極，作詩諷詠。何騰蛟心懷嫉恨，竟對王允成說郭都賢隱居的石門山“積金粟可瞻數萬人支十年，山徑險絕，敵即至不能攻入，任痛飲，擁姬妾坐待太平邪！”說王允成垂涎不已。次年，清軍入湘，王允成率部直奔石門，才知道郭都賢“所居茅菴槿籬，無足據者”，大失所望，轉往溆浦、沅州一帶。由此可見何騰蛟用心之陰險。

張應祥進攻新牆，章曠部署的"親軍"大敗，滿大壯陣亡，龍見明被活捉，姚友興等聞風喪膽，丟棄汛地南逃，新牆遂為清軍佔領。[1]只是由於清方動用兵力不多，目的僅限於鞏固岳州防線，才沒有繼續南下。這年九月，何騰蛟、章曠決定大舉北伐，由章曠督兵由湘陰進攻岳州，移文制撫堵胤錫督馬進忠部由常德北入長江順流接應。何、章調集的軍隊除督、撫標下親軍以外，還有王進才部和王允成帶領的水師，浩浩蕩蕩水陸並進，企圖一舉攻下岳州，進而收取湖北。清岳州守將馬蛟麟見明軍勢大，向武昌請援。清湖廣總督羅繡錦僅派參將韓友、高士清、惠之觀接應，兵力相當有限。明軍進至岳州附近時，馬蛟麟同副將李顯功不過派數百名騎兵出戰，在萬由橋擊敗陸路明軍，趁勢追殺五十里；接着又擊敗王允成部水師。[2]章曠失魂喪魄竄回湘陰，把戰敗的責任推到王進才"新營"（王進才原為大順軍偏將，後歸附何騰蛟）身上。這時，堵胤錫節制的馬進忠部由長江東下直至湖北嘉魚縣六磯口，"武漢震動"，得到章曠軍一敗塗地的消息才主動撤退。進攻湖北的計劃受挫後，章曠、堵胤錫來到長沙同何騰蛟會面，堵胤錫"盛稱馬鎮之勇，微彈湘兵之怯"，章曠、何騰蛟愧恨交加，更加仇恨曾為"響馬"的大順軍和馬進忠部。

1　新牆之戰，順治三年七月清偏沅巡撫高斗光揭帖中說："本年六月十九日據總兵祖可法、張應祥塘報湖南大捷等事。……該職看得新牆乃湖南之門戶，今已殲其精銳，破其門戶矣。有傳逆撫何騰蛟遁還貴州，其調來土司之兵俱各歸本地者，雖風聞未必盡實，然大約人心瓦解，風鶴皆驚，其必然之勢也。"（見《明清檔案》第四冊，A4-186 號）。《清世祖實錄》卷二十六記這年六月湖廣總督羅繡錦報告岳州署總兵官馬蛟麟等陣斬"偽帥"滿大壯，生擒"偽將"龍見明等。蒙正發《三湘從事錄》則記"副將吳承宗、參將滿其靈、都司郭泰被執"，承認了新牆戰役失敗。但他記清方領兵大將領為固山祖大受（壽），實為祖可法之訛。

2　康熙二十四年《巴陵縣志》卷九《戰守》。蒙正發在《三湘從事錄》中無法否認何騰蛟、章曠招募來的親兵懦怯無能，就胡言亂語硬說岳州之敗是由於王進才部爭搶清軍馬匹所致。

第五節　清孔有德等三王兵入湖南

　　清廷接到征南大將軍貝勒博洛的軍隊平定浙江的捷報以後，為了加速征服南明，於 1646 年（順治三年、隆武二年）八月十五日派遣恭順王孔有德、懷順王耿仲明、智順王尚可喜、續順公沈志祥、右翼固山額真金礪、左翼梅勒章京屯泰（佟岱、佟養和）統領本部兵馬南下，進攻湖廣和兩廣，任命孔有德為平南大將軍節制各部。[1]孔有德等受命後，回遼東收拾兵馬，直到 1647 年二月初才到達湖南岳州。這月十六日，孔有德、耿仲明、尚可喜三王帶領主力由陸路，屯泰由水路，向明軍扼守的新牆、潼溪進攻。明軍不堪一擊，紛紛如鳥獸散。[2]十八日，清軍進迫湘陰，章曠同部將逃往長沙，同督師何騰蛟商量對策。當時駐守長沙的澧陽伯王進才建議調駐守常德的馬進忠、王允才部前來長沙加強防守力量。不料，馬、王二部還在途中，清軍就已經直趨長沙城下。王進才眼看兵力不敵，保護何騰蛟乘船南撤。二十五日，清軍佔領長沙。

　　孔有德在佔領長沙以後，為解除兩翼威脅，在湖南站穩腳跟，派耿仲明進攻常德地區，尚可喜領兵直搗黃朝宣盤踞的攸縣燕子窩。同時派人招降駐於瀏陽的何騰蛟中軍總兵董英。三月初七日，董英率部降清。馬進忠、王允才部在援救長沙途中，得知該城已被清軍所佔，退往湘西山區，常德無軍防守，遂為耿部清軍佔領。[3]

1　《清世祖實錄》卷二十七，參見《平南王元功垂範》卷上。

2　順治四年四月湖廣巡撫高士俊揭帖中說："二月十六日大兵自岳起營，三王統鐵騎由陸路南進，兵部佟（屯泰）由水路前行。"蒙正發《三湘從事錄》記是月十五日清軍"撲"新牆、潼溪，明軍皆潰。此處據清方檔案記載。

3　上引湖廣巡撫高士俊揭帖中說："常德府士民兵馬聞大兵南向，俱已逃散，止存空城。"實際情況是馬進忠等部奉調援長沙，三月初曾到達新化、湘鄉一帶。援長沙既已成泡影，常德守軍亦空。

尚可喜兵至攸縣，黃朝宣不敢迎戰，遣人向清軍"討招安。恭順王不允，要洗他巢"，[1] 黃朝宣只好收拾財物領兵竄往衡州。湖南另一明朝將領張先璧則退往寶慶（邵陽）。三月中旬，何騰蛟、章曠先後逃至衡山縣。在清軍追擊下，他倆在雲南將領趙印選、胡一青保護下逃到衡州。四月十四日衡州失守，何騰蛟、章曠又逃到永州、東安一帶；黃朝宣向清軍投降，由於他長期蹂躪地方，百姓怨恨，孔有德為了收買人心，下令把黃朝宣父子處死。

孔有德指揮的清軍幾乎沒有遇到任何抵抗，就佔領了湖南大部分地區。當時已入盛夏，清兵在長沙、衡州一帶避暑，暫時停止了進兵。永曆帝在武岡軍閥劉承胤控制下苟延殘喘，章曠於八月初八日病死於永州，何騰蛟奔走於武岡、永州之間一事無成。中秋以後，金風送暑，清軍即開始向武岡、永州進攻，迅速佔領了除湘西部分土司以外的湖南全境。何騰蛟作為南明湖廣等地總督和督師，在湖南經營了一年多時間，兵員多時號稱十三鎮，又提拔了大批親信文官出任巡撫等官職，不僅沒有收復湖北寸土，而且在清軍南下時即全盤瓦解。偏沅巡撫傅上瑞降清，章曠死後接替恢撫的吳晉錫做了清朝統治下的"遺民"，部下將領有的降清，有的逃入廣西。這就是何騰蛟經營湖南的業績。

---

1 吳晉錫《半生自紀》記："三王兵至衡，黃朝宣率其子降，以為長保富貴。三王先命朝宣之兵釋兵械，召朝宣入，歷數殘暴之罪，支解之，以快人心。"王夫之《永曆實錄》卷十記黃朝宣投降後被亂箭射死。

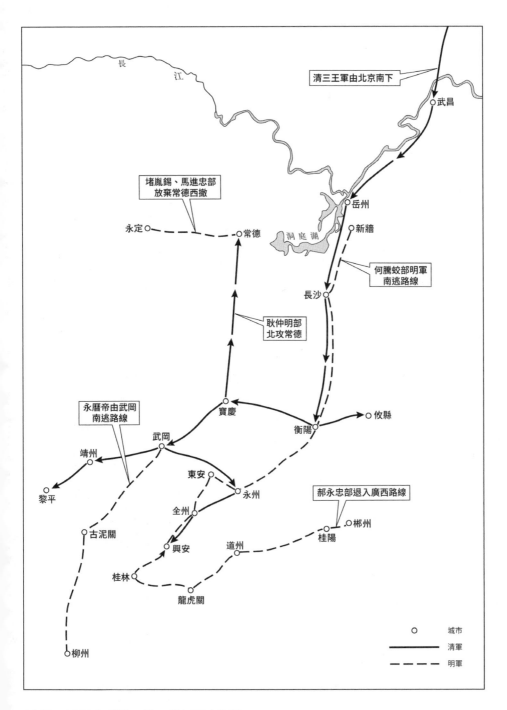

清三王軍由北京南下

武昌

堵胤錫、馬進忠部
放棄常德西撤

永定 ○- - - - -○ 常德

洞庭湖

岳州

新牆

長沙

何騰蛟部明軍
南逃路線

耿仲明部
北攻常德

寶慶

攸縣

衡陽

永曆帝由武岡
南逃路線

靖州

武岡

黎平

東安

永州

郝永忠部退入廣西路線

全州

古泥關

興安

道州

桂陽

郴州

桂林

龍虎關

柳州

○	城市
——	清軍
- - -	明軍

1647—1648 年清孔、耿、尚三王南征圖

第十一章

大西軍的經營雲南

第一節　雲南沙定洲之亂

雲南在整個明朝統治時期，管理體制和內地各省有很大的區別。明朝廷除了在雲南設立了都指揮使司、布政使司、按察司以外，後來又設立了巡撫。由於這一地區土司眾多，自洪武年間起，沐英（封西平侯，其次子晉爵為黔國公）世代鎮守該地。沐氏家族不僅掌握了很大的兵權，在政治上和經濟上也具有舉足輕重的地位。換句話說，雲南在明代處於世襲勳臣和地方流官的雙重管轄之下，兩者既互相配合，又常出現糾葛。1644—1645 年，中華大地風雲陡變，特別是張獻忠部入川建立大西政權以後，黔國公沐天波同巡撫吳兆元、巡按吳文瀛會商徵調漢族和土司軍隊，以防止大西軍入滇，並準備接受南明朝廷的調遣。1645 年九月，武定土司吾必奎趁機發動叛亂[1]，聲言：“已無朱皇帝，何有沐國公。”[2]

---

1 康熙三十五年《雲南府志》卷五《沿革》記於乙酉九月。雍正九年《建水州志》卷一《建置沿革》作“無謀土酋吾必奎作亂”。

2 何是非《風倒梧桐記》卷二；《鹿樵紀聞》作：“已無朱皇帝，安有沐國公。”

叛軍先後攻下大姚、定遠、姚安，全滇震動。沐天波等人急忙下令調集石屏土司龍在田、嶍峨土司王揚祖、蒙自土司沙定洲、寧州土司祿永命、景東土司刀勛等部，於九月間一舉擊敗叛軍，吾必奎及其黨羽都被活捉。沙定洲原是王弄土司沙源的兒子，阿迷州土司普名聲死後，其妻萬氏[1]改嫁定洲，兩土司合而為一，勢力大增，以臨安府生員湯嘉賓（萬氏的妹夫）為謀主，暗中籌劃利用沐府同雲南巡撫和三司官之間的矛盾、各土司的向背不一，發動一場奪取雲南權力的政變。於是，沙定洲夫婦統率的土司軍在吾必奎叛亂已經平息後，仍滯留於省會昆明。沐天波因定洲之父沙源一貫表現忠貞，不疑有他，在黔國公府內多次設宴招待。沐府二百多年積累的財富使定洲垂涎欲滴，昆明守備力量單薄、漢族統治集團內部的摩擦，更使他感到有可乘之機。1645 年十二月初一日，沙定洲部署已定，以告辭為名，親自率領士卒攻入黔國公府，同時分派部眾佔領省城各門。由於變生意外，沐天波來不及組織有效的抵抗，在幾名心腹衛士保護下帶着官印、世襲鐵券等物逃往安寧，途中由龍在田、祿永命保護來到楚雄[2]，這裏有金滄兵備道楊畏知鎮守[3]，才暫時安頓下來。沐天波的母親陳氏和妻子焦氏未能隨行，倉促中逃入尼庵自盡[4]。

沙定洲佔領昆明以後，自稱"總府"，"總府"是明黔國公世爵

---

1 劉獻廷《廣陽雜記》卷四記萬氏之名為萬彩雲。

2 康熙五十八年《澂江府志》卷三《沿革》記："賴有寧州土酋祿永命與定洲力戰，天波始得西去。永命年十六，知大義，天波愛之，命統彝兵五百駐紮會城內倉山，是以聞變即赴，奈師少無援，至午只剩二十餘人，遂奪東門走歸寧州。"參看昆明無名氏輯錄《滇南外史》。

3 康熙五十五年《楚雄府志》卷五《秩官志·名宦》記，楊畏知，陝西寶雞人，崇禎三年解元，沙亂時任金滄道副使。康熙三十三年《大理府志》卷三《沿革》記為洱海道副使。

4 康熙《大理府志》卷三《沿革》記："天波急奔出城，士民擁太夫人陳氏至朝陽庵，夫人焦氏至金井庵，是夜自焚死。"《明末滇南紀略》《堅守楚雄》篇記天波"不暇顧其母、妻，致步行逃難，至蛇山之朝陽庵自焚殉經。"

的一般稱呼[1]，這表明他已經企圖取代沐天波的地位。其妻萬氏稱主母，"並輿出入，遍謁縉紳。滇中豪右投為謀劃者甚眾。"[2]沙定洲派兵追拿沐天波，在楚雄被楊畏知集結的軍隊擊敗。[3]他在西進失利之後，發兵收取雲南各地，在不長時間裏除了楊畏知、沐天波控制下的楚雄以西地區外，都歸附了沙氏。沙定洲輕而易舉地攫得了沐府累世蓄積的財富，"沐氏世鎮雲南，府藏盈積。佛頂石、青箭頭、丹砂、落紅、琥珀、馬蹄、赤金皆裝以篋，篋皆百斤，藏以高板，板庫五十篋，共二百五十餘庫，珍寶不可勝計。定洲運入本峒，累月不絕。"[4]沙定洲雖然發了一大筆橫財，但他並不滿足於此，取代黔國公世鎮雲南的合法地位才是他的主要目的。因此，沙定洲在策略上儘量爭取明朝廷任命的雲南官員和在籍的漢族官紳，他不僅下令凡是願意接受自己指揮的各府縣漢族流官一律留任，而且脅迫或偽造雲南巡撫吳兆元、在籍大學士祿豐人王錫袞給隆武朝廷上疏，說："天波反，定洲討平之，宜以代鎮雲南。"[5]王錫袞在崇禎年間官至吏部左侍郎，隆武時晉升為東閣大學士禮、兵二部尚書督師雲貴湖川廣五省軍務，他由故鄉祿豐來到省會昆明時，適逢沙定洲之變，遭到軟禁。[6]這年十二月初十日，王錫袞寫的《風節亭恭紀》一文，對沙定洲叛亂和雲南局勢做了以下的揭露：

---

1 參見徐弘祖《徐霞客遊記》卷十一。

2 康熙三十五年《雲南府志》卷五《沿革》。

3 康熙三十年《雲南通志》卷三《沿革大事考》記，沙定洲軍圍攻楚雄，楊畏知堅守不下。雙方相持到大西軍將要進入滇時，沙定洲才匆忙撤回軍隊往援曲靖。

4 《鹿樵紀聞》卷中《沙定洲之亂》。

5 《鹿樵紀聞》卷中《沙定洲之亂》。

6 康熙三十五年《雲南府志》卷五《沿革》記：1645 年夏曆"十月，故詹事府正詹事王錫袞起兵祿豐。"下注云："錫袞家居日久，隆武起為大學士，於是自祿豐至省，招集兵馬，期赴閩中入衛。"十二月沙定洲佔領昆明，"錫袞駐貢院，定洲以兵圍之。"

適今新皇（指隆武帝）龍飛海甸，闊網旁招，畀臣以號召恢剿等事。曾不逾日，再晉閣銜，且於滇在事諸臣敕中諄諄及衰。凜茲大義，胡敢苟安。勉強應命，實欲以報新皇者報我烈皇帝。遭逢多艱，為賊臣（指沙定洲）夥計困厄會城，進退維谷，日與諸魔鬼作鄰。甚至煌煌顒敕為中貴臣萬里恭捧而來者，亦抗阻不容出接。悖逆如此，是尚知有朝廷也哉！封疆重吏（指雲南巡撫吳兆元等）不惟不能匡正，而反搖尾听之。滇事真不可言矣。臣衰血性具存，義憤常結，惟有捐軀如赴，俟時而行。即閩中諸弱息者流亦饒有鬚眉氣，如臘月四日之事（十二月初一日沙定洲叛亂，初四日王錫衰的妻妾被迫自盡）大概可想見，臣復何言。惟是前此中間如委曲出疏皆一般宵小播弄成篇，屬草改竄推敲，雖字句無所不用其極。更有一篇沒天日的文字，不識構者是何肺腸，以撫軍恐被人識破而止，犬豕不食其餘，是豈臣衰所忍見。有主使者，有佐助者，其中可歷而指也。近又迫挾出咨參楊道（指楊畏知）矣，青天白日之下，魍魎公行；眼見新皇屬望盛心，萬不能副。恭讀御製旨云："朕有堂堂不怕死之身。"有是君定有是臣，臣願身任之，以對揚我烈皇帝。[1]

他在《自誓》詩中也痛斥沙定洲是"賊黨無端舞叛戈"。[2] 這裏比較詳細地摘引了王錫衰陷入虎口時留下的遺文，是因為當時他失去自由，沙定洲等人盜用他的名義向隆武朝廷和雲南各地發出

---

1 《明滇南五名臣集》所收《祿豐王忠節公集》。
2 上引《祿豐王忠節公集》。

奏疏和咨文，造成許多錯誤的記載。沙定洲之變如何評價，學術界可以討論，但是說王錫袞支持沙定洲則完全違背事實。

由於當時的政治局勢動蕩不寧，道路僻遠，在福建的隆武朝廷對雲南發生的事變弄不清楚，僅僅憑藉吳兆元等人署名鈐印的奏疏和某些傳聞，就發出了"掃除沐天波"的諭旨。《思文大紀》一書在隆武二年（1646）四月內記："雲南巡撫吳兆元疏辭敕書印劍。上諭其加意料理，曰：卿久撫戢滇疆，弘宣猷績，正資善後，毋貽朕南顧憂。掃除沐天波，業有成命。不准辭。務令南人不反，以成一統豐功，朕復另有酬敍。"[1] 從這條材料用了"業有成命"一語來分析，說明在四月以前另有一件失載的相關諭旨。吳兆元的辭職表明他也不願意同沙定洲合作；隆武帝不准他辭職意味着朝廷對雲南局勢不放心，責成巡撫加強控制。瞿共美的記載進一步說明隆武朝廷對雲南的局勢若明若暗，大有鞭長莫及之虞，"雲南撫、按及沐天澤交章稱黔國公沐天波造反，有土司沙定洲出奇兵撲滅之。……遂詔天澤襲封。"後來又從另一途徑得到報告，是沙定洲叛變，突然攻入黔國公府，"天波僅以身免，母、妻及天澤俱被劫，脅令具疏"，"然地遠莫能得要領，朝廷置而不問。"[2]

沙定洲叛亂之後，吳兆元和巡按羅國瓛以及三司官已經沒有實權。沙定洲則正在逐步鞏固自己的地位，致力於掃滅繼續在楚雄以西抗拒的楊畏知和沐天波徵集的其他土司勢力了。如果他的圖謀得逞，勢必成為割據自雄的雲南王，暫時利用的漢族官紳將

1　《思文大紀》卷五，收入神州國光社版《虎口餘生記》內。

2　瞿共美《粵遊見聞》。

被逐步排擠掉，雲南同中央朝廷的離心傾向將越來越明顯。1647年大西軍的入滇，粉碎了沙定洲的美夢，增進了雲南同各省休戚相關的聯繫，應當充分肯定。

第二節　大西軍由貴州進入雲南

1647年初（順治三年底），張獻忠在西充縣境不幸犧牲。大西軍急速南撤，面臨着嚴峻的考驗。他們後面是窮追而來的強勁清軍，前面又有南明軍隊憑藉長江扼守，大西軍幾乎走到了山窮水盡的境地。然而，在孫可望、李定國、劉文秀、艾能奇的領導下，大西軍餘部一舉擊破據守重慶的南明總兵曾英部，曾英落水淹死，部眾潰逃。大西軍渡過長江天險，打開了南進的通途，為實現由黔入滇的戰略轉移奠定了基礎。

張獻忠犧牲以後，領導大西軍的重任很自然地落到了孫可望的肩上。他立即改變張獻忠濫殺無辜的過火行動。1647年正月初一日，大西軍餘部集中於四川綦江，收集潰散，重整隊伍，[1] 下令："自今非接鬥，不得殺人。"[2] 接着，孫可望等率領經過整頓的部隊進入遵義，"秋毫無犯"。[3] 由於清肅親王豪格派遣的軍隊追蹤而來，大西軍繼續南撤，進入貴州，"所過民皆安堵"，[4] 順利地佔領了省會貴陽。明貴州按察使張耀、布政司參議曾益、都指揮使陳瑞徵等逃到定番州（今貴州省惠水縣），拼湊了一批反動武裝負隅頑抗。

1　歐陽直《蜀亂》。

2　邵廷采《西南紀事》卷十二《孫可望傳》。

3　九峰居士編輯《粵滇紀略》卷二《孫可望陷重慶》；歐陽直《蜀亂》亦云："遵人得免於殺戮。"按，遵義當時屬四川省。

4　民國《貴州通志》，前事志十七。

孫可望派定北將軍艾能奇領兵進攻，在二月十二日攻克定番，張耀等被處死，曾益自殺。[1] 清軍前鋒在佔領遵義和川東部分地區後，因地方殘破，到處是一片荒蕪，糧食接濟不上，被迫"凱旋"回師。大西軍在貴州的勝利，使自己擺脫了清軍的追擊，得以整頓內部和休養士卒。

大西軍南下後出現的氣象一新，同孫可望等人整肅內部有密切關係。張獻忠遇難後，他的妻子和親信宰相汪兆齡仍然高踞諸將之上，主張照舊行事，即繼續推行張獻忠在世時的過激政策。"時可望等奉偽皇后為主，駐遵義桃源洞。諸賊每早必先往朝，凡事奏請而行。偽宰相汪某輔之……每公會議事，猶傲據諸賊上。"[2] 孫可望等人認識到政策上的改弦易轍已經成為大西軍生死存亡的關鍵，必須採取果斷行動清除改革的障礙。因此，孫可望、李定國、劉文秀、艾能奇一致決定把"皇后"和汪兆齡處死，[3] 四人被張獻忠收為養子後均改姓張，這時各自恢復原姓。這樣，形成了四將軍領導的體制。四人中孫可望原來的地位和威信比較高，年紀稍大，又讀書識字，自然成了主要的領導人。

大西軍進入貴州以後，豪格統率的清軍已經由四川撤回北京，南明雜牌官軍又不足以同大西軍相抗衡，孫可望等人本來可以把貴州作為基地，休整士馬，建立政權。當他們得到雲南發生了沙定洲叛亂的消息後，立即決策揮師南下，直取雲南。

1　康熙《定番州志》卷二十一，藝文，王睿《殉難記》。

2　《粵滇紀略》卷二。

3　參見沈佳《存信編》卷一等書。張獻忠的"皇后"究竟是誰，各書記載不一致。有的說是明末大學士陳演的女兒；有的說陳氏在張獻忠生前即已處死。

孫可望等大西軍領導人選擇雲南作為自己的進軍目標，是有歷史背景的。大西軍的骨幹多是陝西人，他們雖然長期流動作戰於長江南北，還有一段經營四川的經驗，可是雲南在當時被看成是僻遠煙瘴之地，沒有對該地的基本了解不可能貿然進兵。早在崇禎十一年至十二年（1638—1639）張獻忠受撫於湖北穀城期間，他和部下主要將領同從雲南調來的官軍就建立過相當密切的關係。當時，奉明朝廷調遣到湖廣的總兵龍在田是雲南石屏土司將領；[1]張獻忠出於策略考慮，曾經拜龍在田為義父，並且從他那裏得到了馬匹、交槍。[2]明政府派駐龍在田軍中的監紀原任知縣侯弘文，也因龍在田的關係"與獻忠爛熟"。[3]張獻忠和龍在田的部下也來往密切，例如龍在田所統土司兵阿來婆"為逆獻所喜，常召至帳中商酌事情"。[4]張獻忠軍同雲南土司兵將的過從甚密，甚至在湖北荊州人士中引起不安，"謠言滇兵通賊"。[5]這些材料表明，包括孫可望、李定國、劉文秀、艾能奇在內的大西軍高級將領同雲南土司龍在田等人是老相識，在湖廣時雖然未必會想到後來取雲南為基地，但在平時言談話語中勢必對雲南各方面的情況有較多的了解。當他們率部來到比較貧瘠的貴州時，獲悉雲南被沙定洲叛軍佔領，

1　方孔炤《撫楚公牘》，引自《桐城方氏七世遺書》。康熙十二年《石屏州志》卷十三《志補》記：龍在田原為該州阿吉黑里長，天啟年間隨征安效良，有功，署都司銜。崇禎時"奉調入楚援剿流賊，多所劫掠。還滇，自署都督。"

2　方孔炤崇禎十二年七月《查參疏》中說："惟是滇帥龍在田與逆賊交歡時結拜父子……至今逆賊營中之滇兒名馬、交阯精銃無不有之。"見《撫楚疏稿》，收入《桐城方氏七世遺書》。方孔炤又說："陳洪範、龍在田兩將主和，收張獻忠為乾子。……在田以其複銃、複馬餌獻忠者，兩將受其金也。"見同書《西庫隨筆》。

3　方孔炤《撫楚公牘》。

4　方孔炤《撫楚公牘》。

5　方孔炤《撫楚公牘》。

立即決定進軍雲南，就不是偶然的事了。

有的史籍記載，大西軍入滇是接受了龍在田的建議，如《臨安府志》云："孫可望等至貴州，在田說令攻定洲。"[1]明清之際在雲南任職的馮甦也記載："又明年丁亥，張獻忠被誅於西充，其義男孫可望等率殘兵由遵義入黔。龍在田使人告變，且勸其至滇。可望因詐稱黔國焦夫人弟率兵來復仇。雲南初苦沙亂，皆延頸望其來，不知為賊也。"[2]《石屏州志》記："沙定洲反，沐鎮（指沐天波）被圍楚雄，在田實左右之。及李定國入滇，在田聲勢大振。"[3]龍在田對於大西軍的決策進滇無疑起了重大作用。

孫可望等率部入滇時，為了減少進軍的阻力，事先派出間諜前往雲南，利用漢族官紳、部分土司對沙定洲的不滿情緒和黔國公在雲南長期享有的威望，散佈假情報說行將入滇的大西軍是沐天波妻子焦氏家族的武裝，來雲南為沐氏復仇。這一策略果然收到明顯效果，"雲貴人民深信，一路俱如此傳播，故賊兵所至，悉開門降。長驅而來，全無梗阻。"[4]1647年（永曆元年、順治四年）三月二十五日，大西軍佔領平彝（今富源縣），進入雲南省境。[5]同月二十八日攻克交水；次日移兵曲靖，殲滅沙定洲所設守軍五百名，俘獲明雲南巡按御史羅國瓛。[6]為了迷惑沙定洲，孫可望等佔

1　嘉慶四年《臨安府志》卷十四，人物三《龍在田傳》。

2　馮甦《滇考》《普、吾、沙亂滇》。謝聖綸輯《滇黔志略》抄本，卷十三《軼事》記龍在田招孫可望等領兵入滇事與《滇考》所載幾乎完全相同。

3　康熙十二年《石屏州志》卷十三《志補》。

4　《明末滇南紀略》（又名《滇寇紀略》）卷二。咸豐二年《南寧縣志》卷六《人物·忠烈》記："蔣懋勛、蔣世勛、張英、陳允濟俱衛世職。流寇至，詭言黔國公復仇之師，四人率眾迎之。及至，始知其詐。寇迫使降，不屈，同聲罵賊，遂遇害。"按，南寧縣即雲南曲靖府附郭縣，不是現在的廣西南寧市。

5　康熙四十四年《平彝縣志》卷二《沿革》記："四年三月，流寇孫可望、李定國、劉文秀、艾能奇自黔入滇，詭稱援師，二十五日屠平彝，二十八日屠交水，二十九日屠曲靖。"

6　李恩拨《丁亥紀略》，見《滇繫》卷八，又見《滇粹》。

領曲靖後，不是向西進攻省會昆明，而是南下直趨阿迷州（今開遠市），在蛇花口擊敗沙定洲援軍一千名。沙定洲見兵力不敵，又誤認大西軍確係焦氏家族所召援兵方能熟知地理先攻其老家，就在四月十八日主動放棄昆明，逃回蒙自故里佴革龍。[1] 行前命部將杜其飛把軟禁於貢院的明大學士王錫袞殺害。[2] 留在昆明城內的明朝巡撫吳兆元等人終於弄明白了入滇的並不是甚麼焦家救兵，而是大西軍，然而他們手頭無兵，只有聽任紳民投降。四月下旬，大西軍經宜良順利地進入昆明，"二十四日，孫、李諸軍入城，秋毫無犯。"[3]

　　大西軍進入昆明以後，經營雲南面臨許多複雜情況，需要加強核心領導。五月，孫可望、李定國、劉文秀、艾能奇"以事權不一，推可望為帥"。[4] 孫可望以"盟主"的身份不失時機地部署兵力平定雲南各處叛（依附沙定洲的勢力）、頑（指效忠於明黔國公沐天波和楊畏知的勢力）集團。李定國帶領一支精兵於五月十九日抵達沙定洲重點防禦的臨安府（府治在建水縣），二十二日採取挖掘坑道直至城牆下面填塞火藥的"放迸法"轟倒東南面城牆，迅速佔領全城。[5] 臨安距離沙定洲的家鄉阿迷州很近，大西軍本來可以趁勝進攻阿迷，不料原昆陽知州冷陽春和晉寧舉人段伯美發動叛亂，定

1　康熙十二年《阿迷州志》《人物志·叛亂土司》記蛇花口作蛇夸口。其文云："丁亥，孫可望至滇，假言為沐國公報仇，定洲兵至曲靖迎敵，敗走，歸駐蛇夸口。李定國襲之，沙兵復潰，不敢據阿迷州，適入佴革龍。李定國等兵破臨安，探知定洲潛逃，直抵阿迷，屠戮士民，拆毀城垣而去。定洲、萬氏復收敗卒於佴革龍，豎立木城為自守計。"嘉慶四年《臨安府志》卷四《疆域》記："蛇花口在阿迷州北，為境之險。有佴革龍山勢險惡，逆酋沙定洲恃以為固。"

2　昆明無名氏輯錄《滇南外史》；康熙五十三年《鶴慶府志》卷四《沿革》。

3　南沙三余氏撰《南明野史》卷中。馮甦《滇考》記大西軍由陸涼、宜良入省，"宜良知縣方興佐率眾持羊酒迎可望，賊喜，不入城。至省，巡撫吳兆元等迎於郊。"

4　康熙五十四年《新興州志》卷二《沿革》。《明末滇南紀略》也記載大西軍入昆明之初，"四寇共議推孫可望為盟主，一切諸務皆聽令焉。"

5　雍正九年《建水州志》卷十一、藝文記下，楊德沛《佴氏先塋表義碑記》。

國唯恐後方有失，立即"星夜回兵"，於六月二十三日平定了兩州的叛亂，[1] 沙定洲才得以苟延殘喘。

劉文秀統兵由昆明北上，經富民收取武定州、和曲、祿勸等地，[2] 然後向西推進，佔領鶴慶、麗江、劍川，平定了滇西北地區。[3] 孫可望在八月間親自領兵經祿豐進攻楊畏知、沐天波據守的楚雄、大理等滇西地區。楊畏知的軍隊在祿豐縣城東面的獅子口被大西軍擊潰，他本人也被活捉，[4] 孫可望考慮到他在雲南官紳中是反對沙定洲叛亂的代表人物，再三勸他投降。楊畏知堅持不同"流寇"建立的大西政權合作。經過談判，雙方達成妥協：一、不用大西年號；二、不妄殺人；三、不焚廬舍、淫婦女。[5] 協議中第二條和第三條，大西軍進入貴州後就已經做出了政策調整，自無異議；關鍵是第一條，孫可望等大西軍領導人接受了楊畏知的意見，暫以干支紀年，為後來聯明抗清鋪平了道路。九月，劉文秀帶領兵馬進抵永昌府（今雲南省保山市），以"共扶明後，恢復江山"為條件同沐天波談判。沐天波親身遭到沙定洲叛亂的荼毒，弄得家破人亡，自己的兵力又非常有限，決定藉大西軍復仇，雙方很快

1　康熙三十五年《雲南府志》卷五《沿革》記："昆陽知州冷陽春與晉寧舉人段伯美率兵守城拒賊。時定國攻沙定洲薰湯嘉賓於臨安，聞陽春等起義，星夜回兵，屠二州，盡焚民居房。"道光二十年《晉寧州志》卷十一《補遺志‧事略》記："順治四年四月，流寇孫可望等入滇，李定國追沙定洲至晉寧，秋毫無犯，百姓具牛酒犒軍，定國大喜，信宿乃去。去後驛使往來有贄索者，邑舉人段伯美率眾殺之，又割其從者耳鼻縱之去。定國方攻臨安，聞之大怒，撤兵回，遂屠州城。拘男婦於營門，令各出其手以待截，按男左女右；有誤出者，並兩手截之，慘不可言。既而定國亦以太甚，命開東、西二門，自東門出者生，自西城出者殺之。署知州冷陽春及伯美俱遇害。"

2　康熙二十六年《武定府志》卷一《附勘事實》。

3　康熙五十三年《鶴慶府志》卷四《沿革》；康熙五十二年《劍川州志》卷二《沿革》。

4　康熙五十一年《祿豐縣志》《紀事略》；該書首繪祿豐縣輿地圖城東有獅子口，距城不遠。按，《明末滇南紀略》《沐公順賊》篇云：楊畏知在祿豐兵敗後與沐天波逃往永昌，不久在永昌同沐天波一道投順大西軍，與當地志書記載有分歧。

5　邵廷采《西南紀事》卷八。

達成合作協議。[1] 沐天波不僅派自己的兒子先行前往大西軍營中納款，還發出檄文責成永昌府推官署金騰道印王運開、通判署府印劉廷棟向大西軍繳印投降；遭到兩人拒絕後，又派人說服永昌府紳民不得抵抗。[2] 由於沐氏家族自明初以來世鎮雲南，佩征南將軍印，在軍衛、土司中享有很高的威信，孫可望等入滇後收繳了明朝頒發的文武各官印信，只有沐天波所佩世代相傳的"征南將軍印"仍予保留，讓他行文招撫各土司。於是，迤西一帶不戰而下，"各土司次第來歸"，"去方三月，而迤西盡平"。[3] 到 1647 年十月，雲南全省只剩下阿迷州、蒙自地區仍在沙定洲控制之下，北面的東川府（今雲南省會澤縣）土司祿萬億、祿萬兆心存觀望，不肯按額納餉。

1648 年（永曆二年、順治五年）五月，孫可望等商議後，決定由定北將軍艾能奇率領兵馬往征東川。艾軍進至距東川府三十里處，遭到埋伏於路傍深箐中的祿氏土兵襲擊，艾能奇中毒箭流血不止，連夜抬回昆明，不治身死。[4] 孫可望下令厚葬艾能奇，另派精兵取道壁谷壩，擊敗祿氏土兵，平定了東川及其附近州縣土司，鞏固了對昆明東北方面的統治。

為了徹底鏟除沙定洲的殘餘勢力，這年七八月間，由李定國、劉文秀領兵南征阿迷、蒙自。由於道路崎嶇，糧餉難繼，孫可望

1 康熙三十三年《大理府志》卷三《沿革》記孫可望於順治三年（1646）八月至大理，繫時有誤，當作順治四年（1647），參見康熙三十五年《雲南府志》卷五《沿革》。

2 康熙四十一年《永昌府志》卷二十五，藝文，馮甦《三忠臣傳》。

3 《明末滇南紀略》卷三。按，明朝習慣以雲南省會昆明為界，其東曰迤東，其西曰迤西，合言之曰兩迤。迤西包括大理、永昌、鶴慶、蒙化、楚雄、武定、永寧、姚安、鎮沅、順寧、麗江、景東十二府；迤東指雲南、臨安、澂江、尋甸、廣西、廣南、曲靖、元江八府。見康熙十二年《石屏州志》卷十三《志補》。

4 乾隆二十六年《東川府志》卷三《建置·沿革》。按，貴州《定番州志》等書記艾能奇於 1647 年二月進攻該州時被射死，純屬誤傳。又，《明末滇南紀略》中寫作"祿萬鍾"，此處以《東川府志》為準。

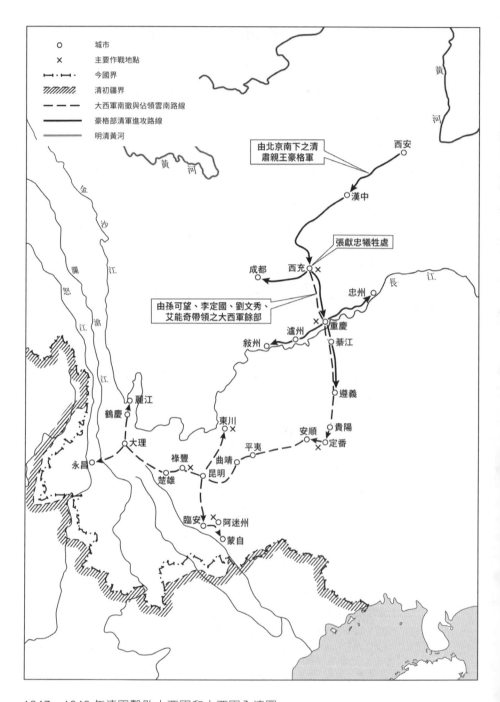

城市：○

主要作戰地點：×

今國界

清初疆界

大西軍南撤與佔領雲南路線

豪格部清軍進攻路線

明清黃河

黃河

金沙江

瀾滄江

怒江

黃河

長江

由北京南下之清
蕭親王豪格軍

西安

漢中

張獻忠犧牲處

成都　西充　×

忠州

由孫可望、李定國、劉文秀、
艾能奇帶領之大西軍餘部

瀘州　重慶　×

敍州　綦江

麗江

鶴慶

大理

永昌

祿豐

楚雄

昆明

曲靖

平夷

東川　×

遵義

安順　貴陽

定番　×

臨安　×　阿迷州

蒙自

1647—1648 年清軍擊敗大西軍和大西軍入滇圖

"乃起省城民夫，每戶夫一名，每名領二斗，至臨安交米一斗五升，其五升給夫作口糧；省城每夫一名腳價銀二三兩不等"，民"樂於輓運，不知其苦"。[1] 定國、文秀士馬飽騰，迅速擊敗沙定洲軍，攻克阿迷、蒙自，把沙定洲圍困在其老寨倭革龍。倭革龍地勢險要，卻缺乏水源，沙軍每乘夜間下山取水。定國等下令於水源處立砦，分兵把守。沙定洲軍飢渴難耐，被迫投降。定國、文秀除了把沙定洲、萬氏和少數為首者解往昆明外，"招撫附近地方，凡附逆者悉不究，各安農事。如是出降絡繹不絕。李定國撫慰賞勞之，出令不許擄掠，違者立斬。自是迆東半壁安堵矣。"[2] 十月，沙定洲、萬氏、湯嘉賓等在昆明被處死，標誌着混戰局面暫告結束。[3] 在孫可望的部署下，經過一年多時間的東征西討，平定了雲南全省，使當地百姓自明末兵燹以來過上了安寧的生活，連清初人士也記載"孫可望等倡義之名至今人猶稱道焉"。[4]

第三節　孫可望等的經營雲南

　　平定全滇在大西軍史冊上是非常重要的篇章，對於南明永曆政權的延續尤有關鍵意義。就大西軍而言，張獻忠在世時固然有建軍立國的開創之功，但在 1644 年入川以前流動性過大，所建地

1　《明末滇南紀略》卷四《倡義討逆》。康熙三十年《通海縣志》卷一《沿革事考》記，"戊子年七月，李定國復提兵過通海，入攻沙定洲，派通海軍民運糧至倭革龍，死亡幾半"。"八月，定國攻破倭革龍擒沙定洲、萬氏、湯嘉賓等，由通海械赴雲南。十月，磔於市，殺其黨數百人。"

2　《明末滇南紀略》卷四《倡義討逆》。康熙十二年《阿迷州志》《人物志·叛逆土司》記，丁酉（1647），李定國率兵擊敗沙定洲，直抵阿迷，"拆毀城垣而去。定洲、萬氏復收敗卒於倭革龍豎立木城為自守計。又二年，己丑（1649），李定國自滇統兵直搗其巢，圍困數月，定洲（當為定國）誘出定洲、萬氏並叛黨，擒送雲南，磔殺之，滇人稱快。"擒殺定洲在戊子（1648），記年有誤。

3　康熙《雲南通志》卷三《沿革大事記》。

4　前引《明末滇南紀略》。

方政權旋設旋失，入川後雖有意以四川為基業，在政策上卻屢犯過激錯誤，叛亂蜂起，張獻忠犧牲前數十萬兵馬僅擁聚於西充一帶彈丸之地。孫可望、李定國、劉文秀、艾能奇等於主帥身亡之後，團結內部，不失時機地揮軍入滇，取得了一塊穩定的基地，休養補充士馬，整頓經營地方，為原大西軍在南明抗清鬥爭中重展雄風蓄積了力量。

為了充分認識孫可望等取雲南為基業的重大意義，不妨同大順軍做個比較。到 1645 年李自成犧牲之時，大順政權已全盤瓦解，大順軍餘部既沒有建立一個統一的領導核心，以致隊伍四分五裂；又沒有自己的地方政權，長期寄人籬下，直到後期才在夔東人煙稀少的高山大川之處建立了據點。儘管大順軍後期的主要領導人李過、高一功、李來亨具有寧死不屈的堅貞品質和卓越的指揮才能，但"長沙地小，不足回旋"，給他們活動的舞台太小了。人力、物力的嚴重不足大大限制了大順軍的積聚力量和開拓局面。在後期抗清鬥爭中，大順軍餘部的戰績遠不如大西軍，最主要的原因是沒有一塊比較大又比較富庶的後方基地。大西軍自 1650 年（順治七年、永曆四年）起北出貴州、四川，東進廣西、廣東、湖南，幾次挫敗不可一世的清軍，成為全國抗清的主力，是同孫可望、李定國、劉文秀等收取和經營雲南分不開的。

大西軍在平定全滇之後，即"發兵守四川之大渡河，貴州之鎮遠，中路之雪山關，凡可以入滇之路，悉扼守之。"[1] 在將近三年的時間裏，大西軍同清方和南明朝廷都沒有接觸，聯明以後，雲南仍在原大西軍控制之下。孫可望等在雲南的統治由於客觀環境的變

---

1 《明末滇南紀略》卷四《政圖治安》。按，鎮遠在貴州東部，當時未必能越過貴陽，戍守鎮遠，疑有誤。

化，顯示了一些特色。大致可以說，它是張獻忠大西政權的延續，又在政策措施上做了部分改革。特別是糾正了張獻忠奉行的過激行為，針對雲南地方特點注意團結少數民族，成績非常顯著。現分述如下：

一、在政權建設方面，孫可望等大西軍領導人為爭取雲南漢族官紳和土司的支持，廢除了大西國號，許諾"共扶明後，恢復江山"[1]，但當時還沒有同南明永曆朝廷建立聯繫，因此紀年暫用干支。領導體制上，孫可望稱平東王，李定國為安西王，劉文秀為撫南王，艾能奇為定北王，[2] 四人地位大致相當，孫可望以大哥的身份充當"盟主"主持軍政重務。文獻記載，可望"大書示命，號召全滇云：孤率三兄弟，統百萬貔貅，建國不建統，紀年不紀號。"[3] 以楊畏知為華英殿學士兼都察院左都御史，嚴似祖為吏部兼禮部尚書，王應龍為工部尚書，丁序焜為戶部尚書，任僎為副都御史掌都察院事，馬兆羲為學院，[4] 張虎為錦衣衛。沐天波仍明舊封為黔國公，"提調漢土官兵，加雲鶴服色"。[5] 府、州、縣官員也一概重新

---

1 《明末滇南紀略》卷三《沐公順賊》。

2 入滇初期，孫可望、李定國、劉文秀、艾能奇的稱號，各種史料記載很不一致。馮甦《滇考》卷下云：可望等四人均稱王，"城內置四王府"。孫可望發佈文告自稱"孤"，也是王的口氣。康熙三十三年《大理府志》卷三《沿革》記：可望"自稱平東王，（楊）畏知力爭，乃去王號，稱將軍。"康熙五十三年《鶴慶州志》卷四《沿革》記："順治四年，流寇孫可望入滇……偽輔南王（當為撫南王）劉文秀至鶴慶。"1649 年（永曆三年）十一月初三日瞿式耜奏疏中說："可望未通之先，其自號不過二字王耳，乃反以一字尊王。"見《瞿式耜集》卷一《糾罪鎮疏》。看來孫可望等聯明以前確已稱二字王。但也有說四人稱元帥、稱將軍的，如康熙三十五年《雲南府志》卷五《沿革》記："流寇入滇時，定國稱安西元帥，文秀稱撫南元帥。"康熙五十八年《澂江府志》卷三《沿革》也說，孫可望稱平東元帥，李定國為安西，劉文秀撫南，艾能奇定北。康熙十二年《石屏州志》卷六《學校》記："流賊張獻忠餘黨平東將軍孫可望、安西將軍李定國、撫南將軍劉文秀、定北將軍艾能奇率眾入滇。"乾隆二十六年《東川府志》卷三《建置·沿革》記："五年五月艾能奇死"，原注"偽定北將軍"。康熙十二年不分卷本《阿迷州志》《古跡志》記："至戊子年（應為丁亥）流寇入滇，偽將有平東、安西、撫南、定北之號。"

3 《永昌府文徵》，文，卷九，陳洪圖《鳴冤錄》。

4 馬兆羲諸書多寫作馬兆熙，《楚雄府志》卷六《選舉志》舉人、進士表，卷七《人物志》均作馬兆羲。馬為楚雄人，當以本地記載為準。

5 《明末滇南紀略》卷三《沐公順賊》。

任命，委用的官吏"皆換偽印，獨天波佩舊印不改"。[1]所頒新印篆文由明朝的九疊文改為八疊文，"且重廉吏，除貪酷，不時差人易服色，暗訪察，有廉者立加獎擢，貪者立拿斬首，傳示各府州縣。"命弓匠出身的大西軍老部下工部尚書王應龍行巡按事，巡察各地，"訪姚安知府謝儀貪酷，孫可望差官持令箭去，立拿於署前斬首傳示。全滇之官無一人敢要錢者。"[2]這種雷厲風行的懲治貪污，蕩滌了明朝相沿成習的污泥濁水，保證了雲南吏治的清廉。

孫可望還"立登聞鼓，凡政有不便於民，許地方頭人赴訴，立即除之；有可以便於民者，立即行之"，"又令地方上，不論紳士軍民，有為地方起見，即一得之愚，亦許進言，立引見，不許攔阻，即妄誕之言亦不深究。獎節孝，復鄉飲，浚海口，省耕省斂，凡有利於民者無不備舉。外則土司斂跡，內則物阜民安，為治若此，誠滇南不幸之幸也。"[3]

二、在經濟政策上，大西軍初入雲南時面臨緊迫的糧餉問題，在很短的一個時期裏實行過打糧和對官紳、土司追餉的辦法。打糧即派兵四出，把百姓剩餘糧草無代價地沒收，受打擊最重的雖然是地主，但難免掠及家有少許餘糧的農民，使他們的生產積極性下降。大西政權在四川的失敗是有過沉痛教訓的，因此，孫可望等人很快就代之以切實可行的賦稅政策。他們把雲南某些州縣和衛所管轄的軍民田地"分為營莊，各設管莊一人"，營莊由大西軍偏裨管理，在轄區內"踏看田地所出，與百姓平分，田主十與一

---

1 康熙三十五年《雲南府志》卷五《沿革》；康熙五十八年《澂江府志》卷三《沿革》。

2 《明末滇南紀略》卷四《政圖安治》。

3 《明末滇南紀略》卷四《政圖安治》。

焉。條編半徵，人丁不論上、中、下全徵。"[1] 就田賦而言，以十分為總額，入官四分，民得六分，[2] 農民的負擔是比較重的。但是，這一政策的特點是把原先地主向農民徵收的田租從一半以上減為十分之一，大大降低了剝削率；又保證了軍隊和政權的穩定收入。地主們雖然心懷不滿，但仍能收取一部分，生活有着，減少了敵對情緒。當時一個士子賦詩云："履畝科租法最奇，畜肥兵飽士民飢"[3]，從側面反映了這一政策的效果。由於稅額為分成制，地主不再能夠任意盤剝，農民的生產積極性普遍提高，當年秋成就"倍於曩昔"，次年又"大熟，百姓豐足"，再下一年仍是"大有年，兵民安樂如初"。[4] 入滇初期曾嚴格禁止釀酒，藉以避免浪費糧食，[5] 隨着生產的恢復發展，才解除了這一禁令。

孫可望等還注意保護民間貿易，初入雲南時鑄造了大西政權的"大順錢"。[6] 為時不久，因廢除大西國號，改"鑄興朝通寶，每大者文抵一分，次者文抵五釐"[7]，還有一釐的小平錢。這在雲南歷史上是值得大書一筆的。雲南盛產銅礦，明代雖曾奉朝廷命令鑄

1　《明末滇南紀略》卷三《沐公順賊》。康熙五十八年《澂江府志》卷三《沿革》說："戊子（1648），孫可望以兵食不足，將近省軍民田地分為營莊，各設管莊一人，徵輸運省。"

2　馮甦《滇考》卷下云："以官四民六分收。"可見《明末滇南紀略》中所說"與百姓平分，田主什一與一焉"，田主所得是從政府所徵一半內撥給五分之一。康熙五十八年《澂江府志》卷三《沿革》記在營莊制度下，"軍田每畝市斗穀六七斗，民田八斗至一百二斗不等。"又說："是時徵穀斗石尚無定數，又有四六同分之議。農民視自種之稻似己物，以為可以任意攜取，有城內民刁小二者偶於己田內摘去熟稻數穗，拿獲以偷盜皇糧詳請梟示，澂民股慄。"康熙三十五年《雲南府志》卷五《沿革》記："畝歲納穀一石二斗，民私用草一束者或斬或杖。"大致反映了當時的生產水平，即每畝產穀二石四斗。但也很可能在某些地方逐步實行了定額賦。

3　《晉寧詩文徵》詩徵，卷二，黃都《聞山歌有感》，此詩約作於 1651 年（永曆五年、順治八年）。

4　《明末滇南紀略》卷三、卷四。

5　康熙《澂江府志》卷三《沿革》記："禁釀酒，違者死（原注：法嚴而人不敢犯，是以兵食充足）。"

6　康熙三十年《雲南通志》卷三《沿革大事記》；康熙三十五年《雲南府志》卷五《沿革》；康熙五十三年《鶴慶府志》卷四《沿革》。

7　《明末滇南紀略》卷三。按，"興朝通寶"一分、五釐、一釐計三種存世尚多，用"興朝"二字為文，解釋不一，但肯定不是紀年。

造銅錢，但多數輸入內地各省，當地居民直到萬曆時交易仍通用貝幣，稱為妃。天啟末至崇禎年間雖由政府提倡，逐漸使用銀錢，[1]但民間積習用者還很普遍。孫可望等鑄興朝通寶後，下令「禁民用貝，違其令者刖劓之。辛未（當為辛卯，1651）通行。」[2]至此，雲南在商品流通過程中才普遍用錢，同其他各省趨於一致，這對於活躍雲南和內地經濟上的交流具有深遠的意義。

對雲南的井鹽生產也加強了管理，藉以消除陋規，增加財政收入。孫可望派總兵史文為鹽稅司，負責徵收鹽課和商稅。「黑、琅兩井之鹽歸官，令商人在省完工本，領票赴井支鹽。由是凡係鹽商悉大富，以白鏹為瓦礫矣。……每一下操，賞賚動以萬計。」[3]清代人士劉孟弘說：「按全滇鹽政考，井有九：黑、白、琅、雲龍、安寧、阿陋、只舊、彌沙、景東也。黑井舊額歲徵課二萬六千六百兩，白井一萬五百兩，琅井二千四百兩，雲龍等六井共徵一萬六百四十九兩三錢六分。自明季投誠偽官史文開報黑井歲辦課九萬六千兩，每斤徵銀一分六釐；白井辦課二萬八千五百六十兩，每斤徵銀八釐；琅井辦課九千六百兩，每斤徵銀六釐。」[4]可見，在大西軍餘部治理雲南期間，鹽業生產有很大的發展，來自鹽課的收入每年多達白銀十餘萬兩。通過鑄錢、整頓鹽課、商稅以及

---

1 參見康熙四十四年《平彝縣志》卷之三《地理·風俗》、康熙五十四年《楚雄府志》卷一《地理誌·風俗》。按，大西軍進滇以前，雲南已用銀、錢，《徐霞客遊記》也多處可見，但民間交易中仍多通用貝幣。

2 倪蛻《滇雲歷年傳》。李天根《爛火錄》卷十七也說：鑄興朝通寶後，「凡上納錢糧，放給俸餉，以至民間一切貿易，皆通之。有不遵行者罪死。……錢法乃大行。」

3 《明末滇南紀略》卷三《沐公順賊》。按，史文為大西軍總兵，其全銜為「欽命總理雲興通省鹽政稅務總鎮」，見康熙四十九年《黑鹽井志》卷六，史文在永曆十年撰《鼎建真武硐玉皇閣碑記》。他後來投降了清朝。

4 雍正五年《賓川州志》卷十二，藝文，劉孟弘《鹽法考略》。康熙四十九年《黑鹽井志》卷五《鹽法》記：「丁亥（1647）流賊據滇，偽提舉張逢嘉迎合流賊，壓令竈戶每月煎鹽六十萬，以官四竈六起科。官抽鹽二十四萬斤運省變賣作課，竈存鹽三十六萬斤在井變賣作本。」

田賦制度的改革，為大西軍的穩定雲南進而出滇抗清奠定了經濟基礎。

三、在軍事方面，孫可望等採取了十分有力的措施，主要包括嚴肅軍隊紀律、加強訓練、改善軍需供應。

整頓軍紀：大西軍初入雲南時，為消滅政治上的敵對勢力曾經採取嚴厲的鎮壓手段，為解決糧餉又曾在短期內實行過“打糧”“追餉”措施，因而在一段時間裏在雲南官紳士民中造成一種恐怖氣氛。孫可望等在站穩腳根後，立即改弦更張，申明軍紀，“凡發兵征剿，所過大路，雞犬不驚，百姓賣酒肉者路旁不斷。如兵餘小子有擅奪百姓一物者，立刻取斬；如該主不首，連坐；該管官失察，責八十棍。立法若是之嚴，故民得安息反富庶焉。”[1] 史籍中記載了一個典型的例子：“有撫右營兵馬前往祿豐馱糧，回至草舖歇下，有一兵失手誤傷百姓方二歲小兒一個。百姓喊叫，楊總兵得知，將兵拿去責四十棍，斷燒埋銀十兩。不意草舖管莊報與劉文秀。及楊總兵押糧至省回話，劉文秀大罵，要責楊總兵一百棍，眾官力保方恕。將打死小兒之兵拿去，立刻綁出小西門外梟首，將頭傳送草舖號令。”[2] 士卒誤傷小兒致死竟被砍頭示眾，執法顯然過嚴，但由此可見大西軍領導人為防止軍隊損害百姓利益，不惜矯枉過正。他們很快就得到雲南百姓的衷心擁護絕不是偶然的。連封建文人也稱讚道：“孫可望等立法甚嚴，兵民相安。”[3]

加強軍隊建設和訓練：大西軍進入雲南以後，因地處僻遠，同內地各方面勢力都脫離了接觸；然而，孫可望等人卻始終密切注

---

1 《明末滇南紀略》卷四《政圖治安》。

2 《明末滇南紀略》卷四《政圖治安》。

3 《明末滇南紀略》卷四《政圖治安》。

視着國內極其尖銳複雜的階級搏鬥和民族征戰的進程，隨時準備奔赴疆場，重顯身手。因此，他們以雲南為基地，秣馬厲兵，軍事訓練抓得很緊。史籍記載，大西軍平定雲南全省之後，"擁兵三十餘萬，家口倍之"，[1] 兵員數量顯然比入滇之初有較大的增長，其中既包括了對原明朝官軍的改編，也吸收了不少當地少數民族的軍隊。為了操練士馬，在昆明徵發數萬民工，擴建教場，"日夕操練士卒，三、六、九大操"，[2] 從而為不久以後出滇抗清準備了一支訓練有素的隊伍。

改善軍隊供應：孫可望等人決定"將各州縣田地分與各營頭，即令彼處坐就食。凡兵丁日支米一大升，家口月支米一大斗，生下兒女未及一歲者，月給半分，至三歲者如家口。給馬分三等：頭號者，日支料三升；二號者，日支料二升；三號者，日支料一升。不時查驗，瘦者責治有差。"[3] 軍需供應也做了妥善的安排："安雜造局四所，不論各行匠役，盡拘入局中打造。凡兵之弓箭、盔甲、交槍之類有損壞者送至局內，掛下營頭、隊伍、姓名，三日即易以新什物。每賊兵有家口者，每冬人給一袍子；無家口者，一袍之外人給鞋襪各一雙、大帽各一頂。如是養兵，果士飽馬騰。"[4]

四、在社會治安方面，大西軍初入雲南時，為了防止官紳和土司的破壞，一度沿襲在成都時期的戒備措施，對昆明的居民實行嚴格的戶籍制度和行動限制，"戶設一牌，書大小男婦姓氏懸之門首，以備查核。嚴門禁，不許婦女出入；凡男人出入，

1　康熙十二年《石屏州志》卷一《沿革志》。

2　《明末滇南紀略》卷三《沐公順賊》。同書卷四《政圖治安》一節又記："兵馬三日一小操，十日大操，雨雪方止。"

3　《明末滇南紀略》卷四《政圖治安》。

4　《明末滇南紀略》卷三《沐公順賊》。馮甦《滇考》卷下記："取各郡縣工技悉歸營伍，以備軍資。"

各以腰牌為據，牌上寫本身年貌住址。城外入城者，持腰牌掛於月城之右廊，事畢出仍取去，門上放出。城內出者，持腰牌掛於月城之左廊，事畢入仍取去；有牌，守卒始放入。遠來者面上打印為號，有印，門卒始放出。若是之嚴，總賊畏土司之眾多，恐有不測，深防若此。"[1] 至於各府、州、縣，雖然委任了文職印官，但實權大抵掌握在分佈各地的武將手裏。隨着形勢的穩定，社會生活日趨正常，孫可望等大西軍領導人不失時宜地放鬆了對居民的軍事管制。如昆明原歸都督王尚孔領導的四城督捕管轄，大約一年以後即撤銷四城督捕，"百姓皆歸昆明縣管理"。[2] 到己丑年（1649）元宵節，在昆明"大放花燈，四門唱戲，大酺三日，金吾不禁，百姓男婦入城觀玩者如赴市然。"[3] 自明末以來多年不見的昇平景象，竟然在大西軍進滇不到兩年時間裏就出現了，連原先心懷敵意的士紳也為之讚歎，稱之為有"熙皞之風"。[4]

為了爭取地主士紳的支持，孫可望等相當注意爭取他們的合作。入滇之初，孫可望就在八月間親自去文廟祭祀孔子，接着命吏部尚書兼管翰林院事的嚴似祖主持考試生員，"取士三十三名，觀政選官"。[5] 對於生活有困難的士子還給予關懷，"開倉賑濟寒生，每人穀一斗焉"。[6] 這些措施使主要出身於地主階級的知識分子感到出頭有日，大大減少了抵觸情緒。到 1650 年大西軍出兵"以復

---

1 《明末滇南紀略》卷三《盤踞滇城》。
2 《明末滇南紀略》卷四《政圖治安》。
3 《明末滇南紀略》卷四《政圖治安》。
4 《明末滇南紀略》卷四《政圖治安》。
5 昆明無名氏《滇南外史》。按，《明末滇南紀略》記嚴似祖為吏部兼禮部尚書。
6 《明末滇南紀略》卷三《盤踞滇城》。

中原"的前夕，孫可望等還選派馬兆羲"考試滇南生童"，意在吸收知識分子出任收復地區的官職。當時，孫可望親統大軍出征，李定國留守雲南，"馬兆熙（羲）考試畢，率雲、武二府生童赴李定國府謝。定國賞錢三百串，面云'諸生用心讀書，不日開復地方，就有你們官了'等語。諸生謝出。由是文教漸復興也。"[1]1651年（順治八年、永曆五年）以後，劉文秀北出四川，李定國東出兩廣、湖南，所佔地方派設了不少官員，其中相當一部分就是從雲貴人士中選拔的。[2]

五、對於雲南少數民族和宗教在政策上也做了比較妥善的處理。孫可望等人利用明封黔國公二百多年在各土司中享有的威信廣行招徠，注意籠絡各少數民族的統治者。只要不持敵對態度就承認其統治權，並責成土司提供部分兵員和糧餉，不少土司的頭人成了大西軍下的將領。孫可望、李定國等人排除民族偏見，對西南少數民族的將士能夠用其所長，如山區行軍作戰、組織象陣等，從而擴大了兵源，形成了西南各族人民共同抗清的局面。清朝廷臣在奏疏中說："孫寇所藉兵力，洞蠻為多。"[3]時人李介也說："定國所將半為僰倮、瑤佬，雖其土官極難鈐束，何定國御之有法也？"[4]這表明大西軍領導人在團結西南少數民族問題上收到了顯著效果。

在宗教政策上，雲南各族人士多虔信佛教。大西軍初入滇時對這一特點注意不夠，如1647年李定國率軍攻克麗江，當

---

1 《明末滇南紀略》卷四《悔罪歸明》。馬兆熙當作馬兆羲，見前注。

2 參見傅迪吉《五馬先生紀年》；李蕃《雅安追記》。

3 《清世祖實錄》卷一百。

4 李介《天香閣隨筆》卷二。

地"俗多好佛，常以金銀鑄佛，大者丈餘，次者八九尺，再次者二三尺不等，如是羅列供養。"大西軍將士竟然把佛像"盡擊碎馱出"，充作軍餉。[1] 為時不久，孫可望等就改變了政策，明令保護宗教寺觀，甚至帶頭刻印佛教經典、鑄造供佛的香爐等器物。[2] 這裏自然有受習俗熏染轉而迷信佛教的一面，但客觀上尊重了當地居民的信仰，有利於加強民族團結和地方局勢的穩定。

---

1 《明末滇南紀略》卷三《沐公順賊》。
2 參見《雞足山志補》及郭影秋《李定國紀年》正文前影印李定國、孫可望刊刻的佛經跋文圖片，原件現存雲南省圖書館。王尚禮鑄造的供佛香爐，拓片藏雲南省博物館。

第十二章

鄭成功起兵與魯監國在浙閩抗清

第一節　鄭芝龍降清

　　鄭芝龍既已決定投降清朝，首先撤回防守仙霞嶺的軍隊，使清軍得以順利進入福建；接着又謊稱"海寇"侵擾他的故鄉安平，在八月間率部返回泉州。[1] 九月十九日，清軍未遇任何抵抗就佔領了福州。[2] 鄭芝龍的引狼入室是為了向清方表示自己歸降的誠意，即如他在給清廷的題本中所說："臣聞皇上入主中原，揮戈南下，夙懷歸順之心。惟山川阻隔，又得知大兵已到，臣即先撤各地駐兵，又曉諭各府、州積貯草秣，以迎大軍。"[3] 但他還摸不清楚清朝將給他多大的官職和爵位，因此把兵力集中於安平一帶，作為向清廷討價還價的資本。清軍統帥博洛將計就計，一面派固山額真富拉克塔等統兵直逼南安，顯耀清朝兵威；一面讓泉州鄉紳郭必昌（曾任明朝兵部尚書，福建晉江人，同鄭芝龍關係密切）寫信招降。鄭芝

1　《台灣外紀》卷二。

2　《思文大紀》卷八記："九月十九日，清兵至福州，從北門而入。"

3　《閩省降員鄭芝龍題本》，見《鄭成功滿文檔案史料選譯》，福建人民出版社 1987 年版，第一頁。

龍很不高興地說：“我懼以立王為罪耳。既招我，何相逼也！”[1]博洛裝模作樣地“切責”了富拉克塔，下令把軍隊後撤三十里，另外派遣內院學士額色黑等二人持書信到安平面見鄭芝龍，信中說：“吾所以重將軍者，以將軍能立唐藩也。人臣事主，苟有可為必竭其力；力盡不勝天，則投明而事，乘時建功，此豪傑事也。若將軍不輔主，吾何用將軍哉！且兩粵未平，今鑄閩粵總督印以相待。吾欲見將軍者，商地方故也。”[2]鄭芝龍閱信後決定前往福州，鄭成功對父親的所作所為頗不以為然，在這關鍵時刻更是極力勸阻。《台灣外紀》中有這樣一段記載：

> 其子成功勸曰：“吾父總握重權，未可輕為轉念。以兒細度，閩粵之地，不比北方得任意馳驅。若憑高恃險，設伏以禦，雖有百萬，恐一旦亦難飛過。收拾人心，以固其本；大開海道，興販各港，以足其餉。然後選將練兵，號召天下，進取不難矣。”
>
> 龍曰：“稚子妄談，不知天時時勢。夫以天塹之隔，四鎮雄兵且不能拒敵，何況偏安一隅。倘畫虎不成，豈不類狗乎？”
>
> 成功曰：“吾父所見者大概，未曾細料機宜，天時地利，有不同耳。清朝兵馬雖盛，亦不能長驅而進。我朝委係無人，文臣弄權，一旦冰裂瓦解，釀成煤山之慘。故得其天時，排闥直入，剪除凶醜，以承大統。迨至南都，非長江失恃，細察其故，君實非戡亂之君，臣又多庸碌之臣，遂使天下英雄飲恨，天

1 徐鼒《小腆紀年附考》，卷十三。

2 江日昇《台灣外紀》，福建人民出版社 1983 年版，第七十五頁。他書記載文字稍有出入。順治十一年十月初一日鄭成功給其父鄭芝龍信中說：清廷所許“四府竟成畫中之餅，如演父前所得三省之故伎。”見《鄭成功滿文檔案史料選譯》第六十八頁，鄭親王濟爾哈朗題本。

暫難憑也。吾父若藉其崎嶇，扼其險要，則地利尚存，人心可收也。"

龍曰："識時務為俊傑。今招我重我，就之必禮我。苟與爭鋒，一旦失利，搖尾乞憐，那時追悔莫及。豎子渺視，慎毋多談。"

成功見龍不從，牽其衣跪哭曰："夫虎不可離山，魚不可脫淵；離山則失其威，脫淵則登時困殺。吾父當三思而行。"

龍見成功語繁，厭听，拂袖而起。

這段對話不僅反映了鄭芝龍、鄭成功父子在政治上的分道揚鑣，也體現了鄭成功的戰略眼光。鄭成功和鄭鴻達既然無法改變鄭芝龍投降清朝的決定，特別提醒他親自前往清軍大營所在的福州風險太大，不可輕率行事。然而，鄭芝龍自以為在福建、廣東海域擁有強大的水師，滿洲貴族的軍隊擅長騎射，缺乏水上作戰能力，勢必像明朝皇帝一樣借重於自己；何況，二十年來通過壟斷海上貿易積聚的巨額財富更使他駑馬戀棧。他不聽勸告，帶了五百名士卒在 1646 年（順治三年）十一月十五日到達福州，謁見貝勒博洛。[1] 見面之後，博洛偽裝出一副仰慕已久的樣子，對他大加讚賞，還折箭為誓，許以重用。歡飲三天之後，博洛忽然在半夜傳令拔營回京，命鄭芝龍隨軍北上。芝龍心知中計，但已經輕入虎穴，隨身所帶士卒被安置於別營，自己孤身一人只好聽憑博洛擺佈了。一位目睹其事的人記載道，當時福建各地應聘而來的明朝官紳齊集於福州，忽然接到清朝巡撫的請柬通知於次日在洪塘

---

[1] 日期據計六奇《明季南略》卷八《鄭芝龍降清》條。

聚會，去了之後，"則胡笳四起，氈幕參差，兔網彌天，雉羅遍野。聚立而囁嚅者幾及百人。內院、撫軍席地而坐，執冊指名，首朱胤岡（朱繼祚字），次黃跨千（黃鳴俊字），又次余公誠，余係南中流寓在閩，亦被羅織。拊其背而徘徊，謂：'此三人者非尚書、閣老乎？可隨我去。'每人一卒守之。中有紫衣胡服者為鄭飛黃（鄭芝龍字），亦與焉。彷徨有頃，名次及吳舊撫矣。軍門持冊手麾曰：'餘俱赴京聽用。'於是諸人哄然而退，不啻鳥出籠、魚入海也。時見兵即刻拔營起，四公竟載與俱行。"[1]"神龍失勢，與蚯蚓同"，不管鄭芝龍是多麼大的一條巨鯨，一旦離開了戰艦精兵，就成了失水之魚。鄭芝龍只好委婉地向博洛求情，表示就他個人而言既然已經投降清朝，進京"面聖"正是自己的願望；不過，留在福建沿海的長子和兄弟擁有相當兵力，自己一旦進京，呼應不靈，恐怕海上從此多事。博洛的估計同他正好相反，以為掌握了鄭芝龍，鄭氏家族群龍無首，又不能不為芝龍的安全着想，必然唯清朝之命是听。因此，他讓芝龍當面寫了幾封信，藉以招撫鄭氏子弟和部將，並且對芝龍說："此與爾無與，亦非吾所慮也。"[2]這樣，鄭芝龍在清軍嚴密監護下被送到了北京。 1648 年（順治五年），清廷食言自肥，僅授予他一等精奇尼哈番的空頭官銜，撥入旗下，實際上遭到軟禁。[3]這段情節後來在鄭成功致父書中有一段描寫："當貝

---

1 華廷獻《閩遊月紀》，卷二；此文亦收入《明季南略》卷八《附閩事紀》，文字略有不同。按，據華廷獻記載，博洛脅帶鄭芝龍等"拔營起行"似在白天，與他書記載半夜有所不同。

2 《明季南略》卷八《鄭芝龍降清》條。

3 《鄭成功滿文檔案史料選譯》第一頁有順治四年四月"閩省降員鄭芝龍題本"，說明是時尚未授職。順治五年八月授一等精奇尼哈番事見《清世祖實錄》卷四十。直到順治九年八月鄭芝龍給清廷的奏本自署官銜還是"廂黃旗正欽尼哈番"（即鑲黃旗精奇尼哈番），見《明清史料》丁編，第一本，第六十三頁。謝國楨《南明史略》云，鄭芝龍被騙到北京後清廷"只封他為同安侯，叫他住在北京"（第一四二頁）。按，清廷封鄭芝龍為同安侯在順治十年五月，目的是招撫鄭成功，上距鄭芝龍降清已過六年有餘。

勒入關之時，父早已退避在家。彼乃卑詞巧語，迎請之使，車馬不啻十往還，甚至啖父以三省王爵。始謂一到省，便可還家；既又謂一入京便可出鎮。今已數年矣，王爵且勿論，出鎮且勿論，即欲一返故里亦不可得。彼言豈可信乎？"[1]

　　博洛回京之前，確實利用了鄭芝龍的聲望招降其舊部，奉芝龍之命降清的有武毅伯施福、澄濟伯鄭芝豹和部下總兵十員，兵將十一萬三千名。[2]當李成棟由吳淞總兵奉調由浙江、福建入廣東時，清方不僅利用了鄭芝龍"平國公"的牌札招撫了白沙、甲子等廣東東部沿海地帶，而且原屬鄭芝龍部下的總兵施郎、梁立、黃廷、成升、洪習山還由武毅伯施福帶領，率兵馬五千名跟隨佟養甲、李成棟進軍廣東，在撲滅順德縣"海寇"和鎮壓東莞、增城地區的張家玉抗清義師中起了不小的作用。[3]直到順治五年（永曆二年）三月"□（虜）鎮撫施福、耿獻忠大小船數百號上梧州"，[4]即在李成棟指揮下一直攻入廣西東部，對南明的危害是相當嚴重的。由於李成棟對南方兵將存在歧視心理，在奏疏中說從福建帶來的施郎等官兵"脆弱不堪，無資戰守"，[5]甚至伺機剪滅和解散。施福、施郎、黃廷、洪習山等人過着寄人籬下的生活，忍氣吞聲，大有懷才不遇、有功不賞之感。[6]順治五年，李成棟反清復明，他們收

1　楊英《先王實錄》，陳碧笙校注本，福建人民出版社 1981 年版，第六十二頁。

2　《清世祖實錄》卷三十四。

3　《清世祖實錄》卷三十四；施郎（後改名施琅）、黃廷和副將洪習山在順治四年十月參加進攻增城的戰役見《明清史料》丙編，第七本，第六三九頁，順治四年十一月初七日清兩廣總督佟養甲揭帖。

4　魯可藻《嶺表紀年》。

5　順治四年五月二十五日提督總兵官李成棟揭帖，見《明清史料》丙編，第七本，第六〇一頁。

6　施福曾給清廷上疏奏報"剿撫粵寇之績"，疏中自稱"總督廣東陸師原武毅伯施福"，兵部"查施福原係李羅王（即博洛）發與佟養甲、李成棟酌用。今據自稱總督，且廣東經制久行佟養甲議定未到，應令將施福並議於經制之內，報部覆可也。"（順治五年閏四月兵部揭帖，見《明清檔案》第八冊，A8-92 號。）從這件奏疏裏也可以看出施福等人對自己功績、地位的評價和清廷的冷遇。

到鄭成功從鼓浪嶼（今屬福建省廈門市）發來的邀請，決定擺脫李成棟部將潮州總兵郝尚久的控制，率部乘舟投奔鄭成功。

第二節　鄭成功的早年生活和起兵抗清

鄭成功是鄭芝龍的長子，母親是日本女子田川氏，中國文獻稱為翁氏[1]。1624年（天啟四年）七月十四日鄭成功生於日本長崎縣平戶川內町千里濱[2]，七歲以前隨母居住日本。1630年（崇禎三年），鄭芝龍派人把他接回福建安平，給他取名森，字明儼，號大木。一些史籍記載1644年鄭成功曾經入南京國子監，拜讀於錢謙益門下，大木即為錢氏所賜字，如黃宗羲《賜姓始末》記："朱成功者，鄭芝龍之子也，母為夷女，初名森，弘光時入南京太學，聞錢謙益名，贄為弟子，謙益字之曰大木。"[3]鄭成功入南京國子監就讀以及同錢謙益之間的關係尚有待研究。[4]明朝末年武將跋扈的情況雖然已經司空見慣，但武官重視子嗣文化教育的風氣並沒有改變。因此，鄭芝龍延請了飽學之士給鄭森講解經史，終於使這

1　鄭克塽撰《鄭氏附葬祖父墓誌》作"曾祖母翁"，見《鄭成功族譜三種》，福建人民出版社1986年版，第一〇〇頁。其他中國文獻也均寫作"翁氏"；日本文獻作田川氏。一種說法謂成功母是歸化日本的泉州冶匠翁笠皇從日本人田川氏領來的養女，參見《鄭成功全傳》，台灣史跡研究中心1978年版，第三十七頁。

2　參見何廷瑞《日本平戶島上有關鄭成功父子之資料》，台灣淡江學院1977年版；上引《鄭成功全傳》作"誕生於日本平戶河內浦千里濱"。美國司徒琳著《南明史》英文版第一一八頁說鄭成功出生於日本平戶，1992年上海古籍出版社中文本第一〇四頁竟將鄭成功誤譯為鄭芝龍。

3　見《明季稗史》正編卷二十一。

4　民國九年修《鄭氏宗譜》記鄭芝龍有五個兒子，長子森下注"翁出，太學生，應襲錦衣衛副千戶"，鄭森條下沒有記載這件事，《鄭氏家譜》所記相同，均見《鄭成功族譜三種》。明代對有功官員常給以"蔭一子入國子監讀書"的獎勵，但其子弟並不一定入監為太學生。崇禎、弘光時為聚斂錢財曾經強迫富戶給子弟納銀入監，使國子監的名聲很壞。鄭成功是否真到過南京國子監就讀，尚有疑問。與此相關聯的一個問題是《延平二王遺集》相傳為鄭成功、鄭經父子的作品，集中所載鄭成功詩有三首涉及錢謙益：《春三月至虞謁牧齋師》《同孫愛（謙益之子名孫愛）世兄遊劍門》《越旬日復同孫愛世兄遊桃源洞》，並有錢謙益門生瞿式耜評語。但是，在錢謙益、瞿式耜著作中尚未得到證明。

個異國歸來的兒子在崇禎十一年五月通過了考試，成為泉州府南安縣學的一名生員。他少年時讀書的朋友有惠安縣生員張若、晉江縣人楊于兩。"鄭成功為諸生時，每自南安來惠（安），主若濠濮齋，論文賦詩，風雨聯牀，不稍間也。"[1]楊于兩是成功妻家董颺先的表姪，劉獻廷曾聽楊于兩親口說過"于兩與賜姓（成功）幼同筆研"。[2]1642年（崇禎十五年）鄭森十八周歲，曾往省會福州參加鄉試。[3]當時他父親鄭芝龍已加官都督，"富擬王者，遠交朝貴，近懾撫按，炙手可熱。"鄭森也完全是一副貴公子的派頭，"自泉入福，郵傳館舍皆有司備設。及入棘闈（即考場），監臨交遣小吏詣號舍致寒溫，預選同舍生代為起草。珍果佳餚，絡繹傳送。森竟日飲噉而已。漏下便已出闈，傳呼歸館舍，共赫奕如此。"福建提學副使郭之奇看得不順眼，不讓他中舉。次年（1643）二月歲考，儘管文章寫得頗通暢，仍被郭之奇評定為二等，不得食餼為廩生。[4]

隆武帝即位之後，鄭芝龍已成為定策元勛，鄭森才在父親的帶領下拜見朱聿鍵。隆武帝見他風度翩翩、一表人才、對答如流，非常賞識，深憾自己沒有女兒嫁給他，就賜他姓朱，改名成功，"以駙馬體統行事"。[5]這一殊榮自然也具有籠絡鄭芝龍的意圖。鄭森

1　嘉慶八年《惠安縣志》卷二十六，文苑，《張若傳》。

2　劉獻廷《廣陽雜記》卷二。

3　江日昇《台灣外紀》卷二記："崇禎十五年壬午八月，鄭森赴福省鄉試。"

4　李世熊《郭宮詹傳略》，見《寒支二集》卷四。《石井本（鄭氏）宗族譜》記成功"年十五補弟子員，旋食餼。金陵術士見之，驚曰：此奇男子，骨相非凡，命世雄才，非科甲中人也。"與李世熊所記不同。

5　黃宗羲《行朝錄》卷十一《賜姓始末》。《台灣外紀》卷二作"封為御營中軍都督，儀同駙馬，宗人府宗正"。按該書云："鄭鴻逵引其子肇基陛見。隆武賜姓朱。芝龍聞知，次日亦引其子森入見。隆武奇其狀，問之，對答如流。隆武撫森背曰：'恨朕無女妻卿。'遂賜姓，兼賜名'成功'，欲令其父顧名思義也。"可見，先一日賜姓者尚有鄭鴻逵之子。

自稱和被稱為朱成功、賜姓、賜姓成功、國姓成功、國姓爺、鄭成功都是由此而來。

　　這裏，有必要談談鄭成功在隆武年間的軍事活動。託名黃宗羲撰《鄭成功傳》裏不僅說他"意氣狀貌，猶書生也"，而且說鄭成功在整個隆武時期"雖遇主列爵，實未嘗一日典兵柄"，[1]並不正確。鄭成功在1644年以前只是一介書生，如果沒有在隆武年間（1645—1646）的親身軍事經歷，到朱聿鍵被俘、鄭芝龍降清後他即便有志恢復，也很難僅憑世家子弟的身份在短期內組織起一支有效的抗清武裝。據《思文大紀》的記載，鄭成功至遲在隆武二年初春就已棄文就武，開始了他的軍事生涯：

　　隆武二年（1646）正月，奉命"領兵出大定關"。（卷四）

　　三月，鄭彩因逗留不進，被革去永勝伯、征虜大將軍職務，"敕國姓成功招致鄭彩逃兵，毋得令其驚擾地方百姓。"同月，"催國姓成功、輔臣傅冠速出分水關，以復江省。"（卷五）

　　四月，隆武帝在給軍師蔡鼎的敕諭中說："朕原速期幸虔（江西贛州府），以迎兵未至，故調國姓成功、輔臣冠，護駕前往。今于華玉兵已至；又虔中迎疏疊來，則國姓、輔臣正可用力湖東，不必調到湖西。東西並舉，朕親節制於虔，江省之復可必。著國姓、輔臣速約各鎮鼓銳前進，鉛山告警，必行兼顧，以鞏崇關。"同月，敕諭御營內閣："國姓成功巡關回來，迎駕暫至邵武，相機出關。""新撫永安、沙縣山寇頭目一萬一十三名隸陳國祚標下，听國姓成功節制。""國姓成功請給新到官兵月餉。上令於邵武近

1　《梨洲遺著匯刊》《鄭成功傳》。浙江古籍出版社1986年5月版《黃宗羲全集》第二冊，不收此文。

處另給，該部行文去。""諭國姓成功曰：兵、餉、器三事，今日又有手敕，確託卿父子。茲覽卿奏，言言碩畫，朕讀之感動，其總理中興恢御兵、餉、器甲，統惟卿父子是賴。銀關防準造，即以此為文，造完頒賜，以便行事。""敕行在兵部：'國姓速令郭熹守住永定，調陳秀、周麟、洪正、黃山速速往救贛州，殺退清兵，保安贛州。有功重敍，有失重罰。'"（卷六）

五月，"敕國姓成功兼顧大安關，仍益兵防扼，恐有清騎突入。銃器火藥，即令二部給發。"（卷七）

六月，"命國姓成功親到漳、泉，精募兵將，立助恢復，期限二十日即來復命。"同月，"給國姓成功五月兵餉"。（卷八）

江日昇《台灣外紀》卷二記載，鄭成功在 1646 年三月要求回安平看望久別的母親，隆武帝准假一月。從三月起，到鄭芝龍決意降清，都未述及鄭成功在軍中的活動，似乎他這段時間都留在家鄉。實際上，江日昇的記載可能有不少遺漏。鄭成功因母親翁氏於上年秋天從日本接回福建南安，[1] 他思母心切，又聽說翁氏患病，請求給假一個月回安平鎮探親。隆武帝為照顧其母子團聚，在六月間同意了他的請求，但這個月初清軍已經大舉攻入浙東，形勢驟然緊張，因此限以時日，並且讓他順便在漳州、泉州二府招募兵將，趕回行在延平。鄭成功探望母親以後，雖然未必招募了多少兵將，但他本人確實返回了抗清前線。據王忠孝的記載：他應隆武之命，"八月抵福京，晤諸公，商榷時艱。望後（十五日

---

1 《台灣外紀》記：1645 年 "十月，日本國王懼芝龍威權，認翁氏為女，妝奩甚盛，遣使送到安平，即成功生母也。" 同書記次年三月鄭成功陛見隆武帝請假，頓首曰："非成功敢輕離陛下，奈臣七歲別母，去秋接到，並未一面。忽而病危，為人子者心何安？" 舊曆十月為冬季，此處以鄭成功口述為據。

以後）登舟溯流而上。距行在（指延平）僅二程，清騎已乘虛而入。賜姓公（鄭成功）交鋒不利，率師南下，遇余於舟次，語余曰：‘上已先四日行，劍南皆北騎，公將安之？’因拉余旋福京，訂舉事。”[1]

可見，至少從隆武二年正月起，鄭成功一直親履戎行，參與了許多軍事指揮活動。這為他後來獨樹一幟，領導東南沿海聲勢浩大的抗清活動奠定了基礎。

據史籍記載，鄭芝龍從安平前往福州時曾經派人叫鄭成功同行。成功拒不應命，回信說：“從來父教子以忠，未聞教子以貳。今吾父不聽兒言，後倘有不測，兒只有縞素而已。”[2] 他在叔父鄭鴻逵支持下，帶了一支數量不多的軍隊前往金門。鄭芝龍自投羅網以後，清軍立即背信棄義地攻入安平鎮，大肆搶劫淫掠，成功的母親翁氏也被奸污，憤而自縊，其時為十一月三十日。[3] 鄭成功聞訊，痛不欲生，更堅定了武裝抗清的信念。清兵飽掠而歸後，他回到安平，料理了母親的喪事，用黃金鑄造了一尊翁氏坐像，飾以珠寶，朝夕上供。從此開始了他獨當一面的長期抗清鬥爭。有的文獻記載了這樣一個故事：成功“攜所着衣巾，焚於南安文廟，仰天唏噓，曰：‘昔為孺子，今為孤臣，謹謝儒服，惟先師昭

1　王忠孝《自狀》，《惠安王忠孝全集》卷二，轉引自陳碧笙《一六四六年鄭成功海上起兵經過》，載《歷史研究》1978 年第八期；鄧孔昭《試論鄭成功對鄭芝龍的批判與繼承》（見《鄭成功研究國際學術論文集》第四十二頁）亦引此文，“距行在僅二程”作“距行在所僅二程”，未見原書，特此附注。上引台灣出版《鄭成功全傳》附《鄭氏三世大事年表》說八月二十七日在福建延平“成功與帝相持痛哭”，次日，“帝至汀州，即為北騎所執，遂及於難。成功道中聞變，伏地大慟，暈厥久之。”（見該書第四一四頁）據王忠孝所記，日期稍誤，延平至汀州也非一日可到。

2　《台灣外紀》卷二。

3　鄭克塽《鄭氏附葬祖父墓誌》云：“翁曾祖母生於壬寅年八月十八日未時，卒於丙戌年十一月三十日巳時，享年四十有五。”按，江日昇《台灣外紀》卷三記順治四年（1647 年，丁亥）二月，清將“韓代奉貝勒世子命，統滿、漢騎步突至安平”，鄭成功母翁氏手持劍不肯去，“大兵至，翁氏毅然拔劍割肚而死”。繫時有誤。

鑒！'再拜而去。與所善陳輝、洪旭等九十餘人，收兵南澳，得數千人。"[1]

阮旻錫《海上見聞錄》（定本）記：1647年"時賜姓謀舉義，而兵將戰艦百無一備，往南澳招募。聞永曆即位粵西，遙奉年號，稱'招討大將軍罪臣'，有眾三百人，於廈門之鼓浪嶼訓練，委黃愷於安平鎮措餉。識者知其可與有為，平國舊將咸歸心焉。""八月，以洪政、陳輝為左右先鋒，楊才、張進為親丁鎮，郭泰、余寬為左右鎮，林習山為樓船鎮。進兵攻海澄，紮祖山頭。數日，援兵至，洪政中流矢，與監軍楊期演俱死之，遂退兵。會定國公進攻泉州，列營桃花山。清提督趙國祚率數百騎衝營，張進、楊才迎戰；定國遣林順等夾攻，大破之。另遣水兵破溜石炮城，斬參將解應龍，軍聲大振。泉紳郭必昌之子顯欲內應，國祚殺之，滅其家；並繫故相黃景昉等。國祚酷虐，泉民不敢喘息。九月，漳州副將王進率兵來援，圍解。"[2]這一戰役在清福建提督趙國祚（時駐於泉州）順治五年八月初六日揭帖中也說道："至六月間，建寧失守，汀、漳梗阻，延、邵懸絕，福、興警報鮮聞。而泉州又有投誠鄭芝龍胞弟鄭鴻逵偽稱定國公、鄭芝豹偽稱澄濟伯，其子鄭成功偽稱朱姓，兼鄭氏親戚各稱賊首文武等銜，俱不思天命久歸真主，妄冀恢復。……"八月，鄭鴻逵等乘船而至，"聯絡山寇"進攻泉州。九月初三日攻克溜石，防守參將解應龍等官兵潰亡。二十一日，趙

1　乾隆二十八年《泉州府志》卷四十《封爵·鄭克塽》。《梨洲遺著匯刊》所收託名黃宗羲作《鄭成功傳》亦載此事，除文字出入外，在所善陳輝、洪旭二人間增入張進、施琅、施顯、陳霸，顯然有誤。施琅當時投降了清軍，隨佟養甲、李成棟入粵，不可能同鄭成功"盟歃"抗清。

2　按，鄭成功初起兵時仍奉隆武年號，阮氏記載稍誤。《台灣外紀》云：鄭成功於八月二十二日率部"會鴻逵師於泉之桃花山"。溜石寨為鄭成功軍攻克，以伏兵擊殺出援泉州之清參將解應龍。

國祚密調漳州副將王進抵泉州，內外夾擊，鄭軍失利，二十八日收兵乘船入海。[1]

鄭成功和叔父鄭鴻逵等人堅持抗清，同鄭芝龍選擇了截然相反的道路。初期，他們的力量並不大，經過同清方的反覆較量，把東南沿海地區的抗清勢力匯合成一支勁旅。鄭成功也逐步嶄露頭角，成長為明清之際傑出的統帥。

第三節　魯監國在浙閩的抗清活動

清軍佔領浙東、福建，鄭芝龍降清以後，原先唐、魯對立的局勢隨着發生了很大的變化。隆武朝廷既然已經不復存在，一些不願投降清朝的文官改奉魯監國。清政府以為把鄭氏集團的頭子鄭芝龍控制在自己手裏就可以使福建諸將聽命於己，這個目的也只部分地達到，如施福、洪習山、黃廷、施郎等人歸附了清朝。鄭氏集團內反對降清的勢力也大有人在，鄭芝龍被誆騙挾往北京更使他們心懷疑懼。在群龍無首的情況下，鄭系將領一時分崩離析，自尋出路。鄭芝龍的老部將林察在福州即將失守時率兵保護續封唐王朱聿鐭乘船逃往廣州，成為紹武政權的主要軍事支柱。鄭芝龍的弟弟鄭鴻逵、長子鄭成功當時實力和地盤都很小，卻志不稍減，致力於招兵置船，恢復海上雄風，他們打的旗號是業已被清軍俘殺的隆武帝。鄭芝龍的旁系勢力鄭彩、鄭聯、楊耿等人則轉而改奉魯監國。

---

1 《清代農民戰爭史資料選編》第一冊（下），第三三二至三三三頁；同件又見《鄭成功檔案史料選輯》第九至十一頁。

1646年（順治三年、魯監國元年）六月，魯監國朱以海在張名振等保護下乘船渡海到達舟山。駐守在這裏的肅虜侯黃斌卿藉口自己是隆武朝廷所封，不承認魯監國的合法性，拒絕朱以海進城。魯監國在舟山群島上借住了兩三個月，大學士孫嘉績就病死在這裏。[1]九月間，據守金門、廈門一帶的永勝伯鄭彩、定波將軍周瑞帶領舟師四百艘來到舟山，見朱以海處境困難，決定把他迎往福建。十月二十五日從舟山出發，十一月二十四日到達廈門。[2]這時，鄭芝龍已經由安海赴福州博洛軍前投降，派人通知鄭彩獻出魯監國向清廷請賞。鄭彩不願降清，他擔心魯監國的安全，就把朱以海藏起來，另找一個相貌類似的人充當替身，叮囑部將如果鄭芝龍命人來抓魯監國，就把這冒充的人縊死，蒙混過去。幸好，鄭芝龍到福州後很快就被清軍脅迫北上，顧不上捉拿魯監國，朱以海才得以在鄭彩軍駐地安頓下來。

從1647年（順治四年、永曆元年、魯監國二年）開始，儘管東南沿海抗清武裝中還有鄭鴻逵、鄭成功、黃斌卿等人以尊奉業已不存在的隆武朝廷為名，拒不接受魯監國的領導，但大多數文官武將和浙江、福建紳民都以魯監國作為抗清復明的旗幟。當時，清

---

1 魯監國自紹興出海後曾停泊於舟山，諸書記載基本一致，黃斌卿不願接納也是事實。但是，朱以海在舟山停留了多長時間，各種史料記載差異較大。有的書記載魯監國舟至舟山，黃斌卿不納，即南航，似乎沒有在舟山停留過。李聿求《魯之春秋》卷一記：七月"初七日，定西將軍張名振具舟迎監國航海至舟山，黃斌卿不納。"下文說，八月"監國次普陀"，十月"永勝伯鄭彩帥師奉監國入閩"。查繼佐《國壽錄》卷三《黃鉞傳》記："丙戌魯事敗，王東入海，初依肅虜伯王（黃）斌卿舟山，繼為建國公鄭綵（彩）迎去。"《舟山紀略》記："王至舟山，威虜伯黃斌卿拒不納……王舟次普陀"；下文說到順治四年（1647）五月，清吳淞提督吳勝兆反清時，派使者向舟山的黃斌卿、張名振請求支援，"時王駐玉環山，名振奏請給救印三百道。"見《明季史料叢書》。可見，黃斌卿不納是指他不讓魯監國朱以海進入舟山城，朱以海和隨從官員兵將曾在舟山群島的普陀山等地暫住。

2 黃宗羲《行朝錄》卷四《魯王監國·紀年下》云：鄭彩奉魯監國至中左所（即廈門），而鄭森（即鄭成功）"以中左所為營，然亦不欲奉上，改明年為隆武三年。於是，鄭彩奉上改次長垣，以明年為魯監國二年。海上遂有二朔。"按，當時廈門為鄭彩、鄭聯兄弟駐地，黃宗羲所記不確。

軍滿洲主力博洛已率部返回北京，東南兵力薄弱；抗清運動在魯監國領導下風起雲湧，取得了一系列勝利。這年正月，魯監國在長垣誓師，"提督楊耿、總兵鄭聯皆以兵來會。進鄭彩為建國公、張名振為定西侯，封楊耿為同安伯、鄭聯為定遠伯、周瑞為閩安伯、周鶴芝為平夷伯、阮進為蕩胡伯"；[1]"加東閣大學士熊汝霖太子太傅，司票擬"。[2]朝政軍伍初步就緒後，即着手收復失地。正月內，周鶴芝部收復海口，派參謀林飆舞、總兵趙牧防守。二月初一日攻克海澄，次日攻漳平，失利；初三日清方援兵來到海澄，明軍退至海上。初五日，攻克漳浦縣，任命洪有文為知縣；五天後，清兵來攻，漳浦失守，洪有文死難。四月，清兵攻陷海口，林飆舞、趙牧戰死，周鶴芝引兵退保火燒嶼。六月，明軍攻漳州，再度失利。

七月，魯監國親征，號召各地紳民起義，一時遠近響應，義軍飆發。七月初四日郿西王朱常湖、王祁、李長蛟等人帶領義軍攻克建寧府，擊斃清朝總兵李應宗、副將曹胤吉，擒殺清知府高簡等人。[3]這支義軍連克建陽、崇安、松溪、政和、壽寧等縣。清浙江福建總督張存仁接到建寧失守的消息，向朝廷報告福建"遍海滿山，在在皆賊"，他唯恐閩浙路斷，於七月下旬帶領馬步官兵一千人，星夜兼程趕赴扼據浙閩咽喉的浦城。八月初九日明軍進攻浦城，被張存仁部擊敗，義軍首領李長蛟和兵部右侍郎楊東晟，總兵謝君聘、王印海、張明等陣亡。[4]

1　黃宗羲《海上慟哭記》。

2　李聿求《魯之春秋》卷二。

3　明軍收復建寧一帶地區主要根據順治四年十一月浙江福建總督張存仁揭帖，見《明清史料》甲編，第三本，第二一〇頁；同書第三本第二四六頁順治六年四月御史霍達揭帖所記相同外，還提及府同知沈夢鯨中箭身亡，分巡建南道顧礽、建安知縣李之琦先後"子身逃遁"。參見康熙二十三年《福建通志》卷六十三《雜記》。查繼佐《國壽錄》卷三《王祁傳》記攻克建寧為七月初二日，稍誤。

4　順治四年八月浙江福建總督張存仁揭帖，見《明清史料》丁編，第一本，第十一頁。

但是，福建各地反清復明的烈火仍在不斷蔓延。八月，明軍攻克連江；十月，收復長樂、永福、閩清、羅源、寧德等縣。[1] 隆武朝大學士劉中藻也在原籍福安縣起兵，攻克縣城。[2] 十月十三日，另一支義軍首領王祁"受偽魯王偽職，稱監國魯三年號，糾集鄉兵"與"偽太師馮生舜"以及陳文達、朱鋒等部圍攻福寧州，"四面環繞，閱九個月米鹽不通。"[3] 清分巡福寧道潘映婁見城中糧盡，"士民餓殍過半"，被迫在 1648 年（順治五年、魯監國三年、永曆二年）二月初五日出城"講和"。"有偽巡按吳明中資魯王敕印入城，升涂登華為振威伯，潘映婁為太僕寺少卿，章雲飛為桓武軍門，宋若蘇為兵部員外，在各官衙門開讀。王公哲疑各官受職，隨遣偽標官陳功、賴天成帶賊三百餘人進城探聽，本夜被涂登華、章雲飛召至察院前假言犒賞，一時盡殺。西路賊首陳文達等見王公哲賊眾被殺，遂往福安請劉中藻主盟。中藻與生舜俱至江邊地方紮營，稱隆武四年號。城內各官分守四門。章雲飛出城打仗，雲飛兵敗，在松山地方下船，張時任被劉中藻獲剐，方國慶被殺。四月初五日，涂登華兵寡糧盡，開南門走至南屏地方，為中藻追獲，收在

<hr />

1　黃宗羲《行朝錄》卷四《魯王監國紀年下》。

2　查繼佐《魯春秋》記：丁亥（1647）十月，魯監國"晉劉中藻總制兵部尚書。不受。……中藻，字薦叔，福安人，崇禎庚辰（十三年）進士，授行人司行人，國變歸。唐主立福京，擢兵科給事中，騰唐詔（指奉隆武帝命往浙東頒詔魯監國官員），魯江上文武皆從中藻表唐。閩事敗，中藻走海上，以延平木終之耗未此，奮復諸城，將待後命。"就是説，劉中藻對隆武帝遇難的消息不清楚，不願接受魯監國的官職。

3　順治八年四月初七日刑部尚書韓代等題本，見《明清史料》己編，第一本，第八十七頁。按，此件中稱王祁為"東路賊首王公哲"。王公哲即王祁字拱哲的誤寫。查繼佐《魯春秋》記："秋七月，僧王祁以鄆西王朱常湖起兵破建寧守之。總兵曹大鎬先登，並下壽寧、政和二縣，桂主封祁鄆國公。"下注："王祁，字拱哲，太倉王氏奴也。乙酉不肯薙髮，去為僧。魯敗，入閩，棲建寧之大中寺。"後與鄆西王朱常湖相遇，起義於建寧。"祁以王常湖主兵，而身為國師。""荊國（指荊國公方國安）故標曹大鎬者以兵來會，守精，北師攻圍數月輒不利去。"李聿求《魯之春秋》卷二記，順治四年二月"進王祁為鄆國公、張名振定西侯"。王祁自稱國師，鄆國公封爵為魯監國所授，查繼佐云"桂王（永曆）封祁鄆國公"，誤。

衙門內；潘映婁亦從南門出城，兵阻復回，至太平台被西路賊首盧守譜兵捆獲，解到馮生舜營，亦收入衙內。……"[1] 明軍遂佔領福寧州。

1647年七月，明同安伯楊耿領兵一度收復平海衛。清朝援軍趕到後，楊耿兵主動撤退，平海衛的老百姓慘遭屠殺。與此同時，興化府（府治在莆田縣）紳民王繼忠、王時華、吳永寧、林孟、林淑德、游慎行、梁鼎鐘、林蘭友、周霑等紛紛起兵抗清。八月，圍攻府城莆田。十一月，清福寧道彭遇颺引兵來救，義師大敗，周霑、梁鼎鐘、游慎行、林淑德戰死。彭遇颺打算乘勝搜山追剿，福建巡按御史周世科因為省會福州也遭到義師襲擊，撤回大部兵力。義師趁機再次圍攻莆田，雙方相持到1648年（順治五年）春天，彭遇颺和興化總兵張應元多次派兵出城作戰，都被義師擊敗。城中原有居民二十七萬，因長期受困，大批死於飢餓和殺掠，只剩下三分之一。[2] 正在這時，原隆武朝大學士朱繼祚從北京回到原籍福建興化（朱繼祚在順治三年冬同鄭芝龍一道被博洛挾送北京，鄭芝龍一直被扣留，朱繼祚被准許回籍），義師首領前來探聽消息。朱繼祚心不忘明，為了洗刷自己曾向清朝屈膝的羞恥，當即表示支持復明義師，給他們鼓舞打氣道："北方方亂，何能及我，且仙霞之路已絕，諸君何患？"[3] 他還派人秘密進城勸說彭遇颺反正。彭

1　順治八年四月初七日刑部尚書韓代等題本，見《明清史料》己編，第一本，第八十七至八十八頁。按，黃宗羲《行朝錄》卷四記魯監國二年（1647）十月，"大學士劉中藻起兵福安，攻福寧州，將破。其帥涂登華欲降，自謂人曰：'豈有海上天子、船中相公？'錢肅樂致書謂：'將軍獨不聞有宋末年，二王不在海上，文、陸不在舟中乎？後世卒以正統歸之，而況不為宋末者乎！今帥軍死守孤城，以言乎忠義，則非其主也；以言乎保身，則非其策也。依沸鼎以稱安，巢危林而自得，計之左矣！'登華得書，遂降。"劉中藻等攻克福寧州在1648年四月初五，黃宗羲曾在魯監國政權中任職，何至於誤於1647年十月，具體情節亦不合。

2　林佳磯《閩記》，見抄本《明季稗史》第三種。

3　林佳磯《閩記》，見抄本《明季稗史》第三種。

遇颱受困數月，業已束手無策，就同朱繼祚約定在閏四月十七日夜間舉兵內應。屆時，彭遇颱指揮手下親信馬兵三十名、步兵數百名突然襲擊興化總兵張應元部，張應元被打得措手不及，帶着殘兵敗卒乘夜逃往仙遊縣；次日晨，朱繼祚帶領義師進城。[1]

到 1648 年（順治五年、永曆二年、魯監國三年）上半年，以魯監國為首的明朝義師已經收復了閩東北三府一州二十七縣，[2] 省會福州幾乎成了孤注。監國朱以海親臨福州城外的閩安鎮指揮攻城。南明君主之中，朱以海是比較勇敢的，監國紹興時敢於到錢塘江前線犒勞軍隊；這次在福州未克的情況下能夠駐蹕於閩安鎮；後來在清軍三路進攻舟山時又能親領艦隊出海迎戰，比起隆武帝朱聿鍵"親征"而躊躇不前，永曆帝的望風逃竄，確實值得稱讚。史載在魯監國親征的鼓舞下，福建"義師起，八郡同日發"；福州城裏的清朝官員由於"四方俱起，城中坐困。兵馬日出於掠，家

---

1 在南明史籍中，對義師收復興化府城的時間和情節記載常有出入。如黃宗羲《海外慟哭記》記：戊子春正月丁酉朔，上次閩安鎮。同安伯楊耿、大學士朱繼祚攻興化，克之。虜守道彭遇颱，故弘光時之御史也，至是納款。楊耿攻興化，遇颱令其守將出戰，登陴立大明幟，守將不敢入。"查繼佐《魯春秋》記：戊子"三月原任禮部尚書朱繼祚以鄉校破興化府，北兵憲彭遇颱為內應，監國仍令遇颱署道事守之。繼祚來朝。先是，窯戶王士玉等以義激眾萬餘取仙遊縣，攻府城不利。會繼祚與閣部黃鳴俊並逮燕京，釋歸，繼祚潛黃石，密招士玉等復起。時興化鎮將李應元忌遇颱，隙，遇颱內不自安，密通繼祚，約是月之十有八日開門納士玉兵，先期宴諸文武商所以應敵，猝起殺尚參將及黎知府，諸唯諾，應元逸去。奉城中一完髮者為縣令，馳捷鷺門，監國為加衛仍署守興化。"《閩記》作者林佳磯為莆田人，所記皆依據耳聞目睹，所以本書採取他的說法。另參見順治五年八月浙江福建總督陳錦"為恭報恢復興化，撫綏地方，仰慰聖懷事"揭帖，見《鄭成功檔案史料選輯》第十一至十二頁。按，此件標點有誤："及查興化之失陷也，全由於分守漳南道改調福寧道彭遇颱及按臣周世科，前委監軍推官彭雲驤、戴嘉祉等為之內應。今遇颱係授兵部尚書，竄伏山澤，逆子家屬現禁省城。""按臣周世科"名字後面的逗點應去掉，否則將誤認周世科亦為內應之人，實際上周世科當時在省會福州，並未反清。

2 黃宗羲《海外慟哭記》云"三府州二十七縣"；他的另一部著作《行朝錄》卷四《魯王監國·紀年下》記載為"三府一州十七縣"。按，順治六年七月靖南將軍陳泰等題本說："福建所屬二府一州二十九縣及漳州赤美、雲澳曾為賊攻陷。"下文又說，"官兵收復二府一州二十九縣及雲澳鎮，且進駐興化。赤美轟毀，我兵退回福安，於福州候旨。"見《鄭成功滿文檔案史料選譯》第二頁。可證二十七縣的說法比較準確。三府一州指福州府、建寧府、興化府和福寧州，但福州府城（即省會）始終沒有攻下。

甲戒嚴，不時查點。不在者便為通賊，多一人即為奸細。其令十家連坐，人人重足”；城內餓死“十之八九”，“城外皆義師營頭千種，皆稟監國魯王令。農夫漁翁俱任都督，衣穿襖襪，腰繫印綬。至村婦、化僧亦受職銜掌兵。城中餓夫逃出者，悉隸其籍。若無引證，即以為奸細，殺之。或帶有防身餘物，即時掠盡。”[1] 清朝浙江福建總督陳錦在一份奏疏中訴苦道：“我國家定鼎以來，干戈所指，無不披靡，未有如建寧之賊死守難攻者。類而推之，可知閩省之賊非懦弱而易剿者。今建府一城之賊雖除，其餘屬縣以及延平府屬漫山遍野，無處非賊。若福州以上各府尚梗阻無耗，見在偵剿，大約處處皆然也。……況漳、泉逼臨大海，猶賊類出沒之鄉；江西見在叛逆，更賊黨通聯之處。……故閩省雖云已入版圖，較之未入版圖之地，尤難料理。”[2]

由於各地義師自行署銜，造成官職紊亂，禮部尚書兼通政司吳鍾巒不得不上疏給魯監國要求申明職掌，加以整頓。疏中說：“遠近章奏，武臣則自稱將軍、都督，文臣則稱都御史、侍郎，三品以下不計。江湖遊手之徒，則又假造符璽，販鬻官爵。偃臥邱園，而云‘聯師齊楚’；保守妻子，而云‘聚兵數萬’。請加嚴核，募兵起義者，則當問其冊籍花名；原任職官者，則當辨其敕書札付。”[3] 這固然反映了當時龍蛇混雜的狀況，更重要的是說明了福建各地抗清運動的洶湧澎湃。

1　海外散人《榕城紀聞》。

2　順治五年四月二十一日浙江福建總督陳錦“為閩省遍地皆賊，城野焚掠皆空”奏本，見《明清史料》丁編，第一本，第二十頁。

3　黃宗羲《行朝錄》卷四《魯王監國·紀年下》。

浙江的情況也很類似。查繼佐記載：魯監國"建旄海表，戊己（1648—1649）之間，內地持仗倡山谷者，咸使人間道浮海報職事。王又時時馳敕書潛通山谷諸部，而寧（波）、紹（興）一帶義奮尤烈。凡城以內皆清兵也，負郭二三里外無不奉魯朔者，旌旗相望，舳艫衣接，富者貢粮糧，貧者效筋力，城中不敢問。鄉之人有以其實微告清，則立碎之。間敦請素行廉幹者使佐事，雖謹畏不敢不听。遠近數百里頂幘縫掖如故，清但固局關門靜而待之。而浙以西則自天目諸山無下數千部。"[1]

福建、浙江各地百姓的紛紛起來抗清，主要原因是清朝統治者以征服者自居，推行一系列暴政。順治五年四月，浙閩總督陳錦在一份奏疏中說："切閩浙士民質本脆弱，亦易治而易安者。故王師所到，率土皆賓，兵不血刃，而地方大定。今反側時見，處處弄戈，其亂萌不過各地方一二戎首糾集亡命，威逼愚民，順之則親如手足，逆之則焚其廬舍，毀其室家，使民無所歸，此戎首逼民為賊也。更有地方民牧撫綏無法，而腠削橫加，差徭繁重，而敲撲不已，民不安生，遂鋌而走險，此官吏逼民為賊也。又防剿官兵以守土為名，暴虐過甚，居其室而掠其野，少不遂慾，鞭撻濫施，至經過之處，任意摧殘，民若畏避，即拆屋舍，毀器具，靡所不至，斯民無地可安，不得不行從賊，此官兵逼民為賊也。害民之事有三，而利民之事全無，賊用是滋蔓矣。"[2]陳錦身為清朝總督，自然把地方不靖的原因首先歸咎於明方，但他不能不承認清方接管浙江、福建以後"利民之事全無"，文官武將巧取豪奪，無惡不作，以致

1　查繼佐《國壽錄》卷三《黃鉽傳》。

2　順治五年四月閩浙總督陳錦"為詳議剿撫機宜"等事揭帖，見《明清史料》丁編，第一本，第二十二頁。

官逼民反，兵逼民反。這以後，清政府採取了一些安撫措施，情況才有所好轉，即所謂“是後，清招撫之令下，解散十六七矣。”[1]

事實表明，閩浙各地百姓迫於清朝暴虐統治，如火如荼地掀起反抗鬥爭，魯監國朱以海不失時宜地組織抗清，頗有一番作為。特別是 1648 年江西、廣東相繼反正，整個南方的抗清運動一度進入高潮，南明復興的形勢相當可觀。

然而，復明各派勢力之間的鈎心鬥角，互相傾軋，終致坐失良機，使清廷得以憑藉有限的兵力各個擊破。鄭彩擁戴魯監國，實際上是重演鄭芝龍操縱隆武帝於股掌之上的故伎。1648 年（順治五年、魯監國三年）正月十七日，他悍然擊殺大學士熊汝霖。[2] 義興侯鄭遵謙憤慨不平，鄭彩又命部將吳輝誘擒遵謙，迫使他投海而死。魯監國對鄭彩的跋扈自雄、擅殺大臣極為不滿，史籍記載他得知熊汝霖、鄭遵謙遇害後，“大怒曰：殺忠臣以斷股肱，生何益耶？欲跳水死。左右與彩力勸止，遂究首謀十餘人磔之。”[3] 這不過是表面文章，對朱以海略事安撫而已。查繼佐記載鄭彩擅自殺害大學士熊汝霖之後，“閣部錢肅樂等請罷朝諭祭，監國畏彩，不果行。”鄭遵謙被逼投海而死後，“監國聞之為泣下，輟朝五日，不敢問。”[4] 總之，魯監國受制於鄭彩無疑是事實。他任命兵部尚書錢肅樂接任大學士，負責朝政票擬。事情並沒有了結。鄭彩對大學士劉中藻收復福寧心懷妒意，不僅不予支持，反而出兵“掠其地”。錢肅樂在給劉中藻的信中對鄭彩的行徑多有指責，被鄭彩偵

1　查繼佐《國壽錄》卷三《黃銑傳》。

2　任光復《航海遺聞》。

3　任光復《航海遺聞》。

4　查繼佐《魯春秋》。

知，故意向肅樂引述其信中之話，肅樂大驚，於 1648 年五月嘔血而死。[1]

當魯監國為首的浙江、福建各地抗清運動處於高潮時，清廷於 1647 年（順治四年）十一月派遣禮部侍郎陳泰為靖南將軍，率領梅勒章京董阿賴（東阿來）、刑部侍郎李延齡以及李率泰、濟席哈、祖澤遠諸將統兵南下福建，配合浙閩總督陳錦的軍隊大舉反攻。[2] 魯監國政權內部既因鄭彩排斥異己不能團結對敵，在泉州、漳州一帶活動的鄭鴻逵、鄭成功軍固然牽制了一部分福建清軍，卻以擁戴不復存在的隆武朝廷為名拒絕同魯監國合作。1648 年三月下旬，清軍進攻建寧，城中糧食不足，郧國公王祁“丐粟於國姓成功，允而不發。”[3] “國姓成功以奉桂朔專，不贊魯一矢，亦二其從弟建國彩，兵不逾洛陽橋之北。”[4] 清陳泰、陳錦等部軍隊於三月二十九日包圍了建寧，憑藉優勢兵力發起猛烈攻擊，到四月初四日佔領該城，明郧西王朱常湖、國師王祁等死於亂軍之中。[5] 同月，清援閩主力進入省會福州。[6] 明大學士劉中藻領導的義師一度聲勢頗盛，曾經先後攻克福建的福安、羅源、寧德、政安和浙江處州府屬的景寧、慶元、云和、松陽等縣，也被優勢清軍擊敗，劉中

---

1 黃宗羲《行朝錄》。查繼佐《魯春秋》記：戊子（順治五年）“五月，大學士吏部尚書錢肅樂卒。……肅樂居琅琦山，以建國彩跋扈內殘，魯事不辦，積咽不食，病劇，猝聞連江事敗，以頭觸牀几碎，遂卒。”未提及劉中藻事。

2 《清世祖實錄》卷三十五、卷三十九。順治五年八月浙閩總督陳錦奏疏，見《鄭成功檔案史料選編》第十二頁。

3 查繼佐《魯春秋》，下注：“時成功綢繆漳泉，不與建國彩通呼吸，於建寧之役益遠不及左右。”

4 查繼佐《魯春秋》。

5 順治五年四月浙江福建總督陳錦“為捷報克復建寧仰慰聖懷事”揭帖，見《明清史料》丁編，第一本，第二十三頁。

6 順治六年正月初三日浙江福建總督陳錦揭帖，見《明清史料》丁編，第一本，第二十七頁。

藻自殺殉國，[1] 所復州縣重新落入清軍之手。

　　魯監國在形勢惡化的情況下，於 1649 年正月移駐閩、浙交界的沙埕。六月，定西侯張名振攻克健跳所；七月，魯監國移居該地。一度威福自操的建國公鄭彩因為鄭成功襲擊其弟鄭聯，佔領廈門，向魯監國上表求救。忠於朱以海的諸將深惡其人，乘機擊破鄭彩餘軍。鄭彩從此一蹶不振，後來請鄭芝龍的母親黃氏代為疏通，鄭成功才讓他返回廈門閒住，終老於該地。

　　魯監國收復福建的戰略意圖既已失敗，幾乎沒有立足之地。當時，黃斌卿據守着舟山群島，有割據自雄之意。史籍中說他“怯於大敵，而勇於害其同類”，[2] 對於因兵敗移駐舟山的魯監國文官武將不僅無恤憐之義，反而乘人之危，派兵攻殺，擄掠其財物，收編其軍隊。如巡撫荊本徹、戶部尚書朱常淓、總兵賀君堯等都慘遭毒手；興國公王之仁攜家屬輜重來避難，遭到他的偷襲後極為憤慨，自行赴清方請死。由於他遵奉隆武帝，朱聿鍵對他多少有點縱容，《思文大紀》記“上聞威虜伯黃斌卿殺□□荊本徹，曰：本徹雖非賊寇，乃爾騷擾地方，民恨實甚，殺了便罷；所招降將士，善為約束，勿令流毒，致重民怨。”[3] 黃斌卿自以為得計，更把舟山

1　劉中藻兵敗自殺事在文獻記載中有較大差異。順治四年十一月浙江巡按秦世禎揭帖中說：劉中藻親自率領士卒五千名守浙江慶元，清浙江當局調總兵劉世昌、馬得功等進剿，十一月初二日慶元城破，劉中藻“自縊焚死”。見《明清史料》丁編，第一本，第十四頁。黃宗羲《海外慟哭記》云：魯監國四年（順治六年）“夏四月，虜陷福安，大學士劉中藻死之。”翁洲老民《海東逸史》卷五《劉中藻傳》記：“丁亥（順治四年）十月，中藻率兵攻取福寧州，守之，與周鶴芝相犄角。久之，移駐福安，鄭彩遂掠其地。北兵乘之來攻。中藻善守，所殺傷數千人。己丑（順治六年）三月，北兵乃循城十里掘濠樹柵以困之，中藻不能出戰，食盡，冠帶坐堂上，為文自祭，吞金屑而死。”查繼佐《罪惟錄》卷十二下《劉中藻傳》及《魯春秋》均云己丑（順治六年）四月劉中藻守福寧州，城陷，飲鴆死。

2　溫睿臨《南疆逸史》卷五十三《黃斌卿傳》。

3　《思文大紀》卷八。按，隆武帝在 1646 年八月遇害，可知黃斌卿殺荊本徹在此以前。鄭達《野史無文》卷十一《黃斌卿傳》記：“十月初旬，原任巡撫荊本徹攜家航海洋中，被斌卿營將沉其家人百口於海，而收其兵千人。十一月，原任戶部尚書朱常淓，舊為按臣，於斌卿有隙，攜家百口浮海，被斌卿營將截殺，收其兵八百人；原任總兵賀君堯家口兵眾亦然。”所記時間有誤。

群島看作自己的禁臠，對忠於魯監國的定西侯張名振、蕩胡伯阮進、平西伯王朝先等部多方排擠，引起諸將的公憤。當時，魯監國駐於健跳所，這裏只是浙江臨海縣瀕海的一個小地方，很難立足。魯監國及其隨從實際上經常住在船上，以防不測。即如黃宗羲所說："以海水為金湯，舟楫為宮殿"，"御舟稍大，名河船，其頂即為朝房，諸臣議事在焉。落日狂濤，君臣相對，亂礁窮島，衣冠聚談。"[1] 景象是相當可憐的。1649年（順治六年、魯監國四年）九月，張名振、阮進、王朝先合謀決定以舟師護送魯監國移駐舟山。對於魯監國的到來，黃斌卿自然是極不情願。他藉口自己是隆武帝封的官爵，不便接待魯監國；又"以地窄糧寡為辭"表示難於供養魯監國屬下官兵和他們的家屬。在這種情況下，只有訴諸武力了。黃宗羲記："朝先遂與名振、阮進合謀，上疏監國。有旨進討。斌卿遣將陸瑋、朱玖禦之，數戰數敗，求救於安昌王恭𣚴、大學士張肯堂，上章待罪：'所不改心以事君者，有如水。'又議和於諸營曰：'彼此皆王臣也，兵至無妄動，候處分。'九月二十四日，胥會於海上。初皆安堵，已而陸瑋、朱玖背約出洋，阮進等疑斌卿之逃也，縱兵大掠，斫傷斌卿，沉之水中，二女從之死。"[2] 任光復的記載是："己丑秋，王朝先取糧溫、台，斌卿標將黃大振得罪逃，誑朝先曰：'將軍家口及標屬盡被本爵（指黃斌卿）所抄沒，以將軍久假不歸，有懷二心故也。某以苦諫獲戾故出亡耳。'朝先蓄恨已非一日，遂厲兵誓師揭奏斌卿逆惡罪狀。王命朝

1　黃宗羲《行朝錄》卷四《魯王監國・紀年下》。

2　黃宗羲《行朝錄》卷七《舟山興廢》。

先、阮進水陸並進。名振泣諫曰：'臣與斌卿聯姻，路人所共知，今以朝先一言而加兵問罪，臣日待罪左右，其如物議何？'俯伏不已。王因手敕和解之。朝先得敕，先致溫旨以緩其備。仲冬（十一月）二十一日，朝先兵逼斌卿舟。斌卿備香燭，着冠服，手捧來旨大言曰：'聖上有旨，誰敢？誰敢？'時安昌王恭榥、義陽王朝瑝、錦衣李向榮俱環坐。頃之，旗鼓尹明以詐稟投見，揮刃斬斌卿，沉之舟側。其弟孝卿及家屬尚在，匍匐江灘。任穎眉差兵救之，令昇入名振府第。尋迎魯王至舟山，以參將府作行在。"[1]這裏列舉的只是兩種有代表性的記載，在其他史籍中具體情節常有出入。就當時形勢推斷，張名振是這一事件的主謀大概是沒有問題的。在襲殺黃斌卿之後，黃部兵將一度出現混亂，張名振宣佈"監國之來，代唐恢復，肅魯（虜）原部自應協力。"接着，又以監國的名義以禮祭葬黃斌卿，優養其家屬，對黃斌卿舊部加以安撫，將校一體升賞，無分彼此。這樣，終於穩定了舟山局勢，使魯監國政權有一片存身之地。查繼佐寫道："是役也，名振實忠誠，苦欲安監國，為此密計。"[2]這一論斷比較公允。

魯監國在舟山站住了腳，重新整頓朝政。他派出使者敦請原隆武朝吏部尚書張肯堂為大學士[3]，吳鍾巒繼續擔任禮部尚書，孫延齡為戶部尚書，朱永佑為吏部左侍郎主管文官銓選，李長祥、張煌言為兵部右侍郎，徐孚遠為國子監祭酒，任廷貴為太常寺卿，

1　任光復《航海遺聞》。

2　查繼佐《罪惟錄》卷三十二《黃斌卿傳》。

3　張岱《石匱書後集》卷五十《張肯堂傳》載有魯監國敦請張肯堂的敕文，並說張得敕後即來舟山，任武英殿大學士；黃宗羲《海外慟哭記》則說張肯堂原在舟山，魯監國授予東閣大學士。

其他官職也做了安排。[1] 從這時起到 1651 年（順治八年、魯監國六年），舟山群島成為魯監國領導下浙東抗清武裝活動的中心，牽制了東南地區大量清軍，為鄭成功部在福建沿海的擴展創造了有利條件。

---

1 任光復《航海遺聞》記："晉張肯堂東閣大學士，沈宸佺閣部，吳鍾巒、李向中宮保，朱永佑吏部左侍郎掌銓政，李長祥、張煌言兵部右侍郎，徐孚遠祭酒，陳九徵太常少卿，兼太常卿任廷貴、御史俞圖南往日本，楊璣欽天監丞。晉名振定西侯，王朝先平西伯、涂登華太子太保，阮進太子少傅，進姪英義將軍阮美、阮騂、阮驥俱左都督。"此外還有總兵等官多人。

第十三章

永曆朝廷的建立

第一節　朱由榔在肇慶監國和紹武爭立

1646 年八月，隆武帝在汀州遇害；九月，消息傳到湖廣和廣東、廣西等地，在南明各地官紳中又一次引起極大的震動。皇室繼統問題再次提上緊急日程。

在大多數官紳心目中，桂藩朱由榔是最合適的人選。這主要是出於血統親近的考慮。明末宗室中，同崇禎皇帝朱由檢最親的是他的祖父明神宗的子孫，即福、瑞、惠、桂四藩王。瑞王朱常浩原封陝西漢中，1643 年李自成軍攻入潼關，常浩逃到重慶；次年張獻忠軍攻克重慶，常浩全家被殺。福王常洵之子由崧即上文所述弘光帝。惠王常潤原封荊州，當農民革命風暴席捲湖廣時，他經長沙、衡州逃到廣西，弘光在位時移住浙江嘉興 [1]。1645 年六月清軍迫近杭州，監國潞王朱常淓投降，常潤和周王、崇王也在清軍統

---

1 《明季南略》卷二記：弘光元年五月初二日 "移惠王於嘉興"。

帥博洛招誘下降清[1]，被押送到北京，後來同朱由崧、朱常淓等一道被處死。這樣，到 1645 年六月以後，神宗子孫剩下的只有桂藩了。

桂王朱常瀛是明神宗第七子[2]，原封湖南衡州，天啟七年（1627）九月二十六日就藩（即離京前往封地）。崇禎十六年（1643）八月，張獻忠部進軍湖南，常瀛逃往廣西。由於奔竄慌忙，亂兵乘機搶劫，朱常瀛只帶着第三子安仁王由𣚗逃到了廣西梧州；第四子永明王由榔在永州被大西軍俘獲[3]。正在性命難保時，受到一個混入大西政權的明朝官員的暗中保護，又恰逢張獻忠決定做戰略轉移，率領大西軍入川，義軍北上後，明朝廣西征蠻將軍楊國威和部將焦璉率領四千多名士卒開進湖南永州等地，朱由榔才得以死裏逃生，被護送到梧州同其父聚合。1644 年十一月初四日，朱常瀛在梧州病死[4]，安仁王由𣚗掌府事。次年弘光朝廷覆亡，廣西巡撫瞿式耜有意擁戴由𣚗繼位。但當時南明的政治中心仍在東南，支派甚遠的唐王朱聿鍵在鄭芝龍兄弟和黃道周等人的支持下捷足先登，由監國而稱帝。瞿式耜的願望不僅沒有實現，自己也因受隆武帝

1　林時對《荷牐叢談》卷四《蠡城監國》記：潞王朱常淓降清後，"時周王寓蕭山，惠王寓會稽，崇王寓錢塘，魯王寓臨海。貝勒遣騎修書，以參貂等物為贄，邀請王相見。魯王以道稍遠，辭疾不至。周、惠兩王渡江借崇王赴召，尋送南京，同弘光帝、潞王俱北去。"常淓潤到北京後，曾在順治二年十一月向清廷上"明惠親藩朱常潤揭為恭謝聖恩事"奏疏，其中說："本年五月二十日大兵至江南，潤即於六月內差齎表文章齎赴江西豫王殿下投誠。……昨進朝主上，更荷恩隆。"影印揭帖見《明清檔案》第三冊，A3-144 號。

2　常瀛是神宗第幾個兒子，諸書記載不同。乾隆二十八年《清泉縣志》卷三十六《雜志》說是"神宗第五子"。根據《明神宗實錄》卷三六四，萬曆三十九年十月十五日冊立皇太子和四王詔，皇長子常洛為皇太子，三子常洵為福王，五子常浩為瑞王，六子常潤為惠王，七子常瀛為桂王。神宗第二、第四子早夭，所以有的書把常瀛記為第五子。

3　乾隆《清泉縣志》卷三十六《雜志》記：朱常瀛"惑於因果，廣修寺觀，黃冠緇衲，蓄養千計。生七子，長世子及次子、少子俱早夭，第三子名由𣚗，劉貴人所生，封安仁王，賜婚吳氏，係衡良家女。四子名由榔，苑貴人所生，封永明王，賜婚王氏，係南直人，業醫王公亮孫女。第五子、六子逸其名，幼，未賜婚，癸未之變（指張獻忠軍入湘）第五子、六子為寇擄去。"史惇《痛餘雜記》云："桂藩體肥重，輿夫須十八人乃舉。有別苑十二區，集女樂百二十人。癸未之變，孔全斌副將率部兵先於城外劫典舖。桂藩即集諸女樂並宮女二千餘人聚而燔之，號呼震天，並宮殿付之一炬。"

4　李清《南渡錄》卷四。同書又記，弘光元年（1645）二月初三日"謚桂王曰端"。

的猜忌而被調職[1]。不久，朱由榔一病不起，由榔被冊封為桂王[2]。

　　清軍佔領浙江、福建以後，客觀的形勢造成了南明殘餘勢力向西南轉移。原任廣西巡撫瞿式耜等人再次提議擁立朱由榔即位繼統。掌握地方實權的兩廣總督丁魁楚卻心懷觀望，拖延不決。直到接到隆武朝大學士何吾騶的親筆信通知隆武帝、后都已蒙難，建議速立桂藩以後，才決定參加擁立行列。

　　1646年十月初十日，朱由榔經過照例的三疏勸進，就任監國[3]。朱由榔相貌堂堂，據說很像祖父萬曆皇帝朱翊鈞，可是生性懦弱，瞿式耜說他"質地甚好，真是可以為堯、舜，而所苦自幼失學，全未讀書。"[4]父、兄的相繼去世，使他成為最有"資格"的朱明皇朝繼統人，但他對做皇帝的言談舉止卻一竅不通。湊巧太監王坤（又名王弘祖）投入他的府中，這人早在崇禎年間就已經受到皇帝的信任[5]，懂得宮中"故事"，指點儀注，使他知道如何擺出皇帝的架勢，不至於出醜，王坤因此深受寵信。丁魁楚參與擁戴稍遲，又唯恐當不上首席大學士，於是同王坤串通結納，得以如願以償[6]。王坤的弄權，使永曆朝廷一開始就陷入混亂和矛盾之中。按明朝成例，入閣大學士本應由吏部尚書會同其他高級官員會議推舉若干名，呈請皇

1　《瞿式耜集》卷三，書牘，《丙戌九月二十日書寄》。

2　邵廷采《東南紀事》卷一於隆武元年（1645）八月下記："遣使冊封桂世子由榔（榔）為桂王。"沈佳《存信編》卷一記："隆武丙戌春，遣司禮監太監龐天壽諭祭端王、安仁王，即封上為桂王，居肇慶府。其詔有'天下王之天下'語。"屈大均《安龍逸史》卷上記：安仁王由榔"丙戌九月病薨"，時間有誤。瞿式耜信中說："自安仁薨後，太妃暨永明俱不樂居梧州。八月間，余復迎太妃、永明至肇。"（《瞿式耜集》第二五六頁）可證朱由榔病死不遲於八月。

3　朱由榔就任監國日期據《嶺表紀年》卷一為"十月十日壬辰"；《明季南略》卷九《粵中立永曆》條記"以十月初十日監國，十四日丙戌即皇帝位"；道光十三年《肇慶府志》卷二十二《事紀》云："十月十四日稱監國於肇慶。十一月十八日遂稱尊號，改元永曆，以肇慶府署為行宮。"

4　《瞿式耜集》卷三，書牘《丁亥正月昭江道中寄》。

5　王坤在崇禎朝即已用事，見之不少記載，如孫承澤《春明夢餘錄》卷四十八，崇禎六年二月初八日"召對王副憲紀"即為王坤上疏糾廷臣所引起。

6　上引《瞿式耜集》；參見錢秉鐙《所知錄》卷二。

帝點用；大學士的地位又一般是按入閣先後次序排列。丁魁楚時任兩廣總督是實權人物，因猶豫不決錯過了首先擁戴的機會，桂藩繼統的局面明朗後，又急於攫取首席大學士的位置，不得不求助於內官王坤，等於把朝廷用人決策大權奉送給了宦官。朱由榔出任監國前夕，丁魁楚玩弄權術，給桂藩上啟本，請求辭去首輔，桂藩尚在三推三讓之時就批示"不准辭"，這在瞿式耜等人眼中就已經被視為笑柄。至於崇禎時期已入閣的何吾騶、隆武時入閣的陳子壯等人得知這一消息後，都認為舉措不公，有違成例，寧可株守家中也不願來肇慶。在失去廣州人望的情況下，永曆朝廷粉墨開場了。丁魁楚當上了首席大學士兼兵部尚書，瞿式耜為東閣大學士兼吏部左侍郎管尚書事，同時任命了各部院官員。不久，在湖廣的督師何騰蛟、湖廣巡撫堵胤錫也上表勸進，朱由榔得到了擁明派官紳多數的支持。

然而，朱由榔遇事毫無主見，用人又不當，實在承擔不起中興重任。監國七天之後，十六日傳來了贛州失守（十月初四日）的消息。儘管廣東肇慶距離江西贛州還有相當一段路程，卻舉朝洶洶，監國的喜慶氣氛消失得無影無蹤。司禮監太監王坤主張立即逃難，首輔丁魁楚隨聲附和，大學士瞿式耜等力主鎮定，也只推遲了四天。十月二十日，小朝廷終於逃往廣西梧州。這種驚慌失措的舉動，對於維繫廣東人心自然是非常不利的。其直接惡果是續封唐王朱聿鐭在廣州稱帝，又一次演出了朱明宗藩同室操戈的鬧劇。[1]

當清軍進入福建的時候，隆武帝的弟弟續封唐王朱聿鐭和其

---

1 何是非《風倒梧桐記》卷一云："內外局惟魁楚主裁。端溪隔羊城省會止四百里，擁立時嫉凌煙列名多人，無一函商及三司各屬，既立後不復頒新天子詔，惟鬻是謀。時羊城左藩顧元鏡恥不與策戴勛，適隆武閣臣何吾騶、蘇觀生從閩逃歸，亦遂立隆武弟為皇帝。"瞿式耜在十月十六日反對移蹕梧州時也申說："且東人未附，東餉未來，驟焉一行，後必滋悔。"見《瞿式耜集》卷三，書牘，《丁亥正月昭江道中寄》。

他一些藩王乘船經海路逃到廣州，本來不過是為身家性命着想，未必有覬覦大寶之心。朱聿鐭的被擁立為皇帝，同桂王監國政權的舉措失宜有密切關係。贛州陷落時，廣東全省還在明朝管轄之下，朱由榔領着朝臣逃往廣西，在廣東士人看來無異於放棄封疆，不顧自己的死活。南明官僚的內部矛盾又因桂監國政權處置不當而激化。原隆武朝大學士蘇觀生奉命援救贛州，踟躕不前，從南雄退回廣州。他得知桂王朱由榔在肇慶監國時，也想參與擁立之列，依舊做大學士。可是，首輔丁魁楚卻唯恐蘇觀生以原任大學士的身份入閣將影響自己攬權；大學士呂大器又從資歷的偏見出發，認為蘇觀生不是科舉出身，不具備入閣資格。因此，對蘇觀生的附名擁戴置之不理。蘇觀生自覺掃興，知道在朱由榔政權中不會受重視。但在桂王監國之初，他仍然不甘寂寞，想出了出奇制勝的策略，一是派兵部職方司主事陳邦彥前往梧州勸進，請朱由榔以臨時性的監國正式稱帝[1]；二是請移蹕廣州，使朝廷進入自己的勢力範圍。十月二十九日，唐王朱聿鐭同鄧王、周王、益王、遼王乘船由總兵林察護送到廣州[2]。蘇觀生等人覺得與其乞憐於桂藩，不如乾脆另起爐竈，援引兄終弟及之義擁立唐藩。

　　十一月初二日，蘇觀生同廣東布政使顧元鏡、侍郎王應華等奉請朱聿鐭監國，並且搶在朱由榔之前，在同月初五日正式稱帝[3]，

1　屈大鈞《翁山佚文輯》卷上《順德給事岩野陳公傳》。

2　朱聿鐭隆武二年十一月敕諭張家玉云："朕同鄧、周、益、遼航海來粵，訪尋上皇駐蹕之地。有全粵臣民因監國之御弟，推名分以立君。"轉引自謝國楨《增訂晚明史籍考》卷十九，第八八○頁。

3　錢秉鐙《所知錄》卷二記："於十月二十九日擁唐王入廣州城，以十一月初二日監國；初五日即位，改元紹武。"瞿式耜在《丁亥正月昭江道中寄》信中説："竟以十月廿九日擁之入廣城，初二日且登大位，改元紹武矣。"見《瞿式耜集》卷三，以監國日作即位日，時間稍有差誤。錢秉鐙所記得自後來隨李成棟反正諸官之口，較為準確。黃宗羲《行朝錄》卷二《紹武之立》云：唐王於十一月朔（初一日）監國，初五日即位；監國日誤。

改明年為紹武元年。儘管朱聿鐭的政權在這年十二月即被清軍摧毀，紹武年號從來沒有使用過[1]，在南明史上仍習慣稱之為紹武政權。

十一月初八日，朱聿鐭在廣州即位的消息傳到梧州，朱由榔和廷臣丁魁楚等人大吃一驚，連夜召見廣州派來的使者陳邦彥。陳匆匆登上監國乘坐的龍舟，燈火輝映下見朱由榔居中端坐，太妃垂簾於後，丁魁楚侍立一旁。朱由榔開門見山地說：“聞四王至廣州，甚喜。然孤既監國矣，輔臣觀生既具啟入朝矣，彼胡為者？”陳邦彥並不知道廣州政局的突然變化，回答說可能是民間的訛傳。丁魁楚告訴他，廣州稱帝的事已確鑿無疑。朱由榔接口道：“今非戰則和，二者安出？”陳邦彥建議“速返肇慶，正大位以屬人心”，讓紹武政權“代吾受虜，從而乘其蔽”，不要主動進兵廣州。[2] 十一日晚，朱由榔又召見陝西道御史連城璧，問道：“先生自肇慶來，知廣州事否？”連城璧回答：“臣本月初四日離肇慶，未有所聞。至德慶有傳說者，臣亦不信。殿下監國，蘇觀生有表箋來賀，差監紀推官陳邦彥，殿下加以科銜，特旨召用觀生及廣州諸舊臣，黃士俊、陳子壯、黃（王）應華、關捷先等皆奉旨敦請，廣東布政顧元鏡加升戶部侍郎。豈有如此大事不關白兩院，既從一而悖舉之理？”朱由榔說：“事多實，奈何？”城璧對曰：“論天命者必推本人心，殿下為神宗皇帝之慈孫，聰明仁壽，恭儉靜深，在潛邸人心悅服已非一日，今臣民愛戴，尊賢親親，皆仰承天意，誰得以私覬

1　謝國楨《增訂晚明史籍考》記有永曆年間刻本張家玉撰《名山集》，內收朱聿鐭隆武二年十一月、十二月敕諭，證明唐王在粵雖已監國、稱帝，但仍沿用隆武年號。本書作者未見此刻本，附記於此。

2　屈大均《翁山佚文輯》卷上《順德給事岩野陳公傳》。

覰。特殿下幸梧，未正大位，或貪人昧理，亦終不能濟。"[1] 朱由榔等人自知鑄下大錯，為了收拾廣東民心，在十一月十二日東返肇慶，十八日宣佈即皇帝位，祭告天地、社稷、祖宗，改明年為永曆元年。[2] 同時，追尊其父朱常瀛為端皇帝，兄朱由橑為桂恭王；嫡母王氏為慈聖皇太后，生母馬氏為昭聖皇太后。[3] 這樣，在廣東一省之內，幾乎同時建立了兩個南明政權，重演了閩、浙相爭的鬧劇。它再次說明南明統治集團的極端腐朽，絕大部分官僚仍然因襲了過去朝廷上黨爭故套，一切都以個人和小集團的利害為轉移，國家大局被置於腦後。即便有少數正派官僚以民族大義為重，希望共赴國難，挽救危局，他們的努力也在一片紛爭當中化作泡影。

紹武政權的建立，在歷史上沒有任何積極意義。它只能說明朱聿鐓、蘇觀生在日暮途窮之時，急於過一下皇帝癮、宰相癮罷了。史籍記載了蘇觀生等人迫不及待地爭奪帝位的情況，"且謂先發奪人，宜急即位。遂倉卒立事，治宮殿、器御、鹵簿，舉國奔走，夜中如晝。不旬日而授官數千。即位之際，假冠服於優人而不給。"[4] 紹武政權在很大程度上是蘇觀生趁朱由榔君臣逃往廣西的機會拉攏一部分廣東官員建立的，社會基礎非常狹窄。連本省的一些著名官紳如曾任大學士的何吾騶、陳子壯、兵部侍郎張家玉等人均持反對態度，陳子壯雖因丁魁楚不擇手段自任首輔拒絕

1　連城璧《蹇愚錄》。

2　南沙三余氏《南明野史》卷下記載，定永曆為年號是 "取藩封永字，又以神宗孫取曆字"，即永明王與萬曆各取一字。又見屈大均《安龍逸史》卷下。

3　文安之《黔記》說朱由榔十一月十四日舟至德慶，"十七日幸端州，還行宮"。見《長恩閣叢書》收《滇緬錄》附。永曆帝的生母另一種說法是 "苑貴人"，見前引《清泉縣志》。

4　沈佳《存信編》卷一。

入閣，當蘇觀生擁立朱聿鐭時，他卻特派使者請桂監國出兵掃滅。[1]
因此，蘇觀生拼湊起來的廣州朝廷基本上是一批官場中的投機分子和不得志的士紳武弁。他自己因擁立有功，被朱聿鐭任命為首席大學士，封建明伯；關捷先、曾道唯、顧元鏡、王應華等人都入閣為大學士兼任各部尚書，洪朝鍾在十天之內升官三次，當上了國子監祭酒。潮州人楊明兢赤手空拳，憑藉三寸不爛之舌自稱有精兵十萬"滿潮、惠之間"，居然被委任為潮惠巡撫。[2] 兵力上除廣東總兵林察所部以外，蘇觀生還招來了石壁、馬玄生、徐貴相、鄭廷球四姓海盜，[3] 藉以增強紹武政權實力。

桂、唐二藩的爭立，給南明殘疆剩土的地方官也增添了混亂。湖廣的何騰蛟、堵胤錫、章曠以及其他文武官員都先後收到了兩個朝廷頒發的"喜詔"，雖然他們基本上都站在桂藩朱由榔一邊，唐藩使者處處受冷遇，但事實上既給了他們"擇君"的機會，朝廷的威望自然相對削弱，在許多問題上處於被動局面。瞿式耜在一封信中寫道："自唐僭號而廣之府庫盡為所有，廣之屬邑並鄰郡皆為所煽。我監國之詔未達，而彼登極之詔先頒。凡吊錢糧、征兵馬，動輒牽礙。光三（丁魁楚字）乃集議，仍請躋肇慶，登大寶，少司馬（兵部侍郎）林佳鼎力佐之，在廷亦遂不敢

1　許多南明史籍都說何吾騶參加了紹武政權，並任大學士，實際情況很可能是紹武朝廷曾請他入閣，他未應聘。陳子壯"致書式耜，力請餞觀生，而趨兵東下"，見錢秉鐙《所知錄》卷中。

2　沈佳《存信編》卷一。

3　諸書記載"石、馬、徐、鄭四姓海盜"均不詳其名。順治四年三月二十五日兩廣總督佟養甲揭帖中說："廣府十六州縣連遭四姓劇賊馬玄生、石壁、徐貴相等，白旗黃信、林芳等環海擾害。……"見《明清史料》甲編，第二本，第一八九頁。石壁時為紹武政權總兵，見《瞿式耜集》卷一《特舉謹直疏》。鄭姓，在錢秉鐙《所知錄》卷二中說是鄭昌，上引佟養甲揭帖中提到"鄭昌、楊光林皆聚黨數千，山海縱橫，已經曲諭招徠矣"，下文又提及"海賊徐貴相"等，似乎鄭昌不屬四姓海盜。沈佳《存信編》卷一記順治三年十二月清軍佔領廣州後，"遣副將狗東莞、新會諸縣，四姓盜鄭廷球降清，成棟因之以攻其黨，斬石、馬二姓，徐獨身走，盡得其水士、精舟、利器"。

梗議。十一月十八日正位端州（即肇慶），即行頒詔，兼議攻守之事。"[1]

永曆朝廷遷回肇慶以後，派兵科給事中彭燿、兵部職方司郎中陳嘉謨前往廣州，勸說朱聿鐭取消帝號，退位歸藩。彭燿到達廣州後聲淚俱下地對蘇觀生說："今上神宗嫡胤，奕然靈光，大統已定，誰敢復爭？且閩、虔既陷，強敵日逼，勢已剝膚。公不協心勠力，為社稷衛，而同室操戈，此袁譚兄弟卒併於曹瞞也。公受國家厚恩，乃貪一時之利，不顧大計，天下萬世，將以公為何如人也？"[2]蘇觀生大怒，悍然下令把彭燿、陳嘉謨拖出處斬，隨即派陳際泰為督師，調動軍隊向肇慶進攻。[3]永曆政權見調解無望，也調兵遣將，以廣東學道林佳鼎為兵部右侍郎總督軍務，夏四敷任監軍，會同從韶州調來的武靖伯李明忠帶領一萬多名士卒迎擊。十一月二十九日，內戰正式爆發，雙方在廣東三水縣城西交戰，紹武政權的軍隊大敗，陳際泰臨陣脫逃。林佳鼎初戰告捷，躊躇滿志，命令士卒晝夜行軍，直奔廣州，企圖一舉掃滅紹武政權。紹武方面的總兵林察利用與林佳鼎同族和過去共事關係，採取偽降誘兵深入之計，指使四姓海盜"乞降於林佳鼎，察因書請舉廣州以附。"[4]林佳鼎輕信寡謀，依約率部乘船前往三山，突然遭到四姓兵的攻擊。林佳鼎部所乘內河小船無法同四姓海上大船作戰，被迫登陸迎敵。又因地理不熟，陷入了三尺多深的泥淖，結果一敗塗

1 《瞿式耜集》卷三，書牘，《丁亥正月昭江道中寄》。

2 瞿共美《粵遊見聞》。

3 上引瞿式耜信中説："時三水有陳際泰賊兵一股方至……"何是非《風倒梧桐記》卷一誤將永曆政權之林佳鼎記為紹武政權的"總憲行大司馬事提兵上三水，意侵端溪。"署名為方以智的《兩粵新書》錯誤相同。謝國楨《增訂晚明史籍考》亦將《兩粵新書》作者歸之方以智。其實，方以智參與永曆政權的建立，身經其事，絕不致顛倒錯亂至此。

4 沈佳《存信編》卷一。

地，林佳鼎和夏四敷溺死水中，李明忠單騎逃出，部下兵員幾乎全軍覆沒。[1] 敗訊傳到肇慶，永曆朝廷又陷入一片驚慌失措之中，大學士瞿式耜自告奮勇，督領招募的義兵前往迎敵。沒過幾天就傳來了清軍佔領廣州，紹武政權覆亡的消息。十二月二十六日朱由榔又再次登舟離開肇慶，經廣西逃往湖南。[2]

第二節　紹武政權的覆亡

正如古語所說："螳螂捕蟬，黃雀在後。"當紹武政權在同永曆朝廷交戰中取得勝利的時候，清軍在佟養甲、李成棟統率下正由福建經潮州、惠州向廣州急速推進，一路上幾乎沒有遇到任何抵抗。李成棟等人利用紹武政權的注意力完全集中於同西面的永曆朝廷打內戰的機會，以迅雷不及掩耳之勢從東面直撲廣州，進軍途中每到一地立即掃除傳遞軍情的塘兵，封鎖消息，用繳獲的南明地方官印發出太平無事的塘報。[3] 十二月十五日，清軍前鋒以帕包頭，偽裝成明朝軍隊，出其不意地闖入廣州。朱聿鐭和他的大臣們仍在夢中，預定是日"幸武學，百官咸集"，忽然有人報告清軍來襲，蘇觀生還以妄言惑眾把報信人處斬。轉眼之間，清軍登上城牆，隨即去掉偽裝，露出辮子，亂箭下射，城中頓時鼎沸起

1　沈佳《存信編》卷一。

2　《瞿式耜集》第二五八，二六一至二六二頁。

3　乾隆四十四年《揭陽縣志》卷九《事紀》記載：順治三年"冬十二月，總督佟養甲、提督李成棟定潮、惠、廣三郡，路過揭之鋪前。時兩將既定福建，遂進取廣東。養甲先遣閩士黃夢麟授知府銜，至潮宣諭威德，士民趨附。"

來。[1] 蘇觀生急令關閉城門，調兵作戰。可是，精兵都派往肇慶方面去對付永曆朝廷，一時調不回來。廣州重鎮就這樣糊裏糊塗地被清軍佔領。[2] 紹武帝朱聿鐭見大勢已去，拖了一條被子混在乞丐當中，被清軍查出，關在東察院。李成棟派人送飲食，朱聿鐭說："吾若飲汝一勺水，何以見先帝於地下。"自縊而死，總算有點骨氣[3]。蘇觀生在牆壁上寫了"大明忠臣，義固當死"八個大字，然後懸樑自盡，從各地逃至廣州的明朝親王、郡王共十六人，大抵被清方處斬。大學士顧元鏡、曾道唯等都屈膝投降。顧元鏡還替清方起草勸降檄文，其中說："既不能為首陽之餓夫，即當為識時之俊傑。"[4]

　　紹武政權從建立到覆亡不過一個多月，它的"業績"就是打了一場爭奪帝位的內戰和導致廣東一省的陷沒。其後果是十分嚴重的，因為南明殘山剩水本已不多，廣東又是財賦充溢、人才密集的地方，一旦易手，南明朝廷回旋餘地大為縮小，財源和人力更加捉襟見肘。

　　佟養甲、李成棟佔領廣州以後，於順治四年正月十六日向肇慶進發。在這以前，永曆朝廷又故技重演，於 1646 年（順治三年）

<hr>

1　鄺露《鄺海雪集箋》卷七有《扈蹕臨雍歸自中書堂呈蘇相國一百韻》，題下箋云："按是年十二月總兵李成棟輕騎直入廣州，紹武方幸學，聞變易服出走。詩似作於此時。"箋注有誤，如果是在這次幸學時清軍破城，鄺露絕不可能有那樣的閒情雅致賦詩百韻。鄺詩中扈蹕臨雍當是指在這以前隨朱聿鐭往太學，十二月十五日所幸為武學。

2　九龍真逸《勝朝粵東遺民錄》卷四引蘇國祐（蘇觀生嗣子）《易簀遺言》云：廣州之陷為明叛將謝尚政接引，"大兵至廣，尚政為向導，復糾六營兵內應，城遂陷。觀生死，尚政沒其產。"《行在陽秋》記：十二月十五日，"清將佟養甲、李成棟遣游擊龐起龍偽為援兵求入城，城內信之，遂蜂擁而入。內兵登城戰一晝夜，擒斬清游擊王士選。清兵欲退，會有內應，遂陷。"

3　沈佳《存信編》卷一。

4　《存信編》卷一。顧元鏡以大學士的身份降清見順治四年五月初十日兩廣提督李成棟揭帖，《明清檔案》第五冊，A5-171 號。

十二月二十六日離開肇慶逃入廣西。[1]永曆元年正月初一日，朱由榔到達梧州，仍恐不安全，又經平樂府逃到桂林。李成棟部於順治四年正月十九日由三水進至高明，留守肇慶的明兩廣總督朱治潤不戰而逃，李成棟即命部將羅成耀留鎮肇慶，自己領主力進攻梧州。梧州是廣西東面重鎮，為明廣西巡撫駐節地。清軍向廣西推進時，明將陳邦傅在二十八日夜間棄城而逃，一時風聲鶴唳，人無固志。蒼梧知縣萬思夔用木頭製作了一個大烏龜，命人拖着沿街大喊："降敵者似此！"二十九日，李成棟兵接近梧州，明廣西巡撫曹燁迎降道旁，口稱："燁不知天命，不早事君。使君懷怒以及下邑，燁之罪也。若以罪不赦俘諸軍，惟命；若惠邀天之幸苟保首領，使得自新，君之惠也。""涕泣不敢仰視。李成棟笑而釋之。"清軍兵不血刃地佔領了梧州，萬思夔在木龜上大書"曹燁"二字，自行逃去。[2]清署兩廣總督佟養甲札委廣東布政使耿獻忠為廣西巡撫，以總兵徐國棟鎮守該地。[3]永曆朝廷首席大學士丁魁楚見形勢危急，在逃離梧州的時候就脫離永曆帝，帶着家眷和多年搜刮得來的大批金銀財寶，籠絡一支為數不多的軍隊做護衛，私自乘船避往岑溪。為了保護身家財產，丁魁楚暗中派人前往李成棟軍中接洽投降，成棟將計就計，許以兩廣總督的職位。丁魁楚大喜過望，在二月間由岑溪出降，清副將杜永和把他押回廣東，半路上殺死，其家產和眷屬全部落入清將之手，據說僅白銀一項就多達八十餘萬兩。後來有人見到丁魁楚

1　《存信編》卷一作"二十三日乙未，清兵逼肇慶，二十五日丁酉駕發肇慶"。《瞿式耜集》卷三記永曆帝西逃為十二月二十六日，從之。

2　《東明聞見錄》。

3　順治四年二月初三日及初四日兩廣總督佟養甲揭帖，見《明清檔案》第五冊，A5-96號及A5-97號。李世熊《寒支初集》卷九《巫丞傳》亦記："正月二十九遂入梧州，廣西巡撫曹燁迎降，屬官悉稽首上郡邑印及尺籍恐後。"按，清梧州總兵徐國棟不久即病死，見上引順治四年五月初十日兩廣提督李成棟揭帖。

的一個年幼孫子為李成棟部將羅成耀收養，問他姓甚麼，若回答姓丁，立即遭到一頓毒打。[1]

永曆君臣的爭相逃竄，給清軍以可乘之機。二月間，李成棟佔領梧州後，曾經派出一小股清軍跟蹤追至平樂府，進逼桂林。永曆帝依然故我，在二月十五日逃離桂林，準備進入湖南投靠兵力較多的軍閥劉承胤。大學士瞿式耜堅決反對，他指出朝廷不組織抵抗，只是一味避敵先逃，"今移蹕者再四，每移一次，則人心渙散一次。人心渙而事尚可為乎？"[2] 朱由榔根本聽不進去，在司禮監太監王坤、錦衣衛馬吉翔的慫恿下，向全州逃難。瞿式耜只好請求自己留守桂林，會同思恩侯陳邦傅穩定廣西局勢，並且推薦禮部尚書吳炳入閣任大學士司票擬之職。永曆皇帝勉強同意了他的建議，得旨："准卿以兵部尚書特進太子太傅，留鎮西土。"[3] 瞿式耜出於穩定人心的考慮，要求朱由榔無論如何不要離開廣西，哪怕暫駐於靠近湖南的全州也好。不料永曆帝畏清若虎，在四月間還是逃到了武岡。

三月間，一股廣東清軍經平樂推進，陳邦傅"竟拔營而去"[4]，逃往柳州。清軍趁勢直犯桂林，十一日前鋒數百人突然衝入城中，

1　關於丁魁楚降清被殺事，華復蠡《粵中偶記》敍述頗詳，繪聲繪色地描寫李成棟親自帶兵前往岑溪，假裝歡迎丁魁楚來降，四月初四日晚上突然請丁魁楚父子過舟議事，隨即命軍士處斬，吞沒其家產妾媳。這一説法未必可靠。李成棟在二月間已奉佟養甲檄文回援廣東，三月已在廣東增城、東莞等地鎮壓張家玉等的抗清活動，不可能四月初四日尚在廣西岑溪地區。《蒼梧縣志》記："魁楚因土鎮徐海、徐浤入岑北科為避兵計。會連城土寇將攻城，時三營官兵尚存，魁楚又檄陽、電兵來援。正月二十九接戰於葛石坡，魁楚念岑不可居，謀上潯。二月，軍門遣部將楊姓入岑，魁楚跟蹌遁"（府志）。"二月，丁魁楚出降，副將杜永和押赴廣東，半途殺之"（舊志），見同治十一年《蒼梧縣志》卷十八，外傳紀事，下，本朝。錢澄之（秉鐙）《所知錄》卷二記："吾猶見其一孫才數歲，為羅成耀養子。"華復蠡《兩廣紀略》記："人言：魁楚官囊精銀八十萬，珍珠金寶番貨十倍之。所遺二孫聞在李氏官頭家做奴僕，見其自言姓丁，又打頭半死云。"

2　《瞿式耜集》卷一，奏疏。

3　《瞿式耜集》卷一，奏疏。

4　《瞿式耜集》卷一，奏疏《省會無虞再赴行在疏》。

幸虧明軍焦璉部前一天趕到了桂林，把清軍擊退，桂林才轉危為安。五月二十五日，又有一股清軍再次經平樂、陽朔突襲桂林，瞿式耜指揮焦璉、白貴等將領分守各城門，並在城頭用司禮監太監龐天壽主持鑄造的西洋大炮轟擊來犯清軍。清軍見城中有備，被迫撤退。瞿式耜在風聲鶴唳之時，能夠鎮靜處之，防止了桂林地區的瓦解，值得充分肯定。但當時清廣東提督李成棟帶領的主力在進到梧州後即奉兩廣總督佟養甲的檄文回救廣東，順治四年春夏間進犯桂林的清軍都只是李成棟留在廣西的小股武裝。[1] 瞿式耜多少沾染了明末官場誇張習氣，得一小捷則大肆鋪張，就實際情況而言保衛桂林的戰役規模是很小的。

第三節　陳邦彥、張家玉、陳子壯在廣東的抗清活動

佟養甲、李成棟部清軍偷襲廣州得手以後，永曆君臣倉皇逃竄，勢同瓦解。佟養甲等人趁勢收取廣東其他府縣。順治三年十二月二十二日，佟養甲派副將張道瀛、閻可義同新委南雄副將李仰臣、董方策、張友德，韶州總兵葉成恩、副將楊友賢、王慶甫等領兵由廣州北上，同月二十九日在英德縣擊敗明將陳課、童以振二部，隨即佔領韶州。[2] 次年正月初七日，葉成恩部進抵南雄，當地官員不戰而降。[3] 明高雷廉瓊巡撫洪天擢退守瓊州府（今海南

1　順治四年五月二十五日，兩廣提督李成棟向清廷報告："職所統原部北來官兵吳淞舊額四千一百三十一員名"，其中馬兵三百名，"歷浙抵閩以及入廣，萬里馳驅，衝鋒破敵，險阻備嘗，病故及陣亡者，人馬已損失過半矣"。雖在入粵時帶有閩地土著之眾每府七八百名，俱 "脆弱不堪，無資戰守"。就在這件奏疏中，李成棟說他自己帶兵 "追捕永曆" 僅到梧州，並沒有繼續西上。見《明清史料》丙編，第七本，第六〇頁。

2　順治四年二月初三日兩廣總督佟養甲揭帖殘件，見《明清檔案》第五冊，A5-96 號。

3　參見同上件及乾隆十八年《南雄府志》卷十七《編年》。

省），四月初一日清副將閻可義領兵渡海，洪天擢兵力不敵，乘舟逃走，瓊州遂為清軍佔領。[1] 這樣，廣東十府之地全部淪入清方之手。就兵力而言，佟養甲、李成棟本部兵馬只有四千一百餘人，從福建帶來的原鄭芝龍舊部施福、施郎、洪習山、黃廷等部也不過幾千人，[2] 實力相當有限。1647 年正月，李成棟率主力進攻廣西，廣東清軍留守兵員更形單薄。

然而，腐朽無能的永曆朝廷不知清軍虛實，非降即逃，近於自行瓦解。鎮守柳州、南寧一帶的明慶遠伯陳邦傅也被清軍聲威嚇倒，私自派人同佟養甲、李成棟聯絡，準備投降清朝。在這種危急關頭，廣東的一批仁人志士奮然而起，憑藉自己在地方上的影響和熟悉山川險要，組織義軍展開反清活動。廣東各地義師的興起，使坐鎮廣州的清兩廣總督佟養甲窮於應付，不得不急檄進入廣西梧州的李成棟部回援。正是由於他們的鬥爭，才使永曆朝廷免遭滅頂之災，重新穩定了廣西的局勢。廣東素稱忠義之鄉，在明末清初的歷史上出現了一批英雄人物，其中最負盛名的是南明"三忠"：陳邦彥、張家玉、陳子壯。

陳邦彥在紹武爭立時，支持永曆朝廷。朱由榔派他回廣州勸說蘇觀生改弦更張，正值林察等擊敗林佳鼎，紹武君臣趾高氣揚，陳邦彥知道無法完成使命，藏入高明山中。不久，佟養甲、李成棟部清軍偷襲廣州，紹武政權覆亡。李成棟軍乘勝追入廣西，永

1　順治四年五月初三日兩廣總督佟養甲揭帖，見《明清檔案》第五冊，A5-169 號。按，華復蠡《兩廣紀略》洪天擢條云："洪天擢乙酉、丙戌兩年俱在廣東做兩司官，擁戴永曆時自擇其地，要做高雷廉瓊四府軍門，即以都察院副都御史寫敕剳高州。丁亥正月清兵下高州，則攜妻子奔雷州；清兵至雷州，則攜妻子奔瓊州。清兵以無船過海，絷徐聞者一月。天擢在瓊，為練兵措餉索詐地方幾萬金，復擅行殺戮者幾千人。至四月初二日先航海投誠於李成棟，仍以海道事畀之管理。"

2　順治四年五月二十五日兩廣提督李成棟 "為東粵地闊兵單，戰守不足" 事揭帖，見《明清檔案》第五冊，A5-176 號。

曆朝廷岌岌可危。陳邦彥"出自山中，臨西江之口，望敵旌旗，歎曰：莫救也！夫若乘其未定，得奇兵徑襲廣州，此孫臏所以解趙也。"他親自前往甘竹灘聯絡余龍等部義軍，得眾數萬人，奮起抗清。二月初十日，義軍在江中擊敗清軍水師，降清總兵陳虎被擊斃，焚毀清方船隻一百餘艘；十一日，進攻廣州。清兩廣總督佟養甲關閉城門，派使者檄令李成棟火速回援。[1] 義軍攻城不下，清方又揚言李成棟將回師先搗甘竹灘，被迫撤退。陳邦彥聚兵於高明，派門生馬應房以舟師攻順德。

張家玉在隆武朝廷中曾任建國公鄭彩監軍，督兵援贛；後升任禮、兵二部左侍郎，[2] 清軍入閩時，他正奉命回廣東招募義勇。陳邦彥起兵反清時給他寫信說："成不成，天也；敵不敵，勢也。方今乘輿播遷，桂林危如累卵。得牽制毋西，潯、平之間庶可完葺，是我致力於此，而收功於彼也。"[3] 張家玉非常贊同他的意見，於 1647 年三月間在東莞縣到窖寨起兵抗清，十四日攻克東莞縣城，活捉清知縣鄭鋈。[4] 這時李成棟已率師回粵，會同施福（隆武朝封武毅伯，降清後仍用此銜）部合攻東莞。張軍擊殺施福部副將成升，終因義師缺乏作戰經驗，被清軍擊敗。張家玉樹起抗清義旗，得到了許多地方的響應。東莞有總兵張安國、陳鎮國等；新安有總兵陳文豹等；南海、順德、增城有總兵鄺日晉、湛壯

1　陳恭尹述《兵科給事中贈資政大夫兵部尚書先府君岩野陳公行狀》，見《獨漉堂集》補遺。《明清史料》己編，第一本，第三十頁，《兩廣總督佟養甲殘揭帖》中報告義師攻廣州之役時間完全相同，只是陳恭尹說這是其父陳邦彥聯絡的余龍等部，佟養甲則混稱為"四姓白旗等賊"。

2　張家玉在隆武朝廷中所任官職見汪宗衍《南明金石小識》引張家玉墓碑拓本，該文收入《藝文叢談續編》。汪文所引張碑間有誤植，如"欽命監軍便宜行軍"，"行軍"當為"行事"；"蒙恩加贈……寺正文臣"，"寺正文臣"當作"守正文臣"。

3　溫睿臨《南疆逸史》卷二十五《陳邦彥傳》。

4　兩廣總督佟養甲"為恭報粵地賊情仰祈聖鑒事"揭帖殘件，無奏報日期，清廷收到時間為順治四年七月初十日，見《明清史料》己編，第一本，第三十頁。

等；龍門有參將劉龍、李啟新、馮家祿等；潮州府屬鎮平、平遠有兵部主事賴其肖、總兵謝志良等。清副將文貴金往剿，"伏兵四起"，文貴金被擊斃。[1] 此外，韶州有陳慎、簡信等；惠州有蘇成等；各稱擁眾數萬，一時聲勢頗眾。到滘和東莞縣城被李成棟軍攻破後，張家玉的家屬被殺三十餘口。但他義無反顧，同總兵陳文豹攻克新安縣，不久又被清軍擊敗，陳文豹戰死。張家玉志不稍餒，委派陳鎮國、馮家祿領兵會合劉龍、李啟新部於四月十九日收復龍門。接着，他自己親率各部義軍在七月初十日攻克博羅、連平、長寧、乳源、歸善、河源等縣。十月初二日進攻增城。初十日，清李成棟部主力趕到，令副將閻可義、梁得勝、張道瀛、馬寶、吳之蕃等堵截通往龍門之路；副將杜永和、李漢貴等從南面進攻，參將王定國從中路進攻，總兵施郎、黃廷、副將洪習山等接應，與增城守兵內外夾擊。義軍雖奮勇作戰，終因眾寡不敵，被清軍擊敗。張家玉中箭負傷後投水自盡，他的姪兒張胤隆等被俘。[2]

陳邦彥與義師余龍部一度攻克順德。李成棟率軍來攻，余龍戰死。陳邦彥移師江門，會同霍師連等部攻克清遠、三水等縣，兵鋒直逼省會廣州。清兩廣總督佟養甲見形勢危急，檄李成棟火速來援。當李成棟部向清遠推進時，霍師連率舟師堵截，被清軍用火攻擊敗，霍師連戰死。九月十七日，李成棟部將楊大甫兵抵清遠；十九日，李成棟親自帶領副將杜永和、張月、馬寶猛攻清

---

1 兩廣總督佟養甲"為恭報粵地賊情仰祈聖鑒事"揭帖殘件，無奏報日期，清廷收到時間為順治四年七月初十日，見《明清史料》己編，第一本，第三十頁。

2 九龍真逸（陳伯陶）《勝朝粵東遺民錄》卷二所收張家玉之父張兆龍給永曆朝廷的奏疏。參見順治四年十一月初七日兩廣總督佟養甲"為匯報擒碟逆渠三大捷事"揭帖，《明清檔案》第六冊，A6-182 號；同件又見《明清史料》丙編，第七本，第六三九至六四○頁。

遠。城陷，陳邦彥身中三刃被俘，與總兵曹天琦等六人被押解到廣州。九月二十八日，佟養甲下令把他們"寸磔於市"。[1] 史載，"邦彥自起兵來，日一食，夜假寐不就枕，與士卒同勞苦。故其下人人感動，即小衄無思叛者。"[2]

陳子壯，字集生，號秋濤，廣東番禺人。萬曆四十七年探花，崇禎朝仕至禮部侍郎，弘光時以禮部尚書召，隆武時以東閣大學士召，均未到職。桂藩朱由榔在肇慶立國，仍授大學士。陳子壯雖因丁魁楚竊取首輔，不願入閣受事，但他是支持永曆朝廷的。當紹武政權據廣州自立時，他拒不承認，寫信給永曆朝廷表示擁戴。不久，清軍入廣，家鄉淪陷，陳子壯奮起抗清。他和朱實蓮等官紳組織義兵以南海縣九江村為基地，聯絡各地義軍展開敵後鬥爭。當時，李成棟統兵在外，廣州城裏的清軍很少，陳邦彥同陳子壯密謀攻取省城。他們同廣州城內的原明朝廣州衛指揮使楊可觀、楊景曄秘密聯繫，"暗用桂字印票，號召多人"為內應，又指示"花山盜"三千人向佟養甲偽降，分守廣州東門。約定七月初七日夜三鼓裏應外合，一舉攻克廣州，救出"披緇為僧"的明趙王朱由棷以資號召。這個計劃本來制訂得相當周全，不料，陳子壯帶領的義師數萬人在預定日期前兩天的七月初五日即進抵廣州城下，張貼檄文的家僮被清軍捕獲。佟養甲審出密謀後，自知城中清軍不過二百，"又有內應，城守萬分危急"，他立即採取行動，捕殺楊可觀、楊景曄，以犒賞為名誅殺花山義師三千人，[3] 並勒令趙王朱由棷

---

1 見上引順治四年十一月初七日佟養甲揭帖。張家玉殉難日期為十月初十日，次日清監軍道戚元弼即已報捷。

2 《南疆逸史》卷二十五《陳邦彥傳》。

3 陳恭尹《獨漉堂集》第八八六頁。

"引繯自盡"。[1] 錢秉鐙《所知錄》卷二記："七月，大學士陳子壯起兵九江村，與陳邦彥共攻廣州。初，邦彥約城內諸降將為內應，期以是月之七日三鼓內外並起。子壯先期以五日舟師薄城，謀泄。北撫佟養甲捕諸內應者，悉斬之；發巨炮擊舟，舟毀，兵退。北風大作，養甲乘風追之，子壯大敗於白鵝潭。成棟亦自新安至。子壯退保九江，又棄九江入高明，與監軍道麥而炫、知縣朱實蓮嬰城固守。"十月二十五日，李成棟率本部兵馬和武毅伯施福部大舉進攻陳子壯扼守的高明縣。直到二十九日才用"大炮火藥轟倒城牆"，衝入城內，朱實蓮陣亡，陳子壯和兵部區懷炅、知州區宇寧、戶部程玄等被活捉。受審訊時，陳子壯除要求赦免幼子陳上圖外，表示"願膏斧鑕"，視死如歸。佟養甲、李成棟等會商後決定將陳子壯"寸磔於教場"。[2]

　　陳邦彥、張家玉、陳子壯領導的廣東義師雖然先後被優勢清軍所鎮壓，但是，死難者的鮮血並沒有白流。正是由於他們在廣東各地掀起勢如潮湧的武裝抗清運動，迫使清兩廣當局匆忙調回進攻廣西的主力，永曆朝廷在廣西的統治才賴以維持下來。而且，清朝主將李成棟在鎮壓義師的過程中，親眼看到了人心所向，這對於他次年的反清歸明無疑是一個重要的因素。

1　順治四年八月二十二日兩廣總督佟養甲"為逆藩授首事"題本，見《明清檔案》第六冊，A6-62 號。按，查繼佐《國壽錄》便記《趙王傳》將其名寫作曰鋄，云："王因亦為僧，六月入廣州，清令處於光孝寺西禪房內。聞會陳子壯、張家玉等起兵，佟使兩縣官請至元妙觀自盡，父子俱死。"趙王名當以佟養甲題本為準。

2　順治四年十一月初七月兩廣總督佟養甲"為匯報擒磔逆渠三大捷事"揭帖，見《明清檔案》第六冊，A6-182 號。

第四節　永曆朝廷在武岡

　　永曆帝由桂林逃到全州後，這裏已是軍閥劉承胤的勢力範圍。劉承胤原是一介武夫，常使用一根鐵棍，人稱"劉鐵棍"。明朝末年任黎靖參將，崇禎十六年武岡袁有志等起義攻殺岷王。他奉巡撫王聚奎之命帶兵鎮壓了這次起義，救出岷世子，升任副總兵。[1] 弘光初，沅撫李乾德題授總兵官，鎮守武岡。1646 年七月，隆武帝封他為定蠻伯，[2] 他從此擁兵自重。當 1647 年初永曆帝由梧州逃至桂林，驚魂不定時，他上疏迎駕，表面上是保護朝廷安全，實際上是挾天子以自重。這年（永曆元年）四月十五日，朱由榔在劉承胤唆使下，遷入武岡州，[3] 以岷王府為行宮，劉承胤迎駕有功進封武岡侯。隨永曆帝遷入武岡的大臣有東閣大學士吳炳、吏部尚書李若星（原貴州總督）、兵部左侍郎管部事傅作霖（原任御史）、戶部右侍郎管湖廣布政司事嚴起恒（原為衡永副使）[4]、太常寺卿仍管吏部文選司事吳貞毓等。五月，改武岡州為奉天府，晉封劉承胤為安國公，[5] "政事皆決於承胤矣"。[6] 朱由榔既然以為劉承胤兵強可倚，劉承胤也藉此挾制朝廷。在移蹕武岡之後，劉承胤即威福自操，驕橫跋扈。"一日，承胤索餉於上，率兵清宮。王皇太后女中堯舜也，曰：'國公知老身貧乎？'盡宮

1　康熙七年《新化縣志》卷十一《別志》作"癸未三月，武岡袁有志作亂，弒親王及諸宗室。"

2　沈佳《存信編》卷一。

3　見《瞿式耜集》卷三，書牘，《丁亥五月二十八日書》。

4　錢秉鐙《所知錄》卷上記："上在奉天，召戶部右侍郎嚴起恒為大學士，同吳炳入閣辦事。"

5　沈佳《存信編》卷一記：永曆元年五月初二日"晉封劉承胤安國公。承胤驕橫日甚，動輒以兵挾朝廷，群臣畏其剛暴，爭詔之以自固，交疏煩功德，遂進封興（安）國公、上柱國，賜尚方劍、蟒玉，便宜行事。二子皆世襲錦衣衛指揮。"

6　吳晉錫《半生自紀》。

中簪珥之資簡以與之，不上五百金。"[1] 有的史籍還記載，劉承胤曾企圖廢除永曆帝，另立他的女婿岷王。[2] "上苦承允（胤）專橫，親書密詔除劉救駕，天語極為悲切。"太監楊守春"又述上諭：內廷俱係劉黨"。[3] 劉承胤營建私邸，"畫閣丹梯，隱房曲間，備極儼雅。"[4]

六月間，督師大學士何騰蛟至武岡朝見永曆帝，對劉承胤的威福自操非常不滿，就同部分大臣疏請永曆帝回駐桂林。疏中說："使武岡果有山川之險，兵甲之雄，粟米之富，粗號偏安。然未有處一隅而能圖四海之大者，況堂堂天子，各鎮皆欲爭奉之以成其大，漢、唐、宋以來未之前聞。今日移蹕大事，听皇上自擇自行，督師一人護駕，敢有議迎、議留者、議送者，當與眾共殛之。"[5] 劉承胤原是何騰蛟的部將，受過何騰蛟的栽培，這時卻唯恐何騰蛟來到武岡危及自己的權勢。對於何騰蛟等人建議永曆帝離開武岡更是不滿，於是，他上疏要求改任何騰蛟為戶部尚書專理糧餉，解除其督師職權。永曆帝拒絕了他的要求，他仍不死心，面見何騰蛟索取督師敕印，大言不慚地說："今督師非我莫人能為也。"[6] 何騰蛟斷然回答督師敕印不能私相授受，需要皇帝的旨意才可以辦理交接手續。同時，也不客氣地告訴劉承胤，自己統率的軍隊中張先璧部比較弱，你連張部都制伏不了，要想

1　吳晉錫《半生自紀》。
2　蒙正發《三湘從事錄》云："劉承允（胤）橫肆日甚，且陰蓄異謀，有廢上立伊婿岷王之意。"
3　蒙正發《三湘從事錄》。
4　彭而述《讀史亭文集》卷十，記下《寶慶至沅州日記》，他過劉國公舊第在順治十七年，見"柱間偶句如新，近為防兵屯粲，稍改，非舊觀矣。"
5　查繼佐《國壽錄》卷四《中湘王何騰蛟傳》。
6　沈佳《存信編》卷一。

讓馬進忠、郝永忠等部聽從命令根本不可能。劉承胤自知實力有限，不再逼迫何騰蛟交出敕印，卻企圖在何騰蛟辭朝以後，於路途中加以謀害。何騰蛟早有防備，離開武岡之前疏請把趙印選、胡一青帶領的雲南軍隊撥給自己作為督師親軍，得到永曆帝的同意。於是，他先假稱患病，借住在武岡城外一所荒廟裏；過了幾天，突然帶領趙印選、胡一青兩營兵夜間出發。第二天，劉承胤得到消息，已經無可奈何了。接着，張先璧從江西敗回，帶兵數萬人來到武岡朝見永曆。劉承胤唯恐張部進入武岡，迫使永曆帝下詔制止。張先璧大怒，頓兵於武岡城下，指責劉承胤"劫駕"，承胤則反斥先璧為"犯闕"。雙方劍拔弩張，互不相下。永曆帝命兵部官員龍之沫前往張先璧營中宣諭和解，張部才轉往沅州駐紮。[1]

1646 年（順治三年）八月，清廷以恭順王孔有德為平南大將軍，偕懷順王耿仲明、智順王尚可喜、續順公沈志祥、固山額真金礪、梅勒章京屯泰領兵往征湖廣、兩廣。[2]次年（1647）三月，孔有德率領的清軍由岳州進兵長沙，明督師何騰蛟、恢撫章曠與總兵王進才等聞風而逃，瀏陽總兵董英以城投降。清軍佔領長沙後南下衡州，明總兵黃朝宣投降；孔有德等以其蹂躪地方，民怨甚深，下令解除其部下的武器，"召朝宣入，歷數殘暴之罪，支解之，以快人心。"[3]何騰蛟、章曠等人一味奔竄，勢同瓦解，永州府（府治零陵）城也一度為清方所派知府接管。明副將周金湯察知城

---

1 《存信編》卷一。按，吳晉錫《半生自紀》中説龍之沫為常德人，諂附劉承胤得任御史，人稱"跌腳御史"。

2 《清世祖實錄》卷二十七。屯泰即屯代，也就是佟養和。

3 吳晉錫《半生自紀》。乾隆二十八年《衡州府志》卷二十九《兵燹》記："順治四年丁亥四月，恭順、懷順、智順三王帥師取衡。黃朝宣兵潰，率其姬侍匿於郡南花藥寺，前鋒執而殺之。"

中並無清軍，率領二百名士卒乘夜鼓噪登城，清知府紀某逃回衡州。何騰蛟、章曠等人才在永州府境東安縣白牙市一帶苟延殘喘。這時已入盛暑，清兵不耐炎熱，在長沙、衡州一帶休息。八月初八日，章曠病死於永州。同月，清軍乘秋高氣爽進攻武岡、永州。當孔有德部向武岡進逼時，劉承胤部將陳友龍等迎戰，"蔣虎、孫華、聶鳴鶴、張承明、張大勝等於鬥溪鋪俱戰死"。[1] "承允（胤）馳令禁友龍不得戰，又不發救兵，友龍敗還。恭順離武岡山三十里下營，承允輕騎出降。"[2] 他向孔有德表示願意獻上永曆皇帝做覲見禮。孔有德懷疑其中有詐，沒有立即答應。劉承胤為了表示自己真心投降，一面下令將武岡城門嚴密看管，防止永曆帝出逃；一面自己剃頭再次前往清軍營中接洽投降。武岡城中的永曆帝和他的一小批親信見清軍迫近，劉承胤行蹤詭秘，感到情況不妙，請出劉承胤的母親和兄弟劉承永，要求移蹕靖州。在劉母出面干預下，城門才開，永曆帝和少數朝臣帶着宮眷匆忙出城逃難，象徵皇帝威嚴的儀仗乘輿等都來不及收拾，全部丟棄在武岡。[3] 出城二十里，朱由榔想到靖州是劉承胤軍隊的控制區，立刻吩咐："靖州不可往，當從間道走廣西。"[4] 於是，另尋小路直奔廣西。到達廣西古泥時，有總兵侯性接駕，朱由榔才放了心，在侯性護送下到達柳州。侯性因護駕有功，晉封商丘伯。由武岡出逃時，朱由榔鑒於情況緊急，命大學士吳炳護送皇太子取道城步縣入廣西，結果為

---

1 康熙二十四年《寶慶府志》卷二十一《武備志·兵紀》。

2 蒙正發《三湘從事錄》。

3 順治五年冬，清署貴州巡撫彭而述曾在武岡見"公廨旁鸞輿尚在，左纛黃屋俱置城隍祠中"。順治十七年他再度路過武岡時已"不可考"。見彭而述：《讀史亭文集》卷十《寶慶至沅州日記》；參見同書卷十五《仕楚紀略》。

4 《三湘從事錄》。

清軍截獲，太子和吳炳都被押至衡州。[1]

劉承胤降清後，清兵隨即佔領武岡。孔有德發現永曆帝已經逃走，立即派護軍統領線國安帶領一千名騎兵追往靖州。線國安部攻克靖州，生擒了明總兵蕭曠等，卻沒有抓到永曆帝。吳炳被俘後自縊；[2] 吏部尚書李若星、兵部尚書傅作霖不屈被殺；偏沅巡撫傅上瑞等投降。

孔有德等部清軍這次進兵湖南，除了郝搖旗在桂陽、張先璧在沅州稍事抵抗外，南明將領非降即逃。據清方奏報，投降的不僅有明安國公劉承胤，還有封為伯爵的王允成、劉承永、董英、周思仲、高清浩、鄭應昌，總兵四十七員，副、參、游等官員兩千餘名，馬步兵六萬八千有奇。[3] 這充分反映了永曆朝廷的腐敗和何騰蛟、章曠、傅上瑞等人的無能。當時，除了制撫堵胤錫率馬進忠等部退入湘西九溪衛堅持抗清，曹志建領兵扼守湘桂交界的鎮峽關（曹志建將關名改為龍虎關）外，湖南各地都被清軍佔領。

九月，孔有德派劉承胤部將陳友龍攻入貴州黎平府，俘獲明督師何騰蛟的繼母孫氏、妻徐氏等家屬一百餘口。孔有德讓何騰蛟的親戚將自己的手書和騰蛟的家信帶往廣西興安，信中備述清方對騰蛟的母親和其他眷屬奉養甚厚，藉以招降何騰蛟。何騰蛟不為所動，堅決拒絕了清方的招降。[4]

---

1 吳晉錫《半生自紀》云：永曆帝決定"分兩路行，或未至並與之遇。命大學士吳石渠公護太子駐城步，上從皇太后幸靖州。太子至城步果有兵守之，為所獲，同吳石渠公送衡州矣。"《清世祖實錄》卷三十五記順治四年十二月丙戌日孔有德等奏報平定湖南，"獲偽永曆太子朱爾珠"。永曆太子之名似有誤。

2 上引《清世祖實錄》卷三十五孔有德等奏報中說"偽內閣吳秉"等降。吳秉為吳炳之誤譯，他被俘後不久自殺，說他降清不妥。

3 見上引《清世祖實錄》卷三十五，王允成誤譯作王雲程。

4 《三湘從事錄》記，十月初三日孔有德派何騰蛟至威持手書並貴陽王金印一顆與夫人家報至。按，孔有德利用抓獲何騰蛟家屬進行招降確有其事，但說他送來貴陽王金印當屬訛傳。

武岡失守以後，永曆帝由小路逃往廣西，駐於湖南西部的一些明朝官員同朝廷失去聯絡，以為劉承胤降清時必定把朱由榔當作覲見禮。因此，以制輔堵胤錫為首的部分文官武將一度商議擁立榮王朱由楨為帝。[1] 這件事在熊開元（隆武朝大學士）的著作中有明確記載，他在《答熊石兒直指書》中說："私以今日所急在討賊，不在立君。何也？討賊正立君之本，立君乃致寇之媒。徵諸前事，靡不然者。況乘輿所向未卜，萬一或有參差，魯與唐近轍曷可再尋。""千鈞之勢，爭此一發。事不堪再誤，願老公祖轉白榮殿下及堵、傅、楊諸公祖並各勛鎮，千萬珍重，千萬密急。"在《答堵牧游總制書》中又再次勸說道："側聞榮殿下誠明簡毅，備諸福德，高皇帝之業將在於斯。又得老公祖領袖群賢，共相推戴，而復仇不即位尤合春秋之義。……惟老公祖斷於乃心，迅圖一舉。"[2] 堵胤錫為人敢作敢當，在永曆帝下落不明時有意擁立榮王朱由楨即位作為明室尚存的象徵，頗符合他的性格。他的主張既遭到熊開元等人的勸阻，不久又得到永曆帝安全到達柳州、象州、桂林的消息，立即改弦易轍，避免了可能導致南明內部再度分裂的錯誤。

1　榮王是明憲宗子朱祐樞的後裔。嘉靖《常德府志》卷四《建設志・藩封》記："榮王，憲宗皇帝之第十子，弘治十一年建王宮於常德，正德四年之國"；《明史》卷一一九稍有不同。明末榮藩的情況在史惇《慟餘雜記》中記載較多，但榮王的名字文獻內有分歧，順治四年十月清湖廣總督羅繡錦"為恭報常軍兩捷事"揭帖中云："故明榮王朱學洪糾眾稱兵，要復常德。"同件中提及堵胤錫、袁宗第、馬進忠、牛萬才等人，堵胤錫擬奉為主者似應為"朱學洪"，但按明太祖所定諸王二十字輩行，朱棣下無學字輩，晉王下第十六輩為學字，榮王既不是晉藩後裔，明亡時各藩約傳至十輩以內，所記必有誤。《清世祖實錄》卷三十八記，順治五年四月"壬午，平南大將軍恭順王孔有德疏報：大軍至辰州，擒偽榮王朱有楨子朱松於苗洞。"朱有楨當為朱由楨之誤。參考各種史籍，明末榮憲王朱由枵死後，世子慈炤尚為嬰兒，朱由楨大概是榮憲王之弟。

2　熊開元《魚山剩稿》卷二，書。

第五節　郝永忠部由湘入桂

郝永忠在 1646 年秋奉何騰蛟之命領兵援贛，迎接隆武帝。由於何騰蛟私下叮囑不可假戲真做，郝永忠在九月初二日到達郴州後一直觀望不前，在該地駐紮了幾個月。就時間而言，郝部到達郴州時，隆武帝已經遇難，楊廷麟、萬元吉等部明軍尚在贛州苦撐。何騰蛟控制着除岳州以外的湖南全部疆土，兵力多達十三鎮，卻只知據地自雄，毫無恤鄰之念。十月初四日，贛州失守，援贛已經沒有意義了。1647 年春，清孔有德等部入湘，何騰蛟、章曠等節制無能，一潰千里，長沙、衡州、常德先後失守。何騰蛟、章曠帶着殘兵敗卒逃到永州白牙橋。郝永忠兵單勢孤，由郴州撤至桂陽州，在這裏同清軍交戰後退到永州。七月，又撤至道州，同保昌伯曹志建分汛據守。[1] 清軍佔領武岡、永州後，何騰蛟逃至廣西興安，郝永忠也率部由湘入桂，這本來是無可非議的。不料，留守桂林大學士瞿式耜和兩廣總督于元燁等人認定郝永忠原為 “闖賊” 部將，對他懷有極深的敵意，開初想阻止郝部進入廣西，後來得報郝軍已過興安、靈川，又如臨大敵地關閉桂林城門，拒絕郝部入城。于元燁等還妄想 “閉門殲除”，派兵剿殺郝部，只是由於督鎮標將馬之驥僅有兵員數百，不敢接受 “剿除” 任務，才未致動武。郝永忠的先頭部隊在桂林城下吃了閉門羹，過了兩天，郝永忠派營中收留的通山王朱蘊釪、東安王朱盛蕡、督餉僉都御史蕭琦（後

1　同治九年《江華縣志》卷七《寇變》記：順治 “四年丁亥五月，曹志建稱保昌伯，由江西贛州仁化來駐江華。……曹志建既去，永忠遂帥兵尾其後住三日，追及永明，遂與志建分據，志建截上流駐鎮峽關，永忠截下流駐道州。” 康熙六年《永明縣志》卷九《兵寇志・兵變》記：順治四年五月，“我師破湖南，南昌伯（當為南安伯）郝永忠走道州。” “七月，曹志建統兵萬餘抵永明，屯兵縣西，與郝永忠盟分縣以西八里屬曹，以東八里屬郝。未幾，永忠遁去，通縣錢糧總歸志建。”

改名蕭如韓）、司禮太監王坤進入桂林，在太監龐天壽家中同于元燁、廣西巡按魯可藻接洽。于元燁頑固地拒絕郝部入城，魯可藻私下對他說：“既不請新興（指新興伯焦璉）來，又不及預止，且不能止矣。宜亟圖之，毋為牛後也。”元燁終執前說。第二天，郝永忠率大隊兵馬同宜章伯盧鼎來到桂林城下。蕭琦竭力勸說守輔瞿式耜出城相見，于元燁堅決反對。魯可藻感到這樣僵持下去將危及桂林地區的安全，拉着瞿式耜一道出城晤見。于元燁坐在自己衙門裏不動，還為瞿、魯冒險入“賊”營捏一把汗。瞿式耜、魯可藻出城後，見郝營“官頭下馬避道，共知出晤為是矣。”郝永忠以禮相待，“但謂不應逐客”。瞿式耜婉轉解釋，“答應千言，不激不隨，極為得體。”[1] 第二天早晨，郝永忠進城回拜，“欲無禮於元煜（燁）”，盧鼎從中調解，才在瞿式耜舉行的宴會上“一笑而敘闊別”。這只是在兵力不敵的情況下，採取的官場手腕。瞿式耜等人對原大順軍、大西軍所持敵對態度始終沒有改變，他們是南明政權中目光短淺的一批死硬分子，對原農民軍極盡打擊排斥之能事。明軍與農民軍聯合抗清中波濤迭起，都是這些掌握着南明朝廷和地方大權的官僚從中作梗，終致局勢日趨惡化。何騰蛟、章曠、傅上瑞等人在湖南排擠劉體純、袁宗第、田見秀、張鼐等大順軍舊部已開其端；瞿式耜在廣西排斥郝永忠部是這樣，次年阻擊由湖南退入廣西的李過、高一功統率的忠貞營是這樣，在聯合原大西軍的問題上也是這樣，可謂“吾道一以貫之”。

當時，包括由湖南退入廣西的各部明軍之中，郝永忠的軍隊實力最強。瞿式耜等人出於偏見，故意扣發糧餉。郝永忠為解決部

1　魯可藻《嶺表紀年》卷一。

下兵馬的糧草和添補器械，被迫在桂林一帶打糧索餉。廣西巡按魯可藻記，永曆元年（1647）十月"郝永忠索餉於桂林。司、道、府各官各千、萬不等，其餉撫蕭琦為之聚斂。初，永忠紮營教場，日取鄉民，弦絞其腿，訊諸司賢否貧富，閱十百人，乃於各名下畫圈，以多寡分餉高下，按而索之。"[1] 瞿式耜等人還指使桂林鄉村居民立團聚保，阻止郝兵需索薪菜；郝永忠大為憤慨，派出軍隊剿滅鄉團。這些事情又成為南明官紳污衊郝永忠的口實。

十一月，清懷順王耿仲明等大舉進攻廣西全州。明督師何騰蛟駐興安指揮，南安侯郝永忠"親統大兵出灌恢道，於興安聞警，一面發兵扼守灌陽，一面統兵星馳援全。本月十三日辰時，同盧（鼎）、焦（璉）、滇（趙印選、胡一青）三營至腳山，離全二十里。三營由大路往全，本爵（郝永忠自稱）由小路午時抵全，至北關。虜於北門紮營，勢甚猖獗。本爵身先士卒，率標鎮馬騎直衝虜營。虜交鋒大敗，奔潰北走。我兵直趨三十里，殺虜千餘級，生擒二名，奪大西馬三百餘匹，小馬無算，火炮、弓箭、衣甲、器械不計其數。"[2] 全州之戰，各"勛鎮共以首功歸永忠"[3]，連瞿式耜在同月十六日奏捷疏中也不能不說："南安侯郝永忠、宜章伯盧鼎、新興伯焦璉與滇鎮趙印選、胡一青，誠不愧標名麟閣。"永曆帝則稱讚"全陽奇捷，真中興戰功第一。"[4] 正是由於郝永忠等在全州狠狠打

1 魯可藻《嶺表紀年》卷一。

2 瞿式耜永曆元年十一月十六日飛報大捷疏，見《瞿式耜集》第七十七頁。

3 魯可藻《嶺表紀年》卷一。

4 瞿式耜永曆元年十一月十六日飛報大捷疏，《瞿式耜集》第七十八至七十九頁。按，蒙正發《三湘從事錄》記全州之戰云："十一月二十日，懷順遣將同董英領馬步三千，從間道襲全州"，不僅日期有誤，而且隻字不提郝永忠以及同郝關係密切的盧鼎，卻塞進了他夢寐以求的所謂"恢撫官兵"，適足令人齒冷。與蒙正發沆瀣一氣的王夫之在《永曆實錄》卷十五《郝永忠傳》中斷言："永忠從無一矢功，惟殘毀內地，屠士民，尤為諸將所惡。"此即王氏"實錄"。

擊了入犯廣西的清軍，永曆帝才在這年（1647）十二月初五日應瞿
式耜等人之請移蹕桂林。[1]

第六節　永曆帝逃離桂林

1647年（順治四年、永曆元年）九月，朱由榔到達柳州以後，
瞿式耜堅持請他移蹕省會桂林。他指出"桂林為西省上游，形勝嵯
峨，城郭堅固，確然興王根本之地。北規楚，東恢粵，惟此地為適
中。"南面有思恩侯陳邦傅扼險於梧州，新興伯焦璉鎮守陽朔、平
樂；北面有督師大學士何騰蛟、南安侯郝永忠堵敵於全州、興安
一帶，萬無一失。[2]朱由榔認為駐於廣西內地比較安全，沒有立即
採納他的建議。直到十一月十三日何騰蛟節制的郝永忠、趙印選、
胡一青、焦璉、盧鼎四營（按，趙、胡所領兵馬合稱滇營）在全州
擊敗來犯的耿仲明部清軍後，朱由榔才在十二月初五日再次來到
桂林。

然而，事有意外。廣東清軍提督李成棟在鎮壓了陳子壯、張
家玉、陳邦彥等人組織的抗清活動之後，穩定了廣東局勢，又出
兵西上，思恩侯陳邦傅不戰而遁，十一月間清軍重新佔領梧州。[3]
陳邦傅軍撤退的消息傳到全州，郝永忠唯恐己部留在桂林的老
營（家眷和輜重等）將被陳軍搶掠，急忙率兵從全州馳還桂林；
督師何騰蛟帶着盧鼎部也跟着南撤。全州本是焦璉的汛地，他聽

1　魯可藻《嶺表紀年》卷一記："十二月初五日辛巳，上蹕桂林，入行宮受朝，賜郝永忠蟒玉。"錢秉鐙
　　《所知錄》卷二亦云："十二月初五日，上自象駐桂，太后及兩宮俱駐南寧府。"

2　瞿式耜九月初三日《請移蹕桂林疏》，十月初二日《請速幸桂林疏》，見《瞿式耜集》第七十五至
　　七十六頁。

3　同治十一年《蒼梧縣志》卷十八《外傳紀事下·本朝》。

說郝、何率部回桂林，不知道是怎麼一回事，只留下部將唐文曜同全永總兵王有臣守全州，自己也帶領主力奔往大墟（今桂林東南大圩）。唐文曜、王有臣眼看各營主力紛紛撤回桂林，又得到梧州失守的消息，判斷在清軍東、北二路夾擊下廣西難保，就同全永道馬鳴鑾合謀於十二月十二日派使者往湖南永州（零陵）向清方接洽投降。清懷順王耿仲明不久前進軍受挫，對他們的主動請降心懷疑慮，拒絕接受。明全州監軍周震堅決反對降清，對唐、王、馬的變節行徑痛加斥責。三人惱羞成怒，當即把周震拖出衙門殺害，然後派人帶着周震的頭和敕印往永州納降。耿仲明大喜，派兩千騎於十七日到達全州接管該地，"全州遂拱手送人矣"。[1]

全州降清以後，廣西門戶洞開。1648 年（永曆二年、順治五年）正月，督師何騰蛟駐守興安，發出檄文命令各將領抽調兵馬赴該地堵截清軍由全州南下。郝永忠派部下羅中軍帶領一千名騎兵前往興安。二月初一日，清孔有德、耿仲明、尚可喜三王兵由湖南經廣西全州向桂林推進。明督師何騰蛟驚慌失措，竟然在滇將胡一青等保護下臨陣脫逃，郝永忠派出的騎兵在興安陷入重圍，城破後全部戰死。[2]郝永忠接到報告後大為憤慨，堅決拒絕同守輔瞿式耜一道保衛桂林，主張奉永曆帝向後方轉移。二月二十一日深夜，得報清軍已經進入嚴關，瞿式耜趕往行在（原靖江王府），見郝永忠、盧鼎、馬吉翔、兵部尚書蕭琦都聚集在司禮太監處商議，

1　魯可藻《嶺表紀年》卷一。按，蒙正發《三湘從事錄》記馬鳴鑾為全州知州；據瞿式耜永曆元年十一月十六日"飛報大捷疏"中有"據全永鎮臣王有臣、全永道臣馬鳴鸞塘報"；魯可藻書中亦云"全陽鎮、道"降清，可證蒙氏之誤。然時日則據《三湘從事錄》。

2　《三湘從事錄》。

他敍述所見情況道：「臣聆永忠議論，則以人馬挫折，意懶心灰，竟欲即刻整旅西行，絕無意於省城者。臣既以好語慰之，復以正言規之，而內鑿不入。」接着，瞿式耜面見永曆帝，「則暫避永福之聖意已定，臣竟無從插齒，只爭起駕之時刻耳。」瞿式耜力主鎮定，指出即使清軍已經到達興安，督師何騰蛟應該有告急塘報，在沒有接到準確消息以前不宜輕易移蹕。「若以走為上策，桂愈危，柳又不危乎？今日可到桂，明日獨不可到南、太乎？」朱由榔回答道：「卿不過欲朕死社稷耳。」[1] 後來瞿式耜在奏疏中也追敍了當時的情景：「皇上聲色俱厲，謂今日事勢，遠過武、攸。爾等必欲留朕，兩宮太后即煩爾等照管。」式耜不敢再說，隨眾退出。次日五鼓他又面見永曆帝，奏言「聖駕即欲行，宜少從容，蓋亂兵乘駕發之後，必有一番搶攘。聖駕稍停，一可以救滿城百姓，二可以救滿朝百官」，朱由榔置之不理。瞿式耜出朝途中接到趙印選的奏疏和何騰蛟的書信，知道進入廣西的清方兵力並不多，又再次入朝，以何騰蛟的書信為證，勸永曆帝暫緩移蹕。可是，朱由榔已如驚弓之鳥，吩咐左右立即準備撤離桂林。「隨駕諸臣車馬匆匆，有行色矣。」式耜的意見遭到永曆帝的斷然拒絕，「時天顏愈厲，天語愈嚴」，式耜只有叩頭請死，含淚而出。二十二日上午，朱由榔和宮眷、隨駕官員離開桂林。郝永忠等部明軍士卒立即乘勢搶奪官私財物，瞿式耜由於主張堅守桂林，拒不隨駕，在一片混亂當中，他的家產也未能幸免。從他的奏疏看，郝永忠曾經派了兩名官頭到瞿家禁止搶劫，但是主力既已轉移，禁令也難以貫徹，亂兵以索取

---

[1] 《東明聞見錄》。

犒賞為名，連瞿式耜本人也受了一番折磨。[1] 撤離桂林時出現的混亂和搶劫，無疑是事實；不過瞿式耜和南明其他一些官僚的記載頗多誇大其詞。有的南明史籍更是添油加醋，窮極形象，如說郝永忠於二月二十三日"搶入大內，劫帝於寢被中，舁出城外"[2]；"留守（即瞿式耜）裸體坐署中"。[3] 這類謠言顯然不可信。

1 瞿式耜在永曆二年三月初一日《變起倉卒疏》中說：他自己"肩背腰肋，無不重傷，牽曳捽撲，以白刃加於頸者數十次，歷辰、巳、午、未四時，地獄變相，無所不嘗。"見《瞿式耜集》第七十九至八十一頁。
2 計六奇《明季南略》卷十三《永曆走平樂》條引《粵事記》。
3 《東明聞見錄》。

第十四章

鄭成功在閩粵沿海地區的軍事活動

第一節　鄭軍同安之役

　　1647 年八九月間泉州戰役，鄭成功還是以定國公鄭鴻逵的助手身份參戰的。戰敗返回安平以後，他加強了自身力量的積聚，廣泛招募文武人才。在他的感召下，原浙江巡撫盧若騰、進士葉翼云、舉人陳鼎等相繼而來。鄭成功對他們禮敬有加，待如上賓，每遇重大事情都徵求他們的意見，逐漸形成了一個政治上參與決策，聯絡各地抗清勢力和治理地方的文官幕僚班子。同時憑藉他在隆武朝廷內的地位和鄭芝龍的舊關係，招集兵將，不斷擴大自己的軍事實力。

　　鄭成功的部將主要來自四個方面：一是跟隨他起兵的少數將領，如洪旭等人；二是福建沿海應募而來的有志之士，如海澄人甘輝、漳浦人藍登等；三是跟隨鄭芝龍降清，撥歸佟養甲、李成棟部下進攻兩廣，1648 年李成棟反正後由粵返閩的將領，如施琅（當時名施郎）、洪習山、黃廷等；四是清方派駐東南沿海的少數仍懷故國之思的將領自拔來歸。鄭成功對於這些不同出身的將領大體上能做到一視同仁，唯才是舉，特別是在軍事組織上做了精心的改編，防止了將領擁兵自雄、飛揚跋扈的局面。這是他總結了弘光、隆武以來朝廷姑息養奸教訓而採取的堅決措施。正是由於建立了極為嚴格的軍事組織和紀律，鄭成功才成為一位真正的統帥，而不是虛有其名的盟主。

鄭成功不僅在選拔和駕馭將領上著稱於世，而且非常注意練兵。他冷靜地估計到己方所長是海戰，然而要同優勢清軍作戰，收復失地，必須訓練步兵和騎兵。由於東南沿海缺少馬匹，鄭成功在組建騎兵時受到很大的限制，這是他後來同清兵作戰中往往失利的一個重要原因。鄭成功對海上水師的嚴格訓練是人所共知的，廈門鼓浪嶼的日光岩就因他當年雄立山頂檢閱舟師而傳頌至今。但是，作為一位雄才大略的統帥，他知道要恢復失地必須憑藉陸戰，所以他組建了許多以陸戰為主要任務的營、鎮，"朝夕操練部伍陣法"。

鄭成功的軍需供應一直是史學界關心的問題。因為他控制的地區僅限於沿海島嶼和小片濱海地區，靠當地的物力、財力肯定支持不了其日益擴充的軍隊（最多時達幾十萬人），維持一支這樣龐大的舟師和陸戰部隊，還要養活官兵家屬，需要巨額的銀錢、糧食、木材、銅鐵和火藥等物資。而要同據有全國大部分地方的清廷抗衡，他又不能不儘量擴充軍隊。那麼，後勤支援是怎樣解決的呢？大致來說，鄭成功的軍事供應來自三個方面：一是他繼承了鄭芝龍開創的海外貿易的壟斷地位，充分利用自己在海上的優勢，把內地的出口物資通過秘密渠道運往海外，取得巨額利潤，這大概是他解決軍費的主要辦法。由於東南各省已被清軍佔領，這種對外貿易基本上是以秘密走私方式進行，現存清方檔案中的片段材料可以證明其規模相當大，卻無法窺知其總額和每年利潤的確數。二是在攻佔地區徵收糧餉，從一些史料來考察，田賦額和因用兵而徵發的勞役是相當重的，這固然解決了鄭軍的一部分燃眉之急，也極易失去民心。鄭成功攻佔的福建、廣東沿海地方往往很快淪陷，這不僅是個兵力對比問題，稅役的畸重（有時根本不能算賦稅，而是赤裸裸的掠奪）使他難以得到當地百姓的支持。三是福建泉州、潭州一帶在承平之時就缺少糧食，要從附近省份運銷供應，填補不足，其中相當一部分是從廣東潮州、惠州地區轉販而來。鄭成功通過海上貿易賺到的利潤大抵是白銀和其他物資，解決不了軍民每天必需的糧食供應，因此他幾次出兵潮州，目的主要是搜括糧食。

大致可以說，鄭成功從 1646 年底開始組建自己的軍隊，到 1648 年才形成一支對清朝頗具威脅的力量。

1648 年（順治五年、永曆二年）四月初十日，鄭成功率領部將洪習山、甘輝等進攻福建同安縣。清軍副將廉彪、游擊折光秋引兵出城迎敵，被擊敗退入城中。十八日，鄭軍直抵城下，清朝知縣張效齡和廉彪、折光秋帶着殘兵敗卒棄城而逃。[1] 鄭成功入城後出令安民，委任葉翼云為同安知縣，陳鼎為教諭，號召諸生起義勤王，勸諭百姓繳納糧餉。正在這時，原先奉唐王朱聿鐰入廣州建立紹武政權的總兵林察從廣東逃回，報告了廣西、湖廣等地擁立永曆帝的消息。鄭成功舉手加額說："吾有君矣！"[2] 排設香案望南而拜，從此遙奉永曆正朔。他派隆武朝中書舍人江于燦、黃志高攜帶表文乘船由海道前往廣東，向永曆朝廷報告自己在福建沿海

1　順治六年三月福建巡按霍達為查參泉屬失城事揭帖，見《鄭成功檔案史料選輯》第十六至十七頁。按，江日昇《台灣外紀》中把廉彪寫作廉郎、折光秋寫作祁光秋，職務均作游擊，稍誤。

2　《台灣外紀》卷三，第八十八頁。

抗清的情況，表示願意在永曆朝廷領導下東西配合，共謀復興。

李成棟反正以後，永曆帝由南寧遷回廣東肇慶，整個廣東都在南明統治之下。按理說，駐於福建銅山一帶的鄭成功既由虛戴隆武年號改尊永曆朝廷，地理位置又非常接近，似乎可以在統一部署下聯兵北討。實際情況並非如此。當時永曆朝廷正處於“中興”時期，留下的記載比較多，卻極少提到鄭成功。原因在於李成棟系統的將領同隨成棟入粵的福建將領之間存在很深的隔閡。成棟反正以前，對鄭芝龍的舊部施福、施郎、洪習山、黃廷等人既利用他們衝鋒陷陣，又在給清廷的奏疏裏把他們貶得一文不值。反正以後，李成棟意氣發舒，把廣東看成自己的勢力範圍，奏請永曆帝核准把施福等福建兵將遣送回籍。八月，永曆朝廷改封武毅伯施福為延平伯，“敕仍回閩恢剿”。[1] 閩系將領跟隨李成棟反正，不僅沒有像李成棟嫡系那樣因反正有功加官晉爵，反而在遣回福建途中遭到李部將領暗算，企圖加以火併收編。如施郎所部“自南雄抵潮郡。適潮將郝尚久者，粵師將也。陽犒師牛酒，而包藏禍心，召諸部陰為圖公（指施郎）。公偵知其事，急拔眾走饒平，踞守閱月突圍出，且戰且行，連日夜間關險阻，從弟肇璉、肇序皆隨歿軍中”，勉強拖到粵閩交界的黃岡鎮才得以脫身，投入鄭成功部下。[2] 永曆朝廷內實權人物對鄭氏家族舊將既如此蠻橫無理，以施福為首的福建將領給鄭成功帶回的訊息就不言而喻了。

七月，清靖南將軍陳泰、浙閩總督陳錦和福建提督趙國祚派軍進攻同安。守將邱縉、林壯猷、金作裕與知縣葉翼云、教諭陳

1　魯可藻《嶺表紀年》卷二，原文為“改封施福延平伯，楊仍回閩恢剿”。“楊”字當係“敕”字之誤。
2　施德馨《襄壯公傳》，見《靖海紀事》，福建人民出版社 1983 年版，第三十四頁。

鼎協力堅守。至八月十六日城破，[1] 邱、林、金陣亡，葉、陳被俘，不屈被殺。清兵屠城，"血滿溝渠"。鄭成功在銅山接到同安告急文書，親統大隊舟師來援，因北風正厲，船行受阻，五天後才到達金門，同安失守的消息傳來，他為死難者痛哭遙祭，悵悵然回師銅山。這年福建瀕海地區鬧大災荒，一斗米價格近千錢，約為平年的十倍。鄭成功和鄭彩組織大批船隻前往廣東高州（今廣東茂名）明思恩侯陳邦傅轄地購買糧食，在軍事上沒有甚麼作為。直到次年（1649，順治六年、永曆三年）九月，清雲霄營副將張國柱御下刻薄寡恩，部下千總王起俸帶領幾名親信乘船來銅山向鄭成功投降，表示願意充當攻取雲霄的向導。十月，鄭成功領軍直入雲霄港，初十日從白塔登岸，分兵三路：左先鋒施郎、援剿左鎮黃廷、前衝鎮阮引、正兵營盧爵由左而進；右先鋒楊才、援剿右鎮黃山、後衝鎮周瑞、左衝鎮林義、右衝鎮洪習山由右而進；鄭成功自己帶領戎旗中軍康明、中衝鎮柯宸樞、親丁鎮張進由中路推進。清雲霄守將張國柱命中軍旗鼓姚國泰守城，自己領兵出城五里迎戰。初十日午時兩軍相遇，張國柱被鄭軍左先鋒施郎部下副將施顯砍傷，落水而死，兵員潰散，鄭軍乘勢攻克雲霄，俘姚國泰。[2]

雲霄之戰以後，鄭成功發兵扼守盤陀嶺，自己領軍圍攻與廣東接境的詔安縣。清漳州總兵王邦俊乘鄭軍西下，進攻盤陀嶺。二十八日晨大霧彌漫，清軍大舉突擊；鄭軍抵敵不住，中衝鎮柯宸樞陣亡。敗訊傳來，鄭成功被迫放棄圍攻詔安的計劃。這次戰

---

1 據前引霍達順治六年三月揭帖，清軍攻破同安為八月二十六日。

2 雲霄戰役的經過見阮旻錫《海上見聞錄》（定本）、楊英《先王實錄》；又見清福建總督陳錦順治七年正月"為塘報海寇突陷雲霄，官兵旋已恢復事"揭帖（收入《鄭成功檔案史料選輯》）。江日昇《台灣外紀》記於順治五年（1648），誤。

役雙方都損兵折將，控制區也沒有甚麼變化。但鄭軍得到了王起俸、姚國泰兩員擅長騎射的將領，成功任命王起俸為鐵騎鎮（不久改為正兵鎮）"教以學射，教以騎馬"，[1] 開始組建陸戰的騎兵，這對鄭軍後來的發展起了一定積極作用。

第二節　鄭軍潮州之役

1649 年（順治六年、永曆三年）前後，鄭鴻逵、鄭成功軍同廣東郝尚久部爭奪潮州之戰，是南明史上的一次內訌。郝尚久是李成棟的部將，入廣後奉命鎮守潮州。1648 年李成棟反清歸明，郝尚久也隨之反正，永曆朝廷封為新泰伯。按理說，潮州緊接鄭氏家族佔領的銅山、廈門一帶，本應共赴國難，聯軍恢復福建。可是，南明的派系矛盾使這一前景歸於幻滅。江日昇記載，李成棟反正後曾經上疏建議"速當發詔通成功，連兵恢復"[2]，永曆帝也曾為此頒發詔書。鄭成功叔姪卻垂涎於廣東潮州一帶產糧區，早在1648 年（順治五年、永曆二年）四月，鄭鴻逵就率領舟師三千餘名來到潮州府屬的揭陽縣徵糧收餉。[3] 這正是李成棟反清復明的時候，雙方的摩擦日益加深。鄭成功曾經派楊乾生為使者致信潮州總兵郝尚久，遭到斷然拒絕。[4] 鄭成功信中究竟提出了甚麼要求，未見明確記載，估計是以"連兵"為由要求入駐該府。鄭氏集團覬覦潮、惠由來已久，定國公鄭鴻逵和鄭成功急於解決糧餉來源問題，原

---

1 鄭亦鄒《鄭成功傳》。該書認為在鄭軍中教以騎射，制定騎兵作戰紀律"割馬耳者同首功，殺馬如屠，自起鳳（俸）始"。

2 江日昇《台灣外紀》卷三。

3 乾隆四十四年《揭陽縣志》卷七《事紀·附兵燹》。

4 《台灣外紀》記於順治六年三月。

先隨李成棟入廣的鄭芝龍部將施福（又名施天福）等人又因長期受到李成棟等"北人"的歧視，一直耿耿於懷，紛紛慫恿鄭成功奪取潮州，以泄私憤。楊英的一段記載透露了其中委曲：

> 時武毅伯施天福同黃海如來見，藩（指鄭成功）令天福典兵柄；辭以老，從之。謂海如曰："我舉義以來，屢得屢失，乃天未厭亂。今大師至此，欲擇一處，以頭（？）練兵措餉之地，必何而可？"海如曰："潮屬魚米之地，素稱饒沃，近為各處土豪山義所據，賦稅多不入官，藩主策而收服之，藉其兵口而食其餉，訓練恢復，可預期也。"藩曰："我亦思之，但潮邑屬明，未忍為也。"時參軍藩□□言曰："宜先事入告，然後號召其出師從王，順者撫之，逆者討之。"……[1]

這段記敍反映了鄭成功出兵廣東時的矛盾心理，既"思"奪取這塊"素稱饒沃"之地，又因該處已"屬明"不"忍"下手。那位參軍建議"先事入告"（即報告永曆皇帝），然後"名正言順"地取之。這在實際上根本行不通，無非是為打內戰找一個自欺欺人的藉口。永曆皇帝當時在很大程度上是依附於反正過來的李成棟等"東勳"，不論鄭成功以甚麼理由上疏朝廷，要求把成棟部將控制下的潮州轉交給自己，永曆朝廷絕不會同意。儘管如此，鄭鴻逵和鄭成功在 1649 年到 1650 年多次出兵廣東，除擊敗盤踞潮州沿海達濠埔等處的許龍、張禮等"不清不明"的地方武裝外，[2] 主要目

1　楊英《先王實錄》。"參軍藩"下脫二字，陳碧笙先生校云為庚鍾，則藩字當為潘字之誤。

2　許龍等同鄭芝龍一樣帶有濃厚的海盜色彩，他們的存在影響了鄭氏家族對海上貿易的壟斷地位。張禮因兵力不敵投降鄭成功，被鄭鴻逵沉入海中淹死。

的是同郝尚久爭奪潮州府。1649年（順治六年、永曆三年）八月，鄭鴻逵舟師與郝尚久軍交戰於揭陽，互有勝負。"十二月十七日，鄭成功親率林勝、楊才、黃山、施信、楊勇、洪進、阮引、康明、甘輝、黃凱、史朝綱、潘加鍾、林期昌、林翰、顏尚通、蕭武、戴彰、翁文賢等共二十四鎮至揭，每鎮五百人，大舉入潮"，[1]與鄭鴻逵會師。鄭成功明知郝尚久鎮守下的潮州府已屬南明永曆朝廷，"彼尚藉明號，豈可自矛盾"[2]，卻故意製造事端，擅自派遣軍隊到處搜刮糧餉，遇有"不服輸將"者就"聲罪致討"，攻城破寨，俘掠百姓。郝尚久見鄭軍在自己的管轄區內如此胡作非為，憤而出兵阻攔。鄭成功就乘機宣佈"郝虜助逆，加兵擒而滅之，師出有名矣"[3]，肆無忌憚地大打內戰，先後佔領了潮州府屬的海陽、揭陽、潮陽、惠來、普寧等縣，並在1650年（順治七年、永曆四年）六月間包圍了潮州府城。

永曆朝廷對鄭成功的挑起內釁顯然是不贊成的，但又無可奈何。魯可藻在記載永曆四年（1650）八月朝廷給"東勛"（李成棟部將）杜永和、張月、李元胤、張道瀛、郝尚久、李建捷、羅成耀、馬寶晉封侯爵一事時，對郝尚久評論道："尚久則未嘗有事，雖朱成功圍困潮城，乃穴中之鬥，難以言功。"九月，朝廷派中書舍人陸漾波以監軍給事中名義"捧敕回潮州，諭解朱成功、郝尚久之爭。"[4]

就在鄭軍爭奪潮州府的時候，清尚可喜、耿繼茂軍由江西南

---

1 乾隆四十四年《揭陽縣志》卷七《事紀》。楊英《先王實錄》第十二頁記於十二月十四日。

2 《先王實錄》第十二頁。

3 《先王實錄》第十五頁。

4 魯可藻《嶺表紀年》卷四。這時，郝尚久已經降清，見下文。

下，於 1650 年二月進抵廣州城下。三月，鎮守惠州府的明奉化伯黃應傑、惠潮道李士璉薙髮降清。[1] 尚可喜等派尚奇功、白萬舉二將往惠州"協守"。[2] 郝尚久鎮守的潮州西面已歸附清朝，與永曆朝廷隔絕；東面又遭到"遙奉永曆"的鄭成功軍的進攻，他一怒之下同潮惠巡道沈時決定叛明降清。六月二十五日派戎旗游擊劉清正等赴福建漳州請清兵來援，同時向清平、靖二藩遞上降表請援。尚可喜和耿繼茂當時正頓軍於廣州堅城之下，無兵可派，轉檄福建漳州總兵王邦俊出兵援潮。王邦俊當即率師入潮，會同郝尚久擊敗鄭成功，迫使鄭軍退回福建銅山。[3]

就事實而言，鄭成功、鄭鴻逵進攻潮州是極失策略的，它加速了清軍侵佔廣東全省的過程。鄭氏集團鼠目寸光，只知從自身利益出發，想奪取已屬於南明永曆朝廷的潮州府，藉以解決糧餉問題。結果是鷸蚌相爭，漁翁得利，迫使郝尚久把這塊富饒之地獻給了清方。鄭成功以銅山、南澳一帶為基地，背靠永曆朝廷管轄區，如果以大局為重，西連兩廣，北連舟山，南明各派抗清武裝氣脈相通，可以有一個全盤的復興計劃。至於糧餉困難，鄭成功本可上疏請求永曆朝廷撥給或經正當途徑到潮、惠等地採購。鄭氏志不在此，一心想在南明政權內部擴張自己的領地，終於導致大局逆轉。某些史著把鄭成功 1649—1650 年潮州之役歸入抗清範疇，顯然不正確。

---

1 魯可藻《嶺表紀年》卷四。按，原文云：永曆三年三月黃應傑降清，"應傑為鎮惠鳳化伯"；同書卷二記永曆二年封李成棟部將黃應傑為奉化伯。鳳字為奉字之誤。

2 《平南王元功垂範》。

3 順治七年十一月十九日福建巡撫張學聖"為進繳潮州各官偽敕印札事"揭帖中說："閩之漳州與粵潮接壤，唇齒相依。前因潮州總兵郝尚久投誠，而海寇鄭成功惡其歸順，攻圍潮城，勢甚危急。尚久遣官赴閩請援……"（見《鄭成功檔案史料選輯》第二十五至二十六頁）。按，鄭軍攻潮並非因郝尚久投降清朝已見上述。

第三節　1651 年清軍襲佔廈門

　　1650 年（順治七年、永曆四年、魯監國五年）七月，鄭成功從廣東敗回，沒有實現以潮州為基地的願望。在兵力上，他已經在鄭氏集團中嶄露頭角，擁有的地盤卻小得可憐。鄭成功暗自決心首先要像他的父親鄭芝龍一樣成為鄭氏集團公認的霸主。這年八月，他帶領舟師向廈門（當時的名稱是中左所）進發，趁建國公鄭彩引兵外出、廈門只有鄭彩之弟定遠侯鄭聯據守的機會，襲取該島。他採納施琅的建議，以親親通好為名，先給鄭聯送去稻米一千石，要求鄭聯讓自己的軍隊登岸。鄭聯正因為缺糧發愁，又認為成功畢竟是自家人，爽快地答應了。八月十五日，鄭成功軍全部到達廈門，突然將鄭聯部士卒繳械，隨即捕殺鄭聯。鄭聯的部將陳俸、藍衍、吳豪等人都被收編。鄭彩部下將領楊朝棟、王勝、楊權、蔡新等人也在鄭成功的招徠下，漸次來歸。鄭彩失去了兵權，歸老於家。[1]

　　鄭成功吞併了鄭彩、鄭聯兄弟的兵將、船隻，又取得廈門一帶具有戰略意義的島嶼，實力大大增強，從而改變了鄭芝龍降清後原鄭氏集團各自為政的局面。由於兵員激增，糧餉的來源成了他面臨的首要問題。正在這時，鄭成功得到廣東傳來的消息，惠來縣失守，"潮陽山賊復起，不服追徵"。[2] 他的叔父定國公鄭鴻逵

1　阮旻錫《海上見聞錄》（定本）。黃宗羲《行朝錄》卷四記，魯監國五年九月，"彩與朱成功爭中左所，彩大敗，泊沙埕，具表請援。芝、進既怨瑞，而名振欲結歡於成功，反擊破彩之餘兵。"《南疆逸史》卷五十三《鄭彩傳》云：鄭彩乃鄭芝龍族姪。"庚寅，與鄭成功構釁，成功擊走之，襲執其妻子。成功祖母責其善遇之，得釋還。秋，北至武環山，欲爭平夷侯（周鶴芝）地，相攻殺者累日，後阮進助平夷，彩遂敗走。始，閩安周瑞、蕩胡阮進皆彩義子也，平夷侯則稱門生者也。至是互相攻殺，惟力是視矣。彩漂泊海中無所適，成功以書招之，乃歸，死於家云。"
2　阮旻錫《海上見聞錄》（定本）卷一，第十二頁。

在潮州地區籌集糧餉由於賦額太重，引起百姓的反抗，又受到優勢清軍的壓力，已經陷入困境。這年（1650）十月，鄭成功決定親自帶領主力前往潮州，留堂叔鄭芝莞率領阮引、何德部水師，藍登部陸師守禦廈門。

1651年（順治八年、永曆五年）正月，鄭成功軍到達廣東南澳，鄭鴻逵引兵來會。兩人商議後決定鴻逵回廈門，部眾交成功統一指揮攻取潮、惠。[1] 當時，清平南王尚可喜、靖南王耿繼茂藩下的軍隊已經基本上控制了廣東的局勢，鄭成功的舟師可以稱雄於海上，但陸戰較弱，徵取糧餉必須佔領較大的地方，而且需要較長的時間才能實現。左先鋒施琅認為廈門初定，主力遠征清方兵力較強的地方，有可能變生意外。他知道鄭成功性格剛強，不敢直說鄭軍同閩、粵兩省清軍相比兵力處於劣勢，更不便以疏間親地說鄭成功的叔父未必能保住廈門，於是，他面見成功時假託自己頭天夜間做了一個夢，預示出師前景不利，請鄭成功慎重考慮。鄭成功並沒有听出施琅弦外之音，認為他白日說夢，心存膽怯，阻礙自己的戰略部署。當即下令把施琅的左先鋒印和部下兵將移交副將蘇茂掌管，讓施琅隨定國公鄭鴻逵一道回廈門。[2]

三月初十日，鄭成功舟師進至大星所（今廣東平海海口），伙兵上岸砍柴，被清兵和當地百姓趕走。成功大怒，傳令紮營，進攻大星所城。部將萬禮奉命阻擊惠州來援的清軍，在龍盤嶺伏擊得

1　阮旻錫《海上見聞錄》（定本）卷一記，1650年"十二月，賜姓抵揭陽，與定國公商議。賜姓欲南下，定國回廈門。"接着記1651年"正月，賜姓至南澳"。楊英《先王實錄》記1651年"正月初四日，藩駕至南澳"。據乾隆四十四年《揭陽縣志》卷七《事紀·附兵燹》記載，鄭鴻逵原在揭陽，順治八年（1651）正月二十一日"帥眾還閩"。鴻逵軍離開揭陽後，清朝官員和軍隊才陸續至縣。可見，鄭成功在1651年正月由廈門到南澳，鄭鴻逵即領軍由揭陽到南澳與他相會。阮旻錫所記有誤。

2　阮旻錫《海上見聞錄》（定本）卷一，第十三頁；楊英《先王實錄》第二十五頁。

勝，全殲惠州來援之敵。十五日，鄭軍攻克大星所，繳獲了城中囤積的一些米穀。

　　就在鄭成功大軍由海上進攻廣東的時候，清朝福建巡撫張學聖、巡道黃澍、福建右路總兵馬得功獲悉鄭成功主力已經南下，廈門守兵單薄，他們對於鄭氏家族壟斷對外貿易積累下的巨額財富早就垂涎三尺。三人密議後，於閏二月二十七日調集軍隊乘坐小船渡海偷襲廈門。守將前衝鎮阮引、後衝鎮何德被擊敗，率領舟師撤至金門（浯洲），鄭芝莞驚慌失措，乘船逃跑。三月初一日，清軍攻入中左所城內，倉促之間，成功的妻子董氏帶着鄭經懷抱祖宗牌位乘小舟逃至鄭芝莞船上。寄居廈門的大學士曾櫻自殺。清軍佔領中左所後，把鄭氏家族的金銀財寶掠奪一空，出征將領的家屬也深受其害。除了兵丁搶得少數財物以外，大部分金錢落入了張學聖、黃澍、馬得功的腰包。從各種史料來看，這批財物的數量相當驚人，鄭成功致父書中說："掠我黃金九十餘萬，珠寶數百鎰，米粟數十萬斛，其餘將士之財帛、百姓之錢穀何可勝計。"[1] 鄭鴻逵在致其兄鄭芝龍信中也說：清軍"侵掠中左，男女遭慘，不可勝數，寶物黃金，計近百萬。"[2] 順治九年（1652）冬，清廷有意招降鄭成功，得到報告說鄭成功因廈門財產被搶，"藉口索債，興兵結怨"[3]，對撫、道、鎮

---

1 《先王實錄》。按，鄭成功信中所列金寶糧餉數字雖然比較具體，但這封信實際上是寫給清廷看的，難免有所誇張，不能全信。比如"米粟數十萬斛"按當時清軍船隻的運載能力，就不可能在短期內運回大陸。張學聖、馬得功、黃澍後來受審時也不可能隱匿這批糧食。江日昇《台灣外紀》中記鄭芝莞戰敗後"席捲珍寶，棄城下船"，成功妻董氏登上此"重載"之船，芝莞恐"識破機關"，再三請她移乘家眷船，董氏坐而不動。後來，鄭成功"將董氏所乘芝莞船積藏金銀搬充軍餉"（見該書第九十六至九十七頁）。可見，鄭芝莞出逃時攜帶了為數可觀的金銀財寶，後來被鄭成功收回。但是，鄭成功等人的家產無疑有相當一部分被清軍掠去。

2 《先王實錄》。

3 順治十年九月十七日刑部尚書覺羅巴哈納等"為劣撫輕貪啟釁，致地方淪陷，仰祈聖鑒治罪，以速靖地方事"題本，見《鄭成功滿文檔案史料選譯》第十四頁。同件漢文本殘件見《明清史料》丁編，第一本，第七十九至八十二頁，此句作"藉口索償，弄兵修怨"。

臣瓜分財寶隱匿不奏大為憤慨,把張學聖、黃澍、馬得功和巡按御史王應元革職,扭解京師,由刑部、都察院、大理寺三法司會審。張學聖、黃澍、馬得功拼死不招,一口咬定城中並無財寶,若有私分情形,"甘願凌遲處死"。[1] 這筆龐大的財富估計當事人用了相當一部分賄賂承審官員,結果三法司議罪時"三四其說"(題本後朱批語),遊移不定,最後草率了事。

　　廈門的失守也反映了鄭氏集團同清方的微妙關係。除了這個集團的首領鄭芝龍被軟禁在北京以外,鄭芝龍的母親黃氏和五弟鄭芝豹[2] 居住在安海(即安平)老家,處於清方控制區內。張學聖等決定偷襲廈門時,搜集了七十條船,其中鄭芝豹提供了八艘。馬得功之所以能輕易地攻佔廈門自然同鄭芝豹有關。三月十二日,張學聖、黃澍到廈門做短暫停留(估計是去同馬得功分贓)後,馬得功仍留在島上。這時,鄭鴻逵帶領從廣東返回的部分軍隊到達廈門,"復將城圍住"。馬得功向張學聖求援,張派漳州參將馮君瑞領兵六百往援,遭到鄭軍阻擊,不能進城。馬得功被困在中左所城內,無法脫身,又估計到鄭成功主力回師後必遭滅頂之災。於是,他派人去安海向鄭芝龍的母親求情,請黃氏寫信給鄭鴻逵讓他網開一面,放清軍返回大陸。鄭鴻逵礙於母命,除了歸還繳獲的鄭芝豹提供的八艘船外,另派三十艘兵船將馬得功及其部眾送回大陸。鄭鴻逵後來寫給鄭芝龍的信中談到這件事說:"泉鎮馬得功貪戀無厭,尚留島上,被各舟師重圍,三戰三北,援絕勢孤,乃乞命於弟。弟憐海百萬生靈紛紛逃竄,不得安生樂業,姑許其

1　見《鄭成功滿文檔案史料選譯》第十九頁。

2　《明清史料》丁編,第一本,第六十三頁,順治九年八月十一日廂黃旗正欽尼哈番(即鑲黃旗精奇尼哈番)鄭芝龍奏副中說鄭芝豹是他的五弟。參見石井本《鄭氏宗族譜》。

請，遂縱舟全渡人馬，使得功生還泉郡，弟之力也。"下文說"大姪"鄭成功回師後得知馬得功被他放走，非常不滿，從此"相見尤罕"[1]。

當使者帶來廈門失守的消息時，鄭成功大為震驚，部下將士擔心親屬安全，"哭聲遍聞"，一致主張回師廈門。這裏涉及鄭成功統軍入粵究竟是出於甚麼目的。跟隨他出征的戶官楊英特別強調鄭成功對永曆朝廷的忠心。他在書中記載鄭成功對部下將領說："奉旨勤王，今中左既破，顧之何益？且咫尺天顏，豈可半途而廢？國難未報，遑顧家為？"由於"諸鎮亦來勸駕回棹，謂三軍各懷家屬，脫巾亦是可虞。藩無奈，姑南向拜曰：'臣冒涉波濤，冀近天顏，以佐恢復，不意中左失守，將士思歸，脫巾難禁。非臣不忠，勢使然也。'揮淚痛哭，三軍哀慟。入諭諸將曰：'班回殺虜，須足糧食，先就近處取糧滿載，俟風開駕，何如？'請將曰：'可。'"[2] 後世學者不少人都相信楊英的說法，朱希祖在《從征實錄》（即《先王實錄》）序中盛讚該書記載鄭成功"勤王"事跡之詳，"實為成功大增光彩"。[3] 其實，楊英對"藩主"事跡的記載有許多溢美掩飾之詞，不能輕易相信。順治八年（1651）春，廣東省處於清平、靖二藩佔領之下，廣西的大部分地區也已被定南王孔有德佔領，永曆帝局促於南寧，朝不保夕，孫可望的軍隊主要集中於貴州省，鄭成功的海師距離永曆朝廷的行在相當遠，完全不像楊英代鄭成功立言所說的"咫尺天顏"。如果鄭成功此舉目的在"勤王"，就必須同清平南、靖南、定南三藩進行大規模的陸上戰

---

1 楊英《先王實錄》第九十至九十一頁。

2 《先王實錄》。

3 影印本《延平王戶官楊英從征實錄》序。

門，鄭成功未必有這樣大的決心和兵力。1653年（順治十年）鄭成功給鄭芝龍的信中說：“兒於己丑歲（1649）亦已揚帆入粵屯田數載矣。不意乘兒遠出，妄啟干戈，襲破我中左。”鄭鴻逵給鄭芝龍的覆信中也說：“辛卯春（1651，順治八年），本省撫、鎮、道覷大姪屯田於粵，侵掠中左。”[1] 可見，鄭軍的幾次進攻廣東，包括1649年進攻臣屬永曆朝廷的郝尚久所據潮州府都是為了“屯田”，即搜括糧餉。1651年的廣東之役固然是抗清運動的組成部分，但像楊英那樣描繪得栩栩如生志在勤王，根本不符合當時的形勢。

三月二十五日，鄭成功率舟師從大星所一帶返航；四月初一日到達廈門，清軍馬得功部已逃回大陸。他了解了事情的來龍去脈後，極為憤怒：“引刀自斷其髮，誓必殺虜。又傳令不許芝莞及定國（鄭鴻逵）與諸親相見。曰：‘渡虜來者澄濟叔（鄭芝豹），渡虜去者定國叔，棄城與虜者芝莞，功叔，家門為難，與虜何干？’”[2] 鄭鴻逵寫信請他回中左所城，他派人回答道：“定國公與虜通好，請我似無好意。回報定國，謂不殺虜，無相見期也。”鄭鴻逵自知鑄下大錯，回信說：“馬虜之歸，蓋以吾兄（鄭芝龍）身在於清，重以母命故耳。不然，我亦何意何心也？姪有疑吾之言，不亦惜乎？”隨即交出全部軍隊，不再參與成功軍事，只留下部分船舶從事對外貿易，自己搬往白沙居住。四月十五日，鄭成功紮營於廈門澳仔（據陳碧笙先生考證為今廈門大學校址），召集諸將追查廈門失守的責任。鄭芝莞應召而來，成功責備道：“吾南下時，未敢

---

1 《先王實錄》。

2 《先王實錄》。

以地方城池付汝，是汝自請水陸撥鎮付汝提調，有失依軍令。今有何說？"芝莞歸罪於阮引未能阻止清軍登陸。成功說："水師未敗，而汝先搬物，身已在船矣。"下令推出處斬，諸將跪請從寬處理，成功不聽，將鄭芝莞斬首傳示軍中。阮引也被處斬；何德革職，捆責一百二十棍；藍登免罪。

第四節　鄭、施交惡和施琅降清

施琅在清軍登上廈門島，形勢極為嚴峻的時候，曾經率領部卒數十人奮力作戰；鄭成功回到廈門論功行賞，獎給白銀二百兩。表面上是賞罰分明，可是，鄭成功對施琅的傲慢跋扈卻懷有戒心。作為一軍統帥，鄭成功的弱點在於不能充分任人器使，不能容忍下級對他的不尊重。施琅在明清之際確實是一位出類拔萃的將才，但是他在軍旅生涯的前期始終沒有受到重視。跟隨黃道周率軍援贛時所提建議被拒不聽用；降清後隨李成棟入粵又備受壓抑；廣東反正後轉入鄭成功部下本想大顯身手，卻仍受到部分將領的排擠，鄭成功也未能發揮其所長。儘管鄭成功肯定了他在廈門迎戰清軍的功績，卻不肯歸還他的兵權。施琅在廣東時曾經委婉地提請鄭成功注意主力西進後後方兵力單薄的危險，鄭成功听不得不同意見，解除了他的兵權。在施琅看來，自己在總的用兵策略上提的建議已經被事實證明是正確的，遣回廈門以後又不顧個人安危，奮勇同清兵作戰，滿心以為鄭成功班師歸來將恢復自己的左先鋒職務。不料，鄭成功回到廈門以後，並不讓他官復原職，左先鋒仍由蘇茂擔任，而且提升施琅的副將萬禮為鎮將（即總兵），施琅依舊落職閒住。施琅大為不滿，向成功報告自己心灰意懶，想去當和尚，藉以探測成功對他的態度。成功不為所動，叫他另行募兵組建前鋒鎮。施琅見難以挽回，一氣之下剃光頭髮，不再參見鄭成功。這時，施琅的弟弟施顯任援剿左鎮，也對成功的處置不滿，雙方的矛盾日益激化。

　　導致鄭、施公開決裂的是曾德事件。曾德原先是鄭彩部下的將領，隆武年間隨鄭彩、張家玉入贛，兵敗後改守仙霞嶺。[1] 隆武二年六月因巡按御史尹民興劾奏他"淫縱多端"，一度解職回京（福京，即福州），以都督楊耿接替。不久，應鄭芝龍的請求仍派曾德回守仙霞嶺。[2] 鄭芝龍降清後，曾德似乎不大得志，在鄭成功軍中受施琅節制。施琅既被削去兵權，曾德為求出頭之日，利用過去在鄭氏家族軍隊中的關係投入成功營中充當親隨，即所謂"恃鄭氏親暱，逃於鄭所"。[3] 施琅听到消息後，大為憤慨，派人把曾德捉回斬首。鄭成功"馳令勿殺"，施琅卻悍然不顧，"促令殺之"。[4] 許多史籍記載鄭、施交惡常把曾德說成施琅的"親丁""標兵""標弁"或"從將""逃將"，並且說他是犯了法逃往鄭成功處。這看來是不了解曾德原在鄭氏軍中地位較高，雖一度隸屬於施琅部下，無論犯法與否，也無論施琅是否已經解除兵權，施琅都無權擅自將他處斬。正是因為諸書作者未查明曾德的背景，誤以為他只是個一般兵弁，才對鄭成功的勃然大怒感到不可理解，似乎是意氣用事。鄭成功見施琅違令擅殺鄭氏舊將，斷定他是反形已露，就在五月二十日密令援剿右鎮黃山以商量出軍機宜為名逮捕

1　邵廷采《東南紀事》卷一，見排印本第一五六頁、一六二頁、一六七頁。

2　《思文大紀》卷八。

3　施德馨《襄壯公傳》，見《靖海紀事》，福建人民出版社 1983 年版，第三十四頁。

4　江日昇《台灣外紀》。

施琅之弟施顯，同時命右先鋒黃廷帶領兵丁包圍施琅住宅，將施琅和他的父親施大宣拘捕。施琅被捕後，在一些親信部將和當地居民的掩護和幫助下，竟然奇跡般地逃到大陸。[1] 鄭成功獲悉施琅已經逃入清方管轄區後，怒不可遏，在七月間把施大宣、施顯處斬。施琅得知父親和弟弟被殺的消息，對鄭成功恨之入骨，死心塌地投靠清朝，一意同鄭氏為敵。史學論著裏對施、鄭交惡敍述頗多，這是因為他們是明清雙方爭奪福建沿海地區和台灣起了決定性作用的兩個人物。個人的恩怨有時會改變歷史的局部面貌。本書無意於糾纏一些細節問題，只想就大的方面分析一下這兩位先後叱吒風雲的人物分道揚鑣的關鍵。施琅的一生證明他不愧是一位智勇雙全的將領，雖不能說他缺乏政治主見，但他忽明忽清表明他總是以個人的立功揚名置於一姓王朝利益之上，也許可以說"士為知己者用"是他信奉的行為準則。恃才傲物是他性格上的弱點，無論在明朝還是在清朝，他都表現出得意時躊躇滿志，失意時口吐不滿。然而，卻從來沒有看到他有非分之想的政治野心。對於這樣一個人物，完全在於駕馭得當，用其所長，制其所短。熟悉清史的人都知道，後來康熙皇帝對施琅就是恩威並用，深得御將之道。鄭成功一直堅持抗清，這同施琅在政治上的反復無常有很大的區別。但他少年得志，性格剛毅，遇事容易衝動，往往憑一時的好惡不計後果地處理問題，缺乏作為統帥人物必需的全局觀念。施琅叛逃之後，又株連到他的父親和兄弟，很難說是明智之舉。鄭氏家族靠的是海上活動起家，清軍不習海戰，這

---

1 施琅撰《都閫安侯施公行述》云："亡何，余以舊將蘇茂仗義相周旋，因集眾揚飄宵遁，賴族父武毅伯潛駕舟接口（至）安平內地。"引自莊為璣、王連茂編《閩台關係族譜資料選編》，福建人民出版社1985年版，第四二二頁。

是鄭軍能夠長期活躍於東南沿海的重要原因。鄭成功處置失當，導致施琅這樣一位傑出的海軍將領投入清方懷抱，使清廷能夠建立一支足以同鄭軍相抗衡的水師，這對後來局勢的發展確實是關係匪淺的。

第十五章

吳勝兆、王光泰等的反清

———————————— ● ————————————

　　1647 年是永曆改元的第一年，呈現在朱由榔面前的圖景是非常黯淡的，清兵步步進逼，險象畢露；南明方面雖然還有幾個老臣如瞿式耜、何騰蛟、堵胤錫勉強支撐着殘山剩水，也不過苟延殘喘而已。

　　永曆二年（1648）的元旦，朱由榔在桂林行宮裏接受了臣工的朝賀。參加慶典的官員寥寥可數，更增添了冷落的氣氛。朱由榔下詔給佔據四川各地的軍閥封爵，如趙榮貴為定隨侯，王祥為榮昌侯，袁韜為定西侯，楊展為廣元伯，李占春為綦江伯，于大海為武隆伯，侯天錫為永寧伯，武大定為犁庭侯，其他兵力較少的軍閥如三譚（譚文、譚弘、譚詣）之流也授以掛印將軍的官銜。[1] 採取這個舉動，不過是把實際上控制不了的四川各鎮在名義上加以籠絡，藉以掩蓋由於湖南全省淪入清方之手造成的人心離散局面。正月下旬，清軍由湖南攻入廣西，連克靈川、興安。南安侯郝永忠見桂林危急，催促永曆帝趕快南遷。三月初十日，朱由榔逃到南寧時，跟隨的臣子不過大學士嚴起恒、吳貞毓、王化澄、蕭琦等七人而

————————————

1　沈佳《存信編》卷二。

已。[1] 儘管在瞿式耜組織下挫敗了進犯桂林的清軍，暫時穩定了局勢，但是永曆朝廷所能控制的廣西一省防禦力量的薄弱也暴露無遺了。

在前途渺茫的境況下，忽然"於無聲處听驚雷"，喜訊接二連三傳來，給永曆朝廷帶來了無限的欣慰，看來中興有望了。這就是1648年（順治五年、永曆二年）正月二十七日金聲桓、王得仁在江西南昌反正歸明；三月十七日李成棟在廣州反清；十二月初三日姜瓖在山西大同反正。這三個事件都可以說是震驚全國的大變，事變的發生不是偶然的。金聲桓、李成棟、姜瓖等人都是明朝的總兵，投降清朝以後憑藉手中實力為滿洲貴族平定地方立下了汗馬功勞。可是在清廷重滿輕漢，重遼東舊人，輕入關後歸附人員的歧視政策下，他們不僅功高無賞、升官無望，而且受到清廷的猜疑和文官的壓制，大有動輒獲咎之慨。何況在投靠清朝的三年左右時間裏，他們多少摸清了滿洲貴族的實力並不像清朝統治者自己吹得那麼神；各地漢族紳民反清的運動和思潮也使他們不能無動於衷。"蓄之既久，其發必速"，他們先後以迅雷不及掩耳之勢揭起了反清復明的旗幟，割辮復制，在很短的時間裏就造成全國形勢風雲突變。

在敍述金聲桓、李成棟、姜瓖反清的經過以前，應當首先談談吳勝兆和王光泰兄弟的反清活動。這不僅是因為吳勝兆、王光泰兄弟起兵在前，而且還應考慮到吳勝兆同李成棟曾經在吳淞共事；王光泰兄弟的起兵和清廷的窮於應付，無疑對金聲桓、李成棟、姜瓖等人的相繼而起具有不可低估的影響。實際上，在二王以前，還有陝西的賀珍等人揭幟抗清，但賀珍是大順軍部將，情況

---

1 華復蠡《兩廣紀略》；何是非《風倒梧桐記》卷一。

稍有不同。

第一節　吳勝兆反清和陳子龍等人的遇難

　　1647 年（順治四年、永曆元年）四月十六日，在蘇州發生了蘇松提督吳勝兆反清復明的事件。吳勝兆，遼東人[1]，曾經在明朝軍中任指揮；降清後跟隨多鐸大軍南下，順治二年七月二十六日到蘇州就任蘇松常鎮提督。順治三年正月，太湖義師攻破吳江縣，吳勝兆帶兵進剿，在縣城內外大肆搶掠，"遠近怨聲沸騰"，閩浙總督張存仁上疏參劾，清廷給他罰俸六個月的處分，吳勝兆因此"心甚怏怏，每懷異念"。[2] 在掃蕩太湖等地的抗清武裝時，他招降了不少義軍首領，兵力大增，又與同駐蘇州的清江寧巡撫土國寶摩擦甚多。土國寶密報駐於江寧（南京）的內院大學士洪承疇，說吳勝兆招降納叛，心懷不軌。洪承疇認為這是巡撫和提督之間的矛盾，命吳勝兆於順治三年七月初八日移鎮松江。吳勝兆受到土國寶的排擠，內心更加不滿。他部下的參謀戴之俊（字務公，長洲生員）、吳著等人原是抗清義師首領，乘機勸他反清復明。吳勝兆後來供稱：

> 順治四年三月內，有戴之俊前向勝兆嚇稱："蘇州拿了錢謙益，說他謀反，隨後就有十二個人來拿提督。你今官已沒了，拿到京裏有甚好處？我今替你開個後門，莫如通了海外，教他

1　順治四年七月初十日招撫江南大學士洪承疇揭帖，見《史料叢刊初編》。按，《吳郡日記》第二一五頁說吳勝兆"雖生薊北，原籍南京"。

2　《明清史料》己編，第一本，第四十頁《刑部殘題本》中云：順治三年奉聖旨，"李成棟、吳勝兆着各罰俸六個月"，這以後吳勝兆"怨望彌深"。

一面進兵，這裏收拾人馬，萬一有人來拿，你已有準備。"勝兆又不合回稱："我今力單，怎麼出海？"戴之俊回云："有一原任兵科陳子龍，他與海賊黃斌卿極厚，央他寫書一封，事必妥當。"勝兆又不合允從，即令戴之俊前向陳子龍求書。子龍即發書一封，內大意云："勝兆在敝府做官極好，今有事相通，難形紙筆，可將勝兆先封為伯，後俟功成再加升賞，其餘不便盡言，來將盡吐其詳"等語，將書封付戴之俊回見。勝兆遂不合與李魁、吳著等及在官（按，明清術語"在官"意為已被捕"在押"）陸問、左帥、劉承高，並勝兆舅子林可進、親弟吳勝秦、族姪吳奇，先逃今投到馬雄及脫逃未獲顧有成等各不合商謀。勝兆說："我如今手下有兵馬四千號，要取蘇、松不難，海外黃斌卿兵馬亦不便前往，只要分兵一枝到江陰，一枝紮鎮江海口，牽制江寧兵馬，我便好取蘇州，然後會齊水陸並進，往江寧去。"[1]

陳子龍是明末復社巨子，以經世致用自命，在紳衿中有很大的影響，清軍南下後他積極參加抗清運動。戴之俊的來訪立即得到他的支持。他不僅慨然允諾利用過去任紹興府推官時同昌國參將黃斌卿的舊交寫信牽線搭橋[2]，還請友人夏之旭做代表去見吳勝兆，鼓勵他反戈易幟[3]。當時，據守舟山的明軍主要是隆武帝所封肅虜侯黃斌卿的部隊，魯監國部將定西侯張名振以及總督浙直水師戶部左侍郎沈廷揚、監軍張煌言等也有一部分軍隊駐

1 見前引順治四年七月初十日招撫江南大學士洪承疇揭帖。

2 王澐續《陳子龍年譜》，見上海古籍出版社 1983 年版《陳子龍詩集》第七一九頁。

3 參見張岱《石匱書後集》卷三十五《夏之旭傳》。

於該地。開初，黃斌卿不願出兵接應；沈廷揚、張名振、張煌言和給事中徐孚遠、御史馮京第等人都認為機不可失，力主出兵。黃斌卿難違眾議，同意派部分兵將參與接應。張名振等人立即用銀鑄造監國魯王頒隆武三年"平江將軍之印"一顆，另有封定吳伯加平江大將軍敕書一道，交密使帶回授予吳勝兆，並且告訴他將另行"補鑄伯印齎來"[1]。在密信中約定四月十五、十六日舟山海師進抵吳淞，同吳勝兆內外配合，共襄復明大業。吳勝兆收到密信和銀印後當即按計劃而行，由戴之俊草擬了"恢復中興條約"[2]。四月十六日，他以會議"下湖剿賊"事務為名，把松江府海防同知楊之易、理刑推官方重朗請到提督署內。二更時分，吳勝兆喝令一聲："拿了！"副將李魁立即率領官兵一擁而上，當場把楊、方二人亂刀砍死，下令文武官員割辮反清。[3]吳勝兆派督標中軍副將詹世勛、左營中軍都司高永義前往海邊迎接舟山海師。

對於吳勝兆的決意反清擁明，張名振認為是一個難得的機會，只要吳勝兆部同舟山明軍會合就可以輕易拿下松江、蘇州兩府，然後同太湖地區的抗清義師分頭出擊，有可能趁勢收復南京，推

---

1 《明清史料》己編，第一本，第四十頁《刑部殘題本》云："至三月十六日回松江，先領與吳提督□□□（銀印一）顆，偽印上鑄監國魯王頒隆武三年□□□□（×月，偽印）上篆平江將軍，（下缺十二字）日補鑄伯印齎來。"同書第三十二頁另一件《刑部殘題本》中也說："隆武三年新鑄之銀印已入勝兆之囊。"又，《明清史料》甲編，第二本，第一八五頁"蘇松巡按盧傳揭帖"殘件（順治四年六月初九日到）中也說："詎意叛督吳勝兆潛通賊黨，曾受偽魯國銀印，甘為內應。"按，這顆銀印既以"監國魯王"名義又用隆武年號，反映了舟山群島內尊魯、尊唐勢力之間的爭執和妥協。翁洲老民《海東逸史》卷十二《張名振傳》記載："時斌卿已進肅虜侯，其肅虜伯印猶在。名振即以其印封勝兆，刻師期。"當為傳聞之誤，自應以檔案記載為準。

2 《明清史料》己編，第一本，第三十三頁《刑部殘題本》。

3 《明清史料》丁編，第一本，第六頁，順治四年四月江寧巡撫土國寶"為緊急塘報事"揭帖；《明清史料》己編，第一本，第三十二至三十四頁《刑部殘題本》。李魁為吳勝兆下崇明營副將，見順治四年三月蘇松巡按盧傳揭帖，《明清史料》丁編，第一本，第四頁。

動大江南北的抗清鬥爭。因此，他和沈廷揚等帶領本部兵員和黃斌卿的一部分軍隊分乘戰船二百多艘，從舟山出發，準備按預定日期到達松江。[1] 不料四月十三日在崇明附近海面遇上颶風，不少船隻被洶湧的波濤掀翻。[2] 張名振的座船也在風浪中撞破，他墜入海中，抱着帆桅掙扎上岸，找到附近一座小廟藏身。寺裏的和尚玄一是位同情復明運動的僧人，一見張名振的裝束，立刻明白他的處境，給他薙髮換衣，飯後催他快逃。張名振把隨身攜帶的銀印交玄一保存，匆匆找了一條小船返回舟山。追捕的清軍在寺內搜出"大領濕衣"和銀印，推測張名振脫逃不久，質問去向，玄一故意指錯道路，清兵追緝不獲，以隱匿縱逃罪把玄一處斬。[3] 監軍張煌言也因"颶風覆舟，陷虜中七日，得間行歸海上。"[4] 沈廷揚、總兵蔡聰（黃斌卿妻舅）等將領十餘人上岸後被清軍俘獲，七月初三日就義。[5] 這樣，從舟山出發去接應吳勝兆的海師被迫返航。

---

1 《海東逸史》卷八《沈廷揚傳》記"統水船二百餘號"；同書卷十二《張名振傳》作"聯綜二千"。順治四年五月江寧巡撫土國寶"為再報湖海並捷以靖海氛事"揭帖説"賊船百餘號"，見《明清檔案》第五冊，A5-190 號，估計遇風前約為二百餘艘。

2 佚名《舟山紀畧》云："丁亥五月吳淞提督吳勝兆謀叛，以血書通名振求援。時（監國魯）王駐玉環山（即玉環島，屬浙江省），名振奏請給敕印三百道，命張煌言監其軍，徐孚遠副之。五月初六日自岑江（即舟山岑港）進發，聯綜二千六百號，兵五萬有奇。……十三日祀神放炮，龍驚鼓浪，颶風大作，北師乘之，全軍盡覆。……"這裏所記的五月當是四月之誤，其他情節可以同他書相參照。《海東逸史》卷十二《張名振傳》記舟山海師"將抵崇明，海嘯，大風，舟覆。"據《明清史料》丁編，第一本，第十二頁"兵部尚書阿哈尼堪等殘題本"云，沈"廷揚口供，張名振在陣墮海，止有黃斌卿孤踞舟山，不久自殞"，可以證明黃斌卿本人並沒有參加進攻吳淞之役。

3 順治四年七月初十日招撫江南大學士洪承疇"為蘇松提督吳勝兆忽有變異事"揭帖（見羅振玉編《史料叢刊初編》）中説：張名振"滿身濕衣，投入松江之僧庵，以腰藏偽銀印向僧玄一易布衣二件，薙髮留頂而逃。"任光復《航海遺聞》也記載了這件事，但把玄一寫作一泓，其文云："初，名振兵敗於洪濤中，遇煌言浮篷上得不死。尋逼岸暗行二里，遇一庵，名振叩之，僧號一泓者見名振即為薙髮易服，飯畢令即走。名振貽印囑以後騎以（期？）。會緝兵驟至，搜捕之，得大領濕衣並印。僧賺以他路，追不獲，僧伏誅，名振得脫，遂歸舟山。"洪承疇疏中説張名振以"偽銀印向僧玄一易布衣二件"，似乎玄一幫助名振脫險是為了圖利，實則不然。名振孤身一人化裝脫逃，不便攜帶明朝官印，交玄一代為保管自在意料之中。

4 張煌言《北征錄》，見《張蒼水集》第一九二頁。

5 見上引順治四年七月初十日洪承疇揭帖；參見上引《明清史料》甲編，第二本，第一八五頁，"蘇松巡按盧傳揭帖"殘件，張名振之弟張名斌登岸後"勢窮"降清。

詹世勛、高永義瞭望海上，直到天亮不見援兵蹤影，感到事情不妙，就同另一副將楊文啟、材官沈蘭等合謀反戈一擊。他們帶領兵丁攻入提督衙門，砍死李魁，逮捕吳勝兆、陸囦，解送蘇州轉押南京。吳著、戴之俊、喬世忠、王興邦、黃國楨、孟學孝等人當場被殺，藉以滅口。

消息傳到南京，洪承疇同操江總督陳錦、鎮守南京滿兵提督巴山會商後，決定由陳錦、巴山親自統兵前往蘇州、松江。二十二日到達蘇州，正值"湖祲跳樑"，陳錦、巴山判斷這是吳勝兆聯絡的太湖義師，立即分兵先行入湖清剿。[1] 接着在蘇州、松江一帶大肆搜捕抗清人士，穩定局勢。[2] 從四月下旬到五月間，清軍在松江、蘇州、太倉二府一州嚴緝黨羽。陳子龍被指控為主謀，他隱姓埋名從松江逃往嘉定侯岐曾家，又轉往昆山顧咸正、顧天逵父子家，終於被清軍捕獲。五月十三日用船押解途經婁縣呂岡涇時，陳子龍藉口出恭，乘看守人員不備，跳進河中淹死，清軍把他的頭砍下來懸掛示眾。[3] 夏之旭於五月二十五日自縊於文廟。接着，清政府又抓獲了參與吳勝兆反清活動的吳勝秦（勝兆弟）、吳奇（勝兆族姪）、林可進（勝兆妻舅）、劉承高、左帥、黃錦標、錢彥林、顧咸正、夏完淳、欽浩、劉曙等人。顧咸正是明朝舉人，曾任延安府推官，逃回故里後隱居不仕，仍不忘明室，他的兒子顧天逵是侯岐曾的女婿，侯岐曾的哥哥侯峒曾在順治二年嘉定抗清中遇難；侯峒曾的幼子侯玄瀞又是夏完淳（其父夏允彝亦因抗清死難）的姐

---

1 順治四年十一月二十一日兵部尚書阿哈尼堪等題本殘件，見《明清史料》丁編，第一本，第十二頁。

2 參見順治四年四月江寧巡撫土國寶"為緊急塘報事"揭帖，《明清檔案》第五冊，A5-155 號；同件又見《明清史料》丁編，第一本，第六頁。

3 王澐續《陳子龍年譜》，見《陳子龍詩集》附錄二。順治四年七月初十日招撫江南大學士洪承疇揭帖，見《史料叢刊初編》。

夫。三家患難與共，風雨同舟，經常聚會於侯玄瀞家內，"談及時事，各蓄異謀"。顧咸正提出"海外黃斌卿是夏允彝結拜兄弟，可結連他起兵，我等作為內應。"三人即各具奏本、稟揭、條陳等文書託反清志士謝堯文交付給通海舵工孫龍送往舟山黃斌卿處。此外，託謝堯文、孫龍帶通海文書的還有"結連過蘇松湖泖各處豪傑、同心內應好漢"的欽浩、吳鴻等人，他們也寫就各類稟帖，推薦某人可為文官，某人可任武職（謝堯文即被薦為游擊）。行前，顧咸正等鄭重叮囑謝堯文道："你須謹慎，此事關係身家性命。"[1]不料，三月十九日謝堯文身着"寬衣大袖，形跡可疑"，被清朝柘林游擊陳可截獲[2]，審出窩藏的通海文書。清政府即按名搜捕，除侯玄瀞逃出外，其餘抗清人士都被查獲，侯岐曾、顧天逵等首先被殺。清刑部題本中說：顧咸正等"率皆心膽共剖，肝膽相許。文願設謀於幃幄，武願勉力於疆場。雖射天之弓未張，而當車之臂已怒。無將之誅，萬不能為各犯貸也。"[3]清廷下令把顧咸正、欽浩、吳鴻、夏完淳、謝堯文、汪敬、孫龍等三十四人不分首從一律處斬，妻妾子女入官為奴，財產籍沒充餉。九月十九日，兩案四十四人在南京遇難。[4]依據其他文獻，在這次大搜捕中遇難的還有張寬、殷之輅等人不在上述數十人之內。殷之輅曾任明朝中書舍人，洪承疇審問時說："汝是明朝都大的官，做謀反大逆的事？"殷之輅冷言反譏道："汝是明朝都大的官，做謀反大逆的事？"洪承疇惱

---

1 順治四年八月二十二日刑部尚書吳達等題本，原件藏中國第一歷史檔案館，順治題本，叛逆類第二十號。按，鄧之誠《骨董瑣記》三記卷五《顧咸正一案刑部題本》條收錄了這件題本，個別文字有誤。

2 《明清史料》己編，第一本，第三十九頁《刑部殘題本》。

3 順治四年八月二十二日刑部尚書吳達等題本，原件藏中國第一歷史檔案館，順治題本，叛逆類第二十號。按，鄧之誠《骨董瑣記》三記卷五《顧咸正一案刑部題本》條收錄了這件題本，個別文字有誤。

4 《明清檔案》第六冊，A6-108 號，A6-109 號，洪承疇題本，其中一人名沈台，監斃，戮屍。

羞成怒，命人拖出處斬。[1]因吳勝兆一案牽連被殺的還有楊廷樞。廷樞，字維斗，吳縣人，崇禎三年應天鄉試解元，為人尚氣節，著名於當時。清兵南下後，他避居於鄧尉山中。魯監國遙授以翰林院檢討兼兵科給事中的官銜。他不僅秘密聯絡抗清志士，還通過門人戴之俊直接策動吳勝兆反正。事敗以後，四月二十日被清軍捕獲，遭到嚴刑拷打，"遍體受傷，十指俱損"，仍矢志不屈。清朝官員想藉重他的名望，勸他薙髮。他回答道："砍頭事小，薙髮事大。"五月初一日被殺，時年五十三歲。這位自幼仰慕宋末文天祥為人處世的愛國志士，終於不負平生所學，為抗清復明事業慷慨捐軀。[2]

吳勝兆反清活動的失敗，原因是多方面的。首先，他策劃反清本來應該嚴格保守機密，儘量使易幟反正顯示其突發性，以收出敵不意之效。一旦宣佈反正，立即固守松江，奪取蘇州，會合舟山海師和太湖義旅共圖進取。可是，許多史料都記載，吳勝兆起事之前他的參謀人員即在四出聯絡時張揚其事，弄得人言籍籍，結果倉促而起，終歸失敗。其次，參與密謀的核心人物應當非常可靠，吳勝兆對部下將領缺乏控制力，他被捕後在供詞中說："四月初六日（即起事前十天），在官中軍原任副將詹世勛率領各標頭領泣向勝兆苦勸不可亂做，外邊口聲不好，不如將戴之俊、陸囧、吳著殺了以謝人言。勝兆不肯聽從，說我謀反有何憑據，教我殺他三人，不如先殺我罷。眾將不敢再言。"[3]吳勝兆既明知中軍副將

1 《殷頑錄》抄本。

2 《吳郡日記》卷中；《南疆逸史》卷十三《楊廷樞傳》。按，《南疆逸史》等書記楊廷樞遇害時"大聲曰：'生為大明人'，刑者急揮刃，首墮於地，復曰：'死為大明鬼。'監刑者為咋舌。"恐係傳聞之詞。

3 前引順治四年七月初十日洪承疇揭帖。

詹世勳等不可靠，就應該先發制人，另以親信取代。四月十六日宣佈反正時，高永義、沈蘭"不肯割辮"，吳勝兆只是逼勒割去辮子，又未採取斷然措施，在關鍵時刻粗心手軟，以致禍起蕭牆，功虧一簣。其三，舟山派來的接應海師遇上颶風，不戰而敗，這一偶然事件並不是關鍵因素，從清方奏報來看，海師因天有不測風雲顛覆了部分船隻，兵員損失並不太大。松江起事以後仍可派兵接應，加上太湖義師和潛伏於松江一帶的復明勢力配合作戰，清方南京、蘇州駐紮的有限兵力很難應付。事後，洪承疇在奏疏中也說："非仰仗聖天子弘福，吳會半壁盡屬戰場矣。"[1]

第二節　寧波華夏等人的密謀反清

　　1647 年（順治四年）冬，浙江寧波（今寧波市鄞州區）發生了所謂"五君子翻城"之役。"五君子"是史籍中一個不十分準確的概念，它實際上指的是華夏、王家勤、屠獻宸、楊文琦、楊文瓚、董德欽、董志寧等人在寧波策劃的反清密謀。華夏等人在弘光朝以前都是生員，清兵侵入浙江後，他們奮不顧身地參加了抗清運動。華夏任魯監國兵部職方司郎中，董志寧、王家勤任大理寺評事，屠獻宸任兵部車駕司主事，楊文瓚任御史，董德欽任監紀推官，楊文琦任隆武朝廷監紀推官。[2]1646 年清軍渡錢塘江南下，他們身在故里，心懷明室，力謀恢復。在清軍主力一部分撤回京師，一部分轉入福建、廣東，浙江駐軍相形單薄的情況下，華夏、董

1　前引順治四年七月初十日洪承疇揭帖。

2　華夏等人在魯監國或隆武政權中所授官職諸書記載略有不同。這裏是依據翁洲老民《海東逸史》卷十四《忠義一》。

志寧等人認為這是乘虛而起的大好時機。當時，浙江各州縣雖已在清方控制之下，但在舟山群島有明肅虜侯黃斌卿部水師，四明山中有王翊、李長祥等義軍扼險據守。正如史籍所載：丙戌"七月而江上潰，時浙東未下者翁洲彈丸地，而士大夫以至軍民尚惓惓故國，山寨四起，皆以恢復為辭。"[1] 1647 年冬，華夏、屠獻宸、董志寧、王家勤、楊文琦等人為了恢復浙東，密謀把各種抗清力量聯合起來，一舉攻克紹興、寧波。他們一面派人同在大蘭山（位於四明山區中部）結寨抗清的明兵部職方司主事王翊聯絡，一面通過在舟山的御史馮京第勸說黃斌卿帶領海師來接應。計劃由王翊會同立寨東山的李長祥部突襲紹興，得手後即與黃斌卿海師合攻寧波；華夏等人在寧波府城內秘密聯絡清海道孫枝秀麾下的中軍游擊陳天寵、仲謨（二人曾在史可法部下任偏裨，藏有史可法頒給的札書）屆時反正。王家勤自稱："吾招集城東豪傑幾三千人，管江諸社為之魁，其餉吾一人可任也。"[2] 經過奔走聯絡，預定於十二月初四日乘清浙江巡按御史秦世禎移駐天台，各官到渡口送行，城中無人料理之際，內外並起，一舉攻克寧波。[3] 不料，鄞縣降清未用的廢紳謝三賓探知消息，在十一月間向清分守寧紹台道陳謨告密。[4] 秦世禎得到報告，立即改變行期，急調附近駐軍進攻大蘭

---

1 華夏《過宜言》附《鎮海縣志》人物志《華夏傳》。

2 全祖望《鮚埼亭集》外編，卷六《施公子邦玠基碣銘》。

3 華夏等人密謀恢復寧波的時日，諸書記載不一致。應以被捕的主謀華夏在獄中所作《過宜言》為準。下文記黃斌卿海師也在十二月初四日到達寧波府城東門外，可資旁證。

4 全祖望在文章中常說謝三賓賺取"大蘭帛書"，李聿求《魯之春秋》卷十八也記，"丁亥十一月，（華）夏所貽大蘭帛書中途為謝三賓所得，告之。"其實，謝三賓只探得其事，先行告發。華夏等人的帛書是清軍在王翊山寨中繳獲的。華夏在《兩番對簿語略》內描寫審訊時的情況說：清巡按"訊予，出謝揭二　一則載有屠獻宸、董德欽、董志寧、王家勤、楊文琦、文瓚、文球七人，一則李文纘及予夏及慈水諸僧馮氏也。復出職方營（即王翊山寨）所獲同盟帛書二通。"華夏《與林霞舉書》云："孰知觀海有寨，寨主逃而先事附往聯絡之公家帛書遂露，所由殃及同盟也。"順治五年二月浙江巡按御史秦世禎揭帖中所述情況相同，見《明清史料》丁編，第一本，第十九頁。

山、東山、管江各義軍山寨。定海總兵張傑奉命突襲大蘭山，王翊倉促率部轉移。清軍在王翊營中繳獲了明魯監國頒發的印、敕和書信，其中有華夏、董德欽、王家勤、屠獻宸、董志寧聯名在一幅小白絹上寫給王翊的密信，內云："敝府佈置已定，越（指紹興）舉隨舉，定越之日，急指一旅到寧，以便壺漿。"又有屠獻宸用竹紙寫的致王翊書云："敝府發不待時，乞提師合慈，直搗定海，敝地亦從東直下，與抵關師合攻，亦要着也。"[1] 清政府依據謝三賓告密書揭和繳獲的書信按名搜捕，十二月初二日華夏首先被捕，屠獻宸、董德欽等也先後入獄，董志寧脫逃（後在順治八年於舟山殉難）。王家勤於同月十六日與總兵杜英侯、施仲吾等率領義軍在鄞縣管江莊同清軍作戰時被擒獲。[2]

黃斌卿原先不同意出兵，華夏等派出的使者再三申說浙東各地義師已佈置就緒，專等海師接應，恢復寧波頗有把握。在馮京第的勸說下，黃斌卿才勉強同意。屆期他並不知道內應已被破獲，按照預定方案在十二月初四日上午率領舟山海師乘船數百艘直抵寧波東門。這時，清方已有戒備，原定內應的陳天寵、仲謨二將兵力有限，不敢響應[3]；四明山寨的義師又已被清軍先行擊敗。黃斌卿見城內毫無動靜。估計破城無望，在城外同清江口協鎮總兵張傑等部交戰至黃昏，即下令返航。清軍趁勢追殺，黃部副將李讓

1　順治五年二月浙江巡按試御史秦世禎"為捉獲叛犯請旨處分事"揭帖，見《明清檔案》第七冊，A7-144號。同件又見《明清史料》丁編，第一本，第十九頁。

2　順治五年正月浙江福建總督張存仁"為塘報寧郡官兵擒斬逆賊事"揭帖，見《明清史料》丁編，第一本，第十六頁。

3　李聿求《魯之春秋》卷十七《屠獻宸傳》記："舟山師次城下，天寵與謨秣馬，猶思應之。海道孫枝秀登陴以望，駭曰：'海師翹首望城上，而不發一矢，望內應也。'即調兵分守諸門，居民敢出衢巷瞻眺者擊殺之。天寵與謨不敢發。"

戰死，船隻沉沒數十艘。[1]

清政府官員驚魂稍定，立即着手審理參與密謀的抗清志士。華夏自被捕到犧牲始終堅貞不屈。他正氣凜然地承認自己志在恢復大明，"只今尚恢復不來，兵馬莫集，糧草莫辦，徒耿耿耳。"[2]清朝官員抓住密信中所說"佈置已定，發不待時"八字嚴訊同黨，意在一網打盡。華夏為了保護其他同謀者，拼死不招，說這只是虛造聲勢，"苟有可通，不能不大言以壯任事之氣，而又何藉區區實佈置為？"[3]被夾刑量而復蘇後仍然大聲喊道："崇禎先帝造謀，弘光皇帝統兵，其餘大學士范景文、四川御史陳良謨、南京禮部儀制司主事黃端伯、杭州府錢塘縣知縣顧咸建、監國太常寺少卿陳潛夫一班忠義（均為已死難者）皆予佈置也。"[4]1648 年五月初二日，華夏英勇就義。劊子手要他跪下受刑，他挺立不屈，被擊傷腳後盤坐地上，大呼高皇帝者三，又呼"藿食謀之，藿食死之"，然後被殺。[5]屠獻宸、董德欽、楊文琦、王家勤、楊文瓚等也同時或稍後遇難。

攻取寧波之役因謝三賓的告密而全盤失敗。謝三賓唯利是圖，本意是保住他"家富耦國"的家產並"求用於新朝"，沒想到"功"不見錄，清巡海道孫枝秀對他的巨額財產早已垂涎三尺，故意把他說成是"同謀"叛逆，捉拿入獄。[6]審訊過程中，謝三賓醜態畢

---

1 順治五年正月十五日浙江福建總督張存仁"為海賊突犯寧郡官兵奮剿大捷"題本，見《明清檔案》第七冊，A7-75 號。

2 華夏《過宜言》卷一《兩番對簿語略》。

3 華夏《過宜言》卷一《兩番對簿語略》。

4 華夏《過宜言》卷一《兩番對簿語略》。

5 自稱與華夏有生死之交的"東海謦樵"撰《過宜先生華公狀略》，張孔式《過宜先生華公傳》，均見《過宜言》附錄。"藿食"指食無肉的普通百姓，與"肉食者"貴族對稱，見劉向《說苑》。

6 《過宜言》附錄《鎮海縣志》人物傳《華夏傳》。

露，華夏記載：「先訊謝，謝頻叩地，稱述清功德及表已向推誠，靡敢失此生節至意。頌直指（即巡按御史）萬年德音，介福啟後，備諸乞憐態。且曰：『治民若有異心，未敢出兩次首也。』」[1] 儘管孫枝秀事先暗中派人告訴華夏說：「謝氏汝冤家，可力引之，當為汝報仇。」他卻在公堂審訊時義正詞嚴地說：「謝三賓最為寧郡人不齒，甲申之變，猶居鄉也；弘光皇帝蒙塵，彼竟降虜。迨錢刑部（肅樂）起義，王武寧（之仁）執詞問謝罪，彼願督餉自贖。監國幸越，不次入東閣，惟問暮夜金，即用千金買美姬行樂耳。坐陷錢塘，急切奔降，而大刊揭帖告當事，明歸心大清赤忱。是一反復小人，行同狗彘也。此好事，豈有他分？惜與他同獄，未免抱愧耳。」[2] 謝三賓聽說華夏斥責自己是豬狗一般的小人絕不會參加殉明抗清的「好事」，不禁連連叩頭稱：「長者，長者！」[3] 由於主謀華夏恥與謝三賓為伍，謝氏方能脫獄，正如華夏戊子（順治五年）正月獄中《與林霞舉書》中所說：「弟惜與三賓同禁數日，至今其座覺污之。誰知三賓竟以弟得生，為之一歎。」[4]

寧波諸君子「翻城」之役在相當程度上反映了大官僚地主為保全巧取豪奪積累起來的巨額資產在政治上表現的鮮廉寡恥，真所謂「肉食者鄙，未能遠謀」。當審訊華夏時，問曰：「無鄉紳預謀邪？」華夏回答道：「悲夫，何言之苦也！大明無鄉紳久矣。即有亦膏腴潔衣，多買田產為子孫計耳。否則擁姬妾傲物取快一時，如與大明結沒世不可解之仇矣。安得鄉紳？只苦這幾個秀才為着

---

1 華夏《過宜言》卷一，《兩番對簿語略》；同卷廿四日《與林霞舉書》亦云：「初九日院審、道審時，謝三賓之搖尾乞生，萬分狼狽。」

2 華夏《過宜言》卷一《兩番對簿語略》。

3 全祖望《鮚埼亭集‧外編》卷十《華氏忠烈合狀》；李聿求《魯之春秋》卷十六《華夏傳》。

4 華夏《過宜言》卷一。

明倫堂三字丹心耿耿，刻不能昧。一戴紗帽，狼心狗行，無復人理。"[1] 這一番激烈陳詞雖主要針對謝三賓而發，卻揭露了明清易代之際多數大官僚地主的政治動向。大抵家資愈厚者，身家之念愈重，故國之思愈薄。可見，"鄉紳"一詞並不能準確地說明曾經出仕明朝的官僚的政治態度，也不能與"紳衿"等同。

第三節　王光泰兄弟在襄陽、鄖陽反清

王光恩、王光泰、王昌[2] 三兄弟原來都曾參加明末農民起義，王光恩在義軍中綽號"關索"，頗有點名氣。崇禎後期王光恩接受明朝招撫，所部改編為官軍，固守鄖陽。李自成義軍在 1643 年和 1644 年多次進攻該城，都未能攻克。1645 年清軍追擊大順軍進至鄖陽時，他跟隨明朝委任的鄖陽撫院徐起元投降了清朝，被委任為襄陽總兵。1647 年四月，王光恩因為同清朝委任的鄖陽撫院潘士良鬧摩擦，被誣陷逮捕押往北京。[3]

1　華夏《過宜言》卷一《兩番對簿語略》。

2　《清世祖實錄》卷三十二、三十三，王光泰均誤書為王光代，王昌訛為王成。按，王光恩的兩個弟弟的名字史籍中記載有出入，明末高斗樞以荊南道守鄖陽時，王光恩在其麾下，招弟光興來歸，"光興改名光泰"，見《守鄖紀略》。後來在夔東抗清時，明清雙方均稱之為王光興，與下文注引地方志不同。

3　康熙二十四年《鄖陽府志》卷二十八《事紀》云：順治"四年，都御史潘士良與王光恩以爭禮微嫌，密疏題參。械繫光恩赴京。其弟同光興、光泰殺襄陽官吏，兩日夜至鄖，殺鄖守道劉開文、知府董有聲。……"康熙十一年《襄陽府志》卷一《郡紀》云："四年四月，撫治都御史潘士良會同總督羅繡錦於安陸府，奉旨拿解王光恩。五月，恩弟王二、王三叛，殺官，大擄掠，破穀城，陷均州，據鄖陽。"同治四年《房縣志》記："三年，都御史潘士良與王光恩以爭禮微嫌，密疏題參。詔械光恩入京，其弟光興、光泰以眾叛。"康熙十二年《均州志》卷一《州紀》，同治六年《穀城縣志》卷八《紀事》，光緒九年《光化縣志》卷八《兵事》所記大致相同。按，《滿漢名臣傳》附貳臣傳（甲）《孫定遼傳》記王光恩弟事云："以鄖襄道李之綱劾其結連土賊陳蛟恣行貪暴事逮問，其弟光泰遂叛，自稱明鎮武伯，偕李昌糾黨掠襄陽。……"黑龍江人民出版社 1991 年 12 月版，第四一四頁，標點有誤。又，王二當即王光泰，王三即王昌，《鄖陽府志》記"其弟同光興、光泰殺襄陽官吏"，不應加"同"字。王二為王光泰在順治四年七月湖廣巡按曹葉卜揭帖中說得很清楚。揭帖內"王二""王光泰"混用，如"王二僭稱鎮武伯"，"該職看得叛逆王光泰負嵎鄖陽，目無天日，妄改永曆年號，僭稱鎮武伯。"見《明清史料》甲編，第二本，第一九四頁。

清政府調總兵楊文富署理總兵，漆尚友任右營副將，企圖改編這支部隊。王光恩的弟弟王光泰（又名王二）、王昌（又名王三）知道來者不善，就在四月二十九日率領部下兵將七八千人反清，殺楊文富、漆尚友、分巡下荊南道甘文奎、襄陽知府楊鑛、推官李實發、襄陽知縣潘朝佑。五月初三日，率部轉至鄖陽地區，殺清朝分守下荊南道劉開文、鄖陽知府董有聲、同知劉璇、推官孫陽聲、鄖縣知縣趙丕承、竹山知縣童士勤、保康知縣薛溥、鄖陽行都司表捷等。[1] 他們一面派使者前往湖南向明督師閣部何騰蛟報告反清經過；一面向附近地區散發諭帖札付，"妄稱永曆年號，籠絡民心"[2]，檄文中自稱"奮勇興師，廣羅英雄，勠扶帝業"。[3] 永曆朝廷派兵部職方司官員封王光泰為"欽命提督鄖襄等處聯絡秦豫一帶義鎮，掛鎮武將軍印、鎮武伯"[4]，授王昌為鄖襄總兵，李世英為河南總兵。[5] 清廷在剛剛得到王光泰等起兵消息時，曾經力圖挽回，把王光恩釋放，不久獲悉王光泰等連破襄陽、鄖陽，處死大批清朝文武官員，並且公然打出反清復明的旗號，才將王光恩追回處斬。[6] 三月十一日，清湖廣提督孫定遼親自帶領馬兵五百六十七

1　順治五年三月十二日湖北巡按曹葉卜題本，見《明清檔案》第七冊，A7-155 號，參見同書第八冊，A8-71 號、A8-152 號。

2　順治四年七月鄖陽撫治趙兆麟等"為塘報逆叛情形伏祈聖鑒"等事揭帖，見《明清檔案》第六冊，A6-34 號。順治四年七月湖廣巡按曹葉卜揭帖中也説王光泰在"鄖陽僭稱年號永曆元年"，見《明清史料》甲編，第二本，第一九四頁。

3　順治四年九月湖北巡按曹葉卜"為再報逆賊盤踞益堅、狂逞益甚"等事揭帖，見《明清檔案》第六冊，A6-129 號。

4　《明清檔案》第六冊，A6-129 號。王夫之《永曆實錄》卷十五《李來亨列傳》附王光興傳記永曆朝廷封王光興為"南漳伯"。

5　《明清檔案》第六冊，A6-129 號。原文王昌訛寫為"王成"。

6　魯可藻《嶺表紀年》卷二記："鄖陽降口（虜）王關索部將殺其新鎮守楊天兒（當即楊文富）並道府各官，走入四川歸正。"（原注：楊天兒謀守鄖，計使逮關索赴北。北已釋關索，聞鄖變，追殺之。）又，《清世祖實錄》卷三十二 六月丁亥日條下記："襄陽總兵官王光恩有罪被逮，弟王光代、王成遂叛，法司引叛律論光恩斬。得旨：光代等聞兄被逮驚叛亦未可知，不可遽以謀叛讞獄。況人命至重，恐涉冤枉，著再詳鞫。"

人，步兵三千三百三十三人，從武昌趕赴鄖陽進剿。[1] 六月十一日，孫定遼所統前鋒一千五百名官兵行至距鄖陽四十里的安陽口。這裏三面臨水，一面阻山，王昌趁其立營未定，立刻發起攻擊；孫定遼措手不及，大敗而逃，奔至河灣時因水深難渡，墜於馬下，被義軍擊斃；副將李顯功被活捉，拿進鄖陽城內，從他身上搜出被委任為署襄陽總兵的札付，也拖出斬首；兵員除少數逃出外，大部被殲滅。[2]

敗軍覆將的消息傳到北京，七月十八日，清廷命吏部侍郎喀喀木等領滿、漢軍隊前往鄖陽鎮壓。[3] 在喀喀木所統清軍尚在途中時，王光泰曾於九月十八日領馬兵一千余人進攻河南淅川縣，被清河南總兵張應祥、開歸總兵高第等部軍隊擊敗。[4] 不久，喀喀木會合河南、湖廣清軍向鄖陽推進，王光泰兄弟自知兵力不敵，在九月內退出鄖陽，[5] 行前把鄖陽府城的大小城樓和城上駐兵窩鋪二十九座焚毀一空。[6] 光泰兄弟由房縣進入四川，其部下總兵李世英奔往陝西興安府境，企圖同曾經在該處活動的抗清武裝米國軫、武大定等部會合，不料米國軫已被清軍捉獲。十一月二十二日，李世英部被清興安總兵任珍擊敗，李世英及副將李錦山、蘇名榜等都

1　順治四年五月十一日孫定遼揭帖，見《明清檔案》第五冊，A5-172 號。

2　順治四年十二月湖廣四川總督羅繡錦"為恭報鎮臣失利情形及隨徵兵將顛末仰乞聖鑒事"揭帖，見《明清檔案》第七冊，A7-61 號。又見順治五年三月十二日湖北巡按曹葉卜題本，見《明清檔案》第七冊，A7-155 號。

3　《清世祖實錄》卷三十三。

4　順治四年十月鄖陽撫治趙兆麟"為鄖賊侵犯淅川"等事揭帖，見《明清檔案》第六冊，A6-174 號。

5　康熙十一年《襄陽府志》卷一《郡紀》云：四年"九月，吏部哈哈木（即喀喀木）復鄖，王叛遁。"康熙二十四年《鄖陽府志》卷二十八《事紀》亦云：四年"九月，滿洲大人哈哈木抵討王光興，追及大岊，破之。"

6　順治十二年鄖襄總兵穆生輝揭帖殘件，見《明清史料》甲編，第四本，第三五九頁。

被殺。[1]這以後，王光泰兄弟一直活動於夔東地區，同大順軍餘部李來亨、劉體純、袁宗第、郝搖旗、賀珍等部聯合作戰，成為著名的"夔東十三家"之一。

1　順治四年十二月十一日陝西巡撫黃爾性塘報，見《明清檔案》第七冊，A7-41 號；同件又見《明清史料》甲編，第三本，第二一一頁。

第十六章

金聲桓、李成棟的反清歸明

第一節　金聲桓、王得仁領導的江西反正

金聲桓原來是明寧南侯左良玉的部將，明朝滅亡時升至總兵官。1645 年四五月間，清英親王阿濟格大軍追剿李自成部進至九江一帶，左良玉病死，部將隨左良玉之子左夢庚在東流縣（今安徽東至縣）境降清。阿濟格令左夢庚帶領麾下將領往北京朝見，金聲桓唯恐失去兵權，要求率領所部兵馬收取江西，為清朝開疆拓地，得到阿濟格同意，授予提督江西全省軍務總兵官的官銜。和金聲桓同行的有原大順軍將領王體中部。王體中原在大順軍鎮守德安的大將白旺部下，1645 年五月初李自成突然遇難，大順軍內部發生混亂，王體中乘機殺害了白旺，率領部眾向阿濟格投降，[1] 被授予副總兵官職。

五月下旬，金、王到達九江，派人持牌前往南昌，聲稱滿洲大兵馬步二十餘萬旦夕將至，只有迅速歸降才可免遭屠城。南明江西巡撫鄺昭嚇得面色如土，解印而逃；其他官員和部分紳士也一

1　吳偉業《綏寇紀略》卷九，附紀。

哄而散，省城南昌轉瞬之間陷入無政府狀態。六月初四日，南昌士民推出的一些代表到達九江迎接"金督鎮"。十九日，金聲桓、王體中乘船溯贛江到達南昌，在岸邊受到幾十名生員的歡迎。進城以後，金聲桓部駐於西城，王體中部駐於東城。[1] 金聲桓倚仗王體中的兵力收取了南昌附近州縣，然而他對王體中的驍勇善戰、兵力強勁卻深懷戒心，時刻尋找機會吞併王部兵馬。閏六月，清廷下達的剃髮令傳到了江西，金聲桓即率部遵令剃頭。七月二十一日，王體中領兵從撫州回到南昌，堅決拒絕剃頭。金聲桓認為這是除掉王體中的最好時機，私下籠絡了王體中標下游擊王得仁（綽號王雜毛），於七月三十日假稱議事，把王體中刺殺。事件發生後，王部兵校大為憤慨，"擁至轅門，喊殺震天"。[2] 金聲桓督兵巷戰，經過兩天交鋒，王部因首領被殺和王得仁的招誘，終於歸附了金聲桓。

金、王二部既合，攻克明永寧王朱慈炎所據的撫州，追殺慈炎；收取吉安，並將逃往該地的明巡撫酈昭押送武昌，[3] 接着又佔領廣昌等府。八月二十五日派部將何鳴陞、蓋遇時等進攻袁州（府治在宜春縣），擊敗明將黃朝宣部五千餘人，佔領袁州。至此，江西十三個府除贛州、南安外都被清方控制。[4] 金、王自以為不費滿洲一兵一卒，而佔州據縣，能博得清廷的特殊封賞。不料清廷毫無作興之意，在平定江西大部分地區之後，僅委任金聲桓為鎮守江

---

1 徐世溥《江變紀略》。

2 順治二年八月江西提督金聲桓給湖廣等處總督佟養和的呈文，見《明清史料》丙編，第五本，第四九七頁。按，徐世溥《江變紀略》云："八月二十五日剃髮令至。……令下三日未有應者。聲桓曰：此王兵為梗也。明日請體中計事，即共揖時刺之。"據此推算，王體中被刺殺在八月二十九日，但當以金聲桓呈文為準。

3 順治二年八月總督江西湖廣等處地方軍佟養和"為報捷事"揭帖，見《明清檔案》第三冊，A3-58 號。

4 順治二年九月江西提督金聲桓"為塘報事"揭帖，見《明清檔案》第三冊，A3-76 號。

西等地總兵官，[1] 王得仁屈居副將。順治三年（1646），金聲桓請求清廷另頒敕書，授予他"節制文武""便宜行事"的權力。同年五月清廷發兵部議奏，結果是駁回了他的要求，只將他的官銜由鎮守江西等地總兵官改為提督江西軍務總兵官，並且規定"剿撫機宜事關重大者，該鎮應與撫、按同心商略，並听內院洪督臣裁行。"[2] 朝命下達後，金聲桓大失所望，內心裏埋怨清朝刻薄寡恩。特別是金聲桓、王得仁在收取江西郡縣時憑藉武力勒索了一批金銀財寶，成了暴發戶；清廷新任命的江西巡撫章于天、巡按董學成看得眼紅，危言聳聽，脅迫他們獻上錢財。[3] 權力和金錢之爭，使金聲桓、王得仁對清廷的不滿日益增長。

就南明而言，由於自己兵力不足、疆土日蹙，也力圖高懸爵賞策動降清將領幡然來歸。早在隆武二年（1646）春天，督師閣部黃道周準備由福建進入江西時，就先後三次寫信給金聲桓，勸他改弦易轍，建不世之功。[4] 當時，金聲桓等還在得意之時，黃道周的兵力非常有限，招降沒有起到甚麼效果。據守贛州的南明督師萬元吉在崇禎後期曾任督師閣部楊嗣昌的主要謀士，同左良玉部將領有較多接觸。他憑藉過去的老關係，派密使帶着親筆信件規勸金聲桓反清。金聲桓雖然不寫回信，卻接待了使者，私下殷切訊問萬督師的情況，秘密放回。[5] 不久，黃道周、萬元吉先後兵敗身

---

1 《清世祖實錄》卷二十一，順治二年十月辛丑（二十三日）"授札委總兵金聲桓為左都督充鎮守江西總兵官"。同書卷二十四，順治三年二月己丑（十二日）條提及金聲桓時用了"江西提督總兵官"，當係誤記。

2 順治三年五月兵部揭帖，見《明清檔案》第四冊，A4-115 號。參見《清世祖實錄》卷二十六。

3 在金、王反清以後，南贛巡撫劉武元給清廷的奏疏中說："如巡按董學（當為董學成之誤寫）者，聞以劾將召侮，索饋遺、索金珠在再至三，而一旦釁起不測，激成大禍。"見《明清史料》丙編，第八本，第七六二頁。

4 黃道周《黃漳浦集》卷十七，書《與金將軍書》三件。

5 康熙五十九年《西江志》卷三十三，武事。

死，金聲桓自然不敢輕舉妄動。但隆武朝廷大臣親自致書勸說，許以高官顯爵，對金聲桓等人肯定具有一定的誘惑力。何況南昌的一些明朝遺老耆舊還不時給金聲桓傳遞一些真假莫辨的消息，如隆武帝、楊廷麟、萬元吉尚在人間，"隆武屢有手詔，許公能以江西歸明者，即舉江西封公，亦嘗達一二乎？"[1]

與此同時，金、王和清廷委派的江西撫、按之間的矛盾也在加深。"七月，王得仁提兵如建昌，章于天差官票追其餉三十萬。得仁大怒，搥案大呼曰：'我王流賊也，大明崇禎皇帝為我逼死，汝不知耶！語汝官，無餉可得，杠則有之。'聲如嘶吼，目睛皆出，敲其差官三十杠曰：'寄章于天，此三十萬餉銀也！'聲桓聞之，謂其客曰：'王家兒急矣！'……"[2] 江西巡撫章于天、巡按董學成對金聲桓、王得仁暗中同南明勢力的來往已經秘有所聞，加緊搜集證據上報清廷。

1648 年（順治五年、永曆二年）正月二十七日，金聲桓、王得仁先發制人，擒殺巡按董學成、布政使遲變龍、湖東道成大業，[3] 宣佈反清復明，"文、武強半從賊"，[4] "盡棄頂帶而換冠裳"，[5] 少數不願追隨反清的官員均被捕殺，只有江西掌印都司柳同春拋下妻兒家屬，縋城而出，喬扮和尚，星夜逃往南京報告江西發生了重大事變，後來又為南下的清將譚泰提供地理圖，在進攻南昌及其附近

1　徐世溥《江變紀略》。

2　徐世溥《江變紀略》。

3　《八旗通志》卷二百三十《遲變龍傳》《成大業傳》。乾隆五十四年《南昌府志》卷十九，《武備》記成大業為湖西守道。

4　徐世溥《江變紀略》。

5　柳同春《天念錄》，順治十年八月《自陳奏疏》。按，這個柳同春就是拙著《明末農民戰爭史》第四四二頁表內所列大順政權忻州、定襄守將，順治元年十一月他率領馬步兵五百餘人降清，後來被任命為江西掌印都司。

州縣中起了不小的作用。[1] 當時，清江西巡撫章于天正出巡瑞州，王得仁“遣人邀擒章于天於江中”，[2] 章于天貪生怕死，願為金、王效勞，出任兵部尚書，[3] 負責製造炮車。[4]

金聲桓、王得仁起事時，還不知道永曆帝即位的消息，因此在發佈的安民告示上署隆武四年，文中有“勞苦功高，不惟無寸功之見錄，反受有司之百淩。血氣難平，不得已效命原主”等語。[5] 金聲桓自稱豫國公，王得仁稱建武侯。明弘光朝大學士姜曰廣是江西新建（今屬南昌市）人，罷官後居住在本縣洬湖里，金聲桓、王得仁認為他是先朝重臣，把他迎接到南昌城中以太子太保、吏部尚書兼兵部尚書、中極殿大學士的名義號召遠近。[6] 另有明朝舊官劉思贊、余應桂也列名其間，官銜不詳。[7] 金、王自行任命文武官員，以黃人龍為總督川、陝、山東、山西、河南五省兵部侍郎，金聲桓的中軍官宋奎光為左軍都督府都督僉事，王得仁的妻弟黃天雷為兵部侍郎、錦衣衛同知；至於江西地方官則以王得仁幕中書記陳芳為江西巡撫，金聲桓的幕府書記吳尊周為巡按江西監察

---

1 順治九年六月浙江巡按杜立果揭帖，見《明清檔案》第十四冊，A14-166 號。按，此揭帖為殘件，其全文見柳同春編《天念錄》。

2 徐世溥《江變紀略》。

3 柳同春《天念錄‧自陳奏疏》中說：“即撫臣如章于天者……亦偽稱大司馬。”

4 南贛巡撫劉武元奏本中云：“江撫章于天非舊官乎？先事失於調停，臨事不能擔當。一旦被其淩逼，尚苟延性命，受兵部偽職，為之打造炮車。其忠君愛國之念何在？臣日為痛恨切齒者此也。”見《明清史料》丙編，第八本，第七六二頁。參見《清史列傳》卷八十《逆臣傳‧章于天傳》。

5 徐世溥《江變紀略》。

6 美國印第安納大學司徒琳教授著《南明史》英文版一二七頁提及“弘光大學士姜曰廣”，1992 年上海古籍出版社中文譯文第一一五頁竟誤譯為“前大學士，湖廣人姜曰廣”，把“弘光”譯成了“湖廣”。

7 清江西都司柳同春在金聲桓、王得仁反青後從南昌逃出，後來多次上疏清廷爭功，順治十年繪成“異慘全圖”恭呈御覽，這幅圖收入他所編輯的《天念錄》之首，題為《御覽異慘圖》。圖繪清兵四面包圍之南昌城內，有明朝衣冠的劉思贊、姜曰廣、金聲桓、金（余）應桂、王得仁、宋奎光六人站立，持刀兵丁六七人，中間屍骸若干具，上書“妻子親屬三十二口”。由此推知圖中標名姓的六個人是柳同春心目中的“罪魁禍首”。

御史，其他司道官也大抵是兩家的幕客。[1]

不久，他們得知隆武帝已經遇難，桂王朱由榔即位為帝，於是文書告示改署永曆二年，派幕客雷德復為密使，裝扮成和尚，攜帶佛經一部，內藏給永曆朝廷的奏疏，前往廣西行在報告反正情況。永曆朝廷下詔封金聲桓為昌國公，王得仁為繁昌侯。金聲桓提出自己已經用豫國公名義發佈文告，改封昌國公不妥；經朝廷同意聲桓仍封豫國公、得仁建武侯。[2]江西絕大多數府縣都聞風而動，紛紛樹起了反清復明的旗幟。其中比較重要的是吉安府守將劉一鵬、李士元率部歸附金聲桓；[3]饒州守將潘永禧，袁州守將湯執中、蓋遇時也據城反正。[4]其他府縣如後來清江西巡撫朱延慶所說："江西變亂之時，全省已無堅城。"[5]只有清南贛等地巡撫劉武元和南贛總兵胡有升、副將楊遇明、高進庫等據守以贛州為中心的贛南地區和參將康時升等扼守的廣昌府（府治在上饒）仍然在清方控制之下。[6]

金聲桓、王得仁起事前後，曾經派遣密使策動其他降清將領一道反戈，共襄盛舉。據劉武元、胡有升報告，金、王"遣使遺

1　這裏是依據《江變紀略》的記載。魯可藻《嶺表紀年》卷二，永曆二年十一月內記，"江西巡撫吳尊周請緩入朝"，接着又說："尊周原聲桓幕賓，反正題為巡按。"前後自相矛盾。另據乾隆五十四年《南昌府志》卷十九，《武備》記：封"劉一鵬為漢城侯"。

2　王夫之《永曆實錄》卷十一《金聲桓傳》記，雷德復到達廣西桂林，見着督師何騰蛟，"騰蛟驚喜，即填空頭敕，鑄銀印，間道遣使仍封聲桓豫國公，總督南、浙、江、閩，便宜行事。使先達，聲桓拜命。已，德復至南寧，詔封聲桓昌國公。聲桓曰：'吾以豫國舉義，人但知有豫國，而不知有昌國。'辭後敕，請如騰蛟敕。上許之，為加敕行。"同書卷一《大行皇帝紀》云"仍聲桓、得仁承制封如故"，亦指此。

3　順治六年二月南贛巡撫劉武元揭帖，見《明清檔案》第十冊，A10-47 號。

4　康熙五十九年《西江志》卷三十三，武事五。

5　順治六年十一月二十日江西巡撫朱延慶揭帖，見《明清檔案》第十一冊，A11-19 號。又，《清世祖實錄》卷四十六，順治六年十一月戊午日（是月丙辰朔）下記："江西巡撫朱延慶疏言：順治五年間，江西遭金、王二逆之變，文武各官俱相效割辦從逆，惟故巡按御史董學成、分守湖東道參議成大業、新喻縣知縣張雲鼉、廬陵縣知縣常庚、袁州副將尚第"不從被殺。

6　上引順治六年十一月二十日江西巡撫朱延慶揭帖。

書，希圖煽惑，不啻數十餘次。"[1] 遣密使致書河南開歸（開封、歸德）總兵高第（明亡時任山海關總兵）"約期舉兵"，高第"執其使以聞"。[2] 又致書清署長沙總兵徐勇（徐勇和金聲桓曾在左良玉麾下任總兵），要他起兵響應，使者被徐勇殺害。[3] 策反工作雖未能全部如願，但對於廣東提督李成棟的決策反清顯然起了重大影響。

反清之後，擺在金聲桓、王得仁面前的任務是向何方進兵。開初，金、王的決策是北上拿下九江，然後順江而下進攻南京。二月初，王得仁領兵進抵九江，清鎮守九江總兵冷允登帶領部下士卒五千人開城響應，接着佔領湖口[4]、彭澤[5]。清九江知府吳士奇等地方官都來歸附，王得仁命部將吳高接管九江府防務[6]。幕客胡澹提出了奇襲南京的建議："乘破竹之勢，以清兵旗號服色順流而下，揚言章撫院（指章于天）請救者，江南（指南京）必開門納君，其將吏文武可以立擒。遂更旗幟，播年號，祭告陵寢（指明孝陵），騰檄山東，中原必聞風響應，大河南北，西及山、陝，其誰得而為清有也？"[7] 王得仁很重視這個建議，一面派兵入長江，收取九江上下游地方，一面派使者回南昌請示金聲桓。

王得仁的軍隊佔領九江一帶以後，地處長江中游的湖北、安徽許多地方的復明勢力迅速響應，一時風起雲湧，形勢頗為可觀。

1　劉武元《虔南奏議》卷一，順治五年八月初一日題本；胡有升《鎮虔奏疏》卷上，順治五年八月初六日題本。

2　《清世祖實錄》卷三十七。

3　《滿漢名臣傳》所收《徐勇傳》，黑龍江人民出版社 1991 年版，第四四二三頁。

4　嘉慶二十三年《湖口縣志》卷十七《史事》記："順治五年戊子，江西提督金聲桓叛，遣其黨王得仁攻陷九江。二月朔，據湖口。"

5　康熙二十二年《彭澤縣志》卷十四《雜記》載："順治五年江西提督金聲桓叛，遣其黨王得仁攻陷九江，偽署吳高鎮之，屬縣皆被其害。"

6　康熙五十九年《西江志》卷三十三《武事五》。

7　《江變紀略》。

在湖廣方面，二月二十八日王得仁部下一支軍隊乘船五百餘艘，直抵蘄州城下，陸路馬步軍五千餘人也進攻南門。因清兵固守，未攻下蘄州，[1]但王得仁軍已佔領黃梅、廣濟等縣，派設了文武官員。[2]蘄水縣境復明勢力也很活躍，該縣縣志記載，"（順治）五年戊子，江西金逆叛兵抵九江。蘄、黃、英、羅各山寨誤聽之。聯結雄長，亙數百里。蘄東北一帶亦為所愚，攻城掠野幾一年許，民用逃竄。己丑夏，督撫遲及柯率師招安之。尋又變，大兵復進，又招安，然婦女廬室之分離擾亂甚矣。"[3]《麻城縣志》記載："順治五年，江西金聲桓據省城反，風聞江北，周承謨等因從北鄉倡亂，連延東南山以及英、霍山谷，揭竿嘯聚。知縣徐鼎請兵討平之。"[4]後來清湖廣四川總督羅繡錦在一件奏疏中說："江右金逆自順治五年二月內稱兵告叛，而黃屬地方除黃陂外揭竿響應者無地非賊矣。各縣皆堅壁禦賊，彼其時期於城守無虞幸也，賦稅之徵豈能問乎？"疏中還具體指出了蘄州、麻城、羅田、蘄水、黃梅、廣濟、黃岡、黃安各州縣在順治五、六兩年都為"土賊盤踞，田地拋荒"。[5]甚至在省會武昌西北面的孝感縣反抗勢力也大為高漲，地方官員惶惶不可終日。《孝感縣志》記載："順治五六年時，邑盜賊大起，在途人必讓路，客會坐必絕席，有犯則釀金出之，首告則官必楚之。盜得氣甚，乃作韻語宣言於邑曰：'弟兄一千七，天下無人敵。有

1 順治五年三月二十二日湖廣提督柯永盛"為逆賊窺犯蘄城，官兵奮勇獲捷"事揭帖，見《明清檔案》第七冊，A7-163 號。康熙三年《蘄州志》卷十二《兵寇》記："順治五年三月，九江寇水陸並進，至蘄州口城南，參將韓友領兵擊敗之。"

2 順治五年三月二十二日柯永盛"為官兵擒獲逆帥謹據實報聞事"揭帖，見《明清檔案》第七冊，A7-164 號，同件又見《明清史料》甲編，第三本，第二二二頁。

3 康熙二十三年《蘄水縣志》卷一《沿革》。

4 康熙九年《麻城縣志》卷三《變亂》。

5 順治七年八月湖廣四川總督羅繡錦"為報明勘確兵荒州縣逋負萬不能完，仰乞聖慈鑒允除豁事"揭帖，見《明清檔案》第十二冊，A12-6 號；又見《明清史料》甲編，第三本，第二七一頁。

人來犯我，一個一兩一。'"[1]真可謂意氣風發。有的史書記載清湖廣總督羅繡錦唯恐金、王義師進攻武昌，不得不採取緩兵之計，派人致信說："人心未死，誰無漢思？公創舉非常，為天下倡，天下咸引領企足，日夜望公至。但贛州東西要害，山川上游，公欲通粵，則贛介其中；公欲他出，則贛乘其後，計莫若先下贛，贛下則楚地可傳檄定矣。"[2]清廷接到江西起事的報告之後，立即命令進至湖南的孔有德、耿仲明、尚可喜三王率部退回漢陽。孔有德見人心不穩，為了防止內變，竟然把在湖南降清的原明安國公劉承胤、偏沅巡撫傅上瑞等人全部殺掉。[3]這些事實說明當時清朝對湖廣的統治還不穩固，防守兵力相當有限。

九江以東的安徽部分州縣情況也很類似。溫睿臨記載："戊子春正月，江西金聲桓來歸，九江以東，望風趨附。"太湖（安徽縣名）、宿松、潛山、英山一帶的反清勢力相繼而起，各立山寨，奉南明永曆朝廷的正朔。這年二月十四日，各山寨義軍共立明寧藩後裔朱統錡為石城王，居於潛山飛旗寨，"以永曆紀年造作符印，以次拜官，自郡縣、監司、撫按、科道、部院、總鎮之屬咸備。他寨未有謁者以兵降之。其授部院職者有傅夢弼、傅謙之、桂蟾、義堂和尚之屬，皆佐統錡，在諸寨為飛旗外衛。於是，統錡撫有二十四寨，因聯絡蘄黃四十八寨，其來謁者，各受職有差。"[4]《太湖縣志》記："時金逆突起，大江以南望風披靡。皖屬安危在呼吸間。……宿邑（指宿松縣）已署偽官，本縣城空，官民俱棄不守。"

1 順治《孝感縣志》卷二十二《逸事編》。
2 瞿共美《天南逸史》。按，原文寫作"大清鎮守湖廣羅提督"，提督當為總督之誤。王夫之《永曆實錄》卷十一說，金聲桓派使者勸羅繡錦反正，羅猶豫不決，"然已密遣優人具冠帶袍笏矣"。
3 魯可藻《嶺表紀年》卷二。
4 《南疆逸史》卷四十八，宗藩《朱常巢、朱統錡傳》。

清操江都御史李日芃急忙移鎮安慶，由於順江東下的明軍不多，在小孤山被清軍擊敗。[1] 潛山縣百姓因受清政府高額榨取，這時也乘機而起，史載順治五年十月潛山縣有所謂"十畝賊"，"土賊余公亮，糧里也，因知縣胡繩祖加田畝過額，十月初一日嘯眾千人據英窠寨為亂，名十畝賊。時監生胡經文屢蓄不軌，事覺，久逃他郡，至是亦據舒界橫山寨應之。十二月二十三日，英窠數百人掠縣市。將官李之培領兵百人往禦，莫支。自是，天堂、塽口二十餘寨俱陸續相繼立矣。"[2] 據清方檔案："惟英窠一寨山勢最險，賊兵最強。各寨倚英窠為主，英窠藉各寨為援。"直到次年（1649）六月，清軍在總兵卜從善督戰下才攻破該寨。[3]《桐城縣志》記載："五年戊子春三月，土賊范大、范二起桐白雲寨。次年春二月，鎮將卜從善等撫之。"[4] 建德縣鄉宦胡士昌公然網巾大袖，口稱大事已就，勸知縣速為迎順，以至"人心洶洶，咸無固志"。胡士昌雖然被清政府擒殺，但他的行動顯然反映了當時安徽民心的動向。[5] 廬州府朱國材化名馮弘圖，"假稱史閣部（可法）"名義起兵，先攻克巢縣，接着又聯合無為州鄉宦吳光宇、生員沈士簡、吳乾生等人，於順治五年正月二十九日夜間裏應外合，攻克無為州。二月初六日，朱國材在同來援清軍交戰時被擒殺。[6]

1 康熙十四年《太湖縣志》卷二《兵氛》。按，該書還記有閏四月太湖縣"山賊陳麟等密受偽札謀亂"，被清政府擒獲事。

2 康熙二十二年《安慶府志》卷十四《兵氛》。

3 順治六年六月二十四日劉弘遇揭帖殘件，見《清代農民戰爭史資料選編》第一冊下，第二六七頁。

4 康熙十二年《安慶府桐城縣志》卷二《兵事》。

5 順治五年三月十二日江南總督馬國柱題本，見《明清史料》丙編，第七本，第六一一頁。

6 "巡按淮揚等處試監察御史為塘報賊情事"殘揭帖（順治五年十二月初九到），見《明清史料》甲編，第三本，第二四〇至二四一頁。順治五年四月江南上江巡視御史潘朝選揭帖中說"土賊襲破無為州、巢縣"，江南總督馬國柱、操江陳錦發滿漢軍星飛渡江，收復二州縣。見《明清史料》丙編，第七本，第六七四頁。

江西反正之後很短時間裏，湖北、安徽反清浪潮的高漲，說明金聲桓、王得仁以主力出兵北上，在長江中下游會合各地義師共圖恢復是唯一正確的方針。儘管由於柳同春逃往南京告警，清方已有戒備，不可能假冒清兵旗號偷襲南京，但是，金、王主力北進可以同武昌至南京之間的廣闊地區內復明勢力連成一片，對清朝對南方的統治必然構成極大的威脅，清廷由北京遣發的援軍也不可能順利進入江西。

清廷在接到江西叛變和湖廣、南京的告急文書後，深知江南兵力有限，迅速採取對策，調兵遣將。三月十五日，攝政王多爾袞派正黃旗滿洲固山額真譚泰為征南大將軍，同鑲白旗滿洲固山額真何洛會、降將劉良佐帶領滿、漢、蒙兵馬從北京趕赴江西，鎮壓金聲桓、王得仁起義。[1] 同時，命固山額真朱馬喇、江南總督馬國柱領兵由江寧（南京）溯江而上，在安慶府（今安徽省安慶市）同譚泰軍會合。[2] 為了防止反正的明軍佔領湖北，又命令正在湖南作戰的孔有德、耿仲明、尚可喜三王率部撤回漢陽地區。戰局的這一變化，對南明無疑非常有利。

然而，永曆朝廷虛有其名，無人統籌全局做出相應的決策，各地實力派自行其是。江西的金聲桓、湖南的何騰蛟都缺乏戰略眼光，沒有抓住有利時機，互相配合，趕在清廷援軍到達以前迅速收復失地，擴大轄區和政治影響。

從當時的情況來看，江西反正後緊接而來的是李成棟的叛清歸明（見下節），龜縮於贛州等少數城池的清軍只能固守待援或觀

---

1 《清世祖實錄》卷三十七。參見《清史列傳》卷七十九《劉良佐傳》。
2 柳同春《天念錄》，順治十二年九月初六日《部覆知照》。

風察勢，不足以對反正明軍構成重大威脅。王得仁部前鋒在二月間已經佔領了廣濟、黃梅、湖口、彭澤，控制了九江東西航道，如果金聲桓率領主力接應，既可以扼守廣濟，阻擊湖廣來犯之敵，順長江東下攻取安徽、江蘇；也可以扼守彭澤小孤山一帶，阻擊由南京而來之敵，搶在孔有德等三王未返漢陽之前（三王兵在四月間才由湖南撤到漢陽）進攻該地。可是，王得仁的使者到達南昌後，金聲桓召集親信官幕商討大舉出兵東下南京的方案，參加會議的人多數都表示贊成，說："此上策也。若西取武漢，連衡、鄖、襄，與湖南何氏（指何騰蛟）鼎足相投，此為中策。萬一不然，攻城破邑，所過不留，重為流寇，此出下策。雖然，審能如是，竟亦不失中策。待永曆帥六師，堂堂正正而後北伐，清兵猝至，嬰城自守，則無策也。"[1] "總督"黃人龍卻力排眾議，斷言"三策皆非也。不聞寧王之事乎？贛州高氏（指高進庫）在彼。"金聲桓一介武夫不知史事，愕然詢問詳情，人龍說："昔者明有寧王名曰宸濠，反於江西，以不備贛州故，為贛州巡撫王守仁所擒也。"[2] 黃人龍的危言聳聽使金聲桓頓時改變了主意，決策調回王得仁軍，並在三月上旬親自率領主力南下進攻贛州。[3] 三月二十三日，清江寧（今南京）同知趙廷臣派船到江西彭澤偵探，發現金、王所設官員已經撤退，只在小姑山（即小孤山）兩岸留有少數軍隊佈防。[4] 這一關係匪淺的決策無疑犯下嚴重錯誤。當年寧王朱宸濠起兵時的情形與此時並不一樣。首先，宸濠是以明朝藩王的身份以南昌一城之地反

1　徐世溥《江變紀略》。

2　徐世溥《江變紀略》。

3　徐世溥記："三月丙辰，乃出師。騎步舳艫旌旗輜重，水陸互三日不斷。"按是月丙申朔，丙辰為二十一日，據清方檔案，金聲桓兵十六日已入贛州界，十九日至城下，《江變紀略》有誤。

4　順治五年四月提督操江李日芃揭帖，見《明清檔案》第八冊，A8-56 號。

叛朝廷；金聲桓則是反清歸明，南明力量雖弱，畢竟還有一隅之地和相當的政治影響。其次，劉武元、胡有升、高進庫等人很難同王守仁類比，他們原先是明朝中級武將或臣民，既可以投機降清也可以投機歸明。特別是金聲桓、王得仁反清兩個多月後，廣東李成棟也加入了反清復明的行列，整個兩廣各府縣都轉入南明之手，南贛巡撫、總兵兼轄的湖南郴州、桂陽又處於南明督師何騰蛟控制之下，劉武元等僅以一鎮兵力根本不可能離開巢穴贛州北攻南昌；何況王守仁起兵平定宸濠時得到了吉安知府伍文定的大力支持，而這時地處江西中部的吉安重鎮已倒向金聲桓。稍假時日，贛州孤城很可能自動倒戈。正如錢秉鐙《盱江感事》詩中所云："中興時異承平計，誤擬文成據上游。"[1]戰略決策上的重大失誤導致了慘敗。

三月十六日，金聲桓親自統領大軍"二十餘萬水陸並進，直犯贛界"，十九日進抵贛州城下。攻城之前曾多次進行招降，對高進庫等將領許以加封官爵。這裏順便說一下，南明人士所撰史著中常常過分誇大了高進庫的作用，把他說成據守贛州的清軍主將。其實，當時在贛州的有南贛巡撫劉武元（此人原為明朝參將，在遼東降清）、南贛總兵胡有升下轄五營，每營一千名，協守將領高進庫、徐啟仁二營，每營兵額也是一千名，[2]總共不過七千兵馬。金聲桓兵臨城下時，李成棟尚未反清（成棟易幟在四月十五日，距金聲桓進攻贛州不到一個月），劉武元、胡有升不僅沒有感到後顧之憂，還派急使要求佟養甲、李成棟出兵相救。金聲桓的招降只收

1　錢秉鐙《所知錄》卷四。按，此詩在《藏山閣詩存》卷八《生還集》中，原題《江城感事》，戊子九月作。

2　胡有升《鎮虔奏疏》卷上，順治四年十二月二十八日"備陳贛南情形疏"。

到部分效果，贛州右協副將徐啟仁在雙方交戰於城外時，就"暗通逆賊，賣陣回營"。總兵胡有升見兵力不敵，數十次下令全軍入城憑險扼守，徐啟仁卻帶領部下一千名兵馬奔回原駐地南安府，連同府內的道、府文官舉城投順了金聲桓；[1] 鎮守南雄的雄韶協將李養臣也跟着投降。[2] 贛州雖然成了一座孤城，但該城三面臨水，地勢險要，城牆堅固，是易守難攻的重鎮。劉武元、胡有升督促部將高進庫、劉伯祿、楊遇明、賈熊等奮力頑抗，雙方相持不下。閏四月初一日，王得仁又帶領由九江回師的兵力號稱十餘萬來到贛州，同金聲桓一道繼續猛攻。閏四月二十二日，贛州清軍突然出城反擊，王得仁中炮負傷。這以後，金、王"重挖深濠，重築營城，層層圍困，意在不克不休。我兵內絕糧草，外無救兵……勢難久待。"城內米價高達四十五兩銀子一石，[3] 南贛總兵胡有升見士卒飢餒不堪，被迫"將自備戰馬初則變价以犒兵，繼則活宰以充飢"[4]，贛州已危在旦夕。

然而，贛州城下曠日持久的戰役對金聲桓、王得仁是非常不利的。清方的奏報對金聲桓、王得仁統率的兵力數字肯定有所誇大，但是金聲桓指揮圍困贛州的兵馬肯定超過城內清軍，王得仁的率部增援不僅毫無必要，而且造成了贛北防守力量嚴重不足。就在金、王大軍頓兵於贛州城下的時候，清廷派遣的征南大將軍譚泰帶領滿、漢軍隊已經迫近江西。閏四月下旬，清軍進至東流

---

1 徐啟仁投降金聲桓後，曾率部參加進攻贛州之役，後被清軍擒殺。見劉武元《虔南奏議》卷二，順治六年五月初七日"為確察南安失事情形遵旨具奏事"疏。

2 乾隆十八年《南雄府志》卷十七《編年》記："順治五年戊子，江右金聲桓、王得仁反，遣偽總兵侯攻陷南雄，守將李養臣降之。"又見胡有升《鎮虔奏疏》順治五年八月初六日"題報戰守殺賊情形疏"。

3 順治六年三月二十七日南贛總兵胡有升揭帖，見《明清檔案》第十冊，A10-52號。

4 胡有升《鎮虔奏議》卷下，順治八年十一月十二日"聖明親政伊始，敬陳任內事實疏"。

縣，兵分兩路，譚泰部攻九江，何洛會部攻饒州府。同月底，奉金聲桓、王得仁之命鎮守九江的明將吳高棄城而逃。五月初一日，清兩廣援剿副總兵楊捷佔領江西門戶九江。[1] 何洛會軍也在閏四月三十日攻克饒州府。五月初七日，清軍前鋒進入南昌府境。[2] 消息傳來，金、王為救老巢不得不下令全軍撤退，回保南昌。劉武元、胡有升乘機命令部將於五月初九日開城出擊；金、王無心戀戰，後衛部隊損兵折將，狼狽撤退。五月十九日，金聲桓、王得仁引軍返回南昌。六月初三日，王得仁領精兵出城迎戰南下清軍，在七里街被清軍擊敗，退回南昌。譚泰乘勝揮軍前進，在七月初十日包圍了南昌，[3] 分兵四出，掃除外圍，切斷省會同其他州縣的聯繫。清軍大肆搶掠，驅迫數以十萬計的附近鄉民挖掘壕溝，深廣各二丈；在贛江上構造浮橋三座。抓來的民夫每天只給粥一餐，"溽暑督工不停晷，上曝旁蒸，死者無慮十餘萬"；"婦女各旗分取之，同營者迭嬲無晝夜。"八月初九日左右，挖壕工程完畢，"所掠男女一並斤賣"，南昌"附郭東西周回數十里間，田禾、山木、廬舍、邱墓一望殆盡矣。"[4]

南昌城裏的金聲桓、王得仁除了固守城池，等待援兵以外，多次親自帶領兵馬出城向據守壕溝的清軍發起衝擊，但都被擊退。徐世溥在《江變紀略》中不知出於甚麼動機，竭力醜化金、王。在他筆下，金聲桓是"面色如土，嘆恨而已。諸將褌裹問，百不一應。惟日責姜太保（指姜曰廣）令其遣客間道出城，號召四鄉起義"；

1　順治五年十月初六日江西巡按王志佐"為要地必需良將事"揭帖，見《明清檔案》第九冊，A9-104號。參見康熙十二年《九江府志》。

2　"征南大將軍固山額真譚泰等奏本殘件"，見《明清史料》丙編，第八本，第七〇六至七〇七頁。

3　《清世祖實錄》卷四十二。

4　徐世溥《江變紀略》。

王得仁則在危城之中，"方娶武都司女為繼室，錦綺金寶，筐篋萬千，以為聘幣。親迎之日，繡旆帷燈，香燎歷亂，鼓樂前後導從溢街巷。"[1] 實際上，依據清方檔案，從八月初九日到十月二十六日，南昌明軍選擇不同方向開城出戰至少有九次，其中王得仁帶領衝鋒三次，金聲桓帶領衝鋒的有兩次，金、王共同指揮的一次，不詳指揮者的兩次，由劉總兵（劉一鵬）帶領的一次。[2] 這就足以證明金聲桓、王得仁在戰略戰術上雖不怎麼高明，但勇於拼搏則毫無疑問。清方以八旗勁旅為主的大批軍隊頓兵堅城之下達數月之久，一等梅勒章京覺羅顧納岱在攻南昌府城時"中炮陣亡"[3]，說明金聲桓、王得仁指揮的官兵作戰非常英勇。

南昌城被圍困日久，糧食薪柴均告匱乏。城中米價先漲到一石要六十兩銀子，後來更高達六百兩，最後是斷糧，"殺人而食"，拆屋而炊。城中軍民處境十分艱難，不少人為了不致餓死，從圍城中逃出。不料清軍主帥譚泰早已拿定主意，不管是來降官兵，還是逃出難民，一律屠殺。據清方報告：順治五年九月三十日"省城各門投出百姓有三四十者，有五七十者，有百餘者，俱出投降。拿到譚固山面前審畢，發與眾家男婦不留，俱殺訖。十月初一日，省城百姓從四門投出男婦共有三百餘名，譚固山審問，據說城內絕糧半月有餘，米賣銀八錢一升，糠賣銀二錢一升，老鼠一個賣銀二錢，人吃人，不能支捱；審畢發出分殺訖。"初二日，"賊偽王副將乘城內火起，帶領賊兵並家眷五百餘名，薙髮押甲投出，譚固山止留十一員名，餘賊分殺訖。初三日午時，有賊將一員領賊兵

---

1 《江變紀略》。這種說法為《南疆逸史》等書所沿襲。

2 《明清史料》丙編，第八本，第七〇六至七〇七頁，"征南大將軍固山額真譚泰等殘奏本"。

3 鄂爾泰編《八旗通志》卷一四三《覺羅顧納岱傳》。

一百二十名攜帶大獨眼槍四桿、三眼槍四桿、鳥槍七桿、火藥三桶，投在廂紅旗下；火藥、火器留用，賊官賊兵俱殺訖。本日未時，城內投出百姓男婦七十餘名，男人分殺，婦女分留……"[1] 這就是滿洲貴族"仁義之師"的本來面目！

遷延到 1649 年（順治六年、永曆三年）正月十八日，清軍發動猛攻，十九日午後蒙古兵暨雲梯登上城牆，南昌失守。金聲桓身中二箭，投入帥府荷花池內自盡，大學士姜曰廣在偰家池投水而死[2]，"王得仁突圍至德勝門，兵塞不能前，三出三入，擊殺數百人，被執，支解。"[3] 刑前，譚泰派人審問王得仁為何叛清，得仁回答道："一念之差。"[4] 逃往南京報信的江西都司柳同春質問道："你為甚麼把我妻子殺了？"王得仁坦然回答："是，然是該殺的。聽見說你去請大兵，故此殺了。"[5] 應對中頗露豪爽之氣。

堅持了將近一年的金聲桓、王得仁反清鬥爭遭到血腥鎮壓。譚泰、何洛會奏報平定江西捷音中說："南昌、九江、南康、瑞州、臨江、袁州等府地方俱平，獲金銀、騾馬、船隻、珠、珀、珊瑚、玉帛、貂裘等物無算。"[6] 江西百姓遭受了一次浩劫，滿洲貴族及其幫凶們又發了一大筆橫財。

金聲桓、王得仁領導的江西反清在南明史上是一個比較重要的

1 順治五年十月江南江西河南總督馬國柱"為塘報剿殺江西逆賊情形事"揭帖，見《明清檔案》第九冊，A9-144 號。

2 《江變紀略》。溫睿臨《南疆逸史》卷六《姜曰廣傳》記，金聲桓"自投於城之東湖"。彭士望《恥躬堂詩集》卷十六《山居感逝》詩注中說，姜曰廣"縊於敕賜故翰林郭思顏仁臣之心坊下"。魏耕《雪翁詩集》卷四，《題姜閣老曰廣絕命辭卷後》詩中有"滿門同日赴黃泉"句。

3 《江變紀略》。

4 順治九年六月浙江巡按杜果題本，見《明清檔案》第十四冊，A14-166 號。按，參與審訊的柳同春在《天念錄》中記王得仁答語為"一念差錯"。

5 柳同春《天念錄》，順治十二年九月初六日《部覆知照》。

6 《清世祖實錄》卷四十二。

事件。不到兩個月廣東又發生李成棟反正，本已走到山窮水盡的永曆朝廷轉眼之間頓覺柳暗花明，中興有望了。然而，南明當局的腐敗無能卻表現得淋漓盡致。江西反正後，清廷唯恐九江上游失守，在 1648 年四月就把孔有德、耿仲明、尚可喜三王兵馬撤回武昌、漢口，留守湖南的兵力非常薄弱。南明當國大臣在湖南戰場上毫不積極，坐失事機。督師閣部何騰蛟在五月間收復廣西全州，拖到十一月初一日才攻下湖南永州，接着又同堵胤錫、李赤心部為爭奪恢復湖南功績大鬧矛盾。與何騰蛟氣脈相通的留守大學士瞿式耜在 1648 年十一月的一件奏疏中說："該臣等看得，逆虜之大隊力攻江西也，以首倡反正之故；而我國家之光復中興也，亦惟江西勝敗是視。臣等每常拊心祝天曰：'祖宗其庶幾鑒金、王兩勛鎮以殄滅此羯虜乎！'而果然矣。"[1] 從表面上看，瞿式耜、何騰蛟也知道江西戰役是南明能否中興的一個關鍵，可是瞿式耜的奏疏是根據何騰蛟十月底的塘報，塘報中雖然提到南昌在"八月初十日城內糧盡，城外虜炮千門，晝夜攻打，幾破兩門"，接着就說十一日金、王背城大戰，清兵潰亂，"自相披靡，折虜萬級，獲虜馬萬匹，虜眾風鶴，大黃船萬隻自棄江干，奔下江口去，會城遂定。""今金、王日發前鋒劉一鵬領兵四萬，入楚會師，听督師調度，火牌直抵鄱縣。贛州高虜（指高進庫）聞知李成棟兵十萬到南雄，已於九月二十八日竄入興國、雩都山谷一帶，吉、贛各官已定，兩府伏平。"這一系列江西"奇捷"的假情報肯定出自何騰蛟的編造，說明其人虛誇爭功已經到了不擇手段的程度。南昌城被圍困得人吃人，守軍望援，度日如年；永曆朝廷重臣卻謊報奇捷，"不勝雀躍"，準備"告廟策

---

1 《瞿式耜集》卷一，奏疏。

勛"，這大概就是瞿式耜疏中所說的"人謀既臧"。[1]

湖南的何騰蛟既然謊報江西南昌、吉安、贛州均已取得大捷，自然無須出兵救援；廣東的李成棟雖然曾經兩次進攻贛州，但據當時正在江西的錢秉鐙分析，李成棟本來可以引兵直下南昌，解金、王之圍，合擊譚泰部清軍，但他另有自己的打算。錢氏說："然吾觀粵東之師，志在得贛（指贛州），非真有救南昌之志也。彼反正初心，以同事者（指佟養甲）攘其功而位踞其上，己反俛聽節制，以此怏怏而反，既得其位而全省皆為所有，志願足矣。豈知因時舉事為國家收李、郭之勛哉！其志在圖贛，特藉救南昌為名，實欲自廣其土地而已。未嘗念江西亡則粵與俱亡，而救江西為自救之計也。"[2] 南明朝廷內部矛盾重重，湖南、廣東實權人物只顧自己眼前私利，根本談不上互相配合作戰。1648—1649 年江西之役最值得總結的是：清廷不論怎麼落後、野蠻，畢竟像個政府，能夠統籌全局，令行禁止。而南明政權歷來是派系紛爭，各實力集團或互相拆台，或坐觀敗亡，朝廷是個空架子，缺乏起碼的權威。歷來的史家都把清勝明敗歸因於清兵強勁無敵，這種觀點不過是清朝統治穩固以後"欽定"的翻版。上文指出為清廷收取江西的是金聲桓、王得仁等漢族軍隊；金、王反清之後引兵南攻贛州在戰略上犯了致命的錯誤。然而，清朝湖廣、江南都沒有足夠的力量出兵援贛，清廷被迫由北京派譚泰、何洛會兩個固山額真領兵迢迢數千里走了兩個多月（三月至五月間有四月和閏四月）才趕到江西，使金、王攻贛之役功敗垂成。反觀南明，南昌從 1648 年七月

---

1 《瞿式耜集》卷一，奏疏。按，劉一鵬與郭天才等都在南昌城破後被清軍捕殺，根本沒有甚麼領兵四萬入楚听何騰蛟調度之事。

2 錢秉鐙《藏山閣文存》卷五《粵論》。

被圍到 1649 年正月城陷，長達六個月，沒有得到南明其他軍隊的任何支援。這就證明，清軍作戰能力相當有限，南明各派勢力的互相拆台才是導致自身瓦解的真正原因。

三月間，南昌城陷，清軍屠城。[1] 金聲桓等殉難的消息報至行在肇慶，永曆帝贈金聲桓為豫章王，諡忠烈；王得仁贈建國公，諡武烈；[2] 姜曰廣贈進賢伯，諡文毅。[3]

在金、王反正之時，崇禎朝兵部左侍郎余應桂、生員吳江也在南康府起兵，攻克都昌、湖口、星子等縣。吳江自稱巡撫，余應桂稱兵部尚書。清軍入贛時，首當其衝，先後覆敗，吳江、余應桂都被殺害。[4]

第二節　李成棟以廣東全省反正

1648 年（順治五年、永曆二年）四月[5]，清兩廣提督李成棟反清復明，這是繼金聲桓、王得仁江西反清之後又一件震動全國的大事。李成棟曾經參加明末農民起義，綽號"李訶子"[6]，長期跟隨李自成的部將高傑（綽號"翻山鷂"），後來隨高傑投降明政府，弘光時任徐州總兵。1645 年高傑在睢州被許定國刺殺，清兵南下時，李成棟奉高傑的妻子邢氏投降了清朝。在清廷進兵江南的過程中，

1　彭孫貽《茗齋集》卷四，《道經南昌府君祠下》詩前序云："戊子，聲桓又叛，清譚泰攻滅之，屠南昌。"

2　錢秉鐙《所知錄》卷三。王夫之《永曆實錄》卷十一記金聲桓贈榆林王，諡忠武；同書卷一《大行皇帝紀》又說金聲桓諡忠毅，王得仁諡忠壯。

3　《永曆實錄》卷一《大行皇帝紀》。

4　《清世祖實錄》卷四十；《南疆逸史》卷十六《余應桂傳》。參見《甲申朝事小紀》第四編卷七《余應桂紀略》《吳江紀略》。李元度《國朝先正事略》卷十一《楊敏壯公事略》記，楊捷時任清朝九江總兵官，"旋率兵復都昌，獲偽官余應桂等，斬之，江西平。"

5　這是清時憲曆，清曆置閏於四月，明大統曆置閏於三月，若按大統曆則為閏三月。

6　《清史列傳》卷八十《李成棟傳》。

李成棟奉命率部沿江蘇、浙江、福建、廣東、廣西一線進攻，為清方收取了大片疆土。特別是在清方第一次進攻廣東和廣西部分州縣的戰役中，李成棟起了關鍵作用。他自以為功勛卓著，兩廣總督一職非己莫屬。不料清廷在任用漢人官職上總是優先選用所謂遼人。同李成棟一道從福建入廣的漢軍總兵佟養甲屬於遼陽世家，這個家族自明初以來不少人擔任過衛所軍職。努爾哈赤進攻撫順時，他的同族兄弟佟養正叛變投降，佟氏家族因此遭到明政府的嚴厲迫害，一部分在遼陽被殺，一部分押進山海關內拘禁。佟養甲的父親佟進被押進關內受冤而死，養甲為避禍計改姓名為董源投入左良玉幕下謀得一個督理鹽餉的差使。1645 年清軍南下，他投靠清朝，恢復姓名，立即受到滿洲貴族的信任。[1] 佔領廣州以後，儘管他沒有多少軍隊，也沒有多大戰功，卻被任命為兩廣總督兼廣東巡撫，[2] 李成棟只被任命為兩廣提督，不僅無權過問地方政務，而且在軍事行動上還要接受佟養甲的調度和節制，兩人原先的同僚地位變成了上下級關係。[3] 清廷重用 "遼人" 而做出的不公平的待遇，對於野心勃勃的李成棟是難以忍受的，內心的不滿逐漸積累起來。到 1648 年正月江西提督金聲桓、副將王得仁反清

1　魯可藻《嶺表紀年》卷二記："養甲為寧南侯左良玉督餉鹽於揚州，名董元。降口（虜）乃復姓名。揚州未陷時，養甲於南京勸馬士英為降計，士英笑而不答。養甲知失言，急出登舟。士英隨悟不應放之去，差人覓之，已解維。"瞿共美《天南逸史》記："養甲於崇禎年間詭名董英，由提塘起，得至總兵。弘光時，賄馬士英，提督南直鹽法，贏積過多。貝勒至，攜之入閩，因令取粵。"初讀此事，頗覺離奇，似難置信。後閱《佟氏宗譜》（康熙年間修），內收順治十三年南贛巡撫佟國器撰《先世被難述略》，文中云："曾叔祖諱進，號靜齋，係宿學明經，解進關內收繫獄中，含冤而死。子諱養甲，患難流離，易姓董，更名源，順治元年始復姓，歷官兩廣總督兵部尚書……"可證確有其事。但佟國器記其復姓名在順治元年，當是二年之誤。

2　按照明後期的慣例，廣東、廣西設置兩廣總督，廣東巡撫由總督兼任，另設廣西巡撫駐於桂林，處理廣西事務，聽從總督節制。清初沿襲了這種安排，後來才增設廣東巡撫。

3　清廷正式任命佟養甲為兩廣總督兼廣東巡撫在順治四年五月，李成棟在同年六月，見《清世祖實錄》卷三十二，這以前為貝勒博洛札委。有的史籍上說李成棟只被任命為廣東總兵，不確。

歸明的消息傳來時，李成棟認為時機成熟，決定反正易幟。四月十五日，他在廣州發動兵變，剪辮改裝，用永曆年號發佈告示，宣佈反清歸明；總督佟養甲倉皇失措，被迫剪辮，違心地附和反正。[1]廣東全省都在李成棟的部將控制之下，各州縣官員望風歸附。廣西巡撫耿獻忠也在梧州同梧州總兵楊有光、蒼梧道陳軾率部反正，並且立即派使者進入南明轄區報告兩廣反清歸明，接着李成棟的使者帶來了正式賀表和奏疏。當時，永曆朝廷正處於艱難窘迫之中，廣東全省和廣西已失府州的突然反正簡直是喜從天降，開初都不敢相信，經過幾天的探聽，特別是原已降清的廣西巡撫曹燁、高雷巡撫洪天擢等人前來朝見，說明原委，永曆君臣才解除了疑慮，頓時一片歡騰，收拾逃難行裝，準備重整河山了。

　　李成棟決策反清歸明經過一段密謀策劃，內幕情況在南明史籍中記載分歧。促成他決心反正的原因除了上面說過的清廷歧視政策以外，還有三個原因：一是張家玉、陳子壯、陳邦彥等人的誓死抗清，殺身成仁，使他這位明朝降將不能無動於衷，儘管他親自鎮壓了這些起義，但良心並未完全泯沒；二是在廣東的一部分原明朝官紳如大學士何吾騶、吏科都給事中袁彭年等人心不忘明，當他們察覺李成棟同佟養甲（實際上是同清廷）有矛盾時，立即抓住機會暗中策動李成棟反正；三是成棟愛妾趙氏以死相激成為反正的導火線。下面就史料分歧較大的後兩點做必要的闡述。

　　何吾騶、袁彭年等人的幕後策劃和參與密謀確有其事。何吾騶，香山縣人，崇禎年間已入閣任大學士，隆武時繼黃道周為首

1　佟養甲心懷異志，後來被殺，見下文。在李成棟反正後被處死的還有清廣東巡按劉顯名，見《八旗通志》卷二百三十《劉顯名傳》。

輔，兵敗之後逃回廣東。許多史籍說他參加了紹武政權，未必可信。瞿式耜記載醞釀擁立桂藩時，兩廣總督丁魁楚還在動搖觀望，直到收到何吾騶的信後才拿定主意，可見何吾騶是主張擁立朱由榔的。[1] 清軍入廣以後，何吾騶雖然沒有起兵抗清，但他並沒有出仕清朝，而是以在野的身份暗中展開策反工作，"密通書於故吏潘曾緯、洪天擢，相機說成棟舉事。"[2] 到李成棟反正前夕，他才親自出面，和另一位原任明朝大學士黃士俊應李成棟的邀請"就議密室"。成棟表達了自己決心反正的意向時，"公（指何吾騶）亟相率下拜，曰：'公言及此，我太祖高皇帝之靈，宗廟社稷之福也！'於是督公（指李成棟）下令歸版籍，迎乘輿，以端州為行在所。"[3] 由此可知，何吾騶作為兩朝元老，在策動和贊決李成棟反正上是起了重要作用的。袁彭年曾在崇禎、弘光朝任職推官、給事中，隆武時任吏科都給事中。清兵入閩後投降，任清廣東學道；順治四年五月因廣東布政使耿獻忠升任廣西巡撫，袁彭年由佟養甲題請補授廣東布政使。[4] 按明、清定制，布政使掌管一省行政、財政，袁彭年即利用這一權力成為李成棟密謀反正的核心人物之一。據記載，李成棟曾"同署藩司袁彭年、養子李元胤登樓去梯，相謂曰：吾輩因國難去順歸清，然每念之，自少康至今三千餘年矣，正統之朝雖有敗，必有繼起而興者。本朝深仁厚澤，遠過唐

---

1 瞿式耜《丁亥正月昭江道中寄》書信中說，兩廣總督丁魁楚"躊躇不決"，"必待何象岡（即何吾騶）書至而意始決，其持重老成如此。"見《瞿式耜集》第二五六頁。金鐘《皇明末造錄》卷上也說："九月，舊閣臣何吾騶航海至粵，書至總督丁魁楚，述上之變。因言即今永明王諱由榔……序親序賢宜立。"

2 康熙十二年《廣州府志》卷末《藝文志》，樊澤遠《請祀鄉賢疏》。

3 黃士俊撰《大明首輔象岡何公墓誌銘》，轉引自馬楚堅《明清邊政與治亂》，天津人民出版社 1994 年 8 月版，第五一五頁。

4 順治四年五月初三日兩廣總督佟養甲"匯報兩廣委員補缺事"揭帖，見《明清檔案》第五冊，A5-165 號。

宋。先帝之變，遐荒共憫焉。今金將軍聲桓所向無前，焦將軍璉以二矢復粵七郡，陳將軍邦傅雖有降書而不解甲，天時人事，殆可知也。又聞新天子在粵西，遣人瞻仰，龍表酷似神祖，將相交和，神人共戴。若引兵輔之，事成則易以封侯，事敗亦不失為忠義。"[1] 永曆三年五月，南明朝廷賜給左都御史袁彭年的誥命中有這樣的句子："以風波僅存之身，遘鼎璽屢遷之際。矢丹心而貫日，運神臂以擎天。去梯密畫，時帝聞之；給印沉幾，無卿比者。"[2] 明確肯定了袁彭年參與李成棟反正密謀的功績。其他史籍也記載了袁彭年同李成棟勾結，謊稱府庫空虛，不發軍餉，為李成棟製造兵變的情況。[3] 南明一些史籍堅決否認何吾騶、袁彭年等人參與李成棟反正，是出於派系鬥爭的需要。那些一直跟隨永曆帝的朝臣唯恐廣東反正來歸的官紳將在改組的朝廷中佔據重要職位，阻礙自己進身之階。他們既不敢指斥手握重兵的李成棟等"東勳"，就竭力抹殺參與反正的文官的作用。如時任永曆朝廷廣西巡撫的魯可藻就斷言："若諸文官，絕無預聞反正者。"[4] 他特別針對金堡推崇袁彭年在反正文官中功居第一的說法批駁道："袁彭年實未一預。"[5] 行人司行人王夫之因為同以袁彭年為首的"五虎"沆瀣一氣，在所著《永曆實錄》中肯定了袁彭年參與反正密謀，而對何

---

1 《東明聞見錄》。

2 永曆三年五月賜左都御史兼院事袁彭年晉階為柱國、光祿大夫、太子少保，亡妻羅氏贈一品夫人誥命，實物原件。

3 錢秉鐙《所知錄》卷二記，佟養甲命李成棟分兵兩路進攻南寧，"成棟辭以無餉，觀望不進。養甲趣藩司即行措辦。署布政袁彭年先以庫存八萬兩付成棟，養甲不知也。三月十七日黎明，成棟密令兵齊集教場，嘩言無糧，欲為變。自詣總督，請養甲親出拊循。養甲出城，鐵騎佈滿城外，馬步五萬餘，擁之大噪。成棟先取其總督印握之，三軍歡呼，同時割辮。養甲亦自割辮，即時出榜，以反正曉諭吏民，用永曆年號……"參見嘉慶二十四年《三水縣志》卷十三，《編年》。

4 魯可藻《嶺表紀年》卷二。

5 魯可藻《嶺表紀年》卷四。

吾騮則恣意貶斥，如說："吾騮降清，思以文望動人，得復大用，乃撰□□□史，稱述功德，內書：'楚賊何騰蛟遣張先璧入寇'鏤板行於嶺外。"[1] 甚至說"吾騮富甲東南，銷銀為小山，高廣丈餘，凡十餘所，露置宅院隙地。成棟兵初至，欲鑿取之，不能動"[2]，這簡直近乎天方夜譚了。古語說："盡信書，則不如無書。"何吾騮始終為明，袁彭年大節有虧，就策動李成棟反清歸明而言，事實俱在，不容否認。

關於李成棟的愛妾以自刎激發成棟反清復明事，在南明史籍中也是一個記載很多而眾說紛紜的問題。錢秉鐙不相信這種說法，在所著書中寫道："或云：成棟取兩廣，收印信數千顆，獨取總督印密藏之。一愛妾揣知其意，勸舉事。成棟拊几曰：'如松江百口何？'成棟松江人，時孥帑在焉。姬曰：'丈夫不能割愛乎？請先死君前，以成君志。'遂自刎。成棟哭曰：'我乃不及一婦人！'乃與袁彭年、張調鼎謀，輦金賂要人，以取孥帑之在松江者。將發而金聲桓以南昌變。……"接着，錢秉鐙聲稱："然某所問於反正諸公者，實不然也。"[3]

錢氏史筆遠較王夫之、蒙正發等人正派，盡量忠於事實，但是這件事他沒有弄清楚。李成棟並不是松江人，他的家屬卻因為他曾任清朝松江總兵而留在該地。順治四年（1647）五月，兩廣總督佟養甲給清廷的題本揭帖中說："職查提督臣李成棟既須在粵鎮守地

1　《永曆實錄》卷四《何吾騮傳》。錢秉鐙《所知錄》卷中也說，何吾騮"薙髮出降，與成棟相得甚歡。令修《粵東志》，阿諛新朝，為粵人所嗤。"何是非《風倒梧桐記》卷二云："何吾騮投誠乞修《明史》，門署'纂修明史'額。廣東人有'吾騮修史，真堪羞死'之謠。"鑒於南明黨爭極其複雜，這些記載未必可信。

2　王夫之《永曆實錄》卷四《何吾騮傳》。

3　錢秉鐙《所知錄》卷二。按，張調鼎反正前，先任清廣東海道，接替袁彭年任廣東學道。

方，而家眷尚寄松江。即杜永和等家屬亦果見居松江。各官眷丁在彼支給餉銀，而在此所費亦復不減。不如搬取以歸一處，既免疊支之費，又使勠力戎行者室家完聚，而無內顧之憂。"[1] 大概經清廷批准之後，李成棟等人即派官役前往松江迎接家屬，取道長江、贛江入粵，途經南昌時金聲桓、王得仁已經反清。李成棟的家屬目睹了江西反清勢力的高揚；金聲桓反正之後曾經寫信策反李成棟，自然也很可能趁機做些勸說工作。[2] 李成棟的愛妾趙氏到達廣州時，成棟正在密謀策劃反清歸明，趙夫人不知內情，私下慫恿成棟舉兵響應江西。李成棟唯恐走漏消息，厲聲斥責趙夫人胡言亂語。於是，演出了一場死諫的悲壯劇。時人鄺露作《趙夫人歌》記其事，後記中說："永曆二年閏三月十五日，東粵始復冠裳。廿有五日，過謁何夫子（即明大學士何吾騶），見其述忠媛趙夫人事甚悉，率爾漫賦。"歌序中說："夫人神明之胤，食氏廣陵，敦說詩雅，明古今治亂之數；歌舞獨步一時，非天朝將相，莫幣塞脩。時督院李公，鎮撫三吳，感夷吾白水之辨，雜佩以要之，素琴以友之，不啻青鳥翡翠之婉孌矣。毋幾何，兩都淪陷，公服受事，繫粵宅交，潛運忠謨，效狄梁公反周為唐故事。幾會輻輳，乃遣使迎夫人。夫人至，脫珈捐珮，揚衡古烈，勸公迎駕邕、宜（指廣西南寧一帶），為諸侯帥。言泛長江，過彭蠡，謳吟思漢，不謀同聲。天下脫有微風，義旗將集君所矣。公籌畫已定，不肯少泄。翌日，設醴壽公，跽申前請。公懼壁間有人，叱曰：軍國大事，出於司馬，牝雞之晨，將就礫矣。

---

1 順治四年五月初三日兩廣總督佟養甲為"懇恩具題搬取家屬以免內顧事"揭帖，見《明清檔案》第五冊，A5-168 號。

2 《嶺表紀年》卷二記："成棟差接家眷旗鼓范承恩，為王得仁留署數月，至是回住南雄，寄稟云：'江西兵實強盛不可當。'成棟意益決。"可見，李成棟反正前確實曾經派人到松江接家眷，途經江西。

夫人謝罪歸院，卒以屍諫，血書藏於袒服。浹旬之間，西迓乘輿，復我漢官，如運諸掌。香山何夫子傳記其事，命露作歌。蓋王化始於閨門，俟採風者擇焉。"[1] 李成棟反正十天之內就有何吾騶為趙夫人作傳，又命門人鄺露作歌，可見確有其事。[2]

廣東反正之後，永曆帝下詔封李成棟為廣昌侯，佟養甲為襄平伯，升耿獻忠為兵部尚書。不久，又晉封李成棟為惠國公。[3] 成棟派使者迎請永曆帝移蹕廣東，他的初意是以廣州為行在，大學士瞿式耜等認為朝廷若遷至廣州，勢必為反正官員操縱，表示強烈反對，最後才決定以永曆帝即位的肇慶為行在。1648年（永曆二年、順治五年）六月初十日，朱由榔由廣西南寧啟程，前往肇慶。[4] 李成棟先派養子李元胤到梧州迎接。八月初一日，朱由榔乘船到達肇慶，李成棟郊迎朝見，在行宮中預先準備白銀一萬兩，供永曆帝賞賜之用。

李成棟反正初期，對永曆帝相當虔誠，頗能尊重朝廷，恪守臣節。儘管廣東全省和廣西梧州等地是由於他反正而歸入南明版圖，他卻主張地方官員應該由朝廷任免，囑咐布、按二司說："皇上到，

---

1 鄺露《嶠海雪集箋》卷六《趙夫人歌》並序。鄺露曾參加紹武政權，成棟反清時他正在廣州，順治七年尚可喜、耿繼茂兵再破廣州，遇害。按，台灣《大陸雜志史學叢書》第四輯第五冊收簡又文撰《南明民族女英雄張玉喬考證》，論證何吾騶作傳、鄺露作歌的趙夫人就是陳子壯的遺妾張氏，即長於廣州的名妓張二喬之妹張玉喬。何、鄺寫作"趙"氏乃為子壯諱。這種說法自然有一些影子，但並不僅僅是改名換姓的問題，歌中情節也同原居廣州的張氏不合。簡氏引徐鼒《小腆紀年》、江日昇《台灣外紀》等書為證，而推徐鼒為此說之"濫觴""最早提出"者。其實，江日昇為康熙時人，徐鼒為道光前後人，兩書相距一百五十餘年，徐鼒本於江氏而雜取諸家屍諫之說。這種考證上的疏漏，難以信服。

2 李成棟遣人往松江接家眷，並不排除他在松江仍留有部分眷屬、家產。《吳城日記》卷中記："松鎮李虎子（指成棟）領兵在閩（粵），與金聲桓合，其家口尚留松江。土公（指清江寧巡撫土國寶）於十月中往松江，出不意執其家眷，送江寧羈留之。"《過墟志》述籍沒成棟家得劉氏女，後為清某王之妃，當為好事者之戲作。

3 錢秉鐙《端州擬上第二疏》，見《藏山閣文存》卷一。

4 華復蠡《粵中偶記》（是書又名《兩廣紀略》）。

造冊一本送部，或用，或不用，或更調，听部為之。"[1] 可是，沒有過多久，李成棟就發現永曆朝廷從上到下竊權弄私，幾無功過是非可言。拿封爵來說，朝廷因他反正功高，封為公爵，據守廣西一隅的思恩侯陳邦傅立即攀比，自稱"扈駕"有功，要挾朝廷加封，永曆帝竟然同意封為慶國公。權臣文安侯馬吉翔為了顯示自己可以左右朝政，對成棟說："上念貴標諸鎮將從公反正，功不可泯，尚未頒爵賞。煩疏姓名，以便上聞。"李成棟開了個名單給他，馬吉翔當着他的面繕寫奏疏封進，不一會兒，永曆帝就依吉翔所擬詔封杜永和為江寧伯、閻可義為武陟伯、張月為博興伯、董方策為宣平伯、羅成耀為寶豐伯、郝尚久為新泰伯、黃應傑為奉化伯、楊大甫為樂安伯、張道瀛為鎮安伯，范承恩、楊有光、葉承恩、馬寶為都督同知。李成棟對馬吉翔的威福自操深感不滿，回到住所歎息道："人言馬皇帝，豈不信哉！懋賞不典也，五等顯秩也，爵人於朝，與士共之。乃於一座之頃，呼吸如意，何其神也？我棄老母、幼子為此舉，惟望中興有成，庶不虛負，今見權奸如此，寧有濟哉！"[2] 至於用人行政、兵馬錢糧等問題，由於廣東的反正，既擴大了來源，也增加了摩擦。

佟養甲的參與反正本來就是被迫的，永曆朝廷雖然封他為襄平伯，掛了一個管理中軍都督府事的空銜，實權完全落入李成棟的手裏。他不甘寂寞，上疏永曆朝廷說："疑臣則殺之，不疑則任

---

1 魯可藻《嶺表紀年》卷二。永曆三年瞿式耜在《請力破積習疏》中也說："昨年勳臣李成棟反正之後，聖駕蹕東。成棟取東粵全省官吏造冊送部，疏請聖裁，忠摯納謙，尊君守禮。乃廟堂之上，因循沿習，以待西勳（指慶國公陳邦傅）者待成棟，豈成棟之志哉！臣猶聞梧州知府束玉受委之日，勳臣成棟命之曰：'爾至地方，須要清廉潔已做好官，反正一番，事事以遵朝廷，奉皇上為主，朝廷若選新守來，汝即讓之，勿與抗也。'即此一端，成棟忠謹之心亦可見矣。"見《瞿式耜集》卷一，奏疏。

2 蒙正發《三湘從事錄》。

之，何能鬱鬱居此？"朝廷只是"優詔"應付，不給他任何實際職務。[1] 佟養甲既懷念清廷的寵信，又明知在永曆朝廷內備受猜忌，就暗中派人遞表給清廷說明兩廣事變的情況，同時請派兵南下，自己充當內應。不料使者在路上被李成棟部卒查獲。成棟養子李元胤當時擔任錦衣衛都督同知提督禁旅，密奏永曆帝以祭祀興陵（即朱由榔之父老桂王朱常瀛墓）為名派佟養甲前往梧州，預先在佟的座船必經之處設下伏兵，擒殺養甲。[2] 隨即把佟養甲的親信全部處斬，以清內患。

第三節　李成棟的進攻贛州和敗亡

　　江西和兩廣的相繼反正，驟然改變了明清相持的格局。永曆朝廷的無能突出地表現在缺乏全局戰略眼光，把時間都耗費在移蹕和加官晉爵等不急之務上，仿佛從此可以結束四處奔走的逃難生涯，靜聽各勛捷報了。李成棟反正之時，如果立即出師北上，可以趕上金聲桓、王得仁攻取贛州之役，贛州清軍當時已彈盡糧絕，必下無疑。然後合兵北上，迎擊譚泰、何洛會清軍，取勝的把握要大得多。五月，金聲桓、王得仁被迫解贛州之圍回救南昌，江西的形勢明顯惡化。要想扭轉戰局，關鍵在於李成棟北上江西，與金、王所部內外夾攻，擊破清軍，收復全省。八月，成棟在廣州教場點兵撥將，親自統率大軍直趨南雄。"旌旗器仗焜耀一時，所攜糧餉、弓刀、銃炮、火藥等不可計數。其氣壯，意在必得。"[3] 出

1　沈佳《存信編》卷二。

2　《嶺表紀年》卷二記十一月殺佟養甲於白沐洲頭；《存信編》卷二記十月初十日殺於楊柳沙。

3　魯可藻《嶺表紀年》卷二。

兵前後，李成棟多次致信清朝贛州守將，進行招降。劉武元、胡有升、高進庫等人採取緩兵之計，不斷派使者回信表示願意反正，藉以麻痺李成棟；實際上卻乘金聲桓、王得仁退後，贛州圍解，廣東明軍未到之時在附近鄉村搜括糧食，加固城防工事。錢秉鐙在奏疏中說：

臣頃度嶺（《所知錄》作"予以九月初旬度嶺至南雄"），遇勛臣成棟出師下贛，兵威甚盛。成棟尚駐南雄，以俟贛州之降，監軍侍郎張調鼎見臣，言贛州降書疊至，旦暮可下，贛下即長驅而進，以解南昌之圍。臣以為贛未必下，而南昌事甚急也。臣所從間道去贛城三十里，土人有言：城中兵每日早出暮歸，每騎須括糧三石，押運入城，今村中糧且盡矣。據此乃堅壁清野之計，無降意也。其言降者所以緩王師之出嶺而候南昌之信。以南昌卜也，我勝則降，彼勝則抗，情理易見。而勛臣信其必降，退居嶺上，听其增修守禦，誤矣！

且解南昌之圍，何必定先下贛州乎？贛州雖不降，亦僅足以自守。今以一兵駐南安綴贛州，使不敢出；而湖東、湖西皆有路可達南昌。臣由湖東來，建、撫各郡邑皆為我守，虜亦置之不問。自新城歷南豐、廣昌、寧都以至雩都，皆兩勛（指金、王）所設官徵糧守城，士民冠服如故。惟雩都城內仍是虜官，城外皆為我百姓，無薙髮者；間有薙髮者在津口守渡，以舟渡臣，自言係守城兵，極稱嶺南軍威之壯，兵甲之精，意若引領望其速來，則此輩情已可知。至於湖西一路，臣不深悉。聞吉安守將劉一鵬本與兩勛同舉事者，今雖為虜守，猶懷觀望。此兩路皆可進兵。今督師何騰蛟新復衡州，其勢甚銳，各

路之兵盡壁長沙。誠令以偏師由衡州出吉安，數日可至，吉安
必望風而降。而長沙一營直趨袁州，取臨江，其勢甚易。成棟
捨贛州不攻，以全師駐信豐，下兵雩都，收召湖東義師，可得
十數萬，使為前驅，而會湖西之師兩路並進，分駐東南二隅，
以全力與虜對壘，以遊兵統率義師更翻往來，四路迭進，以撓
守圍之兵。義兵雖不足戰，而以填塹決圍，則虜兵分而備禦不
及。城中受困已久，望見兩路旗麾，大兵雲集，勇氣自倍，奮
死開門背城一戰，外內合擊，虜未有不敗，圍未有不解。解圍
之後，而併力乘勢直下江南，江南可傳檄而定也。臣故曰：救
江西為今日中興之急着；捨贛州而徑下尤為今日救江西之勝
算也。[1]

　　張調鼎曾將錢秉鐙的意見傳達給李成棟，成棟不以為然，說他
是書生不知軍計，未予採納。

　　九月下旬，李成棟部越過梅嶺，分兵兩路，一由龍南、信豐，
一由南安（今大余）、南康，直逼贛州。十月初一日，李軍到達贛
州城下，"連營數十餘座，炮火連天，環攻徹夜。"[2] 清南贛巡撫劉
武元、總兵胡有升、副總兵高進庫、劉伯祿、先啟玉等見明軍勢
大，商定"利在速戰"，即趁李軍營壘未固、壕溝未成之時，挑選
精銳士卒突然開城出戰。次日淩晨，清南贛守軍分別從小東門、
南門、西門出城，"奮命衝殺"。成棟軍立腳未穩，猝不及防，被
清軍衝入營壘，將士驚惶敗退，自相蹂踐，陣勢大亂，兵員和器

1　錢秉鐙《藏山閣文存》卷一《初至端州行在第一疏》；參見其《所知錄》卷二。
2　劉武元《虔南奏議》卷一；參見《明清檔案》第九冊，A9-162 號，南贛等處巡撫劉武元奏疏殘件。

械損失很多。李成棟被迫撤軍南安，自己返回廣州。劉武元報告說："賊帶紅衣大炮一百位，來攻贛城四十位，尚有六十位見在梅嶺。……今諸賊雖落膽敗遁，屯駐南安，糾合各處土賊，多攜大炮，勢必復來犯贛。而殘破城垣立見傾頹，萬一人心驚惶，戰守而無所恃，職死固不足惜，而朝廷四省咽喉盡輕棄於一旦耳。"[1]魯可藻也記載道："成棟至南雄，扛舟過嶺，盡運所攜資械，氣甚壯。營柵未定，贛人突出一衝，爭渡不及，溺水者以萬計，幛房衣甲盡棄，神氣以是而沮，元氣以是而傷。"[2]李成棟第一次進攻贛州失利是由於既不知己也不知彼，開戰以前還沒有做好充分準備，就以氣吞萬里如虎之勢直薄贛州城下立營猛攻；失利之後又過高地估計了贛州清軍的力量，沒有組織手頭兵力繼續進攻。十月初二日的受挫，從清、明兩方的記載來看，大約損失了兵卒夫役一萬，盔甲、大炮、馬騾、器械的一半。[3]而成棟部下將領並沒有傷亡，運到梅嶺一帶的大炮器械尚多。贛州守城清軍僥倖得勝，但"兵馬有限"，估計最多只有五六千人。[4]所以，劉武元等在險勝之後"激切啟請征南大將軍（指譚泰）發兵急救"。[5]李成棟初戰受挫後即放棄進攻，自行返回廣州，不僅使贛州清軍得到休整的機會，而且由於南昌方面來援的清軍及時到達，取勝的把握更加渺茫了。

1 《明清檔案》第九冊，A9-162 號，南贛等處巡撫劉武元奏疏殘件。

2 魯可藻《嶺表紀年》卷二。

3 上引南贛巡撫劉武元奏疏中說，李成棟"烏合十餘萬眾於十月初一日突犯我贛"。初二日出城反擊，"斬殺萬計，活擒數百，而盔甲、大炮、馬騾、器械半歸我有"。清方奏報數字不免誇大，但說明成棟的主力並未被殲。

4 前引清方奏報，贛州總兵力為七千，其中徐啟元所轄一千降明，在金聲桓、王得仁攻城時也必然有傷亡。

5 《明清檔案》第九冊，A9-162 號，南贛巡撫劉武元奏疏殘件。

經過短暫的休整和補充兵員、裝備，李成棟在 1648 年（順治五年、永曆二年）除夕赴肇慶面見永曆帝"請方略"[1]，次年正月再次從廣州率軍北上南雄。二月下旬，成棟大軍已經全部度過梅嶺，進入江西境內。為了避免重蹈上年十月間匆促攻城招致失敗的錯誤，李成棟決定先佔贛州外圍各縣，然後進攻贛州。他親自率領主力駐於信豐，派宣平伯董方策等佔領雩都等縣。[2] 從清方來說，正月間攻克了南昌，贛州已無後顧之憂，而且征南大將軍譚泰所派梅勒章京膠商等統領的正紅旗與正白旗滿洲兵也來到贛州，兵力有所增強。很明顯，雙方的態勢已經發生了變化。儘管在兵員數額上李成棟軍仍佔優勢，但清軍憑藉挫敗李軍攻贛和攻克南昌的聲威，正處於士氣高昂之際。按情理說，李成棟進至南雄以後，應當得到金聲桓、王得仁覆敗的消息，本該扼守梅嶺，穩紮穩打，待譚泰、何洛會、劉良佐等班師回京以後（譚泰等奉旨"凱旋"在三月間，清廷直到五月間才得到李成棟攻贛敗亡的消息。可見無論是清廷還是譚泰、何洛會等人在鎮壓金、王反清活動後都急於把這支清軍撤回北京），再徐圖入贛。換句話說，李成棟二次入贛只在戰術上做了一些改變，並沒有從戰略上考慮雙方條件的變化。南贛清軍將領劉武元、胡有升、梅勒章京膠商密議後，決定仍以"利在速戰"為方針，在明軍臨城之前主動出擊。二月十六日，清軍滿漢主力由贛州出發，向李成棟所駐的信豐進攻，同時派兵八百人前往雩都協防。二十八日，清軍進攻屯紮於渠嶺的明武陟伯閻可義部，連破閻部在該地設置的木城五座（按，木城是以木樁部分埋入土中相連而成

1 魯可藻《嶺表紀年》卷二。

2 順治六年三月二十七日胡有升揭本、二十九日劉武元揭本中均云："李逆在信豐，有偽伯董、張等賊已犯雩都下贛去訖"。成棟部將中封伯者有博興伯張月、鎮安伯張道瀛，不能確定張姓者為誰。

的防禦工事）。二十九日午時，清軍進至距信豐五六里處，李成棟揮軍迎戰，為清軍所敗，成棟退入城中。三月初一日，清軍開始攻城。當時信豐東門外桃江河水泛漲，不能涉渡。清軍即在西、北兩門外和南門旱路上挖壕栽樁，防止明軍突圍。成棟軍心不穩，於是日夜間出東門渡河逃竄。清軍佔領信豐，對城中居民濫加屠殺，[1] 同時乘勢尾隨追擊。李軍大亂，將領紛紛南竄，成棟在渡河時墜馬淹死。關於李成棟之死，清南贛巡撫劉武元、總兵胡有升奏報中說，三月初四日"生擒活賊審供，李成棟投河淹死等語。"初五日左協副將高進庫部下兵丁在河灘"捉獲大馬一匹，鍍金鞍轡俱全，送營報驗，審問活賊供稱係李成棟騎的戰馬，隨驗明轉解江西（指南昌）報功。"[2] 從南明史料來看，李部將士在信豐突圍時各自爭相逃命，直到撤至大庾嶺清點兵馬時才發現主帥無影無蹤，經過追查方知李成棟落水淹死，[3] 當時的混亂可想而知。

　　1649 年春天，永曆朝廷經歷了一場中興的幻滅。正月，何騰蛟在湘潭被俘殺；金聲桓、王得仁在南昌覆亡；三月，李成棟兵敗身死。噩耗接踵而來，朝廷上下一片驚惶。李成棟部將江寧伯杜永和原為成棟中軍，重賄諸將推自己為留後，讓武陟伯閻可義率眾扼守梅嶺，自己同其他將領返回廣州。成棟養子李元胤在肇慶行在，面見永曆帝痛哭流涕，永曆帝封元胤為南陽伯掛車騎將軍印；元胤辭免，仍舊以錦衣衛都督同知提督禁旅。永曆朝廷追

1　康熙五十九年《西江志》卷三十三，武事五記："大軍屠信豐。"

2　順治六年三月二十七日南贛總兵胡有升"為匯報滿漢官兵剿滅廣逆復恢信豐異常奇捷事"題本，見《鎮虜奏疏》卷上；《明清檔案》第十冊，A10-86 號即為此件揭帖，但後半部分已殘缺。同月二十九日南贛巡撫劉武元有同一內容的題本，見《虔南奏議》卷二。

3　錢秉鐙《所知錄》卷三等書記載李成棟渡河至中流時，"人馬俱沉"，略誤。魯可藻《嶺表紀年》卷三記於二月，云："成棟紮營信豐，分兵取各縣，意在孤贛之援以困之也。贛偵知，分兵單趨信豐。成棟度不支，合各鎮走。自飲火酒十餘甌，渡河投水死，輜重器具無一存者。虜騎掠至南雄而回。"

贈李成棟為寧夏王，謚忠武，賜祭九壇，葬禮極為隆重，"甲馬數十隊以彩繒為之，一時灰燼"；"愛妾數人皆令盛服赴火死，盡用夷禮"。[1] 永曆帝派戎政侍郎劉遠生持手敕前往廣州慰勞諸將，打算利用劉遠生和李成棟是陝西同鄉的關係接管兩廣總督職務。不料，杜永和掌握着兩廣總督大印，公然開印視事；永曆朝廷無可奈何，只好默認。關於這件事，錢秉鐙有一段議論頗有見地。他認為"當時諸將，惟成棟子元胤可用。使聞變之時，即令李元胤馳入其軍，攝行帥事，而召杜永和入代元胤禁旅之任。彼即拒朝命，無以拒元胤也。元胤果斷有智略，又其諸弟李元泰、李建捷皆軍府要職，最稱驍健。元胤至，諸將即有異志，元胤亦足以制之矣。於是移軍府於南、龍，宿重兵於嶺上，北師雖銳未可長驅而入也。"[2] 永曆朝廷的當權人士既昧於洞察形勢的能力，又缺乏知人之明，以為趁李成棟溺水而死的機會可以通過任命劉遠生為總督把廣東一省軍政大權收歸朝廷。結果事與願違，杜永和聯絡諸將推自己為留後，實際上又節制不了原先同自己地位相仿的將領，廣東的局勢從此逆轉。杜永和等人毫無遠志，一味麇集於廣州等富庶之區，過着花天酒地的生活。[3]

---

1 錢秉鐙時在廣州，親見其事。所引見《藏山閣詩存》卷十一《行朝集・己丑・廣州雜詩》。

2 錢秉鐙《藏山閣文存》卷五《粵論》。

3 魯可藻《嶺表紀年》卷三記：五月，"以董方策守羅定，楊大甫守梧州，馬寶守德慶。雖云為忠貞入粵，實各勛鎮與杜永和不相下，不肯听其調度，求入內地養閒也。"新泰伯郝尚久在上年（1648）即由李成棟派駐潮州。張月、羅成耀等均隨杜永和遁回廣州。可見，李成棟身亡後，部下主力除武陟伯閻可義率部鎮守南雄外，其他都駐紮於廣東南部。

第十七章

北方各省的反清運動

第一節　山東等地的反清鬥爭

歷來講南明史的人，大抵都把視線集中於江南，很少甚至完全不涉及黃河流域的反清復明的運動。自然，南明的幾個朝廷都是在南方建立的，相對而言明、清對峙的局面在南方表現得最明顯；但是，北方漢族官民的反清鬥爭是不容忽視的，這種鬥爭不僅牽制了清廷兵力，延長了南明政權存在的時間，而且在某些情況下（比如姜瓖等的反清復明）對清廷的威脅更大。人們常有一種錯覺，以為清兵入關以後，推行民族征服、民族壓迫政策在南方遇到頑強的抵抗，而在北方除了一些所謂的"土賊"和"兵變"外，統治相當穩固，沒有出現多大的社會動蕩。實際情況並不這樣簡單。分析一下 1644 年夏季以後的全國形勢，應當說黃河流域和南方各省確實存在差別。隨着以崇禎帝自盡為標誌的明王朝覆亡，黃河流域的漢族官紳一度受到大順政權的沉重打擊，不少人把滿洲貴族建立的清廷看成維護自身利益的新靠山；而江南官紳並沒有親身經歷這場大變革，他們考慮的重點是維護自己的安樂窩。然而，江淮以北的遼闊地區同樣存在尖銳的民族矛盾和階級矛盾。

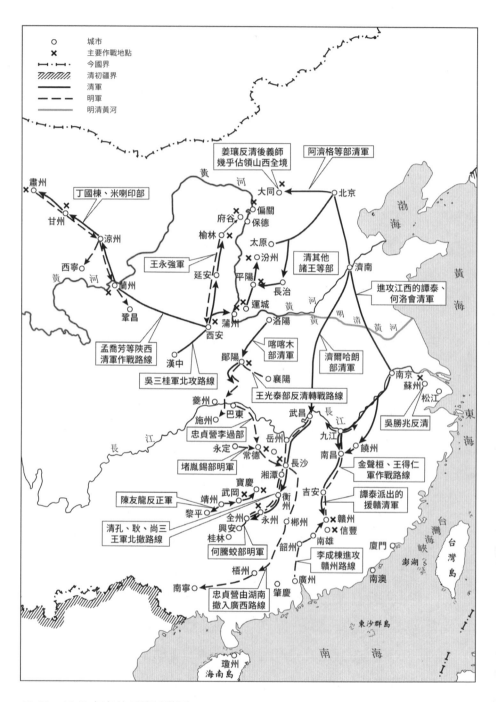

1647—1648 年各地反清活動圖

清廷標榜的"代明剿賊""弔民伐罪"以及對漢族官紳的某些籠絡政策只收到部分效果,既不能代表廣大貧苦農民的意向,也不能說所有北方漢族官紳都心悅誠服地歸順清朝。在大順政權統治的短暫時期裏,農民們如釋重負,揚眉吐氣,由衷地擁護實行免賦政策的大順政權。正是由於這個原因,在甲申夏季,原先到處"土賊蜂起"的山西、河北、山東、河南等地一度出現了"太平景象"。可惜好景不長,清軍入關後,公開宣佈維護當地官紳的既得利益,同時恢復徵糧徵賦,新舊官紳有恃無恐地大搞反攻倒算,各地自發性的武裝反抗烽火連天,數量之多、規模之大甚至超過了明末崇禎時期。另一方面,漢族官紳慌不擇主地投靠清廷,為時不久就發現滿洲貴族推行的民族歧視政策,如薙髮改制、重滿輕漢、重遼東舊人輕新附漢人,自己的尊嚴和利益受到不同程度的損害。華北地區的漢族官紳在政治態度上隨之發生分化。一部分官紳忍氣吞聲乞憐於清廷;另一部分官紳在 1645 年(順治二年)六月以後眼看滿洲貴族征服者的驕焰日益顯露,由依附清廷轉變為公開或秘密反清。著名的例子如上文提到的凌駉;降清任青州道參與鎮壓趙應元起義的韓昭宣,後來跑回山西同虞胤等人組織抗清;濮州鄉官葉廷秀在 1644 年(順治元年)八月向清山東巡撫方大猷呈請速派援兵鎮壓"土寇馬應試",以"救民水火"[1],大約在 1647 年他卻同江蘇沛縣著名文人閻爾梅參加山東榆園軍共同抗清,"欲假為綠林、新市之資,以圖南陽(指東漢光武帝)之業也",最後被清軍捕獲,就義於東昌府(府治聊城)。[2] 此外,如弘光朝東平侯劉

---

1 《明清史料》丙編,第五本,第四二八頁,《山東巡撫方大猷揭帖》。
2 閻爾梅《閻古古文集》附張相文撰《閻古古年譜》。

澤清降清後雖官封"一品世職"，也不甘寂寞，策劃在北京和山東曹州同時並起，推翻清廷（詳見下述）。至於山西、陝西等地漢族文官武將降清後又重新參加反清復明運動的人更是為數眾多。明末大學士惠士揚、李建泰名重一時，降順降清，似乎不顧名節，最後卻都以激烈反清遇害。事實說明，民族矛盾的激化並不限於南方。由於北方紳民的反清運動比較分散，南明方面的史籍又很少記載（這在相當程度上反映了南明朝廷當權人士的胸無全局，滿足於偏安一隅），下面只能在為數眾多的反清鬥爭中選出一些有代表性的事例敘述，以窺一斑。

山東謝遷起義。 1646 年（順治三年）冬，謝遷在高苑領導起義，攻克高苑縣城，處死清朝知縣武振華，將該"縣百姓照冊點名"[1]。接着，又攻克新城縣[2]。次年（1647）四月二十六日攻破長山縣，活捉清知縣周懋臣，隨即將庫載銀兩席捲而去。[3] 六月十三日，謝遷率領義軍突然進抵淄川城下。城中義士丁可澤等充當內應，於第二天淩晨破城，擒獲降清鄉紳孫之獬。孫之獬在明末清初官場上是一個聲名狼藉的人物。崇禎初懲辦魏忠賢閹黨，他抱着《三朝要典》哭告太廟，從此列名逆黨，廢黜不用。清兵入京後，他立即投靠新主，極盡巴結之能事。《研堂見聞雜記》云："我朝之初入中國也，衣冠一仍漢制。……有山東進士孫之獬陰為計，首薙髮迎降，以冀獨得歡心。乃歸滿班，則滿人以其為漢人也，不受；歸漢班，則漢以其為滿飾也，不容。於是羞憤上疏，大略

---

1 乾隆二十三年《高苑縣志》卷十《災祥》。順治四年六月兵部揭帖，見《明清史料》丙編，第七本，第六○二頁。

2 康熙三十二年《新城縣志》卷十《災祥》。

3 順治四年十一月十一日山東巡撫張儒秀"為塘報長山縣被賊失陷事"題本，見《明清檔案》第七冊，A7-9 號。

謂："陛下平定中國，萬里鼎新，而衣冠束髮之制，獨存漢舊，此乃陛下從中國，非中國從陛下也。'於是削髮令下。而中原之民無不人人思挺螳臂，拒蛙鬥，處處蜂起，江南百萬生靈，盡膏野草，皆之獬一言激之也。原其心，止起於貪慕富貴，一念無恥，遂釀荼毒無窮之禍。"[1] 謝遷義軍深恨其無恥，用錐子遍刺其身，插上頭髮，恨聲不絕地罵道："我為汝種髮！"孫之獬自知眾怒難犯，已無活理，破口大罵。義軍將其口縫上，凌遲而死，還把他在城中的孫子、曾孫殺了個乾淨。[2] 顧炎武听到這個消息後，極為開心，特作《淄川行》一首誌慶："張伯松，巧為奏，大纛高牙擁前後。罷將印，歸里中，東國有兵鼓逢逢。鼓逢逢，旗獵獵，淄川城下圍三匝。圍三匝，開城門，取汝一頭謝元元。"[3] 謝遷部義軍據守淄川縣城達兩月之久，後來被清軍挖地道用火藥轟塌城牆，才失守。[4]

山東榆園軍的反清鬥爭。山東東昌府濮州、范縣一帶從明朝末年以來就有所謂的"榆園賊"。據記載，由於萬曆後期山東天災人禍不斷，耕地大面積拋荒，"榆錢落地，久皆成大樹"。任七、張七為首的飢民"嘯聚其中"，"號百萬"。他們不僅利用茂密的榆林做掩護，還創造了地道戰術，在地下挖掘縱橫交錯的通道，長達數百里，神出鬼沒地襲擊官軍。到清朝初年，榆園軍已經蔓延到

1　孫之獬領先薙髮確有其事，順治二年八月十七日在攝政王多爾袞面前展開一場競爭時，就曾提到"孫之獬於眾人未薙髮之前，即行薙髮；舉家男婦皆效滿裝。"見《清世祖實錄》卷二十。

2　順治四年九月山東巡撫張儒秀揭帖，見《明清史料》丙編，第七本，第六二二頁；同件影印本見《明清檔案》第六冊，A6-122 號。參見順治四年九月初二日兵部尚書阿哈尼堪題本，見《明清檔案》第六冊，A6-95 號。"種髮"事見談遷《北遊錄》紀聞下《辮髮》條。

3　《顧亭林詩集彙注》卷一。按，此書解題云"是年九月，丁可澤勾引謝遷等陷淄川，擒之獬，支解死。"誤，當為六月。

4　乾隆八年《淄川縣志》卷三《兵事》。

朝城、觀城、鄆城、城武等縣，[1] 聲勢頗為浩大。

　　到 1648 年（順治五年）五月，降清後居住北京的原明東平侯劉澤清（曹州人）見“如今處處反亂”，斷定“清國不會用人，國運不久了”，秘密派遣姪兒劉之榦與麾下副將鄭隆芳、姚文昌潛往南方同“南朝”聯絡，帶回口信說“君王甚喜”（按當時形勢和劉澤清曾掌握部分舟師分析，使者很可能是朝見了魯監國，而不是永曆帝）。劉澤清認為這是反清復明的大好時機，召集親信李化鯨[2]，到北京密商，約定八月十五日劉澤清“從京中起手，爾等亦於是日舉事”。[3] 李化鯨返回曹州招兵買馬，暗中進行反清的準備工作。清河道總督楊方興“微聞其不法狀”，採取調虎離山計題授李化鯨為兗州守備，讓他“單騎就職”。李化鯨被迫提前在七月間起事。他聯絡附近榆園等義軍擁立一個明朝宗室為王，以天正為年號發佈文檄，連續攻克曹州、定陶、城武、東明等州縣。[4] 山東巨野和同曹州接境的直隸大名府、河南歸德府的百姓紛紛響應。清廷唯恐事態擴大，不可收拾，下令調三省官兵會剿。參加圍剿的有駐防東昌府梅勒章京賴惱、沂州總兵佟養量、臨清總兵宜永貴、保定總兵魯國男、河南總兵高第、河北總兵（指鎮守河南省黃河以北三府地區）孔希貴等部。大批清軍蜂擁進至曹州，義軍雖然奮勇抵

1　乾隆二十一年《曹州府志・雜志》；康熙十一年《濮州志》卷一《年紀》。按光緒《濮州志・兵事》寫作曹縣土寇張七、任復性。任復性大概就是任七。

2　據康熙十三年《曹州志》卷二十《雜志》，李化鯨，號仁宇，城武縣人，明末曾任地方捕快，順治初年被清山東地方官員委任軍職，以合法身份掌握了一小支武裝。

3　順治五年十月刑部尚書吳達海等題本稿殘件，見《明清史料》丙編，第七本，第六九八至七〇〇頁。

4　前引康熙十三年《曹州志》記，李化鯨招納亡命，“糾黨謀逆，求得宗姓者擁戴之，偽稱公侯。於是年秋七月令其黨先舉兵反，陷曹縣、定陶及城武，次攻曹州，化鯨為內應，殺憲使黃，劫州庫。居三日，分其黨北攻濮，東攻巨野，而自率大眾西攻東明，皆弗克。旋為大兵破，走據曹邑。筑長圍困之。城潰，黨與皆盡屠戮，執化鯨俘京師，伏誅。”參見康熙十一年《重修大名府志》卷六《年紀新志》；咸豐《大名府志》卷四《年紀》。

抗，終因寡不敵眾，被殺得"屍橫遍野，血染草丹"。清軍先後奪回東明、定陶、城武等縣，八月初一日包圍了曹州。李化鯨等見形勢不利，"出城講說"；二十八日把擁立的"偽王綁縛獻出"，希望藉此換取清方退兵。自然這是不現實的，清方絕不會容忍李化鯨據守曹州，繼續圍攻。九月十五日，李化鯨等又出城談判，被清軍扣留，把他和"偽王"以及劉澤清的三個姪兒押解進京。在這種情形下，曹州城裏的義軍仍然堅守城垣。十月初二日，清鄭親王濟爾哈朗統率由京師南下湖廣的軍隊行至曹州，用紅衣大炮攻城。初四日，城陷，清軍"搜剿無遺"。[1]

李化鯨等人被押解到北京同劉澤清對質。劉澤清知道密謀敗壞，私自燒毀密信等證據，又被家中婢女告發。十月二十五日，清廷經過大臣會審後，劉澤清和他的弟弟、姪兒、李化鯨等人以謀反罪被押赴市曹處斬。[2]

劉澤清、李化鯨的反清活動雖然被清政府鎮壓下去，但榆園軍的反清鬥爭仍在繼續進行。1649年（順治六年），清廷任命張存仁為直隸、山東、河南三省總督，統一事權，加緊圍剿。張存仁到任後，命部將張膽領兵砍伐焚燒榆園林木，又決引黃河之水淹灌地道。義軍失去了憑藉，終於被清朝官軍擊敗。1651年（順治八年）十月，榆園軍首領梁敏遇難，"張七伏誅，任復性投降"。[3]王熙作《驃騎將軍張公傳》中說："榆園者，山左之險僻地也。山林箐莽，溪洞盤亙，巨寇梁敏、楊三吾等倚為窟穴，踞險嘯聚，時出慘掠旁郡，官兵莫能制。朝命張存仁總制三省相機往剿。張公

1　順治五年十一月河道總督楊方興揭帖，見《明清史料》丙編，第七本，第六九五至六九七頁。

2　《清世祖實錄》卷四十。

3　康熙十一年《濮州志》卷一《年紀》。

曰：吾用趙人久，剿蕩榆寇非張副戎（當時張膽任副總兵）莫辦。遂亟疏於朝請遷公直隸、河南、山東三省大廳（實際為三省總督之中軍），節駐天雄（指大名）。公提兵至其地周視曰：是賊無能為！絕其區，防奔逸，一鼓就擒矣。乃陰使人持火具從間道焚林烈澤，煙焰漲天，繼遣健丁操銳斧列陣而進，摧枯刊木，灌莽若洗，賊始惶駭，思鳥獸散。先是，榆寇穿地道千里，急則潛行以遁。公詗知之，使卒決黃水灌之。穴塞，賊益窘迫，乞命。匝月而渠魁授首，餘黨悉平。總督馬光輝以公屢建大功，疏題天津總兵……"[1]

此外，清初山東各地的反清鬥爭還有不少。如《武定府志》記載："順治三年冬十月，寇破沾化，令與尉死焉。四年夏六月破陽信；秋九月破海豐。是時寇勢張甚。"[2] 冠縣在順治三年有裴守政、劉絲桐起義；順治五年有王奎光起義。[3] 順治四年十一月十二日，義軍丁鳴吾（有的史籍寫作丁明吾）、周魁軒帶領騎兵四百餘人、步兵不計其數，攻克嶧山，奪取庫藏財物，釋放獄囚，第二天主動撤出；[4] 隨即北上攻克蒙陰，殺清知縣崔葑，直到順治八年才被清朝總督張存仁鎮壓下去。[5] 高唐州有蔡乃憨（有的史籍寫作蔡奶憨）、周桂軒、崔三棱等起義，於順治三年十月攻破州城。[6] 夏津縣有宋鴨蛋、陳國造、三帽簷子的反清鬥爭。[7] 東昌府有丁維嶽領導的起義。丁維嶽原先是明朝壽張縣練總，1647 年（順治四年）

---

1 乾隆十年《銅山縣志》卷十一，藝文。

2 咸豐九年《武定府志》卷三十四，藝文，《海豐縣令杜民祚傳》。

3 道光十一年《冠縣志》卷十《紀變》。

4 順治四年十一月山東巡撫張儒秀"為塘報嶧縣失守事"揭帖，見《明清檔案》第七冊，A7-22 號。

5 康熙二十四年《蒙陰縣志》卷八《兵燹》。

6 康熙十二年《高唐州志》卷三《兵燹》。

7 乾隆六年《夏津縣志》卷九《雜志·記遺》。

十月十四日夜間他率領"馬賊千餘，步賊數萬，四面舉火，喊聲動地"，攻打漕運重地張秋，未能得手，次日攻克壽張縣；[1] 同月十四日楊雲山部義軍又攻克堂邑縣，對運河交通構成重大威脅。山東滿漢清軍緊急出動掃蕩，臨清總兵宜永貴會同梅勒章京禿江帶領兵馬圍攻丁維嶽的據點陳家樓（在壽張縣城西南十八里），二十四日陳家樓被攻克，丁維嶽的父母、兄嫂、妻妾等人都被清兵掠去，但他本人先於二十日會同其他義軍進攻陽穀、觀城，"尚未回巢"。[2] 十二月初四日，丁維嶽、周魁軒、張堯中等率騎兵四百、步兵千餘攻克陽穀縣，殺清委知縣。[3] 同月十六日，清將沙兒胡達領滿漢兵由向導帶路，向聚集在鄲城縣王家海子的義軍突然發動攻擊。義軍猝不及防，首領丁維嶽、張堯中陣亡，周魁軒負傷逃走。清山東巡撫飛報大捷道："該職看得丁維嶽、張堯中乃西南之巨凶也，逆黨數千肆毒於東、兗之區，陷城劫庫，害及濟寧道臣，賊勢已成燎原矣。"[4] 另一路清軍在梅勒章京庫兒蟾率領下有滿漢鐵騎千餘名趕往堂邑，直抵楊雲山部據點王家屯，得知義軍挖有地道，"曲折約遠二三里"。清將命令士兵盡力挖掘，未能奏效，改用柴草火藥進行煙熏，義軍被窒息嗆死的有一百多人。清軍繳獲了一幅"黃絹偽諭"，"上用偽印一顆，朱鈐隆武三年字樣，上有監國魯王之稱"，[5] 這表明山東各地的抗清鬥爭雖然分散，卻同魯監國政權

1　順治四年十月山東巡撫張儒秀"為塘報叛賊謀攻鎮城，官兵堵禦獲捷，並報壽張失城事"揭帖，見《明清檔案》第六冊，A6-164 號。

2　順治四年十月二十六日山東臨清總兵宜永貴塘報，見《明清史料》甲編，第三本，第二○三頁。

3　順治五年正月初十日兵部尚書阿哈尼堪等題本，見《明清檔案》第七冊，A7-73 號。

4　順治四年十二月山東巡撫張儒秀"為擒斬大逆飛報捷功事"揭帖，見《明清檔案》第七冊，A7-54 號；又見《明清史料》丙編，第七本，第六四頁。

5　順治四年十月二十三日山東巡撫張儒秀"為塘報堂邑失陷並報微臣掃穴事"題本，見《明清檔案》第六冊，A6-148 號。

保持着聯繫，是復明運動的一個組成部分。

京師王道士案。弘光朝廷官員投降清廷之後又從事秘密反清活動的，除了劉澤清以外，還有所謂的"王道士夥黨"。這個案件的詳情還缺乏研究，但捲進去的人相當不少。據《清實錄》記載，順治四年五月二十一日，"投誠伯常應俊，總兵李際遇、馬儒齊、黃明先、丁啟光（即下文丁啟睿之弟），副將王士永、一把撒、夏五嶽、賈應達、駱和蕭、劉方侯，參將喬松，游擊滕和齊、于起範、馮可松（按即弘光朝掌錦衣衛的馮可宗）、傅有功，都司馬崇臣、衛士龍，守備李豪、張嵩，閑散官丁啟睿（原明崇禎朝總督）等坐與賊黨王道士通謀，並其兄弟及子，俱伏誅。"[1]

劉澤清是同山東地方勢力聯合反清，王道士案則是以弘光朝文武官員為主串通河南反清勢力進行密謀。[2]這兩個事件雖然都被清政府破獲，參與人員均遭捕殺，然而聯繫到 1648 年（順治五年）金聲桓、李成棟、姜瓖、王永強、丁國棟、米喇印等人的反清，說明了一個事實，就是這些人降清以後不僅受到滿洲貴族的歧視，而且察覺清廷實力有限，認為大可一試身手。

第二節　姜瓖等人領導的山西反清運動

山西省的復明運動是以大同總兵姜瓖反清揭開序幕的。姜瓖，陝西延川縣人[3]，原是明朝掛鎮朔將軍印大同總兵官。1644 年三月

1　《清世祖實錄》卷三十二。

2　順治四年七月二十二日刑部尚書吳達海"為密拿叛黨事"題本，見《明清史料》丙編，第七本，第六一一頁。

3　順治六年三月山西巡撫祝世昌揭帖中說："且瓖原籍榆林延川"，見《明清檔案》第十冊，A10-59 號。

大順軍攻克太原後，他主動派人聯絡，投降了大順政權。同年五月，傳來了大順軍在山海關戰敗，放棄北京的消息，姜瓖又發動叛亂，殺害大順軍守將張天琳，歸附了清朝。由於他在起兵叛亂奪得大同的時候並不了解清廷有入主中原的意圖，擁立了一個名叫朱鼎珊的明朝宗室（代藩棗強王後裔）"以續先帝之祀"，被清廷斥為"大不合理"。[1] 七月十五日，姜瓖不得不上疏請求原諒自己"不學無術之罪"，並且要求"解臣兵柄，另選賢能"，讓自己"休息田間，從此有生之日皆歌詠太平之年矣。"[2] 清攝政王多爾袞一面讓他繼續充當大同總兵，一面警告他"洗心易慮"，"倘仍前不悛，越分干預，國有定法，毋自取戾。"[3] 這年十月，他奉命抽調大同地區的精銳兵馬跟隨英親王阿濟格西征，在鎮壓陝北大順軍高一功等部時頗為賣力。沒想到次年（1645，順治二年）七月他被叫到北京，由大學士剛林秉承攝政王多爾袞的意旨進行質訊，指責他順治元年六月初八日上表歸順清廷，七月間卻用明朝崇禎年號發給文武官員札付，又擁戴明朝宗室棗強王，"此罪不小"。姜瓖跪在地上解釋清兵入關之初人心未定，不得不採取一些權宜之計，"原不敢有二心"。剛林又無中生有地斥責他"去年冬英王西征路出大同，你心生疑慮。"最後，才宣佈："今大清恩寬，王上令旨許功罪相準，往事並不追究。着你仍鎮大同，洗心滌慮，竭力盡心，以報國家大恩。"姜瓖自以為不費清朝一兵一卒，把大同地區拱手獻給了清廷，接着又在陝西榆林擊敗大順軍，不僅功高無賞，反而備受猜

1　《清世祖實錄》卷五。朱鼎珊當是代王朱桂的九世孫。

2　見《明清檔案》第一冊，A1-22 號。

3　《清世祖實錄》卷六。

疑。他一肚子怨氣，但又不得不"叩頭謝恩"。[1] 這以後的三年裏，清廷對陝南、四川用兵，曾多次征發山西的人力、物力，加重了官民的負擔。1647年（順治四年）三月，清廷下令"在京官員三品以上，在外官員總督、巡撫、總兵"各"送親子一人入朝侍衛，以習滿洲禮儀，察試才能，授以任使。"這顯然具有人質的用意。姜瓖接到兵部傳旨後不敢怠慢，把長子姜之升送往北京。[2]

1648年（順治五年）十一月，蒙古喀爾喀部二楚虎爾犯邊。清攝政王多爾袞召集諸王、大臣會議，決定派英親王阿濟格、端重親王博洛、承澤郡王碩塞、多羅郡王瓦克達等領兵戍守大同，加強這一地區的防務。姜瓖對清朝統治者崇滿歧漢政策早已心懷不滿，這時又正是在江西金聲桓、廣東李成棟反清之後，清廷對手握軍權的漢族將領猜忌甚深，他判斷滿洲大軍雲集大同將對自己不利。大同地區的清朝官員又奉命徵集糧草，急如星火，百姓怨聲載道。於是，姜瓖在十二月初三日乘宣大總督耿焞等人出城驗糧草的機會，突然關閉城門，下令"易冠服"，自稱大將軍，公開揭起了反清的旗幟。[3] 耿焞逃往陽和，家屬被姜瓖處死。阿濟格聞訊，連夜進兵，於初四日到達大同城下。[4] 姜瓖反清以後，"飛檄安官，朔（州）、渾（源）一帶俱受偽札。"[5] 阿濟格在十二月間的報告

1 《明清史料》丙編，第五本，第四九四頁，《記注殘葉》。

2 順治四年八月二十二日大同總兵姜瓖"為恭謝天恩事"揭帖，見《明清檔案》第六冊，A6-63號。

3 康熙二十一年《山西通志》卷三十《雜志·盜賊附》。《清史列傳》卷八十《姜瓖傳》把姜瓖反清繫於十一月，時間有誤。

4 《清世祖實錄》卷四十一。

5 康熙二十一年《山西通志》卷三十。雍正十三年《朔州志》卷八《武備兵氛》記："五年十二月，大同總兵姜瓖叛，遣逆黨姚姓襲朔州，守備張楹率叛兵內應，兵道宋子玉、通判楊達、知州王家珍皆死之"，眾奉張楹為總兵。

中說：“叛者不止大同，其附近十一城皆叛。”[1] 大同舉義後，山西各地的漢族官紳紛紛響應。

晉西北，“明廢弁萬練乘變襲踞偏關，瓌即以練為偽偏關道。寧武、岢嵐、保德相繼失守。劉遷者，亦明廢弁也，糾亡命，受偽左大將軍職，略雁門關及代州、繁峙、五台等邑，太原告警。”[2] 關於劉遷的情況，順治六年正月二十四日山西巡撫祝世昌塘報中說：“本院□慮雁門係大同孔道，預遣撫標右營游擊高國盛同蒙古艾大人駐防代州。突有明季副將劉遷詐稱起用偽總兵，偽牌偽言，日每招聚烏口（合）……。初十日，逆賊劉遷果率領馬步賊約有萬餘將代州圍困十一日，竟入關廂。”高、艾見“賊眾兵寡”，“密差役前往大同英王爺駕前請兵”。[3]

晉中，《定襄縣志》記載：“五台、忻州、盂縣皆授姜瓖偽札，轉相煽惑，醜類尚累數萬，旗幟隊伍蟻聚蜂屯。寧武已附姜瓖。兵備道藺與太原參將李好賢住紮忻州、定襄，每偵賊警則引兵救援。至九月，宣府總兵李剛奉旨剿擒高鼎，鼎負隅，每夜出，恣其劫掠。後听撫，賊眾漸散，鼎復據曹家寨……倏招倏叛。”[4]《靜樂縣志》也說：“時三晉草寇轉相煽惑，驅逐長令，賣降恐後。……太原一郡全城自守者惟榆次、平定、樂平、太原、崞縣、盂縣而已。”[5]

---

1 《清世祖實錄》卷四十一。

2 《清史列傳》卷八十《姜瓖傳》。

3 《明清檔案》第十冊，A10-9 號。

4 康熙五十一年《定襄縣志》卷七《災異》。

5 康熙三十九年《重修靜樂縣志》卷十《雜紀志》。

晉東南，"汾、潞、澤、遼等郡邑小醜乘時蜂起，偽帥胡國鼎嘯聚潞安，禍連沁屬。"[1] "偽將"陳杜、張斗光等領兵攻克澤州（今晉城）。[2] 平順有姜瓖所"遣賊將牛光天破城劫庫，男婦擄掠甚多。至十月，原任賴知縣請兵恢復，賊始滅。"[3]

晉西南蒲州到黃河西岸屬陝西的韓城一帶有虞胤、韓昭宣、李企晟等聞風響應，他們"私立偽韓王，行偽永曆事。"[4] 清陝西三邊總督孟喬芳向朝廷奏報："偽六省軍門虞胤、偽總督韓昭宣、偽總兵封汝宦等克陷蒲州及蒲屬臨晉等縣，偽立永曆年號，詐稱二十八萬。"[5]

在很短的時間裏，山西全省除了省會太原和少數城池外，差不多都被義師佔領，而山西的反清復明運動又迅速波及陝西等西北地區（見下節）。

從地理位置來看，山西緊靠畿輔，形勢的風雲突變對滿洲貴族的統治中心威脅極大。不過，山西距離永曆朝廷控制的地區相當遠，其間又被清統治區隔斷，雙方的聯絡自然比較困難。許多南明史籍都不講以姜瓖為代表的晉、陝等地的反清復明運動，或者只是在講時代背景時一帶而過，他們心目中的"南明史"是地道的南方擁明勢力的歷史。然而縱觀全局，清初的復明運動並不能局限於南方，姜瓖等人領導的反清絕不是一般的兵變或叛亂，而是北方復明勢力同清朝的一次大規模較量。

姜瓖起事後立即"易冠服"，各地聞風響應的軍民都以割辮為

---

1 乾隆六年《沁州志》卷九《災異》。
2 康熙四十五年《澤州志》卷二十八《祥異》附兵燹。
3 康熙三十二年《平順縣志》卷八《祥災志·兵燹》。
4 順治十三年湖廣總督祖澤遠"為飛報密擒渠逆叛黨"等事題本殘件，藏第一檔案館。
5 孟喬芳《孟忠毅公奏議》卷上，順治五年八月初六日題本。

標誌[1]，軍隊"以明旗號"相號召[2]，發佈文告遵用永曆正朔[3]。這些都說明姜瓖等人領導的晉、陝反清運動是以恢復明朝為宗旨的。他們同永曆朝廷也有聯絡，沈佳《存信編》卷二記載："清大同總兵姜瓖以大同來歸"。1649 年（順治六年、永曆三年）八月，永曆朝廷"遣太監馬鳴圖齎敕聯絡山西總兵姜瓖，鳴圖漆身吞炭而行"，攜帶"以黃絹五寸方用御寶為敕書，外用黃蠟封固為藥丸。"[4]1653 年（順治十年）清廷緝獲"叛黨"呂肖渠的罪狀就是"先投山西姜逆營內搶擄，帶有永曆偽札前往河南"散發。[5]這些零星材料（當時在山西各地張貼和頒發的用明永曆紀年的文告和札付數量必定極為龐大，失敗後蕩滅無存罷了）證明姜瓖等人的反清不是孤立的，更不是一般的兵變，而是以擁護南明永曆朝廷為宗旨遍及全國的復明運動的一個重要組成部分。《清史稿》說："其無所附麗而以叛聞者為姜瓖"[6]，完全錯誤！

姜瓖起事以後，清廷最初企圖採取招撫政策加以解決。多爾袞當時已經自稱為皇父攝政王，想以最高統治者的身份勸說姜瓖回心轉意，他在十二月初十日派使者向姜瓖解釋阿濟格等領兵往大同是"因有事北方蒙古……與爾等全無干涉"，故意把姜瓖起兵

1　參見順治六年四月山西巡按蔡應桂揭帖，見《明清檔案》第十冊，A10-71 號；同月山西巡撫祝世昌揭帖，上書 A10-74 號。

2　傅山《霜紅龕集》卷十五《汾二子傳》記："己丑（順治六年）四月，大同兵以明旗號從西州入汾，薛（宗周）以策干帥江某，勸急搗太原虛，江不能用。"有人勸薛宗周不要參加復明義舉，"薛厲聲言：極知事不無利鈍，但見我明旗號尚觀望，非夫也。"按，"江某"即義軍山西巡撫姜建勳，見康熙三十九年《重修靜樂縣志》卷十《己丑紀變》。

3　順治六年八月陝西總督孟喬芳疏報："山西逆寇虞允等稱偽永曆年號，陷蒲州及臨晉、河津等縣。"見《清世祖實錄》卷四十二。

4　屈大均《安龍逸史》卷上。

5　見《明清檔案》第十七冊，A17-164 號，河道巡撫吳景道題本。

6　《清史稿》卷四百八十七《忠義一》，中華書局排印本，第四十四冊，第一三四七頁。

反清說成只是誤解了清廷意圖，給以下台的機會，接着宣佈若能悔罪歸誠，仍將"照舊恩養"。[1] 然而，姜瓖反清的導火線固然同阿濟格重兵迫境有關，根本原因在於滿漢民族矛盾。舉事之前既已遭到清廷猜忌，反清之後再圖歸順好比覆水難收，前途更不堪設想，因此他對多爾袞的安撫置之不理。多爾袞見解釋無效，決心武力解決。1649年（順治六年）正月初四日，他派敬謹郡王尼堪等統兵入山西。二月間，多爾袞親自帶領軍隊往征大同。在攻克渾源州、招降應州和山陰縣後，突然接到北京傳來消息，他的同母弟，輔政的豫親王多鐸染上天花，危在旦夕。多爾袞無心戀戰了，三月間在趕回北京的途中，他來到大同城下，希望憑藉自己的最高權威勸說姜瓖投降。在諭旨中說："向使他人至此，爾或顧畏不從；予茲躬臨，可歡然來順。如來歸順，庶闔城獲蘇。予方欲天下之人戴吾恩德，爾姜瓖諸罪悉與赦免。諭到可即出降，自恩養如故。勿更懷疑慮，以貽害闔城官民也。予來爾不歸順，則再無生路矣。予言一出，脫有反復，天下之人誰復信之？"[2]

姜瓖在回信中先列舉了自己為清廷立了大功，"未有毫髮罪過"，然而不僅"未蒙升賞"，跟隨他降清的百姓"亦阽危已極。且選出各官又肆行陵虐，民蓋難堪。頃者，英王師至，催辦糧草，紳士軍民苦不可當。動輒欲行殺戮，臣與大同一方百姓委屬無辜，誰肯坐而守死？"接着，他針對多爾袞的諭旨表示，"況闔城之人矢志誓死，王縱開誠肆赦，誰敢遽信？是惟更降一諭，明指以全活之方。若不開恩，臣惟率眾以俟，無他想望矣。"[3] 姜瓖要求多爾袞"指

<hr>

1 《清世祖實錄》卷四十一。

2 《清世祖實錄》卷四十三。

3 《清世祖實錄》卷四十三。

以全活之方"含義是甚麼,史無明文,按當時情況推測是讓清廷退兵,使大同地區的軍民有實際的安全感。而且,當時晉、陝反清義師風起雲湧,姜瓖的回信也可能是一種緩兵之計。

自從山海關戰役以來,執掌清廷最高權力的攝政王多爾袞沒有親自統兵出征過。究其原因,一是進入北京之後,百務叢集,他難以分身;二是滿洲貴族內部權力之爭一直在進行;三是他的健康狀況不佳。[1] 這次親征大同實在是迫不得已,山西全省一旦失陷,必然引起連鎖反應,且不說南方大片地方尚未平定,在姜瓖反清後不僅山西各地紛紛響應,陝西、甘肅等地反清運動勢若潮湧,連畿輔和山東也竟然"山賊蜂起"。[2] 滿洲貴族遇到了入關以來最大的挑戰。

到 1649 年(順治六年)四五月間,山西的局勢已經十分嚴重。阿濟格等率領的軍隊圍困着大同,並且挫敗了來自長城外助馬路(今助馬口)、得勝路(今得勝堡)來援和姜瓖派出接應的軍隊,切斷了大同和其他山西抗清力量的聯繫,儘管調來了紅衣大炮,大同的防守依然堅固得很。阿濟格、尼堪等部頓兵堅城之下,毫無進展。山西其他地區的反清運動卻好比烈火燎原,迅速席捲全省各地。清政府能夠控制的只是省會太原、晉南平陽(今臨汾)幾座孤城,[3] 其他府、州、縣差不多全被反清復明武裝佔領。這年四月,山

---

1 早在順治三年(1646)二月間,多爾袞召集大臣時就曾說自己"代上攝政,唯恐事多闕誤,生民失所,念民為邦本,日夜焦思。又素嬰風疾,勞瘁弗勝。"見《清世祖實錄》卷二十四。

2 順治六年八月禮科右給事中姚文然奏:"北直接壤山東、河北一帶,盜賊日熾,商賈不前,耕桑失時。"見《清世祖實錄》卷四十五。

3 乾隆二年《翼城縣志》卷二十六《祥異》附兵燹記:"順治六年大同總兵姜瓖叛,分遣賊首攻平陽,不克。其時州縣或逃或降,固守者郡城及翼城而已。"按,明代至清初平陽府屬三十五州縣,1649 年清軍所能固守者不過兩座城池。據同書記載,翼城縣外有陝西王永強所遣部將圍攻,境內有"哈哈教餘孽安定國、混天猴等揭竿而起",城守岌岌可危,直到 1654 年(順治十一年)安定國被誘殺,才"四境帖然"。

西巡按蔡應桂揭帖中說："先是，石樓、永和、交城相繼告陷。……乃各州縣報賊者日常數四，此煽彼惑，已遍滿三晉矣。"四月初一日"又接撫臣祝世昌會揭，逆賊劉遷聚眾謀攻代州；又云寧武賊眾攻圍忻州等情。"陝西義軍也利用木筏、牛皮渾脫等物渡河入晉，"該職看得，三晉自三邊以至省城、汾（州）、平（陽）一帶，遍地皆賊，偽牌偽示，絡繹不絕。民如鳥獸散，勢若土崩瓦解，無論郡邑之城池不能保守，而省城之重地患切垂危。"[1] 就在這個月裏，義軍佔領汾州府城，清山西巡撫祝世昌報告："四月十三日，賊眾至汾州府……賊眾兵寡，退而守城，則城關大開，合城喊起，鄭名標率軍民割辮。"清分守冀南道許養高領着永寧知州，平遙、介休二縣知縣，汾州營參將等人倉皇逃往平陽。[2]《五台縣志》記："順治五年冬，姜襄（瓖）踞大同，送偽札於台人，率眾攻城。時有劉永忠等至忻州，擁眾至台，不啻十餘萬。"[3] 晉東南的長治地區也全部易幟，"潞安之變，蓋因姜逆首禍，叛黨四起，一府八縣，相繼淪陷"，[4]省會太原岌岌可危。巡撫祝世昌向朝廷求援道："值今偽督撫姜建勛、偽劉總兵、偽司道等賊眾，秦晉合夥，失陷汾州府，擁聚十數萬，截斷省南平陽、潞安兩府大路，分賊安官，附近各州縣破竹瓦解，勢已決裂，此省南之賊景如此。又省之東北五台、繁峙，劉遷、張五桂等勾連寧武眾賊盤踞忻口，攻圍崞縣，北路堵塞，音

1　《明清檔案》第十冊，A10-71 號。

2　順治六年四月山西巡撫祝世昌"為道、將率官逃歸，恭報上聞，仰祈聖裁事"揭帖，見《明清檔案》第十冊，A10-74 號。康熙三十五年《介休縣志》卷一《災異‧兵劫附》記："順治六年，流賊自河曲來，陷據府城（指汾州府），縣官逃去。城內士民嚴守，搶掠鄉村，擄殺子女。"按，據康熙三十九年《靜樂縣志》卷十《己丑紀變》，姜建勛由原平南下佔領忻州、定襄，與滿兵戰於牧馬河上，敗績。三月間，建勛部向西取靜樂後，南下攻佔汾州。

3　康熙二十六年《五台縣志》卷八《祥異志‧兵革》。

4　順治八年十月十二日山西巡撫劉弘遇題本，見《清代農民戰爭史資料選編》第一冊上，第一五八頁。

信已絕。今晉之西北寧武、偏關、河曲、興、嵐等州縣至汾州府屬延袤千里,悉為賊據。今省城孤懸一土,勢切危急。……懇乞皇父攝政王俯念三晉百萬田賦之區,生靈湯火之日,危亡目下,速賜急發大兵,或敕英王、敬謹王兵馬星馳前來撲剿逆賊,尚可恢復殘疆。稍若遲延,全晉俱隳矣。"[1]

四月下旬到五月上旬,復明義軍在佔領晉西北、晉南大片地區[2]後,會同晉中、晉東南的反清力量迅速接管各地政權。四月二十六日,佔領祁縣,二十八日接管武鄉,同日"沁州偽官請本州鄉紳士庶皆服明季衣冠,同詣關聖廟共議戰守。每垛口守夫三名,十垛口生員一名。又稱賊頭賞軍,每丁五錢,用銀五萬,未曾賞遍(可見參與沁州起義的當在十萬人以上)。其中賊丁搶掠者梟首一十三名,當時嚴肅。凡有投營,即賜偽職。"二十九日,佔領榆社縣。五月初一日,義軍進入清源縣,清太原駐防滿軍曾一度來援,見"賊勢浩大",被迫帶着知縣攜印退回省城。初二日,義軍佔領徐溝。初五日,"西路賊大營由清源縣擁眾北來,至太原縣境晉祠,離省城四十餘里;又據報東路賊由徐溝犯省。"[3]當時,清政府駐守太原的兵力相當有限,"太原土隉兵無幾,保會城不敢為進取計"。[4]一旦省會失守,不僅政治影響極大,清廷在山西設置的政權幾乎全部瓦解。何況,山西的抗清運動很快波及鄰省,如1649年(順治六年)六月山西義軍魏世駿等派出一支軍隊進入河南,接

---

1 順治六年四月山西巡撫祝世昌"為省會危亡至急,賊氛聚結至眾,再懇急發大兵救援事"揭帖,見《明清檔案》第十冊,A10-73號。

2 順治十六年《絳縣志》卷上《祥異》記:"順治六年五月府屬大亂,賊入縣城,知縣逃去。"按,明代至清初絳縣屬平陽府。

3 山西巡按御史蔡應桂"為塘報緊急賊情事"揭帖,見《明清檔案》第十一冊,A11-3號。

4 康熙三十九年《重修靜樂縣志》卷十,雜紀志《己丑紀變》。

管了武安、林縣、涉縣，任命了知縣、守備等文武官員。[1]

多爾袞深知局勢的險惡，他不敢撤出包圍大同的兵力來鎮壓遍及山西各地的反清烽火，以免放虎出柙，使山西反清盟主姜瓖同其他各部匯成一片，只好從京師抽調一切可用的滿、蒙、漢軍投入山西戰場。除了英親王阿濟格、敬謹親王尼堪領軍圍困大同外，被調往山西作戰的還有端重親王博洛、承澤親王碩塞、和碩親王滿達海、多羅郡王瓦克達。至於康熙初年專政的鼇拜不過是隨軍偏裨而已。此外，陝西方面還有平西王吳三桂、固山額真李國翰、陝西三邊總督孟喬芳等人領軍配合作戰。

列出上述清將名單，不難發現多爾袞決心孤注一擲，精兵猛將幾乎全部派往山西。熟悉清初歷史的人都知道，入關以來的領軍統帥豫親王多鐸在順治六年三月病死，肅親王豪格已經罪廢幽禁，鄭親王濟爾哈朗在姜瓖反清以前同勒克德渾統兵往征湖南，到七年正月才返回北京。其他能帶兵的親王、郡王幾乎全部帶領八旗子弟雲集山西。值得注意的是，阿濟格、博洛、尼堪等人都曾經是獨當一面的統帥，而在山西戰場上扮演的只是前線指揮官。留守北京的卻是剛從江西凱旋的譚泰、何洛會兩名固山額真。六年八月，多爾袞感到京師地區兵力過於單薄，下令端重親王博洛"酌撤閒駐兵還京"。博洛報告："太原、平陽、汾州三府屬州縣雖漸收復，然未復者尚多，恐撤兵後，賊乘虛襲據，應仍留守禦。"[2] 多爾袞勉強同意了。

1　順治九年四月初三日刑部尚書藍拜等"為緝獲在逃叛黨請旨正法事"題本，見《清代農民戰爭史資料選編》第一冊下，第一五九至一六〇頁。
2　《清史列傳》卷二《博洛傳》。

歷來治史者談及南明，大抵着眼於南方，對姜瓖、王永強等人的反清復明運動注意不夠。這反映了他們不大了解當時全國的形勢，很可能是受南明史籍影響過深。永曆朝廷雖然在口頭上以復明自任，但情報不明，從來沒有一個高瞻遠矚的戰略計劃。在南明方面的史籍裏除了有幾條姜瓖的記載以外，他們對山、陝各地風起雲湧的大範圍、大規模反清運動似乎知之甚少，對清廷的精兵猛將全部調往山西、其他地方兵力單薄的窘境更是一無所知。永曆朝廷在全國反清復明運動處於高潮的時候，只知道江西、湖廣戰局逆轉，金聲桓、王得仁、李成棟、何騰蛟遇難，陷於張皇失措之中。卻完全不了解譚泰、何洛會在穩定江西局勢後不敢深入廣東而撤兵北返，濟爾哈朗、勒克德渾出兵湖南原定目標是追剿李錦等為首的忠貞營，由於明督師閣部何騰蛟為爭功而瞎指揮，糊裏糊塗地被清軍擒殺，濟爾哈朗等趁勢暫時穩定了湖南局勢，顧不上原定目標就匆忙回京[1]的原因。兩路清軍的北撤很明顯是清廷為了加強京畿根本之地，永曆朝廷沉浸於金、王、李、何覆亡的悲痛之中，慶幸清軍未乘勝直下廣東、廣西，不知道這時正是清廷最吃緊的時刻。在將近一年時間裏，朱由榔、瞿式耜、杜永和、陳邦傅等人又昏天黑地地過起太平生活，局促於兩廣之地鈎心鬥角。"時舉朝醉夢，有假為吳三桂反正疏及南京反正書

1　《清世祖實錄》卷四十五記：順治六年八月二十三日，清廷即命濟爾哈朗班師回京，當時大同仍在固守之中。這年，清辰常總兵徐勇題本中說："前幸仰賴親王大兵奮揚神武，何騰蛟首先被縛，雖伐謀之元凶已剪，而王、馬、隻虎等逆尚漏天誅。臣私冀聖明廟算無遺，必餘氛不除不止。夫何全捷未奏，而大凱倏班。然猶望固山圖賴之兵足資彈壓，以作緩急互應之需。詎圖賴又復北調矣。"見《明清史料》丙編，第八本，第七六八頁。

者，謂四方好音日至。"[1] 直到清廷派孔有德、尚可喜、耿仲明率軍南下，才如夢初醒，亂作一團。南明君臣的閉目塞聽、得過且過，由此可見一斑。憑藉這種朝廷要實現抗清復明的大任，無異於癡人說夢。姜瓖、劉遷、王永強、虞胤等人的抗清鬥爭一方面證明清朝在北方的統治遠未穩固；另一方面又證明滿洲八旗兵的作戰能力相當有限。

江西、廣東反正後，永曆朝廷及時封爵拜官，而山西、陝西的各支義軍首領大抵是遙奉明廷，自稱大將軍、大學士、巡撫、總兵，永曆朝廷似乎只知道姜瓖在大同反清，其他就不甚了了。山河阻隔固然是原因之一，但後來孫可望、李定國、魯監國、鄭成功等還能經常派密使深入清統治區聯絡各地潛伏的義士，相形之下永曆朝廷的目光短淺實在令人驚異。

永曆朝廷既是這樣無能，清廷才能放心大膽地集中兵力鎮壓晉、陝義軍。姜瓖反清後，清廷歸罪於宣大總督耿焞未能事先防範，把他革職[2]，由佟養量接任。佟養量帶領所部山東兵進攻代州一帶的劉遷部，先後在平刑（平型關）、雁門擊敗劉軍，劉遷率領部眾退入五台山區扼險據守。清軍憑藉優勢兵力在降將引路下翻山越嶺逐寨進攻，把劉遷部壓縮到一個狹小的山區。[3] 最後在黃香寨激戰，劉遷父子陣亡。[4] 代州地區復明武裝的覆敗，解除了圍困大

---

1 徐鼒《小腆紀年附考》卷十六。

2 《清世祖實錄》卷四十二。

3 順治六年七月初五日"擊敗賊首劉遷塘報"殘件（缺奏報官員職名，估計為宣大總督佟養量所上），見《明清史料》甲編，第三本，第二五〇至二五一頁。這件塘報中說："看得劉遷作叛，流毒三晉，恃險負隅，豈止狡兔之三窟。其代東一帶村堡不下數百餘處，盡皆迫脅從賊，經今半載有餘……"又說："姜逆叛亂以來，不逞之徒，隨聲吠影，如劉遷倡眾搖惑平刑、雁門一帶，迫脅良民，大肆鴟張，負嵎為害，已非一日，此晉地之元凶也。"

4 順治八年宣大總督佟養量揭帖，見《明清史料》甲編，第三本，第二八三頁。

同清軍的背面威脅，初步使山西戰局變得對清方有利。

　　到 1649 年（順治六年）六月，清軍雖然攻克了山西部分州縣，形勢有所好轉，多爾袞擔心在山西被牽制的兵力太多，曠日持久必將影響全國，於是他決定再次親征大同。離京前夕，他召集朝廷各衙門滿、漢官員做了一番解釋，說：“予之行也，非以諸王大臣不勝其任，但恐行師之際擾及良民，故為親行。”[1] 這種不成理由的說法只是為了掩蓋他內心的焦慮。多爾袞的第二次親征歷時一個多月，八月間回京時他本人並沒有取得甚麼戰果。但是，清廷差不多把全部精銳兵力投入山西戰場，當地的復明勢力終於招架不住了。大同城裏的糧食消耗已盡，“兵民飢餓，死亡殆盡，餘兵無幾。”[2] 在外援無望的情況下，姜瓖部下的總兵楊振威變節，暗中派人出城向圍城清軍接洽投降。八月二十八日，楊振威帶領六百餘名官兵叛變，殺害姜瓖與其兄姜琳、弟姜有光，持首級出城投降。[3] 次日，清軍入城。多爾袞得到報告後，下令除楊振威的官兵家屬外，大同城內的“官吏兵民盡行誅之”。由於圍攻八月之久始終攻不下這座堅城，多爾袞傳諭把城牆高度拆除五尺，藉以泄憤。在這前後，征西大將軍和碩親王滿達海軍攻克朔州、馬邑等處，明寧武總兵劉偉等投降。定西大將軍端重親王博洛軍攻克孝義、平遙、遼州、榆社等處。陝西總督孟喬芳和戶部侍郎額色帶領滿漢兵渡過黃河攻克蒲州、臨晉、河津、解州、

---

1 《清世祖實錄》卷四十四。

2 《清世祖實錄》卷四十六。

3 《清世祖實錄》卷四十六；《清史列傳》卷八十《姜瓖傳》記參與叛變的還有“偽官裴季中”。

猗氏等處，義軍首領白璋在榮河陣亡。[1]九月二十二日，陝西清軍攻克運城，明義軍元帥韓昭宣陣亡，戰死官兵一萬餘人，"屍滿街衢"；另一位首領虞胤乘亂逃出。[2]同月，博洛、滿達海二親王會兵合攻汾州。十三日夜間，用紅衣大炮猛轟北關，第二天從城牆坍塌處衝入城內，義軍所設巡撫姜建勛、布政使劉炳然突圍出城後被清軍擒殺。由於清軍攻破汾州後把城中百姓屠戮一空，嵐縣、永寧州（今呂梁市離石區）紳士唯恐同歸於盡，把義軍委派的知縣、知州綁赴軍前，開城投降。[3]十月初四日，滿達海軍用紅衣大炮攻破太谷縣；初十日佔領沁州，接着又攻克潞安（今長治市）。[4]十一月，博洛率領鎮國公韓岱、固山額真石廷柱、左夢庚等部在澤州（今晉城）擊敗反清義師，義軍部院陳杜、監軍道何守忠、守將張斗光等被擒殺。[5]這時，山西大勢已定，多爾袞才決定諸王統軍回京，只留下多羅郡王瓦克達繼續清剿山西未平各地。[6]十二月，陝西清軍吳三桂、李國翰部擊敗榆林義軍，殺劉登樓、任一貴、謝汝德等首領人物。吳三桂平定該地後，分兵渡河

1　光緒十二年《永濟縣志》卷二十三《事紀·兵略》記："六年，賊首虞允、封汝宦等倡亂陷蒲州，知州錢法裕、游擊武韜、守備許世德死之。八月初一日，陝西總督孟喬芳率滿漢官兵恢復州城，斬馘無算，餘眾敗潰。"光緒七年《榮河縣志》卷三《兵附·兵事附》記："順治六年，虞允等倡亂。秋，陝甘總督孟喬芳同固山達根特等大破賊於榮河，斬偽帥白璋。"乾隆二十八年《稷山縣志》卷二《兵防》附《武事》云："順治六年，土賊白璋西來據城。"

2　山西巡按御史蔡應桂"為恭報恢城剿賊捷功事"揭帖，見《明清檔案》第十一冊，A11-2號。

3　順治六年九月十八日滿打亥（滿達海）、李羅（博洛）奏稿，見《明清檔案》第十冊，A10-144號；同件又見《明清史料》丙編，第八本，第七三一頁。按，康熙三十九年《靜樂縣志》卷十記："建勛知不支，縊死南城樓。"

4　山西巡撫祝世昌"為遵旨回奏事"揭帖，見《明清檔案》第十一冊，A11-1號；參見《清世祖實錄》卷四十六。

5　康熙四十五年《澤州志》卷二十八《祥異》附《兵燹》。順治六年十二月山西巡撫祝世昌"為王師剿蕩逆賊，克平地方恭報上聞事"揭帖，見《明清檔案》第十一冊，A11-60號。按，原文內左夢庚誤寫作"左孟根"，查《清史列傳》卷七十九《左夢庚傳》，順治"六年，隨英親王征大同叛鎮姜瓖，攻左衛，克之，尋擢本旗漢軍都統"，可證左夢庚確曾參與鎮壓山西抗清運動。

6　《清世祖實錄》卷四十六。

進攻山西偏關，義軍總兵賀國柱見大勢已去，為清軍充當內應，義軍總督萬練自焚而死。[1]

　　山西曲沃人李建泰曾任明崇禎朝和清順治初年的大學士，平陸人原明朝寧夏巡撫李虞夔都積極參加了反清運動。李建泰在晉陝復明鬥爭中，大約和姜曰廣在江西金聲桓、王得仁起事中扮演的角色基本相同。有的史籍說"姜瓖起兵，又召為相"[2]，詳細情況已經難以查考。只知道他不僅在家鄉曲沃一帶組織抗清，還曾經親筆寫信策動翼城等縣鄉紳共襄義舉。[3] 後來，在太平縣扼守二十多天，無援出降，被清廷處死。李虞夔在山西反清運動失敗後，逃到河南永寧縣龍溝山林內潛藏，1650 年（順治七年）六月被清政府緝獲遇害。[4] 晉、陝反清復明運動最大的特色是當地百姓廣泛參與，上自文武高官，下至普通軍民幾乎都自願地奮起反抗，這正是清廷難於對付他們的主要原因。

　　山西、陝西等地的大規模反清復明運動堅持了一年之久，終於被佔壓倒優勢的清軍撲滅。儘管由於所見史料的限制，很難把這場轟轟烈烈的抗清鬥爭的全貌和組織情況敘述清楚，但已經可以從中看出北方漢族百姓為反對滿洲貴族的暴虐統治而展開的殊死鬥爭是何等驚心動魄，絲毫不遜於南方。[5] 清軍在鎮壓山西反清復明運動中不分青紅皂白，濫殺無辜老弱，表現的野蠻殘酷令人

1　《明清檔案》第十一冊，A11-55 號；參見《清世祖實錄》卷四十六。

2　李天根《爝火錄》卷十九。

3　《清世祖實錄》卷四十六。

4　順治七年七月山西巡撫劉弘遇"為恭報擒獲渠魁事"揭帖，見《明清檔案》第十一冊，A11-175 號；同件又見《明清史料》丙編，第八本，第七五六頁。

5　史學界和思想文化史界對於顧炎武、屈大均等清初著名學者、復明志士長期活動於晉、陝地區的動機存在着很大的分歧。從 1649 年晉、陝抗清運動的深入人心和失敗以後殘餘力量長期堅持於山區來看，顧炎武等人肯定是有所為而往的，不是單純的學術遊歷活動。

髮指。清代官書雖然盡力遮蓋真相，從一些檔案和地方志裏仍然可以窺見一頁頁血跡斑斑的歷史場面。

　　大同城破以後，根據多爾袞的命令實行屠城，執行得相當徹底。大同和大同左衛兩座城裏的監獄關有重犯五名，由於"城破盡屠，無憑究擬"，人都殺光了，無法找到原告和證人，新任地方官只好題請銷結案件。[1]順治七年十二月，清宣大山西總督佟養量揭帖中報告："大同、朔州、渾源三城，已經王師屠戮，人民不存。"隨之而來的是大片耕地荒蕪，"如渾源州原額地（指明代冊額）七千九百九十五頃四十九畝零，除先任宣大耿部院題免無主荒地外，又姜逆叛之後，屠戮復荒無主地四千八百餘頃，見今成熟地八百三十二頃三十六畝。朔州原額地三千二百六十五頃八十八畝零，除耿部院題免無主荒地外，又姜逆叛後，人民屠戮復荒無主地一千六百八十一頃，見今成熟地三百八十九頃七十二畝。大同共額地一萬三千七百二十一頃七十六畝八分零，除耿部院題免無主荒地外，又姜逆叛後，人民屠戮復荒無主地七千一十八頃零，見今成熟地二千四十五頃四十六畝六分零。""實核三州縣戶口之死亡者一萬八千八百六十四丁，而見存者五千四百七十九丁，所遺荒田一萬三千五百頃餘，該糧二萬七千八百三十餘兩。"[2]《朔州志》記："城破，悉遭屠戮。"[3]《五台縣志》記："自戊子延及辛卯（1648—1651），人民死徙，地土荒蕪，迄今三十餘年，流亡尚未全復，土田尚未盡墾也。"[4]封建史家常常把李自成為首的農民軍描繪

1　順治六年十一月二十一日宣大巡按金志遠題本，見《明清檔案》第十一冊，A11-20 號。
2　《清代農民戰爭史資料選編》第一冊上，第一五三至一五五頁。
3　雍正十三年《朔州志》卷八《武備‧兵氛》。
4　康熙二十六年《五台縣志》卷八《祥異志‧兵革》。

成殺人不眨眼的賊匪，而對清朝"大兵"倍加歌頌，說成是"出民於水火"的"仁者之師"。這完全顛倒了兩者對普通百姓的態度。康熙《靜樂縣志》記："甲申（1644）逆闖設偽官第五浪，民無大害。受害惟己丑（1649）為甚。"[1] 乾隆《汾州府志》收錄了胡庭作《李節婦傳》，摘錄如下：

> 節婦居郡城之南郭，奇妒，夫畏之過於嚴父。甲申（1644），賊自成陷郡城。李舍舍賊可五六十輩，紛紛託索器物肆媟嫚。李察其為首領者招之曰："我夫遠出，諒不肯相免，幸禁士卒，夜靜暗中來，勿使張揚，去與我留少顏面。"首領亦幸其秘密，喜甚。迨夜，李與妾及一女奴升屋脊，去梯，俟首領入，遽亂聲鑼。巡捕者逮詣自成，斬以殉。李不肯退，曰："為一婦人，誅一將，部曲誰肯甘心？雖畏法，臨啟行時，何難戕害？"自成發令箭，驅眾賊出，封其門。己丑（1649，順治六年），城屠，被虜，至濠次，撲馬下，擊石碎首死。[2]

這個發生在汾陽的故事真切具體地證明了李自成領導的大順軍紀律極為嚴明，而博洛、滿達海兩個清朝親王攻破汾州，全城遭殃，男子被屠殺一空，女子、財物成了滿洲貴族軍隊的戰利品。二者相較，何啻天淵。儘管作者把明清之際汾陽發生的變故記載下來是為了表彰"節婦"，還是要感謝他無意之間提供了第一手材料給那些為多爾袞之流評功擺好的卑瑣文人一記響亮的耳光。

1　康熙三十九年《重修靜樂縣志》卷十《雜紀志》。
2　乾隆三十五年《汾州府志》卷二十六《雜識》。

山西大規模的反清運動被清軍鎮壓下去之後，剩下的復明勢力仍然利用險峻山區堅持鬥爭。如從運城地區突圍出來的虞胤率領殘部進入華山，自稱陝西總統。1650年（順治七年、永曆四年）虞胤親赴貴州安龍朝見永曆帝，同年十月接受指令後由陝西秘密返回山西陽城、沁源山中聯絡各地抗清武裝。[1] 姜瓖的部將牛光天進入太行山區，自稱山西總統。[2] 高鼎等人則盤踞於五台山。直到1655年（順治十二年、永曆九年），他們不僅互相串聯，"聯絡各處賊頭"，還派使者前往湖廣均州郝永忠營中領取永曆朝廷印札，"商議聯絡內外兵馬"，並且由郝營派人引導赴雲貴同永曆政權直接聯繫。[3] 次年（1656，永曆十年）五月初一日，朝廷封虞胤為萊國公，仍以文淵閣大學士兼兵部尚書總督軍務的官銜深入敵後組織抗清鬥爭。[4]1658年（順治十五年）五月，牛光天在直隸長垣（今屬河南省）被保定巡撫派兵擒獲，[5]這已經是姜瓖反正差不多十年之後了。

第三節　王永強等在陝北起兵反清

王永強，陝西吳堡縣人[6]，姜瓖在大同舉兵反清時，他任延安營參將，"與瓖通謀"。清延綏巡撫王正志、延綏總兵沈文華調他帶

1　山西巡撫陳應泰 "為拿獲叛逆事" 題本殘件，見《清代農民戰爭史資料選編》第一冊下，第一七一頁。

2　康熙三十二年《平順縣志》卷八《祥災志·兵燹》記："順治六年姜瓖作亂，遣賊將牛光天破城劫庫。"可見，牛光天原為姜瓖部將，其年十月清軍收復平順後，牛光天轉入太行山。

3　順治十三年湖廣總督祖澤遠題本殘件，藏第一檔案館。

4　沈佳《存信編》卷四，是時永曆帝在李定國扈衛下剛從安龍移駐昆明。原文說，丙申十年 "五月己卯朔，封虞胤為萊國公，督總（總督？）、文淵閣、兵尚如故。以韓王璟溧（韓王松九世孫）請加封以規後效也。"

5　順治十六年二月二十七日河南巡撫賈漢復揭帖，見《清代農民戰爭史資料選編》第一冊下，第一八七頁。

6　道光二十七年《吳堡縣志》人才部，武選附。

領馬兵赴神木、府谷等處防河，王永強趁機在 1649 年（順治六年）二月十五日佔領榆林，殺王正志、沈文華和靖遠道夏時芳，"自稱招撫大將軍"。[1] 隨即引兵南下，二十一日會同留守延安的王永鎮佔領該城。三月初九日，王永強親到延安，殺清知府宋從心。[2] 同時起義的有神木縣人高友才。[3] 義軍聲勢大震，在很短的時間裏就接管了陝北十九個州縣[4]，在這一地區委任了巡撫以下的各級文武官員。王永強還曾派出一部分兵馬渡過黃河支援山西的抗清鬥爭。這樣，秦、晉兩省復明勢力連成了一片，使清廷在北方的統治受到重大威脅。

清廷見陝北的反清浪潮迅速擴大，滿洲八旗主力又被牽制在山西，於是命令屯駐於漢中地區的平西王吳三桂、固山額真李國翰部負責鎮壓王永強。三月十三日吳三桂、李國翰會同漢羌總兵張天福、興安鎮游擊盛嘉定各路兵馬趕到咸陽，清陝西巡撫黃爾性、駐防西安滿軍首領吏部侍郎喀喀木親往咸陽會商進剿事宜，決定兵分三路，一由黃龍山，一由澄城縣，一由同官縣，預定在洛州、鄜州（今富縣）地區截剿。[5] 誰知王永強兵進展迅速，三月二十一日即已到達蒲城，除派出部分兵馬入城防守外，王軍主力西進，有進攻西安的意圖。這時吳三桂等已北行至宜君，得到消息連夜趕回

---

1 《清史列傳》卷八十《姜瓖傳》。按，《爝火錄》卷十九記載這件事比較詳細。但說"王永強自立為延綏大元帥"，王正志訛為王志，沈文華訛為沈朝華。

2 順治九年三月延綏巡撫董宗聖揭帖，見《明清史料》甲編，第三本，第二九一頁。

3 乾隆五十年《綏德直隸州志》卷三《紀事》云："康熙（應為順治）六年二月，神木賊高友才、延安參將王永強反，延綏州縣俱陷。"道光二十一年《榆林府志》卷九《紀事志·歷代紀事》記："六年，延綏叛將王永強擁神木賊高友才等作亂，襲陷榆林。"

4 《清世祖實錄》卷四十四。

5 順治六年三月十八日陝西巡撫黃爾性"為大兵已到恢剿在即恭報上聞以慰聖懷事"揭帖，見《明清檔案》第十冊，A10-51 號。

富平縣。二十三日，雙方相遇於流曲鎮以北美原。王永強列陣大戰，因兵力不敵，被清軍擊敗[1]，王永強陣亡[2]。清軍乘勝移攻蒲城，城中居民固守，到四月初五日被清軍攻破，"遂屠之，殺戮萬餘人，匕箸無遺。"[3]

同王永強一道起兵的神木人高友才部在王永強南下時仍據守府谷。順治六年八月，吳三桂領兵包圍府谷，直到次年十一月，縣城才被攻克，高友才投河自盡。[4]

第四節　甘肅回民米喇印、丁國棟為首的抗清運動

1648 年（順治五年）三月，甘肅回族將領米喇印[5]、丁國棟等發動反清起義[6]，連克甘州（今張掖）、涼州（今武威）、肅州（今酒泉），清朝甘肅巡撫張文衡、甘肅總兵劉良臣、涼州副總兵毛鏟、肅州副總兵潘雲騰、甘涼道林維造、西寧道張鵬翼等都被擒殺。義軍接着引兵東進，攻破蘭州，殺同知趙沖學、知縣趙狪；連克臨洮、河州（今甘肅臨夏）、洮州（今甘肅臨潭附近）、岷州（今岷縣），圍

1　順治六年三月陝西巡按盧傳"為飛報第二次大捷事"揭帖，見《明清檔案》第十冊，A10-61 號。

2　順治九年三月初七日延綏巡撫董宗聖"為恭報查明延屬失守文武官員情形仰祈聖鑒敕部分別議處事"題本，見《明清檔案》第十四冊，A14-33 號，同件揭帖為 A14-58 號。

3　康熙五年《蒲城縣志》卷二《祥異·屠城》。

4　道光二十一年《榆林府志》卷九《紀事志·歷代紀事》。

5　據順治三年正月清陝西甘總兵劉有實揭帖，甘鎮"明時舊設有義勇前鋒一營，盡皆土著回兵。即以土官回回都督米喇印統領，其兵馬糧餉且係自備，是以向來撫鎮遞相札委參將職銜。……喇印胸懷忖赤，勇冠三軍，且係世襲土官，亦非札委流職可比。"可知米喇印是甘州世襲土官，由明、清朝廷授予武職官銜。

6　米喇印等人的起兵反清據乾隆四十四年《甘州府志》卷三記載是因為巡道林某（當即林維造）是明朝巡撫林日瑞的姪兒，日瑞死於大順軍攻克甘州之役。林維造仕清，嚴治"闖賊餘黨"，因而激變。可能米喇印、丁國棟等都曾出任大順政權武職。起兵的時間據陝西三邊總督孟喬芳奏報是"乘調兵下川之際，遂行作亂"（見《清世祖實錄》卷四十一）；《甘州府志》卷三說成是"會調兵征湖廣茅蘆山"，大誤，征茅麓山是康熙元年至三年事。

攻鞏昌府（府治在今甘肅隴西），聲勢大振。清"莊浪道范芝失印、失城，潛藏山穴"，肅州道等官下落不明。[1] 清政府在甘肅的統治幾乎全部瓦解。義軍乘勝南下青海，進攻大通，"威脅湟中"（今西寧市），被清軍擊退。[2] 參加米喇印、丁國棟領導的反清運動的回族百姓很多，史載"臨洮、蘭、岷、洮、河諸回皆叛應，連陷郡邑"[3]，反映了甘肅等地的回民對清廷的暴虐統治嚴重不滿。米喇印、丁國棟起兵的時候，"擁立偽延長王朱識鋅，煽惑人心"[4]；儘管朱識鋅不久就被清軍擒殺，卻表明甘肅的反清運動也是以恢復明朝為號召的。從清方奏報文書中還可以看出參加米喇印、丁國棟起義的有不少漢族百姓，因此，不能歸結為單純的回民起義，而是全國抗清浪潮中的一個重要組成部分。

清廷得報後，在這年（1648）四月派固山貝子吞齊（即屯齊）為平西大將軍，同固山額真韓岱（即漢岱）領兵前往甘肅征剿。[5] 陝西總督孟喬芳"恐道遠勞師糜餉，密疏止之"[6]，吞齊、韓岱的軍隊後來留在山西大同歸英親王阿濟格指揮。[7] 孟喬芳調部將馬寧與駐防西安滿軍戶部侍郎額塞（即額色）統兵進剿。閏四月二十二日清軍攻克洮州。二十四日，滿、漢兵會集蘭州，大舉攻城；義軍戰敗，

---

1 順治五年六月陝西巡按王世功"為銓補撫道重臣以資彈壓事"揭帖，見《明清檔案》第八冊，A8-171號。參見乾隆十四年《五涼考治六德集全志》，《武威縣志·地理志·星野》。

2 乾隆十一年《西寧府新志》卷三十一《綱領下》。

3 《清史列傳》卷七十八《馬寧傳》。中華書局 1987 年排印本第六五〇八頁標點稍誤，作"臨洮、蘭岷、洮河諸回皆叛應。"黑龍江人民出版社 1991 年版《滿漢名臣傳》第四五〇四頁《馬寧傳》沿襲其誤。"蘭岷洮河"乃指蘭州、岷州、洮州、河州四地。

4 《清世祖實錄》卷三十八。按明代宗藩命名規定，"識"字輩為第一代肅王朱楧的八世孫。

5 《清世祖實錄》卷三十八。

6 魏源《聖武記》卷七《國朝甘肅再征叛回記》。

7 《清史列傳》卷三《漢岱傳》《屯齊傳》都說二人受命出征時"會總督孟喬芳已擊斬米喇印、丁國棟"，故未行。實際上丁國棟被擒殺是一年多以後的事。

米喇印、丁國棟"率敗殘人馬焚橋西遁"，蘭州失守。[1] 清軍乘勝追擊，五月二十七日追及於水泉（約為今甘肅永昌西之水泉子），米喇印領兵迎戰，不幸遇難。[2] 餘眾在丁國棟、黑承印率領下退往甘州、肅州。八月，清署甘肅總兵張勇、副將馬寧等包圍甘州，相持至 1649 年（順治六年）正月，清兵攻佔甘州，[3] 丁國棟等扼守肅州。不久，肅州也被張勇、馬寧等部攻破，丁國棟、黑承印等人都被擒殺。[4] 震驚關隴的回族首領發動的反清起義遂告失敗。

1　順治五年五月十八日陝西甘肅巡按試監察御史王世功題本，見《明清史料》甲編，第三本，第二二六頁。

2　順治五年六月陝西甘肅巡按試監察御史王世功揭帖，見《明清檔案》第八冊，A8-171 號。

3　順治六年二月二十七日署甘肅總兵張勇塘報，見《明清史料》丙編，第八本，第七一一頁。

4　《清世祖實錄》卷四十六。按，道光十三年《蘭州府志》卷六《兵事》記："順治五年三月，甘州回民米喇印等反臨洮，回黨應之，殺城守游擊及生員李文煒等，焚掠連旬。總督孟喬芳帥總兵王思謙等與戰於金縣川，大破之。遣游擊張勇復臨洮，斬賊首土倫太，生擒丁國棟、黑承印。秋七月，……餘黨悉平。"給人印象似乎丁國棟等五年三月起義，七月間即已被清軍撲滅，時間和地點均誤。

南明史

（下卷）

顧 誠 著

商務印書館

本書中文繁體字版經由讀客文化股份有限公司授權商務印書館（香港）
有限公司獨家出版發行。

責任編輯： 徐昕宇　胡瑞倩
裝幀設計： 涂　慧
排　　版： 周　榮
責任校對： 趙會明
印　　務： 龍寶祺

南明史（下卷）

作　　者： 顧　誠
出　　版： 商務印書館（香港）有限公司
　　　　　香港筲箕灣耀興道 3 號東匯廣場 8 樓
　　　　　http://www.commercialpress.com.hk
發　　行： 香港聯合書刊物流有限公司
　　　　　香港新界荃灣德士古道 220–248 號荃灣工業中心 16 樓
印　　刷： 中華商務彩色印刷有限公司
　　　　　香港新界大埔汀麗路 36 號中華商務印刷大廈 14 樓
版　　次： 2024 年 7 月第 1 版第 1 次印刷
　　　　　© 2024 商務印書館（香港）有限公司
　　　　　ISBN 978 962 07 5966 6
　　　　　Printed in Hong Kong

目錄

第十八章

1648—1649 年湖南戰局

第一節 明軍收復常德、寶慶與何騰蛟挑起內鬨

1648 年正月江西金聲桓、王得仁和同年四月廣東李成棟的反正，是永曆朝廷的一大轉機。上文已經指出了金、王用兵方向的不當和李成棟援救江西不力，導致局勢逆轉。但是，就整個南明復興事業而言，關鍵卻在湖南戰場。其原因如次：第一，清廷在金聲桓、王得仁以江西反正之後，唯恐長江中下游有失，急忙命令孔有德、耿仲明、尚可喜三王帶領軍隊撤回湖北漢陽，湖南只留下總兵徐勇守長沙、總兵馬蛟麟守辰州、總兵張國柱守衡州，此外就是廣西巡撫李懋祖和總兵余世忠據守廣西全州到湖南永州一帶，兵力相當單薄。永曆政權可以投入湖南的兵力遠遠超過當地清軍。第二，永曆朝廷如果能夠趁清軍主力撤離湖南的機會一舉收復全省，在戰略上將使湘、贛、粵、桂連成一片，既便於互相呼應支持，又可以為進一步擴大戰果奠定基礎。第三，湖南一省是永曆朝廷重臣何騰蛟、劉承胤以不同形式拱手讓給了清方，在江西、廣東反正以前，永曆君臣局促於廣西部分府州，威望大損，如果能夠憑藉自身力量收復湖南，必將提高朝廷的聲望和地位。

然而，永曆朝廷在湖南戰場上卻一誤再誤，坐失時機，罪魁禍首就是竊踞督師閣部的何騰蛟。迄今為止，人們大抵沒有擺脫南明門戶之見的影響，對許多人物和事件做了不正確的敍述。嫉賢妒能、誤國誤民的何騰蛟一直被推崇為正人君子，描寫成支撐南明政權的擎天大柱，就是一個典型的例子。

　　讓我們先看一下 1648 年夏秋間湖南的形勢。這年四月，堵胤錫、馬進忠利用孔有德等三王兵馬撤出湖南的機會，於十八日由湘西九溪衛（在今湖南慈利縣西北）、永定衛（今湖南張家界市）出發，二十四日收復了常德[1]。一度降清的將領陳友龍也在靖州反正歸明。陳友龍原來是劉承胤的部將，號稱敢戰。劉承胤以武岡降清時，他受制於主將被迫降清。1648 年四月，他的軍隊駐紮在湖南靖州城外二十里處，孔有德委任的署貴州巡撫彭而述來到靖州，陳友龍就在這月十五日宣佈反清，圍攻靖州，"合苗、猺諸山峒赤腳椎髻之徒，蜂擁靖州城下，火炮如電，戟列如霜。"彭而述督副將閻芳譽出城迎戰，"守將楊文義做內應，城以陷，標下副將賀進才冒矢石死"，彭而述逃往寶慶[2]。十七日，陳友龍派兵進入貴州黎平府，活捉會同縣清知縣宋雲梯，黎平府推官蔡斑逃往黔陽。清偏沅巡撫線縉向朝廷報告："武岡、黎、靖、會同一帶猶屬舊治，響應神速，盡裹網巾。"[3]又說："寶慶一府所轄五州縣，今新寧、城步、新化陳友龍、王國柱做叛，已去三縣；武岡危困三月，亦在叵測，所存邵陽一縣半懷觀望。"[4]七

1　順治五年七月初九日湖南巡按吳達"為匯報緊急塘報事"揭帖，見《清代檔案史料叢編》第六輯，第一五六頁。

2　彭而述《讀史亭文集》卷十五《仕楚紀略》。同書卷十四《張將軍傳》記張自強陣斬陳友龍，"諜者曰：此友龍頭也"。實誤。陳友龍之死是何騰蛟唆使郝永忠將其攻殺。

3　順治五年四月二十一日偏沅巡撫線縉題本，見《明清史料》丙編，第七本，第六七〇頁。

4　順治五年七月十一日偏沅巡撫線縉揭帖，見《清代檔案史料叢編》第六輯，第一五七頁。

月初一日，陳友龍部攻克武岡州，清副將賀雲、知州何衡泗自殺[1]。八月初五日，陳軍又攻克寶慶府（府治邵陽）。

　　正當湖南局勢對南明處於極為有利的情況時，原先負有丟掉幾乎湖南全境的罪責，一直龜縮於廣西桂林的督師閣部何騰蛟卻急不可耐地妄圖竊取"復湘"首功。他帶領曹志建、趙印選、焦璉、盧鼎等部於五月二十七日攻克全州[2]。清廣西巡撫李懋祖、總兵余世忠退入湖南永州[3]。何騰蛟的軍隊尾隨清軍進攻永州，余世忠等據城阻擊。儘管何騰蛟位高兵多，卻庸懦無能，頓兵永州城下，久攻不克。他眼看堵胤錫部已經收復常德，陳友龍部連克靖州、武岡、寶慶等地，復湘大功很可能落入他人之手，竟不擇手段地加以破壞。

　　何騰蛟對陳友龍懷有很深的敵意。原因是劉承胤在武岡降清時，陳友龍本不情願，迫於當時的形勢勉強歸附清朝；清方為了使他死心塌地跟隨自己，故意責令他帶兵進攻何騰蛟的老家貴州黎平（按，何騰蛟是五開衛人，五開衛治與黎平府同城），俘虜了何的家屬[4]。陳友龍反正以後，先後佔領靖州、黎平、武岡、新化、寶慶，同收復常德地區的堵胤錫、馬進忠部互相呼應，大有一舉拿下長沙之勢。何騰蛟為了泄私憤、爭頭功，竟然指使南安侯郝永忠率部由柳州北上靖州地區偷襲陳友龍部。郝永忠一介武夫，長期受何騰蛟籠絡，當即奉命行事。他以借道靖州恢復辰州為名，突然對陳友龍部發起

1　順治五年七月偏沅巡撫線縉"為塘報事"揭帖，見《明清檔案》第九冊，A9-10號；參見同年八月線縉揭帖，同書第九冊，A9-43號。

2　錢秉鐙《所知錄》卷二。

3　順治五年七月二十一日偏沅巡撫線縉揭帖中說："今署廣西撫臣李懋祖、鎮臣余世忠已離全州，退守永州矣，其勢甚迫。"見《清代檔案史料叢編》，第六輯，第一五七頁。

4　沈佳《存信編》卷一記：1647年十月"劉承胤遣部將陳友龍帶兵五百至五開衛取何騰蛟家眷四十餘口，騰蛟妻王氏投水死，妾趙氏、張氏俱自縊。友龍遂取騰蛟老母及家屬至靖。（孔）有德即以友龍為靖州總兵。"

攻擊；陳友龍毫無防備，全軍潰敗，帶着殘兵敗卒逃入廣西向永曆朝廷訴冤。陳友龍軍既在何騰蛟挑起的內戰中被打垮，不僅乘勝進攻長沙的計劃破滅，寶慶府也被清總兵張國柱、參將魏守職重新佔領。[1]

何騰蛟導演的南明軍隊自相火併，使湖南清軍得以喘息。直到十一月初一日，何騰蛟指揮的軍隊才攻下永州，然後再次佔領寶慶，延誤了收復全湘，東救江西金聲桓、王得仁的時間，後果十分嚴重。對於何騰蛟的私心自用，留守桂林大學士瞿式耜是非常清楚的，但是他同何騰蛟氣味相投，互為表裏，故意把事情的經過說得含糊其詞。現存瞿式耜集中《恢復寶慶疏》尾注明時間為"永曆二年六月初六日具奏"，接着的一篇《永城大捷疏》尾注明是"永曆二年七月初六日具奏"。後面這件奏疏說："本月初一日一鼓而下，克復永城。"根據清方檔案和地方志，攻克永州是這年十一月初一日，瞿式耜的上述兩件奏疏都應該是十一月上旬寫的，他本人上疏時自然不可能寫錯時間，問題出在據疏稿編集的時候。這兩件繫時錯誤的奏疏都同何騰蛟直接有關，未必是偶然的疏忽。鑒於人們對奏疏所寫年月往往深信不疑，對這種例外情形做點考證就是必要的了。

瞿式耜《恢復寶慶疏》中說："本月初五日，準督師閣部何塘報前事：'據標下職方司主事李甲春，原翰林院簡討姚大復報稱：寶慶一府，職等前與總鎮陳友龍已經會師恢復。後陳兵派餉一倍、十倍，以致百姓迎虜；兼以郝（永忠）兵入靖，陳（友龍）兵潰回，寶（慶）復為虜所踞。職等奉本閣部嚴命，於十八日率兵萬餘，一仗決勝，斬級二百零五顆，生擒三十四名，奪大西馬五十餘匹。有功員役，

---

1 康熙二十四年《寶慶府志》卷二十一《武備志·兵紀》。

另察冊報。虜遁洪橋，我兵屯營寶（慶）城外五里，扼其要路。此係恢郡捷報，懇乞奏聞，等情到案。本閣部（何騰蛟自稱）看得，寶慶一府東通長郡，南連衡岳，西界武、靖，表裏山河，誠楚之大郡也。本閣部鞭長不及，終少調劑，以致旋得旋失。今發監軍御史余鶚起，躬督標下職方司李甲春之兵，乘虜初入，腳跟未定，一鼓恢復，厥功偉矣！然湖南、北之真虜畢集永陽（即永州），本閣部調四爵之兵（指曹志建、趙印選、焦璉、盧鼎），無日不戰，無仗不勝。阽此數萬豺虎，衡、寶之虜自在目中。寶慶恢復，又可省一番籌戰之勞矣。理合塘報，煩惟轉奏。'等因到臣（瞿式耜自稱）。"接着，瞿式耜寫道："該臣看得，寶慶之旋得旋失也。由於郝永忠之兵入靖，陳友龍調兵回顧，衡之援虜乘機再入。今幸督師輔臣騰蛟方略佈置，一鼓恢復，與永捷之報同日並馳。……"[1] 何騰蛟、瞿式耜都談到陳友龍放棄剛剛收復的寶慶是因為郝永忠兵進入靖州。按情理說，陳友龍反正以後已成為明朝將領，郝永忠部由廣西進入湖南，本應聯合進取長沙等府縣，怎麼會適得其反呢？原來，陳友龍自靖州反正後，捷報頻傳，永曆朝廷加封他為遠安伯，以示獎勵[2]。何騰蛟懷着不可告人的目的派郝永忠以友軍之名行偷襲之實，一舉擊敗陳友龍，才導致寶慶得而復失。何騰蛟所督軍隊重佔寶慶後，自矜功伐，真是恬不知恥。瞿式耜替他幫腔，一唱一和，朦朧上奏，表明永曆朝廷中結黨弄權，幾無是非功過可言。給事中金堡趁機起哄，上疏大罵"闖賊郝永忠本我寇仇，暫歸條索，未嘗與虜一戰，而震驚乘輿，戕賊內地，頃且殘

1 《瞿式耜集》卷一《恢復寶慶疏》。
2 蒙正發《三湘從事錄》記："又劉承胤標鎮陳友龍自武岡反正，光復黎（平）、靖（州），下至寶慶。友龍每得口（虜）官，即剝皮示眾，綽號陳剝皮。尋以功晉遠安伯。"王夫之《永曆實錄》卷十一《陳友龍傳》也說："事聞，敕授總兵官左都督，封遠安伯。"

靖州，逐勛鎮矣。陳友龍反正之後，有力恢寶（慶）武（岡）之功，而永忠遍佈流言，謂勛輔騰蛟令其報仇，欲以離義士之心，敗督師之望"；要求朝廷下詔"削其官，聲其罪，使天下知其為國法所不赦"。[1]金堡舞文弄墨，為何騰蛟開脫罪責，發泄對原農民軍將領的仇恨，可謂無恥之尤。王夫之有一段記載比較接近事實：

> 何騰蛟素惡友龍，以庶母、妻、妾故，尤怨之。且聞其復湘鄉，恐其先得長沙。而騰蛟方圍永州未能下，念無以制友龍者。郝永忠方屯柳州，騰蛟使謂永忠曰："諸將出楚，皆立大功，將軍獨深壁柳州，將為諸將笑。今予自率滇、曹兵下永、衡，王、馬諸部出辰、常；為將軍計，惟有靖、武一路可出耳。陳友龍收二十餘城，富甲諸將，金粟可坐食十年。戰友龍之與戰口（虜），難易亦易知，且彼自以得上封拜，怙天子為安，不虞人之見襲，可一鼓破也。吾妻妾皆死於友龍之手，將軍於我，師生誼最厚，獨不能為我一報乎？盡友誼，取大功，收厚利，據樂土，在此行也。幸勿以友龍新受褒賞為疑。將軍誠據寶慶，待我而下長沙，雖殺友龍，朝廷其不能致詰於將軍審矣。"永忠軍方困於食，得騰蛟報，大喜，即捲甲趨古泥。即貽書友龍，言假道自黎平西出黔境，往復辰州。友龍不為備。永忠倍道馳襲友龍於武岡。乃稱"奉督師令討友龍"。友龍兵不得集，遂潰敗。永忠盡併其軍。友龍挾一矛衝重圍走，三日夜不得食，乃達柳州。馳疏訟冤，朝廷果以騰蛟故，置不問。永忠遂大掠黎、靖、武、寶，殺百姓以巨萬計。武、寶紳士起義應友龍者，皆捕掠之。給事中金堡自黔陽

---

1 金堡《嶺海焚餘》卷中《時政八失疏》。

入，奏："永忠擊殺忠義，戕賊內地，破壞恢復。"朝廷為騰蛟故，復切責堡。騰蛟每對客揶揄曰："吾薦拔將帥至五等多矣，能為我效一臂者，郝南安一人而已！"諸將以是怨望解體。[1]

何騰蛟一手挑起了內釁，既報了私仇，又搶了收復寶慶的功勞，欣欣然自以為得計。可是從整體戰略上看，明軍收復湖南，同江西會師的時機就此錯過。這不僅導致了大局的逆轉，就他自己的命運而言也種下了覆亡的根苗。南明朝廷重臣之短視大抵如此。

第二節　忠貞營等部湖南之役

1648 年（順治五年、永曆二年）四月十八日，堵胤錫領導馬進忠、王進才部從駐地九溪衛（在今湖南慈利縣江埡西北）、永定衛進攻常德，二十四日攻克該城[2]。王進才部進至辰州（府治在沅陵）所屬的官莊坪、白馬渡。清偏沅巡撫線縉驚呼："賊勢愈張，非獨常德一府失陷，而湖南、湖北百姓盡裹網巾，白布纏頭，擒殺縣佐，逼奪印信，公文阻隔，音信不通，大有可慮者。"[3]南明軍隊在四、五月間先後收復瀘溪、辰溪、黔陽、寧遠、新田、祁陽、安仁、耒陽、酃縣、城步、新寧、安化、江華、麻陽、東安等地。清辰常道戴國士見勢

1　王夫之《永曆實錄》卷十一《陳友龍傳》；參見同書卷一《大行皇帝紀》，卷十五《郝永忠傳》。

2　順治五年五月二十六日偏沅巡撫線縉"為塘報常城失守事"揭帖，見《清代檔案史料叢編》第六輯，第一五二至一五三頁。馬進忠攻克常德的時間在南明人士的記載中常有錯誤，如錢秉鐙《所知錄》卷二記："二年八月與北兵戰於麻河，大捷，斬首七千餘級，恢復常德，封鄂國公。"王夫之《永曆實錄》卷七《堵胤錫傳》說："時方溽暑，進忠邀胤錫飲樹下，因步林塘間，見故墟有茂蔭清湛，進忠曰：'此可構一亭軒，坐銷餘暑。'遂指揮軍士墾基址，庀木石。胤錫大怒曰：'終當老死此山乎？'進忠笑不應。翼日，日晏未起，樵蘇者歸報進忠已拔營出常德。"舊曆未過端午，何至於溽暑？錢秉鐙自稱聽了馬進忠部監軍毛壽登講述麻河戰役經過，王夫之是湖南人，不知道為甚麼把四月間的事誤記為八月。

3　上引順治五年五月二十六日偏沅巡撫線縉揭帖。

不妙，也以沅州（今湖南芷江）叛清歸明。[1] 明保昌侯曹志建在五月二十一日攻克道州後，會同郝永忠部圍攻藍山。[2] 何騰蛟調集曹志建、焦璉、胡一青、趙印選、盧鼎等部兵從七月十七日起圍攻永州（府治在零陵），到十一月初一日攻克該城，擒殺清廣西巡撫李懋祖、廣西總兵余世忠，清永州通判酈胤昌投河自盡。[3] 衡州（今衡陽市）的清朝文武官員見明軍聲勢浩大，主動放棄衡州，撤至湘鄉、長沙扼守。[4]

何騰蛟、堵胤錫節制的各部明軍雖然趁清軍主力撤出湖南的時機，收復了湘西、湘南許多州縣，但除馬進忠的軍隊以外其他各部兵力較弱，而且各自為政，難於承擔收復湖南全境，東援江西的重任。一旦清軍主力再度入湘也不是對手。制輔堵胤錫有見及此，決定親自前往夔東邀請英勇善戰的忠貞營進軍湖南。[5] 李赤心（即李過、李錦，隆武時封御營掛龍虎將軍印、興國侯）、高必正（即高一功）統率的忠貞營自 1646 年圍攻荊州被勒克德渾部清軍擊敗後，退到川鄂交界的大山區休整，先在巴東縣平陽三壩駐紮，1647 年（順治四年、永曆元年）四月內從巫山、巴東交界處渡過長江，"頭入施州衛（今湖北恩施），尾在建始縣"。[6] 順治五年（1648）七月初一日，李赤心領

---

1 順治五年六月湖廣四川總督羅繡錦揭帖中說："道臣戴國士據報被賊擄去"，接着又說他"從賊"，還寫了一批招降清方官員的信件，見《明清檔案》第八冊，A8-174 號。魯可藻《嶺表紀年》在這年三月下記："辰常口（虜）道戴國士反正於沅州。"

2 順治五年六月湖廣四川總督羅繡錦"為匯報湖南失守州縣仰乞聖鑒事"揭帖，《明清檔案》第八冊，A8-173 號；參見同書 A8-174 號羅繡錦揭帖。

3 瞿式耜《永城大捷疏》，見《瞿式耜集》第八十三至八十四頁；《解報余世忠首級疏》，同書第九十七頁。《所知錄》卷二。參見順治十三年十一月十三日偏沅巡撫袁廓宇題本，見《明清檔案》第二十九冊，A29-83 號。

4 順治五年八月偏沅巡撫線縉"為塘報大變事"揭帖，見《明清檔案》第九冊，A9-44 號。魯可藻《嶺表紀年》卷二記："寶口（指寶慶清軍）亦走衡州。督師何騰蛟離衡僅五十里，各口（虜）聚集衡城，先猶議守，少頃，盡搶衡城內外而散，惟王回子、張島山、李東斗數口（虜）帶騎渡河，走長沙。"

5 魯可藻《嶺表紀年》卷一記，永曆元年（1647）三月，"封總制忠貞營堵胤錫光化伯，並兼東閣大學士"。南明史書中因此簡稱他的官銜為"制輔"。

6 順治四年七月湖廣四川總督羅繡錦"為恭報會殲逆渠並陳塘報情形仰祈聖鑒事"揭帖，見《明清檔案》第六冊，A6-37 號。

兵"數十萬"東下，一舉佔領湖北彝陵，[1]九月即全營開至湖南常德。十月二十一日從常德進發，擊敗清總兵徐勇派來的援兵，二十四日收復益陽縣。十一月初一日分兵攻取湘潭、湘陰、衡山，初三日在湘潭擊敗清偏沅巡撫線縉、總兵徐勇部一萬餘人，佔領該縣；初九日又攻克湘鄉、衡山兩縣。至此，長沙府屬十二個州縣已經被明軍收復九座，只剩下府附郭二縣長沙、善化（實際上就是長沙一城）和瀏陽仍為清軍據守，長沙成了孤注。[2]十一月十一日，李赤心、高必正親統將校數十名率領兵馬包圍長沙，"臨城四面攻打"，發"箭如雨，銃子落城中如雞卵，中人物皆斃"，五天五夜連番進攻，"掘城鑿洞"，志在必克。[3]清偏沅巡撫線縉、總兵徐勇據城頑抗，但部下兵丁只有三千人，外無救援。徐勇在城頭督戰時，被李赤心一箭射倒城上[4]，攻克長沙已經指日可待了。清朝湖南巡按吳達在給朝廷的奏疏中說："一隻虎等賊於十一月十一日攻圍長沙，危在旦夕，幸眾將士血戰，方得保全。……長沙之圍雖十六日報解，而其勢益危。"[5]偏沅巡撫線縉也說長沙"將至垂危"，十六日李赤心等大軍忽然"抱頭鼠竄"。[6]

這究竟是怎麼一回事呢？個中緣由清方守城文武官員以為己功自不待言，南明許多史籍也因為作者的政治偏見常加掩飾。實際情

1　順治五年八月湖北巡按王守履"為再報彝陵失守各官仰祈聖鑒事"揭帖，見《明清檔案》第九冊，A9-48號。

2　順治六年二月湖南巡按吳達"為察明長郡情形請補缺員事"揭帖，見《明清檔案》第十冊，A10-41號。

3　順治五年十二月二十五日巡按湖南監察御史吳達"為孽賊被創，飲恨復仇，飛請救援事"揭帖，見《清代檔案史料叢編》第六輯，第一六〇至一六一頁。清孔有德委署的貴州巡撫彭而述當時正在長沙城內，他自稱"予與鎮、道、府登陴守禦兼六晝夜……事在五年十一月初十至十六日。"見《讀史亭文集》卷十五《仕楚紀略》。

4　魯可藻《嶺表紀年》卷二記，"口（虜）鎮徐勇立城上，赤心一箭中其髁。"《滿漢名臣傳·徐勇傳》也說徐勇"中流矢仆，復甦"，見黑龍江人民出版社1991年排印本，第四二三頁。

5　順治五年十二月二十五日吳達揭帖。

6　順治五年十二月偏沅巡撫線縉"為逆賊合力攻圍，官兵奮勇殺退，懇祈敍錄事"揭帖，見《明清檔案》第九冊，A9-183號，同件又見《明清史料》甲編，第六本，第五一五頁。

況是督師閣部何騰蛟同節制忠貞營的大學士堵胤錫由於政治主張不同大鬧矛盾，何騰蛟急於爭功，造成功虧一簣。上文說過，包括長沙在內的湖南大部分地區在 1647 年清孔有德等三王進攻下，何騰蛟統率的明軍望風而潰，他本人也逃到廣西。這次趁清軍主力撤退，收復湖南郡縣時，何騰蛟想把功勞據為已有，以蓋前愆，還在進攻永州的時候就多次給留守桂林大學士瞿式耜寫信誇口說："衡、長功夫，俱在永州做就。"[1] 可是，由於他指揮無能，進展緩慢，而忠貞營是制輔堵胤錫出面從夔東調來的，成了復湘主力，特別是眼看即將取得攻克省會長沙的首功。於是，爭奪長沙戰功成為何騰蛟同堵胤錫矛盾的焦點。當忠貞營從常德揮師南下時，何騰蛟就寫信給堵胤錫說："治生（何騰蛟的謙稱）與清大戰於嚴關日月橋，三王敗遁；進圍零陵（即永州），指日可下，各郡邑盡入掌中。聞忠貞諸盟駐節中湘，分取衡陽，則功又有所屬矣。近王（進才）、馬（進忠）諸勛舉動甚是乖張，治生已有檄諭之矣，諒此輩必不負治生也。"堵胤錫讀信後不勝感慨，對兵部侍郎毛壽登說："我等封疆之臣，罪且難贖，何公尚欲言功耶？"[2] 魯可藻記："初，忠貞至長沙攻城，已挖二窟，城內岌岌。騰蛟意：長沙自我失之，必自我復之。遂以忠貞援江，候調標鎮各營同進復長沙也。"[3] 堵胤錫在忠貞營即將攻克長沙時也不無得意地說：長沙自"督輔失之，我為復之，不亦善乎？"[4] 何騰蛟听到後妒意倍增，他竟不顧一切，以督師閣部的權力下令把即將攻下長沙的忠貞營調赴江西，表面理由是派他們解救被譚泰、何洛會

1 瞿式耜《恢復大捷疏》，見《瞿式耜集》第九十九頁。

2 計六奇《明季南略》卷十二《堵胤錫始末》。

3 魯可藻《嶺表紀年》卷三；同書卷二也說："督師何騰蛟入衡州，留胡一青鎮守，遂下湘潭。與堵胤錫議：胤錫統忠貞援江，騰蛟統馬進忠及滇營、督標等恢星沙。"

4 蒙正發《三湘從事錄》。

部清軍包圍在南昌的金聲桓、王得仁；實際上是要讓自己直接節制的南明雜牌軍隊收復長沙。堵胤錫拗不過何騰蛟（他原是何的下級，何騰蛟又有留守大學士瞿式耜在朝廷內鼎力相助），被迫下令忠貞營於十一月十六日放棄即將攻克的長沙，悵悵然帶兵東進。當時親見其事的汪輝記載："何公自至湘，將一隻虎十三家調往江西，馬進忠調下湘潭。"[1] 長沙城裏的清軍逃脫了覆沒之災，趁解圍的機會四出搶糧，加固城守。何騰蛟拼湊的雜牌官軍戰鬥力既不強，又調度不靈，大部距長沙尚遠，以致坐失事機。如果何騰蛟稍有大臣度量，以國事為重，絕不至於出此下策。當時的形勢很明顯，李赤心軍拿下長沙只是指顧之間的事，一旦攻克省會，湖南一省將迅速底定，南明不僅將有一個穩定的後方，而且趁屢勝的兵威東救江西，北取入湘門戶岳州，整個戰局將大為改觀。[2]

第三節　濟爾哈朗進軍湖南與何騰蛟被俘殺

何騰蛟下令把圍攻長沙的忠貞營調走以後，自以為可以讓自己節制的勛鎮拿下長沙，攫取首功。然而，他情報不明，不知道清廷所派濟爾哈朗統率的滿、漢大軍正在向湖南推進。清廷接到湖廣總督、巡撫、巡按諸臣連續告急的奏疏[3]，於 1648 年（順治五年）九月

1　汪輝《湘上癡脫離實錄》，見《希青亭集》。

2　南明史籍的作者常出於偏見，把湖南戰役失敗的責任推到忠貞營身上，為何騰蛟開脫罪責。如錢秉鐙《藏山閣詩存》卷十《行朝集·悲湘潭》題下注云："督師何公騰蛟圍長沙，垂破；忠貞營兵至，一時潰散。公不去，駐於湘潭，被執死之。"完全是顛倒黑白。

3　順治五年閏四月湖北巡按王守履揭帖中說："尤可慮者，目今王、馬、袁、堵諸逆，假以復明為名，狂逞於荊岳之上；金賊、土寇蹂躪於蘄黃之下，而三王有班師回京之聲息。……真危急存亡之秋矣。鎮、道諸臣日日請兵請救，大聲疾呼，急如星火。……職謹會同督臣羅繡錦、撫臣高士俊、治臣趙兆麟合詞具題，伏乞聖鑒，救部速議施行。"見《明清史料》甲編，第三本，第二二七頁。

十一日決定任命鄭親王濟爾哈朗為定遠大將軍，"統兵討湖廣逆賊李錦"。[1] 十月，濟爾哈朗軍行至山東曹州，參與鎮壓該地的農民反抗；十二月在湖北安陸府餵馬[2]，休養士卒，準備大舉入湘。何騰蛟對敵情缺乏起碼的了解，加以指揮無能，在忠貞營於十一月十六日撤離長沙後，始終沒有組織成一支進攻長沙的兵力。1649 年（順治六年）正月，濟爾哈朗大軍進入湖南，何騰蛟部下諸將如驚弓之鳥，紛紛拉起隊伍就跑。何騰蛟身邊只有馬進忠部少數兵力，自知難以迎敵。他在無可奈何之時，給永曆朝廷上疏奏稱："湖南千里一空，前恢復諸城一旦盡棄，引罪自劾。"[3] 何騰蛟原疏未保存下來，但從南明人士的記載裏可以推測他的"引罪自劾"肯定隱瞞了自己把忠貞營調走招致全局敗壞的真相，許多南明官紳又同何騰蛟、瞿式耜沆瀣一氣，對原大順軍改編而成的忠貞營懷有很深的偏見，因此把這段歷史描繪得混亂不堪，全部責任都推到忠貞營和節制該營的堵胤錫頭上。例如，堵胤錫邀請忠貞營入湘，李赤心、高必正應命率部於九月間到達常德，十月二十一日由常德南下；何騰蛟在十一月間給瞿式耜的塘報中還說："本閣部不以恢長為喜，而以忠貞來附為喜"；同年十二月初一日瞿式耜轉奏後奉聖旨還說："今長、湘凱聞，李赤心、高必正等雄冠諸軍；制輔堵胤錫聯屬各部，以成大捷，朕心嘉悅。"[4] 可是，到了王夫之等人的筆下，就變成堵胤錫招忠貞營參加湖南會戰仿佛是一種陰謀，李、高兵進至常德百里外時，堵胤錫才寫信通

---

1 《清世祖實錄》卷四十。李錦即李過，隆武帝改其名為李赤心。清廷命將出師以李錦為主要對手，而不是何騰蛟，這點很值得注意。

2 順治五年十二月湖廣四川總督羅繡錦"為塘報南郡失守情形仰乞聖鑒事"揭帖中說，他奉命於十一月赴安陸府為濟爾哈朗準備餵馬糧芻，濟爾哈朗軍至安陸當在十二月，見《明清檔案》第九冊，A9-185 號。

3 錢秉鐙《所知錄》卷二。

4 《瞿式耜集》卷一，奏疏《恢復大捷疏》。

知馬進忠，"進忠大驚，疑忠貞營之眾且夕即併己，立命焚廡舍庾積，掠百姓，拔營南走……進忠去常德，王進才、牛萬才不知所出，遂約劉體淳（純）、張光翠同走衡、寶間。忠貞營至常德，已赤土無莖草，不能留，即尾進忠後，自寧鄉趨湘潭。馬蛟麟徐出收常德，湖北復陷。諸軍蝟集於湘，高必正遣偏師攻長沙，以謝胤錫，不克，亦退湘、衡間，互相疑掣，轉掠千里，胤錫無以制之。騰蛟泛輕舸至湘潭，乃與胤錫議，以南昌求援甚急，胤錫督忠貞營渡湘而東走醴、攸，往援江。而忠貞營徘徊茶、攸間，殊無行意。湘潭陷，騰蛟敗沒，忠貞營奔衡州走郴，為入粵計。胤錫不能令也。"[1] 這完全不符合事實。李赤心、高必正率忠貞營入湘作戰，本來是堵胤錫和馬進忠的請求，出兵時還對夔東的留守兵力做了部署，防止湖北清軍乘虛西上。當時清荊州總兵鄭四維依據可靠消息報告："聞說馬進忠等請虎賊（即李赤心為首的忠貞營，李過綽號"一隻虎"）往常（德）、澧（州）。仍將譚賊（指譚文、譚詣、譚弘）船隻發上新灘，留王二（即王光泰）、王三（王昌）、姚黃（指搖黃十三家）、朱經略（朱容藩）、王昉生接住施、歸、建始一帶。今（十月）初五日，各賊起營前往常、澧。"[2] 王夫之是當時當地人，應當知道事實的真相。他為了掩蓋何騰蛟的過失，竟然編造了一篇馬進忠同忠貞營內訌的神話，渲染得栩栩如生。這種憑個人好惡任意上下其手的史筆，只能把讀者引入歧途。

1649 年（順治六年、永曆三年）正月二十日，清軍在濟爾哈朗統率下沒有遇到任何抵抗，就進抵道林市，從活捉的明擺塘兵口中審

---

1 王夫之《永曆實錄》卷七《何堵章列傳》。

2 順治五年十月二十一日荊州總兵鄭四維揭帖，見《文獻叢編》第十三輯。

問得知何騰蛟和馬進忠正在湘潭城內。次日清晨,清軍快速行進,出其不意地包圍了湘潭縣城。馬進忠見清軍勢大,率部南撤,何騰蛟成了無兵之帥。二十一日清軍進入湘潭,何騰蛟被俘。[1] 清鄭親王濟爾哈朗下令屠城,湘潭城中的百姓幾乎全被殺光。當時逃到鄉下的文人汪輝記載:清軍從正月二十一日開刀,"屠至二十六日封刀,二十九日方止",半個月後他進城看到的是一場慘不忍睹的局面:"近前則足軟,欲退又不能。魂飛魄散,心膽懼寒矣。時血跡尚鮮,腥臭逼人,立身無地,有食亦不能下嚥。但見屍骨縱橫,慘不可言。……市上人民不止二三十,城中不滿百人,受傷未死者數十人。"[2] 康熙初,《湘潭縣志》收錄的一件碑文也說:"六年正月,萬騎自長潛渡,屠其城,屍壜起,與垣簷平。會守帥提餒卒至,搏屍衣而暴露之,塗藉污洿隘巷間,橫豎比疊;有未亡者欲以面目求死者狀,裹骸還里,此臭皮囊三七日外作鬼畜變相,竟人人似,又哭而置之。"[3]

何騰蛟被俘後,清方勸他投降,他堅決拒絕,正月二十七日被殺害於湘潭流水橋旁一個小坡下。[4] 據記載,何騰蛟就義前"惟舉手拍地,呼:'可惜!'兩掌皆碎。"[5] 大概他終於認識到由於自己的偏私

1　順治六年二月湖南巡按吳達"為塘報事"揭帖中說:"據差往王營伺候旗鼓守備申慶元報稱,於十二日引領大兵星夜前進,至道林市擒殺賊賊三十餘名,當審賊息,何騰蛟、馬進忠見駐湘潭城內。次早二十一日大兵齊進,當時賊敗,大兵隨即圍城,賊兵突門潰奔。除砍殺不可數計,當即擒住何騰蛟,惟馬進忠脫逃。因天晚難追,於二十二日發兵追至湘鄉。王爺暫住湘潭,出示安撫百姓。"見《明清檔案》第十冊,A10-38 號。魯可藻《嶺表紀年》卷三記:"忠貞既去,馬進忠兵才來千餘,滇、標等營又以忠貞阻路不至。口(虜)乘虛直入,一路掃蕩,近城始知。騰蛟聞報三次,尚不信。標官強上馬,口已入城。追者斫其後騎門役,而騰蛟馬不前,遂被執。"這段記載大致可信,只是說滇、標等營被忠貞營阻路不至與事實不符。據清方檔案和地方志,忠貞營解長沙圍後向東進軍,形勢逆轉後南下至郴州。而何騰蛟節制的滇營趙印選、胡一青及王進才等部在寶慶、衡州一帶。

2　汪輝《湘上癡脫離實錄》,見《希青亭集》。

3　康熙三年《湘潭縣志》卷七,石村拾筏《湘燐化碧碑文》。

4　汪輝《湘上癡脫離實錄》記:"何公於廿七日殺在流水橋坡側,後有僧人推土牆掩之。"參見王岱《吊何黎平騰蛟》詩附語,《沅湘耆舊集》卷四十六;王岱,湘潭人,崇禎己卯舉人,後仕清。

5　王夫之《永曆實錄》卷七《何騰蛟傳》。

心理作祟導致全局隳敗，追悔莫及吧。永曆朝廷得到何騰蛟就義的消息，追贈他為中湘王，謚文節。

何騰蛟被俘後堅貞不屈，保持了民族氣節，應當肯定。但縱觀他的一生卻是成事不足，敗事有餘。弘光時期他受制於左良玉，無所作為。隆武時期，他伙同湖北巡撫章曠排擠大順軍餘部，收羅一批散兵遊勇充當嫡系，又無將將之能，造成劉承胤、曹志建、黃朝宣等割據跋扈的局面。上文說過，隆武帝遇難，他負有不可推卸的責任。反攻湖南之役取得節節勝利之際，作為全軍統帥的何騰蛟卻處處私心自用，唆使郝永忠偷襲反正來歸的陳友龍部，挑起明軍自相殘殺，給清軍以喘息之機；又悍然調走圍攻長沙的忠貞營，一手斷送了復湘援贛的戰略大局，卒至以身予敵。南明之不振，用人不當是個重要原因。

濟爾哈朗在擒殺何騰蛟以後，利用南明軍隊不戰自潰，分兵大舉進攻。由尚書阿哈尼堪、固山額真劉之源領兵往攻寶慶（邵陽），固山額真佟圖賴、伊拜領兵往攻衡州；當時，堵胤錫同李赤心率領的忠貞營駐於湖南郴州地區，濟爾哈朗親自帶領主力前往征討。[1] 忠貞營兵力不敵，戰敗後向南撤退。[2]

阿哈尼堪、劉之源部在寶慶擊敗明軍王進才、馬進忠軍，佔領府城邵陽，接着向西進攻黔陽，在該縣的洪江（今黔陽縣南）擊敗袁宗第、劉體純（二隻虎）部，進佔沅州（今芷江）、靖州。[3]

---

1 《清世祖實錄》卷四十五，順治六年八月丙午日（十九日）條下記："時聞賊渠一隻虎據辰州，臣親領兵渡江趨辰州。又聞賊渠杜允熙據永興，臣星夜趨永興。"濟爾哈朗的奏疏是用滿文寫的，實錄譯成漢文時因音近致誤，辰州當是郴州，杜允熙即堵胤錫。

2 《明季南略》卷十二《堵胤錫始末》記：四月"初五日，永興陷，從子正明死之，諸眷屬皆遇害，公自耒陽以數十騎退入龍虎關，暫住保昌侯曹志建營。"

3 《清世祖實錄》卷四十五，洪江誤作"紅江"。

佟圖賴、伊拜部在衡州擊敗明軍，南明總兵陶仰用陣亡。[1] 胡一青、周金湯退入廣西全州。佟圖賴乘勝追擊，佔領全州。[2] 由於全州是由湖南進入廣西的門戶，直接關係到永曆朝廷的安危，南明將領焦璉等領兵分三路反攻全州，被清多羅順承郡王勒克德渾部援軍擊敗。焦璉等調整兵力後再次反攻全州，濟爾哈朗親自帶領主力往援，明軍不敵，退回桂林。[3] 清軍在勒克德渾率領下進攻道州，明將曹志建戰敗，道州失守。曹部雖曾反攻道州，都被清軍擊退。

濟爾哈朗、勒克德渾在重新佔領湖南大部州縣後，還曾派出一支軍隊西入貴州境內。當時明將郝永忠部還沉浸於內訌之中，在黎平府東南的中潮地方包圍遠安伯陳友龍殘部，陳友龍戰敗被殺。[4] 清軍的突襲使郝永忠措手不及，被擊敗，清軍佔領黎平府。[5] 郝永忠帶領部眾退到廣西慶遠（宜山），又輾轉於貴州獨山一帶。[6] 由於欣賞他的何騰蛟已被清軍俘殺，而瞿式耜等人對他恨之入骨，在奏疏中公開稱他為"郝逆"，他在永曆朝廷直接控制區內幾乎沒有容身之地，被迫率領部眾由貴州轉入夔東山區，與劉體純、袁宗第等會合，長期堅持抗清鬥爭。

綜上所述可以看出，1648—1649 年（順治五年至六年）集中在湖南的南明軍隊有李赤心、高必正統率的忠貞營，馬進忠部，王進才部，滇營趙印選、胡一青部，郝永忠部，陳友龍部，曹志建部，袁

1　陶仰用之名見《瞿式耜集》永曆三年十二月初四日"奏為匯各路塘報疏"。《清世祖實錄》卷四十五及其他官修文書多誤作"陶養用""陶養勇"。

2　《清世祖實錄》卷四十五，周金湯誤作"周進唐"。

3　《清世祖實錄》卷四十六，焦璉誤作"趙廉"。

4　《瞿式耜集》永曆三年十一月十八日"奏為恭述湖南近日情形事"疏中說："郝永忠兵㸰中潮，圍遠安。"這裏寫的遠安不是地名，而是明遠安伯陳友龍。

5　《清世祖實錄》卷四十七，郝永忠誤作"何永忠"。

6　魯可藻《嶺表紀年》卷三寫作"至黔之獨山川"，川字當係州字之誤。

宗第、劉體純、牛萬才等部，兵力相當雄厚。只是由於居統帥地位的督師閣部何騰蛟非但駕馭無能，而且挑起內訌，弄得眾心離散，被濟爾哈朗指揮的清軍各個擊破。清軍佔領湖南和廣西全州後，永曆朝廷幾乎已無招架之力。但這時清廷因為姜瓖等領導的山西反清運動尚未平定，京師兵力空虛，多爾袞於順治六年八月間下令濟爾哈朗"班師還京"，[1] 永曆朝廷才驚魂稍定。

清朝滿漢主力北撤以後，留守湖南的兵力大為削弱。九月，南明焦璉部和滇營趙印選、胡一青等部收復廣西全州，該城清方官兵退入湖南永州。[2] 十月上旬開始，各路明軍重新活躍起來，恢復湖南失地。永國公曹志建部於初二日攻克永興、初三日收復耒陽。[3] 原駐洞口、洪江一帶的鄂國公馬進忠、襄國公王進才移兵南下，會合由全州入湘的新寧侯趙印選、興寧侯胡一青部，於十月二十七日攻克武岡（永曆元年改名奉天），活捉清守將楊應元，新寧、城步等縣也隨之收復。[4] 十一月初四日，王進才部又攻克靖州，清將閻芳譽等逃竄途中溺水而死。[5] 收復武岡以後，胡一青部經東安、冷水灘攻永州；曹志建軍向衡州推進；馬進忠部則進迫寶慶。

南明軍隊對湖南的反攻，引起了清朝湖廣當局的恐慌。清湖廣四川總督羅繡錦上疏朝廷緊急請求增派援兵。攝政王多爾袞批交兵部商議，順治七年（1650）二月，兵部建議調駐守山東濟南的續順公

1　《清世祖實錄》卷四十五。

2　魯可藻《嶺表紀年》卷三。

3　瞿式耜永曆三年十一月二十一日奏疏，見《瞿式耜集》排印本第一一七頁。

4　瞿式耜永曆三年十一月二十三日"奏為飛報大捷事"疏、"馬進忠大捷疏"，見《瞿式耜集》第一二五至一二六頁及一二七頁。

5　瞿式耜永曆三年十一月十八日"奏為恭述湖南近日情形事"疏中引監軍御史藍亭塘報說南寧侯張光翠"於九月二十九日已復靖州矣"。十一月二十一日又報攻克靖州在是月初四日。

沈永忠率領本部官兵移駐湖南寶慶（邵陽），並將原隨佟圖賴等南征的總兵張國柱、郝效忠二部交其統轄，經朝廷核准後下達。這時，清廷所調定南王孔有德、平南王尚可喜、靖南王耿仲明的軍隊已分別由遼東南下，孔有德自告奮勇攻取廣西。清廷指示他進入湖南以後，先會同沈永忠軍"力辦湖南之賊，務令銷靖伏莽，地方底定"，再報朝廷批准後進征廣西。[1] 在後來的一段時間裏，清軍暫時穩定了對湖南的統治，等到孔有德軍攻佔廣西大部分地區以後，留鎮湖南的兵力仍然相當有限，從而埋伏下了大西軍聯明抗清後由貴州東入湖南，清軍一敗塗地的種子。

第四節　忠貞營撤入廣西和堵胤錫病死

李赤心（李過）、高必正（高一功）統率的原大順軍改編而成的忠貞營在猛攻長沙即將奏捷的時候，被督師閣部何騰蛟藉口援救江西調走。十一月十六日忠貞營解長沙之圍，移營東進。由於他們已遠離自己的夔東基地，湖南地方殘破籌餉不易，而扼據攸縣、茶陵一帶的南明雜牌軍隊又唯恐忠貞營過境將危及自己的地盤，以武力阻止忠貞營通過。李、高部眾數萬人處於飢寒交迫、進退失據的困境之中。

到次年（1649）正月南昌失守，忠貞營援贛的任務已化為泡影。同月，清鄭親王濟爾哈朗統軍進入湖南，何騰蛟在湘潭被俘殺，部下官兵望風而逃，湖南大部分州縣被清軍佔領。李赤心、高必正被迫率軍南撤，從臨武、藍山、江華、永明（今湖南江永縣）經廣東星

1 《明清史料》甲編，第三本，第二六三頁《兵部題為塘報湖南逆賊情形仰乞聖鑒事》。

子（屬連縣）、陽山，[1] 退入廣西賀縣、懷集（今屬廣東）[2]、開建、封川（今廣東封開縣），[3] 準備屯駐梧州。五月二十四日前鋒進抵梧州。南明廣西文武官雖然明知李赤心、高必正早在隆武時即已封侯爵，這次由夔東入湘作戰又是奉永曆朝廷調遣而來，可是在他們處境艱難被迫退入廣西時，竟被斥之為"犯境"之"賊"。二十五日，忠貞營將士乘八槳船數百艘到達梧州附近，南明總兵葉承恩、兵備道劉嗣寬、梧州知府束玉如臨大敵，"飛舸逆戰，箭炮交加"[4]，被忠貞營擊敗。李赤心與高必正統舟師泊於江口（今廣東封開縣，距梧州約四十里），葉承恩、劉嗣寬見兵力不敵，"飛檄德慶總兵楊大甫率所部來援"。[5] 由於忠貞營兵多勢眾，加上永曆朝廷內部意見分歧，李赤心、高必正等部終於經過梧州，[6] 進至潯州、橫州。

　　當時明慶國公陳邦傅正同所招"義勇"徐彪部爭奪南寧，從 1648 年九月打到次年五月，陳邦傅兵敗，南寧府城仍被徐彪佔領。陳邦傅知道忠貞營兵精將悍，進入廣西以後又沒有立足之地，就耍弄權術派人邀請李赤心、高必正剿滅徐彪，收復南寧。十二月初三日，忠貞營於永淳縣（在今橫縣、邕寧之間）界攻殺徐彪，隨即佔領南寧府城。在這以後約一年時間裏，興國公李赤心駐紮南寧，郢國公高必正駐紮橫州。[7] 陳邦傅利用忠貞營消滅異己的目的既已達到，又想

1　康熙十二年《連州志》卷七《事紀志・變異・人之變》記："順治六年四月，李赤心兵馬十餘萬經星子路至陽山七孔橋，往粵西。"

2　光緒元年《懷集縣志》卷八《縣事志・前明》記："己丑，闖賊餘黨一枝虎（李過綽號為一隻虎）十三萬由陽山漂流至境，屠掠甚慘。"

3　道光十年《肇慶府志》卷二十二《事紀》記：順治六年"四月，流寇李赤心等率所部抵開建，大肆殺擄"。

4　瞿昌文《粵行紀事》卷一。

5　瞿昌文《粵行紀事》卷一。

6　同治十一年《蒼梧縣志》卷十八《外傳紀事》下《本朝》引舊志云：六年"十一月二十五日，闖孽李赤心至梧大掠。"按，十一月當為五月之誤。

7　康熙抄本《南寧府全志・祥異志・附寇變》。

把忠貞營支往桂林，這樣一方面可以控制永曆朝廷，另一方面又可以使忠貞營從自己視為禁臠的南、太、思明地區離開。於是，他玩弄種種花招，自己拜李赤心養母（即李自成妻）高氏為義母，稱高必正為舅舅；[1] 又獻上女兒給高必正做二房夫人（高必正原有妻室，陳邦傅身為慶國公，以女配給自然不便為妾，故特請朝廷並給郎國夫人誥命）。在做了這樣一番處心積慮的安排以後，他才露出謎底，"慫恿必正提兵入桂（林）"。[2] 桂林是留守大學士瞿式耜的駐地，由於永曆朝廷經常逃難，這裏成了比較穩定的政治中心。瞿式耜得知陳邦傅的陰謀後，上疏朝廷"請以粵西全省糧餉分給諸勛，使無侵擾"。[3]李赤心、高必正有了立足之地，得以休養士馬，已經心滿意足，根本不贊成陳邦傅的挾制朝廷、破壞抗清大局。因此，開初還虛與委蛇，後來見邦傅喋喋不休，才由李赤心直言正告說："陳兄勸我劫駕，是將終謂我為賊也！"[4] 陳邦傅碰了個大釘子，兵力又不敵忠貞營，只好懷恨在心，另思狡計。這就是不久後偽撰敕書封孫可望為秦王，利用原大西軍擠走原大順軍改編而成的忠貞營，並且控制永曆朝廷的張本。

當忠貞營向廣西撤退的時候，制輔堵胤錫見大勢已去，帶領殘兵一千餘人，從鎮峽關（即龍虎關）退入廣西。當時鎮守關口的明保昌侯曹志建在宗室朱謀烈的挑撥下，認定堵胤錫來到鎮峽關是為忠貞營做內應，奪取自己的地盤。於是，在晚上突然派兵把堵胤錫的

---

1 王夫之《永曆實錄》卷二十六《叛臣列傳·陳邦傅傳》云："邦傅欲倚之蹂兩廣，併式耜、成棟軍，逼脅朝廷，乃迎忠貞營屯潯、南，拜李赤心母為母，以舅事高必正。日夕慫恿赤心奪桂、平（樂）、肇（慶）、廣（州），挾駕以號令諸將。"同書卷十三《高、李列傳》亦載此事，但較簡。

2 錢秉鐙《所知錄》卷三。

3 同前注。

4 《永曆實錄》卷二十六《陳邦傅傳》。

隨從軍士包圍殲滅，堵胤錫父子逃出，藏於附近監軍僉事何圖復山寨裏。曹志建仍不肯罷手，統兵往攻山寨，誘殺何圖復。[1] 堵胤錫經賀縣、梧州到達廣東肇慶行在。[2] 這時，傳來忠貞營在梧州遭到粵、桂兩省軍閥阻撓，雙方發生武力衝突的消息。堵胤錫向朝廷建議讓忠貞營暫時安置於廣東適當地方休整。李元胤聽說後大為不滿，聲稱："我輩作韃子時，渠不來復廣東，今反正後，乃來爭廣東乎？且皇上在此，他來何為？"[3] 永曆帝派兵部侍郎程峒前往宣諭粵、桂諸將，胤錫託程峒把自己和忠貞營將領的部分家眷護送到梧州。不料，李元胤為了阻止忠貞營進入廣東，暗中指使封川守塘官張祥發炮，把程峒和他護送的家屬座船擊毀於江中。事情鬧到朝廷，永曆帝唯恐得罪東勛，竟不了了之。

　　堵胤錫到達肇慶行在後，永曆帝命他入閣輔政。以瞿式耜、李元胤為後台的丁時魁、金堡等人又上疏劾奏他在湖南"喪師失地之罪"。[4] 其實，湖南的喪師失地是與瞿式耜氣味相投的何騰蛟一手造成的，瞿式耜等人諉過於堵胤錫完全是別有用心。堵胤錫在遭到廣西、廣東實權人物瞿式耜、李元胤的猜忌後，心情十分憂鬱。在動輒獲咎的情況下，他仍然志不稍減，一方面力排眾議堅決主張聯合原大西軍抗清，另一方面聯絡忠貞營等部準備重返前線。儘管永曆帝對堵胤錫相當信任，但也知道把他留在身邊輔政於事無補，於是，

1　《所知錄》卷二記：朱謀㷍"謂志建曰：此必忠貞欲襲關，堵乃先導，將謀為內應耳。志建信之。"瞿共美《天南逸史》記：江西宗室朱謀㷍"乘曹、堵不睦，欲陰構之，從中取事。胤錫夜逸，匿故御史何某之子何圖復家。志建復率眾往索，圖復不與。圖復家近徭僮，貲財富厚，素能撫集徭人，遂與志建戰。志建誘殺圖復……徭僮恨志建入骨，志建之銳卒亦盡矣。……後志建言及此事，甚悔恨，幾至墮淚，誓殺朱謀㷍。"

2　《明季南略》卷十二《堵胤錫始末》記六月十五日堵胤錫至肇慶。

3　《所知錄》卷二，《存信編》卷三。

4　《所知錄》卷三。

加升他為少傅兼太子太師、文淵閣大學士、吏部尚書兼兵部尚書"總督直省軍務",節制忠貞、忠武（指馬進忠、王進才、張光翠、牛萬才等部）、忠開（指于大海、李占春、袁韜、武大定、王光興、王友進、王昌、王祥等部）諸營兵馬。[1] 然而,竊據朝廷大權的人物卻唯恐他重掌兵權,別開生面,於是在行軍銀餉上百般刁難。據記載,堵胤錫五次上疏請發軍餉,才批給三千兩,銀子剛領到手又被李元胤派人搶去。八月二十四日,胤錫陛辭,永曆帝問道:"卿將何往?"胤錫回答:"陸行無馬,水行無舟,有視師之名,無犒軍之費。臣決不敢逍遙河上,貽外人指摘,惟有廓清四海,以申此意。萬不得（已）,當捐此身,以報皇上耳。"朱由榔無可奈何,"乃撤御前龍旗二,以壯行色。胤錫叩謝,含淚而出。"[2] 堵胤錫檄調忠貞營出師,又正碰上該營主將興國公李赤心因病去世,"軍中新喪大帥"不便出師。到這年十一月,在堵胤錫再三要求下,只有忠貞營的淮侯劉國昌願意率部跟隨他出征。[3] 十一月二十六日,堵胤錫心力交瘁,在潯州一病不起,齎志以歿。[4] 臨終上遺疏說:"臣受命以來,罪大孽重。不復自諒,擬再合餘燼,少收桑榆。不料調兵則一營不發,若曰:'堵閣臣而有兵,則豐其羽翼也。'索餉則一毫不與,若曰:'堵閣臣而有餉,則資其號召也。'致臣如窮山獨夫,坐視疆場孔亟。昨西上橫邑,感癘大重,一病不起,遂快群腹。臣但恨以萬死不死之身,不能為皇上畢命疆場,而死於枕席,是為恨也。臣死之後,願為厲鬼以殺賊。伏乞皇上揀任老成,用圖恢復。如國家大事,有李元胤、劉

1 《明季南略》卷十二。《嶺表紀年》卷三把他的官銜寫作"總督天下兵馬大學士"。

2 李天根《爝火錄》卷十九。

3 《嶺表紀年》卷三於十一月下記:"因李赤心等各佔地方,國昌無善地,堵胤錫出楚,欲隨之。"

4 《明季南略》卷十二《堵胤錫始末》。

湘客、袁彭年、金堡、丁時魁、蒙正發六人作皇上腹心股肱，成敗可虞，祖宗有靈，實鑒臨之。臣死矣，不勝餘憾云。"[1] 可見他對朝廷權臣跋扈亂政極為憤慨。永曆朝廷追贈其為潯國公，諡文忠。[2]

1 《明季南略》卷十二《堵胤錫始末》。
2 《嶺表紀年》卷三。

第十九章

永曆朝廷內部的黨爭

第一節　楚黨和吳黨

明末黨爭劇烈，官僚士大夫往往結黨營私，爭權奪利，置國家利益於不顧，多次給民族帶來重大災難。如果說在弘光以前的東林、魏黨之爭表面上還以"君子""小人"為分野，到永曆時期就完全變成了爭奪朝廷權力的內部傾軋。按錢秉鐙的說法："先是，相士有東西之分，自粵東來者，以反正功氣凌西人；而粵西隨駕至者，亦矜其髮未薙以嗤來人。而東、西又各自為類。久之，遂分吳、楚兩局。主持吳局者，閣臣朱天麟，吏部侍郎吳貞毓，給事張孝起、李用楫，外則制輔堵胤錫也；而江右之王化澄、萬翱、雷德復，蜀中之程源、粵東之郭之奇實為之魁。主持楚局者，丁時魁、蒙正發、袁彭年……陝西劉湘客、杭州金堡既與時魁等合，桂林留守瞿式耜亦每事關白，居然一體矣。""凡自湖南、廣西隨駕至，出於督師（何騰蛟）、留守（瞿式耜）門者，大半歸楚。吳人謂楚東恃元胤、西恃留守；實則吳亦內倚吉翔、外倚邦傳，特其蹤跡秘密，不似時魁等招搖人耳目耳。"其他人則"浮沉吳、楚之間，或無所依附"。[1] 這種描述有一定道理，但並不完全正確。所謂"吳局""楚局"經歷了一個對立、分化、轉合的過程。廣東反正以前，是瞿式耜等人同廣西南潯軍閥陳邦傅之間的矛盾；李成棟反正以後，開初是未曾降清的扈從諸臣同反正來歸的廣東文官武將之間的矛盾。由於李成棟反清歸明，永曆朝廷管轄區驟然擴大到廣東全省以上，永曆帝也移蹕肇慶，進入李成棟父子的控制區。朝廷為取悅成棟等人，在用人行政上"重反正，薄守節"[2]。甚至諱言是否曾經剃頭降清，"近奉新功令，休稱兩鬢完（原注：時禁自陳'保髮歸朝'之語）"。[3] 以忠貞不貳、扈駕有功自命的官僚對此頗有意見，留守桂林大學士瞿式耜竭力反對永曆帝移駐廣東，就是擔心朝廷權力落入"東勳"手裏。朱由榔遷至廣東肇慶之後，瞿式耜憤憤不平，在 1649 年（永曆二年）九月的一封信中說："吾之留守桂林，不止要照管東、西，通何督師之氣脈；亦為東邊用人行政，惟知奉承薙髮之人，全不顧朝綱清議，太看不得。與之同流合污既不能，終日爭嚷又不耐，反不如身居局外，猶得清清白白做一人也。"[4] 可見，瞿式耜原先對李成棟集團的得勢耿耿於懷，不久，何騰蛟兵敗身死，馬吉翔又極力拉攏李成棟，瞿式耜力單勢孤，才通過袁彭年、劉湘客、金堡等人同反正來歸的"東勳"結合起來，共同對付馬吉翔、陳邦傅等原廣西實權人物。爭奪朝廷權力的格局錯綜複雜，"吳""楚"的概念本來很不準確，既不是以同鄉親友聯結而成，也不是以反正、隨駕（即曾否降清薙髮）劃分。

1　錢秉鐙《所知錄》卷三。

2　錢秉鐙《藏山閣詩存》卷十《行朝集》，《端州雜詩》。

3　錢秉鐙《藏山閣詩存》卷九《生還集》，《酬汪辰初》。

4　《瞿式耜集》卷三，書牘。

如果仔細剖析一下所謂吳、楚黨爭，不難發現它實際上是勛鎮（帶有地方割據色彩的軍閥）之間的矛盾在朝廷上的反映。簡單一點說，主要是廣西軍閥慶國公陳邦傅同廣東軍閥李成棟、李元胤父子之間為爭奪朝廷權力的鬥爭。瞿式耜是江蘇常熟人，按地域觀念應該算是吳人，為甚麼卻同"楚黨"聯為一體呢？這是因為他原任廣西巡撫，後來任留守桂林大學士，希望統攬廣西全省軍政，可是陳邦傅憑藉實力以"居守"廣西的敕旨（他還行賄中書舍人把居守的詔敕寫成"世守"）為依據控制了廣西大部分地區。瞿式耜所能指揮的軍隊僅限於宣國公焦璉（原封新興侯）等部，行政權力也局促於桂林一隅之地。因此，他同陳邦傅在爭奪廣西權力上處處鈎心鬥角。李成棟以廣東全省和廣西梧州反正來附，被封為惠國公。陳邦傅在永曆朝廷處境危迫時曾經向佟養甲、李成棟暗通款曲，有意投降清朝，這時卻以扈駕功邀封慶國公。李成棟知道他的底細，羞與為伍。於是，瞿式耜為首的勢力同反正來歸的"東勛"集團逐漸合拍，形成一個左右朝政的聯合陣線，即所謂楚黨。錢秉鐙在著作中曾披露其中內幕："初，金堡赴行在，將有建白，過桂林以示留守（瞿式耜）。留守令至肇，與劉湘客酌之。參疏八款，李成棟、陳邦傅、龐天壽、馬吉翔皆在所參。湘客削去其二，去李而用陳，去龐而用馬。封上，一時風采赫然，補兵科給事中。當成棟未反正時，邦傅潛通降啟，心鄙之，及是爵位相等，甚恥與噲等為伍。得堡疏，大喜，故元胤交益密，實不知成棟初亦在參中也。"[1] 金堡在隆武朝廷中就有"敢諫"之名，永曆二年（順治五年，1648）十月他輾轉來到廣西桂林，對朝廷情況尚不了解，準備以尊主權為名疏參在外東、西二勛，在內司

---

1 《所知錄》卷三。

禮監太監龐天壽、文安侯馬吉翔，藉以一鳴驚人。疏稿呈瞿式耜審閱，瞿指示他到肇慶去同劉湘客商酌。經過劉湘客提示，刪去李成棟、龐天壽的名字，變成專參西勛。十二月上本，"傳揭到李成棟，成棟歎服。吉翔、邦傅亦成棟之所惡也。自是丁時魁等益與李元胤固結。"[1] 由此可見，楚黨的幕後人物為瞿式耜和李元胤，稱之為楚黨是因為出頭露面的袁彭年、丁時魁、蒙正發都是湖廣人。

那麼，以堵胤錫、陳邦傅、王化澄、朱天麟為後台的"吳黨"是怎麼回事呢？嚴格說，永曆朝廷內並不存在吳黨。所謂的"吳黨"是楚黨把妨礙自己獨家攬權的勢力指派為結黨營私。堵胤錫、王化澄、朱天麟在永曆朝廷裏是比較正直的大臣，他們同陳邦傅、馬吉翔並沒有甚麼瓜葛。問題是，陳邦傅在廣東反正以前足以同瞿式耜等人相抗衡，廣東反正以後力量平衡被打破，陳邦傅為了維護自己的地位，先把李過（李赤心）、高一功（高必正）為首的忠貞營接進廣西南寧一帶安插，後來又拉攏雲南的大西軍餘部；而堵胤錫等人卻是從抗清大局着眼，主張南明朝廷應該聯合原大順軍和大西軍。儘管堵胤錫、王化澄、朱天麟等人和陳邦傅考慮問題的出發點天地懸隔，落實到具體事情上卻頗有類似之處。換句話說，"吳""楚"黨爭的內涵原來是東、西軍閥的爭權，後來卻衍生為對待原農民軍的態度上的分歧。

在永曆朝廷大臣中，何騰蛟、瞿式耜聯為一體，竭力維護崇禎朝以來的"正統"觀念，歧視和排斥原農民軍。在民族矛盾上升為主要矛盾的情況下，他們仍然保持着極深的階級偏見，妄圖憑藉殘明的文武官紳勢力實現"中興"，這實際上是一條自取滅亡的道路。他

---

1 《嶺表紀年》卷二。

們的這種政治態度在南明官紳中顯然有一定代表性。由於他們自己的軍事力量相當弱，不得不同反正來歸的文官武將互相勾結，形成所謂的楚黨。

然而，在民族危機日益深重的情況下，南明朝廷（從隆武政權開始）中一些有識之士看到了只有聯合原大順、大西農民軍共同抗清才有復興的希望。其中的代表人物就是大學士堵胤錫、朱天麟、王化澄等人。在南明歷史上，最傑出的政治家有兩位，一位是堵胤錫，另一位是張煌言。堵胤錫在永曆朝廷中一直遭到何騰蛟、瞿式耜等人的排擠，無法展佈他的雄才大略，終於齎志以歿；張煌言偏處浙江、福建海隅，得不到實力派鄭成功的支持，空懷報國之志。歷史上常說"何代無才"，治世不能"借才於異代"，就南明而言又何嘗不是如此。在史書上，人們習慣於把史可法、何騰蛟、瞿式耜列為南明最堪稱讚的政治家，其實，他們不過是二三流的人物，就政治眼光和魄力而言根本不能同堵胤錫、張煌言相提並論。同堵胤錫、張煌言類似能夠依據形勢的變化高瞻遠矚的還有張家玉、楊畏知、朱天麟、王化澄等人。正是由於這些人在統籌全局上同維護崇禎朝以來政治格局的某些官紳的見解有明顯差異，他們當中一部分任職永曆朝廷的人因此被說成是同"正統派"（即楚黨）相對立的所謂"吳黨"。

堵胤錫從隆武時期起就真心實意地聯合大順軍餘部，負責改編和聯絡忠貞營，後來又力主聯合據守雲南的大西軍，因此先後遭到何騰蛟、瞿式耜等"正人君子"的嫉恨。永曆三年（1649）秋，金堡上疏"劾其喪師失地，而結李赤心等為援，張筵宴孫可望使。且面責之曰：'滇與忠貞，皆國仇也，厥罪滔天。公奈何獨與之親暱？'胤錫失色，徐曰：'我辛苦邊事，如君言，竟無功耶？'堡曰：'勞則有之，功於何有？'"[1]上引堵胤錫臨終上疏，對五虎及其後台瞿式耜、李元胤的把持朝政導致復興無望深表不滿，可見堵胤錫的備受排擠是因為政見分歧和反對廷臣結黨營私。

朱天麟，崇禎元年進士，歷仕崇禎、隆武、永曆三朝，永曆二年（順治五年，1648）任東閣大學士。李成棟反正後，袁彭年等五虎弄權，上疏攻擊跟隨永曆帝播遷的大學士嚴起恒，權臣陳邦傅、馬吉翔，太監龐天壽。永曆帝很不高興，由皇太后出面叫朱天麟擬嚴旨詰責。接着，又有金堡倚仗"東勳"兵力上疏劾奏陳邦傅無餉無兵，竊取勳爵。陳邦傅大怒，上疏反斥金堡任臨清州知州時曾經投降大順，又請朝廷派金堡為自己的監軍，觀其"十萬鐵騎"。朱天麟即票擬旨意道："金堡從來，朕亦未悉"；"所請監軍即會議"。同任內閣大學士的嚴起恒早就想排擠朱天麟，暗中把這一票擬的旨意告知吏科給事中丁時魁。五虎得知消息，連夜約集給事中、御史十六人於正月十三日晨擁入行在宮門，聲稱"強臣鉗結言官之口"，"吾等不做官矣"；"將公服袍帶擲棄庭中，小帽叉手，白衣冠聯袂去"。這時永曆帝正在穿堂召見太僕寺卿馬光，听得外面一片喧嘩，嚇得"兩手振索，茶遂傾衣"。永曆帝心知五虎自恃有李成棟父子為靠山，才敢大鬧朝堂，被迫於次日（十四日）特敕李元胤出面邀請參與鬧事的十六人仍入本衙門辦事。朱天麟即日解職，所票旨意改擬。[2]五虎垮台以後，朱天麟於九月間再次入閣辦事。在聯合大西軍問題上，孫可望堅持封秦王，不願改號，朱天麟說："許之便。我勢日衰，彼力方壯，我以空名羈之，猶可號召以拒強敵，毋持迂議，自貽伊戚。"他的主

1　溫睿臨《南疆逸史》卷二十八《金堡傳》。
2　《明季南略》卷十二《科道散朝》，參見《兩粵新書》及《南疆逸史》卷二十二《朱天麟傳》。

張被嚴起恒等人拒絕。永曆六年（順治九年，1652）八月十八日朱天麟病卒於廣南府。[1]

王化澄，崇禎七年進士，參與定策擁立永曆帝，官至東閣大學士。在孫可望請封秦王時，他力排眾議，聲稱："江楚潰敗，兩粵且不支，能制可望之不王乎？"主張真封秦王，與大西軍餘部聯合抗清。這就觸犯了楚黨的大忌，被金堡等劾免。清軍佔領廣西後，王化澄躲入山中，被清將馬蛟麟捕獲，誓死不降，於順治九年三月十八日遇難。關於他的為人，《南疆逸史》卷二十二《王化澄傳》中說"正色立朝，人賴以安"。而楚黨人士的著作卻對他極盡詆毀之能事，說他"貪庸誤國"。

總之，堵胤錫、朱天麟、王化澄等人無非是贊成聯合原農民軍共同抗清，在政治見解上比較相似，就被編派為甚麼"吳黨"頭子。仔細研究現存材料，不僅找不到他們同陳邦傅、馬吉翔私下勾結的跡象，他們之間也沒有抱成一團，操縱朝政的事，根本談不上結黨營私。楚黨則是確實存在的，他們是明朝反動統治者的"正脈"，其特色是奉行既要抗"虜"，又要平"賊"的方針。正因為楚黨實質上代表着崇禎以來明朝統治階級中的頑固勢力，在南明史籍中袒護楚黨的相當不少，也容易為清朝統治者所容納。在明、清統治集團眼中，大西、大順軍都是十惡不赦的"流寇"，只有在涉及李定國時才網開一面，因為他們認為李定國屬於"改邪歸正"之列。由於在各種南明史著中都談到"吳""楚"黨爭，特別是持論者大抵頌揚楚黨，指斥本不存在的"吳黨"中的許多人物為"奸佞"，本書多費一點筆墨予以澄清就是必要的了。

---

1 《南疆逸史》卷二十二《朱天麟傳》。

第二節　所謂"五虎"

　　上文說過，楚黨是以大學士瞿式耜為首的一批朝臣同反正來歸的李成棟集團經過矛盾摩擦，轉而互相勾結的一個重要政治派別。由於瞿式耜留守桂林，李成棟經營廣州和北伐事宜，在肇慶的永曆朝廷上就形成了由李元胤坐鎮指揮，聯絡東、西，把持朝政的小集團，其主要成員有左都御史袁彭年、禮部侍郎劉湘客、吏科給事中丁時魁、工科左給事中金堡、戶科右給事中蒙正發，[1] 故稱"五虎"。袁彭年為"虎頭"，劉湘客為"虎皮"，金堡在黨同伐異時最為積極，"小過經其指摘，刻畫盡情，使無置身之地"[2]，故被稱為"虎牙"，丁時魁為"虎尾"，蒙正發為"虎爪"[3]。五人結黨把持朝政，招權納賄，"言非虎黨不發，事非虎黨不成，星岩道上，遂成虎市。"[4] 五虎以君子自命，動輒引祖制舊章，"裁抑干進，力整朝政"，實際上他們自己正是一批鑽營干進的人物。魯可藻說："總之，彭年欲大拜（指入閣為大學士），時魁欲掌憲（出任都察院左都御史），堡欲掌吏科，肆行排擠，公道所以不服耳。"[5] 五人遇事強諫，不過是倚仗李元胤、瞿式耜的勢力排斥異己，達到控制朝廷的目的。[6] 為了說明問題，下面把五人的情況介紹一下：

1　袁彭年等五人當時擔任的官職在史籍中記載不完全一致，這裏是根據瞿式耜永曆四年二月初七日《救劉湘客等五臣疏》，見《瞿式耜集》，上海古籍出版社 1981 年版，第一四四頁。

2　錢秉鐙《請寬金給事疏》，見《藏山閣文存》卷一。

3　參見計六奇《明季南略》卷十二《假山圖五虎號》條；溫睿臨《南疆逸史》卷二十八《金堡傳》。

4　參見計六奇《明季南略》卷十二《假山圖五虎號》條；溫睿臨《南疆逸史》卷二十八《金堡傳》。

5　《嶺表紀年》卷三。

6　《嶺表紀年》卷二記："跡其一年間，事事爭執，若似乎守典故，尊朝廷，究竟不過欲權自我操，賄自我受而已。聲言不可倚傍勳鎮，時魁等自陳邦傳而外，無勳不結交，不承奉，而成棟父子無論矣。……不過大言以欺所親，欲以文其貪黷耳。"

袁彭年，湖北公安縣人，袁中道之子，崇禎七年進士，歷仕崇禎、弘光、隆武三朝，降清後隨佟養甲、李成棟入粵，任廣東學政署布政使，曾起草告示稱"金錢鼠尾，乃新朝之雅政；峨冠博帶，實亡國之陋規"[1]，向清朝獻媚。當他得知江西金聲桓反正，李成棟有意易幟時，立即參與其事，反正以後他以襄贊有功升任左都御史。從此憑藉成棟父子為靠山，驕狂自大，妄圖把持朝政。永曆皇帝移蹕肇慶後，已經處於李成棟的勢力範圍之內，用人行政權不由己，他甚至憤憤不平地說道："以後官俱聽袁彭年升除罷。"[2] 有一次，袁彭年同永曆帝當面爭執起來，"語不遜"，朱由榔以"君臣之義"責備他，袁竟然公然頂撞道："使去年此日惠國（李成棟）以五千鐵騎鼓行而西，此日君臣之義安在？"朱由榔氣得變了臉色，群臣也為之咋舌，足見其氣焰囂張。[3] 1650 年（順治七年、永曆四年）清軍再次攻佔廣州，袁彭年又靦顏降清，除行賄求免外，還哭訴自己在 1648 年參與李成棟復明是被迫的。清政府雖未治罪，但也認為他是個反覆無常的小人，不予錄用。[4]

劉湘客，陝西富平人，明諸生。隆武時任推官、御史，永曆時改授翰林院編修、侍讀學士，大學士朱天麟、王化澄認為他不是科甲出身，任翰林院官不合體制，改為都察院僉都御史。桂林失守後，他潛藏深山鬱悒以終，在五人中是比較有氣節的。

---

1 何是非《風倒梧桐記》卷一。

2 魯可藻《嶺表紀年》卷三。

3 錢秉鐙《所知錄》卷三。

4 王夫之《永曆實錄》卷十九《袁彭年傳》說："是冬，廣東再陷，彭年匿民間，已復出投款，言李成棟脅己反。夤緣得免，歸里，挾策遊潛、沔間，以詩自鳴。未幾，死。"據曹燁《曹司馬集》卷三《嶺南近草》有作於順治十年的《袁特丘移寓佛山喜賦》等詩，可知他在尚可喜、耿繼茂佔領廣東後，在廣東佛山等地還住了好幾年，並沒有立即"歸里"。

丁時魁，湖北江夏人，崇禎十三年進士，任禮部主事，隆武、永曆時歷任禮科給事中、吏科左給事中、吏科都給事中。桂林失守後降清，被委任為廣西學道[1]。王夫之記：“桂林陷，見執，孔有德召為幕客。居數月，病死黃岡。何履仕為治喪，割其辮擲棺外，曰：‘斗生（時魁字）不戴此辮以死，可不負梧州一頓棒，而今不免也，惜哉！’”[2]

金堡，浙江仁和（杭州）人[3]，崇禎十三年進士，任山東臨清州知州，隆武時任禮科給事中。在永曆朝廷中任工科左給事中，與留守桂林大學士瞿式耜關係密切。後來同袁彭年等結為一黨，攻擊異己不遺餘力。例如在《駁何吾騶疏》中痛斥何吾騶、黃士俊在佟養甲佔領廣東期間未能死節：“黃士俊在佟虜坐中見先臣子壯極刑，四十三年狀元及第，而不早死真不幸耳。後與吾騶攜手同來，為國賊乎？……若叩頭養甲，滿口老爺，則吾騶之禮義遜讓也。臣為太祖高皇帝而罵之，何體面之有？”[4] 真是正氣凜然，大有與一切軟骨頭不共戴天之勢。可是，對於真正投降了清朝出任官職的袁彭年，金堡不僅不置一詞，反而引為知己。究其用心，不過是因為何吾騶、黃士俊早在崇禎年間即已入閣為大學士，必須找個題目大做文章，力攻而去，自己的小集團方可放心攬權。桂林失守後，金堡當了和尚，但他並不像熊開元、方以智那樣淡泊明志，而是出入於清朝達官顯貴之門，為尚可喜樹碑立傳的《平南王元功垂範》就是出自他的手筆。

---

1 錢秉鐙《所知錄》卷四。

2 《永曆實錄》卷二十一《丁時魁傳》。

3 《永曆實錄》卷二十一、《南疆逸史》卷二十八都說金堡是仁和人；瞿式耜《戊子十月既望，新興焦侯邀遊虞帝祠，金黃門首唱佳詠，依韻和之》詩內注云：“予與道隱俱常熟人。”見《瞿式耜集》第二一八頁。

4 金堡《嶺海焚餘》卷中。

蒙正發逃歸故里後，寫了一本《三湘從事錄》，在南明史籍中頗受重視。許多人以為他以當事人記載當時事比較可信，加以後來名聲頗大的王夫之給他寫了墓誌銘，更抬高了這本小冊子的地位。王夫之的學術成就不在本書討論之列，但他的政治態度和經歷與蒙正發頗為類似，其立論的客觀性大可懷疑。只要把蒙正發的《三湘從事錄》、王夫之為蒙氏所撰墓誌銘同史實核對一下，就可以看出蒙正發不僅不像王夫之所說是位"力持綱紀，清冒濫，劾功罪，裁凌躐"，整頓朝政的正人君子；剛好相反，他自己正是一個不顧綱紀、多方冒濫、混淆功罪、凌躐成性的卑污小人。蒙正發原是湖北崇陽縣一名貢生，清軍佔領該地後，他志不忘明（這點應予肯定），逃入湖南平江、長沙，投奔何騰蛟，何以札付授予推官職銜充任章曠（時以太僕寺少卿銜任監軍，後任監軍道、恢剿巡撫）的參軍，不過是章曠手下的幕僚而已。章曠在用兵上一無所長，招募了一批湖南等地的土兵做嫡系，從未打過一次勝仗。岳州南面的新牆之役，是明清之間一次很小的對抗，章曠兵敗，只是在潼溪用鳥槍伏擊了少量清軍，這在明清雙方都是不值一提的小規模接觸（明軍既未攻克岳州重鎮，清兵也未南下），蒙正發在《三湘從事錄》中自我吹噓也不過連用了兩個"仆屍數百"；到了王夫之筆下竟成了蒙正發"督南將覃裕春等大戰於潼溪，以八千人破數萬之鐵騎，斬馘無算。自南渡來無敢戰者，戰而勝自潼溪始。皆君親衝鋒鏑，誓死不退之力也。"[1] 真可說是妙筆生花了。其次，蒙正發出身很低，章曠為提高他的地位，讓他去參加隆武朝所開湖南鄉試，中式成為舉人，這在明朝官場上重進士輕舉人的習俗中本不算多大一回事，問題是在衡州舉行的這場鄉

1　王夫之為蒙正發所作墓誌銘，見《永曆實錄》附錄，岳麓書社 1982 年版。

試的主考為崇禎十三年進士、巡按御史楊喬然，監臨是同年進士、郴桂道吳晉錫。蒙正發早已覬覦患病的章曠的恢剿巡撫職務，章曠死後，何騰蛟題請吳晉錫繼任恢撫。蒙正發恨之入骨，竟然在自己的記載中把監臨說成是嚴起恒。科舉時代非常重視師生關係，蒙正發的移花接木不過表明他為了功名利祿不惜出賣老師罷了。第三，吳晉錫繼任巡撫本來是順理成章的事，他是崇禎朝進士，歷任永州推官等職，弘光時期湖廣巡按黃澍到南京朝見，多方活動，建議何騰蛟由巡撫升任總督，自己接任巡撫，巡按一職即擬由永州司李吳晉錫擔任[1]。何騰蛟任總督後，上疏推薦傅上瑞為長沙道、章曠為監軍道、吳晉錫為辰沅道，由於馬士英從中作梗，吳晉錫的任命未被批准[2]；隆武時幾經周折才被任為按察司副使郴桂道，職位和章曠基本相等，而當時蒙正發還是一名貢生。章曠病死時把敕印交給他看管，這是官場中常見的事，蒙正發在著作中故意大肆渲染章曠的意思是讓他接任巡撫。這真是奇談，且不說永曆朝廷對蒙正發看不上眼，章曠的遺疏裏也只字沒有提到他，更說不上有推薦他繼任之意。恢撫出缺時正值清孔有德、耿仲明、尚可喜三王大軍入湘、明軍一潰千里之時，吳晉錫於八月二十三日受恢撫之命，次日清軍佔領武岡，吳時在病中，未能隨軍撤入廣西，改服裝為頭陀見清懷順王耿仲明，得釋放返歸故鄉。蒙正發在《三湘從事錄》中一面把自己未能攫得巡撫高官說成"欣躍如釋重負"，一面痛詆吳晉錫為"納印出降"。王夫之更煞有介事地說："會章公以憂憤卒，何公欲以章公兵授君守永

---

1 李清《三垣筆記》附識下，弘光。

2 吳晉錫在《半生自紀》中說是沒有向大學士馬士英、蔡奕琛行賄，故未批准。實際上很可能是因為黃澍在弘光帝面前大罵馬士英，結下怨仇，吳晉錫既曾受黃澍推薦，士英遂遷怒於他。

州。而永李吳晉錫賂何公左右，奪其軍授之。兵訌，晉錫降。"[1] 吳晉錫沒有見危授命固然是事實，蒙正發和王夫之後來也是見形勢不利逃回清朝統治下的故里，蒙正發還曾受到清朝總兵全節的優待，這種以五十步笑百步的"氣節"適足令人齒冷。第四，五虎案發後，除了袁彭年以外，丁時魁、劉湘客、金堡、蒙正發都被逮捕下詔獄，狠狠捱了一頓板子（廷杖），金堡被打斷了腿，半死不活，借住在蒙正發船上。時人錢秉鐙有一段記載頗能說明蒙氏之為人，"湘客等受杖，金給事堡傷獨重，垂死，寄臥其同難某給事舟中。某楚傖心不樂，私自鬻舟。予適至，聞舟後有較錨銖聲，入視之，則業已成約交價矣。予語其人曰：'約成須俟金君瘡愈，乃過舟，不然將移至何所耶？'其人悟，急毀約。某大訴曰：'若能如價買舟以安金君乃成丈夫，奈何以人舟為己義也。'予搜囊得百金猶不足，而君（指廣西巡按吳德操）睨適至，脫手相付，正滿其數，快哉！某即日自移去。"[2] 這裏寫的同難給事中楚傖"某"，正是"五虎末將"蒙正發。錢秉鐙同瞿式耜、劉湘客、金堡等人關係頗深，曾上疏為金堡請寬典[3]，文中不願顯指其人。他在後來的詩文中提到五虎事件時常常略去"虎爪"蒙正發，蓋亦深鄙其人。

由於南明史籍中為五虎辯解者頗不乏人，揭露號稱五虎的主要人物的一些表現，對於澄清紛議有其必要。特別是蒙正發逃歸故里後，藉口"不孝有三，無後為大"的古訓，娶了一大堆小老婆，合家

---

1 見王夫之為蒙正發作墓誌銘。按：王夫之是湖南衡陽人，他不可能不知道吳晉錫任"永李"（即永州府理刑推官）是崇禎年間的事，永曆時已升至衡（陽）、永（州）、桂（陽）巡撫和大理寺卿。章曠病死時正值清孔有德、耿仲明、尚可喜三王由衡州向武岡、永州進兵，吳晉錫既然貪生，怎麼會出錢賄賂何騰蛟左右之人謀取危差？
2 錢秉鐙《藏山閣文存》卷五《吳廷尉鎧在傳》。
3 錢秉鐙《藏山閣文存》卷一《請寬金給事疏》。

歡樂之暇舞文弄墨，在《三湘從事錄》的跋中擺出一副歷史評判者的架勢，大放厥詞："正發衡而斷之曰：始終皆流賊之為害也！"事實證明，當蒙正發返回清朝統治下的湖廣享受清福的時候，原大西軍李定國部、原大順軍為主的夔東十三家，正在同清方做艱苦卓絕的鬥爭。蒙正發道貌岸然地痛斥"流賊"，既是他混跡南明政權中所代表利益集團本性的流露，也是和清朝統治者唱着同一個調子。

第三節　永曆朝廷的"打虎"

1650 年（永曆四年、順治七年）二月，永曆帝逃到廣西梧州，進入陳邦傅的勢力範圍，朝廷風向立即改變。戶部尚書吳貞毓，禮部侍郎郭之奇，兵部侍郎程源、萬翱，戶科給事中張孝起等十四人聯名上疏揭發袁彭年、劉湘客、丁時魁、金堡、蒙正發"把持朝政，罔上行私"的罪行[1]。朱由榔對五虎倚仗李成棟、李元胤父子的兵權，驕橫狂悖的行徑早已不滿，當即決定將劉湘客等四人逮捕，下錦衣衛獄拷打審訊；袁彭年當時因養母去世丁憂，念其反正有功免予處分，實際上是因為袁彭年同李元胤等人關係更為密切，朝廷有所顧忌。在拷問時，金堡不肯服罪，大呼二祖列宗；丁時魁、劉湘客、蒙正發則醜態畢露，"滿口老爺饒命，萬代公侯等語"，叩頭如搗蒜。[2]

留守桂林大學士瞿式耜從邸報上得知朝局翻轉後，立即上疏申救五虎。他在二月初七日上的奏疏頗能道明五虎一案的背景，其中說："就使諸臣而果罪狀昭彰，一如疏中所指，處分豈無時日，而汲

---

1 《瞿式耜集》卷一《救劉湘客等五臣疏》，參見錢秉鐙《所知錄》卷四。

2 何是非《風倒梧桐記》卷二。

汲為此朝不待夕之舉動？又且不先不後，恰當勳臣邦傅到梧之時，能無我雖不殺伯仁之疑否？……然則諸臣此舉，直藉皇上以行其報復之私，而又巧乘皇上之躓梧，慶國（即慶國公陳邦傅）之來朝，為迅雷不及掩耳之謀，以斷其救援之路。且諸臣驅除異己，駸駸漸及於臣，以臣與五臣，夙稱莫逆，每朝政皆得相商，殺五臣即所以殺臣，去五臣即所以去臣。臣既為黨魁，不殺臣不止，臣今日且不知死所，尚敢以危疑之身，為皇上奏恢疆之烈哉！"[1]二月十三日疏中又說："若以媚東（指"東勳"，李成棟部將）誤國為題，試問：向者舉用杜永和、羅成耀等，未必盡出五臣也，事先則未見諸臣力爭，事後則偏欲五臣受過，寧足以服天下人之心乎？況東粵必不可棄，即不戒而南、韶失守，猶望東勳鎮努力以冀桑榆之收，以雪會稽之恥。先以媚東二字為驅除鋤剪之方，是用以儳東勳鎮之魄乎？抑用以激東勳鎮之勇乎？……至於今日朝廷所恃者忠貞營耳。忠貞奉援楚恢江之命，兩載於茲。自督輔臣騰蛟在時，已逗留不進，今慶國勳臣邦傅之力，遂能必其悉甲破虜乎？況忠貞與東勳必不相睦，未得破虜之功。先開內地之釁，東之為東，竟不可知矣。"[2]瞿式耜的奏疏清楚地透露了永曆朝廷"門戶歧分，元黃角立"的政治分野。魯可藻說："時魁等入朝，全恃式耜標榜之力，挾式耜以傾動同朝，彈壓東人；乃合東人以威脅主上，奔走群小。式耜於時魁等竭心力、物力而奉之；金堡到桂，尤加禮焉。堡入朝，式耜不論關防衙門關切必寄揭帖。而式耜題陞之官再不復賄，時魁等則又瞋眉怒目而爭。故式耜之嫡表施召徵寄書到桂曰：留守亦是勳鎮氣息。"[3]

---

1 瞿式耜《救劉湘客等五臣疏》，見《瞿式耜集》卷一。
2 瞿式耜《再救五臣疏》，見《瞿式耜集》卷一。
3 魯可藻《嶺表紀年》卷四。按，瞿式耜之母施氏，即施召徵之姑母。

從上面引用的材料可知永曆朝廷的"打虎運動"實質是各勛鎮為爭奪朝廷權力的一場內訌。朱由榔在肇慶時，五虎神氣活現；一旦進入陳邦傅的地盤，立即失寵受辱。這一事件再一次說明永曆朝廷始終不能威福自操，在很大程度上要看朝廷依附的是哪一派軍閥。袁彭年等人固然不是正人君子，陳邦傅更不是忠貞之士。儘管有大學士瞿式耜、嚴起恒等人再三上疏申救，五虎均未能幸免，除袁彭年以丁憂為名解任外，其他四人都予以革職充軍、追贓助餉。

第二十章

清軍攻佔桂林、廣州

第一節　孔有德、耿仲明、尚可喜統兵南下

　　1648 年（順治五年）清廷在姜瓖、金聲桓、李成棟掀起的反清浪潮下，深感滿洲兵力有限，決定起用孔有德、耿仲明、尚可喜三王統兵南下。這年十二月，多爾袞派使者召孔有德、耿仲明、尚可喜從遼東入京。次年四月，三人到達北京。[1] 五月十九日，清廷下詔改封恭順王孔有德為定南王、懷順王耿仲明為靖南王、智順王尚可喜為平南王。同一天 "令定南王孔有德率舊兵三千一百，及新增兵一萬六千九百，共二萬，往剿廣西，挈家駐防，其全省巡撫、道、府、州、縣各官並印信俱令攜往。靖南王耿仲明率舊兵二千五百，及新增兵七千五百；平南王尚可喜率舊兵二千三百，及新增兵七千六百，共二萬，往剿廣東，挈家駐防，其全省巡撫、道、府、州、縣各官並印信俱令攜往。"[2] 當部署三王南下時，清廷原來的意圖是命孔有德征福建，耿仲明取廣東，尚可喜攻廣西。尚可喜明知自己和耿仲明部下兵

1　順治六年二月三十日恭順王孔有德 "為恭謝天恩敬報起行日期" 揭帖中說，他已定於三月二十七日率部就道進發。見《明清檔案》第十冊，A10-31 號。這是指他帶領部眾由遼東開拔的時間。

2　《清世祖實錄》卷四十四。

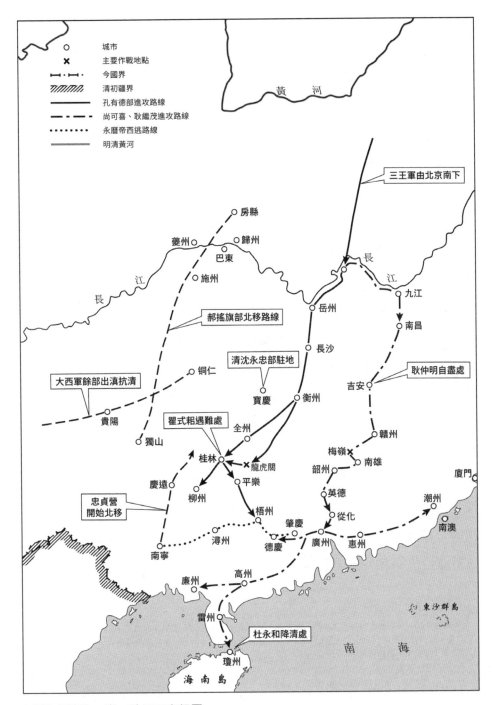

城市 ○
主要作戰地點 ✕
今國界 ├─┤－├─┤
清初疆界
孔有德部進攻路線
尚可喜、耿繼茂進攻路線
永曆帝西逃路線
明清黃河

黃　河

三王軍由北京南下

長　江

長　江

房縣

夔州　歸州
巴東
施州

九江

南昌

岳州

郝搖旗部北移路線

長沙

清沈永忠部駐地

耿仲明自盡處

大西軍餘部出滇抗清

銅仁

吉安

寶慶

衡州

貴陽

瞿式耜遇難處

全州

贛州

獨山

桂林

梅嶺　南雄

龍虎關　韶州

廈門

慶遠

平樂

英德

潮州

忠貞營
開始北移

柳州

梧州

肇慶

從化

南澳

南寧

潯州

德慶

廣州　惠州

廉州　高州

東沙群島

雷州

杜永和降清處

南　海

瓊州

海　南　島

1650 年清孔、尚、耿三王南征圖

馬都不過兩千餘名，加上新增兵也只有一萬，難以承擔攻取一省的任務，建議增強兵力，縮短戰線。孔有德傲慢自大，嗤笑尚可喜膽小怯懦，自告奮勇獨力攻取廣西。清廷會議後決定耿、尚合兵進取廣東，孔有德率部進攻廣西。[1] 三王藩下將領的設置是：定南王下以線國安任左翼總兵官，曹得先為右翼總兵官，另調湖廣辰常總兵馬蛟麟為隨征總兵；靖南王下以徐得功為左翼總兵官，連得成為右翼總兵官；平南王下以許爾顯為左翼總兵官，班志富為右翼總兵官。

部署既定，孔、耿、尚三人即率舊部下江南，會合浙江、湖廣等地調集的兵馬。孔有德由湖南向廣西進軍；耿仲明、尚可喜則取道江西入粵。

1649 年（順治六年）十一月初二日，靖南王耿仲明部駐吉安，平南王尚可喜駐臨江（府治在今樟樹市），二人商定十二月初三日出師南進。就在這時，滿洲貴族向清廷控告耿仲明、尚可喜率兵南下時收留了"逃人"一千多名，清廷派去嚴厲追查。耿仲明知道觸犯了朝廷的深忌，唯恐受到"窩藏逃人法"的懲辦，十一月二十七日在吉安自殺。清廷原擬將尚可喜、耿仲明削去王爵，各罰銀五千兩；多爾袞考慮到正在用人之際，以"航海投誠"有功為名決定免削爵，罰銀減為四千兩。耿仲明畏罪自殺的消息傳到北京後，清廷決定平南、靖南二藩兵力由尚可喜負主要責任，耿仲明之子耿繼茂僅以阿思哈哈番職位統率其父舊部充當尚可喜的助手。[2]

---

1 《平南王元功垂範》卷上。孔有德在順治九年四月死到臨頭時還在疏中自我吹噓道："臣謬辱廷推，駐防閩海。同時有固辭粵西之役者（指尚可喜）。……臣自念受恩至渥……故毅然以粵西為請。"見《清史列傳》卷七十八《孔有德傳》。

2 為尚可喜歌功頌德的《平南王元功垂範》中說："前此王未嘗特將。自靖南薨，戰守方略一出王指授。……王好讓，嘗曰：入關以來，有豫、英諸王；下湖南有恭、懷二王在，吾何力之有焉。"事實上，命將出自朝廷，尚可喜不過以謙遜自諉罷了。耿繼茂襲封靖南王在順治八年四月，見《清世祖實錄》卷五十七。

第二節　孔有德佔領桂林與瞿式耜死難

　　1649 年（順治六年）夏天，孔有德率部行至湖南，駐於衡州，"相機進剿廣西"。清廷為了使孔有德能夠專力攻取廣西，在次年（1650）二月調駐守山東濟南的續順公沈永忠帶領官兵移駐湖南寶慶，撥固山額真圖賴標下總兵張國柱、郝效忠兩部歸沈永忠指揮。[1]

　　孔有德在度過炎暑之後，於秋天進攻湘、桂兩省交境的要隘龍虎關。明永國公曹志建率部阻擊，被孔有德軍擊敗，士卒死者有一萬多人。[2] 清軍佔領龍虎關，曹志建引敗兵逃入其弟曹四駐紮的廣西灌陽，永國公印也在混亂中丟失，另用木頭刻製一枚。九月十二日，孔有德命董英、何進勝等攻灌陽，曹志建兄弟望風先遁，逃至恭城青塘窩。次日，清軍進迫曹營，分兵三路合力進攻，明軍大敗，將軍劉大勝等四人、總兵林永忠等七人陣亡，士卒被殺三千多人，曹志建兄弟領着殘兵逃入深山徭峒。清軍繳獲木刻永國公印、大炮二十八座、槍銃三百一十五支以及馬匹、火藥、刀槍、盔甲甚多。[3]

　　恭城失守使桂林東南面已受到威脅，另一路清軍由全州、興安進攻嚴關，構成南北合擊之勢。明留守桂林大學士瞿式耜於十月十三日召集諸將開會討論戰守事宜。當時桂林地區的明軍還相當多，興安、嚴關有開國公趙印選部，桂林城內有衛國公胡一青、武陵侯楊國棟、寧遠伯王永祚、綏寧伯蒲纓、寧武伯馬養麟。瞿式耜認為

1　順治七年二月兵部尚書阿哈尼堪等 "為塘報湖南逆賊情形仰乞聖鑒事" 揭帖，見《明清檔案》第十一冊，A11-94 號。

2　王夫之《永曆實錄》卷十《曹志建傳》。

3　順治七年十月偏沅巡撫金廷獻 "為飛報捷功事" 揭帖，見《明清檔案》第十二冊，A12-51 號。

憑藉手頭兵力即使不能打敗孔有德部清軍，至少也可以守住桂林。因此，他竭力籌措糧餉，鼓勵諸將備戰。不料，這些養尊處優的將領已成驚弓之鳥，毫無鬥志。十一月初五日，趙印選傳來興安塘報，說嚴關一帶設置的塘兵都被掃去，清軍即將迫近桂林。瞿式耜大吃一驚，急忙催促趙印選領兵扼險防守。趙印選見清軍勢大，畏縮不前，這天下午他和胡一青、王永祚、蒲纓、楊國棟、馬養麟帶領部眾保護着家屬離開桂林向西逃竄，城中頓時大亂。刑部尚書（原兩廣總督）于元燁"微服出走，甫至月城，遂為亂兵所殺。"[1] 瞿式耜眼看諸將不戰先遁，捶胸頓足道："朝廷以高爵餌此輩，百姓以膏血養此輩，今遂作如此散場乎？"[2] 在絕望當中，他決定自己留下來，與城共存亡，派中軍徐高攜帶朝廷頒給的敕印送往永曆帝行在。[3] 傍晚，總督張同敞聽說桂林兵將星散，只有瞿式耜仍留在城內，就從灘江東岸泅水入城，要和式耜一道殉義。瞿式耜對他說："城存與存，城亡與亡。自丁亥（1647）三月已拼一死，吾今日得死所矣！子非留守，可以無死，盍去諸？"張同敞毅然回答："死則俱死耳！古人恥獨為君子，君獨不容我同殉乎！"二人於燈下正襟危坐，夜雨淙淙，遙望城外火光燭天，城內寂無聲響。天亮前，守門兵來報告清兵已經佔領桂林各城門。初六日上午，瞿式耜、張同敞被清軍押往靖江王府（即王城，獨秀峰在其中）見定南王孔有德。靖江王朱亨歅父子也拒絕出逃，同時被清軍俘虜。瞿、張被俘以後，不管孔有德婉言相勸，還是威加逼迫，二人始終英勇不屈，只求速死。孔有德無計可施，把他們軟禁於桂林。二人賦詩唱和言志，合計一百餘首，名曰《浩氣

1　瞿元（玄）錫《庚寅始安事略》。魯可藻《嶺表紀年》卷四記"于元煜為亂兵所殺"，煜字為避康熙諱改。

2　瞿式耜《臨難遺表》，見《瞿式耜集》卷一，奏疏。

3　徐高出城後也被清軍捕獲，在桂林遇害，見瞿昌文《粵行紀事》卷三。

吟》。其中瞿式耜有句云："莫笑老夫輕一死，汗青留取姓名香。"張同敞詩云："衣冠不改生前制，名姓空留死後詩。"過了一個月，瞿式耜見不是了局，唯恐訛言流傳，就寫下一封密信派一名老兵送往原駐平樂府的焦璉，信中說："徐高、陳希賢重兵在城未散，城中俱假虜，若援兵疾入，可反正也。"[1] 老兵出城時被搜獲密信，孔有德擔心留下有後患，下令將二人處斬。閏十一月十七日，瞿式耜、張同敞在桂林遇難。[2]

　　瞿式耜、張同敞在可以轉移的時候不肯轉移，寧可束手待斃，這種現象在南明史上並不少見。究其心理狀態主要有兩點：一是對南明前途已經失去了信心。張同敞在桂林失守前不久對友人錢秉鐙說："時事如此，吾必死之。"錢氏開導說："失者可復，死則竟失矣。"同敞傷心備至地回答道："雖然，無可為矣！吾往時督兵，兵敗，吾不去，將士復回以取勝者有之。昨者敗兵踏我而走矣，士心如此，不死何為？"[3] 瞿式耜的經歷比張同敞更複雜，他既因封孫可望為秦王事不贊成聯合大西軍，對郝永忠、忠貞營等大順軍餘部忌恨甚深，而傾心依靠的永曆朝廷文官武將平時驕橫躁進，一遇危急或降清或逃竄，毫無足恃，已經感到前途渺茫了。其次，根深蒂固的儒家成仁取義思想也促使他們選擇了這條道路。與其趁清軍未到之時離開桂林也改變不了即將坍塌的大廈，不如待清軍入城後，以忠臣烈士的形象博個青史留名。儘管這種坐以待斃的做法多少顯得迂腐，還是應當承認瞿式耜、張同敞的從容就義比起那些貪生怕死的

1　瞿元錫《庚寅始安事略》。按，徐高為瞿式耜中軍，陳希賢為旗鼓，均掛總兵銜。信中說徐陳二人有重兵在城，言過其實，意在鼓舞焦璉率兵突襲桂林。

2　見《瞿式耜集》、瞿昌文《粵行紀事》卷三。按，閏十一月為明大統曆，清時憲曆次年置閏於二月，故按清曆應為十一月十七日。瞿、張被害地點諸書記載不一，當以瞿昌文所記桂林城北仙鶴岩為實。

3　錢秉鐙《所知錄》卷四。

降清派和遁入空門、藏之深山的所謂遺民更高潔得多，理應受到後世的敬仰。

第三節　尚可喜、耿繼茂攻佔廣州

自從李成棟、金聲桓先後敗亡以後，明朝廷為了防止清軍侵入廣東，在 1649 年（永曆三年、順治六年）三月，派武陟伯閻可義領兵鎮守南雄。閻可義在李成棟部將中是比較忠勇敢戰的。1649 年七月，他曾再次統兵翻越梅嶺進攻南安府（府治大庚），軍勢還相當強盛。清南安守將劉伯祿、金震出等向贛州"泣血求救，一刻四報，危在旦夕。"清南贛巡撫劉武元派副將栗養志等率兵往援。七月初七日、十六日清軍分兩路直搏明軍，閻可義部戰敗，總兵劉治國、陳傑等被俘，大、小梅嶺都被清軍佔領。[1]

梅嶺戰役之後不久，閻可義病死於南雄[2]。杜永和、李元胤等人商量決定派寶豐伯羅成耀去接替。羅成耀不願意，發牢騷說："爾等俱安享受用，獨苦我邪！且國公（指李成棟）屢出，未能一逞，今以我去，能又何如？"在杜永和等反覆勸說給以重賄下，他才勉強赴任，自己駐於韶州，只派中軍江起龍守南雄。[3]

這年舊曆十二月初三日，尚可喜、耿繼茂率部從江西臨江府出發，十六日到贛州。南贛巡撫劉武元派協將栗養志軍為前鋒，二十七日清軍主力進抵南安府。尚可喜一面派人偵探廣東明軍守

1　南贛巡撫劉武元"為飛報官兵奮勇奪關，大敗廣賊，三路進剿，擒渠掃穴，異常奇捷事"揭帖殘件，見《明清檔案》第十冊，A10-177 號；同件又見《明清史料》甲編，第三本，第二五三頁。

2　魯可藻《嶺表紀年》卷三記："六月"武陟伯閻可義卒於南雄"。據上引清方檔案可知繫時有誤。

3　魯可藻《嶺表紀年》卷三、卷四。錢秉鐙《藏山閣詩存》卷十二《行朝集·梧州雜詩》注云："初，羅承耀不肯出鎮，當事重賄之，乃行。本與永和同出惠國部下，故不受節制。"

備情況，一面散佈消息說所部清軍將在南安府內過年，休養士馬。二十八日晚上趁明軍無備，翻越梅嶺進入廣東省境。第二天抵達南雄，事先派了數十名間諜潛伏於城內，三十日除夕晚上放火焚燒鼓樓，趁明軍慌亂救火之際，打開文明門，清軍主力衝入城內；明總兵楊傑等倉促應戰，被清軍擊敗，楊傑和副將蕭啟等十餘名將領被殺，總兵董垣信被活捉。[1]明守軍馬兵二百餘人、步兵六千餘人戰死，"城內居民，屠戮殆盡"[2]。攻佔南雄之後，清廷所派廣東巡撫李棲鳳即入城據守。順治七年（1650）正月初三日，尚可喜、耿繼茂率領清軍由南雄出發，初六日抵韶州府。明寶豐伯羅成耀事先已帶領兵將和道、府、縣官南逃，清軍未遇任何抵抗即佔領韶州，遣人招撫府屬六縣。[3]

　　南雄、韶州相繼失守的消息傳到肇慶，永曆朝廷又是一番驚慌失措。馬吉翔以清軍勢大難敵為由，竭力主張向廣西逃難。鎮守廣州的兩廣總督杜永和請求不要輕易移蹕，以免導致廣東各地人心瓦解。朱由榔猶豫不決，派劉遠生和金堡去廣州解釋逃往廣西的必要性。劉遠生等乘輕舸從亂軍之中到達廣州，向杜永和等人說明朝廷意圖。杜永和深知朱由榔膽小怕死，又不便阻止。劉遠生回到肇慶向永曆帝奏言："永和奉詔，固不敢阻留陛下行止。但涕泣為臣言：'上西去，則竟棄廣東，付之還口（虜），諸忠義士隨成棟反正者，亦

1　順治七年正月清南贛等處巡撫劉武元"為恭報大兵抵贛進廣日期並恢復南雄大捷仰慰聖懷事"揭帖，見《明清檔案》第十一冊，A11-82號。

2　乾隆十八年《南雄府志》卷十六《雜志》。按，《府志》記清軍破南雄為十二月三十日夜間；《平南王元功垂範》卷上亦作"冬十二月晦攻南雄，克之"。上引南贛巡撫劉元武奏疏內云二十九日攻克南雄舊城，次日攻克新城。但《府志》記清軍入城後大肆屠戮，除上引卷十六所記外，卷十七《編年》也說："大清平、靖二藩克城城，民盡屠戮，十存二三。"《元功垂範》卻胡說甚麼"民間婦子查發其家，安堵無犯"，真是恬不知恥！

3　《明清檔案》第十二冊，A12-59號。

付之還口（虜），令其殺戮。為皇上畫此謀者，亦何其慘也！'臣聞其言，側然無以對。今或請兩宮（指兩位皇太后）暫移梧州，而車駕暫留，號召援兵。永和他日之必不敢阻駕，臣請以首領任之。"[1]優柔寡斷的永曆帝听了劉遠生的婉轉陳言，也想暫且留在肇慶觀察一下形勢的發展。可是，太監夏國祥卻迫不及待地用步輦把慈聖皇太后抬到行宮門外，以太后懿旨名義催促朱由榔上船逃往廣西梧州。桂林留守大學士瞿式耜獲悉朝廷逃離肇慶後，也大不以為然。他在永曆四年（1650）二月十三日奏疏中說："端州（即肇慶）為皇上發祥之地，忍棄而不顧乎？且東失則西孤，又萬分不容不兼顧者乎？"[2]儘管清軍離肇慶還有相當一段距離，廣東、廣西的實權大臣又都反對朱由榔的播遷，但無濟於事，朱由榔仍在正月初八日登舟，"百官倉皇就道。粵東人皆奔回，惟輔臣黃士俊獨坐閣中不去。上念其年且九十，不能從行，敕令回籍，俟亂定再召，乃去。"二月初一日，朱由榔到達梧州，"駐蹕水殿"。[3]

皇帝帶頭逃竄，給廣東士民的心理上蒙上一層陰影。朱由榔命"馬吉翔改兵部尚書，督守肇慶，曹煜升尚書，與李元胤並留督。"[4]此後又命廣西的慶國公陳邦傅、忠貞營劉國俊等部東援。兵力雖多，卻由於缺乏核心指揮，各部不僅觀望不前，而且互相牽制，甚至自相殘殺，致使入粵清軍得以順利完成進攻廣州的部署。

正月二十七日，尚可喜、耿繼茂統軍由韶州南下，二十九日到達英德縣。在該地分兵一支由總兵許爾顯、副將江定國帶領由水路

1　以上參見王夫之《永曆實錄》卷十七《劉遠生傳》。

2　《瞿式耜集》卷一，奏議《再救五臣疏》。

3　錢秉鐙《所知錄》卷四、何是非《風倒梧桐記》卷二記：正月初九日永曆登舟，十三日解維西行，二月初一日至梧州。

4　魯可藻《嶺表紀年》卷四。曹煜即曹燁，此書在清代抄傳時避康熙帝諱改。

攻取廣州門戶清遠縣。三月初四日尚、耿主力進至從化縣，明知縣季奕聲投降。初六日尚、耿所部即推進到廣州郊外。明兩廣總督杜永和嚴詞拒絕尚、耿的招降，據城堅守。初九日晨，清軍抬着梯子進攻廣州北城，在守軍頑強抵抗下大敗而回。尚可喜見廣州守禦堅固，城中明軍實力尚強，如果一味硬攻勢必損兵折將。於是，他同耿繼茂等商議改變戰略，決定採取掃清外圍、加緊鑄造大炮等措施，為最後拿下廣州創造條件。尚可喜一面命官兵、抓夫在廣州城的北、東、西三面挖壕圍困，一面招降廣東沿海的所謂"積年大寇紅旗水師"，控制南面海口。四月二十六日，"紅旗水師"總兵梁標相、劉龍勝、徐國隆帶領戰船一百二十五隻，焚劫杜永和部水師船艘，薙髮投降清朝，停泊於廣州城外的東、西二洲。[1] 為了加強水上兵力，尚可喜還命總兵許爾顯、中軍盛登科等監督增造船隻一百一十九艘，到九月十八日才完工，同時招募水兵二千二百名，會同"紅旗水師"控扼廣州水域，與陸上清軍形成犄角之勢。尚可喜、耿繼茂還派出使者招降明惠州總兵黃應傑、潮州總兵郝尚久和守道李士璉、巡道沈時啟，殺明朝滋陽、銅陵、興化、永平等八郡王，[2] 從而擴大了清軍控制區。清福建巡撫張學聖在奏疏中說："六月二十五日據潮州投誠總兵郝尚久"遣員赴漳州請援兵抵禦鄭成功圍攻潮州之軍，清漳州總兵王邦俊出兵解圍，可知郝尚久降清必在六月以前。同件中說郝尚久交出"偽新泰伯銀印一顆重七十八兩"，"海寇鄭成功惡其歸順，攻圍潮城勢甚危急，尚久遣官赴閩請援，職經移行漳州鎮臣王邦俊

1　見《平南王元功垂範》卷上。魯可藻《嶺表紀年》卷四記：三月"肇慶水師梁標相、劉龍勝叛入海，投口（虜）營。原注：撐去李元胤座船，殺其守船旗鼓汪捷。船內所載甚夥，有空敕三百道、欽部札千道。標相等原係紅旗海賊，元胤招為水師，因更汪捷管理，淩虐之，忽叛去。"

2　《平南王元功垂範》卷上。

統兵前往解圍，恢復大捷。"[1] 鄭成功進攻潮州另有原因，這裏不再重複。

尚可喜深知廣州城牆堅固，城中明軍兵多志堅，"非用大炮斷難收功"，因此他命投降知縣季奕聲在從化加緊鑄炮，造成四十六位，加上由江西贛州帶來和途中繳獲的大炮二十七位，合計七十三位；同時製造炮子、火藥，達到"每炮一位備足火藥、炮子四百出"。[2] 此外，增援清軍也陸續到達，其中有原駐南贛的高進庫、先啟玉部，廣德鎮總兵郭虎部。

南明永曆朝廷曾派總兵馬寶、郭登第等由肇慶攻清遠，藉以牽制清軍，被擊退。明大學士何吾騶組織總兵陳奇策率領戰艦一百餘艘會同張月部陸兵迎戰於三水，也被清軍擊敗，三水失守。[3]

到十月下旬，清軍各項準備工作均已就緒，尚可喜、耿繼茂下令全力進攻廣州，總兵連得成、班志富、郭虎、高進庫首先攻克廣州西關。十一月初一日，清軍集中炮火轟擊西北角城垣。第二天該處城牆已被轟塌三十丈，尚可喜、耿繼茂親臨前線督戰，指揮清軍從闕口攻入城內。在巷戰中，明軍官兵被殺六千多名，總兵范承恩被擒。[4] 南明總督杜永和見大勢已去，同"偽伯張月、李四、李五、水師偽總兵吳文獻、殷志榮等俱由水路逃去，大小船隻千餘一時奔竄出海。"[5] 清軍佔領廣州全城後，瘋狂地進行屠殺、姦淫、搶劫，

---

1 順治七年十一月十九日福建巡撫張學聖"為進剿潮州各官偽救印札事"揭帖，見《明清檔案》第十二冊，A12-60號。

2 《平南王元功垂範》卷上作"每炮一位備火藥炮子五百出"。

3 《平南王元功垂範》卷上。

4 《平南王元功垂範》卷上。

5 順治七年十一月十六日平南王尚可喜、靖南王子阿思哈哈番耿繼茂"為恭報恢復廣東事"題本，見《明清檔案》第十二冊，A12-59號。

一位外國傳教士記載："大屠殺從十一月二十四日一直進行到十二月五日。他們不論男女老幼一律殘酷地殺死,他們不說別的,只說:殺!殺死這些反叛的蠻子。"[1]中國史籍也記載:順治七年尚可喜、耿繼茂"再破廣州,屠戮甚慘,居民幾無噍類。浮屠真修曾受紫衣之賜,號紫衣僧者,募役購薪聚胔於東門外焚之,累骸燼成阜,行人於二三里外望如積雪。因筑大坎瘞焉,表曰共塚。"番禺縣人王鳴雷寫了一篇聲淚俱下的祭文,摘錄一段以見當日情狀:

> ……甲申更姓,七年討殛。何辜生民,再遭六極。血濺天街,螻蟻聚食。飢鳥啄腸,飛上城北。北風牛溲,堆積髑髏。或如寶塔,或如山邱。便房已朽,項門未枯。欲奪其妻,先殺其夫;男多於女,野火模糊。羸老就戮,少者為奴;老多於少,野火轆轤。五行共盡,無智無愚,無貴無賤,同為一區。……[2]

廣東著名文人鄺露就是在這次屠城中遇難的[3]。尚可喜、耿繼茂以漢族同胞的鮮血在清朝功勞簿上記下了"名垂青史"的一筆。

第四節　永曆朝廷的播遷

1650 年(永曆四年、順治七年)十一月,清尚可喜、耿繼茂部攻克廣州,孔有德部佔領桂林,駐於梧州的永曆君臣在同一天裏得到

1　衛匡國《韃靼戰紀》,引自《清代西人見聞錄》,中國人民大學出版社 1985 年版,第五十三頁。按:日期為陽曆。

2　九龍真逸(陳伯陶)《勝朝粵東遺民錄》卷一《王鳴雷傳》。《平南王元功垂範》卷上記:"初三日,王與靖南王子入城,止屠戮,封府庫,收版籍。"前引《明清檔案》A12-59 號云:初二日佔領廣州,初三日尚、耿入城,未明言何日"止屠戮",但屠戮出自尚可喜口述,可見難於掩蓋。

3　《嶠海雪集箋》卷十二,附錄。

兩省省會陷落的消息，立即亂成一團。朱由榔在十一月十一日倉促登舟，向南寧逃難。經過潯州時，慶國公陳邦傅已經決定投降清朝，準備邀劫永曆帝獻給清方。朱由榔得到報告，"衝雨而過"，脫離了危險。陳邦傅沒有抓到永曆帝，就把從平樂戰敗後撤到潯州地區的明宣國公焦璉刺殺，將其首級獻給孔有德做進見禮。[1]

當時的情況表明永曆朝廷已經接近於瓦解，從上到下是一片混亂。清軍佔領廣州和桂林，形勢固然危急，但在兩廣地區南明還有一些軍隊據守着殘疆剩土。杜永和等在廣州失陷後航海到瓊州府；南陽伯李元胤還活動於廣東欽州、廉州；清軍在佔領兩省省會之後也需要一段時間休整。可是，朱由榔生性懦弱無能，一有風吹草動立即"起駕"逃難。他從梧州竄往南寧時，根本沒有做留守地方的任何部署，像普通百姓一樣只知逃命要緊。"移蹕"後，梧州竟然"空城三月"[2]，次年正月孔有德遣左翼前鋒馬驥接管梧州，二月命總兵馬蛟麟鎮守該地。[3]跟隨永曆帝逃難的只是內閣大學士嚴起恒、錦衣衛馬吉翔、太監龐天壽等少數官僚。由於撤退時的漫無組織，亂兵乘機劫掠，一些有心追隨朝廷的官員也裹足不前。原先聚集於兩廣的朝廷和地方官員大有樹倒猢猻散之勢。除了鎮西將軍朱旻如在昭平縣同清軍格鬥而死，被革職的朝臣汪皞投水自盡以外，其他未隨駕的官員有的降清，有的竄入深山，有的薙髮為僧。如大學士唐誠、

1　瞿昌文《粵行紀事》卷三記："陳邦傅陰使人刺殺宣國公焦璉於武靖州（原注：土州，屬潯州府），函首以獻。"錢秉鐙《藏山閣詩存》卷十三《失路吟》之《潯州帥》詩序云："陳邦傅無功冒封，跋扈特甚，素忌焦璉。平樂破，璉奔潯，邦傅偽與和解，斬以降。"同治《蒼梧縣志》卷十八記："八月，明慶國公陳邦傅（當作傅）與其子文水伯曾禹遣將至梧州降於我師。並誘殺協守總兵焦璉。璉與邦傅有兒女戚，說降不屈，遂為所害。"

2　錢秉鐙《藏山閣詩存》卷十三《失路吟》之《徙蒙村見梅寄曾孝廉》詩云"空城敵未來"，原注："梧城空城三月。"

3　同治十一年《蒼梧縣志》卷十八《外傳紀事》引舊志。

戶部侍郎張尚、大理寺丞吳德操、廣西巡撫余心度、督糧參議魏元冀等均先後降清；[1] 原戎政尚書劉遠生及其弟劉湘客等避入深山，魯可藻、錢秉鐙、王夫之等人都是在這時脫離永曆朝廷，返回清政府統治下的故鄉並以明朝遺民自居。"山中宰相"方以智、原給事中金堡做了和尚。以風節自命的"五虎"首領袁彭年（左都御史）和丁時魁再次降清，都自稱 1648 年在廣州反正是被李成棟所逼迫。袁彭年在廣東向尚可喜等人投降，獻上贓銀八百兩，得保殘生；丁時魁在廣西降清，向孔有德搖尾乞憐，被任為清廣西學道。

永曆朝廷逃往南寧後，仍有一部分明朝將領在廣東、廣西沿海地區堅持抗清。原守廣州的杜永和部乘船渡海撤往瓊州；在欽州龍門島一帶有鄧耀部，上下川島有陳奇策部，文山村一帶有王興（綽號繡花針）部。明督師大學士郭之奇、兩廣總督連城璧於艱苦竭蹶中聯絡各部義軍盡力同優勢清軍相抗衡。南陽伯李元胤不忍心看到其義父李成棟反正來歸的廣東全省重新淪陷，又不願意撤入陳邦傅控制的廣西，自告奮勇前往高州、雷州準備收合餘燼，同清軍再決雌雄。順治八年（1651），他在欽州防城被土兵王勝堂擒獲，押送到廣州。[2] 耿繼茂勸他投降，他堅決拒絕；又勸他寫信招降瓊州的杜永和部明軍，李元胤大義凜然地回答道："事不成，已為辱國，乃欲敗人事耶？"[3] 幾天後，他聽說杜永和率部降清，痛哭流涕，日夜請死。耿繼茂下令將他殺害，一同遇難的還有李成棟另一養子安肅伯李建捷。

---

1 魯可藻著有《曆頭隨筆》記載梧州失守前後永曆朝臣的動向，原書未見。張怡《謏聞續筆》卷二摘引其敘事詩並注，可資參考。魯可藻曾任永曆朝廷廣西巡按、巡撫、"南京兵部尚書"，他也是在這時脫離永曆朝廷的。

2 道光十三年《廉州府志》卷二十一《事紀·國朝》。

3 《南疆逸史》卷五十《李元胤傳》。

第二十一章

大西軍的聯明抗清

第一節　孫可望請封秦王之糾葛

　　以孫可望為首的大西軍進入雲南，具有長遠的戰略眼光。經營雲南是為了有個穩定的後方進行休整，積聚力量，以便重整兵馬，同清軍再決雌雄。入滇兩年，由於政策措施正確得當，社會安定，生產迅速恢復發展，大西軍對雲南的統治日益穩定，實力已經大大增強。與此形成鮮明對照的是，南明永曆朝廷吏治腐敗和內部互相傾軋，導致抗清陣營的分崩離析，疆土越來越縮小。大順軍餘部從 1645 年隆武朝廷當政時期就已經開始了聯合抗清，以李過（李赤心）、高一功（高必正）統率的"忠貞營"成了抗清的主力。儘管南明統治集團明知"今日朝廷所恃者忠貞營耳"[1]，然而從朝廷以至督撫重臣何騰蛟、瞿式耜[2]、章曠等人卻出於階級偏見處處排斥、刁難這支忠心耿耿奮力抗清的農民武裝，幹着親者痛、仇者快的勾當。他們視為嫡系的各種雜牌官軍卻只知禍國殃民，一旦形勢危急就叛變投

1　見《瞿式耜集》卷一《再救五臣疏》。

2　1980 年載於《清史論叢》第二輯的拙文《論清初社會矛盾》講到大順軍聯明抗清時誤將何騰蛟、堵胤錫寫作"何騰蛟、瞿式耜"，謹於此附帶更正。

敵，甘心充當清廷推行民族征服政策的馬前卒。在這種情況下，抗清形勢的不斷惡化自然不可避免。

孫可望等原大西軍領導人正是從全國大局着眼，決定領兵出滇，開赴抗清前線。出兵以前，孫可望同楊畏知、沐天波商議時說道："年來以雲南一隅之地，兵精糧足，欲圖大舉，以復中原。"[1] 他認識到在民族危機日益深重的情況下，以朱明王朝為旗幟可以獲得更多的同盟者，有利於抗清事業。另一方面，孫可望決定請求永曆朝廷加封，也有藉此挾制李定國、劉文秀的意圖。孫可望與李定國、劉文秀、艾能奇的地位本來不相上下，入滇以後可望雖被推為盟主，但他畢竟不能同張獻忠相比，李定國、劉文秀手握重兵，各以"西府""南府"老爺自居，並不能唯孫可望之命是從。許多史籍都記載，1648 年孫可望藉演武場升旗事件，把李定國按在地上打了一頓板子，以確立和提高自己在全軍中的領導地位。馮甦記："可望饒機智，既據有全滇，益自尊大，而其黨猶儕視之，李定國尤倔強，每事相阻忤。明年戊子，可望與劉文秀等議，縛定國於演武場，聲其罪，杖之百；既復相與抱持而哭，命定國取沙定洲以贖罪。定國心憾之，念相推奉已久，無能與抗也。"[2] 這說明孫可望的領袖地位並沒有真正形成。他為了名正言順地節制定國和文秀，想通過永曆朝廷加封，使自己的爵位高於二人。深悉其內幕的楊畏知說過："請封，可望一人意也。其意欲得封爵出劉文秀、李定國上，足以駕馭兩雄，使受其節制耳。李定國為人直樸無偽，初遣使請封時，定國不悅曰：'我自為王，安所用請？'可望再三諭以封爵出自朝廷者為真，今皆假號

---

1 《明末滇南紀略》卷四《悔罪歸明》。

2 馮甦《滇考》卷下。

也。定國曰：'若是，則便是朝廷官，不更作賊矣，勿反覆也。'"[1] 正是出於這些考慮，孫可望於 1649 年（永曆三年、順治六年）派楊畏知和戶部龔彝充當使者前往廣東肇慶，同永曆朝廷聯絡。隨身帶了孫可望的一封書信，內容如下：

> 先秦王蕩平中土，掃除貪官污吏。十年以來，未嘗忘忠君愛國之心。不謂李自成犯順，玉步旋移。孤守滇南，恪遵先志。合移知照，王繩父爵，國繼先秦。乞敕重臣會觀詔書謹封。己丑年正月十五日孫可望拜書。[2]

　　楊畏知等於二月間從昆明出發[3]，四月初六日到達肇慶，呈上書信並進獻南金二十兩、琥珀四塊，馬四匹，以表善意。在當時參與抗清的各種力量之中，孫可望為首的大西軍實力最強，他管轄下的雲南是抗清營壘中最穩定的地區。從南明處境來看，正處在何騰蛟、姜瓖、金聲桓、李成棟連續敗亡，險象環生之時；孫可望等人決策同永曆朝廷攜手抗清，本是這個小朝廷的最佳福音。可是，階級的偏見和政治上的鼠目寸光，卻在永曆朝廷內部引起了一場軒然大波。廷臣會議時，贊成封孫可望為王的固不乏人，當政的一批人物卻因種種私慮表示堅決反對，如依附李成棟之子李元胤的金堡、袁彭年之流唯恐擁有龐大實力的大西軍參加永曆朝廷將會削弱自己把持朝政的局面，力持異議。開初，袁彭年、金堡甚至說出"可望賊也，不

1　錢秉鐙《上政府滇封三議》，見《藏山閣文存》卷四。
2　李天根《爝火錄》卷十九。何是非撰（自題為三山何是非印甫集）《風倒梧桐記》卷二所記文字稍有不同，如掃除作"剪除"之類。《明季南略》卷十四所載個別文字有訛。
3　孫可望派出使者在順治六年（1649）二月，見康熙四十四年《平彝縣志》卷二《沿革》；康熙五十四年《新興州志》卷二《沿革》。

可以封。劾畏知為賊遊說，請收之。"[1] 後來見朝臣中贊成封可望藉以收大西軍餘部為己所用的人居多數，又變換策略，"金堡引祖制無異姓封王例，力爭不可"[2]，甚至連續七次上疏，拼命反對[3]。鎮守貴陽和遵義一帶的軍閥皮熊、王祥也擔心大西軍出滇抗清，自己割據的地盤難保，上疏聲稱："可望名雖向正，事非革心，朝廷毋為所愚。"[4] 大學士嚴起恒等也頑固地拒絕封孫可望為秦王[5]。楊畏知以明朝舊臣、孫可望使者的雙重身份陳明利害："可望兵強，可藉為用，何惜一封號不以收拾人心，反自樹敵？"他建議封孫可望為郡王（即二字王），封李定國、劉文秀為公爵。廷臣錢秉鐙除贊成楊畏知的意見外，又提出在封爵的同時趁機挑撥大西軍各將領之間的關係，建議朝廷一面封可望為郡王，命其居守雲南；一面封定國、文秀為公爵，"陰使人語之曰：此可望指也。敕書內極其獎勵，許以出滇有功之日即錫王號……兩雄本不欲聽其駕馭，固利在專征，又出邀上賞，必踴躍奉命。"另由定國、文秀合疏上請封艾能奇的中軍馮雙禮以五等之爵，造成"德歸兩雄而離心於可望"的局面。[6]

這場封滇與否的爭論持續了幾個月，楊畏知見封可望為王的阻力太大，不得已上疏改請封可望為公爵，定國、文秀為侯爵，以

1　《滇緬錄》，見《長恩閣叢書》。

2　李天根《爛火錄》卷十九，金堡力爭拒封原疏見《嶺海焚餘》所收《論真封疏》。

3　錢秉鐙《上政府滇封三議》，見《藏山閣文存》卷四。

4　沈佳《存信編》卷二，《爛火錄》卷十九。

5　王夫之《永曆實錄》卷二十《吳貞毓傳》記："胡欽華輦金粟入行在，賂化澄及諸部科，為孫可望請封秦王，總理天下。貞毓乃為之主，嚴起恒執不從。貞毓乃密具啟稱臣於可望，疏沮王封者名姓為一冊，起恒為首；其盡心傾戴者為一冊，己為首。其後可望遂怒殺起恒等二十餘人。胡欽華劾瞿式耜老奸誤國，王化澄調嚴旨切責張同敞授兵柄於元燁，以壞桂林，皆貞毓唆之也。"

6　錢秉鐙《上政府滇封三議》。

便回滇復命。永曆朝廷勉強同意了，決定封孫可望為景國公，賜名朝宗。[1]

督師閣部堵胤錫是位比較有眼光的政治家，他曾經親自出馬促成過大順軍餘部李錦、高一功等部同南明聯合抗清，這次又想努力推進與大西軍的聯盟。當他聽說孫可望請封秦王，朝廷僅封公爵，知道事情必定決裂，就在七星岩盛情款待孫可望派來的使臣隨將潘世榮、焦光啟，同兩人訂盟結好，穩住這兩位大西軍的老部將（正使楊畏知、龔彝都是明朝舊官，孫可望派潘世榮等隨同赴廣顯然有監視和探聽朝廷態度之意）；同時連續上疏朝廷請封可望為二字王，經永曆帝同意決定封孫可望為平遼王。[2] 就堵胤錫的本心而言，完全是從維繫明室、共同抗清的大局出發。他深知腐朽已極的永曆朝廷不要說恢復中原，就是勉撐危局也只有依靠大順軍和大西軍。金堡對堵胤錫的做法深表不滿，當面斥責道："滇與忠貞皆國仇也，厥罪滔天。公大臣，偏欲與此輩交結，何意？"[3] 在民族危機極為深重的時候，金堡之流仍然對共赴國難的原農民軍切齒痛恨，稱之為罪惡滔天的國仇，完全顛倒了敵友關係。不料一波未平，一波又起，南明潯州守將慶國公陳邦傅由於忠貞營駐紮在相鄰的賓州、橫州，擔心自身利益難保，他的中軍胡執恭建議結好於孫可望，倚仗大西軍的聲勢同忠貞營相抗。他們利用永曆帝頒給的空白敕書，私自填寫，

---

1 《滇緬錄》記："封可望景國公，賜名安臣。以滇之土官有安世，叛而復誅者，復改名朝宗。封定國康侯，賜名如靖；文秀寧侯，賜名若琦；能奇安侯，賜名時泰，時不知艾死故也。"這段記載肯定有不準確的地方，楊畏知從昆明來為原大西軍將領請封，不可能不知道艾能奇兩年前已死。

2 堵胤錫兩次上疏見《明季南略》卷十四。按《滇緬錄》記：永曆帝決定封孫可望為景國公後，"畏知再言可望不王不用命之故甚力。乃封可望為王，敕諭但曰'王孫朝宗'，不云何王，鑄金曰'一字親王之章'，使司禮楊應春、禮科趙昱往。並加畏知總督滇黔尚書、龔彝侍郎而還。"接著說楊畏知等行至梧州時，堵胤錫認為不合體統，"上疏請封為平遼王，李、劉、艾皆公，即軍中鑄印填敕畀畏知以行。"這段記載可能有誤，當時封二字王已頗為勉強，不可能鑄印封為"一字親王"。

3 錢秉鐙《所知錄》卷三。

又暗中鑄造了"秦王之寶"金印[1]，於 1649 年（永曆三年）正月由胡執恭冒充朝廷使臣徑自前往雲南封孫可望為秦王[2]。在陳邦傅、胡執恭偽撰的敕文中用了許多不倫不類的話，如："朕率天下臣民以父師事王"，命其"監國"，賜以"九錫""總理朝綱""節制天下文武兵馬"等等。

孫可望並不知道永曆朝廷的腐敗紛爭以致於此，對胡執恭送來的敕書和"秦王之寶"極為滿意。他安排了隆重的儀式，親自郊迎使者，"肅然就臣禮，先五拜叩頭，舞蹈稱臣。受秦王封後，率其義兄弟三人並三軍士卒各呼萬歲後，又秦王升座受義兄弟三人並三軍士卒慶賀。"[3] 然後把敕書謄黃佈告雲南各地，歡慶三天。這一連串盛大儀式表明孫可望和義兄弟李定國、劉文秀統轄下的大西軍以及他們管理得頗有條理的雲南全省已經遵奉南明永曆正朔，孫可望本人的領導地位也得到了正式肯定。誰知不久楊畏知等人回到昆明，帶來了封孫可望為平遼王的敕印。孫可望大為驚異，說："我已封秦王矣！"楊畏知問明情況說那是假的；胡執恭爭辯說平遼王敕印也是假的，朝廷所封不過是景國公。其實，堵胤錫請封孫可望為平遼王得到了永曆帝的核准，並不是假的。魯可藻記："御批：胤錫奏朕，已封平遼。朝廷雖小，詔令未可或更。"同年十月又記："詔仍從堵

1　後來孫可望降，洪承疇奏疏中說他繳納的 "秦王之寶" 是鍍金的，聯繫到被清繳獲的白文選 "鞏昌王印" 為金鑄，可以斷定胡執恭齎送的 "秦王之寶" 是顆鍍金銀印，孫可望 "真封" 秦王之後仍繼續沿用，而不願另用純金重鑄，以免印文稍異。

2　胡欽華《天南紀事》載："五月，封孫可望為秦王，從武康伯胡執恭之密請也。"按，胡欽華即胡執恭之子，所云封可望為秦王乃永曆帝從其父之密請，據沈佳《存信編》卷三記陳邦傅矯詔封孫可望為秦王後，曾令胡執恭上封事，謂 "臣師武乂疆，謹遵便宜從事之節，已封可望。"永曆帝得疏後 "留中不發"，大約這就是所謂 "密請"，但永曆帝並未 "從" 之。瞿式耜永曆三年十一月初三日《糾罪鎮疏》說："執恭為慶國公陳邦傅中軍，冒濫軍功，叨晉五等（指封為武康伯）。其入滇以今年正月，是時可望所遣之楊畏知、龔彝尚未到也。"

3　何是非《風倒梧桐記》卷二；《爝火錄》卷二十。按，艾能奇已死，義兄弟僅剩李定國、劉文秀二人，所記三人有誤。

胤錫原奏，封孫朝宗平遼王，敕令出楚。"[1] 次年行在禮部尚書郭之奇在奏疏中說："滇封之議，創為平遼，已非典則，失名義。矯而為秦，變而為雍，遵何制而定何名，臣俱不得其解。"[2] 這些材料都可以證明永曆朝廷經過反覆周折後授予孫可望的封號是平遼王。胡執恭到昆明時並不知道朝廷採納了堵胤錫的建議把封號由原議景國公改為平遼王。孫可望既誤信了陳邦傅、胡執恭假造的敕印，舉行了隆重的受封典禮，弄得雲南軍民皆知，這時要降格為二字王，處境的尷尬可想而知。他極為憤慨地說："為帝為王，吾所自致，何藉於彼？而屑屑更易，徒為人笑。"[3] 下令把楊畏知、胡執恭關進監獄，給朝廷送去啟本說："於某日接敕封臣秦王，於某日接敕封臣平遼王，莫知所從。"[4] 除了把先後所接"敕書"抄送外，並且表示接到秦王敕印後已經鄭重宣佈，大小官員和軍民都已祝賀，無法改變，請朝廷定奪。平心而論，問題出在永曆濫發空白敕書和陳邦傅以公爵身份矯詔偽封一字王，孫可望不僅不負任何責任，而且在宣佈受封秦王，接受拜賀以後也確實難以退步。永曆朝廷在既成事實面前竟毫無靈活性，堅持拒絕封孫可望為秦王。號稱"虎牙"的金堡在疏中義形於色地說："可望應否封王，臣為祖宗守法，即使白刃臨臣，臣惟執不封之議。"[5] 大學士瞿式耜則抓住孫可望來書"啟而不奏，名而不臣，書甲

---

1 魯可藻《嶺表紀年》卷四，浙江古籍出版社 1985 年版，第一二八頁、一四二頁。

2 《潮州耆舊集》卷三十三《郭忠節集·為經權當求至當名器未可輕徇事疏》，見香港潮州會館影印《潮州文獻叢刊之一》第六三四至六三五頁。郭之奇本不贊成封孫可望為王，但疏中明白地說所封"平遼""已非典制"；矯為"秦王"是永曆三年事，"變而為雍"是永曆四年孫可望仍然堅持封秦王，朝廷以秦王乃明太祖次子所封"首藩"，不便加封異姓，另議封可望為雍王。

3 《劫灰錄》卷六。

4 《所知錄》卷下《永曆紀年》。

5 金堡《嶺海焚餘·請處分第一疏》。

子不書正朔"大做文章,說甚麼"識者為之寒心,舉朝莫不色動"[1]。又針對胡執恭所遞偽敕中載有"朕率天下臣民以父師事王","崇之以監國","許之以九錫","推之以總理朝綱,節制天下文武兵馬"痛切陳詞。其實,正如我們所看到的,孫可望原書只要求封秦王,並沒有提出偽敕內這些特殊的禮遇和權力。至於啟本中不稱臣、不奉正朔更是無可非議,因為從歷史淵源而言,孫可望、李定國、劉文秀等是張獻忠部下的大將,張獻忠在世時已經即位稱帝,與明政府本處於敵對地位;孫可望主動上書請封時用啟本已經是俯心相就,在未得到永曆朝廷的封爵前"名而不臣,書甲子不書正朔",無可指責。只要永曆君臣不行事乖張,真偽並出,僅以一紙文書加以籠絡,孫可望等人自然會奉永曆正朔稱臣,實現化敵為友,聯合抗清。瞿式耜等人不顧實際情況,妄自尊大,在雙方達成協議之前就指責對方不稱臣奉正朔,是毫無道理的。至於陳邦傅等所撰偽敕,瞿式耜說:"可望未我降,而我先降之;可望未父師,而我先父師之;可望未納土請官,而我先納土請官之。料可望本無此想,今執恭固教之矣!"[2]這些話並沒有錯,問題是瞿式耜不能從大局出發,在永曆君臣自己造成的被動情勢下,採取有效的補救措施,比如真封秦王,另頒措辭得體的敕書。他實際上同金堡之流一樣對原農民軍懷有極深的偏見,反對聯合抗清。直到這年七月間,永曆幸臣文安侯馬吉翔建議封可望為澂江王,可望的使者不敢復命。朝廷又議於秦字上加一字,或興秦,或定秦,紛爭不已。倒是孫可望為打破僵局,派遣御史瞿

---

1 《瞿忠宣公集》卷五《糾罪鎮疏》。按,瞿昌文《粵行小記》內作者自記在大學士朱天麟處"見秦王孫朝宗入貢章奏,書甲子不書正朔,稱啟不稱臣"。

2 瞿式耜《糾罪鎮疏》,見《瞿忠宣公集》卷五。

鳴豐入朝，請求實封秦王，"即用原寶，但求上加敕書一道"。這個折中辦法可說是兩全其美，維持秦王封號使孫可望在雲南軍民中可以交代過去；另頒敕書不用偽敕中的"父師事王""監國""九錫""總理朝綱"等不妥措辭，永曆朝廷也有個體面的下台機會。可是，大學士嚴起恒、戶部尚書吳貞毓、兵部侍郎楊鼎和等人頑固地拒絕真封秦王，毫無轉圜餘地。[1] 值得注意的是，在大西軍提出聯合抗清的建議以後，永曆朝廷不僅在封爵上多方刁難，還不顧大敵當前，加強了對大西軍的防範。"是冬，封黔鎮皮熊為匡國公，播鎮王祥為忠國公，防滇寇也。"[2] 這就充分說明阻礙和破壞抗清聯合陣線的罪魁禍首正是永曆朝廷中的掌權人物。

孫可望雖然對永曆朝廷極不滿意，仍不改初衷，決定出滇抗清。他派中書楊惺先前往行在報告出兵事宜，疏中說："國姓豈敢冒，王封何敢承。臣等唯一意辦虜，功成之日，自听公議。"[3] 在南明史籍中，指斥孫可望"脅封"的文字多極了，其中不少出自忠於明室的遺民之手。他們似乎從未想過孫可望提出聯明抗清時大西軍擁有十萬左右的兵力和雲南一省的地盤，求一個王爵千難萬阻；後來孫可望兵敗失勢，僅帶了一百多名官兵向清朝投降，順治皇帝立即派人趕赴湖南封他為義王，毫不吝惜爵位俸祿。相形之下，多少可以看出清廷為甚麼能勝利，南明為甚麼失敗。

---

1 王遇《孫可望脅封謀禪本末》，見計六奇《明季南略》卷十二。

2 《粵滇紀略》卷五。

3 沈佳《存信編》卷三。黃宗羲《永曆紀年》云永曆朝廷封孫可望為荊郡王，"賜之國姓，曰朱朝宗。……可望終冀秦王，言：臣唯一意辦賊，成功之後，始敢議及封爵耳"。

第二節　軍閥紛爭中的川黔

　　從 1647 年起，四川、貴州兩省處於軍閥割據自雄的局面。大西軍在孫可望、李定國、劉文秀、艾能奇率領下迅速南撤，三月間已經進入雲南。清軍方面，肅親王在正月間駐於合川，委任明朝降將王遵坦為四川巡撫。當時南明四川巡撫馬乾扼守內江，豪格命王遵坦對他進行招降，馬乾回信說："某為大臣，義無降理。古人有言，封疆之臣應死封疆，此正某畢命之時也。"二月，內江被清軍佔領，馬乾不屈而死。[1] 同月內，豪格進至遵義（明代屬四川，今貴州遵義市），明督師大學士王應熊逃往赤水衛[2]。明四川總兵賈登聯、副將譚得勝降清，豪格以設宴犒軍為名，把二將及所統官兵全部殺害[3]。由於四川地區連年戰亂，社會生產幾乎完全停頓，無法解決糧餉供應，豪格只好就此止步，率領滿、漢軍經陝西回京，留下王遵坦、李國英（原左良玉部下總兵）等明朝降將駐守四川，兵力非常單薄。奉豪格之命分守各地的將領因糧餉不繼，加上南明將領的反攻，根本站不住腳，被迫向川北撤退。如清署敍府總兵馬化豹守敍府（今宜賓）八個月，從所屬州縣徵得的糧食只有稻穀四十八石、粗米九石，官兵枵腹難忍，除將騾馬宰吃外，"凡捉獲賊徒未奉職令正法，三軍即爭剮相食"。馬化豹無可奈何，由敍府經富順撤回保寧（閬中）。這年十一月間，降清的明朝陝西將領趙榮貴反正，領兵"圍困保寧府，

1　歐陽直《蜀亂》；顧山貞《客滇述》。《南疆逸史》卷二十六《馬乾傳》《樊一蘅傳》都說馬乾在重慶被清軍殺害。

2　《清世祖實錄》卷二十一，順治二年十一月初五日條下記：王"應熊遣其姪更律等投順，賜更律等鞍馬衣帽等物"。

3　楊鴻基《蜀難紀實》，見乾隆四十二年《富順縣志》卷五，鄉賢下。

各鎮俱上保寧解圍。"[1] 成都總兵李國英原在遂寧、射洪一帶同于大海、李占春部明軍作戰，也率兵退回保寧加強防守。[2] 清朝在四川實際上只控制着保寧及其附近一小片地區。順治四年十一月，清四川巡撫王遵坦病死，由李國英繼任。

在大西軍和清軍主力轉移以後，四川、貴州大部分地區實際上處於分裂割據狀態。南明自弘光朝廷以來雖然任命了閣部、總督、巡撫之類的高級官員，大抵僅擁虛名，實權分別掌握在盤踞各地的軍閥手裏，他們當中的許多人只知互相爭權奪利，不能組成一支統一的隊伍，利用清軍勢單力薄的機會收復全川。其中主要的人物有：

楊展，四川嘉定（今樂山）人，明崇禎十二年武進士，任職參將。大西軍入川後他一度被俘，逃出後在敍州拼湊了一支軍隊，1646 年進抵嘉定、峨眉一帶。在兵荒馬亂、哀鴻遍野的情況下，楊展能夠注重恢復生產，"遣使告糴黔楚，自紳士以下至弟子生員皆給資，農民予牛種，使擇地而耕，願從戎者補伍，百工雜流各以藝就養，孤貧無告者廩之。"[3] 由於措施得力，一年以後成績斐然，成了當時四川唯一自給有餘的地方。南明永曆朝廷先後給他加封華陽伯、錦江侯。

王祥，原為明朝參將，大西軍佔領四川時他收集了部分殘兵盤踞於遵義地區。1647 年六月，他趁清軍北返出兵入川，前鋒總兵王命臣一直推進到順慶府（府治在南充）。為了擴張自己的勢力，他不惜竭澤而漁地榨取地方殘存黎民。例如在順慶府，"其始也，每家給

---

1 順治四年十二月署敍州總兵馬化豹 "為緊急塘報事" 揭帖，見《明清檔案》第七冊，A7-66 號。

2 順治五年三月初八日李國英奏本。

3 彭遵泗《楊展傳》，見嘉慶十七年《樂山縣志》卷十四，藝文。有的史籍說他得到了張獻忠沉於江中的金銀，派人從川西土司處買來耕牛種子，實行屯田。

免死牌一張，需銀若干兩；其繼也，每牛給牛票一張，需銀若干兩。未幾，而牽其牛，掠其人，掘其糧，焚其室。胥西南之民而兵之，朝而負耒，夕而荷戈矣。"[1] 1648 年（順治五年），清廷委任的夔州鎮總兵盧光祖、敘南鎮總兵馬化豹、永寧鎮總兵柏永馥佔領順慶，王命臣等逃回，王祥所據地盤自遵義至江津、合州、彭水、黔江一帶。

于大海、李占春，原為曾英部將，拜曾英為義父。這時，老營屯於涪州（今涪陵）西平壩，控制着涪州、長壽、墊江三州縣。

侯永錫，原明軍偏裨，據守永寧（今敘永）。

馬應試，原明朝瀘州衛指揮僉事，任游擊，據守瀘州地區，大肆搜殺焚掠，"江安、納谿、九姓（九姓司在今瀘州市）等處俱遭蹂躪"[2]，經常活動於瀘州至富順地區。

譚文、譚詣、譚弘號稱"三譚"，原為忠州衛世襲衛官，駐於忠州（今忠縣）、萬縣、夔州（奉節）一帶。

搖、黃各部原為農民起義隊伍，後來同當地官、匪糾結，變成一種不倫不類的武裝，初期活動於四川東北部地區。各部互不統屬，號稱"搖黃十三家"，首領人物有爭天王袁韜、逼反王劉惟明、震天王白蛟龍、行十萬呼九思、二哨楊秉胤、黃鷂子景可勤、整齊王張顯等[3]。袁韜，陝西沔縣人，1647 年（順治四年、永曆元年）正月，"率眾數萬，軍於涪。名為降順（指歸順南明），而劫掠如故，涪人流離。至五月，國朝肅王發貝勒、貝子諸營下取涪州，袁韜大敗，渡小河東岸走貴州湄潭縣去。八月，李占春混名李鷂子同諸營上復渝城。

---

1 韓國相《流離外傳》，收入民國十八年《南充縣志》卷十六。
2 乾隆二十四年《直隸瀘州志》卷十，雜類。
3 李馥榮《灩澦囊》卷一記："初犯蜀時，賊首搖天動、黃龍二賊，遂號搖黃。後分為十三家……"費密《荒書》說："其掌盤子十三人，號搖黃十三家。"但諸書記載十三家頭領的姓名和綽號並不一致。

十一月內以本營袁韜與李占春等爭功，自相攻殺，占春不勝，退下涪州。"[1]

貴州有總兵皮熊等。1647 年三月孫可望等率領大西軍餘部離開貴陽前往雲南，皮熊即領兵乘虛而入，從平越（今貴州福泉）"收復"貴陽。[2]

以上就是 1647 年清朝豪格統軍回京後川、黔各部活動地區的大致情況。實際上這些軍閥為了擴充地盤或者由於駐地缺糧經常移動。[3]

南明朝廷自弘光時已任命原大學士王應熊為督師閣部，樊一蘅為川陝總督，馬乾為四川巡撫。1647 年王應熊病死[4]，馬乾被清軍殺害[5]。永曆帝任命原偏沅巡撫李乾德為川東北巡撫，不久升任總督；又派宗室朱容藩總督軍務，楊喬然、江而文為巡撫。"諸人各自署置，官多於民"[6]。樊一蘅見十羊九牧，事權分散，上疏極論其害。永曆朝廷不僅置之不理，反而又提升楊喬然為總督，任命監軍道詹天顏為川北巡撫，另一監軍道范文光為川南巡撫。原來的川陝總督樊一蘅"無所施節制，但保敍州一郡而已"。[7]與此同時，永曆朝廷又聽從委任的各總督、巡撫的保薦，給大小軍閥加官晉爵。這種一味以官爵

---

1 康熙五十三年《涪州志》卷四，藝文，夏道碩《紀變略言》。

2 道光三十年《貴陽府志》卷二《大事記》中。

3 順治四年清軍及南明軍隊交戰與移駐情況可參看順治四年十二月署敍州府總兵馬化豹"為緊急塘報事"揭帖，見《明清檔案》第七冊，A7-66 號。

4 王應熊病死時間和地點諸書記載不一致。溫睿臨《南疆逸史》卷二十說丁亥（1647）"遁入畢節衛，十二月卒"。顧山貞《客滇述》記王應熊"遁入仁懷縣土城，抑鬱而死"。歐陽直《蜀亂》記 1647 年正月卒於赤水衛。劉道開《東閣大學士禮部尚書王應熊傳》云："丁亥秋卒於永寧之土城"，見道光二十四年《江北廳志》卷七，藝文。劉道開為同時同鄉人，所記可能較準確。李天根《爝火錄》卷十六於丙戌年（1646）十二月二十五日下記，"明督師王應熊卒於畢節衛"，恐不可靠。

5 馬乾於 1647 年二月為清軍所殺。《南疆逸史》卷二十六記其在重慶戰死，有誤。歐陽直當時在馬乾幕中，所記死於內江當可信，見歐氏《蜀亂》及自記。

6 《南疆逸史》卷二十六《樊一蘅傳》。

7 《南疆逸史》卷二十六《樊一蘅傳》。

收買人心的愚蠢做法，更加劇了四川軍閥的割據和傾軋。反觀清方，豪格率軍返京時只指定一名總兵（先為王遵坦，後為李國英）任四川巡撫，儘管兵力遠遜於南明川黔"諸雄"，卻因事權統一，始終固守着以保寧為中心的川北地區。

南明川黔各軍閥本已割據自雄，朝廷又疊牀架屋地委派總督、巡撫等方面大員，隨之而來的是互相爭權奪利，抗清大業被置之度外，文官武將熱衷於大打內戰。在 1648—1649 年（順治五至六年、永曆二至三年）兩年間先後發生楊展攻殺馬應試又被王祥擊敗之戰；王祥與皮熊之戰；袁韜、武大定殺害楊展，攻佔嘉定之戰；于大海、李占春等攻殺朱容藩之戰。現分述如下：

楊展南攻瀘州衛與永寧之戰。據時人歐陽直記載，"王祥駐遵，部分三十六掛印總兵官，頗自驕倨。凡過往縉紳若不得其歡心，則每有劫掠之虞。以故士大夫不滿於祥，互相唆構御史錢邦芑移書楊展云：有密旨聯絡勳爵圖祥。展得書，信之，以奉討為名，遣子璟新率兵南下至瀘衛，謂馬應試作梗，遽殺之，奪其兵。至永寧，為侯天錫合遵兵所敗而還。"[1]《瀘州志》所記稍異："楊展自嘉定襲永寧，詭結盟好，假道瀘衛，應試開門出犒。忽望城坡上鼓聲震天，則展兵已露刃直逼城下。應試故着紅褲，不及甲馬，徒步奔山。諜者知之，遂就擒。今衛城東丫口有殺人坳，相傳應試斬首處也。展至永寧，戰不利，還屠瀘衛而去。"[2]

王祥、皮熊之戰。這場內戰從 1648 年七月一直打到年底。先是遵義總兵王祥領兵攻貴州總兵皮熊，包圍了貴陽。八月，貴州將領

1　歐陽直《蜀亂》。

2　乾隆二十四年《直隸瀘州志》卷十《雜類》；道光三十年《貴陽府志》卷二《大事記》中。

武邦賢、楊光謙引兵擊敗王軍，貴陽解圍。十月，皮熊又出兵攻王祥，在烏江被王祥擊敗，幾乎全軍覆沒。十二月，雙方才言歸於好。[1]

　　袁韜、武大定謀殺楊展。武大定原為明朝陝西裨將。清軍入陝後，他曾同孫守法等一道抗清，奉明朝宗藩秦王之子為秦王，以資號召。[2] 1648 年十月他被清軍擊敗，帶領部下勁卒三千人突圍入川。由通江西走廣元，收服利州衛世襲指揮同知張顛部眾一千五百人，"與龍安（府治在平武）趙榮貴、松潘朱化龍、茂州詹天顏等相為犄角，剽掠綿（州）、梓（潼）諸邑。"[3] 1649 年（順治六年、永曆三年）五月，趙榮貴派人來迎請秦王，武大定早已覬覦趙軍兵力，設計讓秦王應邀赴趙營，然後趁接回秦王的機會把趙榮貴騙入自己營中加以捕殺。不料這位秦藩宗室是個明白事理的人，見趙榮貴及其部下官兵真心實意抗清復明，就把武大定設下的圈套和盤托出。過了兩天，武大定遣使"迎王回營，並邀榮貴面籌大事"[4]，遭到二人婉言拒絕。武大定知道奸計被識破，連夜取道彰明（在今四川江油縣與綿陽市之間）南竄。[5] 由於成都平原屢經戰亂，破壞得十分厲害，幾乎荒無人煙，武大定部眾飢疲不堪，奔到富順投靠袁韜。當時，川北巡撫李乾德正在袁韜營中，還有另一支搖黃隊伍呼九思部也來會合，"俱絕糧，餓死

1　康熙三十一年《貴州通志》卷五《大事記》。

2　明朝洪武三年，朱元璋封次子朱樉於西安，這就是第一代秦王。崇禎十六年李自成起義軍攻克西安，末代秦王朱存樞被俘。順治二年十一月二十七日定西大將軍何洛會、陝西三邊總督孟喬芳奏報，"駐西安府秦王有二子"，其一子於初十日被"土賊""孫姓人帶走"，居於五郎山，見《清初內國史院滿文檔案譯編》中冊，第二〇二至二〇三頁。參見《清世祖實錄》卷二十一。《南疆逸史》卷三十八《孫守法傳》記"奉秦王第四子稱漢中王，開闢五郎山"。費密《荒書》記戊子年（1648）"武大定奉秦王第四子入四川"，趙榮貴"迎秦王子入其營，而拒大定"。《清史稿》卷二五七《許佔魁傳》記："六年，土寇趙榮貴擁明宗人森滏號秦王，聚眾數萬犯階州。"按，定制秦藩命名輩分中無"森"字，朱存樞之子應為"輔"字輩。

3　李馥榮《灩澦囊》卷四。

4　《灩澦囊》卷四。

5　康熙三十六年《階州志·扼要》記："順治六年，趙榮貴扶偽秦王作叛，從玉壘關直犯階境，二月初五日，賊薄城下，……幾為所陷。十八日平西親王師至，趙逆授首，餘眾悉平。"

者甚眾。"[1] 李乾德是個無恥政客,派到四川以後既沒有兵將,也沒有地盤,他急於抓權,竟私自鑄造了"兵部之印"大方銀印,自稱兵部尚書,行文各鎮。又利用搖黃十三家之一的袁韜歸明後沒有官銜的機會,另鑄定西將軍銀印送給袁韜,博得袁韜的歡心。[2] 不料他鈐蓋私鑄兵部印的文書被楊展的幕客識破,當面質問他朝廷常規"印不離部",你的"兵部之印"從何而來?李乾德無言以對,不敢再用假印招搖撞騙。[3] 李乾德一計不成,又生一計,想以巡撫的身份接管州縣,把地方的錢糧抓到手,而讓楊展單純主持軍事。可是,嘉定地區的耕地主要是楊展組織軍民開墾出來的,李乾德的要求遭到斷然拒絕。當時重慶一帶城空地荒,楊展建議李乾德率領袁韜等部軍隊往守重慶,由自己負責糧餉供應,[4] 這對南明來說本是個不錯的主意。李乾德既對嘉定地區的富庶垂涎三尺,又怕出守重慶將冒清軍南下的風險,與其為朝廷收一塊危地,不如心黑手狠算計自家人,於是在李乾德導演下終於演出了一場川南火併。他利用袁韜、武大定、呼九思乏糧之機,建議"惟求救於楊展,展若從即無飢乏患矣",三人都表示贊同,請李乾德立即前往嘉定。"乾德赴嘉定說展曰:'大定與韜願歸將軍帳下。'展不可,曰:'風土既異,心性必殊,嫌隙所由生也。今部下數萬眾皆吾梓里,甘苦共之,赴湯蹈火,皆無異志。若增袁、武,恐滋他患。吾意已決矣,幸勿復言。'乾德復說曰:'從來舉大事者不辭眾,將軍士卒雖精,苦無外援。涪州有余(于)、李,萬縣有三譚,相為掎角,何分南北哉!二將望風而奔,慕將軍之威德也。

1　歐陽直《蜀亂》。按,他書多未記呼九思事。
2　《南疆逸史》卷二十六《李乾德傳》載李與袁韜深相結納。
3　歐陽直《蜀亂》。
4　費密《荒書》。

不勞一卒，不發一矢，收萬餘人於麾下，不大有利於將軍邪？機不可失，時不再來，將軍其圖之。'展沉吟久，乃許給糧餉，資韜、大定於犍為。"[1]乾德見初步目的已經達到，返回富順告知袁韜、武大定、呼九思。三人大喜，編造兵員花名冊送交楊展。楊展拒絕接受，卻按月運糧接濟。袁韜、武大定、呼九思親赴嘉定拜會楊展。不久，呼九思病死，"楊展與武大定、袁韜鑽刀歃血，三人誓結生死交。楊為長，袁次之，武又次之。展恩視二人如親弟，恣其所欲，悉應給。令袁韜移營駐犍為，武大定駐青神。"[2]袁、武二人在楊展資助下渡過了難關，卻暗中覬覦嘉定的繁盛。李乾德乘機進行挑唆，對袁韜說："地方錢糧供朝廷之公物也。豈展所私而以佈惠於僚友？且展據有西南，終當尾大不掉。公等皆人傑，仰畀於若人耶。"[3]袁韜欣然聽從，與武大定密謀定計，以七月二十六日袁韜生日為名邀請楊展赴犍為慶賀。楊展的家屬和部將懷疑其中有詐，勸他不要去；楊展自以為對袁韜、武大定有恩，只帶了三百名士卒前往犍為赴宴。[4]在筵席上被袁、武擒殺，隨從軍士也在被灌醉後死於非命[5]。二人隨即發兵突襲嘉定。袁韜、武大定背信棄義謀殺楊展的消息傳開後，引起南明許多文武官員的憤慨，川陝總督樊一蘅寫信責備策劃其事的李乾德："嘉陵、峨眉間二三遺民不與獻賊之難者，楊將軍力也。且背施忘好而取人杯酒之間，天下其謂我何？"李乾德閱信後付之一笑，"以為救時大計

1　歐陽直《蜀亂》。

2　歐陽直《蜀亂》。

3　歐陽直《蜀亂》。

4　李馥榮《灩澦囊》卷四記，楊展赴犍為時僅帶裨將雷震、田貴等十二人率三百人隨行。他書或作五百人。

5　楊展遇害時間據清四川巡撫李國英順治六年十一月初十日奏疏說："七月二十六日袁韜生日，武大定誘楊展到犍為縣與袁韜做生日，席上將楊展殺死，跟隨人役盡殺，止逃水手數名。"見《李勤襄公撫督秦蜀奏議》，同件又見《明清史料》甲編，第三本，第二五八頁。費密當時任楊展幕客，在其所著《荒書》中也記於七月。嘉慶十七年《樂山縣志》卷十四《藝文志》收彭遵泗撰《楊展傳》說楊展遇害時"年四十有五，時順治己丑歲（六年，1649）"。

非豎儒所能知"。[1]涪州李占春曾經得到過楊展的糧餉資助,"聞變拍案曰:貪利,殺我義士,豈大丈夫耶?"領兵來援嘉定,被袁、武擊敗。十二月二十四日,袁、武軍隊經過四個月的圍城,攻入嘉定,楊展長子楊璟新帶領殘兵五十餘人經峨眉、新津、灌縣逃往保寧,於1650年(順治七年)正月十六日向清朝四川巡撫李國英投降。[2]袁韜、武大定瓜分了楊展的部眾、地盤和庫藏,"初意江口所獲金銀如山積,及搜展府內不滿所願,吊拷夫人並燒斃經事之人,都無窖藏之物。二人大失所望。"[3]李乾德計殺楊展後,又重溫舊夢,自稱尚書經略,妄圖主管地方糧餉,節制袁、武二部兵馬,結果嘉定被袁、武二人瓜分,"乾德雖亦分數州縣,仍空名而已。"[4]

朱容藩是明朝楚藩通城王的後裔,在宗室內地位很低。當明末社會大動蕩之際,他漂泊各地,周旋於各種勢力之間,可謂見多識廣。永曆帝在肇慶即位時,他參與擁戴,被授予掌宗人府事。他不滿足於這個虛有其名的官職,想抓點實權。從兵科給事中程源口中聽說四川兵將頗多,統御無人,認為機會來了,就奏請入川聯絡諸部,永曆朝廷給以兵部右侍郎兼右僉都御史的官銜總督川東兵馬。朱容藩即取道湘西到達湖北施州衛,進入王光興的兵營;接着又聯絡駐守四川涪州的李占春(混名李鷂子)、于大海部。1647年(順治四年、永曆元年)夏,清涪州總兵盧光祖部攜帶大批擄掠來的輜重、子女由重慶水陸並進,順江而下,企圖一舉打通川鄂交通水道。朱容藩當即命令李占春、于大海率領舟師阻擊。七月十一日,兩軍相

---

1 嘉慶《樂山縣志》卷十六《雜錄》。
2 順治七年七月初九日四川巡撫李國英"為恭報前後招撫川南偽鎮將領,躬視投誠,仰慰聖懷事"題本,見《李勤襄公撫督秦蜀奏議》。費密《荒書》載於十一月。
3 歐陽直《蜀亂》。
4 費密《荒書》。

遇於忠州（今重慶忠縣）。清軍輜重既多，又不習水戰，被李、于二部擊敗。明軍燒毀清船一千餘艘，奪回大批被俘人口和財物。盧光祖帶領殘兵敗卒從達州小路逃回川北保寧（今四川閬中）。[1]

　　朱容藩初戰告捷，又聯絡忠州衛世襲武將譚文、譚詣、譚弘和搖黃呼九思、景可勤、陳某等部同川南、川西明軍會合，於九月間收復重慶。[2] 這時，由陝西南下川北的定隴侯趙榮貴正集中兵力進攻保寧。由於清初成都一帶凋敝特甚，幾乎荒無人煙，清朝設置的四川巡撫、巡按都駐於保寧，這裏實際上是清方的四川省會，清朝所委任的四川各鎮總兵全部回救保寧。朱容藩和四川、貴州明軍幾乎收復了保寧以外的四川全境。後來清四川總督李國英回顧道："只因四年（1647）六月王師凱旋（指肅親王豪格率部回京），留兵單弱，以致群盜蜂起。臣與各鎮間關百戰，始達保寧。一城之外，盡為賊有。"[3] 聚集於保寧的清軍名義上有五鎮：成都總兵（原為李國英，四川巡撫王遵坦病死後由李接任，改由惠應詔任成都總兵）、敘馬總兵馬化豹、涪州總兵盧光祖、永寧總兵柏永馥、龍安總兵左勷，實際上兵力極其單薄。四川巡撫李國英 1648 年（順治五年）向清廷報告：上年肅親王豪格撥給四川巡撫標兵一千三百九十名，病死、餓死和逃亡者多達一千三百三十三名，只剩下三百一十名；[4] 其他各鎮情況也大致相仿，"餓、病死者十去七八"，"每鎮不過數百飢病之兵"。[5]南明朝廷本來應該趁此機會，集中兵力攻克保寧，全殲入川清軍，

1　費密《荒書》記忠州之戰於九月。計六奇《明季南略》卷十一收陳景雲撰《朱容藩僭亂本末》記於七月十一日。

2　費密《荒書》記於十月。

3　順治十年四月十二日李國英題本，見《李勤襄公撫督秦蜀奏議》。

4　李國英順治五年四月初四日奏疏，同前注書。

5　李國英順治五年三月初八日奏 "為全蜀四面皆賊，孤軍無糧難禦，謹據實上聞" 疏；同前注書。

然後精兵簡政，汰弱留強，招撫流民，墾荒屯田，把四川這塊自古以來被稱為天府之國的地方經營成抗清基地。然而，各派軍閥不僅不願意減少自己的兵員，而且鈎心鬥角，互有吞併之心。永曆朝廷又疊牀架屋地委派閣部、經略、總督、巡撫等高級官僚，這些人為了爭權奪利分別籠絡某幾個軍閥，導致事權分散，以致自相火併。

朱容藩是個小有才具的野心家。他倚仗永曆朝廷的名義組織川東等地武裝恢復了四川大部分地區的時候，正值永曆皇帝由武岡逃往南寧。朱容藩妄圖利用四川諸將同朝廷失去聯繫的機會，擁戴自己爬上皇帝的寶座。會師重慶時，他就示意原偏沅巡撫李乾德聯絡川南一帶文武官員勸進，遭到李乾德等人的拒絕。他懷恨於心，派李占春領兵偷襲李乾德和袁韜的兵營，被袁兵擊退。1649年（順治六年）二月，朱容藩回到涪州（今涪陵）、夔州地區，即自稱楚王世子監國（《客滇錄》說他自稱楚王世子，後稱楚王，又改稱吳王），鑄造了"天下兵馬副元帥"金印，改忠州為大定府，府門為承運門；夔州臨江有天字城，形勢頗為險要，朱容藩改其名為天子城，作為自己的行宮。為了收攬人心，他擅自鑄印封王光興、李占春、于大海、楊朝柱、譚文、譚詣、譚弘、楊展、馬應試等人為侯爵、伯爵，授劉惟明、楊秉胤、白蛟龍等人為掛印總兵，任命張京為兵部尚書、程正典為四川總督、朱運久為湖廣巡撫，此外還任命了祭酒、科道、鴻臚寺等官員，儼然以朝廷自居。朱容藩的胡作非為引起了川西和川南永曆朝廷委派的官員極大不滿。四川巡按錢邦芑以"為奸宗謀逆，請正天討事"上疏揭發其罪行，疏中說：

　　臣察得逆宗朱容藩自元年正月在廣西得罪，皇上欲置之死，幸蒙天恩赦宥，還其原官，命料理湖南一帶。彼時寇逼湖南，容

藩即由施州衛走入川東。五、六月間，寇陷涪州，臣方至彭水界
上。川東夔府一帶與朝廷消息不通，文武無主，容藩假朝廷之威
靈，收拾兵將。至八、九月間，川中各鎮如王祥、侯天錫、李占
春、余（于）大海、趙榮貴、曹勛、馬應試、袁韜等，各出兵剿寇，
四路捷報。維時皇上幸廣西，川中不知聖駕所在，容藩即自為
吏、兵兩尚書，鑄刻印信，選授文武，籠絡軍民，隱有稱王之意。
今歲六月，臣巡川南，忽軍中傳來朱容藩刊《諭建置文武榜文》，
其自稱則曰："予一人""予小子"，如此而欲其終守臣節，其可得
乎？今皇上遠在百粵，四川僻在極西，沿途兵寇阻道，凡詔諭敕
旨，經歲餘後通，其浮沉不達者尚多。且西川之地，四圍皆蠻夷
土司，易生反覆。又迭經寇禍，三年之間，四易年號，人情惶惑，
莫知適從。故容藩欲乘此搖動人心，謀為變亂。自去歲秋冬，川
地漸復，臣不憚艱苦，往來深山大箐、荒城破壘之中，驅除豺虎，
翦披荊棘，招集殘黎，撫慰土司，宣達皇上威德，西川之地始知
正統所屬。今聲教漸著，法紀方行，而容藩包藏禍心，謀竊神器，
陽尊朝廷，陰行僭偽，假皇上之威福，佈黨亂之爪牙。其意待羽
翼既成，便欲盤踞西川以為公孫子陽、王建、孟知祥之事。臣已
早窺其隱，先致書告以大義，隨即傳檄楚督何騰蛟、堵胤錫，川
督楊喬然、李乾德及各大鎮，俾共尊朝廷，毋為叛臣所惑。[1]

錢邦芑考慮到文書往返動經歲月，就把疏稿謄抄遍送川楚各大
臣。督師輔臣堵胤錫當時同馬進忠駐於施州衛，收到文書後乘船來
到夔州，當面質問朱容藩。朱容藩掩飾道："聖駕播遷，川中不知順

---

1 計六奇《明季南略》卷十一，陳景雲作《朱容藩僭亂本末》。

逆，聯假名號彈壓之耳。"堵胤錫駁斥道："公身自為逆，何能服叛逆之心乎？錢代巡有檄會兵，若再不悛，錢公率兵下，吾截其後，川將皆朝廷臣子，誰為公作賊者？"朱容藩無言以對。川東諸將這才知道朱容藩自署的名號都是假冒的，李占春、于大海等人不再聽從他的號令。1649年（順治六年、永曆三年）正月，朱容藩移駐萬縣天字城，以搖黃白蛟龍、楊秉胤二部為護衛，聯絡譚文等人割據自雄。七月（明大統曆八月），永曆朝廷大學士呂大器到達涪州，李占春迎見，正好收到朱容藩發來的會師牌札，上列楚王世子、監國、天下兵馬副元帥的頭銜。大器笑曰："副元帥非親王、太子不敢稱，且天子在上，何國可監？此人反叛明矣。"朱容藩為了豢養軍隊，率領被蒙騙的將領進攻石柱土司，石柱土司求救於李占春、于大海。李、于二將已經弄明白朱容藩是個冒牌貨，派出精兵乘船五十艘來援。1649年（順治六年、永曆三年）七月二十五日，兩軍交鋒，朱容藩大敗，白蛟龍被活捉，同李占春歃血結盟，保證不再聽從朱容藩的指揮，才被釋放回到楊秉胤營中。譚文逃回天字城。朱容藩眾叛親離，成了真正的孤家寡人。他落荒而逃，在雲陽被擒殺。[1]

南明四川當局的自相殘殺，給清方提供了可乘之機。順治六年十一月初十日清四川巡撫李國英奏疏中說："竊照蜀中負固諸逆，恃在僻險，觀望逾年，臣曾仰體詔赦皇仁，屢持平西王、墨固山令諭差官分頭前去招撫（按，當時吳三桂、墨勒根侍衛李國翰的軍隊駐於陝西漢中，並未入川），如達州劉惟明，劍梓李廷明、唐運會，江油嚴希賜等悔過投誠，臣已另疏具題外。至如偽朱經略假竊偽號，聯絡江上李鷂子（李占春）、余（于）大海、三譚、楊（秉胤）、白（蛟龍）

---

1 費密《荒書》。順治六年十一月初十日四川巡撫李國英揭帖，見《明清史料》甲編，第三本，第二五八頁。

等煽亂夔東；而偽閣部呂大器與李鷂子另為一黨，駐紮涪州；偽伯楊展招納武大定、袁韜、曹勳等巢穴嘉、眉、黎、雅，竊據成都一帶，而偽總督李乾德與袁韜另為一黨往來敍、瀘；偽國公王祥等屯聚遵義，出沒綦（江）、重（慶）之間；而偽總督楊喬然另紮長壽縣，屢諭不悟，蹂躪實深。自王師剿殺偽秦王、趙榮貴之後，兵威震懾，各逆互相疑忌，彼此陰謀殘殺，於本年九月初二日據達州知州彭振翮塘報內據達州屯鎮劉惟明報稱，朱經略同譚偽鎮於七月二十五日由萬縣渡河北岸，被余（于）、李二賊發精兵船五十號追殺大敗，譚大單騎逃天字城，朱經略陣亡是實。其朱逆下偽鎮白蛟龍與李鷂子歃血鑽刀，仍放蛟龍回楊秉胤營內，於八月初六日同在天字城起身，欲來東鄉縣寨子駐紮等情。隨發諭移劉惟明並達州知州彭振翮相機往招。"下文又報告了七月二十七日袁韜等殺害楊展，接着說："乃今天厭其惡，使彼自相仇殺，朱逆受刃，楊展繼亡，⋯⋯其後數家賊逆互相踐踏""惟候平西王、墨固山振旅之川，又不難直掃逆穴，以成破竹之勢""而收復全川之機會於在此矣"。[1]

第三節　大西軍出滇抗清

　　大西軍的由雲南開赴抗清前線，一般史籍都記載為 1650 年（永曆四年、順治七年），這是就同清軍交鋒而言的。由於雲南和清方佔領區之間還有一批南明軍閥控制着四川、貴州等地，大西軍不僅必須突破他們的阻撓才能到達抗清前線；為了消除內訌，穩定後方，

1　順治六年十一月初十日四川巡撫李國英"為塘報東南偽逆近日情形"事揭帖，見《明清史料》甲編，第三本，第二五八頁。

統一軍令也需要對南明殘留武裝實行改編。孫可望部署出兵之際，曾經派中書舍人楊惺先赴行在疏報出師，奉旨："覽奏整旅東征，為朝廷剿除逆虜，朕心嘉悅。今恭順（原注：謂孔有德）入犯武漢，盤踞長、岳，卿率銳出楚，建瓴直下，廓掃中原，以奏光復。該部知道。"[1] 孫可望還利用胡執恭送來的偽敕中的"監國""節制天下文武兵馬"字樣，以永曆年號"馳金龍牌，抄敕冊文遍調土、漢官軍皆為之下"[2]，"自稱監國秦王臣，佈告雲、貴、楚、粵諸勳鎮"[3]，要求貴州、四川、湖廣等地的南明軍隊會盟，聽從節制。

早在 1649 年，孫可望就派白文選率領先頭部隊進入了貴州。康熙《貴州通志》記："己丑（即 1649）八月，孫可望遣白文選取安順府，遂入貴陽。"並加小字注云："以通好為辭，旋撤去。"[4] 1650 年四月，白文選部再次進入貴陽[5]，接着李定國也來到貴陽，同南明匡國公皮熊、貴州巡撫范鑛結盟。同年八月，孫可望親自統領大軍進入貴陽[6]。皮熊自知兵力不敵，派遣使者李之華來"通好稱盟"，意在阻止大西軍入黔。孫可望回信道：

> 貴爵坐擁貔貅，戰則可以摧堅，守則足資保障。獨是不肖有司，罔知國本，徵派日煩，民生日蹙。黔中多敵兵出入之途，寧無救災恤鄰之念，而疑不穀為假道長髮之舉。若黔若滇，總屬朝廷封疆；留守留兵，無非綢繆糧糒。惟欲與行在聲息相通，何有

1　《滇緬錄》附《黔記》。

2　王夫之《永曆實錄》卷十四《李定國列傳》。

3　查繼佐《國壽錄》便記《永曆始事》。

4　康熙三十一年《貴州通志》卷五《大事記》；又見道光三十年《貴陽府志》卷二《大事記》中。

5　《滇緬錄》附《黔記》載：這年五月，"命前軍都督白文選撫安貴州百姓"。

6　康熙三十一年《貴州通志》卷五《大事記》。

一毫私意於其間。若止以一盟了局，為燕雀處堂之計，非不穀所望於君侯也。[1]

南明忠國公王祥也"遣官請盟"。大西軍將領馮雙禮向孫可望請示是否應該推遲進兵。[2]由於皮熊、王祥之流只知盤踞地方，殃民自肥，既不積極對清方作戰，又堵住了大西軍出黔抗清的通道，[3]因此，孫可望決定不理睬皮、王"請盟"的虛禮，下令以武力強行改編。於是，馮雙禮、王自奇統兵從間道攻平越，活捉皮熊。九月，劉文秀、白文選北上遵義、永寧。明永寧總兵侯天錫歸附；[4]"王祥烏合六七萬，分為三十六鎮，與滇兵一戰於烏江河而大潰，祥避死真州，遂下遵義。"[5]皮熊、王祥阻擋大西軍出黔抗清的圖謀被粉碎以後，孫可望下令把他們部下的兵將收編，"不得逃避，一體入營關糧。"[6]這樣既擴充了兵員，又防止了散兵遊勇生活無着，為害地方。到1650年（永曆四年、順治七年）十二月，孫可望已進至貴州東部的銅仁，貴州全省都處於原大西軍管轄之下。

四川的情況也與此相仿。《宜賓縣志》載："庚寅歲（1650）賊首孫可望在滇假翊戴之名，懷窺竊之志，監國貴陽，凡楚、蜀、滇、黔

---

1 《燼火錄》卷二十；《存信編》卷三．二書所載文字稍有不同。《滇緬錄》附《黔記》載："秋八月壬午朔，義師東下諭發貴州。師發雲南；師至關嶺祀關聖。"當指孫可望親統大軍入貴州。

2 《滇緬錄》附《黔記》。

3 黃宗羲《永曆紀年》說：皮、王"兩帥接壤，時相構釁，亦不能有所效力"。

4 歐陽直《蜀亂》。

5 黃宗羲《永曆紀年》。沈荀蔚《蜀難敍略》記："九月，孫可望遣其將白文選引兵攻王祥，至烏江。祥率眾拒之。文選致書通好，祥報許之。往來相饋遺者數日。祥開宴召文選，文選赴之。及報宴，祥不敢赴，乃引歸。文選躡之，祥眾無復部伍，遂潰於道。祥之散走數十里，乃自刎死，其眾亦降。於是，遵義、重慶皆屬可望。"道光十五年《綦江縣志》卷五《武備》記：順治七年九月"劉文秀、白文選以兵至烏江。王祥戰不勝，遂自刎，其眾二十萬盡降。"

6 《黔記》云："冬十月己丑，赦王爵（即王祥）標鎮兵不得逃避，一體入營關糧。"十一月初五日又"赦王爵營鎮兵一體錄用"。歐陽直《蜀亂》也記載皮熊被迫投降後，可望"分其兵，據其地"。

勳爵悉歸節制。乃致書樊公（指南明川陝總督樊一蘅），語多矜肆。”
樊一蘅派中軍都督僉事彭明揚、筠連縣知縣魏鳴玉充使者前往貴陽，
“可望盛陳儀衛召見便殿，於時一二大臣在座，皆東林舊人也。可望
卒然問曰：‘樊某為國大臣，經略秦蜀，所辦何事？’先生（指彭明
揚）翹首曰：‘老臣盡瘁同於武侯，乃心王室同於郗鑒。但兵勢有強
弱，故成功有遲早耳。殿下若肯相容，大事尚可濟也。若必加兵，
誠恐來歸之人皆解體矣。不幾負率土之望乎？’望怒乃解，賜錦幣而
還。”次年，樊一蘅病卒，所部均為孫可望改編。[1] 當時正在武大定
幕中的歐陽直記載孫可望招撫武大定、袁韜的情況頗詳：“孫可望差
官至嘉定，稱奉旨聯絡，內有‘會獵岷峨’等語。”盤踞於嘉定、青
神一帶的軍閥武大定、袁韜猶豫不決。明四川巡撫李乾德說：“此矯
詔也，其心未可測。令武（大定）覆書，略曰：‘自入蠶叢，荊棘塞道，
萬里煙絕，一望淒涼，茂草荒林，惟有馬跡，狐遊虎逐，罕見人蹤。
間有一二遺黎，又皆五官殘廢，割耳截鼻，刖足剁手，如遊異域，忽
睹羅剎，形不類人，喘延餘息。備詢厥故，始知令先君（指張獻忠）
之造福於川，蓋功德若此其慘毒也。乃曾不旋踵，君之先君身首異
處，屍飽饞鴉，可見天之所報，人之所為，已足昭鑒。公等碌碌，猶
尚不悛，欲挾令以欺天，逞前奸之故智，詞多悖謬，意實險深。竊揣
中藏，豈以皮（熊）、王（祥）視我也。倘修鄰好，奉教有期；如云會
獵岷峨，則水路可通舟楫，陸路可容車馬，弟惟有叉手瞠目而听之
矣。’”[2] 顯然，李乾德授意下寫的回信對原大西軍充滿了敵意，斷然
拒絕孫可望提議的會盟。1651 年（永曆五年、順治八年）孫可望派

<hr />

1 嘉慶十七年《宜賓縣志》卷四十八，藝文，李洪霽《彭明揚傳》。

2 歐陽直《蜀亂》。

撫南將軍劉文秀總統兵馬分兩路入川。劉文秀率部渡金沙江，取道建昌；將軍王自奇從畢節取道永寧，大舉進攻。武大定親率全營赴雅州（今雅安），抽調精銳士卒交部將張林秀帶往榮經堵截大西軍。袁韜和李乾德坐鎮嘉定（今樂山市），分兵一支守州（今宜賓市）。這年八月，劉文秀指揮的軍隊在榮經縣鹿角壩全殲武大定精銳，張林秀也被擊斃。武大定大驚失色，連夜逃回嘉定；袁韜、李乾德眼看大勢已去，三人抱頭痛哭，隨即下令放火燒毀嘉定城內房舍，次日早晨棄城逃走。由於家口牽累，走了七天才到達井研、仁壽。劉文秀進抵嘉定，派輕騎日夜兼程追擊，一天之內就趕到仁壽縣。袁韜、李乾德被活捉，押回嘉定。武大定連妻子家屬也顧不上，帶領十餘騎落荒而逃。文秀命大定之子武國治、姪兒武國用招回武大定，以禮相待。免袁韜死罪，發往部下听用；李乾德和他的弟弟李升德押往貴陽治罪，走到犍為縣時，二人投水而死。[1]

平定四川南部地方以後，劉文秀領兵順流而下，派使者帶着孫可望"秦王、監國"名義的文書聯絡川東各支抗清武裝，"假首會盟"。夔東"偽爵賀珍、王光興、張光翠等一十四家各擁重兵，陰附孫逆。"[2] 盤踞涪州（今涪陵）、忠州地區的明定川侯李占春、靖南侯于大海[3]因義父曾英於 1647 年初在重慶被南撤的大西軍擊殺，堅決拒絕會盟。劉文秀派部將盧明臣（又作盧名臣）領兵進攻，占春、大海大敗，七月間帶領馬步士卒三萬餘人和家屬乘船逃往湖北向清方

---

1 歐陽直《蜀亂》說李乾德兄弟是被大西軍"沉之江"。沈荀蔚《蜀難敍略》所記情節與《蜀亂》大致相符，但說袁"韜走榮縣被擒，李乾德亦被執，後與其弟升德赴水死。"

2 順治十三年六月左都督暫管郎襄水師事于大海揭帖。

3 順治八年十一月十七日于大海奏本自稱"四川靖南侯加封鄭國公、今投誠臣于大海"，見《明清史料》丙編，第八本，第七九九頁。

投降。[1] 途中遭到參與會盟的夔東抗清武裝的攔擊，十月十一日才進入湖北清方管轄區。清荊州總兵鄭四維安置李、于二部於松滋縣百里洲，由於未給糧餉，李占春於十四日夜間拋棄妻子部眾，入山當了一段時間和尚，後來又在清朝招徠下出任過安陸副將、黃州總兵等職。[2] 此外，據守萬縣一帶的譚文、譚詣、譚弘，夔東一帶的王光興、王友進、劉體純、塔天寶等都"扼險自守，差人申好"。[3] 這樣，劉文秀的出兵四川基本上達到了預期目的，割據自雄的大小軍閥被消滅或收編，同以大順軍餘部為主體的夔東抗清武裝建立了聯繫，把四川大部分地區經營成了比較穩定的抗清基地。時人楊鴻基對大西軍入川有一段概括性的敍述：

> 適至孫可望自滇據黔，辛卯（1651，順治八年、永曆五年）遣兵逼遵（義）；劉文秀自建南出黎雅，楊景星（按，當作楊璟新，楊展之子）奔投保寧；下兵犍為，擒袁韜而降武大定；再合遵、渝之兵東下，余大海（當作于大海）、李占春放舟而奔楚；他如三譚、（侯）天錫之輩或降或遁。自此三川之阻兵者皆盡。雖殺運猶未盡，民難猶未弭，而回視向之日月將虎、霜雪衣裳、傾耳戴目、東竄西奔，以賒須臾之死者，已不啻水火衽席之不侔矣。[4]

---

1 康熙五十三年《涪州志》卷四《藝文》記："至辛卯(順治八年，1651)獻孽孫可望稱秦王，從滇下黔入蜀，勢併諸營。檄連占春，不聽。七月內，賊至，占春潰，遂同于大海放舟下楚，投誠於國朝，而涪已空矣。"

2 上引順治八年十一月十七日于大海奏本云："不意占春臣於十月十四日夜飄然遠遁，詢其由來，總為三軍餉匱……"

3 歐陽直《蜀亂》。

4 乾隆四十二年《富順縣志》卷五，楊鴻基《蜀難紀實》。

可見，大西軍的再度入川給當地殘存百姓帶來了生機，讓他們有可能重整家園，逐步恢復社會生產，過上安定的生活。

孫可望部署的出兵川、黔，憑藉武力收編永曆朝廷殘存的地方割據武裝，是完全正義的。不把這些禍國殃民的軍閥勢力掃掉，大西軍就不可能進入抗清前線，南明的殘疆剩土也不可能真正成為抗清基地。孫可望接管貴州和四川南部地區以後，採取了果斷措施加以整頓，在很短時間內就把黔、川治理得井井有條。他派白文選鎮守貴州，收編當地的散兵遊勇。對永曆朝廷濫發的文、武官員札付全部收繳，裁革了一大批魚肉人民的冗官，如派員"會勘平越各官，戮奸蠹民者"[1]，孫可望令蔣克遠會馮雙禮安撫人民，招徠商賈。又"令所屬文武呈繳濫札，武職加授總制、參游，文官加授監軍、督餉、部卿、僉憲，概行裁革。各官作奸蠹民者戮之。令督學劉鳴鳳考試貢生，分別偽濫"[2]，從而蕩滌了永曆朝廷留下的污泥濁水，改善了吏治。同時，致力於恢復農業生產，保護商業流通。有的史籍記載，孫可望收取遵義、石阡、平溪等地以後，"安撫遺黎，大興屯田，遠近多歸之。"[3] 在四川綦江縣也"差官丈田……變牛種為糧數"，並委任貴州拔貢張師素為知縣，張到任時見城內"荊榛滿目"，乃"招撫遺黎，殷勤保愛"。後來又"發難民千餘安插於杜石沙坪一帶，多墊江人。"[4] 為了活躍經濟，互通有無，孫可望下令"招徠商賈"[5]，"令征虜

---

1 《黔記》。
2 《存信編》卷三。
3 《存信編》卷三。《黔記》卷四也記載：順治"八年，可望遣官清丈思（州府）、石（阡府）、黃（平州）施江內外屯田，徵租"。
4 道光十五年《綦江縣志》卷十。
5 《存信編》卷三。

將軍（馮雙禮）招通平越商賈，失貨物者量償之。"[1] 從一些史料來看，孫可望在貴州徵收的賦稅相當重，如在施秉"臨田徵租，劫去取十之七"[2]。"庚寅（1650，順治七年）九月，秦王遣張扆衛復招士民……條銀變輸穀米共計二石有餘，又有皇草、皇柴折價至黔中上納；所徵調銀十兩，幫補義兵一名器械銀五十餘兩，不敢不從。一切五穀六畜絲麻之類，無隙可逃。"[3] 這類材料除了反映當時用兵之際軍需孔亟，不得不多徵派賦稅以外，也表明貴州等地的農業生產已經有所恢復。經過孫可望大刀闊斧的整頓，貴州的面貌為之一新，史載：

> 孫可望在黔，凡官員犯法，重則斬首、剝皮，輕者捆打數十，仍令復任管事。除去革降罰俸等罪，兵民亦如之，無流徒笞杖之法。蓋事尚苟簡，文案不繁。官絕貪污饋送之弊，民無盜賊攘奪之端。一時反以為便。[4]

為了保證軍事行動暢通無阻和百姓安居樂業，孫可望非常注意修築道路，"凡街衢橋道，務令修葺端整，令民家家植樹於門，冬夏常蔚蔥可觀。"[5] 同時，實行路引制度，防止清方間諜混入雲貴。原大西軍領導人把治理雲南的經驗推廣到貴州全省和四川部分地區，從而擴大了抗清基地，增強了經濟和軍事實力，為此後在抗清事業中取得輝煌戰果奠定了基礎。

---

1 《黔記》。

2 《黔記》卷四。

3 民國《貴州通志》前事志十七引《楊明吾譜序》。

4 《爝火錄》卷二十一。

5 《爝火錄》卷二十一。

第四節　忠貞營的北上夔東和所謂"白毛氈賊"

　　李自成犧牲以後，大順軍餘部始終沒有形成一個自己的領導核心。史籍記載，在 1645 年東、西二路大順軍（由李自成、劉宗敏親自率領由西安經商洛、豫西、湖北襄陽、武昌一線撤退的大順軍主力為東路；李過、高一功所統陝北及甘肅等地駐軍經漢中、四川順江而下至湖北荊州地區的大順軍為西路）在荊州一帶會師後，曾有意擁立李自成的三弟為號召。不久，進攻荊州之役被來自南京的清貝勒勒克德渾部援軍擊敗，李自成之弟和田見秀、張鼐、吳汝義等降清被殺，大順軍各部的離心傾向更加有所發展。原隨李自成東下的右營將領劉體純在 1645 年冬至 1646 年帶領部眾經河南西部再度攻入陝西，同武大定等人會合，圍攻省會西安，一時聲勢頗盛。後來被清軍擊敗，轉入川東鄂西（即夔東）堅持抗清鬥爭。袁宗第原是大順軍右營制將軍，是劉體純的上級，但在李自成犧牲後，他顯然已經失去了對右營諸將的領導地位，只擁有為數不多的軍隊，同牛萬才等部在湖南西部與明朝制輔堵胤錫一道繼續抗清。李過（即李錦、李赤心）、高一功（即高必正）同堵胤錫也保持較好的關係，但在 1646 年初荊州戰役後，李過、高一功等部退入巴東、建始一帶休整，袁宗第、牛萬才等人並沒有採取一致行動，留在湘西山區；後來忠貞營奉調入湘，經常德進攻長沙等地，遭到明督師何騰蛟的破壞後，接着是清鄭親王濟爾哈朗統兵南下湖南，李過、高一功等率部經湘東、廣東撤入廣西南寧地區，袁宗第也沒有隨同前往。湖南被清軍佔領後，牛萬才於順治八年在漵浦投降清朝，袁宗第已帶領部眾進入夔東，同劉體純等部聯營。郝搖旗（郝永忠）自 1645 年以後長期追隨南明督師大學士何騰蛟，先後轉戰於湖南、廣西興安、桂林一帶。1648 年他奉何騰蛟之命由廣西北上擊敗反正來歸的陳友龍部後，在永曆朝廷中備受指責。次年（1649）何騰蛟被清軍俘殺，他舉目無親，率部北上夔東，同劉體純、袁宗第，以及王光興、賀珍等部會合，主要活動於湖北房縣、均縣一帶。

下面着重談談南明史上著名的"忠貞營"。"忠貞營"的主體是李過、高一功等率領由陝北南下的西路大順軍，1645 年在荊州草坪地區同南明巡撫堵胤錫達成聯合抗清協議，由堵胤錫上疏隆武帝，賜名"忠貞營"。這支軍隊保持大順軍的傳統似乎比郝永忠等部要多一點，李自成的妻子高氏自荊州合營後一直隨忠貞營行動，該營主將李過是自成的姪兒，高一功是高氏的兄弟，營中稱李自成為"先帝"，稱高氏為"太后"，仿佛另成體系，但實際上並沒有建立一個有效的領導核心。從現存文獻資料來分析，作為大順朝皇后的高氏，其性格是比較溫順軟弱的，她從未利用自己原來的地位為李自成確立一位繼承人。這勢必導致兩個引人注意的現象，其一是原大順軍並不能都歸入忠貞營建制；其二是忠貞營內部沒有形成名實相符的領導人，李過（李赤心）曾被視為忠貞營的首領，但無論在名義上還是在實際上他更像一位盟主，而不是一位能發號施令的領袖。這表現在李過在大順政權中受封毫侯，隆武時期封為興國侯，永曆時期他沿用興國侯，而忠貞營內劉國昌仍用大順政權所封淮侯，劉世俊沿用大順政權所封岳侯，永曆二年十一月李赤心的塘報一再用"本爵同各爵"會議字樣。[1] 這些跡象表明原大順軍缺乏一個堅強的領導核心，在抗清鬥爭中更多地依附於南明重臣，以致未能相對獨立地開創局面。永曆三年冬，忠貞營到達廣西南寧、橫州一帶，大將有李過、高一功、

---

1 見《瞿式耜集》卷一《恢復大捷疏》。

黨守素、馬重僖（改名馬騰雲）、張能、田虎、劉國昌、劉世俊等。不久，李過、張能、田虎等先後病死，高一功成了忠貞營的主要領導人。當時，忠貞營的處境相當艱難，在廣西永曆朝廷統治區內，他們既遭到留守桂林大學士瞿式耜的歧視，又遭到鎮守南寧、慶遠一帶的慶國公陳邦傅的猜忌。只是由於忠貞營兵力還比較強大，南明廣西當局才對他們無可奈何。1650 年，清孔有德、尚可喜、耿繼茂三藩兵進攻廣東和湘桂時，高一功和黨守素曾率領精銳五千兵馬到行在朝見永曆帝，提出兩項重要建議，一是改變勛鎮割據的局面，財政收入和官員任命都應該由朝廷統一安排，以便集中有限的財力、兵力救亡圖存；一是以忠貞營為主力東救廣州。他們的主張得到一部分比較正直的永曆朝臣支持，然而，南明諸帝大抵都是託身於軍閥，連掌握了部分兵權的大臣如何騰蛟、瞿式耜也沾染"勛鎮習氣"，一味擁兵據地自重，以鄰為壑，從來沒有全局打算。儘管當時形勢已經相當危急，無論是"東勛"（李成棟養子李元胤及杜永和等）還是"西勛"（慶國公陳邦傅以及瞿式耜節制的將領）都唯恐忠貞營地位上升，使自己失去原有的權勢，於是想盡辦法加以反對和破壞。

南明史籍中敍述到淮侯劉國昌、岳侯劉世俊領兵會同李元胤、馬寶、陳邦傅等東救廣州一事均含糊其詞，常見的說法是永曆三年十一月"忠貞營劉國昌復下梧州，走懷集、陽山。因李赤心等各佔地方，國昌無善地。堵胤錫出楚，欲隨之。""總督天下兵馬大學士堵胤錫病，卒潯州。胤錫往督忠貞出楚，不從，大拂其意，擬即下梧州，調楚粵各勛。至潯抱病，乃李赤心又以劉國昌之下為胤錫使，遂不赴。"[1] 或云："是時，李元胤守肇。忠貞裨將淮侯劉國昌與高、

---

1 魯可藻《嶺表紀年》卷三。

李相失，潰入肇界。元胤堵禦之，受約束，乃去，肇賴以全。"[1]特別使人疑竇叢生的是說劉國昌引部進至廣東三水、四會時突然被宣佈為"謀反"，遭到援東諸將李元胤、馬寶、陳邦傅等部的合擊。魯可藻記：庚寅（1650，永曆四年、順治七年）六月，"劉國昌反。自肇慶夜半開舟，執峽口守將斫其右手足，走攻四會，圍四閱月。總兵葉標固守以待，各勋兵到，會賴以全。"又說："國昌抄擄不必言，拿人輒斫手，剮眼，割鼻。會羅承耀出，馬吉翔約共圖之。國昌覺，遂反。後虜陷東省，國昌仍駐陽山山間，時出擄掠境上。"[2]只要認真研究一下這類記載，不難發現其中矛盾百出。比如說劉國昌應堵胤錫之調是因為其所部"無善地""與高、李相失"，其實當時忠貞營諸將都是寄居他人籬下，高、李等部又何嘗有"善地"？[3]高一功面見永曆帝時"請身為諸將倡：以兵歸兵部，賦歸戶部，簡汰疲弱，分汛戰守，較勘功罪，則事尚可為；如因仍離析，兵雖眾，將雖尊，皇上求一卒之用亦不可得，有主臣皆陷而已。"[4]可見，忠貞營主要將領對廣西勋鎮的據地自雄深惡痛絕。其次，劉國昌、劉世俊的領兵東出，正是在高一功、黨守素到梧州朝見永曆帝的時候，據某些史料記載岳侯劉世俊即病死於梧州。[5]魯可藻記：永曆四年（1650）五月，"忠貞營高必正、黨守素奉召援東，見朝。久之，復還南寧。"六月，"加高必正、黨守素總統御營兵馬，各佩大將軍印，援東。"[6]王夫之也記

---

1 錢秉鐙《所知錄》卷四。沈佳《存信編》卷三記："九月，胤錫期赤心等不至，造其營詰之，赤心等喪敗之餘無意北出，請高、雷二郡以休息士馬，胤錫不可，遂拔營西去，散居南寧、賓、梧之間。胤錫恚恨，病作；別部劉世俊請自効（效），胤錫喜，自至潯州迎之。未幾，病劇。"

2 《嶺表紀年》卷四。

3 魯可藻《嶺表紀年》卷三記："赤心等散處橫州、永淳、南寧、賓州間，土司等不與相安，日有攻擊。"

4 王夫之《永曆實錄》卷十三《高李列傳》。

5 《東明聞見錄》。

6 魯可藻《嶺表紀年》卷四。

載，五月"高必正、黨守素（自南寧至梧州）入見。……諭高必正、黨守素援廣東。必正請括兵馬歸兵部，錢糧歸戶部，銓選歸吏部；進止一听朝廷，諸帥不得以便宜專行，奉上親征。廷議不能從。必正、守素歸南寧。"[1] 高必正、黨守素領兵到達梧州時，永曆廷臣"郊迎三十里"，永曆帝表面上也言聽計從，所謂"諭高必正、黨守素援廣東"，顯然是高、黨二人的主動建議，下文說"必正請……奉上親征"在邏輯上才能銜接起來。依據這一判斷，劉國昌的率兵由梧州入廣東當係高一功等派出的先遣部隊。然而，六月間即傳來了救援廣州諸將報告"劉國昌反"的消息。七月，"高必正、黨守素拔營回南寧"[2]。很明顯，這是廣東、廣西勛鎮為防止忠貞營入粵策劃的陰謀。當時，尚可喜、耿繼茂帶領的清軍進攻廣州並不順利，永曆朝廷由廣西和廣東肇慶派出的各路援軍兵力相當雄厚，如果能齊心合力會同廣州城內的杜永和部內外合擊，戰勝的把握很大。可是，南明軍閥內部矛盾重重，所謂"東勛"李元胤與杜永和等人之間爭權奪利，他們與"西勛"陳邦傅等人又鈎心鬥角，只有在打擊和排擠原大順軍上才能攜手合作。南明官員說"劉國昌反"，卻始終拿不出證據，既沒有列出劉國昌反對永曆朝廷的任何罪狀，又不能不承認劉國昌部在遭到暗算後仍然在廣東陽山、英德一帶抗清。究其實質，不過是種預謀，先以朝廷名義調忠貞營東援，糧餉卻一毫不與，待到忠貞營軍隊就地籌餉時，立即以"劫掠"為名大做文章，聚而殲之。正因為其中黑幕重重，當事人的記載總是吞吞吐吐，欲語還休。例如錢秉鐙當時正在永曆朝廷中任職，賦詩云："端州兵不下，返旆御淮侯

---

1 王夫之《永曆實錄》卷一《大行皇帝紀》。
2 魯可藻《嶺表紀年》卷四。

（自注：忠貞營裨將劉國昌兵散入端州各屬）。莫問粵東急，須防內地憂。督師真失策，釀禍至今留。受詔虛糜餉，何時厭爾求（自注：初，督師宜興堵公招此兵出，至今為患）？"[1] 錢秉鐙是個門戶觀念比較重的人，他明知集中於肇慶（端州）的明軍不顧廣州危急，返旆打內戰的實情，卻別有用心地把參與援救廣州的劉國昌部說成督師堵胤錫招來的禍水。沈佳《存信編》記："郇國公高必正將兵二萬自楚至行在赴援，人馬器甲壯甚，西北百戰之餘也。必正自請擊敵。或言請敕必正出懷集、四會，度清遠，以斷清人後。廷議以永和故不敢用，處之潯、橫之間。嘗有敕至必正營，必正出迎十里外，步導至營，行禮甚恭，謂敕使曰：'僕起草野，受國厚恩，欲率眾自效，而朝廷不使處於內地，兵之所居，豈得無擾，外忌壓境之仇，內殘所恃之地，殊非計也。'敕使言之時宰，朱天麟、李用楫頗然之，眾莫有聽者。"[2] 由此可見，忠貞營將領一直以抗清復明為己任，主動請纓，永曆朝廷卻視之為異己力量，一味加以防範，更談不上發揮他們的作用了。

到 1650 年（永曆四年、順治七年）下半年，忠貞營在永曆朝廷控制區內已經很難立足，被迫先後轉移。劉國昌部在遭到廣東、廣西軍閥的襲擊後，同忠貞營主將失去聯繫，長期在廣東北部陽山、英德、乳源一帶抗清。魯可藻記載，這年九月，"馬吉翔、馬寶、陳邦傅、馬應龍等於四會討伐劉國昌，敗之。降其三分之一，國昌遁去，後仍在連（州）、陽山間。"[3]《英德縣志》載："順治九年壬辰，賊首吳接蹤等踞巢鯉魚塘，焚劫鄉村，韶、英合兵進剿，斬獲不計。

1　錢秉鐙《藏心閣詩存》卷十二《行朝集・端州雜詩》。
2　沈佳《存信編》卷三。
3　《嶺表紀年》卷四。

爾時復有劉國昌綽號白毛氈擁眾數萬蹂躪屬地，四營群寇大王飛等綽號紅頭賊亦不下萬人盤踞洽界，不時剽劫。官兵進剿，六月破四營於流寨，七月敗國昌於蕉岡，追至乳源又大破之，西鄉一隅頗得安息，迨十一年甲午、十二年乙未又有紅頭賊、白頭賊屯紮於紅群塘、白水礤等處，日則伏山衝搶，夜則持梯破圍，其害較之哨滿等不少減焉。"[1] 順治八年十一月清廣東巡撫李棲鳳揭帖中說到，這年七月間"逆寇白毛氈即偽淮侯劉國昌"駐營於距乳源縣七十餘里的龍溪，"勢欲侵犯乳地"，清南雄、韶州駐軍先發制人，趁夜翻山度嶺進攻龍溪，劉國昌部被擊敗，陣亡數百名，包括劉國昌的妻子在內約一千餘名家屬被俘，劉國昌率殘兵退入長溪山內憑險拒敵。[2] 這些材料都說明在順治七年清軍攻佔廣州、桂林以後，永曆朝廷形同瓦解，大將陳邦傅、杜永和等先後降清，方以智、魯可藻、錢秉鐙、王夫之等人轉入清方統治區以遺民自命，而被他們誣陷打擊的劉國昌部卻一直在粵北山區堅持鬥爭，其條件之艱苦可想而知。關於劉國昌部還有兩點值得說一下，一是所謂"綽號白毛氈"的問題，王夫之記 1649 年（永曆三年）忠貞營撤入廣西後，"劉希堯、劉芳亮與（李）赤心不協，率其軍自梧州而北，轉掠賀縣、廣寧、四會至宜章，所至剽殺，粵、楚間人尤苦之，呼為白毛氈賊，通粵將楊大甫，欲叛降口（虜）。朝廷執大甫誅之，希堯、芳亮悾惚失據，而彭嵩年、向文明屯郴南，阻其北降路，日漸潰散。清兵遂至，不及納款，遂皆敗死。"[3] 蒙正發記："制撫堵胤錫同忠貞營由茶陵、攸縣、安仁、永興以至江華、永明一帶山懸僻谷中，直達廣東之星子、連州，所過殺

1　道光二十三年《英德縣志》卷十五《前事略》。同治十三年《韶州府志》卷二十四《兵事》。
2　《明清史料》丙編，第九本，第八○二頁。
3　王夫之《永曆實錄》卷十三《高李列傳》。

攜，白骨滿山野，民呼為白毛氈。"[1]可見，白毛氈並不是劉國昌的綽號，而是大順軍餘部的共稱，其原因是將士頭戴白氈帽，民間遂以此呼之。蒙正發出於政治偏見，誣蔑為殺人白骨蔽野致有"白毛氈"之名。王夫之在永曆朝廷中僅任行人司行人，地位極低，當其處境困難時，郧國公高一功曾伸出援助之手，但他同瞿式耜之流一樣心存畛域，拒絕與忠貞營將士往來，因此，儘管他在所著《永曆實錄》中為高必正、李赤心、李來亨等人做了傳記，卻往往根據傳聞，人名和情節常有錯誤。[2]

　　1650 年（順治七年、永曆四年）十二月，忠貞營的主力開始由南寧北上，主要原因是他們同原大西軍領導人孫可望之間存在隔閡。當孫可望請求永曆朝廷加封秦王的時候，忠貞營將領表示不滿，高一功、黨守素曾經親自出面訓斥孫可望的使者，大意是原大順軍和原大西軍地位相類似，大順軍餘部聯明抗清後，將領最高只封公爵，孫可望卻堅持要朝廷封他為一字王，有欠公允，甚至說出了"兩家兵馬，彼此所知，**鞭弭橐鞬**，足以相當也"的威脅性語言。[3]就當時情況來說，大順軍餘部兵力既遠不如大西軍餘部強盛，又不像孫可望、李定國、劉文秀等擁有雲南全省這樣一塊後方基地，高一功、黨守素捲入永曆朝廷同大西軍聯合的糾葛中是不明智的。自然，孫可望借用陳邦傅和造假敕要求節制天下文武，高一功等人不願接受孫可望的指揮也是一個重要因素。高一功等人的行動得到永曆朝臣中反對封秦的頑固派的讚許，在某種程度上還成了這些人拒絕封秦的武

1　蒙正發《三湘從事錄》。

2　由於永曆朝廷許多人歧視原大順軍，儘管忠貞營退入廣西後同永曆朝廷共處一地，但留下的記載卻很少，忠貞營的將領情況就是一個難以弄清的問題。王夫之把劉國昌、劉世俊記載為劉希堯、劉芳亮，可能有誤。

3　錢秉鐙《所知錄》卷下《永曆紀年下》。

力後盾。然而，原大西軍聯明抗清畢竟是大勢所**趨**，孫可望憑藉實力也足以封王。雙方的關係在李自成、張獻忠生前已經因為爭奪四川兵戎相見，封秦之爭又加深了裂痕。到孫可望出兵貴州、四川，清軍侵入廣西時，高一功等忠貞營將士既打不過清定南王孔有德部，又不願依附於孫可望，剩下的道路就是領兵北上夔東，同劉體純、袁宗第、郝搖旗等大順軍舊部靠攏。

忠貞營由廣西南寧一帶北上的時間在各種史籍中記載不一致。《南寧府全志》記，順治七年"十二月，高、李二家走古圾。"[1]《柳州府志》記，順治七年"三月，高必正、李來亨由慶遠至大榕江過水，從（江）、懷（遠）民避兵無寧日。"據順治八年七月清廣西巡撫王一品的報告，這年五月高、李等部仍在懷遠、大榕江一帶，《柳州府志》可能誤記提前了一年。

忠貞營的北上是一次艱難的軍事轉移。高一功、李來亨等人為了把士卒家屬、輜重安全地護送到夔東，不得不取道小路，跋山涉水，經過明清統治力量較弱的少數民族聚居區。1651 年（永曆五年、順治八年）忠貞營途經湖南西部保靖時，遭到已經投降清朝的當地土司彭朝柱組織的襲擊，高一功不幸中毒箭身死[2]。在李來亨等率領下，

1　康熙抄本《南寧府全志·祥異志·附寇變》。

2　關於高一功之死，各種常見的南明史籍都説是被孫可望攻殺，如王夫之《永曆實錄》卷十三《高李列傳》記："時忠貞營諸部存者惟必正、守素及賀錦、李來亨四將屯潯南，日益弱。是年冬，兩粵陷，清兵寇潯南，必正自慶遠走黔。孫可望薄險要擊之，轉戰旬日，所部多為可望劫降，必正、守素、錦皆歿。餘軍推李來亨為帥，由黔走施州衛，遂至巴東之西山屯焉。"這段記載很不住。賀錦早在 1644 年大順政權時期犧牲於青海西寧，王夫之可能把賀珍、賀錦混為一人，但賀珍又非忠貞營將，從未入粵。黨守素至康熙初降清，也不是在順治八年被孫可望攻殺。乾隆二十八年《永順府志》卷十二《雜記》和同治十年《保靖縣志》卷十二《雜記》都記載高一功、李來亨帶領忠貞營途經該地時，彭朝柱令其子彭鼎"調苗兵萬餘，從菁林開路攻殺數千人，高必正亦被藥箭死，餘皆奔潰。"但這兩種方志把時間定在順治"十一年九月"，《保靖縣志》又把"高、李"改為"高必正、李赤心"；李過（赤心）病卒於廣西，早在忠貞營北上之前，當為李來亨之誤。《府志》引《永順司宗圖》云："辛卯之擊，又遭高、李之亂。"辛卯為順治八年，參考其他各書，有關高一功的事跡正是在順治八年秋天以後再也沒有出現，通過這些史籍的混亂記載，大致可以確定高一功是在順治八年九月間在湖南保靖山區被永順土司用毒箭射死。

忠貞營終於突破了重重險阻，到達了夔東。康熙《巫山縣志》在順治八年下記載：“是冬，袁宗第、劉體純、馬重僖、塔天寶、李來亨、董守泰（黨守素之誤）、郝永忠等營由南渡江，分據興山、巴東、巫山、大昌等處。”[1]沈佳《存信編》卷三記，永曆四年（順治七年）十二月，“加大學士文安之太子太保，吏、兵兩部尚書，督師經略川秦楚豫，賜尚方劍，便宜行事。封王光興荊國公、郝永忠益國公、劉體純皖國公、袁宗第靖國公、李來亨臨國公、王友進寧國公、塔天寶宜都侯、馬翔雲陽城侯、郝珍（賀珍之誤）岐侯、李復榮渭源侯、譚弘新津侯、譚詣仁壽侯、譚文涪侯、黨守素興平侯，從文安之之請也。”同書同卷又記，永曆五年（順治八年）夏四月，“文安之奉命督師至都勻，孫可望邀止之，迫奪王光興等敕印，拘留數月，乃听安之回楚，各勛鎮敕印俱匿留不發。”從上面敘述的忠貞營諸將李來亨、黨守素、塔天寶、馬重僖等到達夔東在順治八年，《存信編》寫的封爵時間可能有誤，記早了一年。

忠貞營諸將到達夔東後，原大順軍系統的各支隊伍基本上會合了。他們同集結在這裏的其他擁明抗清武裝如在鄖、襄反清的王光興，在陝西反清的賀珍，忠縣以譚文、譚弘、譚詣為首的地方武裝，搖黃的部分武裝互相呼應，被稱為夔東十三家，忠貞營的名字不再使用了。在談到“夔東十三家”這個名詞的時候，有兩點應當注意：一是明末以來稱各部義軍常用“十三家”以形容其多，如崇禎年間的所謂“十三家七十二營”，明末清初的“搖黃十三家”，都是一種習慣說法，沒有必要也不可能確指十三家的具體領導人和所轄部隊。真正值得重視的倒是所謂“夔東十三家”是以原大順軍為主體，他們在作

---

1 康熙五十四年抄本《巫山縣志·僭據》。

戰時互相支持、配合行動比較多。王光興（某些史籍中沿用"王二、王三"，即王光興、王昌，似乎是兄弟二營，實際王昌病死後所部均歸王光興領導，何況順治四年起兵反清時王氏兄弟並未分營）、賀珍、三譚和搖黃餘部則帶有較多的地方割據色彩。另一點是聚集於夔東的各支抗清武裝就實力而言是相當強盛的，不僅兵馬不少，而且多數是身經百戰，有的擅長陸戰，有的擅長水戰，戰鬥力非常可觀。然而，他們的弱點是各自為政，沒有形成強有力的領導核心，各部首領互不相下固然是原因之一，但永曆朝廷故意在封爵上一視同仁，封了一大批地位相當的公侯，更加強了分立傾向。文安之和他的繼任大臣注意聯絡夔東抗清武裝是正確的，但他們總希望維持諸將的"平等"地位，便於自己節制。考慮到永曆朝廷大臣幾乎沒有真正懂得軍事的人才，派設的督師閣部也不過虛有其名，為永曆朝廷象徵而已。換句話說，夔東地區的明軍既然控制着長江三峽兩岸易守難攻的高山大川地區，若推舉或任命一位才德兼備的主帥，只需留下少數兵力維持地方，集中主力攻下物產豐盈、人口較多的地區，必將在抗清復明事業中發揮重大作用。正是由於上述原因，加上孫可望掌握了永曆朝廷實權後也未能消除雙方的隔閡，夔東明軍兵力雖強，所據地理位置又是腹心之處，卻始終株守窮山僻隅，打不開局面。

第五節　永曆帝的進入安龍

1650 年（永曆四年、順治七年）正當孫可望部署原大西軍由雲南入貴州，開赴四川、湖南抗清前線時，清軍向永曆朝廷管轄下的兩廣地區展開了大規模的進攻。十一月初四日，清朝平、靖二藩尚可喜、耿繼茂部攻佔廣州；次日，清定南王孔有德部佔領桂林，兩廣地盤土崩瓦解。永曆朝廷的文官武將除了少數慷慨就義以外，叛變投降的比比皆是；稍有民族氣節的如方以智、錢秉鐙等人或是避入深山少數民族居住區，或是披緇為僧，演出了一幕大散場的悲劇。

駐於梧州的永曆帝一天之內接到東西兩省省會失陷的消息，驚恐萬狀。[1] 在大學士文安之、嚴起恒等擁簇下於十一月初十日逃往潯州。潯州守將慶國公陳邦傅眼看大廈將傾，決意降清，陰謀劫持永曆帝獻給清方做贄見禮。朱由榔得到密報，不顧傾盆大雨，倉皇竄往南寧，皇帝的鹵簿和隨駕官員都被陳邦傅叛軍搜劫一空。陳邦傅沒有抓到永曆帝，竟把宣國公焦璉殺害，向孔有德投降。

十二月初三日，朱由榔在南寧見情況緊急，無兵無將，轄地全失，已經走投無路了，才不得不把希望寄託於原大西軍和原大順軍。這月二十一日，首席大學士文安之自請往四川督師，以太子太保兼吏、兵二部尚書，賜尚方劍節制以原大順軍為主體的川中諸將。同時派編修劉菜為使者封孫可望為冀王，讓他派兵入衛。按明朝制度，一字王為親王，二字王為郡王，永曆帝到危難關頭決定破格封孫可望為一字王，卻不同意真封秦王，原因是明初朱元璋的次子朱樉受封秦王，位居諸藩之首[2]，傳世二百多年，需要避免重複，也有恩自上出的意思。孫可望卻因為用秦王名義發號施令已久，不願拆穿早已謄黃公佈的"偽敕"，拒不接受。楊畏知勸他接受冀王封號，說"假王何如真王"，孫可望置之不理。[3]

1　參看瞿昌文《粵行紀事》卷二（此書長恩閣叢書抄本作《粵行小紀》三卷，當為初本，後來改"小紀"為"紀事"，用詞亦由尊明改為尊清）。

2　直到明朝末年，封在西安的秦王仍然被視為"首藩"，參見《明熹宗實錄》卷二十二、二十三、二十四相關條。

3　金鐘《皇明末造錄》卷上記："先是，以未允秦封，可望不悅，曰：'古來遇亂世稱帝稱王者不知凡幾，王莽、曹操、司馬炎難道不是做得來？'楊畏知從容向可望曰：'但是假終不若真足以服人心耳。'可望終不悅。"

1651 年（永曆五年、順治八年）二月，清軍由柳州南下，南寧岌岌可危，永曆朝廷覆亡在即。孫可望急忙派遣賀九義（也作賀九儀）、張明志領勁兵五千趕赴南寧護衛永曆皇帝，同時也藉此機會逼迫朝廷承認偽敕封秦的合法性。賀九義、張明志到達南寧後，殺兵部尚書楊鼎和，逼死阻撓封秦的首席大學士嚴起恒。許多南明史籍都說嚴起恒是被孫可望部將擊斃或推入水中淹死，實際上是他負氣自殺。據錢秉鐙記載："庚寅冬，車駕南幸，明年至南寧。其護衛張明志領鐵騎五千迎駕，徑登公舟，問封滇是秦邪，非秦邪？公正色曰：'汝以迎駕來功甚大，朝廷自有重酬，固不惜大國封。今為此語，是挾封也。豈有天朝封爵而可挾者乎？'明志語不遜。公出舟大罵，躍水而死。可望兵大嘩。從官後至者，土人言公死狀如此。"[1] 三月，朱由榔被迫正式承認了陳邦傅、胡執恭矯封孫可望為秦王的敕書和金印。孫可望也上疏謝恩說：

> 秦王臣朝宗望闕奏謝。臣自入滇以來，紀年而不紀號，稱帥而不稱王，正欲留此大寶以待陛下之中興。此耿耿孤忠，矢之天日者也。[2]

封秦的爭議總算是解決了，但雙方的矛盾並沒有因此緩和。就孫可望來說，他既需要朱明皇帝這面旗幟，把永曆帝掌握在自己手中，藉以挾天子以令諸侯；又明知朱由榔和忠於明室的朝臣是在山

---

1 錢秉鐙《藏山閣文存》卷五《閩粵死難偶記》；參見《所知錄》卷四。按，錢秉鐙自桂林失守後即在梧州脫離永曆朝廷，他記載永曆後期事乃根據隨永曆入貴州、雲南的同官好友汪蛟口述及汪撰《日記》，較他書更為翔實。
2 李天根《爝火錄》卷二十一；又見《殘明紀事》。

窮水盡的情況下才違心地同意真封秦王。於是，他採取敬鬼神而遠
之的策略，名義上尊奉永曆年號，正式自稱秦國"國主"[1]，在貴陽建
立行營六部，以范鑛、馬兆羲、任僎、萬年策等為吏、戶、禮、兵
部尚書[2]，從而實際上接管了永曆朝廷的權力。永曆帝及其為數不多
的廷臣仍想威福自操，對於孫可望的日無朝廷、任意格殺、逼死大
臣，難免心懷疑懼。接著，又在楊畏知的問題上進一步激化了雙方
的矛盾。楊畏知是忠於明室的，他是陝西寶雞人，和孫可望、李定
國、劉文秀等同鄉，又較早和原大西軍合作共事，如果安排得當本
可以從中斡旋，減少雙方隔閡。當楊畏知奉孫可望之命來到南寧時，
認為賀九義等逼死首席大學士嚴起恆有傷大體，上疏劾奏二將。永
曆帝決定破格授予楊畏知禮部侍郎兼東閣大學士的官銜入朝輔政。
這一措施本來是為了加強朝廷同原大西軍將領之間聯絡的紐帶。不
料，孫可望得知後大為不滿，命令賀九義把楊畏知押回貴陽，責問
他為甚麼擅自接受永曆朝廷大學士職務。楊畏知回答道，既然你已
經接受朝廷的秦王封爵，我為甚麼不可以接受朝廷的大學士職務。
孫可望認定他心向永曆帝，不忠於己，下令把他拖出斬首。這件事
在《滇緬錄》內記載得比較詳細：

　　八年（辛未，永曆五年）從朱天錫（朱天麟）請，改封可望為
　　冀王，以編修劉菎為封使。未至，可望遣其將賀九儀及總兵張勝、

1　康熙五十四年《新興州志》卷二《沿革》記："七年庚寅，孫可望偽稱秦王，置百官，取黔中地。八年辛
　　卯二月，孫可望自稱國主。"康熙四十四年《平彝縣志》卷二《沿革》記載相同。康熙五十八年《澂江府志》
　　卷三《沿革》記："七年稱秦王，旋稱國主。"
2　見李天根《爝火錄》卷二十一。按，該書因字形相似將馬兆羲誤書作馬兆羲，其他史籍又常因音同把馬
　　兆羲寫作馬兆熙。康熙五十五年《楚雄府志》卷六《選舉志》記馬兆羲天啟丁卯科舉人，崇禎戊辰科進
　　士；卷七《人物志》有馬兆羲小傳。郭影秋《李定國紀年》第一百頁及第一〇一頁未察史料之訛，一作馬
　　兆熙，一作馬兆羲，遂歧為二人。

張明志、楊威等率兵萬人，由廣寧馳南寧護蹕，且脅改秦封。內閣嚴啟（起）恒、楊鼎和，科臣劉堯珍、吳霖、張載述抗論不允。九儀盜殺鼎和於昆侖關，又擊殺起恒水中……，並殺堯珍等。數日，胡執恭自泗城至，泣對曰：曩日之事，諸臣死之，臣膏斧餘生，何敢再置一喙。但自封議議張以來，可望憤然用兵，外併諸鎮，內殺重臣，其心已不可問，然我地日蹙，兵日益散，萬一勢迫長驅，捨西南一塊土更無捉足之地，不得不仍申封秦之典，開一線滇黔以備緩急。三月，可望上疏言，臣秦人也，不願封冀。永曆乃繕璽書命執恭往黔慰諭可望，更封秦王。畏知再至，深自恨，痛哭入見。永曆留之入閣辦事。畏知抗疏劾賀九儀賊殺大臣之罪，九儀報可望。可望怒，使指揮鄭國執畏知至黔。畏知入見，即大罵逆賊，終不可與有為，取頭上幘擊其面。可望怒，殺之。此辛卯五月六日事也。定國、文秀皆與畏知善，益恨可望。[1]

　　楊畏知之死，充分暴露了孫可望的野心，他要的只是永曆朝廷這塊招牌，一切生殺榮辱的大權都攬歸自己。這不僅加深了永曆君臣的畏懼，也引起原大西軍主將李定國、劉文秀等人的不滿。這年十一月，清軍逼近南寧，永曆帝召集廷臣會議何去何從。有的人建議逃往兩廣海濱依靠李元胤的殘兵敗卒；有的主張遷入安南避難；也有的提議航海往福建投奔鄭成功；掌錦衣衛事文安侯馬吉翔和太

1　《滇緬錄》，見《長恩閣叢書》。按，楊畏知被殺事諸書記載不一致。《爝火錄》卷二十一兩段記載在情節上互有出入。遇害地點，《滇緬錄》《爝火錄》等書說在貴陽；屈大均《安龍逸史》卷上則說押回雲南被害。康熙三十年《雲南通志》卷三《沿革大事考》記：順治八年（永曆五年）五月，"孫可望遣楊畏知詣永曆，留為內閣。畏知上疏自劾，又語忤賀九儀，九儀譖於可望，執畏知回黔，畏知大罵可望，求速死，遂遇害。"康熙五十五年《楚雄府志》卷十《藝文志》收馬天選《弔副使楊公畏知》詩注云："公先薰葬楚雄。"參考諸書，孫可望在順治七年八月到達貴陽後，長期駐於該地，楊畏知當死於貴陽，葬於雲南。

監龐天壽極力主張前往雲南依賴原大西軍，首輔吳貞毓由於自己曾經反對封孫可望為秦王，這時顧慮重重，不敢決策。特別是永曆帝本身就"不欲就可望"[1]。孫可望派來的護衛將領賀九義見朝廷議論紛紛，多不願依靠近在咫尺的原大西軍，他憤憤不平地入朝對廷臣說："昔秦王為請移蹕滇黔，特命我扈駕。今諸臣既各疑貳，我豈能擔此重任乎？"[2] 隨即拔營而去。十二月初十日，清軍線國安部佔領南寧。[3] 永曆君臣經新寧州（今廣西扶綏）乘船溯左江逃至瀨湍（在今廣西崇左縣東），由於上游水淺，"盡焚龍舟重器"，派禁兵抬輦由陸路逃難，經龍英（今廣西大新西）、歸順（今廣西靖西）、鎮安（今廣西德保）竄至桂滇交界處，遇上原大西軍狄三品、高文貴、黑邦俊部才轉危為安。南寧失守後，永曆朝廷基本上已經沒有自己的管轄區了，從此一直駐於原大西軍接管的地區內。

1652 年（永曆六年、順治九年）正月初一，永曆帝和他手下為數不多的臣子、眷屬在雲南省最東邊一個名叫畎朝的村子裏度過了傳統的節日。半個月後移到了廣南府（今雲南省廣南）。孫可望接到報告後，經過再三斟酌，決定把朱由榔及其隨行人員迎往貴州安隆千戶所城居住，並派副總兵王愛秀帶兵護送，在呈上的奏疏中寫道：

　　臣以行在孤處僻粵，再次迎請，未奉允行。今正月初三日接外後營總兵狄三品等塘報，云皇上駕抵畎朝，欲移幸廣南，臣不勝欣喜。臣前預慮聖駕必有移幸之日，所以先遣各營兵馬肅清夷

---

1 《爝火錄》卷二十一。

2 《爝火錄》卷二十一。胡欽華《天南紀事》云：永曆五年"六月，可望復請移於滇。帝優詔拒之。可望遂大怒，九月撤兵還。"可見，賀九義撤兵是奉孫可望之命。

3 沈佳《存信編》卷三記，十二月初七日清軍佔領南寧。

氛，道路無礙。廣南雖云內地，界鄰交趾，尚恐敵情叵測。臣再思維，惟安隆所乃滇黔粵三省會區，城廓完堅，行宮修葺，鞏固無虞。且以皇上屢歷艱危，當思長策，豈可再觸驚憂。今若竟抵安隆，暫勞永逸，一切御用糧儲朝發夕至，較廣南逼近交夷，安危又大不同矣。特遣副總臣王愛秀前來奉迎。若異日中原大拓，東南移都，亦無艱難紆折之苦。臨奏不勝激切。[1]

永曆朝廷在走投無路的情況下，勉強接受孫可望的安排，在王愛秀護送下搬到了安隆千戶所，為了使名字好聽一些，改為安龍府。據江之春記載，"壬辰（1652，永曆六年、順治九年）二月初六日，上自廣西南寧府移蹕貴州安龍府，……時廷臣扈隨者，文武止五十餘人"[2]，加上少數兵丁、隨從人員和家屬眷口也不過兩千九百餘人。[3]《殘明紀事》中說："王自入黔，無尺土一民。"其實，更正確的說法應當是：帝無尺土一民，方始入黔。永曆帝和他寥寥可數的廷臣遷入原大西軍餘部的控制區，標誌着這位南明皇帝被迫把自己和小朝廷的命運完全託付給原大西軍。

這種新情況的出現，如果能夠有效地利用本來是可以把全國的抗清鬥爭推上一個新階段。因為，自從清兵南下之後，滿洲貴族加緊推行民族征服和民族壓迫政策，激起了漢族士民的激烈反抗，導致民族矛盾上升為全國的主要矛盾。然而，儘管各地的抗清鬥爭風起雲湧，卻大多以失敗告終。失敗的根本原因在於南明朝廷自身的

---

1 沈佳《存信編》卷三。《爝火錄》卷二十二所載文字較簡。按，安隆所或寫作安龍所。
2 江之春《安龍紀事》，收入神州國光社編《虎口餘生記》；又見計六奇《明季南略》卷十四，沈佳《存信編》卷四按干支推算也是二月初六日。
3 金鐘《皇明末造錄》卷上。

腐敗，內部紛爭離析，名義上從屬朝廷的各種抗清力量之間，以至於某一個抗清團體的內部，總是矛盾重重，相當大一部分可以用於抗清的力量在內部衝突中被消耗了。改變這種局面，需要兩個條件：一是利用漢族紳民長期存在的正統思想，以朱明皇帝作為號召和團結各種抗清勢力的旗幟；一是要有一支擁有相當實力又忠於抗清事業的力量作為核心。具體來說，永曆皇帝就是當時唯一適合的旗幟，而孫可望為首的原大西軍經過改編和養精蓄銳之後，正是支撐、團結各種抗清勢力的核心。道理很明顯，只有以永曆朝廷為正統，以復明為號召，孫可望等的西南抗清力量才能同東南沿海的鄭成功抗清義師團結起來；各地漢族官紳士民的反清派是以恢復明朝為宗旨的，他們中間的許多人對原屬農民軍的孫可望、李定國、高一功、李來亨等懷有很深的偏見，在這種情況下，拋開永曆朝廷就不可能達到號召遠近的目的；甚至為了使原屬大西、大順這兩支農民軍的武裝（還有曾屬農民軍的混十萬馬進忠等人）在抗清鬥爭中實現有效的聯盟，也必須藉重永曆朝廷。從另一方面說，永曆朝廷畢竟是腐朽沒落的明王朝的延續，對人民的敵視、內部的腐敗和鈎心鬥角已經成為深入骨髓的痼疾。當它還擁有直屬自己的地盤和兵力的時候，無論是對大順軍還是對大西軍都採取暗中防範、明加排斥的方針，雙方的關係往往陷入僵局，導致喪師失地。在清軍追擊下，永曆朝廷有限的實力和地盤喪失一空，被迫投奔原大西軍，實際上是來了一次大換血。這樣，推進抗清鬥爭所必要的兩大要素才有可能真正結合起來。

然而，可能性並不一定能夠成為現實。當永曆帝已經被安置於籠中以後，孫可望作為主角登場了，事實證明他沒有演好，他不懂舞台上的主角並不一定是劇情中地位最高的人。對於孫可望的秉政，我們應該有個全面的認識。一方面,他在明清之際的政治風雲中確實是出類拔萃的人物,治理軍國大政表現了非凡的才能;另一方面,他對權力和地位的慾壑難填使他利令智昏,無法做到高瞻遠矚,正確地駕馭全局。就治軍治國的才能而言,他在順治三年冬(1647 年 1月)張獻忠遇難後接過元氣大損的大西軍領導權,開疆闢土,把久歷戰亂的雲南治理得相當不錯。在接管貴州後,也在短期內就把這個貧瘠的省份治理得井井有條,生產迅速恢復。自然,治理雲貴地區不能全部歸功於孫可望一個人,但他作為最高決策人所起的作用則不容低估;同樣,李定國在順治九年以後取得的輝煌戰果同在雲南的休整和後勤支援也是分不開的。

孫可望決策聯明抗清是完全正確的,在聯絡永曆朝廷的初期備受朱由榔及其廷臣的欺騙與刁難也是事實。從他不失時機地派兵救出永曆皇帝,安置於自己的管轄區來看,表明他對永曆皇帝的號召作用是有所認識的。然而,在如何正確利用永曆這面旗幟上,孫可望卻犯了極大的錯誤。他光知道暫時需要利用永曆朝廷,卻不能安置得當,注意維護朝廷的表面尊嚴。

當時,原大西軍管轄區內有兩個政治中心,一個是雲南省會昆明,另一個是貴州省會貴陽。前者是原大西軍四將軍長期活動的中心[1],後者是孫可望以"國主"身份發號施令的場所,這裏建立了屬於孫可望的六部等中央機構,相當於封建時代皇帝的行在。永曆帝遷入原大西軍管轄區後,本來應該駐蹕於昆明或貴陽,以原大西軍建立的政權為基礎逐步改造南明朝廷。孫可望卻沒有這樣做,他完全

---

1 1655 年孫可望致信李定國、劉文秀說:"滇南乃公眾之地,宜作根本之區。"見《明末滇南紀略》卷五《再圖西蜀》。所謂"公眾之地"即指雲南為孫、李、劉等共有。

從個人的利害出發，唯恐把永曆帝迎至昆明後可能受李定國和劉文秀等的影響，自己不便操縱；如果迎來貴陽，不僅自己得定期朝見稱臣，而且重大軍國重務總應在形式上取得皇帝的認可。這對於野心勃勃的孫可望都是難以容忍的。因此，他把永曆帝及其為數不多的廷臣、隨從遷往自己的嫡系軍隊控制下的安隆，這裏原先只是明代的一個千戶所城，地方僻小，居民不過百家。[1] 永曆皇帝居住的千戶所公署雖稱行宮，其簡陋程度可想而知。而王應龍在昆明為孫可望"營造王府，用黃瓦，拆呈貢縣城磚石為牆，腳寬六尺。大門外設通政司，立下馬牌，製天子儀仗，殿懸五龍，設螭陛，選有聲音者為鴻臚寺贊禮。顯然有僭稱天子之形。"[2] 在貴陽也"大興土木，建立宮殿、樓觀甚美偉。又作行宮十餘所於滇、黔孔道，以備巡幸。"[3] 清朝初年在湖南、貴州任職的彭而述依據親身經歷寫道，自寶慶（今湖南邵陽）城外三十里的長煙司直至貴州、雲南，每一舍設孫可望行宮一所，如清平衛宮邸"熌爛魁傑，台八九層，榴花亭子佈置儷雅，與靖州署同。"[4] 這些行宮雖不一定都是新建的，至少也經過維修鋪設。國難當頭，民力凋敝，孫可望的追求享受，講究排場，實在令人吃驚。這同他撥給永曆帝居住的安龍相比，形成鮮明的對照。[5]

---

1 安龍，原名安籠，為安籠守禦千戶所（明制：守禦千戶所直隸都司，不屬衛管），在貴州普安州城南三百二十里。"洪武二十一年建為寧遠堡，尋改為所。所城圍一里二百七十步。"見弘治《貴州圖經新志》卷十，普安州。乾隆二十九年抄本《南籠府志》卷四《城池》記："南籠府舊城原為安籠所城，隸安順府。明永樂二年建，周圍二百八十七丈一尺，高一丈四尺。"按，明朝制度衛、所屬軍事系統，行政系統的府州無權管轄。

2 《明末滇南紀略》卷四《悔罪歸明》。

3 《爝火錄》卷二十五。《存信編》卷四記："可望自居貴州省城，大造宮殿，設立文武。川黔大臣皆挾以威，令刻期朝見，授以職銜，有不從者即殺之。"

4 彭而述《讀史亭文集》卷十，記下《寶慶至沅州日記》《自沅抵貴日記》。

5 民國《貴州通志》前事志十七引《桂王本末》云："由榔在安隆塗葺薄以自敝，日食脫粟，窮困備至。"略有誇張。

宸居既是如此簡陋[1]，供應也極為菲薄。孫可望任命親信范應旭為安隆府知府，張應科為總理提塘官。每年給銀八千兩、米六百石供永曆君臣、隨從支用，[2]"帝以不足用為言，不答。"[3]范應旭、張應科"造冊，開皇帝一員、皇后一口，月支銀米若干。"[4]他們還奉命對永曆朝廷的動靜嚴密監視，隨時飛報可望。永曆皇帝實際上處於軟禁之中。連原大西軍領導人物李定國、劉文秀未經孫可望許可都不得直接同永曆帝往來。例如，朱由榔剛遷到安龍的時候，"李定國、劉文秀自稱孫可望之弟，恭候萬安，並進銀幣、食物值可萬計。可望聞而益惡之。"[5]又如，李定國攻克桂林，"報捷於安龍行在。帝以璽書勞慰，極其稱獎。孫可望知之，以為捷不報己而報帝，深恨之。"[6]定國桂林之捷不僅向孫可望做了報告，獻俘也是解往貴陽，不能說是"不報己而報帝"，但定國派使者赴安龍向永曆帝奏捷大概確有其事。孫可望卻認為所有軍國重事都應由自己一手握定，視永曆帝與大將之間文書往來為大忌，足見其心胸偏窄。

---

1 屈大均《安龍逸史》卷下記，順治九年四月，孫可望"補任之聰為安龍知府、朱用九為通判、譚江藩為推官，動庫銀為各處建公署焉。"可見，永曆朝廷遷入安龍以後，孫可望曾經命人動工興建"行在"和衙門辦公處所，但是安龍地僻城小，興建的行在公署肯定不大壯觀。

2 《殘明紀事》云：可望令"張應科每年進銀二千兩、食米六百石"。諸書記載供應永曆君臣的銀米數不一致，為數不多當係事實。

3 《天南紀事》。

4 《爝火錄》卷二十二。

5 胡欽華《天南紀事》。

6 《明末滇南紀略》卷六《進取粵西》。

第二十二章

1651—1653 年浙閩贛抗清勢力的消長

第一節　舟山之役和魯監國退位

　　魯監國進駐舟山以後，擺脫了鄭彩的控制，戰略上也由恢復福建改為經營浙江。當時，張名振、阮進、王朝先等部駐於舟山；閩安伯周瑞、平虜伯周鶴芝屯於溫州的三盤；寧波府四明山寨的王翊、王江、馮京第等義師同舟山相呼應。以魯監國為首的兵力還相當強盛，特別是舟山群島地理位置十分重要，對清廷在江浙地區的統治構成重大威脅。

　　清攝政王多爾袞眼見在江西、廣東、山西、陝西等地的大規模反清復明運動之後，滿洲八旗兵被拖得疲憊已極，加上清軍不熟悉海上作戰，因而對魯監國政權採取了政治上招降瓦解，軍事上利用漢軍進攻的對策。1649 年（順治六年、魯監國四年）正月，江南江西河南總督馬國柱報告：“舟山偽僉都嚴我公率知府許珖等投誠，並獻進剿機宜，願充向導。”[1] 多爾袞如獲至寶，立即讓馬國柱把嚴我公送到北

1　《清世祖實錄》卷四十二。黃宗羲《海外慟哭記》中說嚴我公是個騙子，並沒有在魯監國政權中任職，他自己“偽為告身銀印，曰：吾行朝之都御史也。因客以見國柱，因國柱以見虜主。我公大言慨虜主曰：‘……曩者臣在海上，諸營將故臣之屬吏，臣苟得奉明詔，開以丹青之信，則江南之患，可刻日定也。’虜王大悅，以我公為招撫都御史，詔山海之師解甲者復其位，視嚴我公。然我公故未嘗為山海之帥所識……”

京，親自兩次召見，授予都察院右副都御史、招撫沙埕舟山等處招撫使，攜帶敕書前往浙江招降明方文武官員。嚴我公即以清朝欽差大臣的身份派遣使者進入四明山寨和舟山群島到處遊說。在他的策動下，這年三月魯監國所封開遠侯吳凱降清[1]，九月清廷封吳凱為沙埕侯，總統沙埕、舟山、大嵐、東白海島軍務總兵官[2]。接着，魯監國下義安伯顧奇勳降清，被封為舟山伯、舟山總兵[3]。隨同降清的明開平將軍姜君獻被任為歸義將軍，安遠將軍王用升為懷義將軍，翼義將軍陳龍為慕義將軍，總兵陳德芝為招撫（即嚴我公）標下右營總兵，雷虎彪為後營總兵，楊子龍為前營總兵，明副使呂一成為沙埕監軍副使，高樹勳為舟山監軍副使，"俱賜敕印並貂帽蟒袍等物"。[4]次年（1650）正月和四月，嚴我公又疏報招得定遠侯石仲芳[5]、昭武將軍田得坤、忠勇將軍沈乘龍、虎賁將軍胡茂芳、定一將軍陸鳴時等多人。順治六年二月初三日，清"皇父攝政王"多爾袞還發出了"與大蘭山吳大將軍諭旨"，其中說："將軍果投誠歸順，予必使將軍富貴無極，子子孫孫世世不絕，山河帶礪，與國同休。"[6]這些事實都表明清廷因自身兵力不足，不得不採取高懸爵祿的方式，連魯監國濫發敕印授予的官爵只要來降就保留其原官原爵。清廷通過嚴我公的活動，僅發出一批

1　順治六年三月《紹興府諸暨縣草莽臣吳凱奏本》，見《明清史料》丁編，第一本，第二十九頁。據佚名《監國紀年》，魯監國初立時，"拜新河總兵吳凱為將軍，是年（1645）底加封吳凱為開遠伯"。

2　《明清史料》丁編，第一本，第三十五頁。按，吳凱降清不久即死，見順治七年三月十八日招撫使嚴我公揭帖《明清史料》己編，第一本，第七十四頁。

3　順治七年三月十六日舟山總兵官顧奇勳揭帖，見《明清史料》丁編，第一本，第三十八頁。黃宗羲《海外慟哭記》作"會稽顧虎臣"。

4　《清世祖實錄》卷四十六。

5　順治七年正月初五日沙埕舟山招撫使嚴我公揭帖，見《明清史料》丁編，第一本，第三十六頁；同書第三十九頁嚴我公揭帖內提到上繳"定原伯石仲芳"敕書，黃宗羲《海外慟哭記》記有魯監國四年七月授蕭山石仲芳為掛印將軍。

6　《明清史料》甲編，第六本，第五一七頁。

空頭敕印就招來了魯監國下一批不穩定分子，對於掌握浙東抗清勢力的虛實、動搖人心起了不小作用。但光靠這一手解決不了問題。一是魯監國的主要將領張名振、阮進等人堅貞不移，四明山寨的主帥王翊也把嚴我公派來的使者付之湯火[1]，嚴我公對多爾袞夸下的海口無從兌現。另一方面，招來的一批"高官顯爵"既沒有多大實力又沒有糧餉，引起了清朝地方當局的不滿，他們心懷妒意，又難於安插。順治七年四月，清浙閩總督陳錦上疏說："我公等見行事宜，不便有八。"兵部稱讚為"誠為確論"[2]。甚至嚴我公也承認"天恩過厚"，"緣係招撫鎮臣太多"[3]。這場招撫鬧劇才草率收場。

除了清方進行的策反活動以外，魯監國政權內部還存在一些不穩定因素。1650年（順治七年、魯監國五年），周瑞和周鶴芝在三盤鬧矛盾，魯監國派巡按吳明中去調解。不料，吳明中"原為清官，為賊所獲"，是個潛伏在義師內部的奸細[4]。他到達三盤後，乘機火上加油，大肆挑撥，二將互不相容，周瑞引兵南下福建投靠鄭彩，後來成為鄭成功的部將；周鶴芝則帶領所部兵船北依阮進。

不久，在舟山又爆發了張名振同王朝先的衝突。王朝先原來在舟山受到肅虜侯黃斌卿的壓制，內心深為不滿，才同張名振、阮進策劃了刺殺黃斌卿的行動。魯監國對張名振非常信任，委以節制諸軍大權，王朝先又感到不公平，聲稱要公開宣傳襲殺黃斌卿的主謀是張名振。由於在舟山黃斌卿的舊部尚多，張名振唯恐導致內變，就同阮進密商，先發制人，在1651年二月乙卯日早晨由阮進派健卒

1　黃宗羲《海外慟哭記》。

2　順治七年四月十五日到兵部殘揭帖，見《明清史料》己編，第一本，第七十五頁。

3　沙埕舟山等處招撫使嚴我公揭帖，見《明清史料》己編，第一本，第七十四頁。

4　順治五年二月福建福寧義師首領王公哲派吳明中攜帶魯監國詔書入城招降清分巡道潘映婁、總兵涂登華時，由於他告密，把隨同進城監視的三百餘名明軍誘殺。見《明清史料》己編，第一本，第九十頁。

衝入王朝先帳中。"朝先未衣，奮奪刀，殺進數人，勢不敵，走閣部張肯堂邸，肯堂請避入內室。朝先顧身裸不肯入，反與進對仗庭中"[1]，結果被追卒殺害。事後，張名振即將謀害黃斌卿的責任推到王朝先身上，說他"擅殺斌卿，忘誼不赦"[2]。但是，事情並未因此了結，王朝先的部將張濟明、呂廷紀憤恨不平，逾牆縋城，奪得船隻駛往寧波向清總兵張傑投降，告以舟山虛實，願意充當向導。

魯監國扼守舟山聯絡內地復明武裝開展抗清運動，既對江浙清朝統治構成威脅，又牽制了清軍主力不得進入福建，為鄭成功的擴充力量創造了條件。清朝當局對此甚感頭痛，經過一番策劃以後，決定在進攻舟山之前，先對四明山寨抗清義師展開大規模的掃蕩，以免大軍出海，內地蜂擁而起。1650年（順治七年、永曆四年、魯監國五年）九月，清將固山額真金礪、提督田雄等調集兵馬分別由奉化、餘姚進入四明山區搜剿，魯監國委任的兵部右侍郎馮京第被擒遇難。經略直、浙兵部左侍郎兼左副都御史王翊見清軍勢大難敵，航海往舟山，準備趁清軍主力聚集於大蘭山之機，會合王朝先率舟師攻杭州。他到達舟山時，王朝先已被張名振、阮進擊殺。1651年，王翊回到四明山中，這時山中諸義師有的被清軍剿滅，有的被嚴我公招降。七月二十四日，王翊被清政府團練兵俘獲，八月十二日在定海就義。[3]

清軍在大體上平定了四明山區的抗清武裝以後，就着手部署大舉進攻舟山，摧毀魯監國政權。1651年（順治八年、永曆五年）清

1 查繼佐《罪惟錄》列傳三十三《黃斌卿傳》；黃宗羲《海外慟哭記》。

2 查繼佐《罪惟錄》列傳三十三《黃斌卿傳》。

3 黃宗羲《海外慟哭記》。翁洲老民《海東逸史》卷九《王翊傳》記：庚寅（1650）八月，進本部尚書，次年八月十四日被殺。朱之瑜為其知友，先後作祭文三篇，書其官銜甚詳，然對其就義之日"終不得其真"，擬於八月十三日。見《朱舜水集》卷二十一。

浙閩總督陳錦、平南將軍固山額真金礪、固山額真劉之源、提督田雄、浙江巡撫蕭起元會商進攻舟山機宜。經清廷核准後，公議由提督田雄先於六月十二日從杭州帶領兵馬前往定關，同定海總兵張傑會合，一面繼續搜剿大嵐（即四明大蘭山區）的抗清義師，一面料理船隻，做好渡海準備。七月十三日，固山額真金礪、劉之源統師由杭州經紹興、寧波往定關；同月十九日總督陳錦率軍由衢州出發，經台州、寧波至定關。除了上述軍隊擔任進攻舟山的主力以外，陳錦等還命金華總兵馬進寶為總統，帶領水陸兵由台州乘船北上；並經清廷批准檄調吳淞水師總兵王燝率部南下，預定八月二十日三路會攻舟山，企圖一舉殲滅明魯監國全軍。[1]八月中旬，清軍雲集定關，舟山戰役即將開始。

在這"山雨欲來風滿樓"之際，魯監國召集文武群臣會議，商討堵禦對策。決定留蕩胡侯阮進帶領水師扼守定關海域[2]，安洋將軍劉世勛、都督張名揚、中鎮總兵馬泰等領兵三營防守舟山城；魯監國和兵部侍郎張煌言、定西侯張名振分別率領軍隊乘船南北出擊，企圖使清軍陷於顧此失彼的困境。具體部署是："張名振督張晉爵、葉有成、馬龍、阮美、阮驥、方簡等遏南師；張煌言、阮駿率顧忠、羅蘊章、鮑國祥、阮騂、鄭麟、李英傑、符文煥等斷北洋。"[3]

朱以海和他的高級將領做出這種部署，顯然是出於以下考慮：

---

1 順治八年九月浙江福建總督陳錦"為飛報攻克舟山，蕩剿海寇大捷事"揭帖，見《明清史料》甲編，第三本，第二八四至二八六頁。

2 阮進的官爵在《海東逸史》《行朝錄》《魯之春秋》《南疆逸史》等書中都記為蕩胡伯；張岱《石匱書後集》卷五十一記魯監國駐舟山後"封進為蕩胡侯"，但該傳前後文均誤寫為阮俊。據清浙江巡撫蕭起元順治八年八月二十八日揭帖報是月二十一日"擒偽蕩胡侯阮進並偽敕偽印"，見《明清史料》丁編，第一本，第四十五頁。又上引同年九月浙江福建總督陳錦的揭帖裏也報告"當陣擒獲偽蕩湖侯阮進及偽敕偽印"，"蕩湖侯"即蕩胡侯的譌稱。由此可證阮進在這以前確已由蕩胡伯晉封蕩胡侯。

3 任光復《航海紀聞》，見《荊駝逸史》。

他們估計清軍水上作戰能力很差，大將阮進精於海戰，可以在海面擊敗來犯之清軍，確保舟山無虞；而乘江蘇、浙江清軍主力齊集定海，進軍長江口，將使清軍陷入進退兩難的處境。這正如《海東逸史》所記："王以蛟關未能猝渡，親帥舟師搗吳淞，以牽其勢，蕩胡伯阮進居守。"[1] 現收入《張蒼水集》內的魯監國《祭海神文》（張煌言代草）正是朱以海親自率軍北攻吳淞時的一篇重要文獻，文中說："予起義於浙東，與薪膽俱者七載，而兩載泊於此。⋯⋯今義旅如林，中原響應，且當率文武將吏，誓師揚帆，共圖大事。潔誠備物，致告行期。啟行之後，日月朗曜，星辰爛陳，風雨靡薄，水波不驚。黃龍蜿蜒，紫氣氤氳，棹楫協力，左右同心，功成事定，崇封表靈。⋯⋯"[2] 張煌言後來寫的《瀚洲行》裏也詳細描述了當年舟山失守的情況，其中幾句是："斯時帝子在行間，吳淞渡口凱歌還。誰知勝敗無常勢，明朝聞已破岩關。又聞巷戰戈旋倒，闔城草草塗肝腦。忠臣盡瘞伯夷山，義士悉到田橫島。"[3] 很明顯，魯監國和張名振等率師親征吳淞是針對清軍齊集定海而採取的圍魏救趙之計。黃宗羲在記載這一戰役時含糊其詞地說："虜會浙、直之兵寇行朝⋯⋯行朝聞之，定西侯張名振、英義將軍阮駿扈上出舟山，登舟泊道頭（道頭即在舟山群島）。"[4] 給讀者以避戰先逃的印象。據當時正在行間的太常寺卿任廷貴記載："八月，戒嚴甚。二十日王攜世子欲登舟，名振諫曰：臣母耄年，不敢輕去，恐寒將士心。主上督率六師，躬環甲冑，是為有

1　翁洲老民《海東逸史》卷三《家人傳》；參見同書卷十《張肯堂傳》、卷十二《張名振傳》。

2　張煌言《張蒼水集》第一編《冰槎集》。按，朱以海 1645 年赴紹興監國，至 1651 年正為七年，自監國四年移駐舟山亦恰為兩載。可證《祭海神文》為魯監國親征吳淞時祈求海神庇護之文。

3　《張蒼水集》第二編《奇零草》。

4　黃宗羲《海外慟哭記》。在《行朝錄・魯監國・紀年下》內記載相同，只是把"虜⋯⋯寇行朝"改作"北師會攻行朝"。

辭，世子豈可遽去？將為民望耶？遂不果行。"[1] 從魯監國出征時宮眷和大學士張肯堂以下的朝廷官員都留駐舟山、張名振的親屬五十餘口也留在舟山，可以判斷黃宗羲的說法帶有很大的偏見。

八月二十日，陳錦、金礪、劉之源、田雄和定海總兵張傑率軍登上戰船。次日晨大霧彌漫，清軍乘潮蜂擁渡海。舟山群島明軍立即於各山頭傳烽告警，集合戰船，由蕩胡侯阮進統領迎敵。雙方相遇於橫水洋（指舟山島與岑港即冊子山、瀝港即金塘山二島之間的海峽），炮火交加，戰況極為激烈。阮進身先士卒，指揮所乘戰船直攻清軍統帥金礪的座船。他把火球扔向金船，不料火球撞在金船的桅杆上反彈回來落入自己的戰船上，頓時引起大火。阮進被火燒傷，棄船跳入海中，被清軍擒獲，第二天因傷重而死。[2] 海戰既以明軍失利告終，清軍就在當天下午進抵舟山，分一半兵員登陸攻城，一半兵員留在戰船上做攔截回援明軍和機動之用。[3] 在強弱異形的情況下，舟山城中的明軍將領如安洋將軍劉世勛、都督張名揚仍然奮不顧身，率領營兵五百名、義勇數千人背城力戰，給予清軍很大殺傷。當時，明、清雙方主帥都認識到舟山城的得失是至關重要的。從八月二十二日激戰至九月初一日，明總兵金允彥（張名振麾下中軍）見城中火藥已盡，縋城出降；巡城主事邱元吉也接着降清。城中守軍在危急關頭志不稍減，把邱元吉的兒子斬首傳示四門，激勵眾心。魯監國和張名振、張煌言統率的主力雖然取得了在海上阻擊浙江台州

1　任光復《航海紀聞》。

2　順治八年八月二十八日浙江巡撫蕭起元 "為塘報大兵出洋擒獲巨魁並攻剿情形事" 揭帖，見《明清檔案》第十三冊，A13-82 號；同件又見《明清史料》丁編，第一本，第四十五頁。《明清史料》丁編，第一本，第五十八至五十九頁，順治九年正月十九日到浙江福建總督陳錦揭帖殘件中，報告擒獲阮進的有功人員是 "固山額真金礪船上" 的兵將，可以同南明方面記載相印證。按，任光復《航海紀聞》記阮進兵敗在八月二十二日，較清方記載晚一天。

3　參見上引順治八年八月二十八日蕭起元揭帖，順治八年九月浙閩總督陳錦揭帖。

清軍和江蘇吳淞清朝水師的勝利，"南北應敵師皆幸勝"[1]，忽然接到阮進陣亡、舟山危急的報告，火速回援，但在舟山海域遭到清方留船軍隊的頑強阻擊。清浙江福建總督陳錦在一份奏疏裏描述了當時的戰況：清軍抵舟山道頭後，"其城下水寨賊船見我兵奮勇，即出外洋守口；城中賊黨閉門抗拒，疊次招撫，怙惡不從。職會同固山額真金礪、劉之源等隨發兵一半登岸圍城，一半存船禦敵。逆魁張名振等擁護偽魯在船，終日乘潮救應。存船官兵竭力堵禦，旬日之內，晝夜不懈。……"[2]九月初二日，圍城清軍採取挖城豎梯戰術，從舟山城西面突破明軍防禦，蜂擁入城。劉世勛、張名揚、馬泰率領部下將士英勇巷戰，力盡陣亡，舟山城遂告失守。明魯監國正妃陳氏等投井而死，西宮妃榮氏和世子留哥被清軍俘獲；[3]大學士張肯堂、禮

---

1 任光復《航海紀聞》。前引順治八年八月二十八日浙江巡撫蕭起元揭帖中也説進攻舟山時，"台區官兵料因沿途被賊截住打杖（仗），尚未即到。……蘇松水師迄今違期五日尚無影響，且連日俱值便風，而猶然不至，不知何故？"浙閩總督陳錦奏疏中也一再抱怨蘇松水師不見蹤影，這年十月十一日題本中説："惟是蘇松水師淮江寧撫臣土國寶回咨，內開已如期於八月二十日同時出洋，共發大小戰艦一百五十餘隻，各標官兵五千一百有餘。乃臣等自抵舟山之後日夜懸望，直至九月十四、五等日方陸續前來，其咨開所發艘隻僅到一半，則官兵不問可知。蘇松兵到之時，正值張名振等遁逃之後，即令蘇州總兵王燝親統戰艦五十隻，同梅勒章京吳汝礪追剿至南田而返。在該鎮之乘風破浪頗有辛勞，但咨開所發之船仍留一半，而又稽遲逾期，鮮得一臂之助，不知何故？"見《明清史料》丁編，第一本，第四十八頁。其實，蘇松水師出洋後即與魯監國舟師相遇，交戰中損失可能相當大，明軍回救舟山，王燝部才跟蹤而至。陳錦在王燝到達之後不可能不了解其中緣由，他故意含糊其詞，顯然是為了爭功，貶低蘇松"客兵"的作用。

2 順治八年九月浙江福建總督陳錦"為飛報攻克舟山蕩剿海寇大捷事"揭帖，見《明清史料》甲編，第三本，第二八四至二八六頁。後來（順治十三年四月）清軍再度進攻舟山時，曾追結順治八年攻克舟山的經驗是三路會師，主力由定關出發，"晨發夕至，台區與江南兩枝戰船俱逾旬繼到，蓋台州舟師從南田經口（過），有賊船邀截；江南之師亦有寇綜攔阻，且戰且行，是以愆期。……因討論昔年軍事，知前任督臣陳錦調度滿漢官兵，原分三路進剿，此時賊口止有張名振、阮進，船不滿千，察其分佈洋面要隘，欲遏我師。前督臣議調江南總兵王燝統領舟師自北而南，與賊戰於洋山等處，又督發口（金）華總兵馬進寶統駕水艇自南而北，與賊戰於林門等處。兩路官兵雖皆失期後至，然南北賊船之勢實為二鎮牽制，使賊不能顧援巢穴，故前督臣固山、梅勒、提督諸臣統領滿漢官兵坐口口（一百）十五號之船，得以從容攻克舟山，此當日勝算之明驗也。"見《明清史料》甲編，第四本，第三八一頁，順治十三年四月十三日浙江巡撫秦世禎揭帖。

3 《明清史料》丁編，第一本，第七十四頁有《刑部尚書圖海等殘題本》，內述魯監國西宮妃榮氏及子留哥在舟山城破時被清軍虜獲，榮氏被配給金礪女婿之家人丁守才為妻，後來為魯監國探知，派人暗中持銀來贖，被他人揭發。

部尚書吳鍾巒、兵部尚書李向中、工部尚書朱永佑、通政使鄭遵儉、兵科給事中董志寧、兵部職方司郎中朱養時等都自殺殉國，在南明史上寫下了壯烈的一頁。[1] 此外，也有一些文官武將為形勢所迫歸順了清朝。據陳錦向清廷報告，清軍佔領舟山以後，明魯監國下"偽總督部院李長祥、偽伯及偽將軍章雲飛、尹文舉、蔡應選、涂登華等；偽總兵金允彥等，偽禮部丘元吉、偽戶部孫延齡、倪三益等；偽太僕寺李師密，偽兵部中軍周士禮，偽副、參、都守周名臣、鄭國化、王培元等"先後降清，"俱分發內地善行安插矣"。[2]

　　魯監國、張名振、張煌言、阮美、阮駿等人痛惜舟山失守，但已無可奈何，被迫移舟南下溫州海域的三盤，這裏原是周鶴芝部的駐地，"有房可居，有險可恃"。[3] 由於缺乏糧食，張名振等派兵船到溫州府屬的黃華、龍灣一帶搜括。陳錦乘機命金衢總兵馬進寶統兵攻克三盤，焚毀島上的房屋棚廠。朱以海、張名振等又南下沙埕；"沙埕而南即是閩洋海道，非浙中水師所能熟識"，清浙閩總督陳錦命令福建兵將在閩安一帶堵剿，同浙江金衢總兵馬進寶合擊。魯監國和他的部將在舟山失守後，士氣大為低落，儘管他們的兵力還相當可觀，但是基地的喪失帶來了糧餉、住房的困難；親屬的被俘殺又在心理上造成難以言喻的隱痛。在海上漂泊無定的生活導致了部分將領對前途失望，都督靜洋將軍張英，都督掛印總兵阮述、阮

1　翁洲老民《海東逸史》卷二。順治八年九月浙江福建總督陳錦"為飛報攻克舟山蕩剿海寇大捷事"揭帖，見《明清史料》甲編，第三本，第二八四至二八六頁。按，此揭帖中李向中寫作"李尚忠"。

2　順治八年十月十一日浙江福建總督陳錦"為續陳追剿通寇情形及招撫流亡安插舟山善後機宜仰祈聖鑒事"題本，見《明清檔案》第十三冊，A13-135 號；同件又見《明清史料》丁編，第一本，第四十七至四十八頁。

3　順治八年十二月浙江福建總督陳錦揭帖，見《明清檔案》第十四冊，A14-8 號。

玉，新襲蕩胡侯阮美（即阮進之弟）[1]，都督總兵阮捷、魏賓等先後赴福建閩安向清方投降。[2] 張名振帶領其他兵將保護魯監國乘船來到海壇島，這裏已屬於鄭成功據守的範圍。鄭成功原是尊奉隆武帝，後來遙奉永曆帝，一直不承認魯監國的正統地位。朱以海和擁戴他的定西侯張名振、平夷侯周鶴芝、英義伯阮駿等在浙江沿海站不住腳、沒有自己的地盤的情況下，進入鄭成功的勢力範圍是迫不得已的。

　　1652 年（順治九年、魯監國七年、永曆六年）正月，鄭成功同意魯監國朱以海和部眾進駐廈門，隨行的有定西侯張名振、大學士沈宸荃、"兵部右侍郎張煌言、曹從龍，太常寺卿任廷貴，太僕卿沈光文，副使馬星、俞圖南，少司馬兼大理寺卿蔡應昌、任穎眉，兵部主事傅啟芳、錢肅遯、陳藎卿、張斌卿、葉時茂、林泌，侍讀崔相，中書丘子章，賜蟒玉侍郎張沖符，行人張吉生、張伯玉，總兵張之先等，錦衣衛楊燦，內官陳進忠、劉玉、張晉、李國輔、劉文俊數人而已。"[3] 由於鄭成功不承認魯監國政權，見面禮節成了問題。鄭成功同幕僚人士馮澄世、潘庚鍾等商議後，決定自己以隆武帝曾授

1　任光復《航海遺聞》記，在舟山時晉"阮進太子少傅，進姪英義將軍阮美、阮騂、阮驥俱左都督。"據《明清史料》丁編，第三本，第二六七頁《抄錄偽帥阮美手書》，阮美自稱是阮進之弟，舟山時任阮進部右鎮，官銜為"前軍左都督總兵官掛靖海將軍印"。阮進陣亡後，魯監國命他襲蕩胡侯爵。英義將軍（後加封英義伯）阮駿為阮進之子，阮美信中稱之為胞姪。南下金、廈後，魯監國"各鎮爭衡，兼併蜂熾，則咸附國藩（指鄭成功），听令節制，而胞姪英義伯駿拜入世職，任前鎮事矣。"阮美失去了兵權，大為不滿，投降清朝。

2　順治八年十二月浙江福建總督陳錦"為通寇遠遁閩洋，浙兵尾追深入，謹將剿撫兼用機宜、逆魁投誠情節備述奏聞以慰聖懷事"揭帖，見《明清檔案》第十四冊，A14-8 號；同件又見《明清史料》丁編，第一本，第五十二頁。

3　任光復《航海紀聞》。按，李聿求《魯之春秋》卷二記：順治九年"東閣大學士沈宸荃，兵部侍郎張煌言、任穎眉、曹從龍、蔡登昌、張中符（當即任光復所記之張沖符），太常卿陳九徵、任廷貴（即任光復），太僕卿沈光文，監軍副使馬星、俞圖南，侍讀崔相，郎中范可師、萬時輅，主事林泌、錢肅遯、傅啟芳、陳藎卿、張斌卿、葉時茂，中書舍人丘子章，行人張吉生、張伯玉，監紀推官陳豸，欽天監丞楊璣，定西侯張名振，總兵張子先等，錦衣衛指揮楊燦，內監陳進忠、劉玉、張晉、李國輔、劉文俊扈監國次中左所，尋居金門。"參見同書卷十一《徐孚遠傳》。

予的宗人府宗正的身份出面接待。這意味着把朱以海當作明朝宗藩，只保護他的人身安全和在生活上給予優遇，不讓他作為恢復明朝的正統象徵[1]。不久，朱以海被移往金門居住。

魯監國和他的文武官員、隨從軍隊南下福建廈門、金門地區之後，同鄭成功的關係是南明史上一個比較複雜而微妙的問題。文獻的記載由於有的出自親鄭文人筆下，有的出自擁魯官員的描寫，在口徑上往往出現很大的差異。就實際情況而言，魯監國和鄭成功都是自成系統的抗清復明勢力，談不上誰管轄誰。舟山失守後，魯監國為首的官員和軍隊沒有立足之地，借居於鄭成功的控制區，本是一種渡過難關的權宜之計。張名振在這年年底給朱之瑜的信中說："別後狡虜窺關（指定關，即定海），三路並至，不意蕩胡以輕敵陣亡，虜騎遂得飛渡。不佞直指吳淞，幸獲全捷，而孤城（指舟山城）援絕，死守十日，竟為所破。不佞闔門自焚，而全城被僇矣！奈敗軍之餘，尚思捲土，但慮勢力單弱，遂揚帆南下。正月已抵廈門，國姓公眷顧殷殷。近在整頓軍營，明春三、四月，必去舟山矣。"[2]張名振是魯監國政權的主要將領，他的這封書信不僅對舟山失利做了準確的敘述，更重要的是表達了借居金、廈以後，他和同事們正在"整頓軍營"，準備捲土重來，將於次年三四月間收復舟山群島。但是，

---

1 翁洲老民《海東逸史》卷二；黃宗羲《行朝錄》卷四記朱以海等在1652年（順治九年、永曆六年、魯監國七年）正月初一日到達廈門。楊英《先王實錄》、阮旻錫《海上見聞錄》（定本）卷一記於1651年十二月。據《朱舜水集》卷四收定西侯張名振這年致朱之瑜書云：舟山破後，"遂揚帆南下。正月已抵廈門"。張煌言後來在《答閩南縉紳公書》（寫於壬寅年，1662）中也說："猶憶壬辰（1652）之春，不肖同定西侯張公（名振）扈從南下，蒙延平殿下（指鄭成功，後封延平王）誼篤瓜葭，慨然安置。"證明朱以海和他的部眾到達廈門確為1652年正月，所謂"誼篤瓜葭"即指以宗人府宗正身份接待；《海東逸史》等書記載魯監國到廈門時，"延平王鄭成功朝見，行四拜禮"，恐不可靠。江日昇《台灣外紀》卷三誤記於1653年十月，但細節頗詳，可資參考。

2 《朱舜水集》卷四，書簡一，附《張定西侯來書》，見中華書局1981年8月排印本第四十一頁。按，整理者注："'蕩湖'水戶本作'蕩陰'，馬浮本作'蕩胡'，均誤。'蕩湖'乃指蕩湖伯阮進也。"蕩胡指阮進，甚是，但阮進已晉封侯爵，清方文書中譯胡為湖，不應據以指蕩胡為誤。

鄭成功另有考慮，他採取的措施是把魯監國及其文臣變成自己的"寓公""賓客"，對魯監國的軍隊則採取容納和逐步改編的方針。張煌言和曹從龍都是魯監國政權的兵部侍郎，後來張煌言在《曹雲霖中丞從龍詩集序》中回憶道："歲在壬辰（1652 年，順治九年），予避地鷺左（即廈門），雲霖儼然在焉，歡然道故。予時欒欒棘人耳，不敢輕有贈答；而雲霖囊中草多感時悲逝，亦不肯輕以示人。"[1] 這恍如復明志士在清統治區內的境遇，國姓爺對魯監國諸臣監視之嚴可想而知。對於魯監國的將領，鄭成功一方面保留他們原來的爵位，另一方面又把他們納入自己的軍事編制，如派張名振管水師前軍，周鶴芝管水師後軍，阮駿任水師前鎮。親鄭史籍如阮旻錫《海上見聞錄》根本不提魯監國，在永曆五年（1651）十二月下直書："定西侯張名振、平夷侯周鶴芝、英毅伯阮駿等自舟山來歸，俱授水師鎮。"不少史學論著受這種影響，誤以為魯監國的兵將南下金、廈之後，都變成了鄭成功的部下。實際情況並非如此。應當說有一部分兵將轉入了鄭成功藩下，而以張名振為首的大多數魯監國兵將仍然保持自己的系統。在大敵當前的形勢下，雙方都承認偏處西南的永曆皇帝為正統，大體上維持着相互依存的同盟關係。

1652 年（順治九年、永曆六年、魯監國七年）三月，朱以海決定放棄監國名義，派使者上表給永曆朝廷。[2] 這就是張煌言所說："適滇

---

1 《張蒼水集》，上海古籍出版社，1985 年 10 月版，第四頁。

2 黃宗羲《行朝錄》卷四記，魯監國八年"三月，王自去監國號"。《海東逸史》卷二記："三月，王自去監國號，奉表滇中。"按，當時永曆帝尚未入滇，所記有誤。又，朱之瑜《朱舜水集》卷二內收《監國魯王敕》，尾署"監國魯九年三月口日"，敕文中有"且今陝、蜀、黔、楚悉入版圖，西粵尊正朔，即閩、粵、江、浙亦正在紛紜舉動間。……茲特崙敕召爾，可即言旋，前來佐予，恢興事業，當資爾節義、文章。……"某些史籍記載永曆帝曾命朱以海仍以監國名義聯絡東南，但若奉永曆命監國似應用永曆紀年，此事尚待研究。

黔之擁戴，是用歸藩。"[1] 在共戴永曆的旗幟下，唐、魯之爭基本上化解了，代之而起的是鄭成功同永曆朝廷的若即若離。魯監國政權留下的文官武將如張名振、張煌言、徐孚遠等人在內心裏比鄭成功更效忠於永曆帝，只是由於關山阻隔，自身力量又比較單薄，處境相當困難。這表現在一方面他們希望同鄭成功保持良好關係，共赴國難；另一方面又得防止鄭成功把自己有限的兵力悉數吞併，甚至撇開永曆朝廷同清朝媾和。總之，魯監國朱以海和忠於他的文官武將在南下金、廈之後，同鄭成功維繫着一種帶有依附色彩的同盟關係，他們從來不承認自己是鄭成功的部屬。1658 年（順治十五年、永曆十二年）徐孚遠偕永曆朝廷兵部職方司黃事忠、都督張自新航海取道安南赴昆明朝見，途中為安南國所阻，徐孚遠給安南國王的信中就說："同賜姓藩大集勳爵，結盟連義於閩島，與賜姓藩為寮友。"[2] 這種同盟關係在張煌言詩文集中也可以得到許多印證。

第二節　1652 年鄭成功圍攻漳州之役

1652 年（順治九年、永曆六年）正月初三日，鄭成功率領船艦兩千餘號，直航漳州府海澄港口。清守城參將赫文興[3]、署海澄縣知縣甘體垣開城投降，鄭成功授赫文興為前鋒鎮。初十日，分兵切斷由泉州通往漳州的要道江東橋，清漳州總兵王邦俊據守漳州府城（今漳州市）。十二日，鄭軍佔領平和縣，漳州"鄉民樹旗響應，四面皆敵，

1　《張蒼水集》第一編《冰槎集》，《祭監國魯王表文》。
2　徐孚遠《交行摘稿》附林霍所作小傳。
3　阮旻錫《海上見聞錄》（定本）等書誤書為郝文興，時間記於正月初二日。

孤城單危，勢在急迫，萬難支吾。"[1] 二月初二日，鄭軍奮勇攻城，清軍負隅頑抗，遊兵營吳世珍中炮犧牲，強攻未能得手。鄭成功下令火器營何明帶領士兵挖掘坑道，準備掘進至城牆底下時填塞火藥，用放崩法轟塌城牆，乘勢突進府城。三月初七日，點燃引線，火藥爆發，才發現因測量距離不準，坑道尚未挖到城牆底下，爆破計劃失敗。鄭成功志在必克，改而採取圍困戰術，"聚集二十七萬之悍賊，砌筑八十七座之木寨，環樹二層柵木，外挖兩重溝濠，棋佈星列，渾如鐵桶。"[2]

清浙閩總督陳錦見漳州危急，火速抽調兩省兵力來援。三月初十日進至馬蹄山，與鄭軍相距五里；十三日兩軍合戰，陳錦部大敗，兵員器械損失很多。陳錦退到同安城外紮營。五月，他派浙江金華總兵馬進寶統兵援救漳州；鄭成功知道城內糧食不多，清援軍入城勢必增加困難，於是下令對馬進寶軍不加阻擊，任其長驅直入城中，隨即發兵切斷其後路，繼續圍困。[3] 馬進寶軍入城後，曾同漳州總兵王邦俊一道開東門出戰，被鄭軍擊敗，從此閉門固守。

陳錦和福建提督楊名高、右路總兵馬得功紮營於同安城外，在馬進寶直抵漳州城下時以為已經解圍，高興了一陣子，不久就發現中了鄭成功"糧盡自降"的計謀[4]，王、馬二部被圍在漳州城內，自己手上的兵力又不足以進戰解圍。陳錦除了向朝廷告急，請派援兵外，弄得一籌莫展。他擔心清廷所遣援兵到達之前，漳州可能失守，而漳州一旦失守，鄭軍乘勝進攻閩浙各地，自己將無力招架。由於心

---

1 順治九年韓代等為"海寇繼陷海澄、平和二邑，阻絕要路，據實奏報事"題本，見《明清史料》己編，第二本，第一一八至一一九頁。

2 《明清史料》丁編，第一本，第七十五頁《查明漳州解圍功次殘件》。

3 鄭成功有意放馬進寶入漳州城事，《台灣外紀》卷三記載頗詳。

4 參見阮旻錫《海上見聞錄》（定本）。

中煩悶，陳錦經常暴躁如雷，對身邊服侍人員稍不如意便發怒打罵。他的家奴李進忠、李忠、盧丕昌、陳恩等懷恨在心，暗中商議把陳錦殺了，帶上總督印信逃往鄭成功處獻功，求個一官半職。七月初七日晚上，由李忠下手把陳錦刺殺於同安灌口帳篷中，慌亂當中除李進忠逃至鄭軍請賞外，李忠等人都被擒獲。[1] 清廷得報漳州形勢危急，總督又遇刺身亡，決定派固山額真金礪為平南將軍統兵火速入閩。

這年八月，漳州被圍已達半年，城中糧食極為緊缺，守軍挨家挨戶搜括民間糧食，一碗稀粥索價白銀四兩，接着完全斷糧。居民以老鼠、麻雀、樹根、樹葉、水萍、紙張和皮革等物為食，餓死者不計其數，最後是"城中人自相食，百姓十死其八，兵馬盡皆柧腹"[2]。福建巡按王應元後來在題本中說：

> 八年五月發難之初，屬縣無恙，軍需能應。自十二月後，漳浦、海澄破而東南去矣。至扼江東之橋，斷朝天之嶺，長泰、南靖失而東北咽喉俱塞矣。城堡村寨盡為賊掠，一城孤注，四顧無援，遷延七月猶搜括倉儲，派藉紳民以支吾。迨浙閩援兵繼進，兵馬盈萬，芻糧倍前，儲蓄告匱，民力罄竭。八、九兩月，每石米價貴至五百五十兩，草根、木葉、鼠雀、牛馬搜索食盡，繼之人肉。父子相食，爨不煙火者月餘，病死、餓死、投水投繯而死，兵丁威取強奪箠楚而死，日以千百計。屍骨山積，穢聞數里。嗟

---

1 順治十二年四月十五日刑部尚書劉昌等為審擬"總督遇害"事題本，見《鄭成功滿文檔案史料選譯》第九十六至一百一十一頁。按，阮旻錫《海上見聞錄》定本記：三月間陳錦"為其家丁庫成棟所刺，來歸，賜姓賞其功，以其殺主，陰令殺之。"時間和人名都有誤。《臺灣外紀》卷三也記於三月，並注云"有記錦於七月，誤也。"此事自當以清方審訊奏報為準。

2 《明清史料》丁編，第一本，第七十五頁《查明漳州解圍功次殘件》。

此殘民靡有孑遺矣。虎狼士卒曉夜鼎沸，金帛珠玉，腰纏索滿，猶有醉酒酣歌以娛其主將者。前無戰氣，後無守心，使大兵稍遲數日，則城社不為丘墟，文官不為齏粉者鮮矣。[1]

就在漳州清軍已經陷入絕境的時候，平南將軍固山額真金礪率領的援兵於九月十九日趕到泉州，二十一日會同福建提督楊名高的軍隊向漳州推進，由長泰縣紫篾過河，九月二十八日進至漳州城外。鄭成功被迫解圍，把兵力部署在城南東山鳳巢山。十月初三日，金礪派騎兵向鄭軍發起猛攻，鄭軍以銃炮還擊。當時正值西北風，炮火煙塵彌漫於鄭軍陣地，能見度很低，清軍騎兵趁勢衝入，鄭軍大亂，後提督黃山、禮武鎮陳俸、右先鋒鎮廖敬、親丁鎮郭廷、護衛右鎮洪承寵都在激戰中陣亡。鄭成功見敗局已定，帶領餘眾退守海澄縣。清軍趁勝收復南靖、漳浦、平和、詔安四縣。[2]

第三節　海澄戰役

圍攻漳州失利後，鄭成功命部將鎮守海澄，自己在 1653 年（順治十年、永曆七年）回到廈門。[3] 定西侯張名振建議，乘金礪所統南

1　《明清史料》丁編，第一本，第七十八頁，順治十年二月二十八日福建巡按王應元題本。《明清檔案》第二十一冊，A21-12 號。《吏部殘題本》中也説："圍困郡城八有餘月，城內士民掘草根樹皮以延殘喘，男婦老幼餓斃者四隅，日以千計。"

2　順治十年《為查報漳州解圍功次事殘件》，見《明清史料》丁編，第一本，第七十五至七十七頁；阮旻錫《海上見聞錄》（定本）卷一。順治九年十月福建巡按王應元揭帖中説，金礪"於九月初十日由省城（福州）進發，聞二十六日已直抵漳境矣"。見《明清史料》丁編，第一本，第七十二頁。福建巡撫佟國器在順治十年十二月初二日"為恭報大兵抵漳，解圍獲捷，仰慰聖懷事"題本中説："夫漳圍之解在於順治九年十月初三日也。先該各大人率兵臨泉，與楊提督商度進發。遂於九月二十八日兵馬抵漳。初二日進剿，初三日賊竄，圍解。"見佟國器《三撫捷功奏疏》。

3　阮旻錫《海上見聞錄》（定本）記鄭成功於三月返回廈門，楊英《先王實錄》載於二月。

下清軍主力集中於福建，浙江、江蘇兵力單薄的機會，由他帶領原魯監國舟師北上直入長江，"搗其心腹"，使清方處於進退失據的困境。鄭成功同意了這一建議，可能提供了一些船隻、糧食和裝備，這年秋天張名振、張煌言等帶領水師北上江浙。

四月，金礪調集水陸官兵，準備進攻海澄縣和中左所（廈門）。鄭成功為了保衛漳州府沿海基地海澄，先派左軍輔明侯林察、左軍閩安侯周瑞、後軍周鶴芝、前鎮阮駿、援剿前鎮黃大振等統率官兵乘船阻截清方水師。途中遇上颱風，林察的座船漂入興化港，被清軍擒獲。二十八日，金礪指揮的清軍紮營於祖山頭，擺開了進攻海澄的陣勢。五月初一日，鄭成功親統大軍到達海澄。他派正中軍張英負責組織守城的民夫和器械，北鎮陳六御領義武營、仁武營、智武營[1]防守海澄縣城；援剿左鎮林勝守南門外橋頭，左先鋒守東門外岳廟，護衛左鎮沈明守中權關，正兵鎮、奇兵鎮守土城、九都城；前鋒鎮赫文興、戎旗鎮王秀奇、護衛前鎮陳堯策守鎮遠寨，前衝鎮萬禮守鎮遠寨外；前提督黃廷、中提督甘輝守關帝廟前木柵，和鎮遠寨陣地相接。他自己駐於天妃宮督戰。初四日，金礪調集銃炮數百號集中火力轟擊鄭軍陣地，鄭軍據守的籧篨、木柵多被擊壞。第二天，後勁鎮陳魁、後衝鎮葉章見被動捱打不是辦法，要求主動出擊；鄭成功同意了他們的意見，從各鎮抽選了精壯勇士數百名由陳、葉二將率領衝鋒。清軍見鄭兵出營，立即以密集銃炮迎擊。葉章當即陣亡，陳魁右腿負傷，被迫退回。成功命收兵固守。清軍繼續用銃炮轟擊，鎮遠寨邊新筑的籧篨等防禦工事被夷為平

1　見《先王實錄》第五十三頁，但該書上文說智武營藍衍隨張名振北征，這裏又說派智武營守城，疑記載有誤。看來張名振北征時率領的是魯監國兵將，鄭系將領沒有參加。

地;鄭軍將士失去了屏障,官兵驚惶不安。鄭成功下令挖掘地窩藏身,同時為鼓舞士氣,派傳宣官持"招討大將軍印"遍諭軍中,說:"朝廷以此畀我,我惟有效死勿去而已。諸將中有能率眾得功者,願以此題讓。"諸將紛紛來到成功大營中請戰。中提督甘輝慷慨陳詞:"人生自古誰無死,留此丹心照汗青。此番竭力以守,倘有不測,亦死得其所!"王秀奇等齊聲贊同。成功為了進一步增強將士的決心,親自冒着密集的銃炮登上高聳的敵台觀察敵軍陣勢。[1]他判斷清軍在持續兩日施放銃炮之後,即將發起全面進攻。當天夜裏,他派神器鎮何明、洪善等把大量火藥埋在兩軍相持的河溝邊,準備好引線,待機而發。入夜以後,清軍銃炮不絕。初七日五鼓,金礪下令以空炮掩護,派綠營兵打頭陣,隨後是滿洲兵,填河攀柵蜂擁而來,直抵城下,箭如雨下,企圖一舉登城。城上的鄭軍手持大斧奮勇砍殺,後續清軍踩着被砍殺的屍體繼續攀城,戰況極為激烈。天亮以後,鄭成功望見滿兵大半過河,當即下令何明等點燃引線,沿河埋設的火藥同時爆發,煙焰蔽天,剛過河的清兵大部燒死。甘輝乘機揮軍掃蕩,殘存清軍狼狽而竄。金礪見敗局已定,急忙督令士兵強迫民夫抬運火炮連夜逃回漳州。鄭成功海澄戰役的勝利,沉重地打擊了金礪部清軍,恢復了因漳州失利造成的士氣不振。這次戰役,雙方都是以銃炮火藥作為主戰武器,在軍事史上也是值得注意的。

海澄戰役以後,金礪被清廷召回京師。清、鄭雙方再次處於相持局面。鄭成功回到廈門論功行賞,並且利用清軍無力發動新的攻勢的機會,決心把海澄建設成為大陸上的前進基地。他委任中提督

---

1 《海上見聞錄》(定本)卷一;參見《先王實錄》。

甘輝鎮守，派工官馮澄世擔任監工，徵發民夫重修和加固海澄城防，把原來的土城用石灰、磚石建成兩丈多高的城牆，上面再沿外側筑短牆一道，安置大小銃三千餘號；城外挖浚深闊的河港，形成"巨浸茫茫，外通舟楫"的要塞。城中囤積大量米穀、軍械，使扼據漳州府出海咽喉的海澄縣同廈門、金門相為表裏，形成一個進可以攻、退可以守，固若金湯的軍事體系。

第四節　江西義師的抗清活動

　　早在 1645 年金聲桓、王得仁等部清軍入據江西的時候，江西許多地方就掀起了抗清鬥爭。其中比較著名的有永寧王朱由榙會合閻羅總義兵收復建昌、撫州；臨川（撫州）鄉紳揭重熙、傅鼎銓也召募鄉兵起而響應。王得仁等率軍前來掃蕩，永寧王敗滅，撫州失守。揭重熙、傅鼎銓到福建朝見隆武帝。1646 年五月明江西巡撫劉廣胤在援救贛州的戰役中被俘，隆武朝廷任命揭重熙接任巡撫。[1] 他曾經組織義勇進攻撫州，被清軍擊敗，退入山區堅持了下來。

　　吉水人王寵，排行第八，人稱王來八，自 1645 年起義兵，"出入吉、贛、臨、撫間，驟發倏散，蹤若風雲，數百里地，敵騎阻絕，士民得安定，服明服者，皆來八力也。"[2]1646 年他兵敗被俘，設計偽降，盛筵款待清軍，用酒灌醉，夜間召集舊部全殲看守之敵，隨即換上清軍器械旗幟乘船進抵新淦、峽江，清朝知縣出迎，都被擒殺，連克二城。清軍主力來攻，王寵兵力不敵，戰敗後隨機應變，在旗

1　溫睿臨《南疆逸史》卷十六《揭重熙傳》。按，"逸史"原文說："劉廣胤督兵援贛州，歿於陣"，略誤。劉廣胤被俘後不久逃出，改名劉遠生，任職於永曆朝廷。

2　《南疆逸史》卷三十七《王寵傳》。

幟上大書"追剿王來八"，在亂軍中大呼"殺賊"，乘清軍錯愕之際溜之大吉。1647年十月，清江西巡按董學成檄調各府縣兵圍剿，王來八戰敗，死於亂軍之中。[1]

　　1648年金聲桓、王得仁反正後，又有張自盛、潘永禧、潘自友、洪國玉、楊起龍、魏汝慶、王三岩等人紛紛舉兵反清。揭重熙以明朝舊撫的身份聯絡各部並同閻羅總四營頭、九龍營、福建省的寧文龍、陳德容等互通聲氣。金聲桓建議他們向福建方面發展，藉以擴大聲勢，牽制清軍。這年春夏之交，揭重熙率領各部義師進攻福建邵武，城內擁明勢力已準備開門接應。清方奏報："今歲四月內，揭（重熙）、洪（國玉）、張（自盛）、曹（大鎬）等賊糾合五六萬突入邵武界內，列營數十里，其鋒甚熾。"[2]由於揭重熙的軍隊組織鬆散，紀律不嚴，清福建左路總兵王之綱帶領的援兵一到竟不戰而潰，城中起而響應的紳民慘遭屠戮。時人錢秉鐙作《哀邵武》詩云："豫章兵亦銳，主將亦有名（原注：領兵者為揭中丞萬年）。今春大出師，曾一近郡城。是時義聲震，志在開門迎。城外忽奔北，勢潰無枝撐。可憐內附者，鋒刃駢首嬰。攻城既失利，攻野肆榜掠。居積既以盡，搜括罄瓶罍。此豈主將過，或未紀律明，嗟哉烏合眾，約法安能行。"[3]

　　邵武之役既以失敗告終，清軍譚泰、何洛會部又包圍了省會南昌，江西的形勢迅速逆轉。揭重熙親赴廣東肇慶請求永曆帝速派救兵。他痛哭陳情道："臣足萬里不躓，願馳內地亂清，而李將軍（指

1 王來八在1647年十月二十四日於江西樂安縣高堅地方被金聲桓部下副將劉一鵬部擒殺，見順治四年十一月十六日江西巡撫章於天揭帖，《明清史料》丙編，第七本，第六四一頁。

2 順治七年十一月浙江福建總督陳錦"為飛報蕩剿流孽出境大獲全勝"事揭帖，見《鄭成功檔案史料選輯》第二十四頁。

3 錢秉鐙《藏山閣詩存》卷八《生還集》戊子上。揭重熙字萬年。

李成棟）以正兵東徂，吾蠹蟲或補萬一，願得尺一之詔，奮諸敝惰。"
永曆朝廷接受他的建議，授予兵部尚書、太子太保的官銜組織義師
回贛，配合李成棟挽救江西危局。[1] 可是，李成棟卻把恢復江西視為
禁臠，不允許他人插手，他得知揭重熙率義師入贛時，竟派出部將截
殺，揭重熙在閻羅總兵保護下衝破攔截到達建昌、撫州一帶。不久，
金聲桓、李成棟先後兵敗身死，揭重熙同張自盛、曹大鎬、洪國玉
等聚集的義兵，活動於贛東、閩西地區。邵武之役後，義軍屯於福
建建寧縣的楚上、楚下地方。清福建提督楊名高會同左路總兵王之
綱進剿，義軍退回江西所城地方（見順治七年十一月陳錦揭帖）。到
1650年（順治七年、永曆四年）已是"連營百里，動曰數十萬"[2]。這
年八月，清南贛總兵胡有升向清廷報告："如渠逆張自盛、洪國玉、
揭重熙、金簡臣等結連羅、宋、閻、黃、郭諸逆，擁眾十餘萬，出
掠於廣昌、新城、南豐一帶，以及撫（州）屬之宜黃、崇（仁）、樂
（安）等處。石城、寧都雖經恢復，而諸逆尚在，眈眈虎視，此又心
腹之患。"[3] 揭重熙、曹大鎬、張自盛、洪國玉被清政府稱之為"四大
寇"。[4] 江西、福建兩省清朝駐防官軍顧此失彼，應接不暇，清廷遂
下令江西、福建、南贛三地抽調精兵會剿。擁明義師聲勢雖盛，但
多數是激於民族義憤起來反抗的紳衿百姓，缺乏作戰經驗和嚴密的
組織，難以同大股正規清軍作戰。1650年（順治七年）十月初二日，
洪國玉率部與福建清兵交戰於江西省新城縣（今黎川縣）老山嶺，兵

1 張岱《石匱書後集》卷四十六《揭重熙傳》。

2 順治八年六月江南江西總督馬國柱揭帖，見《明清檔案》第十三冊，A13-36號。

3 胡有升《鎮虔奏疏》，卷下，順治七年八月十七日題本。

4 順治九年六月十二日福建左路總兵王之綱"為塘報擒渠大捷以結欽案事"揭帖，見《明清檔案》第十四
　冊，A14-128號；同件又見《明清史料》丁編，第一本，第六十一至六十二頁。按，王之綱揭帖中稱揭
　重熙為閣部、曹大鎬為總督、張自盛為平江伯、洪國玉為寧洪伯。

敗後在南豐縣境被俘；[1] 張自盛、傅鼎銓等帶領敗眾轉入江西廣信府境江滸山鎮，同揭重熙、曹大鎬會合，據險設壘，安營紮寨，備帶耕牛、種子進行屯田，作持久之計。而閻羅總的四營頭、九龍營寧文龍等則活動於福建建寧、泰寧，江西廣昌、南豐一帶。[2]1651 年（順治八年）五月在優勢清軍追擊下，揭重熙在黃柏村被福建清軍活捉[3]，曹大鎬[4] 也在江西鉛山縣北都積被江西清軍俘獲[5]。1651 年（順治八年）二月，閻羅總四營頭部在清南贛總兵胡有升所遣副將楊遇明、劉伯祿、賈熊兵馬的追擊下，轉戰於大庾縣雲山，後在廣東保昌縣境林溪被擊敗，提調總統四營頭的明五軍都督羅榮被俘，閏二月在贛州遇害。清政府興奮不已，宣稱"得此渠魁，勝殺數十萬名"[6]。1652 年（順治九年）正月，張自盛率眾萬餘人屯駐於江西大覺岩（地近福建光澤縣）。五月十八日，江西清軍攻破該寨；張自盛率領殘部一千多

1　順治七年十一月浙江福建總督陳錦"為飛報蕩剿流孽出境大獲全勝"事揭帖，見《鄭成功檔案史料選輯》第二十三頁；參見順治十年十二月浙江福建總督劉清泰揭帖，《明清史料》甲編，第四本，第三二二頁。洪國玉原為王得仁部下參將，見順治四年十一月初一日江西巡撫章於天揭帖，《清代農民戰爭史資料選編》第一冊下，第二七七至二七八頁。

2　順治八年六月江南江西總督馬國柱揭帖，見《明清檔案》第十三冊，A13-36 號。

3　見上引順治九年六月十二日福建左路總兵王之綱揭帖。《南疆逸史》卷十六《揭重熙傳》記其遇害時間在同年十一月。

4　曹大鎬，貴池縣人，原為方國安部將，1647 年（順治四年、永曆元年）七月，參加王祁領導的建寧戰役，鼓勇先登，克城後善守，清兵"攻圍數月輒不利去"；不久，同王祁不和，率部入建寧山區。1648 年揭重熙入閩，大鎬率師來會，"聲頗振"，見查繼佐《魯春秋》，該書記揭、曹會師在己丑（1649）二月，有誤。

5　曹大鎬《化碧錄》載永曆五年（順治八年）七月二十八日獄中《上父日贊公書》談到自己被俘情況云："豈知數厄，淺視胡氛，單騎出閩，薄慶生辰，狡胡叵測，潛匿山林。四月念一，被執黃村。……三十之日，解至章門。"可知他被俘在順治八年四月二十一日，是月底解至南昌。至於曹大鎬的官爵，上引清檔稱之偽總督；溫睿臨《南疆逸史》卷十六《揭重熙傳》云曹大鎬為"威武侯"；同書卷三十七《陳寶典傳》又寫作"武威侯"；實際上是定南侯。曹大鎬被俘後寫的《初請死書》署官銜為"欽命恢剿浙直江閩總督節制三十六營文武、稽核將吏功過、聯絡各路官義兵馬、賜蟒玉尚方劍兼理糧餉便宜行事兼兵部尚書、掛平海大將軍印總兵官中軍都督府、少保兼太子太保、定南侯曹大鎬"，其他遺書都寫作"定南侯"。上述官爵顯然是永曆朝廷所封。此外，《南疆逸史·揭重熙傳》中說張自盛是"平西伯"，恐為"平江伯"之誤。

6　胡有升《鎮虔奏疏》卷下，順治八年四月初八日"題報三路搗擒滅黨大捷疏"。

人逃往十三都小源，二十九日清軍追至小源，張自盛戰敗被俘[1]。揭重熙、曹大鎬、洪國玉、張自盛先後為清政府殺害。

清軍的三省會剿，到處燒殺搶掠，給江西百姓造成了極大的災難。時人張岱以親身見聞記載道："癸巳（1653，順治十年）八月，余上三衢，入廣信，所過州縣，一城之中，但茅屋數間，餘皆蓬蒿荊棘，見之墮淚。訊問遺老，具言兵燹之後，反覆再三。江西士大夫，響應金、王，株連殆盡，言之可憫。及至信州，見立砦死守者尚有數十餘處，而鄉村百姓強半戴髮。縉紳先生，間有存者，皆隱匿山林，不見當道。文士有知名者，不出應試。鼎革已十載，雒邑頑民，猶有故主之思，捨此以往，天下所無也。總之，千古節義，多出江西廬陵、廣信。"[2] 溫睿臨也說：金聲桓遺黨張自盛、洪國玉、曹大鎬、李安民"四營既破，所俘獻者多有文秀嚴毅，顧盼偉然，至死不自言姓氏者。"[3]

---

1 順治十年三月二十二日福建巡撫張學聖"為遵旨會剿擒獲巨憝"等事揭帖，見《明清檔案》第十六冊，A16-145 號。又見順治九年六月十二日福建左路總兵王之綱塘報，《明清史料》丁編第一本，第六十一至六十二頁。按，《南疆逸史》卷十六《揭重熙傳》云"庚寅（1650）冬，自盛戰邵武，兵敗死之"，時間有誤。據上引順治十年三月二十二日福建巡撫張學聖揭帖張自盛與"偽道蔡之麟、陳英南、陳杞、偽軍師龔繼榮"等七人在順治九年十二月初七日於邵武府被處斬。

2 張岱《石匱書後集》卷四十六。

3 溫睿臨《南疆逸史》卷三十九《畫網巾先生傳》。

第二十三章

孫可望部署的湘、桂、川全面反攻

第一節　孫可望、李定國收復湖南戰役

從順治七年底到順治八年初，孫可望基本上完成了對永曆朝廷殘存武裝的收編工作。南明政權及其軍隊實際上已經形成以原大西軍為主的抗清實體。在這以後，永曆皇帝只是作為用以號召遠近的一面抗清旗幟，復明恢漢運動的領導權卻掌握在孫可望等原大西軍領導人手中。由於孫可望等人已經遵用永曆正朔，在他們指揮下的軍隊又包括了一些原南明參與"會盟"的各種武裝，在下面的敘述中不再使用"大西軍"一詞，一律改稱明軍。但是，必須指出，正是由於原大西軍的聯明抗清，才使業已日薄西山、氣息奄奄的永曆朝廷增添了活力，漢族和西南少數民族在反對滿洲貴族推行的民族征服、壓迫政策的鬥爭中大展雄風，南明歷史開始了一個新的階段。

孫可望在接管了貴州全省後，軍事部署是由他自己和李定國東攻湖廣，劉文秀等進軍四川。

1651 年（順治八年、永曆五年）四月，孫可望派馮雙禮等率領馬兵一萬餘名、步兵數萬、戰象十餘隻，大舉由黔入湘：一路由銅仁、麻陽，一路由平溪、便水，一路由大小梭羅，合攻沅州（今湖南

芷江）。清沅州守軍三營合計只有三千士卒，退入城中，被"圍如鐵桶"[1]。四月十五日，馮雙禮命令明軍奮勇攻城，當天就佔領了沅州，活捉清將鄭一統、知州柴宮桂[2]。馮雙禮等攻克沅州後，移兵上攻辰州（府治在沅陵），因清朝辰常總兵徐勇防守甚嚴，未能得手。清廷委任的掛剿撫湖南將軍印續順公沈永忠領兵二萬，竭力支撐，雙方在一段時間裏呈僵持狀態。到 1652 年（順治九年、永曆六年）四月，李定國率部由貴州進入湖南，會合馮雙禮部於五月中旬進攻靖州。清續順公沈永忠派總兵張國柱領兵八千名往援，在靖州陷入明軍重圍。經過短暫的交戰，清軍大敗，損失官兵五千一百六十三名（其中滿洲兵一百零三名）、戰馬八百零九匹，幾乎全軍覆沒，張國柱率殘部於二十二日"踉蹌奔回"[3]。明軍趁勝攻克靖州、武岡州。[4]

　　沈永忠在李定國、馮雙禮等部明軍的凌厲攻勢下，難以招架，派使者前往廣西桂林請求定南王孔有德火速派兵來援。孔有德因部下兵馬分駐廣西各地，又同沈永忠有嫌隙，接到告急信後說："我舊年借支衡、永錢糧，沈公出疏參我。今日地方有事，向我告援，我三鎮分駐各府，如何借發？設警逼我境，自有區處"[5]，拒絕出兵相救。

1　清湖廣總督祖澤遠"為飛報緊急賊情事"揭帖，見《明清檔案》第十七冊，A17-148 號。

2　順治八年五月清偏沅巡撫金廷獻"為飛報賊情事"揭帖，見《明清檔案》第十三冊，A13-26 號；同書 A13-28 號金廷獻揭帖中說攻克沅州的明軍是"偽秦王下洪將軍（當為馮將軍之訛）、陳將軍等賊，從貴州抄銅仁小路由細米溪、五朗溪一路而來"；又見清續順公沈永忠題本，收入《清代檔案史料叢編》第六輯，第一七〇至一七一頁。

3　《明清史料》丙編，第九本，第八二八頁，吏部尚書朱馬喇等題本。

4　順治十一年十一月二十一日兵部尚書噶達洪等題本中說：馮雙禮"探知辰州有備，即合偽西府於五月內連破靖、武二州。"見《明清檔案》第二十一冊，A21-60 號。據順治十年五月湖廣四川總督祖澤遠揭帖，"查得靖州之失，順治九年五月十八日事也"。其中並說到清靖州知州沈一恒被明軍處死。見《明清史料》甲編，第四本，第三〇六頁。

5　瞿昌文《粵行紀事》卷三。

沈永忠求援無望，被迫帶着麾下清軍自寶慶北遁[1]，六月初二日退至省會長沙，仍然立腳不住，在湘潭接到清廷"不可浪戰，移師保守"的密旨，就在八月初六日放棄長沙，一直逃到岳州[2]。清朝在湖南設置的許多道、府、州、縣官也隨軍狼狽北竄，其中有分巡上湖南道張兆罷、分巡下湖南道郭萬象、寶慶知府馮桓、永州知府李策鼎、衡州府署印同知趙廷標、長沙知府張弘猷、郴州知州楊士英、道州知州張學仁、茶陵知州蕭漢英、署武岡州事趙繼登，以及新化、城步、新寧、零陵、祁陽、東安、寧遠、永明、江華、衡陽、衡山、常寧、安仁、宜章、桂陽、攸縣、長沙、善化、寧鄉、益陽、湘鄉、桃源、邵陽、瀏陽、酃縣知縣和署印官共三十五名。這樣，除岳州、常德尚在清軍控制下以外，只剩下徐勇一鎮孤零零地據守辰州（府治在沅陵）負隅頑抗。[3] 後來，清兵科都給事中魏裔介劾奏"續順公沈永忠身為大帥，手握重兵，當孫逆攻圍辰、永諸郡，一籌莫展，望風宵遁。乞亟賜罷斥，免誤封疆。"[4] 由此可見，原大西軍聯明抗清後，初試鋒芒就旗開得勝，收復了湖南大部分州縣。

第二節　李定國桂林大捷

李定國揮軍入湘，收復大批州縣的時候，清湖南文武官員已在續順公沈永忠率領下逃往岳州。清定南王孔有德部與湖廣清軍相距

1　康熙二十四年《寶慶府志》卷二十一《武備志·兵紀》云：順治九年"六月，府城復陷，續順公還"。

2　《明清檔案》第二十五冊，A25-15 號，經略大學士洪承疇"為王師已入湖南，城池指日恢復，仰祈早定功罪以肅法紀，以勵後效事"奏疏。

3　前引《明清檔案》第二十一冊，A21-60 號，兵部尚書噶達洪等題本說：李定國、馮雙禮"六月內復下衡（州）、永（州）、寶（慶）、長（沙）四府，湖南一帶僅存辰（州）、常（德）二郡而已。"

4　《清世祖實錄》卷八十二。

甚遠，後方已形成嚴重的威脅。然而，孔有德自視甚高，除了在五月二十七日派部將孫龍、李養性防守全州以外，並沒有把分鎮南寧、柳州、梧州等地的駐軍抽回，繼續分兵把口，一心做他的廣西王。當時奉使廣西的著名文人施閏章描寫他在桂林拜謁定南王的情況：孔有德"具言其生平及粵西用兵曲折"，"王顧昐叱吒自豪，言出皆諾，無敢後"[1]，驕橫之狀，躍然紙上。

六月間，李定國率領精銳兵馬由武岡、新寧直攻全州，二十八日殲滅全州清軍，守將孫龍、李養性被擊斃。[2]孔有德聞報大驚，第二天親自帶領桂林留守軍隊前往興安縣嚴關，企圖扼險拒守，被定國軍擊敗，"浮屍蔽江下"；[3]當日傍晚狼狽奔回桂林，下令緊閉城門。六月三十日午後，明軍進抵桂林城郊。孔有德見定國軍威甚壯，知道僅憑身邊有限兵力難以守住桂林，於七月初二日飛檄鎮守南寧的提督線國安、鎮守梧州一帶的左翼總兵馬雄、鎮守柳州一帶的右翼總兵全節放棄地方，領兵回援省會。同一天，李定國大軍即將桂林包圍得水泄不通。明朝降將王允成當時正在孔有德藩下，他過去同馬進忠關係良好，人稱"王、馬"。馬進忠隨李定國參加桂林戰役，在城下喊話要王允成反正。王允成不敢答應，報告了孔有德。有德自知城中兵力單薄，必破無疑，考慮再三，對王允成說："汝姑出應之，觀彼何所云以報我。"王允成即登上城頭，同馬進忠接洽歸順事宜。據王允成後來說，孔有德實際上有投降的企圖，因受部將挾制

1　施閏章《使廣西記》，見《施愚山文集》。

2　順治十年七月廣西巡撫陳維新 "為詳查失陷緣由以憑具題事" 揭帖，見《明清檔案》第十七冊，A17-123號；同件又見《明清史料》甲編，第三本，第三〇〇頁。時在桂林的瞿昌文於《粵行紀事》中記二十七日李養性在雙橋戰歿，誤記一日，但《虞山集》卷十下所收文中又說："六月二十八日，王師入粵境，盡殲李養性之眾，隻蹄片甲不返"，與清方奏報相符。

3　前引施閏章《使廣西記》。

錯過了時機。[1] 初四日中午，明軍攻破武勝門，一擁而進，清軍抵敵不住，孔有德悵然失色，悲歎道："已矣！"在王府（即明靖江王府）內自殺，死前命隨從將其所居後殿以及掠得的珍寶付之一炬。[2] 其妻白氏自縊前把兒子孔庭訓託付給侍衛白雲龍，囑咐道："苟得免，度為沙彌。勿效乃父做賊一生，下場有今日耳。"[3] 孔庭訓被明軍查獲，幾年後由李定國下令處斬；[4] 他的妹妹孔四貞乘亂逃出。桂林城裏的明朝降臣原慶國公陳邦傅、其子文水伯陳曾禹、清廣西巡按王荃可、署布政使張星光都被活捉。[5] 接着，明軍南下平樂，殺清府江道周令緒，擒平樂知府尹明廷等；[6] 收復柳州，俘清右江道金漢蕙。[7] 在一段時間裏，李定國親自坐鎮桂林，派出軍隊收復廣西各府縣，他委任總兵徐天佑為廣西巡撫[8]，並且設置了"布、按、有司"各官。[9]

八月初二日，李定國派人把"偽慶國公陳邦傅父子二人"和清廣西巡按王荃可、署布政使張星光解赴貴陽。九月初二日，秦王孫可望下令把陳邦傅父子押赴市曹剝皮，王荃可、張星光處斬[10]。然後將

1　王夫之《永曆實錄》卷九《王允成傳》。《明清史料》丙編，第九本，第八七四至八七五頁《定南王下死難各官情由》揭帖中也說王允成於"圍城之日射箭傳書於賊，登陽示路。城破，撥賊保護其家。"

2　順治九年七月清廣東巡撫李棲鳳"為飛報緊急賊情懇啟發兵救援事"揭帖，見《明清檔案》第十五冊，A15-35 號。前引順治十年七月廣西巡撫陳維新揭帖云："至初四日辰時，賊從山上攀附絡繹入城，定南王見城已不能守，回王府手刃宮眷數十人，親將住室發火，自剄被焚，骸骨化為灰燼。"

3　南沙三余氏《南明野史》卷上《永曆皇帝紀》。彭而述順治七年前曾在孔有德麾下，一度被委任為貴州巡撫，三年後他寫了《聞定南戰死》詩，其中描寫孔有德兵敗自殺的情況稍有不同，見《讀史亭詩集》卷四。

4　《清世祖實錄》卷一二五載，清廷後來得到報告孔庭訓在順治十五年十二月十六日被李定國處死。參見《明清史料》甲編，第五本，第四八一頁，順治十六年十二月十八日定南王女孔四貞揭帖。按，孔庭訓在諸書中常寫作"孔廷訓""孔定訓"，當以其妹孔四貞奏疏為準。

5　順治十年七月廣西巡撫陳維新"為查明大遇殉難根因以憑具題事"揭帖，見《明清檔案》第十七冊，A17-122 號；同件又見《明清史料》甲編，第四本，第三〇一頁。按，清廣西巡撫王一品在三月間告歸，得免。

6　嘉慶十年《平樂府志》卷十八《宦績》。

7　談遷《北遊錄》紀聞下《金漢蕙》條。該書又云，金漢蕙在十一月二十四日被殺於衡州城外。

8　雷亮功《桂林田海記》。順治九年七月廣西左翼總兵馬雄稟帖中也說"賊已定徐總兵提兵坐鎮"。

9　《虞山集》卷十下。

10　前引順治十年七月廣西巡撫陳維新揭帖。

剝皮揎草的陳邦傅屍體送往安龍等地示眾，"大書於牌曰：逆犯陳邦傅先經肆劫皇杠，摽掠宮人，罪已漏網。不思建功贖罪，輒行背主反叛。今已拿獲，解赴軍前，立將邦傅父子剝皮，傳示滇、黔，云云。"[1]這種處理方式在安龍的永曆朝廷內引發了一件流傳頗廣的逸事：御史李如月上疏劾奏秦王"擅殺勳爵，僭竊之奸同於莽、操，請除國患；兼敕邦傅罪狀，加以惡諡，用懲奸兇。"[2]永曆帝既畏懼孫可望的專橫，也覺得李如月的奏疏是非不明，便以小臣妄言為名廷杖四十，奏疏留中不發，用意是加以保全。不料李如月性格倔強，偏要太歲頭上動土，自己把奏疏另抄一份，封面上寫"大明山東道御史揭帖"，遞交孫可望派駐安龍的總提塘張應科。孫可望得報後，立即派人到安龍請命將李如月按處置陳邦傅例剝皮揎草。李如月臨刑時大罵不屈。這件事後來被一些封建文人大加渲染，把李如月吹捧為忠臣義士。就事情本身而言，陳邦傅在南明時位居慶國公，跋扈殃民；降清時劫駕未成，又誘殺宣國公焦璉，是個典型的亂臣賊子，人人得而誅之。孫可望將他處死，無可非議。李如月把早已降清的陳邦傅仍稱為"勳臣"，這不僅是昏庸，而是同他以及南明許多官僚一直把原大順、大西軍視之為"賊"，而對降清的明朝舊官藕斷絲連的階級偏見一脈相承。不過，孫可望命人把這樣一個迂腐冥頑小官處以極刑，手段又如此殘酷，難免授人以口實。

李定國佔領桂林以後，清定南王藩下提督線國安、總兵馬雄、全節帶領府、州、縣官先後竄往同廣東接境的梧州。其中以右翼總

---

1 南沙三余氏《南明野史》卷下。

2 這件事在南明史籍中記載甚多，但據當時正在安龍永曆朝廷中任職的汪蛟所述有出入。汪氏言，李如月"請加諡，加惡諡也，可望不察，以請諡為恤典，與己忤。請以誅邦傅法誅之。"未言及李如月劾奏孫可望事，見錢秉鐙《藏山閣文存》卷三《汪辰初文集序》。

兵全節最為狼狽，他本人於七月十六日逃到梧州，"其兵馬盡行嘩散"，[1] 左營副將何九成在途中受傷而斃；右營副將鄭元勛和中軍游擊蔡斌帶領兵馬往桂林投誠；後營副將沈邦清被擊斃。[2] 八月，李定國乘勝揮軍進攻梧州，線國安、馬雄、全節不敢迎戰，逃入廣東乞憐於平南王尚可喜。這月十五日，明軍收復梧州，廣西全省均告平定。[3] 清朝鎮守廣東的平南、靖南二藩得到孔有德城陷自盡的消息，極為恐慌，急忙命令同廣西接境的"州縣文武官員如賊果薄城，即便相機護印入肇（慶），以固根本。"廣東德慶州屬開建縣（在今封開縣東北）協守副將謝繼元當即率領部下棄城逃到肇慶。[4] 這說明廣東清朝當局已成驚弓之鳥，有意放棄肇慶以西的州縣。由於李定國很快率領主力北上湖南，不僅未能乘勝進軍廣東，連廣西的局勢也遠沒有穩固。這年九月間，清軍重新佔領梧州；十月，派官進駐開建。

　　李定國收復廣西全省，功績巨大，在南明史上堪稱空前。它同1648年江西、廣東反正來歸大不一樣，是力殲強敵大獲全勝的輝煌戰果。以前廣西雖曾處於永曆朝廷管轄之下，瞿式耜、陳邦傅以及忠貞營等卻各自為政，不可能把廣西經營成堅固的抗清基地。李定國軍以雷霆萬鈞之勢，一舉攻克桂林，使西、廣東清軍聞風喪膽，本來可以先行穩定廣西，相機收取廣東部分地方，擴大南明控制區。可是，孫可望得知清敬謹親王尼堪軍即將進入湖南，竟下令調李定國部由桂入湘迎戰。這一決策固然成就了李定國衡陽大捷，但從戰

---

1 《明清史科》丙編，第九本，第八一三頁，廣西左翼總兵馬雄稟帖。

2 《明清史料》丙編，第九本，第八七四頁，"定南王下死難各官情由殘揭帖"。

3 同治十一年《蒼梧縣志》卷十八《外傳紀事下‧本朝》記："九年秋八月，明兵過陷梧州，知府沈綸不屈死，文武官棄下。九月乃回。"又云："李定國兵陷梧州，大掠數日而去。時提鎮馬雄出兵堵禦，屢敗。文武官議以桂（林）、平（樂）皆陷，恐梧州孤城難守，乃具舟斂老營避江中。十五日，賊奄至，我兵禦之，又敗，乃聯舟東下，至九月杪始回。"

4 兩廣總督李率泰揭帖殘件（順治十一年九月到），見《明清史料》甲編，第四本，第三四四頁。

略上看，孫可望本應留下一部分軍隊牽制辰州守敵徐勇，自己同白文選、馮雙禮等大將率領主力入湘迎戰尼堪。即使需要李定國出兵會戰，梧州重鎮也應留下足夠的兵力防守。聯繫到下文所述清廷誡諭尚可喜、耿繼茂等切勿輕易出兵廣西，可以看出孫可望在軍事部署上的失算。

十月三十日，李定國親自統領兵馬進抵衡陽。[1] 李定國主力北上後，留在廣西的兵力非常單薄，清平南王尚可喜趁機令線國安、馬雄、全節挑選甲兵會同廣東水師副將強世爵等從廣東封川出發，水、陸並進，於九月初五日重佔梧州，[2] 由馬雄鎮守該地。十一月二十八日，徐天佑率部撤往柳州，[3] 桂林僅有明朝宗室安西將軍朱喜三留守。清軍乘虛而進，十二月二十三日在平樂擊敗明義寧伯龍韜、總兵廖鳳部，佔領該城。[4] 次年（1653）正月十五日清軍佔領陽朔，朱喜三部下只有一千多雜牌軍隊，抵擋不住清朝正規軍。十九日，清軍重佔桂林，[5] 線國安、全節和新任廣西巡撫陳維新盤踞該地。四月間，明將胡一青曾率軍來攻桂林，被線國安等擊退。[6] 七月二十一日，李定國雖曾再次進攻桂林，卻未能奏捷。[7]

1　陶汝鼐《自訂年譜》云：「十月晦日，李定國出粵西，復衡陽。」見鄧顯鶴《沅湘耆舊集》卷三十。

2　順治九年十月初四日平南王尚可喜"為飛報大捷事"揭帖，見《清代檔案史料叢編》第六輯，第一八四頁。

3　順治十年正月十九日平、靖二王"為解報桂林情形事"揭帖，見《清代檔案史料叢編》第六輯，第一八七頁。雷亮功《桂林田海記》說，徐天佑是奉李定國之命暫退柳州，騰空城池，誘使退入廣東的清軍進來，再行殲滅。徐天佑即將桂林焚毀，撤往柳州。

4　順治十年正月十九日平、靖南王"為飛報大捷事"揭帖，見《清代檔案史料叢編》第六輯，第一八八至一八九頁。

5　《明清史料》丙編，第九本，第八三五頁《平南王殘揭帖》，原件無年月，參考其他文件可定為順治十年正月事。

6　光緒三十年《臨桂縣志》卷十八《前事志》引舊志。

7　《明清史料》丙編，第九本，第八五五頁《兵部尚書噶達洪等題本殘件》。光緒《臨桂縣志》記李定國再攻桂林在是年八月，當以檔案為準。

第三節　李定國衡陽大捷

　　李定國等部明軍連續攻克湖南大批州縣的消息傳到北京，順治皇帝大為震驚。七月十八日他派敬謹親王尼堪為定遠大將軍，統八旗精兵南下，[1] 二十日離開北京，原定計劃是經湖南進入貴州，同吳三桂、李國翰所統四川清軍合攻貴陽。[2] 孔有德兵敗身死的噩耗傳來，清廷於八月初五日急令尼堪改變進軍方向，先佔湖南寶慶府（府治在今湖南邵陽市），然後進軍廣西。[3] 清定南、平南、靖南三藩中孔有德兵力最強，桂林失守後，定藩兵馬逃入廣東，順治帝唯恐廣東有失，特發專敕告誡平南王尚可喜、靖南王耿繼茂："切毋憤恨，輕赴廣西；倘賊犯廣東，爾等宜圖萬全為上計。"等候定遠大將軍尼堪軍至廣西後，兩藩兵力聽從尼堪指揮。[4]

　　十一月十九日，尼堪軍至湘潭縣；明將馬進忠引部眾退往寶慶。二十一日，尼堪自湘潭啟程，次日進至距離衡州府（今衡陽市）三十餘里處。李定國派出部將領兵一千八百名佯抵一陣，隨即後撤。尼堪驕心自用，以為明軍不堪一擊，即於二十二日夜"兼程前進"，次日天色未明到達衡州府，與李定國大軍相遇。[5] 定國見尼堪輕進寡謀，決定以計取勝，事先埋伏重兵，命令前線將士對陣時稍一接觸即裝出

1　《敕諭敬謹親王稿》，見《明清檔案》第十四冊，A14-177 號、A14-178 號。177 號（又見《明清史料》甲編，第三本，第二九四頁）上有 "順治九年七月十八日用寶" 字樣。尼堪所統兵馬數不詳，但順治帝敕諭中說他所統為 "精銳兵將"，見《清世祖實錄》卷六十五。

2　順治九年七月十八日清帝給平西王吳三桂敕諭中說："今敬謹親王充定遠大將軍統大兵於本年七月二十日出都。"《明清史料》甲編，第三本，第二九三頁；又見《清世祖實錄》卷六十六。

3　《清世祖實錄》卷六十七。

4　順治九年十月初四日平、靖二王 "為欽奉聖諭恭陳謝悃事" 揭帖，見《明清檔案》第十五冊，A15-117 號，參見《清世祖實錄》卷六十七。

5　以上日期均據順治九年十一月二十三日 "定遠大將軍敬謹親王尼堪等謹題為塘報事"，原件藏第一檔案館。

兵力不敵的樣子，主動後撤。尼堪"乘勝"追擊二十餘里，陷入埋伏。定國一聲令下，全軍出擊，殺聲震天，勢如潮湧；清軍倉皇失措，迅速被明軍擊敗，主帥尼堪也在混戰中當場斃命，[1]同時被明軍擊殺的還有一等伯程尼和尼堪隨身護衛多人。[2]定國軍士割取尼堪首級獻功，"東珠璀璨嵌兜鍪，千金竟購大王頭"[3]，全軍歡聲雷動。清軍不敢再戰，在多羅貝勒屯齊（或譯作吞齊）的率領下垂頭喪氣退往長沙。

李定國在不到半年的時間裏，指揮攻城、野戰都取得了輝煌的戰績。他用兵機動靈活，英勇果斷，顯示出卓越的軍事才華。時人張怡根據李定國委任的桂林知縣李楚章的話說，"公用兵如神，有小諸葛之稱。紀律嚴明，秋毫無犯，所至人爭歸之。軍中室家老弱各為一營，皆有職事，凡士伍破衣敝絮，皆送入後營，紉織為襯甲、快鞋之用，無棄遺者。"[4]陳聶恒也記載，"定國智勇冠其曹，且嚴紀律，民皆安之。或傳定國兵當以夜至，比曉則已過盡矣。故所至有功。"[5]清軍統帥定南王孔有德、敬謹親王尼堪的相繼敗亡，對於明清雙方都是震動朝野的大事。就其影響而言，桂林、衡陽大捷遠遠超過了戰役本身。攻克桂林之後，李定國趁勢收復廣西全省，清朝官員"號天大慟；自國家開創以來，未有如今日之挫辱者也。"[6]尼堪貴為親

1　乾隆二十六年《衡陽縣志》記載，順治九年敬謹親王尼堪"督滿、漢兵至，與定國接戰於城北香水巷、草場，轉戰於演武亭"，尼堪戰敗被殺。見該書卷六《忠節》，卷十《祥異·兵燹》。縣志云："時為十一月二十四日也。"據《清世祖實錄》卷七十應為二十三日。尼堪陣亡的具體情況諸書記載互歧，《滇緬錄》云為明軍交槍擊斃。

2　《清世祖實錄》僅記程尼陣亡，未明說在何次戰役中，此據《八旗通志》卷一六三《程尼傳》。其他陣亡者參見同書卷二二二、二二五、二二六有關部分。

3　彭而述《讀史亭詩集》卷八《四戰歌·草場》。按，彭而述曾任清上湖南分守道，後來又多次往來湖南，對戰役經過了解甚詳，其題為《草場》，當即尼堪陣亡地名。

4　張怡《謏聞續筆》卷二。

5　陳聶恒《邊州聞見錄》卷十《李定國》條。

6　順治九年十一月十六日吏部尚書固山額真朱馬喇等題本，見《明清史料》丙編，第九本，第八二五頁。

王，統率滿洲八旗精銳出征，竟然兵敗身死，更是出乎清廷意料，連順治皇帝也悲歎："我朝用兵，從無此失。"[1]跟隨尼堪出征的貝勒吞齊（即屯齊）、巴思漢，貝子扎喀納、穆爾佑，固山額真韓岱、伊爾德、阿喇善等高級將領後來都受到革爵、革職等嚴厲處分。[2]

自從明朝末年以來，文官武將一提到清軍無不談虎色變，依附清廷的漢族官僚每遇軍情緊急往往請求朝廷派遣"真正滿洲"參戰，如順治六年湖廣辰常總兵徐勇在題本中說："總之，逆賊畏滿兵，而不怯南兵，南兵如雲，何如滿旗一旅也。"[3]滿洲貴族也自視為天之驕子，所向無敵。李定國揮軍轉戰千里，連殺清朝二王，特別是擊斃了貴為親王的滿洲勁旅主帥尼堪，打破了清軍不可戰勝的神話。其心理上的作用不可低估。就清方而言，兵力上的損失可能還在其次，更重要的是神情沮喪。清廣西巡撫王一品因患病回京，幸免於桂林之厄。順治十一年他已痊癒，吏部仍推薦他復任廣西巡撫，王一品如臨深淵，規避不前，行賄託人題免，發覺之後被清廷處以絞刑。[4]談遷也記載，順治十年有三個人赴吏部謁選，探籌（即抽簽決定補用何地何官缺）得廣西，"悸懼卻不能手"[5]。另一方面，忠於明室的官紳百姓卻為之精神振奮，重新燃燒起復興的希望。人們常常引用黃宗羲的一段話："逮夫李定國桂林、衡州之捷，兩蹶名王，天下震動，此萬曆以來全盛之天下所不能有。功垂成而物敗之，可望之肉其足食乎！屈原所以呵壁而問天也！"[6]他寫這段話是在事過境遷之後發

---

1 《清世祖實錄》卷七十九。

2 《清世祖實錄》卷八十六。

3 見《明清史料》丙編，第八本，第七六五頁。

4 《清世祖實錄》卷八十七。

5 談遷《北遊錄・紀郵上》。

6 黃宗羲《永曆紀年》，見《行朝錄》卷五。

出的無限感慨，但我們不難想象他和一大批志同道合的人在听到桂林、衡州大捷時那種欣喜欲狂、奔走相告的情景。當時在長江下游從事秘密復明事業的顧炎武聞訊之後賦詩云："廿載吳橋賊（崇禎四年孔有德等在吳橋縣叛變，故稱吳橋賊），於今伏斧砧。國威方一震，兵勢已遙臨。張楚三軍令，尊周四海心。書生籌往略，不覺淚痕深。"又云："傳聞西極馬，新已下湘東。……不有真王禮，誰收一戰功。"[1] 顧炎武不僅為原大西軍聯明抗清取得輝煌勝利感動得泣下滿襟，還明確地批判了永曆朝廷部分官員反對封孫可望為秦王。張怡則對孫、李矛盾激化，導致大局逆轉，深表惋惜，寫道："使無此內釁，大功成矣。"[2]

1652 年李定國在湘、桂戰場上的勝利，對當地和附近具有復明情緒的紳民是一個極大的鼓舞。許多退入山區的明朝殘兵敗將和隱居鄉間的官紳都聞風雲集，共勷盛舉。如安定伯馬寶順治八年仍在廣東堅持抗清，李定國大軍收復廣西後，他立即出兵配合，攻克陽山、連州、連山等州縣，活捉清連陽副將茅生蕙、游擊馬泗汗、守備白守富。後奉李定國之命率部入湖南，茅生蕙等人均於九年十月二十二日在衡州處斬，"首級懸掛南門"[3]。此外，如胡一青、趙印選、袁來朝（陳邦傳舊部彰武將軍）、歐正福（曹志建部總兵）等都曾"依附李定國、恃險狂逞"[4]。當時在桂林的瞿昌文記載，廣西"八郡中節義大臣，避腥膻於深菁窮谷間，轉徙困頓，全髮以待時，始終不改其守者，皆府君（指瞿式耜）素所薦拔之士，至是咸幸更生，而山藪野

---

1 《顧亭林詩集匯注》卷二《傳聞》。

2 張怡《謏聞續筆》卷二。

3 順治十一年四月廣東巡撫李棲鳳揭帖，見《明清史料》甲編，第四本，第三三八至三四〇頁。

4 順治十三年六月廣西巡撫于時躍揭帖、經略洪承疇揭帖，見《明清史料》甲編，第四本，第三九五頁，第三九六至三九八頁。

澤之哀鴻，亦莫不相慶復見漢官威儀也。"[1] 永曆朝廷兵部尚書劉遠生、中書舍人管嗣裘、兵部主事朱昌時等人都從瑤族山區出來參見李定國，共商機務，協守桂林。[2] 原廣西巡按吳德操也應定國之命出任於梧州，"坐門樓，稽出入"[3]，廣西全省都安官設吏。湖南的明朝鄉紳也紛紛出見，就連自弘光時期已經杜門不出的大臣周堪賡（崇禎時任工部侍郎，弘光初立授以戶部尚書，未到任）、郭都賢（崇禎時任江西巡撫，永曆帝授以兵部尚書，未就職）等一大批官紳都認為中興有望，應邀到衡山謁見李定國。[4] 郭都賢在《自敍》中寫道："壬辰（順治九年）恢復湖南，微有贊襄之力。"[5] 只是由於不久形勢逆轉，參與反清復明的官紳為了保全身家性命，不僅銷毀有關文書，在自己後來的著作中也竭力加以掩蓋，給後人研究這段時期的紳民動向造成了困難。

李定國在衡州大捷前後，活動於湘、贛邊境羅霄山脈一帶以劉京、李文斌為首的抗清武裝備受鼓舞，他們一面高舉復明的旗幟號召當地百姓收復失地；一面同李定國聯繫，請求派兵支援。李定國當時正同清軍主力周旋於湖南，只派了為數不多的軍隊配合劉京等部進攻江西吉安府屬州縣。據《衡州府志》記載，"定國旋自粵入永，次衡，駐兵四月餘。遣其將張勝攻湘陰，高必貴掠江西之永新。"[6]

---

1 《虞山集》卷十下。

2 王夫之《永曆實錄》卷十四、卷十七。

3 錢秉鐙《吳廷尉鑒在傳》，見《藏山閣文存》卷五。

4 鄧顯鶴《沅湘耆舊集》卷三十《密庵先生陶汝鼐》記，順治九年李定國大軍至衡陽時，"湘潭石見五（名開雲）銜命敦促，不得已與周司農（即周堪賡）、郭司馬（即郭都賢）並出見，至南岳謁廟而還。"陶汝鼐後來身陷清朝圇圄，為了保命，竭力把自己參加復明活動説成是被迫的。

5 陶汝鼐《密庵先生遺集》附《年譜》引《益陽縣志》文。

6 乾隆二十八年《衡州府志》卷二十九《兵燹》。按，此處高必貴疑為高文貴。

十一月初一日，高文貴部攻克永新[1]，接着在劉京等地方義師引導下收復安福[2]、永寧（今江西井岡山市）、龍泉（今江西遂川縣）三縣。清駐防安福游擊張曾顯"全軍被圍，盡為賊執去"，張曾顯被押解到衡州，李定國下令將其斬首。[3] 清江西巡撫蔡士英在題本中說："該臣看得，逆賊乘犯湖南之勢，驅其象馬，大股而來，其志意頗為不小。又兼土寇劉京歷年為江省巨害，潛相勾引，習熟路徑。……是以狡賊先設疑兵於袁州插嶺關，勢欲進窺；而陰以大隊突犯吉安，以致永新、安福、永寧、龍泉等處相繼淪陷，縣令、防將兩被執去，更眈眈於吉安府城，思圖併力極攻。"[4] 正當劉京等圍攻吉安府城（今吉安市）時，清江西巡撫蔡士英向江南總督馬國柱告急，抽調援兵入贛會同江西提督劉光弼、南贛總兵胡有升所部兵馬火速趕赴吉安。由於李定國部主力未能入贛，劉京等部抵敵不住清朝優勢兵力，十一月初一日李文斌兵敗被擒。[5] 定國為集中兵力迎戰尼堪，無暇東顧，永新等縣駐軍"起營退轉湖南"，十一月二十三日最後一批精兵撤離永新開往湖南。[6] 清軍於二十五日進入永新，安福、永寧、龍泉也先後

---

1 江西巡撫郎廷佐"為查明失守情形"等事題本殘件說，"順治九年十一月初一日，有象寇數萬驟至永新山邑"，永新營兵僅二百餘名，"寡不敵眾，是以被賊圍陷"。見《清代檔案史料叢編》第六輯，第二七八至二八〇頁。按，"象寇數萬"當為誇張之詞。

2 康熙五十二年《安福縣志》卷一《疆域志‧祥異》記："九年壬辰，劉京、倪端倚山作亂，引滇兵入城，劫殺無算。"

3 《明清史料》丙編，第九本，第八八一至八八二頁江西永新等縣失陷案殘件。

4 蔡士英《撫江集》卷一，順治九年十二月初四日"為恭報連恢二邑仰慰聖懷事"題本。按，《吉安府志》所載與清方當局奏疏略異，其文云："八年辛卯（當為九年壬辰），明副文煌復永新、安福。吉安守將羅某攻之，拔其城，並獲文煌。"注文中說文煌是江西泰和人，原隨郭維經起兵抗清。李定國派偏師由湖南入江西時，他乘勢收復永新、安福二縣，正想向吉安進軍，恰逢定國的軍隊撤退，清"吉安守將羅某合各府兵圍之，糧盡被俘，死難南昌會城。"羅某指吉安營參將羅映垱。

5 《撫江集》卷一，順治九年十一月初七日"題為報擒賊首洗巢大捷事"。

6 順治九年十二月二十日江西巡按張嘉題本，見《明清史料》丙編，第九本，第八三〇頁。

被清軍奪回。[1] 到 1653 年（順治十年）七月二十七日，劉京在同清軍交戰中被俘[2]，贛西的抗清運動被鎮壓下去。

第四節　劉文秀進攻保寧之戰

到 1651 年（順治八年、永曆五年），孫可望部署的南明軍隊已經控制了貴州全省，前鋒進入湖南西部和四川南部。針對這一形勢，清廷除了加強湖廣的防務外，派遣平西王吳三桂、定西將軍固山額真李國翰帶領所部兵馬由陝西漢中入川。1652 年二月初七日吳、李二部到達保寧（今四川閬中）。[1] 十二日南下，二十二日推進到成都。奉孫可望之命守衛成都的總兵林時泰不戰而降。由於林時泰曾經投降過清朝，後來又在潼川反清歸明，吳三桂認為他是反覆無常、奉有明旨緝捕的"欽犯"，下令把他斬首示眾。佔領成都以後，吳三桂坐鎮該城，由李國翰統兵於二十四日收取眉州，二十五日佔領嘉定（今四川樂山），活捉明總兵龍名揚（猓猓族，原為雲南臨安府石屏州宣慰司土官）。[2] 三月，吳三桂、李國翰調集梅勒章京葛朝忠、白含真、佟師聖，夔州總兵盧光祖，左路總兵陳德，永寧總兵柏永馥等往攻重慶，初五日佔領合州，分水陸二路進逼重慶。明軍守將盧明臣因兵力單薄，於十四日放棄重慶。四月下旬，吳三桂等派遣另一

---

1 胡有升《鎮虔奏疏》卷下，順治十年正月二十八日"恭報援剿吉安並恢復龍泉凱捷疏"云：清軍十一月二十日收復安福縣，二十五日收復永新縣，十二月初六日收復龍泉縣。蔡士英《撫江集》卷一，順治九年十二月初四日"為恭報連恢二邑仰慰聖鑒事"題本中說：十一月二十八日江西提督劉光弼報恢復安福，十二月初一日又報收復永新。日期的差異原因是蔡士英根據的是劉光弼塘報時間。

2 蔡士英《撫江集》卷五。

1 李國英《李勤襄公撫督秦蜀奏議》卷八，順治九年三月初七日題本；同年二月初八日題本。又見《清代農民戰爭史資料選編》第一冊（上）。

2 同前注。按，龍名揚在《選編》中誤排為龍名楊。

支由甲喇章京楊正泰、郭雲龍、右路總兵南一魁、敍州總兵馬化豹帶領的清軍進攻敍州，明守將王復臣、白文選主動撤退到永寧（今敍永）。[1] 至此，清軍除了原先控制的保寧地區外，已奪得成都、重慶、敍州、馬湖、邛州、雅州、嘉定、眉州等府縣，清政府認為"全蜀漸次底定"，應當講求"善後"之策了。[2]

正在這時，孫可望從全局着眼，唯恐清軍在四川站穩腳跟後，南犯貴州，遂派撫南王劉文秀統領援兵四五萬人三路入川，由建昌、敍永、彭水展開全面反攻。[3] 八月初九日，明軍攻克敍府，據守該城的清兵"全軍覆沒，南總兵（南一魁）不知下落，馬總兵（馬化豹）隻身逃回，甲喇、牛錄死難者數十餘人。"[4] 與此同時，明軍大將白文選也率部反攻重慶。吳三桂、李國翰見明軍勢大，於八月十九日在夾江縣同四川巡撫李國英緊急會商，決定全師"北撤，以保萬全。"[5] 駐守重慶的清軍將領梅勒章京葛朝忠、佟師聖、白含真、鑲紅旗章京尹得才，總兵柏永馥、陳德、盧光祖於八月二十四日接到吳三桂的撤退命令，二十五日渡江北還。同一天，明軍收復重慶，隨即派兵尾追清軍，在距離重慶一百二十里的停溪將清軍包圍，用火器四面圍攻。二十八日，清軍大敗，梅勒章京白含真被活捉[6]，永寧總兵柏永馥帶着殘兵敗卒逃到保寧時，部下"兵支離削弱，才得百人"。[7]

---

1 順治九年八月十五日四川巡撫李國英"為再報東南大捷，仰慰聖懷事"題本，見《李勤襄公撫督秦蜀奏議》卷八；又見《明清史料》甲編，第二本，第二九五頁；《清代農民戰爭史資料選編》第一冊（上），第二三五至二三六頁。按，此件最準確者為影印揭帖，見《明清檔案》第十五冊，A15-59 號。《奏議》本在文字上已做刪改，《選編》所收並非檔案原件，而是從《奏議》轉錄。

2 順治九年八月十五日四川巡撫李國英"為全蜀漸次底定事"題本，見前引《奏議》卷八。

3 《清史列傳》卷七十八《盧光祖傳》。

4 郝浴《中山奏議》卷一《再報封疆大計疏》。按，李國英奏疏中說馬化豹身帶槍傷逃回。

5 順治九年八月二十七日李國英"為塘報滇賊入犯事"密奏本，見《李勤襄公撫督秦蜀奏議》卷八。

6 李國英《李勤襄公撫督秦蜀奏議》卷八；郝浴《中山奏議》卷一《再報封疆大計疏》。

7 《中山奏議》卷一《按蜀疏》。

九月十一日，吳三桂等退至綿州，接着又退到廣元。清朝在四川的臨時省會保寧只有巡按御史郝浴和總兵嚴自明部下一百多名士卒。[1] 吳三桂、李國翰和隨軍南下的四川巡撫李國英在兵敗如山倒的形勢下，已有放棄四川，退入陝西漢中的打算。由於郝浴的堅持，李國英、吳三桂、李國翰終於決定回守保寧，在十九日統兵進入該城。[2] 清軍在撤退過程中，遭到撫南王劉文秀、討虜將軍王復臣的追擊，損失頗大。史載："劉文秀之入蜀也，善撫恤軍士。蜀人聞大軍至，多響應。於是，重慶、敍州諸府縣次第皆復。吳三桂迎戰輒敗，斂軍以奔，趨保保寧。"[3]

　　保寧戰役關係到清廷能否在整個西南地區保留一個立足點，戰役過後，清朝三方面的負責人都競相爭功。不少史籍都歸因於四川巡按郝浴，如《清史稿·郝浴傳》記："九年，平西王吳三桂與固山額真李國翰分兵復成都、嘉定、敍州、重慶。已而，兩路兵俱敗，三桂退駐綿州。浴在保寧監臨鄉試，可望將數萬人薄城，浴飛檄邀三桂，激以大義，謂'不死於賊，必死於法'。逾月，三桂乃赴援，可望等引去。"[4] 劉獻廷也說："平西同墨勒根蝦取四川，兵至敍州府。蜀王劉文秀兵多而銳不可當。平西兵不戰而走。至保寧，墨勒根蝦已決意去蜀矣。時郝雪海巡按四川，駐陝西境，上疏劾平西不能取蜀，更引敵兵入秦境。平西計無所出，固山楊珅力持進兵議，曰：'王

1　《中山奏議》卷一《飛報封疆大計疏》。

2　順治九年九月二十六日四川巡撫李國英"為緊急賊情事"密奏本，見《李勤襄公撫督秦蜀奏議》卷八，參見《清代農民戰爭史資料選編》第一冊（上），第二三七至二三八頁。

3　黃宗羲《永曆紀年》。

4　《清史稿》卷二百七十《郝浴傳》。按：吳三桂等統率的軍隊九月十一日至綿州，同月十九日至保寧，傳中所謂"逾月，三桂乃赴援"，不確。此戰役為劉文秀指揮，孫可望並未親至四川，傳云可望"薄城""引去"，亦誤。

威名震天下，今退走，則一旦掃地矣。今日之計，有進無退。'墨勒根蝦懼敵眾難之。珅曰：'固山若卻，請自退。吾王獨進，與敵不兩立矣。'遂進兵。……大捷，平西即上疏曰：'臣之退走，所以引敵出險以殲之也。兵家之計，不可先傳。按臣書生，不知兵事，妄言搖惑眾心，幾敗大計。'上譴謫雪海於遼東。"[1] 郝浴自己在奏疏中說："九月十九日，平西王、固山額真墨勒根蝦、撫臣李國英一晝夜接臣七次移會，迫之以'不死於賊，必死於法'之言，已統大兵回紮保寧。"[2] 又說："臣在保監臨，兩路利失，方望我兵從中路回保，乃竟捨川北，歷險西行梓、劍矣。重慶北來又有從通、巴入漢一路在。土寇逃卒然城外，以為兩路兵各自便道歸秦；在兩路兵頗亦疑保寧府已早為賊吞矣。"為了請求吳三桂等回師扼守保寧，他和總兵嚴自明派人前往梓（潼）、劍（州）地區邀請，聯名啟文中說："川北為漢中門戶，有川北後得有漢中；無川北不第無漢中矣。至保寧一隅屯聚朝廷糧餉，又兼設文武，原倚以為全川、收雲貴之大鎮。王受西南重寄，豈得棄而不顧，等情。臣復獨移撫臣，內有朝廷一塊土是貴部院一重責任。今秦兵四散，蜀寇蜂擁，貴部院向來所提調之兵馬、所管轄之將官不見一人，並貴部院亦竟不知在於何所，則保寧一片封疆將來作何銷繳，等情。時慮寇深路阻，以上兩項文書自未至丑歷七時，照樣七次踵發，務要其必歸。坐是兩路兵俱知各司、道、府死守保寧，因翻然雲集。"[3]

李國英的兒子李雯則持另一種說法：

1　劉獻廷《廣陽雜記》卷一。按，是時劉文秀尚未封蜀王。

2　郝浴《中山奏議》卷一《再報封疆大計疏》。

3　郝浴《中山奏議》卷一《敬辭欽賞兼敍守城各官功績疏》。

雯聞是年敍府失陷，重慶不守，吳三桂遁還。未至保寧三十里地名圓山子，有路通秦。三桂欲拉先公從此路徑還漢中。先公曰："王乃客兵，可以還漢；巡撫乃守土之臣，當與保寧共存亡。王自回漢，巡撫當星夜回保料理守具。"遂辭三桂及固山額真拔營回保。奈固山額真語三桂曰："我等統領大兵恢川不得，若棄了保寧，丟了巡撫，我朝法度王所素知，復將何辭以對朝廷耶？"三桂乃悟，飛使追回先公，語之曰："我欲去守保寧，巡撫可有糧麼？"先公曰："保寧糧雖無多，尚夠兵馬五個月支用。"三桂乃率師同先公於九月十九日至保寧。……[1]

吳三桂初欲遁還漢中，繼乃不得已而守保寧。雖一鼓滅賊，所謂置之死地人自為戰者，真乃朝廷洪福。其實三桂中情畏怯之甚也。……至按臣郝浴身經圍城，目睹戰陣，書生從未見兵，痛定尤復思痛，遂謂保寧兵單難守，請今文武各官盡同王師回漢，此則明明棄蜀矣。不知蜀雖荒殘，若賊得之，守其要隘，耕其曠土，濟以奸詐，招致群醜，不惟數萬之師難以進克，即秦中、漢南恐亦歲無寧日矣。[2]

這些記載在某些具體情節上存在分歧，但郝浴上疏的時候，吳三桂貴為藩王，李國翰是清廷親信重臣，李國英是現任四川巡撫，他疏中說曾經七次行文請求三人領兵回守保寧，當屬事實。不過，郝浴"不死於賊，必死於法"一語顯然是給李國英信中的話，李國英作為巡撫有守土之責，而吳三桂、李國翰是"客兵"，可進可退，他

1　《李勤襄公撫督秦蜀奏議》卷八，順治九年十月十八日李國英"為飛報大捷仰慰聖懷事"題本後附李雯按語。

2　郝浴《中山奏議》卷一《三報封疆大計疏》；參見李國英《李勤襄公撫督秦蜀奏議》。

們原來的意圖是帶着李國英部一道退入漢中。郝浴既以封疆之責要求李國英回兵保守，自然也請求吳三桂、李國翰統率大軍協守。李國英既迫於郝浴的責難拒絕隨吳三桂、李國翰撤入漢中，吳、李受道義上的牽制（三桂、國翰部若撤回陝西，保寧必破無疑，即如李國翰所說"棄了保寧，丟了巡撫"，在清廷面前不好交代），才勉強決定回守保寧。《清史稿·郝浴傳》把"不死於賊，必死於法"一語直接掛到吳三桂頭上，同吳三桂後來發動三藩之亂，成為清朝的逆臣有關。事實上當時清廷以保存實力為原則，有意讓吳三桂、李國翰退守漢中。1652 年（順治九年）十月，清廷先派固山額真庫魯克達爾漢阿賴率官屬兵丁駐防西安，又調原定往征廣東的護軍統領阿爾津為安西將軍，同固山額真馬喇希鎮守漢中，敕諭中寫道："今逆賊侵犯四川，黎元惶憂，深廑朕懷，用以爾阿爾津為安西將軍，同馬喇希總統將士，前赴平西王吳三桂、定西將軍墨爾根侍衛李國翰處，駐紮漢中，保固地方，整頓兵馬。賊若入犯，會同平西王、墨爾根侍衛相機剿除。其進征四川事宜，着候明旨。"[1] 可見，清廷已經以確保陝西為目標，四川被置之度外了。

　　劉文秀在攻克敘州，追敗清重慶守敵之後，一路上所向無敵，產生了驕傲輕敵思想。他只看到吳三桂等望風逃竄這一動向，卻沒有看到入川清軍主力基本完整，仍有相當的戰鬥力。進抵保寧城郊後，劉文秀缺乏大將應有的持重態度，在沒有充分把握的情況下，決定強行全面攻城，這在策略上是犯了重大錯誤的。因為清軍所佔只是保寧一座孤城，四川全境已大抵收復。保寧城三面環水，西、南二面臨嘉陵江，東面為東河，江河對岸是連綿不斷的山脈。明軍佔領

---

1 《清世祖實錄》卷六十九，十月戊申日及辛酉日。

了城外各山頭，憑藉"長技在鳥銃，銃之勝勢在高山，延山放銃，據險憑城，不謂不張。"[1] 劉文秀本應利用地利派重兵扼守保寧東、南、西三面，隨時提防清軍出城渡河反擊；另派少數兵力渡河進至保寧城北騷擾該城與陝西漢中的交通供應線。在完成這一軍事部署的同時，把經營四川提上議事日程。

為了說明問題，先談一下四川各地的情況。自從明末戰亂以來，四川大部分地區凋敝荒涼，特別是自然條件最好的成都平原幾乎沒有人煙，只要經營得法，完全可以建設成南明重要的復興基地。郝浴在這年給清廷的奏疏中就說過："成都地大且要，灌口（指都江堰）一瀉，襟帶三十州縣，開耕一年定抵秦運三年。錦城之外，竹木成林，結茅為廬，千百間可立就。錦江之魚，岸上求之，蕃於雞豚，收川資本卷在此中矣。"[2] "嘉定據敘、重上游，民較三川差多，見饒鹽茶。"這些地方都已由劉文秀所統大軍收復。清軍據守的保寧，人口和耕地卻很少。郝浴自順治八年十一月到任經過調查，次年奏報說：保（寧）、順（慶）、潼（川）、龍（安）四府州"所墾熟田止二百三十五頃，不及別省中縣十分之一"；"三府一州二十九縣，共得九千三百五十餘口，數不及別省半縣，而滿、漢官兵數倍之。"駐於保寧的清四川"司、道、府、州等官員"連薪俸也拿不到，"惟各令丁奴墾荒自贍"。[3] 清軍退守保寧時，順慶、潼川、綿州等地均為明軍所收復，清方控制的耕地、人口更是少得可憐。保寧城中儲積的一些軍糧幾乎全是由陝西漢中歷盡艱辛轉運來的，勢必不能持久。順治十二年五月清朝一件奏疏中還說："夫沃野千里原指成都而言，

1　郝浴《中山奏議》卷一《三報封疆大計疏》。

2　《中山奏議》卷一《緩策西南一議》。

3　《中山奏議》卷一《備述蜀省情形疏》。

其東南俱財賦所出。今歸我版圖者止山多田瘠、出產寡薄之川北一隅，而東南有食可以養兵之地皆為賊所盤踞”[1]，頗能說明當時四川的經濟情況有利於明，不利於清。

劉文秀既然已經把清軍堵扼於保寧一隅之地，收復了四川絕大部分地區，軍聲大振；心懷去志的吳三桂等能守住保寧即已自慶，發動反攻的可能性極小。在這種情形下，劉文秀完全可以暫緩直攻保寧，而在加強對該城清軍戒備的同時，採取有力措施經營四川，設官安民，招集流亡，聯絡土司，加緊屯田，漸興文教，使自己立於不敗之地。就軍事而言，收復重慶之後劉文秀同夔東十三家抗清武裝已經連成一片，可以動用的兵力大大增加，在適當時機會同作戰，不僅收復保寧易如反掌，繼續北上陝西漢中或東下湖北，前景必甚可觀。總之，劉文秀並沒有認識到他的主力直逼保寧城郊之時，恢復四川的戰役已經取得輝煌戰果，因為穩定了四川局勢，經營得法，社會生產逐漸恢復，就可以大大加強南明政權人力、物力和戰略上的有利地位，貴州、雲南已遠離前線，長期局促於川東鄂西貧瘠山區的夔東抗清武裝只要劉文秀以大局為重，加意聯絡，也必將大有作為。[2]

然而，劉文秀計不出此。他的意圖不僅要乘勝收復保寧，而且要把四川境內的清軍殺得片甲不留。十月初二日他率領大將王復臣、王自奇、李本高、祁三升、關友才、張光璧等[3]五萬餘兵馬迫近保寧。

---

1 《明清史料》甲編，第四本，第三五六頁，原件“上缺”，不詳作者，但疏中有“臣在蜀言蜀”一語，必為四川官員。

2 順治九年劉文秀統兵入川時並沒有會合夔東十三家明軍共同作戰，幾年後他病重，上遺表建議永曆朝廷移駐四川，重要的理由就是藉重十三家之兵力扭轉戰局，這很可能是總結了自己兩度入川未能重用十三家兵力的教訓。

3 《李勤襄公撫督秦蜀奏議》卷八《為飛報大捷事題本》，原文王自奇作王志奇、祁三升作祁三省、關友才作官有才，均因音同致誤。

劉文秀下令搭造浮橋濟師，主力部署在保寧城北面。攻城以前，他甚至抽調一部分軍隊"北塞葭萌關，東塞梁山關"[1]，防止攻克保寧後清軍突圍竄入陝西。時人韓國相記載："是時有南府劉文秀者統兵四萬餘，追清兵來屯保寧梁山關，聲勢大振。自以為戰必勝，攻必克關。而清兵心膽墮地，主走劍閣出七盤，而已置四川於不問。"[2] 這就是說，劉文秀志在全殲吳三桂、李國翰、李國英所部清軍，改變了三面據險、俯扼清軍的態勢，使自己的主力置於保寧城北敵守重鎮，東、西背水的危境，在兵法上違背了"圍師必缺"的原則。吳三桂等眼看已經沒有退路，唯有困獸猶鬥、背城一戰才可絕處逢生。滅虜將軍王復臣對這種部署深為憂慮，向劉文秀建議集中兵力攻打保寧城的薄弱部，破城以後吳三桂等部清軍雖不能全殲，但必然逃往陝西，四川全省可以平定；而包圍全城，分兵把口勢必暴露出己方弱點，給清軍以可乘之機。這一正確意見遭到劉文秀斷然拒絕，從而導致了保寧戰役的慘敗。

保寧戰役的經過是：十月初八日明軍主力齊集保寧城北，劉文秀登上東北山頭指揮攻城。吳三桂通過偵察得知攻城明軍中張先璧部戰鬥力最弱，決定集中兵力先打張軍。[3] 李國英為迷惑明軍，命部下綠營兵改打八旗正兵旗。[4] 十月十一日黎明，劉文秀麾軍攻城，兵馬"蔽山而下，炮聲震天"，"南自江岸，北至沙溝子，橫列十五里，前列戰象，次用火炮、鳥銃、挺牌、扁刀、弓箭、長槍，層疊里許，

---

1 《李勤襄公撫督秦蜀奏議》卷八，順治九年十月十八日李國英"為飛報大捷仰慰聖懷事"題本後附其子李雯按語。據乾隆《廣元縣志》卷三《關隘》記，"葭萌關在縣南十里"。郝浴疏中説梁山關在保寧城北。

2 韓國相《流離外傳》，收入民國十八年《南充縣志》卷十六《流離傳》。

3 張先璧部原為南明官軍，後由孫可望接管。

4 《李勤襄公撫督秦蜀奏議》卷八，順治九年十月十八日題本後附李雯按語。

蜂擁攻城。"[1] 辰時，吳三桂率部開門出城，直攻張先璧軍。張部抵敵不住，紛紛逃竄，敗兵把王復臣等部的軍隊衝得亂成一團。清軍趁勢鼓勇奮擊，明軍陣勢已亂，立腳不住，這天中午即已全面崩潰。撤退時由於浮橋被砍斷，致使大批將士無法過江，被清軍追殺或落水而死。[2] 明滅虜將軍王復臣，總兵姚之貞、張先軫、王繼業、楊春普等被清軍擒殺，損失士卒大半、戰象三隻、馬騾兩千三百餘匹，劉文秀的撫南王金印也被清軍繳獲。[3]

吳三桂於險勝之餘，歎息道："生平未嘗見如此勁敵，特欠一着耳。"[4] 這年十一月，清廷收到吳三桂、李國翰等人的捷報，才鬆了一口氣，除下詔頒賞外，於十二月將阿爾津由定西將軍改為定南將軍，同固山額真馬喇希統率將士"往征湖廣"。[5]

劉文秀率領殘兵敗卒返回貴州，孫可望深為不滿，下令解除他的兵權，發回昆明閒住；張先璧被亂棍打死。

第五節　孫可望逼走李定國和寶慶之敗

當李定國駐軍衡陽的時候，孫可望在 1652 年（順治九年、永曆六年）十一月初一日親自由貴州來到湖南沅州（今芷江）。他派大將白文選統領馬、步兵五萬餘名進攻辰州。二十一日，明軍分水、陸

1　同前李國英題本；參見郝浴《中山奏議》卷一《三報封疆大計疏》。

2　史籍中關於明軍砍斷浮橋的原因有兩種說法，一種說劉文秀戰敗渡過嘉陵江後，為了防止清軍追擊，下令砍斷浮橋。另一種說法是劉文秀進攻保寧時令張先璧斷後，軍隊渡江完畢，張先璧之弟張先軫"患其兵之退怯，斬筏橋而不以告"，用意是背水一戰，結果撤退時造成重大損失。見王夫之《永曆實錄》卷十《張先璧傳》。

3　前引李國英十月十八日題本。按，李國英題本中說劉文秀等"逃遁不滿千人"，肯定為誇張之詞。南明領兵大將除王復臣被俘外，其餘都安全脫險，所部當不致過少。

4　黃宗羲《永曆紀年》。

5　《清世祖實錄》卷七十。

二路進抵辰州城下，把該城四面包圍。清辰常總兵徐勇命副將張鵬星領兵出戰，被明軍炮火擊斃。徐勇仍然妄圖據城頑抗。次日，白文選以大象為前驅，突破東門，大隊兵馬衝入城內，徐勇在混戰中被亂刀砍死[1]，清分守辰常道劉昇祚、辰州知府王任杞[2]等文武官員也被俘處斬。孫可望決定"改沅州為黔興府，以州治興沅縣附郭，領一州九縣：曰靖州、曰興沅、曰黔陽、曰麻陽、曰通道、曰平溪"[3]，並把該府改隸貴州省。[4]

就當時明、清雙方在湖南的態勢而言，十一月二十二日孫可望親自指揮的軍隊攻克了辰州，次日李定國軍在衡陽擊斃清軍統帥尼堪，應當是孫、李會師全殲入湘清八旗兵進而擴大戰果的大好時機。時人丁大任說：

> 壬辰（1652，順治九年），可望略湖南，自晏衡州府城樓觀兵。清朝損兵以萬計，王公、文、武無不奔竄，而敬謹王不免焉。而辰州府，武岡、沅、靖三州並十縣尚為所據。其行兵有五要：一不殺人，二不放火，三不姦淫，四不宰耕牛，五不搶財貨。有一於此，軍法無赦。有象陣，馬見之驚逸。用羅羅，能跳戰，不畏矢，執標槍大刀，常以少勝眾。……楚人曰：孫、李二將有五伯之假仁假義、王莽之謙恭下士。而永曆之為君，遠過乎劉禪，

---

1 《明清檔案》第二十一冊，A21-60 號，順治十一年十一月二十一日兵部尚書噶達洪等題本；同件見《明清史料》甲編，第四本，第三四七至三四八頁。參見《清世祖實錄》卷八十五。彭而述《讀史亭詩集》卷二《悲辰陽》題下注："將軍徐勇以壬辰十一月二十二日城陷死之。"

2 康熙四十四年《沅陵縣志》卷八《災祥》記：九年"冬，黔兵攻城，鎮、道、府、縣皆殉難。"按，王任杞於順治九年十月由辰州知府升任廣東巡海道，尚未離任，見《清世祖實錄》卷六十九。

3 同治十三年《黔陽縣志》卷五十六《載記下‧流寇》。

4 同治十二年《沅州府志》卷三十二《記兵》。

近勝於弘光，奄有雲、貴並廣西、四川、湖廣各半省，五府六部三衙門，春秋兩榜，隱成一小朝廷。[1]

　　在清軍接連遭受重大挫折，主帥陣亡，士氣沮喪之際，孫可望作為南明的最高實權人物不僅沒有抓住戰機，部署決戰，反而嫉賢妒能，導致內部矛盾激化。探討南明的歷史，有一個基本論點是可以通過大量事實證明的，這就是在力量對比上，南明的兵力和潛在力量（包括清統治區內的復明勢力）並不遜於清方。其所以屢戰屢敗，喪師失地，根本原因在於各種抗清勢力之間矛盾重重，互相拆台，甚至自相火併，使兵力相當有限的滿洲貴族坐收漁翁之利。1650 年到 1651 年，孫可望憑藉在雲南休整之後建立起來的精銳之師為核心，通過“會盟”等形式把南明割據自雄的殘存兵力加以改編，同時在實際上掌握了永曆朝廷的大權，這對於消除內部腐敗紛爭，建立一支足以同清方抗衡的軍事力量和後方基地是一個重大貢獻。然而，孫可望器小易盈，缺乏統籌全局、妥善處理內部關係的胸襟。1651 年（永曆五年、順治八年）二月，他自稱“國主”[2]，不僅在實際上，而且在名義上把軍國大權集中於一身。在他看來，可能危及自己“國主”權威的人有三個，即永曆帝朱由榔和原在大西軍中地位相仿的安西王李定國、撫南王劉文秀。而他最忌諱的就是手握重兵並在原大西軍中享有崇高威望的李定國、劉文秀同仍保有皇帝虛名的朱由榔

1　丁大任《永曆紀事》，見《荊駝逸史》。按：文中說孫可望在衡州城樓觀兵當為李定國駐軍衡陽之誤。丁大任記載的“行兵五要”是指孫可望、李定國、劉文秀等部的軍紀嚴明，有的史學著作因為孫可望後來降清，把“行兵五要”專歸於李定國，有欠公允。

2　康熙四十四年《平彝縣志》卷二《沿革》；又見康熙五十四年《新興州志》卷二《沿革》。

之間建立比較密切的關係。據史書記載，李定國攻克桂林以後，儘管在獻俘等事宜上都尊重他這位身居貴陽的"國主"，但孫可望僅因李定國給在安龍的永曆朝廷送去了一份報捷奏疏，就大為不滿。保寧戰役之後，孫可望乘機解除了劉文秀的兵權，發往雲南閒住。這一舉措已經表現了孫可望的私心自用，正確的做法本應抽調兵將補充劉文秀部，讓他繼續經營四川。劉文秀被撤職，不僅他本人心灰意懶，在原大西軍部分將領中也引起憤慨不平。

更嚴重的是，在李定國連殲清朝二王，復地千里，軍威大振之時，孫可望嫉妒之心有增無減。李定國攻克桂林之後送到貴陽的繳獲物品只有清廷賜給孔有德的定南王金印、金冊和人參數捆，沒有多少金銀財寶。孫可望聽信小人之言認定李定國不是私自藏匿就是分賞將士示恩於下。到李定國軍在衡陽戰役擊斃尼堪的消息傳來，竟有功高震主之嫌，孫可望已經容不下他了。不少南明史籍記載，當李定國部署衡陽戰役的時候，原議由馬進忠、馮雙禮移軍白杲市，定國主力駐於衡州，等待尼堪大軍過衡山縣，馬、馮二部抄至敵後，同定國部南北合擊，一舉全殲尼堪所統清軍。孫可望得知這一部署，唯恐定國大功告成，密令馮雙禮退師寶慶，馬進忠也隨之而走。由於孫可望的拆台，李定國雖擊斃了清軍主帥尼堪，卻因兵單勢孤，在十二月間放棄了衡州。[1] 衡州戰役以後，孫可望又密謀定計以召開軍事會議為名，只待李定國到來即行拘捕，至於李定國所統軍隊則轉交馮雙禮指揮。如果說孫可望解除劉文秀的兵權還多少體現了賞功罰敗的原則，謀害戰功卓越的李定國肯定極不得人心。因此，一

---

1 順治十一年正月二十八日經略洪承疇揭帖中報告分巡上湖南道張兆羆於"九年十二月內隨大兵復衡城"，見《明清史料》丙編，第二本，第一四〇頁。

些知道內幕的人趕往李定國軍中告密,勸他絕勿前來赴會。由於這件事在原大西軍中屬於領導層的核心機密,史籍中關於開會地點和具體情節難免有出入。王夫之記載:

> 可望馳召定國返武岡會議,三晝夜書七至。定國不得已西行,將見可望。至紫陽渡,劉文秀之子密遣人走報定國,言可望俟其至即收殺之。定國大驚,遽引兵東走,縛筏為橋,渡湘水,渡已,橋絕。可望追兵趨永州,遂自永明走平樂……[1]

計六奇記載:

> 可望封定國為西寧王,馮雙禮興國侯,差楊惺先往封。至衡州,李定國曰:"封賞出自天子,今以王封王,可乎?"遂不受封。可望慮定國功大權重難制,楚、粵人心歸之,因為書召之。不至。十月,可望出兵至沅江,命張虎督兵復辰州,連書催定國至靖州相會,意欲圖之。定國心腹人龔彝至沅州,見可望,探知其意,密書報定國,令勿來,來必不免。癸巳(1653)正月,定國行至武岡州,見書,歎曰:"本欲共圖恢復,今忌刻如此,安能成大功乎?"因率所部走廣西。[2]

李定國本希望孫可望率部由辰州東進,同己部合擊湖南清軍(尼堪被擊斃後,入湘八旗兵由貝勒屯齊統領),若能全殲該軍,勢必使

---

1 王夫之《永曆實錄》卷十四《李定國傳》。
2 計六奇《明季南略》卷十七《孫李構隙本末》。

滿洲八旗實力大損，遠近聞風喪膽；然後會合夔東十三家兵力北取湖北，東攻江西，很可能形成勢如破竹的局面。當他得知孫可望置大局於不顧，蓄意謀害自己的時候，不勝憤慨，對部下將領說："不幸少陷軍中，備嘗險艱，思立尺寸功，匡扶王室，垂名不朽。今甫得斬名王、奏大捷，而猜忌四起。且我與撫南弟（指劉文秀）同起雲南，一旦生誤，輒遭廢棄。忌我，當必尤甚。我妻子俱在雲南，我豈得已而奔哉！"[1] 1653 年（永曆七年、順治十年）二月下旬，李定國率領所部四五萬兵馬放棄永州，經永明越龍虎關撤入廣西[2]，從此避免同孫可望見面。二十年左右情同手足的兄弟情誼被孫可望一筆勾銷了，原大西軍領導集團之間的裂痕使聯明抗清以來前所未有的復興良機變成曇花一現。

古語說：師克在和。孫可望逼走李定國很快就自食惡果。當時孫可望正親統大軍由靖州經武岡進至寶慶（今湖南邵陽），部下有大將白文選、馮雙禮等，總兵力據清方記載為十萬。三月初六日，清定遠大將軍屯齊帶領滿漢主力由永州北上寶慶，十五日駐於岔路口，距明軍白文選、馮雙禮、馬進忠營地周家鋪三十里。次日，清軍進至周家鋪，由於明軍營於山頂，地勢險要，又遇上天雨，雙方列陣相峙。這天晚上孫可望率親軍由寶慶府來增援。十七日，明軍下山向

---

1 徐鼒《小腆紀年附考》卷十八。

2 《清世祖實錄》卷七十六記："定遠大將軍多羅貝勒吞齊（即屯齊）等奏報：逆賊偽安西王李定國、偽國公馬進忠率馬步賊兵四萬餘至永州。臣等以西安府兵暨提督總兵官柯永盛兵駐衡州，大軍於二月十三日向永州進發，二十八日抵永州，李定國已遁龍虎關而去。"康熙六年《永明縣志》卷九《兵寇志·兵變》記："順治九年壬辰，安西王李定國破粵西，旋破湖南，知縣尹足法遁去。定國命張昌胤理縣事。已而，我師復湖南，定國帥所部五萬眾走永明，屯三日，旋遁廣西。四月，原任知縣尹足法復任。"可見，李定國之由湘入桂純因避開孫可望，主動轉移。郭影秋先生作《李定國紀年》時誤信清末民初人士偽託明遺民劉彬（雲南人）所作《晉王李定國列傳》，在該書第一一九至一二〇頁寫道："清兵知孫、李內訌，遣貝勒屯齊再入湖南，連敗定國部張霖於岳州、馬進忠於益陽、馮雙禮於衡州。於是衡、永、武、靖、辰、沅、黎平諸州郡，復陷於清，民死者百萬人。定國精銳亦挫傷殆半。"所述與事實不符。

清軍發起全面進攻，清軍分路迎擊，雙方展開激戰。結果孫可望所統明軍戰敗，傷亡頗眾，被清軍繳獲馬七百餘匹，象一頭，清軍乘勝佔領寶慶府。[1] 但是，清軍在這次戰役中也付出了很大代價，正黃旗兩名蒙古梅勒章京韋徵、武京都在激戰中陣亡。[2]

1652—1653 年（順治九年至十年）春，以原大西軍為主力的抗清運動很值得總結，正如吳三桂、李國翰在保寧擊敗劉文秀後沒有力量乘勝南下一樣，屯齊部清軍在寶慶戰役獲勝後也未能佔領整個湖南，而是同明軍長期相持於靖州、武岡一線。這就證明：一、滿洲八旗和它的附庸軍並不佔絕對優勢，戰爭的勝負同雙方的內部團結和組織指揮有密切關係；二、以孫可望為首的原大西軍首領人物通過治理雲、貴，接管永曆朝廷的實際權力，避免了這個朝廷內部無休止的紛爭，創造了一致對清的局面，是戰役前期取得重大成果的主要原因；三、戰局的惡化部分同劉文秀指揮失誤有關，保寧戰役受挫固然造成較大損失，還不致影響全局。真正斷送復明運動良機的是孫可望個人野心惡性膨脹，舉動乖張，先誤於調令李定國全軍入湘，以致退入廣東的清軍乘虛而入，重佔梧州、桂林，使剛剛收復的廣西未能穩定；接着又逼走李定國，導致復湘之舉功敗垂成。

1　這次戰役在許多史籍中稱之為岔路口之役，其實，岔路口是清軍臨戰前的駐地，雙方交戰地點在周家鋪。康熙二十四年《寶慶府志》卷二十一《武備志·兵紀》云："十年四月（當為三月），貝勒率師大敗孫可望於周家鋪，橫屍遍野。可望單騎走武岡。我師乘勝逐之，遂復寶慶府。"《清世祖實錄》卷七十六載吞齊奏報戰役經過也可資參考，其中周家鋪寫作"周家坡"，又述及馬進忠部，看來李定國撤入廣西時馬進忠仍留在湖南境內。

2　鄂爾泰《八旗通志》卷一百七十《韋徵傳》《武京傳》。《清世祖實錄》卷八十七載，順治十一年十二月"戊午，發帑銀十一萬八千八百八十兩，分恤湖南衡州岔路口陣亡及被傷將士。"又，同書卷九十二載，順治十二年六月壬申日，"贈湖廣衡州府岔路口及福建海澄縣陣亡各官"，內有護軍統領喀爾他喇，署梅勒章京崇古巴圖魯、伊穆圖、齊克訥、懇哲，護軍參領鄂克綽特巴、額塞、達海哈爾霸，侍讀學士索爾孫，學士馬祿等，原文雖未分別說明陣亡地點，但多數是在岔路口戰死則可以肯定。這兩條材料都證明，屯齊部清軍雖取得了戰役的勝利，兵員傷亡還是相當大的。

第二十四章

清廷加強推行以漢制漢政策

第一節　滿洲八旗兵實力下降

在歷史上，每一個新興王朝在軍事上都有一個由盛轉衰的過程，清朝也不例外。只是被清廷統治者視為爭奪天下和鞏固天下的嫡系軍隊的由盛轉衰過程來得特別迅速。1644 年到 1647 年（順治元年至四年）滿洲八旗兵所向無敵的場面就像曇花一現似的再也沒有出現過。由於清朝最後統一了全國，它的統治集團從來忌諱談自身的弱點，後來的史家也很少注意到這一重要轉變，沒有看出入關初期清廷的不可一世和後來的色厲內荏，因此，也沒有認真探討清廷在初期以滿洲八旗兵為主逐漸轉化為以漢制漢的政策變化。

滿洲八旗兵實力下降，難以繼續擔任征服全國的主力是出於以下因素：第一，滿洲八旗兵來源於滿族成年男子，而滿族在當時是一個人口相當少的民族，入關初期清軍總兵力十萬，其中已包括了漢軍和蒙古兵，真正可以披甲出征的滿族軍士不過幾萬人。進入中原以後屢經戰陣，戰死和病死的人數很可能超過人口自然繁殖數；進入漢人居住區後，享受着程度不等的勝利者的優待，逐漸滋長起追求生活安逸的風氣，遠不像入關前後那樣淳樸、勇於用命。概括一句話就是兵員少了，士氣低了。第二，清朝入關初期叱咤風雲的領兵大將由於染上天花[1]，迷戀女色[2]和內部傾軋，凋謝殆盡。如：豫親王多鐸病死於順治六年，攝政睿親王多爾袞病死於順治七年，肅親王豪格在順治五年死於獄中，英親王阿濟格於順治八年被賜死，巽親王滿達海順治九年二月病死，衍禧郡王羅洛渾順治三年病死於軍中，順承郡王勒克德渾病死於順治九年三月，饒餘郡王阿巴泰順治三年病死，其子端重親王博洛順治九年三月病死，多羅謙郡王瓦克達順治九年八月病死，敬謹親王尼堪於同年十一月陣亡於衡陽。僅存的鄭親王濟爾哈朗自順治五年最後一次統兵出征湖廣以後，到順治八年就因年高處於半退休狀態，至順治十二年病死。看一下上面列舉的名字，清楚地表明到順治九年，清朝賴以開國的久經戰陣、功勛卓著的大將都已不復存在。這些親、郡王死時的年齡一般都比較年輕，濟爾哈朗算是最長壽的，也只活到五十七歲。他們的子弟即便承襲爵位，卻少不更事，缺乏戰鬥經驗，無法替代父輩馳騁疆場的角色。親、郡王以下的貴族、將領雖然還留下了一批，但他們也無復當年英銳氣概。明清易代之際的著名詩人方文順治十五年在北遊京師時寫了《都下竹枝詞》，其中二首是：「自昔旃裘與酪漿，而今啜茗又焚香。雄心盡向蛾眉老，爭肯捐軀入戰場。」「東戍榆關西渡河，今人不及古人多。風吹草底牛羊見，更有誰能敕勒歌。」[3] 說明

1　《清史稿》卷二百四十四《趙開心傳》記：「滿洲兵初入關，畏痘，有染輒死。」類似避痘事實見於許多史籍。清順治帝和豫親王多鐸等均係染上天花而病死。

2　順治二年十一月十五日，豫親王多鐸由南京凱旋京師，不僅掠得白銀一百八十多萬兩和其他大批財物，還搶得「才貌超群漢女人一百零三」，送順治帝十名，攝政王多爾袞三名，輔政鄭親王濟爾哈朗三名，肅親王豪格等各二名，英郡王阿濟格等各一名。見《清初內國史院滿文檔案譯編》中冊，第一九七頁。《清史稿》卷二百四十四《季開生傳》記：順治十二年「民間訛言往揚州買女子，開生上疏極諫。得旨：太祖、太宗制度，宮中從無漢女。朕奉皇太后慈訓，豈敢妄行，即太平後尚且不為，何況今日？」說宮中沒有漢族女子完全是文過飾非。

3　方文《嵞山續集·北遊草》。按：「爭肯」即「怎肯」之義。

到 1658 年滿洲將領已經普遍沉浸於溫柔鄉中，雄心的逐漸消磨自然還要早一些。這種嚴酷的事實，清廷統治集團內非常清楚，儘管他們諱莫如深，閉口不言，但從對南明各派抗清勢力的戰略部署和戰術安排上都明顯地看出他們越來越多地採取以漢制漢的方針。戰略上表現在更多地依賴漢族擁清派進行招撫；戰術上不到關鍵時間不動用滿洲兵，即使在關鍵戰役中也大抵是讓綠營兵和漢軍打前陣，滿洲兵將處於二線，這樣既可減少傷亡，又可起到監視漢軍和在最後關頭奪取勝利首功的作用。

　　清廷以漢制漢的策略變化，突出地表現在下面幾件事情上：一、順治十年（1653）起用洪承疇經略西南；二、利用軟禁中的鄭芝龍招撫東南沿海的鄭成功（洪、鄭這兩位福建泉州府人的起用，就清廷而言是迫不得已的，在駕馭上頗費心機）；三、順治十年（1653）八月十九日清廷主持皇室同平西王吳三桂聯姻，把公主嫁給三桂之長子吳應熊；[1] 四、順治十一年（1654）二月二十日一度決定把鎮守廣東的兩位漢族藩王之一靖南王耿繼茂移鎮廣西，讓他不僅統率原部兵馬還兼管原定南王麾下的軍隊。[2]

第二節　清廷命洪承疇出任五省經略

　　順治九年，孔有德在桂林兵敗自殺，同年十一月尼堪在衡陽陣亡，打破了清軍不可戰勝的神話。清廷滿洲貴族集團經過一番秘密商議，決定派遣內翰林國史院大學士洪承疇以兼兵部尚書、都察院右副都御史的名義總督軍務，經略五省。檔案材料表明，決定任命

1 《清初內國史院滿文檔案譯編》下冊，第二六八頁。
2 《清初內國史院滿文檔案譯編》下冊，第三〇四、三〇五頁。

洪承疇為五省經略是在順治十年五月，[1] 開初經略的範圍是指湖廣（今湖北、湖南二省）、廣東、廣西、雲南、貴州等處地方。順治十年六月洪承疇就以"欽命經略湖廣、廣東、廣西、雲南、貴州等處地方總督軍務兼理糧餉、太保兼太子太師、內翰林國史院大學士、兵部尚書兼都察院右副都御史"的官銜題本請"選調堪戰將兵以期剿撫奏效"。[2] 洪承疇建議抽調的兵將分別由京師、直隸、宣大、陝西（包括固原、寧夏）、山東、河南、江南、江西、浙江、福建各處駐軍內挑選。陝西、山西、遼東、河南籍的精銳兵將，"其北直、山東、江浙腹裏弱兵不得混入"。"通計邊鎮、內地選調將兵共一萬一千有零"，將領有蝦（侍衛）張大元、馬豹子（即王輔臣），正黃旗下李本深、劉忠，各饒營總兵劉芳名、高第、胡茂禎，副將王平、高謙、高萬里、張鵬程、李榮、張洪德、張國勛、劉應傑、范紹祖等，"鑲黃旗下替職閒官白廣恩老病，不能領兵，止隨臣軍前為招撫榜樣"。[3] 不久，清廷考慮到在廣東的尚可喜、耿繼茂位居王爵，不便交洪承疇節制，在同年七月二十七日由內三院傳旨："廣東賊勢潰散，地方漸平，且去湖南遼遠，應專任兩王（指平南王尚可喜、靖南王耿繼茂）及該督撫料理。江西切近湖南，一應用官調兵事宜時有關涉，袁州、吉安一帶餘賊未清，應撫輯剿禦，着經略輔臣洪承疇兼理，敕印即與換給。爾內院傳諭該部遵行。"[4] 洪承疇在八月十四日行至山東武城縣鄭家口接到新頒敕諭一道、銀方印一顆，即將閏六月初八日原任經

---

1 《清初內國史院滿文檔案譯編》下冊，第二七〇頁記："戶部尚書車克等謹奏為欽遵聖旨事……順治十年五月二十五日午刻聖諭內三院（特命洪承疇為經略湖廣等五省軍務）。"

2 原密疏稿及揭帖均見《明清檔案》第十七冊，A17-76 號、A17-77 號；另見《明清史料》甲編，第四本，第三〇七至三〇九頁。

3 均見前二件。

4 《明清檔案》第十七冊，A17-107 號《上傳》。

略湖廣、廣東、廣西、雲南、貴州的敕諭、銀印交使者繳回。[1] 敕諭中說："茲以湖南江戶地方底定已久，滇黔阻遠，聲教罕通，不逞之徒，未喻朕心，時復煽惑蠢動，漸及湖南，以致大兵屢出，百姓未獲寧息。朕承天愛民，不忍勤兵黷武，困苦赤子，將以文德綏懷，歸我樂宇。必得夙望重臣曉暢民情，練達治理者假以便宜，相機撫剿，方可救寧，遍察廷臣，惟爾克當斯任。前招撫江南，奏有成效，必能肅將朕命，綏靖南方。茲特命卿經略湖廣、江西、廣西、雲南、貴州等處地方，總督軍務，兼理糧餉。"敕諭中授予洪承疇相當大的權力："巡撫、提督、總兵以下悉聽節制，兵馬糧餉悉聽調發，文官五品以下、武官副將以下有違命者听以軍法從事。一應撫剿事宜，不從中制，事後具疏報聞。……務使滇黔望風來歸，官民懷德恐後，庶稱朕誕敷文教至意。功成之日，優加爵賞。候地方既定善後有人，即命還朝，慰朕眷想。"[2] 很明顯，清廷再次起用洪承疇是在滿洲和親信遼東將領遭到嚴重挫折的情況下，為了征服南明而採取的重大措施。這次抽調的兵將大體上是清軍入關以後投降的明朝和大順軍舊部，如李本深是高傑的部將，劉忠在大順政權中曾被封為平南伯。洪承疇在調兵遣將準備就緒後，又以識途老馬的姿態上路了。

第三節　清廷對鄭成功的招撫活動

1651—1652 年（順治八至九年、永曆五至六年），鄭成功在福建沿海地區多次擊敗清軍，成了一股不可忽視的力量。原大西軍出滇

---

1 《明清檔案》第十七冊，A17-134 號，洪承疇八月十五日揭帖。按，同書中 A17-81 號有尾書順治十年閏六月初日之敕諭稿一件，其中已將"廣東"圈去，旁改江西；"事關藩王及公者"圈改為"事關續順公者"。

2 《明清檔案》第十七冊，A17-81 號；又見 A17-133 號洪承疇八月十五日揭帖。

抗清，佔領貴州全省，在廣西、湖南、四川戰場上大顯聲威。清廷統治者自進關以來從未受到這樣重大的挫折，他們在軍事上的弱點暴露得越來越明顯。於是，為了繼續推行其民族征服政策，不得不把以漢制漢作為主要手段。招降鄭成功就是為實現這一謀略的重大步驟。在清廷統治者看來，鄭氏家族的首腦鄭芝龍是自己手裏的一張王牌，利用他出面招降其子鄭成功可以不費一兵一卒達到平定東南海域的目的。

早在 1652 年（順治九年）清廷一件密奏稿內就提出了招撫鄭成功的建議。其中寫道："成功等做賊既久，狼子野心，臣等非敢保其不叛，亦難必其就撫。但今湖南、川、廣處處用兵，力不暇及。且湖南之賊，或由江西，或由廣東，皆可通閩，萬一勾連狂逞，為禍愈大。故姑以招撫一策，先將此賊牢籠，息兵養民，察其動靜；苟有反側，仍即剪除。若責令赴京歸旗，料彼不能從命，不必起其疑懼。至於頒敕往諭，未宜輕率。應賜督臣密敕一道，內開招撫成功等語，先遣才幹官同鄭芝龍家人到彼宣佈德意。彼果真心投順，欲得朝廷敕書，即以督臣密敕宣示，頗為妥便。若執迷不順，亦不至損威傷重也。"[1] 可見，"力不暇及" 是清廷採取招撫政策的主要動機。

順治皇帝顯然很欣賞這項建議。為了使招撫工作得以進行，首先給處於軟禁狀態的鄭芝龍恢復名譽，肯定了他在 1646 年降清的功績，把鄭芝龍被騙到北京後遭到監視的過失推到多爾袞身上，承認了清廷處置失當，對鄭芝龍予以安撫。七月間，順治帝派內大臣遏必隆、鰲拜、哈世屯、大學士范文程等傳諭鄭芝龍："朕聞爾子弟在

---

1 《明清史料》丁編，第一本，第六十六頁。從語氣推測這份奏稿似出於兵部。原件無年月，但稿中有 "宜敕督臣劉清泰星馳赴任，察彼情形，量我兵力，能剿則剿，當撫則撫。" 劉清泰接任浙江福建總督在順治九年，此件當作於劉清泰尚未赴任之時。

福建為亂。爾投誠有功，毋輕出城行走，恐人藉端誣陷。即往墳塋祭掃，亦必奏明乃去。朕嘉爾功，故以此告諭。爾子在京有成立者可送一人入侍。"[1] 八月初一日，應鄭芝龍請求，將其由正黃旗撥入鑲黃旗，授予鄭芝龍在京的第二個兒子鄭世忠為二等侍衛，同時命兵部給勘合，將鄭芝龍的部分親屬從福建護送來京團聚。[2]

這年十月，清廷給浙閩總督劉清泰發出一件敕諭，對招撫鄭成功做了明確指示："近日海寇鄭成功等屢次騷擾沿海郡縣，本應剪除。朕但思昔年大兵下閩，伊父鄭芝龍首先歸順，其子弟何忍背棄父兄，獨造叛逆？此必地方官不體朕意，行事乖張，成功等雖有心向化，無路上達。又見伊父歸順之後，墨勒根王（即多爾袞）令人看守防範，又不計在籍親人做何恩養安插，以致成功等疑懼反側。朕又思鄭芝龍既久經歸順，其子弟即我赤子，何必征剿？若成功等來歸，即可用之海上，何必赴京？今已令鄭芝龍作書，宣佈朕之誠意，遣人往諭成功及伊弟鄭鴻逵等知悉。如執迷不悟，爾即進剿。如芝龍家人回信到閩，成功、鴻逵等果發良心悔過，爾即一面奏報，一面遣才幹官一二員到彼審察歸順的實，許以赦罪授官，仍聽駐紮原住地方，不必赴京。凡浙、閩、廣東海寇，俱責成防剿。其往來洋船，俱着管理，稽察奸宄，輸納稅課。若能擒馘海中偽藩逆渠，不吝爵賞。此朕厚待歸誠大臣至意，爾當開誠推心，令彼悅服，仍詳籌熟（察），勿墮狡謀。"[3]

1 《清世祖實錄》卷六十六。
2 《清世祖實錄》卷六十七。《明清史料》丁編，第一本，第八十八頁，"廂黃旗下正欽尼哈番鄭芝龍揭帖"云："職初入京時，蒙朝廷宏恩，撥入正白旗下，賜屋齊化門小街居住。"鄭芝龍入京後曾先後隸屬正白、正黃、鑲黃旗。
3 《明清史料》丁編，第一本，第六十七頁，順治九年十月初九日，下注："本日用寶即發與親領訖。"參見《清世祖實錄》卷六十九。

為了體現招撫的誠意，清廷還下令追查 1651 年福建當局攻入中左所（今廈門）掠奪鄭成功等人家產一事。1653 年（順治十年）三月，把肇事人福建巡撫張學聖、總兵馬得功、興泉道黃澍、巡按王應元革職，押解回京交三法司審訊。這一案件的另一幕後原因是清朝統治集團的內部矛盾，張學聖、馬得功、黃澍把從廈門掠得的大批金銀財寶隱匿私分，引起了朝廷和有關官員的忌恨。即如新任浙閩總督劉清泰秘封入告所云："蓋廈門一窟，素稱逆寇鄭成功之老巢，商賈泊洋販賣貨物之藪也。想諸臣之垂涎已非一日。乃不能振旅以犁其庭，而乘成功他出之便，藉撫臣巡歷之名，道臣黃澍搖尾而進謀，鎮臣馬得功螳臂而先往，撫臣張學聖繼率全軍輕身徑入。此時一番飽獲，自謂無患無爭矣。更可異者，馬鎮搜括數日，竟為所困。後懇成功祖母家書，始得釋歸，喪師辱命。何諸臣智昏於海中之金穴，而竟不顧有朝廷之疆土耶？及成功回，而悉數家珍，非以實撫臣之裝者，則已入道、鎮之囊。以致藉口索償，弄兵修怨。"[1] 刑部、都察院、大理寺三法司會審時，張學聖、馬得功、黃澍一口咬定"城內沒有財物"，抵賴得乾乾淨淨。大概是在暗中用贓物買通了一些官員，三法司在定罪意見（看語）上遊移其詞，三四其說，最後不了了之[2]。但逮捕巡撫、總兵、道員一舉，實際上是對鄭成功表示一種和解的政治姿態。

　　這樣，清廷讓鄭芝龍出面寫信，動以父子之情；由浙閩總督劉清泰派人向鄭成功轉達朝廷招撫密旨，中心意思是只要他薙髮歸順，

<hr />

1　順治十年刑部等衙門為審擬張學聖等事題本，見《明清史料》丁編，第一本，第七十九至八十二頁；又見《鄭成功滿文檔案史料選譯》第十三至二十九頁所載，順治十年九月十七日刑部等衙門尚書覺羅巴哈納"為劣撫輕貪啟釁致地方淪陷"事題本。後面一件更完整。

2　同前注。

即可保持自己的軍隊，仍舊鎮守福建沿海，不必進京，藉以解除鄭成功擔心重蹈父親覆轍的疑慮。清廷所做的讓步實際上是在兵力不敷分配的情況下企圖先穩住東南沿海的鄭成功部，集中力量摧毀西南的永曆朝廷，然後再迫使鄭成功完全就範。鄭成功從自身利益出發，既要考慮父親的安全，又想趁機擴展兵力和勢力範圍。因此對鄭芝龍派家人李德送來的勸降書信迅速做了回答，雙方各自懷着自己的打算，開始了"清、鄭和談"。

1653 年（順治十年）四月，清浙閩總督劉清泰依據朝廷密敕精神，寫了一封文書派人送到鄭成功的祖母黃氏處，託她轉給鄭成功。文書中強調了兩點，一是"宣揚皇上覆載深恩"，二是"陳述父子不應絕情"，以忠孝兩全引誘鄭成功背明歸清。五月初十日，清廷正式頒發敕書，封鄭成功為海澄公，鄭芝龍為同安侯，鄭鴻逵為奉化伯，鄭芝豹授左都督，[1] 給泉州一府地方供鄭成功安插和供養軍隊。敕諭中首先肯定了鄭芝龍"當大兵南下未抵閩中即遣人來順，移檄撤兵，父子兄弟歸心本朝，厥功懋矣。"接着指責"墨勒根王（多爾袞）不體朕心，僅從薄敘，猜疑不釋，防範過嚴；在閩眷屬又不行安插恩養，以致闔門惶懼，不能自安。……加以地方撫、鎮、道官不能宣揚德意，曲示懷柔，反貪利冒功，妄行啟釁，廈門之事，咎在馬得功"，並說明"已將有罪官將提解究擬"。然後說清廷遣人齎敕傳諭，開導歸誠，鄭成功、鄭鴻逵"果令李德持家書來，並傳口語"，"書詞雖涉矜誕，口語具見本懷"，"爾等保眾自全，亦非悖逆"，故意不提鄭成功以反清復明為旗幟，給以下台之階。除封爵授官之

---

1 清廷封鄭芝龍、鄭成功、鄭鴻逵、鄭芝豹爵職敕諭稿四件，見《明清史料》丁編，第一本，第八十四、八十五、八十六、八十七頁。

外，特遣芝龍表弟黃徵明為使者專程赴閩傳達諭旨，以解疑畏。為了表達誠意，敕諭中宣佈"滿洲大軍即行撤回；閩海地方保障事宜，悉以委託。"[1]鄭芝龍也派家人李德、周繼武等持親筆信要成功接受清朝招撫。鄭成功閱信後說："清朝亦欲給我乎？將計就計，權借糧餉，以裕兵食也。"他給鄭芝龍寫了一封模棱兩可的回信，摘要如下：

　　達侍膝下，八年於茲矣。但吾父既不以兒為子，兒亦不敢以子自居。坐是問候闊絕，即一字亦不相通。總由時勢殊異，以致骨肉懸隔。蓋自古大義滅親，從治命不從亂命。兒初識字，輒佩服《春秋》之義，自丙戌（1646，順治三年）冬父駕入京時，兒既籌之熟而行之決矣。忽承嚴諭，欲兒移忠作孝；仍傳清朝面諭，有原係侯伯，即與加銜等話。夫既失信於吾父，兒又安敢以父言為信耶？當貝勒（指博洛）入關之時，父早已退避在家。彼乃卑辭巧語，迎請之使，車馬不啻十往還，甚至啖父以三省王爵。始謂一到省便可還家，既又謂一入京便可出鎮。今已數年矣，王爵且勿論，出鎮且勿論，即欲一過故里亦不可得。彼言豈可信乎？父在本朝，豈非堂堂一平國公哉！即為清朝，豈在人後哉！夫歸之最早者且然，而況於最後者？……

　　雖然，兒於己丑歲（1649，順治六年）亦已揚帆入粵屯田數載矣。不意乘兒遠出，妄啟干戈，襲破我中左，蹂躪我疆土，虜

1　順治十年五月初十日敕同安侯鄭芝龍等稿，見《明清史料》第一本，第八十四頁。《清世祖實錄》卷七十五收入了這件敕諭，"移檄撤兵"誤寫為"移檄徹兵"，"墨勒根王"改譯"睿王"。按，李德係鄭氏家丁，為芝龍、成功父子之親信，在清、鄭和談中北往南來，傳遞消息。敕諭中沒有明說把泉州府作為鄭成功屯兵之地，但給鄭成功的敕諭中所授爵銜為"鎮守泉州等處地方充總兵官海澄公"，實際含義是封以海澄公虛銜，充任泉州總兵。

劉我士民，擄辱我婦女，掠我黃金九十餘萬、珠寶數百鎰、米粟數十萬斛；其餘將士之財帛，百姓之錢穀，何可勝計？……

夫沿海地方，我所固有者也；東西洋餉，我所自生自殖者也。進戰退守，綽綽餘裕。其肯以坐享者反而受制於人乎？且以閩粵論之，利害明甚，何清朝莫有識者？蓋閩粵海邊也，離京師數千里，道途阻遠，人馬疲散，兼之水土不諳，死亡殆盡。兵寡必難守，兵多則勢必召集，召集則糧食必至於難支，兵食不支則地方必不可守。虛耗錢糧而爭必不可守之土，此有害而無利者也。如父在本朝時坐鎮閩粵，山海寧謐，朝廷不費一矢之勞，餉兵之外，尚有解京。朝廷享其利，而百姓受其福，此有利而無害者也。清朝不能效本朝之妙算，而勞師遠圖，年年空費無益之貲，將何以善其後乎？

其或者將以三省之虛名，前啖父者，今轉而啖兒；兒非不信父言，而實有難信父言者。劉清泰果能承當，實以三省地方相畀，則山海無竊發之虞，清朝無南顧之憂，彼誠厚幸。至於餉兵而外，亦當使清朝享其利。不亦愈於勞師遠圖，空費帑金萬萬者乎？況時下我兵數十萬，勢亦難散。散之則各自嘯聚，地方不寧；聚之則師旅繁多，日費巨萬。若無省會地方錢糧，是真如前者啖父故智也。父既誤於前，兒豈復再誤於後乎？兒在本朝，亦既賜姓矣，稱藩矣，人臣之位已極，豈復有加者乎？況兒功名之念素淡，若復作馮婦，更非本心。此可為智者道耳。不然，懸烏有之空名，蒙已然之實禍，而人心思奮，江南亦難久安也。專稟。[1]

---

1 楊英《先王實錄》，排印本，第六十二至六十四頁。

鄭成功給父親的信實際上是對清廷的答覆。信中反覆表示他不相信清廷的誠意，因為有鄭芝龍前車之鑒。但是，他又不願把和談的大門關死，暗示清朝若能將 1646 年勾引鄭芝龍時許下的三省（浙江、福建、廣東）交給自己管轄，還是可以談判的。然而，1653 年的形勢已不同於 1646 年，福建、浙江兩省除某些瀕海地區外都已在清朝管轄之下，廣東是平南、靖南兩藩的駐地，鄭成功自己也知道開出這樣的價碼，無論是清廷還是閩、浙、粵地方當局都無法接受。所以，他對負有清廷聯絡使命的鄭氏家族私人李德談話的口氣要和緩得多，訴說"兵多地少，難於安插；倘若裁減兵戈，一旦出征，何以制勝？"[1] 要求再給"三府屯兵，並轄三省沿海地方"；還提出清廷既封自己為海澄公，"公為五等上爵，充總兵官，尚在提督之下"；另外指責清廷一面招撫，一面派固山額真金礪統兵入閩，似為騙局。最後表示清廷應該"用人莫疑，疑人莫用"，只要將"海上之事""全權託付"，那麼"父親致力於內，兒盡力於外，付託得人，地方安靜。"[2]

　　清廷研究了李德帶回的信息，判斷鄭成功有歸降之意，決定做出讓步，引誘鄭成功入彀。於是，給鄭成功頒發敕諭說：一、"朕念爾兵卒眾多，一府難以安插，錢糧委難支給，仍益以漳州、潮州、惠州並泉州四府駐紮，即將四府水陸寨遊營兵餉撥給爾部下官兵，不足不另補。正課錢糧仍行解部。管民文官俱聽部選，爾原轄武官听爾遴選委用，仍將姓名職銜具題造冊送部。開洋船隻，爾得稽察，收納稅課，送布政司解部"。二、為解決爵、職不相應，特命鄭成功

<hr>

1　順治十一年六月初八日"黃徵明為鄭成功已領敕印事題本"，見《鄭成功滿文檔案史料選譯》第三十九頁。
2　順治十一年三月初四日廣東巡撫李棲鳳題本所引順治帝敕諭，見《鄭成功檔案史料選輯》第七十四至七十五頁。

"掛靖海將軍印"。三、解釋派金礪統兵入閩在前，命劉清泰招撫在後，並非騙局；而且告知成功在李德到京反映情況後，清廷當即下令撤回金礪之軍。[1] 事實上，清廷統治者急於招降鄭成功，以便集中力量對付孫可望、李定國等西南抗清勢力，表現出相當熱心，在鄭成功尚未正式受撫以前，就下詔金礪撤兵，"原以示信"。金礪奉旨後六月從泉州起程，八月內撤入浙江境內。[2]

鄭成功並不打算投降清朝，他趁和談的機會，派兵前往福建、廣東沿海地區招兵買馬、徵取糧餉。從這年八月起，鄭成功派出的部將官員領兵往福建漳州、泉州、龍巖、惠安、仙遊等府、縣徵糧徵餉，"大縣十萬，小縣五萬"[3]，使清朝地方當局處於被動狀態。據阮旻錫記載，到 1654 年（順治十一年、永曆八年）二月，鄭軍在福州、興化、漳州、泉州四府措餉，"派富戶追納，諸差官俱至各府、縣城外屯紮，但不入城耳。計所追凡四百餘萬。"[4]

1654 年正月十三日，清內院侍讀學士鄭庫納、扎齊訥等齎捧封鄭成功為海澄公的敕印到達福州。福建巡撫佟國器依據閩浙總督劉清泰的咨文，派李德往鄭軍中通知成功。二月初三日，鄭成功差中軍常壽寧同李德等到福州迎接詔使。十六日清使鄭庫納等到達泉州，十九日至安海公館駐紮。二十日，鄭成功設香案拜受敕印，清使堅持要他先薙髮然後開讀詔書；鄭成功則以"具疏自行奏請"[5] 為託詞拒

---

1 順治十一年三月初四日廣東巡撫李棲鳳題本所引順治帝敕諭，見《鄭成功檔案史料選輯》第七十四至七十五頁。

2 佟國器《三撫密奏疏稿·撫閩密奏》，順治十年十月初六日奏本。

3 福建巡撫佟國器順治十一年十月初九日奏本中說："自去年至今，成功派銀索餉，大縣不下十萬，中縣不下五萬……"見《三撫密奏疏稿·撫閩密奏》。

4 阮旻錫《海上見聞錄》（定本）卷一。

5 佟國器《三撫密奏疏稿·撫閩密奏》，下文所引鄭成功致清廷信很可能就是他所具的疏。

絕剃頭。雙方相持不下，無法開讀詔書。二十五日，鄭庫納等離開安海回福州。和談陷於僵局，清朝福建地方官既無權宣佈招撫決裂，對鄭軍的徵糧徵餉又窮於應付。佟國器在奏疏中訴苦道："今各屬郡縣詳稱，詔到之後，群賊索餉愈熾，興（化府）、泉一帶在在告急……有司莫知攸措，剿撫兩無適從，將來事不可知。"[1]

大約在順治十一年（1654）三月間，鄭成功給清廷寫了一封回信。由於信件內容重要，又比較罕見，全文引述如下：

去歲（順治十年，1653）又六月（即閏六月）內章京邵斯、戶部黃徵明差員李德、周繼武等齎到敕諭並海澄公印；本年正月十四日內院鄭庫納、兵部賈勒納復齎敕諭並掛靖海將軍印，且益以漳、泉、潮、惠四府駐紮。寵命再至，敢不祗承，遂設香案於二月二十日行禮祗承敕命，以遵簡命之隆；尚未敢開印著實行事者，其情其勢，敬祗誠直陳之朝廷。

計安山海是以信用豪傑，豪傑卓有表見總在安攘山海。故用人必視其才，小才而大用之，則不勝任；大才而小用之，則不展舒。信人必本其心。心相猜，近在同堂而能為難；心相許，遠在萬里而益相親。自古交孚相得之世，未有用人而不竟其用，亦未有不外度其情，內度其能，而苟且為人用者也。敕諭四府寨遊營兵餉不過二十萬，計算散給足養萬人，而現在精兵數十萬，相隨多年，諸皆狼野猛戾，無妻子以羈其心，無田宅以果其腸，一旦瓦解，嘯聚千萬，禍不可測，此地方之憂也。且此全閩地方寇賊充斥，而鎮守北兵，地險不平，甲馬徒勞，寇至則登陴自守，寂

1 佟國器《三撫密奏疏稿·撫閩密奏》，順治十一年三月二十八日奏本。

不聞聲；寇去則掩襲干戈，赤地千里，朝廷之撫有全閩也，可謂有其名而無其實矣。故自入閩以來，馬步無暇日，錢糧無粒解，地方無寧刻。若以全閩委鎮守，就此現在精兵分佈周密，給其餉以用其長，既溪洞藪窟之周知，又什伍保甲之列定，人地相宜，將士效命，則鎮閩馬步可別調，而兵有實用矣。閩省正供可解京，而餉有實濟矣。此所謂名實兩全者也。朝廷果推誠置腹，無分彼此，無較新舊，又豈有受人委託而反覆不信，無藉則斂戰，有藉則飛揚也哉！此所以矢志誓肌，下解蒼生側懸之苦，上抒朝廷南顧之憂，自惠、潮以至全閩，則野無弄兵者矣。

至於海上防剿，成於寧謐，尤未易言，蓋大江以南莫非海也。寇東下則在交廣，南上則在吳越，而舟山等處尤盜賊之咽喉，竊以為不扼舟山，海不可得而靖也。今在舟山鎮將非兵不利、甲不善也，而北人多不諳水戰，以致鯨鯢鼓浪，莫之如何，異日醞釀勢成，乘風南北，不惟閩粵之害，實江南之憂。故將平靖海氛，必用閩兵屯紮舟山，然後可以彈壓海寇；而屯兵尤先議餉，不得不就近支給溫、台、寧、紹等處錢糧，以養紮舟山之兵。夫舟山乃海中一孤島耳，其地不過彈丸，而閩浙隔絕，水汛不常，倘兩浙之海有警欲調閩兵，既有鞭長不及之患，欲輓閩餉更苦神鬼轉運之勞。舊例，鎮守福建總兵兼管全溫地方，齒牙相錯，良有深意。倘以溫、台、寧、紹、處五府委任屯紮，調度接應舟山，使寇無竊處，地方寧靜，此又可以解蒼生倒懸之苦，而抒朝廷南顧之憂也。自兩浙以至閩、粵則海無揚波者矣。

誠如是也，克奏膚功，計日而得，海內咸知朝廷委任得人，豈不休哉！然則今日非不祗承，慎其事乃所以委其任也。而其宜慎者有三：敕書四府駐紮，而府（指泉州府）鎮守尚皆北來兵將，未奉明旨撤回，不獨粵平、靖二王未敢擅命，便則泉、漳鎮將誰敢交代，一也；前敕旨云鎮守泉州等處，今只掛靖海空銜，不言鎮守事，則欲行事而文移不便，尤恐行事而畫餅竟成，二也；又敕印再加文听部選、武听遴選委用，今泉州總鎮劉仲金見在刻日赴任，即一府尚屬虛懸，而三府安能取信，三也。是以俯拜對揚之際，實爾挈瓶負薪之恩，除將敕印祗委，奉安平公署，專委官齋盟看守以須後命，隆重付予而後即安焉。

總之，糧少則兵必散，則地方必危，朝廷欲安地方，當勿吝地方。今日之請非是利地，乃欲靖地方。見今數十萬之眾嗷嗷待給，區處經畫，安插繁雜，伏惟英明決斷而施行焉。[1]

鄭成功對清廷的招撫正如他自己所說不過是"將計就計，權借糧餉"，虛與委蛇而已。他表面上盛接來使，鄭重其事地"三跪九叩頭"領受清朝所封海澄公敕印，卻拒絕薙髮，仍然使用明朝永曆年號；同時又藉口已受清廷封爵，堂而皇之地派人到閩、粵沿海地區徵收糧餉，甚至在清廷允許駐兵的四府以外又提出新的土地要求。從上面引述的鄭成功信中可以看出，他要求把福建全省，廣東惠州、潮州二府，浙江溫州、台州、寧波、紹興、處州五府都交給他屯兵籌糧，只有這樣才算是"朝廷委用得人"，實現"海無揚波""地方寧靜"；否則就是"大才小用"，"海寇"四起，"禍不可測"。清政府的許多官員都看出鄭成功並無歸順誠意，福建巡撫佟國器、兩廣總督李率泰先後上疏朝廷希望不要為鄭成功所愚弄。連原來主張招撫並

1　見《明季稗史》第三種，原題《朱承晛報書》，抄本用朱筆注"疑似鄭成功"，墨筆改為"即鄭成功"。參考其他文獻，這是鄭成功給清廷的一封重要書信。

充當"保人"的浙閩總督劉清泰也在密奏中說"撫局之變，不可不防，則剿局之備，不可不早"，要求清廷派"固山額真一人統領滿洲大兵移鎮閩浙之間"。[1] 都察院左都御史王永吉在疏中直截了當地說："鄭成功如果實心就撫，但當解甲投戈，遵守國法，上報聖恩。其地方兵馬機宜，悉聽督撫調度。何得妄以閩、粵為己任？又何得冀望朝廷委以保全浙海？氣傲志高，心雄膽大，明明要挾。雖然歸順，實懷二心。以職愚見斷之，將來為東南大患者，必鄭成功也。從前漂泊海島，腳根不定。今得盤踞於漳、泉、惠、潮之間，用我土地，養彼人民；用我錢糧，練彼精銳，養成氣候，越顯神通。"因此，他力主應當"厲兵秣馬以應變"。[2]

在一片討伐聲中，身居虎穴的鄭芝龍慌了神，他深知自己的生死榮辱取決於能否招撫鄭成功。六月間，他上疏清廷一面斥責鄭成功"索求不止，致使詔使往來頻繁，其罪並非不深"，一面又婉轉代為解釋，列舉成功對清使如何恭敬，有"親親敬主之心，則終非叛臣逆子"。談到鄭成功拒絕剃頭這一關鍵問題時，他先引述"差官黃徵明、李德、周繼武等言，當勸鄭成功剃頭時，鄭成功言，凡為臣者，以禮事君，不在些微細事"等語，藉此證明鄭成功是"不懂我朝法令，且其五六名親信下官，不願剃頭，從中梗阻挑唆，以致稽遲"。接着表示自己鞭長莫及，"恨不能親揪鄭成功之頭薙髮"，一顯老爸尊嚴。最後說他經過晝夜苦思，終於想出了一個妙策，建議清廷准許派他的兒子鄭世忠同欽使一道赴閩，"臣次子鄭世忠，現為侍衛，每日侍從皇上……伊與鄭成功情如手足，朝夕相處。若上傳皇恩，下述父

---

1 順治十一年七月浙閩總督劉清泰"為密報齎到清字咨文事"，此疏雖為七月所上，其中已説"前疏所以秘切入告也"。

2 《明清史料》丁編，第一本，第九十七頁，順治十一年四月左都御史王永吉揭帖。

言，婉言開導，則鄭成功勢必心悅誠服。倘若眾官內有一二人阻撓歸順，鄭世忠則以君父之命，將其立斬，以遏恣意妄為者。如此，鄭世忠全可速報奉命剃頭一事。"[1] 鄭芝龍的建議經王、大臣會議後，清廷同意做最後一次努力。順治十一年（1654）六月二十八日，清帝再次頒發敕諭給鄭成功，其中除重申封海澄公、掛靖海將軍印，給泉、漳、惠、潮四府駐紮軍隊外，對鄭成功的其他要求斷然拒絕，"今據爾奏疏，雖受敕印，尚未剃頭，冀望委畀全閩，又謬稱用兵屯紮舟山，就近支給溫（州）、台（州）、寧（波）、紹（興）等處錢糧。詞語多乖，要求無厭。……爾若懷疑猶豫，原無歸順之心，當明白陳說。順逆兩端，一言可決。今如遵照所頒敕印剃頭歸順則已；如不歸順，爾其熟思審圖，毋貽後悔。"[2]

八月十三日，清廷派遣的內院學士葉成格、理事官阿山（或譯作刑部郎中阿爾善）同鄭成功二弟鄭世忠以及鄭氏家族親舊黃徵明、李德、周繼武等攜帶敕書到達福州，先命李德、周繼武去廈門向鄭成功講述清廷和鄭芝龍的意圖。二十四日葉成格、阿山在福建清軍護送下進抵泉州，又派鄭世忠、黃徵明（成功表叔）往廈門曉以利害。鄭成功不為所動，依然以敷衍拖延為上策。他讓鄭世忠回泉州約請葉成格、阿山於九月十七日到安平鎮見面。屆期，鄭成功調集甘輝、王秀奇、陳堯策、萬禮、黃廷等二十餘名部將統領水陸各鎮"列營數十里，旗幟飛揚，盔甲鮮明"，把安平鎮佈置得"好似鐵桶"，自己才同眾參軍一道前往安平準備同清使會面。[3] 葉成格、阿山在清軍步騎護衛下來到安平，一看鄭軍擺下的陣勢已感到氣氛不對，連

1　順治十一年六月二十五日鄭親王濟爾哈朗題本，見《鄭成功滿文檔案史料選譯》第四十四至四十五頁。

2　《明清史料》丁編，第二本，第一〇一頁。

3　江日昇《台灣外紀》卷四。

鄭方安排的迎賓館舍報恩寺也不敢住，寧可住在清軍臨時搭蓋的帳篷裏，雙方都處於高度戒備狀態。儘管鄭成功大設供帳，饋送厚禮，竭力向清使表示友好，在原則上卻堅持"一云先要四府地方，前詔只有水路遊寨，未言陸路；二則不奉東西調遣；三則不受部、撫節制；恐如姜襄（瓖）、金聲桓等俱以薙髮後激變，且未與張明振（張名振）議妥，又比高麗不薙髮等語。"[1] 葉成格、阿山只奉有監視其薙髮受敕的嚴旨，並無談判的權力，面對鄭成功提出的條件知道使命難以完成，於是以"不接詔，不薙髮"[2] 為理由拒絕成功的隆重禮遇，於二十日返回泉州。二十一日，鄭成功遣人致書備禮挽留清使，二使臣回信表示"即使相晤間，不過宣傳皇上浩蕩德意，與公薙髮後上謝恩本，將貴部官做何安插，及四府設防數目修入而已。他復何言哉！似公又不宜以旁語及也。弟以一介微軀而膺朝命，欽限在十月內回京，何敢稽遲，以身試法？伏祈早決一言，俾得星馳復命。"退還所贈禮物，並限二十五日為最後答覆時間。二十四日晚上，鄭世忠、周繼武、李德、黃徵明等往見成功，聲淚俱下地哀告："二使此番失意而回，大事難矣。我等復命，必無生理，並太師老爺（指鄭芝龍）亦難！"[3] 鄭世忠說："若薙髮歸順，可全老父闔家。"成功答道："吾不薙髮即可保全父命，薙髮則父命休矣。"世忠"復哭勸其回心轉意。成功於李德身旁手執銀盅，高聲恫喝：薙髮乃身份大事，本藩自會定奪，誰人敢勸，哪個敢言！世忠未敢再開口。"周繼武說他也同鄭世忠一起"哭勸成功薙髮歸順。成功起誓，先撤官兵，再議薙

1　佟國器《三撫密奏疏稿・撫閩密奏》，順治十一年九月初九日奏本。按，這裏也可看出張名振並不是鄭成功的部將。
2　楊英《先王實錄》第八十六至八十七頁載葉成格、阿山覆鄭成功信。
3　《先王實錄》第八十七頁。

髮之事。佞官沈佺期曰：藩主薙髮為令尊大人，我等剃頭又為誰人。況且同在海上數年矣。"[1] 二十六日，鄭成功又派旗鼓史諶、鄭奇逢往泉州請清使來安平再議。葉成格、阿山認為沒有甚麼好談的，把二人趕回。二十九日，葉、阿派人催促鄭世忠、李德、周繼武、黃徵明回京復命。當天，清廷使臣和隨行人員離開泉州，"從間道回延平"[2]，和局至此完全破裂。離別之際，黃徵明要求鄭成功寫一回信給鄭芝龍，成功依言寫了一封長信說明整個事件經過並表明自己的態度。主要內容是，"和議非本心也"，"不意海澄公之命突至，兒不得已，按兵以示信。繼而四府之命又至，兒不得已，接詔以示信。至於請益地方，原為安插數十萬兵將，固圖善後至計；何以曰'詞語多乖，徵求無厭'？又不意地方無加增，而四府竟為畫餅，欲效前賺吾父故智，不出兒平日所料。遽然薙髮，三軍為之衝冠！……在清朝總以薙髮為是，在兒總以不削髮為是。……大丈夫做事，磊磊落落，毫無曖昧。清朝若能信兒言，則為清人，屈於吾父為孝；若不能信兒言，則為明臣，盡於吾君為忠。"二使"在泉月餘，目睹脫巾情形，未曾與兒商榷，徒以薙髮二字相逼挾。兒一薙髮，即令諸將薙髮乎？即令數十萬兵皆薙髮乎？即令千百萬百姓俱薙髮乎？一旦突然盡落其形，能保其不激變乎？葉、阿二位不為始終之圖，代國家虛心相商，而徒躁氣相加。……使臣如此行動，朝廷可知也，能令人無危乎？能令人無懼乎？況兒名聞四海，若使苟且做事，不特不見重於清朝，亦貽笑於天下後世矣。大抵清朝外以禮貌待吾父，內實以奇貨居吾父。此番之敕書與葉、阿之舉動，明明欲藉父以挾子。一挾

---

1 順治十二年正月初十日同安侯鄭芝龍密題本，見《鄭成功滿文檔案史料選譯》第八十二至八十三頁。

2 佟國器順治十一年十月初九日奏本，見《三撫密奏疏稿·撫閩密奏》。

則無所不挾，兒豈可挾之人乎？且吾父往見貝勒之時，已入彀中。其得全至今者，大幸也。萬一父一不幸，天也！命也！兒只有縞素復仇，以結忠孝之局耳！"[1] 在給二弟鄭世忠的信中他把自己的志向說得更清楚："兄弟隔別數載，聚首幾日，忽然被挾而去，天也！命也！弟之多方勸諫，繼以痛哭，可謂無所不至矣。而兄之堅貞自持，不特利害不能以動其心，即斧刃加吾頸，亦不能移吾志。何則？決之已早而籌之已熟矣。今兄之心緒，盡在父親覆稟中，弟閱之，亦可以了然矣。大抵清朝若信兄言，則為清人；若不信兄言，則為明臣而已。他何言哉！……夫虎豹生於深山，百物懼焉；一入檻阱之中，搖尾而乞憐者，自知其不足以制之也。夫鳳凰翱翔於千仞之上，悠悠乎宇宙之間，任其縱橫而所之者，超超然脫乎世俗之外者也。兄名聞華夷久矣，用兵老矣，豈有捨鳳凰而就虎豹者哉？惟吾弟善事父母，厥盡孝道，從此之後，勿以兄為念。噫，漢有子瑜而有孔明，楚有伍尚而有子胥，兄弟之間，各行其志，各盡其職焉。"[2]

鄭成功在和談中表現的態度似乎是詭異的，在致父書中引用了清帝敕諭指責他"詞語多乖，徵求無厭"的話，證明儘管未正式開讀，他已完全清楚清廷的底牌。既然沒有談判的餘地，鄭成功為甚麼又一再挽留清使，做出種種無益的舉動呢？這只能說按鄭成功的本意是不願歸降清朝，對於父親的安全雖說置之度外，畢竟不能不有所顧忌，反映在行動上就未免進退失據，措辭更難得體。例如清兩廣總督李率泰給鄭成功的信中就批評說："所云'不知有父久矣'，此言一出，不但傷天性之恩，且貽後世之刺。尊公身為明季重臣，

---

1 鄭成功覆父書見《台灣外紀》卷四；《鄭成功滿文檔案史料選譯》收順治十一年十一月十八日鄭親王濟爾哈朗題本也引述了書信全文，字句略有不同。

2 《先王實錄》第八十八至八十九頁。

國亡而擇主，非背國而事仇也。足下前無顧命，今無共主，何得滅不可易之親，而從不必然之議也？古之求忠臣於孝子者，幾無據矣！至今猶屢執此‘三省相界’之說，胡為乎來哉！今天下中外，帖然十載。而足下身羈海甸，猶欲招徠之，以大一統之勢。誰敢取臣服之版圖、惟正之資賦而輕議界乎？且從來無此廟算，無此邊籌也。即如足下所云，亦可笑矣。無三省，則捨我而忠於彼；將有三省，即棄彼而忠於我。此皆拂情影藉之言，知非足下之心也。"[1] 從忠於一姓王朝而言，李率泰的批評是一針見血的，問題是鄭成功從來就不是朱明王朝的"純臣"，也不是鄭芝龍的孝子，由於他首先着眼的是維護以自己為首的鄭氏家族和東南沿海部分漢族紳、民的利益，當清朝的"大一統"危及這一集團利益時，他只有站在比較軟弱的明朝一邊，藉明朝的名義展開反清鬥爭。

清廷的招撫鄭成功因雙方各自堅持自己的條件終告失敗。然而，實際上是各有所得。鄭成功利用和談使清方釋放了 1653 年四月遭颶風漂入興化港的輔明侯林察；在福建、廣東某些地區擴軍徵餉，增強了實力。清廷通過招降也牽制了鄭成功在順治十年、十一年兩次的可能出兵廣東配合李定國作戰。固然，鄭成功本不積極於同李定國會師，這點下文還要談到；但清廷憑藉鄭芝龍這張王牌進行招撫，無疑助長了鄭成功對永曆朝廷的離心力，即他給父親信中所說"按兵以示信"。所以，就全局而言清廷所得遠大於所失。

和談既已失敗，清廷改而用兵。1654 年（順治十一年）十一月，"議政王、貝勒、大臣會議，鄭成功屢經寬宥，遣官招撫，並無薙髮投誠之意。且寄伊父芝龍家書語詞悖妄，肆無忌憚，不降之心已

---

1 《台灣外紀》卷四。

決。請敕該督、撫、鎮整頓軍營，固守汛界，勿令逆眾登岸，騷擾生民，遇有乘間上岸者，即時發兵撲剿。從之。"[1]十二月十六日，清廷任命鄭親王（濟爾哈朗）世子濟度為定遠大將軍，同多羅貝勒巴爾處渾（二十天後，巴爾處渾即於次年正月初五日病死，肯定未隨軍入閩）、固山貝子吳達海、固山額真噶達渾等領兵由北京赴福建征剿鄭成功。[2] 鄭芝龍失去了利用價值，清廷官員一再上疏要求嚴加懲辦，他們指出鄭芝龍和鄭成功利用和談的機會派出使者多方聯絡，鄭芝龍不僅在給鄭氏集團親屬舊部的信中流露了不滿情緒，而且必然以口信方式泄露清方軍事部署等秘密。從清方截獲的幾次鄭芝龍的私人信件裏，確實可以看出他內心的彷徨。在給林忠的諭帖中說："本爵美景日近，定不忘爾舊人。"給林瑞驥諭帖中說："本爵得意日近，定不忘爾。"[3] 這裏所說的"美景日近""得意日近"究竟是指甚麼頗難揣度，他這批信件是在順治十一年十一月間帶出北京的，次年正月在清廷任職的福建人楊國永疏中說："鄭芝龍或欲親往（福建），或欲訛封為王以合其意。"[4] 這種推測有一定根據，因為鄭芝龍在十一月間一面把鄭成功寄來的部分書信上交清廷，指斥"逆子""請地益餉，抗不薙髮，寄臣書信語多違悖，妄誕無忌"；[5] 一面派家人回原籍收取

---

1 《清世祖實錄》卷八十七。

2 《清世祖實錄》卷八十七。《明清史料》丁編，第二本，第一〇八頁載"敕諭世子吉都稿"，稿內濟度譯作吉都、巴爾處渾作巴爾出紅、吳達海作吳達亥、噶達渾作噶達洪。

3 順治十二年二月二十五日福建巡撫佟國器"為報明緝獲書札並投驗告示恭候睿裁事"奏本，同年三月十五日佟國器"為再報續獲書札仰祈睿鑒事"奏本，均見《三撫密奏疏稿·撫閩密奏》。按，《鄭成功滿文檔案史料選譯》第一一七至一一九頁收有兵部尚書李際期順治十二年六月初五日題本，這件題本就是根據佟國器的奏本奉旨詳議具奏的，由於從滿文譯出，所用漢字與佟國器所引鄭芝龍原信有出入，如"本爵美景日近"譯作"本爵好事日近"，"本爵得意日近"譯作"本爵佳音在邇"。語意雖近，仍應以鄭芝龍原文為準。又，該書第一一九頁第十四至十五行"順治十二年三月十五日奉旨"有誤，三月十五日為佟國器上奏日期，奉旨日期當在這以後。

4 《鄭成功滿文檔案史料選譯》第九十一頁。

5 《清世祖實錄》卷八十七。

田租，還表示打算具題本請求清廷同意讓他的第三個兒子鄭世恩離開京師回泉州管理田產等事務。[1]如果鄭芝龍做的是這種樂觀估計，他肯定是失算了。另一種解釋則是鄭芝龍預感到噩運降臨，用的是反語。儘管人們可以做種種解釋，鄭芝龍的處境顯然惡化了。 1655年（順治十二年）正月二十八日，吏部員外郎彭長庚疏請"先廢鄭芝龍以除內奸"；同月三十日，正白旗下雲騎尉楊國永在題本中說："滅鄭成功易，除鄭芝龍難。鄭芝龍一日不除，鄭成功一日難滅。……伏乞皇上速滅鄭芝龍家族。"同日，兵部尚書張秉貞等密題"請將鄭芝龍本人及其妻孥一同遷居，另行禁錮。將其家人及財物一並監管原處，視其鄭成功係降係拒，再行酌處。"[2]清帝批示："鄭芝龍之案事關重大，着議政王、貝勒、大臣等核實密議具奏。"大約可以判定，鄭芝龍及其在京家屬於順治十二年二月間被囚禁。[3]

第四節　1655—1656 年鄭成功的活動

清、鄭和談由於雙方堅持自己的條件，終歸破裂。鄭成功為加強實力，做好迎戰準備，採取了一系列措施。

1654 年（順治十一年、永曆八年）冬，清漳州府城守門千總劉國軒、守備魏標派人來同鄭軍接洽，表示願意充當內應，獻城投降。

1　順治十二年二月二十五日福建巡撫佟國器 "為報明緝獲書札並投驗告示恭候睿裁事" 奏本，見《三撫密奏疏稿・撫閩密奏》。

2　上引諸件均見《鄭成功滿文檔案史料選譯》，其中吏部員外郎彭長庚原譯作 "吏科員外郎彭常庚"。

3　《清實錄》不載囚禁鄭芝龍事。上引正月三十日兵部尚書張秉貞密題本中談到 "其胞弟鄭芝豹來京，已乘船抵浙江蘭溪等語。今若囚禁鄭芝龍，恐其途中聞知而驚逃。故此派本部章京吳克新前往伊處迎之，並與該處官員會同商議，沿途派官兵護送至京。" 二月二十一日張秉貞等題報，浙閩總督佟代赴任途中在嘉興遇 "候補左都督總兵官鄭芝豹"，兵部請旨將鄭芝豹 "速解來京"。此件批紅："依議，作速密行。" 同年六月初五日兵部尚書李際期疏中則明言："現今已將鄭芝龍囚禁，正待議處之時。"

鄭成功派忠振伯洪旭、中提督甘輝等帶領軍隊於十二月初一日夜間進抵城下；劉國軒在城頭接應，一舉奪得漳州。清新任漳州總兵張世耀、知府房星燁見大勢已去，只好跟着投降。[1] 鄭成功在初四日親自來到漳州，對劉國軒反正來歸，深表嘉許，提升他為護衛後鎮。接着在同月內派甘輝、前鋒鎮赫文興、援剿左鎮林勝、北鎮陳六御等先後攻克同安、南安、惠安、安溪、永春、德化各縣。隨即移師，於 1655 年（順治十二年）正月初五日攻克仙遊縣。[2] 至此，泉州府城已經處於鄭軍四面包圍之中。鄭成功出兵收復漳、泉兩府之地，本來意味着和談完全破裂，然而他似乎出於策略考慮，寫信給清福建巡撫佟國器和泉州守將韓尚亮、知府申偉抱，以和談時清廷曾許給漳、泉、潮、惠四府作為自己用兵的理由。這種立論難免遊移其詞，連他自己也說不清楚是主和還是主戰，是為清還是為明。如給泉州官員的信中幾乎是說你們先投降我，我再帶你們投降清朝。這種信件當然起不了任何作用，難怪佟國器回信中斥之為"侈口而談，驕蹇滿紙，殊堪噴飯。"[3]

1655 年（順治十二年、永曆九年）二月，鄭成功藉口"和議不就，必東征西討，事務繁多，議設六官並司務，及察言、承宣、審理等宜，分隸庶事，令各官會舉而行。"[4] 這種做法同孫可望相當類似，實際上是另立以自己為核心的小朝廷，只是他的兵力和地盤遠不如孫可望，把所設官職名分上定得低一點罷了。原魯監國重臣張名振"條陳不宜僭設司務"，鄭成功"遂改司務為都事"，表面敷衍一下，實則

1　順治十三年閏五月原同安水師參將楊其志啟本，見《鄭成功檔案史料選輯》第一六一頁。楊英《先王實錄》第九十七頁載於十一月初一日，乃曆法不同之故。

2　楊英《先王實錄》第九十八頁。

3　《先王實錄》第一〇二頁，參見《台灣外紀》卷四。

4　《先王實錄》第一一一頁。

我行我素。三月，又設置六察官，"俾其敷陳庶事，譏察利弊"。同月，"六察官周素、葉茂時等條陳：中左興王之地，不宜因循舊址，顧名思義，請改中左（中左所即廈門）為思明州，亦如新豐故事也。藩從而改之。"[1] 親鄭文人著作中常說鄭成功六官等職是"承制"，即取得永曆皇帝的授權。其實，永曆朝廷自處艱難，鞭長莫及，裝聾作啞容或有之。溫睿臨《南疆逸史》中說："先是，隆武之以總統命成功也，許立武職至一品，文職至六品。至是地大兵眾，乃設六官，分理庶事。"[2] 夏琳《閩海紀要》則云："永曆九年二月，延平王成功承制設六官。初，成功以明主行在遙隔，軍前所委文武職銜，一時不及奏聞；明主許其便宜委用，武職許至一品，文銜許設六部主事。成功復疏請，以六部主事銜卑，難以彈壓。明主乃賜詔，許其軍前所設六部主事秩比行在侍郎，都事秩比郎中，都吏秩比員外。"[3] 這類記載未必可信。承制便宜設官本意為在軍前收復地方等情況下，來不及請示，暫行委任武將和地方文官，以統轄兵丁或料理地方，這和設立與朝廷相仿的衙門官員大相徑庭。所謂許設六品以下官蓋指委任地方知縣及軍中監紀之類官員，而不是朝廷官員。從目前所見有限的永曆朝廷文書和與鄭成功同處東南濱海的原魯監國舊臣的文獻中幾乎見不到鄭成功自用官員職務。張煌言《北征錄》內講到南京戰役時曾致書鄭成功自設的"五軍中軍"張英，特地加上一句"即所號為五軍者"，其不承認成功私署官職，微意存焉。本書指出鄭成功

---

1 《先王實錄》第一一二至一一三頁。

2 《南疆逸史》卷五十四《鄭成功傳》。

3 夏琳的這種說法不僅未能從其他材料中得到印證，而且難以自圓其說。一代有一代的典章制度，南明自唐、魯繼立起濫發敕、札固為常事，但永曆帝未必會下詔規定鄭成功自行任命的"主事秩比行在侍郎"。何況這裏的"銜""秩"又說不明白，明主主事為六品官，侍郎為正三品官；前者為部內清吏司屬官，後者為六部堂上官。個中奧妙大概只有鄭成功和他自己設立的官員才說得清楚。

的仿設朝官，並非"承制"，毫無站在永曆朝廷立場上斥責其僭妄之意，而是着眼於分析明清之際戰局的整個走向；鄭成功的另搞一套和他在戰略上堅決避免同李定國、孫可望會師都是他割據自雄思想的表現。

清廷在撫局完全破裂後，決定再次動武，派鄭親王世子濟度統滿、漢軍南下福建。面對清方主力的迫近，鄭成功採取的對策是揚長避短，主動放棄業已恢復的漳州、泉州兩府屬縣，把兵力集中到海上。為了避免清軍憑城固守和加強己方防務，鄭成功下令諸將於徵餉後拆毀漳、泉二府屬邑的城牆和房屋，所得磚石木料用於建造和加固金門、廈門、沖洲諸島和濱海的海澄縣城垣及營房。[1] 鄭軍收復漳、泉二府屬縣不到一年，漳州府屬派餉銀多達一百零八萬兩，泉州屬縣也達七十五萬兩[2]，撤退時又夷為平地，這在軍事上有其緊迫性，但後果勢必失去民心，使自己立足之地越來越小。

鄭成功放棄漳州、泉州大部分地區並不是單純防禦，而是在加強金、廈等島嶼防務的同時，分別派遣部將帶領舟師北上浙江、南下廣東，使入閩清軍主力陷入進戰無能、後顧有憂的困境。六月，他派前提督黃廷、後提督萬禮統領十三鎮兵員南下廣東潮州府攻城徵餉；七月，又派中提督甘輝、右提督王秀奇等率領陸戰兵乘船北上會同定西侯張名振、忠靖伯陳輝部伺機進攻浙江、江蘇。

北征的戰役取得了相當大的成果。1655 年（順治十二年、永曆九年）十月二十二日，甘輝、王秀奇部鄭軍進抵舟山，次日圍城；張

---

1 楊英《先王實錄》記是年"九月，藩駕駐思明州，漳、泉各屬邑並漳城俱報拆完平地"。朱希祖先生據夏琳《閩海紀要》、沈雲《台灣鄭氏始末》二書評云"所墮不過一府二縣一鎮城耳"，楊英所記"頗有失實"。陳碧笙先生引兩府所屬縣志及清檔，斷定楊英所載確為實錄，極有見地。

2 《先王實錄》。

名振部也從崇明一帶沙洲南下參加會攻舟山戰役。[1] 清浙江巡撫秦世禎向朝廷報告："自王師（指濟度所統清兵）大進，兵力全注於閩中，而鄭逆豕奔，賊眾亦全注於海上。""閩、浙逆眾聯合（指北上的甘輝部和南下的張名振部），有排山倒海之勢"，"南北賊艘逾千，賊兵數萬，圍困舟山，聲息不通。"[2] 二十六日，據守舟山城的清軍副將把成功（按，把成功是蒙古族人，姓氏譯音，《海上見聞錄》寫作巴成功，亦可）反正來歸。明軍收復了舟山群島這一戰略要地。[3] 清定關守將張洪德也率部歸明。[4] 十一月，鄭成功考慮到留守金、廈的兵力不足，左提督祥符伯赫文興又病死，決定調甘輝等率主力回守根本，由總制陳六御"督定西侯張名振、英義伯阮駿等鎮守舟山"。[5] 不久，張名振去世，死因眾說不一。[6] 張名振在臨終前把自己的舊部託付給監軍兵部右侍郎張煌言，鄭成功卻下令由陳六御接管。次年清軍再度佔領舟山，陳六御陣亡，張煌言成了原魯監國系統軍隊的主要領導人，繼續同鄭成功聯合作戰。

十二月十三日，甘輝、王秀奇等率部回到廈門。鄭成功對把成功起義來歸非常欣賞，改其名為把臣興，授驍騎將軍印管鎮事。清台州副將馬信在鄭軍北上時曾經派使者李國寶至軍中接洽反正事

1 《明清史料》丁編，第二本，第一二三頁《舟山將官投賊殘揭帖》。

2 順治十二年十一月初三日浙江巡撫秦世禎揭帖，見《鄭成功檔案史料選輯》第一三四至一三六頁。

3 順治十二年十一月浙江巡按葉舟揭帖，見同前注書第一三八至一三九頁；參見《明清史料》甲編，第四本，第三八九頁，浙江巡按葉舟揭帖。

4 楊英《先王實錄》等書寫作張鴻德，據清方檔案及任光復《航海記聞》當為張洪德。又《荊駝逸史》收入《航海記聞》一書誤將作者寫作汪光復，實為任光復，即任廷貴，謝國楨先生《晚明史籍考》早已糾正。

5 阮旻錫《海上見聞錄》（定本）卷一。

6 親鄭史籍說張名振病死；其他史籍則說是鄭成功命人毒死；清江南總督馬鳴珮揭帖中據來降兵丁報告說因攻崇明失利，鄭成功要捉張名振去殺，名振驚憤得病而死，見《明清檔案》第二十九冊，A29-88 號。張名振去世的時間在順治十二年十二月間。沈光文有輓定西侯詩（見《沈光文斯庵先生專集》），"陳漢光注：定西侯即張名振，係隆武元年（順治三年）魯王所封，死於永曆十年（順治十三年）。此詩應係是時所作。"按，陳注有誤，隆武元年即順治二年（1645）七月至年底。封定西侯時間已見本書。名振卒年在永曆九年（順治十二年）。

宜。到 1656 年（順治十三年）正月十二日，鄭成功派忠振伯洪旭率戰船三百餘艘進至台州港，是日夜間馬信藉口"海賊臨城，請議堵剿"，待文武官員到齊後，馬信喝令把兵巡道傅夢旴、知府劉應科、通判李一盛、臨海知縣徐鈺等逮捕。次日，開獄政囚，除將尚未建成的戰艦燒毀外，帶領部下兵馬四百餘名、家眷和府、縣庫存錢糧、兵器棄城乘船來歸。[1] 鄭成功大喜，授予馬信掛征虜將軍印管中權鎮事。[2] 鄭成功對把成功、馬信和後來李必、王戎的來附特別優遇，原因是這些北方將領帶來一批擅長騎射、慣於陸戰的軍隊，正可彌補自身軍隊的不足。這和清廷的致力爭取擅長海戰的施琅、黃梧、蘇利、許龍等人是同一個道理。

南下廣東的鄭軍卻不那麼順利。1655 年（順治十二年）八月初五日，黃廷、萬禮統領蘇茂、林勝等二十餘鎮將、兵丁六七萬包圍廣東潮州府屬揭陽縣城，"黃廷圍東門，萬禮圍北門，蘇茂圍西門，皆樹柵開塹為久駐計"，林勝紮營於人家頭鄉阻擊潮州府來援清軍。[3] 同時，分遣兵將到各鄉寨去徵米徵銀。這月十三日，鄭軍擊敗由廣州來援的清將郭登賢、張祥部，殲敵三百餘人；二十五日又在獅拋球擊敗清饒平鎮總兵吳六奇部，殺敵八百餘名，[4] 清軍傷亡逾千，狼狽而竄。到九月初七日，揭陽被圍已一個多月，守將游擊楊倫、知縣段有斅等見內無糧草、外無救兵，請求鄭軍網開一面，以交出揭陽為條件，放他們逃出該縣。經黃廷等同意後，清方官兵撤出揭陽，

1 《明清史料》已編，第四本，第三六二至三六三頁，戶部尚書車克等題本。

2 《先王實錄》第一三一頁；《海上見聞錄》（定本）第二十五頁。按，彭孫貽《靖海志》實即《海上見聞錄》，彭氏不過纂改原書，改明朔為清朔，故"征虜將軍"亦避嫌改作"定北將軍"。

3 乾隆四十四年《揭陽縣志》卷七《事紀》附《兵燹》。

4 順治十一年三月二十五日清平南王尚可喜、靖南王耿繼茂、兩廣總督李率泰、廣東巡撫李棲鳳聯名上疏朝廷，建議授吳六奇協鎮潮州總兵，駐鎮饒平，額定兵員為一千名，見《明清史料》甲編，第四本，第三三六頁。獅拋球戰役中吳六奇部所受重創可想而知。

鄭軍入城委派了知縣等官員，"設糜粥以濟饑民"。[1]明軍乘勝於初九日克普寧縣，十三日克澄海縣。清廣東當局大為震驚，他們探得李定國當時正在廣西橫州，其部下"靳、雷、高、李、吳、王"六將都已進至與廣東接境的容縣[2]，平南王尚可喜、靖南王耿繼茂、兩廣總督李率泰會商後，唯恐鄭成功軍趁勢直下潮、惠，李定國軍再入羅定、肇慶，就將陷入兩面受敵，前途不堪設想。於是，他們決定趁李定國軍尚在廣西，首先出兵迎戰鄭軍，抽調平藩下左翼總兵許爾顯、靖藩下左翼總兵徐成功部與總督標下兵馬共一萬餘人，會合潮州總兵劉伯祿、饒平總兵吳六奇等部七千餘人，大舉來援。十二月二十四日，清軍在揭陽附近的琅山筑四大營盤，待機而動。清潮州知府"黃廷獻令鄉寨供糧草，當夫役，百里內竹木祠宇俱毀伐無存；老幼被拘者索取財賄取贖，使令稍不如意，即毆撲至死。又造事誣扳慘毒，無異閩寇。"[3]

雙方相持到 1656 年（順治十三年）二月，黃廷召集諸將商議作戰機宜，左先鋒蘇茂積極主張進兵決戰，自告奮勇打前陣。金武營將郭遂第（即華棟）提出進攻時大軍須過釣鰲橋，橋面狹窄，如果作戰不利被迫後撤時將會遇到很大困難，因此他主張持重。經過一番爭議，黃廷決定採納蘇茂建議，出城決戰，由蘇茂任前鋒，前衝鎮黃梧、護衛左鎮杜輝繼進，殿兵鎮林文燦、援剿右鎮黃勝為後援；黃廷親自率領後勁鎮楊正等抄出敵後夾擊。不料，清方早有部署，先派出小股遊騎佯抵一陣，等待鄭軍大部過橋後突然前後合擊，把鄭軍截為兩段。混戰當中，蘇茂身中兩矢一銃，帶傷突圍而出，鄭軍

---

1 乾隆四十四年《揭陽縣志》卷七《事記》附《兵燹》。

2 順治十三年閏五月兩廣總督李率泰揭帖，見《明清史料》丁編，第二本，第一五二至一五三頁。

3 乾隆《揭陽縣志》卷七《兵燹》。

陣勢大亂，後撤時因橋面過窄，黃勝、林文燦二將和許多士兵被擠入河中淹死，兵員損失多達四五千人。[1] 二月二十五日，鄭軍再次同清軍交戰於東村渡，又被擊敗。鄭成功接到揭陽戰敗的消息後，下令放棄該地，命黃廷率師登舟在廣東海域探聽永曆朝廷消息後返航。三月十三日，黃廷領南征將士放棄揭陽、普寧、澄海三縣，於揭陽港登舟出海。回到廈門後向鄭成功報告舟師航行到大星所（約為今廣東省惠東縣南地名，港口），探得"行在駐蹕高、瓊（今廣東湛江地區和海南省），聲援難通"[2]，當時高州、瓊州都在清方控制之下，黃廷連基本情況都沒有弄清楚就揚帆東返，帶回在潮州地區徵得的餉銀十萬兩、米十萬石[3]。

　　南征舟師回到廈門，鄭成功立即召集文武官員會議處理揭陽喪師之罪。[4] 他提出蘇茂輕敵致敗，黃梧、杜輝不及時應援反而臨陣退卻都應該處斬，由於眾將跪告求情，才僅斬蘇茂一人，杜輝捆打六十棍，黃梧寄責，各戴罪圖贖。[5] 鄭成功御將之道以嚴著稱，這在明末軍紀渙散的情況下確有必要，但他的性格過於剛強，往往失之偏激。蘇茂在揭陽戰役中雖輕敵寡謀，但勇於進戰，負傷突圍，本應薄責示警，以觀後效。鄭成功把他處斬，首級傳示軍中，顯然過於苛刻。

1　前引《揭陽縣志》云鄭軍戰死者四千餘人，《海上見聞錄》（定本）卷一記"兵死者五千餘人"，《先王實錄》等書云"折兵大半"。按，《明清史料》丁編，第二本，第一六九頁，《會剿揭陽閩寇殘件》記雙方交戰於揭陽萬里橋，鄭軍失利，黃廷下後營鎮副將何猛陣亡，年月及情節均與鄭方記載不符。

2　《先王實錄》；參見順治十三年五月初一日廣東巡撫李棲鳳題本，《明清史料》丁編，第二本，第一三八至一四一頁。

3　《先王實錄》。

4　《海上見聞錄》《台灣外紀》等書均記甘輝等返回廈門在六月，鄭成功誅殺蘇茂後，同月內，黃梧、黃明即以海澄縣城降清。楊英《先王實錄》記：二月間鄭成功聞敗訊，先調回蘇茂、黃梧、杜輝等，三月間斬蘇茂徇軍中，甘輝至六月間方返回廈門。看來楊英所記更合情理。

5　見《先王實錄》《海上見聞錄》（定本）。《台灣外紀》作罰黃梧賠償盔甲五百副。蘇茂被殺的具體日期在五月，其弟蘇明降清後揭帖中說："順治十三年五月內，兄茂以疑被戮。"見《明清史料》丁編，第二本，第一八二頁。

據江日昇記載，鄭成功是因為獲悉蘇茂曾經掩護施琅，使他得以叛逃清方，懷恨於心，必欲殺之，這次藉揭陽戰敗為由將其處斬。諸將不明底細，"咸有微言，曰：論茂揭陽之敗，無非天意，豈戰之罪？雖不從郭遂第之言，其氣可以吞敵，何至於死？況茂戰功難以枚舉，非他人所可比，藩主如此施行，豈不令人寒心！鄭成功見諸將不服，乃厚加殯葬，養其妻孥，自作祭文：'馬謖非無功於蜀，然違三軍之令，雖武侯不能為之改'云云。"[1] 這顯然是在玩弄權術。然而，鄭成功更大的錯誤是在處死蘇茂之後立即派黃梧和蘇明（蘇茂族弟）鎮守海澄縣。這裏"阻山臨海，兩城對峙，夙稱天險"，鄭成功動員大量人力修建了堅固的城牆，囤積大量軍械、糧食，使之成為進可以戰、退可以守的大陸前進基地，同金門、廈門組成掎角之勢。黃梧既牽連受責，心懷二意，就同"痛兄蘇茂被戮"的後衝鎮副將蘇明密謀降清。[2] 1656 年（順治十三年）六月二十四日夜間，黃梧、蘇明帶領部下官八十餘員，兵丁一千七百餘名叛變，把海澄縣獻給清方。[3] 駐守海澄縣五都土城的副將林明火速報告鄭成功，成功大驚，派大將甘輝統諸將駕快哨船連夜開赴海澄，天亮時清兵已入城據守，甘輝等無可奈何，只能掩護林明部把土城內軍械糧食搬運下船，返回廈門。海澄之失，對鄭成功是一個重大打擊，他歎息道："吾意海澄城為關中、河內，故諸凡盡積之。豈料黃梧、王元士（知縣）如此悖負，後將何如用人也！"[4] 清廷得報黃梧、蘇明以海澄縣來歸，欣喜不已，於八月十七日決定封黃梧為海澄公（這本是清鄭和談時準備授予鄭

1　祭文全文見《台灣外紀》卷四。

2　見《明清史料》甲編，第五本，第四一四頁。

3　順治十三年七月初六日福建巡撫宜永貴揭帖，見《明清檔案》第二十八冊，A28-24 號，同件又見《明清史料》甲編，第四本，第四〇〇頁。

4　楊英《先王實錄》第一三六頁。

成功的爵位）¹，授蘇明為都督僉事，不久加銜為右都督²。黃梧叛明投清，受封公爵，大有平步青雲之感。可是好景不長，他不久就發現這是清廷玩弄的政治權術。1657 年（順治十四年），黃梧部下的兵丁被清朝浙江福建總督李率泰調走³，無權倒也罷了，可氣的是位高而金不多。1659 年（順治十六年）他不得不向清廷訴苦，說自己投順"已逾兩載，而常祿未沾。前歲蒙大將軍世子王月命有司暫給爵俸銀三十兩，而祿米概未有及"，他全家二百餘口，不夠吃飯，遑論其他。⁴

這年（1656）八月二十二日，清寧海大將軍宜爾德、提督田雄指揮滿漢兵再次進攻舟山。明將阮駿等率領舟師迎戰。到二十六日，清軍全力來攻；阮駿傷重而死，總制陳六御、總兵張洪德、張晉爵、李廷選、阮凱、姜英等陣亡，殘餘明軍乘船逃往外洋。次日，清軍在舟山登陸，佔領了這個群島。⁵ 由於當時清朝水戰兵力和經驗都還不足，為了避免 1651 年攻佔舟山留軍戍守結果被鄭成功大批海師包

1　順治十三年九月初四日兵部揭帖，見《明清史料》丁編，第二本，第一五九頁。按，此件中云黃梧"殺其同守偽官華東"，華東當指華棟（即郭遂第），但查有關諸書，華棟雖曾奉命同黃梧守海澄，此後仍在鄭軍中。又，此件提及與黃梧大致同時降清的還有總兵林興珠，林興洙當即林興珠，此人在康熙前期平定三藩之亂和雅克薩戰役中擊敗沙俄侵略軍起過重要作用。清廷"封黃梧為海澄公敕諭稿"見同書，第一六〇頁。

2　順治十四年四月初四日都督僉事蘇明揭帖，見《明清史料》甲編，第五本，第四一四頁。

3　阮旻錫《海上見聞錄》（定本）記：1657 年九月，"永春義師林忠襲破永福縣。清部院李率泰發兵救援，檄海澄公黃梧，未至，疑之，盡撥其轄下官兵分入八旗。黃梧大悔。"楊英《先王實錄》亦載此事，並云："黃梧只剩隨從數人，始悔叛之誤也。有思來歸，藩弗納之。"據順治十八年十一月清廷兵部揭帖，升同安副將施琅為同安總兵官時云，"此副將所管兵丁一千原係海澄公標下之兵"，其部"仍作海澄公所屬"。實際上黃梧並沒有兵權。見《明清史料》丁編，第三本，第二五六頁。按，據《明清史料》甲編，第五本，第四三二頁，順治十四年八月浙閩總督李率泰揭帖，"偽伯"林忠與"胞弟偽左都督林暹""偽中鎮左都督鄭世雄"率領總兵以下官兵七千人降清，即在上引二書所記之前一月已降清，陳碧笙先生曾指出時間有誤。佟國器《三撫密奏疏稿·撫閩密奏》內收順治十二年二月十五日奏本，稱林忠為鄭芝龍舊部，"係逆賊鄭成功所封偽伯，現今擁賊萬餘，侵犯永福、閩清二邑。"林忠部一直在德化、永春、永福（今永泰縣）一帶活動，即如李率泰揭帖中所云"梗化十年"。

4　順治十六年十月初六日海澄公黃梧揭帖，見《明清史料》甲編，第五本，第四二九頁。

5　浙江巡撫陳應泰揭帖殘件（順治十三年九月二十八日到），見《明清史料》丁編，第二本，第一六一頁。按，此件中既說擊殺賊首阮駿，又云"偽英義伯阮四"受傷身死。參考各種文獻，英義伯即阮駿，"阮四"大概是他的小名。

圍，守將孤立無援，被迫投降的情況再度發生，又為了防止明軍重來以舟山為基地，清方文武官員商議後決定把該島城郭房屋全部拆毀，居民統統趕回大陸。時任浙江巡按的王元曦在奏疏中說："查舟山經歲之入錢糧不過四千四百餘兩，糧米不過七百九十餘石，悉其所供僅亦錙銖，量其所費，當得巨萬。……更有慮者，舟山民物漸集之後，賊以釜底遊魂保無窺伺？是有舟山而有居有食，反起賊垂涎之心；無舟山而無居無食，反制賊必死之命。臣區區之愚，竊以舟山原係海外之地，或應暫置海外，無煩議兵增守，以示朝廷不勤遠略之意。至於百姓，料亦無多，或於班師之日听其擇便，願為兵者編入卒伍，使之隨行報效；願歸業者安插寧波一帶，使之耕鑿得所。"[1] 這一建議得到清廷批准，後來浙江巡撫佟國器在奏疏中談道："順治十三年十一月間議棄舟山，業經奉文遵行訖。……惟是棄舟山之時，毀城遷民，焚毀房屋，當日慮為賊資，是以唯恐不盡。職查舟山舊城周圍五里，僅存泥基，磚石拋棄海中。"[2] 順治十五年（1658）鄭成功、張煌言領軍北伐，再次來到舟山，建造草棚作為屯軍臨時處所。直到順治十六年十二月，鄭成功因為廈門吃緊，三次發出令箭調回舟山駐軍，馬信、陳輝部明軍才在順治十七年正月初八日放火燒毀草棚，乘坐大小船隻三百餘艘南下金、廈。[3] 從這時起到康熙二十二年（1683），舟山群島基本上成了一片廢墟。

1　順治十三年十月初三日浙江巡按王元曦 "為海外孤城已復，封疆善後宜圖" 事題本，見《明清史料》丁編，第二本，第一六五頁。

2　順治十六年十一月十五日浙江巡撫佟國器揭帖，見《明清史料》甲編，第五本，第四六四頁。道光二十六年《寧波府志》卷十五《海防》云："國朝順治初，舟山為明季遺頑所據，八年始討平之。旋陷於海寇。十二年再攻克之，遂徙其民，棄舟山為界外。" 十二年當作十三年。

3　順治十七年二月初四日浙江巡撫佟國器 "為匯報舟山海逆南遁情形" 事揭帖，見《明清史料》丁編，第三本，第二四三頁。張煌言詩文也提到，他再到舟山時所見荒涼情景和張名振墓被清軍所毀等情況，見《張蒼水集》。

自從海澄縣易手以後，鄭成功的兵力雖然還相當強盛，但控制的地盤差不多僅限於金門、廈門、南澳等沿海島嶼。為了解決兵餉來源和擴大影響，鄭成功除了通過各種渠道開展海外貿易，還親自統率軍隊進攻福建省會福州。1656 年（順治十三年）七月，鄭軍攻克閩安鎮[1]，沿鼓山一線進軍福州，被守城清軍擊敗；鄭軍固守閩安鎮長達一年之久，至次年（1657）九月才為清軍收復。[2] 鄭成功在九月間親自視察了閩安鎮一帶的地形，認為這裏是福州的門戶，令工官馮澄調集民夫增筑土堡城寨，為長久之計，在羅星塔、蕭家渡也撥兵戍守，由後提督萬禮坐鎮閩安，總督水陸防守。這一部署是在福州外圍設置重兵，牽制福建清軍主力。十二月，鄭成功統舟師在福州以北的梅溪登陸，經飛鸞、白鶴嶺攻羅源、寧德。清鄭親王世子濟度派梅勒章京阿克善等將率軍來援。鄭成功採取誘敵深入的戰術，大敗來援的清軍，阿克善也被擊斃[3]。羅源、寧德二縣守城清軍閉門不出，鄭成功的作戰意圖本不在於佔領該地，他分遣官兵到二縣鄉村搜括糧食，大約積足三個月之用後就主動撤退了。此後，他還曾多次派出軍隊到浙江、福建沿海地方籌集糧食。

1657 年（順治十四年）九月，清浙江福建總督李率泰利用鄭成功主力進攻浙江台州，福州閩安鎮守禦力量單薄的機會，決定乘機攻

---

1 海外散人《榕城紀聞》記：順治十三年 "七月十八日，海兵破閩安鎮，陸路由古嶺，水路由大江。十九日掠鼓山下各村及東北一帶，鄉村俱焚。二十一日掠南台至洪塘，皆焚燒無遺。……圍城之中（指被圍之福州），百姓皆分垛守禦，燈火器械，各令自備。至二十七日始退，據閩安鎮……"

2 順治十四年九月浙江福建總督李率泰 "為閩安攻克大捷" 事揭帖，見《鄭成功檔案史料選輯》第二二三至二三五頁。

3 覺羅阿克善在鄭方文獻中寫作阿克商。楊英《先王實錄》第一四三頁記為陳蟒所殺；江日昇《台灣外紀》與阮旻錫《海上見聞錄》說是甘輝所殺。《滿漢名臣傳》卷九、《清史稿》卷二四二本傳中都說他在順治十四年福建羅源戰役中陣亡；鄂爾泰編《八旗通志》卷一五〇本傳中卻說阿克善在此戰役中擊敗鄭成功軍，"斬獲甚眾"，順治十七年還跟隨定西將軍愛星阿進軍雲南，入緬甸阿娃（阿瓦）城，"獲偽桂王（永曆帝）以歸"，恐誤。

克該鎮，以解除福建省會的威脅。他同固山額真圖賴、郎賽商議後，抽調滿漢大批軍隊水陸三路進攻閩安鎮。九月初七日先派水師出閩江口切斷海上來援的鄭軍，初八日開始陸路分兵二支，一支由鼓山出發，一支由南台西路出發，大舉進攻。參加進攻的軍隊除圖賴、郎賽兩固山額真統率的滿軍外，還有總督李率泰標下、巡撫劉漢祚標下軍隊，精奇尼哈番沈永忠部與提督馬得功，總兵王之剛、蘇明等部，兵力相當強大。而鄭成功北上進攻浙江省台州時，抽調了後提督萬禮部主力隨行，在閩安鎮只留下了五軍戎政王秀奇節制護衛前鎮陳斌、神器鎮盧謙、前提督下右鎮余程留守閩安鎮，兵員不過數千人。雙方自初八日開始激戰，清軍用紅衣大炮猛轟閩安寨城，鄭軍兵單勢薄，難以招架，十四日清軍攻克閩安鎮，駐守頂寨的右鎮余程和部下戰士全部陣亡。清軍轉攻羅星塔寨，據守該處的陳斌、盧謙兵力不敵，向鄭成功緊急請援。因雙方距離過遠，救援不及。十五日，陳斌、盧謙在施琅的招徠下帶領官兵一千三百人向清方投降，羅星塔要塞失守。清總督李率泰藉口事先招降未順，直至"已斷糧餉，又無援兵"的困境下才被迫投降，決定以"犒賞"為名把陳斌、盧謙及部下官兵全部處斬。[1] 此外來降的尚有官弁一百二十一名、兵丁二千六百四十八人。閩安戰役以清軍獲勝告終，不僅解除了省會福州的威脅，而且殲滅鄭軍五六千人。

---

1 《清初內國史院滿文檔案譯編》下冊，第三七〇頁。按，該書云："逆賊偽鎮南將軍陳斌率沈奇鎮偽總兵陸錢及其屬下來降……均殺之。""沈奇鎮偽總兵陸錢"係"神器鎮盧謙"之誤譯。楊英《先王實錄》記："守羅星塔護衛前鎮陳斌、神器鎮盧謙俱被獲逮去，不屈，殺之。"（見福建人民出版社 1981 年陳碧笙校注本第一六〇頁）江日昇《台灣外紀》卷四記："陳斌等死守羅星塔待援。總兵施琅遣人招斌。斌率盧謙等薙髮投誠，全師至福州。泰（指李率泰）令大廳按冊內花名領賞，五人一隊，從東轅門入，由西轅門出，即收其器械，梟首千有餘人，斬訖，方收斌與謙等，並殺之。"（見福建人民出版社 1983 年版第一三七至一三八頁）阮旻錫《海上見聞錄》（定本）（福建人民出版社 1982 年版第三十一頁）記施琅招降陳斌等後有小注云："後說李率泰盡殺之南台橋，凡五百餘人。"被殺降兵數當以滿文檔案為準。

關於鄭成功的封爵，是南明史上比較費解的問題之一。導致後來史學家困惑的原因來自兩個方面，其一是鄭成功的幕僚人物在追記鄭成功事跡時往往用後來更高的爵位敍述他早期的活動（這種情況現代也屢見不鮮）；另一原因是永曆朝廷偏處雲貴，鄭成功等局促於東南沿海地區，中間為清統治區，朝廷決定加封官爵、鑄造印章、撰寫誥敕需要一段時間，而使者轉輾於道，迂回陸路海上，動輒數月，殊非易事。因此從朝廷決定加封到使者開讀詔書、頒發敕印，在時間上必有一個相當長的間隔，部分史籍記載上的差異即由此而來。

鄭成功在隆武時期已封忠孝伯，但他自己極少用這一爵位發佈文告，原因是隆武朝廷和魯監國封了一批公、侯、伯爵，鄭成功看不上眼，他寧可用賜姓、招討大將軍名義顯示自己的獨特地位。《小腆紀年》記永曆二年（1648）十月永曆朝廷加封鄭成功為威遠侯，永曆三年（1649）七月封廣平公。[1] 威遠侯事不大清楚，封廣平公的記載肯定是錯誤的。因為同書記載永曆七年（1653）六月，封鄭成功為漳國公。[2] 自 1648 年到 1653 年，鄭成功的勢力有很大發展，連李定國第一次進攻廣東（1653）時也對鄭氏寄予厚望，永曆朝廷不可能僅僅在同等爵位上改封。永曆七年晉封漳國公有可靠文獻證實，在陳乃乾、陳洙纂《明徐闇公先生孚遠年譜》內收有永曆八年頒發給徐孚遠的詔書，其中就明確稱鄭成功為"漳國勳臣"，證實了在這以前永曆朝廷曾封鄭成功為漳國公。鄭成功大約由於上述原因，似乎從未用過這個頭銜。直到永曆十一年九月，朱由榔已遷入雲南昆明之後，

1　徐鼒《小腆紀年附考》卷十五及卷十六，中華書局排印本，第五九六頁及第六一八頁。
2　同前注書，卷十八，見排印本第六九二頁。

才決定進封鄭成功為延平王，製作印敕完備後，派漳平伯周金湯等為使者取道廣西、廣東，航海至廈門，行冊封禮。周金湯等到達廈門已經是永曆十二年（1658，戊戌，順治十五年）。現將《敕封延平王誥》轉錄於下：

克敘彝倫，首重君臣之義。有功世道，在嚴夷夏之防。蓋天地之常經，實邦家之良翰。爾漳國公賜姓忠猷愷摯，壯略沉雄。方閩浙之飛塵，痛長汀之鳴鏑，登舟灑泣，聯袍澤以同仇，齧臂盟心，謝辰（晨）昏於異域。而乃戈船浪泊，轉戰十年，蠟表興元，間行萬里，絕燕山之偽款，覆虎穴之名酋，作砥柱於東南，繫遺民以弁冕，弘勛有奕，苦節彌貞，惟移忠以作孝，斯為大孝，蓋忘家而許國，乃克承家。銘具金石之誠，式重河山之誓。是用錫以冊封為延平王，其矢志股肱，砥修茅戟，丕建犁庭之業，永承胙土之麻。尚敬之哉！[1]

在這以後，鄭成功和他的兒子鄭經、孫子鄭克塽一直以延平王的身份，奉明朝永曆正朔，在東南沿海獨樹一幟。

---

1 引自許浩基編《鄭延平年譜》。讀者可參考楊彥傑撰《鄭成功封爵新考》，收入廈門大學台灣研究所歷史研究室編《鄭成功研究國際學術會議論文集》第三一八至三三四頁，此論文集由江西人民出版社 1989 年 8 月出版。

第二十五章

李定國的兩次進軍廣東

第一節　1653 年李定國廣東肇慶之役

在廣西桂林、湖南衡州大捷之後，孫可望出於嫉妒心理，竭力限制李定國部的發展，甚至設計加以謀害。在這種情況下，李定國被迫改變戰略方向，決定由廣西向廣東進軍。這樣，既可以避免同駐守在貴州和湖南西部的孫可望發生摩擦，又可以指望與福建廈門一帶的鄭成功部和廣東抗清義師配合。我們已經指出，就總體而言，南明的軍事力量並不像歷來史家想象的那麼弱，只是由於無窮無盡的內訌削弱、抵消了自身的實力，大批將領倒戈投降，為清廷征服自己的同胞效力；即便矢志抗清，又往往各自為戰，從來沒有建立一個有權威的統一指揮中心，不能相互支援，給清軍提供了各個擊破的機會。孫可望一度改變了這種局面，抗清運動就取得了一系列重大勝利。可惜好景不長，孫可望的跋扈自雄導致以原大西軍為主體的西南抗清力量分裂。李定國不愧是南明最傑出的軍事家，他不僅始終以反清復明為己任，還用卓越的戰略眼光分析全局。同孫可望併力恢復湖廣然後東進的計劃既不可能實現，就轉而另闢蹊徑，聯絡鄭成功共圖復興大業。他的戰略意圖是，同鄭成功會師，首先

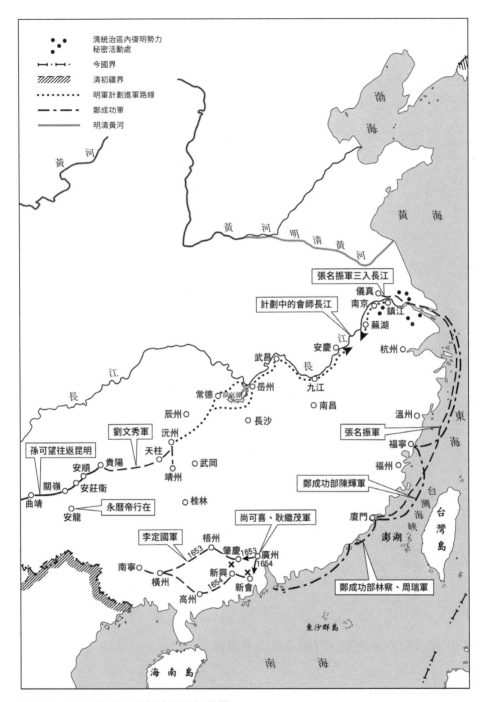

圖例

- ● 清統治區內復明勢力
    秘密活動處
- ⊢—⊣ 今國界
- ▨▨ 清初疆界
- ·········· 明軍計劃進軍路線
- —·—·— 鄭成功軍
- ——— 明清黃河

黃　河

渤　海

黃　海

黃　河
河
明　清　黃　河

張名振軍三入長江

計劃中的會師長江

儀真
南京　鎮江
蕪湖

安慶　長　江
杭州

武昌
常德　岳州
九江
長沙　南昌
辰州
溫州　東
張名振軍
沅州
劉文秀軍
福寧
天柱
武岡
福州
孫可望往返昆明
安順　貴陽
靖州
鄭成功部陳輝軍
關嶺　安莊衛
桂林
曲靖
台
永曆帝行在
灣
安龍
尚可喜、耿繼茂軍
海
廈門
峽
梧州
李定國軍
肇慶 1653 廣州
澎湖　台灣島
1653
南寧
新興　1654
橫州
新會
鄭成功部林察、周瑞軍
高州
1654

東沙群島

海　南　島

南　海

1653—1654 年南明會師計劃及行動圖

收復廣東，進而奪取福建、江西、浙江、江蘇等省。如果這一計劃實現，擁戴南明的各支抗清武裝就將控制整個江南，然後分路向北推進，全國形勢將大為改觀。然而，這一戰略目標能否實現很大程度上要看鄭成功的態度。

關於李定國同鄭成功的關係，已有許多研究成果，由於仁者見仁，智者見智，加上史料的缺乏和混亂，似難取得一致意見。參考各種史籍，也許可以說李定國更多地從抗清大局出發，而鄭成功卻往往把自己經營的閩海利益置於首位。事實上李定國在衡陽戰役後，完全可以憑藉本部兵力控制廣西全境，威福自操，犯不上苦口婆心地乞援於鄭氏。他在率部退入廣西以後，一面委曲求全地防止同孫可望完全決裂，一面積極部署東征，希望得到鄭成功的全力支持，完全是以大局為重。《台灣外紀》記載，1652年（順治九年）正月鄭成功在海澄縣接見周全斌時問以恢復進兵之策。周全斌回答道："若以大勢論之，藩主志在勤王，必當先通廣西，達行在，會孫可望、李定國師，連艦粵東，出江西，從洞庭直取江南，是為上策。奈金聲桓、李成棟已沒，廣州新破，是粵西之路未得即通，徒自勞也。今且固守各島，上距舟山，以分北來之勢，下守南澳，以遏南邊之侵。興販洋道，以足糧餉。然後舉兵漳、泉，以為基業。陸由汀郡而進，水從福、興而入，則八閩可得矣。"鄭成功大加讚賞說："此誠妙論！"[1] 周全斌的意思是以勤王為宗旨，同孫可望、李定國會兵廣東然後北進為上策，只是在李成棟敗亡以後東西聯絡不易，才就閩海地區形勢提出眼前的作戰方案。鄭成功欣賞的僅限於後一部分。就在這年年底，李定國決策東攻廣東，對鄭成功寄予厚望。然而，鄭成功志不在此，

1　江日昇《台灣外紀》卷三。

一味遷延應付。他既不是看不到周全斌建議會合孫、李，連艫粵東是復興南明的上策，更不是鑒於李成棟的敗亡，不敢同廣東清軍作戰，而是擔心會師廣東之後，他的割據自雄的局面將難以維持下去。楊英在《先王實錄》中記載了許多次李定國和鄭成功書信往來的事實，只是有的語焉不詳，有的年月錯亂，給研究者帶來很大困難。其中一件寫於 1653 年（順治十年）的信件，是定國進攻肇慶尚未敗退之時要求鄭成功出兵相助的："公誠念君德孔厚，父恨深長，則五羊（指廣州）赤海，佇睹揚帆，半壁長城，中心是倪。否則中興告成，京觀勝紀，而雲台香字，千載傳流，國姓不預，其何以仰副殊眷而慰此可為之時勢乎？予日望之，勿言，幸照。"[1]信中有一句話很值得注意："知公疇昔之愆期，若有俟不穀今茲之少選，誠有待也。"表明定國在發動肇慶戰役以前已經同鄭成功約定了會師廣東的作戰計劃。

　　1653 年（順治十年、永曆七年）二月，李定國率部從廣西賀縣出發，佔領戰略要地梧州[2]，接着師出廣東。三月十四日經封川縣攻佔開建和德慶州[3]，同月二十五日進抵肇慶城下。次日，定國親臨肇慶城外，指揮部隊從東、西、北三面強攻，同時分兵佔領四會、廣寧。[4]李定國大軍入粵，使兩廣地區的抗清力量受到鼓舞，紛紛起而響應，配合作戰。如，廣西岑溪的宋國相、韋應登部出攻廣東羅定、東安、西寧；廣東沿海的抗清義師派出戰船二百餘艘由新會、順德境內河

1　《先王實錄》第八十四頁。按：楊英把這封信記載於永曆八年（1654），更奇怪的是放在李定國另一封迎永曆帝入滇後寫的信件之後。楊英作為當事人恐不至於這樣粗疏，有可能是故意顛倒信件前後次序，藉此掩蓋"藩主"對永曆朝廷的真實態度。

2　同治十一年《蒼梧縣志》卷十八《外傳紀事下・本朝》。

3　劉武元《虔南奏議》卷六。

4　《虔南奏議》卷六；《平南王元功垂範》卷上。

流直入九江口，"偽爵鎮周金湯、葉標、施尚義、熊朝佐、王翰、鄧耀等兵稱數萬"[1]；韶州清遠山中的抗清力量也派使者同李定國聯繫，準備由從化縣南攻廣州。特別是鎮守廣東東部與福建接境的潮州總兵郝尚久也再次樹起反清復明的旗幟。郝尚久原為李成棟部將，1648 年隨成棟反正，1650 年叛投清方。他自以為在廣州杜永和等未下之時先行降清，又有擊退鄭成功軍之功，會受到清政府的重視。可是，事與願違，清朝當局對他的反覆無常和桀驁不馴早已心懷戒意。1652 年（順治九年）八月，清政府決定派南贛副將劉伯祿接任潮州總兵[2]，調郝尚久為廣東水師副將，不僅剝奪了他的兵權和地盤，官職也降了一級。郝尚久拒不遵調，已有一觸即發之勢。二月間，郝尚久就開始了反清的準備工作，清分巡嶺東道陸振芬密報，"近尚久深溝高壘，調集四面土官，勾引鄭寇入潮陽、揭陽二縣。"[3] 李定國攻入廣東的消息傳來，郝尚久認為時機已到，立即起而響應。三月二十二日，他公開反清，"自稱新泰侯，改元永曆七年"，"勒令全城割辮裹網"。清巡道陸振芬、潮州知府薛信辰以及普寧、澄海、揭陽、饒平等縣的知縣都被拘捕。[4] 郝尚久任命李信為潮州知府，還委任了其他地方官員，[5] 並且派使者同李定國取得聯繫。這樣，廣州地區的清平南王尚可喜、靖南王耿繼茂等就處於東、西交困的被動地位。

---

1 《明清史料》丙編，第九本，第八九三頁，順治十二年四月二十八日平南王、靖南王揭帖引雷州副將先啟玉語。

2 《清世祖實錄》卷六十七，順治九年八月升南贛副將劉伯祿為廣東潮州總兵官。

3 《明清史料》己編，第二本，第一五○至一五四頁《廣東巡撫揭帖》殘件。

4 同前注。按，郝尚久隨李成棟反清後，受封新泰伯；永曆四年（1650）加封新泰侯，見魯可藻《嶺表紀年》卷四。戴笠《行在陽秋》卷下記郝尚久反清後自稱"復明將軍"，疑誤。反清時間，徐鼒《小腆紀年附考》卷十八記於順治十年四月；李天根《爝火錄》卷二十三記於六月乙未朔，云"大清潮州守將郝尚久叛降鄭成功"，均誤。

5 劉武元《虔南奏議》卷六。《行在陽秋》卷下記：郝尚久"自稱復明將軍，挾諸鄉紳入城，盡反清所署官屬。願從者仍與原銜，不願者拘留之，惟教官以下听。下各邑追印，多挾印去，空城以待。惟龍溪知縣焦某舉城舊之。"

但郝尚久兵力有限，東面受到相鄰的福建漳州清軍牽制；西面惠州總兵黃應傑又效忠於清朝，隔斷了郝軍西進廣州的去路；清總兵吳六奇駐兵於大埔、鎮平（今廣東蕉嶺縣）、程鄉（今廣東梅州市），從北面威脅着潮州。因此，郝尚久憑藉本部兵力同李定國會師恢復廣東的可能性不大，他同李定國一樣事先派出密使請鄭成功出兵，只要鄭成功踐約，遣主力西上，廣州清軍勢難兩顧，東西合擊收復全粵頗有把握。鄭成功的按兵不動，使這一計劃無從實現。

肇慶戰役從三月二十六日開始。李定國親自指揮部隊架梯攻城。清肇慶總兵許爾顯據城頑抗，抽調一批精兵用繩索縋下城外，反擊攻城之兵，奪得攻城用的梯子一百多架。李定國見強攻無效，改用挖掘地道透入城中的戰術，命令將士用布袋盛土堆積為牆，栽木成柵，輔以捱牌做掩護，利用鳥槍狙擊清軍，暗中組織人力開挖地道。許爾顯察覺了明軍的意圖，就在城內挖掘一道同城牆平行的深溝，準備李部士卒開挖的地道一旦透入城內即可及時發覺，在深溝地道中展開肉搏戰。由於李軍勢大，許爾顯雖竭力防禦，但難以持久，迫不及待地向廣州呼吁急派援兵。

坐鎮廣州的清平南王尚可喜深知局勢危險，他分析了四面之敵，說道："餘無足慮者，破李定國即自相解散耳！"於是，他親自率領平南、靖南（耿繼茂）兩藩主力趕赴肇慶。[1] 到達肇慶後，尚可喜登上城牆仔細觀察了雙方戰守形勢，對部下將領說："吾所憂乃不在此。"意思是肇慶城牆堅固，易守難攻；他帶領的廣東清軍主力到達之後，雙方兵力對比懸殊的局面也已經改變，李定國軍攻下該城的可能性不大。但是，廣州清軍主力既然調到了肇慶，萬一李定國派

---

1 《平南王元功垂範》卷上，參見劉武元《虔南奏議》卷六。

人同潮州郝尚久聯絡，命郝部破釜沉舟乘虛西攻廣州，那麼，他就將在肇慶重蹈孔有德桂林之戰的覆轍。因此，他通知留守廣州的耿繼茂派出鐵騎扼守三水縣西南面的木棉頭渡口，切斷李定國同郝尚久之間的聯繫通道。耿兵到達指定位置後，果然遇到李定國遣往潮州聯絡的一支小部隊，清軍乘這支李軍渡河到一半的時候發起攻擊，格殺數百人，挫敗了李定國的戰略意圖。尚可喜解除了後顧之憂，即着手全力對付李定國軍。四月初八日，他下令從東、西炮台各鑿一側門，出其不意地衝出城外奪取李軍所挖地道。為了鼓舞士氣，他高懸賞格："有能出城奪賊地道者，人賞銀五十兩。"[1]重賞之下，必有勇夫，清軍士卒拼死賣命，蜂擁向前。儘管李軍"炮火如雨"，清軍以捱牌遮擋頭部，持刀奮進，奪取了李軍的地道口，隨即放火熏燎地道內隱藏的李軍，死者不知其數。李定國被迫離城五里下營。尚可喜初戰得勝，趁明軍立足未穩之際，派主力由西、南兩門出攻李定國設在龍頂崗的營壘。鑒於李軍作戰時用長幅布纏頭、棉被遮身，刀箭難以奏效，尚可喜給士卒配備了一丈五尺長的撓鈎長槍，終於突破了李軍陣地。

李定國強攻肇慶既被擊退，原寄希望的鄭成功、郝尚久軍又杳無消息，他審時度勢決定主動撤回廣西。第一次進攻廣東的戰役就此結束。按清方記載，李定國在肇慶戰役中雖然未能得手，兵員損失並不多，每次戰敗捐軀者都只有幾百人。值得注意的是，尚可喜、耿繼茂在李定國開始進攻肇慶時膽戰心驚，唯恐落到孔有德的下場，向清廷請派援兵。五月，清廷命駐防江寧昂邦章京喀喀木為靖南將

---

[1] 《平南王元功垂範》卷上。

軍，與梅勒章京噶來道噶率軍往廣東增援。[1] 援軍到達時，肇慶戰役早已結束，遂轉用於鎮壓潮州郝尚久部。

郝尚久獲悉李定國兵敗西撤後，自知力薄勢單，急忙派使者請鄭成功出兵相救。可是，鄭成功的行動卻頗為微妙。這年五月他在海澄、廈門地區擊敗清固山額真金礪的進攻，召集諸將議曰："金酋殺敗班回，必有一番說話，虜不足慮矣。我欲興問罪之師於潮、揭（陽），一則使郝尚久不敢據郡歸清，二則鷗汀逆寨屢截糧口，應當掃平也。"六月，成功"督師南下，先攻鷗汀逆寨"，結果因鷗汀寨建築在水田當中，"雨田泥深，攻打又難"，未能得手。"姑抽回入揭徵助行糧，並移諭郝尚久令其固守城池，不可悖叛歸清。"七月，鄭成功所統主力駐於揭陽，"徵輸行糧，各寨樂輸。"八月，他就返回廈門了。這段時間正是郝尚久生死存亡之際，鄭成功親統大軍進入潮州府境，籌集了糧食之後就揚帆滿載而歸，給郝尚久的只是一紙帶有命令口氣的空文。八月十三日，清靖南王耿繼茂、靖南將軍喀喀木和奉調來援的南贛兵孔國治部一千七百人在收取了潮州府屬各縣後包圍了府城。[2] 經過一個月的拼死搏戰，清軍終於在九月十四日夜攻陷潮州，郝尚久和他的兒子郝堯自殺。[3] 清軍"屠城，斬殺無算。"[4] 有的史籍記載，鄭成功曾派兵援郝，如阮旻錫云："八月，賜姓回廈門。九月，清兵攻潮州，郝尚久求援，遣陳六御率兵援之。尚久疑，

---

1 清廷敕稿見《明清檔案》第十七冊，A17-40 號；參見《清世祖實錄》卷七十五。

2 胡有升《鎮虔奏疏》卷下《題陳標將隨征恢潮功績懇恩優敘疏》。

3 順治十年九月二十四日靖南王耿繼茂題本見《明清檔案》第十七冊，A17-160 號。同件又見《明清史料》甲編，第四本，第三一五頁。參見《明清史料》己編，第二本，第一五〇至一五四頁《廣東巡撫殘揭帖》；《平南王元功垂範》卷上。

4 乾隆四十四年《揭陽縣志》卷七《事紀‧附兵燹》。按，該書記清軍攻陷潮州在九月十三日夜。

不敢開城納兵。未幾，城破，尚久死，六御乃引還。"[1]江日昇所記情節頗有出入，"陳六御舟師甫至南澳，聞潮已破，不敢進援而返"[2]，這很可能是為鄭成功見死不救進行開脫。鄭成功駐師揭陽時與潮州府城接壤，若有同郝尚久合力迎擊廣東清軍之意，何必在關鍵時刻撤回福建。楊英雖未明言成功在八月間匆忙返回廈門的原因，但緊接着敍述李德、周繼武持鄭芝龍手書到，同月成功即"令李德星馳赴京回報"。[3]可見，鄭成功的撤兵回廈主要原因是擔心救"明新泰侯"將影響和談。派陳六御援潮州不過是一種姿態，在成功麾下陳六御只是二等將領（北鎮），兵力根本不足以挽救郝尚久的覆敗。潮州一府是鄭軍糧食的主要補給基地，鄭成功受制於和談，只顧眼前撈一把，而缺乏長遠之計，這多少反映了他動搖於明、清之間的困惑。

第二節　1654 年李定國廣東新會之戰

李定國在肇慶戰役失利後，並沒有氣餒。他正確地總結了第一次入粵作戰的經驗教訓，肯定東、西夾攻，恢復廣東是南明中興的最佳戰略。上年的受挫關鍵在於鄭成功迎戰金礪部清軍，無暇西顧。因此，他在醞釀再度發動廣東戰役之時，多次派使者前往廈門同鄭成功聯絡，詳盡商討了戰役部署和出兵時間。

就當時形勢而言，李定國的決策是完全正確的。首先，奪取廣東將大大改變南明的地位，孫可望、李定國控制的雲、貴、廣西，以原大順軍劉體純、李來亨等為主的夔東十三家控制的川鄂交界地

---

1 《海上見聞錄》（定本）卷一。

2 《台灣外紀》卷三。

3 《先王實錄》排印本，第六十二頁。

區，鄭成功、張煌言控制的閩、浙沿海島嶼，都是生產比較落後、財賦收入不多、人才較為缺乏的地方。明朝末年，廣東一省的財賦大約相當於廣西的十倍，文化發展水準也是雲、貴、桂三省所不能比擬的。換句話說，收復廣東對改善南明的物資、人才的匱乏狀態將起重要作用。李、鄭會師若能實現，西南和東南就將連成一片，不僅將改變呼應不靈、各自為戰的被動局面，而且將為第二步收復福建、江西、湖南奠定基礎。其次，李定國聯合鄭成功恢復廣東就可能性而言幾乎是穩操勝券的。1653年尚可喜、耿繼茂等擊敗李定國、郝尚久後，靖南將軍喀喀木所統滿洲援軍於十月十五日班師回京 [1]，廣東駐防清軍相當單薄。尚、耿擔驚受怕，聯名向清廷訴苦，說可喜部下兵卒僅二千五百名，繼茂部下僅二千三百名，加上綠營兵也不過二萬之眾，“各處征戰不無損傷，難以招募，頂補率皆南人，皆遊蕩之輩，俱非經戰之輩。連年西賊（指李定國軍）鴟張，兼土寇四處竊發，兵力多不可恃。”他們請求清廷抽調蒙古兵員三千發來廣東助戰。清帝交議政王、內大臣會議，答覆是“邊外投順蒙古各有部長，不便調發，應請敕兵部自今以後凡外省解到蒙古，不得仍送理藩院，但查照送到數目，平分咨送兩王入伍效用。”這無異於一紙空文，經順治帝核准後下達。[2] 這一文獻證明清朝兩廣總兵力（連同廣西原孔有德藩下兵將）不超過三萬人，何況“經戰之輩”不多，心懷觀望者不少。南明可以投入廣東的軍事力量要強大得多，李定國部約為四五萬人，其中許多將士參加過桂林、衡州戰役，既富作戰經驗，也無畏清若虎的心理壓力，足以為入廣作戰的主力。鄭成功自

---

1 順治十年九月二十四日靖南王耿繼茂題本，見《明清檔案》第十七冊，A17-160 號。

2 順治十一年七月二十三日叔和碩鄭親王濟爾哈朗等 “為請給蒙古兵以奠岩疆事” 題本，見《明清檔案》第二十冊，A20-79 號。

稱兵員數十萬，可能有所誇張，但在十萬以上殆無可疑，擁有大小戰艦船隻上千艘，機動性很強，如果他肯派主力西征，李、鄭聯軍對廣東清軍無論在兵員數量上，還是在軍士素質、器械裝備上都佔壓倒優勢。此外，清政府在廣東的統治並不穩固，尚可喜、耿繼茂吸取了孔有德分兵鎮守導致覆亡的教訓，兩藩兵力全部集中於廣州，其他各府、州則由綠營兵駐守。因此，廣東許多地方的擁明義師還相當活躍，他們憑藉海島、港灣、山區等有利地勢堅持抗清。例如，在欽州、廉州（今屬廣西）有鄧耀、朱統𨰥、周騰鳳、張孝起等部，鄧耀自順治七年正月起駐兵欽州的龍門島，這裏"東界合浦，西界交阯，為欽、廉門戶，群山錯落七十有二，欽江諸水隨山而轉，彼此相通，亦七十二徑而注於海"[1]，形勢異常險要。明寧藩鎮國將軍朱統𨰥、海北道周騰鳳和高、雷、廉、瓊四府巡撫張孝起也來到廉州地區同鄧耀相呼應，永曆帝因此授予鄧耀靖氛將軍封號。在廣東高州府石城縣（今廣東廉江縣）有永曆朝廷所封漳平伯周金湯部駐守。在廣東肇慶府陽江縣南面海陵島有李常榮部；恩平縣一帶有虎賁將軍王興部。在廣州府台山縣南海中的上川山、下川山兩島中有凌海將軍陳奇策部。這些抗清武裝實力雖不雄厚，地域比較分散，但一般都接受永曆朝廷大學士郭之奇和兩廣總督連城璧的節制，他們熟悉當地情況，有的還擁有舟師，對於配合大軍作戰是一股不可忽視的力量。特別是由於他們兵力較弱，在強敵之下竭蹶圖存，迫切希望南明大軍入廣，藉以擺脫困境。第三，還必須注意到明、清雙方爭奪廣東在後援兵力上的差異。明方除原在廣東的義師不必說，李定國和鄭成功的大軍都與廣東接境，主力可以在短期內集結，後方支援

1 　九龍真逸《勝朝粵東遺民錄》卷一《鄧耀傳》。

也比較容易；清方正好相反，清兵赴援往返動輒數月，像 1653 年肇慶之役，尚、耿緊急呼救，三月明軍已敗，五月清廷才令江寧駐防滿軍赴援，抵粵時只趕上收拾殘局。李定國致鄭成功的信中諄諄勸告萬勿"愆期"，原因正在於利用清方增援困難，以絕對優勢兵力速戰速決，一舉拿下廣東全省。

　　以上說明了李定國用兵廣東的正確。南明復興的希望在 1652 年（順治九年、永曆六年）取決於孫、李合作全殲湖南屯齊所統清軍，由於孫可望嫉賢妒能坐失良機；這以後的可能性就是李、鄭會師收復廣東和東西會師長江收取江南（見下述）。此機一失，南明再無復興之望。用兵如弈棋，關鍵一着失誤，全盤皆輸。李定國不愧是明清之際最傑出的軍事家，他的高瞻遠矚，實在是同時諸雄根本無法比擬的。李定國為實現這一重大戰略方針嘔心瀝血，做了極其周密的部署。早在 1653 年（順治十年）九月，即李定國在廣東肇慶受挫回師廣西五個月之後，永曆朝廷就派兵部職方司員外郎程邦俊攜帶詔敕前往廣東，向兩廣總督連城璧宣諭"藩臣定國，勠力效忠，誓復舊疆"，即將進軍廣東，命連城璧聯絡廣東義師準備接應。1654 年正月，連城璧回奏他接到敕書後"親詣鎮臣王興營，與之點算軍實，收合勇壯；知會鎮臣陳奇策、羅全斌等及各股官、義頭目，面定要約，以三月初二水陸畢會，以待王師。眾皆踴躍，又是一番朝氣矣。"[1] 這裏最值得注意的是連城璧疏中提到的三月初二會師日期，後來定國大軍入粵正是在三月初二日佔領高州，證明至少在半年以前李定國就已經做出了第二次進軍廣東的具體計劃。定國進兵廣東主要寄希望於鄭成功率領主力來會，以收東西夾擊之效。既然把會師日期

1　連城璧《蹇愚錄》卷一《甲午正月十三日疏》。

早在半年以前就通知了連城璧預做準備，絕不可能不通知鄭成功。由於南明文書大量被銷毀和楊英等鄭系官員記載"藩主"事跡多有諱忌，導致李、鄭信使往來的準確情況難以弄清。但是不應忘記廣東義師多在海濱、島嶼，同鄭成功一樣擁有舟師，海上聯絡並不困難。李定國在 1654 年致成功的一件書信中說"遣使帆海……擬閱月可得旋"[1]，前此已多次通使，說明一個月左右使者即可往返，若僅以朝命調兵，僅需半月。定國信內摘引成功來書中語常不見《先王實錄》等書，足知楊英等有難言之隱。總之，李定國廣東戰役方案可說是萬事俱備，只欠東風。東風就是鄭成功的主力，來與不來，大致決定廣東戰役的成敗，更與南明能否復興直接相關。

1654 年（順治十一年、永曆八年）二月，李定國從廣西柳州領兵數萬（其中有羅羅兵數千），配備了大象和銃炮，南下橫州（今廣西橫縣），經廣東靈山（今屬廣西）攻廉州府（今廣西合浦），清總兵郭虎逃走。定國軍至高州（今廣東茂名市），清高州守將張月和平南王藩下副將陳武、李之珍督兵至石城青頭營扼守，被明軍擊敗，李之珍逃往電白縣，張月遣使者迎降，陳武被砍死，高州遂為明軍佔領。[2]接着，清雷州總兵先啟玉也以城歸降。高、雷既定，李定國在三月初三日親至高州，廣東各處義師群起響應；清平、靖二藩和督撫標

<hr />

1 《先王實錄》排印本，第八十一頁。

2 李定國到達高州的時間據嘉慶二十四年《茂名縣志》卷十九《雜記》載："甲午三月初三日，定國率本部人馬由柳州而來。"陳舜系《亂離見聞錄》卷上云："三月二日到高。"光緒十四年《化州志》卷十二《前事略》記："十一年甲午春三月，偽安西王李定國破廉州，自石城至化州高州皆陷。"道光七年《高州府志》卷四《事紀》作"十一年春二月，西寇李定國入高州"。順治十一年五月二十六日清靖南王、平南王揭帖中說："西賊（二月）二十九日至石城，郭總兵打仗敗回。（三月）初一日一股至化州……初三日復差人打探得張月宰牛備辦，差人迎賊入城。"又據逃出兵丁報告，"高州府衙門改造王殿，張月仍封博興侯，後發敕印與他又是都督同知銜。張月說瓊州（今海南省）一方在我，等語。"見《明清史料》甲編，第四本，第三四二頁。

兵不敢迎戰，集中兵力防守廣州地區，向清廷緊急呼救。李定國一面派使者前往廈門再次督促鄭成功率主力來粵，他考慮到鄭軍在水上的優勢，從海道來助可以不受潮州、惠州清軍的阻擊，因此確定兩軍會師地點為廣州南面的新會。同時他派自己的軍隊會合廣東義師王興等部向新會進發。李定國未能親統大軍東征，是因為他在四月間患病，直到八月間才治癒。[1] 主帥沒有親臨前線，缺乏堅強的指揮核心；鄭成功又未能按期出兵，新會戰役的前一階段自然難以奏捷。據清方報告，李定國部署的新會戰役從六月二十九日開始，"老本賊（即定國所遣本部兵馬）約有一千餘，皆有盔甲，馬約二百餘匹，象二隻。餘賊皆係繡花針（王興綽號）及各處土寇。"[2] 李定國在養病期間仍積極做大戰準備，一方面在高州地區籌集糧餉和作戰物資，《高州府志》云："定國入高州，改舊府署僭營王殿，重徵疊派，每米一石，納扉、履及鉛、鐵等物，民甚苦之。"[3] 李定國以高州府署為住所當係事實，但說他"營"建王殿，似乎在大興土木，則顯為誣衊之詞，因為李定國志在復廣再圖進取，不可能有久居高州之意。從徵派的物資看，門扉為盾牌之用，鞋為軍士所需，鉛、鐵乃製造兵器必備之物。另一方面，李定國在四月間和大約八月間一再派使者赴廈門催促鄭成功出兵，要求成功告知準確師期，以便發起決戰。楊英書中收錄的定國致成功信是一份極其重要的文件，書曰：

1　陳舜系《亂離見聞錄》卷上。

2　順治十一年八月清廣東巡撫李棲鳳為塘報西逆情形事揭帖，見《清代檔案史料叢編》第六輯，第二四五頁。

3　道光七年《高州府志》卷四《事紀》。嘉慶二十四年《茂名縣志》卷十九《雜記》云："高州一郡定國拱手得之，以所親幸之人委理茂名縣事，重徵科派，每米一石，納兵鞋五雙，及觔角鉛鐵等物以為戰具。分遣兵廝下鄉催納，名為管莊。又督徵工匠木料，改府署為王殿，設文武官員，俯伏朝請，儼然夜郎矣。"

孟夏（四月）遣使帆海，詣鈴閣，悉機務，並候興居，擬閱月可得旋。不圖至今尚棲遲貴壁。今差員李景至，始知前此鑾使林祚者，固不知所下落也。

不穀駐師高涼，秣勵養銳，惟候貴爵芳信，即會彎長驅，以成合擊；蓋不欲俾虜有隻蹄□遁耳。乃七月中旬又接皇上敕書，切切以恢東為計。君命不俟駕，寧敢遲遲吾行哉！爰遣水陸二師，齊發新（興）、肇（慶），託祉有初，兩見成績。蓋殄虜於長洋，敗李酋（指清兩廣總督李率泰）於端水（即肇慶）。而會城兩虜（指清平南王尚可喜、靖南王耿繼茂）恃海櫻城，尚稽戎索。

茲不穀已駐興邑（指廣東新興縣），刻日直搗五羊。然逆虜以新會為鎖鑰樞牖，儲糇攸資，是用悉所精神，援餉不絕。不穀之意，欲就其地以芟除，庶省城可不勞而下，故亦合力於斯。在彼望風屏息，遵陸知難，遂恃長舸艦，堵我舟師。非藉貴爵星言發夕，其誰收此一捷也。企慕甚殷，宜有關切。

至於粵東水師官兵抗虜、降虜者，莫不密遣告勞。然詳所舉止，多倫觀望。不思羊城底定後，雖頻年抗節，而不千里勤王，亦何爲績之足道哉！惟貴爵為宣此意，以懲惠各部，則五等上下，庶知國恩祗報在茲，而不謂不穀之功罪可混也。

至援虜之來，向亦各聞其概，然通盤策虜，再無敬謹（指被李軍擊斃的清敬謹親王尼堪）之強且精者，今安在哉！誠來，當盡縛以報知己。其楚、豫之間，偵使頻繁，大略粵事諧而閩、浙、直爭傳一檄。所謂張侯爵（指明定西侯張名振）鼓楫而前，要知亦緩於今日發粵之舉。時乘其所急，名高於易收，執事寧忍置之？

差員稱：貴爵從潮、惠脂車，則當以初冬為的，其水部必以速臨新邑（指新會）為限。均希相要旦旦，足仞至誠，雲台虛左，不穀實厚冀於公也。

暫覆，不備。[1]

這封信說明，李定國三月間揮師入粵，佔領高州府屬之後，沒有得到鄭成功出兵夾攻的消息，故在四月再派使者致書成功，商談會兵"機務"，由於軍事緊急，李定國原定一月之內回報。使者到達廈門時，由於鄭成功正同清方"和議"，唯恐定國使者返回後泄露消息，將來使稽留於廈門，拖了一段時間才派李景攜來書信復命。鄭成功的回信未見，但從定國的信中可以推知其主要內容：一為聲稱已派部將隨張名振北上江、浙；[2] 二是應允遣水、陸師入廣攻潮、惠，似乎連出師日期也未坦誠相告。[3] 鄭成功的態度模稜，說明他無意於同定國會師。李定國對此深表不滿，正如他在信中所說："惟候貴爵芳信，即會轡長驅，以成合擊"，不啻望眼欲穿。從四月等到八月，鄭成功的使者才姍姍來遲，帶來的意見又含糊其詞。所以，李定國在信中透徹地分析了戰局態勢，指出攻克廣東全局皆活，福建、浙江、南直隸（指江蘇、安徽）可勢如破竹，從此中興有望，這是就戰略而言。從戰役而言，恢復廣東關鍵在於攻克新會，即所說"逆虜以新會為鎖鑰樞牖"，"不穀之意，欲就其地以芟除，庶省城可不勞而下，故亦合力於斯"。但新會地區水道縱橫，是廣州南面重鎮，李定國雖

1　楊英《先王實錄》。

2　鄭成功為掩蓋自己按兵不動，常以原魯監國將領張名振統師入長江作為藉口，見前引定國信及下節。

3　定國信中云："差員稱，貴爵從潮、惠脂車。則當以初冬為的，其水部必以速臨新邑為限。"語氣顯然是李定國的意思，以前釋為成功所定水、陸進兵計劃，不妥。

有廣東義師水軍接應，卻沒有把握在該地擊潰廣東清軍，乘勢攻克廣州，只要鄭成功率主力相助，即可大功告成。李定國信中有時婉轉、有時直接地批評了鄭成功，如說自己接永曆帝敕書後，"君命不俟駕，寧敢遲遲吾行哉！"暗示鄭成功不應虛戴永曆名號，不以君命為意；說粵東義軍水師"多倫觀望"，並不是事實，而是隱喻鄭成功。至於"所謂張侯爵鼓楫而前，要知亦緩於今日發粵之舉"；"不思羊城底定後，雖頻年抗節而不千里勤王，亦何勳績之足道哉！"直截了當地指責鄭成功自詡之功績對復明大業無足輕重。以當時二人的關係和習慣用語而言，李定國的急於會師，解除鄭成功的猶豫和藉口，可說是情見於詞了。在這封信發出後，李定國仍不放心，又以極其懇切的言語寫了一篇短箋："聖蹕艱危，不可言喻。敕中愴怛之語，不穀讀之痛心。五月至今，所待貴爵相應耳。倘確不能來，即示以的。不穀便另議舟師，以圖進取。甚（慎）勿然諾浮沉，致貽耽閣。要知十月望後，恐無濟於機宜矣。"[1] 應該承認，李定國在信中把會師的戰略意義、會師地點和日期都說得再清楚不過了。同時也可看出他對鄭成功雖寄予厚望，但已經估計到對方缺乏誠意，準備孤注一擲了。

　　新會戰役從六月開始一直打到十二月中旬，長達半年之久。清平南王尚可喜也看出新會的得失直接關係着省會廣州的安全，在五月間先後派參將田雲龍、右翼總兵吳進忠率部入城協助防守。[2] 六月至九月的攻城，是李定國派部將吳子聖等會合廣東義師進行的。八月間，陳奇策帶領所部水師入西江，攻佔江門（今江門市），擊斃清

1　楊英《先王實錄》。
2　《平南王元功垂範》卷下；乾隆六年《新會縣志》卷二《編年》。

廣東水師總兵蓋一鵬，不僅控制了廣州地區的出海口，也切斷了廣州同新會之間的通道。尚可喜、耿繼茂見形勢危急，親自帶領官兵於九月十二日前往江門，加強廣州南面和西面的防務，但仍不敢同李定國主力決戰。[1] 十月初三日起，李定國親統大軍號稱二十萬猛攻新會。[2] 明軍先後採取挖掘地道、大炮轟城、伐木填壕等戰術進行強攻，都因守城清軍負隅頑抗，未能得手。十一月初十日，清平南王尚可喜、靖南王耿繼茂再次統兵從廣州來援，卻頓兵於三水，等待清廷所遣滿洲軍隊。

　　新會被圍困日久，糧食告罄，城中清軍竟然屠殺居民為食。《新會縣志》記載："而圍城之內，自五月防兵一至，悉處民舍，官給月糧，為其私有；日用供需，責之居停。貧民日設酒饌餉兵，辦芻豆餉馬，少不豐贍，鞭撻隨之，仍以糗糧不給為辭，搜粟民家，子女玉帛，恣其捲掠。自是民皆絕食，掘鼠羅雀，食及浮萍草履。至臘月初，兵又略人為臘，殘骸委地，不啻萬餘。舉人莫芝蓮，貢生李齡昌，生員余浩、魯鰲、李炅登等皆為砧上肉。知縣黃之正莫敢誰何，撫膺大慟而已。十有四日，援兵解圍，城中馬有餘粟，兵有遺糧，所遺民雞骨不支。督院李率泰慰將士，存恤百姓，為之流涕曰：'諸將雖有全城之功，亦有肝人之罪。此諸將所以自損其功也。'而悍卒不顧，猶勒城中子女質取金帛；不能辦者盡俘以去。李督院數為力言，始寬一二還民；至於靖藩所掠，概留不遣。蓋自被圍半載，飢死者半，殺食者半，子女被掠者半。天降喪亂，未有如是之慘者也。"[3]

1　順治十五年正月初十日平南王揭帖云："順治十一年九月內偽安西李定國遣賊將吳子聖攻圍新會、高明之時，爵原同靖南王臣耿於九月十二日一齊親統官兵起行，至十七日抵江門，爵等上岸解圍，旋援高明，爵自親身督陣，擒獲賊帥武君禧等一十六員。"見《明清史料》甲編，第五本，第四一七頁。

2　乾隆六年《新會縣志》卷二《編年》作十月初四日，此處據《平南王元功垂範》。

3　乾隆六年《新會縣志》卷二《編年》。

十二月初十日，清廷委派的靖南將軍朱馬喇等率滿、漢兵長途跋涉到達三洲時，新會已危在旦夕。朱馬喇部休整三天後，即在十四日會同平、靖二藩軍隊在新會城外向明軍發起總攻，經過四天激烈戰鬥，到十八日定國的軍隊抵敵不住，全線潰敗。[1] 清軍乘勝追擊，李定國所統明軍主力在二十四日退到高州，二十六日晨撤回廣西；[2] 留部將靳統武領兵數千鎮守羅定州（今廣東省羅定縣），阻滯清軍，到次年正月也被迫撤回廣西。[3] 明軍收復的廣東州縣和部分廣西地方重新淪入清方之手。李定國精心籌劃的恢復廣東，進取江南戰略完全失敗，這以後他再也沒有力量和機會進入廣東了，南明復興的希望從此化作泡影。

總結李定國兩次入粵之戰，戰略方針是完全正確的。廣東清軍主力當時全部集中在廣州，定國的用兵不是直攻該城，而是把廣州南面近海的新會選擇為主攻方向，證明他始終盼望鄭成功海上之師能夠在決戰之前到達，東西會合，兵力和士氣倍增，廣東的局勢必將大為改觀，可以穩操勝券。無奈鄭成功私心自用，一味拖延，空言應付，致使定國所云"許大機宜"功虧一簣。

第三節　鄭成功與李定國關係之分析

史學界論述李定國與鄭成功關係的文章不少，大多是從他倆都堅持抗清，戰績遠非其他抗清武裝所能比擬，而且又書信往返，締

1　以上時日均據《平南王元功垂範》。道光七年《高州府志》卷四《事紀》云："冬十月，定國親至督戰。十八日，將軍朱馬喇統領滿漢兵協同平、靖兩藩與定國戰於河頭，用火箭破其象陣（原注：定國軍中有象十二頭），定國大敗，遁去。結筏而渡，奔回廣西。"順治十二年五月兩廣總督李率泰報"去年十二月在於新會獲象十三隻"，見《明清史料》甲編，第四本，第三六五頁。

2　嘉慶二十四年《茂名縣志》卷十九《雜記》。

3　順治十二年二月兩廣總督李率泰揭帖，見《明清史料》甲編，第四本，第三五四頁。

結為姻，故讚揚之詞充塞史著，仿佛二人都是忠貞於復明事業、共赴國難的佼佼者。但是，就歷史事實而言，會師廣東的計劃是李定國制定的，在1653、1654年（順治十年、十一年）他夢寐以求的就是同鄭成功東西夾攻，邁出收復廣東、重整山河的第一步。然而，這只是李定國一廂情願，鄭成功並不想這樣做。原因不是他看不到會師廣東是南明中興的關鍵一着，而是鄭成功把以他為首的鄭氏集團利益放在最重要的地位。研究鄭成功起兵以後的整個經歷，可以看出他是一位很有大志的人，在明、清對峙，國土分裂的情形下，他鑒於自身力量不夠強大，在政治影響上也無法同明、清兩個並存的政權爭奪民心（包括官紳），因此，他的策略是明、清兩方誰能讓他獨斷專行，或者說割地自雄，他就奉誰"正朔"。用他自己的話來說，他的理想是做一個"縱橫而所之"的"鳳凰"，不願成為"檻阱之中"的"虎豹"。所以他會說出這樣的話："清朝若能信兒，則為清人；果不信兒言，則為明臣而已。"[1]總之，只能"遙奉"，不能"受制於人"。這就是他和後來的鄭經一貫提出的"比於高麗"的思想根源。清廷多次招撫（鄭方稱為"和議"）之所以失敗，正是因為只給他高爵厚祿，絕不答應給他以相對的獨立性。在這種條件下，鄭成功只能做一個"明臣"。同樣的道理，他的"始終為明"並不意味着他願意毫無保留地服從明朝廷的調遣，恪守臣節。在東南沿海，隆武帝遇難後，他"始終為唐"（張煌言語），對近在咫尺的魯監國以客禮相待，而且極力設法使原屬魯監國的兵將聽命於己。對永曆朝廷，他的內心是矛盾的，一方面他希望奉永曆正朔的原大西、大順軍和其他抗清勢力能支撐下去，拖住清朝的大部分兵員，藉以減輕自己的壓力。另一

1　見前引楊英《先王實錄》。

方面，他是很有政治頭腦的，預見到如果應李定國之約出動主力東西合擊，必勝無疑，隨之而來的是閩粵兵連一體、地成一片，遙相呼應的局面就要改觀。鄭成功不會不考慮到自己的相對獨立性將受到很大限制，軍政大事要稟承於朝廷，否則就難逃僭越之議。更重要的是，自己在兵力、爵位和聲望上都略遜於李定國，加以李定國同永曆朝廷的關係比他更密切，這些因素必然在鄭成功的深謀遠慮之中。所以，無論李定國制定的戰略如何正確，也不管李定國為了實現"南明中興"對他怎樣苦心相勸，鄭成功總像一根插在閩海地區的彈性鋼條一樣，外力的大小只能造成他左右搖晃的程度，最後還是我自巋然不動的南天一柱。明清之際最優秀的軍事家李定國的悲劇在於：出滇抗清前期遭到孫可望的嫉恨，無法在湖廣（今湖南、湖北）、江西戰場上施展雄才大略；中期寄厚望於鄭成功連兵粵、閩，會師北上，得到的回報是虛應故事，新會戰敗，喪師失地，南明中興從此無望，他所能做的只是效法諸葛亮"鞠躬盡瘁，死而後已"。

鄭成功對廣東潮州地區一直非常重視，這是鄭氏家族軍糧的主要來源地。鄭鴻逵和鄭成功多次進兵潮州原因就在於此。但他的意圖卻是希望把潮、惠地區據為自己的糧餉、兵員補給地，而在鄭軍和永曆朝廷之間最好是留下一片清方管轄區，打掉這座隔火牆對鄭氏集團不利。於是，他在李定國心急如焚的情況下，一味採取拖延推宕的策略。上面已經說過，李定國部署二次入廣戰役在半年前就已經把預定的會師日期通知了廣東義師，絕不可能不通知指望在全局戰略中發揮關鍵作用的鄭成功。四月間李定國在高州派遣的使者到達廈門後，鄭成功正同清方"和談"，將使者軟禁。八月才派李景為使者來到李定國軍中，李定國的回信中說"茲不穀已駐興邑（廣東新興縣）"，據為李定國治病的陳舜系記載，他在八月十六日隨李定國大營往廣、肇（新興屬肇慶府），可以證明這封信寫於八月十六日以後，信中所說"五月至今，所待貴爵相應耳"，是說他四月派出使者預料五月可得回音，不料等到八月，鄭成功使者才姍姍來遲，帶來的消息又不明確。李定國的回信除了明顯地流露出不滿情緒，仍抱有會師的極大希望，"慎勿然諾浮沉，致貽耽閣。要知十月望後，恐無濟於機宜矣"，真可謂語重心長。從《先王實錄》中得知，李景和李定國使者攜帶覆信返抵廈門不遲於九月初三日，"藩得會師二書，即欲調兵南下勤王。以虜使在泉，令差暫住金門。"[1] 然而，他偏要拖過定國信中指定的十月望前（十五日以前）師期，到十月十九日才"遣師南下，與晉王（是時李定國尚未封晉王）等會師勤王。委左軍輔明侯林察為水陸總督，提調軍中一切機宜；委右軍閩安侯周瑞為水師統領"，率兵數萬、戰艦百隻，"克日南征"，同時派官員林雲瓊齎勤王師表詣行在，並持書會晉王等（定國時為安西王），書云："季秋幸接尊使，讀翰教諄諄，修矛戟而奏膚功，大符夙願。……茲疊承大教，寧忍濡滯以自失事機？奈尊使到敝營時，值南風盛發，利於北伐而未利於南征。……即欲遣師南下，與貴部共取五羊，緣風信非時，未便發師。……茲屆孟冬，北風飆起，即令輔明侯林察、閩安侯周瑞等統領，揚帆東（？）指，雖愧非順昌旗幟，然勉效一臂之力。水師攻其三面，陸師盡其一網，則粵酋可不戰而擒矣。"[2]

　　鄭成功這次出軍有幾點很值得注意。第一，鄭成功自起兵以來凡遇重大戰役都親臨指揮，這次入粵之戰對南明和清方都關係重大，

---

1 《先王實錄》。

2 《先王實錄》。

西線是安西王李定國任主帥，給他的信中又反覆強調了會師廣東的戰略意義，如說"粵事諧而閩、浙、直爭傳一檄"，那麼，他為甚麼不肯親自統軍西上呢？唯一的解釋是他已有卸責於下的準備。第二，鄭成功在眾多將領中選擇林察出任水陸師正提督可謂獨具慧眼，永曆朝廷初立之時正是這位林察擁立紹武政權，大打內戰，這時讓他統軍接應永曆朝廷的主力在某種意義上確實是"最佳人選"。第三，鄭成功是一位久歷戎行的統帥，在給其弟世忠信中也說自己"用兵老矣"，何況鄭軍同清軍作戰時幾次因救援不及時而失城喪師，他當然明白"勝負之際，間不容髮"的道理，那麼，他在九月初收到定國諄諄囑咐的十月十五日為鄭軍到達指定位置的信後，為甚麼要拖到十九日才調集官兵"克日南征"呢？第四，鄭成功自上年就已知道李定國東西夾攻、一舉恢粵的計劃，其間李定國還再三遣使催促他領兵接應。在帆船時代裏，海上航行受季候風影響較大，無疑是事實。但在這樣長的時間裏鄭成功沒有出兵絕不能用"風信非時"來解釋，否則，鄭、李使者又怎麼能往來海上？何況，上年（1653 年）六月至八月鄭成功曾經率領舟師南下潮州、揭陽；下年（1655 年）八月鄭成功又曾派舟師南下廣東，九月佔領揭陽、普寧、澄海三縣，證明秋季並不是不可能南征。退一步說，順治十年（1653）李定國計劃次年東西合攻廣東之時，具有豐富海上經驗的鄭成功如有會師誠意，也應當把海上用兵的最佳時間通知李定國，以便定國確定東西會師打響的月日。明眼人不難看出鄭成功的態度曖昧。第五，最引人注意的是，鄭成功派出的援師行動極其緩慢，有大造聲勢之形，無實際作戰之心。從清方檔案來看，十月初一日鄭成功發牌調集兵將，部署南征事宜；初四日他親臨銅山（今東山縣）視察兵丁、船工，"授輔明侯林察為正提督，閩安侯（周瑞）為副提督，管轄一百艘大船，派往廣東與西部賊兵會合。"[1] 十月二十二日，清廣東水師副將許龍報告，"上游有數百隻船集結，閩安侯周瑞、輔明侯林察有率兵南下之勢。蓋於二十三、二十四日起程，有言去碣石，有言去廣東。"十一月十九日，林察部泊於南澳柴營，"商議軍務"。銅山距南澳不過百里，鄭成功信中說"茲屆孟冬，北風飆起"，正值順風，一天可到。鄭成功十月初四日在銅山閱兵命將，一個半月之後才停泊南澳柴營商議甚麼軍務。又過了一個星期即十一月二十五日至二十七日，林察等率領的舟師三百餘艘進至廣東海豐礁寨村（當即瞰下寨，在海豐縣南海濱）。十二月初五日，林察領船隻四百餘號、士卒三萬餘眾進抵平海所（今惠東縣平海）。同月十四日林察派出一隊白艚船駛抵大鵬所（與平海隔大亞灣）徵輸村寨糧米，在這裏遇着了廣東沿海義師李萬榮、陳奇策的隊伍，據清方偵察，李萬榮曾以豬、酒犒勞鄭軍。十五日，林察等部乘船三百餘艘駛至佛堂門外（在虎門南面二百餘里處，距廣州四百餘里）。[2] 上文已說過李定國在新會戰敗的日期是十二月十四日，也就是林察所遣部分船隻到大鵬所同李萬榮、陳奇策義師相遇的那一天。當時李萬榮等只知新會正在激戰，不可能知道李定國敗退，幾乎可以肯定是由於他們的極力勸說，林察才在一天內即從平海進至佛門堂。大約幾天之後，他們必定從廣東義師處得到李定國大軍戰敗急速西撤的消息，在海面觀望了很長時間（其中必有派人向鄭成功請示之事），於順治十二年（1655年）五月返回廈門。

1　順治十一年十一月初四日兩廣總督李率泰為緊急塘報事題本，見《鄭成功滿文檔案史料選譯》第五十九至六十二頁。

2　順治十一年十二月二十日廣東巡撫李棲鳳"為閩賊水陸並舉，惠潮情勢孔亟，仰祈聖鑒事"題本，見《鄭成功滿文檔案史料選譯》第七十三至七十六頁。

明、清雙方留下的檔案和記載都表明，鄭成功雖然派出了軍隊，卻沒有參戰意圖。清閩、粵兩省高級官員非常注意鄭軍動向，向朝廷報告林察等南下的日期和活動頗為詳細，卻沒有任何交戰之事內容，也就是說林察、周瑞部絕不是遭到清軍阻擊不能早日到達定國指定位置；從十月初四日到十二月十四日磨蹭了兩個月零十天才駛抵平海，派出部分兵船去大鵬所村寨徵收糧食，而楊英記載林察、周瑞出兵時，他以戶科身份同忠振伯洪旭"照議"計發行糧十個月，可見也不是由於糧餉不足。剩下的唯一解釋就是鄭成功在命將時即已親授機宜：不可假戲真做。這一判斷不僅可以從上述鄭軍處處拖延時日上看出，從清方檔案和鄭方記載中也找不到任何作戰痕跡，給人印象似乎是鄭成功組織了一次大規模南海旅遊，對組織這次改變明、清戰局的戰役的李定國採取了虛與委蛇的手段，後果是十分嚴重的。

《台灣外紀》卷四記林察、周瑞返回廈門後報告"舟師次虎頭門（即虎門），偵知李定國戰敗，梧州失守，不敢進兵，還師。"鄭成功玩弄權術，責備林察、周瑞等"勤王入援，君命原無俟駕，逗遛觀望而回，朝典何在？爾等合心畏避，當盡正罪。"隨即下令將周瑞"削職奪爵，解其兵柄，永不敘用"；林察等人降級有差。在給李定國的信裏寫道："客歲蓬使遙來，同仇同袍之訂，甚符夙心。用是敵干敕胄，大集樓船，方刻程期，而敝員李景覆以台命至，展讀再四，知殿下內急君父之憂，外切仇讎之痛；不佞恨不能征帆悠忽，直掃珠江，同挈故土以迎乘輿。詎意船師未到，而大師已先班回數日。有貴部官兵自粵來投者，細訊其故，蓋以驕兵致挫。勝負兵家之常，不足深憂。但敝船逗遛，既不能先期會師，又不能奮圖後援，實與有罪焉。已將水陸各將，審定功罪，乃知依違不前者，閩安侯周瑞，已重行捆責，革職閒住，乃念其有功，不然已正法矣……"[1]

鄭成功對南征諸將的處理和覆李定國書是大有講究的。1654年能否實現東西合擊，奏捷廣東，直接關係着永曆朝廷的前途，是非同小可的一次重大戰略行動。鄭成功作為一位傑出的政治家和軍事統帥絕不至於看不到這一點。他的信中輕描淡寫地說"勝負兵家之常，不足深憂"，把關鍵性戰略意圖未能實現等同於一般戰役的勝負，可說是官樣文章。信中首先批評了李定國"驕兵致挫"，然後才談到自己的舟師"逗遛""依違不前"，意在把戰役失敗的主要責任歸咎於對方。我們不能說李定國沒有犯過驕傲輕敵的錯誤，但是新會戰役的失敗卻絕不能說成是定國"驕兵致挫"。在人員處理上，鄭成功治軍之嚴，在歷史上很著名，唯獨對這次對南明有決定命運意義的戰役中逗留不進的將領卻輕輕發落了事。林察是南征主將，鄭成功卻把"依違不前"的罪責加在副提督閩安侯周瑞頭上，原因是林察為鄭氏嫡系將領，周瑞原是魯監國將領，親疏之分顯而易見。順便說一下，鄭成功的跋扈自雄在致定國信中也有充分的表現。按明、清制度大將專征時皇帝授予的最大權力僅限於副將以下違反節制可以不經請旨以尚方劍處斬。周瑞位居侯爵，成功信中說"念其有功，不然已正法矣"，完全是一國之主的口氣。總之，南征之役無功而返是按照鄭成功自己的意志行事殆無疑義。

綜上所述，1653—1654年李定國策劃的廣東之役，是南明中興的最後一次機會。定國計劃的重點是聯絡鄭成功東西合擊，配合廣東各地義師首先全殲廣東清軍，再展宏圖。在這三股抗清力量中，李定國軍和廣東義師都是全力以赴的，只是由於鄭成功志不在此，

---

[1] 夏琳《閩海紀要》。

終於功虧一簣。廣東義師為了實現定國的戰略意圖表現的積極性頗足稱讚。在定國新會戰役失敗之後負責聯絡廣東義師的明兩廣總督連城璧仍然為這一東西合擊戰略奔走呼號。他在 1655 年六月給永曆朝廷的奏疏中呼吁:"所望西師迅發,閩帆再揚,而臣與輔臣郭之奇一鼓再鼓,乘敵之疲,用我之壯,粵東不足平也。"[1] 次年(1656,順治十三年、永曆十年)七月,連城璧又在疏中說他聯絡的粵中義師"堅處海濱……枕戈以待王師重來,與閩師期會,收前此未濟之功"[2]。由於李定國在新會戰役中兵員器械損失較大,又急於趕赴安龍迎接永曆帝入滇,顧不上粵東戰場了。大好良機付之東流,曷勝浩歎。

---

1 連城璧《蹇愚錄》卷一《乙未六月疏》。

2 連城璧《蹇愚錄》卷一《丙申七月疏》。

第二十六章

1654 年會師長江的戰略設想

第一節　張名振、張煌言三入長江之役

　　舟山失守以後，魯監國朱以海南下福建廈門。當時，部下的兵將還相當多。鄭成功把魯監國的兵敗來會，看成是建立自己獨霸東南沿海局面的良機。邵廷采記載："鄭芝龍之北也，遺書戒成功曰：眾不可散，城不可攻；南有許龍，北有名振，汝必圖之。"[1] 這件事可靠程度如何，姑不置論，但鄭成功自從起兵以來基本上是按照鄭芝龍的路子走的，即以閩海為根據地，對浙江以北、廣東以西沿海武裝不管是屬明還是屬清，一概視作異己力量，千方百計加以兼併。

　　魯監國政權既然已經失去了自己的基地，漂泊無所，糧餉無源，客觀上形成投奔鄭成功的勢態。這樣，在魯監國的文官武將中就出現了分化，有的轉入鄭成功部下，如閩安侯周瑞等人；有的則以寓客自居；定西侯張名振和監軍張煌言始終只願同鄭成功保持同盟關係。這在以永曆為"共主"的大前提下，自然是說得過去的。實際上

1　邵廷采《東南紀事》卷十《張名振傳》。

雙方的隔閡以至疑懼在許多史籍中都有蛛絲馬跡可尋。史載張名振"至廈門見延平王鄭成功，成功大言曰：'汝為定西侯數年，所作何事？'名振曰：'中興大業。'成功曰：'安在？'名振曰：'濟則徵之實績，不濟則在方寸間耳。'成功曰：'方寸何據？'名振曰：'在背上。'即解衣示之，有'赤心報國'四字，長徑寸，深入肌膚。成功見之愕然，悔謝曰：'久仰老將軍聲望，奈多憎之口何！'因出歷年謗書盈篋。名振立命火之。於是待名振以上賓，行交拜禮，總制諸軍。"[1]這個記載只是反映了鄭成功和他的部將對張名振的猜忌，以至於"謗書盈篋"，而說鄭成功讓張名振"總制諸軍"則不符合事實。親鄭文人記載鄭成功命張名振管水師前軍[2]，意思是把張名振變成鄭軍部將。以恢復明朝為己任的張名振當然不願屈從鄭氏。正是在這種微妙的情況下，張名振、張煌言決定率軍北上，憑藉自己的實力（即原魯監國的軍隊）開闢抗清鬥爭的新局面。

1653年（順治十年、永曆七年）八月，張名振和監軍兵部侍郎張煌言帶領五六百艘戰船向北進發，來到長江口的崇明一帶的沙洲。崇明城中的清軍兵力有限，不敢出戰，被圍長達八個月。張部明軍以崇明和附近沙洲為基地，如清方一份檔案中所說："筑圩耕種，近城十里之外，賊眾充斥。百姓菜色相望，饑饉難支。為我用者憊憊待斃，為賊用者欣欣向榮。""崇明產米之鄉皆在平洋山前東、西阜

---

1 翁洲老民《海東逸史》卷十二《張名振傳》。鄭達編輯的《野史無文》卷十收《張名振傳》記：乙酉年（1645）"六月初十，名振刺'赤心報國'四字於背，自石浦帶兵三千，合新募萬人，十七日至蕭山。"此文未注明作者，推測為張名振之監軍金鐘所撰。查繼佐《罪惟錄》卷十二之下《張名振傳》云，辛卯（1651）"名振既間關護監國，為之乞援國姓思明州。國姓責以無功，名振乃露背所刺'盡忠報國'字樣，矢不二。成功心動……"沈光文《輓定西侯》詩中有"留將背字同埋土"句，注云"背上刺有'忠心報國'四字"，見侯中一編《沈光文斯庵先生專集》（台灣文海出版社出版沈雲龍主編《近代中國史料叢刊續編》第七十四輯）。張名振效法岳飛刺字於背，確有其事，但前二字有三種不同記載。

2 楊英《先王實錄》。

沙，今被賊踞。"[1]張名振部明軍的進駐崇明沙洲只是為長江戰役做準備，並不意味着已經進入長江。正如清朝兵部題本中所說："若夫蘇屬之有崇明，猶浙屬之有舟山也，俱孤懸海外，彈丸獨峙……"[2]次年（1654，順治十一年、永曆八年），張軍三次進入長江作戰，這就是有名的"三入長江"之役。

關於張名振等三入長江之役，在南明史籍中記載最為混亂，連年月也眾說紛紜。近人許浩基在所撰《鄭延平年譜》中"永曆七年癸巳三月張名振、張煌言請師之長江"條下特別加上按語，說：

> 名振與煌言凡三入長江，而未知初入長江為何年？又不知題詩祭陵為何年？各書記載紛歧，莫知所據。《魯春秋》《東南紀事》俱作壬辰（1652）；《海東逸史》作癸巳（1653）；《小腆紀年》作癸巳初入長江，而甲午（1654）題詩祭陵；《台灣外紀》《海上見聞錄》亦作癸巳，而未言祭陵事；《南疆逸史》《明季南略》則俱作甲午。尤有不可解者，全氏（指全祖望）撰蒼水碑云，癸巳冬入吳淞，明年軍於吳淞，會名振之師入長江，遙祭孝陵。甲午再入長江。蓋癸巳之明年即甲午也，既書明年，下復繫甲午，誤甚。謝山猶恍惚其詞，後人更難推測矣。[3]

依據清朝檔案，參之以張煌言詩文，再以當時親身見聞者的記載補充，可以斷定張名振、張煌言三入長江之役都在甲午年（順治

1　順治十一年四月二十七日兵部尚書噶達洪等題本殘件，見《明清史料》丁編，第一本，第九十四頁。

2　順治十一年二月二十八日兵部尚書噶達洪等題本，見《鄭成功檔案史料選輯》第七十二頁。

3　吳興許氏杏蔭堂堂刊《鄭延平年譜》。許浩基的說法頗有代表性。他把初入長江列在癸巳（順治十年，1653）三月，並云張名振於此時至金山"題寺絕壁"；次年甲午（順治十一年，1654）"正月，張名振再入長江"，至於第三次入長江則避而不談。直到目前各種史著對"三入長江"的時間仍然說不清楚。

十一年，永曆八年，公元 1654 年，但其第三次在十二月，按公曆推算已至 1655 年）。經過情形如下：

1653 年（順治十年）秋，張名振、張煌言統軍乘船由福建北上，九月到達長江口。這在清方檔案中有準確記載，是年九月，海上明師"聯艅突入黃浦港口"，當地百姓紛紛響應。清總兵王燝致江寧巡撫周國佐手札中說："海邑人民聽其愚惑，上海之衙役挾持縣令竟欲開門揖盜。胥役人等公然包網。民心若是，內變堪虞。"又引上海知縣閻紹慶的告急稟文說："上海皆樂賊來，全無一人守城，終日持刀向知縣項下逼之通賊，知縣死在須臾，皂快為甚，等語。……"周國佐不得不親自帶領軍隊趕赴上海。[1] 張名振等統率的明軍屯駐於崇明島一帶的三尖沙、稗沙、平洋等處，安營紮寨，積極聯絡內地的復明勢力，並沒有立即發動長江戰役。[2]

1654 年（順治十一年）正月十七日起，張名振、劉孔昭、張煌言等部明軍乘船分批進入長江口，衝過狼山（今江蘇南通市南面沿江重鎮）、福山（與狼山隔江相對）、江陰、靖江、孟河、楊舍、三江、圌山（在今鎮江市境）等清軍江防汛地，二十一日到達瓜洲。[3] 明軍在金山上岸，繳獲清軍防江大炮十位和火藥、錢糧等物。張名振、劉孔昭、張煌言等帶領五百名軍士登金山寺，朝東南方向遙祭明孝陵，題詩寄慨，泣下沾襟：

---

1 順治十年九月江寧巡撫周國佐 "為洋寇乘勢鴟張，海邑人心煽惑，微臣謹率旅親臨，以寢邪謀，以鞏地方事" 揭帖，影印件見《明清檔案》第十七冊，A17-161 號。

2 有的史著認為張名振部明軍到達崇明沙洲就是 "三入長江" 的開始，這是不對的。崇明諸沙洲位於長江出海口，明清雙方都把它們看成沿海屏障，而不當作內地。如順治三年二月二十九日江南總督洪承疇揭帖中說："蘇州府屬八州縣，惟崇明縣設在海外。"見《明清史料》甲編，第六本，第五〇三頁。

3 順治十一年三月初七日兵部尚書噶達洪等 "為塘報海寇突犯京口等事" 題本，見《鄭成功檔案史料選輯》第七十六至七十九頁；順治十一年五月 "江寧巡撫周國佐揭帖"，見《明清檔案》第十九冊，A19-181 號，同件又見《明清史料》己編，第二本，第一八二頁；順治十二年三月江南總督馬國柱 "為沿海失事頻仍等事" 揭帖，見《鄭成功檔案史料選輯》第一一六至一二三頁。

予以接濟秦藩，師泊金山，遙拜孝陵，有感而賦。

十年橫海一孤臣，佳氣鍾山望裏真。

鶉首義旗方出楚，燕雲羽檄已通閩。

王師炮鼓心肝噎，父老壺漿涕淚親。

南望孝陵兵縞素，看會大纛禡龍津。

甲午年孟春月，定西侯張名振同誠意伯題並書。[1]

　　張名振部海師在鎮江停留了兩三天。[2]清江南總督馬國柱同駐南京的滿、漢官員會商後，緊急派提督管效忠領兵由浦口、六合增援儀真（今儀征）、瓜洲；阿思哈哈番尼堪領兵由龍潭救鎮江。明軍在清軍到達之前，回舟東下。三月初六日，張部明軍四五百號在揚州府屬呂四場登岸，擊敗防守清軍，繳獲大河營守備印。[3]這就是初入長江之役。

　　三月二十九日，張名振等率水師六百餘艘再入長江，四月"初五日已至圖山"，初七日乘順風溯流而上，過京口（鎮江境內），直抵儀真，[4]在儀真城外江中焚毀鹽船數百艘。計六奇記："四月初五日，海艘千數復上鎮江，焚小閘，至儀真，索鹽商金，弗與，遂焚六百艘

1　登金山賦詩見計六奇《明季南略》《張名振題詩金山》條，商務印書館版在卷十，中華書局版在卷十六，詩末句中華本作"會看大纛禡龍津"，應從中華本。張名振題詩時間在後記中明言"甲午孟春月"，即順治十一年正月。同年清江南江西總督馬國柱題本殘件中說："臣於本年正月二十二日據鎮江副將張誠塘報，海寇船隻數百隻乘風上犯，傍岸而來，到金山西馬頭，請發援兵策應等情。"見《明清史料》丁編，第二本，第一一九頁。清工科給事中翁自涵在順治十一年五月揭帖中也說："賊登金山頂橫槊賦詩，假仁假義，煽我人心。"見《明清史料》己編，第二本，第一七九頁。張煌言《張蒼水集》第二編《和定西侯張侯服留題金山原韻六首》，當係同行時所作。

2　《明季南略》中華書局版卷十六《張明正題詩金山》（明正當作名振）條記，計六奇親身見聞：正月"二十三日上午，予以候試江陰，因詣北門遙望，見旌旗蔽江而下，彼此炮聲霹靂，人人有懼色。"顯然，這是明軍回舟東下。但他在這一條裏記張軍正月"十三日抵鎮江，泊金山"，"二十日明正等白衣方巾登山"，次日復登山，遙祭孝陵，設醮三日，掠輜重東下，似乎明軍在金山停留長達十天，與清方檔案不符。

3　《漕運總督沈文奎殘題本》，見《明清史料》己編，第二本，第一九四頁。

4　順治十一年五月十一日安徽巡撫李日芃揭帖，見《明清史料》甲編，第四本，第三三七頁。

而去。"[1] 順治十一年七月山西道御史胡來相揭帖中說："今春鎮江鹽艘被焚，岸市被掠，而財賦之區奚容致此，是防嚴未密，申飭不切耳。"[2] 同年十一月初六日工科給事中張王治在題本中說："即如四月間，海賊直犯儀真，未能先事綢繆，遂致焚燒鹽艘數百號，折耗課賦商本數十萬，遲延至今未見兩淮運司設策畫謀，作何補救。坐視商疲課紬，則悠忽概可見矣。"[3] 清江南當局急忙調兵遣將，對深入長江的明朝海師進行襲擊。張名振等人在儀真停留的時間很短，就返航東下，撤回崇明一帶的沙嶼稗沙、平洋等處，[4] 是為二入長江。

五月十八日，張名振因兵、餉不足，親自南下浙江溫州買米七船，又到福建廈門面見鄭成功，要求提供兵員、火藥、器械。這時他的部分兵將仍留駐於崇明一帶沙嶼。[5] 鄭成功答應派忠靖伯陳輝統水兵五千、陸兵一萬、大船近百艘北上支援；[6] 張名振認為不虛此行，回舟北返。九月初六日，張名振部進抵上海縣城下，清朝上海知縣嚇得癱瘓於地，城中百姓喧傳張軍乃"王者之師"，"有執梃而阻遏官府者，有包戴網巾者，有訛言惑眾者，有恐喝官府者。"[7] 清江寧巡撫周國佐火速領兵來援，以屠城相威脅，才穩定了上海局勢。十二

1　計六奇《明季南略》卷十六。張名振入長江兵力據清方奏報為六百餘艘，計六奇寫作"千餘"，估計偏高。

2　《明清史料》己編，第二本，第一九三頁。張名振軍在儀真焚燒鹽船事在四月初旬，胡來相大約是風聞入告，誤寫作"今春"。

3　張王治《工垣諫草》下冊，"為鹽法關係甚重，謹陳責成之法以垂永久事"題本。此書前有魏象樞、韓詩順治十二年寫的序，約為順治年間刻本。

4　順治十一年四月二十七日江寧巡撫周國佐在"為賊艘入江窺漕等事"題本，見《鄭成功檔案史料選輯》第九十二至九十三頁；順治十一年六月二十四日兵部尚書噶達洪等題本，見《鄭成功滿文檔案史料選譯》第四十二至四十三頁。

5　張名振五月間南下浙江、福建時，清江南總督馬國柱、江寧巡撫周國佐上疏"鋪敘誇張，居功自飾"。其實，清廷也知道張名振"忽爾開綜南下，明有狡謀"。"逆賊仍踞稗沙等處，應行令該督、撫、鎮嚴加防守⋯⋯勿得稍有懈弛，致墮狡謀。"見《明清史料》甲編，第四本，第三四五頁，順治十一年九月江寧巡撫周國佐揭帖。

6　順治十一年九月十一日江南總督馬國柱題本，見《鄭成功滿文檔案史料選譯》第五十至五十四頁。

7　姚廷遴《歷年記》中，見《清代日記匯鈔》。

月，張名振等率軍乘船四百餘艘溯江而上，過圖山，十八日由三江營駛過焦山，直抵南京郊外的燕子磯。清朝官員驚呼"咫尺江寧，勢甚披猖"，江南江西總督馬國柱、提督管效忠指揮駐守南京的滿、漢兵丁"奮勇截殺"，"乘勝追至三江口外，非此一舉則大江南北岌岌乎殆矣"[1]，可見對東南半壁震動之大。大約在這年底至次年初，張名振的舟師才緩緩東下，退出長江。[2]順治十二年（1655）五月，清朝新任江南總督馬鳴珮在奏疏中寫道："上年十二月間，賊艦由海入江，十八日至朱家嘴，焚擄江西糧艘……惟是朱家嘴雖在江寧府上元縣境內。……朱家嘴堂奧也，鎮江、瓜洲門戶也，今賊深入堂奧，豈能飛越而至。"又說："朱家嘴失事乃賊入犯京口第三次也。"[3]這就是三入長江之役。

在考定張名振、張煌言率領海師三次進入長江的年月以後，下面可以逐節展開討論這次戰役的戰略意圖和各方配合的情況。

第二節　錢謙益、姚志卓等人密謀策劃會師長江

甲午年（順治十一年、永曆八年）張名振統率的南明魯監國軍隊乘海舟三次進入長江，第一次進抵鎮江、瓜洲，第二次進至儀真，第三次直逼南京，在一年多時間裏積極活動於長江下游和入海口。以戰績而言，即如張煌言後來所述：明軍"三入長江，登金山，掠瓜、

---

1 《明清史料》己編，第三本，第二二一頁缺名殘揭帖；同書第二二二至二二三頁江南江西總督殘揭帖。按，這兩個殘件均無年月，但二二二頁殘揭帖內有"十二口十八日辰時"，必為十二月十八日。

2 南明永曆朝廷任命的"督撫浙江軍務兼恢剿閩直"右僉都御史陳璧當時正隱蔽於江蘇常熟，在《甲午五十除夕》詩中云："未知天命將何似，莫問樓船海上軍。"自注："是月聞海兵進京口。"甲午除夕日他只說海師進至京口，還沒有得到退出長江的消息。見《陳璧詩文殘稿箋證》，上海古籍出版社 1984 年排印本，第二十九頁；參見魯可藻《嶺表紀年》卷四。

3 順治十二年五月江南總督馬鳴珮殘揭帖，見《明清史料》己編，第三本，第二三五頁。

儀，而徒單弱，卒鮮成功”[1]，清方這時還沒有建立一支像樣的水師，長江下游駐防兵力又很少，只好沿江戒嚴，重點保衛江南重鎮江寧（南京）。總督馬國柱在奏疏中自稱：“但能保全無恙，便為無罪。”[2]實際上雙方沒有大的戰鬥。如果僅僅從表面現象來觀察，張名振等發動的三入長江戰役頗難令人理解。明軍旌旗炫耀，金鼓喧闐，幾百艘戰船浩浩蕩蕩直入長江清方要害之區，既不攻城略地，又不同清方派出的援軍正面交鋒。一年之內，三次進入內河，一次比一次深入，又三次主動撤退，而且始終不離開長江入海口，這裏面大有隱情。清廷兵部在奏疏中說：“江南督撫各官每報賊船有數百號，每船有數百人，如是則足有數萬矣。若以數萬人之力，合而擊之，何堅不摧？崇明係彈丸之地，然數月不破者，乃賊之狡謀矣。賊意如破崇明，恐江東郡邑皆以崇明為誡，披甲登城矣。且賊既至京口，何不攻鎮江？既渡瓜、儀，何不進揚州？……今賊登上金山橫持斧鉞作賦，以假仁假義蠱惑人心。賊勢全可拔崇明，犯鎮江，劫揚州，然賊並不破城分封，與我死戰。……賊自海入江，皆張揚虛名。上起湖南，下至閩廣，賊必暗中串通。”[3]同年江南江西總督馬國柱在破獲了平一統（永曆朝廷授討虜前將軍職）、闞名世（永曆朝廷授威遠將軍職）等潛伏內地的復明志士後向清廷報告：“該臣□（看）得，海□（寇）跳樑，逼入內地，若非內有奸徒暗通□（線）索，何敢狂逞至此？”[4]可見，清朝當局也多少察覺到復明勢力有東西聯絡，同時並舉的戰略意圖。

1 張煌言《北征錄》，見上海古籍出版社 1985 年版，第一九二頁。鄭達《野史無文》卷十三，此句作“此後三入長江，登金山，掠瓜、儀而歸，因師旅單弱，訖鮮成績”。

2 順治十二年三月江南總督馬國柱揭帖，見《鄭成功檔案史料選輯》第一二三頁。

3 順治十一年六月初四日兵部尚書噶達洪等題本，見《鄭成功滿文檔案史料選譯》第三十四至三十六頁。

4 《明清史料》丁編，第二本，第一一九頁，江南江西總督馬國柱題本殘件。

事實上，張名振等三入長江之役確是由內地反清復明人士聯絡東西，會師長江，恢復大江南北計劃的一個組成部分。參與密謀的有原弘光朝禮部尚書錢謙益、魯監國所封仁武伯姚志卓、魯監國政權都察院左都御史加督師大學士銜李之椿、兵部侍郎張仲符、明宗室朱周鎮、原兵部職方司主事賀王盛、生員睦本等一大批復明志士。這些人在清統治區內秘密從事復明活動，風險極大。事敗之後他們首先銷毀證據，有的不幸被捕，在審訊時也竭力避免供出細節，牽連同志；還有跡象表明，仕清的部分漢族官員因各種關係而暗中加以包庇。在這種史料不足徵的情況下，只能鈎稽材料儘量說明事件的來龍去脈。

首先應注意，內地抗清人士的密謀活動由來已久，這裏僅就同張名振、張煌言發動長江之役的關係做一點勾畫。在西南永曆朝廷和東南海上水師之間搭橋的主要策劃人是錢謙益和姚志卓。錢謙益的生平事跡已有許多史家論述，姑不贅言。姚志卓，浙江錢塘人，曾組織義軍在浙東參加魯監國的抗清活動，先後轉戰於天目山區和江西廣信府境，受封為仁武伯。他的父親姚之朔也曾參加義舉，兵敗後由江西進入廣西永曆朝廷管轄區，同大學士方以智等人交往頗多，1649年（順治六年）七月病卒於廣西平樂。[1] 姚志卓兵敗後潛伏於清統治區，曾經不避艱險到過廣西、貴州，同永曆朝廷建立聯繫。1652年（順治九年、永曆六年）冬天，錢謙益"迎姚志卓、朱全古祀神於其家，定入黔請命之舉。"次年七月，"姚志卓入貴筑（今貴州省貴陽市）行營（即孫可望行營），上疏安隆（即安龍，永曆帝駐地）。召見，慰勞賜宴，遣志卓東還，招集義兵海上。塚宰范鑛以朱

1　方以智《浮山文集》前編，卷八《嶺外稿》卷中《姚吳二君墓誌銘》《祭姚默先文》。

全古萬里赴義，題授儀制司主事。"[1] 同姚志卓一道赴黔的有原兵部職方司主事賀王盛派遣的生員眭本。賀王盛的座師雷躍龍當時正擔任孫可望行營的大學士；眭本的父親眭明永在順治二年松江抗清鬥爭中被殺[2]，賀王盛憑藉這種關係讓眭本以"往雲貴請討伊父恤典"為名，建立同永曆朝廷的直接聯繫。三月間上道，行至湖南湘潭，眭本患病不能前進，姚志卓唯恐耽誤大事，自行前往貴州。十一月帶回永曆三年敕書、孫可望札付、檄文、大學士雷躍龍五封回信和孫可望任命賀王盛為兵部侍郎的敕諭一道。姚志卓把上述文件交給賀王盛，賀王盛又"潛通海寇"，"有茅山道士張充甫係海賊張名振的總線索"[3]。這裏說的"茅山道士張充甫"實際上是明魯監國政權的兵部侍郎，他的名字除張充甫外文獻中還有張沖甫[4]、張沖符、張仲符[5]、張中符[6] 等不同寫法，有關他的事跡還需要進一步查考。[7] 姚志卓自己又同錢謙益商議出資募軍。錢謙益和夫人柳如是慷慨解囊，這就是錢氏詩中注語所說："姚神武有先裝五百羅漢之議，內子盡橐以資之，

1　沈佳《存信編》卷四。

2　錢肅潤《南忠紀・教諭眭公》條云："眭明永，號嵩年，丹陽人，補華亭學博。清兵至，書於明倫堂曰："明命其永，嵩祝何年。生乮祖父，死依聖賢。'自縊未死，大罵清兵遇害。"

3　《明清史料》己編，第二本，第一八四至一八八頁《刑部殘題本》《江南江西總督馬國柱殘題本》。按，殘題本中說："與孫可望來的人姚志卓同去。"可證明姚志卓在這以前曾經去過貴州。

4　清江南江西總督馬國柱順治十一年奏報擒獲"叛逆"殘題本中提及"未獲"人員有"張沖甫"，見《明清史料》丁編，第二本，第一○九頁。

5　彭光復《恥躬堂詩鈔》(咸豐二年重鎸本)自序中寫作張仲符，卷十六《山居感逝》詩中寫作張沖符。

6　任光復《航海紀聞》中記載魯監國政權中有兵部侍郎張沖符；李聿求《魯之春秋》卷二、卷十一作兵部侍郎張中符。

7　祁彪佳《祁忠敏公日記・乙酉日曆》中記：乙酉年(1645)五月初六日"茅山道士張充符過訪，言大司監俱有引退者，而韓內監贊周且爲髮。時事可慨矣。"可見，在魯王朱以海監國以前張充符確為"茅山道士"，但關心時事，同南明高層人士有來往。魯監國時出任兵部侍郎，後仍以"茅山道士"身份潛伏清統治區進行復明活動。

始成一軍。"[1] 史籍記載張名振、張煌言入長江時，"平原將軍姚志倬、誠意伯劉孔昭偕其子永錫以眾來依，號召舊旅，破京口，截長江，駐營崇明。"[2] 姚志卓率領來會的"眾"當即錢氏夫婦出資募集的兵士。錢謙益同劉孔昭在弘光朝廷中共事，到長江戰役時仍有聯繫。《有學集》卷五中所收《郁離公五十壽詩》，用韻和張煌言 1654 年入長江時作《壽誠意伯劉復陽》相近，錢謙益詩贈劉孔昭祝壽可證明他們之間必定有來往。[3] 錢謙益《後秋興三之三》詩尾句有自注云："夷陵文相國來書云云"，永曆朝廷大學士文安之是夷陵人，當時在貴州、四川一帶督師，也同錢謙益有書信往還。這些事實表明，在幕後聯絡東南和西南復明勢力高層人物的正是錢謙益。

介紹了上述情況，不難看出姚志卓在 1653 年十一月從貴州帶回永曆朝廷和實權人物孫可望的大批文書，一個多月以後，張名振、張煌言等人就率領海師大舉入江，三次進至京口，迫近南京，時間之長，活動之頻繁，都同等待上游明軍主力沿江東下密切相關。初入長江時，定西侯張名振於甲午年（1654）正月二十二日在金山寺題詩明云"予以接濟秦藩，師泊金山"。張煌言有題為《同定西侯登金山，以上游師未至，遂左次崇明》詩，其中有句云："一詔敷天並誓師……已呼蒼兕臨流早，未審玄驂下瀨遲。"[4] 這兩首詩從題目到內容都充

---

1 錢謙益《牧齋全集・投筆集・後秋興三之三》。姚志卓在魯監國政權中原任平原將軍，見林時對《荷牐叢談》卷四，後加封仁武伯。錢謙益作詩時借明人典故諱"漢"字為兵士，"先裝五百羅漢"即先募數百士卒隱語，仁武伯改稱神武，也是一種遁詞。按，明代有宗室名漢，自諱其名，其子讀《漢書》，諱曰讀"兵士書"；其妻供十八羅漢，諱曰"供十八羅兵士"。見謝肇淛《五雜俎》。

2 徐鼒《小腆紀年附考》卷十八。按，是書記載於順治十年春，略誤，上引檔案證明十年十一月姚志卓才從貴州回到江蘇。

3 參見《張蒼水集》第一〇九頁。

4 張煌言《張蒼水集》。

分說明：溯流而上的張軍實際上是應詔而來的偏師，戰略意圖是"接濟秦藩（秦王孫可望）"由湖北、湖南東下的主力。只是由於"上游師未至"，張軍徘徊終年，三度接應均無功而返。其間，參與密謀的賀王盛、睦本等人因叛徒出賣，被清政府逮捕，壯烈捐軀。

以錢謙益為核心策劃的聯絡東西會師江南的方案在順治十一年是有可能實現的。錢謙益長期醉心於收復江南、徐圖北伐的計劃，早在永曆三年（順治六年，1649）給門生瞿式耜（時任永曆朝廷留守桂林大學士）的密信中就提出"中興之基業"是順江而下奪取江南。他把用兵比喻為弈棋，說："人之當局如弈棋然，楸枰小技，可以喻大。在今日有全着，有要着，有急着，善弈者視勢之所急而善救之。今之急着，即要着也；今之要着，即全着也。夫天下要害必爭之地，不過數四，中原根本自在江南。長、淮、汴京，莫非都會，則宜移楚南諸勛重兵全力以恢荊、襄，上扼漢沔，下撼武昌，大江以南在吾指顧之間。江南既定，財賦漸充，根本已固，然後移荊、汴之鋒掃清河朔。高皇帝定鼎金陵，大兵北指，庚申帝遁歸漠北，此已事之成效也。"又說："王師亟先北下洞庭，別無反顧支綴。但得一入長江，將處處必多響集……我得以完固根本，養精蓄銳，恢楚恢江，克復京闕，天心既轉，人謀允臧。"瞿式耜向永曆帝轉報錢謙益密信疏中寫道："蓋謙益身在虜中，未嘗須臾不念本朝，而規畫形勢，了如指掌，綽有成算。"[1] 這個以收復長江中下游為重點的戰略方針，錢謙益稱之為"楸枰三局"，直到順治十六年（1659）南明敗局已定時，他還在詩中寫道"腐儒未諳楸枰譜，三局深慚虜帝思"[2]，流露出無限

1　《瞿式耜集》卷一，奏疏，永曆三年九月《報中興機會疏》，疏中轉報了錢謙益手書。
2　錢謙益《投筆集·後秋興六之一》。

的惆悵。發動長江戰役，東南沿海水師同西南明軍主力會師收復江南，取得這塊財賦充盈、人才薈萃之地作為扭轉明清戰局的關鍵，確實是有相當戰略眼光的。如果說在永曆三年（1649）他提出這一計劃還只是一種設想，當時未必行得通；到 1653 年冬至 1654 年，錢謙益依據明清雙方力量的消長，判斷已經可以付諸實行了。讓我們先看一下 1653—1654 年清方長江流域的兵力部署：三峽以上處於明軍控制之下，湖廣地區清軍主力是 1652 年（順治九年）清敬謹親王尼堪由北京帶領南下的滿洲八旗精銳，同年尼堪在衡州同李定國軍作戰陣亡後，這支清軍由貝勒屯齊統率，雖然在周家鋪戰役中擊敗了孫可望的軍隊，但清軍傷亡也相當大，士氣不高，急於回京休整。1653 年（順治十年）清廷委任洪承疇為五省經略大學士，次年他調集漢族官兵接替湖南防務時在奏疏中說："四月初旬內官兵方到各縣，正在安插間，即值貝勒大兵班師"[1]，說明這年春夏之交屯齊帶領滿洲兵馬北返。洪承疇調集的兵力全部不過一萬餘名，由於從北直隸、陝西、河南等地長途跋涉而來，"水土不宜，疾病大作，官兵十病六七"，五月間在寶慶（今湖南邵陽市）甚至發生"奪門私逃"的兵變。[2] 湖廣以下清軍江防兵力也非常單薄，清史科右給事中郭一鶚的奏疏中說，他於順治十一年"九月十三日自南昌登舟，溯江而下。每見南北江岸建設墩堡，派兵分守，以防盜賊，法甚善也。及舟泊各處，止見有兵丁一二名者，甚至空堡而無兵丁者，自安慶以下則更寥寥不可問矣。至江寧府（南京），又見演武場操點水師，兵丁不過二百餘人，皆老弱不堪，如同兒戲；且戰舡狹小，僅容數人，視大

1　順治十一年六月二十六日《經略洪承疇揭帖》，見《明清史料》丙編，第二本，第一四六頁。

2　見上引順治十一年六月二十六日洪承疇揭帖；參見順治十一年正月二十八日《經略洪承疇揭帖》，見《明清史料》丙編，第二本，第一四三頁。

艭（指張名振等海師用船）如望高山。如此形狀，安望其對壘破敵，決勝於江海之上？所以海寇狂逞屢犯，如入無人之境，汛防官兵未聞乘風波戰，一挫其鋒，是徒有防守兵將之名，虛糜朝廷金錢，而毫無江防之實效。"[1]

正是在這種情況下，錢謙益、姚志卓等人認為應當把握時機，提出了長江戰役的計劃。他們不僅主動擔負起聯絡東西兩方面的南明軍隊和內地反清義士的責任，還以出資、出力等方式親自參加了這一重大的軍事行動。值得注意的是，發動長江戰役，奪取江南為基業，並不是錢謙益等內地少數復明志士一廂情願的幻想；張名振、張煌言率部全力以赴，表明他們認為這個方案切實可行；西南的孫可望做出了相應的決策，證明他也欣賞和支持這個戰略部署。清廷一些官員也看到了潛在的危機，如刑科右給事中張王治就在一件題本中大聲疾呼："江南為皇上財賦之區。江南安，天下皆安；江南危，天下皆危。"[2] 那麼，這一關係全局的重大軍事行動為甚麼半途而廢了呢？

第三節　孫可望決策會師長江和計劃被擱置的原因

這次由當事人精心策劃的會師長江戰役，結果卻完全令人失望。原因是西南和福建的抗清主力都沒有出動。就西南方面說，孫可望讓姚志卓帶回的信息肯定是許下了從長江中游東下的諾言。當時，

1　順治十二年（原件無奏報日期，僅云"順治十二年四月二十三日到"）吏科右給事中郭一鶚"為嚴責成以重江防事"揭帖，見《鄭成功檔案史料選輯》第一二八頁。

2　《明清史料》己編，第三本，第二六九頁。此件為殘本，無年月，考張王治在順治十一年十一月仍任工科給事中，十二月初三日任刑科右給事中，順治十二年九月解職出京，此件當為十一年十二月至十二年春之間所上。

他同李定國之間的嫌隙已經比較深，李定國帶領兵馬向廣東推進，另行開闢戰場。孫可望直接指揮的軍隊駐於貴州和湖南西部的少數州縣，他一方面想在抗清戰場上取得輝煌戰果，進一步提高自己的威望；另一方面他的政治野心日益膨脹，夢想取代永曆皇帝，需要坐鎮黔、滇，不願親自統兵東下。於是，孫可望決定起用因保寧戰役失利廢置昆明的撫南王劉文秀。史載，1654 年（永曆八年、順治十一年）正月，劉文秀被任命為"大招討，都督諸軍，出師東伐"。[1] 幾乎可以斷定這正是孫可望為了配合張名振展開大規模長江戰役而做出的部署。可是，事態的發展並不像孫可望想象的那麼順利。在安龍的永曆朝廷和在貴陽的秦王"國主"行營之間的危機已經處於一觸即發的階段。永曆帝為了保持自己象徵性的地位和生命安全，不得不秘密求助於在廣西的安西王李定國率兵"救駕"。就抗清大業而言，孫可望拍板定調決定採納北線長江會師方案；李定國在順治十年（1653）、十一年（1654）致力於南線同福建廈門一帶的鄭成功會師廣東的計劃。永曆八年（1654）朝廷給左僉都御史徐孚遠、兵部司臣張元暢的敕諭中說："今胡氛漸靖，朕業分遣藩勛諸師先定楚粵，建瓴東下。漳國勛臣（指漳國公鄭成功）亦遣侯臣張名振等統帥舟師揚帆北上。爾務遙檄三吳忠義，俾乘時響應，共奮同仇，仍一面與勛臣成功商酌機宜，先靖五羊（即廣州），會師楚粵，俟稍有成績，爾等即星馳陛見……"[2] 從表面上看，南北兩線同時發動大規模的反攻，前景頗為樂觀。然而，作為原大西軍第三號人物的劉文秀清楚

1　沈桂《存信編》卷四。黃宗羲《行朝錄》卷五《永曆紀年》載："永曆八年甲午正月壬辰朔，上在安龍府。……詔以劉文秀為大招討，都督諸軍，出師東伐。"《明末滇南紀略·慕義開科》記甲午歲（1654）"春末調蜀王劉文秀帶滇中久練兵士齊赴貴州"，下即敘劉文秀、盧明臣是年七月攻湖南常德。記載有誤，攻常德是次年（1655）的事情，當時劉文秀也尚未封蜀王。

2　陳乃乾、陳洙纂《徐闇公先生年譜》，在徐孚遠《釣璜堂存稿》一書之首。

地意識到孫可望的驕橫跋扈已經嚴重地威脅到西南政局的穩定。他立志抗清復明，卻不願意為孫可望打天下。於是，他"屢辭招討，不獲；從容治裝者月餘，乃上道。至黔（指貴陽）時四月矣。"[1] "行營諸文武郊迎，輒下車揖謝。既至，翊日大宴，可望祭旂纛，授爵授文秀（文字有誤）。文秀言：'某仗皇上洪福，國主威略，諸公侯將士智勇，庶幾一日克敵，恢復中原。某菲材，誠恐不勝。'諸人听之皆悅。越數日，乃自於營中請宴文武諸人，優觴半，起謂諸人曰：'皇上猶佛菩薩也，造金殿玉宇以安之，乃我輩大和尚事。'已啟言：'營鎮諸將領征，歷經戰已久，不患不威勇，當通以忠義謀略，如《百將傳》請書宜各頒付，听禮延文儒講論。'又言：'軍士皆（當）推心愛惜如子，諸營鎮不得虐使之，如鞭笞不合道者，我當參治。'"[2] 顯然，這是對孫可望的批評。他奉勸孫可望應該滿足於當好廟中住持、方丈的角色，不要忘乎所以，推倒殿上供奉的佛菩薩，自己爬上寶座，弄得不倫不類，信徒星散。同時針對諸將有勇有謀，卻只知"國主"不知皇帝，提出要加強忠貞教育。孫可望听不進去，一意孤行，在這年五六月間由貴陽返回昆明，企圖舉行禪位禮，黃袍加身。關於孫可望在 1654 年（順治十一年、永曆八年）五六月間，曾由貴陽赴雲南昆明圖謀稱帝事，不僅在野史和地方志中有明確記載[3]，孫可望本人在途經安莊衛（今貴州鎮寧縣）白水河大瀑布（即黃果樹瀑布）時觀賞風景，親自撰寫了一篇《望水亭記》，其中說：

---

1 沈佳《存信篇》卷四。

2 沈佳《存信篇》卷四。

3 康熙三十五年《雲南府志》卷五《沿革》記："六月，孫可望謀僭號，不果，復如貴州。"《雲南備徵志》卷十七，倪蛻《雲南事略》，屈大均《安龍逸史》卷下均有此記載。康熙五十八年《澂江府志》卷三《沿革》記："十一年甲午六月，孫可望自貴州還雲南，復入貴州。張勝率兵同往。"

甲午（1654）夏，駐蹕舊亭，臨觀讚賞，俄而潭水且湧數丈（黃果樹瀑布下有犀牛潭），勢若錢塘怒潮，噴雲散霧，左右驚視，良久乃平。或曰：此神犀之效靈徵異也。爰命所司選勝為亭，以備臨眺。亭成而勝益著，因記諸石，以紀厥異云。又題其石壁曰"雪映川霞"。[1]

這就為孫可望在 1654 年五六月間確實途經安順、安莊衛往返雲、貴提供了最有力的證據。

劉文秀眼見孫可望做事乖張，內部既醞釀着一場重大的危機，自應以穩定政局為首務，"出師東伐"的計劃因此擱淺。五月初七日，劉文秀"以單騎出歷沅、靖諸營，遍觀諸險阻，勞恤軍吏，十日而畢。又訪求能知天文數術者，夏鴻臚言興隆山中有隱士李石說星數有驗，遣書往聘之。李石至，密言一日夜，贈之衣金而歸；復以夏鴻臚薦賢謝之金。"[2] 這意味着劉文秀擔心內變，一面加強同清方接境地區的防務，一面針對孫可望周圍那些諂媚之徒編造的"天命在秦"的"輿論"加以驗證。六月，孫可望回到貴陽；七月初六日"大招討劉文秀擇日出師，由平越道，屯於天柱（今貴州天柱縣，與湖南接境）。[3] 在以後的半年裏，劉文秀毫無揮軍入楚之意，原因很可能是擔心孫可望發動宮廷政變。孫可望同李定國、劉文秀之間的矛盾在永曆朝廷內成了公開的秘密。《存信編》卷五記載，永曆九年（順

---

1 孫可望《望水亭記》，民國三十五年《鎮寧縣志》卷四，藝文志引舊志稿。按，鎮寧縣在明代為安莊衛，從未修志；清朝道光至光緒年間修了一部《鎮寧縣志稿》，未刻版印刷。20 世紀 40 年代地方當局訪得該稿本，修成《鎮寧縣志》。明清之際著名人物孫可望留下了少量奏疏，但他寫的文章極為罕見。他為黃果樹瀑布題的"雪映川霞"四字在瀑布後水簾洞內，"款識已漫滅"。

2 《存信編》卷四。

3 《存信編》卷四。

治十二年，1655）二月，"撫南王劉文秀駐川南"。同月二十二日，"簡討朱全古兼兵科給事中視師海上。先是，甲午（1654）秋文安之密與朱全古曰：'劉、李之交必合，眾志皆與孫離，但未知事機得失如何也。我當以冬還蜀，君可以春還吳楚上下流觀察形勢，各靖其志，無蹈危殆。'安之尋遁入郝（搖旗）、李（來亨）營中，可望追之不得。是年春，海上有警，行營吏部尚書范鑛請遣使宣諭姚志卓，遂命全古。全古還吳，轉渡江，由海門至前山洲，志卓已卒。全古宣敕拜奠。丁酉入楚報命。"

概括起來說，1654 年張名振、張煌言等的三入長江是復明勢力東西會合戰略的一個組成部分。這個戰略是由內地隱蔽着的復明分子錢謙益、姚志卓、朱全古、賀王盛等人經過調查研究、秘密策劃、東西聯絡後形成的，決策者是掌握永曆朝廷實權的秦王孫可望，積極執行者是定西侯張名振等人。只有弄清整個事件的背景和經過，才不致像目前所見各種史籍那樣把張名振、張煌言的三入長江之役看成是一種沒有實際意義的孤立行動，也不至於受親鄭文人的記載影響以為是鄭成功決策發動了這場戰役。

南明史籍中一種常見的偏向是以晚節定論，這並不完全正確，因為歷史的殿堂不等於忠烈祠。清初反清志士王思任有一段話說："可以死，可以無死，英雄豪傑自知之也。英雄豪傑一死不足了其事，則可以無死；其事已了而死至，則可以死。……使必以一死為貴，則死而死矣，何濟人世事。"[1] 錢謙益、孫可望先後投降了清朝，大節有虧，自應遭到非議。然而這兩個歷史人物都是非常複雜的，尊重歷史事實就不能簡單對待。錢謙益在弘光朝廷覆亡的時候有苟

---

1 王思任《王季重十種》，浙江古籍出版社 1987 年版，第三十五頁《頌節錄序》。

且貪生之念固然是事實；但他內心裏念念不忘恢復明朝，實際行動上多次冒殺身之禍從事反清復明活動，也不容抹殺。如果抓住錢謙益 1645 年投降過清朝，短期被迫出任清禮部侍郎作為定論，那麼，王之仁、金聲桓、王得仁、李成棟、姜瓖等人都可以一筆抹殺。孫可望的情況同錢謙益很不一樣，他是實力派人物。在 1657 年反兵內向進攻昆明以前，他處理內部事務雖有不妥之處，總的說來功大於過。接管和改造南明永曆朝廷，創造一個足以同清廷抗衡局面的是他，而且除他以外沒有任何人做到過。孫可望的缺點在於個人野心太大，特別是在對待永曆帝和原來平起平坐的李定國、劉文秀的關係上舉措失當。迫使李定國率軍由湖廣南下兩廣，雖然在客觀上開闢了抗清的新局面，但已經顯示出孫可望"國主"的權威運轉不靈。1654 年他決策部署長江戰役是頗具戰略眼光的，如果能以大局為重，不論是由他親自率領大軍東下，還是委託劉文秀為前線總指揮，戰役的進程必有可觀，明、清雙方的勝負尚難預料。可是，在這關鍵時刻孫可望利令智昏，妄圖推倒毫無防範能力的永曆朝廷，結果激起李定國、劉文秀等人的抵制，蹉跎歲月，事機全失。張名振、張煌言和錢謙益、姚志卓等人翹首以待的會合上游"秦藩"之師奪取江南的恢復大計就此化為泡影。

南明之不振，關鍵在於從來沒有一個能夠調動全部抗清力量的權威核心。清廷內部雖然也常有鈎心鬥角，但大體上能做到令行禁止，賞罰分明。清勝明敗，根本原因不是強弱異形，而是內部凝聚力的差異。1654 年南明發動的兩場戰役都是有可能取勝的。在南線的廣東戰場上是西打，東不動；北線的長江戰役是東打，西不動。仗打成這個樣子，還談甚麼勝券。查繼佐在《罪惟錄》裏記載南明幾個朝廷的覆敗都歸之為"天"，其實，完全是人為的。只要鄭成功以主力配合李定國，廣東必下無疑，尚可喜、耿繼茂難逃孔有德的下場。李、鄭聯軍如能收復廣東全省，明清局勢就將大不一樣。長江戰役中，明軍在水師上佔了絕對優勢，又有清統治區內大批復明志士的準備接應，西面可以投入的兵力也相當多。除了孫可望指定由劉文秀統軍攻常德或岳州順江東下以外，夔東十三家軍隊所處的地理位置極為有利，戰鬥力也非常強。直到清軍進佔雲南（1661 年，順治十八年）以後，張煌言還派職方司吳鉏去鄖陽同十三家聯絡力圖扭轉敗局。[1] 上文也提及 1654 年長江戰役時錢謙益同文安之有書信往來，那麼，為甚麼夔東十三家的軍隊沒有採取行動的任何跡象呢？看來也是擁明勢力內部由於某種原因不能同心合力，孫可望作為永曆朝廷的實際行使最高權力的人物，沒有做好協調工作當然要負主要責任。

第四節　鄭成功與 "三入長江" 之役的關係

上文已經指出，1651 年（順治八年）清軍攻破舟山後，魯監國在張名振等統率的軍隊護航下借居於鄭成功控制之下的金門、廈門一帶。鄭成功有意把魯監國的兵將收編，遭到抵制後，雙方保持一種聯合大於摩擦的同盟關係。1653 年，張名振等的統軍北上既是為了重展雄風，開拓抗清的新局面，也是為了擺脫鄭成功的控制。然而，鄭成功卻依然以上司自居，把張名振率軍北上說成是自己所派。這在前引致李定國信裏和永曆朝廷給徐孚遠等的詔敕裏可以看得很清楚。鄭成功藩下的文人按照這一口徑記述長江之役毫不奇怪。如阮

---

1 《張蒼水集》第一四八頁《送吳佩遠職方南訪行在兼會師鄖陽》。

旻錫說：永曆七年（順治十年，1653）"賜姓駐廈門，遣前軍定西侯張名振等率水師恢復浙直州縣，並遣忠靖伯陳輝等一齊進入長江。"[1] 楊英《先王實錄》所記大抵相同。後來的史家受其影響，都採取了這種說法。溫睿臨《南疆逸史》卷五十四《鄭成功傳》云："張名振、陳輝之入長江也，焚糧艘，奪戰艦，舟至金山，望祭孝陵，金陵聞之震動。"徐鼒《小腆紀年附考》卷十八記："是年（順治十年）春，名振請兵北上，與之兵二萬，糧三艘。"這類記載人們已經習以為常，但顯然嚴重有悖史實。第一，張名振等魯監國的軍隊基本上是保持獨立系統的，並沒有變成鄭成功的部屬，北上長江時肯定同鄭成功商量過，但不能說是鄭成功所派遣；第二，張名振北上時帶領的是自己的舊部（即原魯監國軍隊），說成是鄭成功撥給士卒二萬，毫不足信；第三，把三入長江的張名振與鄭系將領陳輝並提，顯然是誤以為陳輝不僅進入了長江，而且參加了戰役的全過程，實際情況完全不是這麼回事。

下面依據史實，對張名振等三入長江之役與鄭成功的關係做必要的剖析。

首先要說明舟山失守後魯監國的主力損失並不太大，張名振等統率南下金廈的兵員、船隻還相當可觀。順治十一年五月清江寧巡撫周國佐揭帖中說："夫洋逆張名振以十餘年之積寇，舡近千艘，眾約二萬餘人，且日事舟楫，久狎波濤。"[2] 同年十二月二十二日新任江寧巡撫張中元題本中說："海寇張名振來犯崇明，聯綜千餘號"，而鄭成功則"棲居閩省，串通海賊，資助錢糧戈兵，以牽制江南、浙江

1　阮旻錫《海上見聞錄》（定本）。

2　《明清史料》甲編，第四本，第三四一頁。

之兵，使江浙之兵難至閩省會剿。"[1] 順治十二年浙閩總督佟代殘題本中也說："浙有張名振，閩有鄭成功，惡比窮奇，勢成犄角。"[2] 他們依據自己的情報，把張、鄭並提，並沒有混為一談。特別是順治十年到十一年清方正同鄭成功"和談"，對鄭成功軍隊的動向非常注意。鄭成功為了避免給清方抓住破壞"和談"的口實，在張名振領軍北上時也確實沒有派遣自己的軍隊去進攻福建以北的清統治區。何況，張名振麾下的將領和軍隊在史料中有不少詳細記載，限於篇幅不能細說。某些史著把張名振描寫成"光桿司令"，部下的兩萬餘眾得自鄭成功撥給，未免疏於查考。

那麼，鄭成功派忠靖伯陳輝北上的情況如何呢？上文提及順治十一年五月十八日即二入長江之後，張名振既未接應到上游東下之師，自感兵力不足，曾經南下福建廈門請求鄭成功出兵相助。鄭成功因為同清廷談判受挫，答應派忠靖伯陳輝帶水陸兵一萬五千名北上支援。陳輝等奉命北上不僅是在二入長江之後，而且行動極其遲緩。清方檔案記載，"陳輝、陳奇、黃大進、黃興、林錫、藍芳、施舉、沈奇等連艑八百餘號，聚黨數萬餘人，自順治十一年八月十一日流突福寧三沙地方，劫掠攻堡，四民震恐，本府及左營將領、道標中軍督率官兵與寇相持鏖戰二十餘日……各逆因而失利，於九月初三等日始揚帆敗遁北指。本道復令本府提師尾追堵剿至秦嶼店、下沙埕一帶，諸寇方捨閩入浙海而去。"[3] 順治十二年"福建巡撫殘題本"中說："該道看得，海逆聯艑北上，自順治十一年八月起蹂躪福寧各汛，隨處堵剿殆無虛日；至今年五月二十七日賊船三百餘隻，賊首陳輝等

---

1 《鄭成功滿文檔案史料選譯》第七十七頁。

2 《明清史料》己編，第三本，第二六九頁。

3 佟國器《三撫捷功奏疏·查覆疏稿》，順治十二年十二月福建巡撫宜永貴為塘報事。

六鎮鳩集萬餘，拋泊官澳內，分一百號進釣澳，截我去路。"[1] 這兩件檔案證明陳輝的率舟師北上是在 1654 年八月間，而且在福建福寧地區進攻清方營堡，直到九月初才起航赴浙江、江蘇海域。那麼，陳輝部是否參加了這年十二月的三入長江之役呢？回答是也沒有。順治十二年三月初七日，清江南總督馬國柱從來降的明游擊羅西峰口中獲悉："張名振現有水艍、犁艚等艦八十餘隻、沙船四百餘隻。張名振曾向國姓誇口南下，故此國姓派陳輝領戰船二百艘，並帶有兵士；又阮四之大戰船近百艘助伊。伊等於去年九月二十六日祭江，其聲勢浩大。船起航後，因張名振着陳輝降下旗纛，二人於濠頭分裂。十月初五日抵達洋山，遇狂風，陳輝船順風向溫州黃華關以南之三都地方聚集。如此可斷言其未來本地。阮四前曾行文國姓，請求招募南田之五六百戶人家耕種官田，國姓准之，阮四乃屯駐於官田。是故雖經張名振屢次行文調兵，亦未能來。"[2] 這場"旗纛"之爭的詳情不大清楚，但作為鄭軍嫡系大將陳輝同張名振在距長江口不遠的地方會師不過十天左右就鬧翻了，陳輝率部南下浙江溫州海域。張名振、張煌言的失望可想而知。陳輝的不肯參加入江戰役，自然不是他擅作主張，而是奉鄭成功之命。次年（1655）正月，鄭成功給清福建巡撫佟國器的信中說得很明白，"自去歲議和之後，不佞遂按兵不動，即江淮截運之師，亦暫吊回；遣進浙西之旅，亦戒安輯；孫（可望）、李（定國）請援之兵，亦停未舉。此示信於清朝，不可為不昭矣。"[3] 總之，張名振等進行的長江戰役，鄭成功給予的幫助是微不足道的。

---

1 見《明清史料》己編，第三本，第二四五頁。

2 順治十二年六月十一日兵部尚書李際期題本，見《鄭成功滿文檔案史料選譯》第一二八至一三二頁。按，南田為浙江象山縣南與石浦相對的海島。

3 《先王實錄》。

張名振等三入長江之役儘管沒有取得多大實際戰果，但他們深入虎穴的英勇獻身精神極堪稱道，且客觀上的作用也不可低估。其意義在於：一是打擊了長江下游清朝統治，暴露了清政府長江防務的脆弱。次年（1655）五月，清廷派固山額真石廷柱為鎮海將軍，領八旗兵駐防鎮江京口；[1] 同年八月又重新設立江南福山、楊舍、江陰、靖江、孟河、永生各營及沿江汛兵一千八百名，[2] 並且把儲藏在江寧庫中的紅衣大炮移至京口，算是亡羊補牢。二是以堂堂之陣、正正之旗，舳艫相接，金鼓齊鳴，直入長江數百里，對大江南北復明勢力在心理上是一個不小的鼓舞。三是在戰略上配合了李定國進軍廣東，迫使清政府不敢抽調江南附近的軍隊赴援廣東。四是取得了入江作戰的經驗，後來鄭成功大舉進攻南京，由張煌言擔任前鋒乃是意料中的事。

第五節　劉文秀進攻常德失利

　　從 1653 年（永曆七年、順治十年）春天開始，明清雙方在湖南戰場上長期處於相持局面。這是由於雙方都吃了苦頭，實力又大致相當的緣故。就南明方面來說，孫可望既同李定國鬧摩擦，自己親自指揮的寶慶周家鋪戰役又以敗北告終，自然不敢輕舉妄動，在相當一段時間裏扼守着辰州（沅陵）、沅州、武岡一線，同清軍對峙。[3] 清朝方面也吸取了桂林、衡陽連遭重大挫折的教訓，在湖南的滿漢

1　《清世祖實錄》卷九十一。

2　《清世祖實錄》卷九十三。

3　順治十一年七月初二日經略洪承疇揭帖中說：「孫逆黨眾見佔踞辰州、沅州、武岡各處。」見《明清史料》丙編，第二本，第一五〇頁。

大員避免重蹈覆轍，力主持重，守着常德、長沙、寶慶地區，待釁而動。這年（1653）十一月，洪承疇以經略大學士的身份到達武昌。在摸清了雙方兵力部署之後，深知自己面臨的局勢相當棘手，憂心忡忡地向清廷奏報：

> 湖廣地方遼闊，襟江帶湖，山川險阻，為從來形勝之地。今寇亂多年，用兵最久，人皆知逆賊孫可望等抗拒於湖南，而不知郝搖旗、姚黃、一隻虎等肆害於湖北。兼以土寇附合，苗賊脅從，群聚搶攘，是湖廣腹裏轉為衝邊要害。臣今暫駐武昌，見聞最切。如辰、沅、靖州見為孫逆等賊盤踞，水陸不時侵犯。寶慶所屬之新化、城步各縣雖經歸附，而孤懸竄遠，屢報危急。永州府地界西粵，瑤賊出沒無常。桂東、桂陽又與江西之袁州、吉安各山縣接壤，有紅頭逆賊結聚，官兵見在會剿。至常德一府，前逼辰、沅，後通澧州，苗蠻雜處，時常蠢動。即衡州、長沙雖已收服，而逆黨觀望，實繁有徒。此湖南之情形也。以湖北論之，漢陽、黃州、安陸、德安四府粗安，而鄖陽之房縣、保康、竹山、竹溪四縣有郝搖旗、劉體純、袁宗第等諸寇，窟穴於羊角等寨，每營萬餘，虎踞縣界，殺擄肆行。鄖縣、鄖西、上津三縣，前此尚恃一水可隔，今賊竟擄舟渡江，兩岸蹂躪，逼鄖陽僅數十里。近又自均州槐樹關渡河者萬計。襄陽之宜城、南漳、均州、穀城四州縣有一隻虎（李過，即李赤心）養子小李（即李來亨）、馬蹶子（即馬重僖）、黨守素、李世威等諸賊，位於七連坪等處，將居民逼扶（挾？）供糧。光化縣倚山濱江，殘廢無人。荊州府屬之歸州及巴東、興山、長陽三縣接連西蜀，雖升補官員，從來未入版圖，無任可到，為姚黃、王二、王三等諸逆老營。而夔州之

界，只有賊首譚詣、譚弘諸頭目數營，俱窟穴於巫山縣等處，遊搶於彝陵、鄖都、遠安、松滋、枝江五州縣地方。鄖陽治臣朱國治屢報賊情緊急，亟圖會剿。此湖北之情形也。計今日官兵分佈機宜，湖南見有滿洲大兵、陝西滿兵及提督各總兵等官兵，分駐武岡、衡州、寶慶、常德一帶，可備防禦。然各郡窵遠，聯絡不及，實有首尾難顧之慮。若荊州屬縣，賊孽正熾，倘由澧州而犯常德，或截岳州以犯湘潭，不惟我兵腹背受敵，而大江以南，恐至騷動，此尤當急為籌劃。臣與督臣祖澤遠會商，長沙係湖南、北總會之區，衡、永、辰、常、寶慶必由之路，即（既）可以接雲貴，又可以達廣西，武昌藉以為屏藩，江右倚以為保障，臣必往來駐紮其間，始可回應調度，相機進取。……[1]

《清實錄》在記載上引奏疏，底下接着說：洪承疇又疏言：

頃者桂林雖云恢復，其實附郭止臨桂一縣，外郡止靈川、興安、全州三州縣而已。逆賊李定國距省僅二百里，眈眈思逞，滿洲援剿官兵豈能久留？將來恢復州縣，何以分守？兵至則賊退，兵去則賊復合。彼逸我勞，甚犯兵家之忌。又若孫逆探我兵出援，因以靖、沅賊兵截粵西險道，則我首尾難顧，反置孤軍於徼外，種種危形，顯然易見。……[2]

---

1 洪承疇的這件題本收入《清代農民戰爭史資料選編》第一冊（上），第一一九至一二一頁；但這部書的編者將此題本繫於「順治九年十一月二十八日」，其實是順治十年十一月二十八日，同一內容摘要見《清世祖實錄》卷七十九，順治十年十一月庚申日，是月癸巳朔，庚申即二十八日。何況，順治九年洪承疇還沒有被任為五省經略。

2 《清世祖實錄》卷七十九。

身膺經略五省重任的洪承疇這樣連篇累牘地叫苦，有他不得已的隱衷。清廷委派他統率從各省抽調來的“精銳”漢兵經營五省，本意是推行以漢制漢政策，順治九年跟隨尼堪、屯齊等出征的大批滿洲八旗兵被牽制在湖南，急需返京休息。所以，清廷在委任洪承疇之時，頗有言聽計從的樣子，實際上是讓歸附清朝的漢族官僚、兵將扮演征服西南未定地區的主角。然而，洪承疇指定調集的兵馬只有一萬多人，加上原駐湖廣、廣西、四川的綠營兵也絕對難以同孫可望、李定國等指揮的南明軍隊相匹敵。跟隨他進入湖廣的一個幕僚寫道：“時可望營頭眾盟八十餘萬，各省俱備，獨秦人有萬餘。”[1]對明軍兵員數估計過高，但南明兵力尚強當係事實。1654 年（永曆八年、順治十一年）三月底到四月初，洪承疇帶領調集的漢兵“精銳”到達湖南，駐防岳州、長沙、寶慶一帶，貝勒屯齊立即班師回京，這支八旗兵的進軍是清朝入關以來損兵折將、被拖住時間最長又最無戰果的一次軍事行動。[2]屯齊部八旗兵久戍得代以後，洪承疇知道僅僅憑藉自己麾下的兵力要對付孫可望直接指揮的湘西、貴州明軍和夔東十三家軍隊不僅不能克敵制勝，連守住湖北彝陵、荊州，湖南常德、長沙、寶慶一線都毫無把握。至於他經略範圍內的廣西大部分地區仍為南明大將李定國所控制，就更是力不從心。何況，當時湖南久經戰亂之後，地方殘破，“大敵在前，小寇在野。滿兵絡繹，加送迎之煩。而招徠一二難民亦復鼠竄。百姓不來，有司欲去。”經略駐節的長沙“滿城極目蕭條”[3]，寶慶“城內城外無民無房，並蔬菜

1　丁大任《入長沙記》，丁當時在偏沅巡撫袁廓宇幕中任職。

2　順治十一年六月二十六日經略洪承疇揭帖中說：“四月初旬，官兵方到各縣，正在安插間，即值貝勒大兵班師。”見《明清史料》丙編，第二本，第一四六至一四八頁。

3　丁大任《入長沙記》。

買賣俱無。"[1] 憑藉這樣一個爛攤子要同明軍相周旋，確實不容易。在這種情況下，洪承疇一面竭蹶從事，努力組織綠營等漢兵固守地方，一面請求朝廷另遣滿軍助戰，督促清廷命靖南王耿繼茂迅速移鎮廣西梧州，實際意圖是把攻取廣西，牽制李定國部明軍的責任推給廣東當局。[2]

清廷收到洪承疇的奏疏以後，也知道單靠洪承疇節制的漢族兵馬難以同明軍一競高低，就在 1653 年（順治十年）十二月任命固山額真陳泰為寧南靖寇大將軍，同固山額真藍拜、濟席哈、護軍統領蘇克薩哈等帶領滿洲八旗兵前往湖北、湖南鎮守。敕諭中說："爾等公同經略輔臣洪承疇悉心商確，擇湖南、湖北扼要之處駐紮，其用兵機宜，悉同經略議行。……"[3] 這裏有兩點值得注意：一是陳泰被任命為寧南靖寇大將軍雖在 1653 年底，他統兵南下卻是相當晚的，大約是在屯齊部清軍 1654 年回京之後方才起行，到 1655 年（順治十二年）春夏之際陳泰派出的先遣八旗兵固山額真濟席哈（季什哈）和藍拜的軍隊才進入湖南，他本人帶領的軍隊行至湖北監利縣境因江水泛濫，河堤衝決，無法前進[4]，直到病死軍中也未能參加戰鬥。二是清廷給他的敕諭措辭上頗有講究，只命他"鎮守"和"駐紮"湖北、湖南的扼要地方，而沒有"進取""剿滅"字樣，這充分反映了清廷統治者自知己兵有限，南明軍勢尚強，再也不敢孤注一擲了。清方在周家鋪戰役險勝之後，滿、漢大員屯齊和洪承疇等人滿足於株守湖南

1　順治十一年六月二十六日經略洪承疇揭帖，見《明清史料》丙編，第二本，第一四八頁。

2　《明清史料》丙編，第二本，第一五〇頁，經略洪承疇順治十一年七月初二日揭帖。

3　《清世祖實錄》卷七十九。

4　順治十二年七月初六日經略洪承疇揭帖，見《清代檔案史料叢編》第六輯，第二六六頁。《清世祖實錄》卷九十三記順治十二年八月"革澧州道張國士職，以大軍將往荊州，推諉路險難行，不加修葺，貽誤軍機也"，可資旁證。

腹地，避免同近在咫尺的明軍決戰。明軍方面也同樣偃旗息鼓，毫無作為。孫可望在寶慶失利後自知斬將搴旗非己所長，決定重新起用撫南王劉文秀。可是，劉文秀自從保寧戰敗被剝奪兵權後，日趨消極。據史書記載，他廢居昆明時"益循循，謹訓子（劉震）讀書為儒者風，欲入雞足山學道。"[1]1654年初，在孫可望堅持下，他出任"大招討"，由於上面已述的原因，他未能及時領兵出征。直到1655年（永曆九年、順治十二年）春，劉文秀才率領大將盧明臣、馮雙禮等部馬、步兵丁六萬、象四十餘隻，踏上了東攻湖廣的征途。四月，劉文秀部集結於湖南辰州（府治在沅陵），計劃先攻佔常德，切斷洞庭湖西面湖北、湖南的通道，然後收復長沙、衡州、岳州，得手後再北攻武昌。[2]

按照劉文秀的部署，明軍進攻常德採取水陸並進的方針。他派盧明臣率領一支軍隊乘船由沅江前進，自己率軍由陸路進發。當時，正值漲水季節，盧明臣的軍隊乘坐一百多艘船隻順江而下，四月十七日即攻克桃源縣，活捉清朝知縣李瑢。[3]可是，劉文秀親自帶領的主力卻因為連日下雨，溪水猛漲，道路泥濘，行進非常困難，"馬步兵滯留數十日"，根本無法同盧明臣所統水路軍隊配合作戰。

清朝五省經略洪承疇和寧南靖寇大將軍陳泰得到劉文秀大軍入湘的消息後，迅速做出對策，除了從衡州等地抽調軍隊回守省會長

---

1 沈佳《存信編》卷四。

2 康熙二十四年《桃源縣志》卷一《兵燹》記："乙未十二年，春二月，寇復東下，知縣李瑢被執去。紮營邑之鄒市、李家洲等處，尋旋兵。夏五月，寇大舉，水陸俱下，步馬十餘萬，象四十餘隻，列營燕子寨一帶。連雨溪漲，馬、步兵滯留數十日，以水師前鋒敗死，宵遁。"《清世祖實錄》卷九十二，順治十二年六月寧南靖寇大將軍陳泰疏報，劉文秀、盧明臣、馮雙禮所統兵馬為六萬，船千餘艘。《清史列傳》卷四《陳泰傳》也說劉文秀、盧明臣、馮雙禮"帥師六萬、樓艫千餘，分兵犯岳州、武昌，而文秀以精兵攻常德"。

3 順治十二年七月初六日經略洪承疇"為察報桃源失事情形"揭帖，見《清代檔案史料叢編》第六輯，第二五八至二六四頁。

沙外，五月初十日，調遣荊州滿洲八旗兵趕赴常德，加強防禦力量。[1]
五月二十三日夜，盧明臣部進至常德城下，遭到優勢清軍伏擊，由
於得不到陸路明軍的支援，激戰到次日，盧明臣中箭落水犧牲，水
路明軍幾乎全軍覆沒。[2]清軍乘勝加強了面對辰州的防務。劉文秀水、
陸兩路夾攻的計劃既告失敗，盧明臣的陣亡又嚴重影響了士氣，他
隨即放棄了攻取常德的計劃，帶領軍隊退回貴州。孫可望對劉文秀
的舉措深表不滿，又一次解除他的兵權，讓他返回雲南昆明閒住。

　　劉文秀出師失利的原因是多方面的。首先，他出任大招討就很
勉強，缺乏克敵致勝的信心，水師失利之後，他自己統率的主力並
沒有同清方對陣即自行撤返。上文說過，陳泰本人帶領的清軍因道
路被洪水淹沒受阻於湖北監利縣境，此後不久陳泰就病死於軍中。
劉文秀在前鋒失利、主力完整的情況下本來還可以尋找戰機，他的
不戰而返，說明他無意於此。其次，在戰術上劉文秀沒有考慮到當
時的天時、地利。水、陸並舉的方針固然正確，但是在夏汛到來之
際應該率陸路兵馬提前行動，然後才出動水師，由於他安排不當，
致使水師孤軍深入，陷於呼應不靈的絕境。

　　孫可望任命劉文秀為大招討，本意是讓他在 1654 年（順治十一

1　經略大學士洪承疇揭帖殘件（順治十二年七月十七日到）云："常德府於四月十七日果有賊警，二十三日
　報到衡州。五月初十日職聞荊州已發大兵赴常德援剿。"（《明清史料》甲編，第四本，第三六一頁）《清
　史列傳》卷六《蘇克薩哈傳》說："十二年，賊帥劉文秀偽將盧明臣、馮雙禮等分兵犯岳州、武昌，蘇
　克薩哈（時為鑲白旗護軍統領）伏兵邀擊，大敗賊眾。明臣等復遣賊縱艦拒戰，又擊敗之。文秀引兵寇
　常德，戰艦千餘蔽江而下，蘇克薩哈指揮軍士，奮勇截擊，明臣等悉眾抗禦，我軍協力撲戰，六戰皆捷，
　縱火焚其船，斬獲無算。明臣赴水死，雙禮被創遁，降其偽副將四十餘人，文秀走貴州。"
2　《清世祖實錄》卷九十二記，大將軍陳泰這年六月奏疏中說："明臣赴水死。"《清史列傳》卷四《陳泰傳》
　記：常德戰役清軍先後在常德城下、沅江中、德山下擊敗明軍，接着在龍陽（今湖南漢壽縣）又敗明軍，
　盧明臣即在此地"赴水死，（馮）雙禮被創遁"。龍陽靠洞庭湖西，參考清方奏報，劉文秀的戰略意圖
　很可能是遣盧明臣、馮雙禮率舟師由沅江入洞庭湖，東攻岳州。沈佳《存信編》卷五記，永曆九年五月
　二十三日丙午，"劉文秀、馬進忠與武大定等攻常德，不克。……七月癸未朔，孫可望命劉文秀、馮雙
　禮、楊國棟、莫宗文、盧明臣等領兵由辰州襲取常德，水陸並進。明臣戰舡夜至常德城下，清將楊口（當
　為楊遇明）伏兵暗擊之，明臣中箭墮水死，水師遂敗，陸兵走回。"誤將常德戰役寫成五月、七月兩次。

年、永曆八年）率軍由湘出長江，同張名振等會師，奪取江南。當時屯齊部清軍北撤，陳泰部清軍尚未南下，正是一舉擊破洪承疇拼湊的漢軍，進取江南的大好時機。由於孫可望的圖謀篡位，劉文秀只好按兵不動，導致東、西會師的計劃全盤擱淺。在幾經拖延之後，劉文秀才在 1655 年五月部署了進攻常德之役。這是原大西軍聯明抗清以來，最後一次主動出擊的軍事行動。劉文秀無功而返，隨之而來的是圍繞擁戴和取代永曆帝的內部傾軋，南明朝廷已經無力東顧了。清方在陳泰病死後，於 1655 年（順治十二年）八月任命固山額真阿爾津接替寧南靖寇大將軍職務 [1]。阿爾津同洪承疇統率的滿、漢官兵在軍事上也沒有取得甚麼進展，基本上仍是在湖南西部同明軍相持。 1656 年（順治十三年）三月十七日，洪承疇在奏疏中承認自己奉經略之命"將及三年，犬馬之勞不辭，而尺寸之土未恢。" [2] 這種局面直到南明內訌，孫可望叛變投降清朝才改觀。

---

1 《清世祖實錄》卷九十三。
2 見《明清史料》丙編，第二本，第一五六頁。

第二十七章

李定國迎永曆帝入雲南和孫可望的降清

第一節　孫可望的跋扈自雄和陰謀篡位

　　孫可望自從把永曆帝遷到安龍以後，朝廷大權已經完全被他掌握。所謂永曆朝廷不過是個虛有其名的空架子，僅靠一小批扈從文武官員勉強支撐門面。軍國大事都由孫可望在貴陽裁決，然後在形式上通知永曆帝認可，日常事務則根本不關白朝廷。如史籍所記："時可望假天子名號令中外，調兵催餉，皆不上聞。生殺予奪，任意恣肆。帝在安龍，一不與聞。"[1] 南明管轄區內的相當一部分文官武將除了奉行永曆年號外，心目中只有孫可望這位"國主"，皇帝被置之度外。1655 年（永曆九年、順治十二年），明恢討左將軍白某（大概就是白文選）給孫可望的四件啟本被清軍繳獲，本中白某自稱臣，用了"啟國主御前""封進御覽，以慰聖懷"之類的措辭。[2] 1654 年固原侯王尚禮在雲南雞足山金頂寺鑄造大銅香爐一座，爐上鐫刻的銘文雖然用了永曆八年的明朝正朔，卻一字不提當今皇上朱由榔，一

1　李天根《爛火錄》卷二十二。
2　《明清史料》丙編，第九本，第八九四頁。

味地吹捧孫可望，"固原侯弟子王尚禮，率男廣祿，原籍陝西西涼府固原衛群門所張城堡人氏。自丁亥歲躬隨國主臨滇，發心欽崇三寶，修嚴各山寺院。……仰賴佛光普照，上祈國主聖壽無疆，皇圖鞏固。……"[1] 這類原始文件說明孫可望已經放任或指使親信部將擁戴自己登上皇帝的寶座了。他身邊的一批文職官員也巧加迎合，乘機勸進。如兵部尚書任僎藉天命倡言"明運已終，事不可為矣"，主張由永曆帝禪位給孫可望[2]；編修方於宣則為可望"定天子鹵簿，定朝儀。言帝星明於井度，上書勸進"[3]。早在朱由榔被迎至安龍的時候，孫可望曾經一度準備去安龍陛見。任僎卻說："國主欲進安龍，二龍豈便相見？"[4] 於是，孫可望連這個起碼的禮節也沒有舉行。[5]

值得注意的是，連在安龍永曆帝身邊的權臣馬吉翔也為自身富貴着想，暗中依附孫可望。他對太監龐天壽說："今日大勢，已歸秦王，我輩須早與結納，以為異日之地。"天壽頗以為然，兩人同孫可望派駐安龍的提塘官張應科等結拜兄弟，推心置腹地說："秦王功德隆盛，天下欽仰。今日天命在秦，天之所命，人不能違。我輩意欲勸粵主禪位秦王，煩兩公為我先達此意。"[6] 馬吉翔還派人叫永曆朝廷的郎中古其品畫一張"堯舜禪受圖"準備送給可望。古其品忠於永曆帝，拒絕作畫。馬吉翔懷恨在心，私自報告孫可望。可望竟命人把古其品鎖解貴陽，斃之杖下。1652 年"六月，秦王有札諭天壽、吉翔云：凡朝廷內外機務，惟執事力為仔肩。若有不法臣工，一听

1　趙藩、李根源輯《雞足山志補》卷二，拓片存雲南省博物館。

2　《爝火錄》卷二十二。

3　《旅滇聞見隨筆》。

4　《殘明紀事》。《明末滇南紀略》卷四云："孫可望有迎駕心，屢為任僎所阻。"

5　《昆山王源魯先生遺稿》《小腆紀敍》卷下說："已而可望至安隆，入見，將圖不軌"，云云。恐不可靠。

6　沈佳《存信編》卷三。

戎政、勇衛兩衙門參處，以息其紛囂。"[1]當時在安龍永曆朝廷中，馬吉翔以文安侯掌戎政事，太監龐天壽提督勇衛營。永曆君臣在孫可望派遣的提塘官、安龍知府和心懷異志的馬吉翔、龐天壽的嚴密監視下，簡直沒有多少自由，完全變成了傀儡。孫可望的諭札在安龍宣讀後，永曆朝臣大為震驚，不少人感到憤慨。吏科給事中徐極、兵部武選司員外郎林青陽、主事胡士瑞、職方司主事張鑴、工部營繕司員外郎蔡縝等上疏劾奏馬吉翔、龐天壽"包藏禍心，稱臣於秦"[2]。在朝廷自身的命運都操縱在孫可望手中的時候，忠於永曆的官員劾奏馬、龐二奸，不敢直指秦王，顯然只是為朝廷稍存體面而已。

一些史籍記載，1654年（永曆八年、順治十一年）五六月間，孫可望曾經專程返回雲南昆明，打算正式登基稱帝。據說是由於選定的吉日良辰大雨如注，無法舉行即位大典[3]，實際上很可能是遇到內部阻力（如與孫可望地位相當又掌握兵權的李定國、劉文秀堅決反對）才未能如願以償。孫可望圖謀篡位還表現在有時連朱明朝廷的正朔也棄置不用。例如，在湖南寶慶府紫陽河有一株很大的樹，孫可望觀賞後封之為"樹王"，樹幹上刻"歲癸巳秦國主"[4]。癸巳為1653年（永曆七年）。次年八月在昆明舉行了鄉試，"父老相傳此《題名錄》

1　江之春《安龍紀事》；又見佚名《明亡述略》。《燼火錄》卷二十二云：可望"以朝事盡諉吉翔及龐天壽"。

2　江之春《安龍紀事》，見計六奇《明季南略》中華書局排印本卷十四，第四四九頁。

3　《明末滇南紀略》記載頗詳："乃擇期於五月十六日登殿，受百官朝。孫賊乃於四月兼程旋滇，命馮雙禮守貴州，期以是日登殿，大事定矣。令各營馬步兵是日俱頂盔貫甲，弓上弦，刀出鞘，自五華山擺至南門口。如是之威，自謂有不臣者即發兵擒之，密議號令如此。豈料天不從人，是日自四鼓以至午時，大雨傾盆不住，站隊兵士衣甲盡濕，街上水深尺許，丹墀內水及膝，各官侍立，朝服盡濕。及晴，已過午時矣。自是可望不能出殿，不得受朝，由此兵民議論紛紛。"按，《明末滇南紀略》記載月日雖詳，但繫年不清楚，給人印象是永曆七年事。據屈大均《安龍逸史》卷下，甲午（順治十一年、永曆八年）"六月，秦王孫可望僭號不果，復如貴州。""可望自黔還滇，急謀僭號。及期，冕小不可冠，自辰及午，大雨傾盆，雷電交作。可望不悅而止，遂歸貴州。"康熙三十五年《雲南府志》卷五《沿革》記是年"六月，孫可望謀僭號，不果，復如貴州。"康熙五十八年《澂江府志》卷三《沿革》記："十一年甲午六月，孫可望自貴州還雲南，復入貴州，張勝率兵同往。"倪蛻《雲南事略》所記與《安龍逸史》相同。

4　彭而述《讀史亭文集》卷十，記下，《寶慶至沅州日記》。

刻秦甲午科字樣”[1]。孫可望在貴陽自設內閣、六部、科道等官，地方文官武將也一概自行任命，官印由明朝的九疊篆文改為八疊[2]。這些措施固然有掃除南明朝廷用人唯賄、整肅官箴的積極意義，但實質上卻是帝制自為了。有的史料記載，孫可望在方於宣等人參與策劃下，“定儀制，立太廟，廟享三主：太祖高皇帝主於中，張獻忠主於左，而右則可望祖父主也。擬改國號曰後明，日夜謀禪受。”[3]孫可望取代朱由榔的圖謀在緊鑼密鼓中進行。

第二節　密詔李定國救駕和“十八先生案”

在當時的情況下，孫可望大權在握，要玩弄一場“禪讓”的把戲是再容易不過的了。問題是，永曆帝的寶座可以取代，永曆朝廷所能發揮的號召作用卻是孫可望取代不了的。孫可望處於進退維谷之中，一方面強烈的野心驅使他繼續策劃和籌備登極大典；另一方面他又不能不考慮一旦踢開永曆朝廷，包括李定國、劉文秀等原大西軍高級將領在內的各種抗清勢力幾乎可以肯定不會承認他這個草頭天子。儘管孫可望仍有所顧忌始終沒有演出黃袍加身的鬧劇，永曆帝卻感到頭頂上懸掛着一把鋒利的寶劍，隨時都有被廢黜以致喪生的危險。為了求得自身和朝廷的安全，朱由榔和他的親信把唯一的希望寄託於李定國。他們對李定國的戰功、兵力、人品和同孫可望之間的矛盾早已有所了解。據史籍記載，大學士文安之是建議召李定國統兵入衛的主要策劃者，他曾做出判斷：“劉（文秀）、李（定國）

1　倪蛻《滇雲歷年傳》卷十。

2　江之春《安龍紀事》。

3　江之春《安龍紀事》。

之交必合，眾志皆與孫（可望）離，但未知事機得失如何也。"指出要觀察形勢，秘密行動，"無蹈危殆"。[1] 親身經歷召李定國率部勤王的汪蛟也斷言這一行動"本夷陵公（即文安之）指也"。[2] 於是，為了擺脫孫可望的嚴密控制，永曆朝廷着手秘密聯絡李定國。朱由榔在私下對內監張福祿、全為國說："可望待朕無復有人臣禮。奸臣馬吉翔、龐天壽為之耳目，朕寢食不安。近聞西藩李定國親統大師，直搗楚、粵，俘叛逆陳邦傅父子，報國精忠，久播中外，軍聲丕振。將來出朕於險，必此人也。且定國與可望久有隙，朕欲密撰一敕，差官齎馳行營，召定國來護衛，汝等能為朕密圖此事否？"[3] 張福祿、全為國提出徐極、林青陽、胡士瑞、張鑴、蔡縯曾劾奏馬吉翔、龐天壽依附秦王，忠貞可靠，建議同他們密商此事。經永曆帝同意後，七人共同商議，均表贊成，即往首席大學士吳貞毓處秘密討論具體辦法。吳貞毓說："今日朝廷式微至此，正我輩致命之秋也。奈權奸刻刻窺伺，恐事機不密。諸公中誰能充此使者？"林青陽自告奮勇願行。吳貞毓即命禮部祠祭司員外郎蔣乾昌擬敕稿，兵部職方司主事朱東旦繕寫，由張福祿等持入宮內鈐蓋皇帝之寶。林青陽按照事先計劃以請假葬親為名，身藏密敕於 1652 年（永曆六年、順治九年）十一月啟程前往定國軍中。當時，定國正在湖南、廣西一帶與清軍作戰，不暇內顧。到 1653 年六月，永曆帝見林青陽出使半年，杳無音耗，讓吳貞毓再派使臣前往探聽消息；吳貞毓推薦翰林院孔目周官。武安伯鄭允元建議應該設法遣開孫可望親信馬吉翔，以免走漏

1 沈佳《存信編》卷五。

2 錢秉鐙《藏山閣文存》卷三《汪辰初文集序》。

3 江之春《安龍紀事》，收入計六奇《明季南略》卷十四。

消息。永曆帝即以收復南寧後需派重臣留守為名，讓馬吉翔前往。[1]
吉翔離開安龍赴任後，周官即秘密上道。朝廷密使到達李定國營中
後，定國讀了"詞旨哀愴"的敕旨，深受感動，"叩頭出血，曰：臣
定國一日未死，寧令陛下久蒙幽辱，幸稍忍待之。臣兄事可望有年，
寧負友，必不負君。"在給大學士吳貞毓的信中又說："粵中未定，
進退維艱，凡事須密，責在老先生。"[2]

不料，馬吉翔到達廣西後，遇到來自定國軍中的永曆朝臣劉議
新。劉以為馬吉翔長期受永曆帝寵信，貴為侯爵，必然參與密召定
國之事，見面之後竟毫無顧忌地把朝廷兩次敕諭李定國領兵迎駕的
情況和盤託出，並說："定國得敕，感激流涕，不日且至安龍迎駕。"[3]
馬吉翔大吃一驚，立即派人飛報孫可望。可望得報後，深知一旦定
國迎駕成功，自己獨攬朝政的局面將完全改觀。因此，他決心把這
件事查個水落石出，派親信將領鄭國、王愛秀於 1654 年（永曆八年）
正月初六日進入安龍"皇宮"，逼迫永曆帝說清事件原委，"索首事之
人"。[4] 朱由榔推諉道："密敕一事，朝中臣子必不敢做。數年以來，
外面假敕、假寶亦多，爾等還要密訪，豈皆是朝裏事？"[5] 鄭國、王愛
秀即與龐天壽合為一夥，於三月初六日逮捕吳貞毓等與密敕有關的
官員約二十人，經過嚴刑拷打後，蔡縯等人為了避免牽涉永曆皇帝，
承認是部分朝臣勾結內監張福祿、全為國瞞着永曆帝私自矯詔密敕

1　諸書多記以代祭興陵為名遣出馬吉翔，興陵在梧州，但又說馬吉翔在南寧，顯有牴牾。錢秉鐙《汪辰初
　集序》據汪蛟親述："會南寧新復，因加吉翔重銜留守。"見《藏山閣文存》卷三。

2　邵廷采《西南紀事》卷十《李定國傳》。楊英《先王實錄》中收 1654 年李定國致鄭成功信中說："聖蹕艱
　危，不可言喻。敕中愴怛之語，不穀讀之痛心。"可以互相印證。

3　金鐘《皇明末造錄》卷上。

4　金鐘《皇明末造錄》卷上。

5　江之春《安龍紀事》。

李定國。鄭國追問道："皇上知否？"續等一口咬定："未經奏明。"鄭國與永曆朝廷中依附孫可望之人無法可想，只好以"盜寶矯詔，欺君誤國"的罪名定案，向孫可望報告。可望命令以永曆朝廷名義組織審判，於三月二十日以張鐫、張福祿、全為國為首犯，處以剮刑；蔣乾昌、徐極、楊鍾、趙賡禹、蔡續、鄭允元、周允吉、李頎、胡士瑞、朱議眾、李元開、朱東旦、任斗墟、易士佳為從犯，立即處斬；首席大學士吳貞毓為主謀之人，姑念為大臣，勒令自盡。[1] 這就是南明史上有名的"十八先生案"。為了解當時情況，將以永曆帝名義發佈的詔書和孫可望奏疏轉錄如下：

詔曰：朕以藐躬，纘茲危緒，上承祖宗，下臨臣庶，閱今八載。險阻備嘗，朝夕焦勞，固有攸濟。自武、衡、肇、梧以至邕、新，播遷不定。茲冬瀕湍，倉卒西巡，苗截於前，虜迫於後，賴秦王嚴兵迎扈，得以出險。定蹕安隆，獲有寧宇。數月間捷音疊至，西蜀三湘以及八桂，涓歸版圖。憶昔封拜者累累若若，類皆身圖自便，任事竟無一人。惟秦王力任安攘，毗予一人。二年以來，漸有成緒，朕實賴之。乃有罪臣吳貞毓、張鐫、張福祿、全為國、徐極、鄭允元、蔡宿、趙賡禹、周允吉、易士佳、楊鍾、任斗樞、朱東旦、李頎、蔣乾昌、朱儀昶、李元開、胡士端，包藏禍心，內外連結，盜寶矯敕，擅行封賞，貽禍封疆。賴祖宗之靈，奸謀發覺，隨命朝廷審鞫。除賜輔臣吳貞毓死外，其張鐫、

---

1 按，十八人姓名各書所記常有出入，如蔡續作"蔡宿"、楊鍾作"林鍾"、徐極作"徐吉"之類。乾隆二十九年《南籠府志》卷之末附《外志》記，十八人遇難後，"時人哀之，收遺骸葬於城外之西山麓，題其墓曰：明十八先生成仁處"，然所列姓名楊鍾作"楊忠"、徐極作"徐桂"。楊鍾名見瞿式耜永曆三年十二月初五日《言官直氣宜伸疏》，可證他書之誤。今貴州安龍縣仍保存"明十八先生墓"，碑上大字鐫"明十八先生成仁之處"。見《貴州發展中的城鎮建設》畫冊照片，照片上兩旁小字難以辨認。

張福祿等同謀不法，蒙蔽朝廷，無分首從，宜加伏誅。朕以頻年患難，扈從無幾，故取下之法，時從寬厚，以至奸回自用，盜出掖廷，朕德不明，深自刻責。此後凡大小臣工，各宜洗滌，廉法共守，以待昇平。

孫可望的奏疏說：

為行在諸奸嬌敕盜寶，擅行爵賞，大為駭異。隨奉皇上賜書，將諸奸正法，仰見乾綱獨攬，離照無私。首惡吳貞毓、張鐫、張福祿也，為從者徐極、蔡宿等也。皇上立置重典，以彰國法矣。蓋李定國[1]臣弟也，剿虜失律，法自難寬，方責圖功，以贖前罪。而敢盜寶行封，是臣議罰，諸奸反以為應賞矣。且臣所部諸將士，比年來艱難百戰，應賞應罰，惟臣得以專之。故名器宜重，早已具疏付楊畏知奏明。即畏知之服上刑，亦以晉中樞旋晉內閣之故，原疏具在，可復閱也。因憶兩粵並陷時，駕蹕南陵（寧），國步既已窮蹙，加之叛爵焚劫於內，虜首彎弓於外，大勢岌岌，卒令駞喙潛跡，晏然無恙，不謂非賀九義等遵王朝令，星馳入衛之力也。又憶瀨湍移蹕時，危同累卵，諸奸惡力阻幸黔，堅請隨元胤敗死，使果幸防城，則誤主之罪寸磔遂足贖乎？茲蹕安隆三年矣，才獲寧宇，又起風波，豈有一防城、一元胤可以再陷聖躬乎！臣累世力農，未叨一命之榮，升斗之祿，亦非原無位號不能自雄者也。沙定洲以雲南叛，臣滅定洲而有之，又非無屯兵難於

---

1 《行在陽秋》，本書原署名為劉湘客所著，前輩學者已指明非劉湘客作，但定為戴笠亦無確證。文中李定國寫作"李頎"，李頎為十八受難者之一，不知何故誤將李定國寫作李頎，徐鼒《小腆紀年》卷十八收錄此疏已訂正為"李定國臣弟也"，但其他文字已稍作刪改。

進攻退守者也。總緣孤憤激烈，冀留芳名於萬古耳！即秦王之寵命，初意豈能覬此哉！故楊畏知之齋奏疏中有云：今之奏請為聯合恢剿之意，原非有意以求封爵也。臣關西布衣，據彈丸以供駐蹕，願皇上臥薪嘗膽，毋忘瀨湍之危。如皇上以安隆僻隅，錢糧不敷，欲移幸外地，惟听睿斷，自當備辦夫馬錢糧，護送駕行，斷不敢阻，以蒙要挾之名。

據《爝火錄》記載，早在 1652 年（永曆六年）五月，孫可望就在一件奏疏中說："人或謂臣欲挾天子令諸侯，不知彼時天子尚有諸侯，諸侯亦尚知有天子。今天子已不能自令，臣更挾天子之令，以令何地？以令何人？"[1]

孫可望的專橫跋扈在他的言行中已表現得淋漓盡致。他只看到永曆帝自南寧失守以後既沒有兵，也沒有地，不得不遷入他所指定的安龍。好比元末群雄紛爭之際，朱元璋領兵把龍鳳皇帝韓林兒迎至滁州安置一樣，一切大政方針都由自己裁決，發佈詔令時用"皇帝聖旨、吳王令旨"，表面上掛個"大宋"國號，暫時保留龍鳳年號罷了。孫可望發佈的詔書常用"皇帝聖旨、秦王令旨"，頗為相似。任僎之流的"天命在秦"，同劉基的"天命自有在"也如出一轍。然而，孫可望和依附他的文臣武將都不明白元末和明末的形勢有一個根本的區別，元末是蒙古貴族統治的瓦解時期，而清初則是滿洲貴族勃興的時期。在民族危機深重之際，孫可望竟然看不到要抗清就必須以復明為號召，復明就必須遵奉永曆朝廷。孫可望說："彼時天子尚有諸侯，諸侯亦尚知有天子，今天子已不能自令……"把永曆帝貶得

---

1 《爝火錄》卷二十二。

一錢不值，這完全不是事實。即以孫可望賴以威福自操的原大西軍來說，李定國就寧願站在永曆帝一邊，而不願受孫可望的頤指氣使；何況東南沿海的鄭成功、張名振、張煌言等人，夔東以原大順軍為主的抗清武裝以及內地各種或明或暗的抗清勢力，都是以復明為宗旨，絕不可能接受孫可望為盟主。孫可望的一意孤行，不僅在忠於朱明王朝的漢族官紳中引起強烈不滿，也加深了原大西軍內部的分歧，最終導致了原大西軍的分裂和內訌。

第三節　李定國奉迎永曆帝入昆明

李定國，陝西綏德人[1]，生年不詳[2]，崇禎年間投身農民起義，被張獻忠收為養子，是大西軍主要將領之一。大西軍聯明抗清後，李定國對復明事業忠貞不貳，戰功卓越。1653—1654 年他兩次進攻廣東的時候，永曆帝在孫可望的逼脅下，處境非常困難，一再派使者攜帶密詔讓李定國領兵迎駕。李定國深知永曆朝廷的存亡直接關係到抗清事業的成敗，他的意圖是同鄭成功會師收復廣東，這樣既可以擴大南明控制區，又可以藉助鄭成功、張名振等閩、浙沿海擁明實力派扼制孫可望。李定國給鄭成功的信中說道："聖蹕艱危，不可言喻。敕中愴怛之語，不穀讀之痛心。"[3] 永曆朝廷當時僻處安龍，所謂"艱危"顯然不是來自清方，李定國信中作如是語，正是指望聯合鄭

---

1 李定國的籍貫在各種史籍中記載互歧，乾隆五十年《綏德直隸州志》卷八《雜記》載李定國為該州"義讓里人"，當以此為準。中華書局 1986 年版《清代人物傳稿》上編，第三卷，第三六〇頁。林毓輝撰《李定國傳》依據王夫之《永曆實錄》不可靠的記載說他是"陝西榆林人"，顯然失考。

2 李定國的生年尚未考出。郭影秋《李定國紀年》假定崇禎三年（1630）定國十歲參加張獻忠部，林毓輝僅據郭氏"假定"斷言李定國"生於明天啟元年（1621）"，不妥。

3 楊英《先王實錄》。

成功等共扶永曆。1654 年冬，新會之戰李定國大敗，撤至廣西南寧休整士馬。聯合"東勛"共扶明室的希望落空了，他只有憑藉本部兵力親赴安龍，從孫可望的控制下救出永曆帝朱由榔。

孫可望得到情報，派部將劉鎮國、關有才領兵駐紮於田州（今廣西田陽）阻截李定國軍北上[1]，甚至下令"凡定國必過之地盡焚芻糧，以絕其歸路。"[2] 李定國為了突破可望的攔擊，抽調精銳，"軍中盡易皁旗"[3]，晝夜兼程，三天就進至田州。劉鎮國、關有才摸不清來軍的底細，猝不及防，"乘空馬馳去"。[4] 定國以大局為重，下令不要追逐二將，只派前騎傳呼："西府駕來！"劉、關部下士卒都在道路兩旁跪下迎接。定國傳諭安撫道："若等無恐，吾於秦王兄弟也，以細人之言相間，今已無他。若等歸營，吾將勞汝。""於是兩兵相遇歡欣如父子兄弟。明日，定國發二萬銀犒之，且令休息。諸軍皆呼千歲。"[5]

孫可望得到李定國突破田州防線向安龍進發的消息，急忙派大將白文選於 1655 年（永曆九年、順治十二年）十月前往安龍，負責把永曆君臣搬入貴陽，置於自己直接控制之下。白文選雖然是孫可望的舊部，但他內心裏卻並不贊成孫可望對永曆帝肆無忌憚的傲慢態度。因此，在後來永曆帝每次有可能遭到孫可望的謀害時，他總是或明或暗地加以保護。某些史籍說，文選"及至安龍入謁，見其

---

1 劉健《庭聞錄》卷三說，可望"遣關有才等以精甲四萬拒之田州。定國襲破有才，收其兵。"劉鎮國、關有才部兵力肯定有所誇大。

2 康熙三十五年《雲南府志》卷五《沿革》。這裏所說的"歸路"是指定國率軍返回雲貴。

3 康熙三十五年《雲南府志》卷五《沿革》。

4 羅謙《殘明紀事》。

5 羅謙《殘明紀事》。另見屈大均《安龍逸史》卷下。沈佳《存信編》卷五記，永曆十年二月李定國命部將高文貴領兵從歸朝小路抄過田州，徑出關有才後。三月，一舉擊敗關部，收其兵三千人。

丰儀，股慄汗下，不敢逼行。"[1]朱由榔長得相貌堂堂，見之許多史冊，應屬可信；但白文選不敢逼駕未必是因為永曆帝一表人才，主要還是他心目中以永曆朝廷為正統，不願做孫可望犯上作亂的打手。十二月，孫可望見白文選還沒有把永曆君臣押來貴陽，又派親信百戶葉應禎去安龍催促。[2]自從密敕事件發生後，孫可望鋒芒畢露，這時一再派兵馬來安龍督促他移住貴陽，朱由榔知道此行凶多吉少，"宮中"大小哭泣不止；白文選即以安龍地方僻小，召募民夫不易為理由，拖延時日，等待李定國到來。

　　1656年（永曆十年、順治十三年）正月，李定國軍距安龍已不遠，先派傳宣參將楊祥身藏密疏前往安龍，在離城五十里的板屯江（一作坂屯河）被劉鎮國部兵擒獲，解送到白文選處。文選詢問其來意，回答道："我傳宣參將楊祥也。國主令我來督催道府州縣預備糧草，以候國主之至耳。"當即從衣甲內取出龍牌一紙，"為仰安龍道府備糧之具。無他也。"白文選明知楊祥不是"國主"孫可望的使者，假裝糊塗，命以酒食款待後即任其自由行動。楊祥得以入城謁見永曆帝，呈上衣甲後心所藏密疏，署云"藩臣李定國謹奏"："臣今統兵迎扈，不日至行畿，先遣奏萬安，勿輕听奸逆輒行移蹕"[3]，奏本上蓋有永曆密敕所賜"屏翰親臣"印為信。[4]永曆帝知道定國大軍即將到達，才比較放心。楊祥完成任務後改換衣裝由山路回報定國。[5]

<hr>

1　康熙三十五年《雲南府志》卷五《沿革》。

2　屈大均《安龍逸史》卷下寫作"偽百戶葉應禎"，昆明無名氏輯錄《滇南外史》、羅謙《殘明紀事》亦同；金鐘《皇明末造錄》作"葉應楨"；錢秉鐙《汪辰初文集序》據當時扈蹕安龍的汪蛟《日記》說是可望"親將葉菜"。《清世祖實錄》卷一二一，順治十五年十月清廷授予隨孫可望投降官員名單中有葉應禎等授一等阿達哈哈番，當以此為準。

3　屈大均《安龍逸史》卷下。

4　前引康熙《雲南府志》卷五《沿革》。

5　《安龍逸史》卷下。按，書中記楊祥入安龍後，先謁司禮監龐天壽，呈上定國密疏，由天壽引見永曆帝。然他書多記龐天壽早已投靠孫可望，負有監視永曆君臣之責，定國密使是否由他引見，頗有疑問。

十六日，葉應禎聽說李定國大軍將至安龍，急忙帶領士卒戎服貫甲入宮，逼迫永曆帝后立即騎馬前赴貴陽。一時"宮中哭聲徹內外"，白文選趕來，見葉應禎蠻橫無狀，把他叫過來說："國主恐安西歸清，所以迎駕者，恐陷不測也。事須緩寬，若迫促至此，朝廷玉葉金枝，不同爾我性命。萬一變生意外，若能任其責乎？今我往探，若安西果通清兵前來，移蹕未晚。倘止是安西還兵，彼乃一家人，我等何得過為逼迫，自取罪戾！"[1]在白文選的干預下，葉應禎被迫退讓。二十二日淩晨，大霧彌漫，忽然有幾十名騎兵直抵城下，繞城喊道："西府大兵至矣！"城中歡聲雷動，葉應禎所領劫駕兵倉促逃回貴陽。[2]接着炮聲由遠及近，定國親統大軍到達安龍。入城朝見時，永曆帝說："久知卿忠義，恨相見之晚。"李定國激動得淚流滿面，說："臣蒙陛下知遇之恩，欲取兩粵以迎鑾輿，乃不惟不副臣願，且重貽陛下憂，至萬死無能自贖。"[3]

由於李定國在新會戰役中損失兵員較多，貴州地區又是孫可望的勢力範圍，因此他在朝見回營後就同白文選商議移蹕事宜，兩人一致意見以遷往雲南昆明為上策。定議後，李定國"自選帳下五百人衛宮眷先行"[4]，二十六日，永曆君臣離開安龍，向雲南進發。二月十一日，到達雲南曲靖[5]。定國請永曆帝暫時停留在這裏，自己帶領精兵前往昆明料理。當時，在昆明的大將有撫南王劉文秀、固原侯

1　屈大均《安龍逸史》卷下。

2　錢秉鐙《藏山閣集》卷十五，文存卷三，《汪辰初集序》引汪蛟親述當時情況。屈大均《安龍逸史》卷下云：有一騎奔至城下，口稱"我西府長鬚夏太監也"。

3　屈大均《安龍逸史》卷下；羅謙《殘明紀事》。

4　錢秉鐙《藏山閣集》卷十五，《文存》卷三，《汪辰初集序》。

5　屈大均《安龍逸史》卷下。按，沈佳《存信編》卷五所記日期不同；二月十九日定國至安龍，二十日"駕發安隆"，二十二日至普安，三月初一日至曲靖。

王尚禮，另有將軍王自奇部騎兵駐於楚雄、賀九義部兵五千人紮於武定，總兵力約有二萬。王尚禮、王自奇、賀九義是聽命於"國主"孫可望的；劉文秀和李定國一樣擁護永曆朝廷，同孫可望有矛盾，他地位雖高，兵權卻不大。李定國保駕已至曲靖的消息傳到昆明，劉文秀和王尚禮、沐天波等人會商應付辦法，拿不定主意。因為若是開門迎接永曆帝近於背叛"國主"，可是出兵相拒又顯然不恰當。儘管永曆帝在王尚禮等人心目中不過是個傀儡，但又不能不奉他的"正朔"，承認他的皇帝地位，何況護駕而來的李定國是原大西軍四大台柱之一，其影響也不可忽視。正在左右為難之際，忽然得到報告李定國已親統兵馬來到昆明城外。王尚禮慌了手腳，在劉文秀的勸說下勉強隨眾出城迎接。[1] 定國同文秀定議迎接永曆帝入昆明，王尚禮既不便違抗二王，又不清楚定國部實力，不敢輕舉妄動。三月二十六日左右，永曆帝在李定國的護衛靳統武、總兵張建帶領的軍隊保護下進入昆明。[2] 有明一代，雲南被視為偏遠之地，真所謂天高皇帝遠，這時"真龍天子"駕到，昆明百姓激動不已，"遮道相迎，至有望之泣下者。"[3] 朱由榔非常感動，讓隨從傳旨："朕到，勿分軍

---

[1] 金鐘《皇明末造錄》卷上記："時守滇者乃劉文秀，其都督王尚禮、王自奇、賀九儀等各兵萬人，皆文秀所轄。文秀亦意在保衛宮駕，陽與三人密議城守，而自以數騎往會定國，曰：'我輩為貪官污吏所逼，因而造反，將朝廷社稷傾覆，實我等有負於國家，國家無負於我等。即今上是烈皇帝嫡派之弟，不若同心共保，倘得藉滇黔以恢復中原，那時封妻蔭子，榮歸故里，也得個青史留芳。如只跟秦王胡亂作為，雖稱王稱公，到底不得歸正。但我輩今日以秦王為董卓，恐董卓之後又換一個曹操。'定國指天自誓，文秀於是迎駕入雲南府時，時永曆十年夏四月也。"按，李定國和白文選決策護帝入滇，必然考慮到在昆明的劉文秀將給予支持。劉文秀的態度對留守雲南的將領有重大影響，但說王尚禮、王自奇、賀九義都是他的部將，似欠妥。

[2] 康熙二十六年《武定府志》卷一《沿革》記："丙申（順治十三年）三月二十六日，李定國迎永口（曆）至滇，駐武定，民輓運烏撒，民苦之。"計六奇《明季南略》卷十六《孫可望犯闕敗逃本末》記："定國遂護駕徑至雲南，以可望所造宮殿請上居之，時丙申三月也。"繫時相同，但說朱由榔到達昆明後立即住進孫可望宮殿，稍誤。

[3] 康熙三十五年《雲南府志》卷五《沿革》。

民老幼，听其仰首觀覘，巡視官兵不許亂打。"[1] 除了王尚禮等人心中忐忑不安以外，整個昆明城沉浸在一片歡樂的氣氛裏。李定國和劉文秀決定暫時把雲南貢院（大西軍入滇後這裏曾經是定北將軍艾能奇的住所）作為永曆帝的行宮，視朝聽政。

李定國把永曆帝從孫可望控制下的安龍迎接到雲南昆明，從維護抗清事業的大局而言，自然應當肯定。然而，不能不看到李定國的原意是會合鄭成功收復廣東全省後再考慮移蹕事宜（永曆朝廷建立於廣東肇慶，長期駐於廣西，定國的意圖很可能是會合鄭成功、張名振以至魯監國聯名表請奉迎永曆帝還駐兩廣的適當地方，如果出現這種情況，孫可望比較難於阻擋，參見處理"十八先生案"時孫可望的奏疏）。定國兵敗新會，原來的計劃破滅，只有憑藉本部兵力冒險突入安龍，把永曆君臣護送入滇。這一重大措施雖僥倖成功，但是李定國部主力經貴州轉入雲南，他長期經營的廣西必然落入清方之手。順治十三年二月清兩廣總督李率泰奏報，清方利用定國主力轉移，廣西明軍勢單力薄的機會，由平南王尚可喜、靖南王耿繼茂統領廣東兵馬會合湖南（經略洪承疇部）、廣西（原定藩線國安部）官兵迅速向廣西推進。這年（順治十三年，1656）正月初二日抵平南縣，守潯州府的明仁安將軍李承爵、管領水師陽春伯李先芳自知兵力不敵，初七日主動撤退，初十日清軍佔領潯州府。十五日，廣東清軍進至貴縣，與廣西提督線國安、經略洪承疇下總兵南一魁、張國柱部會合繼續西進，十八日抵橫州，明將高文貴、李承爵、施尚義、李先芳不戰而退。二月初四日，清軍佔領南寧府；初九日廣西左翼總兵馬雄部追至瀨湍，明陽春伯李先芳被俘。廣西大部分州縣

---

1 《明末滇南紀略》卷四《迎帝入滇》。

都被清軍佔領。[1] 後來，在平定了孫可望的叛變後，李定國雖曾命保康侯賀九義率軍收復南寧，賀九義在 1658 年（順治十五年）二月初七日派部將閻維龍、曹延生等度東收橫州，終因兵力不足，再度放棄該州。不久，因大局逆轉，賀九義奉命領兵回滇，[2] 南明被迫放棄廣西大部州縣。因為孫可望有不臣之心，李定國陷入顧此失彼的境地。就後果而言，首先是永曆朝廷同廣東義師的聯絡被切斷，閩浙沿海抗清武裝經海路入粵的通道也極難利用，形成東西呼應不靈、各自為戰的被動格局。其次，廣西大部分州縣的易手，為清方後來三路進攻貴州、雲南製造了更有利的態勢。由此可見，孫可望的專橫跋扈，使南明付出了極大的代價。

1656 年（永曆十年、順治十三年）四月，永曆帝封李定國為晉王，劉文秀為蜀王，白文選為鞏國公，原固原侯王尚禮加封保國公，將軍王自奇為夔國公，賀九義為保康侯，秦王護衛張虎為淳化伯，水軍都督李本高為崇信伯。[3] 黔國公沐天波是明初以來世襲鎮守雲南勳臣，自然得到永曆帝的信任，除了遇有緊急事件可以隨時入奏外，還讓他執掌禁衛軍。[4] 朝廷的文臣有大學士扶綱、雷躍龍、吏部尚書張佐宸、吏部文選司郎中汪蛟、工部尚書王應龍、戶部左侍郎龔彝、兵部左侍郎孫順、刑部左侍郎冷孟鉽、通政使尹三聘、詹事府正詹事楊在、大理寺寺丞張重任等。龔彝受命後奏稱自己"在雲南受可望十年厚恩"，不願接受朝廷任命的官職，引起"舉朝大嘩"，紛紛斥

---

1 《明清史料》丙編，第十本，第九一二頁。

2 順治十五年五月兩廣總督王國光揭帖，見《明清史料》丙編，第十本，第九五五頁。

3 胡欽華《天南紀事・永曆帝播遷本末之下》。清方在順治十三年六月間得到土司報告："李定國差偽總兵吳之鳳齎偽敕、偽令旨到鎮安，稱偽永曆已移駐雲南省，李定國賜封偽晉王。"見《明清史料》丙編，第二本，第一六一頁，順治十三年八月初十日經略洪承疇揭帖。各書記永曆帝封李定國為晉王事在時間上差異頗大，郭影秋《李定國紀年》第一四六頁指出"晉王之封，當在（永曆十年）三四月間"，較為準確。

4 《明末滇南紀略》卷四《迎帝入滇》。

責他死心塌地追隨孫可望。原先賣身投靠孫可望的司禮監太監龐天壽、錦衣衛馬吉翔已為朝廷所不容，龐天壽服毒自殺，馬吉翔一度被李定國親信將領靳統武拘禁，他搖身一變，乞憐獻媚於靳統武、金維新、龔銘，為晉王歌功頌德，終於得到李定國的信任，重新入閣辦事。[1]

永曆朝廷移蹕昆明後，李定國、劉文秀率領各公、侯、伯、將軍上疏道："禮樂征伐自天子出，秦王臣可望所待失人臣禮。臣等集議：奉孫可望出楚，臣定國出粵，臣文秀出蜀，各將所部兵馬，從事封疆。凡馭天下之大柄悉還之其主，謹冒死以聞。"朱由榔知道孫可望不會輕易放棄權力，俯就臣節，把這件奏疏留中不發。[2] 對於孫可望來說，永曆帝被李定國迎入昆明，不啻是當頭一棒。因為李定國、劉文秀同自己一樣曾是張獻忠的養子，是大西軍四大將領之一，地位原來就差不多，在將士中有很高的威信。永曆帝被軟禁於安龍時，朝廷軍國大事實際上由他這位"監國"秦王一手握定。這時情況大為改觀，永曆帝在李定國、劉文秀支持下封爵拜官，權不由己。今後是改弦易轍聽命於永曆呢，還是維護自己的"國主"威權公開決裂呢？孫可望處於進退維谷之中。

朱由榔、李定國、劉文秀在朝廷遷入昆明的初期，着眼於大局，給孫可望留有相當多的餘地。具體表現在：一、永曆皇帝並沒有住進孫可望為自己建造的豪華宮殿；二、朝廷雖已晉封李定國、劉文秀為一字王，對孫可望"不臣之心"卻未加任何指責（上引留中的奏疏雖說可望"失人臣禮"，仍用了"奉孫可望出楚"的尊稱字樣），這

---

1 程瀚《孫可望犯闕敗逃本末》，見中華書局版《明季南略》卷十四。《明末滇南紀略》卷四《迎帝入滇》篇所記官爵任用稍有不同。

2 胡欽華《天南紀事》。

顯然是表示孫可望只要幡然悔悟，地位仍在二王之上；三、給在雲南的孫可望親信部將加官晉爵，毫無歧視之意。為了爭取孫可望，穩定西南政局，永曆帝派白文選和張虎為使者攜帶璽書前往貴陽，勸說孫可望消除隔閡，重歸於好。臨行前，朱由榔各賜金箆一枚，叮囑道："卿等往道朕意，務使兩藩復敦相好，事事為祖宗社稷起見。卿等功名垂竹帛矣。"[1] 白文選、張虎到達貴陽入見可望，可望不僅毫無悛改之意，反而責怪文選、張虎不該擅自接受永曆帝的封爵。張虎是可望的親信，立即呈上永曆所封淳化伯印，說："在彼處不受，恐生疑忌，故偽受之。臣受國主厚恩，豈敢背哉！白文選受國公之職，已為彼所用矣。"又密告可望道："上雖在滇，端拱而已。文武兩班，唯唯諾諾，內外大權，盡歸李定國。定國所信文則中書金維新、龔銘，武則靳統武、高文貴，終日升官加賞。兵馬不滿三萬，人無固志，可唾手取也。"[2] 可望听了很高興，誇獎張虎有忠心。白文選見狀，知道難以從中調和，試探性地說："國主倘以舊好為念，不必苛求。若必欲擒之，假臣精兵二萬，當立致定國於麾下。"[3] 孫可望明知李定國迎駕入昆明是得到了白文選的幫助，認為文選對自己不忠，盛怒之下準備將他處死，經帳下諸將營救，打了一頓板子後，予以釋放。永曆帝又派"學士楊在、侍郎鄧士廉等宣諭，俾同心釋忿，濟國難。"[4] 孫可望深恨李定國不僅打破了自己的皇帝夢，而且連獨斷專行的"國主"地位也保不住，根本不願摒棄前嫌，他派張虎回昆

---

1 屈大均《安龍逸史》卷下。

2 程瀚《孫可望犯闕敗逃本末》，見《明季南略》商務印書館排印本卷十六，第三七二頁。中華書局排印本在卷十四，第四五八頁，"定國所信文則中書金維新、龔銘" 漏 "文" 字。

3 屈大均《安龍逸史》卷下。

4 《天南紀事》。

明復命，說"須安西親謝乃可"。[1] 這實際上是要把定國騙到貴陽殺害，憑藉自己在黔滇兩省的親信和兵力繼續挾制永曆。定國等人又遣王自奇同張虎再往貴陽，盡力打破僵局。不料，王自奇和張虎一樣頑冥不化，向孫可望講述"定國孤軍易擒"，內外夾攻，可以一戰而勝。可望見親信將領所談雲南情況與白文選所說相符，才恢復了對白文選的信任。他命王自奇回雲南充當內應。自奇回到昆明後，"力言可望必不可和"，隨即辭歸楚雄整頓本部兵馬，待機行事。[2]

這樣，孫可望盤踞的貴州同李定國、劉文秀輔佐下的永曆朝廷雖然在名義上都屬南明，卻已隱成敵國。八月間，李定國奏准將孫可望在雲南的妻妾、兒子送往貴陽，命秦王藩下總兵王麟護送。臨行前，定國親自在昆明城郊設宴送行。同月十二日，永曆帝由貢院移居秦王宮殿。

清初馮甦說過："予以辛丑（順治十八年）至滇。滇中人言：'可望善治國，定國能用兵。'使其同心協力，西南之功或未有艾，而乃彼此相攻，卒至摧敗。"[3] 這話雖有一定道理，但是要實現秦晉聯好，同心協力，關鍵在於孫可望必須交出實際大權，俯就臣節，這無疑是與虎謀皮。最高權力之爭，終於導致演出了一場南明內戰。

第四節　劉文秀領兵入川

永曆帝移居昆明以後，李定國、劉文秀仍然希望孫可望能夠以大局為重，摒棄前嫌，共圖興復。從劉文秀統兵北上四川可以證明

---

1 《安龍逸史》卷下。
2 《安龍逸史》卷下。
3 《滇緬錄》，見《長恩閣叢書》。

他們沒有料到孫可望為了恢復自己獨攬大權的地位會不惜動用武力大打內戰。劉文秀既受封為蜀王，立即着手部署恢復四川。 1656 年（永曆十年、順治十三年）春天，劉文秀派部將威寧伯高承恩統兵五千由雲南進入四川雅州（今雅安）。[1] 大約在同時，歸他調遣的另一支主力由征虜左將軍祁三升任總理全川軍務，會同援剿後將軍狄三品、平虜營總兵楊威、懷遠營總兵賀天雲、監理重慶屯田總兵鄭守豹等統率兵馬進至嘉定府（府治在樂山）。[2] 九月，劉文秀取道建昌（今四川西昌市）、黎州（在今四川漢源縣北）、雅州到達洪雅縣（屬嘉定府），在該縣境內的千秋坪建立帥府。在這裏劉文秀撰寫了《天生城碑記》，其中說："永曆十年，歲在丙申，聖天子厪宸慮，推轂命予秉鉞專征，剪桐蜀土，為根本之地。期於水陸分道，力恢陝、豫，略定中原。"[3] 可見，這次進軍四川是永曆朝廷移入雲南以後做出的一項重大的軍事部署。劉文秀領兵經營四川，有其特定的時代背景。永曆帝在李定國、劉文秀等人的擁戴下雖然基本上穩定了雲南地區的統治，貴州和湖南西部卻控制在孫可望手中，要打開局面只有兩種選擇，一是東出廣西、廣東，一是北上四川。東進兩廣，意味着由李定國統兵出征，這在當時滇、黔對峙的情況下，永曆君臣是不敢貿然行事的；剩下的一條路就只能是由蜀王劉文秀出馬經營四川了。撥歸劉文秀指揮入川的祁三升、狄三品、楊武都是南明著名的將領，[4]

1　李蕃《雅安追記》。

2　永曆十年丙申孟夏（四月）《重修凌雲寺記》，凌雲寺在四川樂山，碑記後列銜首為"口（蜀）王駕前親軍衛指揮口（同）知陳起龍序"，下即祁三升、狄三品諸將，請參閱鄭天挺《探微集》第四五九至四六〇頁。

3　光緒十年《洪雅縣續志》卷十《藝文補遺·蜀王睿製天生城碑記》。嘉慶五年《清溪縣志》卷一《建置志》載，順治十三年"九月，劉文秀復至蜀"。按，清溪縣為明代大渡河所、黎州所合併而成，今廢。

4　劉獻庭《廣陽雜記》卷一載，祁三升為延綏人，後降清任吳三桂總營總兵，"其兵為滇南諸營最"，連康熙帝也"頗聞三升勇"，讓冊封使者同他會見，以便回京講敘其人。楊武後來統兵在湖南西部同清朝經略洪承疇部對峙，孫可望叛投清方時幾乎被他所擒。

兵員有數萬當屬可信。然而，劉文秀開闢西南抗清第二戰場的行動能否成功，又要受到客觀條件很大的限制。首先，他入川後的駐節地不能離雲南太遠，以免孫可望一旦反戈內向，救援不及；其次，他率領大軍入川必須選擇社會生產破壞較小，基本上能夠就地解決糧餉的地區；第三，只有在立足已定，並且沒有後顧之憂的前提下，才能逐步向成都、重慶一帶推進，實現把四川經營為北攻保寧（閬中），東聯夔東十三家出戰湖北的戰略設想。後來的事實證明，孫可望心懷不軌，蓄意犯滇，迫使永曆朝廷召回劉文秀和他帶領的主力，經營四川收到的效果相當有限，從戰略上說是半途而廢。

劉文秀的經營四川從他在永曆十年（1656）春派出大批部隊到他在永曆十一年（1657）二月奉詔返回昆明，首尾不到一年；他自己親駐四川的時間還不到五個月。當時的四川人士對劉文秀這次出師沒有取得多大成果非議甚多，主要是不了解他面臨的困難。李蕃在《雅安追記》中寫道："秋九月，劉文秀由建、黎出雅州，至洪雅魚丘坪，修王城帥府，宮闕壯麗，勞民傷財。統兵數萬，不敢節成都，而來魚丘坪做帥府，使蜀中有司、紳士盡來朝賀，雖假藉永曆年號，仍是獻賊根苗，真鼠賊矣。數月而返。"[1]時人沈荀蔚記：

> （順治）十三年丙申秋，劉文秀引兵入川稱蜀王……帝制自為，官屬皆備。又以夾江縣之南安壩為己瑞，乃營而居之。十二月十五日復親至洪雅西南三十餘里之乾壩陽，花溪、雅河所匯

---

1 按，劉文秀之帥府地，李蕃寫作"魚丘坪"，乾隆四年《雅州府志》卷十《勘亂》記：順治十三年"九月，劉文秀復經蜀出雅州，至洪雅縣千邱坪駐紮數月，俄勒兵而返。"嘉慶十八年《洪雅縣志》卷二十三《藝文·國朝》收侯之鼎《時變紀略》載："壬辰（順治九年），又為文秀竊據，僭王號，都馬項岩，名曰天生城。丙申（順治十三年），我師廓清蜀土，文秀敗走還滇，步將高承恩逗留雅州，竊據巢穴，改名靖遠，割洪雅而轄之。"侯文誤將劉文秀兩次入川混為一談，劉文秀還滇，也不是為清兵所敗。

處，地雖狹而三面阻水，惟西南通黎、雅，呼為天生城。其捨嘉定而規此者，以川東不復有歸路，且恐可望襲之也。於此平邱壟，毀室廬，伐大木，燒綠瓦，建造宮殿及百司府署，各營畫地而居，均文秀相度之。後至明年二月，已為定國促歸，謀與可望決勝負。未幾，病死矣。是役也，費民間幾許膏汗，竟不得一見，可歎也。此地乃蔚丙戌（1646）以後寄跡之處，有數畝以供粥，至是悉為營地……以身受其害故悉其誕妄無才略云。[1]

　　歐陽直時在劉文秀營中辦事，自記：丙申"五月，論平蜀功升授禮部儀制司主事。""丁酉（順治十四年、永曆十一年，1657）隨蜀王奉調回滇。"又記："丙申，安西將軍李定國奉旨冊晉王，自安龍奉永曆帝駕入滇。撫南劉文秀迎駕，奉旨冊蜀王，領兵入蜀，駐洪雅之天生城。丁酉，孫可望稱兵，蜀王文秀奉旨回滇，留高將軍鎮上南。"[2] 就當時實際情況而言，成都平原雖沃野千里，但屢經戰亂後業已渺無人煙，社會生產幾乎完全停頓，重慶一帶也大致相似。在清軍控制下的川北保寧地區和明軍控制的川南、川東地區之間早已形成一片廣闊的無人區，解決不了糧餉問題，雙方都無法推進。順治十二年（1655）清四川左布政使莊應會在奏疏中寫道，"切川北一隅合計錢糧徵額每年止五千一百五十餘兩，各文官俸薪每年共該銀八千餘兩，一年賦額不足抵各官一年俸薪"[3]，官兵糧餉更是全靠陝西

1　沈荀蔚《蜀難敍略》。費密《荒書》所記大致相同，唯云文秀駐兵夾江縣之地名為"南安壩"。郭影秋先生《李定國紀年》第一四三頁記：1656 年"十二月，定國遣蜀王文秀略川南，即引《蜀難紀略》為據，其實沈氏原文明言劉文秀入川在是年秋，十二月十五日為至洪雅縣乾壩陽之時日。定國"遣"文秀語亦不妥。

2　歐陽直《歐陽氏遺書·自記·蜀亂》。

3　乾隆二十二年《廣元縣志》卷十三下，藝文，疏，疏尾有"順治十二年八月初囗日奉聖旨：該部議奏。"

輓運。正因為糧餉困難，順治九年吳三桂、李國翰部在保寧戰役中大敗劉文秀軍後不僅沒有乘勝南下，反而只留下四川巡撫李國英部留守保寧，全軍返回陝西漢中就糧。儘管當時清四川巡按郝浴就曾經主張收取成都平原墾荒屯田，以蜀糧養蜀兵，可是墾荒屯田除了需要足夠的兵力保障地方安定，還需要先投入大量糧食、種子和耕牛、農具做屯田之本。沒有這種兵力和財力無疑是畫餅充飢。南明劉文秀率軍入川面臨着同樣的問題，從他先派部將入川，自己又親到夾江、雅州一帶巡視，最後確定在洪雅縣千邱坪建立帥府，在這裏興建"宮殿"、營房，聯絡"蜀中有司、紳士"，目的是在四川殘存百姓中樹立永曆朝廷的威望，同時着手屯田發展生產（上引《重修淩雲寺記》列名將領有"監理重慶屯田總兵"，沈荀蔚說他的數畝田悉為"營地"都證明了這一點）。如果孫可望同永曆朝廷的關係趨於緩和，劉文秀經營四川的規模和成效必然更加可觀。清朝吳三桂、李國翰部軍隊是在孫可望降清以後，才在順治十五年（1658）由陝西漢中再度入川，會合李國英部南下。若不發生孫可望的叛變，劉文秀有將近三年的時間經營四川，他絕不可能株守雅州一隅，必然是北收成都、順慶（今南充），東下重慶與夔東十三家會合，西南戰局將是另一種情形。儘管他在永曆十一年（1657）二月就奉詔率領主力返回昆明，仍然留下了高承恩部鎮守四川雅州地區，成績是非常明顯的。李蕃記："丁酉（永曆十一年，1657）州守錢象坤。是時高承恩駐雅，兵馬聚集，幾無有司之政。田糧專上穀米豆草，不用民間錢糧，雖夫役徵繁，而井里飽暖，民忘其勞焉。"[1] 直到 1658 年（順治十五年、永曆十二年）清軍三路入滇時，四川雅州、建昌地區仍在永

1　李蕃《雅安追記》。

曆朝廷控制之下，這不僅說明劉文秀經營四川功不可沒，也表明在平定孫可望叛亂之後，李定國多少顯得心胸偏窄，以永曆帝名義把劉文秀從貴陽召回，川、黔、湖南西部經略無人，加速了全線的崩潰。

第五節　孫可望內犯和兵敗降清

　　儘管永曆帝和李定國為了使孫可望回心轉意做了不少工作，卻沒有收到任何效果。對於孫可望來說，"識迷途其未遠，覺今是而昨非"的可能性幾乎不存在。首先，在西南的南明軍隊中他的兵力最強，不僅貴州全省處於他的控制之下，在雲南留守的將領中也有不少效忠於他。其次，他以國主的名義總攬了永曆朝廷的政務，已習慣於君臨一切。何況，他思想深處還存在着一種自己本應位登九五的思想，因為他是張獻忠這位大西皇帝的當然繼承人，在 1647 年進入雲南後以四將軍之首得到獻忠御營提督王尚禮和艾能奇部將馮雙禮的支持登上了"盟主"的地位；聯明抗清後利用永曆帝的招牌收編南明殘兵潰將進一步提高了自己的聲望。在當了幾年實際的執政者之後，這時卻要交出權力，聽命於李定國、劉文秀擁戴的永曆皇帝，而且他自知由於過去的所作所為，永曆帝、李定國乃至於劉文秀對他都存在程度不同的隔閡。在反覆權衡得失之後，孫可望終於在一小撮親信的策劃下，決心訴諸武力，消滅昆明的異己勢力。諂附可望的文臣方於宣為他出謀劃策說："今皇上在滇，定國輔之，人心漸屬於彼。臣意請國主早正大號，封拜文武世爵，則人心自定矣。"[1] 孫可望果然在 1657 年（順治十四年、永曆十一年）二月，"封馬進忠嘉

---

1 《粵滇紀略》卷九。

定王、馮雙鯉興安王、張虎東昌侯，餘大封有差。"[1] 雖然他沒有先正 "大號"，但封王之舉已表明他鼓舞諸將打下昆明，為推翻永曆朝廷，自己正式登基做準備了。

在公開舉兵之前，雙方都做了集結兵力的部署。李定國舊屬龍驤營總兵祁三升駐紮在四川，孫可望為了抓到這支軍隊，令三升率部赴貴州遵義鎮守。李定國也下令調三升赴滇。祁三升對部將說："國主、西府，舊主義均。今西府尊永曆為民主，名正言順，我等亦有所依，當遵西府之調為正。"[2] 諸將都表示贊同，於是祁三升拒絕接受孫可望使者傳達的命令，率部向雲南進發。可望大怒，派兵追擊，三升且戰且走，輜重丟失殆盡，終於在 1656 年十月到達昆明。永曆帝深表嘉許，封其為咸寧伯。[3] 孫可望還派程萬里赴昆明，要求把秦王舊標人馬遣還貴州。永曆帝當即同意，提供夫役送出。

平心而論，永曆帝和李定國等人對孫可望做到了仁至義盡。孫可望的眷屬原住昆明，如果羈留作人質，孫可望不免有所顧忌。李定國以禮送往貴陽以後，孫可望沒有內顧之憂，悍然決定進兵雲南。當時他掌握的軍隊大約有二十萬人，李定國、劉文秀部下只有三四萬人，何況在雲南還有鎮守昆明的王尚禮、楚雄守將王自奇等人是孫可望的親信。孫可望認為穩操勝券了，他甚至命人 "預製扭鎖三百副，曰：破滇之日用以囚永曆並定國、文秀諸文武解黔耳。"[4]

1657 年（順治十四年、永曆十一年）八月初一日，孫可望在貴陽誓師，親自統率十四萬兵馬向雲南進發，以白文選為征逆招討大將

1　《天南紀事》。
2　屈大均《安龍逸史》卷下。
3　同前注。
4　《殘明紀事》。

軍，[1]由馮雙禮留鎮貴陽。八月十八日，孫可望兵渡盤江，滇中大震。李定國同劉文秀商議後，決定二人親統主力阻擊可望軍入滇。永曆帝下詔"特加晉王得專征伐，賜尚方劍，便宜行事，掛招討印；蜀王作副招討"[2]，負全權指揮之責。為防止王尚禮在昆明發動內變，除了把他部下的兵馬分撥各營隨同出征，還留下李定國中軍護衛靳統武會同黔國公沐天波暗中防範。在這以前，王自奇因醉後誤殺定國營將，擔心李定國興師問罪，在七月間即率所部渡瀾滄江西奔永昌府（今保山），由於地處僻遠，消息不靈，無法同可望配合行動。九月十五日，雙方軍隊相遇於雲南曲靖交水，分別距離十里下營。可望軍十餘萬人列營三十六座；定國、文秀軍約三萬人佈列三營，士卒見可望兵多勢眾，頗有懼色。十八日，孫可望召見張勝，說："爾可率領武大定、馬寶選鐵騎七千，連夜走小路至雲南（即昆明）城下暗襲之。城中有王尚禮、龔彝等為內應。爾一入城，則定國、文秀等知家口已失，不戰而走矣。"[3]

　　孫可望自以為計劃周全，萬無一失，卻沒有料到他的這次出兵討伐永曆帝和李定國、劉文秀師出無名，部下將領內心裏都不以為然。原大西軍系統的將領白文選等人與李定國、劉文秀長期同甘共苦，不願自相火併；而由南明軍隊改編的舊將馬進忠、馬惟興、馬寶[4]等人又心向永曆。於是，作為前線總指揮的白文選私下同馬惟興、馬寶約定陣前反戈，文選還以視察前線為名親自馳入定國、文秀營中通報消息，說："此時宜速出兵交戰，馬寶、馬惟興及諸要緊

1　《粵滇紀略》卷九，沈佳《存信編》，程瀚《孫可望犯闕敗逃本末》所記大抵相同。

2　《明末滇南紀略・稱兵犯闕》。

3　程瀚《孫可望犯闕敗逃本末》，見《明季南略》卷十四。

4　全祖望《鮚埼亭集》卷三十五《記馬惟興語》中說："馬惟興者，馬寶兄也。"

將領已俱有約，稍遲則事機必露，斷不可為矣。"定國、文秀對白文選的來意還存有戒心，猶豫不決。文選急切地說："若再遲，則我輩死無地矣。有一字誑皇上、負國家，當死萬箭之下，我當先赴陣前，汝等整兵速進。"說完，上馬飛馳而去。[1] 這就是三年以後彭而述路過該地時賦詩所云："道旁遺老為我說：是日東南風正急，秦軍大衂寶刀折。秦王帳下曹無傷，夜半曾將軍情泄。"[2] 奉命領軍偷襲昆明的馬寶也寫了密信差心腹人送入李定國營說："張勝等已領精兵七千往襲雲南，雲南若破，則事不可為。必須明日決戰，遲則無及矣。"[3]

　　孫可望與李定國、劉文秀原先約定二十一日會戰，他的意圖是推遲交鋒日期，使張勝、馬寶軍有更充裕的時間奔襲昆明。李定國听了白文選的意見，又在十八日晚上讀到馬寶的來信，當機立斷傳令各營次日出戰。十九日天還沒有亮，定國、文秀兵馬開營出戰；可望也揮軍迎敵，雙方交戰於交水三岔口。[4] 對陣之初，文秀驍將崇信伯李本高馬蹶被殺，前鋒失利。可望立於高阜觀戰，見已挫定國銳氣，即命諸營乘勝前進。白文選知道形勢危急，親率五千鐵騎衝入馬惟興營中，二軍聯合抄出可望陣後，連破數營，定國、文秀趁勢揮軍進擊，可望軍大亂，將士大呼："迎晉王！迎晉王！"[5] 十幾萬大軍頃刻瓦解。孫可望見形勢陡變，在少數兵馬保護下，倉皇東竄。

1　程瀚《孫可望犯闕敗逃本末》，見《明季南略》卷十四。按，該書記白文選於八月初四日拔營逃至曲靖，初六日單騎入昆明，恐誤。

2　彭而述《讀史亭詩集》卷八《四戰歌·交水》。曹無傷是西漢高祖劉邦軍中左司馬，密通項羽，見《史記》卷七《項羽本紀》。這裏借用來隱指白文選。

3　程瀚《孫可望犯闕敗逃本末》，見《明季南略》卷十四。

4　康熙四十二年《平彝縣志》卷二《沿革》記："九月，李定國、劉文秀逆戰可望於曲靖之三岔口，大敗之。"順治十七年至十八年彭而述由湖南入雲南，往返都經過該地，記云"三岔高阜乃孫、李戰場"，見《讀史亭文集》卷十，《記下》《一字孔至滇南日記》《出滇日記》。按，一字孔即亦資孔。

5　李天根《爛火錄》卷二十七。

過安順時，馬進忠不僅"閉門不納"，還派出一支軍隊追擊，"使疾走，無得集眾"[1]，孫可望匆忙逃往貴陽。

交水之戰結束後，李定國同劉文秀商量說："今張勝往襲雲南府（即昆明），王自奇又據永昌，我當回救；汝可同文選急追可望，必擒之而後已。"[2]二人分工後，李定國即率師回援。張勝、馬寶、武大定所統七千精騎取小路經五日夜急行軍已進抵昆明城下，馬寶唯恐城內疏於防備，故意沿途焚燒房屋，使偷襲變成了明攻。城內王尚禮等聽說可望之兵已近，正準備上城接應，卻被永曆帝召入宮內，由沐天波、靳統武率親軍看守，動彈不得。這時，交水大捷的露布已星馳送到昆明，永曆帝命人把捷報大張於金馬、碧雞坊下，安定民心。張勝帶兵至昆明城下準備攻城，忽然看見李定國、劉文秀報捷露布，知道可望大軍已敗，原先約好充當內應的王尚禮又音息全無，城上防守嚴密，被迫退軍，在地名渾水塘處碰上李定國回援之師，張勝欲奪路而逃，揮軍死戰，定國軍因交水大戰之後急救根本，路遠兵疲，幾有不支之勢。馬寶為扭轉戰局，在張勝陣後連放大炮，擁兵殺來，與定國軍前後夾攻。張勝大吃一驚，說："馬寶亦反矣！"收拾殘兵敗卒突陣而逃。第二天，過沾益州，駐守該地的總兵李承爵原係他的部將，率兵來迎。張勝喘息方定，正向李承爵敘說戰敗原因，忽然左右衝出數人，出其不意把張勝擒縛。張勝斥責李承爵道："汝為部將，何敢叛我？"李承爵回答道："汝敢叛天子，吾何有於汝乎！"張勝被解至昆明處斬。[3]

1　胡欽華《天南逸史》。

2　程瀚《孫可望犯闕敗逃本末》，見《明季南略》卷十四。

3　程瀚《孫可望犯闕敗逃本末》。

九月下旬，孫可望奔回貴陽[1]，命留守大將馮雙禮帶兵把守威清要路，並同他約定，如果劉文秀追兵到來即連放三聲號炮報信。馮雙禮已經知道孫可望兵敗如山倒，出師時貔貅十萬，返回貴陽只剩隨從十五六騎，因此他決定改弦易轍，不僅不幫助孫可望穩定貴州局勢，反而在劉文秀追兵尚未到達之時就下令連放三炮。孫可望聽見號炮，以為追兵已到，連忙帶着妻兒和隨從出城東奔。一路上經過新添衛、偏橋、鎮遠、平溪、沅州，"各守將俱閉營不納"[2]，"所至城門晝閉，呼之再三，僅垂大筥盛壺飡飼可望；且有不應者。"[3]曾經不可一世的"國主"孫可望眾叛親離，成了喪家之犬。在走投無路的情況下，孫可望決定投降清朝。他對寥寥可數的隨從人員說："今為李定國辱孤至此，孤不惜此數莖頭毛，行當投清師以報不世之仇耳。"[4]行至湖南靖州，其中書舍人吳逢聖任靖州道，率所部迎接。可望曰："一路人心俱變，惟有投清朝可免。"於是遣楊惺先、鄭國先往寶慶（今邵陽）向清方接洽投降。三日後，白文選所統追兵迫近，可望乃與吳逢聖、程萬里等連夜奔至武岡界上，又遭到南明鎮守武岡總兵楊武截殺，幾乎脫不了身。

九月三十日，孫可望派人火急送往清湖南當局一封信，說："李定國、劉文秀等大逆不道，荼毒生靈。可望興師問罪，反為所誘。乞代奏大清皇帝陛下，發鐵騎一萬，願獻滇、黔、蜀以歸一統，更報不世之仇。"[5]清湖廣巡撫張長庚接信後向朝廷報告："大逆孫可望

---

1 道光《貴陽府志》卷二《大事紀中》。按，程瀚記孫可望逃回貴陽為十月初一日，恐有誤，因為九月三十日孫可望已經派人赴清接洽投降，見下文。

2 程瀚《孫可望犯闕敗逃本末》。

3 《天南紀事》。

4 《殘明紀事》。

5 第一檔案館藏《順治朝揭帖》，叛逆類，第四十六號。

虎踞滇、黔，鴟張區宇，年來費餉勤師，用張征討。今天殄窮兇，自
戕潰敗，俯乞皈化，是不勞撻伐而南疆邊土共戴皇上如天之福矣。"[1]
清湖廣當局得知孫可望處境危急，為了撈到這張王牌，派湖廣中路
總兵李茹春、左路總兵王平帶領軍隊接應，擊退楊武所統攔截之兵，
孫可望和妻、子、隨從人員才得以在寶慶府南面花橋地方進入清方
管轄區，十一月十五日到達寶慶。同一天，孫可望派人送信給清五
省經略洪承疇，再次表示："自行開誠，願附大清朝，獻滇、黔、蜀
之土地，歲納貢賦，祈職（洪承疇揭帖中自稱）轉奏大清皇帝陛下，
請兵報仇，以復滇雲，擒渠獲醜，蕩平叛逆，歸版章於一統。"[2]據洪
承疇報告，孫可望"所帶偽官丁、婦女共約四百餘名口，騎馬亦約
四百餘匹。"[3]

　　孫可望一手挑起的南明內訌和兵敗降清，對清廷來說無疑是喜
從天降。在這以前，洪承疇受命經略五省總督軍務，始終局促於湖
南、廣西境內，毫無進展。彭而述記載洪承疇治兵長沙，"以四鎮駐
常（德），兩鎮駐寶（慶），一鎮駐永（州），一鎮駐祁（陽），線伯（原
定南王孔有德藩下提督線國安）駐粵西，數千里內四年之間棋置星
佈，皆重鎮。轉漕吳、越，歲費百萬緡。"[4]順治十四年十月洪承疇
在束手無策的情況下，已經請准解任，回京調理。十月二十九日他
在離任前的一件奏疏中說："職經略無能，寸土未拓"[5]，充滿了頹喪情

1　第一檔案館藏《順治朝揭帖》，叛逆類，第四十六號。
2　順治十四年十一月十八日經略五省洪承疇"為恭報招接雲貴偽王率眾投誠仰懇上懷事"揭帖，見《明清
　檔案》第三十一冊，A31-96號；同件又見《明清史料》甲編，第六本，第五七九至五八○頁。
3　同前注。又，《清世祖實錄》卷十三記偏沅巡撫袁廓宇奏報，隨同孫可望降清的有將校一百二十餘名，
　兵丁家口五百餘名，另有內官二十二名。
4　彭而述《讀史亭文集》卷十五《孫渠歸順紀略》。
5　《明清檔案》第三十一冊，A31-76號。

緒。不到半個月，他得到了"雲貴逆賊自亂"的情報，興奮不已，在十一月十二日轉報清廷。同月十五日接到孫可望派人送來的信後，當即上疏說："既有此情由，即係重大機宜，時刻難以遲誤，職不敢以奉旨解任回京調理致誤軍機。"[1] 他再也不提年老失明，抖擻精神要為清廷金甌一統效犬馬之勞了。十二月初五日，順治帝諭兵部："經略輔臣洪承疇前已奉旨准解任回京調理。近聞病已痊瘉，仍著留原任，親統所屬將士，同寧南靖寇大將軍固山額真宗室羅託等，由湖廣前進，相機平定貴州。"[2] 十一月十七日，洪承疇親自同固山額真六十等人率領三起滿漢兵馬從長沙前往湘鄉縣，同月二十五日孫可望在清將李茹春、王平護送下自寶慶起行，二十八日到達湘鄉，同洪承疇等見面。孫可望以投奔之臣，自然歌頌了一番清朝的功德，胡說甚麼："雲貴遠在天末，聲教未通，十餘年來非敢抗拒王師，實欲待時歸命，近益喧傳皇上文德綏懷，特恩招撫遐方人心深切向慕，且滿洲大兵精強，威聲赫濯，自順治十年岔路口一戰殺傷滇黔兵眾甚多，十二年出犯常德又折兵萬餘。……"[3] 洪承疇也"開誠優禮，款待盡情"。彭而述還記載了兩人相見的情景：洪承疇對孫可望"仍待以王禮。可望自稱孤，命記室作降表。"但他說："人或傳明系未絕，可望接永曆為帝，以臣自處身。及可望出，乃知可望自為，而不關永曆也。"[4] 實際上洪承疇的情報比彭而述要靈通得多，他早已知道孫可望是永曆朝廷的實際執政者，對這樣一位重要人物的來歸自然不

---

1 《明清檔案》第三十一冊，A31-96 號。

2 《清世祖實錄》卷一一三，參見順治十四年十二月二十六日經略洪承疇密揭帖，見《明清史料》甲編，第六本，第五八四頁。

3 順治十四年十二月初六日經略洪承疇揭帖，見《明清檔案》第三十一冊，A31-119 頁；同件又見《明清史料》甲編，第六本，第五八二至五八三頁。

4 彭而述《讀史亭文集》卷十五《孫渠歸順紀略》。

敢怠慢。在給清廷的奏疏中，他藉孫可望之口說："數年之內，湖南以守為戰，無隙可乘，以致雲貴內變自生，人心解體。""連年湖南、廣西以守為戰，節節嚴密，遂致內變，而決計奔投。"把自己一個月前說的"經略無能，寸土未拓"粉飾成"以守為戰"，導致南明實權人物來降的主要原因。十二月初三日，孫可望隨洪承疇到達長沙。[1] 洪承疇在奏疏中說："今偽王、偽官、偽丁並眷屬人口齊到長沙之日，文武臣工兵民士庶無不喜色相告，共慶太平有日，計滇黔負固之眾行見聞風來歸，以成大一統之盛。"[2]

清廷對於孫可望的來歸極為重視，這年十二月，特旨封孫可望為義王。[3] 為了體現賞不逾時，清廷派內翰林弘文院學士麻勒吉為正使，禮部尚書兼內翰林秘書院學士胡兆龍、禮部右侍郎祁徹白為副使齎冊、印，專程前往湖南行冊封禮。順治十五年二月二十日在長沙舉行典禮，二十八日孫可望即應詔赴京陛見[4]。五月初二日，孫可望在麻勒吉等伴送下到達北京。清廷命和碩簡親王濟度、和碩安親王岳樂帶領公、侯、伯、梅勒章京、侍郎等大批高官顯爵出城迎接，場面相當隆重。明遺民方文當時正在北京，目睹其事，賦詩寄慨云："南海降王款北庭，路人爭擁看其形。紫貂白馬蒼顏者，曾攬中原是殺星。"[5] 次日，順治皇帝親自在太和殿接見孫可望。十天之內，皇帝賜宴多達三次，賜銀兩次共一萬二千兩，此外賜府第、賜蟒袍、朝衣、緞匹等，孫可望成了清廷上紅極一時的人物。這裏做一點對比

1　見上引順治十四年十二月初六日洪承疇揭帖。

2　上引《明清檔案》第三十一冊，A31-119 號。

3　《清世祖實錄》卷一一七。

4　順治十五年二月二十四日經略五省大學士洪承疇"為欽遣錫封大臣已到長沙謹報上聞事"密揭帖，見《明清史料》甲編，第六本，第五八九頁。

5　方文《嵞山續集·北遊草》。

也許更能加深了解清勝明敗的原因之一。1649 年孫可望統率數十萬貔貅之眾，以雲南全省之地自願歸附風雨飄搖中的永曆朝廷，南明君臣在封一字王上備極刁難；而清廷對僅率數百人狼狽來歸的孫可望卻毫不猶豫地加封王爵。不能不看到清廷的度量和眼光比永曆朝廷高明得多。

　　孫可望受到清廷特殊的恩遇，靠的是出賣雲貴川抗清事業。他剛剛逃到湖南寶慶就給清廷遞上了"願取三省上獻，以大一統之盛事"的奏疏，疏中避而不提張獻忠開創的大西軍事業，說甚麼"望以關西布衣，適丁明季喪亡之際，不自甘於轅下，遂稱藩於滇黔楚蜀之間"，把自己打扮成逐鹿中原的英雄，他儼然以"國主"自居，把大西軍稱為"望兵"，西南抗清基地為"望土"，恬不知恥地把同係張獻忠義子和大將的李定國、劉文秀說成是自己"恩拔"起來的人物，又把李定國等人反對他專橫跋扈、帝制自為的措施說成"以奴叛主"。接着，他要求清廷發兵，"則滇黔蜀地願盡入於皇上之版圖，兵馬將士願咸奉皇上之軍旅。"[1] 到湘鄉、長沙同洪承疇見面時，又如洪承疇奏疏所說："偽王孫可望另有開列雲貴形勢機宜，職方在查詢，再具密疏，恭請宸衷裁斷。"[2] 他還同清經略洪承疇會同各提督、總兵進行圖上作業，"繪圖講究，有同聚米為山，明如指掌。"[3] 為了取悅清廷，孫可望不僅提供了永曆朝廷軍事機密等各方面的情況，獻上了"滇黔地圖"[4]，還為清軍進攻提供了一批熟悉地形的向導。1658 年（順治十五年）初，洪承疇遵照清廷諭旨會同孫可望"於投誠各官內查有

1　順治十四年十一月《秦王孫可望揭帖》，見《明清史料》丙編，第二本，第一七六頁。
2　《明清檔案》第三十一冊，A31-119 號。
3　順治十五年二月初二日經略洪承疇揭帖，見《明清史料》甲編，第六本，第五八六頁。
4　沈佳《存信編》卷五。王夫之《永曆實錄》卷十四《李定國列傳》也記載："可望之降也，因洪承疇請兵取雲貴，盡圖山川迂曲及諸將情形、兵食多寡獻之。"

熟諳湖南、廣西、四川、雲貴地利官十九員”，將其中四員派赴羅託軍中，其餘十員留在洪承疇“軍前不時應用”[1]。孫可望到達北京朝見清帝後，又上疏奏言：“大兵征滇，臣報效之日。滇南形勢，臣所熟悉。或偕諸將進討，或隨大臣招撫諸境，庶少效奉國初心。”清帝命王、大臣商議，結果“以大兵分三路趨雲南，指日奏功，無事可望再往。”[2] 儘管清廷出於種種考慮沒有讓孫可望親赴前線，但還是充分利用了他過去在大西軍和永曆朝廷中的特殊地位，加強了政治攻勢。王夫之記載，當清軍三路進兵時，“可望又遣人齎手書招諸將帥，言已受王封，視親王，恩寵無比。諸將降者皆得予厚爵，非他降將比。惟定國一人不赦。”[3] 這以後，永曆政權在軍事上的節節敗退，不少原大西軍系統的將領倒戈投降，孫可望的現身說法無疑起了很大的誘惑作用。清軍在進兵途中，也充分利用了孫可望過去的地位和影響，劉坊在《哀龍江》詩序中說：“戊戌（順治十五年）冬，清師距遮炎河，謬道路者曰：可望師至矣！我兵聞風皆睋而失色，或寤者曰：國主至矣！至矣！相率驚竄。”[4] 李定國支持的永曆朝廷的覆亡固然有多種原因，但清廷利用孫可望原來的地位和關係竭力進行瓦解，無疑加速了這一過程。

從順治十五年（1658）起，清軍向西南的進兵是頗為順利的，這裏面自然也包含了孫可望的一份“功勞”。然而，孫可望本人的地位卻隨着永曆朝廷的衰微逐漸走向沒落，曾經紅極一時的義王越來越感到自己的日子不大好過了，這種變化是通過一些似微實顯的跡象

---

1 順治十五年二月初九日“經略洪承疇揭帖”，見《明清史料》丙編，第二本，第一八〇頁。

2 《清史列傳》卷七十九《孫可望傳》。

3 王夫之《永曆實錄》卷十四《李定國列傳》。

4 《永昌府文徵》，詩，卷十。

體現出來的。順治十五年，孫可望意外地同自幼失散的弟弟孫可升相會了。明末戰亂以來，兄弟二人天各一方，孫可升在幾經飄零之後，先混跡於明朝行伍，後來又成了清軍的一名士兵。這年七月，孫可升從駐地松江府上海縣來到北京，兄弟久別重逢自是驚喜交集。孫可望向朝廷奏報了"聚合之奇緣"，奉旨同住。可是，孫可升的家屬奴婢十餘口還在上海，搬來北京籌措路費不易。於是，孫可望請求皇帝"敕部給予勘合"，利用政府的驛傳實現全家團聚。[1] 在孫可望看來這不過小事一樁，所以在疏中寫道"想此項恩膏朝廷亦所不靳"。出乎他意料的是這麼一件小事卻引來一場軒然大波。順治皇帝批交兵部議奏，左都御史魏裔介立即參上一本，首先抨擊孫可望"始以張獻忠養子荼毒蜀楚，神人共憤。繼而稱兵犯順，逆我顏行。迨眾叛親離，計無復之，然後率數百疲敝之卒，亡命來歸"，本不是有"何功何德"受封王爵。接着藉題發揮道："臣觀其見之疏章者屢可駭異，即如出師命將出自朝廷，可望甫來歸順，便請從征。若可望文足經邦，武能戡亂，何至坐見敗辱，鼠竄奔投，可謂不自揣量，冒昧無知。繼則請動內帑，為彼經營。臣聞天子穆穆，端拱垂裳，豈有借財與人，亦豈有人臣借財於天子之事？昨者聚合之奇緣一疏復為伊弟請給勘合，夫勘合之給為朝廷緊急公事及官員來往而設，非庶人下賤可以冒濫也。今可望之弟可升不過一食糧兵丁耳，未授一命之官，搬取家眷則應自備腳力，未聞牧圉小人而可以乘堅策良，逍遙皇華之驛者也。臣聞高爵厚祿惟有德者宜居之，今可望悖禮背義，越分干名，其罪有三。臣忝列憲長，豈敢畏避不言。伏祈皇上大奮乾斷，嚴加處分，以肅名分而正紀綱，則冒濫清而臣子咸知敬共之義

1　順治十五年十一月十三日《義王孫可望奏本》，原件藏中國第一歷史檔案館。

矣。"[1]魏裔介的劾疏處處流露出對孫可望的輕蔑,給了他當頭一棒。孫可望在"伏罪陳情仰籲天鑒"疏中說:"昨聞憲臣有特糾陳請之非,祈正悖謬之罪一疏,本藩汗流浹背,寢食不安,方知前事之非,憲臣之言不謬矣。"[2]

順治十六年(1659)閏三月,有人揭發孫可望放債取利等事。順治皇帝雖然明知這種事情在滿洲八旗中本是習以為常的現象[3],卻不願放過這個機會進一步貶損孫可望的政治地位。他派內閣學士馬邇吉來到孫可望的住宅宣讀諭旨,先訓斥一番,然後宣佈寬假其罪。孫可望於驚懼之餘,連忙上奏本解釋自己放債的經過:"前蒙皇上賞給銀兩,臣恐花費,借與天津衛民鄧時增銀一千兩,有文約可據。緣臣初到京城,其人之賢愚,臣不得知。"接着向順治皇帝搖尾乞憐,陳述自己"鬱積之苦衷並所以招尤招謗之原"。他說:"臣於明季失身行伍,浪跡疆場,各處人民遷徙逃亡不無失所,此怨臣者有之;今臣叨膺寵眷,無寸功可紀,一旦錫以王爵,此忌臣者有之。再可慮者臣下文官如吳逢聖、武官劉天秀等百有餘員蒙皇上格外加恩,官爵太重。每見出入朝班,諸人睨目而視,臣知朝廷有逾分之典,眾心騰沸之端也。然怨忌既積於心,詬害自生於外,謗議之事,久知不免。"[4]

---

1 魏裔介《特糾陳請之非疏》,見《皇清名臣奏議匯編》初集卷十一。魏裔介疏中所説孫可望向順治皇帝借錢事,未見詳細記載,但《明清檔案》第三十二冊,A32-130 號為順治十五年八月二十八日義王孫可望揭帖殘件,其可見部分為本月十八日"仰懇皇恩一疏,冒陳天聽,緣本藩備沐深恩,渥養如子……故一時昏昧,未及熟思。自入告之後,本藩即清夜思維,惶悚無地,自覺細瑣之事,口口妄瀆天聽。今以小故而擅干上听,冒昧之罪,自知難逭。……"此必為孫可望上疏"借錢"後即遭物議,自請寬宥而上。

2 順治十六年二月十二日"義王孫可望揭帖",原件藏第一檔案館。

3 參見談遷《北遊錄》,紀聞,《營債》條。順治五年十一月清廷明諭:"勢豪舉放私債,重利剝民,實屬違禁。以後止許照律每兩三分行利,即至十年不過照本算利。有例外多索者,依律治罪。"見《清世祖實錄》卷四十一。可知放債取利是有律可循的。

4 《義王孫可望密奏本》,見《明清史料》丙編,第十本,第九六七頁。

此後，孫可望的處境益發難堪了，正如古語所說"神龍失勢，與蚯蚓同"。順治十七年（1660）六月，他被迫上疏請求辭去義王封爵和冊印。這時，南明永曆皇帝雖然已經逃入緬甸，西南大勢已定，但以李定國為首的明軍殘部仍在邊境地區堅持鬥爭。清廷認為把孫可望虛有其名的義王封號撤掉並不明智，因此，順治皇帝特地發佈了一件措辭大有講究的聖旨："王自南方孑身投誠，朕心嘉尚，特錫王封。乃舉國臣工，意懷輕忽，容或有之。王以孤蹤疑畏，控辭冊印，理亦宜然。但封爵出自朕裁，孰敢陵侮？雖係孤蹤，不必疑畏，冊印著仍祗受。"[1]

就在這年的十一月二十日，孫可望死了。官方的說法是病死，真相如何頗有疑義。清初史家就說孫可望是"隨出獵被射死"[2]；或者說"封為義王，尋被酖"[3]。康熙八年，清廷派刑部尚書明珠等前往福建，會同靖南王耿繼茂、總督祖澤沛合議招撫據守台灣的鄭經。鄭經回信中不無諷刺地說："貴朝寬仁無比，遠者不問，以所聞見之事如方國安、孫可望，豈非竭誠貴朝者，今皆安在？往事可鑒，足為寒心。"[4]可見，孫可望之死並非善終，在當時一定流傳得很廣。

孫可望死後，清廷賜諡恪順，"祭葬加隆"[5]；同時命其子孫徵淇襲封義王。幾個月後孫徵淇病死，弟徵淳承襲。順治十八年（1661），吳三桂等領兵進入緬甸，永曆帝被俘回昆明縊殺。次年，康熙改元，

---

1 《清世祖實錄》卷一三六。

2 《行在陽秋》卷下。王源魯《小腆紀敘》卷下《孫李構難》亦記："可望既封為義王，後從出獵，斃於流矢。"

3 林時對《荷牐叢談》卷四《端溪滇桂十六載紀元延統》。按，林氏記"可望亦降於三桂"，有誤。

4 江日昇《台灣外紀》卷十五。

5 按，《清聖祖實錄》卷二記順治十八年五月庚午（二十二日）"賜故義王孫可望諡恪順"，據是年四月十九日所立之"諡恪順義王碑文"可知實錄繫時有誤。

李定國也病歿於邊境。孫可望家族已經沒有多大利用價值了，清廷的“恩典”也就逐步降格。康熙七年（1668）朝廷下令將義王孫徵淳的年俸由五千兩減為三千兩。十一年，孫徵淳病死，其弟徵灝請求襲封。御史孟熊飛上疏說孫可望“前有重大之罪，後無纖微之勞。我國家格外殊恩，授以義王顯爵，及伊身死，已襲替二次。……請將孫可望王爵停其襲替，或減等降封。”經議政王、大臣會議，降封為慕義公。[1] 孫徵灝死後，其子宏相再降襲一等輕車都尉。乾隆三十六年（1771）六月，清廷終於決定：“孫可望子孫所有世職，嗣後不必承襲。”[2] 從此，孫可望家族在政治舞台上消失了最後的痕跡。[3]

第六節　孫可望叛降後的永曆政局

　　孫可望的叛變，是南明政權內部又一次大動蕩。孫可望投降清朝固然對永曆朝廷造成一些不利影響，但是，交水之戰和隨後的掃除親孫勢力，以大西軍為主體的雲、貴、川和湖廣、廣西的南明軍隊並沒多大損失。平定內亂後，以昆明和貴陽為中心的兩個隱隱相對的實力集團得到了統一，這未嘗不是好事。如果李定國能夠同劉文秀等齊心協力，以永曆帝為號召，聯絡鄭成功、夔東十三家等各種復明力量，抗清形勢必尚可觀。

1　《清聖祖實錄》卷三十九。

2　《清高宗實錄》卷八八六，參見《清史列傳》卷七十九《孫可望傳》。

3　孫可望，陝西延長縣人。順治十二年八月《經略洪承疇密揭帖》中報告因擒獲了孫可望派往延長家鄉探望親人的使者，清陝西四川總督金礪接兵部咨文後立即派遣員役赴延長縣將孫可望親友十六名口解赴西安、北京，意在相機招撫或挾制孫可望。乾隆二十七年《延長縣志》卷九《宦績》記孫可望為該縣“李城里人”；同書卷八《封蔭》記載了孫可望的父親孫選“以子義王貴，追封義王”；子孫徵淇、徵淳襲封義王等。由於孫可望降清封王，《清史列傳》和《清史稿》依據檔案記載他是延長人，本不誤。林毓輝為《清代人物傳稿》撰《孫可望傳》卻輕信不可靠的野史記載，說他是“陝西米脂人”（見中華書局1986年版，上編，第三卷，第三四六頁），疏於考證。

然而，李定國在處理善後事宜上，多少有些偏頗。1658 年（永曆十二年、順治十五年）正月，大封剿逆各勳鎮，白文選由鞏國公晉封鞏昌王，馬進忠由鄂國公晉封漢陽王，馮雙禮由興國侯晉封慶陽王，馬寶由安定伯晉封淮國公，馬惟興由興山伯晉封敘國公，靳統武由平陽伯晉封平陽侯，祁三升由咸寧伯晉封咸寧侯，高文貴由廣昌伯晉封廣昌侯，其餘有功鎮將也分別升賞。[1] 狄三品、王會、張光翠等人"以黨附可望"的罪名降爵。駐守楚雄、永昌一帶的王自奇、張明志、關有才曾經接受孫可望的密令，準備東犯昆明。孫可望敗竄後，李定國本可以用朝廷名義對他們赦罪招撫，但他計不出此，親自率軍進攻迤西，"陣擒關有才，降張明志，自奇走騰越，窮蹙自刎。定國回省，適劉文秀獲張虎於水西，檻送省城，同關有才磔於市。"[2] 在大敵當前之際，以內訌中的"功罪"大申賞罰，對於爭取和團結內部，儘量減少損失，無疑是欠妥的。

　　李定國的失策更重要的是表現在同劉文秀的關係上。就歷史淵源而言，李定國和劉文秀在原大西軍中都享有很高的威信，聯明抗清後兩人既不像孫可望那樣心懷野心，又多次獨當一面，指揮重大戰役，在迎接永曆入滇和平定孫可望叛亂等問題上都做出了貢獻。自然，劉文秀的戰功遠不及李定國，但在當時穩定南明局勢上，晉、蜀二王同為朝野所關注，合則兼美，離則兩傷。可惜，李定國缺乏博大胸襟，未能對劉文秀推心置腹共度時艱。交水之戰後，李定國留在雲南，劉文秀領兵追拿孫可望，實際上負有穩定貴州以及與清方接境地區的任務。他雖然未能擒獲孫可望，但安撫地方和軍隊的

---

1 《殘明紀事》。
2 《雲南備徵志》卷十七，倪蛻《雲南事略》。

工作做得相當出色。到永曆十一年（順治十四年）十月間，劉文秀見貴州形勢已經穩定，而同清方相持的明軍仍據守着四川大部和湖廣武岡一線，就上疏奏請永曆帝移駐貴陽，這樣不僅可以體現進取精神，也便於就近指揮，振作士氣。永曆帝同意了這一建議，命禮部擇吉日起行。十一月，李定國在進討盤踞永昌（今雲南保山）的王自奇時，得知永曆帝同意劉文秀遷都貴陽的建議後，大為不滿，"駐兵永昌，上疏告病，請卸兵事。"[1] 永曆帝拗不過李定國，"璽書慰勞，召回，遲延三月始赴闕。"[2] 永曆十二年正月元旦，"李定國請盡撤川楚守邊各鎮將回雲南。遂罷幸黔之議。"[3] 這是李、劉之間裂痕的第一次明顯暴露。從當時形勢來說，劉文秀的建議基本上是正確的，李定國反對移蹕貴陽如果是考慮到永曆帝秉性怯弱，距敵越遠越好，加上移蹕之時必然增加沿途各地百姓的負擔，主張留駐昆明自有可取之處。但是，他的上疏告病和要挾永曆帝撤回川楚守邊諸將顯然是針對蜀王劉文秀的。因為他的親信部隊主要集中在雲南，而劉文秀安撫了貴州、四川、湖廣的軍隊，定國不免有所顧忌，擔心移蹕貴陽之後，劉文秀的地位將凌駕於自己之上。這年三月，李定國又建議永曆帝召回劉文秀，不能不說是很大的失策。清廷正利用南明內訌，孫可望來降的時機調兵遣將準備大舉進攻，李定國卻心存芥蒂，把劉文秀和處於一線的將領調回大後方昆明，嚴重地削弱了前方指揮部署。這說明李定國在平定孫可望叛亂以後，對抗清大局缺乏全面考慮，注意力過多地放在鞏固自己在永曆朝廷中的地位上面。廷臣金簡等上疏進諫道："內患雖除，外憂方棘，伺我者方雁行頓

1　沈佳《存信編》卷五。

2　沈佳《存信編》卷五。

3　沈佳《存信編》卷五。

刃，待兩虎之一斃一傷以奮其勇；而我酣歌於漏舟，熟睡於積薪之上，能旦夕否乎？二王老於兵事者也，胡亦泄泄如是。"[1] 這裏說的二王是指晉王李定國和蜀王劉文秀。劉文秀對局勢的危險有清醒的估計，他在追逐孫可望的過程中，注意收集孫可望部下兵將，多達三萬餘人，加以改編訓練，打算用於守衛同清軍接境地區。他的豁達大度收到的效果非常明顯，孫可望雖然叛變了，但跟着投降清朝的不過幾百人，而且沒有一個重要將領。這說明原先尊奉"國主"的大批將士在關鍵時刻是識大體的，不應心存畛域，加以歧視和打擊。可是，李定國卻缺乏廣闊的胸懷，採取了一些歧視原屬孫可望部下將士的錯誤做法，比如"以收獲孫可望之兵名曰秦兵，滇省舊兵名曰晉兵"，"由是孫可望之兵心懶矣"。[2] 甚至連在迎接永曆帝入滇和粉碎孫可望叛亂中做出了重大貢獻的劉文秀也受到冷遇。據記載，劉文秀追趕孫可望至貴州後，由於可望事先逃走，劉文秀就留在貴州從事善後事宜，重點是穩定內部，防止清軍乘釁進犯。事情剛有頭緒，李定國卻向永曆帝建議召回劉文秀。見面之後，永曆帝本應慰勞一番，卻一開口就質問孫可望是怎樣逃脫的。劉文秀回奏："彼時殺敗孫可望之際，不料他走小路。臣帶多兵只從大路追去。及至盤江細問，把橋兵云：不曾從此過。始知走小路奔逃，只得仍從大路追下，且可望僅馬上不滿百人，隨處有馬即換，他不說大敗之故，誰不應承？連夜前去。臣只一日一站追，故追不及。臣到貴州，馮雙禮云已去四日矣。即再發兵追之，已莫可及，可望故此得脫。"永曆

1 鄧凱《求野錄》。
2 《明末滇南紀略》卷八《蜀王旋滇》。

帝沉默了很久才說道："若捉不住，原日也不宜追他。今追之不獲，反激之投他處，恐滇南之禍不遠矣。"[1]朱由榔這一番話簡直是語無倫次，難道在交水之戰後讓孫可望返回貴陽重整兵馬就可以充當雲南的屏障嗎？劉文秀穩定貴州、四川、湖廣一帶功勞很大，李定國和永曆帝把他和主要將領召回昆明，使劉文秀的善後工作未能有效進行已是重大失誤，對劉文秀的亂加指責更使他心灰意懶。劉文秀的被召回，意味着被解除兵權，朝廷在晉、蜀二王之間已明顯地倚重李定國，一些目光短淺的舉措又使劉文秀深為不滿。他內心非常苦悶，甚至私下對人說："退狼進虎，晉王必敗國。"[2]把李定國比作孫可望第二，失之偏激，但他對李定國大權獨攬和處事不當表示反感大體上是正確的。這以後他日趨消極，"凡大朝日始上朝一走，常朝日俱不去"，"將一切兵馬事務悉交護衛陳建料理，亦不出府。"[3]不久發病臥牀不起，永曆帝和李定國都曾去探望，再三寬慰，派醫調治。但心病無藥醫，四月二十五日劉文秀病卒[4]。臨終前，劉文秀上遺表云："北兵日逼，國勢日危，請入蜀以就十三家之兵。臣有窖金一十六萬，可以充餉。臣之妻子族屬皆當執鞭弭以從王事。然後出營陝、洛，庶幾轉敗為功。此臣區區之心，死而猶視者也。"[5]劉文秀在病危之時對國家大事仍縈繞於心，所提建議都是從大局出發，不

1　《明末滇南紀事》卷八《蜀王旋滇》。

2　《求野錄》。

3　《明末滇南紀略》卷八《蜀王旋滇》。

4　據《求野錄》。《南疆逸史》卷五十二《李定國劉文秀傳》；《殘明紀事》；倪蛻《滇雲歷年傳》卷十均繫於四月。《明末滇南紀略》卷八《蜀王旋滇》云"於是歲六月薨"，誤。

5　倪蛻《滇雲歷年傳》卷十。《殘明紀事》《安龍逸史》所錄遺表文字較簡。鄧凱《求野錄》記文秀遺表文字有異，云："我死，國事可預知。臣精兵三萬人皆在黎雅建越之間，嘗窖金二十萬，臣將郝承裔知之。臣死之後，若有倉猝，臣妻操盤匜以待，臣子御駕靮以備驅御。請駕倖蜀，以十三家之兵出營陝、洛，庶幾轉敗為功也。"

僅不贊成歧視原大西軍部分兵將，還主張應該同以原大順軍為主體的夔東十三家兵馬緊密團結，共赴國難。言外之意是對李定國執掌朝廷大權後在用人行政上的失誤提出了批評。[1]

---

1 關於劉文秀上遺表事，還有另一種記載，四川樂至縣舉人鄒簡臣在永曆朝廷任通政司右通政、贊理蜀王軍務。"戊戌（永曆十二年、順治十五年）春，還行在，蜀王疾篤，表奏十二事，頗言內閣馬吉翔之奸，勸上收大權，用正人。尋卒。定國、吉翔皆知為公筆，心銜之。"見道光《樂至縣志》卷十四，人物，宿士敏《鄒公易齋傳》。

第二十八章

清軍大舉進攻西南及永曆朝廷的播遷

第一節　清軍三路進攻貴州、雲南

　　孫可望的發動叛亂和兵敗降清，在清廷看來無疑是天賜良機，可以利用南明的內訌，一舉蕩平黔、滇，實現統一大業了。1657年（順治十四年、永曆十一年）十二月十五日，清廷正式下達三路進軍西南的詔諭：一、任命平西王吳三桂為平西大將軍，與固山額真、墨勒根侍衛李國翰率領所部，由陝西漢中南下四川，進攻貴州；二、任命原定駐防江寧的固山額真趙布泰為征南將軍，統兵南下湖南，由經略洪承疇撥給部分漢兵，取道廣西會同定藩下提督線國安部，北攻貴州；三、任命固山額真宗室羅託為寧南靖寇大將軍，同固山額真濟席哈等統兵前往湖南，會合洪承疇節制的漢兵一道由湖南進攻貴州。[1]

　　1658年（順治十五年）正月初九日，清廷又任命信郡王多尼為安遠靖寇大將軍，同平郡王羅可鐸，貝勒尚善、杜蘭，固山額真伊爾德、阿爾津、巴思漢、卓羅等帶領大批八旗兵南下，"專取雲南"，

1　《清世祖實錄》卷一一三。同書卷一一二記是年十月間命趙布泰駐防江寧。參見《明清史料》甲編，第六本，第五八六至五八八頁經略洪承疇揭帖。

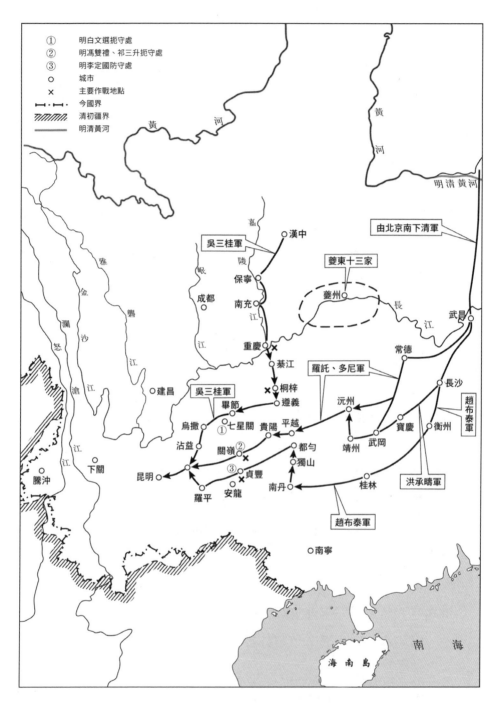

1658—1659 年清軍三路進攻黔滇圖

敕諭中明確規定"如貴州三路大兵有料理未盡者亦並加綏定"[1]，這意味着賦予多尼以節制三路清軍的指揮權。多尼的任命雖距三路進軍的詔諭不到一個月，但實際上清廷的意圖是要看進攻貴州是否順利，再決定多尼率軍南下攻取雲南的日期。

由於李定國在平定孫可望叛亂後，舉措不當，不僅沒有及時部署針對清方必然乘釁發起的攻勢，反而為了"整頓"內部把久經戰陣的領兵大員調回昆明，從而嚴重削弱了同清方接境地區的防禦力量。在這種情況下，清軍的三路進攻貴州進展得極為順利。現分述如下：

羅託率軍於二月間到達湖南常德後，即會同經略洪承疇部左標提督李本深、右標提督張勇等部官兵一萬六千名進佔辰州，另由偏沅巡撫袁廓宇領總兵李茹春、王平、南一魁、陳德等部官兵一萬一千名由寶慶進佔武岡、新寧、城步、綏寧。這月下旬到三月間，羅託、洪承疇指揮的清軍已經佔領湖南沅州（今芷江）、靖州，[2] 長期在湘西同清方相持的明軍全線潰敗。清軍乘勝追擊，佔領貴州鎮遠、黃平、平越；四月，佔領省會貴陽，[3] 南明安順巡撫冷孟鈺兵敗而死。[4]

同年二月，平西王吳三桂、固山額真李國翰由陝西漢中統兵南下四川。三月初四日到達保寧，初七日起經南部縣、西充縣向南推進，十四日到達合州，一路上人煙斷絕，"枳棘叢生，箐林密佈，雖鄉導莫知所從。惟描蹤伐木，伐一程木，進一程兵。"吳三桂的記室

1　《清世祖實錄》卷一一四。阿爾津不久病死，見同書卷一一七。

2　順治十五年二月初九日經略洪承疇揭帖，見《明清史料》丙編，第二本，第一七九頁。

3　康熙三十一年《貴州通志》卷五《大事紀》；道光三十年《貴陽府志》卷二《大事記中》；康熙六十一年《思州府志》卷七《事變志·事紀》；參見《清世祖實錄》卷一一八。

4　康熙三十一年《貴州通志》卷五《大事紀》。

（文案幕客）馬玉賦詩云："空山惟有啼鵑淚，剩屋曾無乳燕巢"，還自認"未足狀荒涼萬一"。[1] 南明鎮守重慶總兵杜子香棄城而逃，吳三桂部於四月初三日佔領重慶。當時川東、川西還駐有不少南明軍隊，吳三桂和李國翰為了遵守清廷諭旨會攻貴州，於十三日率領主力渡過長江向南推進，為防止後路被切斷，留下永寧總兵嚴自明和新設的重夔總兵程廷俊（原廣元副將）鎮守該城[2]。吳三桂、李國翰軍取道四川綦江縣於二十五日進至貴州桐梓縣境的三坡、紅（虹）關、石台關，[3] 這一帶山高路窄，"上則摩於九天，下則墜於重淵，人皆覆溜，馬皆釘掌，節節陡險，一夫可守。"明將劉鎮國帶領兵員和大象扼險以守，被吳三桂軍擊敗。[4] 三十日，清軍佔領遵義，明將郭李愛等率部卒五千餘名投降。[5] 五月初三日，吳軍繼續南下，經息烽、扎佐到達貴陽，同寧南靖寇大將軍羅託會師。十一日回師息烽，在開州（今

---

1 馬玉《征行紀略》，計六奇摘編入《明季南略》，中華書局排印本卷十五。馬玉所記吳三桂軍至保寧和自保寧啟行日期與順治十五年三月十二日四川巡撫高民瞻揭帖、同月十五日四川巡按陳洪柱揭帖（二件均藏第一檔案館）完全一致。《清世祖實錄》卷一一六記順治十五年四月初十日吳三桂、李國翰奏報："官兵敗賊於合州，斬獲甚多。"據隨軍的馬玉所見，合州"儼同鬼域，蓋彼此所不到也"。只是南明重慶總兵杜子香派"輕舟"溯嘉陵江到合州江口偵探清軍消息，並沒有戰鬥。

2 馬玉《征行紀略》。劉健《庭聞錄》卷三記"三月初四日至合州"，誤。

3 《庭聞錄》卷三。《清世祖實錄》卷一一八記："賊首李定國、劉文秀遣偽將軍劉正國等率賊眾、象隻在三坡、紅關等處據險設伏以拒我兵。"郭影秋《李定國紀年》第一五八頁說："《播雅》云：三坡有二 一為桐梓北六十里，一在酉陽。此處當指後者。"判斷失誤。吳三桂軍正是由重慶、綦江、桐梓南下遵義的。諸書所記以馬玉《征行紀略》最為準確，他說吳軍"歷東溪、安穩、松坎、新站、夜郎"，前兩地屬綦江，後三地屬桐梓。《清世祖實錄》卷一二〇記：順治十五年八月吳三桂奏疏中有"臣兵至桐梓"語。清方文書內提及的三坡、紅關、石台關均在桐梓縣境。民國十八年《桐梓縣志》卷十四《軍事中》云："順治十五年六月（當為四月）……蜀師至三坡，桐梓兵民悉潰。劉鎮國拒戰，大敗。"同書卷六《輿地志中·山脈》記："山坡，古稱上天梯，言其險也"，距縣城六十里。"山坡"即三坡，同書卷二十趙旭、李銘詩均有《三坡》詩，述其"險峻處名上天梯"，又名滴淚三坡，為歷來兩軍相爭要地。"紅關"當作"虹關"，虹關又名酒店坺，即今桐梓縣地名"酒店"，在縣北一百五十里，"前連綦江界，升之若登九天，下之若降九淵。"石台關疑為石炭關之訛，桐梓縣有兩處名石炭關，一在東北，一"在西八十里，下有大石橫江，謂之關門石，為遵（義）、桐（梓）、仁（懷）三縣交界處"，見同書卷七《輿地志下·關津》，今名石關。

4 馬玉《征行紀略》。

5 劉健《庭聞錄》卷三。

貴州開陽）倒流水擊敗明總兵楊武部。[1] 不久，吳三桂返駐遵義，一面休養兵馬，一面招降南明官員，先後來歸的有水西宣慰司安坤、酉陽宣慰司冉奇鑣、藺州宣慰司奢保受、興寧伯王興及部下七千餘人。[2]

趙布泰軍於二月初一日自武昌出發[3]，二十日到達湖南衡州。洪承疇撥給經略標下左路總兵張國柱部兵三千名，於三月初五日赴廣西[4]，會合定藩下提督線國安部兵八千餘名，取道南丹州、那地州（在今廣西南丹縣西南），北上進入貴州境，經豐寧司（今貴州獨山縣上司鎮），於五月間攻佔獨山、都勻。[5]

到 1658 年（順治十五年）五月，清方三路大軍已經實現了會師貴州的戰略目標，佔領了包括貴陽在內的全省大部分地方。永曆朝廷雖然發動了局部的反攻，如給土司羅大順加官都督，讓他領兵於五月間收復清平（在今凱里、福泉之間）、新添衛（今貴定縣）[6]，命張先璧部於八月間兩次反攻貴陽[7]，都因兵力單薄，很快被清軍擊退。

這年九月，多尼帶領的增援大軍由湖南進入貴州。十月初五日，在平越州東南的楊老堡召開會議，洪承疇由貴陽，吳三桂由遵義，

---

1 道光三十年《貴陽府志》卷二《大事紀中》；《征行紀略》。《庭聞錄》卷三與《清世祖實錄》卷一一八均作在開州擊敗明總兵梁亦英部。按，《庭聞錄》卷三引吳三桂順治十七年九月十五日奏疏曰"楊武原守倒水，經臣擊敗，至滇只領殘兵二百"，降清後"不勝暴戾"云云，可證梁亦英之名為誤記。

2 參見《清世祖實錄》卷一二〇、《征行紀略》及《庭聞錄》卷三。明興寧伯王興與廣東文村的繡花針王興同名，降清原因三書記載稍有差異。

3 順治十五年二月初九日經略洪承疇揭帖，見《明清史料》丙編，第二本，第一八〇頁。

4 順治十五年三月十三日偏沅巡撫袁廓宇揭帖，見《清代檔案史料叢編》第六輯，第三〇三頁。

5 《清世祖實錄》卷一一八，豐寧司誤寫作"撫寧州"。

6 道光《貴陽府志》記，羅大順於五月間"陷清平、新添。七月，洪承疇命張勇擊羅大順於新添，大順棄城走。"光緒《平越直隸州志》卷八《紀事》云："七月，故明桂王都督羅大順夜焚新添衛城，經略右標總兵張勇赴剿，大順遁入十萬溪。"

7 道光《貴陽府志》卷二《大事紀中》。一些史籍記載張先璧在順治九年保寧戰役後被孫可望杖斃，兩說必有一誤，待考。

趙布泰由都勻趕來參加。會議決定分兵三路大舉進攻黔西、雲南。除了留下羅託和洪承疇帶領部分軍隊暫住貴陽，鎮守新定地方，料理糧餉外，中路由多尼統率由貴陽進攻安順、安莊衛（今鎮寧縣）、關嶺、普安入滇；北路由吳三桂率領（李國翰已於七月間病死[1]）攻畢節、七星關入滇；南路由趙布泰統率本部及線國安、張國柱軍，並增派固山額真濟席哈部一道由都勻西攻安龍、黃草壩入滇。[2]"十一月，信郡王至貴陽，後數日遂發；吳三桂、卓布泰亦於是日率甲士各五萬行"[3]，從十四日起開始了針對雲南的大舉進攻。[4]

清軍由湖廣、四川、廣西三路進攻，南明軍隊節節敗退。長期同清方相持的湘西、四川、廣西防線迅速瓦解，連孫可望掌權時期已經成為後方基地的貴州省也大部分被清軍佔領。南明西南戰局出現這樣全面的惡化，李定國的舉措失當是主要原因。清軍的進軍順利並不是在兵力上佔了絕對優勢，只要把 1658 年（順治十五年）同 1652 年（順治九年）清廷向西南戰場投入的兵力做一個對比，至少可以看出以下幾點：一、清方動用的兵員並沒有很大的增加，1652 年清方參戰的軍隊有由敬謹親王尼堪統率的滿洲八旗精銳進至湖南；吳三桂、李國翰部由陝西漢中推進到四川南部；廣西則有定南王孔有德藩下的軍隊。到 1658 年清廷抽調的軍隊和用兵方向基本沒有多大變化。至於統兵將領，奉命由湖南攻貴州的羅託不過是位三等鎮

---

1 《清世祖實錄》卷一二〇記：順治十五年七月二十八日"固山額真侯李國翰卒"。馬玉《征行紀略》亦云：七月"二十八日。定西將軍墨侯以病卒於遵義。"

2 楊老堡會議見《八旗通志》卷一四一《趙布泰傳》，原文說，多尼、吳三桂、趙布泰"會於平越府之楊老堡，議分兵進取雲南，多尼自桂（貴）陽入，三桂自遵義入，趙布泰自都勻入，訂以十二月會師雲南省城。"洪承疇在順治十五年十二月十六日揭帖中說：他"自貴州省城赴楊羅（當即楊老堡）迎王師會議，十月初七日回至平越府。"見《清代農民戰爭史資料選編》第一冊上，第三四四頁。

3 道光《貴陽府志》卷二《大事記中》。

4 順治十五年十二月十五日經略洪承疇揭帖，見《清代檔案史料叢編》第六輯，第二二〇頁。

國將軍、固山額真；被任命為全軍統帥的多尼（信郡王）是豫親王多鐸的兒子（襲封時十四歲，這時出任安遠靖寇大將軍也只有二十三歲），幾乎從來沒有經過戰陣，這同 1652 年領兵大帥尼堪、多羅貝勒屯齊相比，無論在品級上還是在作戰經驗上都不可同日而語。二、1652 年明軍主帥孫可望、李定國、劉文秀都親臨前線，作戰勝算多於敗算；清軍在四川保寧戰役和湖南周家鋪戰役（又名岔路口戰役）雖僥倖得勝，但由於損兵折將不敢輕舉妄動，戰局長期呈現對峙狀態。三、1658 年清軍三路迅速推進時，南明軍隊不僅沒有捕捉戰機，主動迎擊，而且處處呈現消極避戰，清方的奏疏表明，直到三路主力從湖南、四川、廣西直趨貴州，佔領省會貴陽時，都沒有遇到稍具規模的抵抗。這就說明，南明戰局的全面惡化同李定國的失誤有密切關係：如上文指出，他不應出於猜忌把前線大將調回昆明；清軍三路進軍貴州的實際行動開始於二月二十五日，李定國到七月才從昆明統軍入黔迎戰，貽誤戰機長達半年；與此相關的是，在總體上南明兵力已處於劣勢的時候，要打破清軍合剿，只有趁三路清軍相距尚遠之機，集中兵力擊潰其中一路，方可贏得戰略上的主動地位。馬玉說："夫前此數月，三桂駐遵義，征南將軍趙布太駐獨山州，信郡王在武陵（湖南常德），惟寧南靖寇大將軍駐貴州。當大眾未合之際，定國觀望逡巡。及楊老堡訂期進兵，刻日飲馬昆明，定國始秉鉞而出，事機已失矣。"[1] 他作為當事人看到了明軍失敗的原因，但他說的"事機"已是順治十五年五月以後，這時多尼的增援八旗兵雖未入黔，但吳三桂駐遵義，羅託駐貴陽，趙布泰駐獨山、都勻，已經實現會師，扭轉戰局為時已晚。

---

1 《征行紀略》。

清軍大舉入黔，敗訊不斷傳到昆明。永曆朝廷經過緊張的策劃後，才在七月間決定由晉王李定國秉黃鉞出師。[1] 從清方檔案來看，九月到十月間，李定國的部署是首先收復省會貴陽。他自己駐於關嶺，馮雙禮、白文選的軍隊集中於安順一帶，前鋒祁三升、李如碧帶領兵馬三十餘營進抵平壩，距離貴陽已經不遠了。此外，他還以永曆朝廷的名義加封羅大順為龍平伯，派他領兵再攻新添；另派使者聯絡原駐四川酉陽宣慰司的寧國公王友進、荊國公王光興領兵由思南府攻湄潭，藉以多方牽制清軍。[2] 然而，這時貴陽及其附近地區集結的滿、漢清軍已經相當強盛，除羅託部八旗兵坐鎮貴陽外，原歸經略洪承疇節制的經略標下漢軍基本上都屯紮在黔東地區。李定國數路包抄貴陽的計劃無從實現。接着，多尼指揮三路進兵的消息傳來，李定國就完全陷入了被動防禦的境地。他命馮雙禮領兵扼守關嶺，祁三升部駐於雞公背，互相呼應，憑險阻擊清多尼部主力[3]；命李成爵部駐於涼水井（在今貞豐縣境）[4]，張先璧部駐於黃草壩（今貴州興義縣），阻擊趙布泰部清軍；命白文選領兵駐守畢節的戰略要地七星關[5]，阻擊吳三桂部清軍。另派竇名望率部增援劉鎮國，加強安莊衛的防禦力量[6]；給羅大順提供糧餉，讓他由水西騷擾清軍後方。李定國親自統率部分軍隊駐於北盤江西面的雙河口，統籌全局。

---

1 《求野錄》。

2 見上引順治十五年十二月十六日洪承疇揭帖。

3 據宣統元年《貴州全省地輿圖說·永寧州》記："雞公背山，城東四十里，與關索嶺對峙。"按，明代在關索嶺置守禦千戶所，"領有雞背堡"，雞背堡即雞公背，見民國三十五年《鎮寧縣志》卷一《地理》。

4 李成爵在《安順府志》等書中寫作"李成蛟"。涼水井在清方檔案及依據檔案修成的《清世祖實錄》中誤譯為"梁瑞津"。

5 羅英《鄉征記》，收入光緒五年《畢節縣志》卷十《藝文志·記》。

6 見上引《安順府志》。

十一月，清信郡王多尼指揮的主力進攻安莊衛（今鎮寧縣），明軍迎戰失利，劉鎮國在城北響水橋陣亡，安莊衛失守。[1] 多尼部清軍乘勝進攻關嶺。馮雙禮為了集中兵力，率部由關嶺移駐雞公背，與祁三升合營。可是，數以萬計的軍隊齊集於雞公背山頂，糧草的運輸成了難題，士兵飢不得食。當清軍發動進攻時，明軍士兵棄險不守，自行撤退。馮雙禮、祁三升見軍心不穩，也只好隨軍撤退。吳三桂所統清軍進抵畢節，見七星關形勢險峻，易守難攻，就在向導指引下於十二月初二日由小路繞過險要，直插天生橋（今威寧縣北天橋）。白文選被迫放棄七星關，率部由烏撒府（今貴州威寧縣）退入雲南。趙布泰帶領的滿漢清軍進至北盤江羅炎渡口，明軍沉船扼險而守。投降的土知府岑繼魯向清方獻策，於夜間撈取沉船從下流十里處偷渡過江。[2] 天亮後，扼守渡口的明軍發現清軍業已過江，倉皇撤退。清軍在涼水井擊敗李成爵所部萬人[3]，又在雙河口、魯溝[4] 連敗李定國軍。李定國眼看三路堵擊均告失利，特別是北線吳三桂軍已經越過七星關，南線趙布泰軍已佔領安龍、貞豐、黃草壩（今興義縣），不僅無法阻止清軍入滇，自己統率的軍隊也面臨腹背受敵的危險。於是，他下令放火燒毀北盤江上的鐵索橋[5]，由馮雙禮斷後，全軍

1　民國《鎮寧縣志》卷一《前事志》，卷二《營建志·橋樑》記，擊敗劉鎮國軍的是多尼部將白爾赫圖布葉錫；響水橋後來改名為化龍橋。

2　據宣統元年貴州調查局印行的《貴州全省地輿圖說》，羅炎在貞豐州境內，有鎮、遞舖，為北盤江渡口之一。

3　咸豐《安順府志》卷三十一《信郡王傳》中說"卓布泰亦斬李成爵於羅炎河"。《八旗通志》卷一四一《趙布泰傳》僅云擊敗"偽伯李成爵"於梁瑞津（涼水井）。

4　據民國《興仁縣補志》卷首興仁縣略圖，魯溝在安龍縣北面，宣統《貴州全省地輿圖說》標於興義縣北；1986 年版《貴州省地圖集》第八十一頁，涼水井、魯貢均在今貞豐縣境內，魯貢當即魯溝。在清方文書如《八旗通志》卷一四一《趙布泰傳》，卷二二二《邁圖傳》中寫作"魯噶"；卷二二三《布爾哈傳》寫作"蘆噶"；卷二二四《庫尼雅傳》《尹塔錫傳》《簡泰傳》則寫作"魯岡"；《清世祖實錄》卷一二三更寫作"陸格"。

5　鐵索橋在永寧州之西、普安州安南縣之東，是由黔"入滇要道"，見咸豐《安順府志》卷四十六李肇基《盤江考》、卷四十七卞三元《重修盤江鐵索橋碑記》。

撤回雲南。清信郡王多尼等見鐵索橋已毀，命令軍士砍伐竹木，編成排筏渡過盤江，在松嶺擊敗馮雙禮部，貴州全省遂落入清軍之手。十二月下旬，吳三桂軍由烏撒府（今貴州威寧）涉可渡河進入雲南，經沾益州（今宣威縣）、交水（今沾益縣）至羅平，與多尼、趙布泰會合，迅速向昆明推進。[1]

　　明軍全線潰敗，李定國下令放棄貴州的時候，已經估計到清軍必然乘勝向雲南推進，明軍不可能保住昆明。十二月初九日他派使者向永曆帝報告清軍勢大難敵，奏請"上當移蹕以避清人之鋒"[2]。永曆朝廷自建立之始，有如一葉扁舟隨風漂泊。移駐安龍時雖然比較穩定，但實際上是處於孫可望的挾制之下，苟且偷生。直到1656年（永曆十年）移居昆明以後才過上比較安定的日子，朝廷各衙門開始恢復正常工作秩序。雲南百姓從1647—1648年大西軍平定全省後，生活穩定安樂。然而，好景不長，前方兵敗的消息傳來，立即在朝野上下引起巨大震動。

　　李定國建議移蹕，在朝諸臣對於放棄昆明以後朝廷移往何處有不同意見，一部分人主張遷往四川，另一部分人則主張向西逃竄。翰林院講官劉菼聽四川、貴州人士說："方今蜀中全盛，勛鎮如雲，而鞏昌王全師遵義，若幸蜀圖興，萬全之策也"[3]，就向永曆帝面奏："今滇雲四面皆夷，車駕若幸外國，文武軍吏必無一人肯從者。就使奔馳得脫，而羽毛既失，坐斃瘴鄉矣。惟建昌連年豐稔，糧草山積。

1　咸豐《安順府志》卷三十一《名宦·信郡王傳》記三路清軍會於羅平。馬玉《征行紀略》云：吳三桂領軍"出交水大道，晤信郡王、征南將軍於板橋。"板橋在羅平縣東偏北。康熙三十年《雲南通志》卷三《沿革大事考》記：順治十五年"十二月，我師三路會於曲靖"；康熙三十五年《雲南府志》卷五《沿革》，康熙四十四年《平彝縣志》卷二《沿革》所記相同。按，曲靖與羅平接境，三路大軍會合於這一地區應屬情理當中，但三將會面地點當以馬玉所記板橋為準。

2　劉菼《狩緬紀事》。

3　劉菼《狩緬紀事》。按，當時鞏昌王白文選已經退入雲南，但在四川的南明軍隊確實為數尚多。

若假道象嶺，直入嘉定，養銳以須，即或兵勢猖逼嘉陽，戰船、商船一刻可刷數千艘，順流重慶，直抵夔關，十三勛聞聖駕至，必夾江上迎。乘此威靈，下搗荊襄之虛，如唾手爾！"[1] 朱由榔認為這一方案很好，讓劉茞依據地圖指明移蹕途徑，又派錦衣衛官丁調鼎去徵求李定國的意見，定國也贊成這個方案。十二月十三日，李定國回到昆明，在召對時建議："此時移蹕建昌，必經武定。但武定荒涼，必走賓州一路[2]，庶幾糧草為便。"永曆帝和晉王既已決定移蜀，當即傳旨命戶部尚書龔彝、工部尚書王應龍備辦糧草，派廣昌侯高文貴護駕，預定於十五日啟程。然而，另一部分朝臣卻出於種種考慮反對移蹕四川。據劉茞的記載，十二月十三日晚上文安侯馬吉翔同其弟馬雄飛、女婿楊在秘密商議移蹕事。吉翔首先說道："上為蜀人所惑，堅移蹕蜀中。若移蹕蜀中，則文安之必來迎駕，此老非扶（指扶綱）、雷（指雷躍龍）之比，我安能不避賢路乎？老身若退，則衣缽又安能及賢婿乎？且入蜀，則程源等必據要津，我等內無金少宰（指金維新）之助，外無晉王之援，倘安龍附孫逆之事發，我等舉家無噍類，而賢婿亦罣礙矣。"說着掉下眼淚來，楊在默然無語。馬雄飛認為哥哥說得有理，事關全家前途性命，當即拍案而起道："事已至此，莫若於今晚會金少宰，具道其墳墓親屬皆在滇中，安可去蜀？即翔、飛等交結已久，何肯遠去？莫若苦勸晉王堅走永昌，事不可為，則幸緬國；若可為，返滇更易。若晉王猶豫，則說以蜀中勛鎮林立，今殿下新敗之餘，遠則袁（宗第）、郝（永忠）諸勛之穴，能保諸勛听節制乎？恢復荊襄，能保上不再封郝永忠等數親王，以與殿下並立乎？則晉王必聽之矣。"馬

1　劉茞《狩緬紀事》。

2　按，賓州在廣西；賓川州在雲南，屬大理府。《狩緬紀事》所記必為賓川州，傳抄時脫落一字。

吉翔當天晚上就去同金維新商量如何說服李定國改變主意。金維新是雲南人 [1]，長期擔任李定國的幕僚，備受親信。他本來就不願意朝廷從自己的家鄉遷走，又同鎮守四川建昌總兵王偏頭為爭奪一位美女鬧過糾紛，擔心轉入建昌後將遭到王偏頭的報復。因此，他也同意馬吉翔等人的密議，對李定國施加影響。 [2]

十二月十五日，永曆帝率領文武百官離開昆明，同日到達安寧。臨行之前，李定國傳諭百姓："本藩在滇多年，與爾人民情均父子。今國事顛危，朝廷移蹕，勢難同爾等偕行。恐清兵一至，殺掠淫污，猝難逃避，爾等宜乘本藩未行時，各速遠遁，毋致自誤。" [3] 昆明百姓知道大禍臨頭，城內城外哭聲鼎沸，不少人扶老攜幼隨軍向西逃難。李定國同白文選商量準備在朝廷和軍民撤退以後把昆明一帶的倉庫儲存糧食燒毀，以免資敵。永曆帝卻以"恐清師至此無糧，徒苦我百姓"為理由，傳出旨意不要燒毀。 [4] 這種婦人之仁在軍事上顯然是失策的，貴州地瘠民貧，清軍沿途籌糧已極為困難；明軍在主動放棄昆

1　金維新原為李定國記室。郭影秋《李定國紀年》第一三八頁云："近人李根源《曲石詩錄》謂'金公趾，名維新'，不知何據。"按，《求野錄》記："督理晉王李定國之軍事者為金維新，秩左都御史"。屈大均《安龍逸史》卷下記永曆十一年二月"以金維新為吏部侍郎"。劉健《庭聞錄》卷三記：李定國"為人勇敢剛直，目不知書。有昆明金公趾者知其可動，取世俗所傳《三國志演義》時為之誦說，定國樂聞之。已遂明斥可望為董卓、曹操，而期定國以諸葛武侯。定國大感悟。"《行在陽秋》記：撤離昆明時"晉府中書金公社，雲南人，極言入蜀不利"。可見金公趾即金公趾。徐弘祖在《徐霞客遊記》卷十一內記載他在崇禎十一年遊滇時曾經在昆明會見金公趾，"金公趾名初麟，字頗肖董宗伯（其昌），風流公子也。……公趾昔好客，某奏劾錢士晉軍門，名在疏中，黜其青衿焉"。金公趾既擅長書法，好交遊，在明季又被革去生員，大西軍入滇後充當李定國記室極為可能。

2　屈大均《安龍逸史》卷下記："時清師三路會于曲靖。朝議猶莫知適從。有陳建者，舉蜀王遺表請入蜀。馬吉翔恐蜀將奪其權，力沮之。沐天波請走迤西，地近緬甸，急則退守阿瓦、太公諸城，緩則據大理兩關，猶不失為蒙段。上可其議。"這段話說明包括沐天波在內的雲南人士大抵是主張西遷的。

3　《安龍逸史》卷下。

4　《明末滇南紀略》卷八《西走緬甸》記："晉王於十二月十六日回到省城，與鞏昌王等議，欲燒倉廒朝堂府署，惟留一空城。晉王云：我等到雲南十餘年，也作踐百姓勾了，若不留下倉糧，深為民累。於是不燒倉廒官黨，騰城而去。"《安龍逸史》卷下云："時秋糧已徵貯，定國諭各營不得毀其倉廪，恐清師至此無糧，徒苦我百姓。或曰：上諭晉王，令勿燒毀也。"看來最後一種說法比較可信，但李定國同意當係事實。

明等雲南迤東地區時如果按計劃實行堅壁清野，清方大軍雲集，糧芻匱乏，即便勉強立足，也難以乘勝直追。這點在清朝檔案中也可以得到印證。順治十六年九月二十一日經略洪承疇在一份奏疏裏談到入滇清軍糧草"千萬艱難"時說："所賴王師駐省城，征南將軍大兵駐宜良，俱有得獲賊遺糧米。職前三月內到雲南，蒙信郡王令職同固山額真臣宜爾德、卓羅等委戶部章京同提督張勇、總兵馬鷂子及府、廳各官僱覓民夫將省城內外倉米稻穀雜糧逐加盤量實數，派滿漢兵丁看守，听戶部章京按月支給；其宜良縣米穀並委守、巡二道盤查，听征南將軍委戶部章京支給。所以二路大兵得支至今九月方完，不待用銀買運，計節省銀數甚多。"[1]可見，留在昆明、宜良的糧食竟供應了入滇清軍半年以上的食用，結果是養肥了敵軍，拖垮了自己。

從各種史籍留下的跡象來看，南明永曆朝廷的放棄昆明很難說是一次有組織的撤退。考慮到清軍是在永曆帝離開昆明之後半個多月才進入該城，永曆朝廷完全有時間召集文武大臣仔細研究戰守機宜。可是，事實卻表明朱由榔撤離昆明時就已經陷入一片混亂之中。清朝末年在昆明五華山出土了永曆皇帝的玉璽"敕命之寶"。這顆玉璽被砸成兩半扔下，說明朱由榔等撤離時的慌亂匆迫。[2]放棄昆明以後，

---

1 《明清史料》甲編，第五本，第四五九頁，經略洪承疇"為雲貴兵餉中斷，十分緊急"事揭帖。另外，順治十五年十二月十五日洪承疇揭帖中對"貴州米穀甚難"，不足以供應駐貴州清軍糧草的情況有詳細報告；順治十六年十一月初八日四川巡撫高民瞻報告四川"千里荒煙"，"一切糧餉俱從秦省略陽運發入川"（均見《清代檔案史料叢編》第六輯）。這都證明了清朝重兵入滇後，如果不是得到明方留下的大批糧食，極難立足，更談不上追擊。

2 永曆"敕命之寶"現藏雲南省博物館為，為暗綠色玉製，中斷為二，雖經黏合，仍稍有殘缺。這個玉璽曾有人懷疑為吳三桂偽周時期所造，經前輩學者核對永曆敕命文書所鈐印文，"尺度字形，不差毫黍"，證明是永曆遺物，見方國瑜《雲南史料目錄概說》，中華書局 1984 年版，第三冊，第一二四二頁。按，永曆在位時間較長，所造不同用途的國璽應當有多種。方國瑜先生述及此"敕命之寶"時附帶提到朱由榔流落緬甸後，囊空若洗，群臣索俸，憤而將黃金製成之"皇帝之寶"鑿碎分給（方先生誤書為"皇帝之寶玉璽"，實為金製）。估計當時未必沒有玉製國璽，只是玉璽砸碎不值錢罷了。現存永曆三年五月永曆朝廷頒給左都御史袁彭年誥命絹本原件，上鈐"製敕之寶"，永曆國璽可考者至少有三種。

慶陽王馮雙禮、廣平伯陳建、武功伯王會、延安王（艾能奇）長子艾承業率部向四川建昌轉移。[1] 二十日，朱由榔等從楚雄出發，二十四日到達趙州。這時清兵已逼近交水，李定國在二十一日領兵撤出昆明。金維新把自己同馬吉翔商妥的意見向定國報告，李定國果然改變了主意，決策向滇西撤退，派行營兵部侍郎龔應禎趕到趙州，請永曆帝前往永昌。就全國形勢而言，南明已日趨衰微，永曆朝廷無論是向滇西邊遠地區撤退，還是輾轉進入四川，都很難扭轉危局。可以探討的只是兩個問題，一是西撤同北上入川兩個方案中哪一個較為可取，另一點是應有統一部署。當時擁明抗清勢力除永曆帝、李定國等直接控制的雲南、川西軍隊外，川東鄂西有夔東十三家，福建沿海有鄭成功、張煌言等部。清軍對湘西、貴州、廣西、四川大舉進攻以前，這三股勢力就存在相當隔閡，其中據守滇、黔、湘、桂的明軍不僅是主力，而且奉為"共主"的永曆帝也駐於這一帶。隨着湘西、桂西和貴州的失守，清軍進入雲南，永曆朝廷和李定國所統主力向西撤入人口稀少、生產不發達的滇西南，兵、餉來源極為有限，同夔東、閩海抗清武裝聲息難通；放棄昆明一帶轉入四川，雖然將處於清方包圍之中，但存在發展機會。特別是放棄昆明以後，李定國護衛永曆帝西撤，馮雙禮、陳建、王會、艾承業率部北入四川，這種分道揚鑣之勢反映了晉王李定國和蜀王劉文秀舊部之間的齟齬公開化。劉文秀同李定國不大一樣，在孫可望掌權時期他沒有多少嫡系部隊，幾次出征所統率的主力都是由孫可望撥給的；孫可望降清後，他安撫的軍隊基本上是孫可望舊部。李定國推行歧視政策，把兵將分為"晉兵"（舊兵）、"秦兵"（新兵），劉文秀實際上被看成是"秦兵"

1　劉茞《狩緬紀事》。

的代表人物。劉文秀失勢後鬱鬱病死,他的部將對李定國更加不滿。史料的欠缺使後來的研究者難以說清其中的周折,但是,有一個重要事實是值得注意的,即孫可望掌權時明、清雙方長期相持於四川、湖南西部和廣西西部,永曆朝廷的控制區基本上是穩定的。孫可望發動內訌和兵敗出逃,對南明來說在政治上影響比較大,在軍事上並沒有顯著的削弱。清廷決定乘南明內訌三路進攻,南明軍隊一潰千里,可是無論是清方檔案文書還是野史中都看不到雙方進行過激戰。可見,南明節節敗退的主要原因是內部摩擦和部署不當。當時擔任通政司右通政使的鄒簡臣所述情況是:"及大清師壓境,(馬)吉翔倡走緬計,公(指鄒簡臣)力爭之。定國主吉翔議,弗聽。貴州巡撫辜延泰言於公曰:'吉翔與晉王切齒公,將誣以他故而甘心焉。公死非名,宜早為計。'是夜,定國遣人捕蜀藩舊將廣平伯陳建,建夜遁,密報公。公曰:'禍至矣!'乘夜走避之祿豐。"[1]

文官武將聽說朝廷變更了方針,由入川改為西撤,不少人感到前途渺茫,先後脫離朝廷,尋找避難藏身之處,如吏部尚書張佐宸與少詹事汪蛟逃入大理府山中;兵部尚書孫順、禮部尚書程源、戶部侍郎萬年策、大理寺少卿劉泌、左僉都御史錢邦芑等行至永平縣時改名換號躲入山中。

順治十六年正月初三日,清軍未遇抵抗即佔領昆明。[2]初四日,永曆帝到達永昌,跟隨的官員已經為數不多。初七日,召對隨駕官

---

1 道光《樂至縣志》卷十四,人物,明按察司僉事宿士敏作《鄒公易齋傳》。參見道光二十一年《安岳縣志》卷十二,《鄒簡臣傳》。

2 劉健《庭聞錄》卷三。順治十六年二月十五日經略洪承疇密揭帖云:"職先於順治十六年正月二十四日具有雲南省城已報平服,防剿官兵亟應預計等事一疏。……"二月初二日他奉信郡王令諭親赴滇中,"職於今二月十六日自貴州省城起行,親赴雲南,以候信郡王臣商酌料理。"見《明清史料》甲編,第五本,第四四八頁。

員和永昌地方鄉紳耆老時，翰林劉茞和吏科給事中胡顯等面奏："陛下前在雲南，獨出宸斷幸蜀，不幸中改，徑走永昌，已失中外之望，今永為天末，捨此則夷矣。外間轟傳車駕又欲幸緬。緬為外國，叛服不常，就使忠順來迎，我君臣患難之餘，狼狽到彼，亦不能召號中外。況若稱兵相阻，則鑾輿進退何所恃耶？今中興二字不過臣子愛君父之言，其實絕無機緒。莫若嘗膽臥薪，閉關休養。外之守固關隘，內之勸課農桑，死守年餘，以待天意轉移。幸而苟全，四方必有勤王者。若敵兵勢逼，仍當取道走蜀，猶可瓦全。"[1] 說完，號啕大哭，左右侍臣也隨之掉淚；永曆帝低頭無語，隨即命劉茞起草《罪己詔》和《告上帝懺文》。《罪己詔》中說："明知祖制之不可滅裂，而力不能見之行事，遂徒託諸宣言；明知邪正之不可混淆，而心幾欲辨其賢奸，又漸寢於獨斷。以致天下忠臣義士，結舌而寒心；當路鬻爵賣官，寡廉而鮮恥。"《告上帝懺文》則云："祖宗成憲既不知听，率由左右奸回，公然受其蒙蔽。""惟蒼天不早生聖人為中華主，使黎庶得謬推小子作億兆君。忠孝阻壅於銓門，而臣不及賞；苞苴公行於政府，而臣不及知。"[2] 這兩件文書指責的重點放在永曆帝過於信任權奸馬吉翔，以致賄賂公行，喪失人心。然而，馬吉翔在孫可望叛變後一度失勢，轉而千方百計逢迎李定國，定國不察其奸，引為知己，使其重新掌握了朝廷大權。[3] 劉茞起草的文書婉轉批評了李定國，反映了兵敗前後永曆朝廷內以原蜀王劉文秀為代表的一部分文臣武將對李定國的用人行政的不滿。李定國也引咎自責，奏請奉還黃鉞，

1　劉茞《狩緬紀事》。

2　劉茞《狩緬紀事》。

3　屈大均《安龍逸史》卷下云：永曆十一年"二月，復以馬吉翔兼內閣。吉翔素黨可望，知不為朝議所容。時吏部侍郎金維新、兵部侍郎龔銘，方見重於定國，遂諂事之。二人言於定國，得奏請，即令入閣辦事。"

削去官職，戴罪視事。永曆帝給以降三級的名義處分，其他官員大抵降職署事。這不過是同皇帝下《罪己詔》一樣的收買人心之舉，沒有多大實際意義。

永曆君臣退至永昌時，留鞏昌王白文選守玉龍關。清吳三桂、趙布泰追"至鎮南州，聞偽鞏昌王白文選擁賊在玉龍關，隨遣前鋒統領白爾赫圖等進剿。白文選拔營先遁，我兵追及，賊復迎戰，隨擊敗之，獲偽鞏昌王金印一顆，生擒偽總兵呂三貴，並獲象三隻，馬一百四十四。至永平縣，賊縱火燒瀾滄江之鐵鎖橋遁去，臣等乘夜發兵渡江，克永昌府，偽永曆及李定國遁去走騰越州。"[1] 永曆朝廷得知白文選兵敗，在 1659 年（順治十六年、永曆十三年）閏正月十五日撤離永昌。[2] 李定國命部將平陽侯靳統武領兵護駕，倉促西撤。這時又有一批官員落荒而逃，如大學士扶綱、戶部尚書龔彝、禮部侍郎鄭逢元、兵科給事中胡顯、御史陳起相、吏部文選司主事姜之璉等。工部尚書王應龍出身陝北製弓箭匠人，張獻忠建立大西政權時任工部尚書，聯明抗清後在永曆朝廷內任原職，這時已經年邁，行動不便，遂對他的兒子說："我本草莽微賤，蒙恩授職，官至司空。先不能匡扶社稷，今不能患難從君，尚可靦顏求活人世乎？"言畢，自縊殉國。他的兒子哭着說："父殉國難，子成父忠"，也跟着上吊自殺。[3]

明慶陽王馮雙禮等人在永曆朝廷放棄昆明時，率部入四川建昌地區，本意是避開清軍主力，轉入敵後，會同夔東十三家的軍隊另創局面。由於李定國聽信了馬吉翔之流的意見，帶領主力西撤，這

---

1 《清世祖實錄》卷一二五。

2 劉菼《狩緬紀事》。

3 屈大均《安龍逸史》。

兩支明朝軍隊被入滇清軍隊隔斷，相距愈來愈遠。馮雙禮部雖順利地到達了建昌地區，卻力單勢孤，難以有所作為。夔東十三家的軍隊反攻重慶以失敗告終（見下節），導致四川西南建昌等地的明朝將領喪失信心，不久就發生了狄三品的叛變降清。順治十六年四月二十七日"平西大將軍平西王吳三桂奏報：大兵克滇之後，偽慶陽王馮雙禮同偽德安侯狄三品等遁走四川建昌衛。臣再三招徠，雙禮執迷不從。狄三品等用計執之以獻，並繳偽慶陽王金印一顆、大將軍金印一顆、金冊一副、敕一張。雙禮或俘解來京，或軍前正法，伏候聖裁。得旨：覽王奏，計擒偽王馮雙禮，具見王籌劃周詳，指授得宜，預伐狡謀，克奏膚功，朕心嘉悅。狄三品等遵諭效力，擒逆來獻，誠悃可嘉，並敕一鳳俱著從優議敍具奏。馮雙禮附逆梗化，大軍所至，不即投誠，竄跡入蜀，本當正法，但今既就擒，殺之無益，姑免死，昭朕好生之心，著押解來京安置。"同一天又記："吳三桂又奏報：偽延長伯朱養恩、偽總兵龍海陽、偽副將吳宗秀等為李定國守四川嘉定州，今率眾投誠，下所司察敍。"[1] 這年六月二十四日，吳三桂奏報："官兵進取川南，偽總兵杜子香及偽官等俱繳印札投誠，敍州、馬湖（在今宜賓市西，介於明敍州府與建昌衛之間），二府悉定。下所司察敍。"吳三桂又奏報："四川烏撒軍民府（今貴州威寧）土知府安重聖及雲南景東府（今雲南景東）土知府陶斗等投誠。"[2] 這些事實說明，在永曆帝撤離昆明的時候，四川西南的宜賓、樂山、西昌一帶都還在南明控制之下，聯繫到以原大順軍為主力的

---

1 《清世祖實錄》卷一二五。按，同書卷一二七記：順治十六年七月二十三日，"授偽德安侯狄三品為抒誠侯，偽總兵馮萬保為都督同知，以擒偽王馮雙禮來獻故也。"但狄三品實際官職僅為雲南廣羅鎮總兵，康熙元年病卒，同年九月其子狄從仁降襲抒誠伯，見《清聖祖實錄》卷六與卷七。

2 《清世祖實錄》卷一二六。

夔東十三家進攻重慶戰役，如果李定國只在滇西留下少量兵力會同擁明土司牽制清軍，主力轉入四川，與夔東明軍會師的可能性相當大，明清相持的局面將延續得更長一些。

第二節　夔東十三家進攻重慶之役

當清軍大舉向黔、滇進攻，永曆朝廷險象環生的時候，李定國等人為挽救危局，奏請永曆帝派了五名太監前往川東，聯絡夔東十三家，讓他們火速抽兵西上，進攻重慶，藉以牽制清軍南下。負責聯絡川東各支抗清力量的永曆朝廷大學士（督師閣部）文安之當即組織忠州、萬縣、梁山地區的涪侯譚文、仁壽侯譚詣、新津侯譚弘（即所謂“三譚”）與駐守巫山、興山一帶的原大順軍餘部袁宗第、劉體純、李來亨、馬騰雲、塔天寶等抽調精兵十六營乘船溯流而上。川東各明軍將領知道形勢緊急，都同意出兵反攻重慶。 1658 年（順治十五年、永曆十二年）七月“三譚”和劉體純等部明軍曾一度進攻重慶。[1] 吳三桂帶領的清軍當時正推進至遵義（明代遵義屬四川省，清朝劃歸貴州），他唯恐後路被截斷，糧餉不繼，率領主力趕回重慶防守。[2] 川東明軍由於兵力不足，被吳三桂軍擊敗。[3] 十月，吳三桂部繼續南下貴州。十一月，川東明軍再次西攻重慶。這次戰役事先做了通盤的安排：由太監潘應龍聯絡“三譚”和“十三家”（指原大順軍餘部）的水師乘船進發；督師閣部文安之親自統領劉體純、袁宗第、

1　順治十六年八月向化侯譚詣揭帖，見《明清檔案》第三十四冊，A34-123 號。

2　劉健《庭聞錄》卷三。

3　順治十六年正月二十日四川總督李國英揭帖，見《明清史料》丙編，第十本。《清世祖實錄》卷一二〇記：順治十五年八月丙寅朔丙子日“平西王吳三桂奏報：賊寇薄重慶城，我軍炮擊賊船，傷死甚多，賊眾敗遁。”

塔天寶、黨守素、賀珍、馬騰雲等全營主力沿長江兩岸陸路前進。[1]
十二月初二日，譚文和鎮北將軍牟勝所部七千人乘船一百五十八艘
先行到達重慶城下，分三股進攻該城：一路攻朝天門，一路攻臨江
門、千廝門，一路攻南紀門、儲奇門、金子門。清重夔鎮總兵程廷
俊、建昌鎮總兵王明德據城頑抗。戰至十二月十三日，譚詣率領所
部和"十三家流賊偽總兵"袁盡孝部水師六七千人乘船一百三十艘趕
到重慶城下。[2] 清四川巡撫高民瞻見明軍勢大，嚇得棄城而逃。[3] 十五
日，雙方仍在激戰之中，明軍突然發生內變，譚詣把譚文刺殺，率部
降清，導致戰役全局逆轉。據清方文書記載，內變的原因是"譚詣久
有歸順之心，苦為文所脅制，故行止不得自由。"[4] 譚文從十二月初二
日進攻重慶起，同清軍激戰了十二天，譚詣才率部前來，到達重慶
城下後又不肯出頭廝殺。譚文、牟勝見他形跡可疑，進行詰問。譚
詣心中有鬼，即於十五日晚搶先下手刺殺譚文，隨即派總兵馮景明
到臨江門下喊話，進城向清朝官員聯繫投降事宜。當時，重慶城裏
的清軍不多，求救的"羽書迭告"。清陝西四川總督李國英在十二月
初九日接到重慶危急的報告，十一月從保寧領援軍起程，直到重慶
解圍，援軍還只行至合川。正是在川東明軍源源到達，而增援清軍
尚在途中時，重慶已危如累卵，忽然得到這一意外消息，有如喜從

---

1 上引順治十六年八月向化侯譚詣揭帖。揭帖中沒有提到郝永忠、李來亨、王光興等部，估計是讓他們留
守夔東基地，以防止湖廣清軍乘虛來襲。

2 順治十六年正月二十日陝西四川總督李國英為"渝圍已解，謹匯報情形，仰祈睿鑒事"揭帖，見《明清史
料》丙編，第十本，第九五八至九六一頁。

3 《清世祖實錄》卷一三一記載，四川巡撫"高民瞻在重慶時，會夔門諸逆狂逞犯城，竟棄城逃遁，賴大兵
救援始解。"同書卷一三八又記："民瞻在重慶，值夔門諸逆犯城，民瞻棄城逃遁。"順治十七年七月查
實，得旨革職。

4 上引順治十六年正月二十日李國英揭帖。又，譚詣自稱他在順治七年、九年、十五年先後三次暗中派人
向清方接治投降。文安之部署水陸大舉進攻重慶後，他又到萬縣同譚弘密商歸附清朝，並派使者赴保寧
通報軍情，見上引順治十六年八月譚詣揭帖。

天降。清軍守將重賞來使後，馬上派人隨同前往譚詣營中驗視，證實譚文果然被殺。立即同譚詣約定乘其他明軍尚未得知真相之機，於次日"協力剿殺"。十六日，清軍出城迎戰，譚詣也率部突然反戈相向，譚文的部眾和袁盡孝所統水師措手不及，"翻船落水者，不知其數"。[1] 明軍水師大敗順流東撤，清軍追到銅鑼峽口才收兵回渝。十七日，譚弘在譚詣引導下向清軍投降。順治十六年閏三月，清廷封譚詣為向化侯、譚弘為慕義侯。[2]

由陸路進發的明軍行至豐都縣時，傳來了水師發生重大變故的消息，文安之等人知道攻克重慶的目標已經難於實現，被迫回師東撤。[3]

這樣，不僅永曆帝和李定國指望夔東明軍反攻重慶藉以拖住由川入黔清軍後腿的計劃化作泡影，而且忠州、萬縣地區也淪入清方之手。雙方的距離更加遙遠，呼應不靈，完全談不上配合作戰了。

夔東明軍進攻重慶之役雖由於譚詣、譚弘叛變致敗，然而這一戰役本身就說明夔東十三家大多數將領是堅決抗清的，也是顧全大局的。以原大順軍為主體的這支重要的抗清武裝在南明朝廷內幾乎一直遭到歧視和排擠，早在隆武時期，何騰蛟、章曠等人控制著湖南全境時，就在駐地糧餉上對其多方進行刁難；後來在永曆朝廷內又受到瞿式耜、陳邦傅、李元胤等人的傾軋。孫可望掌權時，也從來沒有對其提供後勤支援，把這支能征慣戰的軍隊放在關鍵位置上。只有堵胤錫和劉文秀胸懷全局，主張重用十三家共圖復明大業，但

1　前引順治十六年正月二十日李國英揭帖。

2　《清世祖實錄》卷一二五。

3　前引順治十六年八月向化侯譚詣揭帖。按，譚詣自稱他擔心陸路明軍知道消息，自己星夜放舟趕到豐都殺敗"諸賊"，一直追到萬縣。這顯然是誇功之詞。明軍水師戰敗後東撤的殘餘水兵必然向陸師報告情況，文安之和領兵大將在基本失去水師戰船的情況下，只有決定退兵。

是他們自己就不得志，空言無補。這又從一個側面說明，李定國受馬吉翔等人挑唆，沒有採納劉文秀遺表中的建議由滇入川，在戰略上是失策的。作為永曆朝廷後期實權人物的李定國，只想利用夔東明軍進攻重慶減輕雲、貴壓力，卻未能想到以主力出川，同十三家會師。如果李定國主力由建昌、宜賓、樂山向重慶推進，譚詣、譚弘叛變的可能性必然大大減少，西南兩大系統的明軍會合後兵力還相當強，整個戰局的演變將會有所改觀。

第三節　磨盤山戰役

1659 年（順治十六年）二月（明大統曆閏正月）二十一日，清軍渡過怒江逼近騰越州（今雲南騰沖），這裏是明朝西南邊境，山高路險，"徑隘箐深，屈曲僅容單騎"。[1] 李定國估計清軍屢勝之後必然驕兵輕進，決定在怒江以西二十里的磨盤山沿羊腸小道兩旁草木叢中設下埋伏，以泰安伯竇名望為初伏，廣昌侯高文貴為二伏，武靖侯王國璽為三伏，"埋地雷谷中，約曰：敵盡入，初伏乃發；然地雷，二、三伏乃發。首尾擊之，敵盡矣。"[2] 埋伏的軍隊攜帶預先製作的乾糧，以免造飯冒出炊煙被清軍察覺。[3] 部署已定，清滿漢軍隊在吳三桂等率領下果然以為明軍已經望風逃竄，逍遙自在地進入伏擊區。正在這一決定勝負之際，明光祿寺少卿盧桂生叛變投敵[4]，把定國設下埋伏的機密報告吳三桂。三桂大驚，立刻下令已進入二伏的清軍

1　劉健《庭聞錄》卷三。

2　《殘明紀事》。劉健《庭聞錄》作："俟敵至三伏，山巔舉炮，首尾橫擊之，片甲不令其逃也。"似更合乎情理。

3　邵廷采《西南紀事》卷十《李定國傳》。

4　《殘明紀事》記盧桂生為李定國中書。

前鋒後撤，向路旁草木叢中搜殺伏兵。明兵因為沒有得到號令不敢擅自出戰，傷亡很大。竇名望迫不得已下令鳴炮出戰；二伏、三伏軍也應聲鳴炮，衝入敵軍，雙方展開一場驚心動魄的惡戰，清將固山額真沙里布等[1]被擊斃，明將竇名望等也戰死[2]。李定國坐鎮山阜之上，聽見號炮次序不對，知道情況有變化，派後軍增援，終於擊敗吳三桂所統來追清軍。但因兵將損失嚴重，李定國決定離開騰越州（今雲南騰沖），令定朔將軍吳三省斷後並收集潰卒，自己率領主力前往孟定（今雲南耿馬傣族佤族自治縣西之勐定街，他書多訛作孟艮）[3]。盧桂生叛變告密使李定國部署的磨盤山戰役未能取得預定效果。盧因在關鍵時刻有"功"，被清朝賞給雲南臨元兵備道的官職。[4]

磨盤山戰役是李定國統率明軍給予佔有明顯優勢的清軍最後一次沉重的打擊。清廷因損兵折將，大為惱怒，經諸王、大臣會議後，於順治十七年六月懲罰統兵將領：多羅信郡王多尼罰銀五千兩，多羅平郡王羅可鐸罰銀四千兩，多羅貝勒杜蘭罰銀二千兩，都統濟席哈革一拜他喇布勒哈番並所加級，副都統莽古圖、傅喀、克星格也受到處分，征南將軍趙布泰革職為民。[5]從清廷對三軍主帥的處分情

1　沙里布為多尼部將，蒙古鑲白旗固山額真。同時被擊斃者尚有阿達哈哈番琿津（見《八旗通志》卷一七〇《沙理布傳》、《清史稿》卷二二九、《琿津傳》、《沙里布傳》，沙爾布即沙里布的另一譯音）。《清史稿·琿津傳》作："十六年四月，克永昌。師渡潞江，明將李定國為伏磨盤山。師至，破其柵，琿津與固山額真沙爾布率眾深入，伏起，遂戰死，諡壯勤。"沙爾布傳云："明年，與琿津同戰死，諡襄壯。"征南將軍趙布泰的姪兒多婆羅也被擊斃，見《清世祖實錄》卷一三七。

2　屈大均《安龍逸史》記："名望為流矢中目，自刎而死。"明將在磨盤山戰役中犧牲者除竇名望外，諸書記載頗有分歧，如《庭聞錄》記王國璽為王璽亦與名望同時陣亡，然劉茞《狩緬紀事》記他自己和王國璽一道在庚子（順治十七年）正月被叛將楊武所俘，三月解至昆明。

3　《南疆逸史》卷五十二《李定國傳》作孟定土府；劉健《庭聞錄》也說："定國遂收餘兵走孟定。"郭影秋著《李定國紀年》第一七二頁認為《逸史》所記可靠。

4　雍正九年《建水縣志》卷三《兵防》記：盧桂生，字月仙，四川墊江縣人，選貢，順治年間任整飭臨元兵備道。道光二十七年《澂江府志》卷八《秩官》記桂生於順治十七年任臨元道，又云任迤東道。劉健《庭聞錄》記盧桂生初降時任清大理府知府。

5　《清世祖實錄》卷一三七。

況來看，磨盤山之役戰鬥十分激烈，清軍的傷亡肯定相當大。李定國在兵勢已如強弩之末時，仍然能夠組織和指揮這樣一場勇猛的阻擊戰，證明他不愧是明清之際最傑出的軍事家之一。

追剿清軍在進抵永昌、騰越、南甸土司一帶之後，由於糧草難於接應，在這年閏三月二十四日前後撤回省會昆明。[1] 當時，南明軍隊為數尚多，分別退到邊境地區。據清經略洪承疇疏報：除了李定國、白文選、祁三升、沐天波、高文貴、靳統武、楊武、梁傑、吳子聖、吳三省、郭尚賢、王國勳等在雲南迤西邊境地區外，還有廣國公賀九義帶領伯、將軍、總兵李承爵、雷朝聖、黃元才、王三才、張國用、趙得勝、楊成、彭應伯、何起龍、閻惟龍等部從臨安府撤至"沅江府（當為元江府）邊外"；"又有偽將軍都督鄒自貴、馬得鳴等領殘賊奔逃於順寧府邊外；再有偽伯李如碧等領殘賊奔逃於雲龍州邊外；又偽伯廖魚等領殘賊奔逃於瀾滄邊外；又偽國公馬寶、馬惟興、劉鎮國、高啟隆等領殘賊奔逃於麗江邊外。是雲南迤西及迤東接界俱所在有賊，所在需兵，先事防備，臨時進剿，實為今日至急要著。"[2] 只是由於明軍撤退時似乎沒有一個通盤的計劃，兵將雖多，卻陷入一片混亂當中，指揮系統失靈，難以集中兵力對入滇清軍展開有效的反擊。

---

1 順治十六年閏三月二十九日"經略洪承疇密揭帖"，見《明清史料》甲編，第六本，第五九五至五九六頁，其中云："三路追賊大兵皆以雲南迤西無糧，不能久駐。今信郡王大兵俱駐於雲南省城及近州近所；平西王臣大兵分駐於省城西北之富民、羅次二縣，僅離百里；征南將軍臣大兵駐紮省城東南之宜良縣，離省城僅一百二十里，各行歇餒。"

2 見前引洪承疇順治十六年閏三月二十九日密揭帖，《明清史料》甲編，第六本，第五九五頁。

第二十九章

鄭成功、張煌言長江之役

第一節　長江之役的戰略部署

　　1658 年（順治十五年、永曆十二年），清軍三路進兵西南，李定國等戰敗，永曆朝廷形勢危急。鄭成功見清方主力集中於西南，認為這是擴大以自己為首的東南抗清基地的大好時機，決定率領主力乘船北上，展開長江戰役。這年五月，中提督甘輝統領前軍乘船進至沙埕；二十七日在桐山（今福建省福鼎市，與浙江省接境）一帶徵糧。鄭成功親自帶領的主力也到達距沙埕三十里的岑嶼。六月初十日起，張煌言、甘輝、馬信等集中兵力進攻溫州府屬的瑞安縣城。清方報告鄭軍"聯艘數千，甲兵數萬，分道突犯，密佈帳房，紮營綿亙四十餘里，煙火蔽天。此番大舉非比尋常登犯，且賊艘橫截飛雲江口（飛雲江流經瑞安縣城西南入海），援兵莫渡，平（指平陽縣，在飛雲江之南）、瑞（安）二縣聲息不聞。又復水陸並進，窺伺郡城（指溫州）。我兵首尾牽制，萬分危迫。"[1] 清政府除集中浙江駐守軍

1　順治十五年六月二十五日浙江巡撫陳應泰揭帖，見《明清史料》甲編，第五本，第四二一至四二四頁。疏中敍述鄭成功進攻溫州，"率偽鎮張、甘、把、馬諸逆"，當即張煌言、甘輝、把成功、馬信，但把成功五月十四日出師時已患病，行至沙埕病重，不能乘船，移在岸上養病，六月二十三日病死於沙埕。見順治十六年六月兩廣總督李棲鳳揭帖報俘獲把成功子把仁齡口供，《明清史料》甲編，第五本，第四五三至四五四頁。可見，把成功部軍隊參加了溫州府戰役，他本人不在軍中。

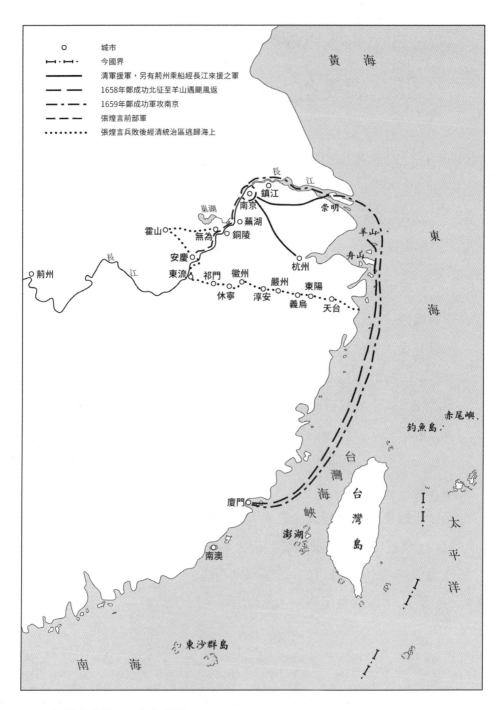

城市　　　○

今國界　　⊢·⊣·⊢

清軍援軍，另有荊州乘船經長江來援之軍

1658年鄭成功北征至羊山遇颶風返

1659年鄭成功軍攻南京

張煌言前部軍

張煌言兵敗後經清統治區逃歸海上

黃　海

東　海

荊州　長　江

霍山　無為　蕪湖　銅陵

安慶　東流　祁門　徽州　嚴州　東陽

休寧　淳安　義烏　天台

杭州

南京　鎮江

巢湖　崇明

羊山

舟山

赤尾嶼

釣魚島

台　灣　海　峽

廈門

澎湖

台　灣　島

太　平　洋

南澳

東沙群島

南　海

1659年鄭成功進攻南京之役圖

加強防禦外，還從河南、江西、山西、山東抽調兵馬增援。鄭軍在溫州地區徵集糧餉後，即移舟北上，準備入長江，攻取南京。

八月初九日，鄭成功統領大批兵馬乘船由浙江舟山進抵羊山（今大洋山，屬崎嶇群島）。這裏是"海道必由之路"，"南至定海，北至吳淞，皆一潮可到，蓋江、浙之交界也。"[1]此行的目的正如鄭成功所說："我提師望復神京，以為社稷。"[2]初十日中午，鄭成功召集各提督商討進兵機宜。不料天有不測風雲，陡然之間烏雲滾天，狂風驟起，大雨如注，波濤洶湧，鄭軍舟船對面亦不相見，互相撞擊和為大浪顛覆，翻沉損壞的很多。鄭成功的六位妃嬪，第二、第三、第五個兒子都被淹死，[3]兵將、船艘、器械損失巨大。鄭成功遭到這一意外打擊，說："今船隻兵器損失，長江難進矣。須溜回舟山收拾，再作區處。"[4]八月十四日，他督師回到舟山進行整頓。由於該島一片荒蕪，大軍難以久留，九月初，鄭軍船隻分三幫經舟山群島與鎮海縣之間的海峽南下。這次動員的兵力據清方檔案記載至少有船舶一千餘艘，陳應泰揭帖中竟說有"五千餘艘"[5]，留守金、廈一帶的兵力自然比較單薄。"重兵勁卒盡數而出，所餘留守老巢者雖有三鎮、五鎮之眾，不過老弱病養並在其中。"清福建提督馬得功乘機出兵於六月初四日攻佔了泉州附近的鄭軍基地白沙（即鄭鴻逵歸隱地）。[6]鄭軍中

---

1 《觀海指掌圖》。

2 楊英《先王實錄》。

3 順治十五年九月十五日候代浙江巡撫陳應泰揭帖中報告據被俘鄭軍供稱："前被颶風，國姓淹死親子三個，內一個六歲，一個五歲，一個一歲；又淹死老婆三個。"見《明清史料》甲編，第五本，第四三〇頁。楊英《先王實錄》寫作"六妃嬪"，按明制延平王正妻可稱妃，時成功妻董氏不在軍中，楊稱其妾為"妃嬪"，顯為僭越。

4 《先王實錄》。

5 見前引順治十五年九月十五日陳應泰揭帖。

6 順治十五年六月初十日福建巡撫劉漢祚揭帖，見《明清史料》甲編，第五本，第四二五頁。

一些清方投降過來的北方兵將不習慣海上軍旅生活，被羊山颶風嚇壞了，紛紛逃走。鄭成功一面整頓隊伍，製造器械，修補船艦，籌集糧餉，準備明年再舉；一面在南返途中攻克台州、海門衛、黃岩縣、磐石衛、樂清縣等浙江沿海要地。大致來說，在第一次北征受挫到次年五月入吳淞口進攻南京的半年多時間裏，鄭軍主力一直駐於浙江沿海一帶，鄭成功本人也往來於磐石衛、沙關（今浙江、福建交界處之沙埕）二地。

到 1659 年（順治十六年、永曆十三年）二月二十日[1]，鄭成功由沙關來到磐石衛，下令各提督、統領、總鎮"速辦船隻，催完餉務，限三月內齊到磐石衛听令"[2]，着手部署長江戰役。這次準備進軍有兩點值得注意，一是加強了金、廈基地的防務，二是命令將士攜帶家眷隨軍行動。

先說第一點，鄭成功吸取了上年北征時清軍乘虛攻陷白沙的教訓，留守金門、廈門等地的兵力顯然有所加強。這年八月，清福建總督李率泰向朝廷報告：

> 今逆孽雖犯江寧，而廈門各島乃其巢穴，近據各汛報稱，有偽提督黃廷等領兵數千留守廈門，尚有多賊分佈各汛港口，浯洲則有偽前鎮戴捷，沜洲則有偽仁武鎮康邦彥，把守海澄港口海滄等處則有偽禮武鎮林順，泉州港口蜂尾等處則有偽中鎮黃昌，遊移高崎地方乃係偽援剿右鎮吳勝，銅山更有偽護衛右鎮黃元同偽忠匡伯張進，南澳則有偽忠勇侯陳豹，定海則有偽五軍都督陳堯

1　按，明大統曆閏正月，清時憲曆閏三月，此處係明曆。

2　楊英《先王實錄》。

策等。或一偽鎮領兵千餘名，駕船數百隻，或扼守各港要區，或往來沿海窺探。無時不圖登掠，無汛不用堤防……[1]

這對於保證後方基地安全和牽制福建清軍無疑起了重要作用。

第二點，鄭成功用兵歷來把將士的家屬安置於比較安全的地方，撥兵保護；這次卻"傳諭官兵搬眷隨征。諭云：官兵遠征，不無內顧；攜眷偕行，自然樂從。本藩統領大師，北伐醜虜，肅靖中原，以建大業。慮各勛鎮將領官兵，永鎮之時有為家之念，已經着兵、戶官撥趕繒船配載各眷；各令有眷官兵，照依派船載來，暫住林門，候令隨行。"[2]他還特地指派忠靖伯陳輝、宣毅前鎮陳澤領水師一鎮保護女眷船隻，隨軍行動。據記載，"時官兵俱各欣悅"，只是苦了暈船的太太小姐們，"頗有怨言"[3]。古語有云"軍中有婦，士氣不揚"[4]，鄭成功當然不會輕易違反這個軍事原則。他這樣做的原因是認定攻克南京、收取江南有必勝的把握，命令中用了"永鎮"字樣就是個證據。這無疑犯了輕敵的錯誤。徐孚遠作《北伐命偏裨皆攜室行因歌之》詩云：

> 浪激風帆高入雲，相看一半石榴裙。
> 簫聲宛轉鼓聲起，江左人稱娘子軍。
> 長江鐵鎖一時開，旌旆飛揚羯鼓催。
> 既喜將軍揮羽入，更看素女舞霓來。

---

1 《明清史料》甲編，第五本，第四六一頁。

2 《先王實錄》。

3 《先王實錄》。

4 參見《漢書》卷五十四《李廣蘇建傳》。

揮戈築壘雨花台，左狎夫人右酒杯。

笑指金陵佳麗地，只愁難帶荔枝來。[1]

　　徐孚遠的詩對鄭成功決定命將士攜眷屬隨軍做了巧妙的諷刺。從明、清兩代戰史來看，明太祖朱元璋曾經規定將領出征不得攜帶家眷，這固然有扣留妻子為人質，防止將領叛變的意圖，但對於將士在前線作戰時無旁顧之憂顯然起了積極作用。清朝制度也頗為類似，劉獻廷記載，"清制：惟王行師可攜婦人，貝勒、貝子、公皆有定數；公以下不得有。"[2] 鄭成功決策的失誤，對於進入長江之後鄭軍不願捨舟陸行，南京城下戰敗後匆促撤出長江顯然都有密切關係。

　　鄭成功 1659 年的大舉進攻南京，是基於以下幾點考慮：一、據他所得到的情報，清軍主力除留守北京以外，已開赴雲貴一帶，駐防南京一帶的兵力非常薄弱，其中滿洲軍隊只是昂邦章京喀喀木帶領的一支小隊伍；二、他從內地復明志士魏耕等人提供的消息中得知江南各地漢族官紳士民反清的潛在勢力還相當大，判斷以優勢兵力大舉展開長江戰役，必將收到遠近來歸的效果；三、江南是全國財政的主要來源之地，又是全國的腹心之區，一旦奪得該地，不僅將使明、清在經濟實力上發生逆轉，而且攻克南京之後趁勢收取長江中下游，將造成清朝統治區南北隔斷，為下一步用兵創造有利條件；四、朱元璋是以南京為基地完成統一大業的，南京在明代先後是京師和留都，儘管清朝在順治二年將其改為江寧府，但在相當多的人們心目中這裏仍然是全國的政治中心之一。因此，在鄭成功等

1　徐孚遠《釣璜堂存稿》卷二十。

2　劉獻廷《廣陽雜記》卷二《建義侯林興珠阿克薩之捷》條。按，清王公出師時所攜婦人亦非正妻。

人看來，攻下南京，收取長江中下游各地，復興大業將由出沒海島之間移到龍盤虎踞的石頭城，明清相持的局面將大為改觀。這就是鄭成功等人發動長江戰役的基本戰略意圖。

第二節　鄭軍進抵南京城下後的雙方動向

1659年（順治十六年、永曆十三年）四月，鄭成功、張煌言親統大軍北上。二十八日到達浙江定海，經過兩天激戰，全殲鎮守該地的清軍，奪取了定海炮城，焚毀清水師船隻一百餘艘。這樣，既解除了後顧之憂，又製造了進攻浙江寧波府的假象，吸引江蘇、浙江清軍來援。五月初，鄭成功率領兵馬十餘萬分乘大小船艦三千餘隻從定海北上，分三艘進發，由中提督甘輝統前艘，鄭成功親率兵將居中，總兵陳文達殿後，浩浩蕩蕩起航向長江口進發。十九日，鄭軍由吳淞口進入長江。清蘇松提督馬逢知（原名馬進寶）事前已同鄭成功有秘密聯繫，他按兵不動，實際上是心懷觀望，要看鄭成功是否能攻下南京才決定公開表態。[1]

當時鄭成功的兵力是相當強的。其優勢不僅是出動了三千多艘船艦、十餘萬兵力，而且裝備精良。進入長江之前，五月初八日鄭成功藩前軍前鎮馬龍在乍浦降清，隨馬龍降清的有五艘船，其中水艍船二隻，雙篷船二隻，水底艍一隻，兵丁及家屬男婦共一百四十

1　楊英《先王實錄》記："十九日，移泊吳淞港口，差監紀劉登密書通報偽提督馬進寶，合兵進討。以前有反正之意，至是未決，欲進圍京都時舉行，故密遣通之。未報。"按，《清世祖實錄》卷一三九記審訊時馬逢知招認："將海逆差來偽將劉澄不即誅戮，仍行放回。""陰附逆賊是真。"又記："江南巡按馬騰升與逢知結為兄弟，同謀隱徇。"同書卷一四三又記："海逆鄭成功曾遣偽副將劉澄說令逢知改服衣冠，領兵往降。逢知聲言欲殺劉澄，而實未殺，反饋劉澄銀兩，又差人以扇遺成功，又將申報成功投誠本先示成功……"

餘名口，可是攜帶的裝備竟有紅衣炮十三位，銅百子炮四十五位，三眼槍、鳥槍十桿，火藥四十二桶，連桶共重一千八百八十九斤，紅衣鐵彈一千六百六十三出，百子鐵彈一百八十二桶，連桶共重八千八百九十九斤，鐵碎子一百零五桶，連桶共重五千一百九十斤，鐵盔甲四十二頂，鐵甲二十六身，鐵蔽手九副，鐵裙九條，鐵遮窩十四副，還有棉盔甲、刀、箭、長槍、藤牌之類。[1] 這五條船雖僅一百多人，擁有的進攻性火炮和防身的鐵盔甲之類數量相當驚人。弱點是：一沒有馬，二攜帶婦女家屬。順便說一下，明朝末年軍事裝備已經由冷兵器為主逐漸向銃炮等熱兵器為主過渡。這是中國軍事史上的一大進步。由於當時火器性能較差，裝藥填彈費時，在一些場合下不如使用弓箭刀槍等冷兵器的騎兵機動靈活。清朝統治者雖然繼承了明代的部分火器，但總的來說是開倒車，更重視傳統的騎馬射箭。火器的優越性在江、海水戰中能夠充分發揮，這正是鄭成功、張煌言的軍隊克敵制勝的主要原因。

六月初一日，鄭軍進至江陰，清朝文武官員憑城扼守。鄭成功接受諸將建議，以縣小不攻，率師西上。十六日進攻瓜洲，陣斬清游擊左雲龍，破敵滿漢兵馬數千，截斷清方用鐵鏈、船隻連接而成的鎖江防線"滾江龍"，焚毀清軍江上浮營（又稱木城）三座，奪得譚家洲大炮數十門，使清方苦心經營的江防工事全部瓦解。同一天，鄭軍攻克瓜洲，清操江巡撫朱衣助投降，鄭成功命援剿後鎮劉猷鎮

---

1 佟國器《三撫捷功奏疏》，順治十六年五月二十八日"為恭報投誠偽帥仰仰祈部從優敘用以彰鼓勵事"題本。按，馬龍原為魯監國下張名振部將，張名振死時囑附所部兵將由張煌言領導，馬龍部被改編為鄭成功藩前軍的情況不詳，但楊英《先王實錄》記，鄭成功部署入江戰役時令五軍張英督首程大船，撥就都督羅蘊章、馬隆船引港"（見該書排印本第一九〇頁）。馬隆當即馬龍之誤寫，羅蘊章也是張名振舊部，鄭成功憑藉兵力優勢，改編原魯監國軍隊，任命嫡系將領接管，羅蘊章、馬龍等僅充向導領港之偏裨。

守該城[1]。接着，鄭軍於二十二日在鎮江銀山大破清江寧巡撫蔣國柱、提督管效忠派來的援兵，清鎮江守將高謙、知府戴可進獻城投降。成功命右武衛周全斌、後衝鎮黃昭入城防守，降將高謙以熟悉地利留之協守，其部下兵馬調隨主力進攻南京。又派工官馮澄世為常鎮道，戴可進仍署知府事。二十六日，張煌言帶領的一支為數不多的舟艦已進抵南京城下。[2]

佔領瓜洲、鎮江以後，南京已近在咫尺，鄭成功本應派主力登陸，直趨南京，以迅雷不及掩耳之勢立即攻城；即便一時拿不下來，也應切斷清方援軍入城的進路。六月十九日喀喀木、郎廷佐給清廷的告急題本中說：“巡撫蔣國柱、提督管效忠等於六月十七日報，瓜洲城兩翼所有紅衣炮均被掠去等語。旋經詢問自瓜洲逃回披甲等，則稱瓜洲失陷是實。”[3] 既然瓜洲清軍敗卒在一兩天內已逃回南京，鄭軍當然也可以在差不多的時間裏推進到南京城下。然而，他沒有這樣做，失去了第一次戰機。六月十八日晚上，清朝進攻貴州的部分滿洲八旗兵在梅勒章京噶褚哈、瑪爾賽、吐爾瑪率領下由荊州乘船四十艘到達南京，增強了防守力量。清兩江總督郎廷佐在題本中說：“自海逆於京口得志後，賊勢大盛，於六月二十六等日，已溯江逼近江寧。時因城大兵分，力薄難支，幸由梅勒章京噶褚哈、瑪爾賽、吐爾瑪等率滿洲兵自貴州前來，省城方得無虞。若非貴州凱旋之師

1　朱衣助在瓜洲投降後派家人朱鎮到南京接取家屬，被清方捕獲，朱衣助見家屬未至，其父又在北京，故自鄭軍中逃回。見《清世祖實錄》卷一三八、一三九。楊英《先王實錄》等書寫作朱衣佐。

2　順治十六年八月十五日清兩江總督郎廷佐題本、駐江寧府昂邦章京喀喀木奏本、梅勒章京噶褚哈、瑪爾賽、吳孝力等奏本，均見《滿文兵科史書》，引自安雙成《清鄭南京戰役的若干問題》，此文收入1989年版《鄭成功研究國際學術會議論文集》第一一五至一三一頁。按，張煌言《北征錄》記：攻克瓜洲後鄭成功本擬直攻南京，煌言建議應先取鎮江。成功採納了他的建議親領主力攻鎮江，讓煌言率舟師先往南京。煌言軍抵南京觀音門下“乃六月廿八日也”。

3　《滿文兵科史書》，轉引自安雙成《清鄭南京戰役的若干問題》。

抵達，江寧實難保全。"[1] 但是，這支由貴州返回的清軍數量有限，本是因出征日久由他部替換回北京休息的軍隊，大部分沒有攜帶戰馬、盔甲，作戰能力比較有限。所以，在他們到達南京之後的第二天，喀喀木和郎廷佐在向朝廷密報瓜洲失守，要求"除准留自貴州回來無乘騎兵丁外，速從京師調遣大兵前來，方可恢復瓜洲，大江兩岸城池亦不致失守。"[2] 可見，即便在噶褚哈等統率的清軍到達以後，南京清軍實力仍然是不足的。

此後，清、鄭雙方軍事的部署頗值得注意，因為它們直接關係到南京之役的勝負。

鄭軍方面：六月二十四日佔領鎮江以後，行動異常緩慢。二十五日鄭成功親自巡閱鎮江府城，在北門外甘露寺舉行了閱兵典禮，諄諄誡諭右武衛周全斌、常鎮道馮澄世："城守貴乎嚴肅，寧民必以簡靜。鎮江首先歸順，乃為恢復之始，當十分加意撫字，以為天下榜樣。宜嚴束官兵，日夜住宿窩鋪，不許混落城下，擅入民家，致行騷擾。該道不時緝解，有擾民者，罪連該統領。其民不准道府差役擾索，該統領須為查察，有病民者，即拿啟報，罪連該道。此處騷擾，即四方望風而遁，天下事自爾等壞矣。慎之，慎之！至於守城機宜，商確而行。"鎮江府內果然"市不易肆，民不知兵。"[3] 鄭成功以鎮江為榜樣確實收到了顯著效果，附近各城"歸附者接踵而至"[4]，句容、儀真、滁州、六合等城相繼來歸。然而，進攻南京這一頭等大事卻遲遲未行，僅派兵部張煌言和楊戎鎮往浦口（南京北岸）安撫。

<hr>

1 《滿文兵科史書》，轉引自安雙成《清鄭南京戰役的若干問題》。

2 順治十六年六月十九日喀喀木、郎廷佐密題本，引自安雙成文。

3 《先王實錄》。

4 《先王實錄》。

三天以後，鄭成功認為鎮江地區已安撫就緒，才在二十八日召集各提督、統鎮會議，討論進攻南京事宜。會議開始時，鄭成功提出"官兵行程，水、陸孰得快便？"中提督甘輝說："兵貴神速，乘此大勝，狡虜亡魂喪膽，無暇預備，由陸長驅，晝夜倍道，兼程而進，逼取南都。倘敢迎戰，破竹之勢，一鼓而收；不則圍攻其城，以絕援兵，先破其郡，則孤城不攻自下。若由水而進，則此時風信不順，時日猶遲，彼必號集援虜，攖城固守，相對口戰，我亦多一番功夫矣。"鄭成功贊成這個意見，可是，其他將領卻以"我師遠來，不習水土，兵多負重，值此炎暑酷熱，難責兼程之行也。"又提出正下大雨，河溝皆滿，不利於行軍。[1]鄭成功竟然採納了這一主張，決定由水路進發。

鎮江距南京不過百里之遙，如果由陸路直趨南京，按甘輝的建議"晝夜倍道，兼程而進"，至遲兩天內可達；按張煌言的說法，"雖步兵皆鐵鎧，難疾趨，日行三十里，五日亦當達石頭城下。"[2]其實，鄭軍中身披重鎧的"鐵人"不過五千（一作八千），其他絕大多數軍隊攜帶裝備較輕，絕不至於一天只走三十里。所謂"不習水土""炎暑酷熱"，固然有一定道理，但同以遼東和北方人為主組成的清滿、漢軍隊相比，就很難說得過去。至於正逢大雨，不利陸路行軍，更是一種藉口，因為清方援兵由上海、杭州等地趕赴南京，路程要遠得多，竟然在決戰以前進入南京。這說明鄭成功和他的多數部將不僅過於習慣水上作戰，而且缺乏戰略眼光。

鄭成功所統十幾萬大軍既然決定由水路向南京進發，所乘海船形體巨大，逆水而上，又不順風，靠繂輓而行，十天之後（七月初九

1　《先王實錄》。

2　張煌言《北征錄》，見《張蒼水集》第四編。

日）才到達南京儀鳳門下。按情理說，作戰兵將既然是乘船而來，當不致旅途疲勞，進抵南京之後稍事部署即可發起攻城。可是，鄭成功仍然慢吞吞地動作，七月十一日他率領大將甘輝、馬信等數十人在幾百名親隨侍衛保護下"繞觀鍾山，採踏地勢"[1]，"十二日，成功率諸文武祭太祖，哭奠列宗畢，令甘輝、余新紮獅子山；萬禮、楊祖紮第二大橋山上；以翁天祐為救應，御儀鳳門要路；馬信、郭義、黃昭、蕭拱宸屯紮漢西門，連林明、林勝、黃昌、魏雄、楊世德諸營壘。又令陳鵬、藍衍、陳魁、蔡祿、楊好屯紮東南角，依水為營；劉巧、黃應、楊正、戴捷、劉國軒屯紮西北角，傍山為壘，連周瑞、林察、張名振（？）等營。又令張英、陳堯策、林習山屯紮岳廟山，連諸宿鎮護衛成功大營。各設鹿角瞭望，深溝木柵防禦。江南一時震動。"[2] 這實在是一種奇異的部署。明代的南京城垣周圍廣闊，以鄭成功的兵力根本不可能做到將該城包圍得水泄不通，唯一可取的戰術是分兵數路佯攻，藉以迷惑城內清軍；而以主力選擇城守薄弱環節，一舉突破。鄭成功計不出此，他過分迷信自己在軍事和政治上的威懾力量，認為足以迫使城內清軍不戰而降。因此，從七月十二日部署"圍城"安營紮寨，到二十四日全軍敗退，竟然沒有組織過攻城。邵廷采記："初至，馬信即欲揮兵登城。成功不許。"[3] 張煌言也說："然延平大軍圍石頭城者已半月（按：實際為十三天），初不聞發一鏃射城中。"[4] 由於史料不足，我們實在難以準確知道以奪取南京為戰略目標的鄭成功在石頭城下究竟出自何種考慮。野史記載，

1　江日昇《台灣外紀》卷四。

2　江日昇《台灣外紀》卷四。安雙成文引喀喀木與噶褚哈、瑪爾賽、吳孝力等兩件滿文奏本均云"七月十二日，海逆逼近省城，立營八十三座"，可資印證。

3　《東南紀事》卷十一《鄭成功》上。

4　張煌言《北征錄》，出處見前。

當成功部署諸將安營之時，"參軍潘庚鍾曰：細觀城內，必然空虛，可令四面攻擊，齊倚雲梯，此城必然可得。"成功深以為然，正發令各提、鎮預備雲梯、木牌（類似盾的擋箭牌）、布袋（可裝土壘成階坡供登城之用），以便攻城。南京城內的清水師提督管效忠派人來納款偽降，口稱："大師到此，即當開門延入。奈我朝有例，守城者過三十日，城失則罪不及妻孥。今各官眷口悉在北京，乞藩主寬三十日之限，即當開門迎降。""功允其請，而厚賞之，復諭之曰：'本藩攻此孤城，不過一腳尖耳。既然來降，姑准其寬限者，蓋欲取信於天下也。若至期不降，攻入之時，寸草不留。'差者叩首而去。潘庚鍾曰：'此乃緩兵之計，不可憑信，可速攻之。'成功曰：'自舟山興師至此，戰必勝，攻必取，彼焉敢緩吾之兵耶？彼朝實有定例，爾勿多疑。'庚鍾曰：'孫子有云：辭卑者，詐也；無約而請和者，謀也。欲降則降，豈戀內顧？決是城中空虛。速為進兵攻之，乃為上策。'功曰：'古者攻城為下，攻心為上。今既來降，又准其約，若驟然攻之，彼心不服。俟其不如前約，然後急攻，莫謂城內人心悅服，且使天下皆知我行仁義之師。況太祖皇陵在此，亦不宜震動也。'功實以江上兩次之捷，遂不聽庚鍾之言。發令諸提、鎮，嚴防謹守，日則瞭望，夜則伏路，金鼓之聲，日夜不息，守困以待其降。管效忠得差回報允限之言，喜曰：'此乃朝廷之福。'隨密檄附近救援。"[1] 江日昇的記載在跟隨成功南京之役的戶官楊英的著作裏可以得到印證。楊氏記載，七月十一日鄭軍截獲清提督管效忠自鎮江敗回後派往蘇、松等處調集援兵的公文和給清廷的緊急求援疏，其中說："海師二十

1　江日昇《台灣外紀》卷四。按：《孫子》原文為"辭卑而益備者，進也……無約而請和者，謀也"（卷中，行軍第九）。

餘萬、戰船千餘艘，俱全身是鐵，箭射不透，刀斬不入。瓜、鎮二戰，敗回者魂魄猶驚，策戰者鞠縮不前。現攻下鎮江、太平、寧國等府，浦口、六合、丹塗（當作當塗）、繁昌、句容、浦江等縣，滁、和等州；松江提督馬進寶陰約歸口。現在攻圍南都，危如壘卵，乞發大兵南下救援撲滅，免致燎原焰天"，云云。鄭成功閱後非常高興，判斷"南都必降"，當即命人草擬招降書，故意引用管效忠給清廷奏疏中的一兩句窘迫之語，用箭射入城中。"管效忠回有書報，俱有稿在禮科。"[1]同時，還寫了一封密書通知蘇松提督馬逢知。

鄭成功無疑是受騙了。郎廷佐、管效忠和在南京的滿洲將領合謀愚弄固然是原因之一，主要因素還是他陶醉於瓜洲、鎮江兩戰勝利和大批州縣的望風來附。他的一些作為使人不禁想起宋襄公之仁，似乎完全忘記了在總體上清方的兵力比自己強大得多，輕易許諾的一個月時間內必然造成兩種後果：敵方在兵臨城下的態勢下不僅不會鬆懈防守意識，而且可以從容調兵遣將，部署反擊；己方孤軍深入，利在速戰，棄此不圖，銳氣將逐漸消磨。換句話說，鄭成功的部署實際上是把主動進攻變成了被動捱打。

下面再看清方的動態。自鄭成功軍突破長江防線，擊敗南京來援的管效忠部後，清南京滿、漢文官武將已認識到當務之急是確保南京。為了保衛南京，他們一面以管效忠的名義卑辭"請降"，藉以緩兵；一面不惜以放棄部分州縣為代價，從附近地區調集一切可用的軍隊，同時向清廷發出十萬火急的求援奏疏。在援軍陸續到達之前，郎廷佐、喀喀木、噶褚哈、管效忠等人自知兵力不敵，不敢出城作戰，因為出戰必敗，不僅使守城兵力減員，也將影響士氣。

---

1 《先王實錄》。

清方滿文檔案記載，六月三十日南京清軍曾在江面擊敗"首幫抵寧賊船"，"繳獲船隻達二十餘條，五十兩重鍍金王印一顆、錫鑄將軍印一顆，以及大量器械。"[1] 這是清將為向朝廷報功誇大戰鬥重要性而上報的戰果。實際上六月三十日清軍江中之戰的對手只是張煌言所統"先上蕪湖"的"輕舟數十"。煌言自記："七月朔（按：明曆與清曆不同），虜偵我大艍尚遠，遂發快船百餘，載勁虜，侵晨出上新河，順流而下，擊棹如飛。余左右不滿十舟，且無利兵，戰不利，幾困。忽一帆至，則余轄下犂艦也。乘之復戰，後艍續至，虜始遁去，而日已曛矣。詰旦，整師前進。虜兵不出。"[2] 煌言所部"兵不滿千，船不滿百"[3]，平均每船僅乘十人，這麼小的一支船隊被擊敗後，清軍不敢追擊，予以全殲，不是兵力不夠，而是不能遠離南京。這又從一個側面說明了清南京守禦力量相當單薄，也表現出清軍將領的深謀遠慮。

七月中旬，清軍援師陸續趕到南京。蘇州水師總兵梁化鳳於六月二十八日率四千兵卒由崇明出發，在蘇州與巡撫蔣國柱的撫標兵會合，七月十四日進至丹陽，傍晚時分連續接到總督郎廷佐四次調兵入援南京的羽書。化鳳知道南京危急，連夜進兵，十五日上午到達句容縣，這裏是已經向鄭成功納款投降的地方，"丘陵曼衍，草木蒙蘢"，化鳳懷疑有埋伏，下令嚴密戒備，搜索前進，結果毫無鄭軍蹤跡。通過險處以後，梁化鳳笑着對部下說："賊何知，反使有數千人蔽林扼險，則吾能安行無恐哉！"當天深夜即到達南京城下，郎廷

1　見前引安雙成文。

2　張煌言《北征錄》。

3　張煌言《北征錄》。

佐等非常高興，開正陽門讓梁軍入城。[1] 梁化鳳部在十四日傍晚接到救援南京命令，自丹陽急速行軍，次日深夜就進入南京城，只用了一天多時間；而鄭成功在六月十六日攻克瓜洲後，如果由長江南岸登陸，直趨南京，路程比梁化鳳還要短。鄭軍雲集南京城下後又滿足於附近州縣的納降，並沒有派出部隊切斷清軍入援之路。在"圍城"的十二天裏，不僅梁化鳳部長驅直入南京，江蘇、浙江等地的駐防清軍也相繼趕到，"至七月十五日蘇松水師總兵官梁化鳳親統馬步官兵三千餘名至江寧，又撫臣蔣國柱調發蘇松提督標下游擊徐登第領馬步兵三百名、金山營參將張國俊領馬步兵一千名、水師右營守備王大成領馬步兵一百五十名、駐防杭州協領牙他里等領官兵五百名俱抵江寧"[2]；浙閩總督趙國祚和駐防杭州昂邦章京柯魁派鑲黃旗固山大雅大里、甲喇章京佟浩年帶領駐防杭州披甲滿洲兵五百名，浙江巡撫佟國器派撫標游擊劉承蔭領精兵五百名也"星馳赴援"[3]；分駐南京上、下游的清軍也源源到達。當鄭成功沉浸於守城清軍即將投降的夢幻之中時，清方卻在不斷調集援兵，力量的對比逐漸發生變化。

為了說明清方在作戰初期的兵力不足和鄭成功的坐失時機，應當再談一下清廷的震驚。六月十九日清兩江總督郎廷佐密疏報告瓜洲失守，請求"速從京師調遣大兵前來，方可恢復瓜洲，大江兩岸城池亦不致失守。"緊接而來的是鎮江失守、江寧（南京）危急一連串

---

1 吳偉業《梁宮保壯猷記》，見《梅村家藏稿》卷二十五，文集三。《明季南略》卷十六，《郎廷佐大敗鄭成功》條記："七月，南京被圍既久，廷佐檄松江總兵馬進寶及崇明提督梁化鳳入援，進寶不奉檄，化鳳以四千人至。"

2 見《清世祖實錄》卷一二七，順治十六年八月己丑朔江南總督郎廷佐奏報。

3 佟國器《三撫捷功奏疏》，書首識語。

噩耗，鄭軍"勢甚猖獗，連艑長驅，□困江寧，侵犯上游，大江南北各州縣相繼失守，內外信息不通幾一越月。"[1]當時正在北京的王澐記載："居久之，而聞京口之亂，京師大震。東南之客，皆惶怖思歸，至有泣下者。"[2]順治帝福臨驚慌失措，西方傳教士湯若望敍述當時的情況說：皇帝"完全失去了他鎮靜的態度，而頗想作逃回滿洲之思想。可是皇太后向他加以叱責，她說：他怎麼可以把他的祖先們以他們的勇敢所得來的江山，竟這麼卑怯地放棄了呢？他一听皇太后的這話，這時反而竟發起了狂暴的急怒。他拔出他的寶劍，並且宣言為他絕不變更的意志，要親自去出征，或勝或死。為堅固他的言辭，他竟用劍把一座皇帝御座劈成碎塊。照這樣他要對待一切人們的，只要他們對於這御駕親征的計劃說出一個不字來時。皇太后枉然地嘗試着用言辭來平復皇帝的暴躁。另派皇帝以前的奶母到皇帝面前進勸，可是這更增加了他的怒氣。各城門已貼出了官方的佈告，曉諭人民，皇上要親自出征。登時全城內便起了極大的激動與恐慌。"關於福臨要"御駕親征"事，中方文獻裏也有類似記載，王熙當時在清廷任禮部尚書，備受順治皇帝親信，他也記載：己亥（1659）"以海逆入犯江南，上擬親征，奉旨扈從，不果行。"[3]洪若皋也在康熙二十四年（1685）三月追記："世祖章皇帝聞變，震怒，於八月初九日駕幸海子（指北京供皇帝遊獵的南海子），整飭六師親征。是日申時，江南巡撫蔣國柱報賊已破。初十日子時，駕回宮，傳百官於

1 《明清史料》丁編，第三本，第二四二頁，"江南總督題海寇異變稅課委無可徵殘本"。
2 王澐《漫遊紀略》卷二《燕遊一》。
3 王熙《王文靖公集》，自撰《年譜》。

午門宣捷。寇平,以六等治從逆諸人罪,誅殺連年。"[1]七月初八日,清廷"命內大臣達素為安南將軍,同固山額真索洪、護軍統領賴達等統領官兵征剿海逆鄭成功。"[2]清朝最高統治者於震驚之餘,派出的僅僅是達素、索洪等二流人物,可以想見清廷在重兵聚集雲貴之後,已經處於捉襟見肘的境地了。至於對江南清方當局造成的壓力更是不可言喻,除了南京城中的總督郎廷佐等被迫約降以延時日外,漕運總督亢得時因責任攸關,不得不"出師高郵"往援南京,然而他早已聞風喪膽,以為不死於敵必死於法,七月二十一日竟然在途中從船上跳入水中自盡。[3]

第三節　南京戰役失敗和鄭成功退出長江

　　七月下旬,清方守備南京的兵力已經大大加強,而鄭成功頓兵堅城之下不攻不戰,士氣難免低落。就在清軍反攻前幾天,鄭成功命戶官楊英巡視部隊,竟發現前鋒鎮余新部下的士卒離開汛地到江邊捕魚。鄭成功得報後很擔心余新輕敵"僨事",說:"取魚者伙兵則可,或戰兵則事去矣。"[4]二十二日晚上,南京城裏的滿、漢官員認為時機已到,派漢族綠營兵打頭陣,由梁化鳳率領部下騎兵五百餘名出儀鳳門、管效忠領兵出鍾阜門,於次日黎明時分突然對鄭軍營壘發起衝擊。駐守在這裏的余新等部盔甲器械都來不及披掛周全就倉

1　漢譯魏特《湯若望傳》;洪若皋《南沙文集》卷五《海寇記》。按,湯若望說福臨放棄親征是由於他的勸說;洪若皋則說是因為接到了捷報。此事為清廷所諱言,姑且兩說並存。洪若皋在康熙初任福建福寧道,攝福建按察使,並曾入京朝覲,他的記載不能看作一般野史。

2　《清世祖實錄》卷一二七。

3　《清世祖實錄》卷一二七。

4　《先王實錄》。

促上陣，很快被清軍擊敗，余新被俘。[1] 清軍初戰告捷，收兵在城外紮營。[2]

當天晚上，鄭成功依據形勢的變化，重新部署軍隊，以觀音山至觀音門一帶為集結地點，準備同清軍決戰。派左先鋒鎮楊祖統率援剿右鎮姚國泰、後勁鎮楊正、前衝鎮藍衍屯紮大山上，做犄角應援；中提督甘輝、五軍張英伏於山內；左武衛林勝、右虎衛陳魁列陣於山下迎敵；他自己督右虎衛陳鵬、右衝鎮萬祿在觀音門往來策應；後提督萬禮、宣毅左鎮萬義等堵禦大橋頭大路；右提督馬信、宣毅後鎮吳豪、正兵鎮韓英由水路抄躪其後；左衝鎮黃安專門負責水師，防止清軍由水上來犯。鄭成功的這一臨戰部署顯然是不正確的。因為清軍已出城紮營，次日即大舉進攻，鄭軍連夜移營，將士必然感到疲勞，也不可能熟悉地形，無法做好迎戰準備。

南京城中的清方大員在梁化鳳、管效忠出戰得勝後，決定在第二天全力出擊。具體部署是：昂邦章京喀喀木、梅勒章京噶褚哈、瑪爾賽、總兵梁化鳳等率領主力由陸路出戰；提督管效忠等領軍由水路配合；總督郎廷佐等在城留守。二十四日晨，清軍從觀音山後分路直攻楊祖部軍，鄭軍四鎮雖頑強抵抗，終因兵力不敵，幾乎全線崩潰，前衝鎮藍衍陣亡，楊祖、楊正、姚國泰領殘兵逃竄，山頭遂被清軍佔領。鄭成功派右虎衛陳鵬、右衝鎮萬祿登山援救，但為時

---

1 《明季南略》卷十六《郎廷佐大敗鄭成功》記余新之敗是因為有奸細輸情於清方，説"廿三日為成功生日，諸將卸甲飲酒，乘其不備，可破也。"清兵如計而行，遂獲大勝。成功生日為七月十三日，與此不合。鄭軍懈怠是失利的原因。

2 南京城下雙方交戰的開始諸書記載不完全一致。《先王實錄》云："二十二日午，虜就儀鳳門抬炮，與前鋒鎮對擊。我炮架並堵塞路口，俱被擊碎，官後無站足。虜齊擁大隊衝來，或由唐項爬下，前鋒鎮余新、左營董廷並各大小將領官兵全軍戰沒，中衝鎮副將蕭拱柱亦戰陣亡，蕭拱宸浮水而逃。時藩見前鋒營炮響，必是虜警，催左提督迅援不及，虜破前鋒鎮營，隨蜂擁出城住紮。"按，二十二日及二十三日兩天的戰鬥在清方檔案中均作二十三、二十四日。

已晚。清軍乘勝由山上以壓頂之勢向明軍猛撲，一舉包圍了駐守山谷內的中提督甘輝、五軍張英部，二將領兵死戰不得脫，甘輝被俘，張英陣亡。列營於山下的林勝、陳魁兩鎮也全軍覆沒。後提督萬禮等在大橋頭遭到清兵首尾夾攻，兵敗，萬禮被俘，萬義泅水逃出。鄭成功見陸師已經全線崩潰，命令參軍戶官潘庚鍾站在表示統帥駐處的黃蓋下面，自己率領親隨衛士趕往江邊調水師。但是敗局已定，有限的水師既要保護隨軍眷屬，又要為撤退留下後路，沒有力量扭轉形勢了。清軍乘戰勝之威進攻鄭成功的指揮所，潘庚鍾揮眾力戰直至陣亡。鄭軍雖敗，其將士的英勇獻身精神實堪稱讚。邵廷采記："余遊吳淞，遇梁化鳳部將管姓者，述己亥戰事頗悉。其人身在軍中，自石灰山轉戰而下，聲如崩山。然猶按步鼓收兵，至後乃大潰，延平師有紀律如此。……化鳳亦言：當勁敵多矣，未有如鄭家之難敗者。"[1] 至此，攻取南京的戰役完全失敗，鄭成功只有收集殘兵，另圖他策了。

張煌言總結這次戰役失敗的原因說："延平大軍圍石頭城者已半月，初不聞發一炮姑射城中，而鎮守潤州將帥亦未曾出兵取旁邑，如句容、丹陽實南畿咽喉地，尚未扼塞，故蘇、松援兵得長驅集石城。余聞之，即上書延平，大略謂'頓兵堅城，師老易生他變，亟宜分遣諸將盡取畿輔諸城，若留都出兵他援，我可以邀擊殲之，否則不過自守虜耳。俟四面克復方以全力注之，彼直檻羊阱獸也。'無何，石頭師挫，緣士卒釋兵而嬉，樵蘇四出，營壘為空，敵諜知，用輕騎襲破前屯。延平倉促移帳，質明，軍竈未就，敵傾城出戰，兵無鬥志，

---

1 《東南紀事》卷十一《鄭成功》上。

竟大敗。"[1] 這段話對鄭成功的驕傲輕敵，部署不當，做了相當精闢的論述。

二十五日，鄭成功率領敗軍乘船到鎮江，查明將領和兵員損失情況，把陣亡、被俘將領部下的士卒撥歸其他將領統轄。二十八日，即主動放棄鎮江、瓜洲等城市，全軍（包括在鎮江投降的高謙等部，但不包括張煌言部）退出長江口。[2]

八月初四日，鄭軍退到吳淞；初七日兵船集中於平洋沙、稗沙一帶。鄭成功有意攻佔崇明縣城，控制長江出海口。"初八日，舟師至崇明港，集諸將議曰：師雖少挫，全軍猶在，我欲攻克崇明縣，以作老營，然後行思明（廈門）吊換前提督等一支，再圖進取。一則逼其和局速成，二則採訪甘提督等諸將生死信息，三則使虜知我師雖敗，尚全力攻城，不敢南下襲我。諸將以為如何？眾答曰：可。於是隨派防水師並攻城官兵。"初十日鄭軍在崇明登陸，派右武衛周全斌攻西門，宣毅後鎮吳豪攻北門，正兵鎮韓英攻東北角，後衝鎮攻西南角。次日上午開始大舉攻城，鄭成功親自督戰。清游擊劉國玉、仝光英、王龍、陳定等據城頑抗。韓英和監督王起俸奮勇攻城，都被清軍火銃擊傷，幾天後傷重而死。鄭成功還想讓其他將領帶兵猛攻，周全斌建議："官兵被創之餘，昨日韓英被傷，聞者寒心，無心戀戰。且得此孤城絕島亦是無益，不如暫回汛休養。"鄭成功同意了這一意見，傳令班師。[3]

---

1 張煌言《北征錄》，這裏的引文據查繼佐《魯春秋》附錄本，文字與《張蒼水集》所載稍有不同。

2 清方記清軍收復鎮江在七月二十七日，見《鄭成功檔案史料選輯》，順治十六年"為報明江寧崇明獲捷有功人員事揭帖"殘件。

3 楊英《先王實錄》。參見順治十六年"為報明江寧崇明獲捷有功人員事揭帖"殘件，《鄭成功檔案史料選輯》第三〇九頁。

鄭成功南京之役，清朝官方指斥為"海賊入犯"固無足論，後來的史學家也評論不一，有的稱讚為恢復壯舉，有的譏為輕舉妄動。本書作者認為可以總結出以下數點：

一、鄭成功進攻南京之役是正義的，符合當時百姓的願望。這從他和張煌言領軍溯流而上，大江南北許多州縣的紳民望風歸附可以看得很清楚。戰役前期取得的成果相當驚人。順治十六年九月二十一日江南總督郎廷佐揭帖中有一段概括性文字說："不意海氛狂逞，自五月初旬即寇崇明，旋入京口，至六月中旬陷瓜洲、破鎮江、儀真、六合、江浦，沿江一帶四散蹂躪，直逼省城。又分侵上游，以致寧、太、池三郡屬邑並和、含等州縣相繼失守。……以五、六、七月之間在江北而論，如瓜、儀、天長、六合、江浦、滁、和、含山被陷矣，而淮、揚等郡震鄰滋蔓也。在江南而論，如丹徒、高淳、溧水、建平殘破矣，而上元、江寧、溧陽、丹陽等處界連荼毒也。在上江而論，如太平、寧國、池州、當塗、蕪湖、繁昌、宣城、南陵、貴池、銅陵、無為、舒城、廬江、巢縣等處失守矣，而安、徽、廬三郡接壤地方禍延不小，室廬貨物被其燒毀，子女玉帛被其擄掠，田地禾稻被其蹂躪。今雖寇遁，而逃亡流離大費撫綏。"清方為保衛南京"調集諸路滿漢大兵會剿，齊駐省城，甲士雲屯，戰馬鱗集，所需糧餉，日費萬有餘金……"[1]郎廷佐奏疏中雖不免有誣蔑之詞，但不難看出到決戰前夕清江南地區已勢同瓦解，疏中所列失守城池絕大部分是鄭軍未到而主動反清歸明的，反映了人心的向背。

二、如果鄭成功能夠採納正確建議，進至瓜洲一帶時統率主力由陸路直趨南京，乘城中清軍守備兵力單薄迅速攻城，清方"城大兵

---

1 《明清史料》甲編，第五本，第四五五至四五七頁。

單"，突破一處，殲滅守敵的可能性是相當大的。只要攻下南京，在政治上和軍事上就已佔上風，然後分兵四出，仍在觀望之中的清綠營官兵馬逢知之流和更多的漢族官紳必然反正來歸，頑固不化者聚而殲之。這樣，有可能迅速佔領江南財賦之區，清廷在經濟上必然陷入困境。達素由北京統領南下的一萬餘名援軍和明安達理部先後從荊州東下的兩批援軍數量既有限，又不熟悉水戰，難以扭轉戰局。清廷如果調回進征雲、貴的主力對付鄭軍，不僅路途遙遠，喪失戰機，還將給李定國、白文選等以捲土重來的機會。鄭成功、張煌言若能聯絡夔東十三家的兵力，更將使西南清軍回救江南造成重大障礙。明、清對峙的局面將延續更長時間。時人沈光文總結南京之役道：

> 永曆己亥之歲，延平揚帆出海，撥棹橫江，戈揮於鐵甕（鎮江古名）之南，艦繫於金陵之北。童叟望雲來霓，開天見日，婦女簞食壺漿，鏤骨銘肌。惟因人皆濟美，遂用汝作楫舟；東吳士盡英髦，於是爭先劃刃。瓜、鎮沒水海師，江龍斬斷；義軍登城樹幟，虜醜全輸。京口喋血填濠，守將扶明反正。鄭延平六月興師，十年養銳；張侍郎四方傳檄，七郡來歸。逼金陵城而為營，因岳廟山而樹柵。滿漢望風披靡，胡廷舉朝震駭。死於山者，山變其色；沉於水者，水斷其流。當是時，斷瓜洲則山東之師不下，據北固則兩浙之勢不通。延平若听甘輝之言，南都不待回師而定。奈何大勢已去，望海興悲。壯志未成，待機而動。[1]

1　沈光文《台灣賦》，見侯中一編《沈光文斯庵先生專集》。

三、鄭成功在南京之役中失利，主要原因是犯了輕敵的錯誤，導致清軍能夠揚長避短。“北兒馬，南兒船”，自古如此。從整個戰役來看，南京城內的清軍直到七月十五日梁化鳳部入城之時，馬匹很少，幾乎沒有甚麼優勢可言；鄭成功軍的水師佔壓倒優勢，陸戰主要是依賴裝備有火器、鐵盔甲的步兵，利於攻守城池，不利於野戰。若能抓緊戰機，乘清軍騎兵未集之時猛攻南京，取勝的把握頗大。待到清軍各路援軍抵達，編組成一支頗有威懾力的騎兵時，鄭軍就窮於應付了。名將甘輝和其他部署在觀音山諸將的覆敗，都同缺少騎兵有密切關係。鄭成功在戰略上的失誤還表現在重兵進抵南京城下之後，即便一時不能破城，也應該分派部分軍隊接管南京周圍州縣，切斷清方援軍入城道路。中提督甘輝在進攻南京之前就提出建議：“兼程而進，逼取南都。倘敢迎戰，破竹之勢，一鼓而收；不則圍攻其城，以絕援兵，先破其郡，則孤城不攻自下。”[1]可惜鄭成功沒有採納他的意見。甘輝被俘之後，同萬禮、余新一起押到郎廷佐等滿漢官員面前，萬禮、余新下跪，甘輝踢之曰：“癡漢尚欲求生乎！”大罵不屈，英勇就義。[2]人們常常以成敗論英雄，未必正確。在甘輝、張煌言這樣有勇有謀、忠貞不渝的將領面前，長江之戰的勝利者清方任何一位將領都難以望其項背。吳偉業出於無奈給梁化鳳寫了《壯猷紀》，但他良心不昧，對出仕清朝深自痛悔，在一首詞中寫道“為當年沉吟不斷，草間偷活”，到頭來“竟一錢不值何須說”。[3]梁化鳳統兵赴援，爭先出擊，得了頭功以後，又把部下的良馬抽出供“滿洲大兵”乘騎，讓自己的部分士兵徒步為“大兵”開路。這種奴才氣味

1　《先王實錄》。

2　阮旻錫《海上見聞錄》（定本）。

3　《吳梅村詩集箋注》卷二十四，詩餘《賀新郎·病中有感》。

十足的做法得到主子的賞識自在情理之中。戰役勝利以後，他與巡撫蔣國柱"兵過無錫洛社，花貨滿載，牛羊絡繹不絕，餘可知矣。所掠婦人俱在蘇州發賣，鎮江凡失父母妻子者，貼票各府縣尋覓甚眾，無錫城門招子粘滿。"[1] 這同張煌言軍的紀律嚴明適成鮮明對照，誰是王者之師，誰是殃民之賊，難道還不清楚嗎？

四、鄭成功嫡系軍隊中存在海盜遺風也是失敗原因之一。史籍記載，鄭成功原來計劃攻取江南為基業，進軍時曾經下令軍隊不得侵犯長江以南各府州百姓，但可以從江北地區"籌糧徵餉"。[2] 何況，在長江以南的某些地區鄭軍也有以征服者自居，任意殺掠的行動。李鄴嗣記"己亥之夏……海師忽奄至，縱兵大搜牢，殺（浙江鄞縣）東鄉萬餘人"，李鄴嗣的好友丘棟隆也由於海師"索其財，無有，因殺之"。[3] 李鄴嗣是張煌言的好友，順治九年煌言父張圭章卒於鄉，李為之營葬。[4] 畢生以復明為志的李鄴嗣無論如何也想不到打着復明旗號的鄭成功"海師"在自己的家鄉演出了一場"露刃如麻，萬夫罹凶"的慘劇。乙酉（1645）以後，李鄴嗣的父親李鄴和許多親友被清政府殺害，然而他"未有如哭吾丘君之甚者也"，遺民的隱痛真是難以言表。這就說明，鄭成功進攻南京之役不僅在軍事上連續犯了大錯誤，在政治上也有不少喪失人心之舉，從而導致全盤覆敗。

上面探討了鄭成功南京之役失利的幾個原因，就明清雙方對峙的局面來考察，鄭成功最大的失策是私心自用。南京戰役顯示了他的兵力相當強盛，當順治十年、十一年李定國、孫可望軍威大振時，

1　計六奇《明季南略》卷十六《郎廷佐大敗鄭成功》條。

2　參見楊英《先王實錄》。

3　李鄴嗣《杲堂詩文集》之《杲堂文鈔》卷六，《丘於渭墓誌銘》。

4　《張蒼水集》第二一六頁，全祖望撰《年譜》。

鄭成功如果真心擁戴永曆朝廷，親率主力會師夾攻，江南必下無疑。可是他始終按兵不動，直到清軍佔領貴州，永曆朝廷已經很難招架的時候，他才大舉進攻南京。換句話說，鄭成功的復明是以他自己為首的"明"，在西南永曆朝廷明軍兵勢尚盛時，他絕不肯出兵配合作戰；他自以為最聰明的戰略是西線明軍敗退已遠，又還牽制着清軍主力時大舉出兵收取江南是最佳方案；相對於清廷權威集中，用兵總能着眼於全局，則是最壞的戰略。總之，鄭成功的設想和舉措同李定國、張煌言很不一致，以往的史學家常把鄭成功同李定國、張煌言描繪成志同道合，究其實際卻是志不同、道不合。南明之未能中興，關鍵正在於許多實力集團的首腦視本集團的利害高於抗清大業。

　　鄭成功的長江戰役雖然以失敗告終，仍不失為明清之際歷史上光輝的一頁。它是清初反對滿洲貴族推行暴虐的民族征服政策的最後一次大規模戰役；它曾經使清廷統治者聞風喪膽、坐臥不寧，各地仁人志士為之興高采烈、翹首以待；在我國軍事史上很難找到類似的戰例。清廷於險勝之後，痛恨江南地方官員無能，順治十七年（1660）三月，清廷以海師入犯，"巡撫蔣國柱、提督管效忠等敗績遁走"分別議罪，得旨："蔣國柱免死革職，與本王下為奴。管效忠免死，革提督並世職，鞭一百，發包衣下辛者庫為奴，俱籍沒。"協領費雅住巴圖魯、札爾布巴圖魯俱革世職立絞籍沒，牛錄章京當都、巴龍布達什俱革職立絞籍沒。[1] 兩年之後，大規模地實行沿海遷界（簡稱遷海），同鄭成功、張煌言指揮的長江戰役有密切關係。

---

1 《清世祖實錄》卷一三三。

第四節　張煌言的招撫南京上游州縣

　　張煌言同鄭成功北入長江，鄭成功以張煌言熟悉長江情形，派他領水軍擔任先鋒。攻克瓜洲後，鄭成功計劃直攻南京，張煌言認為鎮江是長江門戶，"若不先下，則虜舟出沒，主客之勢殊矣。力贊濟師鐵甕（即鎮江）。而延平猶慮留都援騎，可朝發而夕至也。余曰：何不遣舟師先持觀音門，則建業震動，且自守不暇，何能分援他郡。延平意悟，即屬余督水師往，且以直達蕪湖為約。"[1] 他所統水軍因海舟長大逆江難行，換乘沙船，牽輓而前。經儀真至六合，得知成功大軍已於六月二十四日擊敗清軍、克復鎮江，即致書五軍張英（張英字茂之），"謂兵貴神速，若從水道進師，巨艦逆流，遲拙非策。"極力主張由陸路徑趨南京。他自己為配合進攻南京，唯恐後期，命士卒下船於兩岸蘆葦中晝夜牽纜，六月二十八日到達南京觀音門下。不料，成功大軍並未登陸，仍舊乘船由水路進發。煌言所部先已改用較小的沙船，尚須索輓而行，成功所統多係海舟，行動遲緩，兩軍距離越拉越大。七月初一日，清南京守軍見張煌言所統前鋒水軍孤立無援，乃發快船一百餘艘出上新河順流攔擊。張軍因兵少受挫，但清方知道鄭成功大軍在後，不敢戀戰。張煌言集結所部兵船仍游弋於南京附近江中，派出使者招徠各州縣。當時，清朝南京一帶兵力單薄，江南各地士紳心念明朝者頗不乏人。他們聽說海上義師大舉入江，不少人起而響應。張煌言在南京城下江中失利後，停舟於江北浦口，浦口清軍百餘騎竟在七月初四日從北門逃遁，張煌言部

1　張煌言《北征錄》。

下七名士卒即由南門入城。[1] 次日（初五日），鄭成功親統大批舟師進抵南京城下江中的七里洲，同張煌言會商攻取南京。這時，傳來了蕪湖等地官紳納降歸附的消息，鄭成功認為收取上游郡縣既可以收復失地，聲張兵威，又可以堵截湖廣、江西等地順江來援的清軍，就請張煌言率領舟師西上，自己負責進攻南京。這以後兩人分兵作戰，用張煌言的話來說：「幕府之謀，自此不復與聞矣。」[2]

七月初七日，張煌言到達蕪湖，部下兵不滿千，船不滿百。他以延平郡王鄭成功的名義發佈檄文告諭州縣：

> 昔五胡亂夏，僅一再傳而滅。今東虜應讖，適二八秋之期。誠哉天道好還，況也人心思漢。慨自李賊倡叛，神京陸沉。建酋本我屬夷，屢生反側，遂乘多難，竊踞中原。衣冠變為犬羊，江山淪於戎狄。凡有血氣，未有不痛心切齒於奴酋者也。本藩奉天倡義，代罪弔民，臥薪嘗膽，法古用兵。生聚教訓，已逾十年。正朔難偏，僅存一線。茲者親統大師，首取金陵，出生民於水火，復漢官之威儀。爾偽署文武將吏，皆係大明赤子，誰非中國紳衿。時窮勢屈，委質虜廷，察其本懷，寧無隱忍？天經地義，華夷之辨甚明；木本水源，忠孝之良自在。至如遼人，受我朝三百年之豢養，遭逆虜三十載之摧殘。祖父既受其刑毒，母妻甚被其宣淫。爾二三孤兒，尚為旗下之奴；百千弱女，竟作胡中之婦。報仇雪恥，豈待異時；歸正反邪，端在今日。則張良報韓，先揮

---

1 張煌言《北征錄》。楊英《先王實錄》記於七月初一日，説有「虎衛將四員」、哨兵四人登岸，防守浦口清兵二百人即由北門逃走，「本縣土民迎接官兵八人入城鎮守」，「時童謠有云：是虎乎否？八員鐵騎，驚走滿城守虜」。
2 張煌言《北征錄》，見《張蒼水集》第四編。

博浪之椎；朱序歸晉，遂成淮淝之捷。或先機革面，或臨敵改圖。以全省全部來歸者，不吝分茅裂土；以一邑一鎮來歸者，定與度地紀勳。或率兵而至，則論其眾寡而照數授職；或潔身而來，則就其職掌而量材超擢。若蒙古、女真，世受國家撫賞之恩，原非一類，共在天地覆載之內，亦有同仇，無懷二心，視之一體。不但休屠歸漢，名高日磾；且如回紇扶唐，烈光葉護矣。本藩仁義素著，賞罰久明。先機者有不次之賞，後至者有不測之誅。一身禍福，介在毫芒；千古勳名，爭之頃刻。師不再舉，時不再來，佈告遐邇，咸使聞知。敬哉特諭。[1]

檄文以先聲奪人的政治攻勢來彌補自己兵力的不足。這一策略果然收到極大的效果，"江之南北相率來歸。郡則太平、寧國、池州、徽州；縣則當塗、蕪湖、繁昌、宣城、寧國、南陵、南寧、太平、旌德、貴池、銅陵、東流、建德、青陽、石埭、涇縣、巢縣、含山、舒城、廬江、高淳、溧水、溧陽、建平；州則廣德、無為以及和陽，或招降，或克復，凡得府四、州三，縣則二十四焉。"進軍過程中，由於部分清軍歸順和義勇參加，兵員也不斷增加，"水陸兵至萬餘"。[2]張煌言孤軍深入竟然取得這樣巨大的成果，原因主要有三個：一是清朝在長江下游的兵力單薄；二是各地紳衿百姓不忘明室；三是張煌言治軍紀律嚴明，所到之處秋毫無犯。史籍記載，張煌言駐軍於蕪湖時，"一兵買麵價值四分，止與十錢。店主哄起白張，張問

1　見《張蒼水集》第一編。按，尾署"永曆十三年七月二十日給"。明朝制度，一字王為親王，二字王為郡王，鄭成功受封延平王，稱延平郡王亦可。

2　《張蒼水集》中所收《北征錄·上監國啟》。按，啟本中說"通計得江南北府州縣三十餘城"，與《北征錄》記載數字略有差異。又，"南寧"當為誤寫，查繼佐《魯春秋》附《北征錄》無南寧，但仍云"縣則二十四"；鄭達《野史無文》所收《北征錄》亦無南寧，云："凡得府四、州三、縣二十三。"

兵，曰：'誠有之，時無錢耳。'張曰：'汝食大糧，何云無錢？'將藍旗一面投下，曰：'拿下去！'左右縛兵，兵問故，曰：'張爺令斬汝。'兵大驚曰：'吾罪豈至此乎？容吾回稟。'張曰：'吾有諭在外，即一錢亦斬，況四分乎？'遂斬之"。[1] 張煌言自記："予之按蕪邑，兵不滿萬，船不盈百，惟以先聲相號召，大義為感孚，騰書薦紳，馳檄守令，所過地方，秋毫無犯，偶有遊兵闌入摽掠者，即擒治如法。以故遠近壺漿恐後，即江楚州中豪傑，多詣軍門受約束，請歸禡旂相應。"[2] 張軍紀律嚴明，受到百姓廣泛歡迎，士大夫更以重睹漢官威儀為盛事。史載："寇之入宣城也，謁文廟，坐明倫堂，博士諸生儒冠潔服，不期而會得數百人。薦紳執事，威儀稱盛。"[3] 這些事實都說明當時反清復明勢力的社會基礎還相當大，鄭成功在南京戰敗主要是用兵不當，不能歸因於清朝統治已經基本穩固，把鄭成功、張煌言發動的長江戰役說成是注定要失敗的軍事冒險。

七月二十四日，鄭成功在南京大敗，隨即主動放棄鎮江、瓜洲，倉促退出長江。當時，張煌言正在寧國府（府治宣城）接受新安（即歙縣，徽州府治）來降的使者[4]，突然得到南京戰敗的消息，立即趕回蕪湖。他鑒於自己的軍隊已經收復蕪湖、池州、寧國、太平一帶地區，但兵力不足，就派了一個名叫松隱的和尚帶着帛書由間道去尋找鄭成功的行營，信中寫道："勝敗兵家常事，不異也。今日所恃者民心爾，況上游諸郡邑俱為我守，若能益百艘來助，天下事尚可圖

1 計六奇《明季南略》卷十六《郎廷佐大敗鄭成功》條。

2 張煌言《北征錄》，此處據鄭達《野史無文》卷十三轉錄本。

3 顧公燮《丹午筆記·員文先生》。

4 張煌言《北征錄》。按，此文各本稍有出入，《張蒼水集》作："時余在寧國，受新都降，報至，遽返蕪城。"查繼佐《魯春秋》附《北征錄》作："時余在寧國府，受新都降，報至，遽返蕪邑。"鄭達《野史無文》卷十三作："時予在寧國，受新安降，敗報至，遽返蕪湖。"新都屬四川省，新安為徽州舊稱，鄭達本較準確。

也。儻遽捨之而去，其如百萬生靈何？”可是，鄭成功部主力迅速撤出長江，煌言的帛書根本無從寄達。[1] 我們固然不能說如果鄭成功在南京城下戰敗後，留守鎮江、瓜洲整頓部伍，並且按張煌言的要求派出一百艘戰船增援張軍，長江戰役就將轉敗為勝；但有一點是可以肯定的，鄭成功既然在兵至南京時再三敦勸張煌言率部收取上流州縣，兵敗撤退時至少應當通知並等待張軍回航後一道東下。從張煌言出險後所作《北征錄》中清楚地表明鄭成功退出長江時並沒有告知張煌言，這無異於置張軍於死地。張煌言云：“初意石頭師即偶挫，未必遽登舟；即登舟，未必遽揚帆；即揚帆，必且據守鎮江。余故彈壓上流，不少動。”[2] 按當時形勢分析，鄭軍在南京城下陸戰大敗，江中舟師的優勢仍然是顯而易見的，在清方組織重兵進攻鎮江、瓜洲以前，完全沒有必要那樣匆促撤退。鄭軍撤出南京以下水域，使處於蕪湖等地的張煌言部陷入極端困難的境地。清兩江總督郎廷佐等人認定這是消滅孤立無援的張軍的最好時機，他們一面調集水、陸軍切斷張軍出海退路，“江中虜舟密佈”，“百計截余歸路”；一面寫信招降，遭到煌言堅決拒絕。八月初，張煌言得知清安南將軍固山額真明安達理帶領的一支軍隊為援救南京由荊州乘船東下已經到達安慶[3]，己部已處於東、西夾攻之中。在同部將商議後，張煌言決定移舟西上，迎戰缺乏水戰經驗的荊州清軍，然後進入江西鄱陽湖，另闢抗清局面。八月初七日，張軍在安徽繁昌、荻港、三山江西與

1　張煌言《北征錄》，此處引自鄭達《野史無文》本。

2　《北征錄》。張煌言《上監國啟》中說：“豈意延平藩師潰於金陵，倉卒南旋；臣之孤軍，竟陷重地。”《上行在陳南北機宜疏》（致永曆朝廷）也有相同說法，見《張蒼水集》第十四頁、第二十一頁。

3　張煌言《北征錄》（《野史無文》本）作“忽諜報楚來清將羅將軍者戰船數百隻已至安慶”，據《清世祖實錄》卷一二七當即明安達理部。

明安達理所統清軍相遇，雙方互有傷亡。[1] 這天夜晚，明安達理因為不知道南京已解圍，急於東下，發炮起航。煌言部下將士早知退路已斷，軍心不穩，半夜聽見炮聲轟然，以為是清軍劫營，各自解纜開船，有的返回蕪湖，有的前往巢湖，業已潰不成軍。天亮以後，湖廣清軍已東下南京，張煌言點檢部下兵將寥寥可數，"江西之役，已成畫餅矣"。為避免在長江中被清軍殲滅，張煌言把所乘海船鑿沉，準備換坐小舟由水道入巢湖。有內地復明人士向他建議，巢湖入冬水涸，難以長期堅持水戰，不如捨舟登岸，直趨皖、鄂交界的英山、霍山地區，這一帶紳民曾長期據險抗清，可以同他們會合堅持鬥爭。張煌言接受這一意見，下令焚毀船隻，率眾登陸，取道桐城前往英、霍山區。由於張軍長期在海上作戰，不習慣走山路，又攜帶許多家眷輜重，一天才走三四十里。八月十七日，行至霍山縣陽山寨下，"寨在山巔，可容萬人，饒水泉，向多義旅。"可是，這時盤踞該寨的褚良甫早已接受清方招撫，又聽說鄭成功大軍已敗，堅決拒絕煌言部眾入寨。張煌言進退失據，部下在清軍追擊下，四竄山谷。他身邊只剩下兩名隨從，在地方義士的掩護下改裝易服，由山路趨安慶、建德、祁門、休寧、衢口、淳安、遂安、義烏、天台、寧海抵海濱，歷時近半載，行程二千餘里，艱苦備嘗，終於回到了海上義師軍中。

---

1 見《北征錄》與《清世祖實錄》卷一二七。

第三十章

永曆朝廷的覆亡

第一節　永曆帝流亡緬甸

1659 年（順治十六年、永曆十三年）閏正月二十五日（丙子），朱由榔和小朝廷的文武官員在平陽侯靳統武護衛下，由永昌府（今雲南保山市）退到盞達土司，第二天行至布嶺，距離中緬邊境已經不遠了。馬吉翔認為只要進入緬甸國境就可以保住身家安全，同他的弟弟馬雄飛、女婿楊在秘密商議道："我等百千謀議，方得車駕幸緬。今從官相隨又已至此。萬一得有寧宇，上意必悔不早入蜀；在廷又欲持文墨以議我弟兄。今護衛平陽侯右協孫崇雅與我極為同心。莫若先示以意，使之妄傳追逼，則乘輿今夜必兼程入關。伺夜半昏黑，車駕一過關，便將從官盡劫，則東奔西竄，流離萬狀，必無有隨駕者矣。"三人議定後即往告知孫崇雅。孫是靳統武的部將，本已感到前途黯淡，又有馬吉翔的慫恿，乘機發一筆國難財，何樂而不為？於是在這天晚上縱兵大肆擄掠。在夜色籠罩之下亂兵搶劫，連永曆皇帝也未能幸免，光着腳上不了山，直到天威營等兵趕到，才在深夜竄到銅鐵關（指銅壁關和鐵壁關），隨行的文武官員在流離當中又遭搶劫，苦不堪言；不少將士也在混亂當中若鳥獸散。

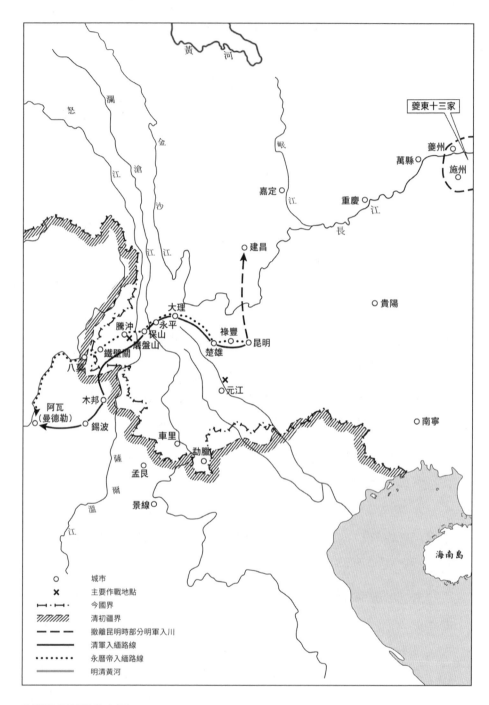

永曆帝入緬及敗亡圖

二十六日白天到曩本河，距緬關十里。黔國公沐天波先派人去通知守關緬兵。由於歷史的原因，明朝鎮守雲南的沐國公是緬甸當局熟知的人物，守關緬兵紛紛下馬以禮相待。當他們得知隨永曆帝避難緬甸的文武有近兩千人馬，要求"必盡釋甲仗，始許入關。"永曆帝同意，"一時衛士、中官盡解弓刀盔甲，器械山積關前，皆赤手隨駕去。"[1] 這一舉動曾經遭到一些忠於明室的人士的指責，認為自動解除武裝是"墮緬人計"，"向使馬吉翔、孫崇雅不暮夜兼程，則車駕入緬，護兵不散，猶易於出險而會兩藩（指晉王李定國、鞏昌王白文選），緬人不敢拘執，況敢獻清乎？"[2] 就當時形勢而言，緬甸是個比較弱小的國家，其當局接受南明皇帝入境避難而要求解除隨行人員武裝無可非議。問題在於朱由榔貪生怕死，在李定國等人還在雲南西部邊境地區組織兵力抗擊清軍時，就在馬吉翔之流攛掇下流入外邦，過着寄人籬下的生活，以為這樣清朝就可以放過他們，從而苟且偷安。

作為實權人物的李定國在兵力不足以保衛昆明時，對朝廷的去向可能做了不正確的決策。他沒有堅持取道建昌入據四川，即便形勢危急還可以順長江而下同據守夔東的抗清義師會合，而贊成了馬吉翔等人向中緬邊境撤退的錯誤主張。然而，決策西撤並不等於同意流亡緬甸。事實上他自己當時沒有入緬，由他指派的護駕隊伍靳統武所轄兵員也只是到關為止，沒有跟隨永曆朝廷進入緬甸。當他接到靳統武的報告，緬甸當局禁止南明軍隊入境，永曆帝下令隨行人員自動解除武裝後，"慮緬情叵測"，派高允臣趕去，企圖追回永

1　劉茝《狩緬紀事》。

2　劉茝《狩緬紀事》。

曆帝和隨行人員，不料，高允臣一入緬境即遭到緬方殺害。[1]從後來的情況看，李定國同白文選等一再出兵緬甸想把永曆帝迎接回來，表明朱由榔的流亡緬甸根本未徵得李定國、白文選等最高將領的同意。從復明事業來看，永曆帝慌不擇路地進入外邦避難，標誌着旗幟半倒，給各地的復明志士在心理上蒙上了一層濃厚的陰影。對李定國、白文選等人來說，既要在窮山僻壤的邊境地區繼續抗擊清軍，又要擔心在緬甸的永曆帝的安全，弄得顧此失彼，心力交瘁。

朱由榔、沐天波和其他朝廷隨行人員在順治十六年閏正月二十六日進入緬甸以後，二十九日到蠻莫，當地緬甸土官思線前來迎接，永曆帝賜給了金牌、緞帛厚禮。[2]當時，黔國公沐天波、華亭侯王惟華、東宮典璽太監李崇實三人頭腦還比較清醒，他們認為把朝廷命運完全置於緬甸保護之下，萬一緬甸當局態度發生變化，將帶來難以預料的後果。因此，經過商議後共同提出建議："此地屬緬邊，尚未深入。我等若將文武將士一半隨大駕（指朱由榔）入緬，以一半導太子入茶山調度各營，即上在緬地亦有外援可恃。不然，深入夷穴，音耗內外不通，終於生困。"永曆帝覺得這個建議有道理，可以考慮；可是，中宮王氏卻捨不得愛子遠離身邊，堅持不肯。[3]朱由榔唯恐清軍跟蹤而來，自身難保，離開蠻莫時即諭土官思線砍倒樹木，阻塞道路。思線既得此諭，就在車駕啟行後，對關內外山箐搜括三天，碰上倉皇追駕的明朝官員一律加以拘捕，抄沒隨身財物，身強力壯者殺害於關前溝下，老弱者散給各土寨令其舂米，被折磨

---

1 邵廷采《西南紀事》卷十《李定國傳》。鄭達《野史無文》卷九，馮甦《見聞隨筆》卷下等書均作高允臣；劉茞《狩緬紀事》寫作岳陽伯王允臣。

2 G. E. Harvey（哈威）著，姚枬譯注《緬甸史》（1957年3月修訂譯本）第二三一頁記，永曆帝贈給緬王黃金一百緬斤（三百六十五磅）。

3 劉茞《狩緬紀事》。

而死的即投入江中，銷屍滅蹤。三十日，行至河邊（約為八莫，靠伊洛瓦底江）。二月初二日，緬甸國王派了四艘客船來迎接。由於船隻狹小，永曆帝挑選隨從官員六百四十六人扈從三宮由水道南下，其中有的官員還是自己出資僱買船隻隨行；剩下的九百多人由總兵潘世榮保護岷王世子等騎馬走陸路，其中有文書房太監江國泰、劉九皋、劉衡、段然忠、翟國禎等十四人，文官朱蘊金等，武官溫如珍、范存禮、姜承德、向鼎忠、高升、季大勝、謝安祚等。

永曆帝聞風喪膽、自亂陣腳從他即位以來已成司空見慣。逃入緬甸時，李定國還在組織磨盤山戰役，清軍不可能直接威脅到小朝廷的安全。然而，二月初四日馬吉翔、李國泰擁簇着永曆帝登上緬甸客船，不僅隨從文武官還有不少人船隻沒有着落，連太后和東宮都沒人料理。永曆帝坐船開行後，太后大怒，說道："皇帝此時未至顛沛，即不顧親娘耶？"朱由榔等才停泊了兩天，到初六日水路人員草草準備就緒，陸續開船南下。一路上緬甸寨民供應物品，十八日船到井梗（地近當時緬甸都城阿瓦，今曼德勒）。二十四日，緬甸國王請永曆帝派兩位大臣過舟講話。朱由榔派中府都督馬雄飛（馬吉翔之弟）、御史鄔昌琦前往"宣諭南幸之意"[1]。儘管永曆朝廷仍以宗主國自居，事實上卻是逃難而來，這點緬甸君臣自然非常清楚。為了避免禮節上難以處理得當，緬甸國王拒絕接見使者，只派漢人通事居間傳達信息。通事拿出明神宗時頒給緬甸的敕書同馬雄飛、郭昌琦帶來的永曆敕書相核對，發現所蓋玉璽大小稍有出入，因此對永曆朝廷的正統地位產生懷疑。[2] 幸虧沐天波攜有歷代相傳的征南將軍

---

1 《狩緬紀事》；鄧凱《也是錄》。

2 明代歷朝相傳玉璽在 1644 年大順軍入京時已被繳獲，這以後弘光、隆武、永曆三朝都另行製作，為了防止落入他方之手的玉璽可能被利用，每次製作的玉璽規格必然會稍有差異。

印在明代同西南沿邊土司和接壤國家往來文書中經常使用，緬甸當局對比之後才解除了疑惑，允許永曆帝和他的隨行人員暫時居留境內。

由潘世榮帶領取陸路南行的明朝官員士卒在三月十七日就到達了緬都阿瓦城隔河對岸處。由於人馬雜沓，引起緬甸國王的不安，他說："此等非避亂，乃是陰圖我國耳！"派出兵丁加以包圍，強行把這批南明人員不分男女老幼分別安插於附近各村民家看管，一家一人，禁止往來。這批南明人士頃刻之間妻離子散，家產蕩盡，失去了人身自由。通政使朱蘊金、中軍姜成德被迫自縊。[1]

五月初七日，緬甸當局才把永曆帝及其隨從由井梗移到原陸路人馬到達的阿瓦城隔河相望的地方，用竹子圍造了一座城，裏面建草房十間作為永曆帝的住所，其他隨行官員人等自行構房居住。

朱由榔和他的隨從人員在緬都阿瓦城郊居住下來以後，同國內（包括邊境地區）的抗清實力之間已經很難保持聯繫，所謂"朝廷""正朔"不過虛有其名。緬甸當局雖然允許他們入境避難，卻始終沒有給予正式的官方接待。儘管緬甸國王住在阿瓦城中，流亡入緬的永曆君臣住於阿瓦城外，隔河相望，近在咫尺，各種文獻卻表明，兩人從來沒有見過面。

開初，緬甸當局還給予一些物資幫助，即所謂"進貢頗厚"。永曆帝也還攜帶了一點積儲，有意回贈一份厚禮，用明朝習慣的說法是居高臨下的"賞賜"。緬甸官員表示"未得王命，不敢行禮"[2]，意思是不願對明朝皇帝行藩臣禮。朱由榔既無實力，也只好聽其自然。

---

1 鄧凱《也是錄》。
2 《狩緬紀事》。

永曆朝廷暫時得到安置，多數文武官員毫無失國憂君之念，繼續過着苟且偷安、苦中作樂的生活。據記載，當地的緬甸居民紛紛來到永曆君臣住地進行貿易，這本無可非議，許多南明官員卻不顧國體，"短衣跣足，混入緬婦，席地坐笑。"[1]一些緬甸人士也鄙夷這種醜陋行徑，私下說道："天朝大臣如此嬉戲無度，天下安得不亡？"[2]一位通事也說："我看這幾多老爺越發不像個興王圖霸的人。"[3]永曆帝為了維護小朝廷的安全和體統，決定派官員輪流巡夜，奉派官員即乘機"張燈高飲，徹夜歌號"[4]。這年八月間，朱由榔左腳患病，晝夜呻吟。馬吉翔、李國泰於中秋節晚上會飲於皇親王維恭家內，維恭家有廣東女戲子黎應祥，吉翔、國泰命她歌曲侑酒，黎應祥流着眼淚說："上宮禁咫尺，玉體違和，此何等時，乃欲行樂。應祥雖小人，不敢應命。"王維恭竟然拿起棍子就打。朱由榔听到哄鬧哭泣之聲，派人傳旨道："皇親即目中無朕，亦當念母死新喪，不宜聞樂。"[5]王維恭等人才暫時收斂。此外，綏寧伯蒲纓、太監楊國明等大開賭場，日夜呼么喝六，一片喧嘩。永曆帝大怒，命錦衣衛士前往拆毀賭場，諸臣賭興正濃，哪管甚麼皇帝聖旨，換個地方重開賭場，喧囂如故。

　　八月十三日，緬甸國王派人來請黔國公沐天波過江參加十五日的緬歷年節。沐天波攜帶永曆帝原擬贈送的禮品過江後，緬甸君臣不准他穿戴明朝衣冠，強迫他換上民族服裝同緬屬小邦使者一道以

1　《狩緬紀事》。

2　《狩緬紀事》。

3　金鐘《皇明末造錄》。

4　《狩緬紀事》。

5　《狩緬紀事》。

臣禮至緬王金殿前朝見。按明朝二百多年的慣例，鎮守雲南的黔國公沐氏代表明帝國管轄雲南土司並處理周邊藩屬國家的往來事務，體統非常尊貴。這時卻倒了過來，要光着腳身穿民族服裝向緬王稱臣，心中苦惱可想而知。禮畢回來後，沐天波對朝廷諸臣說："三月在井䢀（吉梗）時不用吾言，以至今日進退維谷。我若不屈，則車駕已在虎穴。嗟乎，嗟乎，誰使我至此耶？"說完大哭起來。禮部侍郎楊在、行人任國璽還上疏劾奏沐天波失體辱國，永曆帝只好留中不報。

到九月間，馬吉翔、李國泰對永曆帝訴說廷臣和隨從人員生活困難，有的人已經沒糧下鍋，意思是要朱由榔拿出"內帑"（這時流亡他國，自然不可能有任何財政收入）來救濟。朱由榔本來就沒有多少家產，這時屢經劫難，已經捉襟見肘，一怒之下把黃金製造的國璽扔到地上，讓他們鑿碎分給群臣[1]。典璽太監李國用叩頭道："臣萬死不敢碎此寶！"馬吉翔、李國泰卻毫無顧忌，當即將國璽鑿碎，分給各臣數錢至一二兩不等。這件事充分說明隨永曆帝入緬的多數官員已如行屍走肉，毫無共赴國難之意。不久，緬甸政府送來一批新收的稻穀，朱由榔指示分給窮困的隨行官員。馬吉翔卻視若己物，分給同自己交情密切的人員，引起小朝廷內部極大不滿。護衛總兵鄧凱大呼道："時勢至此，尚敢蒙蔽上听。升斗之惠，不給從官，良心何在？"馬吉翔命手下人把鄧凱打翻在地，傷足不能行走。[2]

---

1 這件事在《求野錄》《也是錄》《狩緬紀事》《皇明末造錄》等書中都有記載，前面已經指出包括永曆在內的明清皇帝都有幾顆不同用途的"國寶"，其中多數是玉製，稱為玉璽，但也有金製的。永曆帝這次下令鑿碎的顯然是金製國璽，謝國楨《南明史略》和司徒琳《南明史》（英文原版一七三頁）都說是玉璽，略誤。

2 《狩緬紀事》。鄧凱《也是錄》僅說因馬吉翔私散稻穀，"鄧凱見之，大罵吉翔於行殿。吉翔旗鼓吳承爵撲凱而仆，傷其足，遂不能行。"

第二節　清方對西南明軍的剿撫政策

　　清軍佔領包括貴陽、昆明在內的黔、滇兩省腹心地區以後，南明永曆朝廷已經出現瓦解的形勢。然而，這種局面的形成並不是南明軍隊受到毀滅性打擊的結果，而是永曆朝廷決策失誤所致。從當時的戰局來考察，清軍三路迅速推進，南明軍隊節節敗退，長期經營的大片土地被清軍佔領，明軍在阻擊過程中雖然損失了一些兵將，但並沒有發生大量主力被清軍殲滅的情況。這就說明，明軍的全線失利主要是戰略部署不當。永曆帝倉皇逃入緬甸，李定國在磨盤山戰役後領兵轉入滇南邊境地區，散處西南各地的南明文官武將實際上失去了領導核心，他們既缺乏統一部署，只好自尋出路。

　　清軍入滇以後，多尼、趙布泰、吳三桂、線國安的龐大兵力集中於雲南，羅託的軍隊駐守貴陽，加上原屬經略洪承疇、吳三桂的部分軍隊留守交通要道，南明戰敗後分駐各地的軍隊不僅很難組織反攻，而且多處於邊境窮荒之地，條件異常艱苦。

　　相對而言，在吳三桂軍由貴州進入雲南以後，四川的清軍防禦力量是相當單薄的。李定國在放棄昆明時決策向滇西撤退，沒有帶領主力由建昌入川，是一個重大失策。在這以後，四川大部分地區有半年左右時間仍然在明軍控制之下。1659 年（順治十六年）七月十一日，清四川巡撫高民瞻依據川陝總督李國英的指示，派出軍隊由保寧出發，先後收取灌縣、綿竹、什邡、漢州、簡州等地，二十六日進抵成都，守城的明朝總兵劉耀、楊有才、曹昌祚、陳安國、趙友鄔等雜牌軍隊自動撤退，清軍就在當天進入"滿城荊棘"的省會成都。[1]

1　順治十六年八月二十四日川陝總督李國英"為恭報恢復成都日期並追剿逆賊情形事"揭帖，見《李勤襄公撫督秦蜀奏議》。

上文已提及早在這年閏三月間，明慶陽王馮雙禮率領進入四川建昌的軍隊，由於部將狄三品等叛變，活捉馮雙禮向清方投降。[1] 九月，清"川陝總督李國英疏報，收復嘉定一路，招降偽將軍楊國明、總兵武國用，各州縣偽官皆繳印投誠"[2]，"蘆山偽武義將軍杜學率所部偽官六十餘員，兵二千餘名繳印投誠"。[3] 十月，"四川巡撫高民瞻奏報：偽侯郝成裔、偽伯陳建等謀誅首逆高承恩獻土投誠，及偽文武官八十員各繳印札來歸，川南底定。"[4] 這些事實說明當時四川省內的明朝軍隊為數尚多，控制的地區也相當可觀，主要是因為永曆朝廷和李定國統率的主力向滇西撤退，節制無人，才在清方招降下自行瓦解。如果李定國決策奉永曆帝由建昌入川，以嘉定、敘府一帶為基地，北取成都平原，東攻重慶與夔東十三家會合，只留少數兵力在雲南邊境聯絡土司牽制清軍，清朝在新定的雲南、貴州兩省必留重兵鎮守，在戰略上極易造成被動。即使清方雲貴主力回師四川，明軍作戰不利，順江而下同鄭成功、張煌言會師的可能性也是很大的。

除了四川地區淪入清方之手外，分散在雲南邊遠地方的不少明朝將領也由於群龍無首，同主力聯絡不上，對前途悲觀失望，紛紛投降清朝。其中如敘國公馬惟興、淮國公馬寶、將軍塔新策、漢陽王馬進忠的兒子馬自德、公安伯李如碧、宜川伯高啟隆等帶領兵馬

---

1 《清世祖實錄》卷一二五；參見劉健《庭聞錄》卷三。

2 《清世祖實錄》卷一二八。

3 《清世祖實錄》卷一二八。

4 《清世祖實錄》卷一二九。按，同書卷一三一記，高承恩為"偽咸寧侯"，郝成裔是他的"幸僮"，降清時高民瞻收取郝的賄銀三萬兩，"令成裔密造偽璽偽敕，假稱曾襲侯爵，以為投誠敘功之地"。順治十六年十一月初三日川陝總督李國英題本報，九月明鎮守黎、雅、滎經、建昌一帶地方咸寧侯掛討夷將軍印郝成裔、掛蜀藩（即劉文秀）護衛將軍印廣平伯陳建率部薙髮，納土投降，見《李勤襄公撫督秦蜀奏議》。據此當為九月間事。

六七千人撤到滇西北鶴慶、劍川、麗江、蘭州（今雲南省蘭坪縣東南）一帶，先後向清朝投降。[1] 懷仁侯吳子聖於十二月初一日在永昌府（今雲南保山）投降。[2] 此外，降清的還有岐山侯王會，總兵楊成、趙武、史文、鄧望功等率眾四千一百餘人，楊武伯廖魚領兵六百名；文官有東閣大學士張佐宸、戶部尚書龔彝、兵部尚書孫順、侍郎萬年策、大理寺少卿劉泌、兵科都給事中胡顯等；[3] 宗室勛戚有岷藩朱企鋘、皇親武靖侯王國璽等。[4] 次年（順治十七年）正月，明征蠻後將軍楊武收得染瘴身死的廣昌侯高文貴（即參加磨盤山戰役的明軍三將領之一）部卒三千餘人向清軍投降；五月，咸寧侯祁三升率領孟津伯魏勇之子魏君重、總兵王有功等兵員七千九百餘人、馬一千三百餘匹、象三隻降清。[5] 這年七月，吳三桂奏請朝廷批准，把投降明軍分作十營，以馬寶、李如碧、高啟隆、劉之復、塔新策、王會、劉偁、馬惟興、吳子聖、楊威為十營總兵。[6] 從雲南邊境地區入降的明軍兵員總數大約在三萬名以上，其中不少擁有相當多的馬匹、器械，能征慣戰的將領也頗不乏人。何況，撤退到邊荒地區之後，因染瘴病死，

---

1 劉健《庭聞錄》卷三記上述諸將領在五月中旬和下旬降清，李如碧寫作李如柏，高啟隆寫作高啟龍。康熙五十三年《劍川州志》卷三《沿革》記："馬惟興、馬寶走鶴慶、高啟隆走劍川，又至麗江、蘭州，十月在劍川州薙髮降清。" 時間和情節都略有不同。

2 順治十七年正月雲貴總督趙廷臣 "為請給投誠官兵口糧，鼓勵未來人心，仰祈上鑒，敕部議復事" 揭帖，見《明清檔案》第三十六冊，A36-24 號。

3 劉健《庭聞錄》卷三。屈大均《安龍逸史》卷下記："其未屈從者，如東閣大學士雷躍龍、大冢宰（吏部尚書）張佐宸、大司農（戶部尚書）龔彝、司馬（兵部尚書）孫順、司寇（刑部尚書）尹三聘、左都御史錢邦芑等皆輔弼大臣，或扶病投清，或潛蹤苟活，或祝髮沽名。"

4 《安龍逸史》卷下記："甚至勛戚如武靖侯王國璽，竟竊太后金寶以媚新朝。"《庭聞錄》卷三記王國璽降清，但又說 "降將楊武獻皇太后金寶一、武靖侯銀印一……"

5 劉健《庭聞錄》卷三。楊武降清事在劉茝《狩緬紀事》中有較詳細的記載，他親身經歷其事，說楊武持兩端觀望，一面同清方聯絡，一面又派劉茝入緬尋找永曆帝，為他求得加封潁國公的敕書。楊武仍決定投降清朝，在順治十七年正月二十三日押解劉茝、王國璽、尹三聘、朱企鋘、尚寶卿楊楨幹、安龍知府范春鼇一齊赴雲南，三月初五日解至昆明。由於楊武掠得財物甚多，驕橫奢侈，吳三桂密疏請旨，於順治十八年秋將他處斬於昆明。

6 《清世祖實錄》卷一三八。

缺糧餓死，在混亂中逃散的官兵肯定不在少數。如果加上跟隨李定國、白文選轉往滇緬邊境的主力，南明統帥如果能夠指揮得當，在清軍三路進軍時集中兵力殲滅其中一路，整個戰局絕不至於這樣混亂不堪，一敗塗地。聯繫到給予追擊清軍以沉重打擊的磨盤山戰役，李定國部署的只是竇名望、高文貴、王璽三將，兵員據一種記載說是六千餘人[1]，由此可見，撤退時缺乏統一部署，各部失去聯繫，是南明軍隊瓦解的重要原因。

作為全軍主帥的李定國在磨盤山戰役以後，率領部分軍隊向南撤退，崎嶇於雲南邊境地區。他曾經在車里（今西雙版納傣族自治州）停留了一段時間，又轉移到孟艮（在今緬甸景棟一帶）。由於整個局勢惡化，內部軍心不穩，李定國既指揮不了散處四川、雲南的明軍，又要防止隨從文官武將的變節。1660 年（順治十七年、永曆十四年）六月間，廣國公賀九義被他下令亂棍打死。原因是賀九義的妻子被清軍俘獲，清方乘機寫信要挾賀九義投降，賀九義尚在猶豫之中，沒有向李定國報告。李定國得知此事後，判斷賀是心懷兩端，決定立即將其處死。賀九義原是孫可望的部將，他從廣西南寧帶來的近萬名兵馬又是一支實力比較強的從伍，定國對他懷有戒心，為了防止賀九義率部降清，就採取了這一斷然措施。賀九義被杖殺後，他的部下深為不滿，"賀營官兵鼓噪逃出"[2]。李定國又擔心逃出的官兵可能充當清軍向導，潛來襲擊，於是，"於九月初五、六兩日將孟艮城裏房子盡燒，孟艮彝人少壯者擄去，弱幼小的殺了。初七日，

---

1 《八旗通志》卷二二二《孔克德傳》云："復隨信郡王多尼等三路大兵追定國，至雲南磨盤山，敗其六千餘眾。"

2 順治十七年十二月二十一日平西王吳三桂"為恭報邊外逆渠情形事"密奏本，見《清代農民戰爭史資料選編》第一冊（上），第三八三頁。

撤營走景邁、景線，奔偽鞏昌王白文選一處……合營走木邦緬甸。"[1]
被李定國杖死的還有他的親信文官吏部侍郎金維新。金維新有《西
行永昌旅次題墨牡丹》詩云："繁華頓謝三春景，尺幅長留冰雪天。
玉宇瓊樓都似夢，郵亭攬筆意淒然。"[2] 吐露了他隨軍西撤至保山時
意氣消沉，但被杖死的確切原因則不清楚。[3]

第三節　清軍入滇後荼毒百姓和元江府那嵩等人的抗清

順治十六年閏三月下旬，清軍分路追剿南明軍隊，所過之處燒
殺搶掠、無惡不作。洪承疇在三月間到達昆明，在四十多天裏依據
各道、府、州、縣、衛、所的報告，給清廷寫了一份奏疏說：

> 除各土府外，其迤東之雲南府以及臨安、曲靖、澂江、尋甸
> 各府與迤西之楚雄、武安、姚安、大理、永昌各府，無處不遭兵
> 火，無人不遇劫掠。如衣糧財物頭畜俱被搶盡，已不待言；更將
> 男婦大小人口概行擄掠，致令軍民父母、兄弟、夫妻、子女分離
> 拆散，慘不堪言。所存老弱殘廢又被捉拿吊拷燒烙，勒要窖糧窖
> 銀，房地為之翻盡，廬舍為之焚拆，以致人無完衣，體無完膚，
> 家無全口，搶天呼地，莫可控訴。見今省城糧米照湖南新官倉斗

1　順治十七年十二月二十一日平西王吳三桂 "為恭報邊外逆渠情形事" 密奏本，見《清代農民戰爭史資料選編》第一冊（上），第三八三頁。《庭聞錄》記："六月十六日，李定國杖殺賀九義。九義初守南寧，大兵入滇，歸路斷絕，遂由南寧走元江出邊外，偕定國駐孟艮。其家在雲南，三桂使其僕李登雲云招之。事泄，定國斬登雲，杖九義百四十，次日死。" 康熙三十五年《雲南府志》卷五《沿革》記，順治十八年 "六月，偽官李維賓以永曆情形來告"。原注："維賓，賀九儀標官，九儀欲受信郡王招撫，定國覺，杖殺之。維賓逃至雲南投誠。"

2　李根源輯《永昌府文徵》，詩，卷十二。詩後加按語說："維新曾署吏部侍郎，此詩想係屣蹀西奔，參贊晉王軍中，行抵永昌時作。其後或死咒水，抑死景線，或逃隱何所，無可考矣。"

3　金維新被杖死事見馮甦《見聞隨筆》卷下，邵廷采《西南紀事》卷十等書。

每斗增價至一兩三錢有餘，每石價至一十三兩有餘；若照雲南舊用大斗一石約有新倉斗二石，價至二十六兩，猶無處尋買。軍民飢餓，道死無虛日。其在永昌一帶地方更為慘烈，被殺死、拷烙死者堆滿道路，周圍數百餘里杳無人煙。真使賈生無從痛哭，鄭圖不能盡繪。職不知滇民何至如此其極也。[1]

洪承疇描寫上述雲南慘況採取了"沒頭狀紙"筆法，但顯然說的是滿洲八旗兵和其他清軍一手炮製了這一系列暴行。同年十一月清雲南巡撫林天擎劾奏"廣西提督線國安隨大軍進剿雲南迤西地方，大肆搶掠。及奉旨回粵，奸淫殺戮，暴虐更慘。乞立賜處分。得旨：線國安荼毒雲南地方，搶殺淫掠，情罪重大，著議政王、貝勒、大臣速行嚴察密議具奏。"[2] 洪承疇、林天擎不敢直接指斥滿洲八旗兵將，彭而述私下著作中倒是透露了一些他所見到的情況。在《邵兵紀事》一文裏記載了清征南將軍趙布泰的驕橫奢侈（趙布泰，鰲拜之兄，或寫作卓布泰，彭而述寫作邵），說他"有弟方貴重，位上卿，舉朝側目"。

邵性下急陰賊，不喜見士大夫，而又內有奧主，得一意行恣睢。由通、津達淮揚，船二百，用縴夫、水手凡四五千，兼晝夜醉飽用民，督撫以下隸之，人把其胛或捫其足跗，啖以兒豭、肥

---

1 順治十六年閏三月二十九日五省經略洪承疇"為恭報雲南逃賊竄伏地方東西殘民慘苦情狀並大兵見在駐紮事宜仰候廟堂鑒察事"密揭帖，見《明清檔案》第三十四冊，A34-30號；同件又見《明清史料》甲編，第六本，第五九五頁。康熙《永昌府志》卷二十三《災祥》記："順治十八年大兵進緬，騰越斗米值銀二兩"，可資參證。

2 《清世祖實錄》卷一三〇。但線國安並未因此受處分，仍以征蠻將軍銜鎮守廣西。康熙十三年參與三藩叛亂，不久病死。見《清史列傳》卷八十《逆臣傳·線國安》。

牛腱，爪頤淋漓，粲然喜，喉中磔磔有聲。反是，竟日怒不釋，或人不幸見之，若有父兄深毒刺骨者，反脣掀鼻不知何語，輒猖猖半晌不休。予初率縴夫迎之衡山界馬公堰，既而以爭旗下房恚中丞，地方官各各重足。駐衡凡十三日，雜夫約六千餘人，莖豆若干，雞豚鹽米若干，庵闔蘭錡若干。衡地裏傜苗，地多墝塙，頻年水旱兵戎，比屋流離，幸經略轉餉錟屬不至缺乏。獨是非分之求，選扒桿造浮樑，徵求諸色匠作，梅勒至廝養鮮有靨其壑者。一不遂則詈辱隨之，將軍從而生怒，未易了。

彭而述作為監司自稱活了五十三歲從來沒有見過這樣窮於應付的差使，文章結尾歎息道："噫，衡苦我乎！衡之苦不可言矣！"[1] 他寫的往返湖南和雲南的日記裏也一再描述了滿洲貴族軍隊或使者過境時的氣焰囂張，如順治十六年六月"丁酉，曉晴，飛檄昆明縣令掃除公廨以待。是夜鼓初下，使者至一里外，喝聲如雷，人馬羽箭奔騰而來，主人刲羊豕無算，霍霍震鄰。余居草屋，離數弓地，永夜喧聒不成寐。"[2]

清朝統治者恬不知恥地把進軍雲貴說成是"救民於水火"，完全是顛倒黑白。順治十七年三月初八日經略洪承疇題本中說："三月初五日，又准雲貴總督臣趙廷臣手札，內開：雲南近狀大不如上年。每市斗米一石實賣至二十五六兩，沿途窮民有死於道途溝澗，死於寺廟破屋，死於山路田野，死於旁溪曲徑，甚有母食其女，子棄其父，慘不忍言。"[3] 相形之下，雲南在大西軍和永曆朝廷治理下連年

1　彭而述《讀史亭文集》卷十五，紀略，《邵兵紀事》。

2　彭而述《讀史亭文集》卷十，記下《貴州至雲南界日記》。

3　《明清史料》丙編，第二本，第二○○頁。

豐收，"大熟""大有""百姓豐足"之類的記載不絕於書，直到 1656 年（順治十三年）仍是"是歲秋成大有，民食有餘"。 1658 年（順治十五年）元旦，清軍入滇前夕雲南"兵民忙忙過歲，戊戌元宵仍放燈火花炮，甚似太平。"[1] 由此可見，雲南社會生產受到嚴重破壞，百姓遭難，完全是以征服者自居的清軍任情搜刮所造成的。

清軍入滇後，大肆姦淫擄掠，引起了雲南各族百姓的極大反感。沅江府土知府那嵩忠於明室，實力較強，一直以保護地方、抗擊清軍為己任。永曆帝退往緬甸時，特命加升那嵩總督部院銜，巡撫雲南；元江知府一職由其子那燾襲任，又加那嵩之弟那崙為佐明將軍，那嶧為懷明將軍。[2] 黔國公沐天波也以次子沐忠亮入贅為那嵩之婿。這些措施表明永曆朝廷希望那嵩能夠聯絡雲南各地土司配合李定國等部共同抗清，恢復雲南。那嵩父子不負所望，他們趁人心未定之時，與總兵孫應科、賴世勛等秘密聯絡降清總兵高應鳳[3]、延長伯朱養恩以及石屏總兵許名臣、土官龍贊揚（或作龍贊陽，是龍在田的從孫）等迤東土司。到這年七月，那嵩認為聯絡已定，公開反清復明。清安遠靖寇大將軍信郡王多尼、平西大將軍平西王吳三桂在九月初已向清廷報告："沅江土知府那嵩、那燾父子主盟，勾連各土司歃血鑽刀，真正作叛，若不剿除，則地方震動。且李定國將子妻送往沅江府為質，將金銀財物抬送沅江土官，叫沅江並普洱土官由臨安出兵，

1 分見《明末滇南紀略》相關各節。

2 劉健《庭聞錄》卷三。按，有的史籍說那嵩任雲南巡撫，其子弟加官襲職是李定國以晉王身份承制委任的，但聯繫到沐天波同那嵩聯姻，似應在入緬以前或入緬之初聯絡尚未中斷之時。那嵩之弟那嶧一作那岱，康熙十二年《石屏州志》卷十三，《志補》云："石屏西接元江，元江土府那氏，或云儂智高之黨，有那天福者頗知讀書，子三人，曰嵩、曰岱、曰崙。天福死，嵩襲職。"

3 康熙十二年《石屏州志》卷一《沿革》附《造亂事略》記："順治十六年二月投誠將軍高應鳳駐石屏，兵丁擾民，署知州鄭相每鉗制之，因結怨。應鳳忽撤兵北梅箐坡，次早遣數十騎突入州治，殺鄭知州於儀門外，遂叛去。"

候大兵出邊進剿，就來搶雲南（指當時的雲南府，即今昆明市）。"[1]
九月，許名臣領兵攻克石屏州[2]，那嵩等人也分兵進攻蒙自等地，一時
昆明以南迤東各地紛紛響應。當時，清軍佔領了雲南主要地區，但
統治並不穩固。不僅李定國、白文選等南明主力尚在，一些邊遠地
區仍在明朝將領佔領之下。經略洪承疇、平西王吳三桂、信郡王多
尼等唯恐元江舉事將在各地引起連鎖反應，決定集中兵力迅速平定
元江。他們經過會商後，決定由多尼和固山額真宜爾德帶領在滇滿
軍一半留守昆明，固山額真卓羅帶領另一半滿軍同吳三桂部於九月
二十一日由昆明出發，經通海縣往征元江。[3]二十六日，清軍進抵曲
江驛，許名臣和龍贊揚撤回元江。十月初一日，清軍重佔石屏州；
初九日到達元江，憑藉優勢兵力將該城包圍。那嵩雖曾派兵出城劫
營，但被清軍擊退。吳三桂命降將楊威到城下喊話，聲稱那嵩只要
將高應鳳、許名臣縛獻，就可以仍舊當元江府土知府。許名臣見清
軍勢大難敵，要求那嵩接受清方要求把自己交給清軍處置，換取元
江軍民的安全。那嵩毅然回答道："吾三人共事，豈以生死易心乎？"
拒絕了吳三桂的要求。吳三桂見那嵩矢志不移，又寫信用箭射入明
軍營中，號召元江軍民捆綁那嵩出降，否則屠城。那嵩針鋒相對地
射書城外，"備列三桂入關以來罪狀，且署其舊銜曰：山海關總兵吳
三桂開拆。"[4]吳三桂惱羞成怒，揮軍奮力強攻，元江城破。那嵩、

---

1 《明清史料》丙編，第二本，戶部題本。

2 康熙十二年《石屏州志》卷一《沿革》記：順治"十六年，廢弁許名臣自投誠歸，移住馬板龍，潛懷異
志，遂偽造令牌，撤去駐防兵丁，因逐（石屏）知州文國珍據州城。親王（吳三桂）統兵到臨安，乃奔入
元江。"

3 康熙三十年《通海縣志》卷一《沿革事考》記：順治十六年"九月，元江土官那喁、偽總兵許名臣暗通定
國，叛。平西王總師由通海討平之。"參見劉健《庭聞錄》卷三。順治十六年九月二十一日經略洪承疇
揭帖可資參證，見《明清史料》甲編，第五本，第四五八頁。

4 劉健《庭聞錄》卷三。

那燾父子合家登樓自焚，那嶂、許名臣等自殺，高應鳳、孫應斗等被俘。[1]

那嵩、高應鳳、許名臣等人在元江領導的抗清雖然是響應李定國的號召而發動的，在具體行動上卻沒有同定國商量。起事前，高應鳳曾建議派人約李定國移兵北上永昌府，等吳三桂主力西進時，迤東各路義軍乘虛直搗昆明，使吳三桂等部清軍腹背受敵，可收全勝。這一合理建議未被那嵩採納。元江起事時，李定國部駐於孟艮，遭到當地土司的堵截，為了使自己有個立足之地，他被迫把兵力用於平定地方。元江反清的消息傳來時，他深為惋惜，頓足歎息說：“何不稍待耶！”[2]元江地區的反清鬥爭由於孤立無援遂告失敗。[3]那嵩、許名臣等人的起事，是在整個形勢逆轉，許多明軍將領先後倒戈降清的情況下進行的。他們面對強敵奮勇拼搏至死不悔的鬥爭精神實在難能可貴。

在元江反清運動被清政府鎮壓下去之後，雲南、貴州的少數民族還多次舉兵反清。貴州在 1660 年（順治十七年）九月有鄭成功派來的使者呂弘熙聯絡水西權時泰、賀鼎等謀攻貴陽；十一月有馬乃土司龍吉兆、龍吉祥、龍吉佐“負固弄兵，遙為李定國聲援”；1661 年九月有劉鼎舉兵反清，包圍定番州；[4]1662 年（康熙元年）有南京人常金印（據說是明開平王常遇春的後裔）同丁調鼎、倪生龍來到貴州水西，揚言“海上已立新君，國號平順；晉王李定國尚在，諭令起兵”[5]，

1　劉健《庭聞錄》卷三。

2　劉健《庭聞錄》卷三。

3　道光六年《元江府志》卷二《兵防・師旅考附》記：“本朝順治十六年大師平滇，土酋那嵩與偽總兵高應鳳、許名臣暗通李定國叛，官兵討平之，改土設流。”

4　康熙三十一年《貴州通志》卷五《大事記》。

5　劉健《庭聞錄》卷四。

水西宣慰司安坤、原明匡國公皮熊都參與密謀。1664年（康熙三年）正月，安坤聚眾數萬，以其叔安如鼎為總統，常金印自稱蕩魯（虜）大將軍湘平伯，製造印敕旗纛、給散札付，"勾聚陳鳳麟、高岑、吉士英、米應貴、熊國賢、戴勝、李萬紫、陳國才等連結諸土府潛謀分路起兵。"[1] 三月初一日，吳三桂統兵北上，經烏蒙（今昭通）東進畢節、七星關入黔；同時檄令貴州提督李本深統領貴州四鎮兵向大方推進，以收東西夾擊之效。儘管清軍在兵力上佔了很大的優勢，水西的反清運動仍然堅持了半年以上才被吳三桂等鎮壓下去，安坤、安重聖等被擒殺，皮熊被俘年已八十多歲，"面責三桂，三桂不能答。皮熊絕食十五日而死。"[2] 就在吳三桂領兵進剿水西的時候，雲南迤東一些土司也準備乘釁而起，他們傳佈一種訛言說吳三桂已死於水西之役。[3] 1665年（康熙四年）三月，寧州土司祿昌賢，新興王耀祖，嶍峨祿益、王揚祖，王弄土司王朔，蒙自李日森、李世藩、李世屏，石屏龍韜、龍飛揚，路南秦祖根，陸涼資拱，彌勒昂復祖，維摩沈應麟、沈兆麟、王承祖等聯兵反清，明黔國公沐天波的幼孫沐神保被土司藏匿在新興州，王耀祖聯絡各土司的信中說："今沐氏有子在，事成奉以為主。"明開國公趙印選也被擁戴為號召之資，"眾至數萬，攻臨安，陷蒙自、嶍峨、寧州、易門，圍彌勒、通海、石屏、宜良等州縣，各郡震動。"[4] 清雲貴總督卞三元、雲南巡撫袁懋功、提督張國柱調兵進剿，吳三桂也率部兼程趕回，分路擊敗各反清土司。趙印選、祿昌賢、王效祖、王朔、李日森、李世藩、沈應麟等先後被清

1　康熙三十一年《貴州通志》卷五《大事記》。

2　劉健《庭聞錄》卷四。道光二十年《貴陽府志》餘篇卷二十《雜誌下》。

3　康熙五十八年《澂江府志》卷二《沿革》。

4　康熙三十年《雲南通志》卷三《沿革大事考》。

軍擒殺，直到這年十一月迤東各地方告平定。[1] 事實說明，順治末至康熙初貴州和雲南少數民族的反清鬥爭都同復明運動有密切關係。聯繫到孫可望、李定國、劉文秀等統率的軍中都有大量西南少數民族的將領和兵員，可以看出在南明史上少數民族發揮了相當重要的作用，他們同漢族百姓一道為了反對清廷的民族壓迫政策不惜流血犧牲，共同譜寫了悲壯的史詩。

第四節　兩廣抗清義師的被摧毀

李定國在 1653—1654 年（順治十年至十一年）以廣西為根據地，聯絡兩廣義師，竭力邀請鄭成功親率主力實現東西合擊，收復廣東。這個事關全局的戰略計劃由於鄭成功消極應付，終於功敗垂成。到 1656 年，李定國帶領主力赴貴州安龍把永曆皇帝迎往昆明，留駐廣西的明軍只剩下鎮守南寧大將賀九義部。當時，永曆朝廷同東南抗清勢力的聯繫主要是通過廣東沿海（廉州、欽州後劃歸廣西）的義師，李定國主力轉入雲南，兩廣局勢因而逆轉，同東南抗清勢力的聯繫也必然削弱。李定國自然明白形勢的嚴峻，但是他為了挽救南明危局，把永曆帝護送入滇，內心是希望秦王孫可望能改弦易轍，俯就臣節，內部安定之後再分路出師。然而，孫可望自以為兵多勢眾，毫無改悔之意，滇、黔隱成敵國的局面使李定國無暇他顧。等到孫可望公開發動內戰，兵敗降清後，李定國正着手整頓雲南、貴州、四川事宜之際，清朝已部署大規模進攻。永曆朝廷一直處於左支右絀的境地，再也沒有力量經營兩廣了。在失去了主力支援的情

1　同前注書，參見《庭聞錄》卷四及康熙三十年《通海縣志》卷一《沿革事考》。

況下，兩廣各地復明義師於艱難竭蹶之中各自為戰，最後都被佔絕對優勢的清軍擊敗。

1658年（順治十五年）冬，賀九義奉李定國的命令率部放棄南寧，返回雲南。清朝兩廣當局乘機向南寧、太平、思恩推進。順治十六年三月初四日清軍由潯州出發，二十七日佔領南寧。南寧陷落後，南明將軍陳奇策、羅全斌、閣部郭之奇等仍據守上思州（今廣西上思）、太平（今廣西大新縣南）、江州所屬土司。閏三月初七日，清廣東總兵栗養志攻佔上思州，明凌海將軍陳奇策帶領殘部數千人逃往灘寧寨。次日，栗部追至該地，擊敗明軍，陳奇策被活捉。[1] 到這年十一月，清方偵報得知羅全斌藏於忠州（這是廣西南寧府下屬的忠州，今廢，約在現地名"舊城"處，與四川忠州非一地），總兵蔡琦藏於龍州，將軍周文龍藏於田州（今廣西田陽），閣部郭之奇、總兵閻永德、光澤王等人避入交趾，"伏莽棋佈，指不勝屈"。[2] 清兩廣當局因為廣西官兵主力已在提督線國安率領下奉命進軍雲南，兵力不敷分配，移檄"諄諄以招撫為先"，栗養志依計而行，選拔"知事能言之官分途招徠"。於是，明威海將軍羅全斌和部下兵將紛紛出降，南寧府和太平府的明朝官員也大批具文歸順，其中包括龍州、下石西州（地近憑祥）、憑祥、思陵州（今廢）等與安南接境的州縣。[3] 安南當局曾經同永曆朝廷保持聯繫，後來看到清朝對中國的統治已趨穩固，在政策上做出調整，由支持南明政權改為支持清朝。[4] 這樣，永

1　順治十六年十月廣西巡撫于時躍揭帖，見《明清史料》甲編，第五本，第四八三至四八八頁，原文云："活擒偽將軍陳奇策，獲水軍都督銀印一顆，凌海將軍木印一顆。"

2　上引順治十六年十月廣西巡撫于時躍揭帖。

3　上引順治十六年十月廣西巡撫于時躍揭帖。

4　《清世祖實錄》卷一三〇載：順治十六年十二月兩廣總督李棲鳳奏報："安南都統使司都統使莫敬耀遣使投誠。"事實上，安南態度的轉變在這以前就已經發生。

曆朝廷李定國等同東南沿海的鄭成功、張煌言等聯絡的陸上—海路交通完全被切斷，這以後鄭成功、張煌言得到的行在消息大抵都是從清方"捷報"和有限的秘密使者口信中獲悉。東、西聯絡的隔絕從下面這個例子可以明顯地看出：永曆十二年（順治十五年，1658）正月，永曆帝派漳平伯周金湯（字憲洙）、職方司黃事忠（字臣以）由廣東龍門（今屬廣西防城）乘船航海到達廈門，封鄭成功為延平王，同時晉升東南沿海堅持抗清的文武官員爵職。鄭成功等派左副都御史徐孚遠、總兵張自新（字衡宇，掛都督銜）攜帶大批官、私文書赴昆明復命。途經安南時遇阻，徐孚遠被迫返回，張自新、黃事忠（周金湯似在這以前返回廣東）從間道入廣西，[1] 在思忠府（恐係思明府，地近今廣西憑祥）被清軍栗養志部擒獲，攜帶的大批奏疏、書信等文件全部落入清方之手。[2]

清軍佔領廣西以後，在廣東沿海地區堅持抗清的義師完全陷於孤立無援的境地，先後被清軍剿滅。其中最著名的是大學士郭之奇、總督連城璧聯絡的王興部、鄧耀部和李常榮部。

王興，原名蕭嘉音，綽號繡花針，明末起義兵反抗地方當局。清軍入廣東後，他接受永曆朝廷廣東巡按連城璧（後升任兩廣總督）的勸告，決定參加抗清復明的行列，被授予虎賁將軍的官銜。他同連城璧一道長期以恩平、新興（今台山）、陽江一帶為據點，堅持抗擊清軍。1653—1654 年（順治十年至十一年）李定國由廣西進攻廣東的時候，王興曾率部積極配合大軍作戰。新會戰役失敗後，李定國

1　徐孚遠《交行摘稿》有《將回贈臣以職方》詩，題下原注"時臣以議欲間道行復命也"。

2　前引順治十六年十月文本巡撫于時躍揭帖云，栗養志部佔領上思州後，又在思忠府擒獲"偽國姓張總兵張自新、偽職方司黃事忠"，"查出題奏本六十二道、揭帖六十六件、令諭牌票十一張，疏稿雜書三十五本，書信一百封"。見《明清史料》甲編，第五本，第四八五頁。

主力撤回南寧，不久赴貴州安龍迎永曆帝入昆明。王興部力單勢孤，在順治十二年十一月帶領部眾退到新興、恩平地區以文村為中心扼守。文村地形複雜，南臨大海，東、北、西三面丘陵連綿，只有一條羊腸小道可以同外界相通。王興利用地利，挖壕筑寨，修建倉庫，準備長期據守，以待時機。王興和連城璧憑藉這一隅之地始終堅奉永曆年號，遵用明朝服制，因此，許多明朝頭面人物如唐王朱聿鏴（隆武帝之弟，隆武即位後封弟朱聿鐏為唐王，朱聿鏴續封唐王約為紹武之時）等都遷來文村依居。這裏還成為永曆朝廷同東南沿海鄭成功、張煌言聯絡的重要通道。1656 年（順治十三年）春，廣東清軍數萬進攻文村，環營十里。王興臨危不懼，率部固守，還不時派奇兵出擊，激戰兩月，清軍死傷近萬，被迫撤退。次年正月，清軍又從新會出軍來攻，被王興事先偵得，派出一支軍隊在二百里外設下埋伏，擊敗清軍先頭部隊。清方知道王興已有準備，再次退回。1657 年冬，永曆朝廷嘉其忠貞，特派使者敕封為廣寧伯。[1]

到 1658 年（順治十五年）七月，清平南王尚可喜趁明永曆朝廷節節潰敗，決定摧毀文村抗清基地，拔除忠於明室的廣東據點。由於"王興所踞地極險阻"，"羊腸鳥道，曲屈叢雜，刺竹與陂塘相間，騎不得馳突，短兵接戰，數步一折，多歧而易伏，皆失其所長。"[2]尚可喜乃採取長期圍困方針，徵調水陸兵和民夫約十萬之眾，挖掘深溝，築造高壘，切斷文村同外界的聯繫。圍困至次年（1659，順治十六年）夏秋之間，文村糧食告罄，寨內買一升米要兩千文錢（約合白銀二兩，即一石米價二百兩），一隻老鼠也索價一百文。王興下

1　永曆朝廷封王興為"縣伯"的敕文中有"比者叛逆孫可望罪惡貫盈，稱兵犯闕"之語，見連城璧《蹇愚錄》所附敕書原文，廣寧伯爵名見王興墓誌。

2　《平南王元功垂範》卷下。

令允許寨中兵民出寨自謀生路，然而多數人卻寧願忍飢捱餓，不肯離去。這年八月，尚可喜又派使者前來招降，首先稱讚了王興的品德和才能，表示如果他能以事明之心轉而仕清當委以重任。王興知道文村外無救兵，內無糧食，陷落已迫在眉睫，對他的弟弟說："城可恃而食不支，天也。我終不降。弟善撫諸孤以續先祀，我死且不朽。"[1]他一面命人製造了一口巨大的棺材，決心殺身成仁；一面叫自己的五個兒子護送年老的母親帶着永曆朝廷頒給的敕書、印信、令箭前往清軍大營謁見尚可喜，目的是保護部下將士和百姓的生命安全。尚可喜以為王興真心投降，非常高興，又派使者前來致意；王興避而不見。八月十七日夜間，王興宴請所部文武官員和依附人士，宣佈已經同清政府達成協議，讓大家各奔前程，自作主張。席散，王興先讓妻子張氏和十五個妾自縊，接着點燃了事先準備好的火藥，葬身於烈焰之中。[2]明唐王朱聿𨮁也服毒而死；總督連城璧因在外招兵未罹其難，文村陷落後他拒絕接受清朝官職返回故鄉（江西金谿）隱居。在文村戰役中，明漳平伯周金湯被俘，總兵李常榮則向清方投降。[3]

　　文村抗清基地覆滅以後，廣東清軍轉而進攻據守龍門（今屬廣西防城）的鄧耀部明軍。1660年（順治十七年）二月，清平南王尚可喜、靖南王耿繼茂和兩廣總督、廣東巡撫會商，決定委派韶州副將張瑋暫管高雷廉鎮務，總統陸師（時栗養志已革職），會合廣州、肇慶、高州、瓊州、雷州水師和平藩、督標、撫標抽調的官兵大舉進

1　屈大均《皇明四朝成仁錄》卷十二《廣東死事三將軍傳》。

2　同前注。參見道光二年《陽江縣志》卷八，《編年》。

3　《清世祖實錄》卷一四〇記：順治十七年九月丁卯日，"平南王尚可喜疏報：官兵追剿粵東文村隔水南廳賊寇，生擒偽伯周金湯，偽總兵李嘗榮投誠。下兵部知之。"所記日期大約是清廷接報時間，周金湯被俘當在這以前。

攻。四月二十七日攻克龍門，鄧耀率領殘兵敗卒逃入安南。[1]不料，安南不容其存身，"發兵逆擊，殺溺賊眾無算"，鄧耀走投無路，削髮為僧躲藏在廣西，被清政府查獲，遇難。[2]此外，永曆朝廷的武英殿大學士兼禮、兵二部尚書郭之奇原來負責聯絡廣東、廣西抗清義師，在兩廣沿邊地區被清軍佔領以後，流亡安南。清政府多次發出檄文招降，郭之奇均不為所動。1661年（順治十八年）八月，郭之奇被安南當局獻給清方，他矢志不屈，於次年（康熙元年）八月在桂林遇難。[3]

第五節　李定國、白文選的竭蹶救亡

永曆帝進入緬甸，李定國在磨盤山戰役中失敗後引兵沿邊境南撤，互相間的聯繫逐漸削弱。受李定國派遣負有保護永曆皇帝和朝臣、家屬責任的靳統武、梁傑等將領眼看朱由榔和隨從已經進入緬甸境內，並且接受了緬方解除武裝的要求，他們既不敢阻止皇帝的行動，又不願自動解除武裝流亡異邦，因此，靳統武等也帶領部下兵將由銅壁關追隨李定國部主力向南撤退。

---

1 《明清史料》甲編，第五本，第四九五至四九六頁，廣東巡撫董應魁題本（殘件）。

2 《清聖祖實錄》卷二，順治十八年五月乙丑日廣東巡撫董應魁疏報。

3 溫睿臨《南疆逸史》卷二十二《郭之奇傳》。翁輝東《潮州文概》收有郭之奇《交趾被執紀事詩》二首，詩云："十載艱虞為主恩，居夷避世兩堪論。一時平地氛塵滿，幾疊幽山霧雨翻。曉潤哀泉添熱血，暮煙衰草送歸魂。到頭苦節今方盡，莫向秋風洒淚痕。""成仁取義憶前賢，幾代同心幾自鞭。血比萇弘新化碧，魂依望帝久為鵑。曾無尺寸酬高厚，惟有孤丹照簡編。萬卷詩書隨一炬，千秋霜管俟他年。"詩尾有翁輝東按語云："郭公在明永曆十五年八月被執，至十六年九月成仁。"同書郭之奇《陋吟自序》尾翁輝東按語云："己亥滇南失守，扈從入緬，行幾路絕，公乃挈二子避地南交⋯⋯辛丑，交夷執獻，對問無回辭，羈館閱歲。壬寅八月盡節於粵西。世人擬為宋之文文山云。"據其他書籍記載，永曆帝從昆明西撤入緬時，郭之奇在兩廣濱海一帶聯絡義師，並未扈從。此外，翁輝東述郭之奇死難時間一云九月，一云八月。八月與《南疆逸史》所記相同。饒宗頤《郭之奇年譜》引《宛在堂詩集》卷首黎士弘撰小傳云："先生就義之日，慷慨從容，面無改色；康熙元年八月十九日也，莆田薛生英舒親見之。"

閏正月二十九日，鞏昌王白文選領兵由雪山平夷攀崖附木來到隴川。二月十五日，同李定國軍相會於木邦。兩人都認為雲南內地雖然被清軍佔領，但散處在雲、貴、川的兵力還有不少。永曆朝廷的逃入緬甸，對諸將的堅持抗清必將在心理上造成極為不利的影響。因此，他們感到當務之急是把永曆帝從緬甸接回國內。經過商議以後，由白文選先領兵進至磨整、雍會，這裏已是緬境地區。由於天氣炎熱，白文選命令部下卸甲解鞍，在樹蔭下休息，派出兩名使者找尋緬甸地方官通知這次明軍入緬只是為了接回永曆皇帝。不料使者在途中被緬人殺害。白文選又派十名騎兵前往說明情由，又遭到緬兵擊殺。當時緬甸官員有一種錯覺，以為南明皇帝入境避難，明朝的軍隊大概剩下的不過是一些散兵遊勇，已經不堪一擊。他們看到白文選軍中有不少馬匹，就派出一二百騎闖入明軍營中搶馬。白文選大為震怒，下令整頓兵馬，立即反擊。緬方搶馬的士卒被文選部下兵將追到河邊，紛紛溺水而死。緬軍主力（據文獻說有"數十萬"，可能失之誇張）在江對岸列陣，準備迎戰。白文選命令部下士卒砍伐樹木編造筏排，渡江作戰。緬軍自恃人多勢眾，對南明軍隊看不上眼，主事大臣變牙簡說："漢人無狀，然亦不多，須俟其盡渡，然後扼而盡殲諸江中可也。"[1] 文選兵坐在木筏上魚貫而渡，剛渡過一百多騎兵，文選在對岸下令吹起號角，百騎一鼓而前，緬軍抵敵不住，陣勢大亂。明軍佔領灘頭前進基地後，文選主力陸續渡河，全面進攻，緬軍大敗，被殺傷兵據說在萬人以上。緬甸當局這才知道明軍強勁，收兵入城據守。白文選意欲攻城，又擔心城內的永曆帝的安全，不敢莽撞行事。緬甸官員質問朱由榔："爾到我家避難，云何殺

1　劉茞《狩緬紀事》。

我地方？"永曆帝並不知道白文選率兵前來接駕的詳情，回答道："既是我家兵馬，得敕諭自然退去。"[1] 隨即派官員齎帶敕令命明將退兵。緬甸當局唯恐永曆使臣同白文選見面後，各自了解對方情形和緬甸態度，不讓永曆官員出城，而自行派人將敕文送至白文選營。文選叩頭接受敕文，當天就下令退兵。

四月間，明將廣昌侯高文貴、懷仁侯吳子聖也率領一支兵馬入緬迎駕，但他們所取的道路同白文選不一樣，大致上就是永曆帝入緬的路線。高文貴、吳子聖的軍隊遭到緬甸當局阻止，他們自以為並沒有侵佔緬甸領土的意思，不過接出永曆君臣罷了。於是，決心動武，殺入蠻莫。緬軍抵敵不住，又逼迫永曆帝發敕諭責令高、吳退兵。朱由榔一味遷就，派吏部郎楊生芳、錦衣衛丁調鼎前往敕令二將退兵。高文貴、吳子聖接到諭旨後被迫從布嶺退兵；文貴憂憤於心，不久病死；而楊生芳、丁調鼎回到流亡小朝廷後，竟以退兵有功，"升秩有差"[2]。永曆皇帝甚至在馬吉翔和太監李國泰的慫恿下發出敕令給緬甸各守關隘官員說："朕已航閩，後有各營官兵來，可奮力剿殲"，藉以換取緬甸當局的歡心。[3]

當時，李定國、白文選部活動於滇緬邊境一帶，同據守福建海島的鄭成功、張煌言部等擁明勢力還斷斷續續保持着秘密聯繫[4]，當然知道永曆帝仍在緬甸，並未"航閩"。因此，仍然不斷地派遣使者甚至出兵迎接永曆君臣。1660 年（順治十七年、永曆十四年），白文選率領兵馬一直推進到緬甸都城阿瓦附近，九月間永曆朝廷收到晉

1 《狩緬紀事》。
2 《狩緬紀事》。
3 《狩緬紀事》。
4 從張煌言等人詩文錄裏可以知道他們對永曆皇帝兵敗入緬的情況大體上都知道。

王李定國迎駕疏和致廷臣書，其中寫道：“前此三十餘疏，未知得達否？今此緬王相約，何地交遞？而諸公只顧在內安樂，全不關切出險一事，奈何？奈何？”[1] 緬甸當局又要求永曆帝發敕書退兵，明軍等候多日，不得要領，只好拔營而回。

1661 年（順治十八年、永曆十五年）二月二十八日，鞏昌王白文選託緬甸人秘密送上奏疏說：“臣所以不敢連破緬者，恐緬未破而害先及於皇上爾！為今之計，今多方委蛇，使緬送駕出來為穩著。”朱由榔當時在緬甸的日子已經相當不好過了，在璽書中懇切地盼望李定國、白文選能夠迎駕成功。過了五六天，緬甸百姓傳說白文選已經在七十里外搭浮橋準備渡江來救出永曆君臣。不料幾天以後消息傳來緬軍已把浮橋篾纜砍斷，明軍無法渡河，最後一次挽救永曆朝廷的入緬軍事行動以失敗告終。這年三月間，沐天波見緬甸當局派兵看守永曆君臣，知道情況不妙，同原屬晉王的總兵王啟隆商議，歃血定謀組織敢死志士數十人殺掉馬吉翔、李國泰，保護太子突圍投奔李定國、白文選的隊伍。這一密謀很快被馬吉翔、李國泰察覺，他們誣奏永曆帝說，沐天波、王啟隆私下勾結緬甸準備謀害皇室。朱由榔沒有弄清情況，就下令把沐天波的家丁李成、王啟隆的家丁何愛各付其主立即處死。沐天波、王啟隆雖未因此遇害，他們為了挽救明室的最後一片苦心卻化作了泡影。

在這以後，還有黎維祚充當在緬的永曆帝與在邊境地區的李定國等營的秘密使者，做迎駕出緬的最後努力。黎維祚曾經任職永曆朝廷，朱由榔進入緬甸以後，諸將分別率領部下士眾轉入邊境土司管轄區。在勢同瓦解的情況下，黎維祚遍走各營，勸以大義，殘存

---

1 《狩緬紀事》。

各藩鎮都為他所感動，具表迎駕。黎維祚把諸將迎鑾表文藏在挖空的木棒之中，於 1661 年（順治十八年）九月十八日到達孟艮府，面呈晉王李定國。定國深表贊同，十月初六日發給令諭一道，其中云："今皇上入緬，勢已危急，若能走通聲息，戀建奇功，決不負若。當即為若轉奏。"黎維祚隨即赴緬，歷盡艱辛到達阿瓦城，因緬人防範甚嚴，不能面見，託人轉呈永曆帝。朱由榔閱疏後，十月十五日給敕書云："皇帝密敕瀝膽將軍黎維祚，據晉藩奏，爾忠肝貫日，義膽渾身，穿虎豹，趨辰極，烈風勁草，殊軫朕懷。茲授爾瀝膽將軍督理滇黔楚蜀，遍歷諸勛將士，山林隱逸等，謹慎圖防，枕戈以俟。候晉、鞏兩藩舉師，四路策應，旦夕是圖，勿遲勿忽。"另外還給予空白敕書百道、印三顆。黎維祚把敕印藏在小船底部夾板之內，船上設置神像，敲擊鉦鑼而行。到達孟艮後，定國大喜，命他轉報各營將領。聯絡初定，黎又於十一月動身入緬復命。行至騰越，緬方已經把永曆帝獻給清軍。黎維祚痛心疾首，在得到清將允許後入見永曆。朱由榔對他大哭，維祚淚流滿面地說："事今至此，臣惟疾奔告諸營整兵於要道接駕。"他的意思是估計吳三桂、愛星阿等人將把永曆帝押送北京獻俘，計劃聯絡忠於明室的將領於途中救出。朱由榔說："兒子，爾可致意十三家等，若能救我出，我只願修行去。"哽咽不能言。"手剪御衣一片，密寫敕付即行。"黎維祚"晝夜兼程抵荊侯營，謀共於貴州偏橋劫駕。"不料清方也考慮到路途遙遠，地方不靖，決定將朱由榔父子在昆明處死。黎維祚計劃落空，佯狂而遁。這件事在陳起相《瀝膽遺事》一文裏有比較詳細的記載。[1]

---

1 道光二十一年《遵義府志》卷三十三，列傳一。按，黎維祚，字名遠，四川江津縣人。陳起相（一作陳啟相），四川富順縣人，縣志記他"官河南道御史，明末棄官為僧，寓播（播州即遵義）之平水里，人稱為大友和尚"。據劉茞《狩緬紀事》，陳起相直到永曆帝入緬前仍在朝廷中任職。

第六節　清廷向緬甸施加壓力和“咒水之難”

　　佔領昆明和雲南大部分地區以後，清廷和前線統軍大帥在順治十六年五六月間反覆研究是否出兵緬甸捉回永曆帝朱由榔。由於路途艱險，雲南地方破壞很大，籌集糧草非常困難，滿洲兵將又不適應當地氣候，寧南靖寇大將軍羅託、安遠靖寇大將軍多尼、征南將軍趙布泰等都不願擔此重任，希望早日班師回京休息。因此，清廷兵部會商的意見是由多尼下固山額真宜爾德留鎮省會昆明，讓平西王吳三桂為統帥，以漢軍和綠營兵為主，會同固山額真卓羅帶領的少數滿洲兵一道進軍緬甸。六月初二日經清廷批准，命經略洪承疇部署具體進軍事宜。

　　洪承疇接到朝廷諭旨後，深感困惑。他上疏報告糧餉、兵力不敷，雲南地方“蹂躪至極，兵火殘黎，朝不保夕。糧米騰貴，買備無出，軍民飢斃載道，慘難見聞。”[1] 何況，李定國等“逃竄猛猛、孟艮等處”，“而各路土司、偽營殘兵各私受定國偽札、偽印，歃血立盟，伺隙起釁，已屢見告。茲若一聞大兵西追，勢必共思狂逞，避實突虛，以復竄內地。彼時追剿大兵相隔已遠，不能回顧，而雲南大兵又以駐紮省城，未能遠追，倘致巨逆竄逸，所關匪小。”因此，他建議本年內不出兵緬甸，待明年（順治十七年）秋收以後八、九月間進兵。至於兵將的安排，洪承疇建議只留部分精銳滿兵由卓羅統領駐紮省城，吳三桂的軍隊則分駐於迤西永昌、順寧、雲州、景東各要害處所，做好穩定雲南地方的工作。這就是他針對當時雲南情況制

1　順治十六年八月十八日經略洪承疇揭帖，見《清代農民戰爭史資料選編》第一冊（上）第三六四至三六九頁。

定的基本方針："須先有內安之計，乃可為外剿之圖。"[1]

清政府為了彌補自己在兵力、物力、財力上的不足，還企圖通過緬甸當局和雲南邊境土司之手不戰而勝。1659年（順治十六年）九月，洪承疇奉清朝"皇帝特諭"致書緬甸軍民宣慰使司和蠻莫宣撫司，要他們主動交出朱由榔、沐天波和李定國。兩件書信的措辭頗多類似之處，前半段均云：

> 照得明運告終，草寇蜂起，逆賊張獻忠流毒楚、豫、粵、蜀，屠戮幾無噍類，實為禍首。旋致闖賊李自成同時煽亂，破壞明室。我皇上原欲與故明講和，相安無事。惟因明祚淪亡，生民塗炭，不忍置之膜外，乃順天應人，殲滅群凶，復故明之仇，雪普天之恨。不兩年間，統一區宇，臣服中外，殊方絕俗，罔不慕義向風，梯航稽首。惟獻賊遺孽李定國自知罪惡滔天，神人共憤，鼠竄雲南，假藉永曆偽號，蠱惑愚民。不知定國既已破壞明朝全盛之天下，安肯復扶明朝疏遠之宗支，不過挾制以自專，實圖乘釁而自立，橫肆暴虐，荼毒生靈，漢土民人，肝腦塗地，實難堪命。……倘或不審時勢，有昧事機，匿留中國罪人，不惟自貽虎狼吞噬之患，我大兵除惡務盡，勢必尋蹤追剿，直搗區藪，彼時玉石難分，後悔無及。[2]

在給緬甸當局的信中有一段說："至聞永曆隨沐天波避入緬境，想永曆為故明宗枝，群逆破壞明室，義不共天，乃為其挾制簸弄，勢

---

1 同前注所引順治十六年八月十八日洪承疇揭帖。
2 見《故宮文獻叢編》第二十四輯。

非得已。今我皇上除李自成、張獻忠、李定國，為明復不世之仇，永曆若知感德，及時歸命，必荷皇恩，彷古三恪，受福無窮。若永曆與天波執迷不悟，該宣慰司歷事中朝，明權達變，審順逆之機，早為送出，當照擒逆之功，不靳封賞。不然留匿一人，累及合屬疆土，智者必不為也。"[1] 給蠻莫土司札中則云："凡土司有能擒縛定國解獻軍前，則奇功偉績，本閣部立奏上聞，必蒙皇上優加升賞，傳之子孫。"[2]

洪承疇採取的措施，逐步鞏固了清朝對西南的統治，為最終結束永曆政權奠定了基礎。他本人則因老病昏花，於順治十六年十月間經清廷批准解除了經略職務，動身返回北京調理。[3]

1660 年（順治十七年、永曆十四年），清廷命吳三桂留鎮雲南，總管該省軍民事務[4]。吳三桂大權在握，一心想繼承明代沐氏家族世鎮雲南的地位。據說，他在經略洪承疇回朝復命之前曾經請教"自固之策"，承疇回答道："不可使滇一日無事也。""三桂頓首受教"。[5] 吳三桂既以"雲南王"自居，就極力主張用兵掃滅逃入緬甸的永曆帝和南明在雲南一帶的殘餘勢力。清廷本意認為永曆帝逃入緬甸，李定國、白文選等避入邊境土司，不過是爐火餘燼，無妨大局，可以任其自生自滅。特別是連年用兵，財政困難（在順治十八年甚至背棄諾言重新徵收明末加派的"三餉"），要想出動大批軍隊征討邊遠地區，兵員、糧餉都難以為繼，因此並不熱心。吳三桂出於自身利益考慮，

<hr>

1 見《故宮文獻叢編》第二十四輯。

2 見《故宮文獻叢編》第二十四輯。

3 《清世祖實錄》卷一二九。

4 早在順治十六年三月間清廷經過商議後，即已決定"命平西王駐鎮雲南，平南王駐鎮廣東，靖南王駐鎮四川"。同年十月命雲南文武一切事務"俱暫著該藩總管"。見《清世祖實錄》卷一二四、一二九。

5 劉健《庭聞錄》卷三。

一再上疏力主用兵。順治十七年二月二十日奏本充分表達了他的意圖，疏中說：

> 臣三桂請進緬，奉旨一則曰：「若勢有不可行，慎勿強行。」再則曰：「斟酌而行。」臣竊以為逆渠李定國挾永曆逃命出邊，是滇土雖收，而滇局未結，邊患一日不息，兵馬一日不寧。軍費益繁，睿慮益切。臣荷恩深重，叨列維藩，職守謂何？忍以此貽憂君父。顧臣向請暫停進緬者，蓋謂南服新經開闢，人心向背難知，糧草不充，事多牽繫，在當日內重而外輕也。乃拜疏之後，果有元江之事，土司遍地動搖，仗我皇上威靈，一舉掃蕩，由此蓄謀觀望之輩，始知逆天之法難逃，人心稍覺帖然。然逆渠在邊，終為隱禍。在今日內緩而外急也。臣恭承上諭，一則曰：若勢不可行，慎勿強行。再則曰：務必籌畫斟酌而行。大哉天語，詳慎備至，臣智慮粗疏，言無可採。惟是再三籌畫，竊以為邊孽不殄，實有三患二難，臣請畢陳其說。
>
> 夫永曆在緬，而偽王李定國、白文選、偽公侯賀九儀、祁三升等分住三宣、六慰、孟艮一帶，藉永曆以惑眾心，儻不乘此天威震赫之時，大舉入緬，以盡根株，萬一此輩立定腳根，整敗亡之眾，窺我邊防，奮思一逞，比及大兵到時，彼已退藏，兵撤復至，迭擾無休，此其患在門戶也。土司反覆無定，惟利是趨，有如我兵不動，逆黨假永曆以號召內外諸蠻，餌以高爵重祿，萬一如前日元江之事，一被煽惑，遍地蜂起，此其患在肘腋也。投誠官兵雖已次第安插，然革面恐未革心，永曆在緬，於中豈無繫念？萬一邊關有警，若輩生心，此其患在膝理也。今滇中兵馬雲集，糧草問之民間，無論各省銀兩起解愆期，難以接濟，有銀到

滇召買不一而足，民室苦於懸磬，市中米價日增，公私交困，措餉之難如此也；凡召買糧草，民間須搬運交納，如此年年召買，歲歲輸將，民力盡用官糧，耕作半荒於南畝，人無生趣，勢必逃亡，培養之難又如此也。

臣徹底打算，惟有及時進兵，早收全局，誠使外孽一淨，則邊境無伺隙之患，土司無簧惑之端，降人無觀望之志。地方稍得蘇息，民力稍可寬紓。一舉而數利存焉。竊謂救時之方，計在於此。謂臣言可採，敕行臣等遵奉行事。臣擬今歲八月間同固山額真卓羅統兵到邊養馬，待霜降瘴息，大舉出邊，直進緬國。明年二月，百草萌芽，即須旋師還境。……

吳三桂在疏中還具體講述了計劃進軍所需要的兵員和輔助人員，總數為"通計大兵、綠旗兵、投誠兵、土司保倮及四項苦特勒約共十萬餘口"，兵餉總額"大約此舉共得銀二百二三十萬餘兩，乃可以告成事，雖所費如此，然一勞永逸宜無不可也。"[1]這件有名的"三患二難"疏是吳三桂藉清廷之箸為自己謀劃，說服清廷決策進軍邊境，迫使緬甸國王送出永曆帝。後來，吳三桂等發動三藩之變時，清廷打出的一張王牌正是把吳三桂這件奏疏內容公之於眾，使吳三桂難以擁立一位朱明宗室為傀儡號召天下，在政治上處於被動地位。這倒是吳三桂始料所不及的，也說明他本意不過是想在清廷統治下保有在雲南的世襲地位而已。就當時的形勢分析，吳三桂主張的"一

1　此件主要依據劉健《庭聞錄》，參考了《清世祖實錄》卷一三四，順治十七年四月丙午（二十二）日條，實錄所載文字較簡，繫時當為清廷收到日期。

勞永逸"確實符合清朝統治的穩定,只要永曆帝及其太子尚存,西南邊境、東南沿海、夔東山區的抗清武裝以及清統治區內的復明勢力在心理上就有所歸依,還存在一線復興希望。

四月三十日,清廷經議政王、貝勒、大臣會議後,同意吳三桂相應進剿,由戶部撥給兵餉三百三十萬兩。為了慎重起見,順治帝派學士麻勒吉、侍郎石圖前往雲南,同吳三桂面商機宜。[1] 到這年八月十八日,清廷終於決定採納吳三桂的意見,任命內大臣、一等公愛星阿為定西將軍,率領八旗兵由北京前往雲南,會同吳三桂進兵緬甸捉拿永曆帝,同時徹底摧毀西南邊陲的抗清勢力。[2]

緬甸當局態度的轉變,也給清廷以可乘之機。朱由榔帶領隨從進入緬甸時,他們對南明朝廷多少持有善意。後來看到清朝的統治已經基本穩定,不願因為收留南明流亡政權開罪於中國的實際統治者。李定國、白文選一再進兵緬甸救主,弄成雙方兵戎相見,緬甸當局從維護本國利益出發,決定轉而配合清兵,消滅殘明勢力,以便保境安民。1661 年(順治十八年)正月初六日,緬甸國王莽達喇派遣使者來到雲南,提出以交出永曆帝為條件請清軍合攻李定國、白文選部明軍。吳三桂認為"雖機會甚佳,而時序已過",不便出動大軍,玩弄策略,只命永昌、大理守邊兵至境上"大張旗鼓,號作先鋒",虛張聲勢藉以牽制緬甸當局不要把永曆帝送交李定國、白文選軍。[3]

---

1 《清世祖實錄》卷一三四。

2 《清世祖實錄》卷一三九。

3 劉健《庭聞錄》卷三。康熙《永昌府志》卷三《沿革》記:"十八年辛丑正月,李定國攻緬甸,緬酋請救。吳三桂發永昌、騰越等處防邊兵馬遙應之。"按,同書上文云:十七年"設鎮於永昌,以張國柱充之;並設騰越協、順雲營。"

1661 年（順治十八年、永曆十五年）五月二十三日，緬甸國王的弟弟莽白在廷臣支持下發動宮廷政變，處死老國王，自立為王。[1]新王派使者來向永曆帝索取賀禮，這時永曆朝廷漂泊異邦已經一年多了，坐吃山空，經費上業已陷入窘境，拿不出多少像樣的賀禮。但是緬甸當局的意圖顯然不是為了得到財物，而是藉僅僅具有象徵意義的明朝皇帝致賀來增強自己在政治上的地位。永曆君臣"以其事不正，遂不遣賀"。[2]南明流亡政府的這種強硬態度使原已不佳的與緬方關係更形惡化。七月初六日，緬甸大臣來訪，當面責備道"我已勞苦三載，老皇帝及大臣輩亦宜重謝我。前年五月，我王欲殺你們，我力保不肯。毫不知恩報恩"[3]，說完懷恨而去。十六日，緬甸國王決定鏟除永曆隨行官員，派人通知永曆廷臣過江議事。鑒於雙方關係緊張，文武官員心懷疑懼都不敢去。十八日，緬甸使者又來說："此行無他故，我王恐爾等立心不臧，欲爾去吃咒水盟誓。爾等亦便於貿易。不然斷絕往來，並日用亦艱矣。"[4]永曆廷臣明知其中有詐，即由世鎮雲南的黔國公沐天波答覆道："爾宣慰司原是我中國封的地方。今我君臣到來，是天朝上邦。你國王該在此應答，才是你下邦之理，如何反將我君臣困在這裏。……今又如何行此奸計？爾去告與爾國王，就說我天朝皇帝，不過是天命所使，今已行

1　哈威《緬甸史》中譯本記緬甸國王名平達格力（Pindalo），其弟繼位為王者名莽白（Pye），政變發生後，王妃哀求曰："君自為王，僅求留命，吾等當奉佛以度殘生。"莽白不允其為僧，但答應不加殺害，幽禁於室。數周後，廷臣進言"天無二日"，莽白乃將王、王妃及其子孫投入彌諾江（Chindwin R.）。美國司徒琳著《南明史》引貌・赫丁・昂（Maung Htin Aung）《緬甸史》（A History of Burma）的記載云："1661年六月，緬甸樞密院黑魯叨（Hluttaw）一怒之下，廢黜了緬王平德勒（Pindale），並予處死，更立其弟擺岷（Pye Min）為王。"（中譯本第一六二頁，英文原版第一七三頁，樞密院原文為 Council of State）中方史料《求野錄》記五月"二十三日，縛酋曩篳興中投之江，立其弟為王。"劉健《庭聞錄》卷三及倪蛻《滇雲歷年傳》卷十記老緬王名莽達喇，其弟名莽猛白，政變時間為五月二十二日。

2　金鐘《皇明末造錄》。

3　劉茞《狩緬紀事》。

4　劉茞《狩緬紀事》。

到無生之地，豈受爾土人之欺？今日我君臣雖在勢窮，諒爾國王不敢無禮。任爾國兵百萬，象有千條，我君臣不過隨天命一死而已。但我君臣死後，自有人來與爾國王算賬。"[1] 在緬方堅持下，大學士文安侯馬吉翔、太監李國泰等提出要由黔國公沐天波一同前往，方能放心。沐氏為明、清及西南邊境各邦國、土司重視的人物，馬吉翔等認為有沐天波在場，不致變生意外。緬甸當局為實現計劃勉強同意。次日黎明，馬吉翔等傳集大小官員渡河前往者梗之睹波焰塔準備飲咒水盟誓，僅留內官十三人和跛足總兵鄧凱看守"行宮"。上午，文武官員到達塔下即被緬兵三千人團團圍定。緬方指揮官員命人將沐天波拖出包圍圈，沐天波知道變生肘腋，奪取衛士的刀奮起反抗，殺緬兵九人；總兵魏豹、王升、王啟隆也抓起柴棒還擊，終因寡不敵眾，都被殺害。[2] 其他被騙來吃咒水的官員人等全部遇難，其中包括松滋王、馬吉翔、馬雄飛、王維恭、蒲纓、鄧士廉、楊在、鄔昌琦、任國璽、鄧居詔、王祖望、楊生芳、裴廷謨、潘璜、齊應巽，總兵王自金、陳謙、龔勳、吳承爵，總兵改授通判安朝柱，錦衣衛掌衛事任子信，僉書張拱極、丁調鼎、劉相、宋宗宰、劉廣銀、宋國柱等，內官李國泰、李茂芳、沈猶龍、李崇貴、楊強益等，

1　楊德澤《楊監筆記》，收入《玉簡齋叢書》。

2　哈威《緬甸史》中譯本第二三三頁記，緬甸當局因李定國、白文選多次領兵入緬救主，"疑永曆參與其事，乃決召其七百從人至實階（即者梗）之睹波焰塔飲咒水為盟，並遣散至各村度生。從人等不願前往，謂須由興威以北之芒市土司（Sawbwa of Mong Si）伴行，始能信任，乃許之。比抵塔中，為御林軍所圍，芒市土司被挾外出，疑有詐變，奪衛士之刀而揮之，餘眾亦如狀爭抗，於是禁衛軍鳴槍射擊，未被槍殺者奉王命概行梟首"。譯者姚枬注云："本書所志芒市王似指松滋王，但擊傷緬兵而死者，以黔國公沐天波為首，見鄧凱《也是錄》。"按，譯者只知道咒水之難中遇害人士爵位最高者為松滋王，故推測"芒市土司"即此人。其實，南明宗室諸王徒有虛名，各方視之均無足輕重。Mong Si 當為沐氏之音譯，即沐天波，而非芒市（今雲南潞西縣）。清方致信緬甸當局要求引渡永曆帝室及明黔國公沐天波，沐氏在緬人心目中的地位已如上述。所以，緬王決定處死永曆隨行人員時，事先已防止傷害沐天波，這既有歷史原因，也便於以後向清方交代。馬吉翔等深知沐氏在緬甸為中國最有影響之人物，故以沐天波伴行為自身安全之保障。咒水之難發生時，緬軍將沐天波拖出圍外，有意放其生路。沐天波見危授命，出乎緬甸當局意料。

吉王府官張伯宗等數十名官員。[1] 緬軍謀殺明室扈從人員後，隨即蜂擁突入永曆君臣住所搜掠財物、女子。朱由榔驚慌失措，倉促中決定同中宮皇后自縊。侍衛總兵鄧凱規勸道："太后年老，飄落異域。皇上失社稷已不忠，今棄太后又不孝，何以見高皇帝於地下？"永曆帝才放棄了自盡的打算。[2] 緬兵把永曆帝、太后、皇后、太子等二十五人集中於一所小屋內，對其餘人員及扈從官員家屬濫加侮辱。永曆帝的劉、楊二貴人，吉王與妃妾等百餘人大都自縊而死。緬兵搜刮已盡時，緬甸大臣才在通事導引下來到，喝令緬兵："王有令在此，不可傷皇帝及沐國公。"[3] 可是，沐天波已經在"吃咒水"時被擊殺。

當時永曆朝廷住地一片狼藉，屍橫滿地，觸目驚心。緬甸官員請朱由榔等移往別處暫住；沐天波屋內尚有內官、婦女二百餘人也聚作一處，"母哭其子，妻哭其夫，女哭其父，驚聞數十里。"[4] 經過這樣一番徹底的洗劫，幸存人員已無法生活，附近緬甸寺廟的僧眾送來飲食，才得以苟延殘喘。二十一日，緬方把永曆君臣原住地清理以後，又請他們移回居住，給予糧米器物。二十五日，又送來鋪蓋、銀、布等物，傳言："緬王實無此意，蓋以晉、鞏兩藩殺害地方，緬民恨入骨髓，因而報仇爾。"[5] 這只是在清兵到來以前，為防止永曆

1　鄧凱《也是錄》、劉茝《狩緬紀事》。劉健《庭聞錄》記："七月十九日，緬酋盡殺永曆從臣。"《行在陽秋》記：六月"十九日，緬酋殺我文武官僚三十餘人。"《求野錄》云："時清師平西王吳三桂既留鎮，其固山楊坤（珅）謀效黔國公世守滇土，以為磐石之計，必入緬取帝以獻乃可。遂上疏固請嚴檄緬甸，令獻帝自效。緬人於是謀殺從官以孤帝勢。"

2　《狩緬紀事》。《也是錄》也有類似記載："上聞，與中宮皆欲自縊，內侍之僅存者奏曰：上死固當，其如國母每年高何？且既亡社稷，又棄太后，恐貽後世之譏，盍姑緩以俟天命。上遂止。"

3　《狩緬紀事》、《也是錄》。《行在陽秋》既記緬官喝曰："不可害皇上與沐國公。"又引"施氏曰：……緬酋將天波至城上，木板鋸解，以示城外。……"施氏所云全不可信。

4　《狩緬紀事》。

5　《狩緬紀事》。《也是錄》所記文字稍異。

帝自盡而編造的敷衍之詞。因為李定國、白文選引兵入緬目的是接出永曆君臣，緬甸當局發兵阻擋，雙方才互有殺傷。不過，緬甸當局拒絕把永曆君臣送往李、白軍中，必然是考慮到了中國當時的局勢，清朝統治業已基本穩固，南明殘存軍隊恢復中原無望，勢必長期盤踞或轉戰中緬接境地區，把永曆帝掌握在自己手中或引渡給清方，對於遏制南明軍隊在緬甸境內活動更為有利。所以，在明清交替之際中緬關係上出現的一些問題應該受到指責的不是緬甸當局，而是永曆朝廷的決策流亡緬甸。

經過這番咒水之難，朱由榔真正成了孤家寡人，小朝廷實際不存在了，只有內地和沿邊的一些復明勢力仍然遙奉這位顧影自憐的天子。他受不了這個打擊，病了一場，稍好一點時太后又病了。十一月十八日，朱由榔對總兵鄧凱說：“太后復病，天意若不可挽回，輦子來殺朕，使太后骸骨得歸故土。當日朕為奸臣所誤，未將白文選封親王，馬寶封郡王，以致功臣離心，悔將何及？”[1] 這表明他對前途已經完全失望，剩下的只是悔恨與惆悵。

第七節　永曆帝被俘殺

順治十七年（1660）八月，在平西王吳三桂的請求下，清廷決定出兵緬甸，迫使緬方交出明永曆皇帝，並且摧毀在雲南邊境地區繼續抗清的李定國軍。內大臣、一等公愛星阿被任為定西將軍，率領滿洲兵馬赴滇，同吳三桂一道負責進軍事宜。敕書中說：“茲以逆賊李定國已經敗竄，怙惡不悛，宜盡根株，以安疆圉。特命爾愛星阿

---

1 《狩緬紀事》。

為定西將軍，統兵同平西王吳三桂相機征討。凡事與都統卓羅、鄂爾泰、孫塔、署護軍統領畢立克圖、護軍統領費雅思哈等會議而行。如進剿，則令卓羅守城……"[1] 次年（1661）四月，愛星阿軍至貴陽，餵馬十天後向雲南進發。[2] 八月二十四日，吳三桂、愛星阿部署滿、漢兵由昆明分兩路西進。十一月初九日，吳三桂所遣總兵馬寧、副都統石國柱以及降將祁三升、馬寶、高啟隆、馬惟興等由姚關推進到木邦。[3] 吳三桂、愛星阿致書緬甸國王，要求交出永曆君臣。清方記載中說："偽晉王李定國先奔景線，偽鞏昌王白文選遁據錫波，憑江為險。官兵自木邦晝夜行三百餘里，臨江造筏將渡。白文選復奔茶山。吳三桂、愛星阿遣總兵官馬寧等率偏師追之，自領大軍直趨緬城。先遣人傳諭緬酋，令執送偽永曆朱由榔，否則兵臨城下，後悔無及。"[4]

永曆帝得到清軍進入緬境的消息後，給吳三桂寫了下面這封信：

> 　　將軍本朝之勛臣，新朝之雄鎮也。世膺爵秩，藩封外疆，烈皇帝之於將軍可謂甚厚。詎意國遭不造，闖逆肆志，突我京師，逼死我先帝，掠殺我人民。將軍縞素誓師，提兵問罪，當日之本衷原未盡泯也。奈何清兵入京，外施復仇之虛名，陰行問鼎之實計。紅顏幸得故主，頓忘逆賊授首之後，而江北一帶土宇，竟非本朝所有矣。南方重臣不忍我社稷顛覆，以為江南半壁，未始不

1　《清世祖實錄》卷一三九。
2　康熙三十一年《貴州通志》卷五《大事紀》。
3　《清聖祖實錄》卷六作初八日，參見《清史列傳》卷七十八《馬寧傳》。
4　《清聖祖實錄》卷六。

可全圖。詎鸞輿未暖，戎馬卒至。閩皇帝（指弘光）即位未幾，而車駕又蒙塵矣。閩鎮興師，復振位號，不能全宗社於東土，或可偏處於一隅。然雄心未厭，並取隆武皇帝而滅之。當是時，朕遠竄粵東，痛心疾首，幾不復生，何暇復思宗社計乎？諸臣猶不忍我二祖列宗之殄祀也，強之再四，始膺大統。朕自登極以來，一戰而楚失，再戰而西粵亡。朕披星戴月，流離驚竄，不可勝數。幸李定國迎朕於貴州，奉朕於南（寧）、安（隆），自謂與人無患，與國無爭矣。乃將軍忘君父之大德，圖開創之豐勛，督師入滇，犯我天闕，致滇南寸地曾不得孑然而處焉。將軍之功大矣！將軍之心忍乎？不忍乎？朕用是遺棄中國，旋渡沙河，聊藉緬國以固吾圍。出險入深，既失世守之江山，復延先澤於外服，亦自幸矣。邇來將軍不避艱險，親至沙漠，提數十萬之眾，追煢煢羈旅之君，何視天下太隘哉！豈天覆地載之中，竟不能容朕一人哉！豈封王錫爵之後，猶必以殲朕邀功哉！第思高皇帝櫛風沐雨之天下，朕不能身受片地，以為將軍建功之能。將軍既毀宗室，今又欲破我父子，感鴟鴞之章，能不慘然心惻耶？將軍猶是中華之人，猶是世祿之裔也。即不為朕憐，獨不念先帝乎？即不念先帝，獨不念二祖列宗乎？即不念二祖列宗，獨不念己身之祖若父乎？不知新王何親何厚於將軍，孤客何仇何怨於將軍？彼則盡忠竭力，此則除草絕根，若此者是將軍自以為智，而不知適成其愚。將軍於清朝自以為厚，而不知厚其所薄，萬祀而下，史書記載，且謂將軍為何如人也。朕今日兵單力微，臥榻邊雖暫容鼾睡，父子之命懸於將軍之手也明矣。若必欲得朕之首領，血濺月日，封函報命，固不敢辭。倘能轉禍為福，反危就安，以南方片

席，俾朕備位共主，惟將軍命。是將軍雖臣清朝，亦可謂不忘故
主之血食，不負先帝之厚恩矣。惟冀裁擇焉。[1]

　　這大概是永曆帝留下的最後一份文件了。其音哀愁如秋蟲鳴泣，
無壯烈之氣，有乞生之念。語云：鳥之將死，其鳴也哀。南明志士
寄希望於這樣的皇帝實現中興大業，真可說是緣木求魚了。

　　順治十八年十二月初一日，清軍迫近緬甸阿瓦[2]，緬甸國王大驚，
決定送出朱由榔父子以避免本國捲入明、清之戰。劉健記載："十二
月朔，三桂至舊晚坡。緬相錫真約我兵往迎永曆。錫真持貝葉緬文
納款，譯其文有：願送永曆出城，但求退兵紮錫坡，等語。蓋恐大
兵襲其城也。"[3]初二日未時，一隊緬甸士兵突然來到永曆住地，口
稱："中國有兵來近城，我國發兵由此抵敵，宜速移去。"[4]說完，七
手八腳把朱由榔連同座椅抬起就走，另外備轎供太后、皇后乘用，
太子朱慈烜和其他隨從一並起行。在緬兵押送下陸行五里即抵河岸，
戌時渡河，只聽見對岸兵馬往來，人聲嘈雜，也不知道是誰家兵馬。
清軍先鋒噶喇昂邦擔心永曆帝室得知實情可能在渡河時投水自盡，
事先安排了不久前降清的鐵騎前營武功伯王會到河邊等候，永曆座
船抵岸時，他即上前拜見，自稱奉晉王李定國之命特來迎駕。朱由
榔還蒙在鼓裏，對王會慰勞有加。直到王會把永曆一行人送入清軍

1　永曆帝致吳三桂書，所見有三種文本：一見蔣良騏《東華錄》卷八；一見雲南人士呂志伊、李根源於清
　光緒三十四年（1907）所輯《滇粹》，題下注引自日本丸山正參著《鄭成功傳》；一見顧公燮《丹午筆記》
　二二二條。第一、第二兩種文字大抵相同，惟《滇粹》本永曆自稱"朕"，蔣氏《東華錄》一律作"僕"。《丹
　午筆記》本語氣更近於明人，且沒有"倘得與太平草木同沾雨露於聖朝"等不倫不類的話，故以《丹午筆記》
　為基礎，參考前二文本對文字稍做校正。這封信既收入《東華錄》，看來實有其事，而非好事之徒所杜撰。
2　《清聖祖實錄》卷六。鄂爾泰編《八旗通志》中不少人物傳記都提到隨軍進至緬甸阿娃（阿瓦）。
3　劉健《庭聞錄》卷三。
4　劉茞《狩緬紀事》。

營中，朱由榔才發覺上當，憤慨不已，斥責王會的叛賣行徑。王會內心有愧，無言而退。[1]

　　參考諸書記載，吳三桂等所統清滿、漢軍主力進至舊晚坡，該處"去緬城（指緬京阿瓦，今曼德勒）六十里"[2]，前鋒到達阿瓦城對岸河邊，"緬人謀獻桂王，請大軍留駐"。《陽秋雜錄》記："吳三桂標將有商於吳者。問以舊晚坡之事，據云：十二月初三日，三桂至舊晚坡，檄緬送王，並索從亡諸臣頭首。緬迫於兵威，亦遣人相聞。薄暮，緬人送人首三十七至三桂營（按：當即死於咒水之難之明臣），營中訛言王薨。及二鼓，言王至矣。隨眾出迎，見二艘渡江來，一為王及太妃、王妃、世子、郡主，一為遇害諸臣家屬。有緬相及蠻兵二百餘人俱至。三桂送王及宮眷於公所。王南面坐，達旦。三桂標下舊官相繼入見，或拜，或叩首而返。少頃，三桂進見，初甚倨傲，見王長揖。王問為誰？三桂噤不敢對。再問之。遂伏地不能起。及問之數至，始稱名應。王切責曰：'汝非漢人乎？汝非大明臣子乎？何甘為漢奸叛國負君若此？汝自問汝之良心安在？'三桂緘口伏地若死人。王卒曰：'今亦已矣，我本北京人，欲還見十二陵而死，爾能任之乎？'對曰：'某能任之。'王令之去，三桂伏不能起，左右扶之出，則色如死灰，汗浹背，自後不復敢見。"[3]

　　初九日，吳三桂班師。[4]回滇途中，吳三桂於下營時均將朱由榔一家置於附近地方帳篷內，由滿洲官兵嚴密看守。原先隨從永曆的明

1　劉健《庭聞錄》卷三所記情節稍有不同：十二月初二日，吳三桂遣高得捷等往迎，"是日日昃，緬紿永曆曰：'晉王李定國至矣。今送帝出就晉王軍。'縛竹椅為肩輿昇永曆入舟，及岸，水淺舟膠，高得捷負以登岸。永曆問其名，曰：'臣平西王前鋒高得捷也。'永曆曰：'平西王，吳三桂也。今來此乎！'遂默然。初三日，永曆至舊晚坡。"

2　《清史稿》卷二五四《畢力克圖傳》。

3　《滇粹》收"失名"《也是錄》後附載。

4　《庭聞錄》作初十日。

朝官員妻妾躲過咒水之難後，又被滿洲官兵搶去。侍候朱由榔的人只剩下小內官五人、面貌醜陋的小宮女三四人和跛足侍衛總兵鄧凱。

康熙元年（1662）三月十二日，清廷以擒獲永曆帝詔告天下，詔書中說："念永曆既獲，大勛克集。士卒免征戍之苦，兆姓省輓輸之勞。疆圉從此奠安，閭閻獲寧干止。是用詔告天下，以慰群情。"[1]五月，吳三桂因擒獲朱由榔有功，晉封為親王。[2]

在清廷詔告全國的同一天，朱由榔和他的眷屬被押回雲南昆明。昆明城中許多百姓眼見皇帝蒙難，不免黯然神喪。當時一個目擊者說："永曆之自緬歸也，吳三桂迎入，坐輦中。百姓縱觀之，無不泣下沾襟。永曆面如滿月，鬚長過臍，日角龍顏，顧盼偉如也。"[3]清軍把朱由榔一家圈禁在世恩坊原崇信伯李本高宅內。[4]吳三桂等人認為如果押解赴京獻俘，路途遙遠，恐怕發生意外，建議就地處決，得到清廷核准。四月二十五日，朱由榔、朱慈煊和國戚王維恭的兒子被處死。據記載，行刑前吳三桂主張拖出去砍頭，滿洲將領不贊成，愛星阿說："永曆嘗為中國之君，今若斬首，未免太慘，仍當賜以自盡，始為得體。"[5]安南將軍卓羅也說："一死而已，彼亦曾為君，全其首領可也。"[6]於是，把朱由榔父子和王維恭子抬到門首小廟內，用弓弦勒死。[7]隨即命昆明知縣聶聯甲帶領員役搬運柴薪把三人棺木焚

---

1 《清聖祖實錄》卷六。

2 《清聖祖實錄》卷六。

3 劉獻廷《廣陽雜記》卷三記吉坦然語。

4 劉茞《狩緬紀事》。

5 《狩緬紀事》；《求野錄》及葉夢珠《續編綏寇紀略》卷四《緬甸散》均云朱由榔父子於四月二十五日遇害。《也是錄》記：四月"初八日，上被難。"《行在陽秋》亦記於四月，書尾附記："東昌李君調云：緬酋送駕舊晚坡在庚子十二月，而龍馭賓天、皇太子遇害則辛丑三月十八日也。君調時在三桂營中目擊者。"

6 劉健《庭聞錄》卷三。

7 康熙三十五年《雲南府志》卷五《沿革》記：吳三桂"遣固山楊珅、章京夏國相等縊永曆於篦子坡，焚其屍揚之，家屬送京。"

化於北門外。次日，清兵至火化處拾取大骨攜回做證。雲南人民不忘故主，以出城上墳為藉口，尋得未燼小骨葬於太華山。南明最後一帝至此煙消雲散。

第八節　李定國之死

1661 年（順治十八年）八月，李定國、白文選仍在緬甸境內要求緬方交出永曆君臣。得到緬甸當局殺害朱由榔的扈從人員的消息，感到情況緊急，立即分路進至洞烏，用十六條船裝載兵馬渡江，向緬軍發起攻擊。由於緬方已有準備，作戰失利，有五條船在江中傾覆。十八日，明軍退回洞烏。

在前途黯淡的形勢下，白文選的部將張國用、趙得勝等人私下議論道：「此地煙瘴，已傷多人，今再深入，氣候更熱，非盡死不止。寧出雲南，無作緬鬼。」士兵們長期轉戰於中緬邊境一帶，生活和作戰條件極為艱苦，一听主將的這番議論，軍心更加動搖。張、趙兩人命令軍士趁夜間準備好行裝，直入白文選的臥帳，請他立即脫離李定國部，退還雲南。文選見軍心已變，大吃一驚。二將勸他說：「大事知不成，更深入瘴地，空死無名。殿下必隨晉王，是續賀九義也。」白文選問：「爾等今欲何往？」張國用回答：「以此人馬出雲南，何向不重？」意思是憑藉部下兵馬眾多主動降清，必然受到重用。文選又問：「若皇上何？」國用斷然回稱：「心力已盡，可見天意。」當即把白文選挾持上馬起行，連夜行軍七十里。第二天凌晨，李定國得到報告白文選部去向不明，覺得事態嚴重，他狐疑滿腹地說：「鞏殿下欲何往耶？」派兒子李嗣興領兵尾隨，觀察白部動向。他告誡嗣興不得動武，自己也帶領部隊緩緩跟進。張國用、趙得勝唯恐主帥白文選留戀舊情，同李定國重歸於好，故意讓文選走在前面，二人領兵斷後。五天之後，兵馬行至黑門限（或寫作黑門坎），張國用和趙得勝見李嗣興兵尾追不捨，兩人商議道："晉世子急躡不去我，我軍行疲為累，不若就此山勢與決戰，令彼還，方可前進。"隨即揮兵扼據山險，矢炮齊發。李嗣興大怒，命令部兵強行登山反擊。正在這時，李定國趕到，叫嗣興立刻停止戰鬥。他不勝感慨地說："吾昔同事者數十人，今皆盡矣，存者吾與文選耳。何忍更相殘？且彼既背主他出，欲自為計，念已絕矣！吾所以使爾隨之者，冀其生悔心，或為並力；今大義已乖，任彼所之，吾自盡吾事耳。"[1] 途中收留文選部掉隊的士卒四十餘人，也全部放還。定國父子帶領本部兵馬返回洞烏。

白文選軍繼續走了三天，路上遇着從孟定來的吳三省部。吳軍營中的馬匹已全部倒斃，兵將仍然不顧艱苦，步行入緬尋求和李定國會合。白文選良心不昧，流着眼淚說："我負皇上與晉殿下矣！將軍能率兵至此，使我有太山之助乎。"[2] 吳三省從白文選部行軍方向判斷其部下意圖是去投降清朝，就故意揚言："雲南降者皆怨恨，不得所，人心思明，故我輩咸願步來到此。"文選部兵听了很受感動，張國用、趙得勝也從自己前途考慮，擔心降清以後得不到妥善安置，不再堅持前往昆明投降。這時，恰巧有徽州人汪公福不遠數千里帶來鄭成功的約請會師表，白文選決定屯駐於錫薄，派蘇總兵去木邦同李定國聯絡。過了一個多月還沒有接到李定國的回信。清平西王吳三桂得到消息，派部將馬寧和南明降將馬寶、馬惟興、祁三升等領兵追趕白文選，兩軍在孟養相遇。白文選部兵就山立營，保持戒

1 溫睿臨《南疆逸史》卷五十二《李定國傳》。按，邵廷采《西南紀事》卷十《李定國傳》和珠江寓舫記《劫灰錄》卷六也記載了這件事，文句略有不同。

2 邵廷采《西南紀事》卷十《李定國傳》。

備。白文選同馬寶、馬惟興等長期保持着較深厚的友誼（他們很可能都是回族），不願兵刃相見。馬寶帶着吳三桂的書信單騎進入文選營中，勸他投降。白文選終於決定投降清朝，跟隨投降的有官員四百九十九名、兵丁三千八百餘名、馬三千二百六十四、象十二隻。[1] 這年十二月十八日由孟密到達昆明。康熙元年（1662）十一月，清廷封白文選為承恩公。[2] 白文選降清時還有幾千名精銳將士，如果能同李定國攜手合作，雲南抗清鬥爭必定可以再堅持一段時間，他的決策降清，無疑加速了雲南邊境抗清運動的瓦解。

清軍進入緬甸脅取永曆帝的時候，李定國統轄的兵馬還有五六千人[3]，駐於九龍江（按，九龍江即瀾滄江流經西雙版納之一段河名，清代在普洱府下有九龍江宣慰司）。他仍然希望號召土司和其他抗清勢力恢復雲南。1661年（順治十八年）五月，暹羅國（即泰國）派使者六十多人來聯絡，請定國移軍景線（亦作錦線，現在泰國境內昌盛附近，與緬甸、老撾接壤）暫時休整，然後由暹羅提供象、馬，幫助收復雲南。使者除帶來豐厚禮物外，還取出明神宗時所給敕書、勘合，表示對明朝眷戀之情。並且告知定國："前者八十二人駕隨，流落在我國，王子厚待，每人每日米二升，銀三錢。"[4] 李定國對暹羅君臣的好意非常感激，盛情款待來使，派兵部主事張心和等十餘人同往暹羅聯絡。1662年（康熙元年）永曆帝和太子被清軍俘獲的噩耗傳來，李定國傷心備至，捶胸大哭。他感到擁明抗清的旗幟既

---

1 這裏是根據《清聖祖實錄》卷六康熙元年二月庚午日節錄吳三桂、愛星阿奏疏；劉健《庭聞錄》記隨白文選降清的有一萬一千七百四十九人，其中當包括家屬。

2 《清聖祖實錄》卷七。

3 康熙元年四月十二日廣東巡撫李棲鳳題本，見《清代農民戰爭史資料選編》第一冊（上），第三九一頁。

4 劉茝《狩緬紀事》。流落在泰國的這批人就是上面提到的由陸路進緬的岷王世子和總兵溫如珍所領漂泊江邊的九十餘人。

倒，再也沒有回天之力了，部下兵馬由於駐紮在人煙稀少地區，糧食醫藥不足，病死了差不多一半。定國自知復興無望，憤鬱不已，五月十五日撰寫表文焚告上天，"自陳一生素行暨反正輔明皆本至誠，何皇穹不佑至有今日。若明祚未絕，乞賜軍馬無災，俾各努力出滇救主。如果大數已盡，乞賜定國一人早死，無害此軍民。"[1] 六月十一日是李定國的生日，他從這天起發病，到六月二十七日病死於景線。[2]

李定國臨終前，託孤於部將平陽侯靳統武，命世子李嗣興拜統武為養父[3]，叮嚀道："寧死荒徼，無降也！"[4] 一代豪傑終於齎志以歿。他的英名和業績永遠光照史冊，激勵後世人民為反對壓迫和民族征服而獻身。李定國的一生應該充分予以肯定，封建史籍的作者一般也給以讚許之詞，但他們所讚許的是李定國後半生的"改邪歸正"，實際上李定國在明末是反抗封建壓迫的英雄；清初是抗擊滿洲貴族武力征服和暴虐統治的傑出統帥。如果不以成敗論英雄，在明清之際各方面的人物當中，他是光彩四耀的一顆巨星，其他任何人都無從望其項背。

1　葉夢珠《續編綏寇紀略》卷四《緬甸散》；劉茞《狩緬紀事》亦載此事，文字較簡。

2　關於李定國病死的日期和地點，諸書記載不一致。《清史稿・李定國傳》記："六月壬子，其生日也，病作……乙丑，定國卒。"康熙元年六月朔日為壬寅，壬子為十一日，乙丑為二十四日。《劫灰錄》、馮甦《見聞隨筆》、劉健《庭聞錄》、金鐘《皇明末造錄》、葉夢珠《續編綏寇紀略》、陸桂榮《三藩紀事本末》、鄭達《野史無文》均作六月二十七日卒於勐臘。沈佳《存信編》卷五記定國六月二十九日卒於車里猛喇（當即勐臘）。《行在陽秋》記七月二十九日卒於景線。《騰越州志》記"葬於景線"。郭影秋《李定國紀年》認為六月十七日卒於勐臘較可信。但《清聖祖實錄》卷七載康熙元年十月十九日"雲南巡撫袁懋功疏報，據車里宣慰使刀木禱報稱：偽晉王李定國逃奔景線地方染病身死"。勐臘為車里宣慰司屬地，刀木禱報定國卒於景線，必有根據。康熙四十一年《永昌府志》卷二十六《雜記》李定國條云："李定國聞永曆被執，遂死於景線。所葬之地至今寸草不生，彝人過者必稽顙跪拜而後去，有入其地者曾目擊其事云。"同書卷三《沿革》記：康熙元年"八月，李定國死於景線。"康熙三十年《雲南通志》卷三《沿革大事考》也說，康熙元年"八月，李定國死於景線"。時間上稍有出入，率地似以景線較可靠。

3　劉茞《狩緬紀事》。

4　《三藩紀事本末》卷四《檄緬取王》；《續編綏寇紀略》卷四《緬甸散》作"寧死荒外，毋降也"。《清史稿・李定國傳》作"任死荒徼，毋降"。

李定國去世後，部下將領失去了歸依的核心。他的表弟馬思良不服靳統武的節制，與總兵胡順都、王道亨於前途黯淡之時，走上了降清之路。[1] 不久，靳統武病死（一說被毒死）[2]，蜀王世子劉震等領兵歸附清朝。李嗣興也未能恪遵定國遺教，在康熙元年九月拜表投降清朝，十一月自普洱派人赴昆明呈繳李定國留下的冊、寶和元帥印，十二月十九日帶領官兵及家屬一千二百餘人到洱海接受吳三桂改編安插[3]，清廷授予李嗣興都統品級[4]，後來曾任清朝陝西寧夏總兵等職。

大致可以說，李定國之死標誌着原大西軍餘部抗清鬥爭的結束。

---

1 沈佳《存信編》卷五。康熙三十年《雲南通志》卷三《沿革大事考》。
2 《續編綏寇紀略》卷四記："未幾，統武亦卒。"《清史稿·李定國傳》云："統武尋亦卒。"《狩緬紀事》卻說靳統武與李嗣興一道降清，但清方奏報中未見靳統武投降事。康熙三十五年《雲南府志》卷五《沿革》記，定國"病篤，託孤靳統武，令撫嗣興。馬思良勢不相下，乃與胡順都、王道亨毒殺靳統武，奔出乞降。嗣興聞思良降，亦移至慢法地方。吳三桂招之，嗣興遂投誠。"
3 康熙元年十二月二十八日平西親王吳三桂密奏本，見《明清史料》丙編，第十本，第九九七頁。
4 《清聖祖實錄》卷九。

第三十一章

鄭成功收復台灣

第一節　鄭成功決策復台

　　台灣自古以來就是我國的領土。在長達千年以上的歷史中，大陸斷斷續續派出的官員、軍隊以及出海的商人、漁民同島上的高山族同胞有過接觸，福建沿海的居民移居澎湖、台灣的數量也逐漸增多。元朝和明朝在澎湖設立了巡檢司，派駐軍隊，負責澎、台防務。1604 年（萬曆三十二年）荷蘭殖民者一度佔據澎湖，被明朝都司沈有容領兵驅走。1622 年（天啟二年）七月十一日，荷蘭殖民者再次佔領澎湖，在主島上建立堡壘作為侵華基地。他們從這裏派遣船隻騷擾台灣沿岸，劫掠大陸瀕海地區，燒毀中國村莊和船隻，把俘虜的中國百姓販賣到巴達維亞（今印度尼西亞雅加達）去充當奴隸。荷蘭殖民者的野蠻行徑激起了中國當局和百姓的極大憤慨，1623 年（天啟三年）明福建巡撫南居益親自視察海域，派副總兵俞咨皋等人帶領軍隊先後在銅山（今福建東山）、廈門海面擊敗來犯的荷蘭海盜船，活捉而論那、高文律等七十人。次年（1624），南居益駐於金門島，派出三千名將士渡海直搗荷蘭殖民者在澎湖擅自建立的堡壘。經過八個月的圍攻，荷軍"食盡計窮，始悔過乞降，拆城夜遁"[1]，"澎湖信地，仍歸版圖"。[2]

由於明帝國國勢衰微，在取得廈門海戰和收復澎湖的勝利以後，沒有斷然阻止荷蘭人在台灣建立據點。荷蘭東印度公司利用這一時機，在現在的台南市海濱一個沙洲（當時把這個四面環水的小沙洲稱為大員）上建立要塞，命名為熱蘭遮堡（Zeelandia Fort），從此開始對附近居民實行殖民統治。從現有材料來看，1624年中國福建當局奉朝廷之命收復澎湖是因為這裏設置了管理台、澎軍政事務的衙門，"先朝設有兩營兵馬，堤防甚備"[3]；而允許荷蘭人到更遠一點的台灣去也僅限於在那裏同中國商人做生意，即如疏稿中所說："況夷求市為名，或天恩之所可宥；及夷據彭以請，則國法之所難容。"[4] 荷蘭殖民者在澎湖投降後移往台灣大員時，"發現有些中國人定居在這裏經營商業"[5]，可見，這裏早已是中國領土。然而，他們卻莫名其妙地把事情說成是台灣土地"屬於中國皇帝。中國皇帝將土地賜予東印度公司，作為我們從澎湖撤退的條件。"[6] 這種說法毫無根據。即以荷方引證的天啟四年（1624）八月二十日廈門地方長官何某（可能是泉州府海防同知何舜齡）[7] 給荷方頭目宋克（Maarten Sonk，後來被委為所

---

1 《明清史料》乙編，第七本，第六二九頁《兵部題彭湖捷功殘稿》。

2 同前注，第六二五頁《彭湖平夷功次殘稿》。

3 《明清史料》乙編，第七本，第六二九頁。

4 《明清史料》乙編，第七本，第六二四頁。

5 甘為霖《荷蘭人侵佔下的台灣》，引自福建人民出版社《鄭成功收復台灣史料選編》第九十三頁。

6 福建人民出版社《鄭成功收復台灣史料選編》第九十五頁。

7 上引《鄭成功收復台灣史料選編》第九十四頁。按，寫復信官員原文為 "Totokof Amoy" "Foa"，《史料選編》譯作"廈門都督""何"。"Totokof Amoy" 可能是 "Totok of Amoy" 的誤排。都督是明朝高級武官職銜，在明朝北京覆亡以前，廈門地區不可能有都督。當時泉州府海防同知為何舜齡，上引兵部題"彭湖捷功"殘本中說："何舜齡當夷甫退，善後之圖，輕七尺如鴻毛，駕一葉於鮫室，周旋咫度，為人所難。尤宜特與優敘，以示激勸者也。"可證何舜齡不僅負責處理荷軍撤出澎湖的善後事宜，而且曾親自乘船到荷蘭軍中談判。他的身份和經歷最切合這封信的作者。

謂第一任荷蘭的台灣長官）的復信而言，措辭是："本函作為閣下要求事項之答覆。據報你們已放棄澎湖城砦，該地已恢復原貌，足見你們已忠實執行協定。因此我們深信你們的友好誠意。現在總督大人已獲悉荷蘭人遠道而來，要求在赤道以南的巴達維亞（Batavia）及我方的福摩薩島（Formosa）之間與我方貿易。因此，我們決定前往福州報告巡撫及衙門，以便以友好關係與你們相處。現在通商之事既已對閣下有了充分保證，你方船隊司令可前往巴達維亞向你方長官報告一切。"[1] 這裏，台灣被稱為福摩薩島不符合中國習慣，但"我方的福摩薩島"卻是明確無誤的。

明政府收復澎湖之後，福建沿海恢復了平靜。但這種局面並沒有維持多久，具有海盜性質的鄭芝龍（原名鄭一官，在西方文獻中即稱他為"一官"）集團的勢力逐漸擴展，他們是一股主要從事海外貿易的中國商人，但是為了取得糧食、淡水和其他物資常常對福建沿海地區進行掠奪。1628 年（崇禎元年）鄭芝龍接受明政府的招撫，他利用官方身份掃除其他"海賊"，既可以向朝廷報功，又增強了自己對海外貿易的壟斷地位。史料表明，他同荷蘭殖民者在利益上有勾結，也有矛盾。1633 年（崇禎六年）在明朝福建當局的堅持下，鄭芝龍不得不配合其他明軍在福建近海挫敗了荷蘭殖民者為主的海盜武裝，但未暇顧及台灣、澎湖。當時，台灣人口稀少，而大陸戰亂頻繁，福建居民大批遷入台灣墾荒或經商，同荷蘭殖民當局的私人貿易也有很大增長。

在本書敍述的年代裏，荷蘭殖民者是侵華的急先鋒。他們在巴達維亞建立東印度公司，作為"經營"東南亞的總部。企圖把先來的葡

1　福建人民出版社《鄭成功收復台灣史料選編》第九十五頁。

萄牙人和西班牙人趕走，壟斷整個東南亞。鄭成功以廈門、金門、南澳一帶為基地建立強大的抗清武裝之後，荷蘭殖民者密切注視着明、清雙方戰事的發展。他們既擔心鄭成功的軍隊收復台灣、澎湖；又得寸進尺，憑藉武力把西班牙人從台灣北部的雞籠（今基隆）、淡水逐走，還計劃從葡萄牙殖民者手中奪取澳門，然後進攻金門、廈門、南澳、烈嶼，"這樣，既增加了公司的利益，也會使國姓爺（鄭成功）陷於衰亡，而且，還可以博得韃靼人（指清朝）的好感和在中國境內貿易的自由，甚至還可以獲得其對外貿易的特權。從此，公司不僅將得到進入中國的根據地，而且還可以防止敵人通過台灣海峽。"[1]

　　荷蘭殖民者對台灣的中國人實行野蠻的掠奪和嚴酷的統治。1625 年一月二十日，他們在台灣本島上向本地居民"以友好方式"買進了"公司所需要的大片土地"，即後來建立普羅文查城堡及其附近地區的赤嵌，所付的代價是十五匹粗棉布。[2]1651 年五月十日，東印度公司決定向台灣的中國人徵收人頭稅，每年達二十萬荷盾[3]，儘管他們也知道"如果說有甚麼人有權徵收稅款的話，那無疑應該是中國人。"[4] 這一類的倒行逆施使"島上中國居民認為受公司壓迫過甚，渴望自由。"[5]1652 年九月，赤嵌地區的一個村長郭懷一發動反荷起義，附近中國百姓群起響應，參加者多達一萬六千人，他們只有很少一些火槍，絕大多數手持梭標、木棍、竹竿，憑藉一腔熱血同殖民者展開拼死的搏鬥。荷蘭的台灣長官尼古拉斯·費爾堡派出軍隊血腥

1　荷蘭東印度公司《巴達維亞城日志》，引自《鄭成功收復台灣史料選編》第二三七至二三八頁。

2　甘為霖《荷蘭人侵佔下的台灣》，引自《鄭成功收復台灣史料選編》第九十六頁。

3　引自《鄭成功收復台灣史料選編》第一一六頁。

4　引自《鄭成功收復台灣史料選編》第九十六頁。

5　C. E. S.《被忽視的福摩薩》，引自《鄭成功收復台灣史料選編》第一二四頁。

地鎮壓了這次起義，郭懷一和部下一千八百人遇難，在這以後的半個月裏，被殺、被俘的中國人在九千人以上。[1] 荷蘭殖民者認為郭懷一起義是鄭成功策動的，無論這種說法有沒有根據，參加起義的人數之多證明了台灣的中國人不能忍受荷蘭人的殖民統治，他們為光復故土而英勇獻身的精神後來為鄭成功發揚光大。郭懷一起義被鎮壓後，荷蘭殖民當局在 1653 年在同大員（熱蘭遮）一水相望的台灣本島赤嵌地方修建了另一座較小的城堡，命名為普羅文查（即現在的台南市安平鎮赤嵌樓故址），配備火炮二門，常駐士兵十七名，藉以加強對台灣本島上據點的統治，防範當地中國百姓再次反抗。

儘管鄭成功將率軍收復台灣的流言在荷蘭殖民者當中傳播了很久，我們也不清楚這個念頭在他腦海中何時出現。但有一點可以肯定，鄭成功真正醞釀復台是在 1658 年大舉進攻南京遭到失敗之後。退回金門、廈門海域時，鄭成功仍然擁有相當強大的軍事實力，特別是水上艦隻損失並不多。憑藉海上優勢，他擊敗了達素帶領來攻的清軍。但是，就全國而言，明、清雙方在軍事和政治上的形勢已經發生很大的變化。西南永曆朝廷一蹶不振，鄭軍有效控制的沿海島嶼無法支持一支龐大軍隊的後勤供應。為了繼續同清廷抗衡，鄭成功很自然地把注意的焦點轉向了台灣。正如沈光文所說："金門寸土，不足養兵；廈門丸城，奚堪生聚？"[2]

---

1 連橫《台灣通史》卷一《開闢記》云：永曆"十一年，甲螺郭懷一集同志，欲逐荷人，事泄被戮。懷一在台開墾，家富尚義，多結納，因憤荷人之虐，思殲滅之。九月朔，集其黨，醉以酒，激之曰：'諸君為紅毛所虐，不久皆相率而死。然死等耳，計不如一戰。戰而勝，台灣我有也，否則亦一死。惟諸君圖之！'眾皆憤激欲動。初七夜伏兵於外，放火焚市街。居民大擾，屠荷人，乘勢迫城。城兵少，不足守，急報熱蘭遮，荷將富爾馬率兵一百二十名來援，擊退之。又集歸附土番，合兵進擊，大戰於大湖。郭軍又敗，死者約四千。是役華人誅夷者千數百人。"按，連橫所記多可參考。但郭懷一起義在 1652 年，連氏記於永曆十一年（1657），繫時有誤。

2 沈光文《台灣賦》，出處見前引。

各種史籍大抵都提到了何斌（何廷斌、何斌官）其人。這人在大員（熱蘭遮）任荷蘭東印度公司台灣評議會的通事長達十幾年，深悉當地情形。1657年當鄭成功禁止中國帆船駛往台灣時，他曾奉荷蘭長官和評議會之命來到廈門，向鄭成功訊問禁航原因。鄭成功回答道："欲在台徵收關稅。"同年八月，何斌回台報告後，荷蘭長官揆一讓他再次赴廈門轉達："關稅如不涉及公司，或不至損害本公司利益，對國姓爺自向中國人課稅並無異議。"鄭成功對此表示滿意，雙方貿易重新開放。[1]1659年，何斌被控告勾結鄭氏集團，私自徵稅，被剝奪一切職務，並處以苛重的罰款。他負債累累，難以存身，逃至廈門投向鄭成功，建議出兵收復台灣。據說，何斌逃離台灣之前曾經暗中派人測量了進入大員灣的鹿耳門水道，到達廈門以後向鄭成功獻上了一份秘密地圖，標明船艦如何航行才能繞過荷蘭炮台在鹿耳門登陸。何斌自告奮勇充當向導，無疑對鄭成功率兵復台提供了有利條件。但是，某些史著過分誇張了何斌的作用，似乎沒有他出謀劃策，鄭成功就下不了決心，復台之舉也許不會發生。這是由於不了解鄭氏集團同台灣的密切關係而產生的一種誤解。從鄭芝龍開始，鄭氏集團就在台灣建立了包括貿易在內的多種聯繫，其中一種說法是鄭芝龍曾經組織了大量移民赴台墾荒。鄭成功起兵後，他管轄下的商船經常往來於台灣海峽，他手下的戶官鄭泰（成功宗兄）還在台灣置有產業。被認為是荷蘭末任台灣長官揆一的著作中說得很清楚："其實許多中國

---

1 引自《鄭成功收復台灣史料選編》第二四〇頁。按，何斌代鄭氏集團在台灣徵稅事，荷方記載有不同說法。楊英《先王實錄》記：1657年"六月，藩駕駐思明州。台灣紅夷酋長揆一遣通事何廷斌至思明啟藩，年願納貢，和港通商，並陳外國寶物。許之。因先年我洋船到彼，紅夷每多留難，本藩遂刻示傳令各港澳並東西夷國州府，不准到台灣通商。由是禁絕兩年，船隻不通，貨物踴貴，夷多病疫。至是令廷斌求通，年輸銀五千兩、箭杆十萬枝、硫磺千擔，遂許通商。"和荷方記載可互相印證補充。

居民對公司的情況同何斌一樣熟悉"；"國姓爺已經僱到三百名非常熟悉福摩薩海岸的領航員"。[1] 揆一固然有為自己辯護的意思，但大量商船經常往來於雙方之間證明他說的是事實。真正促使鄭成功下決心收復台灣的因素只有兩個，一是他需要一塊足以解決幾十萬兵員的糧餉物資供應的後方基地；二是他根據各種渠道（包括何斌提供的情況）獲悉荷方在台灣的兵力部署情況，做到心中有數，戰則必勝。箭已經搭在弦上，正如俗語所說："萬事俱備，只欠東風。"鄭成功翹首以待，一旦適宜的季節風來臨，他的艦隊就將破浪前進，向預定的目標駛去。

第二節　驅逐荷蘭殖民者收復台灣

鄭成功為人志大才雄，遇事獨斷於心，具有極其堅毅的性格。在決策收復台灣問題上又一次顯示了他的這種性格特徵。

在進攻南京戰役失敗以後，鄭成功把目光轉向了台灣。1659年（順治十六年、永曆十三年）十二月，"議遣前提督黃廷、戶官鄭泰督率援剿前鎮（戴捷）、仁武鎮（康邦彥）往平台灣，安頓將領官兵家眷。"[2] 次年正月，達素統領清軍入閩，鄭成功為集中兵力迎戰，不得不暫時推遲這次軍事行動。擊敗達素調集的各路清軍之後，鄭成功加緊了復台的準備工作。1660年冬，他派出大批軍隊到廣東潮州沿海地區籌集糧食。次年正月，他在廈門傳令大修船隻，听令出征。召集諸將舉行秘密會議，訓話道："天未厭亂，閏位猶在，使我南都

1　《被忽視的福摩薩》，引自《鄭成功收復台灣史料選編》第一二七頁、第一三四頁。

2　楊英《先王實錄》第二二三頁。

之勢，頓成瓦解之形。去年雖勝達虜（指達素軍）一陣，偽朝（指清朝）未必遽肯悔戰，則我之南北征馳，眷屬未免勞頓。前年何廷斌所進台灣一圖，田園萬頃，沃野千里，餉稅數十萬。造船製器，吾民鱗集，所優為者。近為紅夷佔據，城中夷夥，不上千人，攻之可垂手得者。我欲平克台灣，以為根本之地，安頓將領家眷，然後東征西討，無內顧之憂，並可生聚教訓也。"[1] 這是鄭成功正式提出收復台灣為根本的戰略計劃。參加會議的多數將領對於收取台灣安頓家眷心存疑慮，一個個面有難色。宣毅後鎮吳豪說自己曾經幾次到過台灣，那裏荷蘭人的"炮台利害，水路險惡"，"風水不可，水土多病"，不贊成出兵台灣。大將黃廷說："台灣地方聞甚廣闊，實未曾到，不知情形。如吳豪所陳紅毛炮火，果有其名，況船大又無別路可達，若必由炮台前而進，此所謂以兵與敵也。"建威伯馬信發言道："藩主所慮者，諸島難以久拒清朝，欲先固其根本，而後壯其枝葉，此乃終始萬全至計。信，北人也，委實不知。但以人事而論，蜀有高山峻嶺，尚可攀藤而上，捲氈而下；吳有鐵纜橫江，尚可用火燒斷。紅毛雖桀黠，佈置周密，豈無別計可破？今乘將士閒暇，不如統一旅前往探路，倘可進取，則併力而攻；如果利害，再作商量，亦未為晚。此信之管見也。"鄭成功听後讚揚道："此乃因時制宜，見機而動之論。"吳豪再次發言反對，各將領"議論不一"。參軍陳永華發言："凡事必先盡之人，而後听之天。宣毅後鎮所言，是身經其地，細陳利害，乃守經之見，亦愛主也，未可為不是。如建威之論，大興舟師前去，審勢度時，乘虛覷便，此乃行權將略也。試行之以盡人力，悉在藩主裁之。"接着，協理五軍戎政楊朝棟發言支持鄭成功，認為恢台

1　楊英《先王實錄》第二四三至二四四頁。

之舉可行。鄭成功非常高興，稱讚"朝棟之言，可破千古疑惑"，當即拍板決定興師復台。[1] 這次軍事會議的顯著特點是：鄭成功部下將領和兵員多是經濟比較發達的福建沿海州縣人，而當時台灣尚處於初期開發階段，吳豪的意見自然有一定的代表性。馬信是北方來歸將領，陳永華是文官，他們雖支持復台，不足以扭轉會議傾向。楊朝棟是鄭鴻達舊將，他表態之後，鄭成功立即抓住時機，斷然做出決策，體現了他的領導藝術。興師驅荷，是中國近三百多年來在台灣問題上一個極其重要的決策，對台灣這塊自古以來中國的領土的發展前途影響至為深遠，出兵前這次軍事會議在史冊上是重要的一頁，多數閩籍將領的留戀鄉土，胸無遠志，正好襯託了鄭成功的目光遠大。

　　鄭成功的復台計劃，經過周密的準備。除了修理戰船，備辦糧餉、器械以外，他在軍事上的部署值得特別注意。鄭成功的基本意圖是取台灣為復明基地，而不是撤往該地。所以，他必須考慮既能從荷蘭殖民者手中奪回台灣，又不能失去廈門、金門、南澳一帶近海島嶼。因此，他決定親自統率主力出征台灣，這支主力又分為首批和二批；在金門、廈門、南澳一帶留下了相當兵力：命忠勇侯陳霸防守南澳，警惕清廣東軍閥蘇利、許龍乘虛而入；派郭義、蔡祿二鎮前往銅山（今東山）會同原鎮該地的忠匡伯張進守禦該島，必要時策應守南澳的陳霸部；留戶官鄭泰和參軍蔡協吉守金門；洪天祐、楊富、楊來嘉、何義、陳輝守南日、圍頭、湄洲一帶，連接金門，以防北面來犯之敵；由世子鄭經守廈門，輔以洪旭、黃廷、王秀奇、林習山、杜輝、林順、蕭泗、鄭擎柱、鄧會、薛聯桂、陳永華、葉亨、

1　江日昇《台灣外紀》卷五。參見《先王實錄》。

柯平，與洪旭之子洪磊、馮澄世之子馮錫範、陳永華之姪陳繩武三人調度各島防守事宜。

跟隨鄭成功收復台灣的將領和官員有馬信、周全斌、蕭拱宸、陳蟒、黃昭、林明、張志、朱堯、羅蘊章、陳澤、楊祥、薛進思、陳瑞、戴捷、黃昌、劉國軒、洪暄、陳廣、林福、張在、何祐、吳豪、蔡鳴雷、楊英、謝賢、李胤、李襲。1661 年（順治十八年）誓師，參加誓師禮的有原兵部尚書唐顯悅、兵部侍郎王忠孝、浙江巡撫盧若騰、吏科給事中辜朝薦、右副都御史沈佺期等，此外還有明寧靖王朱術桂、魯王世子朱弘桓、瀘溪王、巴東王和留守文官武將。從參加餞行宴會的人來看，基本上包括了當時在金、廈地區的全部明朝頭面人物，也許其中一些人並不贊成鄭軍主力開赴台灣，公開反對的是兵部侍郎張煌言。張煌言認為台灣距大陸較遠，鄭成功以主力復台即便如願以償，卻離抗清前線遠了，這同他的急切興復明朝的主張是相左的。張煌言在《上延平王書》中毫不客氣地說：

> 竊聞舉大事者，先在人和；立大業者，尤在地利。……即如殿下東都（指台南，一本作東寧，誤。鄭成功改赤嵌為東都，至鄭經時改東都為東寧）之役，豈誠謂外島足以創業開基，不過欲安插文武將吏家室，使無內顧之憂，庶得專意恢剿。但自古未聞以輜重眷屬置之外夷，而後經營中原者。所以識者危之。……故當興師之始，兵情將意，先多疑畏。茲歷暑徂寒，彈丸之域，攻圍未下（可見煌言此書寫於荷蘭台灣殖民者投降前夕）。是無他，人和乖而地利失宜也。語云：與眾同欲者罔不興，與眾異欲者罔不敗。誠哉是言也。今虜首短折，孤雛新立（指清帝福臨病死，玄燁幼年繼位），所云主少國疑者，此其時矣。滿黨分權，離釁

疊告，所云將驕兵懦者，又其時矣。且災異非常，徵科繁急，所云天怒人怨者，又其時矣。兼之虜勢已居強弩之末，畏濿如虎，不得已而遷徙沿海，為堅壁清野之計，致萬姓棄田園，焚廬舍，宵啼露處，蠢蠢思動，望王師何異飢渴。我若稍為激發，此並起亡秦之候也。惜乎殿下東征，各汛守兵，力綿難恃，然且東避西移，不從偽令，則民情亦大可見矣。殿下誠能因將士之思歸，乘士民之思亂，回旗北指，百萬雄師可得，百十名城可下矣。又何必與紅夷較雌雄於海外哉！況大明之倚重殿下者，以殿下之能雪恥復仇也。區區台灣，何預於神州赤縣，而暴師半載，使壯士塗肝腦於火輪，宿將碎肢體於沙磧，生既非智，死亦非忠，亦大可惜矣。況普天之下，止思明州（廈門）一塊乾淨土，四濿所屬望，萬代所瞻仰者，何啻桐江一絲，繫漢九鼎。故虜之虎視，匪朝伊夕，而今守禦單弱，兼聞紅夷搆虜乞師，萬一乘虛窺伺，勝敗未可知也。夫思明者，根柢也；台灣者，枝葉也。無思明，是無根柢矣，安能有枝葉乎？此時進退失據，噬臍何及。古人云：寧進一寸死，毋退一尺生。使殿下奄有台灣，亦不免為退步，孰若早返思明，別圖所以進步哉！昔年長江之役，雖敗猶榮，已足流芳百世，若捲土重來，豈直汾陽、臨淮不足專美，即錢鏐、竇融亦不足並駕矣。倘尋徐福之行蹤，思盧教之故跡，縱偷安一時，必貽譏千古。即觀史載陳宜中、張世傑兩人褒貶，可為明鑒。九仞一簣，殿下寧不自愛乎？夫虯髯一劇，祇是傳奇濫說，豈真有扶餘足王乎？若箕子之居朝鮮，又非可以語今日也。某倡義破家以來，恨才力譾薄，不能滅胡恢明，所仗殿下發憤為雄，俾日月幽而復明，山河毀而復完。某得全髮歸故里，于願足矣。乃殿下挾有為之資，值可為之勢，而所為若是，則其將何所依倚。故不敢緘口結舌，坐觀勝敗。然詞多激切，觸冒威嚴，固知忌諱，罪實難逭矣。惟願殿下俯垂鑒納，有利於國，某雖死亦無所恨。謹啟。[1]

很明顯，張煌言對鄭成功的決策復台是不贊成的，信中處處流露出對鄭成功的失望，認為復台的目的是脫離抗清前線，僅從鄭氏一家私利考慮，取遠離大陸的台灣為安身立命之所，是無意復明的表現。這表明張煌言和鄭成功兩人的着眼點有很大的差異。張煌言是在儒家學說熏陶下成長的仁人志士，具有鞠躬盡瘁、死而後已的精神，缺點是眼界狹窄。他在信中說的清順治帝去世，主少國疑，實行遷海政策等給復明勢力提供了有利時機，雖有一定道理，但從全局來看，清廷已經比較牢固地穩定了在大陸的統治，張煌言的立論未免過於樂觀。相形之下，鄭成功比他現實得多。鄭氏家族本是海上起家的，這種家族歷史背景使他視野開闊，台灣、澎湖沃野數千里當然包括在赤縣神州之內，為解決數十萬兵員和其他人士的糧食、物資供應，光靠金門、廈門、南澳等彈丸之地是絕對支持不下去的。清廷實行沿海遷界政策，鄭成功了解的情況絕不亞於張煌言。這一政策並不意味着清朝把沿海約三十里的廣袤土地讓給鄭軍，任其屯田扼守；而是一種短視的封鎖政策，旨在切斷鄭軍從內地取得物資的通道。如果鄭軍登陸，清政府將憑藉陸戰的優勢驅逐其下海。鄭成功正是有見及此，不顧張煌言和部下多數將領的反對，毅然決定進軍復台。何況，張煌言寫這封信時正是荷蘭殖民當局即將投降之時，如果鄭成功採納了他的意見，就將功虧一簣，台灣的歷史走向很可能完全不同，鄭氏集團的抗清事業也必然更早失敗。這再一

---

1 《張蒼水集》第十八至二十頁《上延平王書》。

次證明分析各種人物在歷史上的作用是非常複雜的，即便像張煌言這樣出類拔萃的人物也不免在個別重大問題上做出錯誤的判斷。

1661年（順治十八年）二月初三日中午，鄭成功率領首批軍隊乘船出料羅灣，次日過午到達澎湖。初六日，他親祭海岳，巡視附近島嶼，對隨行諸將說："台灣若得，則此為門戶保障。"[1] 隨即留下陳廣、楊祖、林福、張在四將帶兵鎮守澎湖。初七日，下令曰："本藩矢志恢復，念切中興。前者出師北討，恨尺土之未得，既而舳艫南還，恐孤島之難居，故冒波濤，欲闢不服之區，暫寄軍旅，養晦待時。非為貪戀海外，苟延安樂。自當竭誠禱告皇天，並達列祖，假我潮水，行我舟師。爾從征諸提、鎮、營將，勿以紅毛火炮為疑畏，當遙觀本藩鷁首所向，銜尾而進。"[2] 第二天，鄭成功在自己的座船上豎起帥旗，發炮三聲，金鼓震天，直航台灣。未刻，已抵鹿耳門。成功命何斌坐於斗頭引導船隊繞過荷蘭炮台，強行登陸。在島上幾千名中國人的協助下，不到兩個小時已有數千名戰士踏上了台灣的土地。大批戰艦和船隻也駛抵熱蘭遮和普羅文查（即赤嵌城）之間的海灣。

當時，荷蘭在台灣的兵力只有一千多人，長官揆一和評議會率八百多人駐於沙洲上建立的熱蘭遮城堡，海面有以赫克托號為主的四條戰艦，在隔灣（當時稱大員灣）相對的台灣本島上的普羅文查堡有四百名兵員防守。此外，在雞籠（今基隆）、淡水有微不足道的一點兵力，後來都集中到熱蘭遮。鄭軍順利登陸後，驕橫的荷蘭殖民者企圖在海上和陸地同時發起進攻，一舉擊敗立腳未穩的鄭軍。他們以最大的赫克托號帶領三艘戰艦憑藉火炮等裝備的優勢首先向鄭

1　江日昇《台灣外紀》。

2　《台灣外紀》卷五。

軍艦船開炮。鄭軍派出了各裝兩門火炮的六十艘艦船迎戰。戰況非常激烈，發射炮彈的硝煙彌漫，以致在稍遠的地方無法辨認雙方船隻。中國的戰艦在製造和裝備的火炮上雖稍遜於敵艦，但他們英勇奮戰，利用自己在數量上的優勢四面圍攻荷艦。突然，中國戰艦的大炮射中了赫克托號的彈藥倉，引起強烈爆炸，赫克托號連同所載士卒葬身海底。另一艘荷艦斯·格拉弗蘭號也被鄭軍火船引燃，倉皇逃離。海戰以荷方慘敗告終。陸上的戰鬥情況也差不多。荷方派貝德爾上尉（中方文獻寫作拔鬼仔）率領二百四十名精兵出擊。貝德爾對中國軍隊懷有西方殖民者特有的偏見，他認為中國人都膽小如鼠，"只要放一陣排槍，打中其中幾個人，他們便會嚇得四散逃跑，全部瓦解"，"據荷蘭人估計，二十五個中國人合在一起還抵不上一個荷蘭兵。他們對整個中華民族都是這樣看法：不分農民和士兵，只要是中國人，沒有一個不是膽小而不耐久戰的，這已經成為我方戰士不可推翻的結論。……他們認為，國姓爺士兵只不過同可憐的韃靼人（指清軍）交過鋒，還沒有同荷蘭人較量過；一旦和荷蘭人交戰，他們便會被打得落花流水，把笑臉變成哭臉。"[1] 戰鬥在鄭軍登陸的一個名為水線尾的沙洲上展開。鄭成功派黃昭帶領五百名銃手攜連環煩二百門在正面列陣阻擊，楊祥率藤牌手五百名繞到敵之左翼側攻，蕭拱宸率領二十艘大船搖旗吶喊，做進攻熱蘭遮狀。貝德爾的軍隊同黃昭部接戰時，以十二人為一排，連放三排槍，出乎他們意料的是，鄭軍並沒有一听槍聲就失魂落魄地四散奔竄，而是沉着應戰，像一座鐵壁一樣阻擋着荷軍前進；楊祥部從旁夾擊，"箭如驟雨"，這些自命不凡的荷蘭官兵的"勇氣""完全為恐懼所代替，許多

1　揆一《被忽視的福摩薩》，引自《鄭成功收復台灣史料選編》第一四五頁。

人甚至還沒向敵人開火便把槍丟掉了。他們抱頭鼠竄，落荒而逃。"
鄭軍乘勢全線出擊，"直到上尉及其部下一百十八人全部戰死"，剩
下八十名見機行事的士兵涉過水深及頸的海面逃到船上返回熱蘭遮
向他們的長官報告這場出擊的經過。[1]

　　鄭軍在海上、陸上初戰告捷，荷蘭人已失去了出擊的信心，躲
在城堡裏等待救兵。鄭軍"切斷了海陸交通，包圍了普羅文查要塞，
切斷了它同熱蘭遮的聯絡，使各自陷於孤立。他們也完全控制了鄉
村，禁止福摩薩人同被包圍的軍民有任何接觸，使他們不能幫助遭
到攻擊的荷蘭人（按，此處福摩薩人指高山族同胞，但是高山族百姓
絕不會支持以掠奪為目的的荷蘭殖民者）。上述行動由於得到中國居
民中二萬五千名壯丁的幫助，在三四小時內就完成了。那些驚慌絕
望的福摩薩人也被迫向敵人屈服，同所有中國居民一樣，被利用來
危害我方。"[2]

　　完成對荷蘭兩座城堡的包圍之後，鄭成功決定先攻台灣本島上
的普羅文查堡（赤嵌城）。初十日，他命令士卒每人持草一束，堆置
城下，派通事向荷軍守將描難實叮發出最後通牒，如果再不投降就
點火焚城。描難實叮向熱蘭遮求救無援，被迫投降。《被忽視的福摩
薩》記載，五月四日，"司令官獻出了普羅文查要塞以及一切軍用物
資，他本人及所有士兵都成了戰俘。"[3] 這樣，荷蘭殖民者在整個台灣
地區的據點只剩下近海沙洲上孤零零的一座熱蘭遮城堡。即如荷方

1　這次水上和陸上的戰役，在中、荷雙方文獻中都有記載，情節大致相符，細節處略有差異。如《被忽視
　　的福摩薩》中說荷方兩艘大艦一被鄭軍射中炸毀，一着火後逃走。《先王實錄》記：八月"甲板船來犯，
　　被藩令宣毅前鎮陳澤並戎旗左右協、水師陳繼美、朱堯、羅蘊章等擊敗之，奪獲甲板二隻，小艇三隻，
　　宣毅前鎮副將林進紳戰死。自是，甲板永不敢犯。"按，甲板（又作夾板）是中方稱荷蘭帆動戰艦的用
　　語，其建造性能略優於當時中國戰艦。

2　《被忽視的福摩薩》，引自《鄭成功收復台灣史料選編》第一四七頁。

3　《被忽視的福摩薩》，引自《鄭成功收復台灣史料選編》第一五八頁。

記載，"大員（熱蘭遮城所在沙洲）只是一塊荒漠的沙洲，寸草不生，四面環海，不能跨出一步。他們也沒有足夠的人力或其他方法打擊敵人。唯一的希望是守住熱蘭遮城堡，等待從巴達維亞得到有力的援助。"[1]

鄭成功軍在台灣基本站穩腳跟後，於三月下旬（公曆五月一日）致信荷蘭殖民當局，要求熱蘭遮投降，荷蘭人可以攜帶全部財物乘船離開台灣。信的全文如下：

> 大明招封大將軍國姓致書於大員長官費烈德瑞克·揆一閣下：澎湖地近漳州諸島，乃該州所屬之地。大員緊依澎湖，故此地亦必歸中國同一政府之管轄；事實證明，隔海兩邊地區之居民皆係中國人，其處田產自古以來即為彼等所有並墾殖。先時，荷蘭船隻前來要求通商，其人於此處並無尺寸之地，余父一官出於友善指出該地，僅允借給。
>
> 余父之時及後來余本人均試圖一本友好之念與該公司相處，為此目的余等每遇荷蘭人犯即行釋放，遣之回鄉，遐方諸國尤以貴公司當已洞悉，貴公司定能歷述余之深恩厚意。閣下居於此地已歷多年，亦必盡知此情，而余之英名閣下諒必早銘於心。
>
> 現今余已親統大軍臨於此地，意在不僅利用此地區，並將建立容納眾多人口之城池。
>
> 你應該知道，繼續佔領他人之土地（此地屬於余等之祖先，現傳授於余）是不正當的。閣下與諸議員（若足夠明智）定當明於此義，因此，如果你即來謁見余，並通過友好之談判將城堡轉

---

1 《被忽視的福摩薩》，引自《鄭成功收復台灣史料選編》第一五七頁。

交予我，那麼，我將不僅對你加官晉爵，赦免你等及婦孺之生命，並將允許你們保有原有財物，如果你們願意還可以在余統治下仍居於此地。

但是，如果與此相反，你們不聽余言，故持異議，敵視於我，當深思任何人將不獲生存，全遭屠戮；假如你們企圖暗中離開爾等之城堡，逃入船中，開往巴達維亞，爾國嚴格之法律有禁於此，亦將處以死刑；在此情況下爾等亦無生路。你們無須在是否投降於我之問題上爭論不休，也無須過多地考慮此舉是福是禍，因為遷延時日只會錯過機會，那時你們將後悔無及，望及早做出決定。

最後，我已派出十二船官兵進入爾等之城，以防止一切搶掠與混亂，這樣居住於那裏的人——中國人以及荷蘭人——都將保有其財物，無人受害，如此一切人均將安全有保，任何人無須害怕余之官兵。

書於永曆十五年三月二十九日，鈐國姓爺印。[1]

當天，荷蘭殖民者在台灣設立的評議會討論是否接受鄭成功所提條件。與會者知道熱蘭遮市區已被鄭軍收復，城堡成了孤注，守軍只有五百人，形勢極為不利，正如這次會上荷蘭人表述的："他們的力量很強大，他們的中國臣民遍佈全境，完全能夠切斷我們的糧食供應。"[2] 但是，與會者非常明白一旦投降，荷蘭東印度"公司就

---

1 此文為荷蘭胡月涵（Johannes Huber）先生提供之英文本，廈門大學寄贈。原本當為漢文，但在中方文獻內尚未發現，現據英文本轉譯於此，僅供參考。

2 《被忽視的福摩薩》引《可靠證據》卷下，第三號，1661 年 5 月 1 日福摩薩評議會記錄，見前引書第二〇五頁。

幾乎不可能再回到這個島嶼來"。[1] 經過一番緊張的商議後，評議會決定第二天派議員樊‧伊伯倫和檢察長勒奧納‧德‧勒奧納杜斯為全權代表去同鄭成功談判，他們"婉轉地對其率領大軍前來表示不滿"[2]，要求保留熱蘭遮炮台及其通往航道的入口和位於赤嵌的普羅文查堡，鄭軍則可以"不受阻礙地進入全島的其餘部分"。[3] 這實際上是一種緩兵之計，其意圖是在兵力不足的情況下迷惑鄭成功，先行保住在台的兩個重要軍事據點，等待荷佔巴達維亞東印度公司的援軍，再重整旗鼓，霸佔台灣、澎湖。

鄭成功洞察殖民者的陰謀，堅持荷蘭人必須全部撤出台灣。他對使者義正詞嚴地說："該島一向是屬於中國的。在中國人不需要時，可以允許荷蘭人暫時借居；現在中國人需要這塊土地，來自遠方的荷蘭客人，自應把它歸還原主，這是理所當然的事。"[4]"兩使者狼狽而歸"。[5] 在揆一領導下的荷軍固守熱蘭遮待援。

五月，鄭成功的第二批軍隊黃安、劉俊、陳瑞、胡靖、顏望忠、陳璋六鎮乘船二十艘到達台灣，軍事力量進一步增強了。鄭成功即着手建立在台灣的行政機構，把赤嵌改名為承天府，任命楊朝棟為府尹，府下設天興、萬年二縣，以莊文烈、祝敬分任知縣。[6] 這時大軍初至台灣，地方尚待開拓，軍心未定，所用糧餉、軍械仍須由金、廈運送。世子鄭經派兵部都事楊榮押送補給物資時，報告守銅山（東

---

1 同前注。

2 《被忽視的福摩薩》引《可靠證據》卷下，第四號，1661 年 5 月 2 日大員決議錄，見前引書第二〇七頁。

3 《被忽視的福摩薩》引《可靠證據》卷下，第三號，見前引書第二〇六頁。

4 《被忽視的福摩薩》，見前引書第一五七頁。

5 同前注，引《可靠證據》第二十號，見前引書第二二三頁。

6 《先王實錄》和《海上見聞錄》（定本）均記委莊文烈為天興縣知縣，祝敬為萬年縣知縣。連橫《台灣通史》卷二《建國紀》作"祝敬為天興知縣，莊文列為萬年知縣"。見商務印書館 1983 年版第二十六頁。

山）的蔡祿、郭義二將暗中勾結叛將黃梧，密謀降清。鄭成功唯恐後方不穩，命楊榮回廈門向洪旭傳達密諭，叫他轉令蔡、郭二將立即率部來台，如果二人拖延觀望即證明確有異圖，授權洪旭當機立斷，處死二將。洪旭奉諭派人往銅山傳達鄭成功的調兵命令。蔡祿、郭義既同黃梧有勾結，接到率部渡海赴台的命令，自知陰謀敗露，於是狗急跳牆，決定立即發動叛亂。銅山主要守將忠匡伯張進是忠於復明事業的，蔡祿、郭義為了把銅山獻給清朝，企圖脅迫他一道降清。他們謊稱廣東許龍兵到，調兵分據四門。張進得知二將謀反，攜印從後門逃出，被叛將追及。張進無奈，只好假裝表示願意同蔡祿、郭義歸清；暗中卻同部將呂簇商議對策，呂簇建議派人急往廈門向世子鄭經請援。張進知道叛軍已控制全島，使者無法通過，決定在自己的臥室內密置火藥數十桶，邀請蔡、郭二人前來議事，待二人到後點燃火藥，同歸於盡。這樣，逆首既除，呂簇可以乘機請鄭經急派兵將收拾局面。定計後，即由呂簇通知蔡祿、郭義，說張進有機密事相商，因身體不適，請二人前來議事。不料，二人懷疑其中有詐，拒不入內。張進見計不行，歎息道："計不成矣，天也。吾盡吾心而已。"[1] 他命呂簇和隨從避出，自己點燃火藥，轟然一聲，壯烈捐軀。

留守廈門等島嶼的鄭經在處理銅山謀叛事件上優柔寡斷。五月間既已獲悉蔡祿、郭義有異謀，卻沒有及時派兵前往防範。六月初三日接到蔡、郭二人公開叛變後才實施戒嚴，準備船隻。初九日得知張進被迫自焚時才由廈門派黃廷、杜輝、黃元、翁天祐、何義、黃昌、楊來嘉等統軍乘船南下銅山平叛，鎮守南澳的陳霸（即陳豹）也率領舟師前來銅山會剿。蔡祿、郭義直到十九日才糾眾把銅山搶

---

1 《台灣外紀》。

掠一空後，在清黃梧、福建右路總兵王進忠、詔安副將劉進忠接應下由八尺門渡至大陸向清方投降。黃廷、陳霸等在銅山登岸已為時過晚，只好派兵防守炮台，安撫遺民，向鄭經報告善後情形。鄭經命翁天祐、黃元留守該地，黃廷等回廈門，陳霸仍守南澳。

鄭成功統率主力部隊圍困熱蘭遮城堡，在相當一段時間裏沒有發動攻擊，意圖是等待固守堡內的荷軍彈盡糧絕，不戰自降。當時，鄭軍的糧食供應也相當困難，士卒甚至靠採集李子等果實充飢。鄭成功在台灣百姓（漢族和高山族）的支持下，派出部卒實行屯田和徵稅，在經營台灣的道路上邁出了重要的一步。據守熱蘭遮的荷軍在長官揆一領導下仍固守待援。八月十二日，荷蘭東印度公司從巴達維亞派遣以雅科布·考烏（Jacob Caeuw）為司令的救援艦隊到達熱蘭遮海域，揆一等堡內荷軍欣喜異常，以為可以內外配合擊退鄭軍。不料天公不作美，海上颶風突起，考烏帶領的荷艦被迫離港，遠泊海外達二十八日之久。[1] 在風平浪靜之後，考烏的艦隊也沒有再回到熱蘭遮來，這位司令找了個藉口自行返回巴達維亞了。真正的原因是考烏帶的援軍兵力有限（荷方記載只有七百名士兵），他親眼看到了鄭軍的雄姿，斷定援救台灣已無濟於事了。

援軍的溜走，使困在熱蘭遮堡中的荷軍"空喜歡了一場"。何況，"他們知道艦隊只載來七百名援軍，這不會使他們的處境比戰爭開始時更好。"[2] 時間的推移，使城堡內的荷軍精疲力竭，患病的人數增加，絕望的情緒蔓延開來。十二月十六日（公曆），一批荷蘭守兵在軍曹拉迪斯（Hans Jurgen Radis）帶領下出城向鄭軍投降。他們不僅

---

1 《被忽視的福摩薩》卷下，見《鄭成功收復台灣史料選編》第六九頁。按，八月十二日為公曆。

2 《被忽視的福摩薩》，引自《鄭成功收復台灣史料選編》第一六九頁。

講述了熱蘭遮城內的詳細情況，還提出了兩條建議，一條是"充分利用圍城內普遍存在的驚慌情緒和疲弱狀態，不僅要用封鎖，而且要用連續攻擊，來徹底疲憊敵人，使其完全絕望。這樣做既不費事，又不需要很長時間，因為城堡建築得很壞，經不起大炮猛轟兩個整天。"另一條建議是先攻佔熱蘭遮堡旁邊小山頭上的烏特利支圓堡，取得制高點。[1] 鄭成功欣然接受了這些建議，立即調集軍隊，配備了二十八門巨炮，開始攻堅戰役。公曆 1662 年 1 月 25 日，鄭軍攻佔烏特利支圓堡，荷蘭殖民者知道他們統治台灣的末日已經來臨。揆一同評議會的成員經過五六天的會議反覆權衡利弊之後，終於決定"趁早把城堡交與敵人，爭取優惠條件，是為上策。"[2] 在評議會一致同意下，揆一派出使者向鄭成功接洽投降事宜。2 月 1 日雙方達成協議。投降協議書開頭說："本條約經雙方訂定，並經雙方同意，一方為自 1661 年 5 月 1 日至 1662 年 2 月 1 日包圍福摩薩島熱蘭遮城堡的大明招討大將軍國姓殿下，另一方為代表荷蘭政府的熱蘭遮城堡長官費烈德瑞克・揆一及其評議會，本條約包括下列十八款。"第一款："雙方停止一切敵對行動，從此不記前仇。"第二款最重要："荷方應將熱蘭遮城堡、外堡、大炮、剩餘的軍用物資、商品、現金以及其他屬於公司的財產全部交與國姓殿下。"第六款："經檢查後，荷蘭士兵得以在長官指揮下，揚旗、鳴炮、荷槍、擊鼓、列隊上船。"此外，允許荷蘭人攜帶私人錢財和航行往巴達維亞途中所需的各種生活用品；殖民當局的檔案可以運走；雙方交換俘虜。據揆一記載："當這一投降條約由雙方按照手續簽了字，條約上的各項條件一一履

1　同前注引書，第一七六至一七七頁。
2　《被忽視的福摩薩》引《可靠證據》卷下，第十九號，引自《鄭成功收復台灣史科選編》第二一六頁。

行，一切彈藥、儲藏物資（指條約允許部分 —— 引者）都運到船上之後，我方戰士便全副武裝，舉着旗幟列隊從城堡走出，把城堡交給國姓爺的軍隊，他們立即進入城堡，完全佔領該地。"一般學者認為雙方簽字的日期就是條約中所寫的 1662 年 2 月 1 日[1]，荷蘭殖民當局及其士兵全部撤走的日期大約是 2 月 10 日[2]。時人沈光文正在台灣，對鄭成功率領的中國軍隊光復台灣興奮不已，賦詩云："鄭王忠勇義旗興，水陸雄師震海瀛。炮壘巍峨橫夕照，東溟夷醜寂無聲。"[3]

當 16 世紀到 17 世紀西歐殖民者侵入美洲、非洲、東南亞，把大片土著居民世代居住的土地變成自己的殖民地的時候，卻在中國被碰得頭破血出，舉着降旗灰溜溜地離開。究其原因固然同下面兩點有關：一、中國當時在科學技術和軍事、經濟實力上同西方國家差距不大；二、在當時的交通條件下，西歐殖民者到中國近海地區作戰必然面臨兵員、裝備、糧食等後方補給的困難。但是，鄭成功個人的作用是不能低估的。他不僅是當時中國人中能夠正視世界的佼佼者，又擁有實現自己的理想所必需的力量。在需要為民族的尊嚴和國家的利益而戰鬥的時候，鄭成功和他的將士無所畏懼，懂得如何利用自己的優勢彌補自己的劣勢，從而奪取勝利。鄭成功在驅逐荷蘭殖民者的鬥爭中表現得大智大勇，為維護祖國神聖的領土做出的貢獻，將永遠光照史冊。

---

1 阿布列特・赫波特在《爪哇、福摩薩、前印度及錫蘭旅行記》中寫道："1662 年 2 月 10 日，和約成立了。"並說條約規定，"所有槍炮必須先射擊而後留下"，均與此相異，見《鄭成功收復台灣史料選編》第三三〇頁。江日昇《台灣外紀》載於順治十八年十二月初三日（舊曆）；夏琳《閩海紀要》亦云："十二月，紅夷酋長揆一降於成功。"

2 雙方簽訂條約中第九款規定荷方人員被拘禁在台灣者"應於八日至十日內釋放"，第十四款規定在荷蘭人"全部撤出城堡以前，城堡上除白旗外，不許懸掛別種旗幟。"可知條約簽字後雙方立即停止敵對行動，但荷蘭人交出熱蘭遮城堡，撤離台灣尚過了八至十天時間。

3 侯中一編《沈光文斯庵先生專集》第七十七頁，遺詩七言第三十四首《題赤崁城，匾額圖》，見台北文海出版社出版之沈雲龍主編《近代中國史料叢刊》第七十九輯。

第三節　鄭成功的開始經營台灣和病卒

　　收復台灣以後，鄭成功改台灣城為東都，開始了把台、澎經營為抗清基地的緊張活動。他親自帶領何斌、馬信、楊祥、蕭拱宸等人巡視新港、目加溜灣、蕭壠、麻豆、大目降、大武壠、他里霧、半線等地。"見其土地平坦膏沃"，適合屯田養兵。當時台灣地廣人稀，高山族同胞"計口而種，不貪盈餘"，土地利用率很低，便於移民墾荒。在視察過程中，各處高山族同胞列隊歡迎，更使他感到民風淳樸。他對高山族同胞"賜以煙、布，慰以好言"，嚴禁部卒侵犯他們的利益。視察歸來以後，鄭成功立即召集各提督、鎮將和參軍議事，在會上說："大凡治家治國，以食為先。苟家無食，雖親如父子夫婦，亦難以和其家；苟國無食，雖有忠君愛國之士，亦難以治其國。今上託皇天垂庇，下賴諸君之力，得有此土。然計食之者眾，作之者寡，倘餉一告匱，而師不宿飽，其欲興邦固國恐亦難矣。故昨日躬身踏勘，揆審情形，細觀土地，甚是膏腴。當效寓兵於農之法，庶可餉無匱，兵多糧足，然後靜觀釁隙而進取。"接着提出具體部署："留勇衛、侍衛二旅以守安平鎮、承天二處。其餘諸鎮，按鎮分地，按地開荒。日以什一者瞭望，相連接應，輪流造更。是無閒丁，亦無逸民。插竹為社，斬茅為屋。圍生牛教之以犂，使野無曠土，而軍有餘糧。其火兵則無貼田，如正丁出伍，貼田補入可也。其鄉仍曰'社'，不必易；其畝亦曰'甲'，以便耕。一甲三十一戈二尺五寸，一戈東西南北四至長一丈二尺五寸。今歸版圖，亦以此為則，照三年開墾，然後定其上、中、下則，以立賦稅。但此三年內，收成者借十分之三，以供正用。農隙，則訓以武事；有警，則荷戈以戰；無警，則負耒以耕。寓兵於農之意如此。"[1] 在台各鎮當即遵命領兵前往指定地方開荒屯種。鄭成功還"首崇文廟，次葺祠宮。歲修禮祀，時奉壇壝"[2]，加強文化建設。

　　為了促進開發，加固根本，鄭成功命令把將士和官員的家屬送來台灣。這本來是一件好事，鄭成功未免操之過急。在擊敗達素等統率進犯金、廈的清軍以後，大陸沿海島嶼的局勢比較穩定，收復台灣以後完全可以隨着墾荒、建屋等開發過程的進展，鼓勵將士和文官把家屬逐步遷來台灣。開闢階段，條件艱苦，對將士也應予以更多的關懷。鄭成功急於求成，立令過嚴，"犯者雖親信無赦"。大將馬信建議"立國之初，宜用寬典"。鄭成功卻堅持己見，回答道："立國之初，法貴於嚴，庶不至流弊。俾後之守者，自易治耳。"[3] 應當承認，鄭成功面臨緊迫的糧餉問題，不得不嚴加督責，但在許多方面一意孤行，造成嚴重惡果。史料記載："以各社田土分水陸諸提鎮，令各搬其家眷至東都居住，兵士俱令屯墾。初至，水土不服，瘴癘大作，病者十之七八，死者甚眾。加以用法嚴峻，果於誅殺；府尹楊朝棟以其用小斗散糧，殺其一家；又殺萬年縣祝敬，家屬發配。於是人心惶惶，諸將解體。"[4] "正月，賜姓嚴諭搬眷，鄭泰、洪旭、黃旭等皆不欲行。於是，不發一船至台灣；而差船來吊監紀洪初辟等十人分管番社，皆留住不遣。海上信息

1　江日昇《台灣外紀》第一六八至一六九頁。

2　沈光文《台灣賦》，出處見前。

3　江日昇《台灣外紀》第一七〇頁。

4　阮旻錫《海上見聞錄》（定本）。

隔絕。"[1]楊朝棟、祝敬用小斗散糧未必是私克入己，很可能是存糧不足，即便罪有應得，也不該牽及家小。至於強令駐守大陸沿海島嶼將士把家屬送到台灣，則帶有人質性質，意在防止諸將士叛投清方。這同明太祖朱元璋留諸將家屬於京師、清廷命文武大員以子弟入宮為侍衛相似，是企圖以親屬的安危來維繫下級的忠貞，本不足取。何況，台灣那時的荒涼景況還難以同明初南京、清初北京相比。硬行推行這一措施，勢必在一部分將士（特別是鎮守金門、廈門、南澳等大陸沿海島嶼的將士）中引起抵觸。人心不平，訛言也隨之興起。有人流傳鎮守南澳的忠勇侯陳豹（即陳霸）因不願送家眷入台，已同清朝建藩於廣東的平南王尚可喜通款投降。鄭成功沒有弄清真相，就輕率地下手諭給鄭經和洪旭，令周全斌、杜輝、黃昌等帶領舟師去南澳平叛。陳豹無以自明，率部卒乘船往虎門向清方投降。[2]

1661 年（順治十八年）十月初三日，清廷見鄭成功毫無受撫之意，把拘禁中的鄭芝龍和他的兒子鄭世恩、鄭世蔭等全家十一口"照謀叛律族誅"[3]。消息傳到台灣，鄭成功深感悲痛，儘管他對此早有思想準備，父親和無辜的弟弟、姪兒滿門抄斬畢竟不能無動於衷。

1662 年四月，林英從雲南逃回，報告了永曆帝在緬甸被清軍俘虜，西南抗清武裝只剩下李定國率領的殘部退往邊境地區的消息。

---

1 阮旻錫《海上見聞錄》（定本）。又《台灣外紀》亦云："各島搬眷，俱遷延不前。"

2 《台灣外紀》、《海上見聞錄》（定本）記陳豹降清在康熙元年三月；《清聖祖實錄》卷八記康熙二年二月"戊午，授投誠偽侯陳豹為慕化伯"。

3 《清聖祖實錄》卷五。《明清史料》丁編，第三本，第二五五頁，順治十八年九月二十四日《諭兵刑二部》中說：鄭芝龍"怙惡不悛，包藏異志，與其子成功潛通，教唆圖謀不軌，奸細往來，泄露軍機等項事情，經伊家人尹大器出首，究審各款俱實。如此負鄭叛國重犯，不宜尚加監候。"命議政王、貝勒、大臣、九卿、科道會議具奏。不到十天，鄭芝龍父子即被殺。《海上見聞錄》云，鄭成功"叱為妄傳，中夜悲泣，居常鬱悒"。《台灣外紀》作："忽報其父芝龍凶信，功頓足擗踊，望北而哭曰：'若听兒言，何至殺身。然得以苟延今日者，亦不幸之幸也！'令文武官員各掛孝。"

這意味着東、西遙相呼應的局勢已告結束，清廷將集中力量對付鄭軍。鄭成功弄巧成拙，內心的悔恨可想而知。他的實力既不足以公開以隆武帝的繼承人同清廷逐鹿中原，只好繼續挂着沒有永曆帝的永曆招牌，僻處一隅。不少史籍把鄭成功說成是明朝的純臣，對他和他的繼承人存明朝"正朔"三十餘年津津樂道。這種見解是比較膚淺的。對復明志士而言，永曆朝廷覆亡即已心灰意懶，極少數隨鄭成功赴台的官紳、宗藩不過藉此保住先世衣冠，幾乎沒有人把仍奉永曆年號的鄭氏集團作為復興明朝的希望。鄭成功一貫的思想是"東南之事我為政"，不奉近在咫尺的魯監國而遙奉永曆，並不是由於朱由榔在血統上近於帝室，而是欣賞"天高皇帝遠"，江日昇《台灣外紀》記載鄭"經承父例，總兵以下皆自委任，如公、侯、伯及提督，必修表請封，然後出印諭"（二二一頁）。所謂"修表請封，然後出印諭"不過是一種形式，等於左手寫報告，右手批准，恩威自操，何等愉快。自然，鄭成功除了尊帝虛禮以外，也真心實意地希望永曆朝廷能夠存在下去，這樣既可以藉朝廷名義吸引東南復明勢力的支持，又可以利用永曆朝廷支撐於西南牽制清軍相當一部分主力。鄭成功一廂情願的如意算盤打得太精，結果事與願違，使自己陷於進退失據的尷尬局面。飲下自己釀造的苦汁，無疑是導致鄭成功晚年心理失去平衡、舉動乖張的重要原因之一。

　　鄭成功心中鬱積的憂悶終於因為一件極小的事情像火山一樣爆發了。世子鄭經留鎮廈門，同四弟的奶媽陳氏通姦生了一個兒子，這類事情在豪門大家中並不罕見。開初，鄭經向父親報告侍妾生了個兒子，鄭成功因添孫高興，賞了一點銀物。不料，鄭經的妻子是原兵部尚書唐顯悅的孫女，雖"端莊靜正，而不相得"。唐顯悅為孫女鳴不平，寫信給鄭成功大加非難，內有"三父八母，乳母亦居其一。

令郎狎而生子，不聞飭責，反加賞賚。此治家不正，安能治國乎？"[1]
鄭成功正因復國無望積憤於心，唐顯悅只顧泄私憤危言聳聽，使成
功"登時氣塞胸膛。立差都事黃毓持令箭並畫龍桶三、漆紅頭桶一，
過金門與兄泰，同到廈門斬其妻董氏治家不嚴之罪，並其子經與其
所生孫、乳母陳氏。"黃廷、洪旭、陳輝、王秀奇等守金、廈諸將
接令後大為震驚，力圖大事化小，和鄭泰、黃毓商議，採取折中辦
法，殺陳氏與所生嬰兒，諸將聯名上啟代董夫人及鄭經請罪。取得
董氏和鄭經同意後，即按此辦理，由黃毓回台復命。鄭成功堅持必
須殺掉董夫人和鄭經，解下自己的佩劍讓黃毓到金門交鄭泰執行。
鄭泰無奈，只好把黃毓送到廈門向鄭經說明事處兩難。鄭經立即把
黃毓拘禁起來，和金、廈文武官員商議對策。正在這時，蔡鳴雷從
台灣來搬家眷，鄭經等向他探問消息，蔡鳴雷因為在台灣有過失，
怕受成功處罰，故意誇大其詞，說藩主發誓要除掉董夫人和鄭經，
如果金、廈諸官拒不遵命就全部處斬，而且已有密諭給往南澳征陳
豹的周全斌命他相機行事。金、廈文官武將一個個面面相覷，不知
如何是好。洪旭說："世子，子也，不可以拒父；請將，臣也，不可
以拒君。惟泰是兄，兄可以拒弟。凡取糧餉諸物，自當應付，若欲
加兵，勢必禦之。"鄭泰同意後，即趁周全斌征南澳回廈門之機，將
其拘捕，交援剿左鎮黃昌監守。同時給鄭成功送去諸將公啟，啟本
中有"報恩有日，候闕無期"的話，明確地表達了金、廈諸將聯合拒
命的意思。鄭成功閱信後，心中憤悶已極。五月初一日，他已感不
適，仍每天登將台手持望遠鏡眺望澎湖方向有沒有船來。直到初八

1　江日昇《台灣外紀》第一七二頁。

日，完全絕望，氣噎而死，享年三十八歲。[1]

從 1662 年四月到六月，永曆帝（朱由榔）及其太子、鄭成功、李定國相繼離開人世，標誌着南明復興最後一線希望的徹底幻滅。在這以後，鄭經和堅持於夔東的抗清武裝雖然仍以永曆紀年，卻沒有多大號召力了。鄭經繼承父業為經營台灣做出了重大貢獻，儘管他一直以復明相標榜，但他的功業顯然不適合納入南明史的範疇。

第四節　清廷的沿海遷界

1659 年（順治十六年），鄭成功、張煌言率領舟師展開的長江戰役雖然在南京城下遭到了重大挫折，但這次戰役的政治影響卻不可低估。此次戰役顯示了鄭成功、張煌言為首的東南沿海義師還擁有雄厚實力，特別是大江兩岸縉紳百姓的群起響應，使清朝統治者不寒而慄，他們感到當務之急是不惜代價切斷義師同各地居民的聯繫。1661 年（順治十八年）清廷斷然決定實行大規模的強制遷徙瀕海居民的政策，史稱"遷海"。

遷海令經過了一個醞釀過程。1655 年（順治十二年）六月，清廷就曾下令"嚴禁沿海省份，無許片帆入海，違者置重典。"[2] 但是，這一禁令收效並不大。順治十六年福建漳州府海防同知蔡行馨在《敬陳管見三事》一文中寫道：

1　主要依據江日昇《台灣外紀》，鄭成功病逝的日期在該書和《海上見聞錄》（定本）、《清聖祖實錄》中均作五月初八日。

2　蔣良騏《東華錄》卷七。

至於沿海一帶每有倚冒勢焰，故立墟場，有如鱗次。但知抽稅肥家，不顧通海犯逆。或遇一六、二七、三八等墟期，則米、穀、麻、蔴、柴、油等物無不畢集，有髮無髮，渾跡貿易，揚帆而去。此接濟之尤者，而有司不敢問，官兵不敢動也。[1]

同年，戶科給事中王啟祚提出了堅壁清野的建議。他說：

逆鄭雖生踞波濤，勢不能不聚糧於平地。臣以為宜效堅壁清野之計，除高山峻嶺不可攀緣處所外，凡平原曠野多築堅厚牆垣，迂回其道，相地廣狹，間築城堡，可貯糧石，紮營寨兵，可守望亦可設伏。地如民產，令民自築，免其徭糧，如係閒曠，當督守汛兵丁修築。使彼來無所掠，去不能歸，此坐而窘之一道也。[2]

在全面遷界以前，少數地方已經採取了把海濱居民趕入內地的措施。例如，順治十七年福建總督李率泰以海氛未靖為理由，建議"遷同安之排頭、海澄之方田沿海居民入十八堡及海澄內地"。九月，得旨允行。[3]

大規模遷海政策的提出，史籍中有不同說法。其一是說出自黃梧的建議：

海澄公黃梧一本，內密陳滅賊五策：一、金、廈兩島彈丸之區，得延至今日而抗拒者，實由沿海人民走險，糧餉油鐵桅船之

1 《皇清名臣奏議匯編》初集卷十二。
2 《皇清名臣奏議匯編》初集卷十三《清除弊害以圖治安七條》。
3 《清世祖實錄》卷一四〇。

物，靡不接濟。若從山東、江、浙、閩、粵沿海居民，盡徙入內地，設立邊界，佈置防守，不攻自滅也。……[1]

另一種說法是清廷採納了旗下漢人房星煥的獻策。清初王澐寫道：

> 嗚呼，倡為遷海之說者誰與？辛丑（順治十八年），予從蔡襄敏公（蔡士英）在淮南。執政者遣尚書蘇納海等分詣江浙粵閩遷瀕海之民於內地。蔡公曰：「此北平人方星煥所獻策也。」公曰：「星煥者，北平酒家子也。其兄星華，少時被虜出關。……從入關，始與其弟星煥相聚。星華官至漳南太守，星煥從之官。海上兵至，漳城陷，兄弟皆被掠入海，旋縱之歸。其主問海外情形，星煥乘間進曰：「海舶所用釘、鐵、麻、油，神器（指火炮）所用焰硝，以及粟、帛之屬，島上所少。皆我瀕海之民闌出貿易，交通接濟。今若盡遷其民入內地，斥為空壤，畫地為界，仍屬其禁，犯者坐死；彼島上窮寇內援既斷，來無所掠，如嬰兒絕乳，立可餓斃矣。其主深然之，今執政新其說得行也。」蓋蔡公之言如此。……嗚呼，不仁哉！執政者方忻然以為得計也，驟遷星煥官至山左監司……[2]

阮旻錫《海上見聞錄》持同樣說法，只是方星華寫作房星燁，方星煥寫作房星曜。「原任漳州知府房星燁者，為索國舅門館客，遂逃

1　江日昇《台灣外紀》卷十一。參見《清史稿》卷二六一《黃梧傳》。

2　王澐《漫遊紀略》。

入京，使其弟候補通判房星曜上言，以為海兵皆從海邊取餉，使空其土，而徙其人，立版不許下海，則彼無食，而兵自散矣。遂從其策。升房星曜為道員，病死無嗣。至是，上自遼東，下至廣東，皆遷徙，筑垣牆，立界碑，撥兵戍守，出界者死，百姓皆失業流離，死亡者以億萬計。"[1] 康熙《漳州府志》的記載也大抵相同。[2] 又，該書卷十《秩官志》記知府有"房星燁，正黃旗人，貢生，（順治）九年任，十一年郡城破，降賊，既而逃歸。"另據康熙《山東通志》記載本省任職官員名單中按察副使項下有"房星煥，北直永平人，廩生，康熙四年任分巡武德道。"[3]

參考各種記載，可以大致確定：先後提出過類似建議的並不限於一個人，但直接引起清廷重視導致發佈全面遷海令的卻是房星燁、房星煥兄弟。

查考遷海令的策動者究竟是誰，目的在於探討清初統治集團中不同力量的動向。清廷中佔主導地位的是滿洲貴族，他們統率的八旗子弟弓馬嫻熟，是陸戰的好手，海上交鋒卻固非所習，決策遷海可謂是揚長避短。依附清廷的漢族官員或是由於傳統觀念，或是由於本身利害攸關，大抵都不贊成遷海。遷海詔書發佈不久，湖廣道御史李芝芳就"冒死條陳"八不可，其中說："未聞堂堂天朝，遷民避賊者也。……今詔欲徙五省沿海邊民，何以垂訓後世？"[4] 後來，廣東巡撫王來任病危，不用再擔心"功令之所甚嚴，諸臣之所忌講"了，直言不諱地反對遷界："臣思設兵以衛封疆而資戰守，今避海寇侵

1　《海上見聞錄》（定本）卷一。據夏琳《閩海紀要》卷上記，建議沿海遷界者為蘇納海。

2　康熙五十三年《漳州府志》卷三十三《災祥》。

3　康熙十七年《山東通志》卷二十五《職官》。房星燁、房星煥兩人的名字在各種文獻中寫法不一致，應以《漳州府志·秩官志》和《山東通志·職官》為準。

4　江日昇《台灣外紀》卷十一。按，此疏未收入《李文襄公奏議》。

掠，慮百姓之齎盜糧，不見安攘上策，乃縮地遷民，棄其門戶而守堂奧，臣未之前聞也。"[1]康熙七年四月，福建水師提督施琅也奏稱："伏思天下一統，胡為一鄭經殘孽盤踞絕島，而折五省邊海地方，畫為界外以避其患？自古帝王致治得一土則守一土，安可以既得之封疆而復割棄？況東南膏腴田園及所產漁鹽，最為財賦之藪，可資中國之潤，不可以西北長城塞外風土為比……"[2]前引漕運總督蔡士英（蔡祖籍為江蘇宿遷[3]）的私下非議也透露了個中消息。從另一方面看，清廷推行遷海政策時派往東南沿海各省的巡視大員卻毫無例外地全是滿洲貴冑。兩相對照，多少可以觸及這一重大決策的內幕：滿洲貴族們怵於海戰，決心犧牲一部分漢人的利益。作為滿洲家奴的房星煥正是摸準了主子的心理，一言即合，得到越級提拔。

沿海遷界令發佈以後，清廷於 1661 年（順治十八年）八月派出官員前往各省巡視"立界移民"[4]。從這年九月起，隨着欽差大臣的來到，各地雷屬風行地把瀕海居民驅趕進內地。遷界的範圍原則上包括了沿海各省。福建總督姚啟聖在一份奏疏中說："在當日原因福建海賊猖獗而議遷界，又因賊勢蔓延止遷福建一省之界不足困賊，故並遷及廣東、浙江、江南、山東、北直五省之界，是遷五省之界者其禍實始於福建之鄭賊也。"[5]按照這個記載，當時奉詔遷海的共有直隸、山東、江蘇、浙江、福建、廣東六省（按現在的分省還包括了廣西、海南二省沿海地區）。不過，由於鄭成功義師的主要據點在

1　王來任遺疏引自光緒十九年《新寧縣志》卷十四《事紀略下》。

2　《靖海紀事》卷上。施琅輕視西北長城塞外疆土，反映了他的利益所在和眼界局限。

3　康熙元年《宿遷縣志》卷七，《藝術·蔡士英傳》。

4　《清聖祖實錄》卷三十三。

5　《總督福建少保兵部尚書姚公奏疏》（又名《憂畏軒奏疏》卷六，見《閩頌匯編》）。

福建，對清政府威脅最大，因而遷界令執行得也最嚴格的是福建和同福建相鄰的廣東、浙江三省。自江蘇以北，遷海政策相對而言執行得稍寬一些。清初上海人葉夢珠談到遷海情況時說："於是盡徙山東、閩、浙以及江北、江南濱海之地，嚴禁不許人跡至海澨，片板不容入海洋。……吾鄉獨從南匯所守備劉效忠議，以為松屬沙灘，素號鐵板，船不得近，不在遷棄之列。"[1] 山東距離福建和台灣較遠，遷界的規模和時間都比較有限。1663年（康熙二年），山東總督祖澤溥疏言："寧海州之黃島等二十島及蓬萊縣之海洋島，皆遠居海中，遊氛未靖，奸宄可虞，請暫移其民於內地"，得到清廷的批准。[2] 到三年六月祖澤溥的疏中又說："登、青、萊三府屬海島居民已歸內地，其島內地糧應豁免"[3]，看來山東省所遷的只是海島居民。四年三月，清廷諭兵部："山東青、登、萊等處沿海居民，向賴捕魚為生，因禁海多有失業。前山東巡撫周有德亦曾將民人無以資生具奏。今應照該撫所請，令其捕魚，以資生民。"[4] 所以，當時人認為清政府推行遷海政策"江浙稍寬，閩為嚴，粵尤甚。"[5]

順治十八年十二月十八日，清廷再次發佈《嚴禁通海敕諭》，其中說："鄭成功盤踞海徼有年，以波濤為巢穴，無田土物力可以資生，一切需用糧米、鐵、木、物料皆係陸地所產，若無奸民交通商販，潛為資助，則逆賊坐困可待。"下文說："今濱海居民已經內遷，防禦稽察亦屬甚易"，自康熙元年起如仍有"通賊興販者，即行擒拿

1　葉夢珠《閱世編》卷一《田產二》。

2　《清聖祖實錄》卷九。

3　《清聖祖實錄》卷十二。

4　《清聖祖實錄》卷十四。

5　《漫遊紀略》。

照通賊叛逆律從重治罪"。[1] 這裏說的從重治罪的人似乎只是"通賊興販者",實際上掩蓋了越界一律處斬的真相。

在立界的距離上,史籍中有說瀕海三十里的[2],有說四十里[3]、五十里[4]以至二三百里的[5]。康熙三年(1664)四月洪若皋《遵諭陳言疏》中有,"順治十八年奉旨沿海遷移三十里",又說,"遷界原奉旨三十里"。[6] 洪若皋當時任職福建福寧道,他在疏中自稱"沿海七百餘里,悉臣管轄",由此可以斷定清廷發佈的遷海詔書中規定了以距海三十里為界。實際上由於地勢不同和奉行官員的任意專斷,各地所立的邊界距海里數並不一樣。洪若皋的疏中就說道,"閩以路為界,遂有不及三十里、遠過三十里及四十里者有之。"下面這段記敍多少反映了當時劃界的情況:

> 於是朝使至,偕督、撫大吏往相地焉。有司懼供億之煩擾也,則採山之最高者設帷幕以俟。至則立馬高岡,望見海波,揚鞭指畫定徙界,往往山下紆折去海輒百餘里云。[7]

從康熙二十二年奉命巡視廣東、福建兩省展界事宜的工部尚書杜臻報告的情況來看,即使在同一個縣內各處遷界的里數也不一致。

---

1 《明清史料》丁編,第二本,第二五七頁。

2 乾隆十六年《福州府志》卷十三《海防》記:"順治十八年辛丑,戶部尚書蘇納海至閩遷海邊居民入內地,離海三十里。"海外散人所著《榕城紀聞》也說:"福建、浙江、廣東、南京四省近海處各移內地三十里。"

3 查繼佐《魯春秋》記:"(丁酉)內海禁嚴,沿海居民內徙四十里,計清野洋師,防其接濟,犯者不赦。"

4 屈大均《廣東新語》卷二說:"令濱海居民悉徙內地五十里,以絕接濟台灣之患。"道光十三年《廣州府志》卷二十《事紀‧國朝》記:"康熙元年壬寅,詔遷海界。差內大臣科爾坤、介山親行邊海,東起大虎門,西訖欽州防城,令民徙內地五十里,設排柵,嚴出入,以杜接濟台灣之患。"

5 野史落帽生許旭《閩中紀略》說:"曩者朝廷差滿洲大人閱視海疆,恐沿海百姓相通海上,遂為清野之計,凡沿海二三百里棄為甌脫,荒畜牧,焚廬舍,百姓盡徙入內地。"

6 洪若皋《南沙文集》卷三。

7 高兆《長樂福清復界圖記》,見《閩頌匯編》,記。

例如，廣東的欽州邊，"邊界以外距海四十里者為織籬圍村、魚洪村；三十里者為黃屋屯、孔明村、大值村；二十五里者瓦竈村、雞窩村；二十里者根竹村、墟埠村、舊關村、胎暮村、洞晚村；十里者長山村、埠頭村、那畔村、料連村；及近海六七里以下至一二里若嶺腳村等，皆移併，三年續遷，共豁田地四百七十一頃有奇。"又如福建的福清邊，"邊界以外斗入海八十里萬安所，七十里牛頭寨，五十里澤朗寨，四十里松下，十里鎮東衛，附海五里海口橋、上逕鎮，二里磘竈俱移，共豁田地四千六百三十四頃有奇。"[1]可見，那種認為各地遷界是一律後遷若干里的說法不夠準確。[2]

有的地方所立邊界屢經後移，離海越來越遠。例如，廣東遷徙沿海居民在康熙元年二月，清廷派科爾坤、介山二大臣巡視海疆，"令濱海民悉徙內地五十里，以絕接濟台灣之患。於是麾兵折界，期三日盡夷其地，空其人民。"康熙二年"華大人來巡邊界，再遷其民。"[3]"甲寅（康熙十三年）春月，續遷番禺、順德、新會、東莞、香山五縣沿海之民。"[4]"初立界猶以為近也，再遠之，又再遠之，凡三遷而界始定。"[5]又如福建省長樂縣在順治十八年十月"命沿海居民遷內地，北從雁山抵金峰，南至大嶼轉壺井，直至三溪為界，絡繹設八寨。"次年，"復命八寨居民內遷，北至鶴嶺，南至六都井門為界。"[6]

---

1 《粵閩巡視紀略》。

2 這裏說的是實際奉行情況，並不排除朝廷發佈的遷海詔書中有一個大致的控制里數，如洪若皋所說的三十里。直到目前還沒有見到這份具體詔令。

3 《廣東新語》卷二。

4 鈕琇《觚賸》卷七《徙民》。

5 王澐《漫遊紀略》。

6 乾隆二十八年《長樂縣志》卷十，《祥異》。

清政府總是把遷海說成是一項關心民瘼的德政。開始遷海時，清廷在順治十八年閏七月上諭中說："前因江南、浙江、福建、廣東瀕海地方，逼近賊巢，海逆不時侵犯，以致生民不獲寧宇，故盡令遷移內地，實為保全民生。"[1]康熙二十三年全面展界，經辦大臣在刊示曉諭百姓時又說："先因海寇陸梁，游艦出沒，不時抄掠爾等。皇上為爾等身家計，權移內地以避賊鋒。"[2]這完全是一派謊言。遷海自始至終都是以極其野蠻的方式摧殘沿海居民的一場駭人聽聞的暴行。清政府畫地為牢確定所謂的"邊界"以後，就以極其蠻橫的手段驅趕界外的居民進入內地。遷徙的時間規定得非常短促，一般是三天[3]，過期派官兵驅趕。為了斷絕遷民後顧之心，界外的房屋全部焚毀一空。當時人留下的記載說：

> 　　以予所見言之，方海患昌被（猖披）時，當事議主坐困，遷瀕海數十里內居民入內地，以絕其交通之路。朝命甫下，奉者過於嚴峻，勒期僅三日，遠者未及知，近者知而未信。逾二日，逐騎即至，一時蹌踉，富人盡棄其貲，貧人夫荷釜，妻襁兒，攜斗米，挾束稿，望門依棲。起江浙，抵閩粵，數千里沃壤捐作蓬蒿，土著盡流移。[4]

> 　　檄下民盡徙。稍後，軍騎馳射，火箭焚其廬室，民皇皇鳥獸散，火累月不熄。而水軍之戰艦數千艘亦同時焚，曰："無資寇用。"[5]

1　《清聖祖實錄》卷四。

2　《粵閩巡視紀略》。

3　道光七年《香山縣志》卷八《事略》記："官折界期三日，貧無依者不能遽如令。五月，夷其地。"

4　《靖海紀事》，陳遷鶴所作《敍》。

5　高兆《長樂福清復界圖記》，見《閩頌匯編》，記。

初，（廣東香山縣）黃梁都民奉遷時，民多戀土。都地山深谷邃，藏匿者眾。平藩（平南王尚可喜）左翼總兵班際盛計誘之曰點閱，報大府即許復業。愚民信其然。際盛乃勒兵長連埔，按名令民自前營入，後營出。入即殺，無一人倖脫者。復界後，枯骨遍地，土民叢葬一阜，樹碣曰木龍歲塚。木龍者，甲辰隱語也。[1]

令下即日，挈妻負子載道路，處其居室，放火焚燒，片石不留。民死過半，枕藉道途。即一二能至內地者，俱無儋石之糧，餓殍已在目前。……火焚二個月，慘不可言。興（化）、泉（州）、漳（州）三府尤甚。[2]

當播遷之後，大起民夫，以將官統之出界，毀屋撤牆，民有壓死者。至是一望荒蕪矣。又下砍樹之令，致多年輪囷豫章、數千株成林果樹、無數合抱松柏蕩然以盡。……三月間，令巡界兵割青，使寸草不留於地上。[3]

先畫一界，而以繩直之。其間有一宅而半棄者，有一室而中斷者。浚以深溝，別為內外。稍逾跬步，死即隨之。[4]

昔者清野令下，遷邊民於內地。民之載子女、輦家具入者如歸於虛，其不能舉者則委而棄之。於是，廢丹青，毀神像，凡里社頌禱之神，春秋報賽之祀，皆撤而不舉。甚者遊食無賴之民刮碧折木瓦以裹衣食。鬼怨神恫，山愁谷怒。[5]

---

1 道光七年《香山縣志》卷八《事略》。
2 海外散人《榕城紀聞》。
3 余颺《莆變紀事》。
4 鈕琇《觚賸》卷七《徙民》。
5 余颺《蘆中全集》，紀一，《界廟記》。

居民被驅趕入界以後，有敢出界者殺無赦。先看福建省的情況：在福寧州，"州地以大路為界，南路以州前嶺為界，松山、後港、赤岸、石壩近城亦在界外。道旁木柵，牛馬不許出入。每處懸一牌，曰：敢出界者斬！""越界數步，即行梟首。"[1] 在莆田縣，"著附海居民搬入離城二十里內居住，二十里外築土牆為界，寸板不許下海，界外不許閒行，出界以違旨立殺。武兵不時巡界。間有越界，一遇巡兵，登時斬首。"[2] 這個縣的黃石千總張安"每出界巡哨只帶刀，逢人必殺。……截界十餘年，殺人以千計。"[3] 上引洪若皋疏中說："閩以邊路為界，路下近海者為界外，路上近山者為界內。當日遷移時，凡路下之民居盡毀，而路上不毀。既遷之後，凡路上之民越出路下即為越禁。……孰不知以路為界，民之住於路上而近路邊者，籓溜之前即為界外。夫細民勢不能不畜雞豚，雞豚勢不能識界禁，一旦越出路下，人或從而追之，塘兵遠瞭，即加以越界之罪。況道路不無歧口旁徑之分，行旅之人未諳路徑，跬步失足，防兵群繫累之，以越界論，致於有司，即或得辨釋放，而行橐衣資已罄掠矣。"福建沿邊居民當時處於怎樣一種如臨深淵、如履薄冰的境地，也就可以想見了。

再看廣東省的情況，"東起大虎門，西迄防城，地方三千餘里，以為大界。民有闌出咫尺者執而誅戮。而民之以誤出牆外死者又不知幾何萬矣。自有粵東以來，生靈之禍莫慘於此。"[4] "向所謂界者，掘地為溝，廣不盈丈，插竹引繩以表之，或遇山則繞山址為溝，曰此

1　乾隆二十七年《福寧府志》卷四十三《祥異》。
2　陳鴻、陳邦賢《清初莆變小乘》。
3　陳鴻、陳邦賢《熙朝莆靖小紀》。
4　屈大均《廣東新語》卷二《地語》。

界外山也。亦有去城不里許為界者。民間畏同陷阱，側足不前。而愚懵無知，往往誤入其中。是時所司尚有以出界坐辟爰書請者，皆貧嫠村豎往拾蚌蛤之屬，為吏所掩獲者。"[1]

各省所設立的界線也不一致。浙江"當遷遣時，即將拆毀民房木料，照界造作木城，高三丈餘，至海口要路復加一層二層，縝密如城隍。防兵於木城內，或三里，或五里搭蓋茅廠看守。"[2]福建和廣東的情況差不多，開初以插旗、木柵、籬笆為界；後來就越來越嚴格，或是"浚以深溝"，或是"筑土牆為界"[3]；再後來乾脆徵發民夫大興土木，把土牆改筑為界牆，並且沿界建立寨、墩，派設官兵扼守。

> （康熙七年）正月奉文，著南北洋百姓砌筑界牆，從江口至楓亭。牆闊四尺，高六尺，每戶計筑二丈一尺。界口起瞭望樓一座，遇海另筑界堤。[4]

關於沿邊設兵戍守的堡塞，福建稱之為寨、墩，廣東稱之為台、墩。大致情況是："界畛既截，慮出入者之無禁也，於是就沿邊扼塞建寨四，墩十數，置兵守之。城外鄉民按戶徵銀，照丁往役。……一寨之成，費至三四千金，一墩半之。拷掠鞭捶，死於奔命者不知凡幾矣。""寨周闊百六十丈，墩周闊十丈不等。"[5]"五里一墩，十里一台，墩置五兵，台置六兵，禁民外出。"[6]

---

1 王澐《漫遊紀略》，《粵遊》。

2 洪若皋《南沙文集》卷三，奏疏。按，洪若皋為浙江台州人，在福建任職。

3 陳鴻、陳邦賢《清初莆變小乘》。

4 陳鴻、陳邦賢《清初莆變小乘》。

5 《莆變紀事》。王來任遺疏中也說："地遷矣，又在在設重兵以守其界內。立界之所筑墩台、樹椿柵，每年每月又用人工土木修整，動用之資不費公家絲粟，皆出之民力。未遷之民日苦派辦，流離之民各無棲址，死喪頻聞，欲生民不困苦其可得乎？"（見光緒《新寧縣志》卷十四，事紀略下）。

6 《粵閩巡視紀略》。《廣東新語》卷二也說"毀屋廬以作長城，掘墳塋而為深塹，五里一墩，十里一台"。

看了上面列舉的事實，不難明白清廷所謂遷海是為了"保全民生"究竟是怎麼一回事了。時人盧若騰在《虜遷沿海居民詩》中說："天寒日又西，男婦相扶攜。去去將安適？掩面道旁啼。胡騎嚴驅遣，克日不容稽。務使瀕海土，鞠為茂草萋。富者忽焉貧，貧者誰提撕？欲漁無深淵，欲耕無廣畦。內地憂人滿，婦姑應勃谿。聚眾易生亂，矧為飢所擠。聞將鑿長塹，置成列鼓鼙。防海如防邊，勞苦及旄倪。既喪樂生心，潰決誰能堤。"[1]

沿海遷界政策的推行，不僅使大批瀕海居民在違旨"透越"的罪名下慘死於清政府屠刀之下，對於我國社會經濟的恢復和發展也是個嚴重的阻礙，主要表現為以下幾個方面：

一、界外棄為灌莽

我國是世界上海岸線最長的國家之一，人民群眾世世代代為開發瀕海地區進行了艱辛的勞動。這裏有良田沃土，有可資富國的漁業和鹽業，有同海外貿易交往的口岸。遷海一聲令下，瀕海地區遭到清政府官兵的盡情破壞和踐踏，轉瞬之間化成了一片廢墟。康熙八年一度展界之後，有人看到界外的情況是：

> 以予所睹，界外所棄，若縣若衛所，城郭故址，斷垣遺礎，髑髏枯骨，隱現草間。粵俗鄉村曰墟，惟存瓦礫；鹽場曰漏，化為沮洳。水絕橋樑，深屬淺揭，行者病之。其山皆叢莽黑菁，豺虎伏焉。田多膏腴，溝塍久廢，一望汗萊，良可惜也。[2]

1 《金門志》卷十二，兵事，《歷代兵事》。

2 王澐《漫遊紀略》卷三。

以荒廢的耕地而言，據康熙二十三年奉命巡視粵閩開界事宜的工部尚書杜臻列舉的數字，廣東一省"廣州、惠州、潮州、肇慶、高州、雷州、廉州等七府所屬二十七州縣、二十衛所沿邊遷界並海島港洲田地共三萬一千六百九十二頃"；福建一省"福州、興化、泉州、漳州等四府、福寧一州，所屬十九州縣，原遷界外田地共二萬五千九百四頃零"。[1] 兩省合計折合畝數為五百七十五萬九千六百餘畝。又如浙江省溫州府屬原額田、園、地二萬四千六百一十三頃零，經過康熙八年展界部分復業之後實存田地數也只有一萬六千四百九十九頃零。其中平陽一縣七千七百五十一頃零田地園在順治十八年遷界時竟全部"棄置"，康熙九年以後部分展界，招民復業，直到康熙二十年編審時各則田地園還只有三千二百六十三頃零。[2] 台州府屬的臨海縣，順治"十八年奉文遷界，棄田一十九萬九千二百九十三畝零"；寧海縣也棄去民田一千一百五十頃六十六畝零，另有民塗田二百一十二頃三十三畝零，也在"順治十八年全遷"。[3] 可見，由於遷海而荒蕪的田地數字是非常驚人的。

　　問題還不僅是耕地，沿海地區歷來是捕魚和煮鹽的重要場所。厲行片板不許下海的禁令和遷界之後，"萬頃滄波舟楫絕，何人更有羨魚心？"[4] 漁業幾乎完全陷入絕境。"漁者靠採捕為生，前此禁網嚴密，有於界邊拾一蛤一蟹者殺無赦。咫尺之地網阱恢張，漁者賣妻鬻子，究竟無處求食，自身難免，餓死者不知其幾。"[5] 海鹽的生產

1　杜臻《粵閩巡視紀略》。

2　康熙二十三年《溫州府志》卷九《貢賦》。

3　康熙六十一年《台州府志》卷四《屯賦》。

4　康熙五十三年《漳州府志》卷二十九，藝文，張士楷《望海》詩。

5　《閩頌匯編·恩德述略》。

也差不多完全停頓。廣東的鹽場原有二十九個，康熙"元年遷界，諸場多在界外。""閩中鹽場有七，在福州者曰海口場、曰牛田場，在泉州者曰惠安場、曰潯美場、曰汌洲場、曰浯洲場，在興化者曰上里場，初遷多在界外。"[1] 浙江省溫州府屬的樂清縣長林鹽場、瑞安縣雙穗鹽場也在順治十八年遷海時棄之界外。[2] 台州府屬"漁鹽之利較他郡為勝，但只臨海、黃巖、寧海三縣有場。"然而，臨海縣的杜瀆場、黃岩縣的黃岩場、寧海縣的長亭場這三個主要產鹽地都成了遷海政策的犧牲品，直到康熙九年局部展界以後才逐漸地恢復起來。[3] 正是由於鹽場多在界外，使關係民生甚大的食鹽生產受到嚴重影響，福建的老百姓往往"淡食"。[4] 廣西南寧、太平、思恩三府原來食用廣東廉州產鹽，郁林州等處食用高州產鹽，"路近價賤，有便於民"；遷海之後，高、廉二府的"鹽田盡遷"，不得不改銷價高的梧州引鹽。[5]

二、遷民的顛沛流離

受遷海之害最深的自然是被遷的所謂界外居民。他們好比生機勃勃的草木突然被拔離故土，忍受烈日的炙烤。廣東的情況是：

先是，人民被遷者以為不久即歸，尚不忍捨離骨肉。至是飄零日久，養生無計。於是父子夫妻相棄，痛哭分攜。斗粟一兒，百錢一女。豪民大賈致有不損錙銖、不煩粒米而得人全室以歸

---

1 杜臻《粵閩巡視紀略》。
2 康熙二十三年《溫州府志》卷十三《鹽法》。
3 康熙六十一年《台州府志》卷四《鹽課》。
4 《閩頌匯編》。
5 《清聖祖實錄》卷一一二。

者。其丁壯者去為兵，老弱者輾轉溝壑。或合家飲毒，或盡帑投河。有司視如螻蟻，無安插之恩；親戚視如泥沙，無周全之誼。於是八郡之民死者又以數十萬計。[1]

福建的情況也並不好一些：

> 海濱遷民，初時帶有銀米及輜重，變賣尚可支持。日久囊空，既苦糊口無資，又苦棲身無處，流離困迫……謀生無策，丐食無門，賣身無所。輾轉待斃，慘不忍言。[2]

康熙元年十一月，也就是福建遷海之後的第一年，禮科給事中胡悉寧上言："據福建撫臣許世昌疏報，海上新遷之民，死亡者八千五百餘人。"胡悉寧還說，此外"未經冊報者又不知凡幾"。[3]康熙四年，李率泰在遺疏中也說："臣先在粵，民尚有資生，近因遷移漸死，十不存八九。"[4]可見徙民受難的深重。

遷民們既然被視若螻蟻、泥沙，任人踐踏，軟弱者成了犧牲品，強悍者則鋌而走險。一部分遷民參加了鄭氏義師[5]，或在當地揭竿而起[6]，由清朝子民被逼成了反清戰士。還有一部分遷民在內地無法謀生又不甘心坐以待斃，就砍人樹木，伐人墳墓，掠人妻女，無所不

---

1 《廣東新語》卷二，地語。
2 《清初莆變小乘》。
3 《清聖祖實錄》卷七。
4 光緒十九年《新寧縣志》卷十四，《事紀略》下。
5 康熙十九年六月福建總督姚啟聖上疏請求復界時說，鄭部"投誠之眾率皆前日遷徙之民也"（見《憂畏軒奏疏》卷四，載《閩頌匯編》；又見《粵閩巡視紀略》）。遷民參加鄭氏義師的途徑不一，有的是越界，有的是乘三藩之亂。
6 道光《香山縣志》卷八《事略》就記載了康熙"七年，遷民結黨為亂"。

為。甚至"夜間什伍為群，剜壁抉門，善入強出，人不敢攖。……又或百十為群，各執槍刀，強劫鄉間富室。"[1] 內地居民因之惶惶不安，政府官員也窮於應付。

三、清政府賦稅收入的減少和百姓的攤賠

界外土地全部拋荒，自然無法從這些地方徵收賦稅，清政府的財政收入因而減少。康熙十二年福建總督范承謨的奏疏中寫道："自遷界以來，民田廢棄二萬餘頃，虧減正供約計有二十餘萬之多，以致賦稅日缺，國用不足。"[2] 康熙十九年福建總督姚啟聖又說："照得邊海地方播遷，百姓拋產棄業，流離失所者二十年矣，朝廷正供以徙界缺額者四百餘萬兩。"[3] 根據復界時工部尚書杜臻的報告，福建省由於遷海廢棄的田地為二萬五千九百餘頃，同范承謨所說"民田廢棄二萬餘頃"相合，可知虧減正課二十餘萬兩是福建省一年的數字，缺額四百餘萬兩是福建一省從順治十八年到康熙十九年二十年間的累計數字。廣東由於遷界損失的賦稅還要更多些，據康熙七年廣東巡撫王來任的遺疏說，該省"每年拋棄地丁錢糧三十餘萬兩"。[4] 如果考慮到鹽課、漁課、商稅等方面的減額，再加上浙江、江南、山東各省的數字，清政府在賦稅方面的損失肯定是相當大的。

當時，清朝廷因為連年用兵，財政入不敷出。順治十二年工科給事中王命岳在疏中就說過："今國家所最急者，財也。歲入千八百一十四萬有奇，歲出二千二百六十一萬有奇，出浮於入者

---

1 《清初莆變小乘》。

2 范承謨《條陳閩省利害疏》，見《皇朝經世文編》卷八十四。

3 《禁止派擾復業》，見《閩頌匯編・憂畏軒文告》。

4 光緒十九年《新寧縣志》卷十四《事紀略》下引王來任遺疏全文。

四百四十七萬。國用所以不足，皆由養兵。"[1]順治十八年還食言自肥，恢復了明朝剿餉，加賦五百多萬兩。在這種情況下，清政府採取了責令界內居民攤賠的辦法來彌補部分缺額。"其（界外）四十里之歲課，同邑共償之。至有所償過於其土著者。……自江南達東粵數千里，鹽場在界內者勿論，其界外缺額商賠之。"[2]"惟以浙、閩、山東等處因遷而缺之課額均攤於蘇、松不遷之地，曰攤派，而鹽課之額極重矣。"[3]

四、對外貿易停頓

我國海上對外貿易在明代已經發展到相當水平。明末崇禎年間由於"通番獲利十倍，人捨死趨之"，出現了"窮洋竟同鬧市"[4]的興旺局面。清初實行禁海特別是遷海政策以後，不僅私人海上貿易被阻塞，連封建官府直接控制的市舶貿易也一度完全停頓。杜臻在奉派巡視廣東、福建兩省展界事宜時說過，"是役也，有當行之事四焉"，其中之一是"故事：直隸天津衛、山東登州府、江南雲台山、浙江寧波府、福建漳州府、廣東澳門各通市舶，行賈外洋，以禁海暫阻，應酌其可行與否。"[5]他在巡視途中經過澳門，又談道，"禁海時番舶暫阻，澳人貧困。康熙二十年貢一獅子，求通商，以濟遠旅。許之。由是番舶復通。"由澳門進口的貨物允許經陸路運到香山，朝廷派官員董其事。可見，在遷海政策的直接影響下，從康熙元年到二十年，我國大陸的海上對外貿易中斷了二十年。清初慕天顏（曾在福建任

1　《清史稿》卷二四四《王命岳傳》。

2　查繼佐《魯春秋》。

3　葉夢珠《閱世編》卷一《田產二》。

4　《明季北略》卷五《浙江巡撫張延登請申海禁》條。

5　《粵閩巡視紀略》。

知府，後任江寧巡撫、漕運總督等職）說："本朝順治六、七年間，海禁未設，見市井貿易多以外國銀錢，各省流行，所在多有。自一禁海之後，絕跡不見，是塞財源之明驗也。"[1] 復界之後，禁海政策仍然延續了下來，至多不過是在一段時間裏放寬一點出海的限制。這種作繭自縛式的閉關政策嚴重地阻礙了我國社會的發展。

遷海政策加重了我國社會的閉塞性，人民的活動領域和地區都受到限制。以海南島為例，清代在這裏設瓊州府，下轄三州十縣。由於島的內陸五指山區是黎族同胞居住的地方，"州縣反環其外，惟定安居中，餘皆濱海，勢不可遷。"但是，清政府仍然在全島"邊周環立界二千七百里，惟海口所津渡往來如故，自餘魚鹽小徑俱禁斷不行。"[2] 可以想象，在這種禁令下海南人民的活動範圍是多麼狹窄，給他們帶來的困苦又是多麼嚴重了。

清政府為了防微杜漸，對入海的河流一律發兵把斷，河中釘立木椿，防止舟船透越。如福建省，"其入海之水曰潘渡河、曰銅鏡河、曰廉村河、曰洋尾河、曰大梅河、曰赤頭河、曰雲霄河、曰開溪河，皆斷而守之。"[3] 蘇北興化縣白駒場原來建造了閘口四座，按照旱澇情況調節淮揚一帶的河水入海。儘管"白駒場離海甚遠，並非沿邊地方"，清政府也悍然下令填塞，"以致水無所出，淹沒田畝"，使水利變成了水害。[4]

清廷頒佈遷海令，原來的目的是斷絕鄭成功義師的物資供應，以收不攻自破之效。這樣的目的達到了沒有呢？清政府作為政策的

---

1 顧炎武《日知錄》卷十一《銀》條內注文。
2 杜臻《粵閩巡視紀略》。
3 杜臻《粵閩巡視紀略》。
4 《清聖祖實錄》卷二十七。

制定者自然是聲稱效果顯著，說甚麼此策既行，"賊勢果絀，降者接踵"。[1] 就康熙二十三年台灣回歸大陸，實現了全國統一來看，似乎證明遷海政策不無效果。實際上並不是這麼回事。

就在清政府雷厲風行地強迫驅趕沿海百姓遷往內地的時候，鄭成功親統大軍渡海作戰，從荷蘭殖民者手中收復了我國神聖疆土台灣。鄭成功對清廷的決策遷海深為不滿，同部下將領談及此事時歎息道："吾欲留此數莖髮，累及桑梓人民。且以數千里膏腴魚鹽之地、百萬億眾生靈，一旦委而棄之，將以為得計乎？徒殃民而已。吾若不決志東征，苟徇諸將意，株守各島，豈不笑吾英雄為其束縛？今當馳令各處，收沿海之殘民，移我東土，開闢草萊，相助耕種，養精蓄銳，俟有釁隙，整甲而西，恢復迎駕，未為晚也。"[2] 鄭經還接受忠振伯洪旭的建議，派遣屯兵入山伐木，修造船舶戰艦，"又別遣商船前往各港，多價購船料，載到台灣，興造洋艘鳥船，裝白糖、鹿皮等物，上通日本，製造銅煩、倭刀、盔甲，並鑄永曆錢；下販暹羅、交趾、東京各處以富國。從此台灣日盛，田疇市肆，不讓內地。"[3] 由於布帛等物來源阻隔，價值昂貴，鄭經又從參軍陳永華之請，派江勝駐紮廈門，"斬茅為市，禁止擄掠，平價交易。凡沿海內地窮民乘夜竊負貨物入界，雖兒童無欺。……其達濠貨物聚而流通台灣，因此而物價平，洋販愈興。"[4] 鄭氏父子"課耕積穀，務生聚，招徠遠

1　杜臻《粵閩巡視紀略》。

2　江日昇《台灣外紀》卷十二。溫睿臨《南疆逸史》卷五十四《鄭成功傳》；連橫《台灣通史》卷二《建國紀》也記載了鄭成功這段話，但比較簡略，文字也有所不同。

3　《台灣外紀》卷十三。

4　《台灣外紀》卷十三。《金門志》卷十二也載：康熙"八年，（鄭）經將江勝往來兩島（指金門、廈門），踞埠頭與奸民互市。"

人"[1]，憑藉着軍民的勤奮勞動和優越的自然條件，終於把台灣經營成了"田盧辟，畝澮治，樹畜饒"[2]，"人居稠密，戶口繁息，農工商賈，各遂其生"的寶島。到康熙二十三年清軍收取台灣時，統軍大將施琅所見到的情況是："臣奉旨征討，親歷其地。備見野沃土膏，物產利溥，耕桑並耦，漁鹽滋生，滿山皆屬茂樹，遍處俱植修竹。硫磺、水藤、糖蔗、鹿皮以及一切日用之需，無所不有。向之所少者布帛耳，茲則木棉盛出，經織不乏；且舟帆四達，絲縷踵至，飭禁雖嚴，終難杜絕。實肥饒之區，險阻之域。"[3] 杜臻也說：鄭成功入台之後，"規度便近地，給兵屯種，而收賦於諸社以自給，又多種桐樹及枲麻為治船之需。"[4] 這就表明，清廷的遷海政策不僅沒有達到從經濟上困死鄭成功義師的目的，相反地，迫使他們走自力更生之路，在開發台灣的宏偉事業中做出了巨大貢獻。

其次，清政府沿着人為的標界挖溝立牆，設兵戍守，固然增加了瀕海居民同鄭成功義師聯絡的困難，但並沒有能夠割斷他們之間的來往。清初一位福建人士依據耳聞目睹寫了下面一段話：

當是時，大吏以界外為大荒，人跡阻絕，寇指日窮餓死。而寇竊笑於島嶼曰："是畀我以田園矣，予我以藪澤矣。"於是，群浮游於其間，架閣甌脫，漸通奸民，為越販之利，物之竹木，食之五穀，器用之油鐵，以及布帛麻枲之屬，晝伏宵行，絡繹成

---

1 《鄭成功海東事·鄭成功傳》，見《野史無文》卷十二。

2 謝金鑾《蛤仔難紀略》，見《皇朝經世文編》卷八十四，兵考。

3 施琅《謹題為恭陳台灣棄留之利害仰祈睿事》，見《靖海紀事》卷下，又見《皇朝經世文編》卷八十四，兵政。

4 《粵閩巡視紀略》附紀澎湖台灣。

市。……予嘗遊清漳，過蒜嶺，望江陰廢城，煙火迷漫，而纏頭之寇（指不薙髮的鄭成功義師）且觀劇其市。驚避之，肆主人曰："無傷也，是徽米者。"亦異矣。[1]

　　這委實是一種滑稽的場面。在距廈門不遠的一些地方，清方守邊將士為求得安靜寧謐，也私下放寬禁令，"雖汛地謹防，而透越不時可通，有佩鞍穿甲追趕者，明是護送；即巡哨屢行，有耀武揚威才出者，明使回避。故台灣貨物船料，不乏於用。"[2]一位當時的福建鄉紳在詩中不無諷刺地說："閩海昔遷徙，流離我黔首。高棟灰咸陽，寒煙昏白晝。四郡美田園，割棄資逋寇。拒門撤藩籬，階除議戰守。群盜方挪揄，佃漁恣奔走。流亡死內地，窮蹙遑相救？"[3]沿海居民不顧禁令，冒着生命危險給鄭氏義師提供糧食，在清政府官方文書中也有反映。康熙十七年福建總督姚啟聖曾發佈文告說："近聞界內不法居民每每鳩輸米穀於賊，公然齎為盜糧。……其中必有為首之人，代賊科斂。"[4]

　　這些材料令人信服地表明，遷海政策只是給沿海居民造成了極大的災難，給清政府自身帶來了重重困難，對鄭成功父子領導的義師並沒有起到多大的威脅作用。康熙二十三年台灣的回歸大陸是當時的大勢所趨，無論在直接意義上還是在間接意義上都不是遷海政策的結果。如果清廷抱住遷海政策不放的話，台灣問題不僅不能解決，分離的局面還將繼續拖延下去。值得注意的是，在清朝大臣中

1　高兆《長樂福清復界圖記》，見《閩頌匯編·記》。

2　《台灣外紀》，卷十五。

3　《閩頌匯編》，五言古，黃璘詩。

4　姚啟聖《憂畏軒文集·文告》，見《閩頌匯編》。

主張進取台灣的人（如福建水師提督施琅、福建總督姚啟聖）都是遷海政策的反對者。清朝統治者對於自己的文治武功歷來是不厭其煩地張揚備至。唯獨對於沿海遷界這個涉及東南各省，持續時間長達二十年的重大政策卻很少記敍，連清實錄當中也只是寥寥數語，一筆帶過。這種現象多少可以說明清廷事後終於明白自己的失策。依賴當時承辦官員的文書、地方志和私家記載才多少保存了事情的真相，使我們從一個側面看到清初推行的政策是怎樣阻礙了我國社會經濟的恢復和發展。

第五節　魯監國病死與張煌言就義

魯王朱以海在 1645 年（順治二年）七月出任監國以後，在東南沿海的抗清事業中做出了相當大的貢獻。 1651 年（順治八年）清軍攻陷舟山，魯監國在張名振等的軍隊扈衛下移居金門、廈門，由於鄭成功不承認監國政權，而在西南建立的永曆朝廷基本上得到了包括鄭成功在內的南明各方勢力的一致擁護， 1653 年三月，朱以海也承認了永曆帝的正統地位，派使者上疏提出退位歸藩。永曆帝為了維護朱明王朝對東南地區的影響，仍然讓他保留監國的名義。但這並沒有多大實際意義，福建沿海的抗清實力基本上控制在鄭成功手裏，朱以海只是作為"寓公"過着寄人籬下的生活。

1661 年（順治十八年）永曆帝及其太子被清軍俘獲，明統告絕。東南沿海的一些忠於明室的文官武將又重新醞釀擁戴朱以海出面組織朝廷。但是，掌握實權的鄭成功父子對此毫不熱心。次年（康熙元年）五月，鄭成功突然得病去世。張煌言等一心以恢復明朝為己任的官紳志士立即提出由魯監國繼統。《海東逸史》卷二載："五月初八日，延平王鄭成功卒。海上諸臣議復奉王監國。"這一記載並不準確。"海上諸臣"商議的並不是"奉王監國"，而是擁立朱以海為皇帝。張煌言在這年七月《上魯監國啟》中說："為國難已極，天命宜還。伏乞早定大計，以存正統，以圖中興事。春來閱邸抄，知去年十一月，緬夷內變，導虜入緬，致我永曆皇帝蒙塵，一時扈從宗室官員無一得免。……但中華正統，豈可久虛。只今胡亦以諸夏無君，徧張偽檄，熒惑視聽。四顧敷天，止海上尚留左祖。臣以為，延平藩（鄭成功）必當速定大計，以申大義，亟誓大師，以報大仇。而至今寂寂，道路謠傳又有子弄父兵難信之事（指鄭經在眾將領支持下違抗成功之命）。……計惟在閩諸勳鎮，正在危疑之際，不若急用收羅之術，以為擁衛之資。然後速正大號，使天下曉然知本朝尚有真主，中國自有正朔。……臣今擬上詔書一道，伏祈主上密與寧靖王及諸縉紳謀之，發憤為雄，以慰遐邇。"[1]當時他在浙江瀕海軍中，還不知道鄭成功病逝。八月間，張煌言得到鄭成功在台灣去世的消息，又曾兩次啟奏魯國主，其中講道："去冬緬甸之變，君亡臣死，天下已無明室矣。止海上猶存一線，而主上尚在龍潛，真乃天留碩果。自當誓師討賊，以維繫人心，以嗣續正統。昔莽移漢鼎，光武中興；丕廢山陽，昭烈踐祚；懷愍北狩，晉元稱制；徽欽蒙塵，宋高繼立。以視今日，誰曰不然。"[2]張煌言明確地表達了他認為在永曆朝廷覆滅以後，當務之急是擁立朱以海為帝，藉以存有明之正統，號召遠近，致力於復興事業。然而，鄭經對魯監國態度的冷淡卻較其父有

---

1 《張蒼水集》，上海古籍出版社 1985 年新一版，第二十六至二十七頁。

2 《張蒼水集》第二十九頁。

過之而無不及。如張煌言啟本中就提道："八月八日，御史臣陳修捧綸音至臣營。臣焚香開讀，知主上薪膽憂危，較昔倍甚。臣南望倉皇，罔知所措。"另一件啟本中說："顧島上勛貴，罔識春秋大義"，批評了鄭經之流不能從大局着眼。更令人驚奇的是在張煌言《答閩南縉紳公書》中竟然出現這樣的句子："日來浙直老稚，喧傳鷺左勛鎮紳衿，復奉魯王監國。正在疑信間。及接老先生公函，諄諄以魯國主玉食為商。""今不幸延平殿下薨逝，大喪未畢，繁費難支，即軍儲尚恐不給，何暇言及宗祿。旁觀者豈不諒當事苦心？""然我輩所為何事，而致親藩流離瑣尾，飢餓於我土地，非特諸勛貴之責，亦諸老先生之羞也。若新府（指鄭經）肯敬承先志，敦厚天潢，哀王孫而進食。又何煩不肖之片芹寸曝哉。"[1]透過張煌言的啟本和書信，不難看出鄭經掌權以後，魯監國的"宗祿"被停發，日常生活都不能保證，還談甚麼即位做皇帝。張煌言當時只有少數兵船駐泊於浙江沿海僻島，用他自己的話來說："臣以孤軍，孑處荒壞，夷艘星列，五倍於臣，而臣又無蟻子之援。臣日夜枕戈，與死為鄰，亦以死自誓。若輕為移蹕（指從金門迎出魯監國），則風鶴頻驚，臣罪誰諉？倘仍棲浯島（即金門），竊恐號召既遠，復與臣呼應不靈。"[2]處於焦慮兩難之中，張煌言仍抱一線希望，"猶幸舊主之在"，擁明諸紳衿將領"或能旋乾轉坤"，"首為擁戴"。[3]可是，這個希望很快就化作泡影。朱以海當時正值中年，但身體狀況卻不佳，長期患有哮喘病，

---

1 《張蒼水集》第三十一至三十二頁。

2 《張蒼水集》第二十八頁。

3 《張蒼水集》第二十九頁。

這年十一月十三日"中痰"去世[1]，享年四十五歲。

　　張煌言在魯王病死後，對前途感到完全絕望。他始終是一位抗清志士，而不是一個獨善其身的人。何況他對鄭氏父子的所作所為常有異議，所以沒有像其他一些官紳那樣跟隨鄭氏移居台灣，滿足於保住先人衣冠頭髮。復明運動的旗幟既已不復存在，繼續同清軍作戰也就失去了意義。1664年（康熙三年）六月，他下令解散自己部下的軍隊[2]，只留下幾個親信居住於人跡罕至的懸山花嶴，這是個距離舟山不遠的孤島。由於島中不產糧食，日常所需不得不以寺廟和尚的名義前往舟山購買。清浙江提督張傑從降將處探知張煌言藏身於附近海島，就派遣兵丁潛伏於舟山的普陀、朱家尖一帶，不久果然截獲了張煌言的購糧船，當即利用所獲船隻連夜趕往花嶴。七月十七日天色未明時分，清兵出其不意地突然闖入煌言居室，煌言及隨從被活捉，搜出永曆帝頒發的"視師兵部"銀印和九枚關防。[3] 張煌言被俘以後，斷然拒絕了清政府的招降，在押解到寧波、杭州直至就義之前，寫下了許多壯麗詩篇。如《被執過故里》詩云："知者哀其辱，愚者笑其顛。或有賢達士，謂此勝錦旋。人生七尺軀，百歲寧復延。所貴一寸丹，可逾金石堅。求仁而得仁，抑又何怨焉？"[4]《甲辰八月辭故里》詩更是膾炙人口："國亡家破欲何之，西子湖頭有

1　光緒八年《金門志》卷二《墳墓》記"監國魯王墓在古坑後埔"，附錄了道光十六年巡道周凱的兩篇短文，文中引林霍子濩《續閩書》載"王素有哮疾，壬寅十一月十三日中痰薨。生萬曆戊午（萬曆四十六年，1618）五月十五日，年四十有五。葬於金門王所嘗遊地。"又說，王墓久已湮失，當地土人雖稱其墓為王墓，但"不知何王墓也"。道光十二年春天當地生員林樹海訪得，參考諸書確定為朱以海墓。墓前尚"鐫王手書'漢影雲根'四字，並鐫從亡諸公題詠。"台灣有關方面在金門曾對魯監國墓進行發掘考證，有壙志等實物出土，惜未見到詳細報告。《海東逸史》卷二記壬寅年"十一月二十三日，王薨"，較《續閩書》所載晚十天。至於野史云魯監國被鄭成功沉於海中斃命，更屬不根之談。

2　《張蒼水集》第二四七頁。

3　《清聖祖實錄》卷十二引浙江總督趙廷臣疏報七月二十日夜間擒張煌言於懸山范嶴。

4　《張蒼水集》第一七六頁。

我師。日月雙懸于氏墓，乾坤半壁岳家祠。慚將赤手分三席，敢為丹心借一枝。他日素車東浙路，怒濤豈必屬鴟夷。"[1]九月初七日，張煌言在杭州遇害。[2]在南明為數眾多的人物中，張煌言的地位並不顯赫，然而在長達二十年的抗清鬥爭中，他歷盡了艱難險阻，處處以大局為重，幾乎是一位無可挑剔的完人。黃宗羲為他撰墓誌銘說："今公已為千載人物，比之文山，人皆信之。余屈身養母，戔戔自附於晉之處士，未知後之人其許我否也。"[3]可謂定評。

---

1 《張蒼水集》第一七六頁。

2 參見《張蒼水集》附錄之多種材料，特別是高允權作《奇零草後序》，第三三四至三三五頁。《清聖祖實錄》卷十二記張煌言被殺於十月初十日。

3 黃宗羲《有明兵部左侍郎蒼水張公墓誌銘》，見《張蒼水集》附錄，第三一二頁。

第三十二章

夔東抗清基地的覆滅

第一節　清廷組織三省會剿

清朝初年，由於滿洲貴族推行的民族壓迫和民族征服政策，使民族矛盾在一段時間裏上升成為我國社會的主要矛盾。在長達二十年的抗清鬥爭中，大順軍餘部和大西軍餘部一直是這一鬥爭的主力。

順治十八年（1661），南明永曆帝被俘，次年李定國病死，部將有的犧牲，有的降清，結束了以大西軍為主體的西南抗清鬥爭。這時，除了經營台灣的鄭氏和張煌言部少數兵力駐於浙江沿海島嶼以外，在中國大地上繼續堅持武裝抗清的只剩下了四川東部和湖北西部以大順軍餘部為主的所謂"夔東十三家"。"十三家"這個詞並不大準確，它指的是以李來亨、劉體純、袁宗第、郝搖旗、黨守素、塔天寶、馬騰雲為首的大順軍餘部以及以王光興、賀珍等為首的其他抗清武裝。所謂夔東，大致相當於長江三峽地區，這裏山高水急，形勢險要，從軍事上來說，不僅是易守難攻的地方，而且切斷了四川同湖北的通道，進可以出擊兩湖、豫西、陝南和四川，退可以據險自守。然而，由於這個地區基本上是重巒疊嶂，人煙稀少，生產很不發達，要維持一支足夠強大的軍隊，無論在人員補充上還是在物資供應上都有很大困難。直到順治帝在位的中期，清軍用兵的主攻方向是西南地區，不可能調集重兵圍攻夔東抗清基地。郝搖旗、李來亨等人還有可能進軍鄖陽、襄陽一帶，既打擊了清朝的統治，也取得了部分人力、物力的補充。西南抗清鬥爭的失敗，使清廷可以騰出手來集中兵力鎮壓夔東抗清武裝。

康熙元年（1662）七月，清朝四川總督李國英向朝廷建議發動四川、湖廣、陝西三省會剿，並請朝廷確定統一進兵的日期。他在密疏中說：

> ……闖逆餘黨郝搖旗、李來亨、劉體純、賀珍、袁宗第、黨守素、塔天寶、王光興等賊竄伏於荊、鄖、蜀東之間。在楚則遠安、興山、歸州、巴東、施州衛、房、竹等處；在蜀則大寧、大昌、夔州、巫山、建始等處；而逼近陝西之興安。計其切（竊）據地方橫亙數千餘里……楚蜀難通，氣脈梗阻。向來勾通滇寇李定國等假竊號召，搖惑人心，其肆猖獗而稽天討蓋有年矣。前者台臣兩次建議，奉旨會剿；旋又奉旨暫停。廟謨深遠，誠非愚臣所能窺測。但諸逆向所倚恃觀望，惟在滇南。今大兵遠伐，六詔敉寧；而諸寇尚負固弄兵，阻我聲教……逼處內地，有同養癰。……且楚、鄖、秦、蜀處處設防，曠日持久，息肩無期。……惟祈立奮乾斷，敕行進剿，俾屢年逋誅之巨寇速就殄誅……廟堂之上酌定師期，三省士馬同於是日進發。……[1]

李國英的建議正中清廷統治者的下懷。這年九月初四日奉旨：
"這所奏三路進兵剿除郝搖旗等賊，說的是。著密速議奏。兵部知

---

1 《李勤襄公撫督秦蜀奏議》卷二十。

道。"兵部經過秘密會議後，同意了李國英的建議，提出如下具體方案：由湖廣提督董學禮調總兵三員統兵三萬，從湖廣進剿；陝西提督王一正調總兵二員統兵二萬五千，另調河南省的河北鎮總兵鮑照統兵五千，湊足三萬，從陝西進剿；四川由總督李國英親自率領，官兵酌量帶往。進剿的日期確定為康熙元年十二月二十日逼近抗清基地，同時發動進攻。這個方案在九月十三日得到清廷的批准，下達給川、楚、陝三省。這年年底，三路清軍進迫夔東抗清基地，一場曠日持久的激烈戰鬥從此開始了。

由於夔東地區重巒疊嶂，山勢險峻，進兵運糧困難重重，清政府為了儘量減少損失，採取了剿撫齊下的方針。順治十八年八月初九日，清廷特地發佈一道詔書招降劉體純、郝搖旗等義軍首領；詔書中說："茲特開一面，赦其既往之辜，予以功名之徑。劉二虎等果能悔罪投誠，真心向化，即赦其前罪，優加升賞"云云。[1] 次年，又頒發了同一精神的諭旨，在康熙元年，陝西總督白如梅《招撫劉體純等書》《回賀道寧書》內除了傳達清廷旨意，還反覆說明清兵入緬、永曆朝廷被俘，白文選和李定國之子李嗣興、劉文秀之子劉震部已投降，鄭成功也已病死，"天下事無復可望，又何所待乎？"勸他們做"識時務之俊傑"，並且以孫可望封義王，黃梧封海澄公，譚詣、譚弘封慕義、向化侯做典型，多方引誘。值得注意的是，這兩件文書中都提到清方派遣招降義軍首領的使者幾次被郝永忠阻回。[2] 儘管清

---

1 《明清檔案》第三十七冊，A37-71 號、A37-72 號均為此件影印本；《明清史料》丙編，第十本，第九九三頁所錄文本即 A37-71 號，個別字模糊不清。第一檔案館藏本亦有殘缺，見《清代檔案史料叢編》第六輯，第三五二至三五三頁。這件詔書現存（北京、台北）共有三份，約為當時頒往相關省份膳黃廣為張掛所用。

2 《甲申朝事小紀》三編卷七收 "陝西白制台" 的兩封信，白制台即清陝西總督白如梅。這兩封信的起草人為白如梅的幕客鄭與僑。

廷的招降政策收到了部分效果,夔東之戰仍然是驚心動魄的。

1663年(康熙二年)正月初一日,李國英趁新春佳節之際,帶領重夔鎮總兵程廷俊、撫剿署總兵梁加琦兩部官兵從夔州(奉節縣)出發,順長江北岸"沿岸前進",於初三日渡過大寧河,佔領了大昌縣(今大昌鎮)。駐守在這裏的明軍袁宗第部戰敗,被迫將城內房屋糧草放火燒毀,撤往茶園坪。據守大昌北面大寧的是岐侯賀珍[1],這時已經病死,由其子賀道寧以富平伯名義統率部眾。賀道寧見袁宗第敗走,清兵迫近營壘,嚇得失魂喪魄,於正月十八日向李國英投降。李國英即於是月下旬分兵兩路夾攻茶園坪,同時派出部分軍隊堵截郝搖旗、劉體純來援之路。袁宗第雖然據險拼殺,終因寡不敵眾,將士陣亡和跳崖跌死的多達二千五六百人,被俘三百餘名,部下新化伯馮啟鳳繳印投降。袁宗第帶着殘兵敗卒乘夜跳崖脱走,同郝搖旗部合營。四川清軍也因為糧草不繼,暫時停止了追擊。

與此同時,湖廣清軍在提督董學禮率領下攻佔了香溪口,這裏是李來亨部據守的興山縣進入長江的重要通道。正月上旬,陝西提督王一正帶領陝西、河南兵也由白土關進入湖北,攻佔了竹山和竹溪二縣。二月十五日,郝搖旗率部同清軍交戰於房縣赤土坡,郝部被擊敗。清軍三十六營駐紮於房縣西面的茅坪,接着又在鄧川峪再次擊敗明軍。[2]郝搖旗因兵力不敵,在房縣境內無法立足,於六月二十日帶領部下士卒和家口放棄該縣山中營寨,取道上龕,在七月

---

1 賀珍在陝西降清、反清事已見前述。岐侯當為永曆朝廷所封。賀珍在大寧屯駐期間頗有建樹,道光《夔州府志》載《大寧場龍君廟碑記》云:"自岐侯賀公建節茲土,招徠撫集,百堵皆作,籍什一之賦而民租減,革鹽法之弊而稅課蠲。諸如慮民之病涉也,則造槎以濟之;懼神之匪祀也,則捐貲以享之。出則以勤王滅虜為事,入則以課農練兵為本。"

2 同治四年《房縣志》卷六《事紀》;《竹山縣志》卷十八《兵防》。

初十日到達川鄂交界處的吳家垣子，同劉體純部會合。[1] 郝搖旗經營了十二年的房縣據點從此落入清軍之手。

在清軍步步進逼、形勢逐漸惡化的情況下，郝搖旗同劉體純商議採取以攻為守的戰術，聯合以興山縣為基地的李來亨部對清軍實行反擊，藉以變被動為主動，打破清政府的圍剿計劃。這個提議得到了李來亨的積極贊同，決定首先合力迎擊湖廣清軍。出戰之前，李來亨命人殺豬備酒犒賞了劉、郝兩部將士，鼓舞鬥志。七月二十三日，李來亨、劉體純、郝搖旗三部聯合對湖廣清軍大舉反擊。明軍英勇作戰，清"楚師全軍失利"[2]，董學禮指揮的三萬官兵被殺得抱頭鼠竄，"帶傷、死者甚多"[3]，"除殺傷外，擠竄於南陽河（在興山縣境內），水為不流"[4]。湖廣清軍一直逃回彝陵（今湖北宜昌市），喘息方定。

取得東線重大勝利以後，李來亨、劉體純、郝搖旗又聯合袁宗第、黨守素、塔天寶、馬騰雲共計七部約五萬明軍（均為原大順軍）乘勝西上，準備一舉擊破四川清軍。當時，清四川總督李國英統率的官兵已進抵巫山縣城。部下除提督鄭蛟麟和重夔、建昌、遵義、永寧等鎮陸師以外，還有不久前降清，熟悉三峽形勢的明向化侯譚詣、慕義侯譚弘部水師，兵力相當雄厚。

八月二十四日，劉體純，李來亨等七部數萬之眾乘船直抵巫山城下。次日淩晨，開始強行攻城。巫山縣地處長江三峽之中，縣

1　李國英《李勤襄公撫督秦蜀奏議》卷二十。

2　《李勤襄公撫督秦蜀奏議》卷二十一，康熙二年十一月初十日題本。

3　同前注書，康熙二年八月初九日題本。如襄陽鎮南營游擊王進忠、前營守備張所蘊、千總李三畏等均被擊斃，見《襄陽府志》卷二十《名宦》。

4　乾隆十五年《直隸澧州州志》卷十九《兵難》。康熙五十四年《巫山縣志·兵防》記："五月，鄭提督命師於巫。適郝搖旗棄房、竹至巴東，與諸逆合攻七連坪，楚師失利，勢猖獗，且謀犯蜀。"（鄭提督指四川提督鄭蛟麟）康熙八年《當陽縣志》卷一《事紀》載："越明年（指康熙二年）七月，我師稍卻，復屯當邑。是年冬，益以禁旅，復由當陽進。"

城面江背山。清人李調元《巫山縣》詩云："小小巫山縣，雲峰密似麻。天寬才一線，地仄控三巴。……瞿塘天下險，莫更說褒斜。"這一地形特點既決定了它易守難攻，而一旦攻克，守敵勢必全軍覆沒，逃跑的可能性很小。李國英意識到生死成敗決於此戰，除了兩次向清廷告急，請速派援兵以外（就巫山戰役而言這幾乎沒有任何實際意義），致力於加強防守。他對部下將領說："巫地勢低凹，難馳驟。賊眾若遠來，利速戰；我堅壁以待，彼不能久持。乘其懈，可擊而殲也。"李國英"躬先士卒繕完城垣，北城下錠梅花木樁，樁下挑品字深坑；西城外之高唐觀地高峻，可瞰城中，立敵樓炮台；東城外一阜峻闊，筑土寨焉。"[1] 他責成部將分汛把守，自己坐鎮城內最高處調度指揮。為了鼓舞士氣，他一面"大書賞罰之格，懸示城頭"；一面"以小刀自隨，指其地以告將士曰：'此本部院報國之所，不令諸君獨冒鋒刃也。'"[2] 明軍從八月二十五日起晝夜輪番進攻，志在必克。他們建造了土囤、捱牌、雲梯等攻城設施，還開挖地道，準備用爆破式透入城內的方法奪取縣城。李國英則嚴厲督率部下官兵負隅頑抗。雙方拼死搏鬥了幾天以後，李國英發現了明軍給攻城部隊運糧的餉道，就派出幾百名精兵用白布包頭偽裝成明軍，潛伏在明軍運糧路旁。見有運糧士兵經過，就從暗中猝然擊殺，然後把屍體和糧食拖到林木荒草間。他還下令把明軍為運糧和兵員往來而鋪設的浮橋砍斷[3]，使攻城明軍得不到食品等物資和兵員的補給，陷於飢疲交困之中。九月初七日，李國英認為時機已到，在黎明時分突然開城出戰。明軍雖然奮勇迎敵，但已成強弩之末，

1　康熙五十四年《巫山縣志·兵防》。

2　《李勤襄公撫督秦蜀奏議》卷二十一，康熙二年十一月初十日題本。

3　按，巫山縣城在長江北岸，城東為大寧河，這裏講的浮橋當是架設於大寧河上，而不是跨越長江之橋。

被清軍擊敗，陣亡將士多達七千人[1]。劉體純、李來亨等被迫於次日撤退。

1663 年（康熙二年）七月至九月的東、西兩線反擊戰，是原大順軍改編成的明軍在夔東地區為了打破清軍圍剿而展開的兩次規模較大的戰役。結果是一勝一負，雖然打擊了清軍的囂張氣焰，自己卻並沒有擺脫戰略上的被動局面。在這以後，隨着清軍兵力的不斷增強，夔東基地逐漸縮小，抗清義師基本上處於被動挨打的地位。

這年秋天，清廷接到湖廣清軍嚴重失利的報告，四川當局又一再求援，決定增派滿洲八旗兵參戰。命西安將軍傅喀禪、副都統杜敏帶領駐防西安滿兵由陝入川，從水路抵巫山；另調京師八旗禁旅一萬名，以都統穆里瑪為靖西將軍、都統圖海為定西將軍率領前往湖廣，加強東路清軍實力。[2] 十一月二十九日，傅喀禪、杜敏帶領的西安滿洲兵到達巫山。由於途經漢中入川，"棧道崎嶇，馬匹困憊"，李國英奴顏卑膝地下令把自己所統四川綠營兵的馬匹讓給滿兵騎乘，"鼓勵漢兵荷戈步走"[3]。十二月，穆里瑪、圖海帶領的八旗禁旅也進至房縣，從北面向興山推進[4]。清政府重兵的集結，標誌着一場大戰即將開始。明軍內部一些意志薄弱者既震懾於清軍的浩大聲勢，又忍受不了窮山僻水的艱苦生活，不斷發生叛變事件。十一月間，郝搖旗部下的掛印總兵羅茂同向清軍投降。十二月上旬，又有

---

1 李國英在康熙二年十一月初十題本中報告巫山之捷説："通共斬殺偽總兵、副、參、都、守、領旗四十八名，賊兵共六千九百四十四名"，另"正法"被擒"活賊"一百一十九名，見《李勤襄公撫督秦蜀奏議》卷二十一。

2 《清聖祖實錄》卷九。

3 《李勤襄公撫督秦蜀奏議》卷二十二，康熙三年二月十九日題本。

4 同治四年《房縣志》卷六《事紀》云："十二月，定南將軍圖海率禁旅抵房，督秦豫諸師入蜀會剿。"按，圖海為定西將軍，他和穆里瑪帶領的八旗兵由房縣南攻興山縣茅麓山，都在湖北境內，説他"入蜀"不妥。

郝部掛印總兵馬進玉、王之炳、張大盛、武自強，袁宗第部下的掛印總兵鄧秉志、楊泗、趙雲等帶領部眾集體嘩變，叛投清朝。郝搖旗、袁宗第無可奈何，帶着為數不多的士卒前往巴東投靠劉體純。[1]可是，這時劉體純部的處境也已經相當困難。從四川方面推進的滿漢清兵在十二月二十三日逼近了劉體純的營壘陳家坡，大舉進攻。劉體純部抵敵不住，退到天池寨，部下總兵鎖彥龍、吳之奇、王加玉、李之翠、劉應昌、胡君貴、田守一、王之禮等先後降清。[2]清軍乘勢攻佔了劉部重要據點老木崆。劉體純見大勢已去，同家屬一道自縊而死。據文獻記載，劉體純"驍勇有方略，御眾嚴明"，"頗知愛民"。[3]他壯烈犧牲的消息傳開後，當地百姓都為之傷心落淚。清四川總督李國英為收買民心，下令以禮安葬。[4]二十六日，清軍追至黃草坪，郝搖旗、袁宗第兩人帶領兵丁拼死抵抗，終因敵勢過大，郝搖旗、袁宗第和永曆帝所委派的部院洪育鰲被俘，長期依附於郝搖旗的明東安王朱盛蒗也被清軍擒獲，永曆帝派出的監軍太監潘應龍自縊身死。郝搖旗、袁宗第、洪育鰲、朱盛蒗被押解到巫山縣城，後奉清廷旨意於 1664 年（康熙三年）十月十二日在該地殺害。[5]

第二節　關於"韓主定武"政權的考辨

在講述夔東地區的抗清活動時，有一個重要的問題需要澄清。清朝初年查繼佐撰寫的《罪惟錄》中依據不可靠的傳聞在南明諸主間

1　《李勤襄公撫督秦蜀奏議》卷二十一。

2　同前注引書，卷二十二。

3　光緒六年《巴東縣志》卷十四《事變志・寇亂》。

4　光緒六年《巴東縣志》卷十四《事變志・寇亂》。

5　李馥榮《灩澦囊》卷四記："遂生擒宗第、搖旗獻功。太保（指李國英）命囚於巫山，請旨。命下，斬宗第、搖旗。"《南疆逸史》卷二十三《洪育鰲傳》記："甲辰（1664）十月十二日殺於巫山，投屍峽中。"

添了一位所謂年號"定武"的"韓主"，對後世研究南明史事造成了很大的混亂，其文云：

> 韓王本鉉，係太祖十九子憲王松之後，世封平涼。崇禎十六年，李賊自成陷陝，王被執，間脫。適獻賊陷楚，其部將郝永忠者梟悍，軍中望永忠搖旗輒奮，遂以郝搖旗著名，敵遇之震。及獻賊死，搖旗內款，獨奉韓王為主。自閩事壞（指隆武帝遇難），韓便稱尊，改元定武。嘗移書桂主（指永曆帝），敍長幼，不稱臣。……癸卯（1663，康熙二年）定武十七年，來亨被困，棄七連，保譚家寨。永忠與二虎（指劉體純）合力，從來亨北禦，大戰四晝夜，北協湖廣之師大挫。已而，巫山不能守，先敗。房山旋敗，韓主不終。[1]

這段史料中的錯誤不勝枚舉，如：一、郝搖旗原是大順軍李自成部下偏裨，誤作大西軍張獻忠麾下之梟悍。二、永忠乃郝搖旗聯明抗清後隆武帝所"賜"之名，誤作本名。三、郝搖旗長期追隨永曆朝廷，不僅同何騰蛟、瞿式耜交往甚多，還曾在桂林親自護衛永曆帝出逃（見上文），誤為自隆武帝遇難後即擁戴韓王本鉉稱尊，改元定武。四、即便有明初所封韓王後裔在大動盪中流落他鄉自稱或被推為"韓王"，也不可能名為"朱本鉉"，因為按朱元璋親自反覆修改酌定後頒佈的《皇明祖訓》之《禮儀》篇規定了諸藩命名世系的二十字，"本"字為封於山東兗州的魯王位下第十九世，明朝滅亡時魯藩才傳到第九世"以"字輩，如襲封魯王朱以派、朱以海（即魯監國）

---

1 《罪惟錄》附紀卷二十二《韓王附紀》，見浙江古籍出版社 1986 年版第四三五頁。同書卷十九《魯王監國附紀》也兩處提到"定武"建號稱尊，"以延明運"，見第四一六至四一七頁。

兄弟，根本不可能出現"本"字輩；韓王位下沒有"本"字輩，所謂
"韓王朱本鉉"完全是空穴來風。查繼佐曾經在魯監國政權中任職，
所著《罪惟錄》中也記載"自帝系成祖下，預派二十字，世以輔名，
名旁按五行取相生義。……而親王亦各派二十字，載玉牒"[1]，可見疏
於查考。查氏立志著史，但常有失誤。如他在《魯春秋》一書中開頭
就說："乙酉夏五月，南都不守，……杭諸紳奉皇太后命敦請潞王朱
翊鏐監國。"把朱常淓誤記為其父老潞王。記魯王監國事又云：朱
以海"甲申（1644），甫襲封四日而東師入兗州，王南奔浙江"，顯然
是把1642年清軍攻破兗州與1644年大順軍接管山東兩件事混為一
談。記紹武政權則說："唐王朱聿鎮據廣州自立"，把朱聿鐌的名字
誤寫作聿鎮。查繼佐在清初搜羅史料不易，辨別不清，誤信訛傳本
不足怪。

　　辛亥革命後，孟森先生依據查氏所記，不厭其煩地抄錄最常見
史籍，撰成《後明韓主》一文，儘管他連東安王朱盛蒗、韓王朱本鉉
是一人還是兩人都說不明白，仍然武斷地寫道："是年（1643，崇禎
十六年）獻忠（？）陷平涼，韓王被執而脫走入楚，遂為郝搖旗所得
而奉之。搖旗等蓋已先降，其奉韓王，自為明延統之意矣。以後搖
旗等久不見於史，從《罪惟錄》觀之，則正於山僻中締造一韓主之明
國時也。韓主立國，在丙戌（1646）九月閩敗之後，已當清順治三年。
而十三家之帥，遂以郝永忠、李來亨等著。……"[2] 在南明諸將領當
中，郝搖旗的記載是比較多、比較有系統的，孟森先生說"搖旗等久
不見於史"，只能說明他自己所見史料甚少。柳亞子先生撰《南明史

1 《罪惟錄》卷二十五《宗藩志》，排印本第九二四頁。
2 孟森《後明韓主》，收入中華書局印《明清史論著集刊》上冊，引文見該書第九十四頁。

綱‧史料》一書中有《韓王本鉉傳》，他察覺了查氏所記有些不可靠，如韓藩排行沒有"本"字輩，郝永忠不可能在隆武二年擁立本鉉之類，也不列入正"編"（相當本紀）之中，然而在傳文中仍然寫道："隆武二年丙戌八月，汀州不守，紹宗襄皇帝殉國。本鉉方擁眾保郇西亂山中之房縣，遂建號自立，改元定武。然局蹐一隅，不能有所展佈也。"[1] 柳亞子文中根據的除查繼佐《罪惟錄》外，多次提及全祖望、趙之謙撰寫的《張蒼水年譜》做旁證。其實，張煌言本人的詩文集中從來沒有提到"韓王""定武"，他寫的《送吳佩遠職方南行訪行在兼會師郇陽》詩，意在尋訪昆明破後流離失所的永曆帝並且同夔東十三家軍建立聯繫。全祖望、趙之謙撰年譜為此詩作注時即誤信查繼佐《罪惟錄》竄入了"奉韓主本鉉為主，改元定武"的情節，既歪曲了張煌言的原意，更無助於證實"韓主定武"。我們無意於對前輩學者吹毛求疵，但是，在南明史上憑空增加一個立國建號十七年的朝廷事關重大，不容不辨。即如孟森所言，"治明史者，不能忽為細事"。既然不是"細事"，又何必在未加詳考的情況下做出極大膽的論斷？只要對南明眾多史料和清初檔案加以排比考證，就可以知道根本沒有甚麼年號定武的韓主。

指出稱尊建號的"韓主"純屬訛傳，並不是說明清易代之際沒有一位"韓王"曾在郝搖旗營中參與復明運動。明崇禎朝廷覆亡前後，諸藩有的被擒殺，有的輕信清廷給以"恩養"的謊言自投羅網，有的流離失所。南明自弘光以後，除了對身份明確者予以安置外，已經不能依據譜牒確定襲封人選。朱明宗室人數既多，譜系亦紊，有的

1　柳亞子《南明史綱‧史料》之《南明人物志》四《韓王本鉉傳》，見上海人民出版社 1994 年版第二○二頁。按，《罪惟錄》在浙江古籍出版社排印以前一直以抄本行世，"本鋐""本鉉"字形相似，故有差異。

自稱或被推為一字王（親王）、二字王（郡王）以資號召，並不足怪。在現存檔案、野史等文獻中無論是在清統治區還是在南明管轄區都有很多譜系襲封情況不清楚的明朝藩王。郝搖旗營中確實曾經有過幾位藩王，一位是東安王朱盛蒗，一位是通山王朱蘊鈺[1]，另一位是韓王朱璟溧。朱璟溧是明太祖之子韓憲王朱松的九世孫，順治五年山西反清運動風起雲湧時，他被虞胤、韓昭宣推舉為"韓王"，作為復明運動的號召。山西兵敗以後，朱璟溧逃到湖廣南明控制區，不遲於 1651 年（順治八年）進入設於湖北房縣山區的郝永忠營裏。他雖然很可能不是韓藩世襲近支，但是由於在山西等地復明志士中有一定影響，又受到夔東抗清義師郝搖旗等人的鄭重接待，永曆朝廷在宗藩凋零、譜系紊亂的情況下，出於策略考慮承認了他的韓王封號。從現有檔案等文獻看，韓王朱璟溧的任務主要是代表永曆朝廷聯絡北方的復明勢力。清初檔案內有一件報告"逆王"朱存梧在河南洛陽地區秘密聯絡反清人士，準備在 1656 年（順治十三年）元宵節起事，奪取洛陽的案件。朱存梧被清政府捕獲後供述他在 1651 年（順治八年）到過郝搖旗部據守的湖北房縣山中，"住半年，與韓偽王相處，他是一字王。"[2] 朱存梧的供詞明確說這位寄居於郝搖旗營中的韓王只是"一字王"，並沒有說他建號稱尊。何況朱存梧還供稱在這以前（1649，順治六年），他還"潛身至貴州省下投見永曆，說要中興，領受有龍邊偽票一張，無龍邊偽札四張，又空頭偽札二張，結連會

---

1 魯可藻《嶺表紀年》卷二記：永曆二年（1648）二月郝永忠營中有宗藩通城王蘊舒、東安王盛蒗。"守輔（瞿式耜）為蘊舒，郝永忠為盛蒗疏請承襲楚王"，魯可藻說這兩人都是楚藩疏裔，自稱郡王都有問題，更不要說襲封親王了。通城王蘊舒在瞿式耜《賢王宜優異疏》中作通山王蘊舒，符合明代宗室命名原則（見《瞿式耜集》第一二○至一二一頁）。《嶺表紀年》作通城王蘊舒有誤，但也說明南明時期宗藩襲封已經無章可循，相當紊亂了。

2 刑部尚書圖海等題本殘件，見《清代農民戰爭史資料選編》第一冊（下），第二○九頁。按，存字為秦王朱樉之後第十一輩，但朱存梧是不是秦藩下世襲郡王已難查考。

兵"[1]，顯然同郝搖旗等人一樣是尊奉永曆朝廷的。另一件清方檔案為湖廣總督祖澤遠在順治十三年的奏疏，其中說：山西人李企晟"先在韓城一帶與虞胤同韓昭宣結草作亂，私立偽韓王，行偽永曆事。企晟自加偽總督職銜，於順治十二年十一月內自華山出營"，後來取道潼關，河南鄧州、淅川，到達湖北均州，"郝永忠將企晟接入營盤安住。……至十三年二月十一日引企晟出山。比企晟遂於賊營內攜帶鍍金印一顆、偽銀印五顆、銅關防十八顆，偽永曆敕札一道、偽曆日一本，偽韓王龍札三十二張、偽龍票一十八張、偽國公札付五十張、偽咨揭帖三件、偽告示一十七張、偽書札五十件"，本擬"往陝西一路給散"，為南明招兵買馬，不料進入清轄區不久就被清軍捉獲。李企晟在供詞中說，他"於十二年間自華山來到鄧州淅川縣，至十一月十五日到均州黃家灣過河，十六日進山，十一月二十四日到房縣郝永忠賊營住兩月半，見韓王並郝永忠商議聯絡內外兵馬，會同興山、巴東各家頭目，隨領出敕印關防共二十四顆並龍告示書札，仍往山西一帶散給眾黨陝西虞胤、太行山牛光天、五台山高鼎等。"值得注意的是，在同一文件中還提到李企晟派隨行人員李得福到郝永忠營後"差赴雲貴通信未回"。[2] 沈佳記：丙申十年（1656，順治十三年）五月初一日，永曆帝由李定國扈衛到昆明不久，就批准了韓王朱璟溧的請求，加封虞胤為萊國公，仍以文淵閣大學士兼兵部尚書總督軍務的頭銜聯絡山西、陝西清統治區內的復明勢力進行鬥爭。[3] 從上面引用的文獻來分析，韓藩宗室朱璟溧是在山西姜瓖等人

1　上引刑部尚書圖海等殘題本。

2　湖廣總督祖澤遠"為飛報密擒渠逆叛黨並獲金印、銀印及偽爵關防敕札，以沮賊謀，以彌內患事"題本，原件尾部殘缺，現藏中國第一歷史檔案館。

3　沈佳《存信編》卷四。

於順治五年反清時被虞胤、韓昭宣等擁立的，以“韓王”名義“行偽永曆事”，權宜委任參加起義的文武官職。晉、陝大規模反清運動失敗以後，朱璟溧輾轉逃入湖北房縣一帶的郝搖旗營中，同永曆朝廷的關係肯定比在山西時要密切一些；郝搖旗以至永曆朝廷也希望藉助他在晉、陝一帶的舊有影響和關係聯絡北方清統治區內的復明力量。儘管我們掌握的只限於幾件片斷的可信材料，這些材料卻毫無例外地證明韓王朱璟溧只是作為永曆朝廷的代表人物進行過活動。從 1656 年（順治十三年）到 1662 年（康熙元年）清軍對夔東明軍根據地展開三省會剿，時間已過六年，沒有見到文獻中再提及韓王朱璟溧，大約是已死。同郝搖旗、袁宗第等人一道被俘的只有東安王朱盛蒗，毫無“定武十七年，韓主不終”的任何跡象。[1] 如果清軍擒殺了一位紀號稱尊的南明皇帝，當事文官武將必然在奏捷疏中大肆吹噓一番，怎麼可能一字不提呢？至於夔東十三家武裝尊奉永曆朝廷，十三家首領人物和部將接受永曆朝廷頒授的官爵，作為朝廷的象徵和負責聯絡各部的“督師”“閣部”“部院”和太監都由永曆帝委任，有大量材料證明。為了維護歷史的真相，必須剔除所謂以“韓主”為首的“定武”朝廷的謬說，以免以訛傳訛，貽誤後人。

第三節　茅麓山戰役

在形勢急劇惡化的情況下，原來堅持抗清的一些領導人喪失了信心，先後率部向清朝投降。其中最著名的如據守長江南岸施州衛（今湖北恩施）一帶的荊國公王光興的降清。當清軍開始圍剿夔東

1　參看《李勤襄公撫督秦蜀奏議》等清方摧毀夔東抗清基地的原始文件。

義師時，他還拒絕清方招降，回信說：「當日郢陽一舉，至今淚滴九原」，「不佞首陽餓夫耳，老此地云云」[1]，表示鑒於其兄王光恩無辜被殺，同清廷勢不兩立。康熙二年（1663）十月，他卻和永曆朝廷任命的巡撫蔣尚膺一道帶領部下兵丁七千餘名向清朝湖廣當局投降。[2] 康熙三年（1664），永曆朝廷委派聯絡夔東各支義師的最高官員——總督部院毛壽登——也屈膝降清。[3] 甚至原大順軍舊部高級將領馬騰雲、黨守素、塔天寶也覺得大勢已去，在這年二月間帶領部眾向清軍投降。[4]

　　這樣，到康熙三年春天，原來的夔東十三家只剩下李來亨（永曆朝廷封臨國公）部仍然堅持於湖北興山縣境內的茅麓山區，以大無畏的氣概抗擊着三省清軍和增援的滿洲八旗兵共達十萬之強敵。清靖西將軍穆里瑪統兵到達茅麓山下後，自以為兵精將勇，為了收取全功，貿然下令向山寨發起進攻。李來亨指揮部眾憑藉山險予以迎頭痛擊，滿洲兵墜崖落澗，傷亡慘重，鑲紅旗副都統賀布索、一等阿達哈哈番桑圖、穆里瑪的第三個兒子蘇爾馬都被擊斃。[5] 穆里瑪追悔莫及[6]，改由漢族軍隊打前陣，滿洲兵督戰，實行長期圍困。滿洲八旗兵在茅麓山區吃盡了苦頭，直到凱旋京師以後仍然心有餘悸。嘉慶年間，禮親王昭槤在書中寫道：「康熙初，命圖文襄公海為督師，同川督李公國英、護軍統領穆公里瑪率三省兵會剿。諸將皆於層岩陡壁

1　查繼佐《罪惟錄》列傳卷九（下）《李來亨傳》附。

2　《清聖祖實錄》卷十三、卷十五。按，王光興、王昌（或作王光泰）兄弟自順治四年反清後，被清軍擊敗，退入巴東縣。不久，王昌病死。順治十三年王光興在清軍壓迫下由巴東轉入施州衛，"去之日秋毫無犯"，見光緒六年《巴東縣志》卷十四《事變志·寇亂》。

3　《清聖祖實錄》卷十一。

4　《清聖祖實錄》卷十一。

5　鄂爾泰《八旗通志》卷一四一《穆里瑪傳》、卷一六四《賀布索傳》、卷一六六《哈爾松阿傳附子桑圖傳》。

6　張玉書《張文貞公集》卷九《柯爾崑神道碑》云："慕公大悔。"穆里瑪名譯作漢字又作"慕禮"。

間，草衣卉服，攀援荊葛而進，逾年始蕩平其巢穴。故今京師中諺語有其事險難者，則曰：'又上茅麓山耶！'則當日之形勢可知矣。"[1]

二月初，四川總督李國英、提督鄭蛟麟接到穆里瑪咨文，領兵進抵茅麓山南面的黃龍山參加圍剿。李國英同穆里瑪、圖海等觀察了地勢，"見逆寨高險異常，周圍一百五十餘里"，強攻難以取勝，但當地山嵐陡峭，地瘠民稀，糧食等物資不能自給，因此他們決定採取長期圍困的戰術，由三省官兵會同滿洲八旗兵分汛連營扼守。為了達到困死明軍的目的，清軍構築木城，挑挖塹溝，豎立排樁，切斷明軍同外界的一切聯繫。木城是為清軍駐守而設立的，城外挖掘闊深各八尺的壕溝；壕外埋設一道五尺寬的排樁，名為梅花樁。其形制是用長五尺、圍一尺的原木一半埋入地中，地面樁高二尺五寸，各根木樁之間相距僅五寸，參差排列，狀如梅花。這項耗費巨大人力、物力的工事完成以後，給李來亨部明軍的行動和軍需供應造成了極大的困難。

雙方相持了幾個月，李來亨部貯積的糧草消耗得差不多了，求戰不得，被迫拼死突圍。六月十五日深夜，李來亨親自率領總兵五名、精兵數千名分路進攻清軍防線，另派三名總兵帶領士卒旁攻，牽制他部清軍赴援。明軍抬着雲梯、盾牌，手持鈎鐮大斧，砍斷木樁，填平溝塹，"炮矢如雨，蜂擁攻打"。由於清軍防禦嚴密，突圍未能成功。閏六月初九日夜晚，李來亨再次率領數千名士卒向清軍陣地發起猛攻，"槍炮齊發，勢如風雨驟至"。明軍戰士"莫不奮臂爭呼，拼死力戰"。[2] 因雙方兵力對比懸殊，明軍雖"連攻五陣"，結

1　昭槤《嘯亭雜錄》卷八《茅麓山》條。

2　《李勤襄公撫督秦蜀奏議》卷二十三。

果仍被清軍擊退。兩次突圍的失敗，使李來亨深知打破清軍重兵包圍的希望已化作泡影，但他仍然大義凜然地決心與陣地共存亡。他把清方派來招降的叛徒李有實處斬，表達了寧死不屈的高風亮節。[1] 清軍見勸降無效，進一步挑深壕塹，加固工事，以求不戰而勝。

　　八月初四日，寨內糧食全部吃完了，軍心不穩，少數官兵私自逃出向清方投降。李來亨知道已經到了最後關頭，他先把妻子殺死，放火燒毀房屋，然後自縊而死。[2] 我們對李來亨的情況至今了解得並不多，只知道他是李自成的姪兒李過（李赤心）的養子，在大順軍聯明抗清後才嶄露頭角，他帶領的軍隊估計就是李過在南寧地區病死後留下的部眾為骨幹轉戰到夔東地區以後擴充起來的。鄂爾泰主編的《八旗通志》《穆理瑪傳》記載茅麓山戰役時，說"來亨子率四千餘賊筑城垛，排列槍炮捱牌拒敵。"[3] 李來亨有兒子能領兵作戰，沒有見到其他史籍記載。雖然我們對李來亨的生年和早期情況都不清楚，甚至連他的兒子的名字也難以查考，李自成祖孫四代在明清之際為反抗明朝和清朝統治者的暴政而英勇獻身的精神確實令人欽佩不已。李來亨父子犧牲後，部下士卒除少數投降外，都在混戰中壯烈捐軀。清朝將領唯恐有明軍將士潛藏逃出，派了大批兵丁"四山搜剿"，窮凶極惡地實行斬草除根，用他們自己的話說是"掃穴無遺類"。[4] 至此，以原大順軍餘部為主體的夔東抗清鬥爭堅持了二十年之久，以失敗告終，大陸上公開以恢復明朝為旗幟的武裝抗清運動結束了。

1　王光謙《東華錄》康熙七。

2　李國英康熙四年五月初八日題本，見《李勤襄公撫督秦蜀奏議》卷二十三。光緒十年《興山縣志》卷十九《藝文》收雍正年間知縣潘內召《茅麓山記》中説："三年八月，賊食盡，從黨爭降。來亨計窮，自焚死。"

3　《八旗通志》卷一四一《穆理瑪傳》；同書卷二二〇《古楞格傳》《倭和仁傳》有類似記載。

4　《李勤襄公撫督秦蜀奏議》卷二十。參見康熙八年《當陽縣志》卷一《事紀》。

清政府為摧毀茅麓山這一彈丸之地，付出的代價是極其大的。投入的兵力多達十萬以上，據李國英的描述，四川清軍和駐防西安八旗兵由南面和西面，湖廣清軍由東面，陝西清軍由北面，把茅麓山區一百五十餘里的地方團團圍住，清軍主帥靖西將軍穆里瑪，定西將軍圖海駐於茅麓山南面的黃龍山督戰，相持在半年以上。附近各省為運送軍糧、物資、服其他勞役而徵發的民夫更是不計其數，使百姓們承受了難以忍受的負擔。王夫之記載："而口（虜）兵督輓運，丁夫死者積崖谷，益峻法驅里民，三千里外詣軍負輓，披蓑笠，緣絕巘峭壁蟻行，延綿彌望不絕。"[1] 李國英之子李雯也寫道："先是楚運自西瀼、渣溪起旱（即由船運改為人挑肩負的旱運），用夫背運至茅麓山。道里險遠，往返不下半月，運既無多，夫多飢斃。"[2] 康熙二年（1663）湖南寧鄉人陶汝鼐作《西山行》詩云：

西山舊將久不服，高據巉岩最深谷。絕繳孤懸楚蜀間，中原已一無秦鹿。何妨棄置守其疆，以逸待勞俟窮蹙。一旦張皇大用兵，仰攻四面如緣木。轉輸驟檄百萬人，風雨雷霆驅比屋。正是蕭莆寒食時，長沙一路從軍哭。拋田應募五千餘，頃刻民間空杼柚。大吏轟轟小吏愁，奸胥更喜剮民肉。紛紛嫠子歎忱離，我亦沾襟遣童僕。此去死生那得知，更番且喜還家速。僕夫垂淚向我言，人力如今賤如犢。西山上天下及泉，負輓步步石磨腹。烈日炙頂渴欲僵，百錢買漿才一掬。搖足便墮萬丈崖，死者還遭勾攝牘。泣談未了催檄來，增夫更餉巴東陸。巫山三峽又崎嶇，魂魄

1 王夫之《永曆實錄》卷十五《李來亨列傳》。
2 《李勤襄公撫督秦蜀奏議》卷二十二。

初收豈堪復？吁嗟再遭誠萬難，髓竭膏枯慘心目。謂天蓋高胡不聞，六月炎炎書此竹。[1]

康熙初年任瀏陽知縣的侯樸也在一首敘事詩中寫道：

> ……加之西山役，繁重不可當。夫草數千萬，長驅解荊襄。賣牛賣兒女，賠絕賠逃荒。無計能活口，移徙走他邦。所以五十都，都都鮮全莊。於中逃最多，東鄉與坊廂。伶俜幾子遺，鵠面而羸尫。我聞父老語，淚下沾衣裳。願言勤撫字，拯救此一方。[2]

這真可謂長歌當哭，道出了民間幾多辛酸。在地方志裏更留下了這方面的許多記載，如湖北《安陸府志》記："康熙二年……民役西山，起運夫於各州縣，往來死傷甚眾。"[3]《松滋縣志》記"顧覓運夫"云："鋒鏑餘生，聞征鼓則返走，見旌旗則魂消。一听派取糧石、人夫運米隨征，男兒嚎於道，婦子泣於室。視入山一路不啻刀山劍樹矣。""二十三里（這是指里甲的里）攜妻挈子擔囊負耒逃匿數百里外者踵相接也。""況當事者復迫於軍情重務，或差舍嚴催，或親臨督比，數十萬呼庚呼癸之眾，嗷嗷待哺，能為我凋殘之松民寬乎。"[4]《當陽縣志》記載："康熙元年壬寅，李來亨等盤踞竹、房、興、巴一帶，憑險不下，奉旨三省會剿，秦軍上庸，蜀軍巫山，楚軍當陽，轉輸絡繹往返，兵夫不下數百萬。"[5]《枝江縣志》載："康熙元年壬

---

1 陶汝鼐《榮木堂詩集》卷四。
2 康熙十九年《瀏陽縣志》卷十二，詩，知縣侯樸《詠懷五十韻》。
3 康熙六年《安陸府志》卷一《郡紀》。
4 康熙九年《松滋縣志》卷下《宦績》。
5 康熙八年《當陽縣志》卷一《事紀》。

寅冬，王師征剿西山，民苦夫役”，“三年中枝民流離轉徙日以百戶計。”[1] 連遠在湖北東隅的廣濟縣，康熙二年“西山之役，濟一歲索夫三千一百七十焉。”[2] 湖南《安福縣志》記：“康熙二年……民役西山，死者十之五。”[3] 甚至有的地方還因為夫役負擔過重發生嘩變，如湖北大冶縣，“康熙三年春正月，運夫嘩。西山用師，縣派民夫運糧，輪至第三批三百餘人，中路逃歸，擁聚北關外，左公鉉等倡首，要索公縣，搶擄後衙與猾胥之家。縣官屏匿數日始去。而公鉉自稱左將軍。上檄招安，至縣，鼓吹迎之。公鉉益恣。”[4] 這些零星史料透露清政府圍剿夔東抗清武裝給湖北、湖南、四川等省百姓造成了極大的災難，大致與此同時，為對付鄭成功而採取的沿海遷界（史稱“遷海”），同樣使東南沿海百姓流離失所，陷入水深火熱之中。據說，“歷史是勝利者的歷史”，而“勝利者是不受審判的”，當勝利者躊躇滿志的時候，被征服被奴役者自然只有忍氣吞聲，不可能去審判他們。然而，歷史是公正的，即便過了幾個世紀，雲霾散盡，昔日的統治者隨時都有押上被告席的可能。

本書作者認為，1664 年夔東抗清基地的被摧毀，應當視為南明史的結束。理由是，永曆帝雖然在兩年以前被俘殺，以明朝為正朔的夔東抗清復明運動仍在繼續，他們有永曆朝廷委派的全權代表，有相當可觀的旗幟鮮明的軍隊，有地方政權，[5] 維護和行使明朝的制

1　康熙九年《枝江縣志》卷一《災祥》；卷八《周邑侯實政記》。

2　張仁熙《藕灣詩集》卷一《役夫行》題下注文，轉引自鄧之誠《清詩紀事初編》卷二。

3　同治八年《安福縣志》卷二十九《祥異》。

4　康熙二十二年《大冶縣志》卷四《治忽·兵寇》。

5　夔東地區有永曆朝廷委派的總督、巡撫、關南道，大寧、興山等縣知縣，參見《李勤襄公撫督秦蜀奏議》。光緒十年《興山縣志》卷七《人物列女表》說：“興山為李赤心、李來亨先後竊據，士民皆奉宏（弘）光、隆武、永曆年號，故縣無順治券契。”

度。至於台灣、廈門一帶的鄭經、鄭克塽雖然遵奉永曆正朔，一直到康熙二十二年（1683）施琅率軍攻克澎湖，劉國軒等勸鄭克軒降清為止，從這一角度來看，明朔尚存，衣冠未改，似乎也可以列入南明史內。[1] 但是，我們不應忘記康熙十二年（1673）發生了三藩之變，鄭經同耿精忠有一段聯合與分裂的歷史。把三藩之變扯進南明史顯然不大合適。自然，南明史的下限學術界同好有不同意見，如主張以永曆帝 1659 年入緬做結束，[2] 主張以永曆帝被俘殺做結束，主張以李定國病死、部卒降清做結束，等等。本書以康熙三年（1664）八月夔東抗清基地徹底覆滅作為南明結束的標誌，實際上還考慮到了同年六月間在東海沿海活動的張煌言因為復興無望，主動解散軍隊，不久被清軍俘殺的因素在內。這只是一種看法和敍述體例，無妨與其他說法並存。

　　縱觀南明長達二十年的曲折歷程，不能不承認原來的大順軍和大西軍始終發揮了舉足輕重的作用。如果把視界放寬一點，鄭成功之所以能在明清之際扮演抗清主角之一，同他繼承了海盜出身的鄭芝龍的部眾和資業有密切關係。換句話說，腐敗透頂的明王朝自甲申（1644）以後，實際上已經沒有自立的能力，同氣焰方張的清朝周旋了二十年，主要是靠曾被視作"大逆不道"的"流寇"和"海賊"。沒有這種大換血，朱明朝廷早就灰飛煙滅了。弘光在位一年期間奉行"聯虜平寇"方針，結果導致了自身的土崩瓦解，何況正是由於大順軍在山西、河南、陝西的抗清，拖住了清軍主力，弘光朝廷才得

---

1 柳亞子《南明史綱·史料》一書即以"永曆三十七年""武平侯劉國軒、忠誠伯馮錫範奉延平王出降"作為"明亡"的標誌，見一〇三頁。

2 譚其驤先生《俗傳中國史朝代起迄紀年匡謬》一文（載《歷史研究》1991年第六期）中即主此說，他指出："一般認為是 1661 年即永曆十五年吳三桂兵入緬甸，永曆被擒之年"終止"是說不通的"，"又有人說南明終止於 1662 年永曆被殺時，那就更說不通了"。

以坐山觀虎鬥，偏安江左達一年之久。隆武朝廷肇建以後，由於民族矛盾上升改變了"聯虜平寇"政策，轉而聯合農民軍餘部共同抗清，但當國大臣對原農民軍懷有極深的偏見，處處加以歧視和排斥，難以扭轉日益深重的民族危機。到永曆後期，南明朝廷的"嫡系"雜牌"官軍"死、降殆盡，原大西軍餘部肩負起抗清擁明的重任，取得了一系列彪炳史冊的輝煌戰果。永曆朝廷憑藉原大西軍的支持才苟延殘喘了若干年。1661 年永曆帝的被俘實際上是中國社會中擁明勢力衰微的結果，否則，朱由榔不致落入清軍之手。即便朱由榔父子由於其他原因夭折，擁明勢力如果還擁有同清方較量的實力，完全可以另選其他朱明宗室作為復興的號召，就像帝系遠裔隆武帝、魯監國開創的先例一樣。當復明運動已經走到山窮水盡的時候，原大西軍將領李定國，原大順軍將領劉體純、李來亨、袁宗第、郝搖旗仍然沒有放下武器，在極端窮困的地區面對佔絕對優勢的清軍做頑強的拼搏，用鮮血和生命譜寫了一曲曲可歌可泣的壯烈史詩。曲終人散，南明悲劇至此落下帷幕，留下無數功罪聽憑後人思索評說。

引用書目

中國第一歷史檔案館藏檔案原件

其他圖書館博物館藏檔案原件

張偉仁主編《明清檔案》

《順治元年內外官署奏疏》

《順治錄疏》

《故宮文獻叢編》

《清代檔案史料叢編》

《明清史料》甲編

《明清史料》乙編

《明清史料》丙編

《明清史料》丁編

《明清史料》己編

《明清史料》壬編

《清代農民戰爭史資料選編》

《鄭成功檔案史料選輯》

《鄭成功滿文檔案史料選譯》

《鄭成功收復台灣史料選編》

《清初內國史院滿文檔案譯編》

羅振玉《清初史料叢編》

《史料叢刊初編》

《明神宗實錄》

《明熹宗實錄》

《清太宗實錄》

《清世祖實錄》

《清聖祖實錄》

《清世宗實錄》

《明史》

《清史稿》

《清史列傳》

吳晗輯《朝鮮李朝實錄中的中國史料》

蔣良騏《東華錄》

王先謙《東華錄》

鄂爾泰主編《八旗通志》

《滿漢名臣傳》

李元度《國朝先正事略》

黃宗羲《明文海》

《明經世文編》

《皇清名臣奏議匯編》

《皇朝經世文編》

張岱《石匱書後集》

溫睿臨《南疆逸史》

李天根《爝火錄》

談遷《國榷》

查繼佐《罪惟錄》

徐鼒《小腆紀年附考》

沈佳《存信編》

計六奇《明季北略》《明季南略》

鄭達《野史無文》

蔣景祁《瑤華集》

陳鼎《東林列傳》

吳殳、戴笠《懷陵流寇始終錄》

　（《玄覽堂叢書》本）

戴笠、吳殳《流寇長編》

　（書目文獻出版社影印本）

吳偉業《綏寇紀略》

彭孫貽《流寇志》（即《平寇志》）

邵廷采《東南紀事》

邵廷采《西南紀事》

孫承澤《春明夢餘錄》

楊嗣昌《楊文弱先生集》

史可法《史忠正公集》《史可法集》

瞿式耜《瞿忠宣公集》《瞿式耜集》

　《虞山集》

黃道周《黃漳浦集》

楊廷麟《楊忠節公遺集》

劉城《嶧桐集》

劉宗周《劉子全書》

歸莊《歸莊集》

王思任《王季重十種》

陳子龍《陳子龍詩集》《兵垣奏議》

左懋第《蘿石山房文鈔》

林時對《留補堂文集選》

王鐸《擬山園選集》

管紹寧《賜誠堂文集》

辛陞《寒香館遺稿》

余煌《余忠節公遺文》

張履祥《楊園先生全集》

袁繼咸《六柳堂遺集》

袁繼咸《潯陽紀事》

閻爾梅《閻古古全集》

金堡《徧行堂集》

金堡《嶺海焚餘》

顧景星《白茅堂集》

侯方域《壯悔堂集》

祁彪佳《祁忠敏公日記》

張家玉《張文烈遺集》

王錫袞《祿豐王忠節公集》，

　見《明滇南五名臣集》

陳確《陳確集》

錢秉鐙《藏山閣集》

張煌言《張蒼水集》

彭孫貽《茗齋集》

鄺露《鄺海雪集箋》

熊開元《魚山剩稿》

朱之瑜《朱舜水集》

徐孚遠《釣璜堂存稿》

徐孚遠《交行摘稿》

李鄴嗣《杲堂詩文集》

陶汝鼐《榮木堂詩集》

陶汝鼐《密庵先生遺集》

《昆山王源魯先生遺稿》

錢謙益《牧齋全集》

彭士望《恥躬堂集》

連城璧《蹇愚錄》

侯中一編《沈光文斯庵先生專集》

《陳璧詩文殘稿箋證》，江村、

　瞿冕良箋證

方以智《浮山文集》

戴廷栻《半可集》

顧炎武《顧亭林詩文集》

《顧亭林詩集匯注》，王蘧常輯注

屈大均《翁山佚文輯》

魏耕《雪翁詩集》

方孔炤《撫楚公牘》《西庫隨筆》，
　見《桐城方氏七世遺書》

吳偉業《梅村家藏稿》

《吳梅村詩集箋注》，程穆衡、
　楊學沆箋注

李世熊《寒支初集》《寒支二集》

《夏完淳集校箋》，白堅箋校

張岱《琅嬛文集》

傅山《霜紅龕集》

李雯《蓼齋集》

佘一元《潛滄集》

孟喬芳《孟忠毅公奏議》

李國英《李勤襄公撫督秦蜀奏議》

郝浴《中山奏議》

張王治《工垣諫草》

衛周胤《兵言》

張玉書《張文貞公集》

方文《嵞山集》

彭而述《讀史亭文集》

姚文燮《無異堂文集》

劉武元《虔南奏議》

胡有升《鎮虔奏疏》

曹燁《曹司馬集》

佟國器《三撫捷功奏疏》

佟國器《三撫密奏疏稿》

施閏章《施愚山文集》

耿興宗《遵汝山房文稿》

蔡士英《撫江集》

曹寅《楝亭集》

戴名世《戴名世集》

全祖望《鮚埼亭集》

李光地《榕村語錄》《榕村續語錄》

陳恭尹《獨漉堂集》

王熙《王文靖公集》

姚啟聖《憂畏軒奏疏》（在《閩頌匯編》內）

洪若皋《南沙文集》

魏裔介《兼濟堂詩集選》

龔鼎孳《定山堂集》

劉尚友《定思小記》

張正聲《二素紀事》

顧炎武《明季實錄》

顧炎武《日知錄》

高斗樞《守鄖紀略》

《梨洲遺著匯刊》內之《鄭成功傳》
　（託名黃宗羲撰）

文秉《烈皇小識》

孫承澤《山書》

劉若愚《酌中志》

張怡《謏聞續筆》

張怡《白雲道人自述》

楊士聰《甲申核真錄》

馮夢龍《甲申紀事》

姜曰廣《過江七事》

陳定生《書事七則》

談遷《棗林雜俎》

談遷《北遊錄》

李清《南渡錄》

李清《三垣筆記》

李清《甲申日記》

夏完淳《續幸存錄》　　　　　　　李聿求《魯之春秋》

徐應芬（聾道人）《遇變紀略》　　費密《荒書》

邊大綬《虎口餘生記》　　　　　　顧公燮《丹午筆記》

錢𡎴《甲申傳信錄》　　　　　　　《吳城日記》

王度《偽官據城記》，見《荊駝逸史》　姚廷遴《歷年記》

鄭廉《豫變紀略》　　　　　　　　抱陽生《甲申朝事小記》

《吳三桂紀略》，見《辛巳叢編》　　王應奎《柳南續筆》

史惇《慟餘雜記》　　　　　　　　《平南王元功垂範》

王秀楚《揚州十日記》　　　　　　《研堂見聞雜錄》

《嘉定屠城紀略》　　　　　　　　南園嘯客《平吳事略》

《江陰城守記》（託名韓葵）　　　張道《臨安旬制記》

許重熙《江陰城守後紀》　　　　　陸圻《纖言》

沈濤《江上遺聞》　　　　　　　　《鹿樵紀聞》

《思文大紀》　　　　　　　　　　應廷吉《青燐屑》

錢秉鐙《所知錄》　　　　　　　　陳濟生《再生紀略》

張岱《陶庵夢憶》（《硯云甲編》本）　南沙三余氏《南明野史》

查繼佐《國壽錄》　　　　　　　　陳洪範《北使紀略》

查繼佐《敬修堂釣業》　　　　　　劉獻廷《廣陽雜記》

佚名《舟山紀略》　　　　　　　　茅元儀《平巢事跡考》

吳晉錫《半生自紀》　　　　　　　姚康《太白劍》

錢肅潤《南忠記》　　　　　　　　杜登春《社事始末》

曹大鎬《化碧錄》　　　　　　　　黃宗羲《行朝錄》

楊苞《桐川紀事》　　　　　　　　黃宗羲《弘光實錄鈔》

素心室主人編《南沙枕秘四種》　　黃宗羲《海上慟哭記》

翁洲老民《海東逸史》　　　　　　黃宗羲《賜姓始末》

徐芳烈《浙東紀略》　　　　　　　黃宗羲《汰存錄》

林佳磯《閩記》，見抄本《明季稗史》　《殷頑錄》

　　第三種　　　　　　　　　　　華夏《過宜言》

海外散人《榕城紀聞》　　　　　　徐世溥《江變紀略》

任光復《航海遺聞》（又名《航海紀聞》）　柳同春《天念錄》

查繼佐《魯春秋》　　　　　　　　佚名《監國紀年》

歐陽直《歐陽氏遺書》(《蜀亂》)　　　華復蠡《粵中偶記》(又名《兩廣紀略》)

沈荀蔚《蜀難敘略》　　　　　　　　林時對《荷牐叢談》

李馥榮《灩澦囊》　　　　　　　　　丁大任《永曆紀事》

李蕃《雅安追記》　　　　　　　　　丁大任《入長沙記》

顧山貞《客滇述》　　　　　　　　　陳伯陶《勝朝粵東遺民錄》

傅迪吉《五馬先生紀年》　　　　　　楊英《先王實錄》(又名《從征實錄》)

華廷獻《閩遊月紀》　　　　　　　　夏琳《閩海紀要》

魯可藻《嶺表紀年》　　　　　　　　阮旻錫《海上見聞錄》(定本)

蒙正發《三湘從事錄》　　　　　　　　　(彭孫貽《靖海志》)

王夫之《永曆實錄》　　　　　　　　江日昇《台灣外紀》

李介《天香閣隨筆》　　　　　　　　沈雲《台灣鄭氏始末》

《大義覺迷錄》　　　　　　　　　　許浩基《鄭延平年譜》

繆荃孫《雲自在龕筆記》　　　　　　《延平二王遺集》

《希青亭集》　　　　　　　　　　　《鄭成功族譜三種》

王澐《漫遊紀略》　　　　　　　　　莊為璣、王連茂編

何絜《晴江閣文鈔》　　　　　　　　　《閩台關係族譜資料選編》

何是非《風倒梧桐記》　　　　　　　鄭亦鄒《鄭成功傳》

《兩粵新書》　　　　　　　　　　　施琅《靖海紀事》

雷亮功《桂林田海記》　　　　　　　《東明見聞錄》

《東華錄綴言》，見《佳夢軒叢著》　　馮甦《滇考》

瞿共美《天南逸史》　　　　　　　　《滇繫》

《粵遊見聞》　　　　　　　　　　　《滇粹》

《滇緬錄》附文安之《黔記》　　　　葉夢珠《閱世編》

屈大均《安龍逸史》　　　　　　　　陸桂榮《三藩紀事本末》

江之春《安龍紀事》　　　　　　　　(漢譯)魏特《湯若望傳》

胡欽華《天南紀事》　　　　　　　　屈大均《皇明四朝成仁錄》

瞿昌文《粵行紀事》(又名《粵行小記》)　屈大均《廣東新語》

陳聶恒《邊州聞見錄》　　　　　　　許旭《閩中紀略》

陳舜系《亂離見聞錄》　　　　　　　杜臻《粵閩巡視紀略》

《行在陽秋》　　　　　　　　　　　《閩頌匯編》

康范生《仿指南錄》　　　　　　　　鈕琇《觚賸》

余颺《蘆中全集》

余颺《莆變紀事》

陳鴻、陳邦賢《清初莆變小乘》

陳鴻、陳邦賢《熙朝莆靖小紀》

昭槤《嘯亭雜錄》

《觀海指掌圖》

劉健《庭聞錄》

《旅滇聞見隨筆》

羅謙《殘明記事》

佚名《明亡述略》

《永昌府文徵》

《晉寧詩文徵》

倪蛻《滇雲歷年傳》

謝聖綸輯《滇黔志略》

《雲南備徵志》

珠江寓舫偶記《劫灰錄》

客溪樵隱編《求野錄》

鄧凱《也是錄》

劉菶《狩緬紀事》

楊德澤《楊監筆記》

金鐘《皇明末造錄》

《明末滇南紀略》

昆明無名氏輯《滇南外史》

徐弘祖《徐霞客遊記》

紀昀《閱微草堂筆記》

《虞山集》

康熙年間修《佟氏宗譜》

《沅湘耆舊集》

《潮州耆舊集》

衛匡國《韃靼戰紀》，

　　見《清代西人見聞錄》

魏源《聖武記》

葉夢珠《續編綏寇紀略》

謝國楨《增訂晚明史籍考》

謝國楨《南明史略》

Lynn A. Struve "The Southern Ming 1644-
　　1662"（1984）（漢譯本 司徒琳《南明
　　史》，上海古籍出版社，1992 年版）

柳亞子《懷舊集》

柳亞子《南明史綱・史料》

鄧之誠《清詩紀事初編》

連橫《台灣通史》

郭影秋《李定國紀年》

《鄭成功全傳》，台灣史跡研究中心
　　1979 年版

何廷瑞《日本平戶島上有關
　　鄭成功父子之資料》

陳碧笙《一六四六年鄭成功海上起兵經
　　過》，載《歷史研究》1978 年第二期

《鄭成功研究論文集》

《鄭成功研究國際學術會議論文集》

馬楚堅《明清邊政與治亂》

《清史論叢》第二輯，1980 年版

《明史論文集》，黃山書社 1994 年版

台灣《大陸雜誌史學叢書》第四輯第五冊

方國瑜《雲南史料目錄概說》

鄭天挺《探微集》

汪宗衍《藝文叢談續編》

G. E. Harvey 原著，姚枬譯《緬甸史》

羅宗頤《郭之奇年譜》

曹錦炎、王小紅《南明官印集釋》
　　（打印論文稿）

孟森《明清史論著集刊》

李光濤《明清檔案論文集》

《清代人物傳稿》上編，第三卷

譚其驤《俗傳中國史朝代起迄紀年匡
　　謬》，載《歷史研究》1991 年第六期

康熙八年《山海關志》

光緒四年《臨榆縣志》

乾隆三十九年《永平府志》

光緒五年《永平府志》

康熙十一年《重修大名府志》

康熙十五年《元城縣志》

乾隆十年《永年縣志》

雍正八年《高陽縣志》

康熙二十四年《靈壽縣志》

雍正十年《肥城縣志》

康熙十年《雄縣志》

康熙十七年《慶都縣志》

康熙四十四年《懷柔縣新志》

康熙十一年《遵化州志》

康熙四十三年《薊州志》

康熙十二年《東安縣志》

咸豐三年《大名府志》

康熙十七年《山東通志》

康熙十二年《德州志》

乾隆五十三年《德州志》

康熙六十年《青州府志》

乾隆五十年《濟寧直隸州志》

乾隆二十三年《高苑縣志》

康熙三十二年《新城縣志》

乾隆八年《淄川縣志》

乾隆二十一年《曹州府志》

康熙十三年《曹州志》

咸豐九年《武定府志》

道光十一年《冠縣志》

康熙二十四年《蒙陰縣志》

康熙十二年《高唐州志》

乾隆六年《夏津縣志》

乾隆三十三年《金鄉縣志》

康熙十二年《膠州志》

乾隆二十八年《即墨縣志》

康熙三十年《臨城縣志》

乾隆三十七年《歷城縣志》

乾隆二十四年《陽信縣志》

康熙三十四年《鄒平縣志》

康熙十二年《萊蕪縣志》

康熙二十一年《山西通志》

雍正十三年《朔州志》

康熙五十一年《定襄縣志》

康熙三十九年《重修靜樂縣志》

乾隆六年《沁州志》

康熙四十五年《澤州志》

康熙三十二年《平順縣志》

乾隆二年《翼城縣志》

康熙三十五年《介休縣志》

康熙二十六年《五台縣志》

順治十六年《絳縣志》

光緒十二年《永濟縣志》

光緒七年《榮河縣志》

乾隆二十八年《稷山縣志》

乾隆三十五年《汾州府志》

康熙二十一年《陽曲縣志》

雍正七年《臨汾縣志》

順治九年《雲中郡志》　　　　　　康熙十二年《安慶府桐城縣志》

乾隆二十七年《延長縣志》　　　　康熙十四年《太湖縣志》

乾隆五十年《綏德直隸州志》　　　康熙十二年《巢縣志》

康熙三十六年《階州志》　　　　　順治十三年《新修豐縣志》

道光二十七年《吳堡縣志》　　　　乾隆十年《銅山縣志》

道光二十一年《榆林府志》　　　　康熙元年《宿遷縣志》

康熙五年《蒲城縣志》　　　　　　康熙十二年《廣州府志》

康熙十二年《延綏鎮志》　　　　　乾隆十八年《南雄府志》

康熙二十四年《潼關志》　　　　　康熙十二年《連州志》

康熙六年《洛川縣志》　　　　　　光緒元年《懷集縣志》

順治四年《白水縣志》　　　　　　道光十三年《肇慶府志》

康熙十九年《延安府志》　　　　　乾隆六年《新會縣志》

道光二十二年《懷遠縣志》　　　　道光七年《高州府志》

康熙四年《續修商志》　　　　　　嘉慶二十四年《茂名縣志》

康熙七年《咸寧縣志》　　　　　　光緒十四年《化州志》

乾隆四十四年《甘州府志》　　　　乾隆四十四年《揭陽縣志》

道光十三年《蘭州府志》　　　　　道光十三年《廉州府志》

乾隆十一年《西寧府新志》　　　　道光二十二年《英德縣志》

乾隆十四年《五涼考治六德集全志》　同治十三年《韶州府志》

康熙三十四年《懷慶府志》　　　　嘉慶二十四年《三水縣志》

康熙三十一年《光州志》　　　　　光緒十九年《新寧縣志》

康熙二十九年《上蔡縣志》　　　　道光七年《香山縣志》

康熙九年《西平縣志》　　　　　　道光二年《陽江縣志》

康熙元年《汝寧府志》　　　　　　康熙抄本《南寧府全志》

乾隆十八年《郾城縣志》　　　　　同治十一年《蒼梧縣志》

康熙三十二年《內鄉縣志》　　　　嘉慶十年《平樂府志》

順治十六年《鄧州志》　　　　　　光緒三十年《臨桂縣志》

康熙十二年《濮州志》　　　　　　康熙五十九年《西江志》

康熙三十二年《睢州志》　　　　　乾隆五十四年《南昌府志》

光緒（宣統元年刻）《濮州志》　　嘉慶二十三年《湖口縣志》

康熙二十二年《安慶府志》　　　　康熙十二年《九江府志》

康熙二十二年《彭澤縣志》　　康熙二十二年《大冶縣志》

康熙十九年《寧州志》　　　　康熙二十四年《荊州府志》

康熙二十三年《贛州府續志》　同治四年《竹山縣志》

康熙三十二年《福建通志》　　康熙八年《當陽縣志》

乾隆十六年《福州府志》　　　光緒六年《巴東縣志》

康熙五十三年《漳州府志》　　光緒十年《興山縣志》

乾隆二十八年《泉州府志》　　康熙五年《德安安陸郡縣志》

乾隆二十七年《福寧府志》　　康熙十二年《德安府志》

嘉慶八年《惠安縣志》　　　　康熙四年《通山縣志》

乾隆二十八年《長樂縣志》　　乾隆二十八年《衡州府志》

光緒八年《金門志》　　　　　康熙二十四年《寶慶府志》

乾隆十七年《汀州府志》　　　嘉靖十四年《常德府志》

康熙二十五年《杭州府志》　　同治九年《江華縣志》

康熙二十二年《金華府志》　　康熙六年《永明縣志》

道光三年《金華縣志》　　　　同治十二年《沅州府志》

道光二十六年《寧波府志》　　康熙四十四年《沅陵縣志》

康熙二十三年《溫州府志》　　乾隆二十八年《永順府志》

康熙六十一年《台州府志》　　同治十年《保靖縣志》

康熙十一年《襄陽府志》　　　同治十三年《黔陽縣志》

康熙二十四年《鄖陽府志》　　康熙二十四年《桃源縣志》

康熙六年《安陸府志》　　　　康熙十九年《瀏陽縣志》

同治四年《房縣志》　　　　　康熙三年《湘潭縣志》

康熙十二年《均州志》　　　　乾隆二十六年《衡陽縣志》

同治六年《穀城縣志》　　　　康熙四十二年《長沙縣志》

光緒九年《光化縣志》　　　　乾隆十五年《澧州志林》

康熙三年《蘄州志》　　　　　康熙二十四年《岳州府志》

康熙二十三年《蘄水縣志》　　康熙二十四年《巴陵縣志》

康熙九年《麻城縣志》　　　　乾隆二十六年《清泉縣志》

順治《孝感縣志》　　　　　　乾隆八年《平江縣志》

康熙九年《松滋縣志》　　　　康熙五十二年《安福縣志》

康熙九年《枝江縣志》　　　　同治八年《安福縣志》

乾隆四十二年《富順縣志》　　　　　光緒二十三年《平越直隸州志》

嘉慶十七年《樂山縣志》　　　　　　光緒五年《畢節縣志》

民國十八年《南充縣志》　　　　　　咸豐元年《安順府志》

乾隆二十四年《直隸瀘州志》　　　　民國三十二年《興仁縣補志》

康熙五十三年《涪州志》　　　　　　乾隆二十九年《南籠府志》

道光二十四年《江北廳志》　　　　　康熙三十年《雲南通志》

嘉慶十七年《宜賓縣志》　　　　　　康熙三十五年《雲南府志》

道光十五年《綦江縣志》　　　　　　雍正九年《建水州志》

康熙五十四年抄本《巫山縣志》　　　康熙五十八年《澂江府志》

嘉慶十八年《洪雅縣志》　　　　　　康熙五十五年《楚雄府志》

光緒十年《洪雅縣續志》　　　　　　康熙三十三年《大理府志》

乾隆四年《雅州府志》　　　　　　　康熙十二年《石屏州志》

嘉慶五年《清溪縣志》　　　　　　　嘉慶四年《臨安府志》

乾隆二十二年《廣元縣志》　　　　　康熙四十四年《平彝縣志》

道光二十年《樂至縣志》　　　　　　康熙十二年《阿迷州志》

道光七年《夔州府志》　　　　　　　康熙五十三年《鶴慶府志》

乾隆八年《新繁縣志》　　　　　　　康熙五十四年《新興州志》

道光二十一年《安岳縣志》　　　　　道光二十年《晉寧州志》

弘治《貴州圖經新志》　　　　　　　康熙二十六年《武定府志》

康熙三十一年《貴州通志》　　　　　康熙五十二年《劍川州志》

宣統元年《貴州全省地輿圖說》　　　康熙五十一年《祿豐縣志》

道光三十年《貴陽府志》　　　　　　康熙四十一年《永昌府志》

康熙五十七年《定番州志》　　　　　乾隆二十六年《東川府志》

民國三十七年《貴州通志》　　　　　康熙三十年《通海縣志》

道光二十一年《遵義府志》　　　　　道光六年《元江府志》

民國三十五年《鎮寧縣志》　　　　　康熙四十九年《黑鹽井志》

民國十八年《桐梓縣志》　　　　　　雍正五年《賓川州志》

康熙六十一年《思州府志》　　　　　《雞足山志補》

原版後記

───────── ▬ ─────────

這部《南明史》終於交付出版社了。說來話長，1982 年我寫完
《明末農民戰爭史》，就開始了南明史的撰作。大約寫了一半草稿，
由於一些原因曾經一度擱置。原因之一是我感到明代的衛所制度和
相關問題非常重要，值得下功夫去探討。於是，在教學之餘集中時
間收集有關衛所的資料進行研究，從 1986 年起發表了一組這方面的
論文。衛所制度的探討剛有頭緒，關心南明史的朋友經常詢問書稿
的進展情況，出版部門也來聯繫。自己在《明末農民戰爭史》的前言
裏許下諾言要出《南明史》作為"姊妹篇"，姐姐早已出世，妹妹卻不
見倩影，豈非失信於讀者。這樣，不得不翻出舊稿，重新開手。

本書的初稿在 1990 年底以前就寫出來了。可是，總覺得不滿
意。儘管熱心的出版社編輯催稿信多達數十封，卻遲遲未能交稿。
南明史牽涉面太廣，頭緒太多，史料既龐雜又往往在關鍵問題上缺
乏可信的文獻，弄清事實真相殊非易事。經過反反復復地查找材料，
增刪修改，許多章節是改亂了重抄，謄清後又改，一拖就是五年。
自己也陷入矛盾的境地，南明史不交稿，騰不出手來從事其他問題
的探索，熟悉和未曾謀面的朋友不斷催促，又形成一種壓力，拖延
下去不是辦法。然而，南明史中確實還有許多問題需要繼續做深入
研究，憑藉個人綿薄之力想查個水落石出，可謂不自量。何況，我

還發現在反復加工中有時會花費無謂的勞動。清人袁枚說過："因憶四十年來，將詩改好者固多，改壞者定復不少。"真是經驗之談。那麼，就這樣交稿吧，敬听讀者的批評。在本書撰寫過程中，多得內子何龍素從旁協助，謹此致謝。

顧　誠

1996 年 5 月 15 日